ଶକ୍ତି ଉପାସନା ଓ ବୈଦିକ ଦେବୀତତ୍ତ୍ୱ

ଅଶ୍ୱିନୀ କୁମାର ଶତପଥୀ

ବ୍ଲାକ୍ ଇଗଲ୍ ବୁକ୍ସ
ଭୁବନେଶ୍ୱର, ଓଡ଼ିଶା

BLACK EAGLE BOOKS
Dublin, USA

ଶକ୍ତି ଉପାସନା ଓ ବୈଦିକ ଦେବୀତତ୍ତ୍ୱ / ଅଶ୍ୱିନୀ କୁମାର ଶତପଥୀ
ବ୍ଲାକ୍ ଇଗଲ୍ ବୁକ୍ସ : ଭୁବନେଶ୍ୱର, ଓଡ଼ିଶା ● ଡବ୍ଲିନ୍, ଯୁକ୍ତରାଷ୍ଟ୍ର ଆମେରିକା

BLACK EAGLE BOOKS

USA address:
7464 Wisdom Lane
Dublin, OH 43016

India address:
E/312, Trident Galaxy, Kalinga Nagar,
Bhubaneswar-751003, Odisha, India

E-mail: info@blackeaglebooks.org
Website: www.blackeaglebooks.org

First International Edition Published by
BLACK EAGLE BOOKS, 2024

SHAKTI UPASANA 'O' VEDIC DEBI TATWA
by **Aswini Kumar Satpathy**
Gayatri Bhaban, Nalamganj, Balasore
Cell: 8328842209 / 9437138109

Copyright © **Aswini Kumar Satpathy**

All rights reserved. No part of this publication may be reproduced, stored in a retrieval system, or transmitted, in any form or by any means, electronic, mechanical, photocopying, recording or otherwise without the prior permission of the publisher.

Cover & Interior Design: Ezy's Publication

ISBN- 978-1-64560-603-1 (Paperback)

Printed in India & USA

ଉତ୍ସର୍ଗ

ମୋର ଦିବଂଗତ ପିତୃଦେବଙ୍କ ସଜଳ ସ୍ମୃତିରେ ଏହି ପୁସ୍ତକଟିକୁ ଭକ୍ତିପୂତ ସମର୍ପଣ କରୁଛି ।

ପୁତ୍ର

ବାରଗୋଟି ତୀର୍ଥକ୍ଷେତ୍ରରେ ସ୍ଥିତ ପ୍ରଧାନ ଦେବୀବିଗ୍ରହ ଓ ସେମାନଙ୍କ ନାମ ସମୂହ

ଜଗଜ୍ଜନନୀ ଆଦ୍ୟାଶକ୍ତିଙ୍କର ନିମସ୍ଥ ବାରଗୋଟି ନାମ ଶ୍ରଦ୍ଧାର ସହ ପ୍ରତ୍ୟହ ପ୍ରାତଃକାଳରେ ସ୍ମରଣ କଲେ ମୋକ୍ଷ ପ୍ରାପ୍ତି ହୋଇଥାଏ:

"କାଞ୍ଚୀପୁରେ ତୁ କାମାକ୍ଷୀ ମଳୟେ ଭ୍ରାମରୀ ତଥା ।
କେରଳେ ତୁ କୁମାରୀ ସା ଅମ୍ବାଽଽନର୍ତେଷୁ ସଂସ୍ଥିତା ॥
କରବୀରେ ମହାଲକ୍ଷ୍ମୀଃ କାଳିକା ମାଳବେଷୁ ସା ।
ପ୍ରୟାଗେ ଲଳିତା ଦେବୀ ବିନ୍ଧ୍ୟେ ବିନ୍ଧ୍ୟନିବାସିନୀ ॥
ବାରାଣସ୍ୟାଂ ବିଶାଳାକ୍ଷୀ ଗୟାୟାଂ ମଙ୍ଗଳାବତୀ ।
ବଙ୍ଗେଷୁ ସୁନ୍ଦରୀ ଦେବୀ ନେପାଳେ ଗୁହ୍ୟକେଶ୍ୱରୀ ॥
ଇତି ଦ୍ୱାଦଶରୂପେଣ ସଂସ୍ଥିତା ଭାରତେ ଶିବା ।
ଏତାସାଂ ଦର୍ଶନାଦେବ ସର୍ବପାପୈଃ ପ୍ରମୁଚ୍ୟତେ ॥
ଅଶକ୍ତୋ ଦର୍ଶନେ ନିତ୍ୟଂ ସ୍ମରେତ୍ ପ୍ରାତଃ ସମାହିତଃ ।
ତଥାପ୍ୟୁପାସକଃ ସର୍ବୈରପରାଧୈର୍ବିମୁଚ୍ୟତେ ॥"

ଅର୍ଥାତ୍ ଜଗଜ୍ଜନନୀ ଭଗବତୀ କାଞ୍ଚିପୁରରେ କାମାକ୍ଷୀ ରୂପରେ, ମଳୟଗିରିରେ ଭ୍ରାମରୀ (ଭ୍ରମରାମ୍ବା) ନାମରେ, କେରଳରେ କୁମାରୀ (କନ୍ୟାକୁମାରୀ), ଆନର୍ତ (ଗୁଜୁରାତ)ରେ ଅମ୍ବା, କରବୀର (କୋହ୍ଲାପୁର)ରେ ମହାଲକ୍ଷ୍ମୀ, ମାଳବା (ଉଜ୍ଜୈନୀ)ରେ କାଳିକା, ପ୍ରୟାଗରେ ଲଳିତା (ଅଲୋପୀ) ତଥା ବିନ୍ଧ୍ୟଗିରିରେ ବିନ୍ଧ୍ୟବାସିନୀ ରୂପେ ପ୍ରତିଷ୍ଠିତ । ସେ ବାରାଣସୀରେ ବିଶାଳାକ୍ଷୀ, ଗୟାରେ ମଙ୍ଗଳବତୀ, ବେଙ୍ଗଲରେ ସୁନ୍ଦରୀ ଏବଂ ନେପାଳରେ ଗୁହ୍ୟକେଶ୍ୱରୀ ନାମରେ ବିଖ୍ୟାତ ଅଟନ୍ତି । ମଙ୍ଗଳମୟୀ ପରାମ୍ବା ପାର୍ବତୀ ଏହି ବାରଗୋଟି ସ୍ୱରୂପରେ ଭାରତରେ ସ୍ଥିତ ଅଟନ୍ତି । ଏହି ବିଗ୍ରହମାନଙ୍କୁ ଦର୍ଶନ କଲେ ମନୁଷ୍ୟ ସର୍ବପାପରୁ ମୁକ୍ତି ଲାଭ କରେ । ତାହାଙ୍କୁ ଦର୍ଶନ କରିବାରେ ଯେଉଁମାନେ ଅକ୍ଷମ ସେମାନେ ଭକ୍ତିପୂତ ଭାବରେ ପ୍ରତିଦିନ ପ୍ରାତଃକାଳରେ ଏହି ନାମ ଗୁଡ଼ିକୁ କେବଳ ସ୍ମରଣ କଲେ ମଧ୍ୟ ସର୍ବପାପରୁ ମୁକ୍ତ ହୋଇ ମୋକ୍ଷ ଲାଭ କରନ୍ତି । (ତ୍ରିପୁରା ରହସ୍ୟ)

Professor Ganeshi Lal
Governor, Odisha
ପ୍ରଫେସର ଗଣେଶୀ ଲାଲ
ରାଜ୍ୟପାଳ, ଓଡ଼ିଶା

Raj Bhavan
Bhubaneswar - 751 008
ରାଜ ଭବନ
ଭୁବନେଶ୍ୱର -୭୫୧ ୦୦୮

ତା- ୨୨.୦୧.୨୦୨୩

॥ ବାର୍ତ୍ତା ॥

ବିଶିଷ୍ଟ ଲେଖକ ଓ ସ୍ତମ୍ଭକାର ଶ୍ରୀଯୁକ୍ତ ଅଶ୍ୱିନୀ କୁମାର ଶତପଥୀଙ୍କ 'ଶକ୍ତି ଉପାସନା ଓ ବୈଦିକ ଦେବୀ ତତ୍ତ୍ୱ' ପ୍ରକାଶନ ଅବସରରେ ଶ୍ରୀଯୁକ୍ତ ଶତପଥୀଙ୍କୁ ଶୁଭେଚ୍ଛା ଜଣାଉଛି ।

ସମସ୍ତେ ହେଉଛନ୍ତି ଆଦିଶକ୍ତିଙ୍କ ସଂତାନ । ସେ ଶକ୍ତି ବିଭିନ୍ନ ରୂପରେ, ତତ୍ତ୍ୱରେ, ଦର୍ଶନରେ ଓ ମୂର୍ତ୍ତିରେ ପ୍ରକଟିତ । ମଂତ୍ରରେ ଝଂକୃତ । ପରମ୍ପରାରେ ପ୍ରକୀର୍ତ୍ତିତ । ଭାରତୀୟ ପରମ୍ପରାରେ ଶକ୍ତି ଉପାସନା ଅତି ପ୍ରାଚୀନ । ଓଡ଼ିଶାରେ ପ୍ରତି ଗ୍ରାମରେ ଗ୍ରାମଦେବୀ । ଶକ୍ତି ହିଁ ସଂସାରର ସ୍ୱରୂପ ଓ ଚାଳକ । ଆମ ସାଂସ୍କୃତିକ ଓ ଆଧ୍ୟାତ୍ମିକ ଜୀବନର ଆଧାର । ଏହି ତତ୍ତ୍ୱର ବିଶେଷ ବ୍ୟାଖ୍ୟାନ କରିଛଂତି ଲେଖକ ଶ୍ରୀଯୁକ୍ତ ଶତପଥୀ ତାଙ୍କ ପୁସ୍ତକରେ । ବୈଦିକ ଦେବୀ ତତ୍ତ୍ୱର ମାର୍ମିକ ବିଶ୍ଳେଷଣ ସହ ବିବର୍ତ୍ତନର ଅନୁଶୀଳନ ଓ ବିଭିନ୍ନ ଉପାଦେୟ ତଥ୍ୟରେ ମଣ୍ଡିତ ତାଙ୍କ ପୁସ୍ତକ ସୁଖପାଠ୍ୟ ଓ ଭକ୍ତିଭାବ ଉଦ୍ରେକକାରୀ ।

'ଶକ୍ତି ଉପାସନା ଓ ବୈଦିକ ଦେବୀ ତତ୍ତ୍ୱ' ପୁସ୍ତକର ବିପୁଳ ପ୍ରସାର କାମନା କରିବା ସହିତ ଲେଖକ ଶ୍ରୀଯୁକ୍ତ ଶତପଥୀଙ୍କ ଦୀର୍ଘ ସାରସ୍ୱତ ଜୀବନ କାମନା କରୁଛି ।

ଗଣେଶୀ ଲାଲ

(ଗଣେଶୀଲାଲ)

ଓଁ

ପଦ୍ମଶ୍ରୀ ପଣ୍ଡିତ ଡକ୍ଟର ଅନ୍ତର୍ଯ୍ୟାମୀ ମିଶ୍ର
ରାମାୟଣୀ, ବାଗ୍ମୀଶ୍ରୀ, ବାଣୀଭୂଷଣ, ଭାଷାଭୂଷଣ
(ସ୍ତମ୍ଭକାର, ପ୍ରାବନ୍ଧିକ, ଭାଷାତତ୍ତ୍ୱବିତ୍, ଗବେଷକ ଓ ବାଗ୍ମୀ)
ରାଷ୍ଟ୍ରପତି ସମ୍ମାନ ପ୍ରମାଣପତ୍ର ପ୍ରାପ୍ତ ଭାଷାବିତ୍
କାଠଗଡ଼ା, ଆନନ୍ଦନଗର, ଢେଙ୍କାନାଳ- ୭୫୯୦୦୧, ଓଡ଼ିଶା

ଦୂରଭାଷ : ୮୮୯୫୨୩୦୭୨୨
e-mail : antaryamimisra@gmail.com
ସ୍ଥାନ : ଢେଙ୍କାନାଳ
ତାରିଖ ୨୨.୪.୨୨

ଅଭିମତ

ଭାରତୀୟ ସଂସ୍କୃତିରେ ପ୍ରାକ୍ ବୈଦିକ ଯୁଗରୁ ଶକ୍ତି ଉପାସନାର ଅବିଚ୍ଛିନ୍ନ ଧାରା ପ୍ରବାହିତ। ପ୍ରାରମ୍ଭିକ ପର୍ଯ୍ୟାୟରେ ପ୍ରତୀକାତ୍ମକ ଶକ୍ତି ଉପାସନା ପ୍ରଚଳନ ଥିଲେ ହେଁ ପୁରାଣ ଓ ତନ୍ତ୍ର ଯୁଗରେ ଏହା ସାକାର ଉପାସନାର ଭବ୍ୟରୂପ ଧାରଣ କରିଥିଲା। ଏହାକୁ ଆଧାର କରି ଶ୍ରୀଯୁକ୍ତ ଅଶ୍ୱିନୀ କୁମାର ଶତପଥୀ ରଚନା କରିଛନ୍ତି ପ୍ରବନ୍ଧ ସଂକଳନ 'ଶକ୍ତି ଉପାସନା ଓ ବୈଦିକ ଦେବୀତତ୍ତ୍ୱ'।

ଏହି ପୁସ୍ତକ ସୂଚୀରେ ୬୨ ଗୋଟି ମନନଶୀଳ ଗବେଷଣାତ୍ମକ ପ୍ରବନ୍ଧ ସହ ଅନ୍ୟାନ୍ୟ ବହୁ ଶିକ୍ଷଣୀୟ ଓ ଉପାଦେୟ ବିଷୟମାନ ସ୍ଥାନିତ। ଶ୍ରୀଯୁକ୍ତ ଶତପଥୀ ଭାରତୀୟ ସଂସ୍କୃତିରେ ଶକ୍ତି ଉପାସନାର ଉଜ୍ଜ୍ୱଳ ପରମ୍ପରାରୁ ଆରମ୍ଭ କରି ଅବତାରବାଦ ଓ ଶକ୍ତି ତତ୍ତ୍ୱରେ ପୁସ୍ତକଟିକୁ ଶେଷ କରିଛନ୍ତି। ପ୍ରବନ୍ଧ ସମୂହରେ ଆଦ୍ୟାଶକ୍ତିଙ୍କର ସର୍ବବ୍ୟାପକତା, ଦଶମହାବିଦ୍ୟା ରହସ୍ୟ, ପର୍ବପର୍ବାଣୀର ଶାକ୍ତ ଔଜ୍ଜ୍ୱଲ୍ୟ, ପରିବେଶ ଓ କୃଷି ସଂସ୍କୃତିରେ ମହାମାୟାଙ୍କର ପ୍ରଚ୍ଛନ୍ନ ମାଧୁର୍ଯ୍ୟ, ଉପନିଷଦୀୟ ବିଚାର ବୋଧରେ ଶାକ୍ତ ବିବେଚନ, ଦେବୀତତ୍ତ୍ୱର ବୈଶିଷ୍ଟ୍ୟ, ଶାରଦୀୟ ନବରାତ୍ର, ଶ୍ରୀକ୍ଷେତ୍ର ରାଜେଶ୍ୱରୀ ବିମଳାଙ୍କ ଶାକ୍ତ ମହିମା, ଦୁର୍ଗୋତ୍ସବ, ଦୀପାବଳିର ଲକ୍ଷ୍ମୀ ପୂଜନ, ଷୋଡ଼ଶ ମାତୃକାରାଧନା, ଶ୍ରୀଦୁର୍ଗା ସପ୍ତତୀର ଗାମ୍ଭୀର୍ଯ୍ୟ, ଚତୁଃଷଷ୍ଠୀ ଯୋଗିନୀ ଉପାସନା ରହସ୍ୟ, ଜଗଦ୍ଧାତ୍ରୀ ପୂଜା ପରମ୍ପରା, ବାସନ୍ତିକ ନବରାତ୍ର, ମହାମଙ୍ଗଳାଙ୍କ ଶାରଦୀୟ ଉପାସନା, ଶାକ୍ତ ତ୍ରିତତ୍ତ୍ୱ, ଉତ୍କଳୀୟ ଶାକ୍ତ ସଂସ୍କୃତିର ପ୍ରାଚୀନତା ଓ ପରମ୍ପରା, ଉତ୍କଳର ଅଷ୍ଟଶକ୍ତି ଉପାସନା, ଗୃହଲକ୍ଷ୍ମୀଙ୍କ

ସ୍ଥାନ ନିରୂପଣ ଓ ନବରାତ୍ରର ବିଧିବିଧାନ ଇତ୍ୟାଦି ପ୍ରବନ୍ଧମାନ ସାବଲୀଳ ଧାରାରେ ପରିବେଷିତ। ମହନୀୟତା ହେଉଛି, ଶ୍ରୀଯୁକ୍ତ ଶତପଥୀଙ୍କ ପ୍ରବନ୍ଧ ସମୂହରେ ଶାକ୍ତ ଉପାସନାର ଔଦାର୍ଯ୍ୟ, ମାଧୁର୍ଯ୍ୟ, ସୌନ୍ଦର୍ଯ୍ୟ ଓ ଗାମ୍ଭୀର୍ଯ୍ୟ ଦାର୍ଶନିକ ଦୃଷ୍ଟିକୋଣରେ ପରାଗପୁଷ୍ଟ। ଅନ୍ୟ ଭାଷାରେ ଉଲ୍ଲେଖ କଲେ, ଜଗଜ୍ଜନନୀଙ୍କ କରୁଣାରୁ ଶ୍ରୀଯୁକ୍ତ ଶତପଥୀଙ୍କ ଲେଖନୀରେ ଭାରତୀୟ ଶାକ୍ତ ଚେତନା ପଲ୍ଲବିତ, ପୁଷ୍ପିତ ଓ ସୁରଭିତ।

ଶ୍ରୀଯୁକ୍ତ ଶତପଥୀ ଜଣେ ଉଚ୍ଚକୋଟିର ପ୍ରାବନ୍ଧିକ। ପୂର୍ବରୁ ତାଙ୍କ ଲିଖିତ କେତୋଟି ପୁସ୍ତକ ପାଠକୀୟ ଆଦୃତି ଲାଭ କରିଅଛି। ସାରସ୍ୱତ ସାଧନା ନିମିତ୍ତ ସେ ବହୁ ଅନୁଷ୍ଠାନରୁ ସମ୍ମାନିତ ଓ ସମ୍ବର୍ଦ୍ଧିତ। ଜଗଜ୍ଜନନୀଙ୍କ କରୁଣାରୁ ତାଙ୍କ ରଚିତ 'ଶକ୍ତି ଉପାସନା ଓ ବୈଦିକ ଦେବୀତତ୍ତ୍ୱ' ବିଶେଷ ପାଠକାଦୃତି ଲାଭ କରିବ।

ମହାମାୟାଙ୍କ କୃପାରୁ ତାଙ୍କ ଲେଖନୀରେ ପୁଷ୍ପ ଚନ୍ଦନ ବୃଷ୍ଟି ହେଉ।

ଭବଦୀୟ

ପ୍ରଜ୍ଞାମୁଗ୍ଧ

ଅନ୍ତର୍ଯ୍ୟାମୀ ମିଶ୍ର

ଅନ୍ତର୍ଯ୍ୟାମୀ ମିଶ୍ର

୨୨।୪।୨୨

SHRI JAGANNATH SANSKRIT VISHVAVIDYALAYA
SHRI VIHAR, PURI - 752003, ODISHA

Prof. Hari Hara Hota
VICE-CHANELLOR

Ph : (06782) 251663 (off)
Cell : 9438080454
visit : www.s/sv.nic.in
e-mail : sanskrit.univerisity@yahoo.com
e-mail: vicechancellor.s/sv@gov.in
e-mail : hariharahota@gmail.com

ଭାରତୀୟ ଶକ୍ତି ଉପାସନା ଓ ବୈଦିକ ତତ୍ତ୍ୱ
ଗ୍ରନ୍ଥ ପ୍ରତି ଶୁଭେଚ୍ଛା

ଭାରତଂ ତୁ ସଦା ବନ୍ଦ୍ୟମଧ୍ୟାତ୍ମତାପ୍ରତିଷ୍ଠିତମ୍ ।
ଋଷୟଃ ପ୍ରମୁଖାସ୍ତତ୍ର ପରମ୍ପରାପ୍ରଦର୍ଶକାଃ ॥

ଭାରତ ବର୍ଷର ସଂସ୍କୃତି ବୈଦିକ ସଭ୍ୟତାସମ୍ପନ୍ନ ଋଷିମାନଙ୍କ ଦ୍ୱାରା ଆବିଷ୍କୃତ ତଥା ସମଗ୍ର ବିଶ୍ୱର ସମୃଦ୍ଧ ମାନବ ସଭ୍ୟତା ନିମନ୍ତେ ପ୍ରଚାରିତ ଅଟେ । ଏଥିରେ ସାଂସାରିକ ଜୀବନ ଜୀବିକା ନିର୍ବାହ ସହିତ ମନୁଷ୍ୟ ତାହାର ଚତୁପାର୍ଶ୍ୱରେ ଥିବା ଅଦୃଶ୍ୟ ବିଶ୍ୱ ରହସ୍ୟର ଉଦ୍‌ଘାଟନ ନିମନ୍ତେ ବ୍ୟଗ୍ର ଓ ତତ୍ପର ହୋଇ ଅନେକ ପ୍ରକାର ସଂସ୍କୃତିର ସ୍ରୋତସ୍ୱିନୀ ଗଙ୍ଗା ନିର୍ମାଣରେ ସମର୍ଥ ହେବା ସହ ତାହାର ପରବର୍ତ୍ତୀ ପିଢି ପାଇଁ ସେହି ଦିବ୍ୟ ପ୍ରେରଣା ପ୍ରଦାନ କରିଛି । ଋଷିମାନଙ୍କ ଦିବ୍ୟ ଚେତନାରୁ ଅବତୀର୍ଣ୍ଣ ହୋଇଥିବା ଅନେକ ଦାର୍ଶନିକ ରହସ୍ୟ ମଧ୍ୟରେ ଶାକ୍ତ ଦାର୍ଶନିକତା ଅନ୍ୟତମ ଓ ବୈଜ୍ଞାନିକତା ସମ୍ମତ ମଧ୍ୟ ଅଟେ । ଏହି ସୀମାହୀନ ବିବିଧତା ପୂର୍ଣ୍ଣ ବିଶ୍ୱର ଜୀବନ ଅଟେ ଶକ୍ତି, ଯାହା ସର୍ବପ୍ରଥମେ ଋଗ୍‌ବେଦର ସର୍ବପ୍ରଥମ ସୂକ୍ତ ଅଗ୍ନି ମାଧ୍ୟମରେ ଆବିଷ୍କୃତ ହୋଇଥିଲା । ସାଧାରଣତଃ ଯେପରି କୌଣସି ଏକ କ୍ଷୁଦ୍ର ଯାନର ଗତି ତାହାର ଶକ୍ତି ଓ ଶକ୍ତି ନିର୍ମାଣକାରୀ ଇନ୍ଧନର ସାହାଯ୍ୟରେ ସମ୍ଭବ, ଠିକ୍ ସେହିପରି ଏହି ସଚରାଚର ବିଶ୍ୱର ପରିଚାଳନା ନିମନ୍ତେ ଦୈବଶକ୍ତିର ଆବଶ୍ୟକତା ଅନୁମାନ ଯୋଗ୍ୟ ଓ ଅନସ୍ୱୀକାର୍ଯ୍ୟ ଅଟେ ।

ଉପରୋକ୍ତ ଦୈବଶକ୍ତି ଭାରତୀୟ ତନ୍ତ୍ରଶାସ୍ତ୍ର ପରମ୍ପରାରେ ବହୁ ଭାବରେ ବର୍ଣ୍ଣିତ ତଥା ତାହାର ପ୍ରଭାବ ମଧ୍ୟ ଆଜି ଭାରତର ବିଶ୍ୱଜନୀନ ଜୀବନ ପଦ୍ଧତିରେ

ପ୍ରତିଫଳିତ ଅଟେ। ଏହି ଆର୍ଷ ପରମ୍ପରାକୁ ଉଜ୍ଜୀବିତ କରିବା ନିମନ୍ତେ ଡା. ଅଶ୍ୱିନୀ କୁମାର ଶତପଥି ମହୋଦୟଙ୍କ ଲେଖାଗୁଚ୍ଛ ଅତ୍ୟନ୍ତ ଯୁଗୋପଯୋଗୀ ତଥା ତତ୍‌ସମ୍ବନ୍ଧୀୟ ଲେଖା ସମ୍ବଳିତ 'ଶକ୍ତି ଉପାସନା ଓ ବୈଦିକ ଦେବୀତତ୍ତ୍ୱ' ଗ୍ରନ୍ଥଟି ଭାରତୀୟ ସନାତନ ସଭ୍ୟତାର ବିଶ୍ୱଜନାଦୃତି ପାଇଁ ଅନବଦ୍ୟ ଦାନ ଭାବରେ ଗ୍ରହଣ କରାଯାଇଥାଏ। ମୁଁ ତାଙ୍କ ବିଷୟରେ ମୋର ବାଲ୍ୟକାଳରୁ ଅବଗତ ଏବଂ ମୋ ଜାଣିବାରେ ସେ ଜଣେ ଗବେଷକ, ସଂସ୍କୃତିର ସଂରକ୍ଷକ, ସମାଜସେବୀ, ଅସଂଖ୍ୟ ସମ୍ମାନର ଅଧିକାରୀ, ଆଧ୍ୟାତ୍ମିକ ରାଷ୍ଟ୍ରପ୍ରୀତିର ପରମ ପୂଜାରୀ ଓ ନିରଳସ କର୍ମନିଷ୍ଠ ବ୍ୟକ୍ତିତ୍ୱ ବିଶିଷ୍ଟ ସାହିତ୍ୟିକ ତାଙ୍କର ଗବେଷଣା ପ୍ରଚୋଦିତ ମାନସପଟଳରୁ ତାଙ୍କ ଲେଖନ ମୂନ ଦ୍ୱାରା ରୂପ ନେଇଥିବା ଗ୍ରନ୍ଥଟିର ସମସ୍ତ ବିଷୟବସ୍ତୁ ଲୋକଲୋଚନରେ ବିସ୍ତାରିତ ହୋଇ ତଥାକଥିତ ବସ୍ତୁବାଦପୂର୍ଣ୍ଣ ମନୁଷ୍ୟ ଜୀବନରେ ଆଧ୍ୟାତ୍ମିକ ପରିବର୍ତ୍ତନ ନିମନ୍ତେ ପରମ ସହାୟକ ହେଉ ଏହା ହିଁ ଶ୍ରୀଜଗନ୍ନାଥଙ୍କ ନିକଟରେ ପ୍ରାର୍ଥନା ପୂର୍ବକ ଉକ୍ତ ଗ୍ରନ୍ଥ ପ୍ରତି ଶୁଭେଚ୍ଛା ଜ୍ଞାପନ କରୁଅଛି।

ବିଶ୍ୱସ୍ୟ ପରମା ଶକ୍ତିର୍ବିବିଧରୂପମଣ୍ଡିତା।
ସର୍ବତ୍ର ବ୍ୟାପ୍ତରୂପା ଯା ତସ୍ୟୈ ଶକ୍ତ୍ୟୈ ନମୋନମଃ ॥

ହରିହର ହୋତା
କୁଳପତି
ଶ୍ରୀ ଜଗନ୍ନାଥ ସଂସ୍କୃତ ବିଶ୍ୱବିଦ୍ୟାଳୟ,
ଶ୍ରୀବିହାର, ପୁରୀ-୩
ଓଡ଼ିଶା

ଦେବୀତତ୍ତ୍ୱ: ବୈଦଗ୍ଧ୍ୟ ଓ ସାରଲ୍ୟ

ମୁଁ ଏକଦା ବାଲେଶ୍ୱର ଜିଲ୍ଲାର ଦୁର୍ଗାଦେବୀଠାରେ କାର୍ଯ୍ୟ କରୁଥିବାବେଳେ ଗୋଟିଏ ଦିନ ଅନେକ ଟ୍ରେକ୍‌ରରେ ଜିପ୍, କାର୍ ଓ ଏପରିକି ଟ୍ରକ୍ ସାହାଯ୍ୟରେ ଲୋକମାନେ ଭର୍ତ୍ତି ହୋଇ ଯାଉଥିବାର ଦେଖିବାକୁ ପାଇଲି। ଅନୁସନ୍ଧାନ କରି ଜାଣିବାକୁ ପାଇଲି ଯେ ସେମାନେ ନିକଟବର୍ତ୍ତୀ ଛେଲିଆ ଗ୍ରାମକୁ ମା' ହିଙ୍ଗୁଳାଙ୍କ ପୀଠରେ ଅନୁଷ୍ଠିତ ହେଉଥିବା ଯଜ୍ଞ ଓ ପୂଜା ତଥା ମେଳାର ପରିଦର୍ଶନରେ ଯାଉଛନ୍ତି। ସେତେବେଳେ ପ୍ରଥମ କରି ମୁଁ ହିଙ୍ଗୁଳା ଦେବୀଙ୍କ ସମ୍ପର୍କରେ ଜାଣିବାକୁ ପାଇଥିଲି।

ଯେତେବେଳେ ଡ. ଅଶ୍ୱିନୀ କୁମାର ଶତପଥୀଙ୍କ ରଚିତ ଶକ୍ତି ଉପାସନା ଓ ବୈଦିକ ଦେବୀତତ୍ତ୍ୱ ନାମକ ଗ୍ରନ୍ଥଟିର ପାଣ୍ଡୁଲିପି ଅଧ୍ୟୟନ କରିବାର ସୌଭାଗ୍ୟ ପାଇଲି, ସେତେବେଳେ ମୁଁ ହିଙ୍ଗୁଳା ଦେବୀଙ୍କ ସମ୍ପର୍କରେ କିଛି ରଚନା କରାଯାଇଛି କି ନାହିଁ ବୋଲି ଖୋଜିବାକୁ ଲାଗିଲି। ଆଶ୍ଚର୍ଯ୍ୟ ହେଲି ଯେ ବିଶେଷ ଭାବରେ ଅନାଲୋଚିତ ହୋଇ ରହିଥିବା ହିଙ୍ଗୁଳା ଦେବୀଙ୍କ ସମ୍ପର୍କରେ ଡ. ଶତପଥୀ ଚାରିଗୋଟି ଅଧ୍ୟାୟ ସଂଯୁକ୍ତ କରିଛନ୍ତି।

ମୟୂରଭଞ୍ଜ ଜିଲ୍ଲାର ବଡ଼ସାହି (ଦୁର୍ଗାଦେବୀ ଠାରୁ ମଧ୍ୟ ଅଧିକ ଦୂର ନୁହେଁ) ସମୀପସ୍ଥ ଛେଲିଆ ଗ୍ରାମର ହିଙ୍ଗୁଳାଙ୍କ ସମ୍ପର୍କରେ ବର୍ଣ୍ଣନା କରି ଡ. ଶତପଥୀ କେତେକ କିମ୍ବଦନ୍ତୀକୁ ଉଦ୍ଧାର କରିଛନ୍ତି। ହିଙ୍ଗୁଳା ଶବ୍ଦଟି ଅଗ୍ନିଙ୍କର ଦେବୀ ରୂପ ଭାବରେ କଥିତ ହୋଇଥାଏ। ଯେମିତି ନାରାୟଣଙ୍କର ଦେବୀରୂପ ନାରାୟଣୀ, ଶିବଙ୍କର ଶିବା, ବ୍ରହ୍ମାଙ୍କର ବ୍ରହ୍ମାଣୀ କିମ୍ବା ବାୟୁଙ୍କର ବାୟବୀ, ସେହିପରି ଅଗ୍ନିଙ୍କର ଦେବୀରୂପକୁ ହିଙ୍ଗୁଳା ବୋଲି କୁହାଯାଇଥାଏ। ହିଙ୍ଗୁଳା ଦେବୀ ଅଗ୍ନିର ବିପ୍ଲବରୁ ମଣିଷମାନଙ୍କୁ ରକ୍ଷା କରିଥାଆନ୍ତି। ଯଜ୍ଞ ଦିନ ଶ୍ରଦ୍ଧାଳୁମାନେ ନିଜ ଘରର ଚାଳ ଛପରରୁ ସଂଗୃହୀତ କୁଟା ଓ ବାଉଁଶମାନ ଆଣି ଯଜ୍ଞ କୁଣ୍ଡରେ ନିକ୍ଷେପ କରିଥାଆନ୍ତି। ଏକଦା ଛେଲିଆ ଗ୍ରାମରେ ଅଲୌକିକ କାଣ୍ଡ ଘଟି ବିଭିନ୍ନ ସ୍ଥାନରେ ଅଗ୍ନିର ଜ୍ୱଳନ ଘଟୁଥିଲା। ଲୋକମାନେ ଚେଷ୍ଟା କରି ମଧ୍ୟ ସେହି ଅଗ୍ନିକୁ

ନିର୍ବାପିତ କରିପାରୁ ନଥିଲେ। ସେଠାରେ ହିଙ୍ଗୁଳା ଦେବୀଙ୍କୁ ପୂଜାର୍ଚ୍ଚନା କରିବାପରେ ଅଗ୍ନି ନିର୍ବାପିତ ହୋଇଥିଲା। ଯାଜପୁର ଜିଲ୍ଲାର ଶଙ୍ଖଚିଲା ଗ୍ରାମ ଓ ତାଳଚେରର ଗୋପାଳ ପ୍ରସାଦ ଠାରେ ମଧ୍ୟ ହିଙ୍ଗୁଳା ଦେବୀଙ୍କୁ ପୂଜାର୍ଚ୍ଚନା କରାଯାଏ ବୋଲି ଡ. ଶତପଥୀ ଉଲ୍ଲେଖ କରିଛନ୍ତି।

ଡ. ଶତପଥୀ ଉଲ୍ଲେଖ କରିଛନ୍ତି ଯେ ପାକିସ୍ଥାନର ବେଲୁଚିସ୍ତାନ ନିକଟରେ ହିଙ୍ଗଳଇ ନାମରେ ଏକ ମନ୍ଦିର ରହିଛି ଏବଂ ତାହା ହିଙ୍ଗଳାଜ ତୀର୍ଥସ୍ଥଳ ଭାବରେ ପ୍ରସିଦ୍ଧ। ଏହା ମଧ୍ୟ ଜଣାଯାଇଛି ଯେ ବେଲୁଚିସ୍ତାନ ଓ ସିନ୍ଧୁ ପ୍ରଦେଶର ମଧ୍ୟବର୍ତ୍ତୀ ସ୍ଥଳରେ ହିଙ୍ଗୁଳା ନାମରେ ଏକ ପ୍ରଦେଶ ରହିଛି ଯାହା ହିଙ୍ଗୁଳା ଦେବୀଙ୍କ ନାମାନୁସାରେ ଗଢ଼ି ଉଠିଛି। ଏଇଥିରୁ ହିଙ୍ଗୁଳା ଦେବୀଙ୍କର ଗୁରୁତ୍ୱ କେତେ ଅଧିକ ତାହା ଅନୁମାନ କରାଯାଇପାରେ। ଡ. ଶତପଥୀ ଏହିପରି କେତେକ ଅନାଲୋଚିତ ଦେବୀମାନଙ୍କ ସମ୍ପର୍କରେ ଚର୍ଚ୍ଚା କରି ନିଜ ଗ୍ରନ୍ଥକୁ ପରିପୁଷ୍ଟ କରାଇଛନ୍ତି।

ଭାରତୀୟ ସଂସ୍କୃତିରେ ଶକ୍ତିକୁ ଉପାସନା କରିବାର ଯେଉଁ ଉଜ୍ଜ୍ୱଳ ପରମ୍ପରା ରହିଛି ରାମଚରିତ ମାନସ ଓ ବେଦ ଇତ୍ୟାଦିରୁ ତଥ୍ୟ ସଂଗ୍ରହ କରି ଡ. ଶତପଥୀ ପ୍ରକାଶ କରିଛନ୍ତି। ଶିବ ଶକ୍ତିଯୁକ୍ତ ହେଲେ ଯାଇ ଐଶ୍ୱରୀୟ କାର୍ଯ୍ୟ କରିବାରେ ସମର୍ଥ ହୋଇଥାଆନ୍ତି ବୋଲି ସେ ପ୍ରକାଶ କରିଛନ୍ତି। ପୁଣି ଶକ୍ତିରୂପା ଦଶମହାବିଦ୍ୟାଙ୍କ ସମ୍ପର୍କରେ ଆଲୋଚନା କରି ସେ ତାହାର ତଥ୍ୟକୁ ସର୍ବଜନ ସୁଲଭ କରି ପାରିଛନ୍ତି। ପୌରାଣିକ ତଥ୍ୟ ଅନୁସାରେ ଦକ୍ଷ ପ୍ରଜାପତି ଯେଉଁ ବିଶାଳ ଯଜ୍ଞର ଆୟୋଜନ କରିଥିଲେ ସେହି ଯଜ୍ଞକୁ କନ୍ୟା ସତୀ ଓ ଜାମାତା ଶିବଙ୍କୁ ଆମନ୍ତ୍ରଣ କରି ନଥିଲେ। ଅନିମନ୍ତ୍ରିତ ଭାବରେ ସତୀ ପିତ୍ରାଳୟରେ ପହଞ୍ଚି ଶିବଙ୍କୁ ନିମନ୍ତ୍ରଣ କରିବା ପାଇଁ ପିତାଙ୍କୁ ଅନୁରୋଧ କରିଥିଲେ। ମାତ୍ର ଦକ୍ଷ ସତୀଙ୍କର ଅନୁରୋଧକୁ କର୍ଣ୍ଣପାତ କରି ନଥିଲେ। ଏହାଦ୍ୱାରା କ୍ରୋଧାନ୍ୱିତା ହୋଇ ଯାଇଥିବା ସତୀ ଭୟଙ୍କର ଏବଂ ବିକଟାଳ ମୂର୍ତ୍ତି ନିଜ ଅଙ୍ଗରୁ ଦଶ ମହାବିଦ୍ୟାଙ୍କୁ ପ୍ରକଟ କରାଇ ଦଶଦିଗକୁ ଅବରୋଧ କରାଇଥିଲେ। ସେହି ଦଶମହାବିଦ୍ୟାମାନେ ହେଲେ- କାଳୀ, ତାରା, ଷୋଡ଼ଶୀ, ଭୁବନେଶ୍ୱରୀ, ଭୈରବୀ, ଛିନ୍ନମସ୍ତା, ଧୂମାବତୀ, ବଗଳା, ମାତଙ୍ଗୀ ଓ କମଳା। ଭାରତୀୟ ତନ୍ତ୍ର ସାହିତ୍ୟରେ ଏମାନଙ୍କର ଗୁରୁତ୍ୱପୂର୍ଣ୍ଣ ଭୂମିକା ରହିଛି। ଏହି ଦଶ ମହାବିଦ୍ୟାଙ୍କ ସମ୍ପର୍କରେ ବିଶେଷ ତଥ୍ୟ ପ୍ରଦାନ କରି ଡ. ଶତପଥୀ ଜିଜ୍ଞାସୁ ପଣ୍ଡିତମାନଙ୍କର ଜ୍ଞାନକ୍ଷୁଧାକୁ ନିର୍ବାପନ କରିଛନ୍ତି।

ଆମ ପର୍ବପର୍ବାଣୀ ଓ ଓଷାବ୍ରତ ସମ୍ପର୍କରେ ଡ. ଶତପଥୀଙ୍କର ଏକ ସ୍ୱତନ୍ତ୍ର ଗ୍ରନ୍ଥ ମଧ୍ୟ ରହିଛି। ମାତ୍ର ସେହି ସବୁ ଓଷାବ୍ରତରେ କେଉଁ କେଉଁ ସ୍ଥାନରେ ଦେବୀମାନଙ୍କର ଆରାଧନା କରାଯାଉଛି ତାହାର ବିଶେଷ ଆଲୋଚନା ଏହି ଗ୍ରନ୍ଥରେ କରାଯାଇଛି। ଦୁର୍ଗା ସପ୍ତଶତୀ, ନବମାତୃକା, କାଳୀତତ୍ତ୍ୱ, ବିରଜା ଉପାସନା ଓ ଚତୁଃଷଷ୍ଠୀ ଯୋଗିନୀଙ୍କ ସମ୍ପର୍କରେ ମଧ୍ୟ ଏହି ଗ୍ରନ୍ଥରେ ବିସ୍ତୃତ ଆଲୋଚନା କରାଯାଇଛି।

ଦେବୀ ସରସ୍ୱତୀଙ୍କର ଆରାଧନା ଓ ମାର୍ଗଶିର ମାସରେ ମହାଲକ୍ଷ୍ମୀଙ୍କର ପୂଜା ଆମ ଓଡ଼ିଆ ସଂସ୍କୃତିର ଏକ ମହାନ୍ ପର୍ବ। ମହାଲକ୍ଷ୍ମୀଙ୍କୁ ନେଇ ଓଡ଼ିଶାରେ ଅନେକ ଗ୍ରନ୍ଥ ରଚନା କରାହୋଇ ସାରିଲାଣି। ବଳରାମ ଦାସଙ୍କ ଲକ୍ଷ୍ମୀପୁରାଣରେ ଜାତିପ୍ରଥାର ବିରୋଧ ସହିତ ନାରୀମାନଙ୍କୁ ଯଥେଷ୍ଟ ସମ୍ମାନ ପ୍ରଦାନ କରାଯାଇଛି। ମହାଲକ୍ଷ୍ମୀଙ୍କର ତତ୍ତ୍ୱକୁ ଆଲୋଚନାର ପରିସରକୁ ଆଣି ଡ. ଶତପଥୀ ଏକ ମହାନ୍ କାର୍ଯ୍ୟ ସାଧନ କରିଛନ୍ତି।

ଦେବୀ ତତ୍ତ୍ୱ ଭାରତୀୟ ସଂସ୍କୃତିର ଏକ ପ୍ରମୁଖ ତତ୍ତ୍ୱ ହୋଇଥିବା ଯୋଗୁଁ ଏହା ସମ୍ପର୍କରେ ଜିଜ୍ଞାସୁମାନଙ୍କର ଜାଣିବାର ଆବଶ୍ୟକତା ରହିଛି। ବେଦ ଉପନିଷଦ ଗୁଡ଼ିକରେ ଦେବୀ ତତ୍ତ୍ୱ ପ୍ରଚୁର ପରିମାଣରେ ଖୁନ୍ଦି ହୋଇ ରହିଛି। ମାତ୍ର ଅଧିକାଂଶ ପାଠକ ବେଦ ଓ ଉପନିଷଦ ସମ୍ପର୍କରେ ଅଜ୍ଞ ଥିବା ଯୋଗୁଁ ଦେବୀତତ୍ତ୍ୱ ରୂପକ ରସକୁ ଗ୍ରହଣ କରିପାରନ୍ତି ନାହିଁ। ସହଜ ଓ ସରଳ ଭାବରେ ସେହି ଗୂଢ଼ କଥାଗୁଡ଼ିକୁ ଯଦି କେହି ବୁଝେଇ ଦେଇପାରିଲା ତ ଆମ ପାଠକ ତାକୁ ସହଜରେ ଗ୍ରହଣ କରି ନେଇପାରନ୍ତି। ଡ. ଶତପଥୀ ଏହି ଗ୍ରନ୍ଥରେ ଜଣେ ଅବଧାନର ଭୂମିକା ଗ୍ରହଣ କରି ଗୂଢ଼ତତ୍ତ୍ୱମାନଙ୍କୁ ସହଜ ଓ ସରଳ ଭାବରେ ପାଠକମାନଙ୍କଠାରେ ପହଞ୍ଚାଇ ଦେଇ ପାରିଛନ୍ତି। ଗଳ୍ପ ଛଳରେ ଅନେକ କଥା କହି ସେ ତାଙ୍କର ବୈଦଗ୍ଧ୍ୟ ରୂପକ ଗୁଡ଼ ଖଣ୍ଡକୁ ତରଳ କରି ପରିବେଷଣ କରିଛନ୍ତି। ସେହି ହେତୁରୁ ଏହି ଗ୍ରନ୍ଥଟିକୁ ପାଠକମାନେ ସହଜରେ ଓ ମୁଗ୍ଧ ଚିତ୍ତରେ ଗ୍ରହଣ କରିପାରିବେ।

(ଲକ୍ଷ୍ମୀକାନ୍ତ ତ୍ରିପାଠୀ)
ସଭାପତି
ଫକୀରମୋହନ ସାହିତ୍ୟ ପରିଷଦ, ବାଲେଶ୍ୱର
ନାଗେଶ୍ୱରପଲ୍ଲୀ, ଆଲୁପୁର, ତାମୁଳିଆ ରୋଡ଼,
ବଲେଶ୍ୱର - ୭୫୬୦୦୧

ଆତ୍ମ କଥନ

ଭାରତୀୟ ଦର୍ଶନରେ ଶକ୍ତି ଉପାସନାର ପରମ୍ପରା ପ୍ରାଗ୍‌ବୈଦିକ କାଳରୁ ଅଦ୍ୟାବଧି ଏକ ଅନିବାର୍ଯ୍ୟ ଓ ମହତ୍ତ୍ୱପୂର୍ଣ୍ଣ ଅଂଗ ରୂପେ ମହିମା ମଣ୍ଡିତ ହୋଇ ଆସିଛି । ଋଷି ଅଗସ୍ତ୍ୟ ଏବଂ ଋଷି ହୟଗ୍ରୀବ ଏହାର ବର୍ଣ୍ଣନ 'ଶକ୍ତିସୂତ୍ର'ରେ ବିଶେଷ ଭାବରେ କରି ଅଛନ୍ତି । ଶାକ୍ତ ଦର୍ଶନ ଓ ଶକ୍ତି ଉପାସନାର ସୂତ୍ର ହେଲା **'ଅଥାତଃ ଶକ୍ତି ଜିଜ୍ଞାସା'** ଯାହା ଶ୍ରୀଶ୍ରୀ ସପ୍ତଶତୀ ଚଣ୍ଡୀର ଶ୍ରୀ ଦେବ୍ୟଥର୍ବଶୀର୍ଷମ୍ ମଧ୍ୟରେ ବର୍ଣ୍ଣିତ । ଶ୍ରୀ ଦେବ୍ୟଥର୍ବଶୀର୍ଷମ୍ ପ୍ରକୃତରେ ଅଥର୍ବ ବେଦର ଅଂଶ ବିଶେଷ । ଅଥର୍ବ ବେଦରେ ଶକ୍ତି ଉପାସନାର ମହିମା ଅପାର ବୋଲି କୁହାଯାଇଛି । ଶ୍ରୀ ସପ୍ତଶତୀ ପାଠ ପୂର୍ବରୁ ଏହା ପାଠ କଲେ ଅନନ୍ୟ ଫଳ ମିଳେ ବୋଲି କଥିତ ଅଛି । ଏଥିରେ ବର୍ଣ୍ଣନା ଅନୁଯାୟୀ ସମସ୍ତ ଦେବତା ଏକଦା ଦେବୀ ମହାମାୟାଙ୍କ ସମୀପକୁ ଯାଇ ନମ୍ରତା ପୂର୍ବକ ପଚାରିଲେ -ହେ ମହାଦେବୀ ! ଆପଣ କିଏ ? ଏହାର ଉତ୍ତରରେ ମହାଦେବୀ କହିଛନ୍ତି– **"ଅହଂ ବ୍ରହ୍ମ ସ୍ୱରୂପିଣୀ । ମତ୍ତଃ ପ୍ରକୃତିପୁରୁଷାତ୍ମକଂ ଜଗତ୍ । ଶୂନ୍ୟଞ୍ଚା ଶୂନ୍ୟଞ୍ଚ । ଅହମାନନ୍ଦାନାନନ୍ଦୌ । ଅହଂ ବିଜ୍ଞାନାବିଜ୍ଞାନେ । ଅହଂ ବ୍ରହ୍ମାବ୍ରହ୍ମଣୀ ବେଦିତବ୍ୟେ । ଅହଂ ପଞ୍ଚଭୂତାନ୍ୟପଞ୍ଚଭୂତାନି । ଅହମଖିଳଂ ଜଗତ୍ ॥"** ଅର୍ଥାତ୍ ମୁଁ ବ୍ରହ୍ମ ସ୍ୱରୂପ ଅଟେ । ମୋ ଠାରୁ ପ୍ରକୃତି-ପୁରୁଷାତ୍ମକ ସଦ୍‌ରୂପ ଓ ଅସଦ୍‌ରୂପ ଜଗତ୍ ଉତ୍ପନ୍ନ ହୋଇଛି । ମୁଁ ଆନନ୍ଦ ଏବଂ ଅନାନନ୍ଦରୂପା ଅଟେ । ମୁଁ ବିଜ୍ଞାନ ଏବଂ ଅବିଜ୍ଞାନରୂପା ଅଟେ । ନିଶ୍ଚିତ ଭାବରେ ଜ୍ଞାତବ୍ୟ ବ୍ରହ୍ମ ଏବଂ ଅବ୍ରହ୍ମ ମଧ୍ୟ ମୁଁ ଅଟେ । ପଞ୍ଚୀକୃତ ଓ ଅପଞ୍ଚୀକୃତ ମହାଭୂତ ମୁଁ ଅଟେ । ଏହି ସମଗ୍ର ଦୃଶ୍ୟମାନ ଜଗତ୍ ମୁଁ ଅଟେ ।

ଏଥିରୁ ଏହା ସୁସ୍ପଷ୍ଟ ଯେ ଏହି ଶକ୍ତି ଜିଜ୍ଞାସ୍ୟ (ଜାଣିବାଯୋଗ୍ୟ) ଅଟନ୍ତି । ସେ ମନ୍ତ୍ରମାନଙ୍କ ମଧ୍ୟରେ ମାତୃକା, ଶବ୍ଦ ମଧ୍ୟରେ ଜ୍ଞାନ, ଜ୍ଞାନ ମଧ୍ୟରେ ଚିନ୍ମୟାତୀତା ଏବଂ ଶୂନ୍ୟରେ ଶୂନ୍ୟସାକ୍ଷିଣୀ ମଧ୍ୟ ଅଟନ୍ତି । ଏଣୁ କୁହାଯାଇଛି–

ଶକ୍ତି ଉପାସନା ଓ ବୈଦିକ ଦେବୀତତ୍ତ୍ୱ : ୧୩

"ମନ୍ତ୍ରଣାଂ ମାତୃକାଦେବୀ ଶବ୍ଦାନାଂ ଜ୍ଞାନରୂପିଣୀ ।
ଜ୍ଞାନାନାଂ ଚିନ୍ମୟାତୀତା ଶୂନ୍ୟାନାଂ ଶୂନ୍ୟସାକ୍ଷିଣୀ ।।"

ଏହି ମହାଶକ୍ତି ଶକ୍ତିଙ୍କୁ **ବହବୃଚୋପନିଷଦ**ରେ କାମକଳା, ଶୃଙ୍ଗାରକଳା, ମହାତ୍ରିପୁରସୁନ୍ଦରୀ, ଷୋଡ଼ଶୀ, ଶ୍ରୀବିଦ୍ୟା, ବାଳା, ଅମ୍ବିକା, ସାବିତ୍ରୀ, ସରସ୍ୱତୀ ଇତ୍ୟାଦି ନାମରେ କୁହାଯାଇଛି । ତାହାଙ୍କୁ **ତ୍ରିପୁରାତାପିନ୍ୟୁପନିଷଦ୍**ରେ ଭଗବତୀ ତ୍ରିପୁରା, ପରମାବିଦ୍ୟା, ଚନ୍ଦ୍ରକଳା, ମହାକୁଣ୍ଡଳିନୀ ଆଦି ନାମରେ ବର୍ଣ୍ଣନା କରାଯାଇଛି ।

ମହାମାୟା ମହାଶକ୍ତି ସର୍ବାତ୍ମକ ଅଟନ୍ତି । ସେ ନିଖିଳ ଦେବଶକ୍ତିର ପୁଞ୍ଜିଭୂତ ବିଗ୍ରହ ଅଟନ୍ତି । ସେ ସର୍ବସ୍ୱରୂପା ପୃଥିବୀରୂପରେ ପ୍ରକଟିତା । ଯାହା ସମଗ୍ର ଚର-ଅଚର ପ୍ରାଣୀମାନଙ୍କର ଉତ୍ପତ୍ତି ନିବାସ ଓ ବିରଚଣ କ୍ଷେତ୍ର ଅଟେ । ଦେବୀ ସମସ୍ତ ଜୀବ ଓ ଜଡ଼ ପଦାର୍ଥର ଅନନ୍ୟ ଆଶ୍ରୟଦାତ୍ରୀ, ପାଳନକର୍ତ୍ତ୍ରୀ ଓ ଧାରଣ କର୍ତ୍ତ୍ରୀ ଅଟନ୍ତି । ତାଙ୍କର ଏହି ପାଳିନୀ ଶକ୍ତିକୁ 'ବୈଷ୍ଣବୀ ଶକ୍ତି' କୁହାଯାଏ । ଦେବଗଣ ତାଙ୍କୁ 'ଅନନ୍ତବୀର୍ଯ୍ୟା' ବା ଅମିତ କ୍ଷମତାସମ୍ପନ୍ନ ବୈଷ୍ଣବୀ ଶକ୍ତିରୂପରେ ସ୍ତୁତି କରନ୍ତି । ସେ ଜଗତରେ ସର୍ବବିଦ୍ୟା ରୂପା ଏବଂ ଚୈତନ୍ୟମୟୀ ମହାମାୟା ରୂପରେ ପୂଜିତା । ସେ ତ୍ରିଧା-ମାତ୍ରାତ୍ମିକା ସ୍ୱରୂପରେ ଉଦ୍ଭାସିତା । ଓଁକାରର ଅ-ଉ-ମ ଇତ୍ୟାଦି ମାତ୍ରାମାନ ଦେବୀଙ୍କର ସ୍ୱରୂପ ଅଟନ୍ତି । ଦେବୀ କାଳରୂପିଣୀ । କଳା, କାଷ୍ଠା, ନିମେଷ ଇତ୍ୟାଦି କାଳର ବିଭିନ୍ନ ସ୍ୱରୂପରେ ସେ ପ୍ରତିଷ୍ଠିତା । ସେ ଅବ୍ୟକ୍ତକୁ ସତ୍ତ୍ୱ, ରଜଃ ଓ ତମୋଗୁଣ ଦ୍ୱାରା ପ୍ରକଟ କରାଇଥାନ୍ତି । ସେ ହିଁ ଜଡ଼ଶକ୍ତି ଓ ଚେତନ ଶକ୍ତି । ସେ ହିଁ ବିବେକ, ସେ ହିଁ ବିଭ୍ରାନ୍ତି । ସେ ସ୍ୱରୂପତଃ ନିତ୍ୟା, ନିର୍ଗୁଣା ଏବଂ ନିରାକାରା ହେଲେ ମଧ୍ୟ ଦେବତାମାନଙ୍କ କାର୍ଯ୍ୟସିଦ୍ଧି ନିମନ୍ତେ ବିବିଧ ରୂପରେ ପ୍ରକଟ ହୁଅନ୍ତି । ଏହା ନିମ୍ନଶ୍ଳୋକରେ ସୁନ୍ଦର ଭାବରେ ବର୍ଣ୍ଣିତ:

"ନତ୍ୟୈବ ସା ଜଗନ୍ମୂର୍ତ୍ତିସ୍ତୟା ସର୍ବମିଦଂ ତତମ୍ ।।
ତଥାପି ତତ୍ସମୁତ୍ପତ୍ତିର୍ବହୁଧା ଶ୍ରୂୟତାଂ ମମ ।
ଦେବାନାଂ କାର୍ଯ୍ୟସିଦ୍ଧ୍ୟର୍ଥମାବିର୍ଭବତି ସା ଯଦା ।।"

(ଶ୍ରୀ ସପ୍ତଶତୀ ୧/୬୪-୬୫)

ଅତଏବ ମହାମାୟା ବୃହବିଧ ରୂପରେ ପ୍ରକଟ ହେଲେ ମଧ୍ୟ ଆମେ

ତାଙ୍କୁ ମାତୃରୂପରେ ହିଁ ଆରାଧନା କରିଥାଉଁ । ଏ ସମ୍ବନ୍ଧରେ ସ୍ୱାମୀ ରାମତୀର୍ଥଙ୍କ ଦ୍ୱାରା ଆମେରିକାରେ ଦିଆଯାଇଥିବା ଏକ ବ୍ୟାଖ୍ୟାନ ବିଶେଷ ଭାବରେ ପ୍ରଣିଧାନ ଯୋଗ୍ୟ ମନେହୁଏ:

"In this country you worship God as Father– 'My father which art in Heaven'. But in India God is worshipped not only as Father but as the Mother also. The Mother (MATA) is the dearest word in the Indian language, the blessed God–the deareast God." ଅର୍ଥାତ୍ ଏହି ଦେଶରେ ଆପଣମାନେ ଈଶ୍ୱରଙ୍କ ଉପାସନା ପିତାଙ୍କ ରୂପରେ କରନ୍ତି; ଯିଏ କି ସ୍ୱର୍ଗରେ ଅବସ୍ଥାନ କରନ୍ତି । କିନ୍ତୁ ହିନ୍ଦୁସ୍ତାନରେ ସେ କେବଳ ପିତା ରୂପରେ ଉପାସିତ ହୁଅନ୍ତି ନାହିଁ; ବରଂ ମାତା ରୂପରେ ମଧ୍ୟ ପୂଜିତ ହୋଇଥାନ୍ତି । ଭାରତୀୟ ଭାଷାରେ 'ମାଆ' ହେଉଛି ସବୁଠାରୁ ଅତିଶୟ ପ୍ରିୟ ଶବ୍ଦ । ଏହା ହିଁ ପରମକଲ୍ୟାଣକାରୀ ଈଶ୍ୱର ତତ୍ତ୍ୱ ଅଟେ ।

ଋଗ୍ ବେଦୋକ୍ତ ଦେବୀସୂକ୍ତରେ ମାତୃ ଉପାସନା ବିଷୟକ ବିଷଦ ବର୍ଣ୍ଣନା ଦୃଷ୍ଟିଗୋଚର ହୁଏ **"ଓଁ ଅହଂ ରୁଦ୍ରେଭି.... ଏନା ପୃଥିବ୍ୟୈତାବତୀ ମହିନା ସଂବଭୂବ ॥"** (ଋଗ୍‌ବେଦର ୧୦ମ ମଣ୍ଡଳ ୧୦ମ ଅଧ୍ୟାୟ ୧୨୫ ସୂକ୍ତ ଅନ୍ତର୍ଗତ ଆଠଗୋଟି ଋଚା) ଯାହା ଶାକ୍ତତନ୍ତ୍ରର ମୂଳାଧାର କହିଲେ ଅତ୍ୟୁକ୍ତି ହେବନାହିଁ । ମହର୍ଷି ଅମ୍ଭୃଣଙ୍କ ବ୍ରହ୍ମ ବିଦୁଷୀ କନ୍ୟା ବାକ୍‌ଙ୍କ ମୁଖ ନିସୃତ ଏହି ଦେବୀସୂକ୍ତ ବାଗାମ୍ଭୃଣୀ ସୂକ୍ତ ନାମରେ ମଧ୍ୟ ପରିଚିତ । ଏଥି ମଧ୍ୟରେ ଆଠଗୋଟି ସୂକ୍ତ ସ୍ଥାନିତ । ଓଡ଼ିଶାର ଯାଜପୁରର ଅଧିଷ୍ଠାତ୍ରୀ ମହିଷମର୍ଦ୍ଦିନୀ ମା' ବିରଜା ହେଉଛନ୍ତି ଏହି ସୂକ୍ତ ସମୂହର ସାକ୍ଷାତ ପ୍ରତିରୂପ । ଭାରତରେ ପ୍ରାଗ୍‌ବୈଦିକ କାଳରୁ ତନ୍ତ୍ର ଉପାସନାକୁ ପ୍ରାଧାନ୍ୟ ଦିଆଯାଇଥିବା ଏକ ପ୍ରତ୍ନତାତ୍ତ୍ୱିକ ଓ ଐତିହାସିକ ସତ୍ୟ ବୋଲି ପ୍ରମାଣିତ, ଯାହାର ଉନ୍ମେଷ ଉତ୍କଳ ମାଟିରେ ସର୍ବପ୍ରଥମ ହୋଇଥିଲା ବୋଲି ବିଦ୍ୱାନ ମାନଙ୍କ ମତ । ଏଣୁ ଓଡ଼ିଶାକୁ ତନ୍ତ୍ର ସଂସ୍କୃତିର ଆଦିଭୂମି ବୋଲି କୁହାଯାଏ –

"ଓଡ୍ରାକ୍ଷଂ ପ୍ରଥମଂ ପୀଠଂ ଦ୍ୱିତୀୟଂ ଜାଲଶୈଳକମ୍ ।
ତୃତୀୟଂ ପୂର୍ଣ୍ଣପୀଠନ୍ତ କାମରୂପ ଚତୁର୍ଥକମ୍ ॥"

(କାଳିକା ପୁରାଣ, ୬୪ଅ)

ଓଡ଼ିଶାର ପ୍ରାଚୀନତମ ସ୍ତମ୍ଭେଶ୍ୱରୀ ଉପାସନା, ଉତ୍ତରରେ ବିରଜା, ଶ୍ରୀକ୍ଷେତ୍ରରେ ବିମଳା, ବାରାହୀ, ଚାମୁଣ୍ଡା, ଭଦ୍ରଖର ଭଦ୍ରକାଳୀ, କେନ୍ଦୁଝରର ସିଦ୍ଧମଠ, ସମ୍ବଲପୁରର ସମଲେଇ, ବାଙ୍କିର ଚର୍ଚ୍ଚିକା, ବାରିପଦାର କାଳୀ ଓ ଅମ୍ବିକା, ଝଙ୍କଡ଼ର ଶାରଳା ପୀଠ, କୋଣାର୍କର ରାମଚଣ୍ଡୀ, ଘଟାଗାଁ ତାରିଣୀ, କଟକର ଚଣ୍ଡୀ ଓ ଗଡ଼ଚଣ୍ଡୀ, ବଡ଼ମ୍ବାର ଭଟ୍ଟାରିକା, କାକଟପୁର ମଙ୍ଗଳାପୀଠ, ପୁରୁଷୋତ୍ତମପୁରର ତାରାତାରେଣୀ, ବହଳଦାର କୀଚକେଶ୍ୱରୀ, ଚୌଦ୍ୱାରର ଧୂମାବତୀ, ପାରଳାଖେମୁଣ୍ଡିର ମାଣିକେଶ୍ୱରୀ, କପିଳାସର ପାର୍ବତୀ ଓ ଭୁବନେଶ୍ୱରୀ, ଚିକିଟିର କନକଦୁର୍ଗା, ତାଳଚେରର ହିଙ୍ଗୁଳା, ବାଣପୁରରେ ଭଗବତୀ, ନରସିଂହପୁରରେ ପ୍ରଗଳା, ଚିଲିକାର ନାରାୟଣୀ, ଘୁମୁସରର ବ୍ୟାଘ୍ରଦେବୀ, କୁଆଁଳୋର କନକେଶ୍ୱରୀ, କୋଦଳା ସନ୍ନିକଟ ସିଂହାସନୀ ଇତ୍ୟାଦି ପ୍ରମୁଖ ତନ୍ତ୍ରପୀଠ ସହ ଓଡ଼ିଶାର ପ୍ରତି ଗ୍ରାମ ଗ୍ରାମରେ ଗ୍ରାମ ଦେବତୀ ଉପାସନା ତଥା ଆହୁରି ଅସଂଖ୍ୟ ଦେବୀପୀଠ ଓ ଭାରତର ନଅଗୋଟି ଚତୁଃଷଷ୍ଠୀ ଯୋଗିନୀ ପୀଠ ମଧ୍ୟରୁ ଓଡ଼ିଶାରେ ଚାରିଗୋଟି ବହୁପ୍ରାଚୀନ ପୀଠସ୍ଥଳୀ ମାନଙ୍କର ଉପସ୍ଥିତି ଏହା ପ୍ରମାଣ କରିବା ପାଇଁ ଯଥେଷ୍ଟ ଯେ ଓଡ଼ିଶାରେ ସର୍ବପ୍ରଥମେ ଶାକ୍ତତନ୍ତ୍ର ଉପାସନାର ବ୍ୟାପକ ଉନ୍ମେଷ ଘଟିଥିଲା ।

ଆଲୋଚିତ ପୁସ୍ତକ "ଶକ୍ତି ଉପାସନା ଓ ବୈଦିକ ଦେବୀତତ୍ତ୍ୱ" ହେଉଛି ବିଜ୍ଞ ପାଠକମାନଙ୍କ ନିମନ୍ତେ ମୋର ଷଷ୍ଠ ଉପହାର । ପୂର୍ବ ପାଞ୍ଚଗୋଟି ପୁସ୍ତକ ସୁଧୀ ପାଠକମାନଙ୍କ ଦ୍ୱାରା ବହୁଳ ଆଦୃତି ଲାଭ କରିବା ପରେ ଏହି ଗ୍ରନ୍ଥର ସଂକଳନ ସକାଶେ ମୁଁ ଉତ୍ସାହିତ ହୋଇଥିଲି । ଏଥି ମଧ୍ୟରେ ବିସ୍ତୃତ ଭାବରେ ଉପରୋକ୍ତ ବିଷୟବସ୍ତୁ ଗୁଡ଼ିକ ଆଲୋଚିତ ହେବା ସଂଗେ ସଂଗେ ବେଦ ପୁରାଣରେ ଉଲ୍ଲିଖିତ ଦେବୀତତ୍ତ୍ୱ ଓ ଶାକ୍ତ ଉପାସନା ବିଷୟକ ଗଭୀର ଜ୍ଞାନ ସମୂହର ସନ୍ନିବେଶ କରାଯାଉଛି, ଯାହା ପିଢ଼ି ପରେ ପିଢ଼ି ଆମର ଭାବି ବଂଶଧର ମାନଙ୍କୁ ସଂସ୍କାର ଯୋଗାଇ ଚାଲିବ । ତଥାପି ଏଥିରେ ରହିଯାଇଥିବା ତ୍ରୁଟି ଗୁଡ଼ିକ ନିମନ୍ତେ ମୁଁ ନିଜ ତରଫରୁ କ୍ଷମା ପ୍ରାର୍ଥୀ ହେଉଛି ।

ଏହି ପୁସ୍ତକର ପାଣ୍ଡୁଲିପିଟିକୁ ପାଠ କରି ଆମ ଓଡ଼ିଶାର ମହାମହିମ ରାଜ୍ୟପାଳ ପ୍ରଫେସର ଶ୍ରୀଯୁକ୍ତ ଗଣେଶୀଲାଲ ମହୋଦୟ ନିଜର ଆଶୀର୍ବାଦ ଓ ଶୁଭେଚ୍ଛା ବାର୍ତ୍ତା ପ୍ରଦାନ କରିଥିବାରୁ ମୁଁ ତାଙ୍କୁ ମୋ ହୃଦୟର ସର୍ବାନ୍ତକରଣରୁ

ଗଭୀର କୃତଜ୍ଞତା ଜ୍ଞାପନ କରୁଛି । କୃତଜ୍ଞତା ଜ୍ଞାପନ କରୁଛି ଆମ ଓଡ଼ିଶାର ଗର୍ବଗୌରବ ବହୁ ଉପାଦେୟ ପୁସ୍ତକର ଯଶସ୍ୱୀ ପ୍ରଣେତା, ଓଡ଼ିଆ ଭାଷାତତ୍ତ୍ୱର ଜଣେ ଅଗ୍ରଗଣ୍ୟ ଗବେଷକ, ଓଡ଼ିଆ ଭାଷା ସୁରକ୍ଷା ଆନ୍ଦୋଳନର ଜଣେ ଅପ୍ରତିଦ୍ୱନ୍ଦ୍ୱୀ ସଂଗ୍ରାମୀ, ସୁଦୀର୍ଘ ଅର୍ଦ୍ଧଶତକରୁ ଊର୍ଦ୍ଧ୍ୱକାଳ ଧରି ଓଡ଼ିଶାର ଘରେ ଘରେ ସୁପରିଚିତ ବିବିଧ ପ୍ରତିଷ୍ଠିତ ଦୈନିକ ସମ୍ବାଦପତ୍ର ମାନଙ୍କର ଜଣେ ନିୟମିତ ସ୍ତମ୍ଭକାର ପଦ୍ମଶ୍ରୀ ପଣ୍ଡିତ (ଡଃ) ଅନ୍ତର୍ଯ୍ୟାମୀ ମିଶ୍ରଙ୍କ ନିକଟରେ, ଆଲୋଚିତ ପୁସ୍ତକଟି ସକାଶେ ପଠାଇଥିବା ତାଙ୍କର ଅତ୍ୟନ୍ତ ସାରଗର୍ଭକ ଅଭିମତ ସକାଶେ । ପୁଣି ଏଇ ପୁସ୍ତକର ପାଣ୍ଡୁଲିପିଟିକୁ ଆମୂଳଚୂଳ ପାଠକରି ଏ ସମ୍ପର୍କରେ ତାଙ୍କର ଦୁର୍ମୂଲ୍ୟ ପାଣ୍ଡିତ୍ୟ ପୂର୍ଣ୍ଣ ମତାମତ ଓ ଶୁଭେଚ୍ଛାବାର୍ତ୍ତା ପ୍ରେରଣ କରିଥିବା କାରଣରୁ ଓଡ଼ିଶା ମାଟିର ମୂର୍ଦ୍ଧନ୍ୟ ଶିକ୍ଷାବିତ୍, ବହୁ ପୁସ୍ତକର ପ୍ରଣେତା, ଓଡ଼ିଶା ସାରସ୍ୱତ ଜଗତର ବରେଣ୍ୟ ପ୍ରତିଭା, ପ୍ରଗଲ୍ଭ ବକ୍ତା ପ୍ରଫେସର ହରିହର ହୋତାଙ୍କ ନିକଟରେ ମୁଁ ଆଜୀବନ ଋଣୀ ରହିଗଲି । ପ୍ରଫେସର ଡକ୍ଟର ଅରୁଣ ରଞ୍ଜନ ମିଶ୍ର, ପୂର୍ବତନ ବିଭାଗ ମୁଖ୍ୟ (ସଂସ୍କୃତ, ପାଲି ଓ ପ୍ରାକୃତ ବିଭାଗ, ବିଶ୍ୱଭାରତୀ-ଶାନ୍ତିନିକେତନ (ପଶ୍ଚିମବଙ୍ଗ) ଉଲ୍ଲିଖିତ ପୁସ୍ତକର କେତେକ ଅତ୍ୟାବଶ୍ୟକ ସଂଶୋଧନ ଓ ପରାମର୍ଶ ପ୍ରଦାନ କରି ମୋତେ କୃତାର୍ଥ କରାଇଥିବାରୁ ମୁଁ ତାଙ୍କ ନିକଟରେ ଚିର ଋଣୀ । ଏହା ବ୍ୟତୀତ ଓଡ଼ିଶାର ଆଉ ଜଣେ ଯଶସ୍ୱୀ ସାରସ୍ୱତ ସାଧକ, କବି, ପ୍ରାବନ୍ଧିକ, ସ୍ତମ୍ଭକାର, ପ୍ରାୟ ତିରିଶଟି ପୁସ୍ତକର ପ୍ରଣେତା ଫକୀରମୋହନ ସାହିତ୍ୟ ପରିଷଦ, ବାଲେଶ୍ୱରର ସଭାପତି ଡକ୍ଟର ଲକ୍ଷ୍ମୀକାନ୍ତ ତ୍ରିପାଠୀ ସମଗ୍ର ପାଣ୍ଡୁଲିପିଟିକୁ ଅଧ୍ୟୟନ କରି ଏହି ପୁସ୍ତକ ପାଇଁ ନିଜର ବିଦ୍‌ବତ୍ତାପୂର୍ଣ୍ଣ ଅଭିମତ ପ୍ରଦାନ କରିଥିବା କାରଣରୁ ମୁଁ ତାଙ୍କୁ ଗଭୀର ଧନ୍ୟବାଦ ଜ୍ଞାପନ କରୁଛି । ପୁସ୍ତକଟିର ଆକର୍ଷକ ପ୍ରଚ୍ଛଦ ସଜ୍ଜା ନିମିତ୍ତ ଧନ୍ୟବାଦ ଜଣାଉଛି ଶ୍ରୀମାନ୍ ତାପସ ପଣ୍ଡା, ରାଣୀପାଟଣା, ବାଲେଶ୍ୱରଙ୍କୁ ତଥା ଏହାର ମୁଦ୍ରଣ ତଥା ଡି.ଟି.ପି. ଦାୟିତ୍ୱ ଯଥାକ୍ରମେ ....ଓ ସୃଜନୀ, ସିନେମା ବଜାର, ବାଲେଶ୍ୱର ବହନ କରିଥିବା ହେତୁ ମୁଁ ସେମାନଙ୍କୁ ଅଜସ୍ର ଧନ୍ୟବାଦ ଜଣାଉଛି । ପୁସ୍ତକଟି ପାଠକମାନଙ୍କ ଦ୍ୱାରା ଆଦୃତ ହୋଇ ପାରିଲେ ମୋର ଶ୍ରମ ସାର୍ଥକ ହେଲା ବୋଲି ମଣିବି ।

ବିନୀତ

ଅଶ୍ୱିନୀ କୁମାର ଶତପଥୀ

ସୂଚୀ

୧.	ମୋକ୍ଷପ୍ରାପ୍ତ ପାଇଁ ପ୍ରାତଃ ସ୍ମରଣୀୟ ଶ୍ଲୋକ	୪
୨.	ଋଗ୍‌ବେଦୋକ୍ତଂ ଦେବୀସୂକ୍ତମ୍	୨୩
୩.	ଋଗ୍‌ବେଦୋକ୍ତଂ ଦେବୀ ସୂକ୍ତମ୍ (ଓଡ଼ିଆ ଅନୁବାଦ)	୨୫
୪.	ତନ୍ତ୍ରୋକ୍ତଂ ଦେବୀ ସୂକ୍ତମ୍	୨୭
୫.	ଶ୍ରୀଦୁର୍ଗାମାନସ-ପୂଜା	୩୦
୬.	ଶ୍ରୀ ଦୁର୍ଗାମାନସ ପୂଜା (ଶ୍ଲୋକମାନଙ୍କର ଓଡ଼ିଆ ଭାବାର୍ଥ)	୩୩
୭.	ଅଥ ସପ୍ତଶ୍ଲୋକୀ ଦୁର୍ଗା	୩୮
୮.	ଅଥ ସପ୍ତଶ୍ଲୋକୀ ଦୁର୍ଗା (ଓଡ଼ିଆ ଅନୁବାଦ)	୪୦
୯.	ଶ୍ରୀଦୁର୍ଗାଷ୍ଟୋତ୍ତରଶତନାମସ୍ତୋତ୍ରମ୍	୪୨
୧୦.	ଶ୍ରୀ ଦୁର୍ଗାଷ୍ଟୋତ୍ତର ଶତନାମସ୍ତୋତ୍ରମ୍ (ଓଡ଼ିଆ ଅନୁବାଦ)	୪୪
୧୧.	ଅଥ ଦୁର୍ଗାଦ୍ୱାତ୍ରିଂଶନ୍ନାମମାଳା	୪୬
୧୨.	ଦୁର୍ଗା ଦ୍ୱାତ୍ରିଂଶନ୍ନାମମାଳାର ଉତ୍ପତ୍ତି ଓ ବୈଶିଷ୍ଟ୍ୟ	୪୭
୧୩.	ସିଦ୍ଧକୁଞ୍ଜିକାସ୍ତୋତ୍ରମ୍	୪୯
୧୪.	ଶ୍ରୀ ଶ୍ରୀ ଦୁର୍ଗା ଗାୟତ୍ରୀ ମନ୍ତ୍ର	୫୩
୧୫.	ଶ୍ରୀ ଶ୍ରୀ ବିମଳାଷ୍ଟକମ୍	୫୪
୧୬.	ଭାରତୀୟ ସଂସ୍କୃତିରେ ଶକ୍ତି ଉପାସନାର ଉଜ୍ଜ୍ୱଳ ପରମ୍ପରା	୫୬
୧୭.	ମହାମାୟା ଜଗନ୍ମାତାଙ୍କ ସର୍ବବ୍ୟାପକତା	୬୮
୧୮.	ଦଶ ମହାବିଦ୍ୟା ଏବଂ ସେମାନଙ୍କ ଆବିର୍ଭାବ ରହସ୍ୟ	୭୨
୧୯.	ଦଶମହାବିଦ୍ୟାଙ୍କର ବିବିଧ ଲୀଳା ପ୍ରସଙ୍ଗ	୮୧

୨୦. ଆମ ପର୍ବପର୍ବାଣୀ ଓ ଓଷାବ୍ରତ ମଧରେ ଶାକ୍ତ ଉପାସନାର ସମୃଦ୍ଧ ପରମ୍ପରା	୧୦୨
୨୧. ବିଭିନ୍ନ ପ୍ରାନ୍ତରେ ଶକ୍ତି ଆରାଧନାର ଐତିହ୍ୟ	୧୧୩
କ) ବଙ୍ଗ ଭୂମିରେ ଦୁର୍ଗାପୂଜା	୧୧୪
ଖ) ଆସାମରେ ନବରାତ୍ର ଓ ଶକ୍ତିପୂଜା	୧୧୭
ଗ) ବିହାରରେ ଦୁର୍ଗାପୂଜା	୧୧୮
ଘ) ଓଡ଼ିଶାରେ ଦୁର୍ଗାପୂଜାର ପରମ୍ପରା	୧୧୮
ଙ) ଛତିଶଗଡ଼ର ବିଶ୍ୱପ୍ରସିଦ୍ଧ ଦଶହରା	୧୧୯
ଚ) ହିମାଚଳ ପ୍ରଦେଶର ଦଶହରା	୧୨୦
ଛ) ତ୍ରିପୁରାରେ ଦୁର୍ଗାପୂଜା	୧୨୧
ଜ) ମହାରାଷ୍ଟ୍ରରେ ଦୁର୍ଗୋସବ	୧୨୧
ଝ) ଗୁଜୁରାଟରେ ନବରାତ୍ର ପର୍ବ	୧୨୧
ଞ) ମହୀଶୂରରେ ଦଶହରା	୧୨୨
ଟ) ତାମିଲନାଡୁର ଦୁର୍ଗାପୂଜା	୧୨୩
ଠ) ଉତ୍ତର ଭାରତରେ ଦୁର୍ଗାପୂଜା	୧୨୩
୨୨. ପ୍ରକୃତି, ପରିବେଶ ଓ କୃଷି ସଂସ୍କୃତିର ଅଧିଷ୍ଠାତ୍ରୀ ଦେବୀ ଜଗଜ୍ଜନନୀ ମହାମାୟା	୧୨୭
୨୩. ଉପନିଷଦରେ ଶକ୍ତି ଉପାସନା ରହସ୍ୟ	୧୩୮
୨୪. ଭାରତୀୟ ସଂସ୍କୃତିରେ ଦେବୀତତ୍ତ୍ୱ ଏବଂ ତାହାର ବୈଶିଷ୍ଟ୍ୟ	୧୫୮
୨୫. ମହାଳୟା ଶ୍ରାଦ୍ଧ/ଶ୍ରାଦ୍ଧପକ୍ଷ ପାଳନ କରିବା କାହିଁକି ?	୧୬୪
୨୬. ହିନ୍ଦୁ ସଂସ୍କୃତିରେ ଶ୍ରାଦ୍ଧର ମହିମା ଓ ରହସ୍ୟମୟୀ ଦେବୀ ସ୍ୱଧା	୧୭୦
୨୭. ଗୃହରେ ଶାନ୍ତି ସମୃଦ୍ଧି ତଥା ଦୁର୍ଭାଗ୍ୟରୁ ମୁକ୍ତି ପାଇଁ ଶ୍ରାଦ୍ଧପକ୍ଷରେ ବିଶେଷ ପରୀକ୍ଷିତ ପ୍ରୟୋଗ	୧୭୯
୨୮. ଗୟାରେ ପିଣ୍ଡଦାନର ମହତ୍ତ୍ୱ	୧୮୧

୨୯. ଶ୍ରାଦ୍ଧପକ୍ଷ ସମୟରେ ବିଶେଷ ଜାଣିବା ଯୋଗ୍ୟ କଥା	୧୮୫
୩୦. ଶକ୍ତି ଉପାସନାର ପୁଣ୍ୟ ପର୍ବ: ଶାରଦୀୟ ନବରାତ୍ର	୧୮୮
୩୧. ନବଦୁର୍ଗାଙ୍କ ସ୍ତୁତି ମନ୍ତ୍ର	୧୯୨
୩୨. ନବଦୁର୍ଗାଙ୍କ ସ୍ୱରୂପ ଓ ଆରାଧନାର ବୈଶିଷ୍ଟ୍ୟ	୧୯୪
୩୩. ନବରାତ୍ର ବ୍ରତର ବିଧିବିଧାନ	୨୦୧
୩୪. ଶ୍ରୀ ଶ୍ରୀ ଦୁର୍ଗା ସପ୍ତଶତୀ- ଏକ ସଂକ୍ଷିପ୍ତ ପରିଚୟ (୧)	୨୦୭
୩୫. ଶ୍ରୀ ଶ୍ରୀ ଦୁର୍ଗା ସପ୍ତଶତୀ : ଏକ ସଂକ୍ଷିପ୍ତ ପରିଚୟ (୨)	୨୧୮
୩୬. ବିଭିନ୍ନ ବାର ଅନୁଯାୟୀ ଶ୍ରୀ ଶ୍ରୀ ସପ୍ତଶତୀ ଚଣ୍ଡୀ ପାଠନର ଫଳାଫଳ	୨୨୬
୩୭. ଶାରଦୀୟ ନବରାତ୍ରରେ କୁମାରୀ ପୂଜନର ପରମ୍ପରା	୨୨୯
୩୮. ନବଜୀବନ ପ୍ରଦାନକାରୀ ପର୍ବ: ନବରାତ୍ର	୨୩୪
୩୯. ବାସନ୍ତିକ ନବରାତ୍ର	୨୩୯
୪୦. ନବରାତ୍ରିରେ ବିଭିନ୍ନ ତିଥି ଅନୁଯାୟୀ ଶ୍ରୀ ଶ୍ରୀ ସପ୍ତଶତୀ ଚଣ୍ଡୀ ପାଠନର ଫଳାଫଳ	୨୪୨
୪୧. ଶକ୍ତି ପୂଜନର ସର୍ବଶ୍ରେଷ୍ଠ ଅବସର ବାସନ୍ତିକ ନବରାତ୍ର	୨୪୫
୪୨. ନବରାତ୍ରିରେ କେଉଁ ତିଥିରେ ଦେବୀଙ୍କୁ କ'ଣ ଅର୍ପଣ କଲେ କି ଫଳ ମିଳେ ?	୨୪୭
୪୩. ନମାମି ତ୍ୱାଂ ମହାଦେବୀଂ	୨୪୮
୪୪. ଗୁପ୍ତ ନବରାତ୍ରି	୨୫୫
୪୫. ଶକ୍ତିସ୍ୱରୂପା ନବପତ୍ରିକାର ପୂଜନ ରହସ୍ୟ	୨୬୦
୪୬. ମହାଶକ୍ତି ଜଗନ୍ମାତା ଦୁର୍ଗାଙ୍କ ପୂଜାମହୋତ୍ସବ	୨୭୩
୪୭. କେଉଁ ପୁଷ୍ପ ଦ୍ୱାରା କେଉଁ ଦେବୀ ପ୍ରସନ୍ନ ହୁଅନ୍ତି	୨୮୦
୪୮. 'ଔଁ' ବୀଜମନ୍ତ୍ରର ମାହାତ୍ମ୍ୟ	୨୮୨
୪୯. ରୋଗ, ବିପଦ ଓ ପାପର ବିନାଶ ନିମନ୍ତେ ଶ୍ରୀଶ୍ରୀ ଦୁର୍ଗା ସପ୍ତଶତୀରୁ କେତେକ ପରୀକ୍ଷିତ ମନ୍ତ୍ର	୨୮୪
୫୦. ଏକ ବିଜୟଶାଳୀ ଓ ସାମର୍ଥ୍ୟସମ୍ପନ୍ନ ରାଷ୍ଟର ଗଠନ ନିମିତ୍ତ ପ୍ରେରକ ପର୍ବ ବିଜୟା ଦଶମୀ	୨୮୭

ଶକ୍ତି ଉପାସନା ଓ ବୈଦିକ ଦେବୀତତ୍ତ୍ୱ : ୧୦

୫୧.	ମହାକାଳୀ, ମହାଲକ୍ଷ୍ମୀ, ମହା ସରସ୍ୱତୀଙ୍କ ପ୍ରାକଟ୍ୟ ରହସ୍ୟ ଓ ତ୍ରିଶକ୍ତି ତତ୍ତ୍ୱ	୨୯୪
୫୨.	ବିରଜାଙ୍କ ପରମ୍ପରାରେ ଦୈନନ୍ଦିନ ପୂଜାନୀତି ଓ ପର୍ବପର୍ବାଣି	୩୦୫
୫୩.	ଶ୍ରୀ ମନ୍ଦିରରେ ବିମଳାଙ୍କ ଶାରଦୀୟ ଦୁର୍ଗୋତ୍ସବ	୩୧୦
୫୪.	ଭାରତୀୟ ଶାକ୍ତତନ୍ତ୍ର ପରମ୍ପରାରେ ମାତୃକା ଉପାସନା	୩୧୫
୫୫.	ଶ୍ରୀକ୍ଷେତ୍ରରେ ଶକ୍ତି ଉପାସନାର ଅନନ୍ୟ ପରମ୍ପରା ଗୋସାଣୀ ଯାତ	୩୨୭
୫୬.	ବିଜୟ ଉଲ୍ଲାସର ପର୍ବ : ବିଜୟା ଦଶମୀ	୩୩୧
୫୭.	ଜଗନ୍ମାତା ମହାଲକ୍ଷ୍ମୀଙ୍କ ଆରାଧନା (ଆଶ୍ୱିନ ପୂର୍ଣ୍ଣିମା)	୩୩୮
୫୮.	କେଉଁ ଗୃହରେ ଭଗବତୀ ଲକ୍ଷ୍ମୀ ନିବାସ କରନ୍ତି ?	୩୪୪
୫୯.	ଜ୍ଞାନ ଓ ପ୍ରକାଶର ଦିବ୍ୟ ପର୍ବ ଦୀପାବଳିରେ ମହାଲକ୍ଷ୍ମୀ ଓ ଷୋଡ଼ଶମାତୃକା ଆରାଧନା	୩୪୮
୬୦.	ଦେବୀ ଜଗଦ୍‌ଧାତ୍ରୀଙ୍କ ପୂଜା ଉପାସନା	୩୫୪
୬୧.	ମାର୍ଗଶୀର ମାସ ମାଣବସା ଗୁରୁବାର ବ୍ରତ ଓ ଲକ୍ଷ୍ମୀ ଉପାସନା	୩୬୦
୬୨.	ଜଗନ୍ମାତା ଦେବୀ ମହାଲକ୍ଷ୍ମୀଙ୍କ ସଂକ୍ଷିପ୍ତ ଶାସ୍ତ୍ରୀୟ ପୂଜାବିଧି	୩୭୨
୬୩.	ଶ୍ରୀ ମହାଲକ୍ଷ୍ମୀଙ୍କର ବିବିଧ ସ୍ତୋତ୍ରମାଳା	୩୮୦
	କ) ଶ୍ରୀ ମହାଲକ୍ଷ୍ମ୍ୟଷ୍ଟକ ସ୍ତୋତ୍ରମ୍‌	୩୮୦
	ଖ) ଶ୍ରୀ ସୂକ୍ତମ୍‌	୩୮୧
	ଗ) ତ୍ରୈଲୋକ୍ୟମଙ୍ଗଳ ଶ୍ରୀ ଲକ୍ଷ୍ମୀସ୍ତୋତ୍ରମ	୩୮୩
	ଘ) ଦେବୀ ମହାଲକ୍ଷ୍ମୀଙ୍କ ଗାୟତ୍ରୀ ମନ୍ତ୍ର	୩୮୪
୬୪.	ବସନ୍ତ ପଞ୍ଚମୀ : ବିଦ୍ୟାଦାତ୍ରୀ ସରସ୍ୱତୀଙ୍କର ପୂଜାମହୋତ୍ସବ	୩୮୫
୬୫.	ମା' ସରସ୍ୱତୀଙ୍କ ଉପାସନାର ପୁଣ୍ୟ ପର୍ବ ଶ୍ରୀପଞ୍ଚମୀ	୩୯୨
୬୬.	ଦେବରାଜ ଇନ୍ଦ୍ରଙ୍କର ଗର୍ବ ଗଞ୍ଜନକାରିଣୀ ଦେବୀ ଭଗବତୀ	୩୯୫
୬୭.	କାଳୀ ତତ୍ତ୍ୱ ଏବଂ ତାଙ୍କ ଆରାଧନା	୩୯୮
୬୮.	ମହାମାୟା ଦୁର୍ଗାଙ୍କର ଦୁର୍ଗମ ନାମକ ମହାଦୈତ୍ୟର ନିଧନ ଓ ବେଦୋଦ୍ଧାର ପ୍ରସଙ୍ଗ	୪୧୧

୬୯. ଦେବୀମାତା ଆଦ୍ୟାଶକ୍ତିଙ୍କ ଦ୍ୱାରା ମଧୁ ଓ କୈଟଭ ନାମକ ରାକ୍ଷସଙ୍କର ବଧ	୪୧୫
୭୦. ଉତ୍କଳରେ ଶାକ୍ତ ଉପାସନାର ପରମ୍ପରା ଓ ଏହାର ପ୍ରାଚୀନତା	୪୧୭
୭୧. ଶକ୍ତି ଓ ତନ୍ତ୍ର ପରମ୍ପରାର ଆଦ୍ୟପୀଠ ବିରଜାକ୍ଷେତ୍ର	୪୨୫
୭୨. ଆଦ୍ୟାଶକ୍ତି ବିରଜାଙ୍କ ଦୁର୍ଗୋତ୍ସବ ଓ ପୂଜାନୀତି	୪୩୧
୭୩. ଶ୍ରୀପୁରୁଷୋତ୍ତମ କ୍ଷେତ୍ରରେ ଅଷ୍ଟଶକ୍ତି ଉପାସନା	୪୩୭
୭୪. ଶକ୍ତି ଉପାସନା ପରମ୍ପରାରେ ଚତୁଃଷଷ୍ଟି ଯୋଗିନୀଙ୍କ ଉପୁତ୍ତି ଏବଂ ଆରାଧନା ରହସ୍ୟ	୪୪୪
୭୫. ଶାକ୍ତ ଚେତନାରେ ଚତୁଃଷଷ୍ଟି ଯୋଗିନୀ ଉପାସନାର ବୈଶିଷ୍ଟ୍ୟ	୪୫୬
୭୬. ସର୍ବ ଦୁଃଖହାରିଣୀ ଦେବୀ ମା' ହିଙ୍ଗୁଳା	୪୬୩
୭୭. ଯାଜପୁରର ଅଗ୍ନିରୂପା ଦେବୀ ମା' ହିଙ୍ଗୁଳା	୪୬୬
୭୮. ଆଦ୍ୟାଶକ୍ତି ଦେବୀ ମାତା ହିଙ୍ଗୁଳା ଓ ମହାପ୍ରଭୁ ଶ୍ରୀଜଗନ୍ନାଥ	୪୬୮
୭୯. ସନାତନୀ ମା' ହିଙ୍ଗୁଳାଙ୍କ ବିଶ୍ୱ ପ୍ରସିଦ୍ଧପୀଠ: ହିଙ୍ଗଳାଜ୍ ତୀର୍ଥ (ବେଲୁଚିସ୍ତାନ)	୪୭୦
୮୦. ମାଆ ମଙ୍ଗଳାଙ୍କ ଦୈନନ୍ଦିନ ନୀତି ଓ ଶାରଦୀୟ ମହୋତ୍ସବ	୪୭୩
୮୧. ଉତ୍କଳୀୟ ପରମ୍ପରାରେ ଅଷ୍ଟଶକ୍ତି ଉପାସନା	୪୮୦
୮୨. ବେଦମାତା ଗାୟତ୍ରୀ: ତତ୍ତ୍ୱ, ସାଧନା ଓ ଜପବିଧି	୪୯୬
୮୩. ଶ୍ରୀଜଗନ୍ନାଥ ସଂସ୍କୃତିରେ ଶାକ୍ତ ଉପାସନା ଓ ତାନ୍ତ୍ରିକ ରୀତିନୀତିର ପ୍ରାଧାନ୍ୟ	୫୦୦
୮୪. ଅବତାରବାଦ ଏବଂ ଶକ୍ତିତତ୍ତ୍ୱ	୫୧୫
୮୫. ସନ୍ଦର୍ଭ ଗ୍ରନ୍ଥ ସୂଚୀ	୫୨୨
୮୬. ସାହିତ୍ୟକୃତି ନିମନ୍ତେ ବିବିଧ ଅନୁଷ୍ଠାନ ଦ୍ୱାରା ପୁରସ୍କୃତ ଓ ସମ୍ବର୍ଦ୍ଧିତ ହୋଇଥିବା ଲେଖକ ଡକ୍ଟର ଅଶ୍ୱିନୀ କୁମାର ଶତପଥୀ	୫୭୪
୮୭. ଡକ୍ଟର ଅଶ୍ୱିନୀ କୁମାର ଶତପଥୀଙ୍କ ପ୍ରକାଶିତ ପୁସ୍ତକ...	୫୭୭
୮୮. ପ୍ରକାଶ ଅପେକ୍ଷାରେ ପୁସ୍ତକ	୫୭୭
୮୯. ନିବେଦନ	୫୭୮

ଋଗ୍‌ବେଦୋକ୍ତଂ ଦେବୀସୂକ୍ତମ୍

ଓଁ ଅହମିତ୍ୟଷ୍ଟର୍ଚସ୍ୟ ସୂକ୍ତସ୍ୟ ବାଗାମ୍ଭୃଣୀ ଋଷିଃ, ସଚ୍ଚିତ୍‌ସୁଖାତ୍ମକଃ ସର୍ବଗତଃ ପରମାତ୍ମା ଦେବତା, ଦ୍ୱିତୀୟାୟା ଋଚେ ଜଗତୀ, ଶିଷ୍ଟାନାଂ ତ୍ରିଷ୍ଟୁପ୍ ଛନ୍ଦଃ, ଦେବୀମାହାତ୍ମ୍ୟପାଠେ ବିନିଯୋଗଃ ।

ଧ୍ୟାନମ୍

ଓଁ ସିଂହସ୍ଥା ଶଶିଶେଖରା ମରକତପ୍ରଖ୍ୟୈଶ୍ଚତୁର୍ଭିର୍ଭୁଜୈଃ
ଶଙ୍ଖଂ ଚକ୍ରଧନୁଃଶରାଂଶ୍ଚ ଦଧତୀ ନେତ୍ରୈସ୍ତ୍ରିଭିଃ ଶୋଭିତା ।
ଆମୁକ୍ତାଙ୍ଗଦହାରକଙ୍କଣରଣତ୍‌କାଞ୍ଚୀରଣନ୍ନୂପୁରା
ଦୁର୍ଗା ଦୁର୍ଗତିହାରିଣୀ ଭବତୁ ନୋ ରତ୍ନୋଲ୍ଲସତ୍‌କୁଣ୍ଡଳା ॥

ଦେବୀସୂକ୍ତମ୍

ଓଁ ଅହଂ ରୁଦ୍ରେଭିର୍ବସୁଭିଶ୍ଚରାମ୍ୟହମାଦିତ୍ୟୈରୁତ ବିଶ୍ୱଦେବୈଃ ।
ଅହଂ ମିତ୍ରାବରୁଣୋଭା ବିଭର୍ମ୍ୟହମିନ୍ଦ୍ରାଗ୍ନୀ ଅହମଶ୍ୱିନୋଭା ॥୧॥
ଅହଂ ସୋମମାହନସଂ ବିଭର୍ମ୍ୟହଂ ତ୍ୱଷ୍ଟାରମୁତ ପୂଷଣଂ ଭଗମ୍ ।
ଅହଂ ଦଧାମି ଦ୍ରବିଣଂ ହବିଷ୍ମତେ ସୁପ୍ରାବ୍ୟେ ଯଜମାନାୟ ସୁନ୍ୱତେ ॥୨॥
ଅହଂ ରାଷ୍ଟ୍ରୀ ସଂଗମନୀ ବସୂନାଂ ଚିକିତୁଷୀ ପ୍ରଥମା ଯଜ୍ଞିୟାନାମ୍ ।
ତାଂ ମା ଦେବା ବ୍ୟଦଧୁଃ ପୁରୁତ୍ରା ଭୂରିସ୍ଥାତ୍ରାଂ ଭୂର୍ୟାବେଶୟନ୍ତୀମ୍ ॥୩॥
ମୟା ସୋ ଅନ୍ନମତ୍ତି ଯୋ ବିପଶ୍ୟତି ଯଃ
ପ୍ରାଣିତି ଯ ଈଂ ଶୃଣୋତ୍ୟୁକ୍ତମ୍ ।
ଅମନ୍ତବୋ ମାଂ ତ ଉପ କ୍ଷିୟନ୍ତି ଶ୍ରୁଧି
ଶ୍ରୁତ ଶ୍ରଦ୍ଧିବଂ ତେ ବଦାମି ॥୪॥

ଶକ୍ତି ଉପାସନା ଓ ବୈଦିକ ଦେବୀତତ୍ତ୍ୱ : ୨୩

ଅହମେବ ସ୍ୱୟମିଦଂ ବଦାମି ଜୁଷ୍ଟଂ

ଦେବେଭିରୁତ ମାନୁଷେଭିଃ ।

ଯଂ କାମୟେ ତଂ ତମୁଗ୍ରଂ କୃଣୋମି

ତଂ ବ୍ରହ୍ମାଣଂ ତମୃଷିଂ ତଂ ସୁମେଧାମ୍ ॥୫॥

ଅହଂ ରୁଦ୍ରାୟ ଧନୁରା ତନୋମି ବ୍ରହ୍ମଦ୍ୱିଷେ ଶରବେ ହନ୍ତବା ଉ ।

ଅହଂ ଜନାୟ ସମଦଂ କୃଣୋମ୍ୟହଂ ଦ୍ୟାବାପୃଥିବୀ ଆ ବିବେଶ ॥୬॥

ଅହଂ ସୁବେ ପିତରମସ୍ୟ ମୂର୍ଧନ୍ମମ

ଯୋନିରପ୍ସ୍ୱନ୍ତଃ ସମୁଦ୍ରେ ।

ତତୋ ବି ତିଷ୍ଠେ ଭୁବନାନୁ ବିଶ୍ୱୋ-

ତାମୂଂ ଦ୍ୟାଂ ବର୍ଷ୍ମଣୋପ ସ୍ପୃଶାମି ॥୭॥

ଅହମେବ ବାତ ଇବ ପ୍ରବାମ୍ୟାରଭମାଣା ଭୁବନାନି ବିଶ୍ୱା ।

ପରୋ ଦିବା ପର ଏନା ପୃଥିବ୍ୟୈତାବତୀ ମହିନା ସଂବଭୂବ ॥୮॥

କୋଲକତା ଦୁର୍ଗାପୂଜା (ପୃ.୧୧୪)

ଋଗ୍‌ବେଦୋକ୍ତଂ ଦେବୀ ସୂକ୍ତମ୍

(ଓଡ଼ିଆ ଅନୁବାଦ)

ସିଂହ ପୃଷ୍ଠରେ ବିରାଜମାନା ସେହି ଭଗବତୀ ଦୁର୍ଗା, ଯାହାଙ୍କ ମସ୍ତକ ଉପରେ ଚନ୍ଦ୍ରମାର ମୁକୁଟ ରହିଛି, ଯିଏ ମର୍କତ ମଣି ସଦୃଶ କାନ୍ତିଯୁକ୍ତା, ଯାହାଙ୍କ ଚତୁର୍ଭୁଜରେ ଶଙ୍ଖ, ଚକ୍ର, ଧନୁ ଓ ଶର ତଥା ଯିଏ ତ୍ରିନେତ୍ର ଯୁକ୍ତା, ଯାହାଙ୍କ ଅଙ୍ଗ ମାନଙ୍କରେ ବାଜୁବନ୍ଧ, ହାର, କଙ୍କଣ, ରୁଣୁଝୁଣୁ କରୁଥିବା ଅଣ୍ଟା ସୂତା ଏବଂ ନୂପୁର ଦ୍ୱାରା ଶୋଭାୟମାନ ତଥା କର୍ଣ୍ଣରେ ରତ୍ନଖଚିତ କୁଣ୍ଡଳ ଚିକ୍‌ମିକ୍ କରୁଛି, ସେହି ଦେବୀ (ଦୁର୍ଗା) ଆମର ଦୁର୍ଗତି ଦୂର କରନ୍ତୁ ॥

ମହର୍ଷି ଅମ୍ଭୃଣଙ୍କ କନ୍ୟା ଥିଲେ 'ବାକ୍' । ସେ ଥିଲେ ବ୍ରହ୍ମଜ୍ଞାନୀ । ସେ ଦେବୀଙ୍କ ସହ ଅଭିନ୍ନତା ପ୍ରାପ୍ତ ହୋଇଥିଲେ । ସେ ଏହି ଉଦ୍‌ଗାର ପ୍ରକଟ କରିଥିଲେ- ମୁଁ ସଚ୍ଚିଦାନନ୍ଦମୟୀ ସର୍ବାତ୍ମାଦେବୀ ରୁଦ୍ର, ବସୁ, ଆଦିତ୍ୟ, ତଥା ବିଶ୍ୱଦେବ ଗଣଙ୍କ ସ୍ୱରୂପରେ ବିଚରଣ କରୁଛି । ମୁଁ ମିତ୍ର, ବରୁଣ, ଇନ୍ଦ୍ର, ଅଗ୍ନି ତଥା ଅଶ୍ୱିନୀ କୁମାର ଦ୍ୱୟଙ୍କୁ ଧାରଣ କରିଛି ॥୧॥ ମୁଁ ଆକାଶଚାରୀ ଶତ୍ରୁ ନାଶକ ଦେବତା ସୋମ, ତ୍ୱଷ୍ଟା ପ୍ରଜାପତି, ପୂଷା ଏବଂ ଭଗଙ୍କୁ ଧାରଣ କରିଛି । ଯାହା ହବିଷ୍ୟ ଦ୍ୱାରା ସମ୍ପନ୍ନ ହୋଇ ଦେବତାମାନଙ୍କୁ ଉତ୍ତମ ହବିଷ୍ୟର ପ୍ରାପ୍ତି କରାଏ, ତଥା ସେମାନଙ୍କୁ ସୋମରସ ଦ୍ୱାରା ତୃପ୍ତ କରାଏ; ସେହି ଯଜମାନ ନିମନ୍ତେ ମୁଁ ସ୍ୱୟଂ ଉତ୍ତମ ଯଜ୍ଞ ଫଳ ଓ ଧନ ପ୍ରଦାନ କରେ ॥୨॥ ମୁଁ ସାରା ଜଗତର ଅଧିଶ୍ୱରୀ, ମୋ ଭକ୍ତମାନଙ୍କର ମୁଁ ଧନ ପ୍ରଦାନ କାରିଣୀ, ପରଂବ୍ରହ୍ମ ଯେ ନିଜ ଠାରୁ ଅଭିନ୍ନ-ଏ ସମ୍ବନ୍ଧୀୟ ଜ୍ଞାନ ପ୍ରଦାନ କାରିଣୀ, ସମସ୍ତ ଦେବତା ମଧ୍ୟରେ ମୁଁ ହିଁ ଶ୍ରେଷ୍ଠ, ଏ ସମଗ୍ର ପ୍ରପଞ୍ଚ ଭାବରେ କେବଳ ମୁଁ ହିଁ ସ୍ଥିତ, ସମଗ୍ର ଭୂତ ମଧ୍ୟରେ ମୋର ପ୍ରବେଶ ରହିଛି, ସକଳ ଦେବତା ଯେଉଁଠି ଯାହା ବି କିଛି କରନ୍ତି- ସେ ସବୁକିଛି ସେମାନେ ମୋ ପାଇଁ ହିଁ କରନ୍ତି ॥୩॥ ମୁଁ ହିଁ ଭୋକ୍ତ୍ର-ଶକ୍ତି ଅଟେ ଅର୍ଥାତ୍ ସକଳ ଜୀବ ମୋହରି ଶକ୍ତି ଦ୍ୱାରା ହିଁ ଭକ୍ଷଣ କରନ୍ତି, ପ୍ରତ୍ୟେକ ପ୍ରାଣୀ ମୋହରି ସହାୟତା ବା ଶକ୍ତି ଦ୍ୱାରା ହିଁ ଦେଖନ୍ତି, ଶ୍ୱାସପ୍ରଶ୍ୱାସ କ୍ରିୟା କରନ୍ତି, ଶ୍ରବଣ କରନ୍ତି -ଯିଏ ମୋତେ ଏହି

ରୂପରେ ଜାଣେ ନାହିଁ ସିଏ ଦୀନ ଅବସ୍ଥାକୁ ପ୍ରାପ୍ତ ହୁଏ । ମୁଁ ଶ୍ରଦ୍ଧା ଦ୍ୱାରା ପ୍ରାପ୍ତ ହେଉଥିବା ବ୍ରହ୍ମତତ୍ତ୍ୱକୁ ଉପଦେଶ କରୁଛି । ତାହା ଶ୍ରବଣ କର ॥୪॥ ମୁଁ ହିଁ ସମସ୍ତ ଦେବତା ଓ ମନୁଷ୍ୟମାନଙ୍କ ଦ୍ୱାରା ସେବିତ ଏହି ଦୁର୍ଲଭ ତତ୍ତ୍ୱକୁ ବର୍ଣ୍ଣନା କରୁଛି । ମୁଁ ଯେଉଁ ପୁରୁଷମାନଙ୍କୁ ରକ୍ଷା କରିବାକୁ ଇଚ୍ଛା କରେ, ସେମାନଙ୍କୁ ସବୁଠାରୁ ଅଧିକ ଶକ୍ତିଶାଳୀ କରାଇଦିଏ । ସେମାନଙ୍କୁ ସୃଷ୍ଟିକର୍ତ୍ତା ବ୍ରହ୍ମା, ଋଷି ତଥା ଶ୍ରେଷ୍ଠ ମେଧା ସମ୍ପନ୍ନ କରାଇଦିଏ ॥୫॥ ମୁଁ ହିଁ ହିଂସ୍ର ଅସୁରମାନଙ୍କୁ ବଧ କରିବା ପାଇଁ ରୁଦ୍ରଙ୍କ ଧନୁ ଉତ୍ତୋଳନ କରେ, ଶରଣାଗତମାନଙ୍କ ସୁରକ୍ଷା ପାଇଁ ଶତ୍ରୁମାନଙ୍କ ସହ ଯୁଦ୍ଧ କରେ ଏବଂ ଅନ୍ତର୍ଯ୍ୟାମୀ ରୂପରେ ପୃଥିବୀ ଓ ଆକାଶ ମଧ୍ୟରେ ବ୍ୟାପ୍ତ ରହେ ॥୬॥ ମୁଁ ଆକାଶ, ସମୁଦ୍ର, ଜଳ ସବୁକିଛି ଉତ୍ପନ୍ନ କରେ ଏବଂ ମୁଁ ହିଁ ବ୍ରହ୍ମସ୍ୱରୂପରେ ସର୍ବତ୍ର ସ୍ଥିତ ଅଛି । ମୁଁ ସମସ୍ତ ଭୁବନ ତଥା ସ୍ୱର୍ଗଲୋକ ସବୁଠିଁ ବ୍ୟାପ୍ତ ରହିଛି ॥୭॥ ମୁଁ କାରଣ ରୂପରେ ଯେତେବେଳେ ସମଗ୍ର ବିଶ୍ୱର ରଚନା କରେ ସେତେବେଳେ କାହାରି ପ୍ରେରଣା ବିନା ବାୟୁ ସ୍ୱରୂପରେ ସ୍ୱୟଂ ଗମନ କରେ । ସ୍ୱୟଂ କର୍ମରେ ପ୍ରବୃତ୍ତ ହୋଇ ସୃଷ୍ଟି ରଚନା କରେ । ମୁଁ ପୃଥିବୀ ଓ ଆକାଶ ଠାରୁ ବହୁ ଊର୍ଦ୍ଧ୍ୱରେ ଏବଂ ନିଜ ମହିମା ଦ୍ୱାରା ମୁଁ ଏପରି ହୋଇଛି ॥୮॥

ଛତିଶଗଡ଼ ଦଶହରା ପର୍ବ (ପୃ.୧୧୯)

ଅଥ ତନ୍ତ୍ରୋକ୍ତଂ ଦେବୀ ସୂକ୍ତମ୍

ନମୋ ଦେବ୍ୟୈ ମହାଦେବ୍ୟୈ ଶିବାୟୈ ସତତଂ ନମଃ ।
ନମଃ ପ୍ରକୃତ୍ୟୈ ଭଦ୍ରାୟୈ ନିୟତାଃ ପ୍ରଣତାଃ ସ୍ମ ତାମ୍ ॥୧॥
ରୌଦ୍ରାୟୈ ନମୋ ନିତ୍ୟାୟୈ ଗୌର୍ଯ୍ୟୈ ଧାତ୍ର୍ୟୈ ନମୋ ନମୋଃ ।
ଜ୍ୟୋସ୍ନାୟୈ ଚେନ୍ଦୁରୂପିଣ୍ୟୈ ସୁଖାୟୈ ସତତଂ ନମଃ ॥୨॥
କଲ୍ୟାଣ୍ୟୈ ପ୍ରଣତାଂ ବୃଦ୍ଧ୍ୟୈ ସିଦ୍ଧ୍ୟୈ କୁର୍ମୋ ନମୋ ନମ ।
ନୈର୍ଋତ୍ୟୈ ଭୂଭୃତାଂ ଲକ୍ଷ୍ମ୍ୟୈ ଶର୍ବାଣ୍ୟୈ ତେ ନମୋ ନମଃ ॥୩॥
ଦୁର୍ଗାୟୈ ଦୁର୍ଗପାରାୟୈ ସାରାୟୈ ସର୍ବକାରିଣ୍ୟୈ ।
ଖ୍ୟାତ୍ୟୈ ତଥୈବ କୃଷ୍ଣାୟୈ ଧୂମ୍ରାୟୈ ସତତଂ ନମଃ ॥୪॥
ଅତିସୌମ୍ୟାତିରୌଦ୍ରାୟୈ ନତାସ୍ତସ୍ୟୈ ନମୋ ନମଃ ।
ନମୋ ଜଗତ୍ପ୍ରତିଷ୍ଠାୟୈ ଦେବ୍ୟୈ କୃତ୍ୟୈ ନମୋ ନମଃ ॥୫॥
ଯା ଦେବୀ ସର୍ବଭୂତେଷୁ ବିଷ୍ଣୁମାୟେତି ଶବ୍ଦିତା ।
ନମସ୍ତସ୍ୟୈ ନମସ୍ତସ୍ୟୈ ନମସ୍ତସ୍ୟୈ ନମୋ ନମଃ ॥୬॥
ଯା ଦେବୀ ସର୍ବଭୂତେଷୁ ଚେତନେତ୍ୟଭିଧୀୟତେ ।
ନମସ୍ତସ୍ୟୈ ନମସ୍ତସ୍ୟୈ ନମସ୍ତସ୍ୟୈ ନମୋ ନମଃ ॥୭॥
ଯା ଦେବୀ ସର୍ବଭୂତେଷୁ ବୁଦ୍ଧିରୂପେଣ ସଂସ୍ଥିତା ।
ନମସ୍ତସ୍ୟୈ ନମସ୍ତସ୍ୟୈ ନମସ୍ତସ୍ୟୈ ନମୋ ନମଃ ॥୮॥
ଯା ଦେବୀ ସର୍ବଭୂତେଷୁ ନିଦ୍ରାରୂପେଣ ସଂସ୍ଥିତା ।
ନମସ୍ତସ୍ୟୈ ନମସ୍ତସ୍ୟୈ ନମସ୍ତସ୍ୟୈ ନମୋ ନମଃ ॥୯॥
ଯା ଦେବୀ ସର୍ବଭୂତେଷୁ କ୍ଷୁଧାରୂପେଣ ସଂସ୍ଥିତା ।
ନମସ୍ତସ୍ୟୈ ନମସ୍ତସ୍ୟୈ ନମସ୍ତସ୍ୟୈ ନମୋ ନମଃ ॥୧୦॥
ଯା ଦେବୀ ସର୍ବଭୂତେଷୁଚ୍ଛାୟାରୂପେଣ ସଂସ୍ଥିତା ।
ନମସ୍ତସ୍ୟୈ ନମସ୍ତସ୍ୟୈ ନମସ୍ତସ୍ୟୈ ନମୋ ନମଃ ॥୧୧॥

ଯା ଦେବୀ ସର୍ବଭୂତେଷୁ ଶକ୍ତିରୂପେଣ ସଂସ୍ଥିତା ।
ନମସ୍ତସ୍ୟୈ ନମସ୍ତସ୍ୟୈ ନମସ୍ତସ୍ୟୈ ନମୋ ନମଃ ॥୧୨॥
ଯା ଦେବୀ ସର୍ବଭୂତେଷୁ ତୃଷ୍ଣାରୂପେଣ ସଂସ୍ଥିତା ।
ନମସ୍ତସ୍ୟୈ ନମସ୍ତସ୍ୟୈ ନମସ୍ତସ୍ୟୈ ନମୋ ନମଃ ॥୧୩॥
ଯା ଦେବୀ ସର୍ବଭୂତେଷୁ କ୍ଷାନ୍ତିରୂପେଣ ସଂସ୍ଥିତା ।
ନମସ୍ତସ୍ୟୈ ନମସ୍ତସ୍ୟୈ ନମସ୍ତସ୍ୟୈ ନମୋ ନମଃ ॥୧୪॥
ଯା ଦେବୀ ସର୍ବଭୂତେଷୁ ଜାତିରୂପେଣ ସଂସ୍ଥିତା ।
ନମସ୍ତସ୍ୟୈ ନମସ୍ତସ୍ୟୈ ନମସ୍ତସ୍ୟୈ ନମୋ ନମଃ ॥୧୫॥
ଯା ଦେବୀ ସର୍ବଭୂତେଷୁ ଲଜ୍ଜାରୂପେଣ ସଂସ୍ଥିତା ।
ନମସ୍ତସ୍ୟୈ ନମସ୍ତସ୍ୟୈ ନମସ୍ତସ୍ୟୈ ନମୋ ନମଃ ॥୧୬॥
ଯା ଦେବୀ ସର୍ବଭୂତେଷୁ ଶାନ୍ତିରୂପେଣ ସଂସ୍ଥିତା ।
ନମସ୍ତସ୍ୟୈ ନମସ୍ତସ୍ୟୈ ନମସ୍ତସ୍ୟୈ ନମୋ ନମଃ ॥୧୭॥
ଯା ଦେବୀ ସର୍ବଭୂତେଷୁ ଶ୍ରଦ୍ଧାରୂପେଣ ସଂସ୍ଥିତା ।
ନମସ୍ତସ୍ୟୈ ନମସ୍ତସ୍ୟୈ ନମସ୍ତସ୍ୟୈ ନମୋ ନମଃ ॥୧୮॥
ଯା ଦେବୀ ସର୍ବଭୂତେଷୁ କାନ୍ତିରୂପେଣ ସଂସ୍ଥିତା ।
ନମସ୍ତସ୍ୟୈ ନମସ୍ତସ୍ୟୈ ନମସ୍ତସ୍ୟୈ ନମୋ ନମଃ ॥୧୯॥
ଯା ଦେବୀ ସର୍ବଭୂତେଷୁ ଲକ୍ଷ୍ମୀରୂପେଣ ସଂସ୍ଥିତା ।
ନମସ୍ତସ୍ୟୈ ନମସ୍ତସ୍ୟୈ ନମସ୍ତସ୍ୟୈ ନମୋ ନମଃ ॥୨୦॥
ଯା ଦେବୀ ସର୍ବଭୂତେଷୁ ବୃତ୍ତିରୂପେଣ ସଂସ୍ଥିତା ।
ନମସ୍ତସ୍ୟୈ ନମସ୍ତସ୍ୟୈ ନମସ୍ତସ୍ୟୈ ନମୋ ନମଃ ॥୨୧॥
ଯା ଦେବୀ ସର୍ବଭୂତେଷୁ ସ୍ମୃତିରୂପେଣ ସଂସ୍ଥିତା ।
ନମସ୍ତସ୍ୟୈ ନମସ୍ତସ୍ୟୈ ନମସ୍ତସ୍ୟୈ ନମୋ ନମଃ ॥୨୨॥
ଯା ଦେବୀ ସର୍ବଭୂତେଷୁ ଦୟାରୂପେଣ ସଂସ୍ଥିତା ।
ନମସ୍ତସ୍ୟୈ ନମସ୍ତସ୍ୟୈ ନମସ୍ତସ୍ୟୈ ନମୋ ନମଃ ॥୨୩॥
ଯା ଦେବୀ ସର୍ବଭୂତେଷୁ ତୁଷ୍ଟିରୂପେଣ ସଂସ୍ଥିତା ।
ନମସ୍ତସ୍ୟୈ ନମସ୍ତସ୍ୟୈ ନମସ୍ତସ୍ୟୈ ନମୋ ନମଃ ॥୨୪॥

ଯା ଦେବୀ ସର୍ବଭୂତେଷୁ ମାତୃରୂପେଣ ସଂସ୍ଥିତା ।
ନମସ୍ତସ୍ୟୈ ନମସ୍ତସ୍ୟୈ ନମସ୍ତସ୍ୟୈ ନମୋ ନମଃ ॥୨୫॥
ଯା ଦେବୀ ସର୍ବଭୂତେଷୁ ଭ୍ରାନ୍ତିରୂପେଣ ସଂସ୍ଥିତା ।
ନମସ୍ତସ୍ୟୈ ନମସ୍ତସ୍ୟୈ ନମସ୍ତସ୍ୟୈ ନମୋ ନମଃ ॥୨୬॥
ଇନ୍ଦ୍ରିୟାଣାମଧିଷ୍ଠାତ୍ରୀ ଭୂତାନାଂ ଚାଖିଳେଷୁ ଯା ।
ଭୂତେଷୁ ସତତଂ ତସ୍ୟୈ ବ୍ୟାପ୍ତିଦେବ୍ୟୈ ନମୋ ନମଃ ॥୨୭॥
ଚିତିରୂପେଣ ଯା କୃତ୍ସ୍ନମେତଦ୍‌ବ୍ୟାପ୍ୟ ସ୍ଥିତା ଜଗତ୍ ।
ନମସ୍ତସ୍ୟୈ ନମସ୍ତସ୍ୟୈ ନମସ୍ତସ୍ୟୈ ନମୋ ନମଃ ॥୨୮॥
ସ୍ତୁତା ସୁରୈଃ ପୂର୍ବମଭୀଷ୍ଟସଂଶ୍ରୟା–
ତଥା ସୁରେନ୍ଦ୍ରେଣ ଦିନେଷୁ ସେବିତା ।
କରୋତୁ ସା ନଃ ଶୁଭହେତୁରୀଶ୍ୱରୀ
ଶୁଭାନି ଭଦ୍ରାଣ୍ୟଭିହନ୍ତୁ ଚାପଦଃ ॥୨୯॥
ଯା ସାମ୍ପ୍ରତଂ ଚୋଦ୍ଧତଦୈତ୍ୟତାପିତୈ-
ରସ୍ମାଭିରୀଶା ଚ ସୁରୈର୍ନମସ୍ୟତେ ।
ଯା ଚ ସ୍ମୃତା ତତ୍କ୍ଷଣମେବ ହନ୍ତି ନଃ
ସର୍ବାପଦୋ ଭକ୍ତିବିନମ୍ରମୂର୍ତ୍ତିଭିଃ ॥୩୦॥

ଆସାମର ଦୁର୍ଗାପୂଜା (ପୃ.୧୧୬)

ଶ୍ରୀଦୁର୍ଗାମାନସ ପୂଜା

ଉଦ୍ୟଚ୍ଚନ୍ଦନକୁଙ୍କୁମାରୁଣପୟୋଧାରାଭିରାପ୍ଲାବିତାଂ
ନାନାନର୍ଘ୍ୟମଣିପ୍ରବାଳଘଟିତାଂ ଦତ୍ତାଂ ଗୃହାଣାମ୍ବିକେ ।
ଆମୃଷ୍ଟାଂ ସୁରସୁନ୍ଦରୀଭିରଭିତୋ ହସ୍ତାମ୍ବୁଜୈର୍ଭକ୍ତିତୋ
ମାତଃ ସୁନ୍ଦରି ଭକ୍ତକଳ୍ପଲତିକେ ଶ୍ରୀପାଦୁକାମାଦରାତ୍ ।।୧।।
ଦେବେନ୍ଦ୍ରାଦିଭିରର୍ଚ୍ଚିତଂ ସୁରଗଣୈରାଦାୟ ସିଂହାସନଂ
ଚଞ୍ଚତ୍‌କାଞ୍ଚନସଞ୍ଚୟାଭିରଚିତଂ ଚାରୁପ୍ରଭାଭାସ୍ୱରମ୍ ।
ଏତଚ୍ଚମ୍ପକକେତକୀପରିମଳଂ ତୈଳଂ ମହାନିର୍ମଳଂ
ଗନ୍ଧୋଦ୍‌ବର୍ତ୍ତନମାଦରେଣ ତରୁଣୀଦତ୍ତଂ ଗୃହାଣାମ୍ବିକେ ।।୨।।
ପଶ୍ଚାଦ୍ଦେବି ଗୃହାଣ ଶମ୍ଭୁଗୃହିଣି ଶ୍ରୀସୁନ୍ଦରି ପ୍ରାୟଶୋ
ଗନ୍ଧଦ୍ରବ୍ୟସମୂହନିର୍ଭରତରଂ ଧାତ୍ରୀଫଳଂ ନିର୍ମଳମ୍ ।
ତତ୍‌କେଶାନ୍ ପରିଶୋଧ୍ୟ କଙ୍କତିକୟା ମନ୍ଦାକିନୀସ୍ରୋତସି
ସ୍ନାତ୍ୱା ପ୍ରୋଜ୍ଜ୍ୱଳଗନ୍ଧକଂ ଭବତୁ ହେ ଶ୍ରୀସୁନ୍ଦରି ତ୍ୱନ୍ମୁଦେ ।।୩।।
ସୁରାଧିପତିକାମିନୀକରସରୋଜନାଳୀଧୃତାଂ
ସଚନ୍ଦନସକୁଙ୍କୁମାଗୁରୁଭରେଣ ବିଭ୍ରାଜିତାମ୍ ।
ମହାପରିମଳୋଜ୍ଜ୍ୱଳାଂ ସରସଶୁଦ୍ଧକସ୍ତୂରିକାଂ
ଗୃହାଣ ବରଦାୟିନି ତ୍ରିପୁରସୁନ୍ଦରି ଶ୍ରୀପ୍ରଦେ ।।୪।।
ଗନ୍ଧର୍ବାମରକିନ୍ନରପ୍ରିୟତମାସନ୍ତାନହସ୍ତାମ୍ବୁଜ-
ପ୍ରସ୍ତାରୈର୍ଧ୍ରିୟମାଣମୁତ୍ତମତରଂ କାଶ୍ମୀରଜାପିଞ୍ଜରମ୍ ।
ମାତର୍ଭାସ୍ୱରଭାନୁମଣ୍ଡଳଲସତ୍‌କାନ୍ତିପ୍ରଦାନୋଜ୍ଜ୍ୱଳଂ
ଚୈତନ୍ନିର୍ମଳମାତନୋତୁ ବସନଂ ଶ୍ରୀସୁନ୍ଦରି ତ୍ୱନ୍ମୁଦମ୍ ।।୫।।
ସ୍ୱର୍ଣ୍ଣାକଳ୍ପିତକୁଣ୍ଡଳେ ଶ୍ରୁତିଯୁଗେ ହସ୍ତାମ୍ବୁଜେ ମୁଦ୍ରିକା
ମଧ୍ୟେ ସାରସନା ନିତମ୍ବଫଳକେ ମଞ୍ଜୀରମଙ୍ଘ୍ରି ଦ୍ୱୟେ ।

ହାରୋ ବକ୍ଷସି କଙ୍କଣୌ କ୍ୱଣରଣତ୍କାରୌ କରଦ୍ୱନ୍ଦ୍ୱକେ
ବିନ୍ୟସ୍ତଂ ମୁକୁଟଂ ଶିରସ୍ୟନୁଦିନଂ ଦତ୍ତୋନ୍ମଦଂ ସ୍ତୂୟତାମ୍ ॥୬॥
ଗ୍ରୀବାୟାଂ ଧୃତକାନ୍ତିକାନ୍ତପଟଲଂ ଗ୍ରୈବେୟକଂ ସୁନ୍ଦରଂ
ସିନ୍ଦୂରଂ ବିଲସଲ୍ଲଲାଟଫଲକେ ସୌନ୍ଦର୍ଯ୍ୟମୁଦ୍ରାଧରମ୍ ।
ରାଜତ୍କଜ୍ଜଳମୁଜ୍ଜ୍ୱଳୋତ୍ପଳଦଳଶ୍ରୀମୋଚନେ ଲୋଚନେ
ତଦ୍ଦିବ୍ୟୌଷଧିନିର୍ମିତଂ ରଚୟତୁ ଶ୍ରୀଶାମ୍ଭବି ଶ୍ରୀପ୍ରଦେ ॥୭॥
ଅମନ୍ଦତରମନ୍ଦରୋନ୍ମଥିତଦୁଗ୍ଧସିନ୍ଧୂଦ୍ଭବଂ
ନିଶାକରକରୋପମଂ ତ୍ରିପୁରସୁନ୍ଦରି ଶ୍ରୀପ୍ରଦେ ।
ଗୃହାଣ ମୁଖମୀକ୍ଷିତୁଂ ମୁକୁରବିମ୍ବମାବିଦ୍ରୁମୈ-
ର୍ବିନିର୍ମିତମଘଚ୍ଛିଦେ ରତିକରାମ୍ବୁଜସ୍ଥାୟିନମ୍ ॥୮॥
କସ୍ତୂରୀଦ୍ରବଚନ୍ଦନାଗୁରୁସୁଧାଧାରାଭିରାପ୍ଲାବିତଂ
ଚଞ୍ଚଚ୍ଚମ୍ପକପାଟଲାଦିସୁରଭିଦ୍ରବ୍ୟୈଃ ସୁଗନ୍ଧୀକୃତମ୍ ।
ଦେବସ୍ତ୍ରୀଗଣମସ୍ତକସ୍ଥିତମହାରତ୍ନାଦିକୁମ୍ଭବ୍ରଜୈ-
ରମ୍ଭଃଶାମ୍ଭବି ସଂଭ୍ରମେଣ ବିମଲଂ ଦତ୍ତଂ ଗୃହାଣାମ୍ବିକେ ॥୯॥
କହ୍ଲାରୋତ୍ପଳନାଗକେସରସରୋଜାଖ୍ୟାବଳୀମାଳତୀ-
ମଲ୍ଲୀକୈରବକେତକାଦିକୁସୁମୈ ରକ୍ତାଶ୍ୱମାରାଦିଭିଃ ।
ପୁଷ୍ପୈର୍ମାଲ୍ୟଭରେଣ ବୈ ସୁରଭିଣା ନାନାରସସ୍ରୋତସା
ତାମ୍ରାମ୍ଭୋଜନିବାସିନୀଂ ଭଗବତୀଂ ଶ୍ରୀଚଣ୍ଡିକାଂ ପୂଜୟେ ॥୧୦॥
ମାଂସୀଗୁଗ୍‌ଗୁଲଚନ୍ଦନାଗୁରୁରଜଃକର୍ପୂରଶୈଳେୟଜୈ-
ର୍ମାଧ୍ୱୀକୈଃ ସହ କୁଙ୍କୁମୈଃ ସୁରଚିତୈଃ ସର୍ପିର୍ଭିରାମିଶ୍ରିତୈଃ ।
ସୌରଭ୍ୟସ୍ଥିତିମନ୍ଦିରେ ମଣିମୟେ ପାତ୍ରେ ଭବେତ୍ ପ୍ରୀତୟେ
ଧୂପୋଽୟଂ ସୁରକାମିନୀବିରଚିତଃ ଶ୍ରୀଚଣ୍ଡିକେ ତ୍ୱନ୍ମୁଦେ ॥୧୧॥
ଘୃତଦ୍ରବପରିସ୍ଫୁରଦ୍ରୁଚିରରତ୍ନଯଷ୍ଟ୍ୟାନ୍ୱିତୋ
ମହାତିମିରନାଶନଃ ସୁରନିତମ୍ବିନୀନିର୍ମିତଃ ।
ସୁବର୍ଣ୍ଣଚଷକସ୍ଥିତଃ ସଘନସାରବର୍ତ୍ତ୍ୟାନ୍ୱିତ-
ସ୍ତବ ତ୍ରିପୁରସୁନ୍ଦରି ସ୍ଫୁରତି ଦେବି ଦୀପୋ ମୁଦେ ॥୧୨॥

ଶକ୍ତି ଉପାସନା ଓ ବୈଦିକ ଦେବୀତତ୍ତ୍ୱ : ୩୧

ଜାତୀସୌରଭନିର୍ଭରଂ ରୁଚିକରଂ ଶାଲ୍ୟୋଦନଂ ନିର୍ମଳଂ
ଯୁକ୍ତଂ ହିଙ୍ଗୁମରୀଚଜୀରସୁରଭିଦ୍ରବ୍ୟାନ୍ୱିତୈର୍ବ୍ୟଞ୍ଜନୈଃ ।
ପକ୍ୱାନ୍ନେନ ସପାୟସେନ ମଧୁନା ଦଧ୍ୟାଜ୍ୟସମ୍ମିଶ୍ରିତଂ
ନୈବେଦ୍ୟଂ ସୁରକାମିନୀବିରଚିତଂ ଶ୍ରୀଚଣ୍ଡିକେ ତ୍ୱନ୍ମୁଦେ ।।୧୩।।
ଲବଙ୍ଗକଲିକୋଜ୍ଜ୍ୱଲଂ ବହୁଳନାଗବଲ୍ଲୀଦଳଂ
ସଜାତିଫଳକୋମଳଂ ସଘନସାରପୂଗୀଫଳମ୍ ।
ସୁଧାମଧୁରିମାକୁଳଂ ରୁଚିରରତ୍ନପାତ୍ରସ୍ଥିତଂ
ଗୃହାଣ ମୁଖପଙ୍କଜେ ସ୍ଫୁରିତମମ୍ବ ତାମ୍ବୂଲକମ୍ ।।୧୪।।
ଶରତ୍ପ୍ରଭବଚନ୍ଦ୍ରମଃସ୍ଫୁରିତଚନ୍ଦ୍ରିକାସୁନ୍ଦରଂ
ଗଲତ୍ସୁରତରଙ୍ଗିଣୀଲଳିତମୌକ୍ତିକାଡମ୍ବରମ୍ ।
ଗୃହାଣ ନବକାଞ୍ଚନପ୍ରଭବଦଣ୍ଡଖଣ୍ଡୋଜ୍ଜ୍ୱଳଂ
ମହାତ୍ରିପୁରସୁନ୍ଦରି ପ୍ରକଟମାତପତ୍ରଂ ମହତ୍ ।।୧୫।।
ମାତସ୍ତ୍ୱନ୍ମୁଦମାତନୋତୁ ସୁଭଗସ୍ତ୍ରୀଭିଃ ସଦାଽଽନ୍ଦୋଳିତଂ
ଶୁଭ୍ରଂ ଚାମରମିନ୍ଦୁକୁନ୍ଦସଦୃଶଂ ପ୍ରସ୍ୱେଦଦୁଃଖାପହମ୍ ।
ସଦ୍ୟୋଽଗସ୍ତ୍ୟବସିଷ୍ଠନାରଦଶୁକବ୍ୟାସାଦିବାଲ୍ମୀକିଭିଃ
ସ୍ୱେ ଚିତ୍ତେ କ୍ରିୟମାଣ ଏବ କୁରୁତାଂ ଶର୍ମାଣି ବେଦଧ୍ୱନିଃ ।।୧୬।।
ସ୍ୱର୍ଗାଙ୍ଗଣେ ବେଣୁମୃଦଙ୍ଗଶଙ୍ଖଭେରୀନିନାଦୈରୁପଗୀୟମାନା ।
କୋଲାହଲୈରାକଳିତା ତବାସ୍ତୁ ବିଦ୍ୟାଧରୀନୃତ୍ୟକଳା ସୁଖାୟ ।।୧୭।।
ଦେବି ଭକ୍ତିରସଭାବିତବୃତ୍ତେ ପ୍ରୀୟତାଂ ଯଦି କୁତୋଽପି ଲଭ୍ୟତେ ।
ତତ୍ର ଲୌଲ୍ୟମପି ସତ୍ଫଳମେକଂ ଜନ୍ମକୋଟିଭିରପୀହ ନ ଲଭ୍ୟମ୍ ।।୧୮।।
ଏତୈଃ ଷୋଡଶଭିଃ ପଦ୍ୟୈରୁପଚାରୋପକଳ୍ପିତୈଃ ।
ଯଃ ପରାଂ ଦେବତାଂ ସ୍ତୌତି ସ ତେଷାଂ ଫଳମାପ୍ନୁୟାତ୍ ।।୧୯।।

ଶ୍ରୀ ଦୁର୍ଗାମାନସ ପୂଜା

(ଶ୍ଲୋକମାନଙ୍କର ଓଡ଼ିଆ ଭାବାର୍ଥ)

ମୁଦ୍‌ଗଲ ପୁରାଣରେ ଇଷ୍ଟ ଦେବାଦେବୀଙ୍କ ମାନସ ପୂଜାର ମାହାତ୍ମ୍ୟ ସମ୍ବନ୍ଧରେ ଅବତାରଣା କରାଯାଇ ବର୍ଣ୍ଣିତ ଅଛି ଯେ, **'କୃତ୍ୱାଦୌ ମାନସୀଂ ପୂଜାଂ ତତଃ ପୂଜାଂ ସମାଚରେତ୍ ।'** –ଏହାର ଭାବ ହେଉଛି ଏହା ଯେ ପ୍ରଥମେ ମାନସ ପୂଜା ସମ୍ପନ୍ନ କରି ତାହାପରେ ବାହ୍ୟ ପଦାର୍ଥ ଦ୍ୱାରା ପୂଜା କରିବା ଉଚିତ । କାରଣ ବାହ୍ୟ ପୂଜା ଅପେକ୍ଷା ମାନସ ପୂଜା ହଜାର ଗୁଣ ଅଧିକ ଫଳଦାୟୀ ହୋଇଥିବାରୁ ଏହା ପ୍ରଥମେ ଅଥବା ସୁବିଧା ଅନୁଯାୟୀ (ବାହ୍ୟ ପୂଜା ପରେ) ପରେ କଲେ ପୂଜାର ଫଳ ବହୁଗୁଣିତ ହୋଇଯାଏ । କଳ୍ପନା ଚକ୍ଷୁରେ ଗୋଟିଏ ପୁଷ୍ପ ଦେବତାଙ୍କୁ ଅର୍ପଣ କରିବା ଯାହା କୋଟିଏ ବାହ୍ୟ ପୁଷ୍ପ ଚଢ଼ାଇବା ତାହା ବୋଲି ବିଶ୍ୱାସ କରାଯାଏ । ସେହିପରି ପ୍ରତ୍ୟେକ ପୂଜା ସାମଗ୍ରୀ- ଚନ୍ଦନ, ସିନ୍ଦୂର, ଧୂପ, ଦୀପ, ନୈବେଦ୍ୟ କଳ୍ପନା ଚକ୍ଷୁରେ ଦେବତାଙ୍କୁ ଅର୍ପଣ କଲେ ତାହା କୋଟିଏ ଗୁଣ ଫଳଦାନ କରେ । ଏଣୁ ଆମ ଶାସ୍ତ୍ରର ମାନସପୂଜାର ମହତ୍ତ୍ୱ ସର୍ବାଧିକ । କାରଣ ଏହା ପୃଷ୍ଠଭାଗରେ ଥାଏ କେବଳ ଭାବ, ଭକ୍ତି ଓ ଶ୍ରଦ୍ଧା । ଦେବୀ ଅଥବା ଦେବତାଙ୍କୁ ଅପ୍ରାପ୍ୟ ବୋଲି କିଛିନାହିଁ । ସବୁକିଛି ତ ତାଙ୍କର ସୃଷ୍ଟି । ଆମେ ତାଙ୍କୁ ଆଉ ଅଧିକ କଣ ଅର୍ପଣ କରି ପାରିବା ? ତାଙ୍କୁ କେବଳ ଭାବ ଓ ଭକ୍ତି ହିଁ ଲୋଡ଼ା । ଯାହା ମାନସ ପୂଜା ଦ୍ୱାରା ଅଗାଧ ପରିମାଣରେ ନିବେଦନ କରାଯାଇପାରିବ । ସେଥିପାଇଁ ମାନସପୂଜାକୁ ଭକ୍ତି ନିବେଦନର ସର୍ବଶ୍ରେଷ୍ଠ ମାଧ୍ୟମ ରୂପେ ସ୍ୱୀକୃତି ଦିଆଯାଇଛି । ଏହି ପରିପ୍ରେକ୍ଷୀରେ ଶ୍ରୀ ଦୁର୍ଗା ମାନସ ପୂଜାର ସଂକ୍ଷିପ୍ତ ଓଡ଼ିଆ ଅନୁବାଦ ନିମ୍ନରେ ଉଲ୍ଲେଖ କରାଗଲା, ଯାହାର ଲାଭ ସମସ୍ତ ପ୍ରକାର ଭକ୍ତ ଉଠାଇ ପାରିବେ ।

ଶ୍ଲୋକ ୧: ହେ ମାତା ତ୍ରିପୁରା ସୁନ୍ଦରୀ! ତୁମେ ଭକ୍ତଙ୍କର ମନୋବାଞ୍ଛା ପୂର୍ଣ୍ଣ କରିବା ଦୃଷ୍ଟିରୁ କଳ୍ପଲତା ସଦୃଶ ଅଟ । ଅତ୍ୟନ୍ତ ସୁବାସିତ ଚନ୍ଦନ, କୁଙ୍କୁମ ମିଶ୍ରିତ ଜଳ ଦ୍ୱାରା ଧୌତ କରାଯାଇଥିବା ବିବିଧ ମୂଲ୍ୟବାନ ମଣି ମାଣିକ୍ୟ, ପ୍ରବାଳ ଦ୍ୱାରା ନିର୍ମିତ ଏହି ପାଦୁକାକୁ ଆପଣ ଗ୍ରହଣ କରନ୍ତୁ ।

ଶକ୍ତି ଉପାସନା ଓ ବୈଦିକ ଦେବୀତତ୍ତ୍ୱ : ୩୩

ଶ୍ଲୋକ ୨: ହେ ମାତା ! ଦେବରାଜ ଇନ୍ଦ୍ରଙ୍କ ଦ୍ୱାରା ସଦା ପୂଜିତ, ସଦାସର୍ବଦା ସ୍ୱ ଔଜଲ୍ୟରେ ପ୍ରକାଶମାନ, ରାଶି ରାଶି ସୁବର୍ଣ୍ଣ ଦ୍ୱାରା ନିର୍ମିତ ତଥା ଦେବତାମାନଙ୍କ ଦ୍ୱାରା ସ୍ଥାପିତ ଏହି ଦିବ୍ୟ ସିଂହାସନ ଉପରେ ଆପଣ ଆସନ ଗ୍ରହଣ କରନ୍ତୁ । ପୁଣି ଏହି ଚମ୍ପା ଓ କେତକୀ ଆଦି ପୁଷ୍ପର ସୁଗନ୍ଧରେ ପରିପୂର୍ଣ୍ଣ ତୈଳ ଓ ଦିବ୍ୟ ସୁଗନ୍ଧି ଯୁକ୍ତ ଦ୍ରବ୍ୟ ଯାହା ଦିବ୍ୟ ଯୁବତୀ ଗଣ ଶ୍ରଦ୍ଧା ପୂର୍ବକ ଆପଣ ସେବା ନିମିତ୍ତ ପ୍ରସ୍ତୁତ କରିଛନ୍ତି ତାହାକୁ ମଧ୍ୟ ଆପଣ ଗ୍ରହଣ କରନ୍ତୁ ।

ଶ୍ଲୋକ ୩: ଏହାପରେ ସମସ୍ତ ସୁଗନ୍ଧିତ ଦ୍ରବ୍ୟ ଦ୍ୱାରା ପରମ ସୁଗନ୍ଧିତ ହୋଇ ଥିବା ଏହି ବିଶୁଦ୍ଧ ଅଁଳାକୁ ଲଗାଇ କେଶକୁ ପାନିଆରେ ଝାଡ଼ି ଗଙ୍ଗାର ପାବନ ସ୍ରୋତରେ ସ୍ନାନ କରନ୍ତୁ । ସ୍ନାନ ସମାପ୍ତ ହେବାପରେ ଆପଣଙ୍କ ଆନନ୍ଦ ବୃଦ୍ଧି ହେବା ଭଳି ପ୍ରସ୍ତୁତ ରହିଥିବା ଦିବ୍ୟଗନ୍ଧକୁ ଉପଯୋଗ କରନ୍ତୁ ।

ଶ୍ଲୋକ ୪: ହେ ତ୍ରିପୁରା ସୁନ୍ଦରୀ ! ହେ ସମ୍ପତ୍ତି ପ୍ରଦାନକାରିଣୀ ! ସ୍ୱୟଂ ଦେବରାଜ ଇନ୍ଦ୍ରଙ୍କ ପତ୍ନୀ ଦେବୀ ଶଚୀ ଆପଣଙ୍କ ସେବା ପାଇଁ ନିଜ କରକମଳରେ ଧାରଣ କରିଥିବା ଶୁଦ୍ଧ କସ୍ତୁରୀ ଆପଣ ଗ୍ରହଣ କରନ୍ତୁ । ଏଥିରେ ଚନ୍ଦନ, ଅଗରୁ, କୁଙ୍କୁମ ମଧ୍ୟ ମିଶ୍ରିତ ହୋଇ ଅତ୍ୟନ୍ତ ସୁଗନ୍ଧିତ ହେଉଛି ।

ଶ୍ଲୋକ ୫: ଏହି ଶୁଦ୍ଧ ନିର୍ମଳ ବସ୍ତ୍ର ଆପଣଙ୍କ ସେବା ପାଇଁ ଉଦ୍ଦିଷ୍ଟ । ଏହା ଆପଣଙ୍କ ନିମିତ୍ତ ହର୍ଷବର୍ଦ୍ଧକ ହେଉ । ହେ ମାତଃ ! ଗନ୍ଧର୍ବ, ଦେବତା ଓ କିନ୍ନର ମାନଙ୍କ ପ୍ରେୟସୀ ମାନେ ଏହା ଧାରଣ କରି ଆପଣଙ୍କ ସେବା ପାଇଁ ଦଣ୍ଡାୟମାନ ଅଛନ୍ତି । ଏହା କେଶରୀ ରଙ୍ଗ ବିଶିଷ୍ଟ ଅଟେ ଯେଉଁଥିରୁ ସୂର୍ଯ୍ୟମଣ୍ଡଳର ଦିବ୍ୟଜ୍ୟୋତି ପ୍ରକଟ ହେଉଛି । ଏହା ବିଶେଷ ଭାବରେ ସୁଶୋଭିତ ଦୃଷ୍ଟିଗୋଚର ହେଉଛି ।

ଶ୍ଲୋକ ୬: ଆପଣଙ୍କ କର୍ଣ୍ଣରେ ସୁବର୍ଣ୍ଣ କୁଣ୍ଡଳ, ହସ୍ତ ଆଙ୍ଗୁଳିରେ ମୁଦ୍ରିକା, କଟିର ନିତମ୍ବ ପ୍ରଦେଶରେ ଅଣ୍ଟାସୂତା, ଚରଣ ଦ୍ୱୟରେ ନୂପୁରର

ରୁଣୁଝୁଣୁ ଶବ୍ଦ, ବକ୍ଷସ୍ଥଳରେ ଦେଦିପ୍ୟମାନ ହାର, ହସ୍ତ ଦ୍ୱୟର କଟଟିରେ କଙ୍କଣର ଝଙ୍କାର, ମସ୍ତକ ସ୍ଥିତ ଦିବ୍ୟ ମୁକୁଟ-ଇତ୍ୟାଦି ଏ ସବୁ ଆଭୂଷଣ ମାନ ଆପଣଙ୍କ ଦ୍ୱାରା ନିଶ୍ଚୟ ଅତ୍ୟନ୍ତ ପ୍ରଶଂସନୀୟ ହେବ ।

ଶ୍ଳୋକ ୭: ହେ ଶିବପ୍ରିୟା ପାର୍ବତୀ! ହେ ଧନ ପ୍ରଦାନ କାରିଣୀ! ଆପଣଙ୍କ କଣ୍ଠରେ ଅତ୍ୟନ୍ତ ମନୋହର ହାର, ଲଲାଟର ମଧ୍ୟଭାଗରେ ସିନ୍ଦୂରର ଟିପା, କମଳ ସଦୃଶ ନେତ୍ରରେ ଦିବ୍ୟ ଔଷଧି ପ୍ରସ୍ତୁତ କଜ୍ଜଳ ଏ ସମସ୍ତ ଆପଣଙ୍କ ସେବା ପାଇଁ ରଖାଯାଇଛି ।

ଶ୍ଳୋକ ୮: ହେ ତ୍ରିପୁର ସୁନ୍ଦରି ! ହେ ପାପ ବିନାଶିନୀ! ଚତୁଃପାର୍ଶ୍ୱରେ ବୈଦୁର୍ଯ୍ୟ ଖଚିତ ଦର୍ପଣକୁ ସାକ୍ଷାତ ଦେବୀ ରତି ଧାରଣ କରି ଆପଣଙ୍କ ସେବାରେ ଉପସ୍ଥିତ ଅଛନ୍ତି । ଚନ୍ଦ୍ର କିରଣ ସମାନ ଅତ୍ୟୁଜ୍ଜଳ ସେଇ ଦର୍ପଣ କ୍ଷୀର ସମୁଦ୍ର ମନ୍ଥନ ସମୟରେ ସେଥି ମଧ୍ୟରୁ ଆବିର୍ଭୂତ ହୋଇଥିଲା । ସେଥିରେ ଆପଣ ନିଜ ଶୋଭା ଅବଲୋକନ କରିବା ପାଇଁ ତାହା ଆପଣ ଗ୍ରହଣ କରନ୍ତୁ ।

ଶ୍ଳୋକ ୯: ହେ ଦେବୀ ପାର୍ବତୀ! କସ୍ତୁରୀ, ଚନ୍ଦନ, ଅଗରୁ, ଚମ୍ପା, ଗୋଲାପ ଓ ସ୍ୱର୍ଗର ଅମୃତ ଦ୍ୱାରା ଅତ୍ୟନ୍ତ ସୁବାସିତ ନିର୍ମଳ ଜଳ, ବହୁମୂଲ୍ୟ ମଣିମୟ କଳସ ମଧ୍ୟରେ ଯତ୍ନପୂର୍ବକ ସଞ୍ଚିତ ହୋଇ ଦେବାଙ୍ଗନା ମାନଙ୍କ ଦ୍ୱାରା ଧାରଣ କରାଯାଇଛି । ଏହା ଆପଣଙ୍କ ସେବା ନିମିତ୍ତ ପ୍ରସ୍ତୁତ ଅଛି । ଏହା ଆପଣ ଗ୍ରହଣ କରନ୍ତୁ ।

ଶ୍ଳୋକ ୧୦: ସୁଗନ୍ଧିତ ପୁଷ୍ପମାଳା, ଉତ୍ପଳ, କମଳ, ମାଳତୀ, କୁମୁଦ, କହ୍ଲାର, ନାଗକେଶର, ମଲ୍ଲିକା, କେତକୀ ଓ ରକ୍ତ କନିଅର ଦ୍ୱାରା ସୁଶୋଭିତା ତଥା ରକ୍ତକମଳ ମଧ୍ୟରେ ବିରାଜମାନ ଦେବୀ ଭଗବତୀ ଶ୍ରୀଚଣ୍ଡିକା ଙ୍କୁ ମୁଁ ଭକ୍ତି ପୂର୍ବକ ପୂଜନ କରୁଛି ।

ଶ୍ଳୋକ ୧୧: ହେ ଦେବୀ ଚଣ୍ଡିକେ ! ପୁଷ୍ପର ମଞ୍ଜୀର, ଚନ୍ଦନ, ଗୁଗ୍ଗୁଳ, କର୍ପୂର, ଅଗୁରୁ, ଶିଳାଜିତ୍, ଘୃତ, କୁଙ୍କୁମ ଓ ମଧୁ ମିଶ୍ରଣରେ ଦେବାଙ୍ଗନା ମାନଙ୍କ ଦ୍ୱାରା ପ୍ରସ୍ତୁତ ଦିବ୍ୟ ଧୂପ ରତ୍ନମୟ ପାତ୍ର ମଧ୍ୟରେ ରଖାଯାଇ

ତାହା ଆପଣଙ୍କ ସେବାନିମନ୍ତେ ପ୍ରଦତ୍ତ ହୋଇଛି । ଏହା ଆପଣଙ୍କର ଅତୀବ ପ୍ରସନ୍ନତାର କାରଣ ହେଉ ।

ଶ୍ଲୋକ ୧୨: ହେ ଦେବୀ ତ୍ରିପୁରା ସୁନ୍ଦରୀ! ସୁନ୍ଦର ରତ୍ନମୟ ଦୀପସ୍ତମ୍ଭରେସ୍ଥିତ ଘୃତ ଓ କର୍ପୂର ଦୀପମାଳା ଦେବବଧୂ ମାନେ ଆପଣଙ୍କ ସନ୍ତୁଷ୍ଟି ନିମିତ୍ତ ଘନ ଅନ୍ଧକାରକୁ ନିବାରଣ କରିବା ମାନସରେ ଉପସ୍ଥାପିତ କରିଛନ୍ତି ।ଏସବୁ ଆପଣଙ୍କୁ ପ୍ରସନ୍ନତା ପ୍ରଦାନ କରୁ ।

ଶ୍ଲୋକ ୧୩: ହେ ଦେବୀ ଚଣ୍ଡିକା! ଦେବାଙ୍ଗନା ମାନଙ୍କ ଦ୍ୱାରା ଶୁକ୍ଳ ଧାନ୍ୟର ସ୍ୱଚ୍ଛ ଅନ୍ନ,ବିବିଧ ପ୍ରକାର ସୁବାସିତ ପକ୍ୱାନ୍ନ,ଖୀରି, ହେଙ୍ଗୁ, ଲଙ୍କା, ଜିରା ଇତ୍ୟାଦି ମସଲାଦ୍ୱାରା ପ୍ରସ୍ତୁତ ନାନାବିଧ ବ୍ୟଞ୍ଜନ ପ୍ରସ୍ତୁତ ହୋଇ ଆପଣଙ୍କ ନୈବେଦ୍ୟ ନିମନ୍ତେ ରଖାଯାଇଅଛି । ସେ ସବୁ ପ୍ରୀତି ପୂର୍ବକ ଆପଣ ସ୍ୱୀକାର କରନ୍ତୁ ।

ଶ୍ଲୋକ ୧୪: ହେ ଦେବୀ ମାତା! ଅମୃତ ସମ ସ୍ୱାଦଯୁକ୍ତ ଲବଙ୍ଗ, କର୍ପୂର, ଗୁଆ ଦ୍ୱାରା ପ୍ରସ୍ତୁତ ଦିବ୍ୟ ତାମ୍ବୁଲକୁ ସୁନ୍ଦର ରତ୍ନମୟ ପାତ୍ରରେ ଆପଣଙ୍କ ନିମନ୍ତେ ସଜାଇ ରଖାଯାଇଛି । ତାହା ଆପଣ ମୁଖରେ ଗ୍ରହଣ କରନ୍ତୁ ।

ଶ୍ଲୋକ ୧୫: ହେ ମାତା ପାର୍ବତୀ! ସୁବର୍ଣ୍ଣ ଦଣ୍ଡ ଯୁକ୍ତ ମୋତିଯୁକ୍ତ, ଦିବ୍ୟ ରତ୍ନମୟ ଜ୍ୟୋତ୍ସ୍ନା ସମାନ ଏହି ଦିବ୍ୟ ଛତ୍ର ଆପଣଙ୍କ ଉଦ୍ଦେଶ୍ୟରେ ଏଠାରେ ରଖାଯାଇଛି । ହେ ତ୍ରିପୁରା ସୁନ୍ଦରୀ! ଆପଣ ତାହା ଗ୍ରହଣ କରନ୍ତୁ ।

ଶ୍ଲୋକ୧୬ : ହେ ମାତା! ଆପଣଙ୍କୁ ଉତ୍ତାପରୁ ସୁରକ୍ଷା ଏବଂ ସ୍ୱେଦ କଷ୍ଟରୁ ମୁକ୍ତ କରିବା ନିମନ୍ତେ ଚନ୍ଦ୍ରମା ସମାନ ଉଜ୍ଜ୍ୱଳ ଚାମର ମାନ ସ୍ତ୍ରୀମାନେ ଧାରଣ କରି ସେଥିରେ ଚାମର କରୁଛନ୍ତି । ତାହା ଆପଣଙ୍କୁ ଆନନ୍ଦ ପ୍ରଦାନ କରୁ । ଆହୁରି ମଧ୍ୟ ମହର୍ଷି ଅଗସ୍ତ୍ୟ, ବଶିଷ୍ଠ, ନାରଦ, ବ୍ୟାସ, ବାଲ୍ମୀକି ଓ ଶୁକ ଆଦି ଋଷିମାନଙ୍କ ଦ୍ୱାରା ଉଚ୍ଚାରିତ ବେଦଧ୍ୱନି ଆପଣଙ୍କୁ ହର୍ଷିତ କରୁ ।

ଶ୍ଲୋକ ୧୭ : ସ୍ୱର୍ଗରେ ରଚିତ ମଧୁର ଧ୍ୱନୀଯୁକ୍ତ ଦିବ୍ୟ ସଂଗୀତ, ବିବିଧ ବାଦ୍ୟ ଯନ୍ତ୍ରର ମଧୁରତାନ ଏବଂ ବିଦ୍ୟାଧରୀ ମାନଙ୍କ ଦ୍ୱାରା ପ୍ରଦର୍ଶିତ ନୃତ୍ୟକଳା ଆପଣଙ୍କ ଆନନ୍ଦକୁ ବୃଦ୍ଧି କରୁ ।

ଶ୍ଲୋକ ୧୮: ହେ ଦେବୀ ମାତା! ଏ ସଂସାରରେ କୋଟି କୋଟି ବାର ଜନ୍ମ ଲାଭ କଲେ ମଧ୍ୟ ଆପଣଙ୍କର କୃପା ବିନା କଛି ବି ସମ୍ଭବ ନୁହେଁ। ଆପଣଙ୍କ ନିମନ୍ତେ କ୍ଷଣିକ ଭକ୍ତିଭାବ ବି ଏହି ଜୀବନରେ ଏକମାତ୍ର ଫଳ ଅଟେ। ଆପଣଙ୍କ ନିମନ୍ତେ ମୋ ମଧ୍ୟରେ ସେଇପରି ଆକୁଳତା ଓ ଭକ୍ତିଭାବର ସ୍ଫୁରଣ ଘଟୁ- ସେତିକି ମାତ୍ର ଆଶୀର୍ବାଦ ମୁଁ ଆପଣଙ୍କ ଠାରୁ ମାଗୁଛି। ହେ ମାତା! ଉପରୋକ୍ତ ସ୍ତୋତ୍ର ଗାନ ଫଳରେ ଯଦି କିଞ୍ଚିତ ଭକ୍ତିଭାବ ଉଦ୍ରେକ ହୁଏ ତେବେ ସେତିକିରେ ଆପଣ ପ୍ରସନ୍ନ ହୋଇ ମୋତେ ଅଧିକରୁ ଅଧିକ ଭକ୍ତି ପ୍ରଦାନ କରନ୍ତୁ। କେବଳ ଭକ୍ତି ଆଉ ଭକ୍ତି। ଆଉ ଆପଣଙ୍କ ଠାରୁ କିଛି ବି ମୁଁ ମାଗୁନି ମାଆ।

ଶ୍ଲୋକ୧୯: ଉପରୋକ୍ତ ଷୋଡ଼ଶ ପଦ୍ୟରେ କଳ୍ପିତ ଉପଚାର ମାନଙ୍କ ଦ୍ୱାରା ଯିଏ ଭଗବତୀ ତ୍ରିପୁର ସୁନ୍ଦରୀଙ୍କୁ ସ୍ତୁତି କରେ; ସେ ସେହି ସେହି କଳ୍ପିତ ଉପଚାରକୁ ପ୍ରତ୍ୟକ୍ଷ ସମର୍ପଣ କରିବାର ଫଳ ଲାଭ କରିଥାଏ।

ତ୍ରିପୁରାର ଦୁର୍ଗାପୂଜା (ପୃ.୧୨୧)

ଅଥ ସପ୍ତଶ୍ଲୋକୀ ଦୁର୍ଗା

ଶିବ ଉବାଚ:

ଦେବି ତ୍ୱଂ ଭକ୍ତସୁଲଭେ ସର୍ବକାର୍ଯ୍ୟବିଧାୟିନୀ ।
କଲୌ ହି କାର୍ଯ୍ୟସିଦ୍ଧ୍ୟର୍ଥମୁପାୟଂ ବ୍ରୂହି ଯତ୍ନତଃ ॥

ଦେବ୍ୟୁବାଚ:

ଶୃଣୁ ଦେବ ପ୍ରବକ୍ଷ୍ୟାମି କଲୌ ସର୍ବେଷ୍ଟସାଧନମ୍ ।
ମୟା ତବୈବ ସ୍ନେହେନାପ୍ୟମ୍ବାସ୍ତୁତିଃ ପ୍ରକାଶ୍ୟତେ ॥

ଓଁ ଅସ୍ୟ ଶ୍ରୀଦୁର୍ଗାସପ୍ତଶ୍ଲୋକୀସ୍ତୋତ୍ରମନ୍ତ୍ରସ୍ୟ ନାରାୟଣ ଋଷିଃ, ଅନୁଷ୍ଟୁପ୍ ଛନ୍ଦଃ, ଶ୍ରୀମହାକାଳୀମହାଲକ୍ଷ୍ମୀମହାସରସ୍ୱତ୍ୟୋ ଦେବତାଃ, ଶ୍ରୀଦୁର୍ଗାପ୍ରୀତ୍ୟର୍ଥଂ ସପ୍ତଶ୍ଲୋକୀଦୁର୍ଗାପାଠେ ବିନିୟୋଗଃ ।

ଓଁ ଜ୍ଞାନିନାମପି ଚେତାଂସି ଦେବୀ ଭଗବତୀ ହି ସା ।
ବଲାଦାକୃଷ୍ୟ ମୋହାୟ ମହାମାୟା ପ୍ରଯଚ୍ଛତି ॥୧॥
ଦୁର୍ଗେ ସ୍ମୃତା ହରସି ଭୀତିମଶେଷଜନ୍ତୋଃ
ସ୍ୱସ୍ଥୈଃ ସ୍ମୃତା ମତିମତୀବ ଶୁଭାଂ ଦଦାସି ।
ଦାରିଦ୍ର୍ୟଦୁଃଖଭୟହାରିଣି କା ତ୍ୱଦନ୍ୟା
ସର୍ବୋପକାରକରଣାୟ ସଦାର୍ଦ୍ରଚିତ୍ତା ॥୨॥
ସର୍ବମଙ୍ଗଳମଙ୍ଗଲ୍ୟେ ଶିବେ ସର୍ବାର୍ଥସାଧିକେ ।
ଶରଣ୍ୟେ ତ୍ର୍ୟମ୍ବକେ ଗୌରି ନାରାୟଣି ନମୋଽସ୍ତୁ ତେ ॥୩॥
ଶରଣାଗତଦୀନାର୍ତ୍ତପରିତ୍ରାଣପରାୟଣେ
ସର୍ବସ୍ୟାର୍ତ୍ତିହରେ ଦେବି ନାରାୟଣି ନମୋଽସ୍ତୁ ତେ ॥୪॥
ସର୍ବସ୍ୱରୂପେ ସର୍ବେଶେ ସର୍ବଶକ୍ତିସମନ୍ୱିତେ ।
ଭୟେଭ୍ୟସ୍ତ୍ରାହି ନୋ ଦେବି ଦୁର୍ଗେ ଦେବି ନମୋଽସ୍ତୁ ତେ ॥୫॥

ରୋଗାନଶେଷାନପହଂସି ତୁଷ୍ଟା
ରୁଷ୍ଟା ତୁ କାମାନ୍ ସକଳାନଭୀଷ୍ଟାନ୍ ।
ତ୍ୱାମାଶ୍ରିତାନାଂ ନ ବିପନ୍ନରାଣାଂ
ତ୍ୱାମାଶ୍ରିତା ହ୍ୟାଶ୍ରୟତାଂ ପ୍ରୟାନ୍ତି ।।୬।।
ସର୍ବାବାଧାପ୍ରଶମନଂ ତ୍ରୈଲୋକ୍ୟସ୍ୟାଖିଳେଶ୍ୱରି ।
ଏବମେବ ତ୍ୱୟା କାର୍ଯ୍ୟମସ୍ମଦ୍‌ବୈରିବିନାଶନମ୍ ।।୭।।

।। ଇତି ଶ୍ରୀସପ୍ତଶ୍ଳୋକୀ ଦୁର୍ଗା ସମ୍ପୂର୍ଣ୍ଣ ।।

ମହାରାଷ୍ଟ୍ର ପୂଜାମେଢ଼ (ପୃ.୧୨୧)

ଅଥ ସପ୍ତଶ୍ଲୋକୀ ଦୁର୍ଗା

(ଓଡ଼ିଆ ଅନୁବାଦ)

ଏକଦା ଭଗବାନ ଶିବ କଳିଯୁଗରେ ନିଜର ମନୋସ୍କାମନା ଗୁଡ଼ିକର ପୂରଣ କରିବା ପାଇଁ କ'ଣ ଉପାୟ କରିବା ଉଚିତ ବୋଲି ଦେବୀ ପାର୍ବତୀଙ୍କୁ ପ୍ରଶ୍ନ କରିଥିଲେ । ଏଥିରେ ଦେବୀ ସନ୍ତୁଷ୍ଟ ହୋଇ ନିମ୍ନ ଉତ୍ତର ପ୍ରଦାନ କରିଥିଲେ ।

ଦେବୀ ଉତ୍ତର ଦେଇ କହିଲେ କଳିଯୁଗରେ ଏହାକୁ 'ଅମ୍ବାସ୍ତୁତି' କୁହାଯିବ । ଏହି ସ୍ତୁତିପାଠ ଦ୍ୱାରା ସକଳ କାମନା ପୂରଣ ହୋଇଥାଏ । ତାହା ମୁଁ ଆପଣଙ୍କୁ କହୁଛି; ଶ୍ରବଣ କରନ୍ତୁ ।

ଓଁ ଏହି ଦୁର୍ଗା ସପ୍ତଶ୍ଲୋକୀ ସ୍ତୋତ୍ରର ନାରାୟଣ ଋଷି, ଅନୁଷ୍ଟୁପ୍ ଛନ୍ଦ, ଶ୍ରୀମହାକାଳୀ, ମହାଲକ୍ଷ୍ମୀ ଓ ମହାସରସ୍ୱତୀ ଦେବତା ଅଟନ୍ତି । ଏଗୁଡ଼ିକୁ 'ସପ୍ତଶ୍ଲୋକୀ ଦୁର୍ଗା' ପାଠରେ ବିନିଯୋଗ କରାଯାଏ । ଫଳରେ ଦେବୀ ଶ୍ରୀ ଦୁର୍ଗା ସନ୍ତୁଷ୍ଟା ହୁଅନ୍ତି । ସେହି ଦେବୀ ଜ୍ଞାନୀ ମାନଙ୍କ ଚିତ୍ତକୁ ମଧ୍ୟ ମୋହଗ୍ରସ୍ତ କରାଇ ଥାନ୍ତି । ଏଣୁ ତାଙ୍କୁ ସ୍ତୁତି କଲେ ସମସ୍ତ ମୋହର ବିନାଶ ହୋଇ ଦିବ୍ୟଚେତନା ବିକଶିତ ହୁଏ ॥୧॥

ହେ ମାତା ଦୁର୍ଗେ ! ସ୍ମରଣ ମାତ୍ରକେ ଆପଣ ଭକ୍ତର ଭୟ ହରଣ କରି ସେମାନଙ୍କୁ ପରମ କଲ୍ୟାଣମୟୀ ଜ୍ଞାନ ପ୍ରଦାନ କରନ୍ତି । ହେ ଦୁଃଖ- ଦାରିଦ୍ର୍ୟ - ଭୟ ହାରିଣୀ ଦେବୀ! ଆପଣଙ୍କ ସଦୃଶ ଦୟାର୍ଦ୍ର ଅବା ଆଉ କିଏ ଅଛନ୍ତି ॥୨॥ ହେ ନାରାୟଣୀ! ହେ ଶିବେ! ଆପଣ ହିଁ ସମସ୍ତ ପ୍ରକାର ମଙ୍ଗଳକାରିଣୀ ଓ କଲ୍ୟାଣ ପ୍ରଦାୟନୀ ଅଟନ୍ତି । ଆପଣ ସମସ୍ତ ପୁରୁଷାର୍ଥର ସିଦ୍ଧିଦାତ୍ରୀ, କଲ୍ୟାଣ ପ୍ରଦାୟିନୀ, ଶରଣାଗତ ବତ୍ସଳା, ତ୍ରିନେତ୍ରଯୁକ୍ତା ଏବଂ ଗୌରୀ ଅଟନ୍ତି । ଆପଣଙ୍କୁ ପ୍ରଣାମ ॥୩॥

ଆପଣ ସମସ୍ତ ଶରଣାଗତ, ପୀଡ଼ିତ, ଦୁଃଖୀମାନଙ୍କୁ ସୁରକ୍ଷା ପ୍ରଦାନ କରିଥାନ୍ତି । ଆପଣଙ୍କୁ ପ୍ରଣାମ ॥୪॥

ହେ ସର୍ବ ସ୍ୱରୂପା, ସର୍ବେଶ୍ୱରୀ ତଥା ସର୍ବ-ଶକ୍ତିସମ୍ପନ୍ନା ଦିବ୍ୟରୂପା, ଭୟ ବିନାଶିନୀ ଦେବୀ ଆମକୁ ଉଦ୍ଧାର କରନ୍ତୁ । ଆପଣଙ୍କୁ ପ୍ରଣାମ ॥୫॥

ହେ ଦେବୀ ! ଆପଣ ପ୍ରସନ୍ନ ହେଲେ ସମସ୍ତ ରୋଗ ଓ ବିପଦ ଦୂରେଇଯାଏ ଏବଂ ଆପଣ ରୁଷ୍ଟ ହେଲେ ମନୁଷ୍ୟର ସମସ୍ତ କାମନା ବିନଷ୍ଟ ହୋଇଯାଏ । ଆପଣଙ୍କ ଶରଣାଗତ ଅନ୍ୟମାନଙ୍କୁ ମଧ୍ୟ ଶରଣ ପ୍ରଦାନ କରିବା ନିମନ୍ତେ ସକ୍ଷମ ହୋଇଯାଏ । ହେ ସର୍ବେଶ୍ୱରୀ ! ଆପଣ ଏହି ପ୍ରକାର ତ୍ରିଲୋକର ସମସ୍ତ ବାଧାବିଘ୍ନକୁ ଶାନ୍ତ କରିବା ସହ ଆମ୍ଭର ଶତ୍ରୁମାନଙ୍କୁ ମଧ୍ୟ ବିନାଶ କରନ୍ତୁ ॥୭॥

॥ ଶ୍ରୀ ସପ୍ତଶ୍ଲୋକୀ ଦୁର୍ଗା ସମ୍ପୂର୍ଣ୍ଣ ॥

ଗୁଜୁରାଟ ନବରାତ୍ରି ପର୍ବ (ପୃ.୧୨୧)

ଓଁ

॥ ଶ୍ରୀ ଦୁର୍ଗାୟୈ ନମଃ ॥

ଶ୍ରୀଦୁର୍ଗାଷ୍ଟୋତ୍ତରଶତନାମସ୍ତୋତ୍ରମ୍

ଈଶ୍ୱର ଉବାଚ

ଶତନାମ ପ୍ରବକ୍ଷ୍ୟାମି ଶୃଣୁଷ୍ୱ କମଳାନନେ ।
ଯସ୍ୟ ପ୍ରସାଦମାତ୍ରେଣ ଦୁର୍ଗା ପ୍ରୀତା ଭବେତ୍ ସତୀ ॥୧॥
ଓଁ ସତୀ ସାଧ୍ୱୀ ଭବପ୍ରୀତା ଭବାନୀ ଭବମୋଚନୀ ।
ଆର୍ଯ୍ୟା ଦୁର୍ଗା ଜୟା ଚାଦ୍ୟା ତ୍ରିନେତ୍ରା ଶୂଳଧାରିଣୀ ॥୨॥
ପିନାକଧାରିଣୀ ଚିତ୍ରା ଚଣ୍ଡଘଣ୍ଟା ମହାତପାଃ ।
ମନୋ ବୁଦ୍ଧିରହଂକାରା ଚିତ୍ତରୂପା ଚିତା ଚିତିଃ ॥୩॥
ସର୍ବମନ୍ତ୍ରମୟୀ ସତ୍ତା ସତ୍ୟାନନ୍ଦସ୍ୱରୂପିଣୀ ।
ଅନନ୍ତା ଭାବିନୀ ଭାବ୍ୟା ଭବ୍ୟାଭବ୍ୟା ସଦାଗତିଃ ॥୪॥
ଶାମ୍ଭବୀ ଦେବମାତା ଚ ଚିନ୍ତା ରତ୍ନପ୍ରିୟା ସଦା ।
ସର୍ବବିଦ୍ୟା ଦକ୍ଷକନ୍ୟା ଦକ୍ଷଯଜ୍ଞବିନାଶିନୀ ॥୫॥
ଅପର୍ଣ୍ଣାନେକବର୍ଣ୍ଣା ଚ ପାଟଳା ପାଟଳାବତୀ ।
ପଟ୍ଟାମ୍ବରପରୀଧାନା କଳମଞ୍ଜୀରରଞ୍ଜିନୀ ॥୬॥
ଅମେୟବିକ୍ରମା କ୍ରୂରା ସୁନ୍ଦରୀ ସୁରସୁନ୍ଦରୀ ।
ବନଦୁର୍ଗା ଚ ମାତଙ୍ଗୀ ମତଙ୍ଗମୁନିପୂଜିତା ॥୭॥
ବ୍ରାହ୍ମୀ ମାହେଶ୍ୱରୀ ଚୈନ୍ଦ୍ରୀ କୌମାରୀ ବୈଷ୍ଣବୀ ତଥା ।
ଚାମୁଣ୍ଡା ଚୈବ ବାରାହୀ ଲକ୍ଷ୍ମୀଶ୍ଚ ପୁରୁଷାକୃତିଃ ॥୮॥
ବିମଳୋତ୍କର୍ଷିଣୀ ଜ୍ଞାନା କ୍ରିୟା ନିତ୍ୟା ଚ ବୁଦ୍ଧିଦା ।
ବହୁଳା ବହୁଳପ୍ରେମା ସର୍ବବାହନବାହନା ॥୯॥

ନିଶୁମ୍ଭଶୁମ୍ଭହନନୀ ମହିଷାସୁରମର୍ଦ୍ଦିନୀ ।
ମଧୁକୈଟଭହନ୍ତ୍ରୀ ଚ ଚଣ୍ଡମୁଣ୍ଡବିନାଶିନୀ ॥୧୦॥
ସର୍ବାସୁରବିନାଶା ଚ ସର୍ବଦାନବଘାତିନୀ ।
ସର୍ବଶାସ୍ତ୍ରମୟୀ ସତ୍ୟା ସର୍ବାସ୍ତ୍ରଧାରିଣୀ ତଥା ॥୧୧॥
ଅନେକଶସ୍ତ୍ରହସ୍ତା ଚ ଅନେକାସ୍ତ୍ରସ୍ୟ ଧାରିଣୀ
କୁମାରୀ ଚୈକକନ୍ୟା ଚ କୈଶୋରୀ ଯୁବତୀ ଯତିଃ ॥୧୨॥
ଅପ୍ରୌଢ଼ା ଚୈବ ପ୍ରୌଢ଼ା ଚ ବୃଦ୍ଧମାତା ବଳପ୍ରଦା ।
ମହୋଦରୀ ମୁକ୍ତକେଶୀ ଘୋରରୂପା ମହାବଳା ॥୧୩॥
ଅଗ୍ନିଜ୍ୱାଳା ରୌଦ୍ରମୁଖୀ କାଳରାତ୍ରିସ୍ତପସ୍ୱିନୀ ।
ନାରାୟଣୀ ଭଦ୍ରକାଳୀ ବିଷ୍ଣୁମାୟା ଜଳୋଦରୀ ॥୧୪॥
ଶିବଦୂତୀ କରାଳୀ ଚ ଅନନ୍ତା ପରମେଶ୍ୱରୀ ।
କାତ୍ୟାୟନୀ ଚ ସାବିତ୍ରୀ ପ୍ରତ୍ୟକ୍ଷା ବ୍ରହ୍ମବାଦିନୀ ॥୧୫॥
ଯ ଇଦଂ ପ୍ରପଠେନ୍ନିତ୍ୟଂ ଦୁର୍ଗାନାମଶତାଷ୍ଟକମ୍ ।
ନାସାଧ୍ୟଂ ବିଦ୍ୟତେ ଦେବି ତ୍ରିଷୁ ଲୋକେଷୁ ପାର୍ବତି ॥୧୬॥
ଧନଂ ଧାନ୍ୟଂ ସୁତଂ ଜାୟାଂ ହୟଂ ହସ୍ତିନମେବ ଚ ।
ଚତୁର୍ବର୍ଗଂ ତଥା ଚାନ୍ତେ ଲଭେନ୍ମୁକ୍ତିଞ୍ଚ ଶାଶ୍ୱତୀମ୍ ॥୧୭॥
କୁମାରୀଂ ପୂଜୟିତ୍ୱା ତୁ ଧ୍ୟାତ୍ୱା ଦେବୀଂ ସୁରେଶ୍ୱରୀମ୍ ।
ପୂଜୟେତ୍ ପରୟା ଭକ୍ତ୍ୟା ପଠେନ୍ନାମଶତାଷ୍ଟକମ୍ ॥୧୮॥
ତସ୍ୟ ସିଦ୍ଧିର୍ଭବେତ୍ ଦେବି ସର୍ବୈଃ ସୁରବରୈରପି ।
ରାଜାନୋ ଦାସତାଂ ଯାନ୍ତି ରାଜ୍ୟଶ୍ରିୟମବାପ୍ନୁୟାତ୍ ॥୧୯॥
ଗୋରୋଚନାଲକ୍ତକକୁଙ୍କୁମେନ
ସିନ୍ଦୂରକର୍ପୂରମଧୁତ୍ରୟେଣ ।
ବିଲିଖ୍ୟ ଯନ୍ତ୍ରଂ ବିଧିନା ବିଧିଜ୍ଞୋ
ଭବେତ୍ ସଦା ଧାରୟତେ ପୁରାରିଃ ॥୨୦॥
ଭୌମାବାସ୍ୟାନିଶାମଗ୍ରେ ଚନ୍ଦ୍ରେ ଶତଭିଷାଂ ଗତେ ।
ବିଲିଖ୍ୟ ପ୍ରପଠେତ୍ ସ୍ତୋତ୍ରଂ ସ ଭବେତ୍ ସମ୍ପଦାଂ ପଦମ୍ ॥୨୧॥

ଇତି ଶ୍ରୀବିଶ୍ୱସାରତନ୍ତ୍ରେ ଦୁର୍ଗାଷ୍ଟୋତ୍ତରଶତନାମସ୍ତୋତ୍ରଂ ସମାପ୍ତମ୍ ।

ଶକ୍ତି ଉପାସନା ଓ ବୈଦିକ ଦେବୀତତ୍ତ୍ୱ : ୪୩

ଶ୍ରୀ ଦୁର୍ଗାଷ୍ଟୋତ୍ତର ଶତନାମସ୍ତୋତ୍ରମ୍

(ଓଡ଼ିଆ ଅନୁବାଦ)

ଏକଦା ଦେବାଧିଦେବ ଶଙ୍କର ଦେବୀ ପାର୍ବତୀ ଙ୍କ ଏକ ପ୍ରଶ୍ନର ଉତ୍ତର ଦେଇ କହିଲେ- ହେ କମଳାନୟନେ! ଯେଉଁ ୧୦୮ ନାମର ପାଠ ବା ଶ୍ରବଣ ମାତ୍ରକେ ଭଗବତୀ ଦୁର୍ଗା ସଂଗେ ସଂଗେ ପ୍ରସନ୍ନ ହୋଇ ଯାଆନ୍ତି ସେଇ ଅଷ୍ଟୋତ୍ତର ଶତନାମକୁ ମୁଁ ବର୍ଣ୍ଣନା କରୁଛି; ତାହା ଶୁଣ ॥୧॥

୧. ଓଁ ସତୀ, ୨. ସାଧ୍ୱୀ, ୩. ଭବପ୍ରୀତା (ଯିଏ ଶଙ୍କରଙ୍କୁ ପ୍ରୀତି କରନ୍ତି), ୪. ଭବାନୀ, ୫. ଭବମୋଚନୀ (ଯିଏ ସଂସାର ବନ୍ଧନରୁ ମୁକ୍ତି ପ୍ରଦାନ କରନ୍ତି), ୬. ଆର୍ଯ୍ୟା, ୭. ଦୁର୍ଗା, ୮. ଜୟା, ୯. ଆଦ୍ୟା, ୧୦. ତ୍ରିନେତ୍ରା, ୧୧. ଶୂଳଧାରିଣୀ, ୧୨. ପିନାକଧାରିଣୀ, ୧୩. ଚିତ୍ରା, ୧୪. ଚଣ୍ଡଘଣ୍ଟା, ୧୫. ମହାତପାଃ, ୧୬. ମନ (ମନନ ଶକ୍ତି), ୧୭. ବୁଦ୍ଧି, ୧୮. ଅହଂକାର, ୧୯. ଚିତ୍ତରୂପା, ୨୦. ଚିତା, ୨୧. ଚିତିଃ (ଚେତନା), ୨୨. ସର୍ବମନ୍ତ୍ରମୟୀ, ୨୩. ସତ୍ତା (ସତ୍‌ସ୍ୱରୂପା), ୨୪. ସତ୍ୟାନନ୍ଦ ସ୍ୱରୂପିଣୀ, ୨୫. ଅନନ୍ତା (ଅନ୍ତହୀନ ସ୍ୱରୂପ), ୨୬. ଭାବିନୀ (ଯିଏ ସମସ୍ତଙ୍କୁ ଉତ୍ପନ୍ନ କରନ୍ତି), ୨୭. ଭାବ୍ୟା (ଭାବନା / ସ୍ମରଣ /ଧ୍ୟାନ ଯୋଗ୍ୟା), ୨୮. ଭବ୍ୟା (କଲ୍ୟାଣ ରୂପା), ୨୯. ଅଭବ୍ୟା (ସୃଷ୍ଟିର ସବୁଠୁଁ ଭବ୍ୟ), ୩୦. ସଦାଗତି, ୩୧.ଶାମ୍ଭବୀ (ଶିବପ୍ରିୟା), ୩୨.ଦେବମାତା, ୩୩.ଚିନ୍ତା, ୩୪.ରତ୍ନପ୍ରିୟା, ୩୫. ସର୍ବବିଦ୍ୟା, ୩୬. ଦକ୍ଷକନ୍ୟା, ୩୭. ଦକ୍ଷଯଜ୍ଞ ବିନାଶନୀ, ୩୮. ଅପର୍ଣ୍ଣା (ତପସ୍ୟାବେଳେ ପତ୍ର ମଧ୍ୟ ଭକ୍ଷଣ କରୁ ନଥିବା), ୩୯. ଅନେକ ବର୍ଣ୍ଣା, ୪୦. ପାଟଳା (ଲାଲରଙ୍ଗ ଯୁକ୍ତା), ୪୧. ପାଟଳାବତୀ (ଲାଲ ପୁଷ୍ପଧାରଣ କରୁଥିବା), ୪୨. ପଟ୍ଟାମ୍ବର ପରିଧାନା (ରେଶମ ବସ୍ତ୍ର ପରିଧାନା), ୪୩. କଳମଞ୍ଜୀରରଞ୍ଜିନୀ (ମଧୁର ଧ୍ୱନୀ ଯୁକ୍ତ ମଞ୍ଜୀର ଧାରଣ କରିଥିବା), ୪୪. ଅମେୟ ବିକ୍ରମା (ସୀମାହୀନ ପରାକ୍ରମ ଯୁକ୍ତା), ୪୫. କ୍ରୁରା (ଦୈତ୍ୟମାନଙ୍କ ପ୍ରତ ଅଧିକ ଭୟଙ୍କର), ୪୬. ସୁନ୍ଦରୀ, ୪୭. ସୁର ସୁନ୍ଦରୀ, ୪୮. ବନଦୁର୍ଗା, ୪୯. ମାତଙ୍ଗୀ, ୫୦. ମତଙ୍ଗ ମୁନି

ପୂଜିତା, ୫୧. ବ୍ରାହ୍ମୀ, ୫୨. ମାହେଶ୍ୱରୀ, ୫୩. ଐନ୍ଦ୍ରୀ, ୫୪. କୌମାରୀ, ୫୫. ବୈଷ୍ଣବୀ, ୫୬. ଚାମୁଣ୍ଡା, ୫୭. ବାରାହୀ, ୫୮. ଲକ୍ଷ୍ମୀ, ୫୯. ପୁରୁଷାକୃତି, ୬୦. ବିମଳା, ୬୧. ଉତ୍କର୍ଷିଣୀ, ୬୨. ଜ୍ଞାନା, ୬୩. କ୍ରିୟା, ୬୪. ନିତ୍ୟା, ୬୫. ବୁଦ୍ଧିଦା, ୬୬. ବହୁଳା, ୬୭. ବହୁଳପ୍ରେମା, ୬୮. ସର୍ବବାହନବାହନା, ୬୯. ନିଶୁମ୍ଭଶୁମ୍ଭ ହନନୀ, ୭୦. ମହିଷାସୁର ମର୍ଦ୍ଦିନୀ, ୭୧. ମଧୁକୈଟଭ ହନ୍ତ୍ରୀ, ୭୨. ଚଣ୍ଡମୁଣ୍ଡ ବିନାଶନୀ, ୭୩. ସର୍ବାସୁର ବିନାଶା, ୭୪. ସର୍ବଦାନବ ଘାତିନୀ, ୭୫. ସର୍ବଶାସ୍ତ୍ରମୟୀ, ୭୬. ସତ୍ୟା, ୭୭. ସର୍ବାସ୍ତ୍ରଧାରିଣୀ, ୭୮. ଅନେକ ଶସ୍ତ୍ର ହସ୍ତା, ୭୯. ଅନେକାସ୍ତ୍ରଧାରିଣୀ, ୮୦. କୁମାରୀ, ୮୧. ଏକକନ୍ୟା, ୮୨. କୈଶୋରୀ, ୮୩. ଯୁବତୀ, ୮୪. ଯତିଃ, ୮୫. ଅପ୍ରୌଢ଼ା, ୮୬. ପ୍ରୌଢ଼ା, ୮୭. ବୃଦ୍ଧମାତା, ୮୮. ବଳପ୍ରଦା, ୮୯. ମହୋଦରୀ, ୯୦. ମୁକ୍ତକେଶୀ, ୯୧. ଘୋର ରୂପା, ୯୨. ମହାବଳା, ୯୩. ଅଗ୍ନିଜ୍ୱାଳା, ୯୪. ରୌଦ୍ରମୁଖୀ, ୯୫. କାଳରାତ୍ରି, ୯୬. ତପସ୍ୱିନୀ, ୯୭. ନାରାୟଣୀ, ୯୮. ଭଦ୍ରକାଳୀ, ୯୯. ବିଷ୍ଣୁମାୟା, ୧୦୦. ଜଳୋଦରୀ, ୧୦୧. ଶିବଦୂତୀ, ୧୦୨. କରାଳୀ, ୧୦୩. ଅନନ୍ତା, ୧୦୪. ପରମେଶ୍ୱରୀ, ୧୦୫. କାତ୍ୟାୟନୀ, ୧୦୬. ସାବିତ୍ରୀ, ୧୦୭. ପ୍ରତ୍ୟକ୍ଷା, ୧୦୮. ବ୍ରହ୍ମବାଦିନୀ ॥୨-୧୫॥

ହେ ପାର୍ବତୀ! ପ୍ରତ୍ୟହ ଏହି ୧୦୮ ନାମକୁ ପାଠ କରୁଥିବା ବ୍ୟକ୍ତି ନିମନ୍ତେ ଏହି ତ୍ରିଲୋକରେ କିଛି ବି ଅସାଧ ରହେନାହିଁ ॥୧୬॥ ସେ ଧନଧାନ୍ୟ, ସ୍ତ୍ରୀପୁତ୍ର, ହାତୀଘୋଡ଼ା, ଧର୍ମ-ଅର୍ଥ-କାମ-ମୋକ୍ଷ ଇତ୍ୟାଦି ସବୁ କିଛି ପ୍ରାପ୍ତ କରେ ॥୧୭॥ ଏଣୁ କୁମାରୀ ପୂଜନ, ଦେବୀ ସୁରେଶ୍ୱରୀଙ୍କ ଧ୍ୟାନ ଓ ପୂଜନ ତଥା ଏହି ଅଷ୍ଟୋତ୍ତର ଶତନାମକୁ ପାଠ କରିବା ଉଚିତ ॥୧୮॥ ଯିଏ ଏହା କରେ ସେ ସମସ୍ତ ଦେବତାଙ୍କ ଠାରୁ ସିଦ୍ଧିପ୍ରାପ୍ତ ହୁଏ; ସେ ରାଜ୍ୟଲକ୍ଷ୍ମୀଙ୍କୁ ପ୍ରାପ୍ତ କରେ ଏବଂ ରାଜା ମଧ୍ୟ ତାହାର ଦାସ ହୋଇ ଯାଆନ୍ତି ॥୧୯॥ ଗୋରଚନ, ଲାକ୍ଷା, କୁଙ୍କୁମ, ସିନ୍ଦୂର, କର୍ପୂର, ଘୃତ / ଦୁଗ୍ଧ, ଚିନି ଏବଂ ମଧୁକୁ ଏକତ୍ର କରି ଏହା ଦ୍ୱାରା ବିଧି ପୂର୍ବକ ଯନ୍ତ୍ର ପ୍ରସ୍ତୁତ କରି ତାହାକୁ ଯେଉଁ ବିଧିଜ୍ଞ ପୁରୁଷ ସର୍ବଦା ଧାରଣ କରନ୍ତି ସେ ଶିବଙ୍କ ତୁଲ୍ୟ ହୋଇଯାନ୍ତି ॥୨୦॥ ଭୌମବତୀ ଅମାବସ୍ୟାର ନିଶାର୍ଦ୍ଧରେ ଯେତେବେଳେ ଚନ୍ଦ୍ର ଶତଭିଷା ନକ୍ଷତ୍ର ଉପରେ ଅବସ୍ଥାନ କରୁଥାଆନ୍ତି; ସେଇ ସମୟରେ ଏହି ସ୍ତୋତ୍ରକୁ ଲେଖି ଯିଏ ତାହାକୁ ପାଠ କରିବେ, ସେ ପ୍ରଚୁର ଧନ ସମ୍ପତ୍ତିର ଅଧିକାରୀ ହୁଅନ୍ତି ॥୨୧॥

ଅଥ ଦୁର୍ଗାଦ୍ୱାତ୍ରିଂଶନ୍ନାମମାଳା

ଦୁର୍ଗା ଦୁର୍ଗାର୍ତ୍ତିଶମନୀ ଦୁର୍ଗାପଦ୍‌ବିନିବାରିଣୀ ।
ଦୁର୍ଗମଚ୍ଛେଦିନୀ ଦୁର୍ଗସାଧିନୀ ଦୁର୍ଗନାଶିନୀ ॥
ଦୁର୍ଗତୋଦ୍ଧାରିଣୀ ଦୁର୍ଗନିହନ୍ତ୍ରୀ ଦୁର୍ଗମାପହା ।
ଦୁର୍ଗମଜ୍ଞାନଦା ଦୁର୍ଗଦୈତ୍ୟଲୋକଦବାନଳା ॥
ଦୁର୍ଗମା ଦୁର୍ଗମାଲୋକା ଦୁର୍ଗମାତ୍ମସ୍ୱରୂପିଣୀ ।
ଦୁର୍ଗମାର୍ଗପ୍ରଦା ଦୁର୍ଗମବିଦ୍ୟା ଦୁର୍ଗମାଶ୍ରିତା ॥
ଦୁର୍ଗମଜ୍ଞାନସଂସ୍ଥାନା ଦୁର୍ଗମଧ୍ୟାନଭାସିନୀ ।
ଦୁର୍ଗମୋହା ଦୁର୍ଗମଗା ଦୁର୍ଗମାର୍ଥସ୍ୱରୂପିଣୀ ॥
ଦୁର୍ଗମାସୁରସଂହନ୍ତ୍ରୀ ଦୁର୍ଗମାୟୁଧଧାରିଣୀ ।
ଦୁର୍ଗମାଙ୍ଗୀ ଦୁର୍ଗମତା ଦୁର୍ଗମ୍ୟା ଦୁର୍ଗମେଶ୍ୱରୀ ॥
ଦୁର୍ଗଭୀମା ଦୁର୍ଗଭାମା ଦୁର୍ଗଭା ଦୁର୍ଗଦାରିଣୀ ।
ନାମାବଳିମିମାଂ ଯସ୍ତୁ ଦୁର୍ଗାୟା ମମ ମାନବଃ ॥
ପଠେତ୍ ସର୍ବଭୟାନ୍ମୁକ୍ତୋ ଭବିଷ୍ୟତି ନ ସଂଶୟଃ ॥

୧. ଦୁର୍ଗା, ୨. ଦୁର୍ଗାର୍ତ୍ତିଶମନୀ, ୩. ଦୁର୍ଗାପଦ୍‌ବିନିବାରିଣୀ, ୪. ଦୁର୍ଗମଚ୍ଛେଦିନୀ, ୫. ଦୁର୍ଗସାଧିନୀ, ୬.ଦୁର୍ଗନାଶିନୀ, ୭.ଦୁର୍ଗତୋଦ୍ଧାରିଣୀ, ୮. ଦୁର୍ଗନିହନ୍ତ୍ରୀ, ୯. ଦୁର୍ଗମାପହା, ୧୦.ଦୁର୍ଗମଜ୍ଞାନଦା, ୧୧. ଦୁର୍ଗଦୈତ୍ୟଲୋକଦବାନଳା, ୧୨. ଦୁର୍ଗମା, ୧୩. ଦୁର୍ଗମାଲୋକା, ୧୪. ଦୁର୍ଗମାତ୍ମସ୍ୱରୂପିଣୀ, ୧୫. ଦୁର୍ଗମାର୍ଗପ୍ରଦା, ୧୬. ଦୁର୍ଗମବିଦ୍ୟା, ୧୭. ଦୁର୍ଗମାଶ୍ରିତା, ୧୮. ଦୁର୍ଗମଜ୍ଞାନସଂସ୍ଥାନା, ୧୯. ଦୁର୍ଗମଧ୍ୟାନଭାସିନୀ, ୨୦. ଦୁର୍ଗମୋହା, ୨୧. ଦୁର୍ଗମଗା, ୨୨. ଦୁର୍ଗମାର୍ଥସ୍ୱରୂପିଣୀ, ୨୩. ଦୁର୍ଗମାସୁରସଂହନ୍ତ୍ରୀ, ୨୪. ଦୁର୍ଗମାୟୁଧଧାରିଣୀ, ୨୫. ଦୁର୍ଗମାଙ୍ଗୀ, ୨୬. ଦୁର୍ଗମତା, ୨୭. ଦୁର୍ଗମ୍ୟା, ୨୮. ଦୁର୍ଗମେଶ୍ୱରୀ, ୨୯. ଦୁର୍ଗଭୀମା, ୩୦. ଦୁର୍ଗଭାମା, ୩୧. ଦୁର୍ଗଭା, ୩୨. ଦୁର୍ଗଦାରିଣୀ ।

ଦୁର୍ଗା ଦ୍ୱାତ୍ରିଂଶନ୍ନାମମାଳାର ଉତ୍ପତ୍ତି ଓ ବୈଶିଷ୍ଟ୍ୟ

ଦେବୀ ଦୁର୍ଗା ଦୁଷ୍ଟ ମହିଷାସୁରକୁ ବଧ କଲାପରେ ସ୍ୱର୍ଗ, ମର୍ତ୍ତ୍ୟ, ପାତାଳ ସର୍ବତ୍ର ଶାନ୍ତି ବିରାଜମାନ କଲା। ଦେବ ମାନବ ସଭିଏଁ ଆଶ୍ୱସ୍ତ ହେଲେ। କୃତଜ୍ଞତା ପୂର୍ବକ ସମସ୍ତେ ଦେବୀ ମାତା ଦୁର୍ଗାଙ୍କର ସ୍ତୁତି କରିବାକୁ ଲାଗିଲେ। ଦୁର୍ଗା ଏଥିରେ ପ୍ରସନ୍ନ ହୋଇ ଦେବତାମାନଙ୍କୁ ବର ମାଗିବା ନିମନ୍ତେ ନିର୍ଦ୍ଦେଶ ଦେଲେ। ଦେବତାମାନେ କହିଲେ ହେ ଦେବୀ ! ଆପଣ ତ ଆମପାଇଁ କଳ୍ପବୃକ୍ଷ ସଦୃଶ। ଆମକୁ ସବୁ କିଛି ପ୍ରାପ୍ତ ହୋଇଛି। ତେବେ ସଂସାରର ମଙ୍ଗଳ ନିମନ୍ତେ ଗୋଟିଏ ବର ଆମେ ମାଗୁଛୁ। ତାହା ହେଉଛି, ଏପରି କେଉଁ ଉପାୟ ଅଛି; ଯଦ୍ୱାରା ଆପଣ ସହଜରେ ପ୍ରସନ୍ନ ହୋଇ ଭକ୍ତକୁ ସଂକଟରୁ ରକ୍ଷା କରନ୍ତି ? ତାହା ଗୋପନୀୟ ହେଲେ ବି ଆମକୁ କହନ୍ତୁ।

ଦେବୀ କହିଲେ- ହେ ଦେବଗଣ! ମୋର ବତ୍ରିଶ ନାମମାଳାର ଏକ ସ୍ତୁତି ମୁଁ ତମମାନଙ୍କ ମଙ୍ଗଳ ନିମନ୍ତେ କହୁଛି। ତଦ୍ୱାରା ସକଳ ବିପଦ ଧ୍ୱଂସ ହୋଇ ଅଶେଷ ମଙ୍ଗଳ ସାଧିତ ହୁଏ। ଏପରି ରହସ୍ୟମୟ ସ୍ତୁତି ଆଉ କିଛି ନାହିଁ। ଏହାପରେ ଦେବୀ ଉପରୋକ୍ତ ସ୍ତୁତିଟି ଦେବତାମାନଙ୍କୁ କହିଥିଲେ। ସେଥିରେ ଦେବୀଙ୍କର ବତ୍ରିଶ ଗୋଟି ନାମ ରହିଛି। ଯାହା ମନୁଷ୍ୟ ପ୍ରତ୍ୟହ ଜପ କରିବା ଉଚିତ।

୧. ଦେବୀ କହିଲେ ଏହି ନାମମାଳାକୁ ଯିଏ ପାଠ କରେ ସେ ସକଳ ଭୟରୁ ତ୍ରାହି ପାଏ।
୨. କୌଣସି ଦୁର୍ଭେଦ୍ୟ ବନ୍ଧନ ଅଥବା ଶତ୍ରୁ କବଳରୁ ସୁରକ୍ଷା ନିମନ୍ତେ ଏହି ନାମମାଳାର ପାଠ ଆଶୁଫଳ ପ୍ରଦାନ କରିଥାଏ।
୩. ଯଦି କୌଣସି ବ୍ୟକ୍ତି ଯୁଦ୍ଧ କ୍ଷେତ୍ରରେ ବନ୍ଦୀ ହୁଏ ବା ଅରଣ୍ୟରେ ହିଂସ୍ର ଜନ୍ତୁମାନଙ୍କ କବଳରେ ପଡ଼େ ଅଥବା ରାଜଦଣ୍ଡରେ ଦଣ୍ଡିତ ହୁଏ, ତେବେ ଏହି ନାମମାଳା ୧୦୮ ଥର ପାଠ କଲେ ସେ ସବୁରୁ ତ୍ରାହି ମିଳେ।
୪. ଏହି ନାମର ପାଠ ସଦୃଶ, ଯେ କୌଣସି କ୍ଷୟ କ୍ଷତିରୁ ଉଦ୍ଧାର ପାଇବା

ଅଥବା ଭୟ ବିପଦରୁ ମୁକ୍ତି ପାଇବା ନିମନ୍ତେ, ସାର୍ଥକ ଓ ସଫଳ ଉପାୟ ଆଉ କିଛି ନାହିଁ।

୫. ଏହି ସ୍ତୁତିକୁ ପାଠ କରୁଥିବା ମନୁଷ୍ୟର କେବେ ହେଲେ କୌଣସି କ୍ଷତି ହୁଏ ନାହିଁ।

୬. ଘୋର ବିପଦରେ ପଡ଼ି ଏହି ନାମାବଳୀ ଦଶହଜାର ବା ଏକଲକ୍ଷ ବାର ପାଠ କଲେ ସମସ୍ତ ବିପଦରୁ ତ୍ରାହି ଅବଶ୍ୟ ମିଳେ। ଏହାକୁ ନିଜେ ଅଥବା ବ୍ରାହ୍ମଣ ଦ୍ୱାରା ମଧ୍ୟ ସମ୍ପନ୍ନ କରାଯାଇପାରେ।

୭. ଏହି ନାମମାଳାର ପୁରଶ୍ଚରଣ ତିରିଶ ହଜାର। ପୁରଶ୍ଚରଣ ପୂର୍ବକ ପାଠ କଲେ ମନୁଷ୍ୟ ସକଳ କାର୍ଯ୍ୟରେ ସିଦ୍ଧି ଲାଭ କରେ।

୮. ଯେଉଁ ମନୁଷ୍ୟ ପ୍ରତ୍ୟହ ଏହି ସ୍ତୁତିକୁ ଭଜନ କରେ ସେ କୌଣସି ବିପଦରେ ପଡ଼େ ନାହିଁ।

୯. ସିଂହ ଉପରେ ଆରୋହଣ କରିଥିବା ମୋର ମୃତ୍ତିକା ନିର୍ମିତ ଅଷ୍ଟଭୁଜା ମୂର୍ତ୍ତି ନିର୍ମାଣ କରିବ। ଅଷ୍ଟଭୁଜରେ ଅଷ୍ଟ ଆୟୁଧ (ଗଦା, ଖଡ୍ଗ, ତ୍ରିଶୂଳ, ବାଣ, ଧନୁ, ପଦ୍ମ, ଢାଲ ଏବଂ ମୁଦ୍‌ଗର) ଥାଇ ମସ୍ତକରେ ଚନ୍ଦ୍ରମାର ଚିହ୍ନ ଥିବ ଏବଂ ତ୍ରିନେତ୍ର ବିଶିଷ୍ଟ ସେଇ ମୂର୍ତ୍ତି ରକ୍ତବର୍ଣ୍ଣ ବସ୍ତ୍ର ପରିଧାନ କରି ଶୂଳରେ ମହିଷାସୁରକୁ ବଧ କରୁଥିବେ। ବିବିଧ ସାମଗ୍ରୀରେ ମୋର ଭକ୍ତିପୂତ ପୂଜା କରି ଉକ୍ତ ନାମମାନଙ୍କ ଦ୍ୱାରା ରକ୍ତ କନିଅର ପୁଷ୍ପ ପ୍ରଦାନ ସହ ଶହେ ଥର ପୂଜା କରାଯିବ। ମନ୍ତ୍ର ଜପ ସହ ପିଠା ପ୍ରସ୍ତୁତ କରି ବିବିଧ ଭୋଗ ନିବେଦନ କରୁଥିବା ବ୍ୟକ୍ତି ଅସାଧ୍ୟ କାର୍ଯ୍ୟକୁ ମଧ୍ୟ ସହଜରେ ସାଧନ କରିପାରେ।

ସିଦ୍ଧକୁଞ୍ଜିକାସ୍ତୋତ୍ରମ୍

(ଓଡ଼ିଆ ଅନୁବାଦ ସହିତ)

ଶିବ ଉବାଚ

ଶୃଣୁ ଦେବି ପ୍ରବକ୍ଷ୍ୟାମି କୁଞ୍ଜିକାସ୍ତୋତ୍ରମୁତ୍ତମମ୍ ।
ଯେନ ମନ୍ତ୍ରପ୍ରଭାବେଣ ଚଣ୍ଡୀଜାପଃ ଶୁଭୋ ଭବେତ୍ ॥୧॥
ନ କବଚଂ ନାର୍ଗଲାସ୍ତୋତ୍ରଂ କୀଲକଂ ନ ରହସ୍ୟକମ୍ ।
ନ ସୂକ୍ତଂ ନାପି ଧ୍ୟାନଞ୍ଚ ନ ନ୍ୟାସୋ ନ ଚ ବାର୍ଚ୍ଚନମ୍ ॥୨॥
କୁଞ୍ଜିକାପାଠମାତ୍ରେଣ ଦୁର୍ଗାପାଠଫଳଂ ଲଭେତ୍ ।
ଅତି ଗୁହ୍ୟତରଂ ଦେବି ଦେବାନାମପି ଦୁର୍ଲଭମ୍ ॥୩॥
ଗୋପନୀୟଂ ପ୍ରଯତ୍ନେନ ସ୍ୱଯୋନିରିବ ପାର୍ବତି ।
ମାରଣଂ ମୋହନଂ ବଶ୍ୟଂ ସ୍ତମ୍ଭନୋଚ୍ଚାଟନାଦିକମ୍ ।
ପାଠମାତ୍ରେଣ ସଂସିଦ୍ଧ୍ୟେତ୍ କୁଞ୍ଜିକାସ୍ତୋତ୍ରମୁତ୍ତମମ୍ ॥୪॥

ଅର୍ଥାତ ଶିବ କହିଲେ-

ହେ ଦେବି ! ଶୁଣ । ମୁଁ ଉତ୍ତମ କୁଞ୍ଜିକାସ୍ତୋତ୍ରର ଉପଦେଶ ପ୍ରଦାନ କରିବି । ଏହି ମନ୍ତ୍ରର ପ୍ରଭାବରେ ଦେବୀଙ୍କ ଜପ(ପାଠ) ସଫଳ ହୁଏ ॥୧॥

କବଚ, ଅର୍ଗଳା, କୀଳକ, ରହସ୍ୟ, ସୂକ୍ତ, ଧ୍ୟାନ, ନ୍ୟାସ ଏପରିକି ଅର୍ଚ୍ଚନ ମଧ୍ୟ (ଆବଶ୍ୟକ) ହୁଏ ନାହିଁ ॥୨॥

କେବଳ କୁଞ୍ଜିକା ପାଠ ଦ୍ୱାରା ଦୁର୍ଗା ପାଠର ଫଳ ମିଳେ । (ଏହି କୁଞ୍ଜିକା) ଅତ୍ୟନ୍ତ ଗୁପ୍ତ ଓ ଦେବତାମାନଙ୍କ ପାଇଁ ମଧ୍ୟ ଦୁର୍ଲଭ ଅଟେ ॥୩॥

ହେ ପାର୍ବତୀ ! ଏହାକୁ ସ୍ୱଯୋନି ସଦୃଶ ପ୍ରଯତ୍ନପୂର୍ବକ ଗୁପ୍ତ ରଖିବା ଉଚିତ । ଏହି ଉତ୍ତମ କୁଞ୍ଜିକାସ୍ତୋତ୍ର କେବଳ ପାଠ ଦ୍ୱାରା ମାରଣ, ମୋହନ, ବଶୀକରଣ, ସ୍ତମ୍ଭନ ଏବଂ ଉଚ୍ଚାଟନ ଆଦି (ଆଭିଚାରିକ) ଉଦ୍ଦେଶ୍ୟକୁ ସିଦ୍ଧ କରେ ॥୪॥

ଅଥ ମନ୍ତ୍ର

ମନ୍ତ୍ର- ଓଁ ଐଂ ହ୍ରୀଂ କ୍ଲୀଂ ଚାମୁଣ୍ଡାୟୈ ବିଚ୍ଚେ ॥ ଓଁ ଗ୍ଲୌଂ ହୁଂ କ୍ଲୀଂ ଜୂଂ ସଃ ଜ୍ୱାଳୟ ଜ୍ୱାଳୟ ଜ୍ୱଳ ଜ୍ୱଳ ପ୍ରଜ୍ୱଳ ପ୍ରଜ୍ୱଳ ଐଂ ହ୍ରୀଂ କ୍ଲୀଂ ଚାମୁଣ୍ଡାୟୈ ବିଚ୍ଚେ ଜ୍ୱଳ ହଂ ସଂ ଲଂ କ୍ଷଂ ଫଟ୍ ସ୍ୱାହା ।

॥ ଇତି ମନ୍ତ୍ରଃ ॥

ନମସ୍ତେ ରୁଦ୍ରରୂପିଣ୍ୟୈ ନମସ୍ତେ ମଧୁମର୍ଦ୍ଦିନି ।
ନମଃ କୈଟଭହାରିଣ୍ୟୈ ନମସ୍ତେ ମହିଷାର୍ଦ୍ଦିନି ॥୧॥
ନମସ୍ତେ ଶୁମ୍ଭହନ୍ତ୍ର୍ୟୈ ଚ ନିଶୁମ୍ଭାସୁରଘାତିନି ॥
ଜାଗ୍ରତଂ ହି ମହାଦେବି ଜପଂ ସିଦ୍ଧଂ କୁରୁଷ୍ୱ ମେ ।
ଐଂକାରୀ ସୃଷ୍ଟିରୂପାୟୈ ହ୍ରୀଂକାରୀ ପ୍ରତିପାଲିକା ॥୩॥
କ୍ଲୀଂକାରୀ କାମରୁପିଣ୍ୟୈ ବୀଜରୂପେ ନମୋଽସ୍ତୁତେ ।
ଚାମୁଣ୍ଡା ଚଣ୍ଡଘାତୀ ଚ ଯୈକାରୀ ବରଦାୟିନୀ ॥୪॥
ବିଚ୍ଚେ ଚାଭୟଦା ନିତ୍ୟଂ ନମସ୍ତେ ମନ୍ତ୍ରରୂପିଣି ॥୫॥
ଧାଂ ଧୀଂ ଧୂଂ ଧୂର୍ଜଟେଃ ପତ୍ନୀ ବାଂ ବୀଂ ବୂଂ ବାଗଧୀଶ୍ୱରୀ ।
କ୍ରାଂ କ୍ରୀଂ କ୍ରୂଂ କାଳିକା ଦେବି ଶାଂ ଶୀଂ ଶୂଂ ମେ ଶୁଭଂ କୁରୁ ॥୬॥
ହୁଂ ହୁଂ ହୁଂକାରରୂପିଣ୍ୟୈ ଜଂ ଜଂ ଜଂ ଜମ୍ଭନାଦିନୀ ।
ଭ୍ରାଂ ଭ୍ରୀଂ ଭ୍ରୂଂ ଭୈରବୀ ଭଦ୍ରେ ଭବାନ୍ୟୈ ତେ ନମୋ ନମଃ ॥୭॥
ଅଂ କଂ ଚଂ ଟଂ ତଂ ପଂ ଯଂ ଶଂ ବୀଂ ଦୁଂ ଐଂ ବୀଂ ହଂ କ୍ଷଂ
ଧିଜାଗ୍ରଂ ଧିଜାଗ୍ରଂ ତ୍ରୋଟୟ ତ୍ରୋଟୟ ଦୀପ୍ତଂ କୁରୁ କୁରୁ ସ୍ୱାହା ॥
ପାଂ ପୀଂ ପୂଂ ପାର୍ବତୀ ପୂର୍ଣ୍ଣା ଖାଂ ଖୀଂ ଖୂଂ ଖେଚରୀ ତଥା ॥୮॥
ସାଂ ସୀଂ ସୂଂ ସପ୍ତଶତୀ ଦେବ୍ୟା ମନ୍ତ୍ରସିଦ୍ଧିଂ କୁରୁଷ୍ୱ ମେ ॥
ଇଦଂ ତୁ କୁଞ୍ଜିକାସ୍ତୋତ୍ରଂ ମନ୍ତ୍ରଜାଗର୍ତ୍ତିହେତବେ ।
ଅଭକ୍ତେ ନୈବ ଦାତବ୍ୟଂ ଗୋପିତଂ ରକ୍ଷ ପାର୍ବତି ॥
ଯସ୍ତୁ କୁଞ୍ଜିକୟା ଦେବି ହୀନାଂ ସପ୍ତଶତୀଂ ପଠେତ୍ ।
ନ ତସ୍ୟ ଜାୟତେ ସିଦ୍ଧିରରଣ୍ୟେ ରୋଦନଂ ଯଥା ॥

ଇତି ଶ୍ରୀରୁଦ୍ରୟାମଳେ ଗୌରୀତନ୍ତ୍ରେ ଶିବପାର୍ବତୀସଂବାଦେ
କୁଞ୍ଜିକାସ୍ତୋତ୍ରଂ ସମ୍ପୂର୍ଣ୍ଣମ୍ ।

॥ ଓଁ ତତ୍ସତ୍ ॥

(ମନ୍ତ୍ରରେ ଥିବା ବୀଜଗୁଡ଼ିକର ଅର୍ଥ ଜାଣିବା ସମ୍ଭବପର ନୁହେଁ; ଆବଶ୍ୟକ ନୁହେଁ କି ବାଞ୍ଛନୀୟ ନୁହେଁ, କେବଳ ଜପ ପର୍ଯ୍ୟାପ୍ତ ଅଟେ।)

ହେ ରୁଦ୍ରସ୍ୱରୂପିଣୀ! ତୁମ୍ଭଙ୍କୁ ନମସ୍କାର। ହେ ମଧୁଦୈତ୍ୟ ବିନାଶିନୀ! ତୁମ୍ଭଙ୍କୁ ନମସ୍କାର। କୈଟଭବିନାଶିନୀଙ୍କୁ ନମସ୍କାର। ମହିଷାସୁରମର୍ଦ୍ଦିନୀ ଦେବୀ! ତୁମ୍ଭଙ୍କୁ ନମସ୍କାର। ॥୧॥ ହେ ଶୁମ୍ଭ ଓ ନିଶୁମ୍ଭଙ୍କୁ ହତ୍ୟା କରିଥିବା ଦେବୀ! ତୁମ୍ଭଙ୍କୁ ନମସ୍କାର ॥୨॥

ହେ ମହାଦେବି! ମୋର ଜପକୁ ଜାଗ୍ରତ ଏବଂ ସିଦ୍ଧ କର। 'ଐଂକାର' ରୂପରେ ସୃଷ୍ଟିସ୍ୱରୂପିଣୀ, 'ହ୍ରୀଂ' ରୂପରେ ସୃଷ୍ଟି-ପାଳନକାରିଣୀ ॥୩॥ 'କ୍ଲୀଂ' ରୂପରେ କାମରୂପିଣୀ ତଥା (ସମଗ୍ର ବ୍ରହ୍ମାଣ୍ଡ)ର ବୀଜରୂପିଣୀ ହେ ଦେବି! ତୁମ୍ଭଙ୍କୁ ନମସ୍କାର। ଚାମୁଣ୍ଡାଙ୍କ ରୂପରେ ଚଣ୍ଡବିନାଶିନୀ ଏବଂ 'ଯୈକାର' ରୂପରେ ତୁମେ ବର ପ୍ରଦାନ କର ॥୪॥ 'ବିଚ୍ଚେ' ରୂପରେ ତୁମ୍ଭେ ନିତ୍ୟ ଅଭୟ ପ୍ରଦାନ କର। (ଏହି ପ୍ରକାର ଐଂ ହ୍ରୀଂ କ୍ଲୀଂ ଚାମୁଣ୍ଡାୟୈ ବିଚ୍ଚେ) ତୁମ୍ଭେ ଏହି ମନ୍ତ୍ରର ସ୍ୱରୂପ ଅଟ ॥୫॥ 'ଧାଂ ଧୀଂ ଧୂଂ' ରୂପରେ ଧୂର୍ଜଟୀ (ଶିବ)ଙ୍କର ତୁମ୍ଭେ ପତ୍ନୀ ଅଟ। 'ବାଂ ବୀଂ ବୂଂ' ରୂପରେ ତୁମ୍ଭେ ବାଣୀର ଅଧୀଶ୍ୱରୀ ଅଟ। 'କ୍ରା କ୍ରୀଂ କ୍ରୂଂ' ରୂପରେ କାଳିକା ଦେବୀ, 'ଶାଂ ଶୀଂ ଶୂଂ' ରୂପରେ ମୋର କଲ୍ୟାଣ କର ॥୬॥ 'ହୁଂ ହୁଂ ହୁଂକାର' ସ୍ୱରୂପିଣୀ, 'ଜଂ ଜଂ ଜଂ' ଜମ୍ଭନାଶିନୀ, 'ଭ୍ରାଂ ଭ୍ରୀଂ ଭ୍ରୂଂ' ରୂପରେ ହେ କଲ୍ୟାଣକାରିଣୀ ଭୈରବୀ ଭବାନୀ! ତୁମ୍ଭଙ୍କୁ ବାରମ୍ବାର ପ୍ରଣାମ କରୁଛି ॥୭॥

ଅଂ କଂ ଚଂ ଟଂ ତଂ ପଂ ଯଂ ଶଂ ବୀଂ ଦୁଂ ଐଂ ବୀଂ ହଂ କ୍ଷଂ ଧିଜାଗ୍ରଂ ଧିଜାଗ୍ରଂ ଏସବୁକୁ ଭାଙ୍ଗିଦିଅ ଏବଂ ଦୀପ୍ତ କର। ସ୍ୱାହା କର 'ପାଂ ପୀଂ ପୂଂ' ରୂପରେ ତୁମେ ପାର୍ବତୀ ପୂର୍ଣ୍ଣା ହୁଅ। 'ଖାଂ ଖୀଂ ଖୂଂ' ରୂପରେ ତୁମ୍ଭେ ଖେଚରୀ (ଆକାଶଚାରିଣୀ) ଅଥବା ଖେଚରୀ ମୁଦ୍ରା ହୁଅ ॥୮॥ 'ସାଂ ସୀଂ ସୂଂ' ସ୍ୱରୂପିଣୀ ସପ୍ତଶତୀ ଦେବୀଙ୍କ ମନ୍ତ୍ରକୁ ମୋ ପାଇଁ ସିଦ୍ଧ କର। ଏହା କୁଞ୍ଜିକାସ୍ତୋତ୍ର ମନ୍ତ୍ରକୁ ଜାଗ୍ରତ କରିବା ନିମନ୍ତେ ରହିଛି। ଏହାକୁ ଭକ୍ତିହୀନ ପୁରୁଷକୁ ଦେବା ଅନୁଚିତ। ହେ ପାର୍ବତୀ! ଏହାକୁ ଗୁପ୍ତ ରଖ। ହେ ଦେବୀ! ଯିଏ କୁଞ୍ଜିକା ବିନା ସପ୍ତଶତୀକୁ ପାଠ କରେ; ତାହାକୁ ସିଦ୍ଧି ପ୍ରାପ୍ତି ହୁଏ ନାହିଁ; ଯେପରି ଅରଣ୍ୟରେ କ୍ରନ୍ଦନ କରିବା ନିରର୍ଥକ ହୋଇଥାଏ।

ଏହି ପ୍ରକାର ଶ୍ରୀରୁଦ୍ରଯାମଳର ଗୌରୀତନ୍ତ୍ରରେ ଶିବ-ପାର୍ବତୀ ସମ୍ବାଦରେ ସିଦ୍ଧ କୁଞ୍ଜିକାସ୍ତୋତ୍ର ସଂପୂର୍ଣ୍ଣ ହେଲା।

*(ପ୍ରତିଦିନ ପ୍ରାତଃ କାଳରେ ଉପର୍ଯ୍ୟୁକ୍ତ ସ୍ତୋତ୍ରକୁ ପାଠ କଲେ ସବୁ ପ୍ରକାରର ବାଧାବିଘ୍ନ ନଷ୍ଟ ହୋଇଯାଏ। ଏହି କୁଞ୍ଜିକା ସ୍ତୋତ୍ର ତଥା ଦେବୀସୂକ୍ତ ସହିତ ସପ୍ତଶତୀ ପାଠ କଲେ ପରମ ସିଦ୍ଧି ପ୍ରାପ୍ତ ହୋଇଥାଏ।) ମାରଣ-କାମକ୍ରୋଧନାଶ, ମୋହନ-ଇଷ୍ଟଦେବ-ମୋହନ, ବଶୀକରଣ-ମନର ବଶୀକରଣ, ସ୍ତମ୍ଭନ-ଇନ୍ଦ୍ରିୟମାନଙ୍କର ବିଷୟ ବାସନା ପ୍ରତି ଉପରତି ଏବଂ ଉଚ୍ଚାଟନ ମୋକ୍ଷପ୍ରାପ୍ତି ନିମନ୍ତେ ଆତୁର ହେବା ଏସବୁ ଏହି ସ୍ତୋତ୍ରକୁ ଏହି ଉଦ୍ଦେଶ୍ୟରେ ସେବନ କଲେ ସଫଳ ହୁଏ।

ସନ୍ଦର୍ଭ:

ଶ୍ରୀ ଦୁର୍ଗା ସପ୍ତଶତ୍ୟାମ୍ ପୁସ୍ତକ (ଗୀତାପ୍ରେସ୍)ରୁ ଉପରୋକ୍ତ ସ୍ତୋତ୍ରର ଓଡ଼ିଆ ଅନୁବାଦ ନିଆଯାଇଛି।

ତାମିଲନାଡୁର ଦୁର୍ଗାପୂଜା (ପୃ.୧୨୩)

ଦେବୀ ଦୁର୍ଗାଙ୍କ ଗାୟତ୍ରୀ ମନ୍ତ୍ର

ଦେବୀ ଦୁର୍ଗାଙ୍କର ଭିନ୍ନଭିନ୍ନ ପ୍ରକାର ଗାୟତ୍ରୀ ମନ୍ତ୍ରର ଉଲ୍ଲେଖ ରହିଛି । ତନ୍ମଧ୍ୟରୁ ନିମସ୍ଥ ଯେକୌଣସି ଗୋଟିଏ ମନ୍ତ୍ରକୁ ପ୍ରତିଦିନ ଜପ କଲେ ଫଳ ପ୍ରାପ୍ତି ହୋଇଥାଏ । ବାରମ୍ୱାର ମନ୍ତ୍ର ଅଦଳବଦଳ କରିବା ଅନୁଚିତ । ନିମ୍ନରେ ୫ଗୋଟି ଶ୍ରୀ ଦୁର୍ଗା-ଗାୟତ୍ରୀ ମନ୍ତ୍ରର ଉଲ୍ଲେଖ କରାଗଲା:

୧. ଓଁ କାତ୍ୟାୟନାୟ ବିଦ୍ମହେ, କନ୍ୟାକୁମାରୀଧୀମହି,
ତନ୍ନୋ ଦୁର୍ଗିଃ ପ୍ରଚୋଦୟାତ୍ ॥
(ମହାନାରାୟଣ ଉପ.୧୦/୨)

୨. ଓଁ ଗିରିଜାୟୈ ବିଦ୍ମହେ, ଶିବପ୍ରିୟାୟୈ ଧୀମହି
ତନ୍ନୋ ଦୁର୍ଗା ପ୍ରଚୋଦୟାତ୍ ॥

୩. ଓଁ ମହଶୂଳିନ୍ୟୈ ବିଦ୍ମହେ, ମହାଦୁର୍ଗାୟୈ ଧୀମହି
ତନ୍ନୋ ଭଗବତୀ ପ୍ରଚୋଦୟାତ୍ ॥
(ତୈତି.ଆ. ମହାନାରାୟଣ ଉ.୧୦/୨)

୪. ଓଁ ମହାଦେବ୍ୟୈ ବିଦ୍ମହେ, ଦୁର୍ଗାୟୈ ଧୀମହି,
ତନ୍ନୋ ଦେବୀ ପ୍ରଚୋଦୟାତ୍ ॥
(ସର୍ବଦେବ ପୂଜା ପଦ୍ଧତି ପୃ.୯୫)

୫. ଓଁ ନାରାୟଣ୍ୟୈ ବିଦ୍ମହେ, ଦୁର୍ଗାୟୈ ଧୀମହି,
ତନ୍ନୋ ଗୌରୀ ପ୍ରଚୋଦୟାତ୍ ॥
(ସର୍ବଦେବ ପୂଜା ପଦ୍ଧତି ପୃ-୯୮)

୬. ସୁଭଗାୟୈ ବିଦ୍ମହେ କାମମାଳିନ୍ୟୈ ଧିମହି ।
ତନ୍ନୋ ଗୌରୀ ପ୍ରଚୋଦୟାତ୍ ।
(ତୈତି.ଆ.ମହାନାରୟଣ ଉପ.୧୦/୨)

ଶ୍ରୀ ଶ୍ରୀ ବିମଳାଷ୍ଟକମ୍

"ସର୍ବମଙ୍ଗଳମାଙ୍ଗଲ୍ୟେ ଶିବେ ସର୍ବାର୍ଥସାଧିକେ ।
ଶରଣ୍ୟେ ତ୍ର୍ୟମ୍ବକେ ଗୌରି ନାରାୟଣି ନମୋଽସ୍ତୁତେ ।।"

ଆଦ୍ୟ ଦେବୀ ପରାତ୍ପରା ଭଗବତୀ ମାତା କୃପାସାଗରୀ ।
ବ୍ରହ୍ମାନନ୍ଦପ୍ରଦାୟିନୀ ହରବଧୂଃ ଷଟ୍‌ଚକ୍ରଚକ୍ରେଶ୍ୱରୀ ।
ମାୟାମୋହମୟୀ ଜନୋଦୟକରୀ ବ୍ରହ୍ମାଣ୍ଡଭାଣ୍ଡୋଦରୀ
ତ୍ରାହି ମାଂ ବିମଳେ ସଦା ସୁଖକରୀ ଶ୍ରୀକ୍ଷେତ୍ରରାଜେଶ୍ୱରୀ ।।୧।।

ଉଦ୍ୟଚ୍ଚନ୍ଦ୍ରପ୍ରଭାକରୀ ଅଭୟଦା ଶ୍ରୀପାଦପୀଠେଶ୍ୱରୀ
ଦାରୁବ୍ରହ୍ମବିନୋଦିନୀ ତୁ ତ୍ରିପୁରା ପ୍ରତ୍ୟକ୍ଷମାହେଶ୍ୱରୀ ।
ଭକ୍ତୋନ୍ମାଦପରାୟଣାତିପରମା ବିଶ୍ୱେଶି ମାତେଶ୍ୱରୀ
ତ୍ରାହି ମାଂ ବିମଳେ ସଦା ସୁଖକରୀ ଶ୍ରୀକ୍ଷେତ୍ରରାଜେଶ୍ୱରୀ ।।୨।।

ହସ୍ତେ ବ୍ୟାଳବଲା ଜୀବୋତ୍ତମକରା ଚନ୍ଦ୍ରାଂଶୁବିମ୍ବାଧରୀ
ପ୍ରାଣକୁମ୍ଭକରାନ୍ୱିତା ତୁ ଜନନୀ ପ୍ରାଣସ୍ୟ ପ୍ରାଣେଶ୍ୱରୀ ।
ସର୍ବାନନ୍ଦକାରୀ ଦୃଶା ଶୁଭକାରୀ ରତ୍ନାଢ୍ୟମାଳାଧରୀ
ତ୍ରାହି ମାଂ ବିମଳେ ସଦା ସୁଖକରୀ ଶ୍ରୀକ୍ଷେତ୍ରରାଜେଶ୍ୱରୀ ।।୩।।

ଆର୍ତ୍ତତ୍ରାଣକରୀ ସଦା ଶିବକରୀ କୈବଲ୍ୟଲୋଲୁପିନୀ
ନାନାଚିତ୍ରବିଚିତ୍ରଭୂଷଣଧରୀ କାରୁଣ୍ୟପୂର୍ଣ୍ଣେଶ୍ୱରୀ ।
କୌମାରୀ କରୁଣାମୟୀ ତ୍ରିଲହରୀ ନୀଳାଦ୍ରିଗୃହେଶ୍ୱରୀ
ତ୍ରାହି ମାଂ ବିମଳେ ସଦା ସୁଖକରୀ ଶ୍ରୀକ୍ଷେତ୍ରରାଜେଶ୍ୱରୀ ।।୪।।

ଶକ୍ତି ଉପାସନା ଓ ବୈଦିକ ଦେବୀତତ୍ତ୍ୱ : ୫୪

ଲଜ୍ଜାପୁଷ୍ଟିକରୀ ତୁ ଶାନ୍ତିକୁହରୀ କ୍ଷାନ୍ତିପ୍ରଦା ଶଙ୍କରୀ
ଶକ୍ତିଯନ୍ତ୍ରକୁଳେଶ୍ୱରୀ ଶୁଭକରୀ ହ୍ରୀଁବୀଜମନ୍ତ୍ରାକ୍ଷରୀ ।
ବିଦ୍ୟାଦାନକରୀ ହରିସହଚରୀ ଯୋଗେଶ୍ୱରୀ ଭ୍ରାମରୀ
ତ୍ରାହି ମାଂ ବିମଳେ ସଦା ସୁଖକରୀ ଶ୍ରୀକ୍ଷେତ୍ରରାଜେଶ୍ୱରୀ ।।୫।।

ଦାରିଦ୍ର୍ୟାନଳଧ୍ୱଂସିନୀ ଭଗବତୀ ବିଜ୍ଞାନଦୀପାଙ୍କୁରୀ
ଧାତାଶକ୍ତିଧରୀ ମହେଶଗୃହିଣୀ କୌମାରୀ ସର୍ମତ୍‌କରୀ ।
ଗୋବିନ୍ଦାଙ୍ଗବିହାରିଣୀ ଚ ଜନନୀ ଯଜ୍ଞୋଦ୍‌ଭବା ଶୂକରୀ
ତ୍ରାହି ମାଂ ବିମଳେ ସଦା ସୁଖକରୀ ଶ୍ରୀକ୍ଷେତ୍ରରାଜେଶ୍ୱରୀ ।।୬।।

ଚଣ୍ଡଧ୍ୱଂସକରୀ ମହାନନଧରୀ ଶ୍ରୀକେଶରୀ ଶେଖରୀ
ଭକ୍ତଦୁଃଖହରୀ ବିମର୍ଦ୍ଦନକରୀ ପ୍ରତ୍ୟକ୍ଷବକ୍ରେଶ୍ୱରୀ ।
ହୁଂକାରୈର୍ବିକଟାକରାଳବଦନା କଂକାଳଜୀର୍ଣ୍ଣୋଦରୀ
ତ୍ରାହି ମାଂ ବିମଳେ ସଦା ସୁଖକରୀ ଶ୍ରୀକ୍ଷେତ୍ରରାଜେଶ୍ୱରୀ ।।୭।।

କର୍ପୂରାଗୁରୁକସ୍ତୁରୀ ରୁଚିକରୀ କାଦମ୍ବିନୀ ସୁନ୍ଦରୀ
ନାନାରତ୍ନବିମଣ୍ଡିତା ବିଭବଦା ସୌଦାମିନୀ ଶର୍ବରୀ ।
ଭକ୍ତାନନ୍ଦକରୀ ହ୍ୟରିକ୍ଷୟକରୀ ଧର୍ମାର୍ଥଶ୍ରଦ୍ଧାକରୀ
ତ୍ରାହି ମାଂ ବିମଳେ ସଦା ସୁଖକରୀ ଶ୍ରୀକ୍ଷେତ୍ରରାଜେଶ୍ୱରୀ ।।୮।।

ଶରାଣାଗତ-ଦୀନାର୍ତ୍ତ-ପରିତ୍ରାଣ-ପରାୟଣେ !
ସର୍ବସ୍ୟାର୍ତ୍ତିହରେ ଦେବି ନାରାୟଣି ନମୋଽସ୍ତୁତେ !

ଇତି ଶ୍ରୀପୁରୁଷୋତ୍ତମରକ୍ଷିତବିରଚିତଂ ବିମଳାଷ୍ଟକଂ ସଂପୂର୍ଣ୍ଣମ୍ ।

ଶକ୍ତି ଉପାସନା ଓ ବୈଦିକ ଦେବୀତତ୍ତ୍ୱ : ୫୫

ଭାରତୀୟ ସଂସ୍କୃତିରେ ଶକ୍ତି ଉପାସନାର ଉଜ୍ଜ୍ୱଳ ପରମ୍ପରା

ଯୁଗେ ଯୁଗେ ଭାରତୀୟ ସଂସ୍କୃତିରେ ମାତୃଶକ୍ତିର ଉପାସନା, ଏହାର ଅଭିନ୍ନ ଅଙ୍ଗ ରୂପେ ସ୍ୱୀକୃତ ହୋଇ ଆସିଛି । ଋକ୍, ସାମ, ଯଜୁଃ, ଅଥର୍ବ ଆଦି ଚାରିବେଦ, ଉପନିଷଦ ଏବଂ ସମଗ୍ର ଶାସ୍ତ୍ରପୁରାଣ ମାନଙ୍କରେ ଶକ୍ତି ଉପାସନା ବିଷୟକ ଭୂରି ଭୂରି ପ୍ରମାଣ ବିଦ୍ୟମାନ ଥିବା ଦୃଷ୍ଟିଗୋଚର ହୋଇଥାଏ । ଆଜିଠୁଁ ପ୍ରାୟ ୬୦୦୦ ବର୍ଷ ପୂର୍ବର ସିନ୍ଧୁ ନଦୀ କୂଳରେ ବିକଶିତ ହୋଇଥିବା ମହେଞ୍ଜୋଦାରୋ ସଭ୍ୟତାର ଅବଶେଷ ସ୍ୱରୂପ, ପ୍ରତ୍ନତତ୍ତ୍ୱବିତ୍‌ମାନଙ୍କ ଦ୍ୱାରା କରାଯାଇଥିବା ଭୂଖନନ ଫଳରେ ଆବିଷ୍କୃତ ହୋଇଥିବା ବହୁବିଧ ପ୍ରତୀକ ଏବଂ ମୂର୍ତ୍ତିମାନଙ୍କରୁ ଭାରତୀୟ ସଂସ୍କୃତିରେ ମାତୃଶକ୍ତି ଉପାସନାର ପ୍ରାବଲ୍ୟ ସହଜରେ ପ୍ରମାଣିତ ହୋଇଥାଏ । ଏହି ଖନନରୁ ଏହା ପରିପୁଷ୍ଟ ହୁଏ ଯେ ତତ୍କାଳୀନ ସାମାଜିକ ସଭ୍ୟତା, ସଂସ୍କୃତି, କଳା ଏବଂ ଧର୍ମର ଚରମ ବିକାଶ ଘଟିଥିଲା । ପ୍ରାପ୍ତ ହୋଇଥିବା ମୂର୍ତ୍ତି ଏବଂ ଚିହ୍ନମାନଙ୍କ ମଧ୍ୟରେ ପୂଜିତ ହେଉଥିବା ମାତୃଶକ୍ତି ଦେବୀମୂର୍ତ୍ତି, ଯୋନି, ଲିଙ୍ଗ ଏବଂ ସ୍ୱସ୍ତିକ ଆଦି ମୁଖ୍ୟ ଅଟେ । ବେଦ ଏବଂ ପୌରାଣିକ ଉଲ୍ଲେଖ ଅନୁଯାୟୀ ଏହି ସମଗ୍ର ବ୍ରହ୍ମାଣ୍ଡର ସୃଷ୍ଟିର କାରଣ ସ୍ୱରୂପ, ମାତୃଶକ୍ତିର ମହତ୍ତ୍ୱକୁ ହିଁ ସର୍ବତୋ ଭାବେ ସ୍ୱୀକୃତି ଦିଆଯାଇଛି ।

ରାମଚରିତ ମାନସର ରଚୟିତା ତୁଳସୀଦାସଜୀ ମହାରାଜ ଭଗବତୀ ସୀତା ମାତାଙ୍କୁ ହିଁ ଆଦିଶକ୍ତି ରୂପେ ଅଙ୍ଗୀକାର କରି ତାଙ୍କର ଅର୍ଚ୍ଚନା ପ୍ରଥମେ କରିଛନ୍ତି । ପରଂବ୍ରହ୍ମ ରାମଙ୍କର ଅର୍ଚ୍ଚନା ଭଗବତୀ ସୀତାଙ୍କ ପରେ କରାଯାଇଛି । କାରଣ ଆଦିଶକ୍ତି ରୂପେ ସେ ହିଁ ବିଶ୍ୱ ବ୍ରହ୍ମାଣ୍ଡରେ ସୃଜନ, ବିକାଶ ଏବଂ ବିନାଶର କାରଣ ରୂପା ଶକ୍ତି ଅଟନ୍ତି ।

"ଉଦ୍ଭବସ୍ଥିତିସଂହାରକାରିଣୀଂ କ୍ଲେଶହାରିଣୀମ୍ ।
ସର୍ବଶ୍ରେୟସ୍କରୀଂ ସୀତାଂ ନତୋଽହଂ ରାମବଲ୍ଲଭାମ୍ ॥"

(ରାମଚରିତ ମାନସ, ବାଲକାଣ୍ଡ, ଶ୍ଳୋକ-୫)

ସେଥିପାଇଁ କୁହାଯାଇଛି ଶକ୍ତି ବିନା ଶିବ 'ଶବ'ରେ ପରିଣତ ହୁଅନ୍ତି। ଭଗବାନ ଶିବ ନିଜର ଶକ୍ତି ମହାକାଳୀଙ୍କୁ କହିଛନ୍ତି-

"ଶକ୍ତି ବିନା ମହେଶାନି, ସଦାହଂ ସ୍ୟାଂ ଶବୋଽଥବା।

ଶକ୍ତିଯୁକ୍ତୋ ସଦା ଦେବି ଶିବୋଽହଂ ସର୍ବ କାମଦଃ ॥"

ଅର୍ଥାତ୍ ହେ ମହେଶ୍ୱରୀ ! ଶକ୍ତି ବିନା ମୁଁ 'ଶବ' ପରି ପଡ଼ି ରହେ ଏବଂ ଶକ୍ତି ଦ୍ୱାରା ଯୁକ୍ତ ହେଲେ ମୁଁ ସମସ୍ତ ମଙ୍ଗଳ ଓ କାମନାର ପ୍ରଦାନକାରୀ 'ଶିବ'ରେ ପରିଣତ ହୋଇଯାଏ।

ଠିକ୍ ସେଇପରି ଦେବୀ ଭାଗବତରେ ଆଦ୍ୟାଶକ୍ତିଙ୍କର ମହିମା ବର୍ଣ୍ଣନ କରି କୁହାଯାଇଛି-

"ଶିବୋଽପି ଶବତାଂ ଯାତି ତୟାଶକ୍ତ୍ୟା ବିବର୍ଜିତଃ।"

(ଅର୍ଥାତ୍ ଶକ୍ତି ଦ୍ୱାରା ବର୍ଜିତ ହେଲେ ଶିବ ମଧ୍ୟ ଶବ ହୋଇଥାଆନ୍ତି।) ଅତଏବ ଶକ୍ତି ହିଁ ହେଉଛନ୍ତି ମୂଳ। ଶକ୍ତି ବିହୂନେ ସଚରାଚର ଜଗତ ଅସାର। ଏହି ତତ୍ତ୍ୱକୁ ଆଚାର୍ଯ୍ୟ ଶଙ୍କର ତାଙ୍କର 'ସୌନ୍ଦର୍ଯ୍ୟ ଲହରୀ'ରେ ବର୍ଣ୍ଣନା କରି କହିଛନ୍ତି-

"ଶିବଃ ଶକ୍ତ୍ୟାଯୁକ୍ତୋ ଯଦି ଭବତି ଶକ୍ତଃ ପ୍ରଭବିତୁଂ

ନ ଚେଦେବଂ ଦେବୋ ନ ଖଲୁ କୁଶଳଃ ସ୍ପନ୍ଦିତୁମପି।

ଅତସ୍ତ୍ୱାମାରାଧ୍ୟାଂ ହରିହରବିରିଞ୍ଚାଦିଭିରପି

ପ୍ରଣନ୍ତୁଂ ସ୍ତୋତୁଂ ବା କଥମକୃତପୁଣ୍ୟଃ ପ୍ରଭବତି ॥"

(ଅର୍ଥାତ୍ ଶିବ ଶକ୍ତିଯୁକ୍ତ ହେଲେ ସେ ଈଶ୍ୱରଙ୍କ କାର୍ଯ୍ୟ କରିବା ପାଇଁ ସମର୍ଥ ହୋଇଥାଆନ୍ତି। ତା' ନହେଲେ ତାଙ୍କର ସ୍ପନ୍ଦିତ ହେବାକୁ ମଧ୍ୟ ସାଧ ରହେ ନାହିଁ। ବାସ୍ତବରେ ଶକ୍ତି ଓ ଶକ୍ତିମାନ ପରସ୍ପର ଅଭିନ୍ନ, ଏକ ଏବଂ ଅଦ୍ୱୟ (ଅଭିନ୍ନ)।)

ଏଣୁ ଭଗବାନ ଶଙ୍କର ସ୍ୱୟଂ ସ୍ୱୀକାର କରି ଶ୍ରୀମୁଖରେ କହନ୍ତି, "ହେ ମହାଦେବୀ ! ଶକ୍ତି ମୋ ସହ ଯୁକ୍ତ ହେବା କାରଣରୁ ହିଁ ମୁଁ ଈଶ୍ୱର ରୂପେ ଅଭିହିତ ହେଉଛି ତଥା ସର୍ବକାମପ୍ରଦ ମଙ୍ଗଳମୟ ଶିବ ବୋଲି ଉପାସିତ ହେଉଛି। କିନ୍ତୁ ବିନା ଶକ୍ତିରେ ମୁଁ ଶବ ରୂପ ହୋଇଥାନ୍ତି।"

"ଈଶ୍ୱରୋଽହଂ ମହାଦେବୀ କେବଳଂ ଶକ୍ତି ଯୋଗତଃ

ଶକ୍ତି ବିନା ମହେଶାନି ସହାଽହଂ ଶବରୂପକଃ

ଶକ୍ତି ଯୁକ୍ତୋ ଯଦାଦେବୀ ଶିବୋଽହଂ ସର୍ବକାମଦଃ।"

ଅତଏବ ଆଦ୍ୟାଶକ୍ତି ଦୁର୍ଗା ହେଉଛନ୍ତି ସୃଷ୍ଟିର ଆଦିଶକ୍ତି । ଯାହାଙ୍କ ଶକ୍ତିରେ ଶକ୍ତିମାନ ହୋଇ ସକଳ ଦେବତାଗଣ ନିଜ ନିଜର କାର୍ଯ୍ୟ ସମ୍ପନ୍ନ କରିଥାନ୍ତି । ବ୍ରହ୍ମା, ବିଷ୍ଣୁ, ମହେଶ୍ୱର- ଏ ସମସ୍ତେ ମାଆଙ୍କର ଶକ୍ତିର ପ୍ରାଦୁର୍ଭାବରେ ସୃଷ୍ଟି, ପାଳନ ଓ ସଂହାର କରିଥାନ୍ତି ।

ଏଣୁ ବୈଦିକ କାଳରୁ ଶକ୍ତିର ଉପାସନା ଅଥବା ଦେବୀ ଉପାସନା ଭାରତୀୟ ସମାଜରେ ବ୍ୟାପକ ଭାବରେ ଅନୁସୃତ ହୋଇ ଆସିଛି । ଏହାର ଯଥାର୍ଥ ପ୍ରମାଣ ସର୍ବ ପ୍ରାଚୀନତମ ଋକ୍ ବେଦରୁ ପ୍ରାପ୍ତ ହୁଏ । ଏଥିରେ ଏକ ଚମତ୍କାର ମନ୍ତ୍ର ଅଛି-

"ଅଦିତିର୍ଦ୍ୟୌରଦିତିରନ୍ତରିକ୍ଷମଦିତିର୍ମାତା ସ ପିତା ପୁତ୍ରଃ ।
ବିଶ୍ୱେ ଦେବା ଅଦିତିଃ ପଞ୍ଚଜନା ଅଦିତିର୍ଜାତମଦିତିର୍ଜନିତ୍ୱମ୍ ॥"

(ଋଗ୍ ୧-୮୯-୧୦)

ଅର୍ଥାତ୍ ଅଦିତି ହିଁ ଦ୍ୟୁଲୋକ, ଅନ୍ତରୀକ୍ଷ, ମାତା, ପିତା, ପୁତ୍ର ଏବଂ ବିଶ୍ୱଦେବ ଅଟନ୍ତି ଅର୍ଥାତ୍ ସମସ୍ତ ଦେବଗଣ, ପଞ୍ଚଜନ ବ୍ରାହ୍ମଣ, କ୍ଷତ୍ରିୟ, ବୈଶ୍ୟ, ଶୁଦ୍ର, ନିଷାଦ, ସଦ୍ୟୋଜାତ ଓ ଭବିଷ୍ୟତରେ ଜନ୍ମ ହେବାକୁ ଥିବା ଯେତେ ଅବା ଅଛନ୍ତି ଅର୍ଥାତ୍ ଯାହା କିଛି ସଂସାରରେ ଦୃଶ୍ୟମାନ ହେଉଛି, ଯାହା କିଛି ହୋଇଯାଇଛି ଅଥବା ଯାହା କିଛି ଭବିଷ୍ୟତରେ ହେବାକୁ ବାକି ଅଛି- ସେ ସମସ୍ତ ହିଁ ଅଦିତିଙ୍କର ସ୍ୱରୂପ ଅଟେ । ଅନ୍ୟ ଅର୍ଥରେ ଏହି ସୃଷ୍ଟି-ପ୍ରକୃତି ଏକ ଚିରନ୍ତନ ପ୍ରବାହ ଅଟେ । ଏଇ ପ୍ରବାହର ନାମ ହିଁ ଅଦିତି । ଏଣୁ ସେ ଅଦିତି ଜଗନ୍ମାତା ମାତା ଅଟନ୍ତି । ସେ ଅବିଚ୍ଛିନ୍ନ ପ୍ରବାହ ଅଟନ୍ତି । ସେ ଏକ ଦିବ୍ୟ ଅନୁଭୂତି ଅଟନ୍ତି, ଏଣୁ ଦେବୀ ରୂପେ କଥିତ ହୁଅନ୍ତି । ଋଗ୍‌ବେଦ ସ୍ଥିତ 'ଦେବୀସୂକ୍ତ'ରେ ଥିବା ୮ଗୋଟି ମନ୍ତ୍ରରୁ ଶକ୍ତି ଉପାସନା ବା ଦେବୀ ପୂଜା ତଥା ମାତୃଶକ୍ତି ବା ଆଦ୍ୟାଶକ୍ତିଙ୍କର ସମ୍ୟକ୍ ଅବଧାରଣା ଓ ସର୍ବବ୍ୟାପକତା ବିଷୟରେ ବିଶେଷ ଅନୁଭୂତି ପ୍ରାପ୍ତ ହୋଇଥାଏ । (ଋଗ୍‌ବେଦ ମଣ୍ଡଳ ୧୦-୧୨୫ ସୂକ୍ତ)

'ଉତ ନଃ ପ୍ରିୟା ପ୍ରିୟାସୁ ସପ୍ତସ୍ୱସା ସୁଜୁଷ୍ଟା । ସରସ୍ୱତୀ ସ୍ତୋମ୍ୟା ଭୂତ୍ ॥ ଅର୍ଥାତ୍ ପରମପ୍ରିୟ ଗାୟତ୍ରୀ ଆଦି ସାତଛନ୍ଦ ଏବଂ ଗଙ୍ଗା ଆଦି ସରିତାମାନ, ଯେଉଁ ଦେବୀ ସରସ୍ୱତୀଙ୍କ ଭଗିନୀ ଅଟନ୍ତି, ସେହି ଦେବୀ ସରସ୍ୱତୀ ଆମର ସ୍ତୁତ୍ୟ ଅଟନ୍ତି ।' ସାମବେଦ ଅ.୧୩, ଖଣ୍ଡ-୪, ଶ୍ଳୋକ-୨) ସେହିପରି ଅନ୍ୟ ଏକ ଶ୍ଳୋକରେ ରାତ୍ରି ଦେବୀଙ୍କର ପ୍ରଶସ୍ତିଗାନ କରାଯାଇଛି-

"ଆ ପ୍ରାଗାଦ୍‌ଭଦ୍ରା ଯୁବତିରହ୍ନଃ କେତୂନ୍‌ସମୀର୍ସତି ।
ଅଭୂଦ୍‌ଭଦ୍ରା ନିବେଶନୀ ବିଶ୍ୱସ୍ୟ ଜଗତୋ ରାତ୍ରୀ ॥"

(ସାମ ଅଧ୍ୟାୟ ୬, ଖଣ୍ଡ-୩/୭)

'ଅର୍ଥାତ୍ କଲ୍ୟାଣକାରୀ ନାରୀ ରୂପେ ରାତ୍ରିର ଆଗମନ, ଦିନର ଆଲୋକମୟ ସ୍ୱରୂପକୁ ପ୍ରତିବନ୍ଧିତ କରେ । ସମ୍ପୂର୍ଣ୍ଣ ଜଗତକୁ, ବିଶ୍ରାମ ଅବସ୍ଥାରେ ପହଞ୍ଚାଉଥିବା ଏହି ରାତ୍ରି ସମସ୍ତଙ୍କ ପାଇଁ ହିତକାରକ ଅଟେ ।' ଶତ୍ରୁମାନଙ୍କୁ ବିନଷ୍ଟ କରିବାପାଇଁ ନିମ୍ନ ମନ୍ତ୍ରରେ ଦେବୀ ଅଦିତିଙ୍କୁ ପ୍ରାର୍ଥନା କରାଯାଇଛି-

"ଉତ ସ୍ୟା ନୋ ଦିବା ମତିରଦିତିରୂତ୍ୟାଗମତ୍ ।
ସା ଶାନ୍ତାତା ମୟସ୍କରଦପ ସ୍ରିଧଃ ॥"

(ସାମ ଅଧ୍ୟାୟ-୧, ଖଣ୍ଡ-୧୧, ଶ୍ଳୋକ-୬)

ଅର୍ଥାତ୍ ହେ ମାତା ଅଦିତି ! ପୂର୍ଣ୍ଣରକ୍ଷା ସାଧନ ସହିତ ଆପଣ ଆମ ସମକ୍ଷରେ ପଦାର୍ପଣ କରନ୍ତୁ । ତଥା ଶତ୍ରୁମାନଙ୍କୁ ବିନଷ୍ଟ କରନ୍ତୁ ଏବଂ ଆମକୁ ସୁଖଶାନ୍ତି ପ୍ରଦାନ କରନ୍ତୁ ।

ଯଜୁର୍ବେଦରେ ଏକ ମନ୍ତ୍ରରେ ସରସ୍ୱତୀ, ଭାରତୀ, ଇଳା- ଏହି ତିନି ଦେବୀଗଣଙ୍କୁ ବିଘ୍ନରୁ ରକ୍ଷା ନିମନ୍ତେ ପ୍ରାର୍ଥନା କରାଯାଇଛି-

"ତିସ୍ରୋ ଦେବୀର୍ହବିଷା ବର୍ଦ୍ଧମାନାଽଇନ୍ଦ୍ରଂ
ଜୁଷାଣା ଜନୟୋ ନ ପତ୍ନୀଃ ।
ଅଚ୍ଛିନ୍ନଂ ତନ୍ତୁଂ ପୟସା ସରସ୍ୱତୀଡା
ଦେବୀ ଭାରତୀ ବିଶ୍ୱତୂର୍ତ୍ତିଃ ॥" (ଯଜୁ ଅଧ୍ୟାୟ-୨୦/୪୩)

ଅର୍ଥାତ୍ ଦିବ୍ୟଗୁଣ ଯୁକ୍ତ, ସର୍ବତ୍ର ଗମନଶୀଳ, ସରସ୍ୱତୀ, ଭାରତୀ ଏବଂ ଇଳା (ଇଡା)- ଏହି ତିନି ଦେବୀଗଣ ଧାରଣ ପୋଷଣ କରୁଥିବା ସାଧ୍ୱୀ ନାରୀ ସମାନ ଇନ୍ଦ୍ରଦେବଙ୍କୁ ପୁଷ୍ଟ କରନ୍ତି । ସେ ଦେବୀମାନେ ଆମ ଯଜ୍ଞକୁ ଦୁଗ୍ଧ ଏବଂ ହବି ଦ୍ୱାରା ସମ୍ପାଦିତ କରନ୍ତୁ ଏବଂ ଆମକୁ ବିଘ୍ନରୁ ରକ୍ଷା କରନ୍ତୁ ।

ଅନ୍ୟ ଏକ ମନ୍ତ୍ର-

"ମହୀମୂଷୁ ମାତର ସୁବ୍ରତାନାମୃତସ୍ୟ ପତ୍ନୀମବସେ ହୁବେମ ।
ତୁବିକ୍ଷତ୍ରାମଜରନ୍ତୀମୁରୂଚୀ ସୁଶର୍ମାଣମଦିତି ସୁପ୍ରଣୀତିମ୍ ॥"

(ଯଜୁ ଅଧ୍ୟାୟ ୨୧/୫)

ଅର୍ଥାତ୍ ମହାନ୍ ମହିମାଯୁକ୍ତା ଶ୍ରେଷ୍ଠ କର୍ମର ମାତା, ସତ୍ୟ (ଯଜ୍ଞ) ପାଳନକାରିଣୀ, ବିଭିନ୍ନ ପ୍ରକାର ଆକ୍ରମଣରୁ ରକ୍ଷା କରିବାରେ ସମର୍ଥା, ଚିର ଯୁବତୀ, ସତତ ସନ୍ମାର୍ଗଗାମିନୀ ଏବଂ ନୀତିମତୀ ଅଦିତିଙ୍କୁ ଆମେ ନିଜ ରକ୍ଷା ଉଦ୍ଦେଶ୍ୟରେ ଆବାହନ କରୁଛୁ।

ଯଜୁର୍ବେଦର 'ବାଜସନେୟୀ' ସଂହିତାରେ ଅଦିତିଙ୍କୁ ମହାମାତା, ଋତାଚୀ, ଅଧିଷ୍ଠାତ୍ରୀ, ରକ୍ଷଣକର୍ତ୍ତ୍ରୀ, ପରାକ୍ରମୀ ଏବଂ ମାର୍ଗଦର୍ଶକ ରୂପେ ବର୍ଣ୍ଣିତ ହୋଇଛି। ପରବର୍ତ୍ତୀ କାଳର ବୈଦିକ ସାହିତ୍ୟମାନଙ୍କର ତାହାଙ୍କୁ ଉମା, କାଳୀ, ଦୁର୍ଗା, ଚଣ୍ଡୀ ଆଦି ନାମରେ ମଧ୍ୟ ଗୌରବାନ୍ୱିତ କରାଯାଇଛି। ଆମର ସଂସ୍କୃତିରେ 'ବ୍ରହ୍ମ ଏବଂ ଶକ୍ତି'କୁ ଅଭେଦ ବୋଲି କୁହାଯାଇଛି। ଠାକୁର ରାମକୃଷ୍ଣଙ୍କ ଭାଷାରେ ଏମାନଙ୍କ ମଧ୍ୟରୁ ଗୋଟିକୁ ମାନିଲେ ଅନ୍ୟଟିକୁ ମଧ୍ୟ ମାନିବାକୁ ପଡ଼େ। ଉଦାହରଣ ସ୍ୱରୂପ ଅଗ୍ନିର ଦାହିକା ଶକ୍ତିର ନାମ 'ସ୍ୱାହା', ଅଗ୍ନିକୁ ମାନିଲେ ତାର ଦାହିକା ଶକ୍ତିକୁ ମାନିବାକୁ ପଡ଼ିବ। ସେଇପରି ପ୍ରତ୍ୟେକ ଦେବତାଙ୍କର କ୍ଷମତା ତାଙ୍କର ଶକ୍ତିରୁ ହିଁ ଅନୁଭବ କରାଯାଏ। ଯେପରି ବ୍ରହ୍ମାଙ୍କର ସୃଷ୍ଟି କରିବାର ଶକ୍ତି 'ବ୍ରହ୍ମାଣୀ' ରୂପେ ପରିଚିତ। ରୁଦ୍ରଙ୍କର ସଂହାର ଶକ୍ତିଙ୍କୁ 'ରୁଦ୍ରାଣୀ' କୁହାଯାଏ। ଇନ୍ଦ୍ରଙ୍କର ଶକ୍ତିକୁ 'ଇନ୍ଦ୍ରାଣୀ' କୁହାଯାଏ। ସେଇପରି ବେଦରେ ଭିନ୍ନ ଭିନ୍ନ ସ୍ଥାନରେ ଶକ୍ତି ବା ସାମର୍ଥ୍ୟ ଲାଭ ପାଇଁ ଯେଉଁ ପ୍ରାର୍ଥନା ବିଭିନ୍ନ ଦେବତାମାନଙ୍କୁ କରାଯାଇଛି ସେଥିରେ ତାଙ୍କ ସହ ଅଭିନ୍ନ ରୂପେ ବିରାଜମାନ ସେଇ ଶକ୍ତିରୂପା ଦେବୀଙ୍କୁ ହିଁ କଳ୍ପନା କରାଯାଇଛି ଯିଏକି ଏକମାତ୍ର ଆଦ୍ୟାଶକ୍ତି ଅଦିତିଙ୍କ ଠାରୁ ଶକ୍ତି ଆହରଣ କରିଥାନ୍ତି। ସାମବେଦରେ ଥିବା ନିମ୍ନଶ୍ଳୋକରୁ ଶକ୍ତି ଉପାସନାର ଉଦାହରଣ ମିଳିଥାଏ।

"ସନା ଦକ୍ଷମୁତ କ୍ରତୁମପ ସୋମ ମୃଧୋ ଜହି।
ଅଥା ନୋ ବସ୍ୟ ସଂସ୍କୃଧି।"

(ଅଧ୍ୟାୟ-୭, ଖଣ୍ଡ-୨, ଶ୍ଳୋକ-୩)

ଏଥିରେ ସୋମ ଦେବତାଙ୍କ ଠାରେ ଇଷ୍ଟସିଦ୍ଧି ପ୍ରାପ୍ତି ନିମିତ୍ତ ଶତ୍ରୁମାନଙ୍କୁ ପରାସ୍ତ କରିବା ପାଇଁ ସକ୍ଷମ, କଲ୍ୟାଣକାରୀ ଓ ସାମର୍ଥ୍ୟ ହାସଲ ଉଦ୍ଦେଶ୍ୟରେ ପ୍ରାର୍ଥନା କରାଯାଇଛି।

"ତ୍ୱଂ ସୂର୍ଯ୍ୟେ ନ ଆ ଭଜ ତବ କ୍ରତ୍ୱା ତବୋତିଭିଃ ।
ଅଥା ନୋ ବସ୍ୟସସ୍କୃଧି ॥"

(ଅଧ୍ୟାୟ-୭, ଖଣ୍ଡ-୨, ଶ୍ଳୋକ-୫)

ଏଠାରେ ସୋମ ଦେବତାଙ୍କୁ ନିଜର ପୁରୁଷାର୍ଥ ଏବଂ ସଂରକ୍ଷଣ ନିମିତ୍ତ ପ୍ରାର୍ଥନା କରାଯାଇଛି । ଏତଦ୍ ବ୍ୟତୀତ ସାମବେଦର 'ରାତ୍ରି ସୂକ୍ତ'ରେ ଜଗଜ୍ଜନନୀ ଆଦ୍ୟାଶକ୍ତିଙ୍କୁ ରାତ୍ରିରୂପା, ଜ୍ୟୋତିରୂପା ଏବଂ ମହାବିଦ୍ୟା ରୂପିଣୀ ଦେବୀ ସ୍ୱରୂପରେ କଳ୍ପନା କରାଯାଇଛି । ଅଥର୍ବ ବେଦରେ ମଧ୍ୟ ଶକ୍ତି ଉପାସନା ବିଷୟକ ବହୁ ଉଦାହରଣ ପ୍ରାପ୍ତ ହୁଏ, ତନ୍ମଧ୍ୟରୁ-

"ଯଥା ଶାମ୍ୟାକଃ ପ୍ରପତନ୍ନବାନ୍ ନାନୁବିଦ୍ୟତେ ।
ଏବା ରାତ୍ରି ପ୍ର ପାତୟ ଯୋ ଅସ୍ମାଁ ଅଭ୍ୟଘାୟତି ॥"

(ଅଥର୍ବ କାଣ୍ଡ ୧୯, ସୂକ୍ତ ୫୦/୪)

ଏଠାରେ ରାତ୍ରି ଦେବୀଙ୍କୁ, ପାପର ଦୁର୍ଭାବନା ନେଇ ଯେଉଁ ଶତ୍ରୁ ଆମ ନିକଟକୁ ଆସୁଛି ତାହାକୁ ବିନଷ୍ଟ କରିଦେବା ନିମନ୍ତେ ପ୍ରାର୍ଥନା କରାଯାଇଛି । ... **ଆୟୁଃ ପ୍ରାଣଂ ପ୍ରଜାଂ ପଶୁଂ କୀର୍ତ୍ତିଂ ଦ୍ରବିଣଂ ବହ୍ମବର୍ଚସମ୍ ।** (ଅଥର୍ବ ୧୯/୭୧/ ୧) ଏଠାରେ ବେଦମାତା ଗାୟତ୍ରୀଙ୍କୁ ଦୀର୍ଘ ଜୀବନ, ପ୍ରାଣଶକ୍ତି, ସୁସନ୍ତତି, ଶ୍ରେଷ୍ଠ ପଶୁ (ଧନ), କୀର୍ତ୍ତି, ଧନ ବୈଭବ ଏବଂ ବ୍ରହ୍ମତେଜ ପ୍ରଦାନ କରିବା ନିମନ୍ତେ ପ୍ରାର୍ଥନା କରାଯାଇଛି । ଅନ୍ନର ଉତ୍ପାଦିକା ହୋଇଥିବା ହେତୁ ଅଥର୍ବ ବେଦରେ ଦେବୀ ସୀତାଙ୍କୁ ସୁଭଗା କହି ପ୍ରାର୍ଥନା କରାଯାଇଛି ।

"ସୀତେ ବନ୍ଦାମହେ ତ୍ୱାର୍ବାଚୀ ସୁଭଗେ ଭବ ।... ସୁଫଳା ଭବଃ ।"

(ଅଥର୍ବ ୩/୧୭-୮)

ଋଗ୍‌ବେଦରେ ମଧ୍ୟ ଉତ୍ତମ ଫଳ ଐଶ୍ୱର୍ଯ୍ୟ କୃପାବର୍ଷଣ ପାଇଁ ସୀତାଙ୍କୁ ପ୍ରାର୍ଥନା କରାଯାଇଥିବା ଦୃଷ୍ଟିଗୋଚର ହୁଏ ।

"ଅର୍ବାଚୀ ସୁଭଗେ ଭବ ସୀତେ ବନ୍ଦାମହେ ତ୍ୱା ।"

(ଋକ୍ ୪/୫୭/୬)

ଅଥର୍ବ (୪/୩୦)ରେ ବାକ୍‌ର ଉଲ୍ଲେଖ ସର୍ବରୂପା, ସର୍ବାତ୍ମିକା ଓ ସର୍ବଦେବମୟୀ ଦେବୀ ରୂପରେ କରାଯାଇଛି ।

"ଅହଂ ରୁଦ୍ରେଭିର୍ବସୁଭିଷ୍ଟ ରାମ୍ୟହମାଦିତ୍ୟୈରୁତ ବିଶ୍ୱଦେବୈଃ।
ଅହଂ ମିତ୍ରାବରୁଣୋଭା ବିଭର୍ମ୍ୟହମିନ୍ଦ୍ରାଗ୍ନୀ ଅହମଶ୍ୱିନୋଭା ॥
(ଅଥର୍ବ ୪/୩୦/୧)

ଅର୍ଥାତ୍ ବାଗ୍‌ଦେବୀ କହୁଛନ୍ତି- ମୁଁ ରୁଦ୍ରଗଣ ଏବଂ ବସୁଗଣଙ୍କ ସହ ଭ୍ରମଣ କରେ। ମୁଁ ହିଁ ଆଦିତ୍ୟଗଣ ଏବଂ ସମସ୍ତ ଦେବଙ୍କ ସହ ରହେ। ମିତ୍ରା ବରୁଣ, ଇନ୍ଦ୍ର, ଅଗ୍ନି ଏବଂ ଦୁଇ ଅଶ୍ୱିନୀ କୁମାର ସମସ୍ତଙ୍କୁ ମୁଁ ହିଁ ଧାରଣ କରେ।

କେତେକଙ୍କ ମତରେ ଅଥର୍ବ ବେଦ ହିଁ ଶାକ୍ତ ତତ୍ତ୍ୱର ପ୍ରଧାନ ଉତ୍ସ। ଏଥିରେ ଶକ୍ତି ଉପାସନାର ମୂଳତତ୍ତ୍ୱ ଏବଂ ଶକ୍ତିବାଦ ସମ୍ବନ୍ଧରେ ସର୍ବାଧିକ ଏବଂ ପ୍ରାଞ୍ଜଳ ବ୍ୟାଖ୍ୟା ପ୍ରସ୍ତୁତ କରାଯାଇଛି। 'ଅଥର୍ବ ଶୀର୍ଷ'ରେ ମହାମାୟା ନିଜ ଶକ୍ତିର ବ୍ୟାପକତା ସମ୍ବନ୍ଧରେ ବର୍ଣ୍ଣନା କରିଛନ୍ତି।

"ଅହମାନନ୍ଦାନାନନ୍ଦୌ। ଅହଂ ବିଜ୍ଞାନାବିଜ୍ଞାନେ।
ଅହଂ ବ୍ରହ୍ମାବ୍ରହ୍ମଣୀ ବେଦିତବ୍ୟେ।
ଅହଂ ପଞ୍ଚଭୂତାନ୍ୟପଞ୍ଚଭୂତାନି। ଅହମଖିଳଂ ଜଗତ୍ ॥
ବେଦୋଽହମ୍‌ବେଦୋଽହମ୍। ବିଦ୍ୟାହମବିଦ୍ୟାହମ୍।
ଅଜାହମନଜାହମ୍। ଅଧଶ୍ଚୋର୍ଦ୍ଧ୍ୱଂଚ ତୀର୍ଯ୍ୟକ୍ ଚାହମ୍ ॥"
(ଶ୍ରୀ ଦେବ୍ୟଥର୍ବଶୀର୍ଷମ ୩-୪)

ଅର୍ଥାତ୍ ମୁଁ ଆନନ୍ଦ ଏବଂ ଅନାନନ୍ଦରୂପା ଅଟେ। ମୁଁ ବିଜ୍ଞାନ ଏବଂ ଅବିଜ୍ଞାନ ରୂପା ଅଟେ। ଜ୍ଞାତବ୍ୟ ବ୍ରହ୍ମ ଏବଂ ଅବ୍ରହ୍ମ ମଧ୍ୟ ମୁଁ ଅଟେ। ପଞ୍ଚୀକୃତ ଓ ଅପଞ୍ଚୀକୃତ ମହାଭୂତ ମୁଁ ଅଟେ। ଏଇ ସାରା ଦୃଶ୍ୟଜଗତ ମୁଁ ଅଟେ। ବେଦ ଓ ଅବେଦ ମୁଁ ଅଟେ। ବିଦ୍ୟା ଓ ଅବିଦ୍ୟା, ଅଜା ଓ ଅନଜା (ପ୍ରକୃତି ଏବଂ ତାହାଠାରୁ ଭିନ୍ନ) ମଧ୍ୟ ମୁଁ ଅଟେ। ମୁଁ ନିମ୍ନ ଓ ଉର୍ଦ୍ଧ୍ୱ ସବୁ କୋଣରେ ବିଦ୍ୟମାନ।

ପ୍ରାଗ୍ ବୈଦିକ ଯୁଗରୁ ଶିଳା, ବୃକ୍ଷ, ନଦୀ, ପର୍ବତ ଅଥବା ଧରିତ୍ରୀମାତାଙ୍କ ମଧ୍ୟରେ ଜଗଜ୍ଜନନୀ ଆଦ୍ୟାଶକ୍ତିଙ୍କୁ କଳ୍ପନା କରାଯାଇ ପୂଜା କରାଯାଉଥିଲା। ବୈଦିକ ଯୁଗର ଅଦିତି, ସରସ୍ୱତୀ, ଉଷା, ରାତ୍ରି ଆଦିଙ୍କୁ ଶକ୍ତିପୂଜାର ମୂଳଉତ୍ସ ରୂପେ ଗ୍ରହଣ କରାଯାଇଥିଲା। ତେବେ ସମସ୍ତ ବେଦ, ବୃହଦ୍ଧାରିତ ସଂହିତା, କୌଶିକ ସୂତ୍ର, ସାଂଖ୍ୟାୟନ ଆରଣ୍ୟକ ଏବଂ ବହୁ ଉପନିଷଦମାନଙ୍କରେ 'ଦୁର୍ଗା' ଶବ୍ଦର ଉପଯୋଗ ନଥିଲେ ମଧ୍ୟ ଶକ୍ତି ଉପାସନା ବିଷୟରେ ତାତ୍ତ୍ୱିକ ବର୍ଣ୍ଣନ

ରହିଛି । 'ମହାନାରାୟଣ ଉ୧୦/୨'ରେ ନିମ୍ନ ମନ୍ତ୍ରରେ ଦୁର୍ଗା ଶବ୍ଦର ବ୍ୟବହାର ଦୃଷ୍ଟିଗୋଚର ହୋଇଥାଏ ।

"ତାମଅଗ୍ନିବର୍ଣ୍ଣାଂ ତପସା ଜ୍ୱଳନ୍ତୀଂ ବୈରୋଚନୀଂ କର୍ମଫଳେଷୁ ଜୁଷ୍ଟାମ୍ ।
ଦୁର୍ଗାଦେବୀଂ ଶରଣଂମହଂ ପ୍ରପଦ୍ୟେ ସୁତରସି ତରସେନମଃ ॥"

ଅର୍ଥାତ୍ ସେଇ କର୍ମଫଳ ପ୍ରଦାନକାରିଣୀ ଅଗ୍ନିବର୍ଣ୍ଣା ଦେବୀ ଦୁର୍ଗାଙ୍କର ମୁଁ ଶରଣାପନ୍ନ ହେଉଛି । ଏହି ଶ୍ଳୋକ ସହ ସାଦୃଶ୍ୟ ରଖୁଥିବା ଏକ ମନ୍ତ୍ର ଶ୍ରୀସପ୍ତଶତୀ ସ୍ଥିତ ଶ୍ରୀ ଦେବ୍ୟଥର୍ବଶୀର୍ଷମ୍ (ଶ୍ଳୋକ-୯)ରେ ଦୃଷ୍ଟିଗୋଚର ହୁଏ, ଯାହା ମୂଳତଃ ଅଥର୍ବ ବେଦରୁ ଆନୀତ ।

ପୌରାଣିକ ଯୁଗରେ ଶକ୍ତି ସ୍ୱରୂପା ମହାମାୟା ଆଦ୍ୟାଶକ୍ତି ମହାସରସ୍ୱତୀ, ମହାଲକ୍ଷ୍ମୀ, ମହାକାଳୀ ଯଥାକ୍ରମେ ସତ୍ତ୍ୱ, ରଜ, ତମ ଆଦି ତ୍ରିଗୁଣର ଅଧିଶ୍ୱରୀ ଭାବରେ ଜନମାନସରେ ପ୍ରତିଷ୍ଠିତ ଓ ପୂଜିତ ହେବାକୁ ଲାଗିଲେ । ନିମ୍ନ ଶ୍ଳୋକରେ ତାହା ଅତି ପ୍ରାଞ୍ଜଳ ଭାବରେ ବ୍ୟକ୍ତ କରାଯାଇଛି-

"ପ୍ରକୃତି ସ୍ତ୍ୱଂ ଚ ସର୍ବସ୍ୟ ଗୁଣତ୍ରୟ ବିଭାବିନୀ ।
କାଳରାତ୍ରି ର୍ମହାରାତ୍ରିର୍ମୋହ ରାତ୍ରିଷ୍ଚ ଦାରୁଣା ॥"

ଅର୍ଥାତ୍ ମାଆ ! ସର୍ବଜୀବମାନଙ୍କର ପ୍ରକୃତି ସତ୍ତ୍ୱ, ରଜଃ, ତମଃ- ଏହି ତ୍ରିଗୁଣ ଦ୍ୱାରା ତୁମର ପ୍ରକୃତି ସ୍ୱରୂପଟି ବିଭାବିତ । ପୁନଶ୍ଚ ଏଇ ତ୍ରିଗୁଣ ପାଇଁ ତୁମେ ଦାରୁଣା ବା ଭୟଙ୍କରୀ, କାଳରାତ୍ରି, ମହାରାତ୍ରି ଓ ମୋହରାତ୍ରି ରୂପେ ପ୍ରକଟିତା । ମାର୍କଣ୍ଡେୟ ପୁରାଣର ୮୧ ଅଧ୍ୟାୟ ଠାରୁ ୯୩ ଅଧ୍ୟାୟ (ମୋଟ ୧୩ ଅଧ୍ୟାୟ) ପର୍ଯ୍ୟନ୍ତ ସାତଶହ ମନ୍ତ୍ର ବିଶିଷ୍ଟ ମହିଷମର୍ଦ୍ଦିନୀ ଆଦ୍ୟାଶକ୍ତି ଦୁର୍ଗାଙ୍କର ଅକଳ୍ପନୀୟ ରୂପ ବୈଭବ ଓ ମହିମା ସମ୍ଭାରର ସବିଶେଷ ବର୍ଣ୍ଣନକୁ 'ଶ୍ରୀଦୁର୍ଗା ସପ୍ତଶତୀଚଣ୍ଡୀ' ନାମରେ ଆଖ୍ୟାୟିତ କରାଯାଇ ତାହାକୁ ଶକ୍ତି ଉପାସନା ନିମନ୍ତେ ସର୍ବଶ୍ରେଷ୍ଠ କୃତି ରୂପେ ମର୍ଯ୍ୟାଦା ପ୍ରଦାନ କରାଗଲା । ଶାକ୍ତ ଦର୍ଶନର ସୂକ୍ଷ୍ମ ତତ୍ତ୍ୱମାନ ସନ୍ନିବେଶିତ ଏହି 'ଶ୍ରୀଦୁର୍ଗା ସପ୍ତଶତୀ'କୁ ଆଦ୍ୟାଶକ୍ତି ମହାମାୟାଙ୍କର ସାକ୍ଷାତ ସ୍ୱରୂପ ରୂପେ ଗ୍ରହଣ କରାଯାଇଥାଏ । ସେ ବିଦ୍ୟା ଓ ଅବିଦ୍ୟା ରୂପରେ ପ୍ରକଟିତ । ଆଦ୍ୟାଶକ୍ତି ନିଜ ସ୍ୱରୂପରେ ନିତ୍ୟା, ନିର୍ଗୁଣା ଏବଂ ନିରାକାରା ହେଲେ ମଧ୍ୟ ଜଗତର ମଙ୍ଗଳ ପାଇଁ ସଗୁଣା ସାକାରା ହୋଇ ଆବିର୍ଭୂତା ହୋଇଥାନ୍ତି । ସେ ଏକ ହୋଇ ମଧ୍ୟ ସର୍ବବ୍ୟାପିନୀ ତଥା ବହୁ ରୂପରେ ପ୍ରକଟିତ

ଶକ୍ତି ଉପାସନା ଓ ବୈଦିକ ଦେବୀତତ୍ତ୍ୱ : ୬୩

ହୋଇପାରନ୍ତି । ତେଣୁ ତାଙ୍କର ନିଜ ଉକ୍ତି ଅନୁଯାୟୀ, **"ଅହଂ ବିଭୂତ୍ୟା ବହୁଭିରିହ ରୂପୌଃ ଯଦା ସ୍ଥିତା ।"** ଶ୍ରୀ ଚଣ୍ଡୀରେ ମଧୁକୈଟଭ ବଧ, ମହିଷାସୁର ଦଳନ ଓ ଶୁମ୍ଭ-ନିଶୁମ୍ଭାଦି ନିଧନର କଥାବସ୍ତୁ ମାନ ସମାବିଷ୍ଟ ଯାହାକି ତ୍ରିଗୁଣାତ୍ମିକା ଶକ୍ତିଙ୍କର ତ୍ରିବିଧ ରୂପ ବିଷୟକ ଅନବଦ୍ୟ ତଥା ଅଚିନ୍ତ୍ୟ ବିଶ୍ଳେଷଣ ଅଟେ । ବହ୍‌ବୃଚଉପନିଷଦରେ କୁହାଯାଇଛି-

"ଦେବୀ ହ୍ୟେକାଗ୍ର ଆସୀତ୍ ସୈବ ଜଗଦଣ୍ଡମସୃଜତ୍ ।
କାମକଳେତି ବିଜ୍ଞାୟତେ ।
ଶୃଙ୍ଗାରକଳେତି ବିଜ୍ଞାୟତେ ।।"

ଅର୍ଥାତ୍ ଦେବୀ ହିଁ ଏକମାତ୍ର ସୃଷ୍ଟି ପୂର୍ବରୁ ଥିଲେ । ସେ ବ୍ରହ୍ମାଣ୍ଡର ସୃଷ୍ଟି କରିଅଛନ୍ତି । ସେ ହିଁ କାମକଳା ନାମରେ ବିଖ୍ୟାତ । ତାଙ୍କୁ ହିଁ ଶୃଙ୍ଗାର କଳା ବୋଲି କୁହାଯାଏ । ପୁଣି 'ପ୍ରତ୍ୟଭିଜ୍ଞାହୃଦୟମ୍: ସୂତ୍ର- ୨' ଅନୁଯାୟୀ: **'ଚିଦେବ ଭଗବତୀ ସ୍ୱଚ୍ଛସ୍ୱତନ୍ତ୍ରରୂପା ତତ୍ତଦନନ୍ତଜଗଦାତ୍ମନା ସ୍ଫୁରତି ।'** ଅର୍ଥାତ୍ ଚିତ୍‌ରୂପା ଭଗବତୀ ସ୍ୱତନ୍ତ୍ର ଏବଂ ନିର୍ବିକାର ଭାବରେ ତଥା ଅନନ୍ତ ବିଶ୍ୱ ରୂପରେ ସ୍ଫୁରିତ ହୋଇଥାନ୍ତି । ସେଥିରେ ଆହୁରି ମଧ୍ୟ କୁହାଯାଇଛି- **'ସର୍ବଂ ଶାକ୍ତମଜୀଜନତ୍'** ଅର୍ଥାତ୍ ସାରା ବିଶ୍ୱ ଶକ୍ତିମୟ ରୂପରେ ଦୃଷ୍ଟିଗୋଚର ହେଉଛି । ଏହାର ଭାବ ହେଉଛି ଶକ୍ତିର ପ୍ରାଦୁର୍ଭାବ ସମଗ୍ର ସୃଷ୍ଟିରେ ସର୍ବତ୍ର ଅନୁଭବ ହେଉଛି ।

ଦେବୀ ଭାଗବତରେ ଜଗଜ୍ଜନନୀ ଆଦ୍ୟାଶକ୍ତି ନିଜକୁ ସମଗ୍ର ସୃଷ୍ଟିର ସାର୍ବଭୌମ ସତ୍ତା ରୂପେ ପ୍ରତିଷ୍ଠିତ କରି କହିଛନ୍ତି- **'କିଂ ନାହଂ ପଶ୍ୟ ସଂସାରେ ମଦ୍ ବିଯୁକ୍ତ କିମସ୍ତିସି ।'** ସେହିପରି ତନ୍ତ୍ରଶାସ୍ତ୍ର ମାନଙ୍କରେ ଦେବୀଙ୍କ ମହିମାର ଔଜ୍ଜ୍ୱଲ୍ୟ ସ୍ୱତଃ ପ୍ରକଟିତ । 'କାଳୀତନ୍ତ୍ର'ରେ ଦେବୀଙ୍କର ବନ୍ଦନା କରାଯାଇ କୁହାଯାଇଛି- **"ମହାବିଦ୍ୟାଂ ମହାମାୟା ମହାଯୋଗେଶ୍ୱରୀଂ ପରା ।"** ମହାକାଳ ସଂହିତାରେ ଋଷି ଆଦିମାତାଙ୍କୁ ପରଂବ୍ରହ୍ମ ରୂପେ ବର୍ଣ୍ଣନା କରି କହିଛନ୍ତି- **"... ତ୍ୱମେକା ପରଂବ୍ରହ୍ମ ରୂପେଣ ସିଦ୍ଧା ।"** ମହା ନିର୍ବାଣ ତନ୍ତ୍ରରେ **"ସର୍ବଶକ୍ତି ସ୍ୱରୂପା ସର୍ବଦେବମୟୀ ତନୁଃ ।"** ରୂପେ ମାଆଙ୍କର ବର୍ଣ୍ଣନା କରାଯାଇଛି । ଦେବୀ ପୁରାଣରେ ରାଷ୍ଟ୍ରରକ୍ଷା ନିମନ୍ତେ ନିର୍ମିତ ଦୁର୍ଗର ଅଧିଶ୍ୱରୀ ଭାବେ ମାଆଙ୍କ ପ୍ରାର୍ଥନା କରାଯାଇ କୁହାଯାଇଛି-

"ତ୍ୱଂହି ଦୁର୍ଗେ ମହାବୀର୍ଯ୍ୟେ ଦୁର୍ଗେ ଦୁର୍ଗ ପରାକ୍ରମେ ।
ସଦନ୍ୟେ ନିଷ୍କଳ ଶ୍ଚୈବ କଳାତୀତ ନମୋଽସ୍ତୁତେ ।।"

ତନ୍ତ୍ରଶାସ୍ତ୍ର ଅନୁଯାୟୀ ଉପାସିତ ମହାଶକ୍ତି ମଧ୍ୟରେ 'ଦଶମହାବିଦ୍ୟା' ସର୍ବଶ୍ରେଷ୍ଠ। ନିମ୍ନୋକ୍ତ ମତେ ସେମାନଙ୍କର ବର୍ଣ୍ଣନା କରାଯାଇଛି-

"କାଳୀତାରା ମହାବିଦ୍ୟା ଷୋଡ଼ଶୀ ଭୁବନେଶ୍ୱରୀ
ଭୈରବୀଛିନ୍ନମସ୍ତା ଚ ବିଦ୍ୟାଧୂମାବତୀ ତଥା।
ବଗଳା ସିଦ୍ଧବିଦ୍ୟା ଚ ମାତଙ୍ଗୀ କମଳାତ୍ମିକା
ଏତା ଦଶମହାବିଦ୍ୟାଃ ସିଦ୍ଧବିଦ୍ୟା ପ୍ରକୀର୍ତ୍ତିତାଃ ।।"

'ଲଳିତା ସହସ୍ରନାମ'ରେ ଦେବୀ ଶକ୍ତିଙ୍କର ଅଲୌକିକ ମହିମା ବର୍ଣ୍ଣିତ ହୋଇଛି। ସେଥିରେ ବିଷ୍ଣୁଙ୍କ ସହସ୍ରନାମ ଅପେକ୍ଷା 'ଶିବ'ଙ୍କର ଗୋଟିଏ ନାମ ମଧ୍ୟ ଶ୍ରେଷ୍ଠ ବୋଲି କୁହାଯାଇଛି। ପୁଣି ଶିବଙ୍କର ସହସ୍ରନାମ ଅପେକ୍ଷା ଦେବୀଶକ୍ତି/ ଲଳିତାଙ୍କର ନାମ ଥରେ ଉଚ୍ଚାରଣ ମଧ୍ୟ ସର୍ବଶ୍ରେଷ୍ଠ ବୋଲି ମାନ୍ୟତା ଦିଆଯାଇଛି। ନିମ୍ନ ଶ୍ଳୋକରୁ ତାହା ପ୍ରମାଣିତ ହୁଏ-

"ବିଷ୍ଣୁନାମସହସ୍ରାଚ୍ଚ ନାମୈକଂ ଶୈବମୁତ୍ତମମ୍।
ଶିବନାମସହସ୍ରାଚ୍ଚ ଦେବ୍ୟା ନାମୈକମୁତ୍ତମମ୍ ।।"

ଦେବୀ ଶକ୍ତିଙ୍କର ମାହାତ୍ମ୍ୟ ବର୍ଣ୍ଣନା କରି ଉପରୋକ୍ତ ତଥ୍ୟ ଭଗବାନ ହୟଗ୍ରୀବ ମହର୍ଷି ଅଗସ୍ତ୍ୟଙ୍କ ଠାରେ ପ୍ରକଟ କରିଥିଲେ। ଏହାର ଅର୍ଥ ଏପରି କିନ୍ତୁ ଭକ୍ତମାନେ ଗ୍ରହଣ କରି କୌଣସି ଦେବାଦେବୀଙ୍କ ପ୍ରତି ପାତରଅନ୍ତର ମନୋଭାବ ପୋଷଣ କରିବା ସମ୍ପୂର୍ଣ୍ଣ ଶାସ୍ତ୍ର ବିରୋଧୀ, ଅତାର୍କିକ, ଅସମୀଚୀନ ତଥା ନୀତି ବହିର୍ଭୂତ ଅଟେ। କାରଣ ସେହି ଶିବସହସ୍ରନାମ ବା ଶ୍ରୀବିଷ୍ଣୁ ସହସ୍ରନାମ ମଧ୍ୟରେ ଲକ୍ଷ୍ମୀ ବା ପାର୍ବତୀଙ୍କ ନାମ ସ୍ମରଣ କରାଯାଇ ଶକ୍ତିତତ୍ତ୍ୱକୁ ବିଶେଷ ଭାବରେ ମହିମା ମଣ୍ଡିତ କରାଯାଇଥିବା ଦୃଷ୍ଟିଗୋଚର ହୁଏ।

ଏହିପରି ଅନନ୍ତ କାଳରୁ ଶକ୍ତି ଉପାସନାର ଅବିଚ୍ଛିନ୍ନ ପରମ୍ପରା ଭାରତୀୟ ସଂସ୍କୃତିରେ ଆଦୃତ ହୋଇ ଆସିଛି। ରାମାୟଣ, ମହାଭାରତ, ଭବିଷ୍ୟୋତ୍ତର ପୁରାଣ, ହରିବଂଶ, ଶ୍ରୀମଦ୍‌ଭାଗବତ, ଶତକଳ୍ପଦ୍ରୁମ, ବାମନ ପୁରାଣ, କାଳିକା ପୁରାଣ, ଶକ୍ତିତତ୍ତ୍ୱ, ପ୍ରପଞ୍ଚସାର ତନ୍ତ୍ର, କୌଳାର୍ଣ୍ଣବ ତନ୍ତ୍ର, ମହାନିର୍ବାଣ ତନ୍ତ୍ର, ଦେବୀଗୀତା, ହେ ବଜ୍ରତନ୍ତ୍ର, ଉଡ୍‌ଡୀୟାନ ତନ୍ତ୍ର, ବୌଦ୍ଧ ତନ୍ତ୍ରଶାସ୍ତ୍ର–ସାଧନମାଳା ତଥା ନିଷ୍ପନ୍ନ ଯୋଗାବଳୀ, ଜୈନ ଧର୍ମଗ୍ରନ୍ଥ 'ରତ୍ନସାଗର', ବରାହମିହିରଙ୍କର 'ବୃହତ୍ ସଂହିତା', ଶିଖମାନଙ୍କର ୧୦ମ ଗୁରୁ ଗୋବିନ୍ଦ ସିଂହଙ୍କର 'ଦଶମ ବାଦଶାହକୀ ଗ୍ରନ୍ଥ' ଆଦିରେ

ଶକ୍ତି ଉପାସନା ସମ୍ବନ୍ଧରେ ଅତି ବିସ୍ତୃତ ବର୍ଣ୍ଣନା ରହିଛି । ବାସ୍ତବରେ ଦେବୀଙ୍କ ପରାକ୍ରମ ଅକଳ୍ପନୀୟ । ଏଣୁ ଦେବୀ ନିଜ ଭାଷାରେ କହିଛନ୍ତି-

"ନ ତଦସ୍ତି ମୟାତ୍ୟକ୍ତଂ ବସ୍ତୁ କିଞ୍ଚିଚରାଚରମ୍ ।

ଯଦସ୍ତି ଚେତ୍ତଚ୍ଛନ୍ୟୁଂସ୍ୟାତ୍ ବନ୍ଧ୍ୟା ପୁତ୍ରୋ ସମଂ ହି ତତ୍ ॥"

(ଦେବୀ ଗୀତା)

(ଅର୍ଥାତ୍ ଏ ଜଗତରେ ସେଇ ଆଦ୍ୟାଶକ୍ତିଙ୍କ ସତ୍ତା ବ୍ୟତୀତ ଅପର କିଛି ହିଁ ନାହିଁ । ସଂସାରରେ ଯାହା କିଛି ପ୍ରତ୍ୟକ୍ଷ ଦୃଷ୍ଟିଗୋଚର ହେଉଛି, ସେ ସବୁ କିଛି ଅଳିକ, ମାୟା ମରୀଚିକା ଅଥବା ସ୍ୱପ୍ନବତ୍ ଅଟେ ।) ତେବେ ଅସାର ସଂସାରରେ ମାୟା ନିମଗ୍ନ ମନୁଷ୍ୟ ତଥା ଦେବତାମାନଙ୍କୁ ସ୍ୱଧର୍ମ ପାଳନ କରିବା ନିମିତ୍ତ ପ୍ରେରିତ କରିବା ସକାଶେ ବିଷ୍ଣୁ ଭଗବାନ, କଚ୍ଛପ, ମତ୍ସ୍ୟ, ବରାହ, ନୃସିଂହ, ରାମ, କୃଷ୍ଣ ପ୍ରଭୃତି ଅବତାର ଗ୍ରହଣ କରି ଧର୍ମରକ୍ଷା, ଧର୍ମ ସଂସ୍ଥାପନ ତଥା ବେଦ ଶାସ୍ତ୍ରାନୁକୂଳ ଆଚରଣ ସମାଜରେ ପ୍ରତିଷ୍ଠିତ କରିଥିଲେ । ଏଣୁ କୁହାଯାଇଛି-

ଯଦା ଧର୍ମାଗ୍ଲାନିର୍ଭବତି ଜଗତାଂ କ୍ଷୋଭକରଣୀ

ତଦାଲୋକସ୍ୱାମୀ ପ୍ରକଟିତ ବପୁଃ ସେତୁଧୃଗଜଃ ।

ସାଧାତା ସ୍ୱଚ୍ଛୋ ନିଗମ ଗଣଗୀତୋ ବ୍ରଜପତିଃ... ॥

(ଜଗଦ୍‌ଗୁରୁ ଶଙ୍କରାଚାର୍ଯ୍ୟ)

(ଅର୍ଥାତ୍ ଧର୍ମର ହ୍ରାସ ଫଳରେ ଯେତେବେଳେ ସମଗ୍ର ସଂସାର କ୍ଷୁବ୍ଧ ହୋଇ ଉଠେ, ସେତେବେଳେ ଲୋକ ମର୍ଯ୍ୟାଦାର ରକ୍ଷାକାରୀ ଲୋକେଶ୍ୱର, ସନ୍ଥ ପ୍ରତିପାଳକ, ବେଦ ବର୍ଣ୍ଣିତ ଯୁଦ୍ଧ ଏବଂ ଅଜନ୍ମା ଭଗବାନ ସେମାନଙ୍କର ରକ୍ଷା ନିମନ୍ତେ ଶରୀର ଧାରଣ କରନ୍ତି ।) ଠିକ୍ ସେଇପରି ମହାମାୟା ଆଦ୍ୟାଶକ୍ତି ମଧ୍ୟ ଭିନ୍ନ ଭିନ୍ନ ଯୁଗରେ ଏହି ସମାନ ଉଦ୍ଦେଶ୍ୟ ସାଧନ ନିମିତ୍ତ ସତୀ, ପାର୍ବତୀ, ମହାକାଳୀ, ମହାଲକ୍ଷ୍ମୀ, ମହାସରସ୍ୱତୀ, ଶତାକ୍ଷୀ, ଶାକମ୍ଭରୀ, ଦୁର୍ଗା, ରକ୍ତଦନ୍ତିକା, ଭୀମା, ଭ୍ରାମରୀ, ନନ୍ଦା (ବିନ୍ଧ୍ୟବାସିନୀ), ଦେବୀ 'ଜ୍ୟୋତି' ପ୍ରଭୃତି ଅବତାର ଗ୍ରହଣ କରି ସ୍ୱକୀୟ ଲୀଳାରେ ମଧୁକୈଟଭ, ମହିଷାସୁର, ଶୁମ୍ଭ, ନିଶୁମ୍ଭ, ଦୁର୍ଗମ, ଅରୁଣ ଆଦି ଅସଂଖ୍ୟ ଦୈତ୍ୟମାନଙ୍କର ବିନାଶ କରି ସେମାନଙ୍କ କବଳରୁ ସମ୍ପୂର୍ଣ୍ଣ ସୃଷ୍ଟିକୁ ଉଦ୍ଧାର କରିଛନ୍ତି । ଏଣୁ ଭଗବାନ ଶ୍ରୀକୃଷ୍ଣ ମଧ୍ୟ ପରଂବ୍ରହ୍ମ ସ୍ୱରୂପିଣୀ ଆଦ୍ୟାଶକ୍ତିଙ୍କର ପ୍ରାର୍ଥନାରେ ବିଭୋର ହୋଇ ଉଠିଛନ୍ତି:

"ତ୍ୱମେବ ସର୍ବଜନନୀ ମୂଳପ୍ରକୃତିରୀଶ୍ୱରୀ।
ତ୍ୱମେବାଦ୍ୟା ସୃଷ୍ଟିବିଧୌ ସ୍ୱେଚ୍ଛୟା ତ୍ରିଗୁଣାତ୍ମିକା ॥
କାର୍ଯ୍ୟାର୍ଥେ ସଗୁଣା ତ୍ୱଂ ଚ ବସ୍ତୁତୋ ନିର୍ଗୁଣା ସ୍ୱୟମ୍।
ପରଂବ୍ରହ୍ମସ୍ୱରୂପା ତ୍ୱଂ ସତ୍ୟା ନିତ୍ୟା ସନାତନୀ ॥
ତେଜଃସ୍ୱରୂପା ପରମା ଭକ୍ତାନୁଗ୍ରହବିଗ୍ରହା।
ସର୍ବସ୍ୱରୂପା ସର୍ବେଶା ସର୍ବଧାରା ପରାତ୍ପରା ॥
ସର୍ବବୀଜସ୍ୱରୂପା ଚ ସର୍ବପୂଜ୍ୟା ନିରାଶ୍ରୟା।
ସର୍ବଜ୍ଞା ସର୍ବତୋଭଦ୍ରା ସର୍ବମଙ୍ଗଳମଙ୍ଗଳା ॥

(ବ୍ରହ୍ମ ବୈବର୍ତ୍ତ ପୁରାଣ, ପ୍ରକୃତି ଖଣ୍ଡ, ଅ.୬୬/୭-୨୬)

ଅର୍ଥାତ୍ ଶ୍ରୀକୃଷ୍ଣ କହିଲେ ଦେବୀ! ତୁମେ ସମସ୍ତଙ୍କର ଜନନୀ, ମୂଳ ପ୍ରକୃତି ଈଶ୍ୱରୀ ଅଟ। ସୃଷ୍ଟି କାର୍ଯ୍ୟରେ ତୁମେ ହିଁ ଆଦ୍ୟାଶକ୍ତି। ତୁମେ ସ୍ୱଇଚ୍ଛାରେ ତ୍ରିଗୁଣମୟୀ ରୂପ ଧାରଣ କରିଛ। କାର୍ଯ୍ୟବଶତଃ ତୁମେ ସଗୁଣ ରୂପ ଧାରଣ କରିଥାଅ କିନ୍ତୁ ବାସ୍ତବରେ ସ୍ୱୟଂ ନିର୍ଗୁଣା ଅଟ। ତୁମେ ସତ୍ୟା, ନିତ୍ୟା, ସନାତନୀ ଓ ପରଂବ୍ରହ୍ମ ସ୍ୱରୂପା, ପରମ ତେଜଃ ସ୍ୱରୂପା ଅଟ। ଭକ୍ତମାନଙ୍କ ଉପରେ କୃପା କରିବା ନିମିତ୍ତ ଦିବ୍ୟ ଶରୀର ଧାରଣ କରିଥାଅ। ତୁମେ ସର୍ବସ୍ୱରୂପା, ସର୍ବେଶ୍ୱରୀ, ସର୍ବାଧାରା, ପରାତ୍ପରା, ସର୍ବବୀଜସ୍ୱରୂପା, ସର୍ବପୂଜ୍ୟା, ନିରାଶ୍ରୟା, ସର୍ବଜ୍ଞା, ସର୍ବତୋଭଦ୍ରା, ସର୍ବମଙ୍ଗଳମଙ୍ଗଳା, ସର୍ବବୁଦ୍ଧିସ୍ୱରୂପା, ସର୍ବଶକ୍ତିସ୍ୱରୂପିଣୀ, ସର୍ବଜ୍ଞାନପ୍ରଦା, ସର୍ବଜ୍ଞାତା ଏବଂ ସମସ୍ତଙ୍କର ସୃଷ୍ଟିକାରିଣୀ ଅଟ।

ଅତଏବ ଦେବୀ ଆଦ୍ୟାଶକ୍ତିଙ୍କୁ ଯେ ସୃଷ୍ଟି-ସ୍ଥିତି-ସଂହାର ତଥା ତିରୋଧାନକାରୀ ଅନୁଗ୍ରହରୂପା ଅର୍ଥାତ୍ ବିଶ୍ୱ ବ୍ରହ୍ମାଣ୍ଡର ସର୍ବକାରଣର କାରଣ ରୂପା ଭାବରେ ବୈଦିକ ସଂସ୍କୃତିରେ ଅନାଦି ଅନନ୍ତ କାଳରୁ ଉପାସନା କରାଯାଇ ଆସୁଛି ତାହାର ପ୍ରମାଣ ନିମ୍ନ ମନ୍ତ୍ରରୁ ସୁସ୍ପଷ୍ଟ ହୋଇଯାଏ-

"ସୃଷ୍ଟିରୂପା ସରସ୍ୱତୀ ଭବତି। ସ୍ଥିତିରୂପା ମହାଲକ୍ଷ୍ମୀର୍ଭବତି।
ସଂହାରରୂପା ରୁଦ୍ରାଣୀ ଭବତି। ତିରୋଧାନକରୀ ପାର୍ବତୀ ଭବତି।
ଅନୁଗ୍ରହ ରୂପା ଉମା ଭବତି।"

(ନାରାୟଣ ପୂର୍ବ ତାପନୀୟୋପନିଷଦ-୨)

ଅର୍ଥାତ୍ ପଞ୍ଚକୃତ୍ୟରୂପା ପରମେଶ୍ୱରୀଙ୍କର ପାଞ୍ଚ ଅବତାର ରହିଛି। ସେମାନେ ଯଥାକ୍ରମେ ସୃଷ୍ଟିରୂପା ସରସ୍ୱତୀ ଏବଂ ସ୍ଥିତିରୂପା ମହାଲକ୍ଷ୍ମୀ ଅଟନ୍ତି। ସଂହାରରୂପା ରୁଦ୍ରାଣୀ ହୋଇଥିବା ବେଳେ ତିରୋଧାନକାରୀ ଓ ଅନୁଗ୍ରହ ରୂପା ଯଥାକ୍ରମେ ପାର୍ବତୀ ଏବଂ ମହାଦେବୀ ଉମାଙ୍କୁ ଗ୍ରହଣ କରାଯାଏ।

ମହାମାୟା ଜଗନ୍ମାତାଙ୍କ ସର୍ବବ୍ୟାପକତା

ଋଗ୍‌ବେଦ ସ୍ଥିତ 'ଦେବୀସୂକ୍ତ'ରେ ୮ଗୋଟି ମନ୍ତ୍ର ରହିଛି । ଏହି ମନ୍ତ୍ର ଗୁଡ଼ିକରେ 'ଦେବୀପୂଜା' ଓ ଉପାସନା ବିଷୟକ ବହୁ ବର୍ଣ୍ଣନା ଦୃଷ୍ଟିଗୋଚର ହୁଏ । ଋଗ୍‌ବେଦ ମଣ୍ଡଳ ୧୦/ ସୂକ୍ତ ୧୨୫-୩ ସୂକ୍ତରେ ଦେବୀ ନିଜ ପରିଚୟରେ କହିଛନ୍ତି-

"ଅହଂ ରାଷ୍ଟ୍ରୀ ସଂଗମନୀ ବସୂନାଂ ଚିକିତୁଷୀ ପ୍ରଥମା ଯଜ୍ଞିୟାନାମ୍ ।
ତାଂ ମା ଦେବା ବ୍ୟଦଧୁଃ ପୁରୁତ୍ରା ଭୂରିସ୍ଥାତ୍ରାଂ ଭୂର୍ଯ୍ୟାବେଶୟନ୍ତୀମ୍ ।।"

ଅର୍ଥାତ୍ (ମାଆ ନିଜେ କହୁଛନ୍ତି)- ମୁଁ ସମଗ୍ର ବିଶ୍ୱର ସାମ୍ରାଜ୍ଞୀ, ବସୁମାନଙ୍କର ମିଳନର କାରଣ, ଜ୍ଞାନର ଅକ୍ଷୟ ଭଣ୍ଡାର ତଥା ସମସ୍ତ ପୂଜନୀୟମାନଙ୍କ ମଧ୍ୟରେ ସର୍ବଶ୍ରେଷ୍ଠ ଅଟେ । ମୁଁ ଅନନ୍ତ ରୂପରେ ସ୍ଥିତ, ମୁଁ ହିଁ ଜଗତର ସମସ୍ତଙ୍କୁ ସେମାନଙ୍କ ନିର୍ଦ୍ଦିଷ୍ଟ ସ୍ଥାନରେ ନିଯୁକ୍ତ କରିଥିବା ନିଯୁକ୍ତ କାରିଣୀ ଅଟେ । ମୋତେ ହିଁ ଦେବତାମାନେ ଅନେକ ରୂପରେ ନିଜ ହୃଦୟ ମଧ୍ୟରେ ଧାରଣ କରିଥାନ୍ତି ।

ଉପରୋକ୍ତ ଶ୍ଳୋକରୁ ମାତୃଶକ୍ତି ବା ଆଦ୍ୟାଶକ୍ତିଙ୍କର ସମ୍ୟକ୍ ଅବଧାରଣା ଏବଂ ସର୍ବବ୍ୟାପକତାର ଅନୁଭୂତି ପ୍ରାପ୍ତ ହୋଇଥାଏ । ବାସ୍ତବରେ ମାଆ ହିଁ ହେଉଛନ୍ତି ସମଗ୍ର ସୃଷ୍ଟିର ପରମ ଶ୍ରେଷ୍ଠ ପରମପାବନ ତଥା ଦିବ୍ୟତମ ଅନୁଭୂତି । ସେ ହେଉଛନ୍ତି ଦିବ୍ୟ ଶାଶ୍ୱତ ଏବଂ ଚିରନ୍ତନ । ସେ ହେଉଛନ୍ତି ସୃଷ୍ଟିର ଆଦି ଅନାଦି ଅନନ୍ତ ଏବଂ ଅନନ୍ୟ ଅନୁଭୂତି ତଥା ପ୍ରତିଟି ଜୀବର ବିକାଶର କାରଣ । ସେ ହିଁ ସନାତନ ଓ ନିତ୍ୟ ପରଂବ୍ରହ୍ମ ପରମାତ୍ମାଙ୍କର ସାକ୍ଷାତ୍ ସ୍ୱରୂପ । ବ୍ରହ୍ମାଣ୍ଡର ଯେତେ ସବୁ ବିଭୂତି, ଐଶ୍ୱର୍ଯ୍ୟ, କାନ୍ତି ଏବଂ ଶକ୍ତିଯୁକ୍ତ ବସ୍ତୁ ରହିଛି, ସେ ସମସ୍ତ ମାଆ ଆଦ୍ୟାଶକ୍ତିଙ୍କ ତେଜର ଆଂଶିକ ଅଭିବ୍ୟକ୍ତି । ବୈଦିକ ଜ୍ଞାନ ବା ବ୍ରହ୍ମଜ୍ଞାନ ପ୍ରତି ଦ୍ୱେଷ ପୋଷଣ କରୁଥିବା ତଥା ସମଗ୍ର ମାନବ ସମାଜର ଧ୍ୱଂସ ସାଧନ କରୁଥିବା ହିଂସ୍ରମାନଙ୍କୁ ବଧ କରିବା ପାଇଁ ରୁଦ୍ରଙ୍କ ଧନୁରେ ଟଙ୍କାର ସୃଷ୍ଟି କରୁଥିବା ଶକ୍ତି

ରୂପେ ମାଆ ନିଜେ ଅବତୀର୍ଣ୍ଣା। ସୃଷ୍ଟିର କଲ୍ୟାଣ ନିମିତ୍ତ ସେ ସମଗ୍ର ପୃଥିବୀ ଏବଂ ଆକାଶରେ ବ୍ୟାପ୍ତ ଥାଇ ଧର୍ମଯୁଦ୍ଧକୁ ଅଙ୍ଗୀକାର କରନ୍ତି।

ଆଦ୍ୟାଶକ୍ତି ମହାମାୟା ନିଜ ସ୍ୱରୂପରେ ନିତ୍ୟା, ନିର୍ଗୁଣା ଏବଂ ନିରାକାର ହୋଇ ମଧ୍ୟ ସଜ୍ଜନ ବା ଦେବତାମାନଙ୍କର କାର୍ଯ୍ୟସିଦ୍ଧି ସକାଶେ ଅଥବା ଜଗତର ମଙ୍ଗଳ ନିମିତ୍ତ ସେ ସଗୁଣା ସାକାରା ହୋଇ ଆବିର୍ଭୂତା ହୋଇଥାନ୍ତି। ଏଣୁ ସେ ନିତ୍ୟା, ନିରାକାରା ଏବଂ ସାକାରା ମଧ୍ୟ। ସେ ତ୍ରିକାଳ-ଅବାଧିତ-ସତ୍ତାରୂପିଣୀ ବ୍ରହ୍ମମୟୀ। ସେ ଇଚ୍ଛା ମାତ୍ରକେ ଚରାଚର ବିଶ୍ୱର ସୃଷ୍ଟି କରିପାରନ୍ତି। ଏଣୁ ଯଥାର୍ଥରେ ଶ୍ରୀଚଣ୍ଡୀରେ କୁହାଯାଇଛି-

"... ତ୍ୱୟୈତଦ୍ଧାର୍ଯ୍ୟତେ ବିଶ୍ୱଂ ତ୍ୱୟୈତତ୍ସୃଜ୍ୟତେ ଜଗତ୍ ।୭୫।
ତ୍ୱୟୈତତ୍ପାଲ୍ୟତେ ଦେବି ତ୍ୱମତ୍ସ୍ୟନ୍ତେ ଚ ସର୍ବଦା।
ବିସୃଷ୍ଟୌ ସୃଷ୍ଟିରୂପା ତ୍ୱଂ ସ୍ଥିତିରୂପା ଚ ପାଳନେ ।୭୬।"

(୧ମ ଅଧ୍ୟାୟ)

ଅର୍ଥାତ୍ ତୁମେ ହିଁ ବିଶ୍ୱ ବ୍ରହ୍ମାଣ୍ଡକୁ ଧାରଣ କରିଛ। ତୁମେ ହିଁ ଏହି ଜଗତକୁ ସୃଷ୍ଟି କରିଛ। ତୁମେ ହିଁ ଏହାକୁ ପାଳନ କରୁଛ ଏବଂ ସର୍ବଦା ତୁମେ ହିଁ କଳ୍ପର ଶେଷରେ ସବୁକୁ ନିଜେ ଗ୍ରାସ କରୁଛ। ହେ ଜଗନ୍ମୟୀ ଦେବୀ! ଏଇ ଜଗତର ଉତ୍ପତ୍ତି ସମୟରେ ତୁମେ ସୃଷ୍ଟିରୂପା ଏବଂ ପାଳନ କାଳରେ ସ୍ଥିତିରୂପା ଅଟ।

ସେ ଏକାଧାରରେ ପରମପିତା ଏବଂ ଜଗନ୍ମାତା ରୂପେ ସୃଷ୍ଟିର ଲାଳନ, ପାଳନ ଏବଂ ବିକାଶ କାର୍ଯ୍ୟକୁ ତ୍ୱରାନ୍ୱିତ କରିଥାନ୍ତି। ଏଣୁ 'ତ୍ୱମେବ ମାତା ଚ ପିତା ତ୍ୱମେବ...' ରୂପେ ତାଙ୍କର ଯଶୋଗାନ କରାଯାଇଛି। ଦେବୀ ଉପାସନା ବୈଦିକ କାଳରୁ ଅଦ୍ୟାବଧି ଭାରତର ପୁରପଲ୍ଲୀରୁ ଆରମ୍ଭ କରି ନଗର ନଗର ପର୍ଯ୍ୟନ୍ତ ବିସ୍ତୃତ। ଋଗ୍ ବେଦରେ ବହୁସଂଖ୍ୟକ ଦେବତା ପୁରୁଷବାଚକ ହୋଇଥିବା ବେଳେ ଅନେକ ଦେବୀ ସ୍ତ୍ରୀବାଚକ ଅଟନ୍ତି। ସେଥିମଧ୍ୟରୁ ଅଦିତି ନାମକ ଦେବୀ ଅବର୍ଣ୍ଣନୀୟ ଐଶ୍ୱର୍ଯ୍ୟର ଅଧିକାରିଣୀ ଅଟନ୍ତି। ଯାହାଙ୍କ ମଧ୍ୟରେ ସମଗ୍ର ବ୍ରହ୍ମାଣ୍ଡ, ଦେଶକାଳ ଆଦି ମଧ୍ୟ ସମ୍ପୂର୍ଣ୍ଣ ରୂପେ ସମାହିତ। ଅର୍ଥାତ୍ ଜଗନ୍ମାତାଙ୍କର ସନାତନତ୍ୱ ଏତେ ପ୍ରାଚୀନ ଯେ ଯାହାକୁ 'କାଳ' ମଧ୍ୟ ସ୍ପର୍ଶ କରିବାପାଇଁ ଭୟଭୀତ ହୋଇଥାଏ। ଏଣୁ ଋଗ୍‌ବେଦସ୍ଥ ନିମ୍ନ ଶ୍ଳୋକରେ ସେଇ ସ୍ତ୍ରୀ ଦେବତା (ଜଗଜ୍ଜନନୀ)ଙ୍କର ମହିମାମୟ ବିଭୂତିର ବର୍ଣ୍ଣନା ଅତି ଚମତ୍କାର ଭାବରେ ନିମ୍ନମତେ ବର୍ଣ୍ଣିତ ହୋଇଛି:

ଶକ୍ତି ଉପାସନା ଓ ବୈଦିକ ଦେବୀତତ୍ତ୍ୱ : ୬୯

"ଅଦିତିର୍ଦ୍ୟୌରଦିତିରନ୍ତରିକ୍ଷମଦିତିର୍ମାତା ସ ପିତା ପୁତ୍ରଃ ।
ବିଶ୍ୱେଦେବା ଅଦିତିଃ ପଞ୍ଚ ଜନା ଅଦିତିର୍ଜାତମଦିତିର୍ଜନିତ୍ୱମ୍ ।।"
(ଋଗ୍ ୧-୮୯-୧୦)

ଅର୍ଥାତ୍ ଅଦିତି ହିଁ ଦ୍ୟୁଲୋକ, ଅନ୍ତରୀକ୍ଷ, ମାତା, ପିତା, ପୁତ୍ର ଏବଂ ସମସ୍ତ ଦେବଗଣ, ପଞ୍ଚଜନ- ବ୍ରାହ୍ମଣ, କ୍ଷତ୍ରିୟ, ବୈଶ୍ୟ, ଶୁଦ୍ର, ନିଷାଦ, ସଦ୍ୟୋଜାତ ଓ ଭବିଷ୍ୟତରେ ଜନ୍ମ ହେବାକୁ ଥିବା ଯେତେ ଯାହା ଅବା ଅଛନ୍ତି ସେମାନେ ସମସ୍ତେ ଅଦିତିଙ୍କର ହିଁ ରୂପ ଅଟନ୍ତି । ଏହାର ଅର୍ଥ ହେଉଛି ଯାହା କିଛି ଅଛି ବା ସଂସାରରେ ଦୃଶ୍ୟମାନ ହେଉଛି, ଯାହା କିଛି ହୋଇଯାଇଛି ଅଥବା ଭବିଷ୍ୟତରେ ହେବାକୁ ବାକି ଅଛି ସେସବୁ ଅଦିତିଙ୍କ ସ୍ୱରୂପ ହିଁ ଅଟେ । ଅନ୍ୟ ଅର୍ଥରେ ଏହି ସୃଷ୍ଟି-ପ୍ରକୃତି ଏକ ଚିରନ୍ତନ ପ୍ରବାହ ଅଟେ ଏବଂ ସେଇ ପ୍ରବାହର ନାମ ହିଁ ଅଦିତି । ଏଣୁ ଅଦିତି ଜଗନ୍ମାତା ଅଟନ୍ତି । ପ୍ରବାହର ପରବର୍ତ୍ତୀ ଚରଣରେ ସେ ପୁତ୍ର ରୂପେ ମଧ୍ୟ ପ୍ରତିଭାତ ହୁଅନ୍ତି । ଅତୀତ, ବର୍ତ୍ତମାନ ଏବଂ ଭବିଷ୍ୟତରେ ଯାହା ସବୁ ଥିଲା, ଅଛି ବା ହେବାକୁ ଅଛି ସେ ସବୁ କିଛି ଅଦିତି ହିଁ ଅଟନ୍ତି । ସେ ହେଉଛନ୍ତି ଏକ ଅବିଚ୍ଛିନ୍ନ ପ୍ରବାହ, ଯାହାକି ଏକ ବିସ୍ମୟକାରୀ ଅନୁଭୂତି ଅଟେ । ଏଣୁ ସେ ଜଗନ୍ମାତା ବା ଜଗତର ସୃଷ୍ଟି, ସ୍ଥିତି ଓ ସଂହାର କାରିଣୀ ରୂପେ କଥିତ ହୁଅନ୍ତି ।

ଯଜୁର୍ବେଦର ବାଜସନେୟୀ ସଂହିତା ଅନୁଯାୟୀ ଅଦିତିଙ୍କୁ ମହାମାତା, ଋତାଚୀ, ଅଧିଷ୍ଠାତ୍ରୀ, ପରାକ୍ରମୀ, ରକ୍ଷଣକର୍ତ୍ତ୍ରୀ ଏବଂ ମାର୍ଗଦର୍ଶକ ରୂପେ ମହିମାମଣ୍ଡିତ କରାଯାଇଛି । ଦେବୀ ପୁରାଣରେ ତାହାକୁ ମହାକାଳୀ (ସଂହାରକାରିଣୀ), ମହାଲକ୍ଷ୍ମୀ (ପାଳନକାରିଣୀ), ମହାସରସ୍ୱତୀ (ଜ୍ଞାନଦାୟିନୀ)- ଏହି ତିନି ରୂପରେ ବର୍ଣ୍ଣନା କରାଯାଇଛି । ବୈଦିକ ସାହିତ୍ୟରେ ତାହାଙ୍କୁ ଉମା, କାଳୀ, ଦୁର୍ଗା, ଚଣ୍ଡୀ, କାତ୍ୟାୟିନୀ ଆଦି ବହୁବିଧ ନାମରେ ଆଖ୍ୟାୟିତ କରାଯାଇଛି । ଏଣୁ ଯଥାର୍ଥ ଭାବରେ ଅଥର୍ବ ବେଦସ୍ଥ 'ଶ୍ରୀ ଦେବ୍ୟଥର୍ବ ଶୀର୍ଷମ୍'ର ନିମ୍ନ ଶ୍ଳୋକରେ ଜଗନ୍ମାତାଙ୍କୁ ଋଷିମାନେ ଆରାଧନା ପୂର୍ବକ ନିଜ ହୃଦୟର ପରମ ପାବନ ଭକ୍ତିକୁସୁମାଞ୍ଜଳି ନିବେଦନ କରିଛନ୍ତି ।

କାଳରାତ୍ରୀଂ ବ୍ରହ୍ମସ୍ତୁତାଂ ବୈଷ୍ଣବୀଂ ସ୍କନ୍ଦମାତରମ୍।

ସରସ୍ୱତୀମଦିତିଂ ଦକ୍ଷଦୁହିତରଂ ନମାମଃ ପାବନାଂ ଶିବାମ୍ ॥

ମହାଲକ୍ଷ୍ମ୍ୟୈ ଚ ବିଦ୍ମହେ ସର୍ବଶକ୍ତ୍ୟୈ ଚ ଧୀମହି।

ତନ୍ନୋ ଦେବୀ ପ୍ରଚୋଦୟାତ୍ ॥

(ଅଥର୍ବ ବେଦ- ଶ୍ରୀଦେବ୍ୟଥର୍ବ ଶୀର୍ଷମ୍ ୧୧-୧୨)

ଅର୍ଥାତ୍ ହେ କାଳର ବିନାଶିନୀ, ଦେବତାମାନଙ୍କ ଦ୍ୱାରା ସ୍ତୁତି ହୋଇଥିବା ବିଷ୍ଣୁଶକ୍ତି, ସ୍କନ୍ଦମାତା (ଶିବଶକ୍ତି), ସରସ୍ୱତୀ (ବ୍ରହ୍ମଶକ୍ତି), ଦେବମାତା ଅଦିତି ଏବଂ ଦକ୍ଷକନ୍ୟା (ସତୀ), ପାପନାଶିନୀ କଲ୍ୟାଣକାରିଣୀ ଭଗବତୀ- ତୁମକୁ ଆମେ ପ୍ରଣାମ କରୁଛୁ। ସେଇ ଦେବୀ ଆମ୍ଭମାନଙ୍କୁ ଉକ୍ତ ବିଷୟରେ (ଜ୍ଞାନଧ୍ୟାନରେ) ପ୍ରବୃତ୍ତ କରନ୍ତୁ।

ଆଜି ସମଗ୍ର ଦେଶ ଯେତେବେଳେ ଅଭାବ ଅନାଟନ, କ୍ଷୁଧା, ଅକାଳମୃତ୍ୟୁ, ଭ୍ରଷ୍ଟାଚାର, ଦେଶଦ୍ରୋହିତା, ଆତଙ୍କବାଦ ଦ୍ୱାରା ପ୍ରପୀଡ଼ିତ, ଏ ଦେଶର ପୁତ୍ର ରୂପ ସମାଜ, ରାଷ୍ଟ୍ର, ଧର୍ମ, ସାଧୁସନ୍ଥମାନଙ୍କ ଉପରେ ଆକ୍ରମଣ କରି ଚାଲିଥିବା ଆସୁରିକ ସତ୍ତାକୁ ପରାଜିତ କରିବା ପରିବର୍ତ୍ତେ, ଗଭୀର ଭାବରେ ନିଦ୍ରିତ ସେଇ ସମୟରେ ସର୍ବଶକ୍ତି ସ୍ୱରୂପିଣୀ ଜଗନ୍ମାତା ଦୁର୍ଗା ସହାୟ ହୁଅନ୍ତୁ ଏବଂ ଆମର ଜନ୍ମଭୂମି ଭାରତକୁ ସମଗ୍ର ବିଶ୍ୱରେ ପରମ ବୈଭବଶାଳୀ ରାଷ୍ଟ୍ର ରୂପେ ପ୍ରତିଷ୍ଠିତ କରାଇବା ଦିଗରେ ସଫଳକାମ ହେବାପାଇଁ ଆମକୁ ଆଶୀର୍ବାଦ ପ୍ରଦାନ କରନ୍ତୁ।

ଯାଦେବୀ ସର୍ବଭୂତେଷୁ ଶକ୍ତିରୂପେଣ ସଂସ୍ଥିତା

ନମସ୍ତସ୍ୟୈ ନମସ୍ତସ୍ୟୈ ନମସ୍ତସ୍ୟୈ ନମୋନମଃ ॥

ଦଶ ମହାବିଦ୍ୟା ଏବଂ ସେମାନଙ୍କ ଆବିର୍ଭାବ ରହସ୍ୟ

ଦେବୀ ଭାଗବତ, ସ୍ୱତନ୍ତ୍ର ତନ୍ତ୍ର, ଶାକ୍ତ ପ୍ରମୋଦ, ତୋଡଲ ତନ୍ତ୍ର ଓ ପ୍ରାଣତୋଷିଣୀ ତନ୍ତ୍ର ଆଦି ଶାକ୍ତପୁରାଣ ଏବଂ ତନ୍ତ୍ରଶାସ୍ତ୍ର ମଧ୍ୟରେ 'ଦଶମହାବିଦ୍ୟା' ସମ୍ବନ୍ଧୀୟ ବିଷଦ ବର୍ଣ୍ଣନା ମାନ କରାଯାଇଛି-

"କାଳୀତାରା ମହାବିଦ୍ୟା ଷୋଡ଼ଶୀ ଭୁବନେଶ୍ୱରୀ।
ଭୈରବୀ ଛିନ୍ନମସ୍ତା ଚ ବିଦ୍ୟା ଧୂମାବତୀ ତଥା ॥
ବଗଳା ସିଦ୍ଧ ବିଦ୍ୟା ଚ ମାତଙ୍ଗୀ କମଳାତ୍ମିକା।
ଏତା ଦଶ ମହାବିଦ୍ୟାଃ ସିଦ୍ଧବିଦ୍ୟା ପ୍ରକୀର୍ତ୍ତିତା ॥"

(ପ୍ରାଣତୋଷିଣୀ ତନ୍ତ୍ର ୫/୬)

ଅର୍ଥାତ୍ କାଳୀ, ତାରା, ଷୋଡ଼ଶୀ, ଭୁବନେଶ୍ୱରୀ, ଭୈରବୀ, ଛିନ୍ନମସ୍ତା, ଧୂମାବତୀ, ବଗଳା, ମାତଙ୍ଗୀ, କମଳା- ଏମାନେ ଦଶ ମହାବିଦ୍ୟା ଅଟନ୍ତି। ମହାଶକ୍ତି ମହାମାୟା ଉଭୟ ବିଦ୍ୟା ଏବଂ ଅବିଦ୍ୟା ରୂପରେ ବିରାଜମାନ ଅଟନ୍ତି। ".... ବିଦ୍ୟାହମ ବିଦ୍ୟାହମ୍।" (ଶ୍ରୀଦେବ୍ୟଥର୍ବଶୀର୍ଷମ-୪) ଅର୍ଥାତ୍ ବିଦ୍ୟା ଓ ଅବିଦ୍ୟା ମଧ୍ୟ ମୁଁ ଅଟେ। ବିଦ୍ୟାରୂପରେ ସେ ପ୍ରାଣୀମାନଙ୍କ ସକାଶେ ମୁକ୍ତି ଓ ମୋକ୍ଷ ପ୍ରଦାୟନୀ ହେଉଥିବାବେଳେ ଅବିଦ୍ୟା ରୂପରେ ମୋହର କାରଣ ହୋଇଥାନ୍ତି। ବିଦ୍ୟା ହିଁ ଦେବୀରୂପା- **"ବିଦ୍ୟାଃ ସମସ୍ତା ସ୍ତବ ଦେବି ଭେଦାଃ।"** (ଶ୍ରୀଦୁର୍ଗା ସପ୍ତଶତୀ ୧୧/୬) ଅର୍ଥାତ୍ ହେ ଦେବି ! ସକଳ ବିଦ୍ୟା ତୁମର ଭିନ୍ନ ଭିନ୍ନ ସ୍ୱରୂପ ଅଟେ। **"ମହାବିଦ୍ୟା ମହାମାୟା ମହାମେଧା ମହାସ୍ମୃତିଃ"** – (ତନ୍ତ୍ରୋକ୍ତଂ ରାତ୍ରି ସୂକ୍ତମ୍-୪) । ଦେବୀ ମହାମାୟା ସ୍ୱୟଂ ମହାବିଦ୍ୟା, ମହାମେଧା, ମହାସ୍ମୃତି ଅଟନ୍ତି। ସେ 'ସର୍ବଶାସ୍ତ୍ରମୟୀ' ଏବଂ 'ସର୍ବବିଦ୍ୟା' ନାମରେ ମଧ୍ୟ ନାମିତ ହୁଅନ୍ତି। **"ସର୍ବଶାସ୍ତ୍ରମୟୀ ସତ୍ୟା ସର୍ବାସ୍ତ୍ର ଧାରିଣୀ ତଥା। / ସର୍ବବିଦ୍ୟା ଦକ୍ଷକନ୍ୟା ସର୍ବଯଜ୍ଞ ବିନାଶିନୀ ॥"** ଅତଏବ ମହାମାୟା, ମହାଶକ୍ତି ଯେ ସ୍ୱୟଂ ବିଦ୍ୟା ସ୍ୱରୂପିଣୀ ଏଥିରେ ସନ୍ଦେହର ଅବକାଶ ନାହିଁ। ସେଥିପାଇଁ ବୋଧହୁଏ

କୁହାଯାଇଛି **'ଯା ବିଦ୍ୟା ସା ବିମୁକ୍ତୟେ'** ଅର୍ଥାତ୍ ବିଦ୍ୟା ବିମୁକ୍ତିର କାରଣ। ବିଦ୍ୟାକୁ ପ୍ରଧାନତଃ ଦୁଇ ଭାଗରେ ବିଭକ୍ତ କରାଯାଏ। କ) ଆଗମ ବିଦ୍ୟା ଖ) ନିଗମ ବିଦ୍ୟା।

କ) ଆଗମ ବିଦ୍ୟା:- ଆଗମ ବିଦ୍ୟା ହେଉଛି 'ସୃଷ୍ଟିବିଦ୍ୟା'–**'ବିଦ୍ୟାସି ସା ଭଗବତୀ।'** ଏହି ବିଦ୍ୟା ପୃଥିବୀ ବା ପ୍ରକୃତି ଶାସ୍ତ୍ରର ରହସ୍ୟ ଭେଦ କରେ- **'ପୃଥ୍ୱୀବାକ୍ ଆଗମ।'** ପୃଥିବୀକୁ କେନ୍ଦ୍ର କରି ଏହି ବିଦ୍ୟାର ପ୍ରାକଟ୍ୟ, ଏଣୁ ଋଗ୍ ବେଦରେ କୁହାଯାଇଛି- **"ଦୌ ଷ୍ପିତଃ ପୃଥିବୀ ମାତଃ।"** (୪/୮/୧୧) ଏଥିରେ ପୃଥିବୀ ବା ପ୍ରକୃତି ମାତା ରୂପେ ଗୃହୀତ।

ଖ) ନିଗମ ବିଦ୍ୟା:- ଏଥିରେ 'ସୂର୍ଯ୍ୟ' ପୁରୁଷ ବା ପିତା ରୂପେ ଗୃହୀତ। ଏଣୁ ପ୍ରକୃତି ଶାସ୍ତ୍ର 'ଆଗମ' ହୋଇଥିବା ବେଳେ ପୁରୁଷ ଶାସ୍ତ୍ର 'ନିଗମ' ରୂପେ କଥିତ ହୋଇଥାଏ। ନିଗମ ବିଦ୍ୟାକୁ 'ସୈଷାତ୍ରୟୀ ବିଦ୍ୟା' ରୂପେ ଗ୍ରହଣ କରାଯାଏ। ଏହି ବିଦ୍ୟା ଅନୁଯାୟୀ ବେଦବିଦ୍ୟା ବ୍ରହ୍ମ- ଏ ତ୍ରୟ ଏକ ଓ ଅଭିନ୍ନ ଅର୍ଥାତ୍ ଏ ସମସ୍ତ ଏକାର୍ଥ ବୋଧକ ଅର୍ଥାତ୍ ଭିନ୍ନ ଭିନ୍ନ ନୁହନ୍ତି। ଏହି ତତ୍ତ୍ୱତ୍ରୟ ସୃଷ୍ଟିର ପ୍ରତି ଅଣୁ ପରମାଣୁ କୋଣ ଅନୁକୋଣ ସର୍ବତ୍ର ପରିବ୍ୟାପ୍ତ। ଏଥି ମଧ୍ୟରେ ଶବ୍ଦବ୍ରହ୍ମକୁ ବେଦତତ୍ତ୍ୱ; ବିଷୟ ବ୍ରହ୍ମକୁ ବ୍ରହ୍ମତତ୍ତ୍ୱ ଏବଂ ସଂସ୍କାର ବ୍ରହ୍ମକୁ ବିଦ୍ୟାତତ୍ତ୍ୱ ରୂପେ ଆଖ୍ୟାୟିତ କରାଯାଏ। ଶିବ ଏବଂ ଶକ୍ତିଙ୍କ ସଦୃଶ ନିଗମ ଓ ଆଗମ ବିଦ୍ୟା ଉଭୟ ସମ୍ମିଳିତ ଭାବେ ସୃଷ୍ଟିର ସମ୍ପୂର୍ଣ୍ଣ ବିକାଶର କାରଣ ରୂପେ ଗୃହୀତ। ନିଗମ ଓ ଆଗମ ବିଦ୍ୟାର ସମ୍ମିଳିତ ରୂପ ହେଉଛି ସମ୍ପୂର୍ଣ୍ଣ ବିଶ୍ୱବିଦ୍ୟା ଅଥବା 'ଦଶମହାବିଦ୍ୟା'।

ଏହି 'ଦଶମହାବିଦ୍ୟା'ଙ୍କର ରୂପ, ମନ୍ତ୍ର, ସ୍ତବ, ପୂଜା ବିଧିରେ ଭିନ୍ନତା ଦୃଷ୍ଟିଗୋଚର ହେଉଥିଲେ ମଧ୍ୟ ସେମାନେ ଆଦ୍ୟାଶକ୍ତି ଜଗନ୍ମାତାଙ୍କ ଠାରୁ ଭିନ୍ନ ନୁହନ୍ତି। **"ସାକ୍ଷାତ୍ ବିଦ୍ୟୈବ ସା ନ ତତୋ ଭିନ୍ନା ଜଗନ୍ମାତା। ଅସ୍ୟାଃ ସ୍ୱାଭିନ୍ନତ୍ୱଂ ଶ୍ରୀ ବିଦ୍ୟାୟା ରହସ୍ୟାର୍ଥଃ ।।"**–(ବରିବସ୍ୟା ରହସ୍ୟ ୨-୧୦୭) **"ଏଷା ଶ୍ରୀମହାବିଦ୍ୟା- (ଅଥର୍ବଶୀର୍ଷ)।"** ତତ୍ତ୍ୱ ଦୃଷ୍ଟିରୁ ଏ ସମସ୍ତେ ଏକ ଓ ଅଭିନ୍ନ ଅଟନ୍ତି–**"ଏକୈବାହଂ ଜଗତ୍ୟତ୍ର ଦ୍ୱିତୀୟା କା ମମାପରା।"** ସେମାନଙ୍କ ରୌଦ୍ର ଏବଂ ସୌମ୍ୟ ରୂପ ଅନୁଯାୟୀ 'ଦଶମହାବିଦ୍ୟା'ଙ୍କୁ ଦୁଇ ଭାଗରେ ବିଭକ୍ତ କରାଯାଏ। ଏଣୁ କୁହାଯାଇଛି, **"ବିଦ୍ୟା ହି ଦ୍ୱିବିଧା ପ୍ରୋକ୍ତା କୃଷ୍ଣାରକ୍ତା**

ପ୍ରଭେଦତଃ। କୃଷ୍ଣା ତୁ ଦକ୍ଷିଣା ପ୍ରୋକ୍ତା ରକ୍ତା ତୁ ସୁନ୍ଦରୀ ମତା ॥" ରକ୍ତ (ସୁନ୍ଦରୀ) ଓ କୃଷ୍ଣ (ଦକ୍ଷିଣା) ଭେଦରେ କାଳୀ ଦୁଇ ରୂପରେ ଅଧିଷ୍ଠିତ ହୋଇ ଦଶମହାବିଦ୍ୟାଙ୍କ ଆବିର୍ଭାବ (ବୃହତ୍‌ନୀଳପୁରାଣ)ର କାରଣ ହୁଅନ୍ତି। କିନ୍ତୁ କାଳୀ ଓ ଭୁବନେଶ୍ୱରୀ ଉଭୟ ମୂଳ ପ୍ରକୃତିର ଅବ୍ୟକ୍ତ ଓ ବ୍ୟକ୍ତ ରୂପ ଅଟନ୍ତି। ମହାବିଦ୍ୟା ସ୍ୱରୂପିଣୀ କାଳୀ, ତାରା, ଛିନ୍ନମସ୍ତା, ବଗଳା ଓ ଧୂମାବତୀ ଆଦି ଦେବୀମାନେ ଉଗ୍ରରୂପା ହୋଇଥିବା ବେଳେ ଭୁବନେଶ୍ୱରୀ ଷୋଡ଼ଶୀ (ଲଳିତା), ତ୍ରିପୁର ଭୈରବୀ, ମାତଙ୍ଗୀ ଓ କମଳା- ଏମାନେ ସୌମ୍ୟ ରୂପା ଅଟନ୍ତି।

ଗ୍ରହମାନଙ୍କ କୁଦୃଷ୍ଟିରୁ ସୁରକ୍ଷା ପାଇଁ ଦଶମହାବିଦ୍ୟାଙ୍କ ଉପାସନା

ଜ୍ୟୋତିଷୀୟ ସିଦ୍ଧାନ୍ତ ଅନୁଯାୟୀ ଗ୍ରହମାନଙ୍କ କୁପ୍ରଭାବରୁ ମୁକ୍ତି ନିମନ୍ତେ ଦଶମହାବିଦ୍ୟାଙ୍କ ଉପାସନା ଅବ୍ୟର୍ଥ ଫଳ ପ୍ରଦାନ କରିଥାଏ। ଦେବୀ ମାତଙ୍ଗୀଙ୍କୁ ରବି ଗ୍ରହଶାନ୍ତି ନିମନ୍ତେ ଆରାଧନା କରାଯାଉଥିବା ବେଳେ ଚନ୍ଦ୍ରଙ୍କ ଶାନ୍ତି ପାଇଁ ମା' ଭୁବନେଶ୍ୱରୀ, ମଙ୍ଗଳଙ୍କ ନିମନ୍ତେ ବଗଳା ଏବଂ ବୁଧଙ୍କ ସକାଶେ ତ୍ରିପୁରାସୁନ୍ଦରୀ (ଷୋଡ଼ଶୀ) ଆରାଧିତ ହୁଅନ୍ତି। ବୃହସ୍ପତି, ଶୁକ୍ର, ଶନି, ରାହୁ ତଥା କେତୁଙ୍କ କୁପ୍ରଭାବ ଶାନ୍ତି ନିମନ୍ତେ ଯଥାକ୍ରମେ ଦେବୀତାରା, କମଳା, ଦକ୍ଷିଣକାଳୀ, ଛିନ୍ନମସ୍ତା ଓ ଧୂମାବତୀଙ୍କ ଆରାଧନା ସଦ୍ୟଫଳ ପ୍ରଦାନ କରିଥାଏ ବୋଲି ଜ୍ୟୋତିଷାଚାର୍ଯ୍ୟମାନେ ମତ ପ୍ରଦାନ କରନ୍ତି। ଅନ୍ୟ ଏକମତ ଅନୁଯାୟୀ:

"କାଳୀତାରା ଚ ମାତଙ୍ଗୀ ଧୂମା ଚ ଛିନ୍ନମସ୍ତିକା,
ଶ୍ରୀ ବଗଳା ଭୁବନେଶୀ ଭୈରବୀ କମଳା ତଥା।
କାଳୀ କୁଳେ ଯଥା ପଞ୍ଚ ଶ୍ରୀକୁଳେ ତଥୈବ ଚ
ସିଦ୍ଧବିଦ୍ୟାଃ ଦଶୋପାସ୍ୟା ମହାବିଦ୍ୟା ପ୍ରକୀର୍ତ୍ତିତା ॥"

ଅର୍ଥାତ୍ ଦଶମହାବିଦ୍ୟାମାନଙ୍କୁ ଦୁଇ ଭାଗରେ ବିଭକ୍ତ କରାଯାଇଛି। କୃଷ୍ଣବର୍ଣ୍ଣା ଓ ଗୌରବର୍ଣ୍ଣା। କୃଷ୍ଣବର୍ଣ୍ଣା ଦେବୀମାନେ ଉଗ୍ର, ଖଡ୍‌ଗ, ଖର୍ପର ଧାରିଣୀ ଓ ମହାକାଳୀଙ୍କ ଗୁଣ ସମ୍ପନ୍ନା- ମହାକାଳୀ, ତାରା ମାତଙ୍ଗୀ, ଧୂମାବତୀ ଓ ଛିନ୍ନମସ୍ତା। କିନ୍ତୁ ଗୌରବର୍ଣ୍ଣା ଦେବୀମାନେ ଅତ୍ୟନ୍ତ ମନୋହର ରୂପ, ଦିବ୍ୟ, ସର୍ବ ମଙ୍ଗଳକାରିଣୀ, ବରଦ ହସ୍ତା ଓ ଲକ୍ଷ୍ମୀଙ୍କ ଗୁଣ ସମ୍ପନ୍ନା- ଷୋଡ଼ଶୀ, ଭୁବନେଶ୍ୱରୀ,

ବଗଳା, ଭୈରବୀ ଓ କମଳା। ପୁଣି କେତେକଙ୍କ ମତରେ ମହାବିଦ୍ୟା କାଳୀଙ୍କୁ ନିର୍ଗୁଣା କୈବଲ୍ୟ ପ୍ରଦାୟିନୀ, ଶୁଦ୍ଧ–ସତ୍ୱସ୍ୱରୂପା; ପୁଣି ସତ୍ୱଗୁଣାତ୍ମିକା–ରଜୋଗୁଣ ପ୍ରଧାନ ଦେବୀମାନଙ୍କ ମଧ୍ୟରେ ଷୋଡ଼ଶୀ, ଭୁବନେଶ୍ୱରୀ ଓ ଛିନ୍ନମସ୍ତା ଏବଂ ତମୋଗୁଣ ପ୍ରଧାନା ଦେବୀମାନଙ୍କ ମଧ୍ୟରେ ଧୂମାବତୀ, ବଗଳା, ମାତଙ୍ଗୀ ଓ କମଳା। ଆଉ କେତେକ ପ୍ରବୃତି ଅନୁଯାୟୀ ଦଶମହାବିଦ୍ୟାଙ୍କୁ ତିନି ସମୂହରେ ବିଭକ୍ତ କରନ୍ତି: ୧) ସୌମ୍ୟକୋଟି: ତ୍ରିପୁର ସୁନ୍ଦରୀ, ଭୁବନେଶ୍ୱରୀ, ମାତଙ୍ଗୀ ଓ କମଳା। ୨) ଉଗ୍ରକୋଟି: କାଳୀ, ଛିନ୍ନମସ୍ତା, ଧୂମାବତୀ, ବଗଳାମୁଖୀ। ୩) ସୌମ୍ୟ-ଉଗ୍ରକୋଟି: ତାରା ଓ ତ୍ରିପୁର ଭୈରବୀ। ଏହି ମହାବିଦ୍ୟାମାନଙ୍କର ନାମ ଗୁଡ଼ିକର ଉଲ୍ଲେଖ କ୍ରମକୁ ନେଇ ମଧ୍ୟ ମତ ଭିନ୍ନତା ଦୃଷ୍ଟିଗୋଚର ହୁଏ। କେହି କେହି କାଳୀ, ତାରା, ଛିନ୍ନମସ୍ତା, ଷୋଡ଼ଶୀ, ଭୁବନେଶ୍ୱରୀ, ତ୍ରିପୁର ଭୈରବୀ, ଧୂମାବତୀ, ବଗଳାମୁଖୀ, ମାତଙ୍ଗୀ ଏବଂ କମଳା- ଏପରି କ୍ରମରେ ନାମାଙ୍କିତ କରୁଥିବା ବେଳେ ଅନ୍ୟ କେତେକ- କାଳୀ, ତାରା, ତ୍ରିପୁର ସୁନ୍ଦରୀ, ଭୁବନେଶ୍ୱରୀ, ଛିନ୍ନମସ୍ତା, ତ୍ରିପୁର ଭୈରବୀ, ଧୂମାବତୀ, ବଗଳାମୁଖୀ, ମାତଙ୍ଗୀ ଏବଂ କମଳା ଆଦି କ୍ରମରେ ଉଲ୍ଲେଖ କରନ୍ତି।

କିନ୍ତୁ ପ୍ରକୃତ ପକ୍ଷରେ ଦଶମହାବିଦ୍ୟା ମାନଙ୍କର ସ୍ୱରୂପ ଅଚିନ୍ତ୍ୟ ଅଟେ। ବିଭିନ୍ନ ସ୍ମୃତି, ତନ୍ତ୍ରଶାସ୍ତ୍ର ଓ ଅନ୍ୟାନ୍ୟ ଶାଖାର ଉପାସକମାନେ ନିଜ ନିଜର ଉପାସନାର ପ୍ରାଥମିକତା ଦୃଷ୍ଟିରୁ ଭିନ୍ନ ଭିନ୍ନ ଗୁଣ, ପ୍ରବୃତି, ସ୍ୱରୂପକୁ ଭିତ୍ତି କରି ସେହି ମହାବିଦ୍ୟାମାନଙ୍କୁ ଭିନ୍ନ ଭିନ୍ନ ଭାଗରେ ବିଭକ୍ତ କରିଛନ୍ତି। ସେ ଯାହା ହେଲେ ମଧ୍ୟ କାଳୀତତ୍ତ୍ୱରୁ ହିଁ ଶ୍ରୀବିଦ୍ୟା ପ୍ରାରମ୍ଭ ହୋଇ ପ୍ରାଥମିକ ଶକ୍ତି ରୂପେ ଆଦୃତି ଲାଭ କରି ଉପାସିତା ହୋଇଛନ୍ତି। ନିର୍ଗୁଣ ବ୍ରହ୍ମ ପର୍ଯ୍ୟାୟରେ ତାନ୍ତ୍ରିକ ଗ୍ରନ୍ଥ ମାନଙ୍କରେ ଏହି ମହାଶକ୍ତିଙ୍କୁ ବିଶେଷ ପ୍ରାଧାନ୍ୟତା ଦିଆଯାଇଛି। ତାଙ୍କର ଦୁଇ ରୂପର ବିସ୍ତାର ହିଁ ଦଶମହାବିଦ୍ୟା ଅଟେ। ସେ ମହାନିର୍ଗୁଣର ଅଧିଷ୍ଠାତ୍ରୀ ଭାବରେ ତାଙ୍କର (କାଳୀ) ଉପମା ଅନ୍ଧକାର (ସଂହାରକ୍ରମ) ଏବଂ ମହାସଗୁଣ ଭାବରେ ସେ 'ସୁନ୍ଦରୀ' ରୂପେ (ସୃଷ୍ଟିକ୍ରମ ସ୍ୱରୂପରେ) ଅଧିଷ୍ଠିତା ହୁଅନ୍ତି। **"ନିର୍ଗୁଣା ସଗୁଣା ପି ଚ"**–ଏବଂ **"ସାକାରା ପି ନିରାକାରା"**- ସଗୁଣା ନିର୍ଗୁଣା ସାକାରା ନିରାକାରା ସେ ଉଭୟ- 'ସେ ଅନନ୍ତ, ତାଙ୍କର ଗୁଣ ଅନନ୍ତ, ମାହାତ୍ମ୍ୟ ଅନନ୍ତ, ରୂପ ମଧ୍ୟ ତାଙ୍କର ଅନନ୍ତ।' **"ସଗୁନହି ଅଗୁନହି ନହିଁ କଛୁ**

ଭେଦା ।"(ରା.ଚ.ମା) ରୌଦ୍ରରୂପା ମହାବିଦ୍ୟାମାନେ କଠୋର ବୋଧ ହେଉଥିଲେ ମଧ୍ୟ ଅପ୍ରକଟ ରୂପରେ ସେମାନେ ଅତ୍ୟନ୍ତ କରୁଣାସିକ୍ତ ଅଟନ୍ତି। ଏମାନଙ୍କ ସାଧନାରେ ସିଦ୍ଧିପ୍ରାପ୍ତ ସାଧକମାନେ ଅନନ୍ତ ଐଶ୍ୱର୍ଯ୍ୟ ଓ ଫଳାଫଳରେ ବିଭୂଷିତ ହୋଇ ନିଜକୁ ତଥା ଜଗତକୁ ଧନ୍ୟ କରାଇଥାନ୍ତି। ଏହି 'ଦଶମହାବିଦ୍ୟା'ମାନେ ପାର୍ବତୀ, ସତୀ, ଶିବା, ଦୁର୍ଗା, ବିଷ୍ଣୁପ୍ରିୟା, ଚାମୁଣ୍ଡା ଅଥବା ନବଦୁର୍ଗା, ଶକ୍ତି ଆଦି ବିବିଧ ନାମ ରୂପରେ ଅବତରିତ ହୋଇ ଅନନ୍ତ ଲୀଳା ରଚନା କରିଥାନ୍ତି ଅଥବା ଲୀଳା ଅନୁରୂପ ନାମରେ ନାମିତ ଓ ଉପାସିତ ହୁଅନ୍ତି।

ମହାଭାଗବତ ପୁରାଣ (ଶ୍ରୀଦେବୀ ପୁରାଣ)ର ଉଲ୍ଲେଖ ଅନୁଯାୟୀ ଦଶମହାବିଦ୍ୟାଙ୍କର ଆବିର୍ଭାବ ଲୀଳା ସମ୍ବନ୍ଧରେ ଏକ ସୁନ୍ଦର କାହାଣୀ ରହିଛି। ଏକଦା ଦକ୍ଷ ପ୍ରଜାପତି ଏକ ବିଶାଳ ଯଜ୍ଞର ଆୟୋଜନ କଲେ। ଏଥିରେ ସମସ୍ତ ଦେବତା ଏବଂ ଋଷିଗଣଙ୍କୁ ନିମନ୍ତ୍ରଣ କଲେ। କିନ୍ତୁ ଭଗବାନ ଶିବଙ୍କ ପ୍ରତି ଦ୍ୱେଷ ଓ ଘୃଣା କାରଣରୁ ତାଙ୍କୁ ବା ନିଜ କନ୍ୟା ସତୀ (ଶିବପତ୍ନୀ)ଙ୍କୁ ନିମନ୍ତ୍ରଣ କଲେ ନାହିଁ। ସତୀ ଯେତେବେଳେ ଜାଣିଲେ ଯେ, ତାଙ୍କ ବ୍ୟତୀତ ତାଙ୍କର ଅନ୍ୟ ସମସ୍ତ ଭଉଣୀମାନେ ଏଥିରେ ପିତାଙ୍କ ଦ୍ୱାରା ଆମନ୍ତ୍ରିତ ହୋଇଛନ୍ତି ସେତେବେଳେ ସେ କ୍ରୋଧିତ ହେଲେ ଓ ଅପମାନିତ ବୋଧ କଲେ ଏବଂ ଯଜ୍ଞକୁ ବିନା ନିମନ୍ତ୍ରଣରେ ହେଲେବି ଯିବା ନିମନ୍ତେ ଶପଥ କଲେ। କିନ୍ତୁ ଏପରି ଅନାହୂତ ଭାବରେ ଯଜ୍ଞକୁ ଯିବା ଅନୁଚିତ କହି ଶିବ ଏଥିପାଇଁ ଅନୁମତି ଦେଲେ ନାହିଁ। ସତୀ ନିଜ ପିତାଙ୍କ ଠାରୁ ଅପମାନ ଏବଂ ପତିଙ୍କ ଅସହଯୋଗ ପାଇ କାଳାଗ୍ନି ସମାନ ଭୟଙ୍କର ରୂପ ଧାରଣ କଲେ। ତାଙ୍କର ନେତ୍ର ରକ୍ତିମ, ରୂପ କୃଷ୍ଣ ଏବଂ ଶରୀର ମହାଭୟାନକ ମୂର୍ତ୍ତି ଧାରଣ କଲା। ଦେବୀଙ୍କର ଶ୍ରୀ ବିଗ୍ରହ ସେତେବେଳେ ସହସ୍ର କୋଟି ସୂର୍ଯ୍ୟ ସମାନ ତେଜ ସମ୍ପନ୍ନ, ଲୋଳ ଜିହ୍ୱ, ଭୟଙ୍କର ଦନ୍ତ ପଂକ୍ତି ସହ ଅଟ୍ଟହାସ ଯୁକ୍ତ ମୁଣ୍ଡମାଳା ପରିହିତ ହୋଇ ବିକରାଳ ରୂପ ଧାରଣ କରିଥିଲା। ଏହିପରି ଅତ୍ୟନ୍ତ ଭୟାବହ ଏବଂ ପ୍ରଚଣ୍ଡ ଦେବୀ ମୂର୍ତ୍ତିଙ୍କୁ ସମ୍ମୁଖରେ ଦର୍ଶନ କରି ଭଗବାନ ଶିବ ମଧ୍ୟ ଭୟତ୍ରସ୍ତ ହୋଇପଡ଼ିଲେ ଏବଂ ସେଠାରୁ ପଳାଇ ଯିବାକୁ ଲାଗିଲେ। ଶିବଙ୍କୁ ଏଥିରୁ କ୍ଷାନ୍ତ କରିବା ପାଇଁ ଦେବୀ ସ୍ୱଶରୀର ମଧ୍ୟରୁ ପୂର୍ବ ବର୍ଣ୍ଣିତ ଦଶମହାବିଦ୍ୟାଙ୍କୁ ପ୍ରକଟ କରାଇଲେ। ଶିବ ଯେଉଁଦିଗରେ ଯାଉଥିଲେ ତାଙ୍କ ସମ୍ମୁଖରେ ଜଣେ

ଦେବୀ ଦଣ୍ଡାୟମାନ ହୋଇ ଯାଉଥିଲେ । ଏହିପରି ଦଶଦିଗ ଦଶ ମହାବିଦ୍ୟାଙ୍କ ଦ୍ୱାରା ପଥାବରୋଧ କରାଯାଇ ତାଙ୍କୁ ବାଧା ପ୍ରଦାନ କରି ପଳାଇ ଯିବାରୁ କ୍ଷାନ୍ତ କରାଯାଇଥିଲା । ଶିବ ଯେତେବେଳେ ସତୀଙ୍କ ଠାରୁ ଏହି ଦଶମହାବିଦ୍ୟାଙ୍କ ବିଷୟରେ ଜାଣିବାକୁ ଚାହିଁଲେ ସେତେବେଳେ ସତୀ ତାଙ୍କ (ଶିବ) ସମ୍ମୁଖରେ ସେମାନଙ୍କର ତାତ୍ତ୍ୱିକ ପରିଚୟ ନିମ୍ନମତେ ପ୍ରଦାନ କରି କହିଲେ:

"ଯେୟଂ ତେ ପୁରତଃ କୃଷ୍ଣା ସା କାଳୀ ଭୀମଲୋଚନା ।
ଶ୍ୟାମବର୍ଣ୍ଣା ଚ ଯାଦେବୀ ସ୍ୱୟମୂର୍ଦ୍ଧ୍ୱଂ ବ୍ୟବସ୍ଥିତା ॥
ସେୟଂ ତାରା ମହାବିଦ୍ୟା ମହାକାଳ ସ୍ୱରୂପିଣୀ ।
ସବ୍ୟେତରେୟଂ ଯାଦେବୀ ବିଶୀର୍ଷାତିଭୟପ୍ରଦା ॥
ଇୟଂ ଦେବୀ ଛିନ୍ନମସ୍ତା ମହାବିଦ୍ୟା ମହାମତେ ।
ବାମେ ତବେୟଂ ଯାଦେବୀ ସା ଶମ୍ଭୋ ଭୁବନେଶ୍ୱରୀ ॥
ପୃଷ୍ଠତସ୍ତବ ଯାଦେବୀ ବଗଳା ଶତ୍ରୁସୂଦିନୀ ।
ବହ୍ନିକୋଣେ ତବେୟଂ ଯା ବିଧବା ରୂପ ଧାରିଣୀ ॥
ସେୟଂ ଧୂମାବତୀ ଦେବୀ ମହାବିଦ୍ୟା ମହେଶ୍ୱରୀ ।
ନୈର୍ଋତ୍ୟାଂ ତବ ଯାଦେବୀ ସେୟଂ ତ୍ରିପୁର ସୁନ୍ଦରୀ ॥
ବାୟୌ ୟତ୍ତେ ମହାବିଦ୍ୟା ସେୟଂ ମତଙ୍ଗକନ୍ୟକା ।
ଐଶାନ୍ୟାଂ ଷୋଡ଼ଶୀ ଦେବୀ ମହାବିଦ୍ୟା ମହେଶ୍ୱରୀ ॥
ଅହଂତୁ ଭୈରବୀ ଭୀମା ଶମ୍ଭୋ ମା ତ୍ୱଂ ଭୟଂ କୁରୁ ।
ଏତାଃ ସର୍ବାଃ ପ୍ରକୃଷ୍ଟାସ୍ତୁ ମୂର୍ତୟୋ ବହୁମୂର୍ତିଷୁ ॥"

(ଦେବୀ ପୁରାଣ ୮/୬୪-୭୧)

ହେ ଶମ୍ଭୋ ! ଆପଣଙ୍କ ସମ୍ମୁଖରେ ବିଦ୍ୟମାନ ଏହି କୃଷ୍ଣବର୍ଣ୍ଣା ଏବଂ ଭୟଙ୍କର ନେତ୍ରଯୁକ୍ତ ଦେବୀ 'କାଳୀ' ଅଟନ୍ତି । ଊର୍ଦ୍ଧ୍ୱ ଭାଗରେ ସ୍ଥିତ ଶ୍ୟାମବର୍ଣ୍ଣା ମହାକାଳ ସ୍ୱରୂପିଣୀ ଦେବୀ ହେଉଛନ୍ତି ମହାବିଦ୍ୟା 'ତାରା' । ଦକ୍ଷିଣ ଦିଗ ଆଡ଼କୁ ଥିବା ମସ୍ତକ ବିହୀନ ଭୟପ୍ରଦା ଦେବୀ ହେଉଛନ୍ତି ମହାବିଦ୍ୟା 'ଛିନ୍ନମସ୍ତା' । ଠିକ୍ ଆପଣଙ୍କ ବାମ ପାଖରେ ଥିବା ଦେବୀ ହେଲେ ମହାବିଦ୍ୟା 'ଭୁବନେଶ୍ୱରୀ' । ଆପଣଙ୍କ ପୃଷ୍ଠ ଭାଗରେ ଯେଉଁ ଦେବୀ ଅଛନ୍ତି ସେ ଶତ୍ରୁ ସଂହାରିଣୀ ମହାବିଦ୍ୟା 'ବଗଳା' ଅଟନ୍ତି । ଆପଣଙ୍କ ଅଗ୍ନିକୋଣରେ ସ୍ଥିତ ବିଧବା ରୂପ ଧାରିଣୀ ଦେବୀ

ହେଉଛନ୍ତି ମହାବିଦ୍ୟା 'ଧୂମାବତୀ'। ଆପଣଙ୍କ ନୈଋତ କୋଣରେ ସ୍ଥିତ ଦେବୀଙ୍କ ନାମ 'ତ୍ରିପୁରା ସୁନ୍ଦରୀ' ଅଟେ। ଆପଣଙ୍କ ବାୟବ୍ୟ କୋଣରେ ଦୃଶ୍ୟମାନ ଦେବୀ ହେଉଛନ୍ତି ମତଙ୍ଗକନ୍ୟା 'ମାତଙ୍ଗୀ'। ଆପଣଙ୍କ ଐଶାନ୍ୟ କୋଣରେ ଆବିର୍ଭୂତ ଦେବୀ ମହାବିଦ୍ୟା 'ଷୋଡ଼ଶୀ' ଅଟନ୍ତି। ଏବଂ ମୁଁ ସ୍ୱୟଂ ଭୟଙ୍କର ରୂପ ଗ୍ରହଣ କରିଥିବା 'ଭୈରବୀ' ଅଟେ। ହେ ଶମ୍ଭୋ ! ଆପଣ ଆଦୌ ଭୟ କରିବା ଉଚିତ ନୁହେଁ। ଏ ସମସ୍ତେ ମହାମାୟା ଭଗବତୀଙ୍କର ଅନ୍ୟ ସମସ୍ତ ରୂପମାନଙ୍କ ଅପେକ୍ଷା ଶ୍ରେଷ୍ଠ ଅଟନ୍ତି ଏବଂ ଏମାନଙ୍କୁ ନିତ୍ୟ ଭକ୍ତି ପୂର୍ବକ ଉପାସନା କରୁଥିବା ସାଧକ ବୃନ୍ଦ ସମସ୍ତ ବାଞ୍ଛିତ ଫଳ ସହ ଧର୍ମ ଅର୍ଥ କାମ ମୋକ୍ଷ ଆଦି ଚତୁର୍ବର୍ଗ ପୁରୁଷାର୍ଥ ଅବଶ୍ୟ ଲାଭ କରନ୍ତି। ଦଶମହାବିଦ୍ୟାଙ୍କ ପରିଚୟ ପ୍ରଦାନ ପରେ ଦେବୀ ବିକରାଳ ମୂର୍ତ୍ତି ଧାରଣ କରିଥିବା ଅବସ୍ଥାରେ ନିଜ ପରିଚୟ ମଧ୍ୟ ଶିବଙ୍କୁ ପ୍ରଦାନ କରି କହିଥିଲେ:

"ଅହଂ ତୁ ପ୍ରକୃତି ସୂକ୍ଷ୍ମା ସୃଷ୍ଟି ସଂହାର କାରିଣୀ
ଉଭବଂ ତ୍ୱଦ୍ ବନିତାୟୈ ତ୍ୱଦର୍ଥେ ଗୌର ଦେହିକା।
ଦଶଦିକ୍ଷୁ ମହାଭୀମା ଯା ଏତା ଦଶ ମୂର୍ତ୍ତୟଃ
ସର୍ବା ମମୈବ ମା ଶମ୍ଭୋ ଭୟଂ କୁରୁ ମହାମତେ ॥"

ଏହାପରେ ସତୀ ପିତ୍ରାଳୟକୁ ଗମନ କରିଥଲେ। ସେଠାରେ ନିଜ ପିତା ଦକ୍ଷଙ୍କ ଭର୍ତ୍ସନା ସହ୍ୟ କରି ନପାରି ସତୀ ଯଜ୍ଞ କୁଣ୍ଡରେ ପ୍ରାଣ ବିସର୍ଜନ କରିଥିଲେ। ଏଥୁ ଅନ୍ତରେ ଦଶ ଦିଗରୁ ମହାପ୍ରଳୟ ସୃଷ୍ଟି ହୋଇ ଦକ୍ଷ ଯଜ୍ଞ ଧ୍ୱଂସ ପ୍ରାପ୍ତ ହୋଇଥିଲା।

ମହାଭାଗବତର ଉପରୋକ୍ତ ଉପାଖ୍ୟାନରୁ ଏହା ସୁସ୍ପଷ୍ଟ ଯେ ମହାକାଳୀ ହିଁ ମୂଳରୂପା ମୁଖ୍ୟ ଅଟନ୍ତି। ତାଙ୍କର ଉଗ୍ର ଓ ସୌମ୍ୟ ରୂପକୁ ଆଧାର କରି ଏହି ଦଶମହାବିଦ୍ୟା ଆବିର୍ଭୂତ ଏବଂ ପ୍ରତ୍ୟେକଙ୍କର ରୂପ ସ୍ୱତନ୍ତ୍ର ହେଲେ ମଧ୍ୟ ସମସ୍ତେ ଜଗନ୍ମାତା ଭଗବତୀଙ୍କ ଠାରୁ ଅଭିନ୍ନ ଅଟନ୍ତି।

ସେହିପରି ଶ୍ରୀ ଶିବ ମହାପୁରାଣର ଉମା ସଂହିତା ସ୍ଥିତ ୫୦ ତମ ଅଧ୍ୟାୟ ଅନ୍ତର୍ଗତ ଅନ୍ୟ ଏକ ଉପାଖ୍ୟାନ ଅନୁଯାୟୀ ଦଶମହାବିଦ୍ୟାଙ୍କ ଉତ୍ପତ୍ତି ସମ୍ପର୍କରେ ଏକ ରୋଚକ ତଥ୍ୟ ନିମ୍ନରେ ପ୍ରଦତ୍ତ ହେଲା। ଏକଦା ରୁରୁଙ୍କର ମହାବଳଶାଳୀ ପୁତ୍ର ଦୁର୍ଗମ ନାମକ ରାକ୍ଷସ ପ୍ରଚଣ୍ଡ ତପସ୍ୟା କରି ବ୍ରହ୍ମାଙ୍କ ଠାରୁ

ବରଦାନ ଦ୍ୱାରା ଚାରିବେଦ ପ୍ରାପ୍ତ କଲା ଏବଂ ସ୍ୱର୍ଗ ମର୍ତ୍ତ୍ୟରେ ଭୟଙ୍କର ଉପଦ୍ରବ ସୃଷ୍ଟି କଲା। ଏଥିରେ ଦେବତାମାନେ ମଧ୍ୟ ଭୟଭୀତ ହୋଇ ଉଠିଲେ। ବେଦ ନଷ୍ଟ ହୋଇଯିବାରୁ ସମସ୍ତ କ୍ରିୟା କର୍ମ ମଧ୍ୟ ନଷ୍ଟ ହୋଇଗଲା ଏବଂ ଚତୁର୍ଦ୍ଦିଗରେ ଅନାଚାର ଓ ଦୁରାଚାର ବ୍ୟାପିଗଲା। ଯଜ୍ଞ, ଦାନ, ଧର୍ମ ନଷ୍ଟ ହେବାରୁ ଶତାଧିକ ବର୍ଷ ଧରି ଅନାବୃଷ୍ଟି ବିରାଜମାନ କଲା। କ୍ଷୁଧା ତୃଷାରେ ପୀଡ଼ିତ ହୋଇ ତିନି ଲୋକରେ ହାହାକାର ପଡ଼ିଗଲା। ନଦୀ ସମୁଦ୍ର ଜଳ ବିହୀନ ଏବଂ ବୃକ୍ଷଲତା ଶୁଷ୍କ ହୋଇଗଲା। ଏପ୍ରକାର ଅତି ଭୟଙ୍କର ସ୍ଥିତି ଦେଖି ଦେବତାମାନେ ମିଳିତ ଭାବରେ ମହାମାୟା ମାହେଶ୍ୱରୀଙ୍କୁ ସ୍ତୁତି କରିବାକୁ ଲାଗିଲେ। ଜଗତକୁ ବିପଦରୁ ସୁରକ୍ଷା ଦେବା ଏବଂ ପ୍ରଜାମାନଙ୍କୁ ଉଦ୍ଧାର କରିବା ନିମିତ୍ତ ସେମାନେ ମହାମାୟାଙ୍କୁ କାତର ପ୍ରାର୍ଥନା କଲେ। ଜଗତର ଦୁଃଖ ଏବଂ ଦେବତାମାନଙ୍କ ପ୍ରାର୍ଥନା ଶୁଣି ସେଇ ଦୟାର୍ଦ୍ର ହୃଦୟା ଦେବୀ ଅନନ୍ତ ନେତ୍ର ଧାରଣ କରି ସେମାନଙ୍କ ସମ୍ମୁଖରେ ଆବିର୍ଭାବ ହେଲେ। ପ୍ରଜାକୁଳର ଦୁଃଖରେ ମ୍ରିୟମାଣ ହୋଇ ଦେବୀ ନିଜର ଅନନ୍ତ ନେତ୍ରରେ ନଅଦିନ ଓ ନଅରାତ୍ରି ଧରି ଅଶ୍ରୁମୋଚନ କରିବାକୁ ଲାଗିଲେ। ତାଙ୍କର ନେତ୍ରରୁ ହଜାର ଜଳଧାରା ସୃଷ୍ଟି ହୋଇ ଶୁଷ୍କ ହୋଇ ପଡ଼ିଥିବା ନଦୀ ସମୁଦ୍ର ଆଦିକୁ ଜଳପୂର୍ଣ୍ଣ କରିଦେଲା ଏବଂ ସମଗ୍ର ପୃଥିବୀ ଶସ୍ୟଶ୍ୟାମଳା ହୋଇଗଲା। ପୁନଃ ସର୍ବତ୍ର ଶାନ୍ତି ପ୍ରତ୍ୟାବର୍ତ୍ତନ କଲା। ଦେବୀ ନିଜର ମାୟା ବଳରେ ଫଳମୂଳ ଓ ଶସ୍ୟାଦି ସୃଷ୍ଟି କରି ସମସ୍ତ ଜୀବଜନ୍ତୁମାନଙ୍କର କ୍ଷୁଧାକୁ ପରିତୃପ୍ତ କରି ଦେଲେ।

ଏହାପରେ ଦେବତାମାନଙ୍କୁ ଆକ୍ରମଣ କରିବା ନିମିତ୍ତ ସେଇ ଦୁର୍ଗମ ନାମକ ଦୈତ୍ୟ ସ୍ୱର୍ଗର ଅମରାବତୀକୁ ନିଜର ଅସଂଖ୍ୟ ରାକ୍ଷସ ସେନା ଦ୍ୱାରା ଅବରୁଦ୍ଧ କଲା। ଏହା ଦେଖି ଦେବୀ ମହାମାୟା ଦେବତାମାନଙ୍କ ସୁରକ୍ଷା ସକାଶେ ନିଜ ଦ୍ୱାରା ସୃଷ୍ଟ ଏକ ତେଜ ମଣ୍ଡଳ ନିର୍ମାଣ କରି ନିଜେ ଦୁର୍ଗମ ସହ ଯୁଦ୍ଧ କଲେ। ଏହି ସମୟରେ ତାଙ୍କ ଶରୀର ମଧ୍ୟରୁ କାଳୀ, ତାରା, ଛିନ୍ନମସ୍ତା, ଶ୍ରୀବିଦ୍ୟା, ଭୁବନେଶ୍ୱରୀ, ଭୈରବୀ, ବଗଳା, ଧୂମ୍ରା, ତ୍ରିପୁର ସୁନ୍ଦରୀ ତଥା ମାତଙ୍ଗୀ ଆଦି ଅତ୍ୟନ୍ତ ମନୋହର ରୂପ ବିଶିଷ୍ଟ ଦେବୀମାନେ ଶସ୍ତ୍ରାଦି ଧାରଣ କରି ପ୍ରକଟ ହେଲେ। ଏମାନଙ୍କୁ ଦଶମହାବିଦ୍ୟା ବୋଲି କୁହାଯାଏ। ଏମାନଙ୍କ ବ୍ୟତୀତ ଅସଂଖ୍ୟ ମାତୃକାଗଣ ମଧ୍ୟ ଦେବୀଙ୍କ ଶରୀର ମଧ୍ୟରୁ ଆବିର୍ଭୂତ ହୋଇ ସେହି ଦୁର୍ଗମ ରାକ୍ଷସ ସହ ସଂଗ୍ରାମ କରିଥିଲେ ଏବଂ ତାର ସୈନ୍ୟ ସାମନ୍ତ ସହ ତାହାକୁ ସମୂଳେ ଧ୍ୱଂସ

କଲେ। ଦୈତ୍ୟ ଦୁର୍ଗମକୁ ନିହତ କଲା ପରେ ସେ ଚୋରାଇ ନେଇଥିବା ବେଦମାନଙ୍କୁ ଉଦ୍ଧାର କରି ଦେବୀ ପୁଣି ତାହା ଦେବତାମାନଙ୍କୁ ଫେରାଇ ଦେଲେ। ସ୍ୱର୍ଗ ମର୍ତ୍ତ୍ୟ ସର୍ବତ୍ର ପୁଣି ଶାନ୍ତି ବିରାଜମାନ କଲା। ପରବର୍ତ୍ତୀ କାଳରେ ଦେବୀ ମହାମାୟା ଭ୍ରମର ରୂପ ଧାରଣ କରି ଅରୁଣ ନାମକ ଦୈତ୍ୟକୁ ବଧ କରି 'ଭ୍ରାମରୀ', ଭୀମ (ଭୟଙ୍କର) ରୂପ ଧାରଣ କରି ଅସୁରମାନଙ୍କୁ ଭକ୍ଷଣ କରିବା ଫଳରେ 'ଭୀମାଦେବୀ' ଏବଂ ଶତାକ୍ଷୀ ଓ ଶାକମ୍ଭରୀ ନାମରେ ପ୍ରସିଦ୍ଧ ହେବେ ବୋଲି ଭବିଷ୍ୟ ବାଣୀ ଦେବତାମାନଙ୍କୁ ଶୁଣାଇଥିଲେ। ଯେତେବେଳେ ବି ପୃଥିବୀ ରାକ୍ଷସମାନଙ୍କ ଦ୍ୱାରା ଅତ୍ୟାଚାରିତ ହେବ ସେତେବେଳେ ଦେବୀ ଦୁଷ୍ଟମାନଙ୍କର ଦଳନ ପାଇଁ ଧରଣୀ ପୃଷ୍ଠରେ ଅବତାର ଗ୍ରହଣ କରିବେ ବୋଲି ଭକ୍ତଜନ, ମୁନିଋଷି ଏବଂ ଦେବତାମାନଙ୍କୁ ଆଶ୍ୱାସନା ବାଣୀ ଶୁଣାଇ ଅଦୃଶ୍ୟ ହୋଇ ଯାଇଥିଲେ।

ମହୀଶୂର ଦଶହରା ପର୍ବ (ପୃ.୧୨୨)

ଦଶମହାବିଦ୍ୟାଙ୍କର ବିବିଧ ଲୀଳା ପ୍ରସଙ୍ଗ

'ବିଦ୍ୟା' ଶବ୍ଦରୁ 'ମହାବିଦ୍ୟା' ଶବ୍ଦର ସୃଷ୍ଟି। **'ଆଧ୍ୟାତ୍ମବିଦ୍ୟା ବିଦ୍ୟାନାମ୍।'** (ଗୀତା ୧୦/୩୨) ଏଥିରେ ଭଗବାନ କହିଛନ୍ତି- ମୁଁ ବିଦ୍ୟାମାନଙ୍କ ମଧ୍ୟରେ ଅଧ୍ୟାତ୍ମ ବିଦ୍ୟା ଅଟେ। **'ଅଥ ପରା ଯୟା ତଦକ୍ଷରମଧିଗମ୍ୟତେ।'** (ମୁଣ୍ଡକ ଉ.୧/୫) ଅର୍ଥାତ୍ ଯାହା ଦ୍ୱାରା ପରଂବ୍ରହ୍ମ ଅବିନାଶୀ ପରମାତ୍ମାଙ୍କର ତତ୍ତ୍ୱଜ୍ଞାନ ପ୍ରାପ୍ତି ହୁଏ ତାହା ପରାବିଦ୍ୟା ଅଟେ। ଏ ସମ୍ବନ୍ଧରେ ଅନ୍ୟ ଏକ ଶ୍ଳୋକରେ କୁହାଯାଇଛି- **'ତତ୍କର୍ମ ଯନ୍ନ ବନ୍ଧାୟ ସା ବିଦ୍ୟା ଯା ବିମୁକ୍ତୟେ।'** ଅର୍ଥାତ୍ ତାହା ହେଉଛି ପ୍ରକୃତ କର୍ମ ଯାହା ବନ୍ଧନରେ ପକାଏ ନାହିଁ ଏବଂ ତାହା ହେଉଛି ପ୍ରକୃତ ବିଦ୍ୟା ଯାହା ବନ୍ଧନରୁ ମୁକ୍ତି ପ୍ରଦାନ କରେ। ଅତଏବ 'ବିଦ୍ୟା' ମୁକ୍ତିର ମାର୍ଗ ପ୍ରଦର୍ଶିତ କରୁଥିବା ବେଳେ 'ମହାବିଦ୍ୟା' ଭୋଗ ଓ ମୋକ୍ଷ ଉଭୟ ପ୍ରଦାନ କରିଥାନ୍ତି। ଏଣୁ ନିମ୍ନରେ ଶାସ୍ତ୍ର ବର୍ଣ୍ଣିତ 'ଦଶମହାବିଦ୍ୟା'ଙ୍କ ଅର୍ଚ୍ଚନା ଦ୍ୱାରା ଉପାସକଙ୍କୁ ମଧ୍ୟ ଭୋଗ ଓ ମୋକ୍ଷ ପ୍ରାପ୍ତି ହେବା ସଂଗେ ସଂଗେ ଏହା ଅତ୍ୟନ୍ତ କଲ୍ୟାଣକାରୀ ସିଦ୍ଧ ହୋଇଥାଏ।

ଦଶମହାବିଦ୍ୟାଙ୍କ ପ୍ରାଦୁର୍ଭାବ ସମ୍ବନ୍ଧରେ ନିମ୍ନ ଶ୍ଳୋକରେ ବିଶେଷ ବର୍ଣ୍ଣନା କରି କୁହାଯାଇଛି:

ଯେୟଂ ତେ ପୁରତଃ କୃଷ୍ଣା ସା କାଳୀ ଭୀମଲୋଚନା।
ଶ୍ୟାମବର୍ଣ୍ଣା ଚ ଯାଦେବୀ ସ୍ୱୟମୂର୍ଦ୍ଧ୍ୱଂ ବ୍ୟବସ୍ଥିତା ॥୬୫॥
ସେୟଂ ତାରା ମହାବିଦ୍ୟା ମହାକାଳସ୍ୱରୂପିଣୀ।
ସବ୍ୟେତରେୟଂ ଯାଦେବୀ ବିଶୀର୍ଷାତିଭୟପ୍ରଦା ॥୬୬॥
ଇୟଂ ଦେବୀ ଛିନ୍ନମସ୍ତା ମହାବିଦ୍ୟା ମହାମତେ।
ବାମେ ତବେୟଂ ଯାଦେବୀ ସା ଶମ୍ଭୋ ଭୁବନେଶ୍ୱରୀ ॥୬୭॥
ପୃଷ୍ଠତସ୍ତବ ଯାଦେବୀ ବଗଳା ଶତ୍ରୁସୂଦିନୀ।
ବହ୍ନିକୋଣେ ତବେୟଂ ଯା ବିଧବାରୂପଧାରିଣୀ ॥୬୮॥

ସେୟଂ ଧୂମାବତୀ ଦେବୀ ମହାବିଦ୍ୟା ମହେଶ୍ୱରୀ ।
ନୈର୍ଋତ୍ୟାଂ ତବ ଯା ଦେବୀ ସେୟଂ ତ୍ରିପୁର ସୁନ୍ଦରୀ ।।୬୯।।
ବାୟୌ ୟତ୍ତେ ମହାବିଦ୍ୟା ସେୟଂ ମାତଙ୍ଗକନ୍ୟକା ।
ଐଶାନ୍ୟାଂ ଷୋଡ଼ଶୀ ଦେବୀ ମହାବିଦ୍ୟା ମହେଶ୍ୱରୀ ।।୭୦।।
ଅହଂ ତୁ ଭୈରବୀ ଭୀମା ଶମ୍ଭୋ ମା ତ୍ୱଂ ଭୟଂ କୁରୁ ।
ଏତାଃ ସର୍ବାଃ ପ୍ରକୃଷ୍ଟାସ୍ତୁ ମୂର୍ତ୍ତୟୋ ବହୁମୂର୍ତିଷୁ ।।୭୧।।

(ଦେବୀ ପୁରାଣ ଅ.୮/ଶ୍ଳୋକ ୬୫-୭୧)

ଉପରୋକ୍ତ ଶ୍ଳୋକ ଉଲ୍ଲିଖିତ ଦଶମହାବିଦ୍ୟାକୁ ଶିବଙ୍କ ସହ ପରିଚୟ କରାଇ ତାଙ୍କୁ ଭୟଭୀତ ହୋଇ ପଳାଇଯିବାରୁ ଦେବୀ କ୍ଷାନ୍ତ କରାଇଛନ୍ତି । ସେ କହିଛନ୍ତି ହେ ଶମ୍ଭୋ ! ଆପଣଙ୍କ ସମ୍ମୁଖରେ କୃଷ୍ଣବର୍ଣ୍ଣା ତଥା ଭୟଙ୍କର ନେତ୍ରଯୁକ୍ତା ଦେବୀ 'କାଳୀ'; ଆପଣଙ୍କ ପୃଷ୍ଠ ଭାଗରେ ଶତ୍ରୁ ସଂହାରିଣୀ ମହାବିଦ୍ୟା 'ବଗଳା', ଆପଣଙ୍କ ଦକ୍ଷିଣ ଦିଗରେ ମସ୍ତକ ବିହୀନ ଭୟପ୍ରଦା 'ଛିନ୍ନମସ୍ତା', ବାମ ପାଖକୁ ମହାବିଦ୍ୟା 'ଭୁବନେଶ୍ୱରୀ' ଆପଣଙ୍କ ଉର୍ଦ୍ଧ୍ୱରେ ଶ୍ୟାମବର୍ଣ୍ଣା ମହାକାଳ ସ୍ୱରୂପିଣୀ ମହାବିଦ୍ୟା 'ତାରା', ଆପଣଙ୍କ ଅଗ୍ନିକୋଣରେ ବିଧବା ରୂପଧାରିଣୀ ମହେଶ୍ୱରୀ 'ଧୂମାବତୀ', ଆପଣଙ୍କ ନୈଋତ କୋଣରେ ଭଗବତୀ 'ତ୍ରିପୁରସୁନ୍ଦରୀ'; ବାୟୁକୋଣରେ ମାତଙ୍ଗ ଋଷିଙ୍କ କନ୍ୟା 'ମାତଙ୍ଗୀ' ମହାବିଦ୍ୟା; ଆପଣଙ୍କ ଐଶାନ୍ୟ କୋଣରେ ମହାବିଦ୍ୟା ସ୍ୱରୂପିଣୀ 'ଷୋଡ଼ଶୀ'; ଆଉ ମୁଁ ସ୍ୱୟଂ ଭୟଙ୍କରା ମହାବିଦ୍ୟା 'ଭୈରବୀ' ଅଟେ । ଏମାନଙ୍କୁ ଆପଣ ଆଦୌ ଭୟ କରିବା ଉଚିତ ନୁହେଁ । ଏମାନଙ୍କୁ ଭକ୍ତି ପୂର୍ବକ ଉପାସନା କରି ସାଧକ ବୃନ୍ଦ ସମସ୍ତ ବାଞ୍ଛିତ ଫଳ ଲାଭ ସହ ଧର୍ମ ଅର୍ଥ କାମ ଓ ମୋକ୍ଷ ଆଦି ଚତୁର୍ବର୍ଗ ପୁରୁଷାର୍ଥ ଲାଭ କରିଥାନ୍ତି ।

ଅତଏବ କାଳୀ, ତାରା, ଷୋଡ଼ଶୀ, ଭୁବନେଶ୍ୱରୀ, ଭୈରବୀ, ଛିନ୍ନମସ୍ତା, ଧୂମାବତୀ, ବଗଳା, ମାତଙ୍ଗୀ, କମଳା- ଏମାନେ ଦଶମହାବିଦ୍ୟା ରୂପେ ପ୍ରଖ୍ୟାତ ଅଟନ୍ତି । ମହାଭାଗବତ ପୁରାଣ ବା ଦେବୀ ପୁରାଣର ଆଖ୍ୟାନ ଅନୁଯାୟୀ ଏକ ବିଶାଳ ଯଜ୍ଞର ଆୟୋଜନ ଅବସରରେ ଦକ୍ଷ ନିଜ କନ୍ୟା ସତୀ ଏବଂ ଜାମାତା ଶିବଙ୍କୁ ଦ୍ୱେଷଭାବ ପୋଷଣ କରି ନିମନ୍ତ୍ରଣ କରି ନଥିଲେ । ଏଥିରେ ଅପମାନିତ ସତୀ ବିନା ନିମନ୍ତ୍ରଣରେ ଯଜ୍ଞକୁ ଯିବା ପାଇଁ ଶିବଙ୍କ ଅନୁମତି ଲୋଡ଼ିବାରୁ ସେ ମଧ୍ୟ ଅନୁମତି ଦେଇ ନଥିଲେ । ଏଣୁ ସତୀ ନିଜର ପିତା ଏବଂ ପତି ଉଭୟଙ୍କ

ଉପରେ ଅତ୍ୟନ୍ତ କ୍ରୋଧାନ୍ୱିତ ହୋଇ ଭୟଙ୍କର ଏବଂ ବିକଟାଳ ମୂର୍ତ୍ତି ଧାରଣ କରିଥିଲେ। ଫଳରେ ଶିବ ଭୟଭୀତ ହୋଇ ସେଠାରୁ ପଳାଇ ଯିବାରୁ ତାଙ୍କୁ ଏଥିରୁ ନିବର୍ତ୍ତାଇବା ସକାଶେ ଦେବୀ ନିଜ ଶରୀରରୁ ଉପରୋକ୍ତ ଦଶମହାବିଦ୍ୟାଙ୍କୁ ପ୍ରକଟ କରାଇ ଦଶଦିଗକୁ ଅବରୋଧ କରାଇଥିଲେ। ସେଇପରି ଭିନ୍ନ ଭିନ୍ନ ଯୁଗରେ 'ଦଶମହାବିଦ୍ୟା' ଆବିର୍ଭୂତ ହୋଇ ସଂସାରର ମଙ୍ଗଳ ଅର୍ଥେ ବିଭିନ୍ନ ଲୀଳା ସମ୍ପାଦନ କରିଥିବା ଶାସ୍ତ୍ର ମାନଙ୍କରୁ ପ୍ରମାଣିତ ହୁଏ। ଏଣୁ କୁହାଯାଇଛି:

"ନିତ୍ୟୈବ ସା ଜଗନ୍ମୂର୍ତ୍ତିସ୍ତୟା ସର୍ବମିଦଂ ତତମ୍ ॥
ତଥାପି ତତ୍ସମୁତ୍ପତ୍ତିର୍ବହୁଧା ଶ୍ରୂୟତାଂ ମମ।
ଦେବାନାଂ କାର୍ଯ୍ୟସିଦ୍ଧ୍ୟର୍ଥମାବିର୍ଭବତି ସା ଯଦା ॥
ଉତ୍ପନ୍ନେତି ତଦା ଲୋକେ ସା ନିତ୍ୟାପ୍ୟଭିଧୀୟତେ।"

(ଶ୍ରୀଦୁର୍ଗା ସପ୍ତଶତୀ ୧/୬୪-୬୬)

ଅର୍ଥାତ୍ ଦେବୀ ଭଗବତୀ ନିତ୍ୟ ସ୍ୱରୂପା ଓ ଅଜନ୍ମା ହେଲେ ମଧ୍ୟ ତାଙ୍କର ପ୍ରାକଟ୍ୟ ଅନେକ ପ୍ରକାର ହୁଏ। ଦେବତାମାନଙ୍କ କାର୍ଯ୍ୟସିଦ୍ଧି ନିମନ୍ତେ ସେ ସଂସାରରେ ଉତ୍ପନ୍ନ ହୁଅନ୍ତି। ଏଇଭଳି ଭାବରେ ଉପରୋକ୍ତ କାରଣରୁ ସେ କାଳୀ, ତାରା, ଛିନ୍ନମସ୍ତା, ଷୋଡ଼ଶୀ, ଭୁବନେଶ୍ୱରୀ, ତ୍ରିପୁର ଭୈରବୀ, ଧୂମାବତୀ, ବଗଳାମୁଖୀ, ମାତଙ୍ଗୀ ଓ କମଳା ଇତ୍ୟାଦି ଦଶମହାବିଦ୍ୟା ସ୍ୱରୂପରେ ପ୍ରକଟ ହେଲେ। ସେମାନଙ୍କ ଲୀଳା ପ୍ରସଙ୍ଗ ନିମ୍ନମତେ ବର୍ଣ୍ଣିତ ହୋଇଛି।

୧. କାଳୀ:

ଉପରୋକ୍ତ ଶ୍ଳୋକରେ କାଳୀଙ୍କୁ ପ୍ରଥମ ଏବଂ ପ୍ରଧାନ ଦେବୀ ରୂପେ ସ୍ୱୀକାର କରାଯାଇଛି। ଶୁମ୍ଭ-ନିଶୁମ୍ଭ ବଧ ସମୟରେ ଦେବତାମାନେ ଦେବୀଙ୍କୁ ବାରମ୍ବାର ସ୍ତୁତି କରି ତାହାର ଉପଦ୍ରବରୁ ସଂସାରକୁ ରକ୍ଷା କରିବା ନିମିତ୍ତ ପ୍ରାର୍ଥନା କରିବାରୁ ଦେବୀ ଗୌରୀଙ୍କ ଶରୀର କୋଷରୁ 'କୌଶିକୀ'ଙ୍କ ପ୍ରାକଟ୍ୟ ହୋଇଥିଲା। ଏହା ପରେ ପରେ ଅମ୍ବା (ପାର୍ବତୀ)ଙ୍କ ରୂପ କୃଷ୍ଣ ବର୍ଣ୍ଣ ହୋଇଗଲା। ଏଣୁ ସେ 'କାଳୀ' ନାମରେ ପ୍ରସିଦ୍ଧ ହେଲେ। ଶ୍ରୀଦୁର୍ଗା ସପ୍ତଶତୀରେ ଏହାର ବର୍ଣ୍ଣନ କରାଯାଇ କୁହାଯାଇଛି:

"ତସ୍ୟାଂ ବିନିର୍ଗତାୟାଂ ତୁ କୃଷ୍ଣାଭୂତ୍‌ସାପି ପାର୍ବତୀ।
କାଳିକେତି ସମାଖ୍ୟାତା ହିମାଚଳ କୃତାଶ୍ରୟା ॥" (୫/୮୮)

କାଳିକା ପୁରାଣ ଅନୁଯାୟୀ ଏକଦା ଦେବତାମାନେ ହିମାଳୟ ଉପରେ ଥିବା ମାତଙ୍ଗ ମୁନିଙ୍କ ଆଶ୍ରମ ନିକଟବର୍ତ୍ତୀ ସ୍ଥାନରେ ଦେବୀ ମହାମାୟାଙ୍କ ସ୍ତୁତି କରିଥିଲେ। ଦେବୀ 'ମାତଙ୍ଗ କନ୍ୟା' ରୂପେ ପ୍ରକଟ ହେଲେ ଏବଂ ତାଙ୍କ ଶରୀର ମଧ୍ୟରୁ ଅନ୍ୟ ଏକ ଗାଢ଼ କୃଷ୍ଣବର୍ଣ୍ଣା ଦେବୀ ଆବିର୍ଭୂତ ହୋଇ 'କାଳୀ' ନାମରେ ପରିଚିତ ହେଲେ। କାଳୀଙ୍କ ଭୟଙ୍କର ମୂର୍ତ୍ତିର ବର୍ଣ୍ଣନ କରି କୁହାଯାଇଛି:

"କାଳୀ କରାଳୀ ଚ ମନୋଜବା ଚ ସୁଲୋହିତା ଯା ଚ ସୁଧୁମ୍ରବର୍ଣ୍ଣା।
ସ୍ଫୁଲିଙ୍ଗିନୀ ବିଶ୍ୱରୁଚୀ ଚ ଦେବୀ ଲୋଲାୟମାନା ଇତି ସପ୍ତଜିହ୍ୱାଃ ॥"

(ମୁଣ୍ଡକୋପନିଷଦ ୧/୨/୪)

ନାରଦ ପାଞ୍ଚରାତ୍ରର କଥା ଅନୁସାରେ ଥରେ 'କାଳୀ'ଙ୍କ ମନରେ ପୁନଃ ଗୌରୀ ରୂପେ ଆବିର୍ଭୂତ ହେବା ସକାଶେ ଇଚ୍ଛା ହେଲା। ଏଣୁ ସେ ଅନ୍ତର୍ଦ୍ଧାନ ହୋଇ ସୁମେରୁର ଉତ୍ତର ଦିଗରେ ପ୍ରକଟ ହେଲେ। ନାରଦ ମହର୍ଷି ଏହା ଜାଣିପାରି ଦେବୀଙ୍କ ସାନ୍ନିଧ୍ୟରେ ଉପସ୍ଥିତ ହେଲେ ଏବଂ ଭଗବାନ ଶିବଙ୍କ ପାଣିଗ୍ରହଣ ସକାଶେ ପ୍ରସ୍ତାବ ଦେଲେ। ଏଥିରେ ଦେବୀ କ୍ରୋଧିତ ହେବାରୁ ତାଙ୍କ ଶରୀର ମଧ୍ୟରୁ 'ଷୋଡ଼ଶୀ' ନାମକ ବିଗ୍ରହ ପ୍ରକଟ ହେଲେ। ଦେବୀ ଷୋଡ଼ଶୀଙ୍କ ଛାୟା ବିଗ୍ରହ ସ୍ୱରୂପ 'ତ୍ରିପୁର ଭୈରବୀ'ଙ୍କ ଆବିର୍ଭାବ ହେଲା। କାଳୀଙ୍କର ବର୍ଣ୍ଣ ନୀଳରୂପା ହେଲେ ତାହାଙ୍କୁ 'ନୀଳ ସରସ୍ୱତୀ', ତାରା, ଉଗ୍ରତାରା, ଉଗ୍ରତାରିଣୀ ନାମରେ ଆଖ୍ୟାୟିତ କରାଯାଏ। ତାରିବା ଅଥବା ତାରଣ ରୂପୀ ଶକ୍ତି ବହନ କରୁଥିବାରୁ 'ତାରା', ସହଜରେ ବାକ୍‌ଶକ୍ତି ପ୍ରଦାନ କରୁଥିବା ହେତୁ 'ନୀଳ ସରସ୍ୱତୀ', ଭୟାବହ ବିପଦରୁ ସୁରକ୍ଷା ଦେବା ନିମିତ୍ତ ବର ଦେଉଥିବା କାରଣରୁ ଦେବୀଙ୍କୁ 'ଉଗ୍ରତାରା' ଅଥବା 'ଉଗ୍ରତାରିଣୀ' ରୂପେ ଆରାଧନା କରାଯାଏ। କାଳୀଙ୍କର ସାଧନା ପାଇଁ ଗୁରୁଜ୍ଞାନ ଏବଂ କଠୋର ବିଧିବିଧାନ ନିର୍ଦ୍ଦେଶିତ ଥିଲେ ମଧ୍ୟ ଅନନ୍ୟ ଭକ୍ତି ଏବଂ ଶରଣାଗତି ଦ୍ୱାରା ମଧ୍ୟ ସାଧକ ଅବ୍ୟର୍ଥ ସିଦ୍ଧି ଲାଭ ପାଇଁ ସମର୍ଥ ହୋଇପାରେ। ତାଙ୍କୁ ମାତା ଅମ୍ବିକାଙ୍କର କନ୍ୟା ବୋଲି ମଧ୍ୟ କହନ୍ତି। କାଳୀ ଆଦ୍ୟାଶକ୍ତି: ସେ କ୍ରିୟାଶୀଳା। ଶକ୍ତି ବିହୀନ ହେଲେ ଶିବ ମଧ୍ୟ ଶବ ବା ନିଷ୍କ୍ରିୟ ପୁରୁଷ ଅଥବା ଶବରୂପ ହୋଇ ପଡ଼ନ୍ତି। ଏଣୁ **'ଶବରୂପ ମହାଦେବ**

ହୃଦୟୋ ପରିସଂସ୍ଥିତା ।' ଶବ ରୂପରେ ଶିବ, ଆଦ୍ୟାଶକ୍ତି କାଳୀଙ୍କ ପାଦ ତଳେ ବିରାଜମାନ । ମହାକାଳଙ୍କ ଶକ୍ତି ମହାମାୟା କାଳୀ ବାସ୍ତବରେ ସୃଷ୍ଟିର ମଙ୍ଗଳକାରିଣୀ । ମହାକାଳୀଙ୍କ ସ୍ୱରୂପ ଓ ଧ୍ୟାନ ନିମ୍ନମତେ ବର୍ଣ୍ଣନା କରାଯାଇଛି:

"ଖଡ୍‌ଗଂ ଚକ୍ରଗଦେଷୁଚାପପରିଘାଚ୍ଛୂଳଂ ଭୁଶୁଣ୍ଡୀଂ ଶିରଃ
ଶଙ୍ଖଂ ସଂଦଧତୀଂ କରୈସ୍ତ୍ରିନୟନାଂ ସର୍ବାଙ୍ଗଭୂଷାବୃତାମ୍ ।
ନୀଳାଶ୍ମଦ୍ୟୁତିମାସ୍ୟପାଦଦଶକାଂ ସେବେ ମହାକାଳିକାଂ
ଯାମସ୍ତୌତ୍‌ସ୍ୱପିତେ ହରୌ କମଲଜୋ ହନ୍ତୁଂ ମଧୁଂ କୈଟଭମ୍ ।।"

ଅର୍ଥାତ୍ ହସ୍ତରେ ଖଡ୍‌ଗ, ଚକ୍ର, ଗଦା, ଧନୁ, ବାଣ, ପରିଘ, ଶୂଳ, ଭୁଶୁଣ୍ଡୀ, କପାଳ ଏବଂ ଶଙ୍ଖ ଧାରଣ କରିଥିବା ତ୍ରିନେତ୍ର ଧାରିଣୀ ଦିବ୍ୟ ଆଭୂଷଣ ଯୁକ୍ତ ନୀଳମଣି ସମାନ ଶରୀର ତଥା ଦଶମୁଖ ଓ ଦଶପଦ ବିଶିଷ୍ଟ ଦେବୀ ମହାକାଳୀଙ୍କର ମୁଁ ଧ୍ୟାନ କରୁଛି, ଯାହାଙ୍କର ସ୍ତୁତି ଭଗବାନ ବିଷ୍ଣୁଙ୍କର ଯୋଗନିଦ୍ରା କାଳରେ ସ୍ୱୟଂ ବ୍ରହ୍ମା ମଧୁ ଓ କୈଟଭ ନାମକ ରାକ୍ଷସଙ୍କୁ ବଧ କରିବା ନିମନ୍ତେ କରିଥିଲେ ।

କାଳୀଙ୍କ ଉପାସନା ନିମନ୍ତେ 'ଶାକ୍ତ ପ୍ରମୋଦ କାଳୀତନ୍ତ୍ର'ରେ ନିମ୍ନୋକ୍ତ ଧ୍ୟାନ ମନ୍ତ୍ର ଉଲ୍ଲେଖ କରାଯାଇଛି:

"ଶବାରୂଢ଼ାଂ ମହାଭୀମାଂ ଘୋରଦଂଷ୍ଟ୍ରାଂ ହସନ୍ମୁଖୀମ୍ ।
ଚତୁର୍ଭୁଜାଂ ଖଡ୍‌ଗମୁଣ୍ଡବରାଭୟକରାଂ ଶିବାମ୍ ।।
ମୁଣ୍ଡମାଳାଧରାଂ ଦେବୀଂ ଲୋଲଜିହ୍ୱାଂ ଦିଗମ୍ବରାମ୍ ।
ଏବଂ ସଂଚିନ୍ତୟେତ୍ କାଳୀଂ ଶ୍ମଶାନାଳୟବାସିନୀମ୍ ।।"

୨. ତାରା:

ଦେବୀ ତାରା ଦକ୍ଷ ପ୍ରଜାପତିଙ୍କର ଦ୍ୱିତୀୟ କନ୍ୟା ଓ ତାନ୍ତ୍ରିକମାନଙ୍କର ପ୍ରମୁଖ ଦେବୀ ଅଟନ୍ତି । ସେ ମାତା ଶୈଳପୁତ୍ରୀଙ୍କର ଭଉଣୀ ମଧ୍ୟ । ହିନ୍ଦୁ, ଜୈନ, ବୌଦ୍ଧ- ଏ ସମସ୍ତଙ୍କର ଆରାଧ୍ୟା ରୂପେ ସେ ପୂଜିତା । ତାରା ଏବଂ କାଳୀ ଏକ ହେଲେ ମଧ୍ୟ ବୃହତ୍ ନୀଳତନ୍ତ୍ରରେ ତାଙ୍କର ଏକ ବିଶେଷ ବର୍ଣ୍ଣନା ଦେଖିବାକୁ ମିଳେ । ଶବରୂପ ଶିବଙ୍କ ଉପରେ ଆରୂଢ଼ ଦେବୀ ବ୍ୟାଘ୍ରଚର୍ମ ପରିହିତା, କଣ୍ଠରେ

ମୁଣ୍ଡମାଳା ବିଭୂଷିତା, ନୀଳକମଳ ସଦୃଶ ତ୍ରିନେତ୍ର ଧାରିଣୀ, ନୀଳବର୍ଣ୍ଣା ଶରୀର ମହାକରୁଣାମୟୀ ଓ ସେ ଭକ୍ତବତ୍ସଳା ଅଟନ୍ତି। ଭୋଗ ଓ ମୋକ୍ଷ ପ୍ରାପ୍ତି, ବାକ୍‌ସିଦ୍ଧି, ଶତ୍ରୁ ଦଳନ ପାଇଁ ତାଙ୍କର ସାଧନା ଅମୋଘ ଶକ୍ତି ପ୍ରଦାନ କରିଥାଏ। ସେତେବେଳେ ସେ ତାରା ବା ଉଗ୍ରତାରା ବୋଲି ମଧ୍ୟ ନାମିତ ହୁଅନ୍ତି। ସେ ରାତ୍ରିଦେବୀ ସ୍ୱରୂପା ମହାବିଦ୍ୟା ଅଟନ୍ତି। ମହାବିଦ୍ୟା ତାରାଙ୍କ ଧ୍ୟାନ ନିମ୍ନମତେ ଉଲ୍ଲିଖିତ:

"ପ୍ରତ୍ୟାଲୀଢ଼ପଦର୍ପିତାଙ୍ଘ୍ରିଶବହୃଦ୍‌ଘୋରାଟ୍ଟହାସାପରା
ଖଡ୍‌ଗେନ୍ଦିବରକର୍ତ୍ତ୍ରିଖର୍ପରଭୁଜାହୁଂକାରବୀଜୋଦ୍‌ଭବା।
ଖର୍ବାନୀଲବିଶାଳପିଙ୍ଗଳଜଟାଜୂଟୈକନାଗୈର୍ଯୁତା
ଜାଡ୍ୟଂ ନ୍ୟସ୍ୟ କପାଳକର୍ତୃଜଗତାଂ ହନ୍ତ୍ୟୁଗ୍ରତାରା ସ୍ୱୟମ୍ ॥"

୩. ଛିନ୍ନମସ୍ତା:

ଏକଦା ଦେବୀ ଭବାନୀ 'ମନ୍ଦାକିନୀ' ନଦୀକୁ ଯାଇଥିଲେ ସ୍ନାନ କରିବାପାଇଁ। ତାଙ୍କ ସହ ଜୟା, ବିଜୟା (ଡାକିନୀ, ବର୍ଣ୍ଣିନୀ) ନାମ୍ନୀ ସହଚରୀ ଦ୍ୱୟ ମଧ୍ୟ ଥିଲେ। ସ୍ନାନାନ୍ତେ ଦେବୀ ଅତ୍ୟନ୍ତ କ୍ଷୁଧାତୁର ହୋଇପଡ଼ିଲେ ଏବଂ ତାଙ୍କର ରୂପ କୃଷ୍ଣବର୍ଣ୍ଣା ହୋଇଗଲା। ସହଚରୀମାନେ ମଧ୍ୟ କ୍ଷୁଧାଗ୍ରସ୍ତ ହୋଇ ତାଙ୍କୁ କିଛି ଖାଦ୍ୟ ଯାଚନା କଲେ। ଦେବୀ ସେମାନଙ୍କୁ ପ୍ରତୀକ୍ଷା କରିବା ପାଇଁ କହିଲେ। ଏହିପରି ସେମାନେ କଠୋର କ୍ଷୁଧା ପାଇଁ ବ୍ୟାକୁଳିତ ହୋଇ ବାରମ୍ବାର ଭୋଜନ ସକାଶେ ମଧୁର ବାଣୀରେ ନିବେଦନ କରନ୍ତେ ଦେବୀ ପ୍ରସନ୍ନ ହୋଇ ହସ୍ତ ଦ୍ୱାରା ନିଜର ଶିରଚ୍ଛେଦ କରି ଦେଲେ। କଟା ଶିରଟି ତାଙ୍କ ବାମ ହସ୍ତରେ ଥିଲା। ସେଥିରୁ ତିନୋଟି ଧାରା ଉତ୍ପତ୍ତି ହେଲା। ତନ୍ମଧ୍ୟରୁ ଦୁଇଟି ଧାରା ଜୟା ଓ ବିଜୟାଙ୍କ ଆଡ଼କୁ ପ୍ରବାହିତ ହେଲା। ଯାହା ସେମାନେ ପାନ କରି ତୃପ୍ତ ହୋଇଗଲେ। ଉର୍ଦ୍ଧ୍ୱଗାମୀ ତୃତୀୟ ଧାରାକୁ ଦେବୀ ସ୍ୱୟଂ ପାନକରି କ୍ଷୁଧା ନିବାରଣ କଲେ। ଦେବୀଙ୍କ ମସ୍ତକ ଛିନ୍ନ ହୋଇଥିବାରୁ ସେ ଛିନ୍ନମସ୍ତା ନାମରେ ବିଖ୍ୟାତ ହେଲେ। ମସ୍ତକ ଛିନ୍ନ ହେଲେ ମଧ୍ୟ ସେ ଜୀବିତ ଅଟନ୍ତି। ସେମାନେ ଏହି ତ୍ରିଧାରାକୁ ସ୍ତବନ କରିଥିଲେ। ସେ ଦିଗମ୍ବରୀ ଅଟନ୍ତି। ତାଙ୍କର ନାଭିରେ ଯୋନିଚକ୍ର ବିଦ୍ୟମାନ। ଦେବୀମାତା ସ୍ୱୟଂ ଗଭୀର ଗୁପ୍ତତତ୍ତ୍ୱ ଏବଂ ନିଜ ମଧ୍ୟରେ ନିଜେ ଅନ୍ତର୍ମୁଖୀ

ସାଧନାରେ ସଦା ଲିପ୍ତ ଥିବା ତତ୍ତ୍ୱବୋଧର ଜ୍ୱଳନ୍ତ ପ୍ରତୀକ ଅଟନ୍ତି। ରକ୍ତ ଏବଂ କୃଷ୍ଣବର୍ଣ୍ଣା ଅଥବା ରଜ ଓ ତମଗୁଣୀ ଦେବୀମାନେ (ଡାକିନୀ ଓ ବର୍ଣ୍ଣିନୀ) ତାଙ୍କର ସହଚରୀ ଅଟନ୍ତି। ତାଙ୍କର ଏହି ଡାକିନୀ ଓ ବର୍ଣ୍ଣିନୀ ଆଦି ସଖୀମାନେ ଦିଗମ୍ବରୀ, ମୁକ୍ତକେଶୀ ଓ ନୃମୁଣ୍ଡମାଳ ଧାରିଣୀ। ଏଣୁ କୁହାଯାଇଛି:

"ଦିଗ୍‌ବସ୍ତ୍ରାଂ ମୁକ୍ତକେଶୀ ପ୍ରଳୟ ଘନଘଟା ଘୋରରୂପାଂ ପ୍ରଚଣ୍ଡାଂ।
ଦ୍ରଷ୍ଟ୍ରା ଦୁଃପ୍ରେକ୍ଷଣ ବକ୍ତ୍ରୋଦର ବିବରଲସ ଲୋଳଜିହ୍ୱାଗ୍ରଭାସାମ୍ ।।"

ସେ 'ଶିରୋଯଜ୍ଞ'ର ପ୍ରତୀକାତ୍ମିକା ଦେବୀ ଅଟନ୍ତି। **"ଛିନ୍ନ ଶୀର୍ଷୋ ବୈ ଯଜ୍ଞ।"** ଅର୍ଥାତ୍ ପ୍ରତ୍ୟେକ ଯଜ୍ଞକୁ ଛିନ୍ନ ଶୀର୍ଷ କୁହାଯାଏ। ପ୍ରତ୍ୟେକ ଯଜ୍ଞର ଶେଷ ପର୍ଯ୍ୟାୟରେ ଶିର ସନ୍ଧାନ ଉଦ୍ଦେଶ୍ୟରେ ଯେଉଁ ଯଜ୍ଞ ଅନୁଷ୍ଠିତ ହୁଏ ତାହାକୁ 'ଶିରୋଯଜ୍ଞ' କୁହାଯାଏ। ଶିରୋଯଜ୍ଞ ବ୍ୟତୀତ ପ୍ରତ୍ୟେକ ଯଜ୍ଞ ମସ୍ତକ ବିହୀନ ଅଟେ। ଏପରି ଯଜ୍ଞକୁ ସମ୍ରାଟ ଯାଗ, ଧର୍ମଯାଗ, ପ୍ରବର୍ଗ୍ୟ ଯାଗ ଆଦି କୁହାଯାଏ। ପ୍ରବର୍ଗ୍ୟ ଯାଗ ହିଁ ଯଜ୍ଞର 'ଶିର ସନ୍ଧାନ' ପ୍ରକ୍ରିୟା ଅଟେ। ବିନା ମସ୍ତକରେ ପ୍ରାଣୀ ନିର୍ଜୀବ ହେଲାପରି ଶିର ସନ୍ଧାନ ବା ପ୍ରବର୍ଗ୍ୟ ଯାଗ ଆଦି ପ୍ରକ୍ରିୟା ବିନା ଯଜ୍ଞର ସ୍ୱରୂପ ନଷ୍ଟ ପ୍ରାୟ ଅଟେ। ଅତଏବ ଦେବୀ ଛିନ୍ନମସ୍ତା ଶିରୋଯଜ୍ଞର ପ୍ରତୀକାତ୍ମିକା ଅଟନ୍ତି। ସେ 'ପ୍ରଚଣ୍ଡ ଚଣ୍ଡଚଣ୍ଡିକା' ନାମରେ ମଧ୍ୟ ବିଖ୍ୟାତ। ସେ ଶତ୍ରୁ ବିନାଶିନୀ ମଧ୍ୟ। ତାଙ୍କର ଭୈରବ ହେଉଛନ୍ତି 'କବନ୍ଧ'। ଅର୍ଥାତ୍ 'କବନ୍ଧ' ବା ମହାଭୈରବ ଏବଂ ତାଙ୍କର ଶକ୍ତି ହେଉଛନ୍ତି ମହାବିଦ୍ୟା ଛିନ୍ନମସ୍ତା। ସେ ଷୋଡ଼ଶୀ ହୋଇ ଭୁବନେଶ୍ୱରୀ ରୂପେ ସଂସାରର ପାଳନ କରନ୍ତି ଏବଂ ପ୍ରଳୟ ଉପସ୍ଥିତ ହେଲେ ସଂସାରକୁ ନାଶ କରନ୍ତି ମଧ୍ୟ। ସେ ସଂହାର କର୍ତ୍ତ୍ରୀ ହେଲେବି ଶରଣାଗତ ଓ ବିନୟ ପୂର୍ଣ୍ଣ ଭକ୍ତକୁ ଦେବୀ ସକଳ ବିଭୂତି ପ୍ରଦାନ କରନ୍ତି। ଦେବୀ ତ୍ରିନୟନା:

"ଶଶି ସୂର୍ଯ୍ୟାଗ୍ନିଭିଃ ନେତ୍ରୈଃ ଅଖିଳା କାଳିକା ଜଗତ୍
ସଂ ପଶ୍ୟତି ଯତଃ ତସ୍ମାତ୍ କଳ୍ପିତଂ ନୟନ ତ୍ରୟମ୍ -ମହାନିର୍ବାଣ ତନ୍ତ୍ର।"

ସୂର୍ଯ୍ୟ, ଚନ୍ଦ୍ର ଓ ଅଗ୍ନି ତାଙ୍କର ନୟନ ଅଟନ୍ତି। ତାଙ୍କର ବାମ ହସ୍ତରେ ଜ୍ଞାନରୂପୀ ଖଡ୍‌ଗ ଭକ୍ତମାନଙ୍କର ମୋହ ମାୟାକୁ ଛେଦନ କରିବା ନିମିତ୍ତ ଉଦ୍ଦିଷ୍ଟ-

"ତସ୍ମାତ୍ ଜ୍ଞାନାସିନା ତୂର୍ଣ୍ଣଂ ଅଶେଷ କର୍ମବନ୍ଧନଂ
କାମାକାମ କୃତଂ ଛିତ୍ୱା ଶୁଦ୍ଧେଷ୍ଟାତ୍ମନି ତିଷ୍ଠତି -ଶିବଧର୍ମୋତ୍ତର ପୁରାଣ।"
"ପାପ ପୁଣ୍ୟ ପଶୁଂ ହତ୍ୱା ଜ୍ଞାନ ଖଡ୍‌ଗେନ ଶାମ୍ଭବୀ -ଯୋଗିନୀ ତନ୍ତ୍ର।"

ନିମ୍ନ ଶ୍ଳୋକ ମାନଙ୍କରୁ ଦେବୀଙ୍କ ସାକ୍ଷାତ୍ ସ୍ୱରୂପ ନିର୍ଣ୍ଣିତ ହୋଇଥିବା ହୃଦ୍‌ବୋଧ ହୁଏ: **"ଓଁ ଛିନ୍ନମସ୍ତା ମହାବିଦ୍ୟା ମହାଭୀମା ମହୋଦରୀ, ଚଣ୍ଡେଶ୍ୱରୀ ଚଣ୍ଡମାତା ଚଣ୍ଡମୁଣ୍ଡ ପ୍ରଭଞ୍ଜନୀ, ମହାଚଣ୍ଡା ଚଣ୍ଡରୂପା ଚଣ୍ଡିକା ଚଣ୍ଡଖଣ୍ଡିନୀ, କ୍ରୋଧିନୀ କ୍ରୋଧଜନନୀ କ୍ରୋଧରୂପା କୁହଃକଳା, କୋପାତୁରା କୋପଯୁତା କୋପସଂହାର କାରିଣୀ।" "ପ୍ରତ୍ୟାଲୀଢପଦାଂ ସଦୈବ ଦଧତୀଂ ଛିନ୍ନଶିରଃ କର୍ତ୍ତ୍ରିକାଂ, ଦିଗ୍‌ବସ୍ତ୍ରାଂ ସ୍ୱ-କବନ୍ଧ-ଶୋଣିତ-ସୁଧାଧାରାଂ ପିବନ୍ତୀଂ ମୁଦା।" "ନଭୌ ଶୁଦ୍ଧାର ବିନ୍ଦଂ ତଦୁପରି କମଳଂ ମଣ୍ଡଳଂ ଚଣ୍ଡରଶ୍ମେ, ସଂସାର ସୈକସାରାଂ ତ୍ରିଭୁବନ ଜନନୀ ଧର୍ମକାମେ ଦୟାଢ୍ୟାମ୍। ତସ୍ମିନ୍ ମଧ୍ୟେ ତ୍ରିକାଣେ ତ୍ରିତୟା ତନୁଧରାଂ ଛିନ୍ନମସ୍ତାଂ ପ୍ରଶସ୍ତାଂ, ତାଂ ବନ୍ଦେ ଜ୍ଞାନରୂପାଂ ନିରିକ୍ଲ ଭୟହରାଂ ଯୋଗିନୀ ଯୋଗମୁଦ୍ରାମ୍।" "ଭାସ୍ୱନ୍ ମଣ୍ଡଳ ମଧ୍ୟାଗାଂ ନିଜ ଶିର ଛିନ୍ନଂ ବିକୀର୍ଣ୍ଣାଳକଂ, ସ୍ଫାରାସ୍ୟ ପ୍ରପିବଦ୍‌ଗଳାତ୍ ସ୍ୱରୁଧିରଂ ବାମେ କରେ ବିଶ୍ରବିତ୍।"**

ଯୋଗମୁଦ୍ରାରେ ଆରୂଢ଼ ମହାବିଦ୍ୟା ମହାଯୋଗିନୀ ଦେବୀ ଛିନ୍ନମସ୍ତା ତ୍ରିଭୁବନ ସ୍ୱରୂପା, ତ୍ରିଭୁବନ ବାସୀଙ୍କ ଧର୍ମଦାତ୍ରୀ, ଜଗତ ଜନବନ୍ଦ୍ୟ, ଜ୍ଞାନରୂପା, ମରଣଭୟହରୀ, ଦିଗମ୍ବରୀ, ହସ୍ତରେ ଜ୍ଞାନରୂପୀ ଖଡ୍‌ଗ, ତ୍ରିନୟନା, ସତ୍ତ୍ୱ-ରଜ-ତମ ଗୁଣ ଗୁଡ଼ିକରୁ ବିନିର୍ମୁକ୍ତ, ମୁକ୍ତକେଶୀ, ବାମ ହସ୍ତରେ କଟାମୁଣ୍ଡ ଯାହା ଜ୍ଞାନରୂପୀ ମସ୍ତକର ପ୍ରତୀକାତ୍ମିକା, ନିଜେ ନିଜର ମସ୍ତକ ଛେଦନ କରି ମଧ୍ୟ ଜୀବିତ ଏବଂ ସମଗ୍ର ସଂସାରର ସୃଷ୍ଟି ପାଳନ ଓ ସଂହାରର କର୍ତ୍ତ୍ରୀ ଅଟନ୍ତି। ଶାକ୍ତ ପ୍ରମୋଦ, ରୁଦ୍ରଯାମଳ, ବିଶ୍ୱସାର ତନ୍ତ୍ର ଆଦି ତନ୍ତ୍ରଶାସ୍ତ୍ର ଦେବୀଙ୍କ ମହିମା ଗାନରେ ଶତଜିହ୍ୱ। ମହାବିଦ୍ୟା ଛିନ୍ନମସ୍ତାଙ୍କର ଧ୍ୟାନ ମନ୍ତ୍ର:

**"ପ୍ରତ୍ୟାଲୀଢପଦାଂ ସଦୈବଦଧତୀଂ ଛିନ୍ନଂଶିରଃ କର୍ତ୍ରିକାଂ
ଦିଗ୍‌ବସ୍ତ୍ରାଂ ସ୍ୱକବନ୍ଧଶୋଣିତସୁଧାଧାରାଂ ପିବନ୍ତୀଂ ମୁଦା।
ନାଗାବଦ୍ଧ ଶିରୋମଣିଂ ତ୍ରିନୟନାଂ ହୃଦ୍ୟୁତ୍ପଳାଳଂକୃତାଂ
ରତ୍ୟାସକ୍ତମନୋଭବ୍‌ବୋପରିଦୃଢାଂ ଧ୍ୟାୟେଜ୍ଜବାସଂନିଭାମ୍ ॥"**

୪. ଷୋଡ଼ଶୀ:

ମହାବିଦ୍ୟା ଷୋଡ଼ଶୀଙ୍କର ଅନ୍ୟନାମ ତ୍ରିପୁର ସୁନ୍ଦରୀ। ତାଙ୍କର ଚାରିଗୋଟି ଭୁଜା ଓ ତିନୋଟି ନେତ୍ର ରହିଛି। ସେ ସମସ୍ତ ଦେବୀମାନଙ୍କ ମଧ୍ୟରେ ସବୁଠାରୁ ଅଧିକ ମନୋହର ହୋଇଥିବାରୁ ତ୍ରିପୁର ସୁନ୍ଦରୀ ଭାବରେ ନାମିତ। ତାଙ୍କୁ ତ୍ରିପୁରା, ଶ୍ରୀବିଦ୍ୟା, ମହାତ୍ରିପୁର ସୁନ୍ଦରୀ, ବାଳା, ପଞ୍ଚଦଶୀ, ବ୍ରହ୍ମବିଦ୍ୟା, ବ୍ରହ୍ମମୟୀ ବିଦ୍ୟା, ଲଳିତା ଓ ରାଜ ରାଜେଶ୍ୱରୀ ମଧ୍ୟ କୁହାଯାଏ। ଦେବୀ ଷୋଡ଼ଶୀଙ୍କର ଅଙ୍ଗକାନ୍ତି ଉଦୀୟମାନ ସୂର୍ଯ୍ୟମଣ୍ଡଳ ସମାନ ଆଭାଯୁକ୍ତ ଅଟେ। ଦେବୀ ଷୋଡ଼ଶୀଙ୍କର ସୌମ୍ୟ ମୂର୍ତ୍ତି ସଦାସର୍ବଦା ଜଗତର ମଙ୍ଗଳ ନିମିତ୍ତ ଦୟାର୍ଦ୍ର ହୃଦୟ ଏବଂ ବରଦାନ ନିମିତ୍ତ ପ୍ରସ୍ତୁତ। ଠାକୁର ରାମକୃଷ୍ଣ ଶ୍ରୀ ଶ୍ରୀ ମାଆ ସାରଦା ଦେବୀଙ୍କୁ ଜୀବନ୍ତ ଭାବେ ମୂର୍ତ୍ତିମତୀ ବିଦ୍ୟାରୂପିଣୀ ଆଦ୍ୟାଶକ୍ତି ଷୋଡ଼ଶୀ ରୂପେ ପୂଜା କରିଥିଲେ। ସେ ତାଙ୍କର ତନ୍ତ୍ର ସାଧନା ସମୟରେ ଆଦ୍ୟାଶକ୍ତି ଜଗନ୍ମାତାଙ୍କର ବହୁବିଧ ମୂର୍ତ୍ତି ଦର୍ଶନ କରି କହିଥିଲେ, 'ସେହି ମୂର୍ତ୍ତି ସମୂହଙ୍କ ମଧ୍ୟରୁ ସମସ୍ତେ ଅପୂର୍ବ ସ୍ୱରୂପା ହେଲେ ମଧ୍ୟ ଷୋଡ଼ଶୀଙ୍କ ସୌନ୍ଦର୍ଯ୍ୟ ସହ ସେମାନଙ୍କ ରୂପର ତୁଳନା କରି ହୁଏ ନାହିଁ।' ଶାୟିତ ସଦାଶିବଙ୍କର ବିଗ୍ରହ ଉପରେ ସ୍ଥିତ ପ୍ରସ୍ଫୁଟିତ କମଳ ରୂପୀ ଆସନରେ ଅପାର ମହିମାମଣ୍ଡିତ ମହାବିଦ୍ୟା ଷୋଡ଼ଶୀ ସମଗ୍ର ସୃଷ୍ଟିର ମଙ୍ଗଳ ତଥା ସାଧକମାନଙ୍କର ସକଳ ଅଭୀଷ୍ଟ ପୂରଣ କରିବା ନିମିତ୍ତ ବିରାଜିତା। ଦେବୀଙ୍କର ଚାରିଗୋଟି ହସ୍ତରେ ପାଶ, ଅଙ୍କୁଶ, ଧନୁଷ ଏବଂ ବାଣ ଆଦି ଶସ୍ତ୍ର ବିଦ୍ୟମାନ। ଦେବୀ ଷୋଡ଼ଶୀଙ୍କର ଧ୍ୟାନ ମନ୍ତ୍ରରେ ତାଙ୍କର ମହିମା ବର୍ଣ୍ଣନା କରି କୁହାଯାଇଛି:

"ବାଲାର୍କମଣ୍ଡଲାଭାସାଂ ଚତୁର୍ବାହୁଂ ତ୍ରିଲୋଚନାମ୍।
ପାଶାଙ୍କୁଶଶରାଂଶ୍ଚାପଂ ଧାରୟନ୍ତୀଂ ଶିବାଂ ଭଜେ ॥"

(ଶାକ୍ତ ପ୍ରମୋଦ -ଷୋଡ଼ଶୀ ତନ୍ତ୍ର)

କାଳୀ, ତାରା, ଷୋଡ଼ଶୀ ଏହି ତିନି ବିଦ୍ୟାଙ୍କୁ ଦଶମହାବିଦ୍ୟାମାନଙ୍କ ମଧ୍ୟରେ ପ୍ରଧାନ ଓ ଶ୍ରେଷ୍ଠ ବିଦ୍ୟା ରୂପେ ମାନ୍ୟତା ଦିଆଯାଇଥାଏ।

୫. ଭୁବନେଶ୍ୱରୀ:

ସମ୍ପୂର୍ଣ୍ଣ ଜଗତର ପାଳନ ପୋଷଣ କର୍ତ୍ତ୍ରୀ ହୋଇଥିବାରୁ ମହାବିଦ୍ୟା ଭୁବନେଶ୍ୱରୀଙ୍କୁ ଜଗତମାତା ଏବଂ ଜଗତଧାତ୍ରୀ ରୂପେ ସମ୍ବୋଧନ କରାଯାଏ। ଦୁର୍ଗମ ନାମକ ଦୈତ୍ୟ କବଳରୁ ସଂସାରକୁ ରକ୍ଷା କରିଥିବାରୁ ସେ ଦୁର୍ଗା ଏବଂ ଶାକମ୍ଭରୀ ନାମରେ ମଧ୍ୟ ନାମିତ ହୋଇଥାନ୍ତି। ଦେବୀଙ୍କ ମସ୍ତକ ଉପରେ ଚନ୍ଦ୍ରମା ସୁଶୋଭିତ। ଚଉଦ ଭୁବନର ସ୍ୱାମିନୀ ହୋଇଥିବାରୁ ସେ ମହାଲକ୍ଷ୍ମୀ ସ୍ୱରୂପା ଏବଂ ପ୍ରକୃତି ସହିତ ସମ୍ବନ୍ଧିତ ହୋଇଥିବାରୁ ସେ ପ୍ରକୃତି ସ୍ୱରୂପା ମଧ୍ୟ। ମହାବିଦ୍ୟା କାଳୀଙ୍କର ରକ୍ତବର୍ଣ୍ଣା ସ୍ୱରୂପକୁ ଗ୍ରହଣ କରିଥିବାରୁ ମାତା ଭୁବନେଶ୍ୱରୀ ଏବଂ କାଳୀ ପ୍ରକୃତରେ ଅଭେଦ ଅଟନ୍ତି। ସେ ତିନି ଲୋକକୁ ତାରଣ କରୁଥିବା କାରଣରୁ ବିଶେଷ ତେଜ, ଅଭୟ ମୁଦ୍ରା ତଥା ତିନି ନେତ୍ରଯୁକ୍ତ ଅଟନ୍ତି ଏବଂ ଶାସନ ସୂଚକ ପ୍ରତୀକ ଅଙ୍କୁଶ ପାଶ ଧାରଣ କରିଥିଲେ ମଧ୍ୟ ସର୍ବଦା ବରଦାନ ମୁଦ୍ରାରେ ବିରାଜିତା। ତାଙ୍କର ସ୍ୱରୂପ ସୌମ୍ୟ ଏବଂ ଅଙ୍ଗରବର୍ଣ୍ଣ ଅରୁଣ ଅଟେ। ଦେବୀ ଭାଗବତ ବର୍ଣ୍ଣିତ ମଣିଦୀପର ଅଧିଷ୍ଠାତ୍ରୀ, 'ହ୍ରୀଂ' ବୀଜମନ୍ତ୍ରର ସ୍ୱରୂପା ଶକ୍ତି, ଭଗବାନ ଶିବଙ୍କର ସମସ୍ତ ଲୀଳା ବିଳାସର ସହଚରୀ, ନିଖିଳ ପପଞ୍ଚର ଆଦି କାରଣ, ସମଗ୍ର ସଂସାରକୁ ପୋଷଣ ପ୍ରଦାନ କାରିଣୀ, ଏବଂ ଜଗତର ଶକ୍ତିରୂପା ଭଗବତୀ ଭୁବନେଶ୍ୱରୀ ହିଁ ଅଟନ୍ତି। ନିମ୍ନ ଶ୍ଲୋକରୁ ମହାବିଦ୍ୟା ଭୁବନେଶ୍ୱରୀଙ୍କ ମହିମା ପ୍ରକଟିତ ହୋଇଥାଏ:

"ଭୁବନାନାଂ ପାଳନତ୍ୱାଦ୍ ଭୁବନେଶୀ ପ୍ରକିର୍ତ୍ତୀତା
ସୃଷ୍ଟି ସ୍ଥିତି କରୀ ଦେବୀ ଭୁବନେଶୀ ପ୍ରକିର୍ତ୍ତୀତା।"
"ଭୁବନେଶୀମହଂ ଧ୍ୟାୟେ ସିନ୍ଦୁରାରୁଣ ବିଗ୍ରହାଂ
ତ୍ରିଲୋଚନା ସ୍ମେରମୁଖୀଂ ଚନ୍ଦ୍ରାର୍ଦ୍ଧକୃତ ଶେଖରାମ୍।
ପୀନ ବକ୍ଷୋରୁହ ଦ୍ୱନ୍ଦାଂ ସର୍ବାଭରଣ ଶୋଭିତାଂ
ମାଣିକ୍ୟରତ୍ନ କୁମ୍ଭସ୍ଥ ସବ୍ୟପାଦାଂ କର ଦ୍ୱୟେ
ବିଭ୍ରତି ରତ୍ନଚଷକଂ ରକ୍ତୋତ୍ପଳ ମଥାଽପି ଚ ।।"
"ଧ୍ୟାୟେଦ୍ ବ୍ରହ୍ମାଦିକାନାଂ କୃତଜନି ଜନାନାଂ ଯୋଗିନୀଂ ଯୋଗଯୋନି
ଦେବାନାଂ ଜୀବନାୟୋଜ୍ଜ୍ୱଳିତ ଜୟ ପରଜ୍ୟୋତି ରୁଗ୍ରାଙ୍ଗଧାତ୍ରୀମ୍।

ଶଙ୍ଖଂଚକ୍ରଂବାଣାନ୍‌ଧନୁରପି ଦଧତାଂ ଦୋଷ୍ଟତୁଷ୍ଟାମ୍ବୁଜାତୈଃ
ମାୟାମାଦ୍ୟାଂ ବିଶିଷ୍ଟାଂ ଭବ ଭବଭୁବନାଂ ଭୁଭବାଭାରଭୂମିମ୍ ॥"
(ଶାକ୍ତ ପ୍ରମୋଦ)

ଏଥିରୁ ପ୍ରମାଣିତ ହୁଏ ଯେ ଦେବୀ ଭୁବନେଶ୍ୱରୀ ଚତୁଃହସ୍ତରେ ଶଙ୍ଖ, ଚକ୍ର, ବାଣ ଓ ଧନୁ ମଧ୍ୟ ଧାରଣ କରିଥାନ୍ତି।

ଦେବୀ ଭୁବନେଶ୍ୱରୀ ସର୍ବଦା ସିଂହ ପୃଷ୍ଠରେ ବିଦ୍ୟମାନ ଥାଆନ୍ତି। ସେ ତ୍ରିଭୁବନ ସୁନ୍ଦରୀ ଏବଂ କ୍ଷୀଣ କଟି ସମ୍ପନ୍ନା ଅଟନ୍ତି। ସେ କାମନା ଓ ଲାଳସାର ବିନାଶ କାରିଣୀ ତଥା ଭକ୍ତର ସକଳ ଅଭୀଷ୍ଟ ସିଦ୍ଧି ପ୍ରଦାନକାରିଣୀ ଅଟନ୍ତି ମଧ୍ୟ। ସେ ସର୍ବଦା ମଙ୍ଗଳମୟୀ ଏବଂ ତ୍ରିଗୁଣର ଆଧାର ଭୂତା ମହାଶକ୍ତି ଅଟନ୍ତି। ଏଣୁ ନିମ୍ନ ଶ୍ଳୋକରେ ତାହାର ବିଶେଷ ବର୍ଣ୍ଣନା କରାଯାଇଛି:

କେଶରୀ ପୃଷ୍ଠେ ମହତି ଗରିଷ୍ଠେ ନିୟତଂ ନିବସତି ବାମା
ଭୁବନ ମନୋହରଂ ସମଧିକ ସୁନ୍ଦର ରୁଚି ରତି ମଧ୍ୟ କ୍ଷମା।
ଦେବୀ କାମ ବିନାଶନ କାରଣମପି ପୁରିତ ଜନକାମା
ଭୁବନେଶ୍ୱରୀ ମହେଶ୍ୱରୀ ଭବସି ଗୁଣତ୍ରୟ ଧାମା ॥
(ଦଶମହାବିଦ୍ୟା ସ୍ତୋତ୍ର)

ମହାବିଦ୍ୟା ଭୁବନେଶ୍ୱରୀଙ୍କ ଧାନମନ୍ତ୍ର:

"ଓଁ ବାଲରବିଦ୍ୟୁତିମିନ୍ଦୁକିରୀଟାଂ ତୁଙ୍ଗକୁଚାଂ ନୟନତ୍ରୟଯୁକ୍ତାମ୍।
ସ୍ମେରମୁଖୀଂ ବରଦାଙ୍କୁଶପାଶାଭୀତିକରାଂ ପ୍ରଭଜେ ଭୁବନେଶୀମ୍ ॥"

୬. ତ୍ରିପୁର ଭୈରବୀ:

ସେ ଆଦ୍ୟାକାଳୀଙ୍କ ସ୍ୱରୂପ ସଦୃଶ। ଦଶମହାବିଦ୍ୟା ମଧ୍ୟସ୍ଥ ବିଦ୍ୟାତ୍ରୟୀ ମଧ୍ୟରେ ଦେବୀ ଭୈରବୀ ପ୍ରଥମ ଓ ପ୍ରମୁଖ ଅଟନ୍ତି। ଦଶମହାବିଦ୍ୟା ତ୍ରିପୁର ଭୈରବୀଙ୍କ ଉପାସନା କଲେ ଇନ୍ଦ୍ରିୟ ବିଜୟ ଏବଂ ସକଳ ଉତ୍କର୍ଷ ପ୍ରାପ୍ତି ହୋଇଥାଏ। ଫଳରେ ସାଧକ, ସମାଜରେ ପ୍ରତିଷ୍ଠିତ ପଦବୀ ଲାଭ ଏବଂ ଯଶ ପ୍ରାପ୍ତ କରିଥାନ୍ତି। ସେ କାଳରାତ୍ରି ମହାବିଦ୍ୟା ରୂପିଣୀ ଏବଂ କାଳ ଭୈରବ ବା ଦକ୍ଷିଣା ମୂର୍ତ୍ତି ଭୈରବଙ୍କ ଶକ୍ତି ଅଟନ୍ତି। କୁହାଯାଇଛି "ବଳଭଦ୍ରସ୍ତୁ ଭୈରବୀ" ଅତଏବ ଦେବୀ,

ବଳଭଦ୍ର ସ୍ୱରୂପିଣୀ। ସୃଷ୍ଟି, ସ୍ଥିତି, ସଂହାର କାହାଣୀ ହେତୁ ସେ ତ୍ରିରୂପା- ପ୍ରପଞ୍ଚସାର ଅନୁଯାୟୀ ଦେବୀ ତ୍ରିମୂର୍ତ୍ତି ଧାରଣ କରିଥିବାରୁ ସେ ତ୍ରିପୁରା ନାମରେ ଖ୍ୟାତ। ତାଙ୍କର ତ୍ରିରୂପକୁ 'ବାଳା, ଭୈରବୀ, ସୁନ୍ଦରୀ' ରୂପେ ବର୍ଣ୍ଣନା କରାଯାଏ। 'ଜ୍ଞାନାର୍ଣ୍ଣବ ତନ୍ତ୍ର' ଅନୁଯାୟୀ ଦେବୀ 'ତ୍ରିବିଧ, ତ୍ରିଶକ୍ତି' ଭାବେ ବର୍ଣ୍ଣିତ- ଏଣୁ ସେ ତ୍ରିପୁରା ନାମ ବହନ କରନ୍ତି। ସେ ବେଦତ୍ରୟୀ ରୂପା ହୋଇଥିବାରୁ ତ୍ରିରୂପା ବୋଲି କଥିତ ହୁଅନ୍ତି। ସେ ରକ୍ତବସ୍ତ୍ରାଛାଦିତା, ପୀନୋନ୍ନତ ପୟୋଧରା, ବିବିଧ ଅଳଂକାର ପରିହିତା, ତ୍ରିନେତ୍ରା ଏବଂ ଚତୁର୍ଭୁଜା। ଦେବୀ ତ୍ରିପୁର ଭୈରବୀଙ୍କ ନିକଟରେ ଯାବତ୍ ଦୋଷାଦୋଷ ଅପରାଧ ଆଦି କ୍ଷମା ଯାଚନା ସକାଶେ ଜଗଦ୍‌ଗୁରୁ ଆଦି ଶଙ୍କରାଚାର୍ଯ୍ୟଙ୍କର ରଚିତ ନିମ୍ନ ଶ୍ଳୋକ ତାତ୍ପର୍ଯ୍ୟପୂର୍ଣ୍ଣ:

"ତ୍ୱଂ କାଳୀ ତ୍ୱଂଞ୍ଚତାରା ତ୍ୱମସି ଗିରିସୁତା ସୁନ୍ଦରୀ ଭୈରବୀତ୍ୱଂ,
ତ୍ୱଂ ଦୁର୍ଗା ଛିନ୍ନମସ୍ତା ତ୍ୱମସିଚ ଭୁବନା ତ୍ୱଂ ହିଃ ଲକ୍ଷ୍ମୀ ଶିବାତ୍ୱଂ।
ଧୂମା ମାତଙ୍ଗିନୀ ତ୍ୱଂ ତ୍ୱମସିଚ ବଗଳା ମଙ୍ଗଳା ହିଙ୍ଗୁଳାଖ୍ୟା,
କ୍ଷନ୍ତବ୍ୟୋମେଽପରାଧଃ ପ୍ରକଟୀତ ବଦନେ କାମରୂପ କରାଳେ।"

ତାଙ୍କର ମହିମା ବର୍ଣ୍ଣନା କରି କୁହାଯାଇଛି:

"ବାରମେକଂ ପଠନ୍ମର୍ତ୍ତ୍ୟୋ ମୁଚ୍ୟତେ ସର୍ବସଂକଟାତ୍।
କିମନ୍ୟଦ୍ ବହୁନା ଦେବୀ ସର୍ବାଭୀଷ୍ଟ ଫଳଂ ଲଭେତ୍ ।।"

ମହାଦେବୀ ତ୍ରିପୁର ଭୈରବୀଙ୍କ ଧ୍ୟାନମନ୍ତ୍ର ନିମ୍ନରୂପେ ଉଲ୍ଲିଖିତ:

"ଉଦ୍ୟଭାନୁସହସ୍ରକାନ୍ତିମରୁଣକ୍ଷୌମାଂ ଶିରୋମାଳିକାଂ
ରକ୍ତାଲିପ୍ତପୟୋଧରାଂ ଜପବଟୀଂ ବିଦ୍ୟାମଭୀତିଂ ବରମ୍।
ହସ୍ତାବ୍‌ଜୈର୍ଦ୍ଦଧତିଂ ତ୍ରିନେତ୍ରବିଲସଦ୍‌ବକ୍ତ୍ରାରବିନ୍ଦଶ୍ରିୟଂ
ଦେବୀଂ ବଦ୍ଧହିମାଂଶୁରତ୍ନମୁକୁଟାଂ ବନ୍ଦେଽରବିନ୍ଦସ୍ଥିତାମ୍ ।।"

୭. ଧୂମାବତୀ:

ସପ୍ତମ ମହାବିଦ୍ୟା ଧୂମାବତୀଙ୍କୁ ପାର୍ବତୀଙ୍କର ସ୍ୱରୂପ ବୋଲି ବର୍ଣ୍ଣନା କରାଯାଏ। ପୁତ୍ରଲାଭ, ଶତ୍ରୁନାଶ ଏବଂ ଧନ ରକ୍ଷା ନିମିତ୍ତ ଧୂମାବତୀଙ୍କ ଆରାଧନା କରାଯାଇଥାଏ। ସେ ବିରୂପା ଏବଂ ଭୟଙ୍କର ହେଲେ ମଧ୍ୟ ଭକ୍ତମାନଙ୍କ କଲ୍ୟାଣ

ପାଇଁ ସଦା ବରଦହସ୍ତା ଅଟନ୍ତି। ଦେବୀ ଧର୍ମ, ଅର୍ଥ, କାମ, ମୋକ୍ଷ ଚତୁର୍ବର୍ଗ ଫଳଦାୟୀ, ସକଳ ଦୁଃଖ ହାରିଣୀ ଦେବୀ ଦଶମହାବିଦ୍ୟା ଅନ୍ତର୍ଗତ 'ବିଦ୍ୟାତ୍ରୟୀ'ମାନଙ୍କ ମଧ୍ୟରେ ତୃତୀୟ ସ୍ଥାନର ଅଧିକାରିଣୀ। ଏଣୁ ସେ ବିଦ୍ୟା ସ୍ୱରୂପିଣୀ। ଦଶମହାବିଦ୍ୟା ଧୂମାବତୀଙ୍କ ସ୍ୱରୂପ ବର୍ଣ୍ଣନା କରି କୁହାଯାଇଛି ସେ ବିବର୍ଣ୍ଣା, ଚଞ୍ଚଳା, ରୁଷ୍ଟା, ବିଶାଳକାୟା, ମଳିନ ବସ୍ତ୍ର ପରିହିତା, ବିବର୍ଣ୍ଣ କେଶା, ରୁକ୍ଷା, ଦନ୍ତହୀନା, ଦୀର୍ଘସ୍ତନୀ, ବିଧବା, ରଥାଗ୍ରରେ କାକ ପକ୍ଷୀ, ରୁକ୍ଷ ନୟନା, କମ୍ପନଶୀଳ ହସ୍ତ, ଗୋଟିଏ ହସ୍ତରେ କୁଲା, ଅନ୍ୟ ହସ୍ତରେ ବରଦ ମୁଦ୍ରା, ପ୍ରଲମ୍ବିତ ନାଶା, କୁଟିଳା, ସର୍ବଦା କ୍ଷୁଧା ଗ୍ରସ୍ତା, ଅତ୍ୟନ୍ତ ଭୟଙ୍କରୀ ଏବଂ କଳହପ୍ରିୟା ଅଟନ୍ତି। ନିମ୍ନସ୍ଥ ଧ୍ୟାନ ମଧ୍ୟରୁ ଦେବୀ ମାତାଙ୍କର ପ୍ରକୃତ ସ୍ୱରୂପ ମଧ୍ୟ ସୁସ୍ପଷ୍ଟ ହୁଏ:

"ବିବର୍ଣ୍ଣାଂଚଞ୍ଚଳା ଦୁଷ୍ଟା, ଦୀର୍ଘାଚ ମଳିନାମ୍ବରା, ବିମୁକ୍ତ କୁନ୍ତଳା ରୁକ୍ଷା, ବିଧବା ବିରାଳ ଦ୍ୱିଜା, କାଳଧ୍ୱଜ ରଥାର ଢ଼ା, ବିଳମ୍ବିତ ପୟୋଧରା, ଶୂର୍ପହସ୍ତାତିରୁକ୍ଷାତ୍ରା, ଧୂତହସ୍ତାବରାନ୍ୱିତା, ପ୍ରବୃଦ୍ଧ ଘୋଣାତୁଭୃଶଂ, କୁଟିଳେକ୍ଷଣା, ଯୁତ୍ ପିପସାର୍ଦ୍ଦିଗନିତ୍ୟଂ ଭୟଦାକଳହାସ୍ପଦା ।"

ତାଙ୍କର ଉତ୍ପତ୍ତି ପ୍ରସଙ୍ଗରେ ଏକ ଆଖ୍ୟାନ ଅନୁଯାୟୀ ଏକଦା ପାର୍ବତୀ ଅକସ୍ମାତ୍ ଅତ୍ୟନ୍ତ କ୍ଷୁଧିତ ହୋଇ ନିଜର କ୍ଷୁଧା ନିବାରଣ ସକାଶେ ମହାଦେବଙ୍କୁ ଗିଳି ଦେଲେ। ଏହାର ଫଳସ୍ୱରୂପ ପାର୍ବତୀଙ୍କ ଶରୀର ମଧ୍ୟରୁ ଧୂମରାଶି ନିସୃତ ହେବାକୁ ଲାଗିଲା। ମହାଦେବ ନିଜର ଶକ୍ତି ଦ୍ୱାରା ଦେବୀଙ୍କ ଭକ୍ଷଣ ସତ୍ତ୍ୱେ ଏଥିରୁ ନିଜ ଶରୀରକୁ ସୁରକ୍ଷିତ କରି ନେଲେ ଏବଂ ଦେବୀଙ୍କ ଉଦ୍ଦେଶ୍ୟରେ କହିଲେ ତୁମ ଶରୀର ଧୂମାବୃତ୍ତ ହେବା କାରଣରୁ ତୁମେ ଧୂମାବତୀ ନାମରେ ଖ୍ୟାତ ହେବ ତଥା ମୋତେ ଭକ୍ଷଣ କରିଥିବା କାରଣରୁ ତୁମେ ବୈଧବ୍ୟ ଦୋଷକୁ ପ୍ରାପ୍ତ ହେବ। ଅନ୍ୟ ଏକ କଥାନୁଯାୟୀ ମହାପ୍ରଳୟ ସମୟରେ ସବୁ କିଛି ନଷ୍ଟ ହୋଇଯାଏ। ଏପରିକି ମହାକାଳ ଶିବ ମଧ୍ୟ ଅନ୍ତର୍ଦ୍ଧାନ ହୋଇଯାନ୍ତି। ଏହି ସମୟରେ କେବଳ ଦେବୀ ଧୂମାବତୀ କାଳଶକ୍ତି ରୂପେ ସ୍ୱୟଂ ଦଣ୍ଡାୟମାନ ରହନ୍ତି। ପ୍ରଳୟ କାଳରେ ସୂର୍ଯ୍ୟ, ଚନ୍ଦ୍ର, ଗ୍ରହ, ନକ୍ଷତ୍ର, ପୃଥିବୀ ସବୁ କିଛି ଲୀନ ହୋଇଯାଆନ୍ତି କେବଳ ଅବଶେଷ ରହେ ଧୂଆଁ ଏବଂ ଭସ୍ମ- କେବଳ ନିରାକାର – ଶୂନ୍ୟ ହିଁ ଶୂନ୍ୟ- ନା ଭଲ, ନା ମନ୍ଦ, ନା ଶୁଦ୍ଧି, ନା ଅଶୁଦ୍ଧି, ନା ଶୁଭ, ନା ଅଶୁଭ- ଧୂମରୂପୀ

କେବଳ ମହାବିଦ୍ୟା ଧୂମାବତୀ ଏକୁଟିଆ ମହାପ୍ରଳୟର ସାକ୍ଷୀ ରୂପେ ବିଦ୍ୟମାନ ରହନ୍ତି । ନିରାକାର ସ୍ୱରୂପିଣୀ ଦେବୀ ରୂପେ- ଏହା ହିଁ ଚରମ ଜ୍ଞାନ, ଶ୍ରେଷ୍ଠ ଜ୍ଞାନ । କେତେକଙ୍କ ମତରେ ଦେବୀ 'ଧୂମ୍ରା ସୁର ନିଶୁଦିନୀ' ଏଣୁ ସେ ଧୂମ୍ରାସୁର ବଧ ସହ ସଂଶ୍ଳିଷ୍ଟ ।

୮. ବଗଳାମୁଖୀ:

ଦଶମହାବିଦ୍ୟା ଅନ୍ତର୍ଗତ ଦେବୀ ବଗଳାମୁଖୀଙ୍କ ସ୍ୱରୂପ ବର୍ଣ୍ଣନା କରି କୁହାଯାଇଛି: ସେ ସମୁଦ୍ର ସ୍ଥିତ ମଣିମୟ ଦ୍ୱୀପ ମଧ୍ୟରେ ଅମୂଲ୍ୟ ରତ୍ନ ଦ୍ୱାରା ସୁସଜ୍ଜିତ ସିଂହାସନ ଉପରେ ବିରାଜମାନା, ତପ୍ତକାଞ୍ଚନ ବର୍ଣ୍ଣା, ଚତୁର୍ଭୁଜା, ତ୍ରିନୟନା, କର୍ଣ୍ଣରେ ସୁବର୍ଣ୍ଣ କୁଣ୍ଡଳ ପରିହିତା, ବିଷ୍ଣୁରୂପା ଜଗନ୍‌ମୋହା ବ୍ରହ୍ମରୂପା ହରିପ୍ରିୟା, ଲଲାଟରେ ଅର୍ଦ୍ଧଚନ୍ଦ୍ର ସୁଶୋଭିତା, ବ୍ରହ୍ମ ସ୍ୱରୂପିଣୀ **(ବ୍ରହ୍ମାସ୍ତ୍ର ରୂପିଣୀ ଦେବୀ ମାତା ଶ୍ରୀ ବଗଳାମୁଖୀ, ଚିତ୍‌ଶକ୍ତି ଜ୍ଞାନରୂପା ଚ ବ୍ରହ୍ମାନନ୍ଦ ପ୍ରଦାୟିନୀ ।)** ପୀତବର୍ଣ୍ଣା ଓ ପୀତବର୍ଣ୍ଣ ପ୍ରିୟା **('ପୀତାମ୍ବା ପୀତପୁଷ୍ପା ଚ ପୀତବସ୍ତ୍ରପ୍ରିୟା ଶୁଭା, ପୀତଗନ୍ଧ ପ୍ରିୟା ରାମା ପୀତରତ୍ନାର୍ଚ୍ଚିତା ଶିବା'-ରୁଦ୍ର ଯାମଳ)** ଯାହାଙ୍କର ସବୁ କିଛି ପୀତବର୍ଣ୍ଣ, ତାଙ୍କୁ କାମପ୍ରିୟା **(କାମପ୍ରିୟା କାମରତା କାମା କାମ ସ୍ୱରୂପିଣୀ),** ନିତ୍ୟସିଦ୍ଧା ରୂପେ ବର୍ଣ୍ଣନା କରାଯାଇଛି । କ୍ଷୀର ସାଗରସ୍ଥ ମଣିମଣ୍ଡପ ମଧ୍ୟସ୍ଥ ରତ୍ନ ବେଦୀରେ ପୀତବର୍ଣ୍ଣା ଦ୍ୱିଭୁଜା ଦେବୀ ବଗଳା ସ୍ୱର୍ଣ୍ଣାଭୂଷଣ ଅଳଂକୃତ ହୋଇ ଉପବିଷ୍ଟ, ଯାହାଙ୍କର ଦକ୍ଷିଣ ହସ୍ତରେ ଶତ୍ରୁମାନଙ୍କୁ ବିଧ୍ୱଂସ ନିମିତ୍ତ ମୁଦ୍‌ଗର ଏବଂ ବାମହସ୍ତରେ ଶତ୍ରୁର ଜିହ୍ୱା ଶୋଭାୟମାନ । ସେ ପ୍ରଣବ ରୂପିଣୀ, ଅଷ୍ଟସିଦ୍ଧି ପ୍ରଦାୟିନୀ, ପରାବିଦ୍ୟା ସ୍ୱରୂପିଣୀ, ଧ୍ୟାନ ସ୍ୱରୂପିଣୀ, କ୍ଷମା, ଧୃତି, ସ୍ମୃତି, ମେଧା ସ୍ୱରୂପିଣୀ, କଳ୍ପବୃକ୍ଷ ସ୍ୱରୂପିଣୀ **(କ୍ଷମା, ଧୃତି ସ୍ମୃତି ମେଧା କଳ୍ପବୃକ୍ଷ ନିବାସିନୀ)** ଅଟନ୍ତି । ନିତ୍ୟତନ୍ତ୍ର ଅନୁଯାୟୀ ସେ ଭଗବାନ ବିଷ୍ଣୁଙ୍କ ମତ୍ସ୍ୟାବତାର ରୂପିଣୀ- **"ମତ୍ସ୍ୟସ୍ତୁ ବଗଳା ଦେବୀ"** ତଥା ବ୍ରହ୍ମା ବିଷ୍ଣୁ ମହେଶ୍ୱର ସ୍ୱରୂପିଣୀ ମଧ- **"ବ୍ରହ୍ମରୂପା ବିଷ୍ଣୁରୂପା ପରଂବ୍ରହ୍ମ ମାହେଶ୍ୱରୀ । ଭବପ୍ରିୟା ଭବୋଭବା ଭବରୂପା ଭବୋତ୍ତମା ।।"** ତାଙ୍କୁ ନୀଳପର୍ବତ ବାସିନୀ ଦେବୀ ସୁଭଦ୍ରା ରୂପେ ମଧ ବର୍ଣ୍ଣନା କରାଯାଏ । **"ଭବାନୀ ଭୈରବୀ ଭୀମା ଭଦ୍ରକାଳୀ ସୁଭଦ୍ରିକାଂ ଦେବୀ**

ନୀଳ ପର୍ବତ ବାସିନୀ।" ଦଶମହାବିଦ୍ୟାମାନଙ୍କ ମଧ୍ୟରେ **"ଧୂମାବତୀ, ବଗଳା, ମାତଙ୍ଗୀ, କମଳା"**- ଏମାନଙ୍କୁ ତମଗୁଣୀ ପ୍ରଧାନା ଦେବୀ ଭାବରେ ଗ୍ରହଣ କରାଯାଏ। ଦେବୀ 'ଅଥର୍ବା ସୂତ୍ର' ରୂପା ଅଟନ୍ତି। ଯାହାଙ୍କର ବୈଦିକ ନାମାନ୍ତରଣ ବଲଗାମୁଖୀ ବା ବଗଳାମୁଖୀ ଅଟେ। ଅଥର୍ବ ସୂତ୍ରର ତାତ୍ତ୍ୱିକ ଅର୍ଥ ହେଲା ଏହା ଏକ ପ୍ରକାର ଆକର୍ଷଣୀ ପ୍ରାଣଶକ୍ତି। ଏହି ଶକ୍ତିର ସର୍ବଶ୍ରେଷ୍ଠ ଦେବୀ ହେଉଛନ୍ତି ବଗଳାମୁଖୀ। ଏହି ଶକ୍ତି ମାଧ୍ୟମରେ ଦେବୀ ସୃଷ୍ଟିର ଯେ କୌଣସି ପ୍ରାନ୍ତରୁ ବା କାରଣରୁ ଉଦ୍ଭୂତ ହେଉଥିବା ବିପଦ, ଆପଦ, ସମସ୍ୟା, ଯେ କୌଣସି ପୀଡ଼ା, ଭୟ, ଶତ୍ରୁତା, ବିଘ୍ନାତ ଆଦିର ପ୍ରଶମନ, ସମାଧାନ ଅଥବା ଦୂରୀକରଣ କରିବାର ଅନନ୍ୟ କ୍ଷମତା ବହନ କରନ୍ତି। ଏଣୁ ଶତ୍ରୁତା ନିବାରଣ, ବଶୀକରଣ, ବିପତ୍ତି ସମାଧାନ, ଦମନୀକରଣ, ସ୍ତମ୍ଭିନୀକରଣ, ଐହିକ ଓ ପରଲୌକିକ ଦୁଃଖ ତାପ, ଅଷ୍ଟସିଦ୍ଧି ପ୍ରାପ୍ତି, ଇନ୍ଦ୍ରଜାଲିକ ବିଦ୍ୟା, ବାକ୍‌ସିଦ୍ଧି ଆଦି ବହୁବିଧ ବିଦ୍ୟାର ସାଧନା ଏବଂ ସେଥିରେ ଅଲୌକିକ ସିଦ୍ଧି ପ୍ରାପ୍ତି ନିମିତ୍ତ ମହାମାୟା ବଗଳାଙ୍କ କାଣିଚାଏ କୃପା ମଧ୍ୟ ଯଥେଷ୍ଟ ବୋଲି ଶାସ୍ତ୍ରମାନଙ୍କରେ ଲିପିବଦ୍ଧ ହୋଇଛି।

ଦଶମହାବିଦ୍ୟାଙ୍କ ପ୍ରାଦୁର୍ଭାବ ରହସ୍ୟ କ୍ରମରେ ଦେବୀ ବଗଳାଙ୍କ ଆବିର୍ଭାବ ପ୍ରସଙ୍ଗ ପ୍ରଥମରୁ ଆଲୋଚିତ ହୋଇଛି। ଆଉ ଏକ ଆଖ୍ୟାନ ଅନୁଯାୟୀ ସତ୍ୟ ଯୁଗରେ ଏକଦା ସୃଷ୍ଟି ବିଧ୍ୱଂସକାରୀ ଏକ ମହାବାତ୍ୟା ଉପସ୍ଥିତ ହେଲା। ଏଥିରେ ସଂସାର ରକ୍ଷା ପାଇଁ ଭଗବାନ ବିଷ୍ଣୁ ଚିନ୍ତାଗ୍ରସ୍ତ ହୋଇ ସୌରାଷ୍ଟ୍ର ହରିଦ୍ରା ସରୋବର ନିକଟରେ ଦେବୀ ତ୍ରିପୁରା ସୁନ୍ଦରୀଙ୍କୁ ତପସ୍ୟା କଲେ। ତ୍ରିପୁରା ସୁନ୍ଦରୀ ପ୍ରସନ୍ନ ହୋଇ ଦେବୀ ବଗଳାମୁଖୀଙ୍କୁ ପ୍ରକଟ କରାଇଲେ। ମହାଶକ୍ତି ବଗଳାମୁଖୀ ନିଜର ବୈଷ୍ଣବୀୟ ତେଜ ଶକ୍ତି ପ୍ରୟୋଗ କରି ସେଇ ମହାବାତ୍ୟାକୁ କ୍ଷଣିକ ମଧ୍ୟରେ ଶାନ୍ତ କରାଇ ଥିଲେ। ବୀରରାତ୍ରି ଯୋଗରେ ଦେବୀଙ୍କର ଦିବ୍ୟ ପ୍ରାଦୁର୍ଭାବ ଘଟିଥିବାରୁ ମାତା ବଗଳା 'ବୀରରାତ୍ରୀ' ରୂପେ ମଧ୍ୟ ସମ୍ବୋଧିତା ହୁଅନ୍ତି। ଦେବୀଙ୍କୁ ପ୍ରସନ୍ନ କରିବା ନିମିତ୍ତ ତାଙ୍କ ଉପାସନାରେ ହଳଦୀ ବା ହଳଦୀବର୍ଣ୍ଣ ଯୁକ୍ତ ବସ୍ତୁର ବ୍ୟବହାର ଅତୀବ ଆବଶ୍ୟକ କାରଣ ସେ ହଳଦୀ ପ୍ରିୟା। ଉପାସନା ସମୟରେ ହଳଦିଆ ବସ୍ତ୍ର ପରିଧାନ, ହଳଦୀବର୍ଣ୍ଣ ଯୁକ୍ତ ପୁଷ୍ପ ଏପରିକି ତାଙ୍କ ଉଦ୍ଦେଶ୍ୟରେ ଜପ ନିମିତ୍ତ ହଳଦୀର ମାଳା (ହରିଦ୍ରା ଗ୍ରନ୍ଥିମାଳା) ବ୍ୟବହୃତ ହୋଇଥାଏ- **"ପୀତାମ୍ବର**

ଧରୋ ଭୂତ୍ୱା ପୂର୍ବାଶାଭିମୁଖଃ ସ୍ଥିତଃ । ଲକ୍ଷମେକଂ ଜପେନ୍ ମନ୍ତ୍ର ହରିଦ୍ରା ଗ୍ରନ୍ଥି ମାଳୟା ।।" ମହାବିଦ୍ୟା ବଗଳାଙ୍କ ଧ୍ୟାନମନ୍ତ୍ର:

"ଜିହ୍ୱାଗ୍ରମାଦାୟ କରେଣ ଦେବୀଂ

ବାମେନ ଶତ୍ରୁନ୍ ପରିପୀଡ଼ୟନ୍ତୀମ୍ ।

ଗଦାଭିଘାତେନ ଚ ଦକ୍ଷିଣେନ

ପୀତାମ୍ବରାଢ୍ୟାଂ ଦ୍ୱିଭୁଜାଂ ନମାମି ।।"

୯. ମାତଙ୍ଗୀ:

ଦେବୀ ମାତଙ୍ଗୀ ଦଶମହାବିଦ୍ୟାଙ୍କ ମଧ୍ୟରେ ନବମ ଦେବୀ ହୋଇଥିବାରୁ ତାଙ୍କୁ 'ନବମୀ' ବୋଲି ସମ୍ବୋଧନ କରାଯାଏ । ଦେବୀ ମତଙ୍ଗ ମୁନିଙ୍କ ପୁତ୍ରୀ ରୂପେ ଖ୍ୟାତ । ମୁନି ମତଙ୍ଗ ଥିଲେ ପବନ ପୁତ୍ର ହନୁମାନଙ୍କ ଗୁରୁ । ଏକଦା ଭଗବାନ ଶିବ ଚାଣ୍ଡାଳ ରୂପ ଧାରଣ କରିଥିଲେ । ମାତଙ୍ଗୀ ଚାଣ୍ଡାଳ ରୂପୀ ଶିବଙ୍କର ପ୍ରିୟତମା ଥିଲେ । ଏଣୁ ମାତଙ୍ଗୀଙ୍କର ଅନ୍ୟନାମ 'ଚାଣ୍ଡାଳୀ' ବା 'ଉଚ୍ଛିଷ୍ଟ ଚାଣ୍ଡାଳୀ' ବୋଲି କୁହାଯାଏ । ପଶୁ, ପକ୍ଷୀ, ବଣ, ଜଙ୍ଗଲ, ବନବାସୀ, ଜନଜାତି, ଆଦିବାସୀ ଆଦିଙ୍କ ସହ ଦେବୀ ସମ୍ବନ୍ଧିତ । ବନବାସୀମାନେ ମଧ୍ୟ ଦେବୀଙ୍କର ପୂଜା ଆରାଧନା କରିଥାନ୍ତି । କୁବ୍ଜିକା ତନ୍ତ୍ର ଅନୁଯାୟୀ 'ମତଙ୍ଗ ନାମକ ରାକ୍ଷସ'କୁ ଏକଦା ଦେବୀ ବଧ କରିଥିଲେ । ଏଣୁ ମାତଙ୍ଗୀ ନାମରେ ସେ ପୂଜିତା ହୁଅନ୍ତି । ଦେବୀ ମାତଙ୍ଗୀ, ସୁନ୍ଦରୀ, ଶ୍ୟାମାଙ୍ଗୀ, ରତ୍ନ ସିଂହାସନ ଆରୂଢ଼ା, ତ୍ରିନୟନା ଓ ଚତୁର୍ଭୁଜା । ତାଙ୍କର ଚାରି ଭୁଜରେ ଖଡ୍‌ଗ, ଖେଟକ, ପାଶ ଓ ଅଙ୍କୁଶ ପ୍ରଭୃତି ଶସ୍ତ୍ରାଦି ଶୋଭାୟମାନ । ଏଣୁ କୁହାଯାଇଛି: **"ଶ୍ୟାମାଙ୍ଗୀ ଶଶିଶେଖରାଂ ତ୍ରିନୟନାଂ ରତ୍ନସିଂହାସନ ସ୍ଥିତାମ୍ । ବେଦୈର୍ବାହୁ ଦଣ୍ଡୈରସି ଖେଟକ ପାଶାଙ୍କୁଶ ଧରାମ୍ ।"**

ଦେବୀ ମାତଙ୍ଗୀଙ୍କ ବହୁବିଧ ନାମ ରହିଛି- ଜ୍ୟେଷ୍ଠ ମାତଙ୍ଗୀ, ରାଜମାତଙ୍ଗୀ, ଚଣ୍ଡମାତଙ୍ଗୀ, ଉଚ୍ଛିଷ୍ଟ ମାତଙ୍ଗୀ, କର୍ଣ୍ଣମାତଙ୍ଗୀ, ବଶ୍ୟମାତଙ୍ଗୀ, ଚାଣ୍ଡାଳୀ, ଉଚ୍ଛିଷ୍ଟ ଚାଣ୍ଡାଳୀ, ଶାରିକାମ୍ବା, ସୁମୁଖୀ ଆଦି ତନ୍ମଧ୍ୟରୁ ବିଶେଷ ଭାବରେ ଖ୍ୟାତି ଲାଭ କରିଛି । ଜଗଜ୍ଜନନୀ ମାତଙ୍ଗୀ ବିଦ୍ୟା ସ୍ୱରୂପିଣୀ ଏବଂ ମୋହରାତ୍ରୀ ରୂପା ଦେବୀ ଅଟନ୍ତି । କୁହାଯାଇଛି: **"ବାୟୌ ଯାତୁ ମହାବିଦ୍ୟା ସେୟଂ ମାତଙ୍ଗୀ ନାମିକା ।"** ଅର୍ଥାତ୍ ଦକ୍ଷଯଜ୍ଞ ଅବସରରେ ପିତାଙ୍କ ଦ୍ୱାରା ମାନସିକ ଭାବରେ

ପ୍ରପୀଡ଼ିତା। ଦେବୀ ସତୀ କ୍ରୋଧିତ ହୋଇ ପଳାୟମାନ ଶିବଙ୍କ ପଥ ଅବରୋଧ କରିବାପାଇଁ ଦଶମହାବିଦ୍ୟାଙ୍କୁ ଉତ୍ପନ୍ନ କରାଇଥିଲେ। ସେହି ସମୟରେ ଦେବୀ ମାତଙ୍ଗୀ ବାୟୁକୋଣରୁ ଦୃଶ୍ୟ ହୋଇଥିଲେ।

ଶାସ୍ତ୍ରର ବର୍ଣ୍ଣନା ଅନୁଯାୟୀ ଦେବୀ ଜ୍ଞାନୀ, ପଣ୍ଡିତ ଓ କବିମାନଙ୍କର ଅତ୍ୟନ୍ତ ପ୍ରିୟା। କାରଣ ସେ ବିଦ୍ୟାର ଅଧିଷ୍ଠାତ୍ରୀ ଦେବୀ ହୋଇଥିବାରୁ ଜ୍ଞାନୀ ପଣ୍ଡିତମାନେ ତାଙ୍କର ସ୍ତୁତି କରି ଅଚିନ୍ତ୍ୟ ଫଳ ଓ ସିଦ୍ଧି ପ୍ରାପ୍ତି କରିଥାନ୍ତି। ଦେବୀଙ୍କ ସ୍ୱରୂପ ବର୍ଣ୍ଣନ ନିମ୍ନ ଶ୍ଲୋକରେ କରାଯାଇଛି:

"ଶବୋପରି ସମାସୀନାଂ ରକ୍ତାମ୍ବର ପରିଚ୍ଛଦାମ୍,
ରକ୍ତାଲଂକାର ସଂଯୁକ୍ତାଂ ଗୁଞ୍ଜାହାର ବିଭୂଷିତାମ୍।
ଷୋଡ଼ଶାବ୍ଦାଂ ଚ ଯୁବତୀ ପୀନୋନ୍ନତ ପୟୋଧରାମ୍,
କପାଳ କର୍ତ୍ତୃକାଂ ହସ୍ତାଂ ପରାଂ ଜ୍ୟୋତିଃ ସ୍ୱରୂପିଣୀମ୍ ।।"

ଅର୍ଥାତ୍ ଦେବୀ ମାତଙ୍ଗୀ ରକ୍ତବର୍ଣ୍ଣ ବସ୍ତ୍ର ଏବଂ ରକ୍ତବର୍ଣ୍ଣ ଅଳଂକାରରେ ଆବୃତ ତଥା ଶବାସନା ଅଟନ୍ତି। ସେ ସଦାସର୍ବଦା ନିତ୍ୟ ଯୌବନା ଓ ବ୍ରହ୍ମସ୍ୱରୂପା ତଥା ଗଳାରେ ଗୁଞ୍ଜମାଳା ଦ୍ୱାରା ପରିଶୋଭିତା ଅଟନ୍ତି। ସେ ପୀନୋନ୍ନତ ପୟୋଧରା, କ୍ଷମା ସ୍ୱରୂପିଣୀ ତଥା ଜ୍ଞାନଜ୍ୟୋତି ପ୍ରଦାୟିନୀ ପରଂବ୍ରହ୍ମ ଅଟନ୍ତି। **"ଓଁ ମାତଙ୍ଗ୍ୟୈ ଚ ବିଦ୍ମହେ ଉଚ୍ଛିଷ୍ଟ ଚାଣ୍ଡାଲ୍ୟୈ ଚ ଧୀମହି ତନ୍ନୋଦେବୀ ପ୍ରଚୋଦୟାତ୍।"**- ଦେବୀଙ୍କର ଏହି ଗାୟତ୍ରୀ ମନ୍ତ୍ର ଜପ ଦ୍ୱାରା ସାଧକ ଅସାଧ ସିଦ୍ଧି ପ୍ରାପ୍ତି କରିପାରେ। ବୌଦ୍ଧ ଧର୍ମରେ ଦେବୀ ମାତଙ୍ଗୀଙ୍କୁ 'ମାତାଗିରୀ' ନାମରେ ପୂଜା ଉପାସନା କରାଯାଏ। ମହାବିଦ୍ୟା ମାତଙ୍ଗୀଙ୍କ ଧ୍ୟାନମନ୍ତ୍ର:

"ମାଣିକ୍ୟବୀଣାମୁପଲାଳୟନ୍ତୀଂ
ମଦାଳସାଂ ମଞ୍ଜୁଲବାଗ୍ୱିଳାସାମ୍।
ମହେନ୍ଦ୍ରନୀଳଦ୍ୟୁତିକୋମଳାଙ୍ଗୀଂ
ମତଙ୍ଗକନ୍ୟାଂ ମନସା ସ୍ମରାମି ।।"

୧୦. କମଳା:

ଦଶମହାବିଦ୍ୟାଙ୍କ ମଧ୍ୟରେ ସର୍ବଶେଷ ଦେବୀ କମଳା ନାମରେ ଖ୍ୟାତ।

ଦେବୀ କମଳା ଜଗତରେ ପାଳନକର୍ତ୍ତା ଭଗବାନ ବିଷ୍ଣୁଙ୍କ ପତ୍ନୀ ଅଟନ୍ତି। ଶ୍ରୀମଦ୍ ଭାଗବତସ୍ଥ ଅଷ୍ଟମ ସ୍କନ୍ଦରେ ଦେବୀ କମଳାଙ୍କ ଉତ୍ପତ୍ତି ପ୍ରସଙ୍ଗ ବର୍ଣ୍ଣିତ। ଏକଦା ଦେବତା ଓ ଦାନବମାନେ ମିଳିତ ଭାବରେ ସମୁଦ୍ର ମନ୍ଥନ କରିଥିଲେ। ଫଳରେ ସମୁଦ୍ର ଗର୍ଭରୁ ୧୮ଗୋଟି ରତ୍ନ ପ୍ରାପ୍ତ ହୋଇଥିଲା। ତନ୍ମଧ୍ୟରୁ ଦେବୀ ଲକ୍ଷ୍ମୀ (କମଳା) ଅନ୍ୟତମ ଥିଲେ। ଯିଏକି ଭଗବାନ ବିଷ୍ଣୁଙ୍କ ପାଣିଗ୍ରହଣ କରିଥିଲେ। ସେ ଧନ, ଧାନ୍ୟ, ସୌଭାଗ୍ୟ ଆଦି ସମ୍ପଦର ଅଧିଷ୍ଠାତ୍ରୀ ଦେବୀ ଅଟନ୍ତି। ସେ ମହର୍ଷି ଭୃଗୁଙ୍କ କନ୍ୟା ବୋଲି ଶାସ୍ତ୍ରରେ ପ୍ରମାଣ ରହିଛି। ଦେବୀ କମଳା ହିଁ ସ୍ୱର୍ଗରାଜ୍ୟର ରାଜା ଇନ୍ଦ୍ର ଏବଂ ଦେବତାମାନଙ୍କ ଧନ ସମ୍ପତ୍ତିର ରକ୍ଷକ କୁବେର ଉଭୟଙ୍କର ଯଥାକ୍ରମେ ରାଜସତ୍ତା ତଥା ବୈଭବ ସତ୍ତା ପ୍ରାପ୍ତିର କାରଣ ଅଟନ୍ତି। ଦେବୀ ମହାଲକ୍ଷ୍ମୀଙ୍କର ପ୍ରାଦୁର୍ଭାବ ସମ୍ବନ୍ଧରେ ଶ୍ରୀ ଶ୍ରୀ ଚଣ୍ଡୀ ସ୍ଥିତ 'ବୈକୃତିକଂ ରହସ୍ୟମ୍'ରେ ଅନ୍ୟ ଏକ ତଥ୍ୟ ଦୃଷ୍ଟିଗୋଚର ହୁଏ।

"ସର୍ବଦେବଶରୀରେଭ୍ୟୋ ଯାଽଽବିର୍ଭୂତାମିତପ୍ରଭା।
ତ୍ରିଗୁଣା ସା ମହାଲକ୍ଷ୍ମୀଃ ସାକ୍ଷାନ୍ମହିଷମର୍ଦ୍ଦିନୀ ॥୭॥"

ଅର୍ଥାତ୍ ସମସ୍ତ ଦେବତାଙ୍କ ଅଙ୍ଗରୁ ଯାହାଙ୍କର ପ୍ରାଦୁର୍ଭାବ ହୋଇଥିଲା; ସେ ଅନନ୍ତ କାନ୍ତିଯୁକ୍ତ ସାକ୍ଷାତ୍ ମହାଲକ୍ଷ୍ମୀ ଅଟନ୍ତି। ତାହାଙ୍କୁ ତ୍ରିଗୁଣମୟୀ ପ୍ରକୃତି କହନ୍ତି ତଥା ସେ ମହିଷାସୁରର ମର୍ଦ୍ଦନକାରିଣୀ ଅଟନ୍ତି। ଦୀପାବଳୀ ଦିନ ମାତାକାଳୀ ଓ କମଳାଙ୍କର ପୂଜା ଅନୁଷ୍ଠିତ ହୁଏ। ଏହି କମଳା ହିଁ ଧନ ବୈଭବର ଅଧିଷ୍ଠାତ୍ରୀ ମହାଲକ୍ଷ୍ମୀ ଅଟନ୍ତି। ଶୈବମାନେ କାଳୀ ଓ ବୈଷ୍ଣବମାନେ କମଳାଙ୍କର ଉପାସନା କରିଥାନ୍ତି। ଦେବୀ କମଳାଙ୍କର ସ୍ୱରୂପ ବର୍ଣ୍ଣନା ନିମ୍ନୋକ୍ତ ତାଙ୍କ ଧ୍ୟାନମନ୍ତ୍ରରୁ ପ୍ରାପ୍ତ ହୋଇଯାଏ:

"କାନ୍ତ୍ୟାକାଞ୍ଚନ ସଂନ୍ନିଭାଂ ହିମଗିରି- ପ୍ରଖ୍ୟୈଶ୍ଚତୁର୍ଭିର୍ଗଜୈ
ର୍ହସ୍ତୋତ୍କ୍ଷିପ୍ତହିରଣ୍ମୟାମୃତଘଟୈରାସିଚ୍ୟମାନାଂ ଶ୍ରିୟମ୍।
ବିଭ୍ରାଣାଂ ବରମବ୍ଜଯୁଗ୍ମମଭୟଂ ହସ୍ତୈଃ କିରୀଟୋଜ୍ଜ୍ୱଳାଂ,
କ୍ଷୌମା ବଦ୍ଧନିତମ୍ବବିମ୍ବଲଳିତାଂ ବନ୍ଦେଽରବିନ୍ଦସ୍ଥିତାମ୍ ॥"

ଯାହାର ଅର୍ଥ ହେଲା ଶୁଦ୍ଧ ସୁବର୍ଣ୍ଣ ସ୍ୱରୂପା ଚତୁର୍ଭୁଜା ଦେବୀମାତା ସହସ୍ରଦଳ ପ୍ରସ୍ଫୁଟିତ କମଳ ଉପରେ ଆସୀନା ଅଛନ୍ତି। ତାଙ୍କର ବାମଭୁଜ ଦ୍ୱୟ ପଦ୍ମଯୁକ୍ତ

ଏବଂ ଦକ୍ଷିଣଭୁଜ ଦ୍ୱୟ ଅଭୟ ତଥା ବରଦ ମୁଦ୍ରାରେ ସୁଶୋଭିତା ଅଟେ। ଚାରୋଟି ଗଜ ହେମକୁମ୍ଭ ଦ୍ୱାରା ଦେବୀମାତାଙ୍କୁ ଅଭିଷିକ୍ତ କରାଉଅଛନ୍ତି। ମସ୍ତକରେ ଉଜ୍ଜ୍ୱଳ କିରୀଟ ପରିଶୋଭିତା ଦେବୀ ଅତ୍ୟନ୍ତ ମନୋହାରୀ ଏବଂ ନିଶ୍ଚିତ ରୂପେ ଅର୍ଚ୍ଚନା ଯୋଗ୍ୟା ଅଟନ୍ତି।

ଶ୍ରୀ ଶ୍ରୀ ଚଣ୍ଡୀ ଅନ୍ତର୍ଗତ 'ବୈକୃତିକଂ ରହସ୍ୟମ୍'ର ବର୍ଣ୍ଣନା ଅନୁଯାୟୀ:

"ଅଷ୍ଟାଦଶଭୁଜା ପୂଜ୍ୟା ସା ସହସ୍ରଭୁଜା ସତୀ।
ଆୟୁଧାନ୍ୟତ୍ର ବକ୍ଷନ୍ତେ ଦକ୍ଷିଣାଧଃକରକ୍ରମାତ୍ ॥
ଅକ୍ଷମାଳା ଚ କମଳଂ ବାଣୋଽସିଃ କୁଳିଶଂ ଗଦା।
ଚକ୍ରଂ ତ୍ରିଶୂଳଂ ପରଶୁଃ ଶଙ୍ଖୋ ଘଣ୍ଟା ଚ ପାଶକଃ ॥
ଶକ୍ତିର୍ଦଣ୍ଡଶ୍ଚର୍ମ ଚାପଂ ପାନପାତ୍ରଂ କମଣ୍ଡଳୁଃ।
ଅଳଂକୃତଭୁଜାମେଭିରାୟୁଧୈଃ କମଳାସନାମ୍ ॥
ସର୍ବଦେବମୟୀମୀଶାଂ ମହାଲକ୍ଷ୍ମୀମିମାଂ ନୃପ।
ପୂଜୟେତ୍ସର୍ବଲୋକାନାଂ ସ ଦେବାନାଂ ପ୍ରଭୁର୍ଭବେତ୍ ॥"

(୧୦-୧୩)

ଅର୍ଥାତ୍ ଯଦ୍ୟପି ତାଙ୍କର (ମହାଲକ୍ଷ୍ମୀଙ୍କର) ହଜାର ହଜାର ବାହୁ ରହିଛି, ତଥାପି ତାଙ୍କୁ ଅଷ୍ଟାଦଶ ବାହୁଯୁକ୍ତା ସ୍ୱୀକାର କରି ତାଙ୍କୁ ପୂଜା କରିବା ଉଚିତ। ବର୍ତ୍ତମାନ ତାଙ୍କର ଦକ୍ଷିଣ ପାର୍ଶ୍ୱର ନିମ୍ନବାହୁ ଠାରୁ ବାମପାର୍ଶ୍ୱର ନିମ୍ନବାହୁ ପର୍ଯ୍ୟନ୍ତ କ୍ରମଶଃ ଯେଉଁ ଅସ୍ତ୍ର ରହିଛି ସେ ସବୁର ବର୍ଣ୍ଣନା କରାଯାଉଛି। ॥୧୦॥ ଅକ୍ଷମାଳା, କମଳ, ବାଣ, ଖଡ୍ଗ, ବଜ୍ର, ଗଦା, ଚକ୍ର, ତ୍ରିଶୂଳ, ପରଶୁ, ଶଙ୍ଖ, ଘଣ୍ଟା, ପାଶ, ଶକ୍ତି, ଦଣ୍ଡ, ଢାଲ, ଧନୁ, ପାନପତ୍ର ଏବଂ କମଣ୍ଡଳୁ- ଏହି ଆୟୁଧମାନ ଦ୍ୱାରା ତାଙ୍କର ବାହୁ ସବୁ ବିଭୂଷିତ ହୋଇଛି। ସେ କମଳ ଆସନରେ ବିରାଜମାନ କରିଛନ୍ତି। ସେ ସର୍ବ ଦେବମୟୀ ଓ ସମସ୍ତଙ୍କର ଈଶ୍ୱରୀ ଅଟନ୍ତି। ହେ ରାଜନ୍! ଯିଏ ଏହି ମହାଲକ୍ଷ୍ମୀ ଦେବୀଙ୍କୁ ପୂଜା କରନ୍ତି; ସେ ସକଳ ସଂସାର ତଥା ଦେବତାମାନଙ୍କ ସ୍ୱାମୀ ହୁଅନ୍ତି। ॥୧୦-୧୩॥

ତାଙ୍କୁ ବାସ୍ତବରେ ଶ୍ରୀ, ପଦ୍ମା, ଲକ୍ଷ୍ମୀ, କମଳା, ପଦ୍ମମାଳିନୀ, ପଦ୍ମାଳୟା, ନିତ୍ୟ, ନିର୍ଦ୍ଦୋଷ, ନିରବୟବ, ସୀମାତୀତ, ମହାବିଷ୍ଣୁଙ୍କ ଅହଂତା ନାମକ ଶକ୍ତି ବା

ନାରାୟଣୀ ଶକ୍ତି ଅଥବା ପରମା ସନାତନୀ ଶକ୍ତି। ପରଂବ୍ରହ୍ମ ସ୍ୱରୂପିଣୀ, ତ୍ରୈଲୋକ୍ୟ ମାତା ନାମରେ ଆଖ୍ୟାୟିତ କରାଯାଏ। ସେ ମହାରାତ୍ରି ଶୁଦ୍ଧ ବିଦ୍ୟା ସ୍ୱରୂପିଣୀ, ଧନଧାନ୍ୟ ପ୍ରଦାତ୍ରୀ, ଶ୍ରୀଦାତ୍ରୀ, ସୌଭାଗ୍ୟ ପ୍ରଦାୟିନୀ ଅଟନ୍ତି। ଦେବୀ ନିଜର ସମ୍ପୂର୍ଣ୍ଣ ସ୍ୱରୂପ, ଐଶ୍ୱର୍ଯ୍ୟ ଏବଂ ମାଧୁର୍ଯ୍ୟରେ ବିଦ୍ୟା ଓ ଅବିଦ୍ୟା ଉଭୟ ଅଟନ୍ତି। "ବିଦ୍ୟାହମବିଦ୍ୟାହମ୍।" (ଶ୍ରୀ ଦେବ୍ୟଥର୍ବ ଶୀର୍ଷ)। ବିଦ୍ୟା ଅର୍ଥ ମୁକ୍ତି ବା ମୋକ୍ଷ ରୂପୀ ଜ୍ଞାନ। କେତେକ ଶାସ୍ତ୍ରରେ ମୋକ୍ଷ ପ୍ରଦାନ ଉଭୟ ଲକ୍ଷ୍ମୀ-ନାରାୟଣଙ୍କ ଦ୍ୱାରା ସମ୍ପନ୍ନ ହୋଇଥାଏ ବୋଲି ଉଲ୍ଲେଖ ରହିଛି। ସୃଷ୍ଟି, ସ୍ଥିତି, ସଂହାର, ତିରୋଭାବ ଏବଂ ଅନୁଗ୍ରହ- ଏହି ପଞ୍ଚ କାର୍ଯ୍ୟ ମହାଲକ୍ଷ୍ମୀଙ୍କ ଦ୍ୱାରା ସମ୍ପନ୍ନ ହୋଇଥାଏ। ଏଥିରୁ ଅନୁଗ୍ରହ (ଜୀବ ପ୍ରତି) ଶବ୍ଦ ମୋକ୍ଷ ଅର୍ଥରେ ବ୍ୟବହୃତ। ସେ ନାରାୟଣଙ୍କର ଶକ୍ତି ସ୍ୱରୂପା ଅଟନ୍ତି। ଏଣୁ ପରଂବ୍ରହ୍ମ ନାରାୟଣ ଓ ମହାଲକ୍ଷ୍ମୀ ତତ୍ତ୍ୱ ରୂପରେ ଏକ ଓ ଅଭିନ୍ନ ଅଟନ୍ତି। ଭଗବାନ ନାରାୟଣଙ୍କର ପ୍ରତ୍ୟେକଟି କାର୍ଯ୍ୟର ପୃଷ୍ଠ ଭାଗରେ ମହାଲକ୍ଷ୍ମୀଙ୍କର ଶକ୍ତି ଲୁକ୍‌କାୟିତ। ମହାବିଦ୍ୟା କମଳାଙ୍କ ସମ୍ବନ୍ଧରେ ମାର୍କଣ୍ଡେୟ ପୁରାଣ, ପଦ୍ମପୁରାଣ, ଶ୍ରୀବିଷ୍ଣୁ ପୁରାଣ, ଗରୁଡ଼ ପୁରାଣ, କମଳାତନ୍ତ୍ର, ବ୍ରହ୍ମ ବୈବର୍ତ୍ତ ପୁରାଣ, ଶ୍ରୀ କମଳା ନିତ୍ୟାର୍ଚ୍ଚନ, କୂର୍ମପୁରାଣ, ଶ୍ରୀକମଳା କଳ୍ପତରୁ, ଶାକ୍ତ ପ୍ରମୋଦ, ତନ୍ତ୍ରସାର ଆଦି ଆଧ୍ୟାତ୍ମିକ ଗ୍ରନ୍ଥ ମାନଙ୍କରେ ବିଶେଷ ଭାବରେ ଉଲ୍ଲେଖ ଥିବାର ଦୃଷ୍ଟିଗୋଚର ହୁଏ। ତ୍ରିଗୁଣମୟୀ ପରମେଶ୍ୱରୀ ମହାଲକ୍ଷ୍ମୀ ହିଁ ସମସ୍ତ ସୃଷ୍ଟିର ଆଦି କାରଣ ଅଟନ୍ତି। ସେ ହିଁ ଦୃଶ୍ୟ ଓ ଅଦୃଶ୍ୟ ରୂପରେ ସମ୍ପୂର୍ଣ୍ଣ ବିଶ୍ୱକୁ ବ୍ୟାପ୍ତ ହୋଇ ସ୍ଥିତ ରହିଛନ୍ତି: **"ସର୍ବସ୍ୟାଦ୍ୟା ମହାଲକ୍ଷ୍ମୀସ୍ତ୍ରିଗୁଣା ପରମେଶ୍ୱରୀ। ଲକ୍ଷ୍ୟାଲକ୍ଷ୍ୟ ସ୍ୱରୂପା ସା ବ୍ୟାପ୍ୟକୃତ୍ସ୍ନଂ ବ୍ୟବସ୍ଥିତା।"** (ପ୍ରାଧାନିକ ରହସ୍ୟମ୍-୪) ସର୍ବପ୍ରଥମେ ବିଷ୍ଣୁ, ଆଦ୍ୟାଶକ୍ତି ଲକ୍ଷ୍ମୀଙ୍କ ଉପାସନା ଚୈତ୍ର ମାସରେ କରିଥିଲେ। ବ୍ରହ୍ମା, ଇନ୍ଦ୍ର, କୁବେର ଆଦି ଦେବତାମାନେ ଭାଦ୍ରବ ମାସରେ ଏବଂ ମହର୍ଷି ମନୁ ପୌଷ ସଂକ୍ରାନ୍ତିରେ ଲକ୍ଷ୍ମୀଙ୍କ ଅର୍ଚ୍ଚନା କରିଥିବାରୁ ଏହି ତିନିମାସ ଲକ୍ଷ୍ମୀ ପୂଜା ପାଇଁ ପ୍ରଶସ୍ତ ବୋଲି କୁହାଯାଏ। ଦେବୀ ମହାଲକ୍ଷ୍ମୀଙ୍କ କୃପା ପ୍ରାପ୍ତି ପାଇଁ ତାଙ୍କର ଗାୟତ୍ରୀ ଜପ ଅନନ୍ୟ ଫଳଦାୟୀ ଯାହା ନିମ୍ନରେ ପ୍ରଦତ୍ତ ହେଲା:

"ଓଁ ମହାଲକ୍ଷ୍ମ୍ୟୈ ଚ ବିଦ୍ମହେ
ବିଷ୍ଣୁପତ୍ନ୍ୟୈ ଚ ଧୀମହି, ତନ୍ନୋ ଲକ୍ଷ୍ମୀଃ ପ୍ରଚୋଦୟାତ୍।"

ଶକ୍ତି ଉପାସନା ଓ ବୈଦିକ ଦେବୀତତ୍ତ୍ୱ : ୧୦୦

ବାସ୍ତବରେ ଭଗବତୀ ମହାଲକ୍ଷ୍ମୀଙ୍କ ସାମାନ୍ୟ ଅନୁକମ୍ପା ପ୍ରାପ୍ତି ଓ ଅପାର ମହିମା ଦ୍ୱାରା ଭକ୍ତ କୃତାର୍ଥ ହୋଇଯାଏ । କେବଳ ମନୁଷ୍ୟ କାହିଁକି ଦେବତା, ରାକ୍ଷସ, ସିଦ୍ଧ, ଗନ୍ଧର୍ବ ଆଦି ସମସ୍ତେ ଦୟାମୟୀ ଦେବୀଙ୍କ କୃପା ପ୍ରାପ୍ତି ନିମିତ୍ତ ସର୍ବଦା ଲାଳାୟିତ ରହନ୍ତି । ବୈଷ୍ଣବାଚାରୀ, ଦକ୍ଷିଣାଚାରୀ, ବାମାଚାରୀ, ବେଦାଚାରୀ, ଶୈବାଚାରୀ ସମସ୍ତେ ନିଜ ନିଜ ପଦ୍ଧତି ଅନୁଯାୟୀ ଦେବୀ ମାତାଙ୍କ ପୂଜାର୍ଚ୍ଚନା କରିଥାନ୍ତି । ଦେବୀ ମହାଲକ୍ଷ୍ମୀଙ୍କୁ ପ୍ରସନ୍ନ କରିବା ନିମିତ୍ତ ପୂଜାପଦ୍ଧତି, ମନ୍ତ୍ର, ଯନ୍ତ୍ର ଯେତିକି ଆବଶ୍ୟକ ତା'ଠାରୁ ଅଧିକ ଆବଶ୍ୟକତା ରହିଛି ସମ୍ପୂର୍ଣ୍ଣ ଶରଣାଗତି, ସର୍ବସ୍ୱାର୍ପଣ ଶ୍ରଦ୍ଧା ଏବଂ ଐକାନ୍ତିକ ଭକ୍ତି ଏବଂ ହାର୍ଦ୍ଦିକ ନିଷ୍ଠାର ଯଦ୍ୱାରା ଦେବୀମାତାଙ୍କର ପ୍ରତ୍ୟକ୍ଷ ଆଶୀର୍ବାଦ ପ୍ରାପ୍ତି ଘଟିଥାଏ । ଆସନ୍ତୁ ଦେବୀ ମାତା ମହାଲକ୍ଷ୍ମୀଙ୍କୁ ପ୍ରାର୍ଥନା କରିବା:

"ଯା ସା ପଦ୍ମାସନସ୍ଥା ବିପୁଳକଟିତଟୀ ପଦ୍ମପତ୍ରାୟତାକ୍ଷୀ
ଗମ୍ଭୀରାବର୍ତନାଭିସ୍ତନଭରନମିତା ଶୁଭ୍ରବସ୍ତ୍ରୋତ୍ତରୀୟା ।
ଯା ଲକ୍ଷ୍ମୀର୍ଦିବ୍ୟରୂପୈର୍ମଣିଗଣଖଚିତୈଃ ସ୍ନାପିତାହେମକୁମ୍ଭୈଃ
ସା ନିତ୍ୟଂ ପଦ୍ମହସ୍ତା ମମ ବସତୁ ଗୃହେ ସର୍ବମାଙ୍ଗଲ୍ୟଯୁକ୍ତା ॥"

ହିମାଚଳ ପ୍ରଦେଶର ଦଶହରା ପର୍ବ (ପୃ.୧୨୦)

ଆମ ପର୍ବପର୍ବାଣି ଓ ଓଷାବ୍ରତ ମଧ୍ୟରେ ଶାକ୍ତ ଉପାସନାର ସମୃଦ୍ଧ ପରମ୍ପରା

ଆମ ସଂସ୍କୃତିରେ ବାର ମାସରେ ତେର ପର୍ବ ଅନୁଷ୍ଠିତ ହୁଏ । ପର୍ବପର୍ବାଣି ଏବଂ ଓଷାବ୍ରତ ମାଧ୍ୟମରେ ସମାଜ ମଧ୍ୟରେ ନୈତିକ ଚେତନା, ଭକ୍ତି ଓ ଶ୍ରଦ୍ଧାଭାବ, ଜଗତର ସ୍ରଷ୍ଟା ପରଂବ୍ରହ୍ମଙ୍କ ପ୍ରତି ଆଧ୍ୟାତ୍ମିକ ଅନୁରକ୍ତି, ସମର୍ପଣ ଓ ମୂଲ୍ୟବୋଧ ପ୍ରତିଷ୍ଠିତ ହୋଇଥାଏ । ବ୍ୟକ୍ତିର ଶ୍ରଦ୍ଧାନୁଯାୟୀ ଭିନ୍ନ ଭିନ୍ନ ଦେବାଦେବୀଙ୍କ ଉଦ୍ଦେଶ୍ୟରେ ପର୍ବପର୍ବାଣି ଅନୁଷ୍ଠିତ ହେଉଥିଲେ ମଧ୍ୟ ଏସବୁ ମଧ୍ୟରେ ଶାକ୍ତ ଉପାସନାର ପ୍ରାବଲ୍ୟ ଦୃଷ୍ଟିଗୋଚର ହୁଏ । ବୈଦିକ, ବୈଷ୍ଣବ, ଶୈବ, ଶାକ୍ତ, ଗାଣପତ୍ୟ, ବାମାଚାର, ଦକ୍ଷିଣାଚାର ଆଦି ଯେ କୌଣସି ମତ ସମ୍ପ୍ରଦାୟ ନିର୍ବିଶେଷରେ ସମସ୍ତେ ଶକ୍ତି ଉପାସନାକୁ ମହତ୍ତ୍ୱ ଓ ଶ୍ରେଷ୍ଠତ୍ୱ ପ୍ରଦାନ କରିଥାଆନ୍ତି । କାରଣ ଯୁଗେ ଯୁଗେ ମାତୃଶକ୍ତି ହିଁ ସମଗ୍ର ସୃଷ୍ଟିର ସର୍ଜନା, ପାଳନ ଓ ସଂହାରର କାରଣ ହୋଇ ଆସିଛି । ଏଣୁ କୁହାଯାଇଛି:

"ତ୍ୱମେବ ସନ୍ଧ୍ୟା ସାବିତ୍ରୀ ତ୍ୱଂ ଦେବି ଜନନୀ ପରା ।
ତ୍ୱୟୈତଦ୍ଧାର୍ଯ୍ୟତେ ବିଶ୍ୱଂ ତ୍ୱୟୈତତ୍ସୃଜ୍ୟତେ ଜଗତ୍ ॥
ତ୍ୱୟୈତତ୍ପାଲ୍ୟତେ ଦେବି ତ୍ୱମସ୍ୟନ୍ତେ ଚ ସର୍ବଦା ।
ବିସୃଷ୍ଟୌ ସୃଷ୍ଟିରୂପା ତ୍ୱଂ ସ୍ଥିତିରୂପା ଚ ପାଳନେ ॥"

(ଶ୍ରୀଦୁର୍ଗା ସପ୍ତଶତୀ ୧-୭୫-୭୬)

ଅର୍ଥାତ୍ ହେ ଦେବି ! ତୁମେ ସନ୍ଧ୍ୟା, ସାବିତ୍ରୀ ଏବଂ ପରମ ଜନନୀ ଅଟ । ହେ ଦେବି ! ତୁମେ ଏହି ବିଶ୍ୱ ବ୍ରହ୍ମାଣ୍ଡକୁ ଧାରଣ କରିଛ । ତୁମେ ଏହି ଜଗତକୁ ସୃଷ୍ଟି କରିଛ । ତୁମେ ହିଁ ଏହାକୁ ପାଳନ କରୁଛ । ଏବଂ ସର୍ବଦା ତୁମ୍ଭେ ହିଁ କଳ୍ପର ଶେଷରେ ସବୁକୁ ନିଜେ ଗ୍ରାସ କରୁଛ ହେ ଜଗନ୍ମୟୀ ଦେବୀ ! ଏହି ଜଗତର ଉତ୍ପତ୍ତି ସମୟରେ ତୁମ୍ଭେ ସୃଷ୍ଟିରୂପା ଅଟ । ପାଳନ କାଳରେ ସ୍ଥିତିରୂପା ଅଟ । **"ତଥା ସଂହୃତିରୂପାନ୍ତେ ଜଗତୋଽସ୍ୟ ଜଗନ୍ମୟେ ।"** କଳ୍ପାନ୍ତ ସମୟରେ ତୁମେ ହିଁ ସଂହାର ରୂପ ଧାରଣ କରିଥାଅ । (ଶ୍ରୀ ସପ୍ତଶତୀ ୧/୭୭) ସେ ତ୍ରିଶକ୍ତି,

ଷଷ୍ଠମାତୃକା, ସପ୍ତମାତୃକା, ଅଷ୍ଟମାତୃକା, ନବଦୁର୍ଗା, ଦଶମହାବିଦ୍ୟା, ଷୋଡ଼ଶ ମାତୃଗଣ, ଅଷ୍ଟାଦଶ ମାତୃକା, ସପ୍ତବିଂଶ ବିଦ୍ୟା, ପଞ୍ଚାଶତ ରୁଦ୍ରଶକ୍ତି, ପଞ୍ଚାଶତ ବିଷ୍ଣୁଶକ୍ତି, ଚଉଷଠି ଯୋଗିନୀ, ଜୟନ୍ତୀ, ମଙ୍ଗଳା, କାଳୀ, ଭଦ୍ରକାଳୀ, କପାଳିନୀ, ଦୁର୍ଗା, କ୍ଷମା, ଶିବା, ଧାତ୍ରୀ, ସ୍ୱାହା, ସ୍ୱଧା, ରାଧା, ଲକ୍ଷ୍ମୀ, ପାର୍ବତୀ, ଚଣ୍ଡିକା, ଅମ୍ବିକା, ସତୀ, ସାଧ୍ୱୀ, ଭବପ୍ରୀତା, ଭବାନୀ, ଭବମୋଚନୀ, ଆର୍ଯ୍ୟା, ଜୟା, ଆଦ୍ୟା, ତ୍ରିନେତ୍ରା, ଶୂଳଧାରିଣୀ, ପିନାକ ଧାରିଣୀ, ଚିତ୍ରା, ଚଣ୍ଡଘଣ୍ଟା, ମହାତପାଃ, ମନ, ବୁଦ୍ଧି, ଅହଂକାର, ଚିତ୍ତରୂପା, ଚିତା, ଚିତିଃ, ସର୍ବମନ୍ତ୍ରମୟୀ, ସତ୍ତା, ସତ୍ୟାନନ୍ଦ, ସ୍ୱରୂପିଣୀ, ଅନନ୍ତା, ଭାବିନୀ, ଭାବ୍ୟା, ଭବ୍ୟା, ଅଭବ୍ୟା, ସଦାଗତି, ଶାମ୍ଭବୀ, ଦେବମାତା, ଚିନ୍ତା, ରତ୍ନପ୍ରିୟା, ସର୍ବବିଦ୍ୟା, ଦକ୍ଷକନ୍ୟା, ବୈଷ୍ଣବୀ, ବନଦୁର୍ଗା, ଅମେୟ ବିକ୍ରମା, କୌମାରୀ, ମାତଙ୍ଗୀ, ଚାମୁଣ୍ଡା, ବାରାହୀ, ବିମଳା, ଜ୍ଞାନା, ନିଶୁମ୍ଭଶୁମ୍ଭ ହନନୀ, ମହିଷାସୁର ମର୍ଦ୍ଦିନୀ, ଚଣ୍ଡମୁଣ୍ଡ ବିନାଶିନୀ, ସର୍ବଦାନବ ଘାତିନୀ, ନାରାୟଣୀ, ଶିବଦୂତୀ, କରାଳୀ, ଅନନ୍ତା, ପରମେଶ୍ୱରୀ, କାତ୍ୟାୟିନୀ, ସାବିତ୍ରୀ, ପ୍ରତ୍ୟକ୍ଷା, ବ୍ରହ୍ମବାଦିନୀ ଆଦି ବହୁବିଧ ନାମରେ ଆରାଧିତ।

ପରବର୍ତ୍ତୀ କାଳରେ ଜୈନ ଓ ବୌଦ୍ଧମାନଙ୍କ ମଧ୍ୟରେ ଶାକ୍ତ ଚେତନାର ଭୂୟୋବିକାଶ ହେବାରୁ ଉଭୟଙ୍କ ଦେବୀଗଣ ଉପରୋକ୍ତ ଦେବୀମାନଙ୍କ ସହ ମିଳିତ ଭାବରେ ପୂଜିତ ହେବାକୁ ଲାଗିଲେ। ଏଣୁ ବୈଦିକ, ତାନ୍ତ୍ରିକ ଓ ମିଶ୍ର ଆଦି ତ୍ରିବିଧ ପ୍ରକାରେ ଶାକ୍ତ ଉପାସନା ହେବାକୁ ଲାଗିଲା। **(ବୈଦିକ ତାନ୍ତ୍ରିକ ମିଶ୍ର ଇତି ମେ ତ୍ରିବିଧ ମଖଃ।)** ଆମ ଦେଶର ବିଭିନ୍ନ ସ୍ଥାନରେ ୧୦୮ ଗୋଟି ଶାକ୍ତପୀଠ ଶକ୍ତି ଉପାସନା ନିମନ୍ତେ ପ୍ରସିଦ୍ଧି ଲାଭ କରିଛି। ବ୍ରହ୍ମ ବୈବର୍ତ୍ତ ପୁରାଣ, ବ୍ରହ୍ମପୁରାଣ, ମହାବିଷ୍ଣୁପୁରାଣ, ଗରୁଡ଼ ପୁରାଣ, ମହାଭାରତ, ଦେବୀ ଭାଗବତ, ହରିବଂଶ, ଶ୍ରୀ ସପ୍ତଶତୀ ଚଣ୍ଡୀ, ମାର୍କଣ୍ଡେୟ ପୁରାଣ, ପଦ୍ମପୁରାଣ, ମତ୍ସ୍ୟପୁରାଣ, ହେ ବଜ୍ରତନ୍ତ୍ର, ଉଡ୍‌ଡୀୟାନ୍ ତନ୍ତ୍ର ଆଦି ଶାସ୍ତ୍ର ମାନଙ୍କରେ ଦେବୀ ମାତାଙ୍କର ମାହାତ୍ମ୍ୟ ଓ ଦୁର୍ଲ୍ଲଭ ଚରିତ୍ରର ବିଶେଷ ବର୍ଣ୍ଣନ ସନ୍ନିବେଶିତ ହୋଇଥିବା ଦେଖାଯାଏ। ଏଇ ସମସ୍ତ ଶାସ୍ତ୍ରୀୟ ଉପାଖ୍ୟାନ ଆଧାରରେ ସାରାବର୍ଷ ବହୁବିଧ ଓଷାବ୍ରତ ଓ ପର୍ବପର୍ବାଣି ପାଳିତ ହୋଇଥାଏ।

ବୈଶାଖ ମାସରେ ମହାବିଷୁବ ସଂକ୍ରାନ୍ତିର ପାବନ ଅବସରରେ ଦେବୀ ବୃନ୍ଦାବତୀଙ୍କ ଜନ୍ମ ଉତ୍ସବ ଉପଲକ୍ଷେ ତୁଳସୀ ପୂଜନ, ସମସ୍ତ ଦେବାଦେବୀଙ୍କ

ମନ୍ଦିରରେ ପୂଜାର୍ଚ୍ଚନା, ବର ଅଶ୍ୱତ୍ଥ ବିଲ୍ୱ, ଧାତ୍ରୀ ଆଦି ଦେବ ବୃକ୍ଷ ପୂଜନ କରାଯାଏ। ଏହି ମାସରେ ପଡୁଥିବା ଅକ୍ଷୟ ତୃତୀୟାରେ ଧରିତ୍ରୀ ମାତା ଓ ମହାଲକ୍ଷ୍ମୀଙ୍କୁ ପୂଜା କରାଯାଇ କୃଷି କାର୍ଯ୍ୟ ପ୍ରାରମ୍ଭ ହୁଏ। ଅକ୍ଷୟ ତୃତୀୟାରେ 'ଅକ୍ଷିମୁଠି ଅନୁକୂଳ' କଲେ ତାହା କ୍ଷୟ ହୁଏ ନାହିଁ ବୋଲି କଥିତ ଅଛି। ଅକ୍ଷୟ ତୃତୀୟାରେ ଗୌରୀ ପୂଜା ବା ଗୌରୀ ପାର୍ବତୀ ପୂଜା କରି ସ୍ତ୍ରୀ ଓ କନ୍ୟାମାନେ ଧାତୁ ବା ମାଟି କଳସୀରେ ଜଳ, ତିଳ, ଫୁଲ, ଫଳ, ଅନ୍ନ ପୂରଣ କରି ଦାନ କରନ୍ତି। ଏହାକୁ ନବାନ୍ନ ପର୍ବ ଭାବରେ ମଧ୍ୟ ପାଳନ କରାଯାଏ।

ବୈଶାଖ ଶୁକ୍ଳ ନବମୀ ତିଥିରେ ସୀତାନବମୀ ପାଳିତ ହୁଏ। ଏଥିରେ ମୁଖ୍ୟତଃ ଭଗବତୀ ସୀତା ଓ ପୃଥିବୀ ମାତାଙ୍କର ପୂଜନ କରାଯାଏ:

"ତ୍ୱୟୈବୋତ୍ପାଦିତଂ ସର୍ବଂ ଜଗଦେତ ଚରାଚରମ୍।
ତ୍ୱମେବାସି ମହାମାୟା ମୁନୀନାମପି ମୋହିନୀ ॥
ତ୍ୱଦାୟତ୍ତା ଇମେ ଲୋକାଃ ଶ୍ରୀସୀତାବଲ୍ଲଭା ପରା।
ବନ୍ଦନୀୟା ସି ଦେବାନାଂ ସୁଭଗେ ତ୍ୱାଂ ନମାମ୍ୟହମ୍ ॥"

ଅର୍ଥାତ୍ ହେ ପୃଥିବୀ ମାତା! ଏହି ସମ୍ପୂର୍ଣ୍ଣ ଚରାଚର ଜଗତ ତୁମ୍ଭ ଠାରୁ ହିଁ ସୃଷ୍ଟି ହୋଇଛି। ତୁମ୍ଭେ ହିଁ ମୁନିମାନଙ୍କୁ ମୋହିତ କରୁଥିବା ମହାମାୟା ଅଟ। ଏହି ସମସ୍ତ ଲୋକ ତୁମ୍ଭର ଅଧୀନ ଅଟନ୍ତି। ତୁମ୍ଭେ ହିଁ ପରାଶକ୍ତି ଅଟ ଏବଂ ଭଗବତୀ ସୀତା ତୁମ୍ଭର ଅତ୍ୟନ୍ତ ପ୍ରିୟ ଅଟନ୍ତି। ତୁମ୍ଭେ ଦେବତାମାନଙ୍କ ନିମିତ୍ତ ମଧ୍ୟ ବନ୍ଦନୀୟା ଅଟ। ସେ ସୁଭଗେ। ମୁଁ ତୁମ୍ଭଙ୍କୁ ପ୍ରଣାମ କରୁଛି।

ଶିବ ଶକ୍ତିଙ୍କର କୃପାଭକ୍ତି ଲାଭ କରିବାପାଇଁ ଏହି ସମୟରେ ଓଡ଼ିଶାରେ ପାଟୁଆ ଯାତ୍ରା, ଝାମୁଯାତ୍ରା, ଦଣ୍ଡଯାତ୍ରା, ଉଡ଼ାପାଟୁଆ, ଅଗ୍ନିପାଟୁଆ, ଘଣ୍ଟପାଟୁଆ, ନିଆଁ ପାଟୁଆ ଆଦି ଅନୁଷ୍ଠିତ ହୁଏ। ପ୍ରବଳ ଗ୍ରୀଷ୍ମ ଓ ରୌଦ୍ର ତାପର ଅସହ୍ୟ କ୍ଲେଶକୁ ସମ୍ବରଣ କରି ଏହି ସମୟରେ ଦେବୀ ପାର୍ବତୀ ଶିବଙ୍କୁ ସ୍ୱାମୀ ରୂପେ ପାଇବା ନିମନ୍ତେ ତପସ୍ୟା କରିଥିଲେ। ଉପରୋକ୍ତ ସମକକ୍ଷ ଉତ୍ସବ ତାମିଲନାଡୁରେ ଚେଡଡୁଲ, ବଙ୍ଗଳାରେ ଚଡ଼କ ପୂଜା, ଛୋଟ ନାଗପୁରରେ ମାଣ୍ଡା ନାମରେ ପାଳିତ ହୋଇଥାଏ। ଶୈବ ତାନ୍ତ୍ରିକ ପଦ୍ଧତିରେ ହଠଯୋଗ କ୍ରିୟା ସାଧନା ଦ୍ୱାରା ସାଧକମାନେ ଏହି ସମୟରେ ଶିବ ଶକ୍ତିଙ୍କ କୃପାଲାଭ ପାଇଁ କଠୋର ଉପାସନାରେ ବ୍ରତୀ ହୋଇଥାନ୍ତି। ଏହି ପୁଣ୍ୟ ମାସରେ ରୁକ୍ମିଣୀ ଅମାବାସ୍ୟା ଅବସରରେ ଭଗବତୀ ରୁକ୍ମିଣୀଙ୍କ ପୂଜାର୍ଚ୍ଚନା କରାଯାଏ।

ଜ୍ୟେଷ୍ଠ ମାସ ଅମାବାସ୍ୟାରେ ନାନାବିଧ ଫଳ ଦ୍ୱାରା କାଳିକା ପୂଜା ଅନୁଷ୍ଠାନ କରାଯାଏ। **"ଜ୍ୟେଷ୍ଠେ ମାସି ତଥାମାୟାଂ ସଫଳଂ କାଳିକାର୍ଚ୍ଚନମ୍।"** ଜ୍ୟେଷ୍ଠ ମାସ ଶୁକ୍ଳ ପଞ୍ଚମୀ ତିଥିରେ ଶିବ ପାର୍ବତୀ ବିବାହ, ଜ୍ୟେଷ୍ଠ ଶୁକ୍ଳ ଦଶମୀ ତିଥିରେ ଗଙ୍ଗା ଦଶହରା ଉପଲକ୍ଷେ ଗଙ୍ଗାମାତାଙ୍କ ଧରାବତରଣ ଉତ୍ସବ, ଗଙ୍ଗା ପୂଜନ ଆଦି କରାଯାଏ। ବିବାହିତ ନାରୀମାନେ ଜ୍ୟେଷ୍ଠ କୃଷ୍ଣ ଅମାବାସ୍ୟା ତିଥିରେ 'ବଟ ସାବିତ୍ରୀ' ବ୍ରତ ପାଳନ କରନ୍ତି। ଏଥିରେ ମହାସତୀ ସାବିତ୍ରୀଙ୍କ ପୂଜା ଉପଲକ୍ଷେ ସେମାନେ ଉପବାସ ପାଳନ କରି ପତିଙ୍କ ଦୀର୍ଘ ଜୀବନ କାମନା କରିଥାନ୍ତି। ଏହି ମାସରେ ଶୀତଳ ଷଷ୍ଠୀ ଓଷା ଦେବୀ ଶୀତଳାଙ୍କ ଉଦ୍ଦେଶ୍ୟରେ ସମର୍ପିତ ହୋଇଥାଏ। ଜ୍ୟେଷ୍ଠ ମାସରେ ରୁକ୍ମିଣୀ ବିବାହ ଉତ୍ସବ ମଧ୍ୟ ପାଳିତ ହୁଏ।

ଆଷାଢ଼ ସଂକ୍ରାନ୍ତିକୁ ରଜସଂକ୍ରାନ୍ତି କୁହାଯାଏ। ରଜ ପର୍ବ ଓ ବସୁମତୀ ସ୍ନାନ ତିନି ଦିନ ଧରି ପାଳିତ ହୁଏ। ଏଥିରେ ଧରିତ୍ରୀ ମାତାଙ୍କ ପୂଜା ଅର୍ଚ୍ଚନା କରାଯାଇ ଚାଷ କାର୍ଯ୍ୟ ବନ୍ଦ ରହେ। ଏହା ଭୂମି ମାତାଙ୍କ ରଜସ୍ୱଳା ପର୍ବ ଭାବରେ ପାଳିତ ହୁଏ। ଏହି ମାସରେ ଶୁକ୍ଳ ପ୍ରତିପଦା ଠାରୁ ଦଶମୀ ପର୍ଯ୍ୟନ୍ତ ଗୁପ୍ତ ନବରାତ୍ର ପଡ଼େ। ନବରାତ୍ରି, ଶକ୍ତି ଉପାସନା ସକାଶେ ମହତ୍ତ୍ୱପୂର୍ଣ୍ଣ ଅବସର ରୂପେ ଗୃହୀତ। ସାଧକମାନେ ଶକ୍ତି ସାଧନା ଦ୍ୱାରା ଏହି କାଳରେ ପ୍ରଭୂତ ସିଦ୍ଧି ଲାଭ କରିଥାନ୍ତି।

ଶ୍ରାବଣ ମାସରେ ବିପଦ ତାରିଣୀ ବ୍ରତ, ହେରା ପଞ୍ଚମୀ (ଯାହା ମହାଲକ୍ଷ୍ମୀଙ୍କ ସହ ଜଡ଼ିତ) ଆଦି ପାଳିତ ହୁଏ। ଏମାନଙ୍କ ବ୍ୟତୀତ ଶାକ୍ତ ଉପାସନା ଦୃଷ୍ଟିରୁ ବିଶେଷ ମହତ୍ତ୍ୱପୂର୍ଣ୍ଣ ବ୍ରତ ହେଉଛି ଶ୍ରାବଣ ମାସର ପ୍ରତି ମଙ୍ଗଳବାର ପାଳିତ ହେଉଥିବା 'ମଙ୍ଗଳା ଗୌରୀ ବ୍ରତ'। ଶ୍ରାବଣ ମାସ ପ୍ରତି ସୋମବାର ଭଗବାନ ଶଙ୍କରଙ୍କର ବିଶେଷ ପ୍ରିୟ ହୋଇଥିବାରୁ ଏହା ଶିବ ବ୍ରତ ଉପାସନା ସକାଶେ ବିଶେଷ ଭାବରେ ସମର୍ପିତ। ଶିବ ଓ ଶକ୍ତି ଏକ ଓ ଅଭିନ୍ନ। ଏଣୁ ଶିବ ନିଜ ଅର୍ଦ୍ଧାଙ୍ଗରେ ପାର୍ବତୀଙ୍କୁ ଧାରଣ କରି ହୋଇଛନ୍ତି 'ଅର୍ଦ୍ଧନାରୀଶ୍ୱର'। 'ବାକ୍ ଓ ଅର୍ଥ' ପରି ସେମାନଙ୍କ ସମ୍ବନ୍ଧ ହେଉଛି ନିତ୍ୟ, ସତ୍ୟ ଓ ସନାତନ। ଏଇଥିପାଇଁ ବୋଧହୁଏ ଏଇ ମାସରେ ଉଭୟଙ୍କର ପୂଜନ ଅର୍ଚ୍ଚନର ବିଶେଷତା ଶାସ୍ତ୍ରରେ ନିରୂପିତ ହୋଇଛି। ଶ୍ରାବଣ ମାସରେ ଭାରତର ବିଭିନ୍ନ ସ୍ଥାନରେ ପାଳିତ ହେଉଥିବା 'ହରିୟାଲୀତୀଜ', 'କାଜଲୀ ତୀଜ' ଆଦି ବିବାହିତ ସ୍ତ୍ରୀମାନଙ୍କ ଦ୍ୱାରା ଅନୁଷ୍ଠିତ

ହୋଇଥାଏ। ପ୍ରକୃତି ମାତାର ଅପରୂପ ଶୋଭା ସୌନ୍ଦର୍ଯ୍ୟର ଏହା ଏକ ପ୍ରକାର ପୂଜା କହିଲେ ଅତ୍ୟୁକ୍ତି ହେବ ନାହିଁ। ଦୋଳିରେ ଭଗବାନ କୃଷ୍ଣଙ୍କ ବିଗ୍ରହକୁ ଝୁଲାଇବା, କାଜଳୀ ତୀଜରେ ଶିବ-ପାର୍ବତୀଙ୍କ ଉପାସନା ଆଦି କରାଯାଏ। ନାରୀମାନେ ମଧ୍ୟ ଦୋଳିରେ ବସି ଝୁଲନ୍ତି। କର୍କଟ ମାସ ଅମାବାସ୍ୟା ତିଥିରେ ପାଳିତ ହୁଏ ଚିତଉଲାଗି ଅମାବାସ୍ୟା। ଏହା ପ୍ରକୃତି ମାତା, ପରିବେଶ, କୃଷିକ୍ଷେତ ଓ ଧରଣୀ ମାତାଙ୍କର ପୂଜା ଅଟେ। ଏହି ଦିନ ଏମାନଙ୍କର ପୂଜା ସହ ଦେବାଦେବୀଙ୍କ ନିକଟରେ ଚିତଉ ଭୋଗ ଲାଗି ହୁଏ। ଶ୍ରୀକ୍ଷେତ୍ରର ଶ୍ରୀ ମନ୍ଦିରରେ ଦାରୁଦିଅଁଙ୍କ ଠାରେ ଚିତାଲାଗି ଅନୁଷ୍ଠିତ ହୁଏ ଓ ଚିତଉ ପିଠା ଲାଗି କରାଯାଏ। ଶ୍ରୀଜଗନ୍ନାଥଙ୍କୁ ଦକ୍ଷିଣ କାଳିକା ରୂପେ ବର୍ଣ୍ଣନା କରାଯାଇଛି। ଏଣୁ ଏହି ପର୍ବ ଯେ ଶାକ୍ତ ଉପାସନାର ପର୍ଯ୍ୟାୟବାଚୀ ଅଟେ ଏଥିରେ ସନ୍ଦେହ ନାହିଁ। ଜାଗ୍ରତ ଗୌରୀ, ଜାଗୁଲାଇ ପଞ୍ଚମୀ, ମନସା ଦେବୀ ପୂଜା, ଶୁକ୍ଳ ଷଷ୍ଠୀରେ ମଙ୍ଗଳା ବ୍ରତ ଆଦି ଏ ମାସରେ ହେଉଥିବା ଶାକ୍ତ ଉପାସନାର ଉଦାହରଣ ଅଟେ।

ଭାଦ୍ରବ ମାସର ବ୍ରତ ମଧ୍ୟରେ-ଶୁକ୍ଳ ତୃତୀୟାରେ ଗୌରୀବ୍ରତ ଅଥବା ବାଲି ତୃତୀୟା ବ୍ରତ, ହରିତାଳିକା ବ୍ରତ, ଶୁକ୍ଳ ଅଷ୍ଟମୀରେ ରାଧାଷ୍ଟମୀ ଖୁଦୁରୁକୁଣୀ ଓଷାରେ ପ୍ରତି ରବିବାର ପାଞ୍ଚପାଳି ମଙ୍ଗଳାଙ୍କ ପୂଜା, ମାସର ପ୍ରତି ବୁଧବାର ଅର୍ଥାତ୍ ପାଞ୍ଚପାଳି ବୁଧବାର ବୁଧିବାମନ ଓଷା, କୃଷିଭିତ୍ତିକ ପର୍ବ ନୂଆଁଖାଇରେ ଅନ୍ନଦାତ୍ରୀ ମାଆ ଲକ୍ଷ୍ମୀଙ୍କ ନିକଟରେ ପୂଜା ସହ ନବାନ୍ନ ଅର୍ପିତ ହୁଏ। ଭାଦ୍ରବ ମାସ କୃଷ୍ଣ ଚତୁର୍ଥୀରେ ପାଳିତ ହୁଏ ବହୁଳା ଚତୁର୍ଥୀ। ମାତା ସଦୃଶ ଗୋମାତା ନିଜ ଅମୃତତୁଲ୍ୟ ଦୁଗ୍ଧ ପ୍ରଦାନ କରି ମନୁଷ୍ୟର ଜୀବନ ରକ୍ଷା କରୁଥିବାରୁ ଏହି ଦିନ ଗୋମାତାଙ୍କ ପୂଜା ପର୍ବ ଅନୁଷ୍ଠିତ ହୁଏ। ଭାଦ୍ରବ ଶୁକ୍ଳ ସପ୍ତମୀରେ ରାଜସ୍ଥାନରେ 'ଦୁବଡ଼ି ସପ୍ତମୀ' ପାଳିତ ହୁଏ। ଏହି ଦିନ ଶ୍ରଦ୍ଧାଳୁମାନେ ଦୁବଡ଼ି ମାତାଙ୍କ ପୂଜା କରି ସନ୍ତାନମାନଙ୍କର ମଙ୍ଗଳ କାମନା କରିଥାନ୍ତି। ଭାଦ୍ରବ ଶୁକ୍ଳ ଅଷ୍ଟମୀରେ ଦୁର୍ଗାଶୟନ ଅଷ୍ଟମୀ ପାଳିତ ହୁଏ। ସାରା ଦେଶରେ ପ୍ରତ୍ୟେକ ଶକ୍ତିପୀଠ ମାନଙ୍କରେ ଏହା ଅନୁଷ୍ଠିତ ହୁଏ। ଏହା ଷୋଳ ଦିନ ପର୍ଯ୍ୟନ୍ତ ଅର୍ଥାତ୍ ଭାଦ୍ରବ ଶୁକ୍ଳ ଅଷ୍ଟମୀରୁ ଆଶ୍ୱିନ କୃଷ୍ଣ ଅଷ୍ଟମୀ ପର୍ଯ୍ୟନ୍ତ ପାଳିତ ହୁଏ। କେତେକ ଏହାକୁ ଭଗବତୀ ଲକ୍ଷ୍ମୀଙ୍କ ବ୍ରତ ଭାବରେ ପାଳନ କରିଥାନ୍ତି।

ଚୈତ୍ର ଶୁକ୍ଳ ପ୍ରତିପଦାରୁ ନବମୀ ପର୍ଯ୍ୟନ୍ତ ବାସନ୍ତିକ ନବରାତ୍ରି କୁହାଯାଉଥିବା ବେଳେ ଆଶ୍ୱିନ ମାସର ଶୁକ୍ଳ ପ୍ରତିପଦା ଠାରୁ ନବମୀ ପର୍ଯ୍ୟନ୍ତ ନଅଦିନ ବ୍ୟାପି ପାଳିତ ହୁଏ ଶାରଦୀୟ ନବରାତ୍ର। ଯାହାକୁ ଶକ୍ତି ଉପାସନା ନିମନ୍ତେ ବର୍ଷର ସର୍ବଶ୍ରେଷ୍ଠ କାଳ ରୂପେ ଗ୍ରହଣ କରାଯାଏ। ଏହି ଅବସରରେ କେତେକ ସ୍ଥାନରେ ଷୋଳଦିନ ବା ପାଞ୍ଚଦିନ ଅଥବା ତିନି ଦିନ ଧରି ଶାରଦୀୟ ଦୁର୍ଗୋତ୍ସବ ପାଳିତ ହୁଏ। ଏଥିରେ ଶୈଳପୁତ୍ରୀ, ବ୍ରହ୍ମଚାରିଣୀ, ଚନ୍ଦ୍ରଘଣ୍ଟା, କୁଷ୍ମାଣ୍ଡା, ସ୍କନ୍ଦମାତା, କାତ୍ୟାୟନୀ, କାଳରାତ୍ରି, ସିଦ୍ଧିଦାତ୍ରୀ, ମହାଗୌରୀ ଆଦି ନବଦୁର୍ଗା ଏବଂ ବ୍ରହ୍ମାଣୀ, ବାରାହୀ, ରୁଦ୍ରାଣୀ, ଐନ୍ଦ୍ରୀ, ଶିବଦୂତୀ, ରକ୍ତଦନ୍ତିକା, ଶୋକରହିତା, ଚାମୁଣ୍ଡା, ଲକ୍ଷ୍ମୀ ଆଦି ନବପତ୍ରିକାର ଅଧିଷ୍ଠାତ୍ରୀ ଇଷ୍ଟ ଦେବୀମାନେ ପୂଜିତ ହୁଅନ୍ତି। ଆଶ୍ୱିନ (ଶରତ) ପୂର୍ଣ୍ଣିମା ବା କୁମାର ପୂର୍ଣ୍ଣମୀରେ କୁମାରୀ କନ୍ୟାମାନେ ବ୍ରତ ପାଳନ କରନ୍ତି। ଏହି ଦିନ ରାତ୍ରି ଉଜାଗର ରହି ଗଜଲକ୍ଷ୍ମୀଙ୍କର ପୂଜା ଆରାଧନା କରାଯାଏ। ଶାରଦୀୟ ଦୁର୍ଗୋତ୍ସବ କାଳରେ ନେପାଳରେ 'ଦେବୀ ଭୈରବୀ'ଙ୍କର ରଥଯାତ୍ରା ଅନୁଷ୍ଠିତ ହୁଏ। ଯାଜପୁରର ଦେବୀ ବିରଜାଙ୍କର ତଥା ଶ୍ରୀକ୍ଷେତ୍ର ପୁରୀ ଧାମରେ ଦୁର୍ଗାମାଧବଙ୍କର ଏହି ସମୟରେ ରଥଯାତ୍ରା ପାଳିତ ହୁଏ। ଏହା 'ଶାକ୍ତ ଗୁଣ୍ଡିଚା' ନାମରେ ପ୍ରସିଦ୍ଧ ଅଟେ।

କାର୍ତ୍ତିକ କୃଷ୍ଣ ଦ୍ୱାଦଶୀ ତିଥିରେ 'ଗୋବତ୍ସ ଦ୍ୱାଦଶୀ ବ୍ରତ' ପାଳିତ ହୁଏ। ଏଥିରେ ଗୋମାତାଙ୍କୁ ଗନ୍ଧ, ପୁଷ୍ପ, ଅକ୍ଷତ, ଧୂପ, ଦୀପ, ନୈବେଦ୍ୟ ଆଦି ସହ ପୂଜା କରାଯାଏ। କାର୍ତ୍ତିକ କୃଷ୍ଣ ତ୍ରୟୋଦଶୀରୁ ଅମାବାସ୍ୟା ପର୍ଯ୍ୟନ୍ତ 'ଗୋତ୍ରିରାତ୍ର ବ୍ରତ' ଅନୁଷ୍ଠିତ ହୁଏ। ଏଥିରେ ଗୋବର୍ଦ୍ଧନ ଭଗବାନ, ଦେବୀ ରୁକ୍ମିଣୀ, ଶୈବ୍ୟା, ଜାମ୍ବବତୀ, ମିତ୍ରବୃନ୍ଦା, ସତ୍ୟଭାମା, ଲକ୍ଷ୍ମଣା, ସୁଦେବା, ନାଗ୍ନଜିତିକୀ, ନନ୍ଦବାବା, ବଳଭଦ୍ର, ଯଶୋଦା ମାତା, ଶ୍ରୀକୃଷ୍ଣ, ସୁରଭୀ, ସୁନନ୍ଦା, ସୁଭଦ୍ରା ଏବଂ କାମଧେନୁ ଆଦିଙ୍କୁ ପୂଜା କରାଯାଏ। କାର୍ତ୍ତିକ ଅମାବାସ୍ୟାରେ ଭଗବତୀ ମହାଲକ୍ଷ୍ମୀଙ୍କ ପୂଜା କରାଯାଏ। ଏହିଦିନ କେହି ଗଣେଶ ଲକ୍ଷ୍ମୀ ପୂଜନ ମଧ୍ୟ କରନ୍ତି। କାର୍ତ୍ତିକ କୃଷ୍ଣ ଚତୁର୍ଦ୍ଦଶୀରେ କାଳୀପୂଜା ଅନୁଷ୍ଠିତ ହୁଏ। ମହାବିଦ୍ୟା କାଳୀଙ୍କଠାରେ ଦୀପଦାନ, ବଳି ଆଦି ସହ ଦୀପାବଳି ପୂଜନ କରାଯାଏ। କାର୍ତ୍ତିକ ଶୁକ୍ଳ ନବମୀରେ ଦେବୀ ଜଗଦ୍ଧାତ୍ରୀ ପୂଜା ହୁଏ। ଏହି ମାସରେ ତୁଳସୀ ବିବାହ, ରମା ଏକାଦଶୀ (ଲକ୍ଷ୍ମୀଙ୍କ ବ୍ରତ) ପାଳିତ ହୁଏ। ଏତଦ୍ ବ୍ୟତୀତ ଭାଇ ଜୀଉଁତିଆ, ଭୈୟାଦୂଜ ଅଥବା ଯମଦ୍ୱିତୀୟା ଆଦି ଅନୁଷ୍ଠିତ ହୁଏ। ଏଇ ଉପଲକ୍ଷେ ଧର୍ମରାଜ ଯମ ଓ ଯମୁନାଙ୍କ

ପୂଜା କରାଯାଏ। ଏହା ଭାଇ ଓ ଭଉଣୀ ମଧ୍ୟରେ ଥିବା ଶାଶ୍ୱତ ଓ ସମ୍ପର୍କର ନିଦର୍ଶନ ରୂପେ ପାଳିତ ହୋଇଥାଏ। ଏଥିରେ ଭାଇ ନିଜେ ଭଉଣୀ ଘରକୁ ଯାଇ ଆତିଥ୍ୟ ସ୍ୱୀକାର କରିବା ପରମ୍ପରା ଅଛି। ଏହି ଦିନକୁ କେତେକ ସ୍ଥାନରେ ଦୁର୍ଗା ବ୍ରତ ରୂପେ ମଧ୍ୟ ପାଳନ କରାଯାଏ। ତୁଳା ବା ଗର୍ଭଣା ସଂକ୍ରାନ୍ତି ଦିନ କ୍ଷେତରେ ଧାନଗଛ ଓ ମାଟି ମାଆକୁ ପୂଜା କରାଯାଏ। ଏଇ ମାସରେ ଗୋଷ୍ଠାଷ୍ଟମୀ, ଅଁଳାନବମୀ, ପଞ୍ଚକ ବ୍ରତ ଆଦି ପାଳିତ ହୁଏ। କାର୍ତ୍ତିକ ମାସ ସାରା ବିଶେଷ କରି ପଞ୍ଚକରେ ତୁଳସୀ ମାତାଙ୍କ ପୂଜା ସହ ଦୀପଦାନ ବିଶେଷ ଭାବେ ପାଳନ କରାଯାଏ।

ତାପରେ ଆସେ ମାସ ଶ୍ରେଷ୍ଠ ମାର୍ଗଶୀର। ଏଇ ମାସ ଲକ୍ଷ୍ମୀଙ୍କର ଅତିପ୍ରିୟ। ବିଶେଷ କରି ଗୁରୁବାର ଲକ୍ଷ୍ମୀଙ୍କର ଦିନ ହୋଇଥିବାରୁ ମାର୍ଗଶୀର ମାସର ପାଞ୍ଚପାଳି ଗୁରୁବାର ଲକ୍ଷ୍ମୀଙ୍କ ଉଦ୍ଦେଶ୍ୟରେ ବ୍ରତ ପାଳନ କରାଯାଏ। ସାରା ମାସ ଲକ୍ଷ୍ମୀ ଠାକୁରାଣୀଙ୍କର ପୂଜା କରାଯାଉଥିଲେ ମଧ୍ୟ ପ୍ରତି ଗୁରୁବାର ଦିନ ବିଶେଷ ପୂଜା ଅନୁଷ୍ଠିତ ହୁଏ। ଏହା ମାଣବସା ଗୁରୁବାର ନାମରେ ପ୍ରସିଦ୍ଧ। ଏଇ ମାସରେ ଧାନ ଅମଳ ହେଉଥିବାରୁ ଅନ୍ନ ବ୍ରହ୍ମଙ୍କୁ ଲକ୍ଷ୍ମୀ ସ୍ୱରୂପରେ ଶ୍ରଦ୍ଧାର ସହ ପୂଜା କରାଯାଇଥାଏ। ମହାଭକ୍ତ ବଳରାମ ଦାସଙ୍କ ଲକ୍ଷ୍ମୀପୁରାଣ ଏଇ ମାସ ଘରେ ଘରେ ପଠିତ ହୋଇ ଭକ୍ତମାନଙ୍କ ହୃଦୟରେ ଭକ୍ତିରସର ଜୁଆର ସୃଷ୍ଟି କରେ। ଧାନ ମାଣିକିଆ ଗୁରୁବାର, ବଡ଼ଧାନ ମାଣିକିଆ ବ୍ରତ, ସୁଦଶା ବ୍ରତ, ସୀତାବିବାହ ଉତ୍ସବ ବା ବିବାହ ପଞ୍ଚମୀ ମାର୍ଗଶୀର ଶୁକ୍ଳ ପଞ୍ଚମୀ ତିଥିରେ ପାଳିତ ହୁଏ। ମାର୍ଗଶୀର ଶୁକ୍ଳ ଏକାଦଶୀରେ ଗୀତା ମାତାଙ୍କର ଜୟନ୍ତୀ ଉତ୍ସବ ପାଳନ କରାଯାଏ। ଏହି ପରମ ପାବନ ଦିବସରେ ଭଗବାନ ଶ୍ରୀକୃଷ୍ଣଙ୍କ ଶ୍ରୀମୁଖରୁ ଗୀତାର ତତ୍ତ୍ୱଜ୍ଞାନ ନିସୃତ ହୋଇ କ୍ଳୀବତ୍ୱ ପ୍ରାପ୍ତ ହୋଇଥିବା ଅର୍ଜ୍ଜୁନଙ୍କ ହୃଦୟରେ ବୀରତ୍ୱ ଓ ଶକ୍ତିର ସ୍ଫୁରଣ ଘଟାଇଥିଲା। ମାର୍ଗଶୀର ମାସ ପ୍ରତି ମଙ୍ଗଳବାର ଉତ୍ତରାୟଣୀ ମଙ୍ଗଳା ଦେବୀଙ୍କ ଉଦ୍ଦେଶ୍ୟରେ ଓଷା ପାଳିତ ହୁଏ। ଏହି ଓଷା ପାଳନ ଦ୍ୱାରା ଧନପ୍ରାପ୍ତି, ବିପଦ ଆପଦ ଦୂରୀକରଣ ଏପରିକି ମୃତ ବ୍ୟକ୍ତିର ଜୀବନ ଲାଭ ଘଟିଥିବା କଥା ବର୍ଣ୍ଣିତ ଅଛି। ଏହା ମାର୍ଗଶୀର ମାସ ବ୍ୟତୀତ ମାଘ, ବୈଶାଖ ଓ ଆଶ୍ୱିନ ମାସରେ ମଧ୍ୟ ପାଳିତ ହୋଇଥାଏ। ଆଦ୍ୟାଶକ୍ତି ମହାଲକ୍ଷ୍ମୀଙ୍କ ଉପାସନା ସର୍ବ ପ୍ରଥମେ ବିଷ୍ଣୁ ଚୈତ୍ରମାସରେ କରିଥିଲେ। ବ୍ରହ୍ମା, ଇନ୍ଦ୍ର, କୁବେର ଆଦି ଭାଦ୍ରବ ମାସରେ ଓ

ମହର୍ଷି ମନୁ ପୌଷ ସଂକ୍ରାନ୍ତିରେ ଦେବୀ ଲକ୍ଷ୍ମୀଙ୍କ ଅର୍ଚ୍ଚନା କରିଥିଲେ । ଏଣୁ ଏହି ତିନିମାସ ଲକ୍ଷ୍ମୀଙ୍କ ପୂଜା ବ୍ରତ ଅନେକ ପାଳନ କରନ୍ତି ।

ପୌଷ ମାସ ଶୁକ୍ଳ ତୃତୀୟା ତିଥିରେ 'ବ୍ରହ୍ମ ଗୌରୀ ବ୍ରତ' ପାଳିତ ହୁଏ । ଏହିଦିନ ଜଗଜ୍ଜନନୀ ଗୌରୀଙ୍କର ଷୋଡ଼ଶୀ ଉପଚାର ପୂଜା କରାଯାଏ । ସ୍ତ୍ରୀମାନେ ଏହି ବ୍ରତ ପାଳନ କରନ୍ତି । ପୌଷ ତୃତୀୟାରେ ଦାଣ୍ଡ ପହଁରା ଓଷା ମଧ୍ୟ ନାରୀମାନେ ପାଳନ କରନ୍ତି । ଦାଣ୍ଡ ପହଁରି ବାଲିରେ ମୂର୍ତ୍ତି ଗଢ଼ି ସ୍ଥାପନ ପରେ ପୂଜା, ନୈବେଦ୍ୟ ଆଦି ଅର୍ପଣ କରାଯାଏ ଓ ଓଷା ମାହାତ୍ମ୍ୟ ବିଧି ଅନୁଯାୟୀ ଶ୍ରବଣ କରାଯାଏ । ପୌଷ ପୂର୍ଣ୍ଣିମାରେ ଜଳାଶୟ ବା ତୀର୍ଥସ୍ନାନ, ବ୍ରାହ୍ମଣ ଭୋଜନ, ଦାନ ଆଦି ମୋକ୍ଷ ପ୍ରଦାନକାରୀ ବୋଲି ଶାସ୍ତ୍ରରେ ପ୍ରମାଣ ରହିଛି । ଏହି ଦିନ ଦେବୀଙ୍କ 'ପୂଷ୍ୟାଭିଷେକ' କରାଯାଇଥାଏ । ଏଣୁ ଦେବୀ ପୁରାଣରେ ଏଥିପାଇଁ ନିର୍ଦ୍ଦେଶ ଦିଆଯାଇ କୁହାଯାଇଛି- **"ପୁଷ୍ୟେ ପୁଷ୍ୟଭିଷେକନ୍ତୁ କର୍ତ୍ତବ୍ୟଂ ପୂଜୟେଜ୍ଜୟାମ୍ ।"** ମାଘମାସର ପବିତ୍ର ସ୍ନାନ ଏହି ଦିବସରୁ ଶୁଭାରମ୍ଭ ହୋଇଥାଏ । ଶ୍ରୀ ମନ୍ଦିରରେ ମଧ୍ୟ ଶ୍ରୀଜଗନ୍ନାଥଙ୍କର ପୁଷ୍ୟାଭିଷେକ ଉତ୍ସବ ଏହି ଦିନ ଅନୁଷ୍ଠିତ ହୁଏ ।

ମାଘ ମାସ ଅତ୍ୟନ୍ତ ପବିତ୍ର ମାସ ରୂପେ ଶାସ୍ତ୍ରରେ ସ୍ୱୀକୃତ କରାଯାଇଛି । ଏହି ମାସରେ ମକର ସଂକ୍ରାନ୍ତି, ସକଟ ଚୌଥ, ଶୀତଳା ଷଷ୍ଠୀ, ବସନ୍ତ ପଞ୍ଚମୀ, ମାଘପୂର୍ଣ୍ଣିମା ଆଦି ବିଶେଷ ମହତ୍ତ୍ୱର ପର୍ବମାନ ପାଳିତ ହୁଏ । ମାଘ ମାସରେ ମକର ସଂକ୍ରାନ୍ତି ଦିନ ଭଗବାନ ସୂର୍ଯ୍ୟ ନାରାୟଣଙ୍କ ପୂଜା ଅନୁଷ୍ଠିତ ହୁଏ । ଏହା ଶକ୍ତି ପୂଜା ଅନ୍ତର୍ଗତ ନହେଲେ ମଧ୍ୟ ସୂର୍ଯ୍ୟ ସକଳ ଶକ୍ତିର ଆଧାର ହୋଇଥିବାରୁ ତାଙ୍କର ପୂଜା ଅର୍ଚ୍ଚନା ମହତ୍ୱପୂର୍ଣ୍ଣ ସନ୍ଦେଶ ବହନ କରେ । ଏଇ ଦିନ ଠାରୁ ସୂର୍ଯ୍ୟଙ୍କର ଉତ୍ତରାୟଣ ଗତି ଆରମ୍ଭ ହେବାରୁ ଦିନ ବଡ଼ ହୁଏ ଏବଂ ରାତ୍ରି ସାନ ହୁଏ । ଅର୍ଥାତ୍ ଅଜ୍ଞାନ ରୂପୀ ଅନ୍ଧକାର ଦୂର ହୋଇ ଜ୍ଞାନ ଶକ୍ତିରୂପୀ ତେଜ ବୃଦ୍ଧି ପ୍ରାପ୍ତ ହୁଏ । ମାଘ ଶୁକ୍ଳ ପ୍ରତିପଦାରୁ ଦଶମୀ ପର୍ଯ୍ୟନ୍ତ ମହାମାୟା ଦୁର୍ଗାଙ୍କର ଗୁପ୍ତ ସାରସ୍ୱତ ନବରାତ୍ର ଅନୁଷ୍ଠିତ ହୁଏ । ଶକ୍ତି ସାଧନା ନିମନ୍ତେ ସାଧକମାନଙ୍କ ସକାଶେ ଏହା ଅତ୍ୟନ୍ତ କଲ୍ୟାଣକାରୀ ଅଟେ । ମାଘ ଶୁକ୍ଳପଞ୍ଚମୀ ଦିନ ବିଦ୍ୟା ଅଥବା ଜ୍ଞାନଶକ୍ତିର ଅଧିଷ୍ଠାତ୍ରୀ ଦେବୀ ସରସ୍ୱତୀଙ୍କ ପୂଜନ ମହୋତ୍ସବ ଅନୁଷ୍ଠିତ ହୁଏ । ସତ୍ତ୍ୱଗୁଣ ସମ୍ପନ୍ନା ଶୁଦ୍ଧ ଜ୍ଞାନମୟୀ ପ୍ରକାଶ ସ୍ୱରୂପା ଭଗବତୀ ସରସ୍ୱତୀ ଆଦ୍ୟାଶକ୍ତିଙ୍କ ଠାରୁ ପ୍ରକଟିତ ହୋଇ ସ୍ୱଲୀଳାରେ ଲୀନ ହୁଅନ୍ତି:

"ଗୌରୀ ଦେହ ସମୁତ୍ପନ୍ନା ଯା ସାତ୍ତ୍ୱିକଗୁଣାଶ୍ରୟା ।
ସାକ୍ଷାତ ସରସ୍ୱତୀ ପ୍ରୋକ୍ତା ଶୁମ୍ଭାସୁର ନିସୁଦନୀ ॥"

ସେ ମହାମାୟାଙ୍କର ଜ୍ଞାନଶକ୍ତି । ସେ ବ୍ରହ୍ମା, ବିଷ୍ଣୁ, ମହେଶ୍ୱର ଆଦି ଦେବଗଣଙ୍କ ଦ୍ୱାରା ସର୍ବଦା ବନ୍ଦିତା । ସରସ୍ୱତୀ ବ୍ରହ୍ମବିଦ୍ୟା । ମାଘ ମାସ ଶୁକ୍ଳପକ୍ଷ ଦଶମୀ ତିଥି ଗୁରୁବାର ପଡ଼ିଲେ ତାହା ସୁଦଶା ବ୍ରତ ରୂପେ ପାଳିତ ହୁଏ । ଏହିଦିନ ଗୃହିଣୀମାନେ ନାନାବିଧ ଦ୍ରବ୍ୟରେ ଦେବୀ ଲକ୍ଷ୍ମୀଙ୍କର ପୂଜନ କରନ୍ତି । ମାଘ କୃଷ୍ଣ ଷଷ୍ଠୀ ତିଥିରେ ଶୀତଳା ମାତାଙ୍କର ଷୋଡ଼ଶ ଉପଚାର ପୂଜା କରାଯାଏ । ମାଘ କୃଷ୍ଣ ଚତୁର୍ଥୀ ତିଥିରେ ସଂକଟ ମାତାଙ୍କର ପୂଜା ହୁଏ । ଏହାକୁ 'ସଂକଟ ଚୌଥ' ବୋଲି କହନ୍ତି । ଏହିଦିନ ସଂକଟ ହରଣ ଗଣପତିଙ୍କ ତଥା ହରପାର୍ବତୀଙ୍କର ପୂଜନ ମଧ୍ୟ କରାଯାଏ । ମାଘ ମାସ ଅମାବାସ୍ୟା ଏବଂ ପୂର୍ଣ୍ଣିମାରେ ତ୍ରିବେଣୀ ସ୍ନାନ ଅଥବା ପବିତ୍ର ନଦୀ ମାନଙ୍କରେ ସ୍ନାନ କରାଯାଏ । ସ୍ନାନ ସହ ମାତୃରୂପା ନଦୀମାନଙ୍କ ପ୍ରତି କୃତଜ୍ଞତା ଜ୍ଞାପନ ପୂର୍ବକ ପୂଜାର୍ଚ୍ଚନା କରାଯାଏ । ଦେବୀ ଶ୍ରୀ ବିରଜାଙ୍କର ଜନ୍ମ ଉତ୍ସବ ମଧ୍ୟ ଏଇ ମାସରେ ପଡ଼େ । ଯେଉଁ ବର୍ଷ ମାଘ ମାସ ଗୁରୁବାର ଦିନ କୃଷ୍ଣ ତ୍ରୟୋଦଶୀ ତିଥି ତଥା ପୁଷ୍ୟାନକ୍ଷତ୍ରର ଯୋଗ ପଡ଼େ ସେଇ ଦିନ 'କାମାକ୍ଷୀ ବ୍ରତ' ଅନୁଷ୍ଠିତ ହୁଏ ।

ଫାଲ୍‌ଗୁନ ମାସରେ ପଡ଼େ ମହାଶିବରାତ୍ରି ବ୍ରତ । ଫାଲ୍‌ଗୁନ କୃଷ୍ଣ ଚତୁର୍ଦ୍ଦଶୀର ଅର୍ଦ୍ଧ ରାତ୍ରିରେ ଶିବଲିଙ୍ଗ ପୂଜନ ଜାତି, ସମ୍ପ୍ରଦାୟ, ବାଳ-ବୃଦ୍ଧ, ସ୍ତ୍ରୀ-ପୁରୁଷ ନିର୍ବିଶେଷରେ ସମସ୍ତେ ରାତ୍ରି ଅନିଦ୍ରା ରହି କରିଥାନ୍ତି । ଇଶାନ ସଂହିତା ଅନୁଯାୟୀ **"ଶିବଲିଙ୍ଗତୟୋଦ୍ଭୁତଃ କୋଟି ସୂର୍ଯ୍ୟ ସମପ୍ରଭଃ ।"**ଏହିଦିନ କୋଟିସୂର୍ଯ୍ୟ ସମାନ ତେଜ ବିଶିଷ୍ଟ ଶିବଲିଙ୍ଗ ଅବତରିତ ହୋଇଥିବାରୁ ଏହାକୁ 'ମହାଶିବରାତ୍ରି' ପର୍ବ ରୂପେ ପାଳନ କରାଯାଏ । ଶିବପୁରାଣରେ ଲିଙ୍ଗ ଶବ୍ଦର ବ୍ୟୁତ୍ପତ୍ତି ସମ୍ବନ୍ଧରେ କୁହାଯାଇଛି,

"ଲିଙ୍ଗମର୍ଥଂ ହି ପୁରୁଷଂ ଶିବଂ ଗମୟତୀତ୍ୟଦଃ ।
ଶିବଶକ୍ତ୍ୟୋଶ୍ଚ ଚିହ୍ନସ୍ୟ ମେଳନଂ ଲିଙ୍ଗମୁଚ୍ୟତେ ॥"

(ଶିବପୁରାଣ, ବିଦ୍ୟେଶ୍ୱର ସଂହିତା)

ଅର୍ଥାତ୍ ଶିବଶକ୍ତିର ସମ୍ମିଳିତ ଚିହ୍ନ ହିଁ ଶିବଲିଙ୍ଗ ଅଟେ । ଅତଏବ ମହାଶିବରାତ୍ରିରେ ହେଉଥିବା ଲିଙ୍ଗ ପୂଜନ ମଧ୍ୟ ଶିବ-ଶିବା ଅଥବା ଶିବ ଶକ୍ତିଙ୍କର

ଶକ୍ତି ଉପାସନା ଓ ବୈଦିକ ଦେବୀତତ୍ତ୍ୱ : ୧୧୦

ସମ୍ମିଳିତ ଉପାସନା ଅଟେ। ଏଣୁ ଏହାକୁ ମଧ୍ୟ ଶକ୍ତି ପୂଜା ରୂପେ ଗ୍ରହଣ କରାଯାଇପାରେ। ଫାଲ୍‌ଗୁନ କୃଷ୍ଣ ନବମୀ ତିଥିରେ ମାତା ଜାନକୀଙ୍କ ଜନ୍ମ ହୋଇଥିବାରୁ ଏହାକୁ ଜାନକୀ ନବମୀ ବ୍ରତ ଭାବରେ ଶ୍ରଦ୍ଧାଳୁମାନେ ଧୁମ୍‌ଧାମରେ ପାଳନ କରନ୍ତି। ଫାଲ୍‌ଗୁନ ଶୁକ୍ଳପକ୍ଷ ପ୍ରତିପଦା ତିଥିରେ କେତେକ ସ୍ଥାନରେ 'ଆସମାତା'ଙ୍କ ପୂଜା ପ୍ରାରମ୍ଭ ହୋଇ ଅଷ୍ଟମୀ ପର୍ଯ୍ୟନ୍ତ ପାଳିତ ହୁଏ। ଏହାଦ୍ୱାରା ସକଳ ମନୋସ୍କାମନା ପୂର୍ଣ୍ଣ ହୁଏ ବୋଲି ବିଶ୍ୱାସ ରହିଛି। ଫାଲ୍‌ଗୁନ ମାସରେ ଦେବୀ ଚଣ୍ଡିକାଙ୍କର ପୂଜାର୍ଚ୍ଚନା କରାଯାଇଥାଏ। ଏହାର ପ୍ରମାଣ ସ୍ୱରୂପ ଦେବୀ ପୁରାଣ ସ୍ଥିତ ନିମ୍ନୋକ୍ତ ଶ୍ଳୋକ ଆଲୋଚନା ସାପେକ୍ଷ:

"ଫାଲ୍‌ଗୁନେ ପୂଜୟେତ୍ ଦେବୀଂ ଚଣ୍ଡିକେତି ଚ ଯା ମତା।
ମାତୃଶାନ୍ତୁ ବିଶେଷେଣ ତତ୍ର ପୂଜା ବିଧୀୟତେ ॥"

ଚୈତ୍ର ମାସରେ ଗଣଗୌର ମହୋତ୍ସବ, ଚୈତ୍ର ଶୁକ୍ଳ ଅଷ୍ଟମୀରେ 'ଶୀତଳାଷ୍ଟମୀ', ଚୈତ୍ର କୃଷ୍ଣ ତ୍ରୟୋଦଶୀ ତିଥିରେ ବାରୁଣୀ ପର୍ବ ଉପଲକ୍ଷେ ପବିତ୍ର ନଦନଦୀ ଓ ସାଗର ପୂଜନ ସହ ସ୍ନାନଦାନ, ଅମାବାସ୍ୟା ସ୍ନାନ, ଚୈତ୍ର କୃଷ୍ଣ ପ୍ରତିପଦାରେ 'ସମ୍ପଦା ଦେବୀ' ପୂଜନ, ଚୈତ୍ର କୃଷ୍ଣ ପ୍ରଥମ ସୋମବାର ବା ଗୁରୁବାର ବସୋଡ଼ା ପର୍ବ ଉପଲକ୍ଷେ ଶୀତଳା ପୂଜନ, ଚୈତ୍ର ଶୁକ୍ଳ ପ୍ରତିପଦା ଠାରୁ ନବମୀ ପର୍ଯ୍ୟନ୍ତ ଜଗଜ୍ଜନନୀ ଦୁର୍ଗାଙ୍କର ନବରାତ୍ର ଶକ୍ତି ଉପାସନା, ଚୈତ୍ର ରବିବାର ଦିନ 'ଖରଖରୀ ଓଷା'ରେ ଖରଖରୀ ଦେବୀଙ୍କ ବ୍ରତ, ଚୈତ୍ର ମାସର ପ୍ରତ୍ୟେକ ମଙ୍ଗଳବାରରେ ଶ୍ରୀ ସର୍ବମଙ୍ଗଳାଙ୍କ ଉଦ୍ଦେଶ୍ୟରେ 'ଚୈତ୍ର ମଙ୍ଗଳବାର ଓଷା', ଚୈତ୍ର ମଙ୍ଗଳବାରରେ ଆହୁରି ମଧ୍ୟ 'ପନ୍ଦ୍ରେଇ ମଙ୍ଗଳବାର ଓଷା'ରେ ବୁଢ଼ୀ ମଙ୍ଗଳାଙ୍କ ପୂଜା ଆଦି ଶାକ୍ତ ଉପାସନାର ଅନ୍ତର୍ଗତ ଅଟେ। ଏସବୁକୁ ବାଦ୍ ଦେଇ ମଙ୍ଗଳ ସଂକ୍ରାନ୍ତି, ଗୁରୁପଞ୍ଚମୀରେ ଲକ୍ଷ୍ମୀନାରାୟଣ ବ୍ରତ (ଗୁରୁବାର ପଞ୍ଚମୀ ପଡ଼ିଲେ ଯେ କୌଣସି ମାସରେ ଏହା ପାଳିତ ହୁଏ) ଯେ କୌଣସି ମାସର ଶୁକ୍ଳ ଦଶମୀରେ ଗୁରୁବାର ପଡ଼ିଲେ ସୁଦଶା ବ୍ରତ ପାଳିତ ହୁଏ। ସେଇପରି ଅନ୍ୟ ଯୋଗଜ ବ୍ରତମାନେ ହେଲେ, ଗୁରୁବାର ଦିନ ଶୁକ୍ଳ ଏକାଦଶୀ ପଡୁଥିଲେ ଯେ କୌଣସି ମାସରେ ଲକ୍ଷ୍ମୀନାରାୟଣ ବ୍ରତ, ଶୁକ୍ରବାର ଦିନ ସନ୍ତୋଷୀ ମାତା ବ୍ରତ, ସାରାବର୍ଷ ପ୍ରତି ଗୁରୁବାର ଦିନ ଲକ୍ଷ୍ମୀ ମାତାଙ୍କ ଉପାସନା, ଯେ କୌଣସି ତିଥି, ବାର ବା ମାସରେ 'ସୁକୁଜୁନି ଓଷା' କରାଯାଏ। ଯେଉଁଥିରେ ଉମା ମହେଶ୍ୱରଙ୍କର ହିଁ ପୂଜା କରାଯାଏ।

ମାସର ଯେ କୌଣସି ବାରରେ ନିରାକୁଳି ଦେବୀଙ୍କ ଉପାସନା ବା ନିରାକୁଳି ବ୍ରତ, ଶିରୀ ସୁବନାଥୀ ବ୍ରତ ଇତ୍ୟାଦି ଓଷାବ୍ରତମାନଙ୍କ ମଧ୍ୟରେ ଶାକ୍ତ ଚେତନାର ଭାବଧାରା ସ୍ପଷ୍ଟ ଭାବରେ ଦୃଷ୍ଟିଗୋଚର ହୁଏ । କେବଳ ସେତିକି ନୁହେଁ ବନବାସୀ ଜନଜାତିମାନଙ୍କ ମଧ୍ୟରେ ପ୍ରଚଳିତ ଡଗରପୂଜା, ତେରପୂଜା, ପୁଷ୍ ପୁନେଇଁ ବ୍ରତ, ଆହୁର ପର୍ବ, କିମିୟଙ୍ଗ ପର୍ବ, ଗୁଡାବୁଆ ନୂଆପର୍ବ, ସାତ୍ରାଙ୍ଗିଲାକା, ନୂଆଖିଆ, ମାଘପର୍ବ, ଦିଆଲ ପର୍ବ, ମାଣ୍ଡିଆ ରାଣୀ ପର୍ବ, ମାଣସେ ପର୍ବ, ପଣ୍ଡାଡ଼ିଆ ପର୍ବ, ଚିନା ନୂଆଖିଆ ପର୍ବ, ସିଲାଙ୍ଗି ପର୍ବ, ମକର ପର୍ବ, ଟୋକିମର୍ ପର୍ବ, ଘଣ୍ଟାପରକ ପର୍ବ, ରୋଗନା ପାଣ୍ଡୁପର୍ବ, ଆଦବାନ ପର୍ବ, ଗୋଠବଙ୍ଗା ପର୍ବ ଗୁଡ଼ିକ ମଧ୍ୟ କୌଣସି ନା କୌଣସି ଦେବୀଙ୍କୁ କେନ୍ଦ୍ର କରି ପାଳିତ ହୋଇଥାଏ । ଏତଦ୍ ବ୍ୟତୀତ ଯେ କୌଣସି ମାଙ୍ଗଳିକ କାର୍ଯ୍ୟ, ବିବାହ, ବ୍ରତ, ଜନ୍ମଦିନ ଆଦି ଅନୁଷ୍ଠାନ ସମୟରେ ଗ୍ରାମ ଦେବତୀ ଏବଂ ଦେବୀ ପୂଜା କରାଯିବାର ପରମ୍ପରା ଆମ ସମାଜ ଜୀବନର ଏକ ଅପରିହାର୍ଯ୍ୟ ପ୍ରଥା ରୂପେ ଅନାଦି କାଳରୁ ଅନୁସୃତ ହୋଇ ଆସୁଛି । କାରଣ ମାତୃ ଉପାସନା ଯୁଗ ଯୁଗରୁ ଆମ ସଂସ୍କୃତିର ଆତ୍ମା ଏବଂ ଆମର ଅସ୍ଥି ମଜ୍ଜାଗତ ରୂପେ ପରିଗଣିତ । ଏଥିପାଇଁ ଦେବୀ ମହାଶକ୍ତିଙ୍କର ସ୍ତୁତି କରି କୁହାଯାଇଛି:

> **"ଦେବ୍ୟା ଯୟା ତତମିଦଂ ଜଗଦାତ୍ମଶକ୍ତ୍ୟା**
> **ନିଃଶେଷଦେବଗଣଶକ୍ତିସମୂହ ମୂର୍ତ୍ତ୍ୟା ।**
> **ତାମମ୍ବିକା ମଖିଳ ଦେବ ମହର୍ଷି ପୂଜ୍ୟାଂ**
> **ଭକ୍ତ୍ୟା ନତାଃ ସ୍ମ ବିଦଧାତୁ ଶୁଭାନି ସା ନଃ ।।"**

ଅର୍ଥାତ୍ ଆମେ ସେହି ମହାଶକ୍ତି ରୂପିଣୀ ଦେବୀଙ୍କୁ ପ୍ରଣାମ କରୁଛୁ । ଯେ କି ଦେବତାମାନଙ୍କର ଶକ୍ତିପୁଞ୍ଜର ଘନୀଭୂତ ମୂର୍ତ୍ତି ଏବଂ ସ୍ୱୀୟ ମାୟାଶକ୍ତିର ପ୍ରଭାବରେ ଏହି ବିଶ୍ୱ ଜଗତକୁ ସୃଜନ ପୂର୍ବକ ତାହାର ପ୍ରତ୍ୟେକ ଅଣୁ ପରମାଣୁ ମଧ୍ୟରେ ଓତଃପ୍ରୋତ ଭାବରେ ଅନୁପ୍ରବିଷ୍ଟ ରହି ସମଗ୍ର ବିଶ୍ୱରେ ପରିବ୍ୟାପ୍ତ ରହିଛନ୍ତି । ଏବଂ ସେ ସମସ୍ତ ଦେବତା ଓ ମହର୍ଷିମାନଙ୍କର ଆରାଧ୍ୟା ଅଟନ୍ତି । ସେଇ ଜଗଜ୍ଜନନୀ ମହାଶକ୍ତି ଆମମାନଙ୍କର ସର୍ବବିଧ ମଙ୍ଗଳ ବିଧାନ କରନ୍ତୁ । ତାଙ୍କର ଆଶୀର୍ବାଦ ଦ୍ୱାରା ଆମମାନଙ୍କର ସର୍ବାଙ୍ଗୀନ କଲ୍ୟାଣ ସାଧନ ସମ୍ଭବ ଅଟେ ।

ବିଭିନ୍ନ ପ୍ରାନ୍ତରେ ଶକ୍ତି ଆରାଧନାର ଐତିହ୍ୟ

ଶକ୍ତି ଉପାସନାର ଭବ୍ୟ ପରମ୍ପରା ଭାରତୀୟ ସଂସ୍କୃତି ସହ ଆବହମାନ କାଳରୁ ଅଙ୍ଗାଙ୍ଗୀ ଭାବରେ ଜଡ଼ିତ। ନବରାତ୍ର ଅବସରରେ ମାଆ ଆଦ୍ୟାଶକ୍ତି ଜଗଜ୍ଜନନୀଙ୍କର ଆରାଧନା ସ୍ୱତନ୍ତ୍ର କ୍ଷେତ୍ରୀୟ ବିଶିଷ୍ଟତା ସହିତ ସମଗ୍ର ଦେଶରେ ବିଭିନ୍ନ ପ୍ରାନ୍ତରେ ଅତ୍ୟନ୍ତ ହାର୍ଷୋଲ୍ଲାସ ସହ ପାଳିତ ହୋଇଥାଏ। ଋତୁଚକ୍ରର ପରିବର୍ତ୍ତନ ଆନୟନ କରେ ପ୍ରକୃତି ମାତାର କୋଳରେ ଏକ ଅତି ବୈଶିଷ୍ଟ୍ୟ ପୂର୍ଣ୍ଣ ଅବସର ଯାହା ନବରାତ୍ର ନାମରେ ସର୍ବଜନ ବିଦିତ। ଏହି ଦେବ ଦୁର୍ଲ୍ଲଭ ମୁହୂର୍ତ୍ତ ନଅ ଦିବସୀୟ 'ନବରାତ୍ର' ଶକ୍ତି ଆରାଧନା ଅଥବା ସାଧନା ନିମିତ୍ତ ସାରା ବର୍ଷକ ମଧ୍ୟରେ ସର୍ବୋତ୍ତମ ଏବଂ ସର୍ବଶ୍ରେଷ୍ଠ ସମୟ ରୂପେ ଭାରତୀୟ ଶାସ୍ତ୍ରୀୟ ପରମ୍ପରାରେ ଆର୍ଯ୍ୟ ପ୍ରଚେତା ଗଣଙ୍କ ଦ୍ୱାରା ଅନାଦି କାଳରୁ ସ୍ୱୀକୃତ ହୋଇ ଆସିଛି। ଶକ୍ତି ସଞ୍ଚୟ ଦୃଷ୍ଟିରୁ ଏହି କାଳର ବୈଶିଷ୍ଟ୍ୟ ଅତ୍ୟନ୍ତ ମହତ୍ତ୍ୱପୂର୍ଣ୍ଣ ଅଟେ। ଆମର ପୂର୍ବଜ ଋଷିମୁନିମାନେ ମାତା ଆଦ୍ୟାଶକ୍ତିଙ୍କର ଗୌରବ ମଣ୍ଡିତ ମହିମାକୁ ସମାଜବ୍ୟାପି କରିବା ନିମିତ୍ତ ନବରାତ୍ର ଉପାସନା ସକାଶେ ବିଶେଷ ବିଧି ବିଧାନ ମାନ ପ୍ରଣୟନ କରି ଯାଇଛନ୍ତି ଯଦ୍ୱାରା ସାଧାରଣ ମଣିଷଟିଏ ମଧ୍ୟ ଦେବୋପମ ଜୀବନ ଆଡ଼କୁ ସ୍ୱତଃ ଉନ୍ମୁଖ ହୋଇଥାଏ। ଋକ୍ ବେଦୋକ୍ତ ଦେବୀ ସୂକ୍ତମ୍‌ରେ ନିଜେ ଆଦିମାତା କହିଛନ୍ତି:

"ଓଁ ଅହଂ ରୁଦ୍ରେଭିର୍ବସୁଭିଶ୍ଚରାମ୍ୟହମାଦିତ୍ୟୈରୁତ ବିଶ୍ୱଦେବୈଃ।
ଅହଂ ମିତ୍ରାବରୁଣୋଭା ବିଭର୍ମ୍ୟହମିନ୍ଦ୍ରାଗ୍ନୀ ଅହମଶ୍ୱିନୋଭା ॥"

ଅର୍ଥାତ୍ ମୁଁ ହିଁ ସଚ୍ଚିଦାନନ୍ଦମୟୀ ସର୍ବାତ୍ମା ଦେବୀ ରୁଦ୍ର, ବସୁ, ଆଦିତ୍ୟ ତଥା ବିଶ୍ୱ ଦେବଗଣଙ୍କ ରୂପରେ ବିଚରଣ କରୁଛି। ମୁଁ ହିଁ ମିତ୍ର ଓ ବରୁଣ ଦୁହିଁଙ୍କୁ ଇନ୍ଦ୍ର ଏବଂ ଅଗ୍ନିଙ୍କୁ ତଥା ଦୁଇ ଅଶ୍ୱିନୀ କୁମାରଙ୍କୁ ଧାରଣ କରିଛି। ପୁଣି ସେ କହିଛନ୍ତି: **"ଅହଂ ରାଷ୍ଟ୍ରୀ ସଂଗମନୀ ବସୂନାଂ ଚିକିତୁଷୀ ପ୍ରଥମା ଯଜ୍ଞିୟାନାମ୍। ତାଂ ମା ଦେବା ବ୍ୟଦଧୁଃ ପୁରୁତ୍ରା ଭୂରିସ୍ଥାତ୍ରାଂ ଭୂର୍ଯ୍ୟାବେଶୟନ୍ତୀମ୍ ॥"**

ଯାହାର ଅର୍ଥ ହେଉଛି- ମୁଁ ସାରା ଜଗତର ଅଧୀଶ୍ୱରୀ, ନିଜ ଉପାସକମାନଙ୍କ ଧନପ୍ରାପ୍ତି କାରିଣୀ ଅନ୍ୟ ଅର୍ଥରେ ମୁଁ ହିଁ ରାଷ୍ଟ୍ରକୁ ଏକ ସୂତ୍ରରେ ଆବଦ୍ଧ କରେ ଏବଂ ତାହାକୁ ଐଶ୍ୱର୍ଯ୍ୟଶାଳୀ କରିଥାଏ। ମୁଁ ହିଁ ରୁଦ୍ରଙ୍କର ଧନୁଷରେ ପ୍ରତ୍ୟଞ୍ଚା ଚଢ଼ାଇଥାଏ। ଧରିତ୍ରୀ ଏବଂ ଆକାଶରେ ବ୍ୟାପ୍ତ ହୋଇ ମୁଁ ହିଁ ମାନବର ପରିତ୍ରାଣ ପାଇଁ ସଂଗ୍ରାମ କରିଥାଏ। ମୁଁ ପରଂବ୍ରହ୍ମଙ୍କ ଠାରୁ ଅଭିନ୍ନ ତଥା ପୂଜନୀୟ ଦେବତାମାନଙ୍କ ମଧ୍ୟରେ ସର୍ବଶ୍ରେଷ୍ଠ। ବାସ୍ତବରେ ତାଙ୍କ ବିନା ସମଗ୍ର ଦେବଶକ୍ତି ଅସମ୍ପୂର୍ଣ୍ଣ ଅଟେ। ଅତଏବ ସେ ଏକାଧାରରେ ପରମ କଲ୍ୟାଣମୟୀ ଜଗଜ୍ଜନନୀ ତଥା ଦୁର୍ଗ ମଧ୍ୟରେ ନିର୍ଭୟରେ ଆଶ୍ରୟ ଲାଭ କରୁଥିବା ଆଶ୍ରିତ ସଦୃଶ ସର୍ବକାଳରେ ଭକ୍ତମାନଙ୍କୁ କଲ୍ୟାଣ ପ୍ରଦାନ କରୁଥିବା ଦୁର୍ଗତିନାଶିନୀ ଜଗଦମ୍ବା ଅଟନ୍ତି। ତାଙ୍କର ଉପାସନା ଦ୍ୱାରା ମାନବ ମଧ୍ୟରେ ତତ୍କାଳ ନବଶକ୍ତି ତଥା ସଦ୍ ପ୍ରବୃତ୍ତିର ସୃଜନ ଘଟି ଦୁଷ୍ପ୍ରବୃତ୍ତିର ନିରାକରଣ ହୋଇଥାଏ। ଅର୍ଥାତ୍ ମନୁଷ୍ୟର ଅନ୍ତଃକରଣ ସ୍ଥିତ ଶୁମ୍ଭ-ନିଶୁମ୍ଭ, ମଧୁ-କୈଟଭ ମହିଷାସୁର ଆଦିଙ୍କର ପ୍ରତୀକାତ୍ମକ ରାକ୍ଷସୀବୃତ୍ତି କାମ, କ୍ରୋଧ, ଲୋଭ, ଅହଂଆଦି ଦୁଷ୍ପ୍ରବୃତ୍ତି ସମୁଚୟ ସମୂଳେ ବିଧ୍ୱଂସ ହୋଇଥାନ୍ତି ଦେବୀ ଆଦ୍ୟାଶକ୍ତିଙ୍କର ଉପାସନା ପ୍ରଭାବରେ ଭଗବାନ ଶ୍ରୀରାମ ରାବଣ ସହ ଯୁଦ୍ଧ ପୂର୍ବରୁ ଏଇ ନବରାତ୍ର ଅବସରରେ ଶକ୍ତି ଉପାସନା କରିଥିଲେ ଜଗଜ୍ଜନନୀ ଦୁର୍ଗାଙ୍କର ପୂଜନ ମାଧ୍ୟମରେ। ମାଆ ଦୁର୍ଗା ତାଙ୍କୁ ଯୁଦ୍ଧରେ 'ବିଜୟଶ୍ରୀ'ର ବରଦାନ ଦେଇଥିଲେ। ଠିକ୍ ସେଇ ସମୟରେ ରାବଣ ମଧ୍ୟ ଦେବୀ ମାତାଙ୍କର ପୂଜନ କରିଥିଲା। କିନ୍ତୁ ସେ ଇପ୍‌ସିତ ଆଶୀର୍ବାଦ ପାଇ ନଥିଲା କାରଣ ତା'ର ଆଚରଣ ଥିଲା ସତ୍ୟ, ଧର୍ମ, ନ୍ୟାୟର ପରିପନ୍ଥୀ। ଆମ ଦେଶର କୋଣ ଅନୁକୋଣରେ ନବରାତ୍ର ଏବଂ ବିଜୟା ଦଶମୀ ସ୍ଥାନୀୟ ପରମ୍ପରା ଅନୁଯାୟୀ ଏକ ଲୋକପର୍ବ ଭାବରେ ପାଳିତ ହୋଇଥାଏ।

କ) ବଙ୍ଗ ଭୂମିରେ ଦୁର୍ଗାପୂଜା

ବଙ୍ଗ ଦେଶରେ ଦୁର୍ଗାପୂଜାର ପରମ୍ପରା ଅତ୍ୟନ୍ତ ଭବ୍ୟ ଏବଂ ଆକର୍ଷକ ଅଟେ। ଏଠାରେ ନିର୍ମିତ ହେଉଥିବା ଅତି ବିଶାଳ ତୋରଣ ଯୁକ୍ତ ପୂଜା ମଣ୍ଡପ ଗୁଡ଼ିକର ଅପରୂପ ସାଜସଜ୍ଜା ତଥା ସେଥିରେ ସ୍ଥାନିତ ଅତ୍ୟନ୍ତ ମନୋରମ ଓ ଚିତ୍ତାକର୍ଷକ ମୂର୍ତ୍ତିଗୁଡ଼ିକ ବଙ୍ଗୀୟ କଳା ନୈପୁଣ୍ୟର ବୈଶିଷ୍ଟ୍ୟକୁ ପ୍ରତିପାଦିତ

କରିଥାନ୍ତି। ଆଶ୍ୱିନ ଶୁକ୍ଳ ଷଷ୍ଠୀ ତିଥିରୁ ମଣ୍ଡପ ଗୁଡ଼ିକରେ ପ୍ରତିମା ସ୍ଥାପନ, ବୋଧନ, ଆମନ୍ତ୍ରଣ, ପ୍ରାଣ ପ୍ରତିଷ୍ଠା ସହ ସପ୍ତମୀ ପୂଜା, ଅଷ୍ଟମୀରେ ସନ୍ଧିପୂଜା ବା ମହାପୂଜା, ନବମୀ ତିଥିରେ ସକାଳ ସନ୍ଧ୍ୟା ଦେବୀ ମାତାଙ୍କର ଭବ୍ୟ ପୂଜା ଅନୁଷ୍ଠିତ ହୁଏ। ଶଙ୍ଖଧ୍ୱନି, ବିବିଧ ବାଦ୍ୟ ସହ ପୂଜା ଆରତୀ, ନୈବେଦ୍ୟ ଓ ପ୍ରସାଦ ବିତରଣ ଆଦି କାର୍ଯ୍ୟ ବିଭିନ୍ନ ପୂଜା ସ୍ଥଳରେ ବ୍ୟବସ୍ଥିତ ଭାବରେ କରାଯାଏ। ପୂଜାମଣ୍ଡପ ଗୁଡ଼ିକରେ ମହିଷାସୁର ମର୍ଦ୍ଦିନୀ ମାଆ ଦୁର୍ଗାଙ୍କ ସହିତ ତାଙ୍କର ପୁତ୍ରଦ୍ୱୟ କାର୍ତ୍ତିକେୟ ଓ ଗଣେଶ ଏବଂ ଲକ୍ଷ୍ମୀ ତଥା ସରସ୍ୱତୀଙ୍କ ବିଗ୍ରହ ମାନ ପ୍ରତିଷ୍ଠିତ ହୋଇ ଯଥାବିଧି ପୂଜିତ ହୁଅନ୍ତି। ଆଶ୍ୱିନ ଶୁକ୍ଳ ପ୍ରତିପଦା ତିଥିରେ ମାଆ ଦୁର୍ଗା ସପରିବାର ପୃଥିବୀ ପୃଷ୍ଠକୁ ଆଗମନ କରନ୍ତି ଏବଂ ନବରାତ୍ର କାଳରେ ମହିଷାସୁରଙ୍କୁ ସଂହାର କରି ଦଶମୀ ଦିନ ଧରାବକ୍ଷରୁ ବିଦାୟ ନିଅନ୍ତି। ଏହିପରି ଏକ ଦୃଢ଼ ବିଶ୍ୱାସ ସମାଜରେ ପ୍ରତିଷ୍ଠିତ ଅଛି। ଏଣୁ ନବ ଦିନାତ୍ମିକା ପୂଜା ପାର୍ବଣ ଓ ଆନନ୍ଦ ଉଲ୍ଲାସ ପରେ ଦେବୀ ମାତାଙ୍କ ଏହି ବିଦାୟ ବେଳା ସଭିଙ୍କର ମନ ହୃଦୟରେ ସୃଷ୍ଟି କରେ ଏକ ଶୋକାକୁଳ ପରିବେଶ। ଦେବୀ ମାତାଙ୍କୁ ଅଶ୍ରୁ ପୂରିତ ଲୋଚନରେ ସଭିଏ ବିଦାୟ ଦିଅନ୍ତି। ଦଶମୀ ତିଥି ଅଥବା ବିଜୟା ଦଶମୀ ଦିନ ମହିଳାମାନେ ପ୍ରାତଃ ସ୍ନାନ ପରେ ବେଶଭୂଷା ଶୃଙ୍ଗାର ଆଦିରେ ସୁସଜ୍ଜିତ ହୋଇ ଦେବୀ ମୂର୍ତ୍ତିଙ୍କ ସମକ୍ଷରେ 'ସିନ୍ଦୁର ଖେଳା'ରେ ଅଂଶ ଗ୍ରହଣ କରନ୍ତି। ସୋହାଗିନୀ ନାରୀମାନେ ପରସ୍ପରକୁ ଦେବୀ ମାତାଙ୍କଠାରେ ଲାଗି ହୋଇଥିବା ସିନ୍ଦୁର ପ୍ରଦାନ କରି ପରସ୍ପରର ମଙ୍ଗଳ ସୋହାଗ କାମନା କରନ୍ତି। ସେହିପରି ପୁରୁଷମାନେ ଏକତ୍ରିତ ହୋଇ ପରସ୍ପରକୁ ଗଳାରେ ଲଗାଇ ଶୁଭକାମନା ଜଣାଇଥାନ୍ତି। ଏହି ଅବସରରେ ବଙ୍ଗାଳିମାନଙ୍କର 'ଧୁନୁଚୀ' ନୃତ୍ୟ ଜନମନ ହରଣ କରେ। ଏଥି ଉତ୍ତାରୁ ଦେବୀ ପ୍ରତିମାଙ୍କୁ ବିସର୍ଜନ ଆଦି ପରେ ଜଳରେ ବିସର୍ଜନ କରାଯାଏ। ଐତିହାସିକ ତଥ୍ୟ ଅନୁଯାୟୀ ଷୋଡ଼ଶ ଶତାବ୍ଦୀର ଅନ୍ତିମ ଭାଗରେ ବଙ୍ଗ ପ୍ରଦେଶସ୍ଥ 'ତାହିରପୁର' ମହାରାଜା କଂସ ନାରାୟଣଙ୍କ ଦ୍ୱାରା ଦୁର୍ଗାପୂଜା ଅନୁଷ୍ଠିତ ହୋଇ କ୍ରମେ ତାହା ସମାଜ ବ୍ୟାପି ହୋଇଥିଲା। ଏଥିପାଇଁ ଗଣିକାମାନଙ୍କ ନିବାସ ସ୍ଥଳ 'ସୋନାଗାଛୀ'ରୁ ମୃତ୍ତିକା ସଂଗୃହୀତ ହୋଇ ପ୍ରତିମା ନିର୍ମାଣରେ ଉପଯୋଗ କରାଯାଇଥିଲା। ଲୋକଶ୍ରୁତି ଅନୁଯାୟୀ ଜଣେ ଗଣିକା ଭକ୍ତଙ୍କୁ ଦେବୀମାତା ନିଜ ଆଶୀର୍ବାଦ ପ୍ରଦାନ ମାଧ୍ୟମରେ ସାମାଜିକ

ବାସନ୍ଦରୁ ଉଦ୍ଧାର କରିଥିଲେ। ଏଣୁ ଏହି ମୃତ୍ତିକା ଉପଯୋଗ ବିନା ପ୍ରତିମା ନିର୍ମାଣ ସମ୍ପୂର୍ଣ୍ଣ ହୋଇନଥାଏ ବୋଲି ଲୋକେ ବିଶ୍ୱାସ କରିଥାନ୍ତି।

ମହାରାଜା କଂସ ନାରାୟଣଙ୍କ ବ୍ୟତୀତ ସପ୍ତଦଶ ଶତାବ୍ଦୀର ପ୍ରାରମ୍ଭରେ 'ନଦିଆ' ମହାରାଜ ଭବାନନ୍ଦ ଦୁର୍ଗାପୂଜାକୁ ଅତ୍ୟନ୍ତ ଭବ୍ୟ ସ୍ୱରୂପ ପ୍ରଦାନ କରିଥିଲେ। ତାଙ୍କର ସମକାଳୀନ 'ବରୀସା'ର ରାଜା ସୁବର୍ଣ୍ଣ ଚୌଧୁରୀ ତଥା ବଙ୍ଗଭୂମିର ତତ୍କାଳୀନ ବଡ଼ ଜମିଦାରମାନେ ଦୁର୍ଗାପୂଜାର ଆୟୋଜନକୁ ବଙ୍ଗ ଭୂମିରେ ଦିବ୍ୟତାର ଶିଖରକୁ ଉନ୍ନୀତ କରାଇଥିଲେ। ପରବର୍ତ୍ତୀ ସମୟରେ ଅନୁରୂପ ଶୈଳୀରେ ଦୁର୍ଗାପୂଜା ସର୍ବତ୍ର ଆୟୋଜିତ ହେବାକୁ ଲାଗିଲା। ଏପରିକି ଅଧିକାଂଶ ସମ୍ପନ୍ନ ଗୋଷ୍ଠୀ ଓ ବ୍ୟବସାୟିକ ସମାଜ ଦ୍ୱାରା ସମ୍ମିଳିତ ଭାବେ ପୂଜାର ଦିବ୍ୟ ଆୟୋଜନ ମାନ ଅନୁଷ୍ଠିତ ହେଲା। ଏହି ସମୟରେ ଇଷ୍ଟ ଇଣ୍ଡିଆ କମ୍ପାନୀର ନାମୀଦାମୀ ଅଧିକାରୀମାନଙ୍କୁ ପୂଜା ପେଣ୍ଡାଲ୍‌ମାନଙ୍କୁ ଆମନ୍ତ୍ରିତ କରାଯାଉଥିଲା। କୋଲକାତାର ଶୋବା ବଜାରର ମହାରାଜା ନବକୃଷ୍ଣ ଦେବଙ୍କ ଆୟୋଜିତ ପୂଜାକୁ ୧୭୫୭ ମସିହାରେ ରବର୍ଟ କ୍ଲାଇବ୍ ଆମନ୍ତ୍ରିତ ହୋଇ ଯୋଗଦାନ କରିଥିଲେ। ଏହାପରେ ପରିସ୍ଥିତି ଏପରି ହେଲା ଯେ ଦୁର୍ଗାପୂଜା ଏକ ଆଭିଜାତ୍ୟ ଶ୍ରେଣୀୟ ଉପାସନା ରୂପେ ପ୍ରତିଷ୍ଠିତ ହେବାକୁ ଲାଗିଲା ଏବଂ ସର୍ବସାଧାରଣ ସମୁଦାୟ ନିଜକୁ ଅବହେଳିତ ମନେ କଲେ। ଫଳରେ ଭିନ୍ନ ଭିନ୍ନ ସ୍ଥାନରେ ସାର୍ବଜନୀନ ଦୁର୍ଗୋତ୍ସବ ସଫଳ ଭାବେ ଆୟୋଜିତ ହେଲା। ବିଂଶ ଶତାବ୍ଦୀର ପ୍ରଥମ ଦଶକରେ କେତେକ ଲୋକ ମିଳିତ ଭାବରେ ହୁଗୁଳି ଜିଲ୍ଲାର 'ଗୁପ୍ତିପଡ଼ା' ନାମକ ସ୍ଥାନରେ ପ୍ରଥମ ପୂଜାର ଶୁଭାରମ୍ଭ କଲେ। ୧୯୧୦ ମସିହାରେ ବଳରାମପୁର ବସୁଘାଟ ଠାରେ ଆୟୋଜିତ ସାର୍ବଜନୀନ ପୂଜାକୁ 'ବାରୋବାଡ଼ି' ପୂଜା ବୋଲି କୁହାଯାଏ। ଠିକ୍ ଏହା ପରେ ପରେ ସ୍ୱତନ୍ତ୍ରତା ସଂଗ୍ରାମୀ ଓ ବିପ୍ଳବୀମାନଙ୍କ ଦ୍ୱାରା ବଙ୍ଗଭୂମି ତଥା ବିଭିନ୍ନ ପ୍ରାନ୍ତ ମାନଙ୍କରେ ରାଷ୍ଟ୍ରୀୟ ଏକତାର ଜାଗରଣ ନିମନ୍ତେ ବିଶାଳ ପୂଜାମାନ ଆୟୋଜିତ ହେଲା। ଆଜିକାଲି ତ ପୂଜା ପେଣ୍ଡାଲ ମାନ ନିର୍ମାଣ କରିବା ପାଇଁ ଚନ୍ଦନ ନଗର ଆଦି ସ୍ଥାନରୁ ବିଶିଷ୍ଟ କୁଶଳୀ କାରିଗରମାନଙ୍କୁ ଲୋଡ଼ା ଯାଉଛି। ପେଣ୍ଡାଲ ମାନଙ୍କରେ ବହୁ ଅର୍ଥ ବ୍ୟୟ କରାଯାଇ ସେଗୁଡ଼ିକୁ ବିଶ୍ୱବିଖ୍ୟାତ ଐତିହ୍ୟ, ସ୍ମାରକୀ, ଲାଲକିଲା, ଭାରତର ସଂସଦ ଭବନ ଅଥବା ଆମେରିକାର ହ୍ୱାଇଟ୍ ହାଉସ୍ ସହ ସାଦୃଶ୍ୟ ରଖୁଥିବା ବିଶାଳ ଭବନର ରୂପ ଦିଆଯାଉଛି। ସେଗୁଡ଼ିକୁ ବିବିଧ ରଙ୍ଗବେରଙ୍ଗ

ଆଲୋକ ମାଳା, ପୌରାଣିକ, ଐତିହାସିକ ଅଥବା ଭାରତ-ପାକିସ୍ତାନ ବା ଭାରତ-ଚୀନ ଯୁଦ୍ଧ ସମ୍ବଳିତ ଦୃଶ୍ୟପଟ ଦ୍ୱାରା ସୁସଜ୍ଜିତ କରାଯାଉଛି। ଯଦ୍ୱାରା ପୂଜା ପେଣ୍ଡାଲଗୁଡ଼ିକ ଉପଭୋଗ୍ୟ, ସୁଦୃଶ୍ୟ, ବର୍ଣ୍ଣାଢ଼୍ୟ, ଶିକ୍ଷଣୀୟ, ରାଷ୍ଟ୍ରୀୟ ସଂହତି ନିମିତ୍ତ ଉତ୍‌ପ୍ରେରକ ହେବା ସହ ଲୋକଶିକ୍ଷା ନିମନ୍ତେ ଏକ ବଳିଷ୍ଠ ଭୂମିକା ନିର୍ବାହ କରୁଛନ୍ତି।

ଖ) ଆସାମରେ ନବରାତ୍ର ଓ ଶକ୍ତିପୂଜା

ଆସାମ ସ୍ଥିତ ଦେବୀ କାମାକ୍ଷାଙ୍କର ଶକ୍ତିପୀଠ ପୃଥିବୀ ପ୍ରସିଦ୍ଧ ଅଟେ। ନବରାତ୍ର ଅବସରରେ କାମାକ୍ଷା ଶକ୍ତିପୀଠରେ ଅନୁଷ୍ଠିତ ହେଉଥିବା କୁମାରୀ ପୂଜନର ବୈଶିଷ୍ଟ୍ୟ ସ୍ୱତନ୍ତ୍ର ଏବଂ ଅନନ୍ୟ। ଏଠାରେ ନବରାତ୍ରର ପ୍ରଥମ ଦିବସରେ ଜଣେ କନ୍ୟାଙ୍କର ପୂଜନ ଅନୁଷ୍ଠିତ ହୁଏ। ସେଇପରି ଦ୍ୱିତୀୟ ଦିବସରେ ଦୁଇଜଣ, ତୃତୀୟ ଦିବସରେ ତିନିଜଣ ଏହିପରି ନବମ ଦିବସରେ ନଅ ଜଣଙ୍କର ପୂଜନ ପରମ୍ପରା କ୍ରମେ ଅନୁଷ୍ଠିତ ହୁଏ। କୁହାଯାଏ ଏହି ପରମ୍ପରା ଦେବୀ କାମାକ୍ଷାଙ୍କର ଆବିର୍ଭାବ କାଳରୁ ହିଁ ଏଠାରେ ପ୍ରଚଳିତ। ଏଠାରେ କୁମାରୀ ପୂଜନ ସକାଶେ ସାଧାରଣତଃ ପାଞ୍ଚରୁ ଚଉଦ ବର୍ଷ ବୟସର କନ୍ୟାମାନଙ୍କୁ ଚୟନ କରାଯାଏ। ନୀଳାଞ୍ଚଳ ପର୍ବତରେ ନବରାତ୍ରି ଅବସରରେ ଦେବୀ କାମାକ୍ଷା କନ୍ୟା ରୂପରେ ଆବିର୍ଭାବ ହୁଅନ୍ତି ବୋଲି କିମ୍ବଦନ୍ତୀ ରହିଛି। ଏଣୁ ଜୀବନ୍ତ କନ୍ୟାମାନଙ୍କ ପୂଜନ ଦ୍ୱାରା ସକଳ ମନୋସ୍କାମନା ପୂର୍ଣ୍ଣ ହୁଏ ବୋଲି ବିଶ୍ୱାସ କରାଯାଏ। ଏଠାକାର ପ୍ରଭାବରେ ଭାରତର ଅନ୍ୟାନ୍ୟ ସ୍ଥାନରେ ମଧ୍ୟ କୁମାରୀ ପୂଜନ ଅନୁଷ୍ଠିତ ହୁଏ। ସ୍ୱାମୀ ବିବେକାନନ୍ଦ କାମାକ୍ଷା ପୀଠକୁ ଆସି କୁମାରୀ ପୂଜନ କରିଥିଲେ ଏବଂ ତାଙ୍କ ପ୍ରେରଣାରେ ବେଲୁଡ଼ ମଠରେ ମଧ୍ୟ କୁମାରୀ ପୂଜନ ଅଦ୍ୟାବଧି ପାରମ୍ପରିକ ରୀତିରେ ଚାଲୁ ରହିଛି।

ଆସାମର ସୁପ୍ରସିଦ୍ଧ ବିହୁ ପର୍ବ ସଦୃଶ ଦୁର୍ଗାପୂଜା ମଧ୍ୟ ସେଠାରେ ସର୍ବତ୍ର ପାଳିତ ହୋଇଥାଏ। କୁହାଯାଏ ଆସାମର ସିଲଚର୍ ସହରରେ ପ୍ରଥମ ଦୁର୍ଗାପୂଜା 'ଦିମାସା'ର ରାଜା ସୁରଦର୍ପା ନାରାୟଣଙ୍କ ସମୟରେ ହିଁ ପ୍ରାରମ୍ଭ ହୋଇଥିଲା। ଏବଂ ସେଠାରେ ଦୁର୍ଗାଙ୍କର ମୃଣ୍ମୟୀ ମୂର୍ତ୍ତି କାମାକ୍ଷା, ଦିଘେଶ୍ୱରୀ ଏବଂ ମହାଭୈରବୀ ଆଦି ମନ୍ଦିରରେ ସର୍ବପ୍ରଥମେ ଅନୁଷ୍ଠିତ ହୋଇଥିଲା ବୋଲି ଅନେକଙ୍କର ମତ।

ଗ) ବିହାରରେ ଦୁର୍ଗାପୂଜା

ବିହାର ପ୍ରଦେଶରେ ସର୍ବତ୍ର ବିଭିନ୍ନ ପୂଜା କମିଟି ମାନ ଗଠିତ ହୋଇ ଖୁବ୍ ଜାକଯମକରେ ଦୁର୍ଗାପୂଜା ପାଳନ କରାଯାଏ। ଏହି ଅବସରରେ ପୂଜା ମଣ୍ଡପ ମାନଙ୍କରେ ମୃତ୍ତିକା ନିର୍ମିତ ମୂର୍ତ୍ତି ମାନ ପ୍ରତିଷ୍ଠିତ ହୋଇ ପୂଜିତ ହୋଇଥାନ୍ତି। ବିହାର ରାଜଧାନୀ ପାଟନାରେ ଅବସ୍ଥିତ ଲଙ୍ଗରା ଟୋଲି ସ୍ଥିତ ବଙ୍ଗାଳି ଆଖଡ଼ା ଦ୍ୱାରା ଅନୁଷ୍ଠିତ ହେଉଥିବା ଦୁର୍ଗାପୂଜା ୧୩୦ ବର୍ଷର ପୁରାତନ ହୋଇଥିବାରୁ ସ୍ୱାଭାବିକ ଭାବରେ ଏହାର ବୈଶିଷ୍ଟ୍ୟ ଅନନ୍ୟ। ୧୮୯୩ ମସିହାରେ ସ୍ୱାଧୀନତା ସେନାନୀ ତଥା ବିପ୍ଲବୀ ଯେଉଁମାନେ ଇଂରେଜ ସରକାରଙ୍କ ଆଖିରେ ଧୂଳି ଦେଇ ଦେଶକୁ ସ୍ୱାଧୀନ କରିବା ସକାଶେ ବିଭିନ୍ନ ଗୁପ୍ତ ଯୋଜନା ମାନ ପ୍ରସ୍ତୁତ କରୁଥିଲେ ସେଇମାନଙ୍କ ଦ୍ୱାରା ଏଠାକାର ଦୁର୍ଗା ମନ୍ଦିର ନିର୍ମିତ ହୋଇ ଦୁର୍ଗାପୂଜାର ସୂତ୍ରପାତ ହୋଇଥିଲା। ସ୍ୱାଧୀନତା ସଂଗ୍ରାମୀମାନଙ୍କ ପାବନ ସ୍ମୃତିରେ ମୁଖର ଏଠାକାର ଦୁର୍ଗାପୂଜା, ଏ ଦୃଷ୍ଟିରୁ ଏକ ବୈଶିଷ୍ଟ୍ୟ ପୂର୍ଣ୍ଣ ପରମ୍ପରା ବହନ କରେ। ନବରାତ୍ର ପୂଜା ଶେଷରେ ବିଜୟା ଦଶମୀରେ ଦେବୀ ମାତାଙ୍କୁ ଜଳରେ ବିସର୍ଜନ ଅବସରରେ ଏଠାରେ ଦହି ଚୁଡ଼ାର ପ୍ରସାଦ ବିତରଣର ପରମ୍ପରା ସେବେ ଠାରୁ ଅଦ୍ୟାବଧି ପାଳିତ ହୋଇ ଆସୁଛି।

ଘ) ଓଡ଼ିଶାରେ ଦୁର୍ଗାପୂଜାର ପରମ୍ପରା

ଏକଦା ଶକ୍ତି ଆରାଧନା ଏବଂ ତନ୍ତ୍ର ସାଧନା ଦୃଷ୍ଟିରୁ ସମଗ୍ର ଦେଶରେ ସର୍ବଶ୍ରେଷ୍ଠ ପୀଠ ଭାବରେ ଓଡ଼ିଶା ପ୍ରସିଦ୍ଧି ଲାଭ କରିଥିଲା। 'ଉଡ୍ଡୀୟାନ୍ ତନ୍ତ୍ର' ଅନୁଯାୟୀ **'ଉଡ୍ଡୀୟାନ୍ ପରଂପୀଠ ଯତ୍ର ବୈତରଣୀ ନଦୀ...'** ଅର୍ଥାତ୍ ବୈତରଣୀ ନଦୀ କୂଳରେ ଅବସ୍ଥିତ 'ବିରଜା ପୀଠ'କୁ 'ଉଡ୍ଡୀୟାନ୍ ପୀଠ' ଏବଂ 'ହେ ବଜ୍ରତନ୍ତ୍ର' ନାମକ ବୌଦ୍ଧଶାସ୍ତ୍ର (୮ମ ଶତାବ୍ଦୀ)ରେ **'ଉଡ୍ରାଖ୍ୟଂ ପ୍ରଥମଂ ପୀଠ...'** ଉଡ୍ର ବା ଓଡ଼ିଶାକୁ ପ୍ରଥମ ତନ୍ତ୍ରପୀଠ ରୂପେ ମାନ୍ୟତା ପ୍ରଦାନ କରାଯାଇଥିଲା। ଏ ଦୃଷ୍ଟିରୁ ଶାରଳା ଦାସଙ୍କ ଚଣ୍ଡୀପୁରାଣ ମଧ୍ୟ ଓଡ଼ିଶାର ଶକ୍ତି ଉପାସନା କ୍ଷେତ୍ରରେ ପ୍ରାଚୀନ ପରମ୍ପରାକୁ ଅନୁମୋଦନ କରିଥାଏ। ସେଇପରି ସ୍କନ୍ଦପୁରାଣ, ମହାକାଳ ରୁଦ୍ର, କାଳିକା ପୁରାଣ, ମାର୍କଣ୍ଡେୟ ପୁରାଣ, ମତ୍ସ୍ୟ ପୁରାଣ ଆଦିରେ ବର୍ଣ୍ଣିତ ପ୍ରସଙ୍ଗଗୁଡ଼ିକ ମଧ୍ୟ ଉତ୍କଳୀୟ ଶକ୍ତି ପରମ୍ପରା ଅନୁରୂପ

ବୈଶିଷ୍ଟ୍ୟଗୁଡ଼ିକୁ ଯେ ବିଶେଷ ଭାବରେ ପ୍ରମାଣିତ କରିଥାନ୍ତି ଏହା କହିଲେ ଅତ୍ୟୁକ୍ତି ହେବ ନାହିଁ। ମର୍ତ୍ତ୍ୟର ବୈକୁଣ୍ଠ ପୁରୀ ଶ୍ରୀକ୍ଷେତ୍ରର ଶ୍ରୀ ମନ୍ଦିରରେ ଜଗତର ନାଥ ଶ୍ରୀଜଗନ୍ନାଥଙ୍କ ପୂଜାନୀତି ବିଧିବିଧାନ ମଧ୍ୟରେ ଶକ୍ତି ଆରାଧନାର ବ୍ୟାପକ ଉପଯୋଗ ଦୃଷ୍ଟିଗୋଚର ହୁଏ। ଶ୍ରୀଜଗନ୍ନାଥଙ୍କ ଠାରେ ପ୍ରସାଦ ଲାଗି ହେଲାପରେ ତାହା ଜଗଜ୍ଜନନୀ ବିମଳାଙ୍କୁ ପୁନଃ ଅର୍ପିତ ହୋଇ ମହାପ୍ରସାଦରେ ରୂପାନ୍ତରିତ ହୋଇଥାଏ। ଶାରଦୀୟ ଦୁର୍ଗାପୂଜା ଅବସରରେ ମାତା ବିମଳାଙ୍କ ଠାରେ ବହୁବିଧ ନୀତିମାନ ଅନୁଷ୍ଠିତ ହୁଏ। ଶାକ୍ତ ଚେତନାର ଭୂୟୋ ବିକାଶରେ ଓଡ଼ିଶାର ସ୍ଥାନ ଯେ ଥିଲା ସର୍ବଶ୍ରେଷ୍ଠ ତାହାର ଅକାଟ୍ୟ ପ୍ରମାଣ ହେଉଛି ସମଗ୍ର ପ୍ରଦେଶର ପ୍ରତି ଗ୍ରାମ ଗ୍ରାମରେ ଗ୍ରାମ ଦେବତୀ ପ୍ରତିଷ୍ଠିତ ହୋଇ ପୂଜିତ ହୋଇଥାନ୍ତି। ଗ୍ରାମର ପ୍ରତିଟି ପରିବାରରେ ଅନୁଷ୍ଠିତ ହେଉଥିବା ଯେ କୌଣସି ଶୁଭ ଓ ମାଙ୍ଗଲ୍ୟ କାର୍ଯ୍ୟର ଶୁଭାରମ୍ଭ ଗ୍ରାମ ଦେବତୀଙ୍କ ପୂଜାର୍ଚ୍ଚନାରୁ ହିଁ ଅନୁକୂଳ କରାଯାଇଥାଏ। ସମଗ୍ର ଦେଶରେ ବିରାଜମାନ ନଅଗୋଟି ଯୋଗିନୀ ପୀଠ ମଧ୍ୟରୁ କେବଳ ଓଡ଼ିଶାରେ ଚାରିଗୋଟି ପୀଠ ବିଦ୍ୟମାନ। ଏହା ପ୍ରମାଣ ଦିଏ ଯେ ଶକ୍ତି ଉପାସନାର ପ୍ରଧାନ କ୍ଷେତ୍ର ରୂପେ ଓଡ଼ିଶା ଦିନେ ପରିଚିତି ଲାଭ କରିଥିଲା। ଆଧୁନିକ କାଳରେ ବଙ୍ଗୀୟ ସଂସ୍କୃତି ପ୍ରଭାବରେ ସର୍ବତ୍ର ମୃଣ୍ମୟୀ ଦୁର୍ଗା ମୂର୍ତ୍ତି ମାନ ଶାରଦୀୟ ନବରାତ୍ର ଅବସରରେ ତଥା ଚୈତ୍ର ନବରାତ୍ର କାଳରେ ପ୍ରତିଷ୍ଠିତ ହୋଇ ମଣ୍ଡପ ମାନଙ୍କରେ ମହାସମାରୋହରେ ପୂଜିତ ହେଉଛନ୍ତି।

ଙ) ଛତିଶଗଡ଼ର ବିଶ୍ୱପ୍ରସିଦ୍ଧ ଦଶହରା

ବିଶ୍ୱର ସବୁଠୁ ଦୀର୍ଘ ସମୟ ବ୍ୟାପି ଦଶହରା ଉତ୍ସବ ଛତିଶଗଡ଼ ସ୍ଥିତ ବସ୍ତର ଅଞ୍ଚଳରେ ପାଳିତ ହୋଇଥାଏ। ୭୫ ଦିନ ବ୍ୟାପି ଏହି ଉତ୍ସବରେ ବସ୍ତରବାସୀଙ୍କର କୁଳଦେବୀ ରୂପେ ମାନ୍ୟତା ଲାଭ କରିଥିବା ମାତା ଦନ୍ତେଶ୍ୱରୀଙ୍କ ଛତ୍ର କାଷ୍ଠ ନିର୍ମିତ ଦୁଇ ମହଲା ବିଶିଷ୍ଟ ବିଶାଳକାୟ ଭବ୍ୟ ରଥରେ ଆରୂଢ଼ ହୋଇ ଯାତ୍ରା କରନ୍ତି। ଏହି ରଥଯାତ୍ରାରେ ସ୍ଥାନୀୟ ବନବାସୀଗଣ ଅତ୍ୟନ୍ତ ଉତ୍ସାହ ସହ ରଥକୁ ଟାଣିଥାନ୍ତି। ମାତା ଦନ୍ତେଶ୍ୱରୀଙ୍କୁ ବସ୍ତରବାସୀମାନେ ସେମାନଙ୍କର ଆସ୍ଥା, ଭକ୍ତି ଓ ସମ୍ମାନର ପ୍ରତୀକ ରୂପେ ପୂଜା କରନ୍ତି। ଏହି ଉତ୍ସବ ପ୍ରାୟ ପାଞ୍ଚଶହ ବର୍ଷ ପୁରାତନ ବୋଲି କୁହାଯାଏ। ବସ୍ତରର ରାଜ ପରିବାରଙ୍କର ପୂର୍ଣ୍ଣ ସହଭାଗିତାରେ

ଏହି ଉତ୍ସବ ପାଳିତ ହୋଇଥାଏ। ଏହି ଉତ୍ସବରେ ପାଟଯାତ୍ରା, ମାୱଲି ଯାତ୍ରା, କାଛନ ଗାଦି, ଭିତର ରୈନୀ, ବାହାର ରୈନୀ, ଯୋଗୀ ବିଠାଇ ଇତ୍ୟାଦି ବୈଶିଷ୍ଟ୍ୟ ପୂର୍ଣ୍ଣ ପରମ୍ପରା ବିଶେଷ ଭାବରେ ଉଲ୍ଲେଖଯୋଗ୍ୟ ଅଟେ। ଏହି ପର୍ବର ପ୍ରସ୍ତୁତି ଶ୍ରାବଣ ଅମାବାସ୍ୟାରୁ ଆରମ୍ଭ ହୋଇ ଦୀର୍ଘ ଅବଧି ଧରି ପାଳିତ ହୁଏ। ଏଠାକାର ଲୋକେ ଦଶହରା ପର୍ବକୁ ଭଗବାନ ରାମଙ୍କର ରାବଣ ଉପରେ ବିଜୟ ଉତ୍ସବ ରୂପେ ପାଳନ ନକରି ଏହାକୁ ମାତା ଦନ୍ତେଶ୍ୱରୀଙ୍କର ଆରାଧନା ପର୍ବ ରୂପେ ଅନୁଷ୍ଠାନ କରିଥାନ୍ତି। ରଥଯାତ୍ରା ପ୍ରାରମ୍ଭ ପୂର୍ବରୁ କାଛନଗୁଡ଼ିର ବଞ୍ଚିତ ସମାଜର କୁଆଁରି କନ୍ୟାମାନଙ୍କୁ ଝୁଲଣରେ ବସାଇ ଝୁଲାଯାଏ ଏବଂ ସେମାନଙ୍କର ଅନୁମତି ନିଆଯାଇ ରଥଯାତ୍ରାର ଶୁଭାରମ୍ଭ କରାଯାଏ। ଅନ୍ୟତ୍ର ପାଳିତ ହେଉଥିବା କୁମାରୀ ପୂଜନ ସହ ଏହି ପରମ୍ପରାର ଯେ ସାଦୃଶ୍ୟ ରହିଛି ଏଥିରେ ସନ୍ଦେହ ନାହିଁ।

ଚ) ହିମାଚଳ ପ୍ରଦେଶର ଦଶହରା

ଲୋକକଥା ଅନୁଯାୟୀ ସପ୍ତଦଶ ଶତାବ୍ଦୀରେ ଏଠାକାର ରାଜା ଜଗତସିଂହ ଏକ ଅସାଧ୍ୟ ରୋଗରେ ପୀଡ଼ିତ ହେବାରୁ ଜଣେ ସନ୍ଥଙ୍କ ଉପଦେଶ ପାଳନ କରି ଭଗବାନ ରଘୁନାଥଙ୍କ ପ୍ରତିମା ସ୍ଥାପନ କରି ପୂଜାର୍ଚ୍ଚନା କରିଥିଲେ। ଏହି ପ୍ରତିମାକୁ ଅଯୋଧ୍ୟାରୁ ଅଣାଯାଇଥିଲା। ଏତଦ୍ୱାରା ସେ ରୋଗମୁକ୍ତ ହୋଇଥିଲେ। ସେବେଠାରୁ ହିମାଚଳ ପ୍ରଦେଶର କୁଲ୍ଲୁଠାରେ ଦଶହରା ପର୍ବ ପାଳିତ ହୋଇ ଆସୁଛି। ରାଜା ଜଗତସିଂହ ଦ୍ୱାରା ପ୍ରାରମ୍ଭ ହୋଇଥିବା ଦଶହରା ପର୍ବ ବିଜୟା ଦଶମୀର ପରବର୍ତ୍ତୀ ସାତଦିନ ଧରି ପରମ୍ପରା କ୍ରମେ ଅଦ୍ୟାବଧି ପାଳିତ ହେଉଅଛି। ଏଥିରେ ରାବଣ ଦହନ କରା ନଯାଇ ଅଶୁଭ, ଦୁର୍ଗୁଣ ଏବଂ କଳୁଷର ପ୍ରତୀକ ରୂପୀ ଲଙ୍କାପୁରୀର ଦହନ କରାଯାଏ। ଏଠାସ୍ଥିତ ଘାଲପୁର ମୈଦାନରେ ପାଳିତ ହେଉଥିବା ଦଶହରା ପର୍ବରେ ନିକଟବର୍ତ୍ତୀ ଶହ ଶହ ଗ୍ରାମରୁ ଲୋକେ ନିଜ ନିଜ ମନ୍ଦିରରୁ ଦେବାଦେବୀମାନଙ୍କୁ ସୁସଜ୍ଜିତ ବିମାନ ଗୁଡ଼ିକରେ ବହନ କରି ନାନାବିଧ ବାଦ୍ୟ ସହ ଏକତ୍ରିତ ହୁଅନ୍ତି। କୁଲ୍ଲୁର ରାଜାଙ୍କ କୁଳଦେବୀ ହିଡ଼ିମ୍ବାଙ୍କୁ ମନାଲିରୁ ଏଠାକୁ ଅଣାଯାଏ। ତାପରେ ଯାଇ ଉତ୍ସବ ଆରମ୍ଭ ହୁଏ। ପରମ୍ପରା ଅନୁଯାୟୀ ରାଜ ପରିବାରର ଲୋକେ ଶ୍ରୀରଘୁନାଥ ଓ ଅନ୍ୟ ଦେବାଦେବୀଙ୍କୁ ପରିକ୍ରମା

କରନ୍ତି। ଏହାପରେ ଶ୍ରୀ ରଘୁନାଥଙ୍କ ପ୍ରତିମାକୁ ରଥରେ ନିଆଯାଇ ପଡ଼ିଆରେ ଏକ ପାର୍ଶ୍ୱରେ ସାତଦିନ ପର୍ଯ୍ୟନ୍ତ ରଖାଯାଏ। ସମସ୍ତ ଦେବାଦେବୀଙ୍କ ବିଗ୍ରହ ସମକ୍ଷରେ ଏହି ମୈଦାନ୍‌ରେ ଉତ୍ସବ ପାଳିତ ହୁଏ।

ଛ) ତ୍ରିପୁରାରେ ଦୁର୍ଗାପୂଜା

ଏଠାକାର ଦୁର୍ଗାପୂଜା ପ୍ରାୟ ୨୦୦ ବର୍ଷର ପ୍ରାଚୀନ। ତ୍ରିପୁରାର ତତ୍କାଳୀନ ରାଜା କୃଷ୍ଣକିଶୋର ମାଣିକ ବାହାଦୂର୍‌ଙ୍କ ଦ୍ୱାରା ଊନବିଂଶ ଶତାବ୍ଦୀରେ ଦୁର୍ଗାପୂଜା ପ୍ରାରମ୍ଭ ଏଠାରେ କରାଯାଇଥିବା କୁହାଯାଏ। ଏଠାରେ ଦ୍ୱିଭୁଜା ଦୁର୍ଗାଙ୍କର ପୂଜନ କରାଯାଏ। ସ୍ୱାଧୀନ ଭାରତ ସହ ତ୍ରିପୁରାର ବିଲୟ ୧୫ ଅକ୍ଟୋବର ୧୯୪୯ରେ ସମ୍ପନ୍ନ ହୋଇଥିଲା। ସେଇ ସମୟରେ ହୋଇଥିବା ଚୁକ୍ତି ଅନୁଯାୟୀ ଉଜ୍ଜୟନ୍ତ ମହଲ ସମ୍ମୁଖରେ ନିର୍ମିତ ଦୁର୍ଗାବାଡ଼ି ମନ୍ଦିର, ତ୍ରିପୁରେଶ୍ୱର କାଳୀ ମନ୍ଦିର (ଉଦୟପୁର) ଏବଂ ଅନ୍ୟ କେତେକ ମନ୍ଦିରମାନଙ୍କର ରକ୍ଷଣାବେକ୍ଷଣର ଖର୍ଚ୍ଚ ରାଜ୍ୟ ସରକାରଙ୍କ ଦ୍ୱାରା ବହନ କରାଯାଇଥାଏ।

ଜ) ମହାରାଷ୍ଟ୍ରରେ ଦୁର୍ଗୋତ୍ସବ

ଏଠାରେ ନବରାତ୍ରରେ ଦୁର୍ଗୋତ୍ସବ ଆନନ୍ଦ ଉଲ୍ଲାସର ସହ ପାଳିତ ହୋଇଥାଏ। ଏହା ସହ 'ସିଲଙ୍ଗଣ' ନାମକ ଲୋକପର୍ବ ଆୟୋଜିତ ହୁଏ। ଏହି ଉତ୍ସବରେ ନୂତନ ବସ୍ତ୍ର ପରିଧାନ ପୂର୍ବକ ଲୋକେ ମଙ୍ଗଳମୟ ଶମୀବୃକ୍ଷର ପୂଜନ କରନ୍ତି ଏବଂ ଶୁଭକାମନା କରି ପରସ୍ପରକୁ ଶମୀ ବୃକ୍ଷର ପତ୍ର ଭେଟି ଦେଇଥାନ୍ତି। ଦଶହରା ଦିନ ଦେବୀ ସରସ୍ୱତୀଙ୍କ ପୂଜା ଅନୁଷ୍ଠିତ ହୋଇ ଛୋଟ ବାଳକବାଳିକାମାନଙ୍କର ବିଦ୍ୟାରମ୍ଭ କରାଯାଏ। ବିଜୟା ଦଶମୀରେ ବିଦ୍ୟାରମ୍ଭକୁ ଏଠାରେ ଅତ୍ୟନ୍ତ ଶୁଭଫଳ ପ୍ରଦାନକାରୀ ବୋଲି ବିବେଚନା କରାଯାଏ।

ଝ) ଗୁଜୁରାଟରେ ନବରାତ୍ର ପର୍ବ

ନବ ଉଲ୍ଲାସ ଓ ଉଦ୍ଦୀପନା ସହ ଗୁଜୁରାଟି ସମାଜ ନବରାତ୍ର ଉତ୍ସବ ପାଳନ କରିଥାଏ। ଅମ୍ବା ମାତାଙ୍କ ପୂଜା ଆରାଧନା ପାଇଁ ଉଭୟ ସ୍ତ୍ରୀ ପୁରୁଷ ନଅଦିନ ଧରି ଭକ୍ତିର ସହ ନିଜକୁ ଉତ୍ସର୍ଗ କରିଥାନ୍ତି। ଏଠାରେ ନବରାତ୍ରକୁ ଦେବ

ପର୍ବ ବୋଲି ମଧ କହନ୍ତି। ଏହି ପର୍ବରେ 'ଗରବା ନୃତ୍ୟ' ହେଉଛି ପ୍ରମୁଖ ଆକର୍ଷଣ। ଅମ୍ବା ମାତାଙ୍କ ଆରତୀ ପରେ ପରେ ଆରମ୍ଭ ହୁଏ ଗରବା ନୃତ୍ୟ ଏବଂ ଦାଣ୍ଡିଆ ରାସ ଯାହା ରାତ୍ରିସାରା ଚାଲୁ ରହେ। ଏଥିରେ ଉଭୟ ସ୍ତ୍ରୀ ଓ ପୁରୁଷ ସଂଗୀତର ତାଳେ ତାଳେ ଚକ୍ରାକାରରେ ନୃତ୍ୟରତ ରହନ୍ତି। ଏହି ନୃତ୍ୟ ଫଳରେ ହୃଦୟରେ ପବିତ୍ରତା ଏବଂ ଶରୀରରେ ଶକ୍ତି ଓ ସ୍ଫୁର୍ତ୍ତିର ସଞ୍ଚାର ହୋଇଥାଏ ବୋଲି ଲୋକେ ବିଶ୍ୱାସ କରନ୍ତି। ଦେବୀ ମାତାଙ୍କ ଆଶୀର୍ବାଦରୁ ଏପରି ଶକ୍ତି, ଭକ୍ତି ଏବଂ ଆନନ୍ଦ ଶ୍ରଦ୍ଧାଳୁମାନଙ୍କୁ ପ୍ରାପ୍ତ ହୁଏ ଯାହା ସାରାବର୍ଷ ଅକ୍ଷୁର୍ଣ୍ଣ ରହେ ବୋଲି ମାନ୍ୟତା ରହିଛି। ଏହି ନୃତ୍ୟ ଅମ୍ବା ମାତାଙ୍କର ଖୁବ୍ ପ୍ରିୟ। ଏଣୁ ଲୋକେ ଆଶୀର୍ବାଦ ପ୍ରାପ୍ତି ପାଇଁ ନିତ୍ୟନୂତନ ରଙ୍ଗବେରଙ୍ଗ ବସ୍ତ୍ର ପରିଧାନ କରି ଏହି ନୃତ୍ୟରେ ବିଶ୍ୱାସ ଓ ଶ୍ରଦ୍ଧାର ସହ ଅଂଶଗ୍ରହଣ କରନ୍ତି। ନବରାତ୍ର ପ୍ରାରମ୍ଭ ମୁହୂର୍ତ୍ତରୁ ଏକ ଛିଦ୍ର ଯୁକ୍ତ ମୃତ୍ତିକା ହାଣ୍ଡି ମଧରେ ରୂପା ଟଙ୍କାଟିଏ ରଖାଯାଏ ତାହା ଭିତରେ ଗୋଟିଏ ମାଟି ଦୀପ ପ୍ରଜ୍ୱଳିତ କରାଯାଏ। ଏହାକୁ ଗର୍ଭଦୀପ ବୋଲି କହନ୍ତି। ଗରବା ନୃତ୍ୟରେ ମହିଳାମାନେ ତାଳି, ଦଣ୍ଡ, ଚୁଟକି ଆଦି ପ୍ରୟୋଗ କରି ଦୁଇ ବା ଚାରିଜଣିଆ ସମୂହ ଗଢ଼ି ନୃତ୍ୟର ମନୋଜ୍ଞ ତାଳ ସୃଷ୍ଟି କରନ୍ତି। ଏପରି ନୃତ୍ୟ ଅବସରରେ ରାସଲୀଳା ଅଥବା ଦେବୀ ଅମ୍ବା ମାତାଙ୍କ ଲୀଳା ବିଷୟକ ସଂଗୀତ ମାନ ଗାନ କରାଯାଏ। ଏହି ନୃତ୍ୟ ମାଧମରେ ଭକ୍ତଗଣଙ୍କୁ ଅପାର ଆଧାତ୍ମିକ ଆନନ୍ଦ ପ୍ରାପ୍ତ ହୋଇଥାଏ।

ଞ) ମହୀଶୂରରେ ଦଶହରା

ଏଠାକାର ଦଶହରାରେ ଅଂଶଗ୍ରହଣ ପାଇଁ ଦେଶ ବିଦେଶରୁ ବହୁ ପର୍ଯ୍ୟଟକମାନେ ପ୍ରତିବର୍ଷ ଆସିଥାନ୍ତି। ଏଣୁ ଏହି ଉତ୍ସବର ଅନ୍ତର୍ରାଷ୍ଟ୍ରୀୟ ପ୍ରସିଦ୍ଧି ଅନନ୍ୟ। ଏଠାରେ ଅନୁଷ୍ଠିତ ହେଉଥିବା ସାଂସ୍କୃତିକ କାର୍ଯ୍ୟକ୍ରମ ମଧରେ ସବୁଠୁ ପ୍ରସିଦ୍ଧ ହେଉଛି ମହୀଶୂର ରାଜମହଲରୁ ତିନି କିଲୋମିଟର ଦୂରବର୍ତ୍ତୀ ବନ୍ନି ମଣ୍ଡପ ପର୍ଯ୍ୟନ୍ତ ହେଉଥିବା ବାରଗୋଟି ହାତୀଙ୍କର ଦ୍ୱାରା ଶୋଭାଯାତ୍ରା। ଏହି ବର୍ଣ୍ଣାଢ଼୍ୟ ଶୋଭାଯାତ୍ରାକୁ ହଜାର ହଜାର ଦର୍ଶକ ଉପଭୋଗ କରିଥାନ୍ତି। ଏଥିରେ ଅଂଶଗ୍ରହଣ କରୁଥିବା ମୁଖ୍ୟ ହାତୀ ଉପରେ ୭୫୦ କିଲୋଗ୍ରାମ ଓଜନ ବିଶିଷ୍ଟ ସ୍ୱର୍ଣ୍ଣ ପାଲିଙ୍କିରେ ମହୀଶୂରର ଅଧିଷ୍ଠାତ୍ରୀ ଦେବୀ ମାଆ ଚାମୁଣ୍ଡେଶ୍ୱରୀଙ୍କର ବିଗ୍ରହ ବିରାଜମାନ

କରନ୍ତି। ଏକଦା ମହୀଶୂରର ରାଜା କୃଷ୍ଣଦେବ ଓ୍ୱାଡ଼ିଆରଙ୍କ ଦ୍ୱାରା ଏହି ଭବ୍ୟ ଉତ୍ସବର ଭିତ୍ତି ସ୍ଥାପନ କରାଯାଇଥିଲା। ସେବେ ଠାରୁ ପାରମ୍ପରିକ ଭାବରେ ଏହି ଉତ୍ସବ ଆୟୋଜିତ ହେଉଛି। ଉପରୋକ୍ତ ଶୋଭାଯାତ୍ରାର ମୁଖ୍ୟ ହାତୀକୁ 'ଅମ୍ବାରୀ' ବୋଲି କୁହାଯାଏ। କଥିତ ଅଛି ଯେ ଥରେ ଦଶହରାର ଠିକ୍ ପୂର୍ବଦିନ ଯୁବରାଜଙ୍କ ମୃତ୍ୟୁ ଘଟିଥିଲା। ତା' ସତ୍ତ୍ୱେ ବି ଏହି ପର୍ବ ଯଥାବିଧି ଅନୁଷ୍ଠିତ ହୋଇଥିଲା। କାରଣ ରାଜାଙ୍କ ଦ୍ୱାରା ଏହି ଉତ୍ସବ ପାଳନ ସମ୍ପର୍କରେ ଏକ ନିର୍ଦ୍ଦେଶିକା ପ୍ରସ୍ତୁତ ହୋଇ ସେଥିରେ କୁହାଯାଇଥିଲା ଯେ କୌଣସି ପରିସ୍ଥିତିରେ ବି ଉକ୍ତ ଉତ୍ସବର ପରମ୍ପରାକୁ ଖଣ୍ଡିତ ହେବାକୁ ଦିଆଯିବ ନାହିଁ।

ଟ) ତାମିଲନାଡୁର ଦୁର୍ଗାପୂଜା

ଏଠାରେ ନବରାତ୍ରକୁ 'ଗୋଲୁ' ପର୍ବ ବୋଲି କହନ୍ତି। ଲୋକେ ନିଜ ଘରେ ଶହେ ପ୍ରକାର ଛୋଟ ବଡ଼ ମୂର୍ତ୍ତି ରଖି ଦୁର୍ଗାଙ୍କର ପୂଜା କରନ୍ତି। ନବମୀ ଦିନ ନିଜ ନିଜ ଘରୁ ସମସ୍ତ ମୂର୍ତ୍ତିଗୁଡ଼ିକୁ ନେଇ ପୂଜା ମଣ୍ଡପରେ ସ୍ଥାନିତ କରନ୍ତି। ସେଠାରେ ତାଙ୍କର ପୂଜା ହୁଏ। ସମସ୍ତଙ୍କ ଘରୁ ଏତେ ମୂର୍ତ୍ତି ଗୋଟିଏ ଗୋଟିଏ ପୂଜା ମଣ୍ଡପରେ ଏକତ୍ରିତ ହୁଏ ଯେ ତାହା ଏକ ମ୍ୟୁଜିୟମ୍ ସଦୃଶ ଦୃଷ୍ଟିଗୋଚର ହୁଏ।

ତାମିଲନାଡୁ, କର୍ଣ୍ଣାଟକ, ତେଲଙ୍ଗାନା, ଆନ୍ଧ୍ରପ୍ରଦେଶରେ ନବରାତ୍ରରେ ପ୍ରଥମ ତିନି ଦିନ ମହାଲକ୍ଷ୍ମୀଙ୍କର ଆରାଧନା କରାଯାଏ। ଦ୍ୱିତୀୟ ତିନି ଦିନ ଧରି ବିଦ୍ୟାଦାତ୍ରୀ ଦେବୀ ସରସ୍ୱତୀଙ୍କର ତଥା ଅନ୍ତିମ ତିନି ଦିନ ଦେବୀ ଦୁର୍ଗାଙ୍କର ପୂଜା ଅନୁଷ୍ଠିତ ହୁଏ। ମୋଟାମୋଟି ଏହି ତିନି ମହାଶକ୍ତିଙ୍କର ପୂଜା ନବରାତ୍ରରେ କରାଯାଇଥାଏ।

ଠ) ଉତ୍ତର ଭାରତରେ ଦୁର୍ଗାପୂଜା

ହିମାଚଳ ପ୍ରଦେଶ, ପଞ୍ଜାବ, ହରିୟାନା, ଉତ୍ତରପ୍ରଦେଶ ଏବଂ ମଧ୍ୟପ୍ରଦେଶରେ ଅନ୍ୟ ରାଜ୍ୟମାନଙ୍କ ପରି ନବରାତ୍ରରେ ଦେବୀ ଦୁର୍ଗାଙ୍କର ପୂଜା ବିଧିବିଧାନ ଏବଂ ଆନନ୍ଦ ଉଲ୍ଲାସ ସହ ଅନୁଷ୍ଠିତ ହୁଏ। ଏହି ସମୟରେ ଶ୍ରୀଦୁର୍ଗା ସପ୍ତଶତୀ, ରାମଚରିତ ମାନସ, ସୁନ୍ଦରକାଣ୍ଡ ଓ ଭାଗବତ କଥା ଆଦି ପାଠ ସହ

ହବନ ପୂଜନ ଆଦି କରାଯାଏ। ଭକ୍ତମାନେ ନିଷ୍ଠା ଓ ଶ୍ରଦ୍ଧାର ସହ ଉପବାସ ଆଦି ପାଳନ କରନ୍ତି। ଦଶହରା ଦିନ ଦେବୀ ମାତାଙ୍କ ବିସର୍ଜନ ସହ ରାବଣ ପୋଡ଼ି ଅନୁଷ୍ଠିତ ହୁଏ। ସମଗ୍ର ଉତ୍ତର ଭାରତ ସହ ଉତ୍ତରାଖଣ୍ଡରେ ରାମଲୀଳା ଆୟୋଜିତ ହୁଏ। ସପ୍ତଦଶ ଶତାବ୍ଦୀରେ ଗୋସ୍ୱାମୀ ତୁଳସୀ ଦାସ ମହାରାଜ ସର୍ବପ୍ରଥମେ ଅବଧ, ଚିତ୍ରକୂଟ, କାଶୀ ଆଦି ସ୍ଥାନରେ ରାମଲୀଳା ପ୍ରଦର୍ଶନର ଭିତ୍ତି ସ୍ଥାପନ କରିଥିଲେ। ଏକଦା ତୁଳସୀ ଦାସ ଐଶ୍‌ବାଗ ସ୍ଥିତ ଏକ ମନ୍ଦିର ପରିସରରେ ଅବସ୍ଥାନ କରିଥିଲେ। ସେଠାରେ ଅଯୋଧ୍ୟାର ଅନେକ ସାଧୁ ସନ୍ଥଙ୍କ ସହ ତାଙ୍କର ସମ୍ପର୍କ ହୋଇଥିଲା। ସେମାନଙ୍କୁ ସେ ରାମଲୀଳା ମଞ୍ଚନର ପ୍ରସ୍ତାବ ଦେଇଥିଲେ। ସମସ୍ତ ସନ୍ଥଗଣ ତାହାକୁ ସ୍ୱୀକୃତି ଦେଇଥିଲେ ଏବଂ ପରବର୍ତ୍ତୀ ସମୟରେ ଶ୍ରୀରାମଙ୍କ ଲୀଳା ମଞ୍ଚନ ଅଭୂତପୂର୍ବ ଭାବରେ ବିସ୍ତୃତି ଲାଭ କରିଥିଲା।

ଅବଧର ରାମଲୀଳା ନବାବ୍ ଅସଫୁଦୌଲ୍ଲାଙ୍କ ଆନୁକୂଲ୍ୟରେ ଏକଦା ଅତ୍ୟନ୍ତ ପ୍ରଭାବୀ ସ୍ୱରୂପ ଗ୍ରହଣ କରିଥିଲା। କୁହାଯାଏ ଏଥିପାଇଁ ସେ ସାଢ଼େଛଅ ଏକର ଜମି ଲକ୍ଷ୍ନୌର 'ଐଶବାଗ' ସନ୍ନିକଟରେ ପ୍ରଦାନ କରିଥିଲେ। ଅବଧର ତୃତୀୟ ନବାବ ମୌଲାନା ମହମ୍ମଦ ଅଲ୍ଲୀଶାହ (୧୮୩୩-୪୨) ତାଙ୍କର ଶାସନ କାଳରେ ଏଥିପାଇଁ ଆର୍ଥିକ ସାହାଯ୍ୟ ଦେଇଥିଲେ। ଏପରିକି ଇଂରେଜ ସରକାର ମଧ୍ୟ ଏଠାକାର ରାମଲୀଳା ପାଇଁ ଆର୍ଥିକ ସହଯୋଗ କରୁଥିଲେ। ସ୍ୱାଧୀନତା ପ୍ରାପ୍ତିର ୭୦ ବର୍ଷ ମଧ୍ୟରେ ପ୍ରତିବର୍ଷ ଭାରତର ପ୍ରଧାନମନ୍ତ୍ରୀ ଏବଂ ରାଷ୍ଟ୍ରପତିଙ୍କୁ ଏହି ରାମଲୀଳା ଉପଲକ୍ଷେ ନିମନ୍ତ୍ରଣ କରାଯାଇଥାଏ। ୨୦୧୬ ମସିହାରେ ପ୍ରଧାନମନ୍ତ୍ରୀ ନରେନ୍ଦ୍ର ମୋଦୀ ନିମନ୍ତ୍ରଣ ରକ୍ଷା କରି ଏଥିରେ ଉପସ୍ଥିତ ଥିଲେ। ଏଠାକାର ରାମଲୀଳା ପ୍ରାୟ ୫୦୦ ବର୍ଷର ପୁରାତନ ବୋଲି ଅନେକଙ୍କ ମତ। ଅଯୋଧ୍ୟା ଶ୍ରୀରାମ ଜନ୍ମଭୂମିରେ ମଞ୍ଚନ ହେଉଥିବା ରାମଲୀଳା, ଏହାର ସଂଗୀତମୟ ଶୈଳୀ ଏବଂ ରାମକଥାର ବର୍ଣ୍ଣନ ସକାଶେ ସାରା ଭାରତରେ ପ୍ରସିଦ୍ଧି ଲାଭ କରିଛି। ସେହିପରି କାଶୀର ରାମନଗର ଏବଂ ପୌଡ଼ିରେ ପ୍ରଦର୍ଶିତ ହେଉଥିବା ରାମଲୀଳା ବିଶ୍ୱ ପ୍ରସିଦ୍ଧି ଲାଭ କରିବା ସଙ୍ଗେ ସଙ୍ଗେ ୟୁନେସ୍କୋ ସୂଚୀରେ ସାମିଲ୍ ହୋଇଛି। ୧୯୦୮ରୁ ଅଦ୍ୟାବଧି ୧୧୫ ବର୍ଷ ପର୍ଯ୍ୟନ୍ତ ନିରନ୍ତର ମଞ୍ଚସ୍ଥ ହେଉଥିବା ପୌଡ଼ିର ରାମଲୀଳା ବହୁବିଧ ଦୃଷ୍ଟିକୋଣରୁ ନିଜର ବିଶେଷ ସ୍ୱାତନ୍ତ୍ର୍ୟ ବଜାୟ ରଖି ଆସିଛି। କୁମାଉଁର ରାମଲୀଳା ମଧ୍ୟ ସମଗ୍ର ଭାରତରେ ପ୍ରସିଦ୍ଧ। ଏଠାକାର

ପଣ୍ଡିତ ରାମଦତ୍ତଙ୍କ ଲିଖିତ ରାମଲୀଳା ବିଷୟକ ନାଟକଟି ଶାସ୍ତ୍ରୀୟ ସଂଗୀତ କଳା ଆଧାରିତ ଶୈଳୀରେ ପ୍ରଦର୍ଶିତ ହେଉଥିବାରୁ ବେଶ୍ ଉପଭୋଗ୍ୟ ଅଟେ।

ଅତଏବ ସମ୍ପୂର୍ଣ୍ଣ ଉତ୍ତର ଭାରତରେ ରାମଲୀଳାର ବହୁଳ ପ୍ରଦର୍ଶନ। ଗୁଜୁରାଟର ଗରବା ତଥା ଅନ୍ୟ ପ୍ରଦେଶ ମାନଙ୍କରେ ମହିଷାସୁର ମର୍ଦ୍ଦିନୀ ମାତା ଦୁର୍ଗାଙ୍କର ଉପାସନା ଶାରଦୀୟ ନବରାତ୍ର ତଥା ଚୈତ୍ର ମାସରେ ଅନୁଷ୍ଠିତ ହେଉଥିବା ଜଗଜ୍ଜନନୀ ଆଦ୍ୟାଶକ୍ତିଙ୍କର ପୂଜା ଯୁଗ ଯୁଗ ଧରି ଭାରତୀୟ ସମାଜକୁ ଶାକ୍ତ ଚେତନା ତଥା ସଂସ୍କୃତିକ ଐକ୍ୟ ବୋଧର ପ୍ରେରଣାରେ ଯେ ଅନୁପ୍ରେରିତ କରି ଆସିଛି ଏଥିରେ ସନ୍ଦେହର ଅବକାଶ ନାହିଁ।

ଓଡ଼ିଶାର ଦୁର୍ଗାପୂଜା (ପୃ.୧୧୮)

ପ୍ରକୃତି, ପରିବେଶ ଓ କୃଷି ସଂସ୍କୃତିର ଅଧିଷ୍ଠାତ୍ରୀ ଦେବୀ ଜଗଜ୍ଜନନୀ ମହାମାୟା

ଦେବୀ ପୁରାଣରେ ଉଲ୍ଲେଖ ଅନୁଯାୟୀ ଶିବଲୋକର ବାମ ଭାଗରେ ଅବସ୍ଥିତ ଗୌରୀ ଲୋକରେ ରହିଛି ଷୋହଳ ଦ୍ୱାର ବିଶିଷ୍ଟ ସୁରମ୍ୟ ମନ୍ଦିର। ସେଥି ମଧ୍ୟରେ ଅଧିଷ୍ଠିତ ଭଗବତୀ ଜଗଦମ୍ବାଙ୍କର ବୈଦିକ ମୂର୍ତ୍ତିଙ୍କ ବିଷୟରେ ବିସ୍ତୃତ ବର୍ଣ୍ଣନା ଉକ୍ତ ପୁରାଣରେ କରାଯାଇଛି। ଯେଉଁଠିକୁ ନିତ୍ୟ ପ୍ରତି ସମଗ୍ର ବ୍ରହ୍ମାଣ୍ଡ ବାସୀଙ୍କ ନୀତିନିୟନ୍ତା ବ୍ରହ୍ମାଦି ଦେବତା, ଭଗବାନ ଶଙ୍କର ଏବଂ ବିଷ୍ଣୁ ମାନେ ଆସି ଦେବୀ ଜଗଦମ୍ବାଙ୍କର ପୂଜାର୍ଚ୍ଚନା କରିଥାନ୍ତି। **"ତତ୍ର ଯା ବୈଦିକୀ ମୂର୍ତ୍ତି ର୍ଦେବ୍ୟା ଦଶଭୁଜା ପରା। ଅତସୀ କୁସୁମା ଭାସା ସିଂହପୃଷ୍ଠନିଷେଦୁଷୀ ॥"** (ଦେବୀ ପୁରାଣ ଅଧ୍ୟାୟ ୪୩-୧୮) ଅର୍ଥାତ୍ ସେହି ସୁଶୋଭିତ ଆଦି ମାତାଙ୍କର ଦଶଭୁଜା ମୂର୍ତ୍ତି ଅତସୀ ପୁଷ୍ପ ସଦୃଶ ଦିବ୍ୟଜ୍ୟୋତି ସମ୍ପନ୍ନ ତଥା ସିଂହ ଉପରେ ଆରୂଢ଼ ଅଟନ୍ତି। ସେହି ଜଗଦମ୍ବା ହିଁ ବିଶ୍ୱ ରୂପରେ ପ୍ରକଟ ହୁଅନ୍ତି, ସେ ହିଁ ପାଳନ କରନ୍ତି ଏବଂ ଶେଷରେ ସେ ହିଁ ତାହାକୁ ସଂହାର କରନ୍ତି। ଏହି ଜଗତରେ ସର୍ବବିଧ କାରଣର ସେ ହିଁ ଏକମାତ୍ର କାରଣ ଅଟନ୍ତି। ଏଣୁ କୁହାଯାଇଛି: **"ସୈବ ସଂଜାୟତେ ବିଶ୍ୱଂ ସୈବ ସମ୍ପାଲୟତ୍ୟପି। ସୈବ ସଂହରତେ ପ୍ରାନ୍ତେ ନାନ୍ୟତ୍ତତ୍ର ତୁ କାରଣମ୍ ॥"** (ଦେବୀ ପୁରାଣ ଅଧ୍ୟାୟ ୪୩-୩୨)

ପ୍ରକୃତି କୋଳରେ ଆବିର୍ଭୂତା ଦେବୀ ମହାମାୟାଙ୍କର ଆବାସ ସ୍ଥଳୀ ସେଇ ସ୍ୱର୍ଗ ଲୋକର ରମଣୀୟ ପରିବେଶ ସମ୍ପର୍କରେ ବର୍ଣ୍ଣନା କରି କୁହାଯାଇଛି ଯେ ସେଠାରେ ସଦାସର୍ବଦା ଋତୁରାଜ ବସନ୍ତ ହିଁ ବିରାଜମାନ କରିଥାନ୍ତି। ଯେଉଁଠି ସ୍ୱର୍ଗ ସୁଖ ପ୍ରଦାନକାରିଣୀ ଗଙ୍ଗାମାତା କୁଳୁକୁଳୁ ଧ୍ୱନି କରି ପ୍ରବାହମାନ ଅଟନ୍ତି। ବିବିଧ ବର୍ଣ୍ଣର ମଣି ସମାନ ପ୍ରତୀତ ହେଉଥିବା ପକ୍ଷୀମାନଙ୍କର ନବକାକଳି ଦ୍ୱାରା ହିଲ୍ଲୋଳିତ ସେଠାକାର ପରିବେଶ ଅତ୍ୟନ୍ତ ସୁମନୋହର ଓ ଚିତାକର୍ଷକ ହୋଇଥାଏ। ସେଠାରେ ମଳୟ ପର୍ବତରୁ ସୁଗନ୍ଧିତ ଶୀତଳ ବାୟୁ ସର୍ବଦା ମନ୍ଦ ମନ୍ଦ ପ୍ରବାହିତ ହେଉଥାଏ। ସେହି ଦେବୀ ଲୋକରେ କୋଟି କୋଟି ବ୍ରହ୍ମାଣ୍ଡର ସ୍ରଷ୍ଟା କୋଟି

କୋଟି ବ୍ରହ୍ମା, କୋଟି କୋଟି ବଳରାମ, କୋଟି ବିଷ୍ଣୁ, କୋଟି ଶିବ ବିଦ୍ୟମାନ ଅଛନ୍ତି। ସେଠାକାର ସମସ୍ତ ଅଟ୍ଟାଳିକା ଅତ୍ୟନ୍ତ ସୁନ୍ଦର ରତ୍ନ ଏବଂ ସୁବର୍ଣ୍ଣ ଦ୍ୱାରା ଅଳଂକୃତ ତଥା ରତ୍ନ ନିର୍ମିତ ପ୍ରାକାର (ପ୍ରାଚୀର) ଓ ତୋରଣମାନଙ୍କ ଦ୍ୱାରା ସୁଶୋଭିତ। ସେହି ଆନନ୍ଦ ରାଶିମୟ ଦେବୀ ଲୋକର ଦଶଦିଗ ଅସଂଖ୍ୟ ରତ୍ନଦୀପ ମାଳିକା ଦ୍ୱାରା ଉଦ୍ଭାସିତ ଯେଉଁଠି ତପ୍ତ ସୁବର୍ଣ୍ଣ, ଦେଦୀପ୍ୟମାନ ସୂର୍ଯ୍ୟ ଓ ଜ୍ୟୋତିର୍ମୟ ମଣିଯୁକ୍ତ ମନୋହର ସିଂହାସନ ଉପରେ ଶରତକାଳୀନ କୋଟି କୋଟି ଚନ୍ଦ୍ରମା ସମାନ ଦିବ୍ୟ କାନ୍ତିଯୁକ୍ତ ମୁଖ ବିମଣ୍ଡିତ ତ୍ରିଲୋକ ଜନନୀ ମହାଦୁର୍ଗା ବିରାଜମାନ। ଅର୍ଥାତ୍ ପ୍ରକୃତିକୁ ସୃଷ୍ଟି କରି ସେଇ ସୁରମ୍ୟ ପରିବେଶ ମଧ୍ୟରେ ଆବିର୍ଭୂତ ହୋଇ ନିଜ ଲୀଳା ରଚନା କରିବାରେ ସେ ହୁଅନ୍ତି ପ୍ରସନ୍ନ।

ତ୍ରେତା ଯୁଗରେ ରାବଣର ନିଧନ ସକାଶେ ଭଗବାନ ରାମଙ୍କୁ ଭଗବତୀ ମହାମାୟାଙ୍କ ପୂଜାର୍ଚ୍ଚନା ପାଇଁ ପ୍ରେରିତ କରି ସୃଷ୍ଟିକର୍ତ୍ତା ବ୍ରହ୍ମା ଉପରୋକ୍ତ ଭାବରେ ଦେବୀଙ୍କ ମହିମାଗାନ କରିଥିଲେ। ମହାମାୟାଙ୍କ କୃପା ବିନା ରାବଣ ବଧ ସମ୍ଭବ ନଥିଲା। ଏଣୁ ନିଜେ ବ୍ରହ୍ମା, ଦେବଗଣମାନଙ୍କ ସହ ଆର୍ଦ୍ରା ନକ୍ଷତ୍ରଯୁକ୍ତ ଆଶ୍ୱିନ କୃଷ୍ଣ ନବମୀ ତିଥିରେ ବିଲ୍ୱବୃକ୍ଷ ମୂଳରେ ଦେବୀ ମାତାଙ୍କର ଅକାଳ ପ୍ରବୋଧନ ଓ ପୂଜନ ପ୍ରାରମ୍ଭ କରିଥିଲେ। ଯାହା ସେ ରାବଣର ନିଧନ ପର୍ଯ୍ୟନ୍ତ ଅର୍ଥାତ୍ ଆଶ୍ୱିନ ଶୁକ୍ଳ ନବମୀ ପର୍ଯ୍ୟନ୍ତ ପ୍ରତ୍ୟକ୍ଷ ସମ୍ପନ୍ନ କରିଥିଲେ। ଏହା ନିମ୍ନ ଶ୍ଲୋକରୁ ପ୍ରମାଣିତ:

ଅତ୍ର ତ୍ୱୟା ବୃତୋ ରାମ ଭଗବତ୍ୟାସ୍ତୁ ପୂଜନେ।
ଅଦ୍ୟାରଭ୍ୟ ନବମ୍ୟାଂ ତୁ କୃଷ୍ଣାୟାମାର୍ଦ୍ରୟୋଗତଃ ॥
ପ୍ରବୋଧ ପ୍ରତ୍ୟହଂ ଯାବଦ୍ରାକ୍ଷସେନ୍ଦ୍ରଂ ହନିଷ୍ୟସି।
ତାବତ୍ପ୍ରପୂଜୟିଷ୍ୟାମି ଯୁଦ୍ଧେତେ ଜୟକାମ୍ୟୟା ॥

(ଦେବୀ ପୁରାଣ ଅଧ୍ୟାୟ ୪୪-୯୦/୯୧)

ଆଶ୍ୱିନ କୃଷ୍ଣ ଅଷ୍ଟମୀକୁ ମୂଳାଷ୍ଟମୀ ବୋଲି କୁହାଯାଏ। ଏହି ଦିବସରୁ ଶାରଦୀୟ ଷୋଡ଼ଶ ଦିବସୀୟ ଦେବୀ ପୂଜା ଏବଂ ଆଶ୍ୱିନ ଶୁକ୍ଳ ପ୍ରତିପଦା ଠାରୁ ଶକ୍ତି ଆରାଧନାର ବିଶେଷ ଅନୁଷ୍ଠାନ ରୂପୀ ନବରାତ୍ର ସଚରାଚର ପାଳିତ ହୁଏ। ଶାରଦୀୟ ଦେବୀ ପୂଜା ବିଷୟରେ ନିମ୍ନ ଶ୍ଲୋକରେ ନିର୍ଦ୍ଦେଶିତ ହୋଇ କୁହାଯାଇଛି:

"ଇତ୍ୟେବଂ ମୁନିଶାର୍ଦ୍ଦୁଳ ଭଗବାନ ପୁରୁଷୋଽବ୍ୟୟଃ।
ସ୍ୱୟମାରାଧୟାମାସ ଶରତ୍କାଳେ ବିଧାନତଃ ॥

ଅନ୍ୟେଷାଂ କା କଥା ବତ୍ସ ଦେବାନାଂ ଯକ୍ଷରକ୍ଷସାମ୍ ।
ନରାଣାଂ ସିଦ୍ଧଗନ୍ଧର୍ବ ପନ୍ନଗାନାଂ ମହାମତେ ।।"

(ଦେବୀ ପୁରାଣ ଅଧ୍ୟାୟ ୪୮-୧୧/୧୨)

ଅର୍ଥାତ୍ ଯେତେବେଳେ ଅବିନାଶୀ ପୁରୁଷ ଭଗବାନ ଶ୍ରୀରାମ ଶରତ କାଳରେ ବିଧାନ ପୂର୍ବକ ସ୍ୱୟଂ ଦେବୀ ଭଗବତୀଙ୍କର ଆରାଧନା କରିଥିଲେ ସେତେବେଳେ ହେ ମହାମତେ ! ଅନ୍ୟ ଦେବତାଗଣ, ଯକ୍ଷ, ରାକ୍ଷସ, ମନୁଷ୍ୟ, ସିଦ୍ଧ, ଗନ୍ଧର୍ବ ତଥା ନାଗମାନଙ୍କ ବିଷୟରେ ଆଉ କଣ ବା କହିବା ?

ଏଠାରେ ଏହା ଉଲ୍ଲେଖ ଯୋଗ୍ୟ ଯେ ସନାତନ ସଂସ୍କୃତିରେ ସମସ୍ତ ପୂଜା ପାର୍ବଣ, ବ୍ରତ ଉତ୍ସବ 'ମାଆ, ମାଟି, ମଣିଷ' ଅଥବା 'ପ୍ରକୃତି, ପରିବେଶ, କୃଷି'କୁ କେନ୍ଦ୍ରିତ କରି ସଂରଚିତ ହୋଇଛି । ମାଆ ଯେମିତି ସନ୍ତାନ ଧାରଣ କରେ ମାଟି ସେଇପରି ଶସ୍ୟ ନିଜ ବକ୍ଷରେ ଉତ୍ପାଦନକୁ ତ୍ୱରାନ୍ୱିତ କରି ସମ୍ପୂର୍ଣ୍ଣ ପ୍ରାଣୀଜଗତକୁ ଲାଳନପାଳନ କରେ । ଏଣୁ ମାଟି ମଧ୍ୟ ଜନନୀ ସଦୃଶ । ଯାହା ବିନା ଜୀବଜଗତ ପୃଥିବୀ ପୃଷ୍ଠରେ ତିଷ୍ଠିବା ସମ୍ଭବ ନୁହେଁ । ସେଇପରି ନଦ ନଦୀ ପାହାଡ଼ ପର୍ବତ ଉଦ୍ଭିଦ ଜଗତ ଆଦି ଆମ ଚତୁର୍ଦ୍ଦିଗରେ ବିରାଜମାନ କରୁଥିବା ପରିବେଶର ସ୍ୱଚ୍ଛତା ଏବଂ ସନ୍ତୁଳିତ ବିକାଶ ବ୍ୟତିରେକ ପ୍ରାଣୀଜଗତର ସ୍ଥିତି କଳ୍ପନା କରାଯାଇ ନପାରେ । ଏଥିପାଇଁ ଆମ ସଂସ୍କୃତିରେ ଏ ସମସ୍ତଙ୍କୁ ସାକ୍ଷାତ ମହାମାୟା ରୂପେ ଜ୍ଞାନ କରାଯାଏ ଏବଂ ଏମାନଙ୍କୁ ପୂଜା ଅର୍ଚ୍ଚନା ମଧ୍ୟ କରାଯାଏ । **'ଜନନୀ ଜନ୍ମଭୂମିଶ୍ଚ ସ୍ୱର୍ଗାଦପି ଗରୀୟସି ।' 'ସମୁଦ୍ର ବସନେ ଦେବି ପର୍ବତ ସ୍ତନ ମଣ୍ଡଳେ । ବିଷ୍ଣୁ ପତ୍ନୀ ନମସ୍ତୁଭ୍ୟଂ ପାଦଂସ୍ପର୍ଶଂ କ୍ଷମସ୍ୱମେ ।' "ମାତା ଭୂମିଃ ପୁତ୍ରୋଽହଂ ପୃଥିବ୍ୟାଃ ।"** (ଅଥର୍ବ ୧୨।୧।୧୨) **"ଉପସର୍ପ ମାତରଂ ଭୂମିଶେତା, ମୁରୁବ୍ୟ ଚ ସ ପୃଥିବୀଂ ସୁରୋବ ।।"** (ଋକ୍ ୧୦।୧୮।୧୦-୧୧) ଉକ୍ତ ମନ୍ତ୍ରରେ ମୃତ ବ୍ୟକ୍ତିଙ୍କୁ ପୃଥିବୀ ମାତା କୋଳରେ ବିଶ୍ରାମ ନେବା ପାଇଁ କୁହାଯାଇଛି । ପୃଥିବୀ ମାତା ଜନ୍ମ ପରେ ପାଳନ ଓ ମୃତ୍ୟୁ ପରେ ନିଜ କୋଳରେ ଆଶ୍ରୟ ପ୍ରଦାନ କରୁଥିବା ହେତୁ ଏହା ତାର ମାତୃସୁଲଭ ଅତୀବ ବାତ୍ସଲ୍ୟ ମମତାର ଏକ ଚମତ୍କାର ଉଦାହରଣ ରୂପେ ଏଠାରେ ବର୍ଣ୍ଣନା କରାଯାଇଛି । ଅସୀମ ସତ୍ତା ମଧ୍ୟରୁ ଯିଏ ଆମକୁ ମୂର୍ତ୍ତ ରୂପ ପ୍ରଦାନ କରିଛନ୍ତି ସେ ହିଁ ମାଆ ।

ବ୍ରହ୍ମ ବୈବର୍ତ୍ତ ପୁରାଣର ଉଲ୍ଲେଖ ଅନୁଯାୟୀ ଦୁର୍ଗା, ଲକ୍ଷ୍ମୀ, ସରସ୍ୱତୀ, ସାବିତ୍ରୀ, ରାଧା- ଏହି ପଞ୍ଚଦେବୀ ହିଁ ସୃଷ୍ଟିର କାରଣ। 'ପ୍ର'ର ଅର୍ଥ ପ୍ରକୃଷ୍ଟ ବା ପ୍ରଧାନ। 'କୃତି'ର ଅର୍ଥ ସୃଷ୍ଟି। 'ପ୍ର'କୁ ସତ୍ତ୍ୱଗୁଣ, 'କୃ' ହେଉଛି ରଜୋଗୁଣ ଏବଂ 'ତି' ଶବ୍ଦ ତମୋଗୁଣ ଅର୍ଥରେ ବ୍ୟବହୃତ ହୋଇ 'ପ୍ରକୃତି' ଶବ୍ଦ ସୃଷ୍ଟି ହୋଇଛି। ଦେବୀ ମଧ୍ୟ ତ୍ରିଗୁଣ ସ୍ୱରୂପା। ସେ ସୃଷ୍ଟି, ପାଳନ ଓ ସଂହାର ବା ପ୍ରଳୟର କାରଣ ଅଟନ୍ତି। ଏଣୁ ସେ 'ପ୍ରକୃତି' ରୂପେ ସମ୍ବୋଧିତ ହୁଅନ୍ତି। ପ୍ରକୃତି ଦେବୀ ଈଶ୍ୱରୀୟ ଲୀଳା କ୍ରମେ ଚର ଓ ଅଚର **(ମାୟାଧ୍ୟକ୍ଷେଣ ପ୍ରକୃତି ସୂୟତେ ସ ଚରାଚରମ୍- ଗୀତା)** ପଦାର୍ଥ ସୃଷ୍ଟି କରି ସଂସାର ଚକ୍ରକୁ ପରିଚାଳନା କରନ୍ତି। ଏହା ପ୍ରକୃତିର ଦୁଇଟି ରୂପ: କ୍ଷର (ପରା ବା ସକଳ ଦୃଶ୍ୟମାନ ଜଗତ ବା ଚେତନ ପ୍ରକୃତି- **"କ୍ଷରଃ ସର୍ବାଣି ଭୂତାନି -ଗୀତା"** ଅର୍ଥାତ୍ ପୃଥ୍ୱୀ, ଜଳ, ଅଗ୍ନି, ବାୟୁ, ଆକାଶ, ମନ, ବୁଦ୍ଧି ଏବଂ ଅହଂକାର ଏହିପରି ଅଷ୍ଟ ଭାଗରେ ବିଭକ୍ତ) ଏବଂ ଅକ୍ଷର (ଅପର ବା ଜଡ଼ ପ୍ରକୃତି)। ଏହି ପ୍ରକୃତି ବ୍ରହ୍ମ ସ୍ୱରୂପା, ନିତ୍ୟା, ସନାତନୀ, ମାୟା ଅଟନ୍ତି। ସେଇପରି ଶ୍ୱେତା ଶ୍ୱତର ଉପନିଷଦରେ କୁହାଯାଇଛି: **"ମାୟାଂ ତୁ ପ୍ରକୃତିଂ ବିଦ୍ୟାନ୍ମାୟିନଂ ତୁ ମହେଶ୍ୱର...।"** (୪/୧୦) ଅର୍ଥାତ୍ ପ୍ରକୃତି ହିଁ ମାୟା ଓ ଏହାର ଅଧିଷ୍ଠାତା ହେଉଛନ୍ତି ମହେଶ୍ୱର। ଏଠାରେ ମାୟା ଏବଂ ତ୍ରିଗୁଣାତ୍ମିକା ପ୍ରକୃତି ମଧ୍ୟରେ ଅଭିନ୍ନତା ନିରୂପିତ ହୋଇଛି।

ବାମନ ପୁରାଣରେ **"ପୃଥ୍ୱୀ ସଗନ୍ଧାସରସାସ୍ତଥାପଃ, ସ୍ପର୍ଶୀ ଚ ବାୟୁର୍ଜ୍ୱଳିତଂ ଚ ତେଜଃ। ନଭଃ ସଶବ୍ଦଂ ମହତା ସହୈବ, କୁର୍ବନ୍ତୁ ସର୍ବେ ମମ ସୁପ୍ରଭାତମ୍।"** (୧୪/୨୬) ପ୍ରକୃତି ଓ ପରିବେଶକୁ ଦେବୀ ରୂପେ ଚମତ୍କାର ଭାବରେ ବର୍ଣ୍ଣନା କରାଯାଇ ପ୍ରାତଃ କାଳକୁ ମଙ୍ଗଳମୟ କରିବା ପାଇଁ ତାଙ୍କ ନିକଟରେ ପ୍ରାର୍ଥନା କରାଯାଇଛି। ଯାହାର ଅର୍ଥ ହେଲା 'ଗନ୍ଧଯୁକ୍ତ ପୃଥିବୀ, ରସଯୁକ୍ତ ଜଳ, ସ୍ପର୍ଶଯୁକ୍ତ ବାୟୁ, ପ୍ରଜ୍ୱଳିତ ତେଜ, ଶବ୍ଦ ସହିତ ଆକାଶ ଏବଂ ମହତ୍ତ୍ୱ- ଏ ସମସ୍ତେ ମୋର ପ୍ରାତଃ କାଳକୁ ମଙ୍ଗଳମୟ କରନ୍ତୁ।

ଅତଏବ ଉପରୋକ୍ତ ଶ୍ଳୋକ ମାନଙ୍କରେ ଭୂମିକୁ ବିଷ୍ଣୁପତ୍ନୀ ଲକ୍ଷ୍ମୀ, ଭୂମିମାତା, ପ୍ରକୃତିକୁ ତ୍ରିଗୁଣମୟୀ ମାତା, ବ୍ରହ୍ମ ସ୍ୱରୂପା ଇତ୍ୟାଦି ରୂପେ କଳ୍ପନା କରାଯାଇ ତାଙ୍କ ଉଦ୍ଦେଶ୍ୟରେ ବନ୍ଦନା କରାଯାଇଛି। ଋଗ୍ ବେଦରେ ଏହାର ଚମତ୍କାର ବର୍ଣ୍ଣନ ନିମ୍ନ ଭାବରେ ଦିଆଯାଇଛି: **"ଶଂ ନୋ ଦ୍ୟାବାପୃଥିବୀ.... ରଜ ସସ୍ୱତିରସ୍ତୁଜିଷ୍ଣୁଃ।**(୭/୩୫/୫) ଅର୍ଥାତ୍ ଦ୍ୟାବା ପୃଥିବୀ ଆମକୁ ପ୍ରଥମ ଥର

ପ୍ରାର୍ଥନାରେ ଶାନ୍ତି ପ୍ରଦାନ କରନ୍ତୁ। ଅନ୍ତରୀକ୍ଷ ଆମକୁ ଶାନ୍ତି ପ୍ରଦାନ କରନ୍ତୁ। ବନସ୍ପତି ଏବଂ ଔଷଧି ସବୁ ଆମକୁ ଶାନ୍ତି ପ୍ରଦାନ କରନ୍ତୁ। ଲୋକପାଳ ମଧ୍ୟ ଆମକୁ ଶାନ୍ତି ପ୍ରଦାନ କରନ୍ତୁ।" **"ଶଂ ନଃ ସୂର୍ଯ୍ୟ... ସିନ୍ଧବଃ ଶମୁ ସନ୍ତ୍ୱାପଃ** (ଋକ୍ ୭।୩୫।୮) ଅର୍ଥାତ୍ ସୂର୍ଯ୍ୟଦେବ ଆମକୁ ଶାନ୍ତି ପ୍ରଦାନ କରିବାପାଇଁ ଉଦିତ ହୁଅନ୍ତୁ। ଚାରିଦିଗ ଆମକୁ ଶାନ୍ତି ପ୍ରଦାନ କରନ୍ତୁ। ସ୍ଥିର ପର୍ବତ, ଜଳ ଏବଂ ସମୁଦ୍ର ଆମକୁ ଶାନ୍ତି ପ୍ରଦାନ କରନ୍ତୁ।" **"ଶଂ ନୋ ଅଦିତି ର୍ଭବତୁ... ଭବିତ୍ରଂ ଶମ୍ୱସ୍ତୁ ବାୟୁଃ-** ଅର୍ଥାତ୍ ଅଦିତି ନିଜର ବ୍ରତ ଦ୍ୱାରା ଆମକୁ ଶାନ୍ତି ପ୍ରଦାନ କରନ୍ତୁ। ଉତ୍ତମ ତେଜସ୍ୱୀ ମରୁଦ୍‌ଗଣ ଆମକୁ ଶାନ୍ତି ପ୍ରଦାନ କରନ୍ତୁ। ବିଷ୍ଣୁଦେବ, ପୂଷାଦେବ, ଅନ୍ତରୀକ୍ଷ ଏବଂ ବାୟୁଦେବ ଆମକୁ ଶାନ୍ତି ପ୍ରଦାନ କରନ୍ତୁ। ଋକ୍ ୭।୩୫।୯)" ଉପରୋକ୍ତ ଶ୍ଳୋକମାନଙ୍କର ସମାନାର୍ଥକଶ୍ଳୋକ ଯଜୁର୍ବେଦରେ ମଧ୍ୟ ଦୃଷ୍ଟିଗୋଚର ହୁଏ: **"ଦ୍ୟୌଃ ଶାନ୍ତିରନ୍ତରିକ୍ଷଁ ଶାନ୍ତିଃ ପୃଥିବୀ ଶାନ୍ତିରାପଃ ଶାନ୍ତିରୋଷଧୟଃ ଶାନ୍ତିଃ। ବନସ୍ପତୟଃ ଶାନ୍ତି ର୍ବିଶ୍ୱେ ଦେବାଃ ଶାନ୍ତି ର୍ବହ୍ମ ଶାନ୍ତିଃ ସର୍ବଁ ଶାନ୍ତିଃ ଶାନ୍ତିରେବ ଶାନ୍ତିଃ ସାମା ଶାନ୍ତିରେଧି।** (ଯଜୁଃ ୩୬।୧୭)" ଏଇ ସମସ୍ତ ଶ୍ଳୋକ ମାଧ୍ୟମରେ ଆମର ପୂର୍ବୋଜମାନେ ପ୍ରକୃତି ମାତାଙ୍କୁ ମହାମାୟାଙ୍କ ସାକ୍ଷାତ୍ ସ୍ୱରୂପରେ ଅଙ୍ଗୀକାର କରି ନିତ୍ୟ ପୂଜନ ବନ୍ଦନ କରୁଥିଲେ। ମହାମାୟା ଦୁର୍ଗାଙ୍କର ପ୍ରତିରୂପ ବୃକ୍ଷରାଜି ତଥା ପ୍ରକୃତି, ଜୀବଜଗତର ଅନ୍ନ ସଂସ୍ଥାନ ତଥା ଅମ୍ଳଜାନ ଆଦି ପୋଷକ ତତ୍ତ୍ୱ ଯୋଗାଇ ଜୀବନ ଧାରଣରେ ସହାୟକ ହୋଇଥାଏ। କେବଳ ସେତିକି ନୁହେଁ ଜୀବଜଗତ ଦ୍ୱାରା ପରିତ୍ୟକ୍ତ ଅଙ୍ଗାରକାମ୍ଳ ତଥା ଯାବତ୍ ହଳାହଳ ବିଷତୁଲ୍ୟ ବର୍ଜ୍ୟବସ୍ତୁକୁ ପ୍ରକୃତି ମାତା ନିଜେ ଆହରଣ କରି ଶିବତୁଲ୍ୟ 'ନୀଳକଣ୍ଠ' ଭୂମିକାରେ ଅବତୀର୍ଣ୍ଣା ହୁଅନ୍ତି। ସେ ହିଁ ଶିବ ସେ ହିଁ ଶିବା- ଅର୍ଦ୍ଧନାରୀଶ୍ୱରଙ୍କର ପ୍ରତିରୂପ ସାଜି ପ୍ରତିଦାନରେ ଜୀବଜଗତକୁ ଅମୃତରୂପୀ ଅମ୍ଳଜାନ ଏବଂ ଅନ୍ନପୂର୍ଣ୍ଣା ସ୍ୱରୂପରେ ଅନ୍ନ ପ୍ରଦାନ କରି ତାହାର ପାଳନ ପୋଷଣ ଏବଂ ସଂରକ୍ଷଣ କରନ୍ତି। ଏଣୁ ଦୁର୍ଗାପୂଜାରେ 'ନବପତ୍ରିକା'କୁ ମହାମାୟା ରୂପରେ ପୂଜନ ଅର୍ଚ୍ଚନ କରାଯିବା ବିଧି ରହିଛି।

"ରମ୍ଭା କଚ୍ଚୀ ହରିଦ୍ରା ଚ ଜୟନ୍ତୀ ବିଲ୍ୱ ଦାଡ଼ିମୌ।
ଅଶୋକ ମାନକଂ ଶ୍ଚୈବ ଧାନ୍ୟାଞ୍ଚ ନବପତ୍ରିକା ॥"

ଅର୍ଥାତ୍ କଦଳୀ ଗଛ, କଚୁ, ହରିଦ୍ରା, ଜୟନ୍ତୀ, ଦୁଇଟି ବିଲ୍ୱଫଳ ଯୁକ୍ତ ଏକ ବିଲ୍ୱ ଶାଖା, ଡ଼ାଳିମ୍ବ, ଅଶୋକ, ମାଣସାରୁ, ଧାନ୍ୟଗଛ- ଏହି ନଅଗୋଟି ବୃକ୍ଷ ନବପତ୍ରିକା ନାମରେ ଆଖ୍ୟାୟିତ। ଏଗୁଡ଼ିକୁ ଏକତ୍ର କରାଯାଇ ଶ୍ୱେତ ଅପରାଜିତା ଲତା ଦ୍ୱାରା ସେମାନଙ୍କୁ ବନ୍ଧନ କରାଯାଏ। ଏକତ୍ର ହୋଇଥିବା ଏହି ବୃକ୍ଷ ଓ ଶାଖାଗୁଡ଼ିକୁ ଲାଲଧଡ଼ି ଯୁକ୍ତ ଶାଢ଼ୀ ପିନ୍ଧାଇ ବଧୂରୂପ ଦିଆଯାଏ। ଏବଂ ବିଧିବିଧାନ ଅନୁଯାୟୀ ପୂଜାମଣ୍ଡପରେ ଜଗଜ୍ଜନନୀଙ୍କ ମୂର୍ତ୍ତି ନିକଟରେ ରଖାଯାଇ ପୂଜାର୍ଚ୍ଚନା କରାଯାଏ। ନବପତ୍ରିକା ହିଁ ଯେ 'ନବଦୁର୍ଗା' ତାହା ନିମ୍ନ ମନ୍ତ୍ରରୁ ପ୍ରମାଣିତ ହୁଏ: **"ଓଁ ପତ୍ରିକେ ନବଦୁର୍ଗେ ତ୍ୱଂ ମହାଦେବ ମନୋରମେ। ପୂଜାଂ ସମସ୍ତାଂ ସଂଗୃହ୍ୟ ରକ୍ଷ ମାଂ ତ୍ରିଦଶେଶ୍ୱରି ॥"** ଉପର ବର୍ଣ୍ଣିତ ଅନୁଯାୟୀ 'ନବପତ୍ରିକା'କୁ ଅବଗୁଣ୍ଠନ 'ନବବଧୂ' ବେଶ ପ୍ରଦାନ କରାଯାଇ ତାହାଙ୍କୁ ପୂଜାମଣ୍ଡପ ଉପରେ ନବଦୁର୍ଗା ରୂପେ ପ୍ରତିଷ୍ଠା ଓ ପୂଜା ଅର୍ଚ୍ଚନା କରାଯାଏ। ଏଇ ନଅଗୋଟି ବୃକ୍ଷଙ୍କ ମଧ୍ୟରୁ କଦଳୀ ବୃକ୍ଷର ଅଧିଷ୍ଠାତ୍ରୀ ଦେବୀ ବ୍ରହ୍ମାଣୀ, କଚୁ ବା ସାରୁଚାରାର ଅଧିଷ୍ଠାତ୍ରୀ ଦେବୀ ବାରାହୀ ବା କାଳିକା, ହଳଦୀ ଗଛର ଦୁର୍ଗା/ରୁଦ୍ରାଣୀ ବା ମାହେଶ୍ୱରୀ, ଜୟନ୍ତୀ ବୃକ୍ଷର ଐନ୍ଦ୍ରୀ ବା କାର୍ତ୍ତିକୀ, ବିଲ୍ୱ ବୃକ୍ଷର ଶିବା ବା ଶିବଦୂତୀ, ଡ଼ାଳିମ୍ବର ରକ୍ତଦନ୍ତିକା ବା ନାରସିଂହୀ, ଅଶୋକର ଶୋକରହିତା, ମାନଚାରାକୁ ମାଖ ବା ମାଣସାରୁ କୁହାଯାଏ- ଯାହାର ଅଧିଷ୍ଠାତ୍ରୀ ଦେବୀ ଚାମୁଣ୍ଡା ଓ ଧାନ୍ୟଗଛର ଅଧିଷ୍ଠାତ୍ରୀ ଲକ୍ଷ୍ମୀ ଅଟନ୍ତି। ଶାସ୍ତ୍ରର ବ୍ୟାଖ୍ୟାନୁଯାୟୀ ଏହି ନଅଜଣ ଦେବୀ ମହାମାୟା ଦୁର୍ଗାଙ୍କର ବିବିଧ ରୂପ ମାତ୍ର ଅଟନ୍ତି। ଏମାନଙ୍କୁ କୃଷି ଲକ୍ଷ୍ମୀ ବା ବନଦୁର୍ଗା ରୂପେ ଉପାସନା କରାଯାଏ। ଏଣୁ ସ୍ୱନାମଧନ୍ୟ ଐତିହାସିକ ଓ ପ୍ରତ୍ନତତ୍ତ୍ୱବିତ୍ ରାମାପ୍ରସାଦ ଚନ୍ଦ୍ ଉଦ୍ଭିଦ ଜଗତର ଅଧିଷ୍ଠାତ୍ରୀ ଦେବୀ ରୂପେ ମହାମାୟାଙ୍କୁ ପ୍ରମାଣ କରିବାକୁ ଯାଇ ଉଲ୍ଲେଖ କରିଛନ୍ତି- "An important aspect of Durga worship called Nava Patrika (leaves) or the worship of the nine plants also clearly shows that the goddess was conceived as the personification of the vagitation spirit." (The Indo Aryan Race, Page-131) ଆଦିକବି ସାରଳା ଦାସ କୃତ ଚଣ୍ଡୀପୁରାଣ ଅନୁଯାୟୀ ଆଶ୍ୱିନ କୃଷ୍ଣାଷ୍ଟମୀ ବା ମୂଳାଷ୍ଟମୀ ଠାରୁ ଆଶ୍ୱିନ ଶୁକ୍ଳାଷ୍ଟମୀ ପର୍ଯ୍ୟନ୍ତ ମହାମାୟାଙ୍କ ପୂଜା ଅନୁଷ୍ଠିତ ହେବା ବିଧି। କାରଣ ମୂଳାଷ୍ଟମୀରେ ପରଂବ୍ରହ୍ମ ସ୍ୱରୂପିଣୀ ଦୁର୍ଗାଙ୍କ ଆବିର୍ଭାବ ଘଟିଥିଲା ସେ

ଆଶ୍ୱିନ ଶୁକ୍ଳ ମହାଷ୍ଟମୀ ଓ ମହାନବମୀ ତିଥିର ସନ୍ଧିକ୍ଷଣରେ ଶ୍ରୀରାମଙ୍କୁ ନିମିତ୍ତ କରି ରାକ୍ଷସରାଜ ରାବଣର ବଧ କରିଥିଲେ। କିଞ୍ଚିତ୍ ଅନୁଧ୍ୟାନ କଲେ ଏହା ସୁସ୍ପଷ୍ଟ ହୁଏ ଯେ ଏହି ସମୟରେ ତୁଳା ସଂକ୍ରାନ୍ତି /ଗର୍ଭଣା ସଂକ୍ରାନ୍ତି, ଅନ୍ନପୂର୍ଣ୍ଣା ପୂଜା, କାର୍ତ୍ତିକ ପୂର୍ଣ୍ଣିମାରେ ଗଜଲକ୍ଷ୍ମୀ ପୂଜା, କାର୍ତ୍ତିକ ଅମାବାସ୍ୟାରେ ଦୀପାବଳି ସହ କାଳୀପୂଜା, କାର୍ତ୍ତିକ ସଂକ୍ରାନ୍ତିରେ ଆଦିମାତାଙ୍କ ଜ୍ୟେଷ୍ଠ ପୁତ୍ର କାର୍ତ୍ତିକ ଏବଂ ଏହା ପୂର୍ବରୁ ଭାଦ୍ରବ ମାସରେ ତାଙ୍କର କନିଷ୍ଠ ପୁତ୍ର 'ଅଗ୍ରପୂଜ୍ୟ ଗଣେଶ'ଙ୍କର ପୂଜା ଉଦ୍‌ଯାପିତ ହୋଇ ଯାଇଥାଏ। ଭାଦ୍ରବ ମାସରେ କୃଷିଭିତ୍ତିକ ପର୍ବ ନୂଆଁଖାଇ, ମାର୍ଗଶିର ମାସ ପ୍ରତି ଗୁରୁବାର ଧନଧାନ୍ୟର ଅଧିଷ୍ଠାତ୍ରୀ ଦେବୀ ଲକ୍ଷ୍ମୀଙ୍କର ପୂଜା, ପୌଷ ପୂର୍ଣ୍ଣିମାରେ ଦେବୀଙ୍କ ପୁଷ୍ୟାଭିଷେକ, ମାଘମାସରେ ଗୁପ୍ତ ନବରାତ୍ରି, ମକର ସଂକ୍ରାନ୍ତି ଓ ଶ୍ରୀ ପଞ୍ଚମୀ ପୂଜା, ଫାଲ୍‌ଗୁନ, ଚୈତ୍ର ଅର୍ଥାତ୍ ବସନ୍ତ ଋତୁ ଆଗମନରେ ଦେବୀ ଦୁର୍ଗାଙ୍କର ପୂଜା, ପ୍ରକୃତ ପକ୍ଷରେ ମାଟି ମାଆ, କୃଷି ଲକ୍ଷ୍ମୀ ଇତ୍ୟାଦିଙ୍କର ହିଁ ପୂଜା ଅଟେ। ପ୍ରକୃତି, ପରିବେଶ ଏବଂ କୃଷି ସଂସ୍କୃତିକୁ ଆଧାର କରି ଗଢ଼ି ଉଠିଥିବା ଏହି ଆରାଧନା ପର୍ବ ଯେ ସନାତନ ସଂସ୍କୃତିର ମୌଳିକ ସିଦ୍ଧାନ୍ତ ଅନୁରୂପ ବିଧି ବ୍ୟବସ୍ଥା ରୂପେ ଯୁଗ ଯୁଗ ଧରି ଅନୁସୃତ ହୋଇ ଆସିଛି ଏଥିରେ ସନ୍ଦେହର ଅବକାଶ ନାହିଁ। ଏହାର ପ୍ରଚ୍ଛଦପଟର ମାଆ, ମାଟି, ପରିବେଶ ଓ ପ୍ରକୃତି ପ୍ରତି ଏକ ଅତ୍ୟନ୍ତ ଉଦାତ୍ତ ବିଚାର, ଶ୍ରେଷ୍ଠତ୍ୱ, କୃତଜ୍ଞତା, ଭକ୍ତି ଏବଂ ତାଦାତ୍ମ୍ୟତାର ଭାବ ଯେ ପରିସ୍ଫୁଟ ଏହା ସ୍ୱତଃ ବାରିହୋଇ ପଡ଼େ।

ଦେବୀ ଦୁର୍ଗା ହେଉଛନ୍ତି ସର୍ବଶକ୍ତିମୟୀ ଜଗନ୍ମାତା। ବିବିଧ ନାମରେ ସେ ଜଗତରେ ଚିରବନ୍ଦିତା। ସକଳ ଦେବତା ତାଙ୍କର ଶକ୍ତିରେ ଶକ୍ତିମାନ ହୋଇ ନିଜ ନିଜ କର୍ମ ନିର୍ବାହ କରିଥାନ୍ତି। ତାଙ୍କର ବିବିଧ କର୍ମାନୁଯାୟୀ ତାଙ୍କୁ ବିବିଧ ନାମରେ ଆଖ୍ୟାୟିତ କରାଯାଇଛି: **"'ଗୌରୀ କାଳୀ ଉମା' ଭଦ୍ରା, ଦୁର୍ଗା, କାନ୍ତି, ସରସ୍ୱତୀ, ମଙ୍ଗଳା, ବୈଷ୍ଣବୀ, ଲକ୍ଷ୍ମୀଃ ଶିବା ନାରାୟଣୀ କ୍ରମାତ୍।"** (ଦେବୀ ପୁରାଣ, ୭୯-୧)। ସେଇପରି ଶକ୍ତିତତ୍ତ୍ୱର ବର୍ଣ୍ଣନା ଅନୁଯାୟୀ: **"ଲକ୍ଷ୍ମୀ ପ୍ରଦାନ ସମୟେ ନବ ବିଦ୍ରୁ ମାଭାଂ, ବିଦ୍ୟା ପ୍ରଦାନ ସମୟେ ଶରବିନ୍ଦୁ ଶୁଭ୍ରା। ବିଦ୍ୱେଷୀ ବର୍ଗ ବିଜୟେ ହରିନୀଳବର୍ଣ୍ଣା ସନ୍ଧ୍ୟାଂ, ତ୍ରିଲୋକ ଜନନୀଂ ପ୍ରଜାନାଂ ପ୍ରପଦ୍ୟେ ।।"** ଅର୍ଥାତ୍ ଧନ ପ୍ରଦାନ କରିବା ସମୟରେ ସେଇ ଆଦିଶକ୍ତି ପ୍ରବାଳବର୍ଣ୍ଣା ଲକ୍ଷ୍ମୀ ରୂପେ ଅବତୀର୍ଣ୍ଣା ହୁଅନ୍ତି। ବିଦ୍ୟା ପ୍ରଦାନ ସମୟରେ ସେ

ଶାରଦ ଶର୍ବରୀ ସଦୃଶା ଶୁଭ୍ରବର୍ଣ୍ଣା ରୂପ ଧାରଣ କରନ୍ତି ତଥା ବିଦ୍ୱେଷ ଦୂର କରିବା ବେଳେ ସେ ଦାବାନଳ ରୂପିଣୀ ନୀଳବର୍ଣ୍ଣା ହୁଅନ୍ତି। ସେଇ ତ୍ରିଲୋକ୍ୟ ଜନନୀ ସର୍ବଶକ୍ତିମୟୀ ଜଗଦମ୍ବା ଯିଏକି ସକଳ କାରଣର କାରଣ ଆଦ୍ୟ ସନାତନୀ ପ୍ରଜନୀନଙ୍କୁ ମୁଁ ପ୍ରଣାମ କରୁଅଛି।

କୃଷି, କୃଷିକ୍ଷେତ୍ର, ଧାନ୍ୟାଦି ଶସ୍ୟର ଅଧିଷ୍ଠାତ୍ରୀ ଦେବୀ ଭାବରେ ଜଗଜ୍ଜନନୀ ଲକ୍ଷ୍ମୀଙ୍କୁ ପୂଜାର୍ଚ୍ଚନା କରାଯାଏ। ତାଙ୍କର ବାହନ ପେଚା, କୃଷି କ୍ଷେତ୍ରରେ ପାଚିଲା ଶସ୍ୟକୁ ମୂଷା ଏବଂ ଅନ୍ୟାନ୍ୟ ଫସଲ ଅନିଷ୍ଟକାରୀ କୀଟାଦିଙ୍କ କବଳରୁ ସୁରକ୍ଷିତ ରଖେ। ବଙ୍ଗପ୍ରଦେଶ ତଥା ଦେଶର ଅନେକ ସ୍ଥାନରେ ଶୃଗାଳକୁ ମଧ୍ୟ ଲକ୍ଷ୍ମୀଙ୍କ ବାହନ ରୂପେ ଗ୍ରହଣ କରାଯାଏ। ସନ୍ଧ୍ୟା କାଳରେ ବିଲୁଆ ଡାକ ଦେଲେ ଗୃହିଣୀମାନେ ଶଙ୍ଖ ବଜାଇ ଦୀପ ଜଳାଇ ଘରେ ଘରେ ଲକ୍ଷ୍ମୀଙ୍କର ଆବାହନ କରନ୍ତି। ଲକ୍ଷ୍ମୀ ପୂଜା ସମୟରେ ଧାନ୍ୟଗଛକୁ ମଧ୍ୟ ପୂଜା କରାଯାଏ। ଶସ୍ୟ ଅମଳ ପରେ ଖଳାକୁ ଅଣାଯାଏ। ସେ ସମୟରେ ମଧ୍ୟ ଏହାକୁ ଲକ୍ଷ୍ମୀ ରୂପେ ବିଭିନ୍ନ ଅବସର, ବ୍ରତ ଏବଂ ପରମ୍ପରା ମାଧ୍ୟମରେ ଝୋଟି, ଫୁଲ, ଦୁବ ବରକୋଳି ପତ୍ର ଏବଂ ନୈବେଦ୍ୟ ଆଦି ଅର୍ପଣ କରି ପୂଜା କରାଯାଏ। ମାର୍ଗଶିର ମାସ ପାଞ୍ଚପାଳି ଗୁରୁବାର ଓଷା ଓଡ଼ିଶାର ଘରେ ଘରେ ମାତା ଲକ୍ଷ୍ମୀଙ୍କ ପୂଜନ ଉଦ୍ଦେଶ୍ୟରେ ସମର୍ପିତ ହୋଇଥାଏ। ଏହାକୁ ମାଣବସା ଗୁରୁବାର କହନ୍ତି। ମାଣ ମଧ୍ୟରେ ଅମଳ ହୋଇଥିବା ନୂତନ ଧାନ୍ୟ ପୂରଣ କରାଯାଇ ଧାନକେଣ୍ଟା ସହ ଏଥିରେ ଲକ୍ଷ୍ମୀଙ୍କୁ ଆବାହନ ଓ ବିଧିବିଧାନ ଅନୁଯାୟୀ ବିବିଧ ପିଠା, ପାୟସ ଓ ଫଳମୂଳ ଦ୍ୱାରା ପୂଜାର୍ଚ୍ଚନା କରାଯାଏ। ବିଭିନ୍ନ ସମୟରେ ଭିନ୍ନ ଭିନ୍ନ ନାମରେ ଯଥା- ଗଜଲକ୍ଷ୍ମୀ, ଧାନ୍ୟଲକ୍ଷ୍ମୀ, ଧନଲକ୍ଷ୍ମୀ, ଭୂମିଲକ୍ଷ୍ମୀ, ବୀରଲକ୍ଷ୍ମୀ, ଧୀଲକ୍ଷ୍ମୀ, ବିଜୟାଲକ୍ଷ୍ମୀ, ସନ୍ତାନଲକ୍ଷ୍ମୀ, ଐଶ୍ୱର୍ଯ୍ୟଲକ୍ଷ୍ମୀ, ଗୃହଲକ୍ଷ୍ମୀ, ସ୍ୱର୍ଗର ସ୍ୱର୍ଗଲକ୍ଷ୍ମୀ, କ୍ଷୀରସାଗରରେ ଲକ୍ଷ୍ମୀ, ଚନ୍ଦ୍ରମଣ୍ଡଳରେ ଶୋଭାଲକ୍ଷ୍ମୀ, ସମୁଦ୍ରରେ ସାଗର ଲକ୍ଷ୍ମୀ ବା ସାଗର ଦୁଲ୍ଲଣୀ, ବିଦ୍ୟା ପ୍ରଦାନ କାଳରେ ବିଦ୍ୟାଲକ୍ଷ୍ମୀ, ତ୍ରିଲୋକରେ ରାଧା- ଏହିପରି ବହୁ ଭାବରେ ଏବଂ ଜଳ ସ୍ଥଳ ଆକାଶ ସର୍ବତ୍ର ଜଗଜ୍ଜନନୀଙ୍କର ବହୁବିଧ ରୂପକୁ ପୂଜାଅର୍ଚ୍ଚନା କରାଯାଇଥାଏ। ବର୍ଷର ବାରମାସ ଯାକ ତାଙ୍କର ପୂଜା ପ୍ରକୃତି, ପରିବେଶ ଏବଂ କୃଷିକୁ କେନ୍ଦ୍ରକରି ଅନୁଷ୍ଠିତ ହୋଇଥାଏ। ହସ୍ତୀ, ଲକ୍ଷ୍ମୀଙ୍କର ବାହନ ଏବଂ ଅରଣ୍ୟ ସଂସ୍କୃତିର ପ୍ରତୀକ। ସମୁଦ୍ର ମନ୍ଥନରେ ଦେବୀଲକ୍ଷ୍ମୀ ଓ ଐରାବତ ହସ୍ତୀ ପ୍ରକଟ ହୋଇଥିଲେ।

ଶକ୍ତି ଉପାସନା ଓ ବୈଦିକ ଦେବୀତତ୍ତ୍ୱ : ୧୩୩

ମାଘଶୁକ୍ଳ ପଞ୍ଚମୀ ତିଥିରେ ପାଳିତ ହୁଏ ମାଆ ଜଗଜ୍ଜନନୀ ବିଦ୍ୟାଦାୟିନୀ ସରସ୍ୱତୀଙ୍କର ବିଶେଷ ପୂଜା। ଏହାକୁ ଶ୍ରୀପଞ୍ଚମୀ ବୋଲି କୁହାଯାଏ। 'ଶ୍ରୀ' ଅର୍ଥ ଲକ୍ଷ୍ମୀ। ଶୀତଋତୁର ସୁସୁପ୍ତି ଓ ଜଡ଼ତାର ଅବସାନ ଘଟାଇ ଋତୁରାଜ ବସନ୍ତର ପଦଧ୍ୱନି ଶ୍ରୁତିଗୋଚର ହୁଏ ଶ୍ରୀପଞ୍ଚମୀ ବା ବସନ୍ତ ପଞ୍ଚମୀ ଠାରୁ। ପ୍ରକୃତି ରାଣୀର କମନୀୟ କାନ୍ତି ଏବଂ ମଧୁରିମା ଉକୁଟି ଉଠେ। ପତ୍ରଝଡ଼ା ଦେଇଥିବା ପାଦପମାନେ ଧିରେ ଧିରେ କୋମଳ ସ୍ୱର୍ଣ୍ଣାଭ ପତ୍ରମାଳା ଓ ରଙ୍ଗବେରଙ୍ଗ ପୁଷ୍ପ ଦ୍ୱାରା ଶୋଭାୟମାନ ହୋଇ ଉଠନ୍ତି ଦେବୀ ସରସ୍ୱତୀଙ୍କୁ ଆବାହନ କରିବାପାଇଁ। ମାଘ ସଂକ୍ରାନ୍ତି ବା ମକର ସଂକ୍ରାନ୍ତି ଠାରୁ ସୂର୍ଯ୍ୟଙ୍କର ଉତ୍ତରାୟଣ ଗତି ପ୍ରାରମ୍ଭ ହୁଏ। କ୍ରମେ ଦିନ ବଡ଼ ହୁଏ ଆଉ ରାତ୍ରି ଛୋଟ। ଅର୍ଥାତ୍ ଦେବୀ ସରସ୍ୱତୀଙ୍କ ଆଗମନ କାରଣରୁ ଅଜ୍ଞାନ ରୂପୀ ଅନ୍ଧକାର ଦୂରୀଭୁତ ହୋଇ ଜ୍ଞାନାଲୋକର ପ୍ରଖରତା ବୃଦ୍ଧି ପ୍ରାପ୍ତ ହୁଏ। ପ୍ରକୃତି ଏବଂ ପରିବେଶର ମନୋଜ୍ଞ ପରିବର୍ତ୍ତନର ଏହି ସନ୍ଧିକ୍ଷଣରେ ବିଦ୍ୟାଦାୟିନୀ ମାତା ସରସ୍ୱତୀ ଭୂଲୋକବାସୀଙ୍କୁ ଜ୍ଞାନାମୃତ ରୂପୀ ଦୁର୍ଲ୍ଲଭରତ୍ନ ବରଦାନ ଦେବା ପାଇଁ ଆବିର୍ଭୂତା ହୁଅନ୍ତି। ତାଙ୍କର ଉପାସନା ନିମନ୍ତେ ଆବଶ୍ୟକ ହେଉଥିବା ପୁଷ୍ପ ଫଳ, ମୂଳ ତଥା ପଞ୍ଚଶସ୍ୟ ଇତ୍ୟାଦି କୃଷି ସହିତ ଏବଂ ପଞ୍ଚପଲ୍ଲବ (ଆମ୍ବ, ଅଶୋକ, ବର, ଅଶ୍ୱତ୍ଥ ଓ ଉଡ଼ମ୍ବର) ଇତ୍ୟାଦି ଆରଣ୍ୟକ ସଂସ୍କୃତି ସହିତ ଓତଃପ୍ରୋତ ଭାବରେ ଜଡ଼ିତ।

'ସରସ' ଶବ୍ଦରୁ 'ସରସ୍ୱତୀ' ଶବ୍ଦ ଉତ୍ପତ୍ତି ହୋଇଥିବା ଜ୍ଞାନୀଜନ ଅନୁମାନ କରନ୍ତି। 'ସରସ' ଶବ୍ଦର ଅର୍ଥ 'ଜଳ'। ବୈଦିକ କାଳରୁ ଦେବୀ ସରସ୍ୱତୀ 'ନଦୀ' ନାମରେ ପୂଜିତା। ତାଙ୍କ ସମ୍ପର୍କରେ ବିଶେଷ ବର୍ଣ୍ଣନ ଋକ୍‌ବେଦର ୧.୧୬୪.୪୯,୧୦.୧୭.୭ ଓ ଏତ.ବ୍ରା.୩.୪ରେ ଦେଖାଯାଏ। **"ଇଳା ସରସ୍ୱତୀ ମହୀ ତିସ୍ରୋ ଦେବୀର୍ମୟୋ ଭୁବଃ...।"**(ଋଗ୍ ୧.୧୩.୯) ଅର୍ଥାତ୍ ଇଳା, ସରସ୍ୱତୀ, ମହି (ବାଣୀ, ସରସ୍ୱତୀ, ଭୂମି) ଏହି ତିନି ଦେବୀ ସୁଖକାରୀ ଓ କ୍ଷୟ ରହିତ ଅଟନ୍ତି। ଯାହାର ଅନ୍ୟ ଅର୍ଥ ହେଲା ମାତୃଭାଷା, ସଂସ୍କୃତି ଏବଂ ମାତୃଭୂମି ଏହି ଦେବୀ ତ୍ରୟଙ୍କର ଉପାସନା ପୂର୍ବକ ଏମାନଙ୍କର ଗୌରବ ବୃଦ୍ଧି କରିବା ଉଚିତ। ଏ ତ୍ରୟଙ୍କ ସରସ୍ୱତୀ ନଦୀର ପାବନ ଜଳଧାରା ସହ ତୁଳନା କରାଯାଇପାରେ। ପବିତ୍ର ସରସ୍ୱତୀ ନଦୀ କୂଳରେ ଯେମିତି ଅତୀତରେ ସନାତନ ସଭ୍ୟତା, ବୈଦିକ ସଂସ୍କୃତି, ଜ୍ଞାନର ଅକ୍ଷୟ ଭଣ୍ଡାର ଏବଂ ତପସ୍ୟାର ଅନନ୍ୟ

ମାହାତ୍ମ୍ୟ ଋଦ୍ଧିମନ୍ତ ହୋଇ ସମଗ୍ର ବିଶ୍ୱକୁ ଅକ୍ଷୟ ସୁଖ ଓ ସମୃଦ୍ଧି ପ୍ରଦାନ କରିଥିଲା ଠିକ୍ ସେଇପରି ମହିମା ମଣ୍ଡିତ ସରସ୍ୱତୀର ଉର୍ବର ମୃତ୍ତିକା ଓ ଜଳଧାରା ମଧ୍ୟ ତାହାର ତୀର ଦେଶରେ ବାସ କରୁଥିବା ପ୍ରାଚୀନ ଭାରତୀୟ ସମାଜକୁ ଅନ୍ନ, ଅର୍ଣ୍ଣ, ବିବିଧ କୃଷି ଉତ୍ପାଦନ ଓ ପଶୁପାଳନ କ୍ଷେତ୍ରରେ ଆତ୍ମନିର୍ଭର କରାଇ ବିକଶିତ କରିବା ଦିଗରେ ବିଶେଷ ଭୂମିକା ଗ୍ରହଣ କରିଥିଲା। ଏଣୁ ବୈଦିକ କାଳରୁ ସରସ୍ୱତୀ ନଦୀ, ଦେବୀ ରୂପରେ ପୂଜିତା ହୋଇ ଆସିଛନ୍ତି। 'ସରସ' ଶବ୍ଦର ଅନ୍ୟ ଏକ ଅର୍ଥ ହେଉଛି 'ଜ୍ୟୋତି'। ଋକ୍ ବେଦରେ ଏହାକୁ ଜ୍ୟୋତିର୍ମୟୀ ଦେବୀ, ଅଗ୍ନିରୂପା ଭାବରେ ବର୍ଣ୍ଣନା କରାଯାଇଛି। ଜ୍ୟୋତି ହେଉଛି ଜ୍ଞାନର ପ୍ରତୀକ। ଅନ୍ୟ ଭାବରେ ଜ୍ୟୋତିର ସର୍ବଶ୍ରେଷ୍ଠ ଉତ୍ସ ହେଉଛି ସୂର୍ଯ୍ୟ ଯାହା ଜଳକୁ ବାଷ୍ପୀଭୂତ କରି ବୃଷ୍ଟି ଆନୟନ କରେ। ଫଳରେ ଜୀବଜଗତ ସୁରକ୍ଷିତ ଏବଂ ତିଷ୍ଠି ରହିବା ସମ୍ଭବ ହୁଏ। ଏଣୁ ଜଳ ଓ ଜ୍ୟୋତିର ଦେବୀ ଭାବରେ ମାତା ସରସ୍ୱତୀ ସନାତନ ପରମ୍ପରାରେ ସଦା ପୂଜିତ ଏବଂ ଅର୍ଚ୍ଚିତ ହୁଅନ୍ତି।

ବସନ୍ତର ଆଗମନରେ ପ୍ରକୃତି ଏବଂ ପରିବେଶ ହୋଇ ଉଠେ ଅତ୍ୟନ୍ତ ମନୋରମ ଓ ବର୍ଣ୍ଣାଢ଼୍ୟ। ସମଗ୍ର ପୃଥିବୀ ଉତ୍ପାଦିତ ଶସ୍ୟ ଦ୍ୱାରା ଭରପୁର ହୋଇଯାଏ। ଏଣୁ ଏହି ସମୟରେ 'ପ୍ରକୃତି, ପରିବେଶ ଓ କୃଷି'ର ଦେବୀ ମହାମାୟାଙ୍କୁ ଧରାଧାମରେ କୃତଜ୍ଞତା ନିବେଦନ କରି ପୂଜା ଅର୍ଚ୍ଚନା କରାଯାଏ- ଉଭୟ ଦେବୀ ସରସ୍ୱତୀ ଓ ଆଦିମାତା ଦୁର୍ଗା ରୂପରେ। ସରସ୍ୱତୀଙ୍କ ପୂଜା ଶ୍ରୀପଞ୍ଚମୀରେ ହେଉଥିବା ବେଳେ ଦେବୀ ଦୁର୍ଗାଙ୍କର ପୂଜା ବାସନ୍ତୀକ ନବରାତ୍ର ଅବସରରେ ଅନୁଷ୍ଠିତ ହୁଏ। ଧରାବକ୍ଷରେ ଜ୍ଞାନବିଦ୍ୟା, ଜ୍ୟୋତି ଓ କୃଷିର ଅଧିଷ୍ଠାତ୍ରୀ ଦେବୀ ସରସ୍ୱତୀଙ୍କୁ ସ୍ୱାଗତ ଜଣାଇ ଆମ୍ବ ବଉଳ ସୁବାସ ଚହଟାଇ ଦିଏ ଚତୁର୍ଦ୍ଦିଗରେ; ଆଉ ଠିକ୍ ସେତିକିବେଳେ ପ୍ରକୃତି ରାଣୀ ରକ୍ତବର୍ଣ୍ଣର ପଳାଶ ପୁଷ୍ପ ନିଜର ସହସ୍ର ହସ୍ତରେ ତୋଳି ଧରି ଦେବୀ ମାତାଙ୍କ ଆଗମନୀ ସଂଗୀତ ଗାଇ ଉଠେ। ସରସ୍ୱତୀ ପଳାଶ ପ୍ରିୟା ଭାବରେ ଶାସ୍ତ୍ରରେ ବର୍ଣ୍ଣିତ। ପଳାଶର ରକ୍ତବର୍ଣ୍ଣ, ଉର୍ବରତା ଏବଂ ନବ ସୃଷ୍ଟିର ସଂକେତ ପ୍ରଦାନ କରେ ଠିକ୍ ଗର୍ଭଧାରଣର ପୂର୍ବ ସ୍ଥିତି ଜୀବର ଋତୁସ୍ନାତ ଅବସ୍ଥା ସଦୃଶ। ଏହା ହିଁ ପ୍ରକୃତିର ଅକାଟ୍ୟ ନିୟମ ଯାହା ସହ ପଳାଶର ଘନିଷ୍ଠ ସମ୍ପର୍କ ବିଦ୍ୟମାନ। ଆୟୁର୍ବେଦରେ ବନ୍ଧ୍ୟା ରୋଗର ନିରାକରଣ ସକାଶେ ପଳାଶ ପତ୍ରର ରସ ବ୍ୟବହୃତ ହେବା ଏ ଦୃଷ୍ଟିରୁ ନିଶ୍ଚୟ ତାତ୍ପର୍ଯ୍ୟପୂର୍ଣ୍ଣ।

ହିମାଳୟ ପୁତ୍ରୀ ଦେବୀ ପାର୍ବତୀ ଏବଂ କୈଳାସ ପତି ଭୂତନାଥ, ଦେବାଧିଦେବ ମହାଦେବଙ୍କ ପାର୍ଷଦ, ଶିବଗଣ, ପୁତ୍ରଦ୍ୱୟ କାର୍ତ୍ତିକ ଏବଂ ଗଜାନନ ତଥା ସେ ସମସ୍ତଙ୍କର ବାହନମାନଙ୍କୁ ବିଚାରକୁ ନେଲେ ଏହା ସୁସ୍ପଷ୍ଟ ହୁଏ ଯେ ତନ୍ମଧ୍ୟରୁ ପ୍ରତ୍ୟେକ ଭୂମି, ପ୍ରକୃତି, ପରିବେଶ, କୃଷି, ଜଳ, ନଦୀ, ପର୍ବତ ତଥା ଆରଣ୍ୟକ ସଂସ୍କୃତି ସହିତ ଓତପ୍ରୋତ ଭାବରେ ଜଡ଼ିତ ଯାହାକୁ ବାଦ୍ ଦେଇ ଏହି ଦେବାଦେବୀମାନଙ୍କୁ କଳ୍ପନା ପର୍ଯ୍ୟନ୍ତ କରିବା ସମ୍ଭବ ନୁହେଁ। ଭଗବାନ ଶିବ ପାର୍ବତୀଙ୍କ ପ୍ରେମରୁ ସ୍ଖଳିତ ଅମୋଘ ରେତକୁ ଭୂମି, ଅଗ୍ନି, ଗଙ୍ଗାଦି ସମସ୍ତେ ଧାରଣ କରିବାରେ ଅସମର୍ଥ ହେବାରୁ ତାହା କାଶବନ (ଶରବଣ) ମଧ୍ୟରେ ନିକ୍ଷିପ୍ତ ହୋଇ ଜ୍ୟେଷ୍ଠ ପୁତ୍ର କୁମାର କାର୍ତ୍ତିକେୟଙ୍କ ଜନ୍ମର କାରଣ ହୋଇଥିଲା। କୁମାର କାର୍ତ୍ତିକେୟ ସୃଷ୍ଟିର ରକ୍ଷାକର୍ତ୍ତା, ମହାପରାକ୍ରମୀ ବୀର, ଦେବ ସେନାପତି, ସନ୍ତାନଦାତା, କୃଷି ଦେବତା, ଧନଧାନ୍ୟର ଦେବତା ଭାବରେ ପୂଜିତ ହୁଅନ୍ତି। ବିଭିନ୍ନ ଶସ୍ୟର ଅମଳ ସମୟରେ ତାଙ୍କର ପୂଜା ହୁଏ। ଏଣୁ "ନବାହ୍ନେ କାର୍ତ୍ତିକ" ବୋଲି ଲୋକୋକ୍ତି ରହିଛି, ଧାନ୍ୟ ଚାରାକୁ ତାଙ୍କର ପ୍ରତୀକ ରୂପେ ପୂଜା କରାଯାଏ। ତାଙ୍କର ବାହନ ମୟୂର ଆଦ୍ୟ ଆଷାଢ଼ରେ ବୃଷ୍ଟିପାତର ସମ୍ଭାବନା ଥିଲେ ନୃତ୍ୟ ରଚନା କରେ- ଯାହା ପ୍ରକୃତି, କୃଷି ଏବଂ ଆରଣ୍ୟ ସଂସ୍କୃତି ସହ ଜଡ଼ିତ। ପାର୍ବତୀ ପୁତ୍ର ଗଣେଶ ଧନଧାନ୍ୟ, ସୁଖ ସମୃଦ୍ଧି ଜ୍ଞାନ ଓ ବୈଭବର ଦେବତା। ଗଜାନନ ଓ ଗଜଲକ୍ଷ୍ମୀ ଆଦି ନାମରୁ ଗଣେଶ ଓ ଲକ୍ଷ୍ମୀଙ୍କ ମଧ୍ୟରେ ସମ୍ପର୍କ ସୂଚିତ ହୁଏ।

ଉଭୟ ଧନଧାନ୍ୟ ଓ ସୌଭାଗ୍ୟର ପ୍ରତୀକ ଅଟନ୍ତି। ଗଜରାଜ ଅରଣ୍ୟ ସଂସ୍କୃତିର ପ୍ରତୀକ। ଗଣେଶ (ଗଣ+ଈଶ) ଅର୍ଥାତ୍ ଗଣମାନଙ୍କ ଦେବତା। ସେ ସହଜରେ ପ୍ରସନ୍ନ ହୋଇ ଧନଧାନ୍ୟ ପାଇଁ ଆଶୀର୍ବାଦ ହେଉଥିବାରୁ ଲୋକ ଦେବତା ରୂପେ ପୂଜିତ ହୁଅନ୍ତି। ତାଙ୍କର ବାହନ ମୂଷିକ ଶସ୍ୟ ପ୍ରିୟ ତଥା ଶସ୍ୟ ସଂଗ୍ରହରେ ଅତ୍ୟନ୍ତ କୁଶଳି ଏବଂ ପଟୁ ହୋଇଥିବାରୁ ତାହାଠାରୁ ଶସ୍ୟକୁ ଉଚିତ ସମୟରେ ଏବଂ ବିନା ଆଳସ୍ୟରେ ଯଥାଶୀଘ୍ର ସୁରକ୍ଷିତ ରଖାଯିବାର ପ୍ରେରଣା ମିଳିଥାଏ। ସମସ୍ତ ଶୁଭ ଓ ମଙ୍ଗଳମୟ କାର୍ଯ୍ୟର ଶୁଭାରମ୍ଭ ବା ଶ୍ରୀ ଗଣେଶ କରିବା ସମୟରେ ଗଣପତିଙ୍କର ପୂଜନ ବନ୍ଦନରୁ ତାହା ପ୍ରାରମ୍ଭ କରାଯାଇଥାଏ। ସେ ପଞ୍ଚଦେବତାମାନଙ୍କ ମଧ୍ୟରେ ଅଗ୍ରପୂଜ୍ୟ ଅଟନ୍ତି। ତାଙ୍କର ନାମ ଉଚ୍ଚାରଣ ମାତ୍ରକେ ସର୍ବସିଦ୍ଧି ପ୍ରାପ୍ତ ହୁଏ ବୋଲି ବିଶ୍ୱାସ ରହିଛି।

ଜୀବନଧାରଣ ନିମିତ୍ତ କୃଷି, ଜଳ, ପ୍ରକୃତି ଓ ପରିବେଶର ଅନିବାର୍ଯ୍ୟତାକୁ ଅସ୍ୱୀକାର କରାଯାଇ ନପାରେ। ଏଣୁ କୃଷି ନିମନ୍ତେ ଭୂମି, ଜଳ, ବୃଷ୍ଟି, ଉର୍ବରତା, ଅପରିହାର୍ଯ୍ୟ ହୋଇଥିବା କାରଣରୁ ସେମାନଙ୍କ ଅଧିଷ୍ଠାତ୍ରୀ ଦେବାଦେବୀଙ୍କୁ କୃତଜ୍ଞତା ପୂର୍ବକ ଅନାଦି ଅନନ୍ତ କାଳରୁ ପୂଜା ଅର୍ଚ୍ଚନା କରାଯାଇ ଆସୁଛି। ସନାତନ ଧର୍ମର ସମସ୍ତ ଦେବୀ ଦେବତାଙ୍କ ମଧ୍ୟରେ ପ୍ରକୃତି ଏବଂ ପ୍ରକୃତି ମଧ୍ୟରେ ବି ସେମାନେ ସ୍ଥିତ ବୋଲି କୁହାଯାଇଛି। ଭକ୍ତର ଭାବନା ଅନୁଯାୟୀ ଦେବାଦେବୀ ଭିନ୍ନ ଭିନ୍ନ ଦୃଷ୍ଟିଗୋଚର ହେଉଥିଲେ ମଧ୍ୟ ସେ ସମସ୍ତେ ଏକ, ଅଭିନ୍ନ ଏବଂ ଅଦ୍ୱିତୀୟ ପରଂବ୍ରହ୍ମ ହିଁ ଅଟନ୍ତି। ଶ୍ରୀଦୁର୍ଗା ସପ୍ତଶତୀରେ ଉଲ୍ଲେଖ ଅନୁଯାୟୀ: **"ସାବ୍ରବୀତ୍ -ଅହଂ ବ୍ରହ୍ମ ସ୍ୱରୂପିଣୀ। ମତ୍ତଃ ପ୍ରକୃତି ପୁରୁଷାତ୍ମକଂ ଜଗତ୍। ଶୂନ୍ୟଂ ଚାଶୂନ୍ୟଂ ଚ ।।"** (ଶ୍ରୀ ଦେବ୍ୟଥର୍ବ ଶୀର୍ଷମ୍-୨) ଅର୍ଥାତ୍ ମୁଁ ବ୍ରହ୍ମ ସ୍ୱରୂପ ଅଟେ। ମୋଠାରୁ ପ୍ରକୃତି ପୁରୁଷାତ୍ମକ ସଦ୍ରୂପ ଏବଂ ଅସଦ୍ରୂପ ଜଗତ ଉତ୍ପନ୍ନ ହୋଇଛି। ପୁଣି ମଧ୍ୟ କୁହାଯାଇଛି: **"ସୈଷାଷ୍ଟୌ ବସବଃ।... ଶରଣ୍ୟାଂ ଶିବଦାଂ ଶିବାମ୍ ।।"** (ଶ୍ରୀଦେବ୍ୟଥର୍ବ ଶୀର୍ଷମ୍-୧୭) ଏଥିରେ ମନ୍ତ୍ରଦ୍ରଷ୍ଟା ଋଷିମାନେ କହୁଛନ୍ତି ଯେ, 'ସେ ହିଁ ଅଷ୍ଟବସୁ, ଏକାଦଶ ରୁଦ୍ର, ଦ୍ୱାଦଶ ଆଦିତ୍ୟ, ସେ ହିଁ ସୋମପାନ କରିବାବାଲା ଏବଂ ନକରିବା ବାଲା ବିଶ୍ୱଦେବ ଅଟନ୍ତି। ସେ ହିଁ ଯାତୁଧାନ ରାକ୍ଷସ, ଅସୁର ରାକ୍ଷସ, ପିଚାଚ, ଯକ୍ଷ ଏବଂ ସିଦ୍ଧ ଅଟନ୍ତି। ସେ ହିଁ ସତ୍ୱ-ରଜ-ତମ, ବ୍ରହ୍ମା-ବିଷ୍ଣୁ-ରୁଦ୍ର, ପ୍ରଜାପତି-ଇନ୍ଦ୍ର-ମନୁ, ଗ୍ରହ-ନକ୍ଷତ୍ର-ତାରା, କଳା-କାଷ୍ଠାଦିକାଳ, ପାପନାଶିନୀ, ଭୋଗ, ମୋକ୍ଷ ପ୍ରଦାନ କାରିଣୀ, ଅନ୍ତରହିତ, ବିଜୟାଧିଷ୍ଠାତ୍ରୀ, ନିର୍ଦ୍ଦୋଷ, ଶରଣ ନେବା ଯୋଗ୍ୟ, କଲ୍ୟାଣଦାତ୍ରୀ, ବିଶ୍ୱରୂପା, ସର୍ବବ୍ୟାପିନୀ ଏବଂ ମଙ୍ଗଳରୂପିଣୀ ଦେବୀ ଅଟନ୍ତି।' ଏଣୁ କୁହାଯାଇଛି:

"ସର୍ବରୂପମୟୀ ଦେବୀ ସର୍ବଂ ଦେବୀମୟଂ ଜଗତ୍।
ଅତୋଽହଂ ବିଶ୍ୱରୂପାଂ ତାଂ ନମାମି ପରମେଶ୍ୱରୀମ୍ ।।"

ଅର୍ଥାତ୍ ଜଗଜ୍ଜନନୀ ଦେବୀ ସର୍ବରୂପମୟୀ ଅଟନ୍ତି ତଥା ସମସ୍ତ ଜଗତ୍ ଦେବୀମୟ ଅଟେ। ତେଣୁ ମୁଁ ସେହି ବିଶ୍ୱରୂପା ପରମେଶ୍ୱରୀଙ୍କୁ ପ୍ରଣାମ କରୁଛି।

ଉପନିଷଦରେ ଶକ୍ତି ଉପାସନା ରହସ୍ୟ

ଭାରତୀୟ ସଂସ୍କୃତିରେ ଶକ୍ତି ଉପାସନାର ପରମ୍ପରା ଅନାଦି କାଳରୁ ପ୍ରଚଳିତ । ଏପରିକି ପ୍ରାଗ୍ ବୈଦିକ କାଳରୁ ଏହି ଶକ୍ତି ଉପାସନାର ଏକ ଅବିଚ୍ଛିନ୍ନ ପରମ୍ପରା ଭାରତ ଭୂମିରେ ଏଯାବତ୍ ପ୍ରଚଳିତ ହୋଇ ଆସୁଥିବା ଗବେଷକମାନଙ୍କର ମତ । ମାନବ ସଭ୍ୟତାର ପ୍ରାରମ୍ଭ ସମୟରୁ ନଦ, ନଦୀ, ବନ, ଅରଣ୍ୟ, ପାହାଡ଼, ପର୍ବତର ନିର୍ଜନ ଗିରି ଗହ୍ୱର ତଥା ପ୍ରକୃତି ମାତାର ଘନଘୋର ନିସ୍ତବ୍ଧତା ମଧ୍ୟରୁ ମାତୃ ଉପାସନାର ପରିକଳ୍ପନା ସୃଷ୍ଟି ହୋଇ ଧୀରେ ଧୀରେ ତାହା ବୈଦିକ କାଳର ଅଦିତି, ଉଷା, ସରସ୍ୱତୀ, ପୁରନ୍ଧି, ଧୀଷଣା, ଇଡ଼ା, ରାତ୍ରି ତଥା ବାଗ୍‌ଦେବୀଙ୍କର ରୂପ ଗ୍ରହଣ କରିବା ସହିତ ବେଦୋତ୍ତର ଉପନିଷଦ କାଳରୁ ଦେବ୍ୟୁ-ପାସନାର ବିଧିବଦ୍ଧ ଉତ୍କର୍ଷ ସାଧିତ ହୋଇ ପରବର୍ତ୍ତୀ ପୌରାଣିକ ଯୁଗରେ ଶକ୍ତି ଉପାସନାର ବିଶେଷ ଅଭ୍ୟୁଦୟ କ୍ରମରେ ଦୁର୍ଗା, କାଳୀ, ଉମା, ଅମ୍ବିକା, ଚଣ୍ଡିକା ଆଦି ରୂପରେ ଜଗଜ୍ଜନନୀ ଆଦ୍ୟାଶକ୍ତିଙ୍କର ପୂଜନ ପର୍ବ ବିକାଶ ଲାଭ କଲା । ସେଇପରି ତନ୍ତ୍ରଶାସ୍ତ୍ର ମାନଙ୍କରେ ଦେବୀ କେଉଁଠି ଦ୍ୱିଭୁଜା, କେଉଁଠି ଚତୁର୍ଭୁଜା ତ କେଉଁଠି ଷଡ଼ଭୁଜା ଅଥବା ଅଷ୍ଟଭୁଜା ବା ଦଶଭୁଜା ପୁଣି କେଉଁଠି ଆଦ୍ୟା, ଅଦ୍ୱିତୀୟା, ଅକ୍ଷରା ବା ପୁରାଣୀ ଅଥବା କେତେବେଳେ ସୃଷ୍ଟି-ସ୍ଥିତି-ପ୍ରଳୟର କର୍ତ୍ତ୍ରୀ, ସନାତନୀ, କାଳୀ, କରାଳୀ, ଶବାରୂଢ଼ା, ମହାଭୀମା, ତ୍ରିନେତ୍ରା, ଭୟଙ୍କରୀ, ଘୋରଦଂଷ୍ଟ୍ରା, ମୁଣ୍ଡମାଳା ଧାରିଣୀ, ଲଲତ୍‌ଜିହ୍ୱା, ମୁକ୍ତକେଶୀ, ହାସ୍ୟଯୁକ୍ତା, ବରାଭୟ ପ୍ରଦାନକାରିଣୀ, ବରପ୍ରଦା ରୂପେ ପୂଜିତା । ସାଧକର ପାତ୍ରତା, ଆବଶ୍ୟକତା ଏବଂ ବୋଧଶକ୍ତିକୁ ଆଧାର କରି ଦେବୀଙ୍କର ବହୁବିଧ ରୂପ ପରିକଳ୍ପିତ ହୋଇଥିଲେ ମଧ୍ୟ ବିଶ୍ୱର କଲ୍ୟାଣମୟୀ ପରମାଶକ୍ତି ଜଗଜ୍ଜନନୀ ନିଜ ସ୍ୱରୂପରେ ଏକ ଏବଂ ଅଭିନ୍ନ ଅଟନ୍ତି । ଏଣୁ ଶାସ୍ତ୍ରରେ **"ଗୁଣକ୍ରିୟାନୁସାରେଣ ରୂପଂ ଦେବ୍ୟାଃ ପ୍ରକଳ୍ପିତମ୍"** ବୋଲି ବର୍ଣ୍ଣନା କରାଯାଇଛି । ଏଥିପାଇଁ ପାଶ୍ଚାତ୍ୟ ଗବେଷକ ଉଇଣ୍ଟାରନିଜ୍ (Winterniz) କହିଛନ୍ତି- "The Great Sakti, the Great Mother, the Goddess, who inspite of her countless names is only one, the one Highest Queen. (Parameswari)" ଭଗବତୀ ଶ୍ରୁତିଙ୍କ ଉକ୍ତି ଅନୁଯାୟୀ **"ଉପାସକାନାଂ କାର୍ଯ୍ୟାର୍ଥଂ ବ୍ରହ୍ମଣୋ ରୂପ କଳ୍ପନା ।** (ରାମପୂର୍ବତାପିନ୍ୟୁପନିଷଦ୍ ୧/୭)" ଅର୍ଥାତ୍ ଉପାସକମାନଙ୍କ ଅଭୀପ୍ସିତ କାର୍ଯ୍ୟ ସିଦ୍ଧି ନିମନ୍ତେ ବ୍ରହ୍ମ ସ୍ୱରୂପିଣୀ ଦେବୀ ବିବିଧ ଅବତାର ଗ୍ରହଣ କରନ୍ତି ।

ଏଠାରେ ଆଲୋଚ୍ୟ ବିଷୟ ହେଲା ଉପନିଷଦମାନଙ୍କରେ ଶକ୍ତି ଉପାସନା ସମ୍ବନ୍ଧୀୟରେ ଉପଲବ୍ଧ ହେଉଥିବା ଶକ୍ତିତତ୍ତ୍ୱ ସମ୍ପର୍କରେ ବିଶେଷ ଭାବରେ ବିଶ୍ଳେଷଣ କରିବା । ପୂର୍ବରୁ କୁହାଯାଇଛି ଯେ ବେଦୋତ୍ତର ଉପନିଷଦ କାଳରୁ ହିଁ ଶକ୍ତି ଉପାସନାର ଅଭ୍ୟୁଦୟ ସଂଘଟିତ ହୋଇ ତାହା ଏକ ବିଶ୍ୱବ୍ୟାପି ସ୍ୱରୂପ ଗ୍ରହଣ କରିଥିଲା । ଏଠାରେ ଏହା ଉଲ୍ଲେଖନୀୟ ଯେ କେନୋପନିଷଦ, ତୈତିରୀୟ ଉପନିଷଦ, ଶ୍ୱେତାଶ୍ୱେତର ଉପନିଷଦ, ଛାନ୍ଦୋଗ୍ୟ ଉପନିଷଦ, ଏତରୟ ଉପନିଷଦ, ମୁଣ୍ଡକୋପନିଷଦ, କୈବଲ୍ୟୋପନିଷଦ, ବହବୃଚୋପନିଷଦ, ମୈତ୍ର୍ୟପନିଷଦ, କଠୋପନିଷଦ, ଭାବୋପନିଷଦ, ଶ୍ରୀରାମତାପିନୀୟ ଉପନିଷଦ ପ୍ରଭୃତି ଉପନିଷଦ ମାନଙ୍କରେ ଦେବୀ ଉପାସନା ଏବଂ ଶକ୍ତିତତ୍ତ୍ୱ ବିଷୟକ ବିଶେଷ ତଥ୍ୟମାନ ଦୃଷ୍ଟିଗୋଚର ହୋଇଥାଏ । ଏତଦ୍ ବ୍ୟତୀତ ତ୍ରିପୁରା ତାପିନୀ ଉପନିଷଦ, ଶ୍ରୀ ମୈଥିଳି ମହୋପନିଷଦ, ପ୍ରୋକ୍ତୋପନିଷଦ, ସରସ୍ୱତୀ ରହସ୍ୟୋପନିଷଦ, ଦେବୀ ଉପନିଷଦ ଆଦି ଉପନିଷଦଗୁଡ଼ିକ ଦେବୀତତ୍ତ୍ୱ, ଶକ୍ତି ସାଧନା, ଶକ୍ତି ମାହାତ୍ମ୍ୟ, ଶକ୍ତି ଦର୍ଶନ ସମ୍ବନ୍ଧରେ ବ୍ୟାପକ ବୈଜ୍ଞାନିକ ବିଶ୍ଳେଷଣ, ସୁବିସ୍ତୃତ ବର୍ଣ୍ଣନ ତଥା ତତ୍ ସମ୍ପର୍କୀୟ ମାର୍ଗଦର୍ଶନ ନିମନ୍ତେ ସମ୍ପୂର୍ଣ୍ଣ ଭାବେ ଉଦ୍ଦିଷ୍ଟ ଏବଂ ଉତ୍ସର୍ଗୀକୃତ ଅଟନ୍ତି । କେନୋପନିଷଦରେ ଅଗ୍ନି, ବାୟୁ, ଇନ୍ଦ୍ରାଦି ଦେବତାମାନଙ୍କର ସ୍ୱ ସ୍ୱ ଶକ୍ତି ସମ୍ବନ୍ଧରେ ଥିବା ଅହଂକାରକୁ ଚୂର୍ଣ୍ଣୀଭୂତ କରିବା ନିମନ୍ତେ ମହାଶକ୍ତି ଜଗନ୍ମାତା ହୈମବତୀ ଦୁର୍ଗାଙ୍କ ମାୟା କର୍ତ୍ତୃକ ବ୍ରହ୍ମରୂପୀ ଯକ୍ଷ ଦେବତା ଅବତୀର୍ଣ୍ଣ ହୋଇ ପ୍ରସଙ୍ଗ କ୍ରମେ ସମ୍ପୃକ୍ତ ଦେବତାମାନଙ୍କୁ- **"ସେମାନଙ୍କ ଦ୍ୱାରା ପ୍ରାପ୍ତ ଶକ୍ତିର ମୂଳଭୂତ କାରଣ ବା ଉତ୍ସ ହେଉଛନ୍ତି ବ୍ରହ୍ମ ଏବଂ ଯାହା ବିନା ସେମାନେ ସମସ୍ତେ ଶକ୍ତିହୀନ ଏବଂ ଅସହାୟ"**- ଏ ବିଷୟଟି ହୃଦ୍‌ବୋଧ କରାଇ ଦେଇଛନ୍ତି । ଏଥି ନିମନ୍ତେ 'ଆଦ୍ୟାଶକ୍ତି ହୈମବତୀ' ଦେବତାମାନଙ୍କ ସମକ୍ଷରେ ଅବତରିତ ହୋଇ ସେ ଯେ ସ୍ୱୟଂ ପରଂବ୍ରହ୍ମ ରୂପୀ ଯକ୍ଷ, ଏ କଥା

ପରିଚୟ ପ୍ରଦାନ ଛଳରେ ବୁଝାଇ ଦେଇଛନ୍ତି ଏବଂ ତାଙ୍କ ନିକଟରେ ଭକ୍ତିପୂତ ହୃଦୟରେ ପ୍ରାର୍ଥନା ନିବେଦନ ପାଇଁ ଦେବତାମାନଙ୍କୁ ପ୍ରେରିତ କରିଛନ୍ତି । ଅତଏବ ମାତୃଶକ୍ତିର କୃପା ଦ୍ୱାରା ହିଁ ବ୍ରହ୍ମଜ୍ଞାନ ପ୍ରାପ୍ତି ସମ୍ଭବ ହୋଇପାରେ ବୋଲି ଏଠାରେ ଦେବତାମାନଙ୍କ ଉଦାହରଣରୁ ସୁସ୍ପଷ୍ଟ ହେଉଛି:

"ସ ତସ୍ମିନ୍ନେବାକାଶେ ସ୍ତ୍ରୀୟମାଜଗାମ ବହୁଶୋଭମାନାମୁମାଁ ।
ହୈମବତୀଂ ତାଁହୋବାଚ କିମେତଦ୍ ଯକ୍ଷମିତି ॥

(କେନୋ ଉ.୩/୧୨)

ସା ବ୍ରହ୍ମେତି ହୋବାଚ । ବ୍ରହ୍ମଣୋ ବା ଏତଦ୍ୱିଜୟେ ମହୀୟଧ୍ୱମିତି,
ତତୋ ହୈବ ବିଦାଞ୍ଚକାର ବ୍ରହ୍ମେତି ॥"

(କେନୋପନିଷଦ ୪/୧)

ଶ୍ୱେତାଶ୍ୱତର ଉପନିଷଦରେ (୪ର୍ଥ ଅଧ୍ୟାୟ) ମାୟା ଏବଂ ତ୍ରିଗୁଣାତ୍ମିକା ପ୍ରକୃତି ମଧ୍ୟରେ ଅଭିନ୍ନତା ନିରୂପିତ ହୋଇଛି- 'ପ୍ରକୃତି ହିଁ ମାୟା' ଓ ଏହାର ଅଧିଷ୍ଠାତା ହେଉଛନ୍ତି ମହେଶ୍ୱର:

"ମାୟାଂ ତୁ ପ୍ରକୃତିଂ ବିଦ୍ୟାନ୍ମାୟିନଂ ତୁ ମହେଶ୍ୱରମ୍ ।
ତସ୍ୟାବୟ ବଭୁତୈସ୍ତୁ ବ୍ୟାପ୍ତଂ ସର୍ବମିଦଂ ଜଗତ୍ ॥" (୪/୧୦)

ସେଇପରି ଏଥିରେ ପୁଣି ପରଂବ୍ରହ୍ମ ପୁରୁଷୋତ୍ତମଙ୍କର ସ୍ୱରୂପ ଭୂତ ଅଚିନ୍ତ୍ୟ ଦିବ୍ୟଶକ୍ତିର ସାକ୍ଷାତ୍କାର କରିଥିବା ଋଷିମାନଙ୍କର ଅନୁଭବକୁ ପ୍ରକଟ କରାଯାଇ କୁହାଯାଇଛି ଯେ ପରଂବ୍ରହ୍ମ ପରମେଶ୍ୱର ତ୍ରିଗୁଣମୟୀ (ସତ୍ତ୍ୱ, ରଜ, ତମ) ପ୍ରତୀତ ହେଲେ ମଧ୍ୟ ସେ ବାସ୍ତବରେ ଏସବୁର ଅନେକ ଊର୍ଦ୍ଧ୍ୱରେ । 'କାଳ' ଠାରୁ ପ୍ରାରମ୍ଭ କରି ଆତ୍ମା ପର୍ଯ୍ୟନ୍ତ ଯେତେ ବି କାରଣ ମାନ ପୂର୍ବରୁ ବର୍ଣ୍ଣିତ ହୋଇଛି ସେ ସମସ୍ତଙ୍କର ଯିଏ ଅଧିଷ୍ଠାତା ସ୍ୱାମୀ ଅଟନ୍ତି, ଯାହାଙ୍କର ଆଜ୍ଞା ଓ ପ୍ରେରଣା ତଥା ସମଗ୍ର ଶକ୍ତିର ଏକ କ୍ଷୁଦ୍ରାତିକ୍ଷୁଦ୍ର ଅଂଶ ଦ୍ୱାରା ଏ ବିଶାଳ ସୃଷ୍ଟି ପରିଚାଳିତ ହେଉଛି, ସେଇ ସର୍ବଶକ୍ତିମାନ ପରଂବ୍ରହ୍ମ ହିଁ ଏହି ଜଗତର ବାସ୍ତବ କାରଣ ଅଟନ୍ତି, ଅନ୍ୟ କେହି ନୁହଁନ୍ତି:

"ତେ ଧ୍ୟାନଯୋଗାନୁଗତା ଅପଶ୍ୟନ୍ ଦେବାତ୍ମଶକ୍ତିଂ ସ୍ୱଗୁଣୈର୍ନିଗୂଢ଼ାମ୍ ।
ଯଃ କାରଣାନି ନିଖିଳାନି ତାନି କାଳାତ୍ମଯୁକ୍ତାନ୍ୟଧିତିଷ୍ଠତ୍ୟେକଃ ॥"

(ଶ୍ୱେତାଶ୍ୱତର ଉପ. ୧-୩)

ଉପରୋକ୍ତ ଆଲୋଚନାରୁ ଏହା ପ୍ରତିପାଦିତ ଯେ ପରଂବ୍ରହ୍ମ ଏବଂ ତାଙ୍କର 'ସର୍ବଶକ୍ତିମାନ' ରୂପୀ ଗୁଣ ପରସ୍ପର ଠାରୁ ଭିନ୍ନ ନୁହଁନ୍ତି, ବରଂ ଏକ ଏବଂ ଅଭିନ୍ନ। ଅର୍ଥାତ୍ ଯେପରି ଅଗ୍ନିଙ୍କୁ ସ୍ୱୀକାର କରାଗଲେ ତାଙ୍କର ଦାହିକା ଶକ୍ତିକୁ ମଧ୍ୟ ମାନିବାକୁ ପଡ଼ିବ ସେଇପରି ପରଂବ୍ରହ୍ମଙ୍କୁ ସ୍ୱୀକାର କରିବା ଅର୍ଥ ତାଙ୍କର 'ସର୍ବଶକ୍ତିମାନ' ଗୁଣକୁ ମଧ୍ୟ ସ୍ୱୀକୃତି ଦେବାକୁ ପଡ଼ିବ। ଏହାକୁ ବ୍ରହ୍ମଙ୍କର ପରାଶକ୍ତି ଏବଂ ଅପରାଶକ୍ତି ବୋଲି କୁହାଯାଏ। ଏ ସମ୍ବନ୍ଧରେ କୁହାଯାଇଛି:

"ଅଜାମେକାଂ ଲୋହିତଶୁକ୍ଳକୃଷ୍ଣାଂ ବହ୍ୱୀଃ ପ୍ରଜାଃ ସୃଜମାନାଂ ସରୂପାଃ।
ଅଜୋ ହ୍ୟେକୋ ଜୁଷମାଣୋଽନୁଶେତେ ଜହାତ୍ୟେନାଂ ଭୁକ୍ତଭୋଗାମଜୋଽନ୍ୟଃ ॥"

(ଶ୍ୱେତା ଉ.୪/୫)

ଅର୍ଥାତ୍ ସ୍ୱରୂପ ତତ୍ତ୍ୱ ଉପରେ ଆଲୋକପାତ କରି ଭଗବାନ କହୁଛନ୍ତି ତାଙ୍କର ସ୍ୱଭାବଭୂତା ସତ୍ତ୍ୱ, ରଜଃ ଓ ତମଃ (ଯଥାକ୍ରମେ ଶ୍ୱେତ, ଲାଲ ଏବଂ କୃଷ୍ଣ ବର୍ଣ୍ଣଯୁକ୍ତ) ଆଦି ତ୍ରିବିଧ ଗୁଣମାନ ତାଙ୍କ ଠାରୁ ଉତ୍ପନ୍ନ ହୋଇଥିଲେ ମଧ୍ୟ (ଗୀତା ୭-୧୨) ଜୀବ (ଯେପରି ଏହି ଗୁଣମାନଙ୍କ ଅଧୀନ ହୋଇଥାଏ) ସଦୃଶ, ସେ ଏସବୁର ଅଧୀନ ନୁହଁନ୍ତି। ତାଙ୍କର ଏହି ତ୍ରିଗୁଣାତ୍ମିକା ଦୈବୀ ମାୟା ଦ୍ୱାରା ସମଗ୍ର ଜଗତ (କେବଳ ତାଙ୍କର ଶରଣାଗତଙ୍କୁ ବାଦ୍ ଦେଇ) ମୋହିତ ହୋଇ ରହିଛି (ଗୀତା ୭-୧୩/୧୪)। ଏଣୁ ଏହି ଗୁଣଗୁଡ଼ିକୁ ଦୃଷ୍ଟିରେ ରଖି ପ୍ରକୃତିକୁ ମଧ୍ୟ ଶ୍ୱେତ, ଲାଲ ଓ କୃଷ୍ଣ ଆଦି ବର୍ଣ୍ଣରେ ରଙ୍ଗାୟିତ ହୋଇଥିବା (ଉପର ଶ୍ଳୋକରେ) କଳ୍ପନା କରାଯାଇଛି। ଭଗବାନ ନିଜର ପ୍ରକୃତିକୁ ଅପରା ଓ ପରା- ଏଭଳି ଦୁଇ ପ୍ରକାର ବୋଲି କହିଛନ୍ତି। (ଗୀତା ୭-୪/୫) କ୍ଷିତି, ଜଳ, ତେଜ, ବାୟୁ, ଆକାଶ, ମନ, ବୁଦ୍ଧି ଓ ଅହଂକାର ଆଦି ଆଠ ଭାଗରେ ଅପରା (ନିକୃଷ୍ଟ/ଜଡ଼) ପ୍ରକୃତିକୁ ବିଭାଜିତ କରାଯାଇଛି (ଗୀତା ୭-୪)। ପୁଣି ଅପରା ପ୍ରକୃତିର ଅଂଶଭୂତ ଅହଂକାର ସହିତ ଚେତନ ତତ୍ତ୍ୱ ଯେତେବେଳେ ତାଦାତ୍ମ୍ୟ ସ୍ଥାପନ କରେ ସେତେବେଳେ ତାହାକୁ ପରା ପ୍ରକୃତି (ଜୀବରୂପା) ବୋଲି କୁହାଯାଏ। ଉଭୟ ଅପରା (ଜଗତ) ଓ ପରା (ଜୀବରୂପା ଚେତନାତ୍ମିକା ଶ୍ରେଷ୍ଠ ପ୍ରକୃତି) ଭଗବାନଙ୍କର ହିଁ ପ୍ରକୃତି ବା ଶକ୍ତି ଅଟନ୍ତି। ଅତଏବ ଏ ପ୍ରକୃତି ଦ୍ୱୟ ଭଗବାନଙ୍କର ସ୍ୱରୂପ ହୋଇଥିବାରୁ ସମଗ୍ର ସୃଷ୍ଟିରେ ଭଗବାନଙ୍କ ବ୍ୟତୀତ ଆଉ କିଛି ନାହିଁ ବୋଲି ସ୍ୱୟଂ ସ୍ୱୀକୃତ ସତ୍ୟ ଅଟେ। ଭଗବାନ ହିଁ ସୃଷ୍ଟିର ମୂଳ କାରଣ। ଏ ପ୍ରକୃତି ଦ୍ୱୟ ସଂଯୋଗରେ

ଜଗତର ସୃଷ୍ଟି । ପ୍ରଳୟରେ ସ୍ଥାବର ଜଙ୍ଗମାତ୍ମକ ସମଗ୍ର ସୃଷ୍ଟି ଭଗବାନଙ୍କଠାରେ ବିଳୟ ହୁଏ: **'ତଜ୍ଜଳାନିତି ଶାନ୍ତ ଉପାସୀତ'**: ଛାନ୍ଦୋଗ୍ୟ ଉପନିଷଦ (୩/୧୪-୧) ।

ଏ ସମସ୍ତ ଆଲୋଚନାରୁ ଏହା ସ୍ୱୟଂସିଦ୍ଧ ଯେ ସେ (ମହାଶକ୍ତି) ହେଉଛନ୍ତି ସବୁ କିଛିର ସାରଭୂତ । ସେ ଅଛନ୍ତି ବୋଲି ସବୁ କିଛି ବିଦ୍ୟମାନ ରହିଛି । ଉପନିଷଦର ମତ ଅନୁଯାୟୀ: **'ତସ୍ୟ ଭାସା ସର୍ବମିଦଂ ବିଭାତି ।'** ତାଙ୍କର ଦୀପ୍ତିରେ ହିଁ ସବୁ କିଛି ଦୀପ୍ତିମାନ ।

ବହ୍‌ବୃଚୋପନିଷଦରେ ଦେବୀଙ୍କୁ ହିଁ ସୃଷ୍ଟିର ଏକମାତ୍ର କାରଣ ରୂପେ ବର୍ଣ୍ଣନା କରାଯାଇଛି । ତାହାଙ୍କୁ 'କାମକଳା', 'ଶୃଙ୍ଗାରକଳା' ନାମରେ ଆଖ୍ୟାୟିତ କରାଯାଇଛି । ଯାହାଙ୍କୁ 'ଷୋଡ଼ଶୀ ଶ୍ରୀବିଦ୍ୟା' ରୂପେ ନାମିତ କରାଯାଏ । ସେ ପୁଣି ଶ୍ରୀ ମହାତ୍ରିପୁର ସୁନ୍ଦରୀ, ବାଳା, ଅମ୍ବିକା, ବଗଳା, ମାତଙ୍ଗୀ, ସ୍ୱୟଂବର କଲ୍ୟାଣୀ, ଚାମୁଣ୍ଡା, ଚଣ୍ଡା, ଭୁବନେଶ୍ୱରୀ, ବାରାହୀ, ତିରସ୍କରିଣୀ, ରାଜମାତଙ୍ଗୀ, ଶୁକ ଶ୍ୟାମଳା, ଲଘୁ ଶ୍ୟାମଳା, ଅଶ୍ୱାରୂଢ଼ା, ପ୍ରତ୍ୟଙ୍ଗିରା, ଧୂମାବତୀ, ସାବିତ୍ରୀ, ସରସ୍ୱତୀ ଆଦି ନାମରେ ଅଭିହିତା ହୁଅନ୍ତି । ସେଇପରି 'ସୌଭାଗ୍ୟ ଲକ୍ଷ୍ମୀ ଉପନିଷଦ୍'ରେ ସମସ୍ତ ଲୋକମାନଙ୍କର ଜନନୀ ଶ୍ରୀ ମହାଲକ୍ଷ୍ମୀଙ୍କର 'ଶ୍ରୀସୂକ୍ତ' ଅନୁଯାୟୀ ଧ୍ୟାନ, ନ୍ୟାସ, ପୂଜନ ଏବଂ ଯନ୍ତ୍ରବିଧି ବିଷଦ ଭାବରେ ବର୍ଣ୍ଣିତ ହୋଇଛି । ଏତଦ୍ ବ୍ୟତୀତ ବାଳକୀ, ବିମଳା, କମଳା, ବନମାଳିକା, ବିଭୀଷିକା, ମାଳିକା, ଶାଙ୍କରୀ ଓ ବସୁମାଳିକା ତଥା ଇନ୍ଦ୍ରାଦି ଦେବତାମାନଙ୍କର ବଜ୍ର ଓ ଆୟୁଧ ଗୁଡ଼ିକର ବିସ୍ତୃତ ପୂଜନ ବିଧି ସମ୍ବନ୍ଧରେ ଉଲ୍ଲେଖ ରହିଛି । ଏହା ସହିତ ଦ୍ୱିତୀୟ ଅଧ୍ୟାୟରେ ଶକ୍ତି ସାଧନା ନିମନ୍ତେ ଯୋଗ ସମ୍ବନ୍ଧୀ ବିଶେଷ ଉପଦେଶ ତଥା ତୃତୀୟ ଖଣ୍ଡରେ 'ନବଚକ୍ର-ବିବେକ' ବିଷୟକ ଶକ୍ତି ସାଧନା, ଅନୁରକ୍ତ ସାଧକମାନଙ୍କ ସକାଶେ ଶରୀରର ବିବିଧ ଚକ୍ର ତଥା ନାଡ଼ି ସମ୍ବନ୍ଧୀୟ ଧ୍ୟାନ ତଥା ସେଥିରେ ସିଦ୍ଧିଲାଭ ନିମିତ୍ତ ବହୁବିଧ ସାଧନା ଶୈଳୀର ବ୍ୟାପକ ମାର୍ଗଦର୍ଶନ କରାଯାଇଛି ।

'ସୀତୋପନିଷଦ'ରେ ପ୍ରଜାପତି ବ୍ରହ୍ମା 'ଶ୍ରୀ ସୀତାଦେବୀ'ଙ୍କର ବର୍ଣ୍ଣନା କରି ତାଙ୍କୁ ମୂଳ ପ୍ରକୃତି ସ୍ୱରୂପା ଏବଂ ପ୍ରଣବର ପ୍ରକୃତି ସ୍ୱରୂପା ହୋଇଥିବାରୁ ତାହାଙ୍କୁ ସାକ୍ଷାତ 'ପ୍ରକୃତି' ରୂପେ ଆଖ୍ୟାୟିତ କରିଛନ୍ତି : **"ମୂଳ ପ୍ରକୃତିରୂପତ୍ୱାତ୍ ସା ସୀତା ପ୍ରକୃତିଃ ସ୍ମୃତା ।"** ତାହାଙ୍କୁ ସାକ୍ଷାତ ଯୋଗମାୟା ସ୍ୱରୂପା ତଥା ଶକ୍ତିରୂପା ବୋଲି ମଧ୍ୟ ଅଭିହିତ କରିଛନ୍ତି । ଶ୍ରୀରାମଙ୍କ ସହ ନିତ୍ୟ ସାନିଧ୍ୟ କାରଣରୁ ସେ

ଜଗଦାନନ୍ଦ କାରିଣୀ, ସମସ୍ତ ଶରୀରଧାରୀ ଜୀବମାନଙ୍କର ଉତ୍ପତ୍ତି, ସ୍ଥିତି ଏବଂ ସଂହାରକାରିଣୀ, ଷଡ଼ୈଶ୍ୱର୍ଯ୍ୟ ସମ୍ପନ୍ନା ଭଗବତୀ, ବ୍ରହ୍ମବାଦୀ, ସର୍ବବେଦମୟୀ, ସର୍ବଦେବମୟୀ, ସର୍ବଲୋକମୟୀ, ସର୍ବକୀର୍ତ୍ତିମୟୀ, ସର୍ବଧର୍ମମୟୀ, ସମଗ୍ର ସୃଷ୍ଟିର ଆଧାରଭୂତା, କାର୍ଯ୍ୟ ଏବଂ କାରଣରୂପା, ଜଡ଼ ଏବଂ ଚେତନ ଉଭୟଙ୍କର ସ୍ୱରୂପଭୂତା- ଆଦି ରୂପରେ ପୂଜିତା ହୁଅନ୍ତି:

"ନିମିଷୋନ୍ମେଷ ସୃଷ୍ଟି, ସ୍ଥିତି, ସଂହାର, ତିରୋଧାନ,
ଅନୁଗ୍ରହାଦି ସର୍ବଶକ୍ତି ସାମର୍ଥାତ୍ ସାକ୍ଷାତ୍ ଶକ୍ତିରୀତି ଗୀୟତେ।"

(ସୀତୋପନିଷଦ)

'ଶ୍ରୀରାମୋତ୍ତରତାପନୀୟ ଉପନିଷଦ'ରେ ଜଗଜ୍ଜନନୀ ଦେବୀ ସୀତାଙ୍କୁ ଆଦ୍ୟା ପ୍ରକୃତି ଏବଂ ସମ୍ପୂର୍ଣ୍ଣ ଜୀବଜଗତର ଉତ୍ପତ୍ତି ସ୍ଥିତି ସଂହାରକାରିଣୀ ରୂପରେ ବର୍ଣ୍ଣନା କରାଯାଇଛି- **"...ଉତ୍ପତ୍ତିସ୍ଥିତିସଂହାରକାରିଣୀ ସର୍ବଦେହୀନାମ୍ ॥ ସା ସୀତା ଭବତି ଜ୍ଞେୟା ମୂଳପ୍ରକୃତିସଂଜ୍ଞିକା। ପ୍ରଣବତ୍ୱାତ୍ ପ୍ରକୃତିରିତି ବଦନ୍ତି ବ୍ରହ୍ମବାଦିନଃ ॥"** ସେହିପରି 'ଶ୍ରୀମୈଥିଳୀ ମହୋପନିଷଦ'ରେ ଭଗବତୀ ସୀତାଙ୍କର ସ୍ତୁତି କରି କୁହାଯାଇଛି: **"ଭୂର୍ଭୁବଃ ସ୍ୱଃ ସପ୍ତଦୀପା ବସୁମତୀ ତ୍ରୟୋଲୋକା ଅନ୍ତରୀକ୍ଷଂ ସର୍ବ ତ୍ୱୟି ନିବସନ୍ତି।"** ଅର୍ଥାତ୍ ଭୂଃଲୋକ, ଭୁବଃଲୋକ ଏବଂ ସ୍ୱଃଲୋକ (ମର୍ତ୍ତ୍ୟ, ସ୍ୱର୍ଗ, ପାତାଳ) ଏହି ଲୋକତ୍ରୟ, ସପ୍ତଦ୍ୱୀପଯୁକ୍ତ ବସୁନ୍ଧରା ତଥା ଆକାଶଦି ଏସବୁ କିଛି ଆପଣଙ୍କ ମଧ୍ୟରେ ପ୍ରତିଷ୍ଠିତ ଅର୍ଥାତ୍ ଏ ସମଗ୍ର ସୃଷ୍ଟିକୁ ଆପଣ ଧାରଣ କରିଛନ୍ତି।

'ମୈତ୍ର୍ୟୁପନିଷଦ'ରେ ଚେତନକୁ ସତ୍, ପ୍ରକାଶ ଏବଂ ବ୍ରହ୍ମ ରୂପେ ପ୍ରତିପାଦିତ କରାଯାଇଛି: **"ଦ୍ୱେ ବାବବ୍ରହ୍ମଣୋ ରୂପେ ମୂର୍ତ୍ତିଞ୍ଚାମୂର୍ତ୍ତଞ୍ଚାଥ ଯନ୍ ମୂର୍ତ୍ତି ତଦସତ୍ୟଂ ଯଦ ମୂର୍ତ୍ତି ତତ୍ ସତ୍ୟଂ, ତଦ୍‌ବ୍ରହ୍ମ ଯଦ୍‌ବ୍ରହ୍ମ ତଦ୍‌ଜ୍ୟୋତିଃ।"** (ମୈତ୍ର୍ୟୁପନିଷଦ-୬/୩)

'ଶ୍ୱେତାଶ୍ୱତର ଉପନିଷଦ'(୪/୩)ରେ ସେହି ପରଂବ୍ରହ୍ମ ଆଦ୍ୟାଶକ୍ତିଙ୍କ ମହିମାଗାନ କରାଯାଇ ଉଲ୍ଲେଖ କରାଯାଇଛି- **"ତ୍ୱଂ ସ୍ତ୍ରୀ ତ୍ୱଂ ପୁମାନସି ତ୍ୱଂ କୁମାର ଉତ ବା କୁମାରୀ।"** ଅର୍ଥାତ୍ ତୁମେ ନାରୀ, ତୁମେ ନର, ତୁମେ କୁମାର ଓ ତୁମେ କୁମାରୀ। (ଶ୍ୱେତା ଉ.୪/୩, ଅଥର୍ବ ୧୦-୮/୨୭)

ବହ୍ବୃଚୋପନିଷଦ ଅନୁଯାୟୀ "**ଅୟମାତ୍ମା ବ୍ରହ୍ମେତି ବା ବ୍ରହ୍ମୈବାହମସ୍ମିତି ବା... ଯା ଭାଷ୍ୟତେ ସୈଷା ଷୋଡ଼ଶୀ ଶ୍ରୀବିଦ୍ୟା... ମାତଙ୍ଗୀ ଇତି ସ୍ୱୟଂବର କଲ୍ୟାଣୀତି ଭୁବନେଶ୍ୱରୀ ଇତି... ବା ଶୁକଶ୍ୟାମଳେତି ବା ପ୍ରତ୍ୟଙ୍ଗିରା ଧୂମାବତୀ ସାବିତ୍ରୀ ସରସ୍ୱତୀ ବ୍ରହ୍ମାନନ୍ଦ କଳେତି।**" ଇତ୍ୟାଦି ବର୍ଣ୍ଣନାରୁ ପ୍ରମାଣିତ ହୁଏ ଯେ ଦେବୀ ହିଁ ସ୍ଥାବର ଜଙ୍ଗମାଦି ସମଗ୍ର ସୃଷ୍ଟିର ଉତ୍ପତ୍ତିର କାରଣ ରୂପ ମହାଶକ୍ତି ଅଟନ୍ତି। ସମ୍ପୂର୍ଣ୍ଣ ସୃଷ୍ଟି ମଧ୍ୟରେ ଯାହା କିଛି ଦୃଷ୍ଟିଗୋଚର ହୁଏ ସେ ସମସ୍ତ ମଧ୍ୟରେ ସେଇ ବ୍ରହ୍ମରୂପିଣୀ ମହାମାୟା ଜଗଜ୍ଜନନୀ ହିଁ ଷୋଡ଼ଶୀ ଶ୍ରୀବିଦ୍ୟା, ଶୁକଶ୍ୟାମଳା, ପ୍ରତ୍ୟଙ୍ଗିରା, ଧୂମାବତୀ, ସାବିତ୍ରୀ, ସରସ୍ୱତୀ, ଭୁବନେଶ୍ୱରୀ, ମାତଙ୍ଗୀ ଅଥବା ବଗଳା ଆଦି ରୂପରେ ପ୍ରକଟିତା। ଏକମାତ୍ର ଦେବୀ ହିଁ ସୃଷ୍ଟି ପୂର୍ବରେ ଥିଲେ। ସେ ହିଁ ବ୍ରହ୍ମାଣ୍ଡର ସୃଷ୍ଟିକାରିଣୀ। ସେ ହିଁ କାମକଳା ନାମରେ ପ୍ରସିଦ୍ଧ। ତାଙ୍କୁ ଶୃଙ୍ଗାରକଳା ମଧ୍ୟ କୁହାଯାଏ। ତାଙ୍କଠାରୁ ବ୍ରହ୍ମା, ବିଷ୍ଣୁ ଓ ରୁଦ୍ର ଉତ୍ପନ୍ନ ହୋଇଛନ୍ତି। ତାଙ୍କଠାରୁ ସମସ୍ତ ମରୁତଗଣ, ଗନ୍ଧର୍ବ, ଅପ୍‌ସରା, କିନ୍ନର, ମନୁଷ୍ୟ, ଅଣ୍ଡଜ, ସ୍ୱେଦଜ, ଜରାୟୁଜ, ସ୍ୱେଦଜ, ସ୍ଥାବର, ଜଙ୍ଗମ ପ୍ରାଣୀ ସବୁ କିଛି ସୃଷ୍ଟି ହୋଇଛନ୍ତି:

"ଦେବୀ ହ୍ୟେକାଗ୍ର ଆସୀତ ସୈବ ଜଗଦଣ୍ଡମସୃଜତ୍।
କାମକଳେତି ବିଜ୍ଞାୟତେ। ଶୃଙ୍ଗାରକଳେତି ବିଜ୍ଞାୟତେ ॥"

(ବୃହବୃଚୋଉପ.)

ମୁଣ୍ଡକୋପନିଷଦରେ ପରଂବ୍ରହ୍ମଙ୍କୁ ହିଁ ଏହି ଜଡ଼ ଓ ଚେତନାତ୍ମକ ସମ୍ପୂର୍ଣ୍ଣ ଜଗତର ନିମିତ୍ତ ଏବଂ ଉପାଦାନ କାରଣ ରୂପେ ତିନୋଟି ଦୃଷ୍ଟାନ୍ତ ଦ୍ୱାରା ବର୍ଣ୍ଣନା କରାଯାଇଛି। କ) ବୁଢ଼ିଆଣୀ ଯେପରି ନିଜ ଉଦର ମଧ୍ୟସ୍ଥ ଜାଲକୁ ବାହାରେ ପରିବ୍ୟାପ୍ତ କରେ ଏବଂ ପୁଣି ଆବଶ୍ୟକ ମୁହୂର୍ତ୍ତରେ ସେଇ ଜାଲକୁ ଉଦରସ୍ଥ କରିପାରେ ଠିକ୍ ସେଇପରି ପରଂବ୍ରହ୍ମ (ସୃଷ୍ଟିକାରିଣୀ) ତାଙ୍କ ନିଜ ମଧ୍ୟରେ ଲୀନ ହୋଇ ରହିଥିବା ଜଡ଼ ଚେତନ ରୂପ ଜଗତକୁ ସୃଷ୍ଟି ପ୍ରାରମ୍ଭରେ ଉତ୍ପନ୍ନ ଏବଂ ପରିବ୍ୟାପ୍ତ କରନ୍ତି ଏବଂ ପ୍ରଳୟ କାଳରେ ନିଜ ମଧ୍ୟରେ ପୁନଃ ତାହାକୁ ଲୀନ କରି ନିଅନ୍ତି। (ଗୀତା ୯/୭-୮) ଖ) ଏହି ସୃଷ୍ଟି ସମୟରେ ଜୀବମାନଙ୍କୁ ସେମାନଙ୍କର କର୍ମରୂପ ବୀଜ ଅନୁଯାୟୀ ପରଂବ୍ରହ୍ମ ଭିନ୍ନ ଭିନ୍ନ ଯୋନିରେ ସେମାନଙ୍କୁ ଉତ୍ପନ୍ନ କରିଥାନ୍ତି। ଏଥିରେ ଆଦ୍ୟାଶକ୍ତି ସୃଷ୍ଟିକରିଣୀଙ୍କ ମଧ୍ୟରେ କୌଣସି ପ୍ରକାର ବିଷମତା ଅଥବା ନିର୍ଦ୍ଦୟତା ଆଦି ଦୋଷ ନଥାଏ। ସେ ସମ୍ପୂର୍ଣ୍ଣ ନିରପେକ୍ଷ ଭାବରେ ସୃଷ୍ଟି

କାର୍ଯ୍ୟ ସମ୍ପାଦନ କରନ୍ତି। (ବ୍ରହ୍ମସୂତ୍ର ୨-୧-୩୪) ଗ) ତୃତୀୟରେ ଯେପରି ମନୁଷ୍ୟ ଶରୀରର କେଶ, ନଖ ଆଦି ଆପଣାଛାଏଁ ବୃଦ୍ଧିପ୍ରାପ୍ତ ହୁଏ ଠିକ୍ ସେଇପରି ପରଂବ୍ରହ୍ମଙ୍କ ଠାରୁ ସ୍ୱାଭାବିକ ଭାବେ ଏହି ଜଗତ ଯଥା ସମୟରେ ଉତ୍ପନ୍ନ ହୋଇ ବିସ୍ତାର ଲାଭ କରେ। ଏଥିପାଇଁ ପରଂବ୍ରହ୍ମଙ୍କୁ କୌଣସି ପ୍ରଚେଷ୍ଟା ଅଥବା ଶ୍ରମ ସ୍ୱୀକାର କରିବାକୁ ପଡ଼ି ନଥାଏ। ଏଣୁ ସେ ସୃଷ୍ଟିର କାରଣ ହେଲେ ମଧ୍ୟ ଅକର୍ତ୍ତା ଅଟନ୍ତି। (ଗୀତା ୪/୧୩) ଏଥିପାଇଁ ତାଙ୍କୁ କୌଣସି କର୍ମ ଲିପ୍ତ କରିପାରି ନଥାଏ। (ଗୀତା ୯-୧୦) ମୁଣ୍ଡକୋପନିଷଦର ନିମ୍ନ ଶ୍ଲୋକରେ ଏହା ପ୍ରାଞ୍ଜଳ ଭାବରେ ବର୍ଣ୍ଣିତ:

"ଯଥୋର୍ଣ୍ଣନାଭିଃ ସୃଜତେ ଗୃହ୍ଣତେ ଚ ଯଥା ପୃଥିବ୍ୟାମୋଷଧୟଃ ସମ୍ଭବନ୍ତି।
ଯଥା ସତଃ ପୁରୁଷାତ୍କେଶଲୋମାନି ତଥାକ୍ଷରାତ୍ସମ୍ଭବତୀହ ବିଶ୍ୱମ୍ ॥"

(ମୁଣ୍ଡ ୧-୭)

ସେଇପରି ମୁଣ୍ଡକୋପନିଷଦ (୧/୨ୟ ଖ/୪) ଶ୍ଲୋକରେ:

"କାଳୀକରାଳୀ ଚ ମନୋଜବା ଚ ସୁଲୋହିତା ଯା ଚ ସୁଧୂମ୍ରବର୍ଣ୍ଣା।
ସ୍ଫୁଲିଙ୍ଗିନୀ ବିଶ୍ୱରୁଚୀ ଚ ଦେବୀ ଲେଲାୟମାନା ଇତି ସପ୍ତଜିହ୍ୱାଃ ॥"

ଅର୍ଥାତ୍ ଯଜ୍ଞାଗ୍ନିରେ ସମର୍ପିତ ଆହୂତି ସପ୍ତଜିହ୍ୱା ବିଶିଷ୍ଟ ଅଗ୍ନିଦେବଙ୍କ ଦ୍ୱାରା ଗୃହୀତ ହୋଇଥାଏ। ଏହି ସପ୍ତଜିହ୍ୱା ମଧ୍ୟରେ ପ୍ରଥମ ଜିହ୍ୱାକୁ ଆଦ୍ୟାଶକ୍ତି କାଳୀଙ୍କର ଜିହ୍ୱା ରୂପେ ପରିକଳ୍ପନା କରାଯାଇଛି। ସେଇପରି ଅନ୍ୟ ଜିହ୍ୱାଗୁଡ଼ିକୁ ଯଥାକ୍ରମେ କରାଳୀ (ଅତିଉଗ୍ର), ମନୋଜବା (ମନ ସଦୃଶ ଅତ୍ୟନ୍ତ ଚଞ୍ଚଳ), ସୁଲୋହିତା (ସୁଶୋଭିତ ଲୋହିତ ବର୍ଣ୍ଣା), ସୁଧୂମ୍ରବର୍ଣ୍ଣା (ଧୂମ ବର୍ଣ୍ଣରେ ସୁଶୋଭିତ), ସ୍ଫୁଲିଙ୍ଗିନୀ (ସ୍ଫୁଲିଙ୍ଗ ସଦୃଶ) ତଥା ବିଶ୍ୱରୁଚି ଦେବୀଙ୍କ ସାକ୍ଷାତ୍ ସ୍ୱରୂପା ଆଗ୍ନେୟ ଶକ୍ତି ରୂପେ ପରିକଳ୍ପିତ। ଅଗ୍ନିରୂପା ଅଧିଷ୍ଠାତ୍ରୀ ଏହି ଚେତନ ଶକ୍ତିଙ୍କୁ ନିତ୍ୟ ପ୍ରତି ଆହୁତି ପ୍ରଦାନ କରୁଥିବା ସାଧକମାନଙ୍କୁ ଏହି ଆହୁତିମାନେ ସୂର୍ଯ୍ୟ ରଶ୍ମିରେ ରୂପାନ୍ତରିତ ହୋଇ ମୃତ୍ୟୁ ପରେ ବ୍ରହ୍ମ ଲୋକରେ ପହଞ୍ଚାଇ ଦିଅନ୍ତି। କର୍ମକାଣ୍ଡୀୟ ଅଗ୍ନିହୋତ୍ର ଦ୍ୱାରା ଚୈତନ୍ୟ ଶକ୍ତି, ମନ୍ତ୍ରଶକ୍ତି, ଯାଜ୍ଞିକ ଶକ୍ତି, ଧର୍ମଶକ୍ତି, କର୍ମଶକ୍ତି ଏବଂ ହୋତୃଶକ୍ତି ଆଦି ବିବିଧ ଶକ୍ତି ଗୁଡ଼ିକର ସମ୍ମିଳିତ ଉପାସନା ସମାହିତ ହୋଇଥାଏ। (ମୁଣ୍ଡ.ଉପ. ୨ଖ. ୫,୬,୭) ଏଠାରେ ଏହା ଉଲ୍ଲେଖନୀୟ ଯେ ଛାନ୍ଦୋଗ୍ୟଉପନିଷଦରେ ପୁରୁଷ (୩ୟ ଅଧ୍ୟାୟ) ଓ ପବନ (୪ର୍ଥ ଅଧ୍ୟାୟ) ଆଦିଙ୍କର ଯଜ୍ଞ ରୂପରେ ଉପାସନା

ତଥା ପଞ୍ଚମ ଅଧ୍ୟାୟ ସ୍ଥିତ ଦ୍ୟୁଲୋକ (୪ର୍ଥ ଖଣ୍ଡ), ପର୍ଜନ୍ୟ (୫ମ ଖଣ୍ଡ), ପୃଥିବୀ (୬ଷ୍ଠ ଖଣ୍ଡ), ପୁରୁଷ (୭ମ ଖଣ୍ଡ) ଓ ସ୍ତ୍ରୀ (୮ମ ଖଣ୍ଡ)- ଏସବୁଙ୍କର ଅଗ୍ନି ରୂପରେ ଉପାସନା ଦ୍ୱାରା ଶୁଭାଶୁଭ ଫଳପ୍ରାପ୍ତି ବିଷୟରେ ପ୍ରାଞ୍ଜଳ ବର୍ଣ୍ଣନା କରାଯାଇଛି। ଉପରୋକ୍ତ ଆଲୋଚନାରୁ ଏହା ସୁସ୍ପଷ୍ଟ ହୁଏ ଯେ ଉପନିଷଦରେ ଯଜ୍ଞ ବା ଅଗ୍ନିଙ୍କୁ କେନ୍ଦ୍ରକରି ଶକ୍ତି ଉପାସନାର ଅଭ୍ୟୁଦୟ, ବିକାଶ ତଥା ପରିବ୍ୟାପ୍ତି ଘଟିଥିଲା। 'କଠୋପନିଷଦ'ରେ ନିମ୍ନ ଶ୍ଳୋକରେ ସେଇ ଦିବ୍ୟ ଆଦିଶକ୍ତିଙ୍କ ଅବ୍ୟକ୍ତ ମାୟାଶକ୍ତି ବିଷୟରେ ଉଲ୍ଲେଖ କରାଯାଇଛି:

"ମହତଃ ପରମବ୍ୟକ୍ତମବ୍ୟକ୍ତାତ୍ପୁରୁଷଃ ପରଃ।
ପୁରୁଷାନ୍ନ ପରଂ କିଞ୍ଚିତ୍ସା କାଷ୍ଠା ସା ପରା ଗତିଃ ॥"

(କଠୋପନିଷଦ ୩ୟ ବଲ୍ଲୀ, ଶ୍ଳୋକ-୧୧)

ଅର୍ଥାତ୍ ଏଠାରେ ସେଇ ତ୍ରିଗୁଣମୟୀ ଅବ୍ୟକ୍ତ ଦୈବୀ ମାୟାଶକ୍ତି ବିଷୟରେ ବର୍ଣ୍ଣନା କରାଯାଇଛି ଯଦ୍ୱାରା ଜୀବ ସମୁଦାୟ ମୋହିତ ହୋଇ ଉକ୍ତ ବ୍ରହ୍ମ ସ୍ୱରୂପିଣୀ ସନାତନୀ, ସୃଷ୍ଟି-ସ୍ଥିତି-ପ୍ରଳୟର କର୍ତ୍ତ୍ରୀ, ସୃଷ୍ଟିର ପରମ ଆଧାର ମହାଶକ୍ତିଙ୍କୁ ଜାଣି ପାରୁନାହାନ୍ତି। ଏଣୁ ତାଙ୍କର ହିଁ ଶରଣାଗତି ଏକମାତ୍ର ଉପାୟ। ଏହା ବ୍ୟତୀତ ଦ୍ୱିତୀୟ ମାର୍ଗ କିଛି ନାହିଁ। ଏହି ସମାନ ତତ୍ତ୍ୱ ଗୀତାର ନିମ୍ନ ଶ୍ଳୋକରେ ମଧ୍ୟ ଉଲ୍ଲିଖିତ:

"ତ୍ରିଭିର୍ଗୁଣମୟୈର୍ଭାବୈରେଭିଃ ସର୍ବମିଦଂ ଜଗତ୍।...
... ମାମେବ ଯେ ପ୍ରପଦ୍ୟନ୍ତେ ମାୟାମେତାଂ ତରନ୍ତିତେ ॥"

(ଅ.୭/୧୩-୧୪)

ଅର୍ଥାତ୍ ପ୍ରାଣୀ ସମୁଦାୟ ତ୍ରିଗୁଣମୟୀ ଭାବ ଦ୍ୱାରା ମୋହିତ ହୋଇ ଉକ୍ତ ତିନି ଗୁଣରୁ ଅତୀତ ହୋଇ ରହିଥିବା ମୋତେ ଜାଣି ପାରୁନାହାନ୍ତି। କାରଣ ମୋର ଏହି ଅଲୌକିକ ମାୟା ଅତ୍ୟନ୍ତ ଅଦ୍ଭୁତ ଓ ତ୍ରିଗୁଣମୟୀ ହୋଇଥିବାରୁ ବଡ଼ ଦୁସ୍ତର। ଯେଉଁମାନେ ମୋର ଶରଣାପନ୍ନ ଓ ନିରନ୍ତର ମୋର ଭଜନ କରନ୍ତି କେବଳ ସେହିମାନେ ହିଁ ଏହି ମାୟାକୁ ଲଙ୍ଘନ କରି ଯାଆନ୍ତି। ସେହିପରି ଚିତ୍ଶକ୍ତି ସମ୍ବନ୍ଧରେ ନିମ୍ନ ଶ୍ଳୋକରେ ବିଶେଷ ଭାବରେ ଆଲୋକପାତ କରାଯାଇଛି:

"କାରଣତ୍ୱେନ ଚିତ୍ଶକ୍ତ୍ୟା ରଜଃ ସତ୍ତ୍ୱ ତମୋ ଗୁଣୈଃ।
ଯଥୈବ ବଟବୀଜସ୍ଥ ପ୍ରାକୃତୋଽୟଂ ମହାଦ୍ରୁମଃ ॥"

(ରାମ ପୂର୍ବତାପିନୀୟ ଉପନିଷଦ)

ଅର୍ଥାତ୍ ଅତ୍ୟନ୍ତ କ୍ଷୁଦ୍ର ବଟବୀଜ ମଧ୍ୟରେ ବିଶାଳ ବଟବୃକ୍ଷ ସୂକ୍ଷ୍ମ ଭାବରେ ବିରାଜମାନ କଲା ଭଳି ପ୍ରକୃତି ଶକ୍ତିରୁ ଏହି ପ୍ରାକୃତ ଅନନ୍ତ ବ୍ରହ୍ମାଣ୍ଡ ସୃଷ୍ଟି ହୋଇଥାଏ ।

ପୁଣି ଏହି ତତ୍ତ୍ୱ **"ଆସୀଦେବେଦମଗ୍ରଆସୀତ୍ ତସ୍ମମ ଭବତ୍"**- ଶ୍ଳୋକ ମଧ୍ୟରେ ପରିସ୍ଫୁଟ ଯାହାର ଅର୍ଥ ହେଲା "ସ୍ଥାବର ଜଙ୍ଗମାଦି ଏହି ବିଶାଳ ବ୍ରହ୍ମାଣ୍ଡ ସୃଷ୍ଟି ପୂର୍ବରୁ 'ଚିତ୍‌ଶକ୍ତି' ରୂପୀ ସୂକ୍ଷ୍ମସତ୍ତା ମଧ୍ୟରେ ସମାହିତ ଥିଲା ।" (ଛାନ୍ଦୋଗ୍ୟ ଉପନିଷଦ)

ନିମ୍ନ ଶ୍ଳୋକରେ **"ଯତୋ ବାଚୋ ନିବର୍ତ୍ତନ୍ତେ ଅପ୍ରାପ୍ୟ ମନସା ସହ"** (ମାଣ୍ଡୁକ୍ୟୋଉପନିଷଦ) 'ଚିତ୍‌ଶକ୍ତି'କୁ ସଂଜ୍ଞାୟିତ କରିବା ପାଇଁ ଯାଇ କୁହାଯାଇଛି: ଚିତ୍‌ଶକ୍ତି ହେଉଛି ଏଭଳି ଏକ ତତ୍ତ୍ୱ ଯାହା ମନବାଣୀ ବା ଇନ୍ଦ୍ରିୟମାନଙ୍କ ଦ୍ୱାରା ବୋଧଗମ୍ୟ ନୁହେଁ । ପରମ ପୁରୁଷ, ସର୍ବଶକ୍ତିମାନ ସର୍ବସମର୍ଥ ପରଂବ୍ରହ୍ମଙ୍କର ଅନନ୍ତ ଏବଂ ଅଚିନ୍ତ୍ୟ ଶକ୍ତି ସମ୍ବନ୍ଧରେ ପୁଣି କଠୋପନିଷଦର ୨ୟ ଅଧ୍ୟାୟ ତୃତୀୟବଲ୍ଲୀସ୍ଥ ତୃତୀୟ ଶ୍ଳୋକରେ ଗମ୍ଭୀର ବିଚାର ପ୍ରସ୍ତୁତ କରାଯାଇ କୁହାଯାଇଛି ଯେ ପରମାନନ୍ଦ ସ୍ୱରୂପ ସୃଷ୍ଟିର କାରଣ ସେଇ ଆଦ୍ୟାଶକ୍ତି ପରଂବ୍ରହ୍ମ ଯାହାଙ୍କର ନିୟନ୍ତ୍ରଣ ଏବଂ ଶାସନ ସମଗ୍ର ଜଗତ ଉପରେ ଆପଣାଛାଏଁ ବା ସ୍ୱୟଂସିଦ୍ଧ ଭାବରେ ସାବ୍ୟସ୍ତ ହୋଇଥାଏ, ଯାହାଙ୍କର ଭୟରେ ଅଗ୍ନି ଦହନ କ୍ରିୟା ସମ୍ପାଦନ କରନ୍ତି ଏବଂ ସୂର୍ଯ୍ୟଦେବ ଉତ୍ତାପ ବିକିରଣ କରନ୍ତି ତଥା ଇନ୍ଦ୍ର, ବାୟୁ ଓ ଯମାଦି ଦେବତାମାନେ ସ୍ୱ ସ୍ୱ କର୍ତ୍ତବ୍ୟରେ ନିୟମିତ ଭାବରେ ପ୍ରବୃତ୍ତ ହୁଅନ୍ତି । ସେଇ ଜଗଦାମ୍ବା ଆଦିଶକ୍ତିଙ୍କ ଅନନ୍ତ ଶକ୍ତିର ଏକ କ୍ଷୁଦ୍ରତମ ଅଂଶ ଦ୍ୱାରା ହିଁ ଏକ ବିଶାଳ ବ୍ରହ୍ମାଣ୍ଡର ନାନାବିଧ (ଯାବତ୍) କାର୍ଯ୍ୟମାନ ସମ୍ପନ୍ନ ହୋଇଥାଏ ।

"ଭୟାଦସ୍ୟାଗ୍ନିସ୍ତପତି ଭୟାତ୍ତପତି ସୂର୍ଯ୍ୟଃ ।
ଭୟାଦିନ୍ଦ୍ରଶ୍ଚ ବାୟୁଶ୍ଚ ମୃତ୍ୟୁର୍ଧାବତି ପଞ୍ଚମଃ ।।"

(କଠୋ.ଉ. ୨/୩/୩)

ତୈତ୍ତିରୀୟ ଉପନିଷଦର ବ୍ରହ୍ମାନନ୍ଦବଲ୍ଲୀସ୍ଥ ଅଷ୍ଟମ ଅନୁବାକ୍‌ରେ ମଧ୍ୟ ଉପରୋକ୍ତ ମତେ ଆଦିଶକ୍ତିଙ୍କ ସମ୍ବନ୍ଧରେ ସମାନ ବିଚାର ପ୍ରସ୍ତୁତ କରାଯାଇଛି । ସେଇ ବ୍ରହ୍ମ ସ୍ୱରୂପିଣୀ ଶକ୍ତିଙ୍କ ଭୟରେ ବାୟୁ ଚଳମାନ ହେଉଛି, ସୂର୍ଯ୍ୟ ଉଦୟ ହେଉଛି, ଅଗ୍ନି, ଇନ୍ଦ୍ର ଏବଂ ମୃତ୍ୟୁ ନିଜ ନିଜର କର୍ତ୍ତବ୍ୟ ପାଳନ କରୁଛନ୍ତି:

ଶକ୍ତି ଉପାସନା ଓ ବୈଦିକ ଦେବୀତତ୍ତ୍ୱ : ୧୪୭

"ଭୀଷାସ୍ମାଦ୍ୱାତଃ ପବତେ । ଭୀଷୋଦେତି ସୂର୍ଯ୍ୟଃ ।
ଭୀଷାସ୍ମାଦଗ୍ନିଶ୍ଚେନ୍ଦ୍ରଶ୍ଚ । ମୃତ୍ୟୁର୍ଧାବତି ପଞ୍ଚମ ଇତି ॥"

(ତି.ଉି.ଉ. ବ୍ରହ୍ମାନନ୍ଦବଲ୍ଲୀ ଅନୁ/୮)

ଛାନ୍ଦୋଗ୍ୟ ଉପନିଷଦରେ ମହାଶକ୍ତିଙ୍କୁ ସାକ୍ଷାତ୍ ପରଂବ୍ରହ୍ମ ରୂପରେ ଆରାଧନା କରିବାପାଇଁ ନିମ୍ନ ଶ୍ଳୋକରେ ନିର୍ଦ୍ଦେଶିତ କରାଯାଇଛି ।

"ଆଶେଦ୍ୱୋ ବୈସ୍ମରୋ ମନ୍ତ୍ରାନଧୀତେ କର୍ମଣି କରୁତେ ।"

(ଛା.ଉ. ୭/୧୪/୧-୨)

ଶକ୍ତି ଉପାସନା ନିମିତ୍ତ ଉପାସ୍ୟ ଦେବୀମାନଙ୍କର ବିବିଧ ନାମ- ଯଥା: କାତ୍ୟାୟନୀ, କନ୍ୟାକୁମାରୀ, ଦୁର୍ଗା, ମହାଶୂଳିନୀ, ମହାଦୁର୍ଗା, ସୁଭଗା, କାମମାଳିନୀ ତଥା ଗୌରୀ ଆଦି ରୂପରେ ସ୍ତୁତି କରାଯାଇଛି:

"କାତ୍ୟାୟନାୟ ବିଦ୍ମହେ କନ୍ୟକୁମାରୀ ଧିମହି ।
ତନ୍ନୋ ଦୁର୍ଗିଃ ପ୍ରଚୋଦୟାତ୍ ।
ମହାଶୁଳିନୈଃ ବିଦ୍ମହେ ମହାନୁର୍ଗାୟୈ ଧିମହି ।
ତନ୍ନୋ ଭଗବତୀ ପ୍ରଚୋଦୟାତ୍ ।"
"ସୁଭଗାୟୈ ବିଦ୍ମହେ କାମମାଳିନୈ ଧିମହି ।
ତନ୍ନୋ ଗୌରୀ ପ୍ରଚୋଦୟାତ୍ ।" ଇତ୍ୟାଦି

(ତୈତି. ଆରଣ୍ୟକ ମହାନାରାୟଣ ଉ.୧୦/୨)

ସେଇ ମହାନାରାୟଣ ଉପନିଷଦରେ 'ଉମା-ହୈମବତୀ' ସଂବାଦରେ ଦୁର୍ଗା, କାଳୀ, ଉମା ଓ ହୈମବତୀ- ଏ ସମସ୍ତେ ଯେ ସେହି ମହାମାୟା ଆଦ୍ୟାଶକ୍ତି ତାହା ପରିସ୍ଫୁଟ ହୁଏ:

"ତାମଗ୍ନିବର୍ଣ୍ଣାଂ ତପସା ଜ୍ୱଳନ୍ତୀଂ ବୈରୋଚନୀଂ କର୍ମଫଳେଷୁ ଜୁଷ୍ଟାମ୍ ।
ଦୁର୍ଗାଦେବୀଂ ଶରଣମହଂ ପ୍ରପଦ୍ୟେ ସୁତରସି ତରସେ ନମଃ ॥"

(ମହାନାରାୟଣ ଉପନିଷଦ ୧୦/୨)

ବନୋଦୁର୍ଗୋପନିଷଦ ନିର୍ଦ୍ଦେଶିତ ପଦ୍ଧତି ଅନୁଯାୟୀ ସମସ୍ତ ଶାକ୍ତ ସମ୍ପ୍ରଦାୟମାନେ ଆଦିମାତାଙ୍କର ଉପାସନା କରିଥାନ୍ତି । ଏଥିରେ ଆଦ୍ୟାଶକ୍ତିଙ୍କୁ 'ବନଦୁର୍ଗା', ଭଗବତୀ ବିନ୍ଧ୍ୟବାସିନୀ ଆଦି ରୂପରେ ବର୍ଣ୍ଣନା କରାଯାଇଛି:

"ସୌବର୍ଣ୍ଣା ମ୍ବୁଜମଧଗାଂ ତ୍ରିନୟନାଂ ସୌଦାମିନୀ ସଂନିଭାଂ ।
ଶଙ୍ଖଚକ୍ର ବରାଭୟାନି ଦଧତିମିନ୍ଦୋଃ କଳାଂ ବିଭ୍ରତିମ୍ ॥

ଗ୍ରେବେୟଙ୍ ଗଦହାର କୁଣ୍ଡଳଧରା ମାଖଣ୍ଡଳାଦ୍ୟୈଃ ସ୍ତୁତାଂ ।
ଧ୍ୟାୟେଦ ବିନ୍ଧ୍ୟ ନିବାସିନୀଂ ଶଶିମୁଖୀଂ ପାର୍ଶ୍ୱସ୍ଥ ପଞ୍ଚାନନାମ୍ ।।"

'ବୃହଜାବାଳ ଉପନିଷଦ' ପରମେଶ୍ୱରୀ ମହାଶକ୍ତିଙ୍କର ଶ୍ରେଷ୍ଠତ୍ୱ ପ୍ରତିପାଦନ କରିବାରେ ଶତଜିହ୍ୱ:

"ଆଧାର ଶକ୍ତ୍ୟାବଧୃତଃ କାଳାଗ୍ନି ରୟମୁର୍ଦ୍ଧ୍ୱଗଃ
ତଥୈବ ନିମଗ୍ନଃ ସୋମଃ ଶିବ ଶକ୍ତି ପଦାସ୍ପଦଃ
ବିଦ୍ୟାଶକ୍ତି ସମସ୍ତାନାଂ ଶକ୍ତିରୀତ୍ୟଭିଧୀୟତେ ।"

(ବୃହ.ଜା.ଉପ. ୨-୮)

ସେଇପରି ସମଗ୍ର ବିଶ୍ୱ ଶକ୍ତିମୟ ରୂପରେ ଦୃଶ୍ୟମାନ ବୋଲି ଉଲ୍ଲିଖିତ ଶ୍ଳୋକରେ କୁହାଯାଇଛି: **'ସର୍ବଂ ଶାକ୍ତମଜୀଜନତ୍'** (ବୃହବୃଚ.ଉ.)

'କୃଷ୍ଣ ଯଜୁର୍ବେଦୀୟ କଳିସନ୍ତରଣୋପନିଷଦ୍'ରେ କଳିଯୁଗରେ ଭବସାଗରକୁ ପାରି ହେବା ନିମିତ୍ତ ଶକ୍ତି ସାଧନାର ଯେଉଁ ଅମୋଘ ତଥା ସହଜ ମାର୍ଗ, ବ୍ରହ୍ମାଙ୍କ ଦ୍ୱାରା ନାରଦ ମହର୍ଷିଙ୍କୁ ନିର୍ଦ୍ଦେଶିତ ହୋଇଛି ତାହା ହେଲା- ମହାମନ୍ତ୍ର **'ହରେ ରାମ ହରେ ରାମ ରାମ ରାମ ହରେ ହରେ । ହରେ କୃଷ୍ଣ ହରେ କୃଷ୍ଣ କୃଷ୍ଣ କୃଷ୍ଣ ହରେ ହରେ ।'** ଏହାର ଜପ ଦ୍ୱାରା ସାଧକ ଅନନ୍ୟ ଶକ୍ତିଶାଳୀ ହେବା ସଙ୍ଗେ ସଙ୍ଗେ ଅସାଧ୍ୟ ସାଧନ କରିପାରେ ବୋଲି ଏଥିରେ କୁହାଯାଇଛି । ଶ୍ୱେତାଶ୍ୱତର ଉପ. (୩/୨୦)ରେ ସେହି ସର୍ବଶକ୍ତି ସମ୍ପନ୍ନ ପରଂବ୍ରହ୍ମଙ୍କୁ

'ଅଣୋରଣୀୟାନ୍ମହତୋ ମହୀୟାନାତ୍ମା
ଗୁହାୟାଂ ନିହିତୋଽସ୍ୟ ଜନ୍ତୋଃ ।
ତମକ୍ରତୁଂ ପଶ୍ୟତି ବୀତଶୋକୋ
ଧାତୁଃ ପ୍ରସାଦାନ୍ମହିମାନମୀଶମ୍ ।।'

ସୂକ୍ଷ୍ମରୁ ଅତ୍ୟନ୍ତ ସୂକ୍ଷ୍ମ ଏବଂ ବଡ଼ରୁ ବହୁତ ବଡ଼ ରୂପେ ବର୍ଣ୍ଣନା କରାଯାଇଛି । ତଥାପି ସେଇ ବ୍ରହ୍ମ ଜୀବର କ୍ଷୁଦ୍ର ହୃଦୟ କନ୍ଦରରେ ସ୍ଥିତ ରହି ଅଛନ୍ତି ।

'କୈବଲ୍ୟ ଉପନିଷଦ'ରେ ବ୍ରହ୍ମଙ୍କୁ ଅଲୌକିକ ଶକ୍ତିର ଉତ୍ସ ଭାବରେ ବର୍ଣ୍ଣନା କରାଯାଇଛି- **'ଆପାଣି ପାଦୋଽହମଚିନ୍ତ୍ୟ ଶକ୍ତିଃ, ପଶ୍ୟାମ୍ୟଚକ୍ଷୁଃ ସ ଶୃଣୋତ୍ୟ କର୍ଣ୍ଣେ ।'** (କୈ.ଉ. ୧ଖ. ୨୧ ଶ୍ଳୋକ)

ଶକ୍ତି ଉପାସନା ଓ ବୈଦିକ ଦେବୀତତ୍ତ୍ୱ : ୧୪୯

'ଗୁହ୍ୟକାଳି ଉପନିଷଦ'ରେ ଜଗଜ୍ଜନନୀ ମହାଶକ୍ତିଙ୍କର ସଫଳ ଆରାଧନା ନିମନ୍ତେ ନିମ୍ନଲିଖିତ ଶ୍ଳୋକରେ ଉପାୟ ନିର୍ଦ୍ଦେଶିତ ହୋଇଛି। **'ଯଥା ନଦ୍ୟଃ ସ୍ୟନ୍ଦମାନାଃ ସମୁଦ୍ରେ, ଅସ୍ତଂ ଗଚ୍ଛନ୍ତି ନାମ ରୂପେ ବିହାୟ। ତଥା ବିଦ୍ୱାନ୍ ନାମ ରୂପାତ୍ ବିମୁକ୍ତଃ, ପରାତ୍ପରଂ ଜଗତନ୍ମାମୁପୈତି।'** (ଗୁହ୍ୟକାଳି ଉପ.୩୮) ଏହି ଶ୍ଳୋକର ଭାବ ଏହି ଯେ ଜଗଜ୍ଜନନୀଙ୍କ ସାକ୍ଷାତ୍କାର ନିମନ୍ତେ ତାତ୍ତ୍ୱିକ ଜ୍ଞାନ ବା ନାମ ରୂପର ଆବଶ୍ୟକତା ନାହିଁ। ଯେପରି ନଦୀମାନେ ସାଗର ସହ ଲୀନ ହେବା ବେଳେ ନିଜର ନାମ, ପରିଚିତିକୁ ପରିତ୍ୟାଗ କରିଥାନ୍ତି ଠିକ୍ ସେଇପରି ତାତ୍ତ୍ୱିକ ଜ୍ଞାନର ଆଶ୍ରୟ ନ ନେଇ ସର୍ବଭୂତରେ ବିଦ୍ୟମାନ ତାଙ୍କର ଅଲୌକିକ ସତ୍ତାକୁ ଅନୁଭବ କରିବାର ପ୍ରଚେଷ୍ଟା ଦ୍ୱାରା ଜଗନ୍ମାତାଙ୍କର ସାକ୍ଷାତ୍କାର ସମ୍ଭବ ହୋଇଥାଏ।

'କାଳିକୋପନିଷଦ'ରେ ମହାମାୟା ମହାକାଳୀଙ୍କର ମନୋହର ଧ୍ୟାନାଦି ସନ୍ନିବେଶିତ ହୋଇଛି। ଏଥିରେ (କାଳି ଉ.-୧) କାଳୀଙ୍କୁ ବ୍ରହ୍ମରନ୍ଧ୍ରର ବ୍ରହ୍ମ ସ୍ୱରୂପିଣୀ ରୂପେ ବର୍ଣ୍ଣନା କରି କୁହାଯାଇଛି- **'ଅଥ ହୈନାଂ ବ୍ରହ୍ମରନ୍ଧ୍ରେ ବ୍ରହ୍ମ ସ୍ୱରୂପିଣୀ ମାପ୍ନୋତି ସୁଭଗାମ୍।'** **'ରାଜଶ୍ୟାମଳା ରହସ୍ୟୋପନିଷଦ'**ରେ ରାଜ ଶ୍ୟାମଳା ମନ୍ତ୍ରର, ଗୁରୁ ନିର୍ଦ୍ଦେଶିତ ପନ୍ଥା ଓ ବିଧି କ୍ରମେ, ଜପ ଅନୁଷ୍ଠାନ ଦ୍ୱାରା ବିବିଧ ସିଦ୍ଧି ପ୍ରାପ୍ତି ବିଷୟରେ ଉଲ୍ଲିଖିତ ରହିଛି।

'ତୈତ୍ତିରୀୟଉପନିଷଦ'ରେ ବ୍ରହ୍ମଶକ୍ତିକୁ ସତ୍ୟ, ଜ୍ଞାନ ସ୍ୱରୂପ ଏବଂ ଅନନ୍ତ ରୂପେ ପ୍ରତିପାଦିତ କରାଯାଇଛି:

"ବ୍ରହ୍ମବିଦାପ୍ନୋତି ପରମ୍। ତଦେଷାଭ୍ୟୁକ୍ତା।
ସତ୍ୟଂ ଜ୍ଞାନମନନ୍ତଂ ବ୍ରହ୍ମ ॥" (ବ୍ରହ୍ମାନନ୍ଦ ବଲ୍ଲୀ ୧-୧)

'ଈଶୋପନିଷଦ-୧'ରେ **"ଈଶାବାସ୍ୟମିଦଂ ସର୍ବଂଯତ୍କିଞ୍ଚ ଜଗତ୍ୟାଂ ଜଗତ୍।"** ଅର୍ଥାତ୍ ଜଗତର ସବୁ କିଛି ସର୍ବଶକ୍ତିମାନ ପରମେଶ୍ୱରଙ୍କଠାରେ ଅଧିଷ୍ଠିତ ଏପରି କୁହାଯାଇଛି।

'ଦେବୀ ଉପନିଷଦ'ରେ **'ଅହଂ ବ୍ରହ୍ମ ସ୍ୱରୂପିଣୀ ମତ୍ତଃ ପ୍ରକୃତି ପୁରୁଷାତ୍ମକ୍ୟଂ ଜଗଚ୍ଛନ୍ୟଂ ଚା ଶୂନ୍ୟଂ ଚ'** ବୋଲି କୁହାଯାଇଛି। ଯାହାର ଅର୍ଥ- ମୁଁ ହିଁ ବ୍ରହ୍ମ ସ୍ୱରୂପିଣୀ ପ୍ରକୃତି ପୁରୁଷାତ୍ମକ ଏହି ଜଗତର କାରଣ।'

'କାମରାଜ କୀଳିତୋ ଦ୍ଧାରୋପନିଷଦ' ଅନ୍ତର୍ଗତ ଶକ୍ତି ଚକ୍ରର ପୂଜନ ସମ୍ବନ୍ଧରେ ବିଧି ବିଧାନ ଏବଂ ଏହା ମାଧ୍ୟମରେ ଶକ୍ତି ପୂଜାରେ ସଫଳତା ବିଷୟ ପରିଦୃଷ୍ଟ ହୁଏ।

ପୁନଶ୍ଚ 'ଛାନ୍ଦୋଗ୍ୟଉପନିଷଦ'ରେ ସପ୍ତମ ଅଧ୍ୟାୟ ସ୍ଥିତ ୧ମ ଖଣ୍ଡରେ: ନାମ, ୨ୟ ଖଣ୍ଡରେ: ବାକ୍, ୩ୟ ଖଣ୍ଡରେ: ମନ, ୪ର୍ଥ ଖଣ୍ଡରେ: ସଂକଳ୍ପ, ୫ମ ଖଣ୍ଡରେ: ଚିତ୍ତ, ୬ଷ୍ଠ ଖଣ୍ଡରେ: ଧ୍ୟାନ, ୭ମ ଖଣ୍ଡରେ: ବିଜ୍ଞାନ, ୮ମ ଖଣ୍ଡରେ: ବଳ, ୯ମ ଖଣ୍ଡରେ: ଅନ୍ନ, ୧୦ମ ଖଣ୍ଡରେ: ଜଳ, ଏକାଦଶ ଖଣ୍ଡରେ: ତେଜ, ଦ୍ୱାଦଶ ଖଣ୍ଡରେ: ଆକାଶ, ତ୍ରୟୋଦଶ ଖଣ୍ଡରେ: ସ୍ମର (ସ୍ମରଣ), ଚତୁର୍ଦ୍ଦଶ ଖଣ୍ଡରେ: ଆଶା, ପଞ୍ଚଦଶ ଖଣ୍ଡରେ: ପ୍ରାଣ ଆଦିଙ୍କୁ ବ୍ରହ୍ମଶକ୍ତି ରୂପେ ଉପାସନା କରିବା ପାଇଁ ଉପଦେଶ ଦିଆଯାଇଛି। ପୁଣି ଏଥିରେ ବ୍ରହ୍ମଶକ୍ତିର ଶ୍ରେଷ୍ଠତ୍ୱ ପ୍ରତିପାଦନ କରି କୁହାଯାଇଛି:

"ସର୍ବେ ଖଲ୍ୱିଦଂ ବ୍ରହ୍ମ ତଜ୍ଜଲାନିତି ଶାନ୍ତ ଉପାସୀତ।
ଅଥ ଖଳୁ କ୍ରତୁମୟଃ ପୁରୁଷୋ ଯଥାକ୍ରତୁ-
ରସ୍ମିଲ୍ଲୋକେ ପୁରୁଷୋ ଭବତି ତଥେତଃ
ପ୍ରେତ୍ୟ ଭବତି ସ କ୍ରତୁଂ କୁର୍ବୀତ୍ ।।" (ଛାନ୍ଦୋଗ୍ୟ ୩/୧୪/୧)

ଅର୍ଥାତ୍ ଏସବୁ କିଛି ବ୍ରହ୍ମ ହିଁ ଅଟେ। ବ୍ରହ୍ମ ଠାରୁ ହିଁ ଜଗତ ଉତ୍ପନ୍ନ ହୋଇଥାଏ ଏବଂ ବ୍ରହ୍ମରେ ମଧ୍ୟ ବିଲୀନ ହୁଏ ତଥା ବ୍ରହ୍ମରେ ହିଁ ଉଦ୍ୟମରତ ଥାଏ। ଏଣୁ ଶାନ୍ତ ଓ ସଂଯତ ହୋଇ ବ୍ରହ୍ମର ଉପାସନା କରିବା ଉଚିତ। ପୁରୁଷ କର୍ମମୟ ଅଟେ। ଏହି ଲୋକରେ ଯେପରି କର୍ମ କରେ ମୃତ୍ୟୁ ପରେ ପର ଲୋକରେ ସେ ସେଇପରି ପାଇଥାଏ। ଏଥିପାଇଁ ସତ୍‌କର୍ମର ଅନୁଷ୍ଠାନ କରିବା ଉଚିତ।

'ନାରାୟଣୋପନିଷଦ'ରେ ନାରାୟଣଙ୍କୁ ହିଁ ପରଂବ୍ରହ୍ମ ଏବଂ ସମସ୍ତ ଶକ୍ତିର ଆଧାର ସ୍ୱରୂପ ବୋଲି କୁହାଯାଇଛି। ସମଗ୍ର ସୃଷ୍ଟିରେ ଯାହା ଦେଖାଯାଏ ବା ଶୁଣାଯାଏ ସେ ସବୁ କିଛି ମଧ୍ୟରେ ନାରାୟଣ ହିଁ ବ୍ୟାପ୍ତ। ତାଙ୍କ ବ୍ୟତୀତ ସଂସାରରେ ଆଉ କିଛି ହିଁ ନାହିଁ।

"ଯଚ୍ଚ କିଞ୍ଚିଜ୍ଜଗତ୍‌ସର୍ବେ ଦୃଶ୍ୟତେ ଶ୍ରୂୟତେଽପି ବା।
ଅନ୍ତର୍ବହିଶ୍ଚ ତତ୍ସର୍ବେ ବ୍ୟାପ୍ୟ ନାରାୟଣଃ ସ୍ଥିତଃ ।।"

(ନାରାୟଣୋପନିଷଦ)

'ସରସ୍ୱତୀରହସ୍ୟୋପନିଷଦ'ରେ ବେଦାନ୍ତ ଶାସ୍ତ୍ରର ଅର୍ଥଭୂତ ବ୍ରହ୍ମତତ୍ତ୍ୱର ଏକମାତ୍ର ସ୍ୱରୂପ ସେଇ ଦେବୀ ସରସ୍ୱତୀ ଯିଏକି ନାନାବିଧ ନାମ ରୂପରେ ବ୍ୟକ୍ତ ଓ ବର୍ଣ୍ଣ, ପଦ, ବାକ୍ୟ ତଥା ଏସବୁର ଅର୍ଥ ରୂପରେ ସର୍ବତ୍ର ବ୍ୟାପ୍ତ । ଶାସ୍ତ୍ରମାନଙ୍କର ସେ ହେଉଛନ୍ତି ଅନନ୍ତ ସ୍ୱରୂପିଣୀ ଯାହାର ଆଦି ବା ଅନ୍ତ ନଥାଏ । ସେ ଅନ୍ନ ଦ୍ୱାରା ସମ୍ପନ୍ନ, କର୍ମ ଦ୍ୱାରା ପ୍ରାପ୍ତ ହେଉଥିବା ଧନୋପଲବ୍ଧିର କାରଣ ତଥା ସମସ୍ତଙ୍କର ପବିତ୍ରକାରିଣୀ ଅଟନ୍ତି; **'ଶ୍ରୀଂ' ପାବକାଃ ନଃ ସରସ୍ୱତୀ ବାଜେଭିର୍ବାଜିନୀବତୀ । ଯଜ୍ଞଂ ବଷ୍ଟୁ ଧିୟା ବସୁଃ ।।** ଏହି ମନ୍ତ୍ରରେ ତାଙ୍କୁ ଉପାସନା ନିମନ୍ତେ ଯଜ୍ଞରେ ପଦାର୍ପଣ ନିମିତ୍ତ ଆହ୍ୱାନ କରାଯାଉଛି ।

'ରୁଦ୍ରହୃଦୟୋପନିଷଦ'ରେ ଭଗବାନ ରୁଦ୍ରଙ୍କ ସର୍ବଶ୍ରେଷ୍ଠତା, ସର୍ବ ସ୍ୱରୂପତା ଏବଂ ବ୍ରହ୍ମ ସ୍ୱରୂପତାକୁ ପ୍ରତିପାଦିତ କରାଯାଇଛି । ସେ ସର୍ବ ଦେବ ସ୍ୱରୂପ ଅଟନ୍ତି । ସୃଷ୍ଟିର ସମସ୍ତ ପୁଂଲିଙ୍ଗ ପ୍ରାଣୀ ମହେଶ୍ୱରଙ୍କ ସ୍ୱରୂପ ଏବଂ ସମସ୍ତ ସ୍ତ୍ରୀଲିଙ୍ଗ ପ୍ରାଣୀ ଭଗବତୀ ଉମା ଅଟନ୍ତି । ସମସ୍ତ ଅବ୍ୟକ୍ତ ଜଗତ ମହେଶ୍ୱରଙ୍କ ସ୍ୱରୂପ ହୋଇଥିଲା ବେଳେ ଅବ୍ୟକ୍ତ ଜଗତ ଉମାଙ୍କର ପ୍ରତିରୂପା ଅଟନ୍ତି । ଅତଃ ଏହି ସମଗ୍ର ସ୍ଥାବର ଜଙ୍ଗମ ସ୍ୱରୂପୀ 'ସୃଷ୍ଟି' ଉମା ମହେଶ୍ୱରଙ୍କ ସ୍ୱରୂପ ଅଟନ୍ତି । ରୁଦ୍ର ବ୍ରହ୍ମା ହେଲେ ଉମାବାଣୀ, ରୁଦ୍ର ବିଷ୍ଣୁ ହେଲେ ଉମା ଲକ୍ଷ୍ମୀ, ରୁଦ୍ର ବୃକ୍ଷ ହେଲେ ଉମା ଲତା, ରୁଦ୍ର ଅଗ୍ନି ହେଲେ ଉମା ସ୍ୱାହା... ଯିଏକି ସମସ୍ତଙ୍କର ଅଧିଷ୍ଠାନ ଯୋଗ୍ୟ, ଦ୍ୱନ୍ଦାତୀତ, ସଚ୍ଚିଦାନନ୍ଦ ସ୍ୱରୂପ, ମନ ଓ ବାଣୀର ଅଗୋଚର ତଥା ସନାତନ ପରଂବ୍ରହ୍ମ ରୂପରେ ଉପାସିତ ହୁଅନ୍ତି । ଅନ୍ୟ ଏକ ମନ୍ତ୍ରରେ ଉପାସକଙ୍କୁ ଅଧିକ ଅନ୍ନ ସହ ସୁରକ୍ଷା ପ୍ରଦାନ ସକାଶେ ଦେବୀ ସରସ୍ୱତୀଙ୍କୁ ପ୍ରାର୍ଥନା କରାଯାଇଛି ।

"ଓଁ ପ୍ର ଣୋ ଦେବୀ ସରସ୍ୱତୀ ବାଜେଭିର୍ବାଜିନୀବତୀ ଧୀନାମବିତ୍ର୍ୟବତୁ ।"

'ଦେବ୍ୟୁପନିଷଦ' ଦେବୀ ମାତାଙ୍କର ବ୍ରହ୍ମସ୍ୱରୂପତା, ଦେବତାମାନଙ୍କ ଦ୍ୱାରା ମହାମାୟାଙ୍କର ସ୍ତୁତି ଏବଂ ଦେବୀଙ୍କର ମହିମା ତଥା ଏହା ପାଠ କରିବା ଦ୍ୱାରା ଫଳପ୍ରାପ୍ତି ବିଷୟରେ ଏଥିରେ ବିସ୍ତୃତ ତଥ୍ୟ ପ୍ରଦାନ କରାଯାଇଛି । ସମଗ୍ର ସୃଷ୍ଟିର ପ୍ରକୃତି ପୁରୁଷାତ୍ମକ କାରଣ ଏବଂ କାର୍ଯ୍ୟରୂପା ସର୍ବଶକ୍ତି ସ୍ୱରୂପିଣୀ ଜଗଜ୍ଜନନୀ ଏହି ଉପନିଷଦରେ ବ୍ରହ୍ମ ସ୍ୱରୂପା, ବିଜ୍ଞାନ ଓ ଅବିଜ୍ଞାନରୂପା, ବେଦ-ଅବେଦ, ବିଦ୍ୟା-ଅବିଦ୍ୟା, ଅଜା-ଅନଜା, (ପ୍ରକୃତି ଏବଂ ଏହାଠୁଁ ଭିନ୍ନ), ବିଷ୍ଣୁ-ବ୍ରହ୍ମଦେବ ଏବଂ ପ୍ରଜାପତିଙ୍କ ଧାରଣକର୍ତ୍ତ୍ରୀ, ସମ୍ପୂର୍ଣ୍ଣ ଜଗତର ଈଶ୍ୱରୀ, ଦୈତ୍ୟ ନାଶିନୀ,

କାଳର ମଧ୍ୟ ବିନାଶକାରିଣୀ, ବେଦମାନଙ୍କ ଦ୍ୱାରା ସ୍ତୁତ ବିଷ୍ଣୁଶକ୍ତି, ସ୍କନ୍ଦମାତା (ଶିବଶକ୍ତି), ସରସ୍ୱତୀ (ବ୍ରହ୍ମଶକ୍ତି), ଦେବମାତା ଅଦିତି, ଦକ୍ଷକନ୍ୟା ସତୀ, ପାପନାଶିନୀ, ବିଶ୍ୱ କଲ୍ୟାଣକାରିଣୀ, ଶିବଶକ୍ତ୍ୟାଭେଦରୂପା, ସରସ୍ୱତୀ-ଲକ୍ଷ୍ମୀ-ଗୌରୀ ରୂପା, ସମରସୀଭୂତ ଶିବଶକ୍ତ୍ୟାତ୍ମକ ବ୍ରହ୍ମ ସ୍ୱରୂପର ନିର୍ବିକଳ୍ପ ଜ୍ଞାନ ପ୍ରଦାନକାରିଣୀ, ସର୍ବତତ୍ତ୍ୱାତ୍ମିକା ମହାତ୍ରିପୁର ସୁନ୍ଦରୀ, ଶ୍ରୀମହାବିଦ୍ୟା, ଅଜ୍ଞେୟା, ଅନନ୍ତା, ଅଲକ୍ଷ୍ୟା, ଅଜା, ଏକା, ନୈକା ସମସ୍ତ ମନ୍ତ୍ରରେ ମାତୃକା (ମୂଳାକ୍ଷର), ଶବ୍ଦମାନଙ୍କର ଅର୍ଥ ରୂପିଣୀ, ଜ୍ଞାନରେ ଚିନ୍ମୟାତୀତା, ଶୂନ୍ୟରେ ଶୂନ୍ୟସାକ୍ଷିଣୀ, ଶ୍ରେଷ୍ଠତମା, ଦୁର୍ବିଜ୍ଞେୟା, ଦୁରାଚାର ନାଶିନୀ, ସଂସାର ସାଗରରୁ ତାରଣ କରୁଥିବା ଦୁର୍ଗାଦେବୀ ଆଦି ରୂପରେ ଉପାସିତ ହୋଇଥାନ୍ତି। ଏହି ଉପାସନାରେ ପ୍ରଗତି ଓ ଉତ୍କର୍ଷ ନିମନ୍ତେ ଉପରୋକ୍ତ କଥାଗୁଡ଼ିକୁ ବାରମ୍ବାର ଆବୃତ୍ତି କରିବା ପାଇଁ ଉପଦେଶ ଦିଆଯାଇଛି: **"ଆବୃତ୍ତିରସକୃଦୁପଦେଶାତ୍ -ବେଦାନ୍ତ ଦର୍ଶନ ୪/୧/୧।"**

'ଋଗ୍‌ବେଦୀୟ ଶ୍ରୀ ରାଧୋପନିଷଦ'ରେ ଶକ୍ତିରୂପିଣୀ ଶ୍ରୀରାଧାଙ୍କର ସ୍ୱରୂପ ତଥା ନାମର ବର୍ଣ୍ଣନରେ ମୁଖର ଅଟନ୍ତି। ସନକାଦି ମହର୍ଷିମାନଙ୍କ ପ୍ରଶ୍ନର ଉତ୍ତର ଦେଇ ଭଗବାନ ବ୍ରହ୍ମା ନିଜ ମୁଖରେ ଶ୍ରୀରାଧାଙ୍କ ସ୍ୱରୂପ ବର୍ଣ୍ଣନ କରିଛନ୍ତି। ପରମଦେବ ସର୍ବେଶ୍ୱର ଭଗବାନ ଶ୍ରୀକୃଷ୍ଣ ଅଖିଳ ବ୍ରହ୍ମାଣ୍ଡର ଅଧୀଶ୍ୱର ଅଟନ୍ତି। ସେ ଶ୍ରୀହରି ଏବଂ ନାରାୟଣଙ୍କର ସ୍ୱରୂପ ଅଟନ୍ତି। ଭଗବାନ ଶ୍ରୀକୃଷ୍ଣଙ୍କର ବହୁବିଧ ଶକ୍ତିମାନଙ୍କ ମଧ୍ୟରୁ ତାଙ୍କର ଆହ୍ଲାଦିନୀ ଶକ୍ତି ସର୍ବଶ୍ରେଷ୍ଠ ଓ ସର୍ବପ୍ରଧାନ ଅଟେ ଯିଏକି ତାଙ୍କର ଅନ୍ତରଙ୍ଗ ଭୂତା ଶ୍ରୀରାଧା ଅଟନ୍ତି। ବ୍ରଜର ସମସ୍ତ ଗୋପାଙ୍ଗନା, ଦ୍ୱାରକାର ଶ୍ରୀକୃଷ୍ଣଙ୍କର ସମସ୍ତ ରାଣୀ ତଥା ଶ୍ରୀଲକ୍ଷ୍ମୀ ମଧ୍ୟ ଶ୍ରୀରାଧାଙ୍କର ଅଂଶଭୂତା ଅଟନ୍ତି। ଶ୍ରୀରାଧା ଭଗବାନ ଶ୍ରୀକୃଷ୍ଣଙ୍କର ପ୍ରାଣର ଅଧିଷ୍ଠାତ୍ରୀ ଦେବୀ, ସମ୍ପୂର୍ଣ୍ଣ ସନାତନୀ ବିଦ୍ୟା ତଥା ସର୍ବେଶ୍ୱରୀ ରୂପେ ଭକ୍ତମାନଙ୍କ ଦ୍ୱାରା ପୂଜିତ ହୁଅନ୍ତି। ଶ୍ରୀକୃଷ୍ଣଙ୍କର ଆହ୍ଲାଦିନୀ ଶକ୍ତି ଭାବରେ ସେ ସୃଷ୍ଟିର ସର୍ବଶ୍ରେଷ୍ଠ କାରଣ ରୂପେ ଉପାସିତ ହୋଇଥାନ୍ତି। ସରସ୍ୱତୀ ରହସ୍ୟୋପନିଷଦରେ ପରମ କଲ୍ୟାଣମୟୀ ମାତା ଓ ନଦୀମାନଙ୍କ ମଧ୍ୟରେ ସର୍ବଶ୍ରେଷ୍ଠ ତଥା ଦେବୀମାନଙ୍କ ମଧ୍ୟରେ ସର୍ବଶ୍ରେଷ୍ଠ ମାତା ସରସ୍ୱତୀଙ୍କୁ ଦାରିଦ୍ର୍ୟ ଜନିତ ନିନ୍ଦାରୁ ମୁକ୍ତି ସହ ଧନ ସମୃଦ୍ଧି ପ୍ରଦାନ ନିମନ୍ତେ ପ୍ରାର୍ଥନା କରି କୁହାଯାଇଛି:

"'ଐଂ' ଅମ୍ବିତମେ ନଦୀତମେ ଦେବୀତମେ ସରସ୍ୱତୀ।
ଅପ୍ରଶସ୍ତା ଇବ ସ୍ମସି ପ୍ରଶସ୍ତିମମ୍ବ ନସ୍କୃଧି ॥"

'ଅଥର୍ବବେଦୀୟ ଶ୍ରୀରାଧିକା ତାପନୀୟୋପନିଷଦ' ମଧ୍ୟରେ ଶ୍ରୁତିମାନଙ୍କ ଦ୍ୱାରା କରାଯାଇଥିବା ମହାଶକ୍ତି ଶ୍ରୀରାଧାଙ୍କର ଉପାସନା, ସ୍ତୁତି ତଥା ଶ୍ରେଷ୍ଠତ୍ୱଗୁଡ଼ିକୁ ପୁନଃ ପ୍ରତିପାଦିତ କରାଯାଇଛି। ଏହି ଉପନିଷଦର ଉଲ୍ଲେଖ ଅନୁଯାୟୀ 'ସମ୍ପୂର୍ଣ୍ଣ ଦେବତାମାନଙ୍କର ଦେବଶକ୍ତି ସମ୍ମିଳିତ ଭାବରେ ଶ୍ରୀରାଧାଙ୍କ ମଧ୍ୟରେ ଅଧିଷ୍ଠିତ ରହିଛି। ଦେବତାମାନଙ୍କ ଠାରୁ ଆରମ୍ଭ କରି ସମ୍ପୂର୍ଣ୍ଣ ଜୀବଜଗତ ଶ୍ରୀରାଧାଙ୍କର ଶକ୍ତି ଦ୍ୱାରା ହିଁ ଅଭିବ୍ୟକ୍ତ ହୋଇଛନ୍ତି। ଏ ସଭିଙ୍କର ଅଧିଦେବତା ଶ୍ରୀରାଧା ଅଟନ୍ତି। ଶ୍ରୀରାଧାଙ୍କ ଅଲୌକିକ ଶକ୍ତି ଦ୍ୱାରା ସମ୍ପୂର୍ଣ୍ଣ ଦେବତା ଓ ସମଗ୍ର ସୃଷ୍ଟି ବଶୀଭୂତ ହୋଇ ରହିଛି। ତାଙ୍କର ପ୍ରେରଣା ଦ୍ୱାରା ହିଁ ସମଗ୍ର ସୃଷ୍ଟି କାର୍ଯ୍ୟରତ ହେଉଛି। ଯାହାଙ୍କର ସାନ୍ନିଧ୍ୟରେ ଥାଇ ଭଗବାନ କୃଷ୍ଣ ନିଜର ଶାଶ୍ୱତ ବିହାରସ୍ଥଳୀ ଗୋଲକ ଧାମକୁ ମଧ୍ୟ ବିସ୍ମୃତ ହୋଇ ଯାଆନ୍ତି। କମଳୋଦ୍‌ଭବା ଲକ୍ଷ୍ମୀ ଏବଂ ଶ୍ରୀ ପାର୍ବତୀ ମଧ୍ୟ ଶ୍ରୀରାଧାଙ୍କର ଅଂଶରୂପା ଅଟନ୍ତି। ଅର୍ଥାତ୍ ଲକ୍ଷ୍ମୀ ପାର୍ବତୀ ଓ ସୃଷ୍ଟିର ସମସ୍ତ ଶକ୍ତିର ଅଧିଷ୍ଠାତ୍ରୀ ରୂପେ ଶ୍ରୀରାଧାଙ୍କୁ ଗ୍ରହଣ କରାଯାଇଛି। ଶ୍ରୀରାଧା ଏବଂ ଆନନ୍ଦ କନ୍ଦ ଭଗବାନ ଶ୍ରୀକୃଷ୍ଣ ବସ୍ତୁତଃ ଏକ ଶରୀର ଏବଂ ପରସ୍ପର ନିତ୍ୟ ଓ ଅଭିନ୍ନ ଅଟନ୍ତି। କେବଳ ଲୀଳା ରଚନା ପାଇଁ ସେମାନେ ଦୁଇଟି ଶରୀରରେ ପ୍ରତିଭାତ ହୋଇଥାନ୍ତି।'

'ଗାୟତ୍ରୀ ଉପନିଷଦ'ରେ ମୈତ୍ରେୟଙ୍କ ଦ୍ୱାରା ଗାୟତ୍ରୀ ସମ୍ବନ୍ଧରେ ତ୍ରିତତ୍ତ୍ୱ ବିଷୟକ (ମୌଦ୍‌ଗଲ୍ୟ ଋଷିଙ୍କୁ) ଜିଜ୍ଞାସା ମାଧ୍ୟମରେ ସେଥିରେ ଥିବା ଶକ୍ତି ଉପାସନାର ସାର୍ଥକ ପରାକାଷ୍ଠା ପ୍ରଦର୍ଶିତ ହୋଇଛି। ଗାୟତ୍ରୀର ପ୍ରଥମ ପାଦରେ ଥିବା ଶବ୍ଦମାନଙ୍କର ରହସ୍ୟ ସମ୍ବନ୍ଧୀୟ ପ୍ରଶ୍ନ- (ସବିତାର ବରେଣ୍ୟ କଣ (?) ବା ତେଜସ୍ୱୀ ପରମାତ୍ମାଙ୍କୁ କାହା ଦ୍ୱାରା ବରେଣ୍ୟ କରାଯାଏ(?))ର ଉତ୍ତରରେ ବେଦ (ଯାହାର ଅର୍ଥ ଜ୍ଞାନ) ଓ ଛନ୍ଦ (ଯାହାର ଅର୍ଥ 'ଅନୁଭବ')କୁ ସବିତାର ବରେଣ୍ୟ ବୋଲି କୁହାଯାଇଛି। ଅର୍ଥାତ୍ ଆତ୍ମଜ୍ଞାନ ବା ତତ୍ତ୍ୱଜ୍ଞାନ ଅନୁଭବ ସିଦ୍ଧ ହେବା ଦ୍ୱାରା ହିଁ ପରମାତ୍ମା ପ୍ରାପ୍ତି ସମ୍ଭବ ହୋଇଥାଏ। କେବଳ ଭାରବାହୀ ଗଧ ଭଳି ଶାସ୍ତ୍ରଗୁଡ଼ିକୁ ଶୁକବତ କଣ୍ଠସ୍ଥ ଦ୍ୱାରା ଏହା ସମ୍ଭବ ନୁହେଁ। ସିଦ୍ଧାନ୍ତ ବିହୀନ ଅନୁଭବ ବଳହୀନ ଏବଂ ଅନୁଭବ ହୀନ ଜ୍ଞାନ ନିଷ୍ଫଳ ହୁଏ। ଅତଏବ ବେଦ ଓ

ଛନ୍ଦର ସଂମିଶ୍ରଣରେ ସବିତାଙ୍କୁ ବରେଣ୍ୟ କରାଯାଇଥାଏ ବା ପରମାତ୍ମାଙ୍କୁ ପ୍ରାପ୍ତ କରାଯାଇଥାଏ। ଦ୍ୱିତୀୟ ପ୍ରଶ୍ନ- (ଦେବଙ୍କ ଭର୍ଗ କ'ଣ ?) ଉତ୍ତରରେ ତାହା ଅନ୍ନ ବୋଲି କୁହାଯାଇଛି। ଦେବର ଅର୍ଥ ଶ୍ରେଷ୍ଠ ଏବଂ ଭର୍ଗର ଅର୍ଥ ବଳ ଅଟେ। ଶ୍ରେଷ୍ଠତାର ବିକାଶ ପାଇଁ ଅନ୍ନ ସାଧନ ହେଲେ ଯାଇ ତାହା ବଳବାନ୍ କରାଇଥାଏ। ସାଧନ ବସ୍ତୁ ଲକ୍ଷ୍ମୀ ଶକ୍ତିର ପ୍ରତୀକ ଅଟେ। ଏହା ରାକ୍ଷସମାନଙ୍କ ଦ୍ୱାରା କବଳିତ ହେଲେ ତାହା ରାକ୍ଷସତ୍ୱ ବୃଦ୍ଧି କରେ ଏବଂ ଦେବତାମାନଙ୍କର ହସ୍ତଗତ ହେଲେ ତାହା ଦେବତ୍ୱର ବିକାଶ ଘଟାଏ। ଅର୍ଥାତ୍ ଶ୍ରେଷ୍ଠର ବଳ ସାଧନ ଅଟେ। ବିନା ସାଧନରେ ସେ ବଳହୀନ ହୋଇଥାଏ। ତୃତୀୟ ପ୍ରଶ୍ନ- (ଯଦ୍ୱାରା 'ଈଶ୍ୱରଙ୍କ କୃପା' ପ୍ରାପ୍ତି ଘଟେ ତାହା କ'ଣ ?)ର ଉତ୍ତରରେ ତାହା 'ଧୀ' ତତ୍ତ୍ୱ ବୋଲି କୁହାଯାଇଛି। କର୍ମ ହିଁ ସେଇ 'ଧୀ' ତତ୍ତ୍ୱ ଅଟେ। ସତ୍ କର୍ମ ନିମନ୍ତେ ଯେଉଁ ଐଶ୍ୱରୀୟ ପ୍ରେରଣା ବା ଉତ୍ସାହ ମିଳେ ସେଇ ବୁଦ୍ଧିର ନାମ 'ଧୀ' ଅଟେ। 'ଧୀ' ତତ୍ତ୍ୱକୁ ଆଧାର କରି ଯେ କେହି ଈଶ୍ୱରୀୟ କୃପା ଓ ଆଶୀର୍ବାଦ ଲାଭ କରି ସାଧନାରେ ସଫଳ କାମ ହୋଇପାରେ। ପୁଣି ତେଜସ୍ୱୀ ପରମାତ୍ମାଙ୍କୁ ସବିତା କୁହାଯାଉ ଥିବାବେଳେ ତାଙ୍କର ଅନନ୍ତ ଶକ୍ତିକୁ ସାବିତ୍ରୀ କୁହାଯାଏ। ଏଣୁ ସବିତା ଓ ସାବିତ୍ରୀ ଉଭୟ ଉଭୟଙ୍କର ପରିପୂରକ, ଏମାନେ ଭିନ୍ନ ଭିନ୍ନ ନୁହଁନ୍ତି। ସେମାନଙ୍କର ସମ୍ପର୍କ ଅବିଚ୍ଛିନ୍ନ। ଗୋଟିଏ ଅନ୍ୟର ମିଥୁନ ବା ଯୋଡ଼ା ଅଟନ୍ତି। ଯିଏକି ଅନନ୍ତ ଓ ଅଚିନ୍ତ୍ୟ ଶକ୍ତିର ପ୍ରତୀକ ଅଟନ୍ତି। ଠିକ୍ ଶକ୍ତି ଓ ଶକ୍ତିମାନ ମଧ୍ୟରେ ଥିବା ସମ୍ପର୍କ ସଦୃଶ। କେହି କାହାଠୁଁ ଭିନ୍ନ ହେବା ଅସମ୍ଭବ। ବ୍ୟକ୍ତି ବା ସାମାଜିକ ସ୍ତରରେ ମଧ୍ୟ ଯାହାର ମିଥୁନ ଯେତେ ଅଧିକ (ଅର୍ଥାତ୍ ଯିଏ ଯେତେ କୁଶଳତାର ସହ ସଂଖ୍ୟାଧିକ ବ୍ୟକ୍ତି ବା ସଂଗଠନ ସହ ଜଡ଼ିତ) ସେଇ ବ୍ୟକ୍ତି ବା ସମାଜ ସେତେ ବେଶି ଶକ୍ତିଶାଳୀ ହୋଇଥାଏ। ସୁଦୃଢ଼ ସଂଗଠନ ଓ ସତ୍ ସାଧନାରେ ହିଁ ପ୍ରକୃତ ଶକ୍ତି ଉପାସନାର ତାତ୍ପର୍ଯ୍ୟ ନିହିତ ରହିଛି। ଏଣୁ ସମସ୍ତ ବେଦ ଏବଂ ଉପନିଷଦରେ ଗାୟତ୍ରୀଙ୍କୁ ବେଦମାତା ରୂପେ ଅଭିହିତ କରାଯାଇ ତାଙ୍କର ଉପାସନା ନିମନ୍ତେ ନିର୍ଦ୍ଦେଶ କରାଯାଇଛି। ଛାନ୍ଦଗ୍ୟ ଉପନିଷଦରେ ସର୍ବଶକ୍ତିରୂପିଣୀ ଗାୟତ୍ରୀ ମାତାଙ୍କୁ ସର୍ବଭୂତରେ ବାଙ୍ମୟୀ ଦେବୀ ରୂପେ ଅଧିଷ୍ଠିତ ଥିବା ବିଷୟ ସ୍ୱୀକାର କରାଯାଇଛି:

"ଗାୟତ୍ରୀ ବା ଇଦଂ ସର୍ବଂ ଭୂତଂ ଯଦିଦଂ କିଂ ଚ ବାଗ୍ବୈ ଗାୟତ୍ରୀ।
ବାଗ୍ ବା ଇଦଂ ସର୍ବଂ ଗାୟତି ଚ ତ୍ରାୟତେ ଚ ॥"

'ଶ୍ରୀମଦ୍‌ଭଗବତ୍ ଗୀତା'ରେ (୧୦-୩୫) ନିଜେ ଭଗବାନ ନିଜକୁ ଗାୟତ୍ରୀ ଛନ୍ଦ **"ବୃହତ୍ସାମ ତଥା ସାମ୍ନାଂ ଗାୟତ୍ରୀ ଛନ୍ଦସାମହମ୍।"** ବୋଲି ଘୋଷଣା କରିଛନ୍ତି। ପରମେଶ୍ୱରଙ୍କ ସାକ୍ଷାତ୍ ମୁଖ ନିସୃତ ଶ୍ରୀମଦ୍ ଭଗବତ୍ ଗୀତା ରୂପୀ ବାଣୀଗୁଡ଼ିକ ଶକ୍ତି ଉପାସନାର ପରାକାଷ୍ଠାର ଔଜଲ୍ୟରେ ସମଗ୍ର ବିଶ୍ୱକୁ ସେତେବେଳେ ଉଦ୍‌ଭାସିତ କରିଛି ଯେତେବେଳେ ଭଗବାନ ଶ୍ରୀକୃଷ୍ଣ ଗୀତା ଉପଦେଶର ପ୍ରାରମ୍ଭରେ **"କ୍ଲୈବ୍ୟଂ ମାସ୍ମ... ପରନ୍ତପ"** (୨-୩) ଅର୍ଥାତ୍ କ୍ଲୀବତ୍ୱ (ନପୁଂସକତା) ଏବଂ କ୍ଷୁଦ୍ର ଓ ଦୁର୍ବଳ ହୃଦୟ ସମ୍ପନ୍ନ ବ୍ୟକ୍ତିତ୍ୱ ପରିହାର କରିବା ପାଇଁ ଅର୍ଜୁନଙ୍କୁ ପରାମର୍ଶ ଦେଇ ଗୀତାର ବିବିଧ ତତ୍ତ୍ୱମାନ ତାଙ୍କ ସମକ୍ଷରେ ଉପସ୍ଥାପିତ କରିଛନ୍ତି ଏବଂ ଗୀତାର ସର୍ବଶେଷ ଉପଦେଶ ପରେ ଅର୍ଜୁନ ନିଜ ମୁଖରେ ସ୍ୱୀକାର କରି କହିଛନ୍ତି **"ନଷ୍ଟୋ ମୋହଃ... ବଚନଂ ତବ"** (୧୮-୭୩) ହେ ଅଚ୍ୟୁତ ! ଆପଣଙ୍କ କୃପାରୁ ମୋର ସମସ୍ତ ମୋହ ଏବଂ ବିସ୍ମୃତି ନଷ୍ଟ ହୋଇଗଲା। ମୋର ସନ୍ଦେହ ମୋଚନ ହୋଇଗଲା। ମୁଁ ଆପଣଙ୍କ ଆଜ୍ଞା ପାଳନ ପୂର୍ବକ **"କରିଷ୍ୟେ ବଚନଂ ତବ"** ଏହି ଧର୍ମଯୁଦ୍ଧରେ ନିଜ କର୍ତ୍ତବ୍ୟ ଦୃଷ୍ଟିରୁ ପ୍ରବୃତ୍ତ ହେବି। ଯେଉଁ ଅର୍ଜୁନ ମୋହଗ୍ରସ୍ତ ହୋଇ କର୍ତ୍ତବ୍ୟା କର୍ତ୍ତବ୍ୟ ହରାଇ ସମର ଭୂମିରେ ଶସ୍ତ୍ର ପରିତ୍ୟାଗ କରି ଦେଲେ ଏବଂ ଯୁଦ୍ଧରେ ପ୍ରବୃତ୍ତ ହେବେ ନାହିଁ ବୋଲି ନିଶ୍ଚୟ କରି ନେଇଥିଲେ ସେଇ ପୁଣି ଗୀତାର ତତ୍ତ୍ୱଜ୍ଞାନ ଦ୍ୱାରା ଶକ୍ତିସମ୍ପନ୍ନ ହୋଇ ଗାଣ୍ଡିବ ଧାରଣ କରିଥିଲେ। ଅତଏବ ଗୀତାର ପ୍ରତିଟି ଶ୍ଳୋକ, ପ୍ରତି ଶବ୍ଦର ଛତ୍ରେ ଛତ୍ରେ ଶକ୍ତି ତତ୍ତ୍ୱର ପ୍ରାକଟ୍ୟ ଏହାକୁ ଯୁଗ ଯୁଗ ଧରି ଶ୍ରେଷ୍ଠତ୍ୱ ପ୍ରଦାନ କରି ଆସିଛି ଏବଂ ଭବିଷ୍ୟତରେ ମଧ୍ୟ ଚିରକାଳ ପାଇଁ ଏହାକୁ ଗୌରବମଣ୍ଡିତ କରି ଚାଲିଥିବ। ଶକ୍ତିତତ୍ତ୍ୱର ସାଧନା ଦ୍ୱାରା ଭକ୍ତି ମୁକ୍ତି ଓ ଶାନ୍ତି ପ୍ରାପ୍ତ ହୁଏ ଯଦ୍ଦ୍ୱାରା ଆତ୍ମାର କଲ୍ୟାଣ ହୋଇଥାଏ। ଏଣୁ ମହର୍ଷି ବେଦବ୍ୟାସ ଏଗୁଡ଼ିକୁ ସାରାଜୀବନ ଅଧ୍ୟୟନ ଓ ଶ୍ରବଣ କରିବା ନିମନ୍ତେ ଉପଦେଶ ପ୍ରଦାନ କରିଛନ୍ତି:

"ଆ ପ୍ରାୟଣାତ୍.........।"

(ବେଦାନ୍ତ ଦର୍ଶନ ୪/୧/୧୨)

ଯଦ୍ୱାରା ବକ୍ତା ଓ ଶ୍ରୋତା ଉଭୟ ପରମଗତି ଓ ମୋକ୍ଷଲାଭ- **"ଅନାବୃତ୍ତିଃ ଶବ୍ଦାତ୍- ବେଦାନ୍ତ ଦର୍ଶନ।"**(୪/୪/୨୨) କରିପାରିବେ। ଏ ଦୃଷ୍ଟିରୁ ଶାସ୍ତ୍ରର ଉଦ୍‌ଘୋଷଣା- 'ଶକ୍ତ୍ୟୁପାସନା ବ୍ୟତିରେକେ ସଂସାରର ସବୁ କିଛି ହିଁ ନିରର୍ଥକ ଓ ନିଷ୍ଫଳ ଯେ ଯଥାର୍ଥ ଅଟେ ଏଥିରେ ସନ୍ଦେହର ଅବକାଶ ନାହିଁ:

"ବିନାଶକ୍ତିଂ ନ ମୋକ୍ଷ ନ ଜ୍ଞାନଂ ନ ସତ୍ୟଂ ନ ଧର୍ମୋ
ନ ତପୋ ନ ହରି ହରେ ନ ବିରଞ୍ଚି।
ସର୍ବଂ ଶକ୍ତି ଯୁକ୍ତଂ ଭବେତ୍
ତତ୍ ସଂଯୋଗାତ୍ ସିଦ୍ଧିଶ୍ୱରେ ଭବେତ୍ ।।"

(ଶ୍ରୀଚକ୍ର ଉପନିଷଦ)

ଉତ୍ତର ଭାରତର ଦୁର୍ଗାପୂଜା (ପୃ.୧୨୩)

ଭାରତୀୟ ସଂସ୍କୃତିରେ ଦେବୀତତ୍ତ୍ୱ ଏବଂ ତାହାର ବୈଶିଷ୍ଟ୍ୟ

ମହାମାୟା ଦେବୀ ଦୁର୍ଗାଙ୍କର ପାଦପଦ୍ମରେ ଆଶ୍ରିତ ଭକ୍ତଙ୍କୁ ଏହି ସଂସାର ମଧ୍ୟରେ କିଛି ବି ଦୁର୍ଲଭ ନୁହେଁ। ସେପରି ଭକ୍ତଙ୍କର ଚଲାପଥରେ ଦେବତା, ଗ୍ରହ, ରାକ୍ଷସ, ପନ୍ନଗ କେହି ହେଲେ ମଧ୍ୟ ବିଘ୍ନ ସୃଷ୍ଟି କରିପାରନ୍ତି ନାହିଁ। ଏଣୁ ଦେବୀ ପୁରାଣାନ୍ତର୍ଗତ ନିମ୍ନ ଶ୍ଳୋକରେ ଏହି ଶକ୍ତିତତ୍ତ୍ୱର ବ୍ୟାଖ୍ୟା ବିଶେଷ ଭାବରେ ଉଲ୍ଲେଖଯୋଗ୍ୟ:

"ନ ଚ ଦେବା ଗ୍ରହା ଦୈତ୍ୟା ନା ସୁରା ନ ଚ ପନ୍ନଗାଃ।
ବାଧୟନ୍ତି ସୁରାଧ୍ୟକ୍ଷ ଦେବୀ ପାଦୌ ସମାଶ୍ରିତାନ୍ ।।"

(୨୧-୧୧)

ସେଇପରି ଶ୍ରୀ ଶ୍ରୀ ଚଣ୍ଡୀପୁରାଣର ଶକ୍ରାଦି ସ୍ତୁତି ମଧ୍ୟସ୍ଥ ନିମ୍ନ ଶ୍ଳୋକଟି ମହାମହିମ ଦେବୀଙ୍କର ସର୍ବଶକ୍ତି ମତ୍ତା, ସର୍ବୋତ୍କର୍ଷତା ତଥା ଆଶ୍ରିତ ଜନଙ୍କର ସର୍ବବିଧ ନିରାପତ୍ତାର ବଜ୍ର ସନ୍ଦେଶ ବହନ କରିଥାଏ, ଯାହା ଭାରତୀୟ ଚିନ୍ତନ ପରମ୍ପରାରେ ମାତୃଶକ୍ତି ପ୍ରତି ସର୍ବସ୍ୱ ସମର୍ପିତ ଭାବନା ପ୍ରସୂତ ଚରମ ଉତ୍କର୍ଷତାକୁ ପ୍ରତିପାଦିତ କରେ:

"ଯସ୍ୟାଃ ପ୍ରଭାବମତୁଳଂ ଭଗବାନନନ୍ତୋ
ବ୍ରହ୍ମା ହରଶ୍ଚ ନ ହି ବକ୍ତୁମଲଂ ବଲଞ୍ଚ ।
ସା ଚଣ୍ଡିକାଖିଳଜଗତ୍‌ପରିପାଳନାୟ
ନାଶାୟ ଚାଶୁଭଭୟସ୍ୟ ମତିଂ କରୋତୁ ।।"

(ଶ୍ରୀ ଶ୍ରୀ ଦୁର୍ଗାସପ୍ତଶତୀ ୪-୪)

ଅର୍ଥାତ୍ ଯେଉଁ ଶକ୍ତି (ଆଦ୍ୟାଶକ୍ତି)ଙ୍କର ଅନୁପମ ପ୍ରଭାବ ଏବଂ ସାମର୍ଥ୍ୟର ବର୍ଣ୍ଣନ କରିବା ପାଇଁ ଭଗବାନ ଶେଷନାଗ, ବ୍ରହ୍ମାଜୀ ତଥା ମହାଦେବ ଜୀ ମଧ୍ୟ ସମର୍ଥ ନୁହନ୍ତି, ସେଇ ଭଗବତୀ ଚଣ୍ଡିକା ସମ୍ପୂର୍ଣ୍ଣ ଜଗତର ପାଳନ ଏବଂ ସଂକଟ ଜନିତ ଅଶୁଭ ଭୟର ନିରାକରଣ ନିମିତ୍ତ ଦୟା ପ୍ରଦର୍ଶନ କରନ୍ତୁ।

ଶକ୍ତି ଉପାସନା ଓ ବୈଦିକ ଦେବୀତତ୍ତ୍ୱ : ୧୫୮

ଯେଉଁ ମହିଷାସୁରର ଆସୁରିକ ଔଦ୍ଧତ୍ୟ ଏବଂ ଅତ୍ୟାଚାରକୁ ବ୍ରହ୍ମା, ବିଷ୍ଣୁ, ଶିବ, ଇନ୍ଦ୍ର, ବରୁଣ, ସୂର୍ଯ୍ୟ, ଅଗ୍ନି ଓ ପବନ ଆଦି ତେତ୍ରିଶ କୋଟି ଦେବଗଣ ସୁଦ୍ଧା ମୁକାବିଲା କରି ପାରିଲେ ନାହିଁ ବରଂ ନିଜକୁ ସେଥିପାଇଁ ଅସହାୟ ତଥା ଦୁର୍ବଳ ମନେ କଲେ ତାହା ଦେବୀ ମହାମାୟା ଅତି ସହଜରେ ସମ୍ପନ୍ନ କରି ଶକ୍ତିତତ୍ତ୍ୱର ଚରମ ପରାକାଷ୍ଠା ପ୍ରମାଣିତ କରି ଦେଲେ। ଆହୁରି ମଧ୍ୟ ଦେବତାମାନଙ୍କ ଦ୍ୱାରା ସର୍ବଥା ଅପରାଜେୟ ନିଶୁମ୍ଭକୁ ସଂହାର କରି ଦେବୀ ଭଗବତୀ ଶୁମ୍ଭର ମୂର୍ଖତା ପୂର୍ଣ୍ଣ ଆହ୍ୱାନର ପ୍ରତ୍ୟୁତ୍ତର ଦେବାକୁ ଯାଇ ଯେଉଁ ଚରମ ମହାସତ୍ୟକୁ ନିଜ ବାଣୀ ମାଧ୍ୟମରେ ପ୍ରକଟ କରିଛନ୍ତି ତାହା ଭାରତୀୟ ସଂସ୍କୃତିରେ ଶକ୍ତିତତ୍ତ୍ୱର ବିଶେଷତ୍ୱ ଏବଂ ମହିମାକୁ ପ୍ରତିପାଦିତ କରିବା ପାଇଁ ଯଥେଷ୍ଟ:

"ଏକୈବାହଂ ଜଗତ୍ୟତ୍ର ଦ୍ୱିତୀୟା କା ମମାପରା।
ପଶ୍ୟୈ ତା ଦୁଷ୍ଟ ମୟ୍ୟେ ବ ବିଶନ୍ତ୍ୟୋ ମଦ୍‌ବିଭୂତୟଃ ॥"

(ଶ୍ରୀ ଶ୍ରୀ ସପ୍ତଶତୀ ୧୦-୪/୫)

ଅର୍ଥାତ୍ ଦେବୀ ଶୁମ୍ଭକୁ କହୁଛନ୍ତି- ଆରେ ଦୁଷ୍ଟ ! ଏ ସଂସାରରେ ମୋ ବିନା ଦ୍ୱିତୀୟ ଆଉ କିଏ ଅଛି ? ମୁଁ ଏକାକିନୀ ହିଁ ସର୍ବତ୍ର ବିଦ୍ୟମାନ। ଦେଖ, ଏ ସକଳ ବିଭୂତିମାନେ ମୋ ମଧ୍ୟରେ ପ୍ରବିଷ୍ଟ ହୋଇ ଯାଉଛନ୍ତି। ତଦନନ୍ତର ଯୁଦ୍ଧଭୂମିରେ ସଂଗ୍ରାମରତ ବ୍ରହ୍ମାଣୀ ଆଦି ସମସ୍ତ ଦେବୀମାନେ ମହାମାୟା ଭଗବତୀଙ୍କ ଶରୀର ମଧ୍ୟରେ ଲୀନ ହୋଇଗଲେ।

ଏଥିପାଇଁ ଶକ୍ତିର ସଂଜ୍ଞା ନିରୂପଣ କରିବାକୁ ଯାଇ 'ବ୍ରହ୍ମ ବୈବର୍ତ୍ତ ପୁରାଣ'ରେ କୁହାଯାଇଛି:

"ଐଶ୍ୱର୍ଯ୍ୟ ବଚନଃ ଶକ୍ ଚ ତି ପରାକ୍ରମ ବାଚକଃ।
ତତ୍ ସ୍ୱରୂପା ତୟୋର୍ଦାତ୍ରୀ ଯା ସା ଶକ୍ତିଃ ପ୍ରକୀର୍ତ୍ତିତା ॥"

ଯାହାର ଅର୍ଥ- ଶକ୍ତିଙ୍କର ଶକ୍‌ର ଅର୍ଥ ଐଶ୍ୱର୍ଯ୍ୟ ଏବଂ 'ତି'ର ଅର୍ଥ ପରାକ୍ରମ। ଅତଏବ ଐଶ୍ୱର୍ଯ୍ୟ ତଥା ପରାକ୍ରମ ସ୍ୱରୂପା ଦେବୀ ହିଁ ସକଳ ଶକ୍ତିର ଉତ୍ସ 'ଆଦ୍ୟାଶକ୍ତି' ଅଟନ୍ତି। ଏଣୁ ଶକ୍ତିଙ୍କ ସାନ୍ନିଧ୍ୟ ବିନା ଚଳତ୍ ଶକ୍ତିହୀନ ହୋଇ ପଡ଼ିଥିବା ଶୈବ ସାଧକ ଜଗଦ୍‌ଗୁରୁ ଆଦ୍ୟ ଶଙ୍କରାଚାର୍ଯ୍ୟ ଦିନେ ଶକ୍ତି ସାଧନା ନିମିତ୍ତ ଭକ୍ତି ଗଦ୍‌ଗଦ୍ କଣ୍ଠରେ ଆତ୍ମବିଭୋର ହୋଇ ସ୍ତୁତି କରିଥିଲେ:

**"ଶିବଃ ଶକ୍ତ୍ୟାଯୁକ୍ତୋ ଯଦି ଭବତି ଶକ୍ତଃ ପ୍ରଭବିତୁଂ।
ନ ଚେଦେବଂ ଦେବୋ ନ ଖଲୁ କୁଶଳଃସ୍ପନ୍ଦିତୁମପି ।।"**

(ସୌନ୍ଦର୍ଯ୍ୟ ଲହରୀ)

ଶକ୍ତି ବିନା ଶିବ ମଧ୍ୟ ହୋଇଯାନ୍ତି ଶବ ସହ ସମାନ। (**"ଶିବୋଽପି ଶବତାଂ ଜାତି ତୟାଶକ୍ତ୍ୟା ବିବର୍ଜିତଃ।"**) ପୁରୁଷ ଓ ପ୍ରକୃତି ସଦୃଶ ଶିବ ଓ ଶକ୍ତି ଏକ ଏବଂ ଅଭିନ୍ନ। ଏଣୁ ଭାରତୀୟ ସଂସ୍କୃତିର ଛତ୍ରେ ଛତ୍ରେ ତଥା ପ୍ରାଗ୍ ବୈଦିକ ଯୁଗରୁ ଆରମ୍ଭ କରି ଅଦ୍ୟାବଧି ଗ୍ରାମେ ଗ୍ରାମେ ନଗରେ ନଗରେ ସର୍ବତ୍ର ସେହି ମହାଶକ୍ତିଙ୍କର ପୂଜାର୍ଚ୍ଚନା ଏକ ମହାଭାରତୀୟ ପାରମ୍ପରିକ ଚେତନା ଓ ଉତ୍ସବ ମୁଖର ପାର୍ବଣ ରୂପେ ଗୃହୀତ ହୋଇ ଆସିଛି। ଶକ୍ତିତତ୍ତ୍ୱର ମୂଳାଧାର ହେଉଛି ଋଗ୍‌ବେଦ ସ୍ଥିତ ଦେବୀସୂକ୍ତ। ସେଇ ସୂକ୍ତମାନଙ୍କ ମଧ୍ୟରେ ଦେବୀଙ୍କର ସ୍ୱମୁଖ ନିସୃତ ବାଣୀ ସ୍ପନ୍ଦିତ ହୋଇଥାଏ। ସେଥିରେ ଦେବୀ କହନ୍ତି, ମୁଁ ରୁଦ୍ରଗଣ, ଅଷ୍ଟବସୁ, ଆଦିତ୍ୟଗଣ ଓ ବିଶ୍ୱ ଦେବାଙ୍କ ସହ ବିଚରଣ କରେ। ମୁଁ ହିଁ ମିତ୍ର, ବରୁଣ, ଇନ୍ଦ୍ର, ଅଗ୍ନି ଓ ଅଶ୍ୱିନୀ କୁମାର ଦ୍ୱୟଙ୍କୁ ଧାରଣ କରେ। ମୁଁ ସୋମଦେବ, ତ୍ୱଷ୍ଟା, ପୁଷା ଓ ଭଗଙ୍କୁ ଧାରଣ କରେ ତଥା ସୋମରସ ଓ ଯଜ୍ଞ ସାମଗ୍ରୀ ଦ୍ୱାରା ଦେବଗଣଙ୍କୁ ତୃପ୍ତି ପ୍ରଦାନକାରୀ ଯଜମାନଙ୍କୁ ସୁରକ୍ଷା ଓ ଧନ ପ୍ରଦାନ କରିଥାଏ। ମୁଁ ସମ୍ପୂର୍ଣ୍ଣ ଜଗତର ଅଧୀଶ୍ୱରୀ ତଥା ମୋର ଉପାସକମାନଙ୍କୁ ଧନ ପ୍ରଦାନ କରୁଥିବା ମୁଁ ନିଜେ ହିଁ ପରଂବ୍ରହ୍ମ ତଥା ପୂଜନୀୟ ଦେବତାମାନଙ୍କ ମଧ୍ୟରେ ପ୍ରଧାନ ଅଟେ। ସମଗ୍ର ସୃଷ୍ଟିର କୋଣ କୋଣରେ, ସମ୍ପୂର୍ଣ୍ଣ ଭୂତରେ ସମସ୍ତ ପ୍ରାଣୀମାନଙ୍କ ମଧ୍ୟରେ ମୁଁ ହିଁ ବିଦ୍ୟମାନ ରହିଛି। ସମ୍ପୂର୍ଣ୍ଣ ସୃଷ୍ଟିରେ ଯେତେ ବି ଦେବତା ଅଛନ୍ତି, ସେମାନେ ଯାହା କିଛି ବି କରନ୍ତି- ସେ ସବୁ ମୋପାଇଁ ହିଁ କରିଥାନ୍ତି। ମୋରି କୃପାରେ (ଶକ୍ତିରେ) ସମସ୍ତେ ଦେଖନ୍ତି, ପ୍ରାଣ ଧାରଣ କରନ୍ତି ଓ ଅନ୍ନ ଭୋଜନ କରନ୍ତି- କାରଣ ମୁଁ ହିଁ ଭୋକ୍ତୃ ଶକ୍ତି ଅଟେ। ମୋର ମାହାତ୍ମ୍ୟ ବିଷୟରେ ଯିଏ ଅଜ୍ଞ ସେ କ୍ଷୟ ପ୍ରାପ୍ତ ହୁଏ। ମୁଁ ଦେବତା, ବ୍ରାହ୍ମଣ ଓ ମାନବଙ୍କୁ ବ୍ରହ୍ମଜ୍ଞାନ ପ୍ରଦାନ କରେ। ମୁଁ ଯେଉଁ ଯେଉଁ ପୁରୁଷଙ୍କୁ ରକ୍ଷା କରିବା ନିମିତ୍ତ ଆକାଂକ୍ଷା ପୋଷଣ କରେ ସେଇ ସେଇ ବ୍ୟକ୍ତିମାନଙ୍କୁ ସର୍ବାପେକ୍ଷା ଶକ୍ତିଶାଳୀ କରିଥାଏ। ସେମାନଙ୍କ ମଧ୍ୟରୁ ସୃଷ୍ଟିକର୍ତ୍ତା ବ୍ରହ୍ମା, ପରୋକ୍ଷ ଜ୍ଞାନ ସମ୍ପନ୍ନ ଋଷି ତଥା ଉତ୍ତମ ମେଧାଶକ୍ତି ଯୁକ୍ତ ମନୁଷ୍ୟର ନିର୍ମାଣ ମୁଁ ହିଁ କରିଥାଏ। ବ୍ରହ୍ମ ଦ୍ୱେଷୀ ହିଂସକ

ଅସୁରମାନଙ୍କୁ ବଧ କରିବା ପାଇଁ ରୁଦ୍ରଙ୍କ ଧନୁଷରେ ମୁଁ ହିଁ ଟଙ୍କାର ସୃଷ୍ଟି କରେ। ମୁଁ ହିଁ ଶରଣାଗତମାନଙ୍କର ସୁରକ୍ଷା ପାଇଁ ଶତ୍ରୁମାନଙ୍କ ସହ ଯୁଦ୍ଧ କରେ ତଥା ଅନ୍ତର୍ଯ୍ୟାମୀ ରୂପେ ପୃଥିବୀ ଏବଂ ଆକାଶର ଛତ୍ରେ ଛତ୍ରେ ପରିବ୍ୟାପ୍ତ ହୋଇଥାଏ। ମୁଁ ସମସ୍ତ ଭୁବନ ମଧ୍ୟରେ ବ୍ୟାପ୍ତ ଥାଇ କାରଣ ରୂପେ ସମଗ୍ର ବିଶ୍ୱର ସଂରଚନା କରିଥାଏ। ଏଥିପାଇଁ କାହାରି ପ୍ରେରଣା ବିନା ମୁଁ ସ୍ୱେଚ୍ଛାରେ କର୍ମରେ ପ୍ରବୃତ୍ତ ହୋଇଥାଏ। ପୃଥିବୀ ଏବଂ ଆକାଶ- ଏ ଉଭୟ ଠାରୁ ମୁଁ ସ୍ୱତନ୍ତ୍ର ଏବଂ ଊର୍ଦ୍ଧ୍ୱରେ ସ୍ଥିତ ଥାଇ ନିଜର ଅନନ୍ତ ମହିମା ଦ୍ୱାରା ସମଗ୍ର ସୃଷ୍ଟିକୁ ଆଭାମୟ କରିଥାଏ।

ବାସ୍ତବରେ ଅନନ୍ତ ଶକ୍ତି ବିଭୂଷିତା ପରଂବ୍ରହ୍ମ ସ୍ୱରୂପିଣୀ ମହାମାୟା ଆଦ୍ୟାଶକ୍ତିଙ୍କର ଶକ୍ତିତତ୍ତ୍ୱ ଅତ୍ୟନ୍ତ ଦୁରଧିଗମ୍ୟ ଏବଂ ଦୁର୍ଜ୍ଞେୟ। ଏଣୁ ସେ 'ଦୁର୍ଗା' ନାମରେ ନାମିତ। ତାଙ୍କର କରୁଣା ହେଲେ ଯାଇ ତାଙ୍କର ତତ୍ତ୍ୱ କିଞ୍ଚିତ ମାତ୍ର ଉପଲବ୍ଧି କରିବା ସମ୍ଭବ ହୋଇପାରେ। ଶାସ୍ତ୍ରରେ 'ଦୁର୍ଗା' ଶବ୍ଦର ବ୍ୟାଖ୍ୟା କରାଯାଇ କୁହାଯାଇଛି:

"ଦୈତ୍ୟ ନାଶାର୍ଥବଚନୋ ଦକାରଃ ପରିକୀର୍ତ୍ତିତଃ।
ଉକାରୋ ବିଘ୍ନନାଶସ୍ୟ ବାଚକୋ ବେଦ ସମ୍ମତଃ ।।
ରେଫୋ ରୋଗଘ୍ନବଚନୋ ଗଶ୍ଚ ପାପଘ୍ନ ବାଚକଃ।
ଭୟ ଶତ୍ରୁଘ୍ନ ବଚନ ଶ୍ଚା କାରଃ ପରିକୀର୍ତ୍ତିତ ।।"

ଅର୍ଥାତ୍- 'ଦ' ଅକ୍ଷର ଦୈତ୍ୟନାଶକ, 'ଉ'କାର ବିଘ୍ନନାଶକ, 'ରେଫ୍' ରୋଗନାଶକ, 'ଗ'କାର ପାପନାଶକ ଏବଂ 'ଅ'କାର ଭୟ ଶତ୍ରୁନାଶକ। ଅନ୍ୟ ଅର୍ଥରେ ଦୈତ୍ୟ, ବିଘ୍ନ, ଭୟ ଓ ଶତ୍ରୁ ହାତରୁ ଯେ ରକ୍ଷା କରନ୍ତି, ସେ ହିଁ ଦୁର୍ଗା। ଆଉ 'ଦୁର୍ଗ' ନାମକ ଅସୁରକୁ ନାଶ କରିଥିବା କାରଣରୁ ସେ ନିତ୍ୟ ଦୁର୍ଗା ନାମରେ ଖ୍ୟାତ। **(ଦୁର୍ଗଂ ନାଶୟତି ଯା ନିତ୍ୟଂ ସା ଦୁର୍ଗା ବା ପ୍ରକର୍ତ୍ତିତା।)**

ସେ ସକଳ ଶକ୍ତିର ଆଧାର ହୋଇଥିବା କାରଣରୁ, ଉତ୍ତର ବୈଦିକ କାଳରେ ଶକ୍ତି ଉପାସନା ପରମ୍ପରାର ଉତ୍ତରଣ ଘଟି 'ଦେବୀପୂଜା' ମୃଣ୍ମୟୀ ଦୁର୍ଗାପୂଜାର ରୂପ ଗ୍ରହଣ କରିଥିଲା। ଶରତ ଋତୁ ଦେବଗଣଙ୍କ ଶୟନକାଳ ହୋଇଥିଲେ ମଧ୍ୟ ଆସୁରିକ ଶକ୍ତିର ବିନାଶ ନିମିତ୍ତ ଦେବତାମାନଙ୍କ ଦ୍ୱାରା ଅକାଳରେ ବୋଧିତ ହୋଇ ଏହି ଅବସରରେ ମହାମାୟା ଜଗଜ୍ଜନନୀ ଆବିର୍ଭୂତା ହୋଇଥିଲେ।

ଏଣୁ ମହାମାୟା ମହାଶକ୍ତିଙ୍କର ଶାରଦୀୟ ଉପାସନାକୁ ଭବ୍ୟ ରୂପ ପ୍ରଦାନ କରାଯାଇ ତ୍ରିଦିନାତ୍ମକ, ନବରାତ୍ର ବା ଷୋଡ଼ଶ ଦିନାତ୍ମକ ପୂଜାର କଳ୍ପନା କରାଯାଇଛି । ଏହି ଅବସରକୁ ସାମ୍ବତ୍ସରିକ ଶାରଦୀୟ ମହାପାର୍ବଣ ରୂପେ ସ୍ୱୀକୃତି ଦିଆଯାଇ ଦେବୀଙ୍କର ଷୋଡ଼ଶ ଉପଚାର ପୂଜା ସହ 'ଶ୍ରୀ ଶ୍ରୀ ଚଣ୍ଡୀପାଠ' ଆଦି ବିଧିବିଧାନର ଅବତାରଣା କରାଯାଇଛି । ଦେବୀଙ୍କର ଏହି ଶାରଦୀୟ ମହୋତ୍ସବ ପାଳନ ସହ ଚଣ୍ଡୀପାଠ ତଥା ଦେବୀ ମାହାତ୍ମ୍ୟ ଶ୍ରବଣ କଲେ ସାଧକ ଅଚିରେ ସକଳ ବାଧାବିଘ୍ନରୁ ମୁକ୍ତି ଲାଭ କରି ଧନଧାନ୍ୟ ଗୋପଲକ୍ଷ୍ମୀ ପ୍ରାପ୍ତ ହୋଇଥାଏ ବୋଲି ଦେବୀମାତା ନିଜ ଶ୍ରୀମୁଖରେ ସ୍ୱୀକାର କରିଛନ୍ତି:

"ଶରତ୍‌କାଳେ ମହାପୂଜା କ୍ରିୟତେ ଯା ଚ ବାର୍ଷିକୀ
ତସ୍ୟାଂ ମମୈତନ୍ମାହାତ୍ମ୍ୟଂ ଶ୍ରୁତ୍ୱା ଭକ୍ତିସମନ୍ୱିତଃ ।
ସର୍ବ ବାଧାବିନିର୍ମୁକ୍ତୋ ଧନଧାନ୍ୟସୁତାନ୍ୱିତଃ
ମନୁଷ୍ୟୋ ମତ୍‌ପ୍ରସାଦେନ ଭବିଷ୍ୟତି ନ ସଂଶୟଃ ॥"

(ଶ୍ରୀ ଶ୍ରୀ ଚଣ୍ଡୀ ୧୨ଅ. ୧୨-୧୩)

ଉପରୋକ୍ତ ଆଲୋଚନାରୁ ଏହା ସୁସ୍ପଷ୍ଟ ଯେ ଆଦ୍ୟାଶକ୍ତି ମା ଦୁର୍ଗା ହେଉଛନ୍ତି ନିତ୍ୟା, ଅକ୍ଷର ବ୍ରହ୍ମ ସ୍ୱରୂପା, ଅମୃତରୂପା, ପ୍ରଣବ ସ୍ୱରୂପା ଶକ୍ତିରୂପିଣୀ । ସେ ହେଉଛନ୍ତି ପରିଣାମ ହୀନା, ଶ୍ରେଷ୍ଠ ଶକ୍ତି ଓ ଦେବଗଣଙ୍କ ମାତା ପରମ ବୈଷ୍ଣବୀ ଆଦ୍ୟା ସନାତନୀ ଜଗତର ନିମିତ୍ତ କାରଣ ଓ ଉପାଦାନର କାରଣ । ସେ ହିଁ ଏ ଜଗତର ଆଦି, ମଧ୍ୟ ଏବଂ ଅନ୍ତ- ଜଗତ ସ୍ୱରୂପା ଏବଂ ଜଗତର ଧାରୟିତ୍ରୀ, ବିଶ୍ୱପାଳିନୀ ମହାମଙ୍ଗଳମୟୀ । ଜୀବନ-ମୃତ୍ୟୁ, ଜ୍ଞାନ-ଅଜ୍ଞାନ, ଧର୍ମ-ଅଧର୍ମ, ସୃଷ୍ଟି-ପ୍ରଳୟ, ଦେବ-ରାକ୍ଷସ ଆଦି ସମସ୍ତ ଭାବର ମହାଶକ୍ତି ଦୁର୍ଗା ହେଉଛନ୍ତି ପ୍ରତୀକ ରୂପା- ସେ ସର୍ବଭବ ଓ ସର୍ବଗୁଣ ସମ୍ପନ୍ନା । କୁହାଯାଇଛି ସର୍ବସ୍ୱ ତ୍ୟାଗ ଦ୍ୱାରା ଅମୃତତ୍ୱ ଲାଭ ସମ୍ଭବ ହୋଇଥାଏ । ଏଣୁ ପରମ ଶ୍ରଦ୍ଧା ଭକ୍ତି ପୂର୍ବକ ସମ୍ପୂର୍ଣ୍ଣ ଦେହ ମନକୁ ମହାଶକ୍ତିଙ୍କ ନିମିତ୍ତ ଉତ୍ସର୍ଗ କରି ତାଙ୍କର ଆବାହନ ଉଦ୍‌ବୋଧନ ଓ ପୂଜନ ଓ ତର୍ପଣ କରିପାରିଲେ ଶକ୍ତି ସାଧନାରେ ସିଦ୍ଧି ଲାଭ ସମ୍ଭବ ହେବ ହିଁ ହେବ । ଆସନ୍ତୁ ନିଜର, ସମାଜର ତଥା ସର୍ବୋପରି ସମଗ୍ର ଜଗତର କଲ୍ୟାଣ ନିମିତ୍ତ ସର୍ବଦା ସେଇ ପରମ ଶକ୍ତି ସ୍ୱରୂପିଣୀ ଦେବୀ ମାତାଙ୍କର ସ୍ମରଣ ଓ ଚିନ୍ତନରେ ନିଜକୁ ହଜାଇ ଦେବା । ଦେବୀ କହିଛନ୍ତି ଯିଏ ଏକାଗ୍ର ଚିତ୍ତ ହୋଇ

ପ୍ରତିଦିନ ଏଇ ନିମ୍ନ ସ୍ତୁତି ଦ୍ୱାରା ମୋତେ ସ୍ତବନ କରିବ; ତାହାର ସମସ୍ତ ବାଧାବିଘ୍ନ ମୁଁ ନିଶ୍ଚିତ ଭାବରେ ଦୂର କରିବି।

"ଓଁ ବିଦ୍ୟୁଦ୍ଦାମସମପ୍ରଭାଂ ମୃଗପତିସ୍କନ୍ଧସ୍ଥିତାଂ ଭୀଷଣାଂ
କନ୍ୟାଭିଃ କରବାଲଖେଟବିଲସଦ୍ଧସ୍ତାଭିରାସେବିତାମ୍।
ହସ୍ତୈଶ୍ଚକ୍ରଗଦାସିଖେଟବିଶିଖାଂଶ୍ଚାପଂ ଗୁଣଂ ତର୍ଜନୀଂ
ବିଭ୍ରାଣାମନଳାତ୍ମିକାଂ ଶଶିଧରାଂ ଦୁର୍ଗାଂ ତ୍ରିନେତ୍ରାଂ ଭଜେ ॥"

(ଶ୍ରୀ ଶ୍ରୀ ଚଣ୍ଡୀ ୧୨ଶ ଅଧ୍ୟାୟ)

ଅର୍ଥାତ୍ ମୁଁ ତ୍ରିନେତ୍ରା ଦୁର୍ଗା ଦେବୀଙ୍କୁ ଧ୍ୟାନ କରୁଛି। ତାଙ୍କର ଶ୍ରୀ ଅଙ୍ଗର ପ୍ରଭା ବିଜୁଳି ସମାନ ଅଟେ। ସେ ସିଂହର ସ୍କନ୍ଧ ଉପରେ ବସିଥିବାରୁ ଭୟଙ୍କର ପ୍ରତୀତ ହୁଅନ୍ତି। ହସ୍ତରେ ଖଡ୍ଗ ଓ ଢାଲ ଧରି ଅନେକ କନ୍ୟା ତାଙ୍କର ସେବାରେ ଦଣ୍ଡାୟମାନ ହୋଇଛନ୍ତି। ସେ ନିଜ ହସ୍ତରେ ଚକ୍ର, ଗଦା, ଖଡ୍ଗ, ଢାଲ, ବାଣ, ଧନୁ, ପାଶ ଏବଂ ତର୍ଜନୀ ମୁଦ୍ରା ଧାରଣ କରିଛନ୍ତି। ତାଙ୍କର ସ୍ୱରୂପ ଅଗ୍ନିମୟ ଅଟେ ଏବଂ ସେ ମସ୍ତକରେ ଚନ୍ଦ୍ରମାର ମୁକୁଟ ଧାରଣ କରିଛନ୍ତି।

ବିହାର ରାଜ୍ୟର ଦୁର୍ଗାପୂଜା (ପୃ.୧୧୮)

ମହାଳୟା ଶ୍ରାଦ୍ଧ/ଶ୍ରାଦ୍ଧପକ୍ଷ ପାଳନ କରିବା କାହିଁକି ?

ଆଶ୍ୱିନ କୃଷ୍ଣ ପ୍ରତିପଦରୁ ଅମାବାସ୍ୟା ପର୍ଯ୍ୟନ୍ତ ୧୫ ଦିନ ସମୟକୁ 'ପିତୃପକ୍ଷ' ବୋଲି କୁହାଯାଇଥାଏ। ଏହା ଶ୍ରାଦ୍ଧପକ୍ଷ ବା ମହାଳୟା ପକ୍ଷ ଅଥବା ଅପରପକ୍ଷ ରୂପେ ମଧ୍ୟ ନାମିତ। କେତେକଙ୍କ ମତରେ ଅନନ୍ତ ଚତୁର୍ଦ୍ଦଶୀର ପରଦିନ ପଡୁଥିବା ପୂର୍ଣ୍ଣିମା (ଭାଦ୍ରବ ଶୁକ୍ଳ ପୂର୍ଣ୍ଣିମା) ଠାରୁ ଆରମ୍ଭ କରି ଆଶ୍ୱିନ ଅମାବାସ୍ୟା ପର୍ଯ୍ୟନ୍ତ ଷୋଳଦିନ ସମୟକୁ ଶ୍ରାଦ୍ଧପକ୍ଷ ବୋଲି କୁହାଯାଏ। ଶାସ୍ତ୍ରାନୁଯାୟୀ ଏହି ଦିନ ଠାରୁ ମହାଳୟା ପ୍ରାରମ୍ଭ ହୋଇଥାଏ। ଏହି ଦିନ ମାନଙ୍କରେ ପିତୃପୁରୁଷମାନଙ୍କୁ ପ୍ରତିଦିନ ଜଳାର୍ଘ୍ୟ ପ୍ରଦାନ ପୂର୍ବକ ତର୍ପଣ କରାଯିବା ଉଚିତ। ବର୍ଷର କୌଣସି ବି ମାସର ଯେଉଁ ତିଥିରେ ବ୍ୟକ୍ତିର (ପିତା, ପିତାମହ ବା ପ୍ରପିତାମହଙ୍କର) ଦେହାନ୍ତ ହୋଇଥିବ, ପିତୃପୁରୁଷମାନଙ୍କ ଉଦ୍ଦେଶ୍ୟରେ ଶ୍ରାଦ୍ଧପକ୍ଷର ଠିକ୍ ସେଇ ତିଥିରେ ଶ୍ରାଦ୍ଧ କରାଯିବାର ବିଧି ରହିଛି। ଏଇ ତିନି ପୁରୁଷ ମଧ୍ୟରୁ ପିତା ଜୀବିତ ନଥିଲେ ତାଙ୍କ ମୃତ୍ୟୁ ତିଥିରେ ସଭିଙ୍କୁ ଶ୍ରାଦ୍ଧ ଦିଆଯାଏ। ଯଦି ପିତା ଜୀବିତ କିନ୍ତୁ ପିତାମହ ନଥାନ୍ତି ତେବେ ତାଙ୍କ ତିଥିକୁ ମୁଖ୍ୟ ଦିବସ ରୂପେ ଗୃହୀତ ହୁଏ। ସେଇ କ୍ରମରେ ଶ୍ରାଦ୍ଧ ତିଥି ମହାଳୟାରେ ନିର୍ଦ୍ଧାରଣ କରାଯାଏ। ପିତୃପୁରୁଷ ବା ପିତର କେଉଁମାନଙ୍କୁ କୁହାଯାଏ, ସେ ସମ୍ପର୍କରେ ବ୍ରହ୍ମ ପୁରାଣରେ ନିମ୍ନ ଶ୍ଲୋକ ଉଲ୍ଲେଖ କରାଯାଇଛି:

"ପିତା ପିତାମହଶ୍ଚୈବ ତଥୈବ ପ୍ରପିତାମହଃ।
ତ୍ରୟୋ ହ୍ୟଶ୍ରୁମୁଖା ହ୍ୟେତେ ପିତରଃ ପରିକୀର୍ତ୍ତିତାଃ ॥"

ଯଦି କୌଣସି ବ୍ୟକ୍ତିଙ୍କର ମୃତ୍ୟୁ ଯେ କେହି ମାସର ପୂର୍ଣ୍ଣିମାରେ ହୋଇଥାଏ ତେବେ ତାଙ୍କର ଶ୍ରାଦ୍ଧ ଭାଦ୍ରବ ମାସର ପୂର୍ଣ୍ଣିମା ତିଥିରେ (ମହାଳୟାର ପ୍ରାରମ୍ଭ ଦିବସ) କରାଯିବା ନିମନ୍ତେ ଶାସ୍ତ୍ରୋକ୍ତ ପ୍ରମାଣ ରହିଛି। ଯେ କୌଣସି ମାସର ଅମାବାସ୍ୟା ତିଥି, ପିତୃପୁରୁଷମାନଙ୍କ ନିମନ୍ତେ ପୁଣ୍ୟ ତିଥି ହୋଇଥିଲେ ମଧ୍ୟ ଆଶ୍ୱିନ ଅମାବାସ୍ୟା ସେମାନଙ୍କ ସକାଶେ ପରମ ପାବନ ଦିବସ ରୂପେ ଶାସ୍ତ୍ରରେ ଗୃହୀତ ହୋଇଛି। ଠିକ୍ ସେହିପରି ମାତା, ମାତାମହ ଏବଂ ପ୍ରମାତାମହଙ୍କ ଶ୍ରାଦ୍ଧ

ନିମନ୍ତେ ପିତୃପକ୍ଷର ନବମୀ ତିଥିକୁ ସର୍ବଶ୍ରେଷ୍ଠ ଦିବସ ରୂପେ ଶାସ୍ତ୍ରମାନଙ୍କରେ ମାନ୍ୟତା ପ୍ରଦାନ କରାଯାଇଛି। ପୁଣି ଯେଉଁ ପୂର୍ବୋଜମାନଙ୍କର ମୃତ୍ୟୁ ତିଥି ଅଜ୍ଞାତ ସେମାନଙ୍କୁ ଶ୍ରାଦ୍ଧ, ଆଶ୍ୱିନ ଅମାବାସ୍ୟା ତିଥିରେ ଅର୍ପଣ କରାଯାଇଥାଏ। ଏଣୁ ଏହାକୁ 'ସର୍ବପିତୃ' ଅମାବାସ୍ୟା ବୋଲି ମଧ୍ୟ କହନ୍ତି।

ପିତୃପୁରୁଷମାନଙ୍କ ପ୍ରତି ଶ୍ରଦ୍ଧାଜ୍ଞାପନ କରାଯାଇ ସେମାନଙ୍କ ମୁକ୍ତି ଉଦ୍ଦେଶ୍ୟରେ କରାଯାଉଥିବା କର୍ମକୁ 'ଶ୍ରାଦ୍ଧ' ବୋଲି କୁହାଯାଏ। **"ଶ୍ରଦ୍ଧୟା ଦୀୟତେ ଯତ୍ ତତ୍ ଶ୍ରାଦ୍ଧମ୍।"** ଶ୍ରାଦ୍ଧକୁ 'ପିତୃଯଜ୍ଞ' ବୋଲି ମଧ୍ୟ କହନ୍ତି। ମହାଳୟା ପକ୍ଷରେ ଶ୍ରାଦ୍ଧ କରାଯିବା ଫଳରେ ପିତୃଗଣ ସାରାବର୍ଷ ପ୍ରସନ୍ନ ରହନ୍ତି ବୋଲି ଶାସ୍ତ୍ରର କଥନ ରହିଛି। ଶ୍ରାଦ୍ଧ ଦ୍ୱାରା ପିତୃପୁରୁଷମାନଙ୍କୁ ସନ୍ତୁଷ୍ଟ କରୁଥିବା ପରିବାରର ସଦସ୍ୟମାନେ ଧନଜନ ଗୋପଲକ୍ଷ୍ମୀ, ଯଶ, ସ୍ୱର୍ଗ, ମୋକ୍ଷ ଆୟୁ ବଳବୀର୍ଯ୍ୟ ସହ ଏକ ଆନନ୍ଦମୟ ଜୀବନ ଲାଭ କରିଥାନ୍ତି। ଏଣୁ କୁହାଯାଇଛି-

"ଆୟୁଃ ପ୍ରଜାଂ ଧନଂ ବିଦ୍ୟାଂ ସ୍ୱର୍ଗଂ ମୋକ୍ଷଂ ସୁଖାନିଚ।
ପ୍ରଯଚ୍ଛନ୍ତି ତଥା ରାଜ୍ୟଂ ପ୍ରୀତା ନୃଣାଂ ପିତାମହାଃ ॥"

(ଯାଜ୍ଞବଲ୍‌କ୍ୟସ୍ମୃତି)

ଶ୍ରାଦ୍ଧ ଉପଲକ୍ଷେ ବିପ୍ର ବା ବ୍ରାହ୍ମଣଙ୍କୁ ଦାନ ଦକ୍ଷିଣା ଦିଆଯିବା ଦ୍ୱାରା ପୁଣ୍ୟ ପ୍ରାପ୍ତି ହୁଏ। ଏଣୁ ଭାଗବତରେ କୁହାଯାଇଛି:

"ଗୃହସ୍ଥ ପିତୃଶ୍ରାଦ୍ଧ କାଳେ। ଜ୍ଞାନୀ ପୁରୁଷ ଯେବା ମିଳେ ॥
ତାହାଙ୍କୁ ହବ୍ୟ କବ୍ୟ ଦାନ। କଲେ ଅନେକ ହୁଏ ପୁଣ୍ୟ ॥"

ସେହିପରି ପିତୃପୁରୁଷମାନଙ୍କୁ ଶ୍ରଦ୍ଧା ନିବେଦନ ପୂର୍ବକ ପ୍ରାର୍ଥନା କରି ନିମ୍ନୋକ୍ତ ଶ୍ଳୋକରେ ନିବେଦନ କରାଯାଇଛି:

"ଅର୍ଯ୍ୟମା ନ ତ୍ରିପତ୍ୟାମ ଇଦଂ ତିଳୋଦକଂ ତସ୍ମୈ ସ୍ୱଧା ନମଃ।
.....ମୃତ୍ୟୋର୍ମା ଅମୃତଂଗମୟ ॥"

ଅର୍ଥାତ୍ ପିତୃପୁରୁଷମାନଙ୍କ ମଧ୍ୟରେ ଅର୍ଯ୍ୟମା ଶ୍ରେଷ୍ଠ। ସେ ପିତୃପୁରୁଷମାନଙ୍କର ଦେବତା ଅଟନ୍ତି। ଅର୍ଯ୍ୟମାଙ୍କୁ ପ୍ରଣାମ। ହେ ପିତା, ପିତାମହ ଏବଂ ପ୍ରପିତାମହ, ହେ ମାତା, ମାତାମହ ଏବଂ ପ୍ରମାତାମହ ଆପଣଙ୍କୁ ମଧ୍ୟ ବାରମ୍ବାର ପ୍ରଣାମ। ଆପଣ ଆମ୍ଭମାନଙ୍କୁ ମୃତ୍ୟୁ ଠାରୁ ଅମୃତ ଆଡ଼କୁ ଅଗ୍ରସର ହେବା ପାଇଁ ଆଶୀର୍ବାଦ ପ୍ରଦାନ କରନ୍ତୁ। ଏହିପରି ପ୍ରାର୍ଥନା ସହ ଦେବତା, ଋଷି

ଏବଂ ପିତୃପୁରୁଷମାନଙ୍କୁ ଜଳାର୍ଘ୍ୟ ସହ ତିଳ ତଣ୍ଡୁଳ ପ୍ରଦାନ କରିବା ପଦ୍ଧତିକୁ ତର୍ପଣ କୁହାଯାଏ। ତେବେ ଶୁକ୍ରବାର, ରବିବାର ଏବଂ ସଂକ୍ରାନ୍ତି ଆଦି ଦିବସରେ ତିଳତର୍ପଣ ନିଷିଦ୍ଧ ହୋଇଥାଏ। ଏମିତି ପ୍ରତିଦିନ ସ୍ନାନ ପରେ ପିତୃପୁରୁଷମାନଙ୍କ ଉଦ୍ଦେଶ୍ୟରେ ଜଳାର୍ଘ୍ୟ ପ୍ରଦାନର ବିଧି ସର୍ବତ୍ର ପାଳିତ ହୋଇଥାଏ।

'ପିତୃପକ୍ଷ' ଦିବଂଗତ ଆତ୍ମାମାନଙ୍କର ସର୍ବଶ୍ରେଷ୍ଠ ତଥା ବିଶେଷ ପର୍ବ ଅଟେ। ଏହି ସମୟରେ ଆମର ପୂର୍ବୋଜମାନେ ପିତୃଲୋକରେ ଥାଇ ପୁତ୍ର ପୌତ୍ରାଦିମାନଙ୍କ ଠାରୁ ପିଣ୍ଡଦାନ ତଥା ତିଳାଞ୍ଜଳି ପ୍ରାପ୍ତି ପାଇଁ ଆଶାୟୀ ହୋଇ ସୂକ୍ଷ୍ମ ରୂପରେ ପୃଥିବୀ ଲୋକସ୍ଥିତ ପୁତ୍ରାଦିଙ୍କ ଦ୍ୱାରସ୍ଥ ହୋଇଥାନ୍ତି। ସେଇ ସ୍ଥିତିରେ ସେମାନଙ୍କ ଆଶା ପୂରଣ ହୋଇ ନପାରିଲେ ସେମାନେ ଆଶୀର୍ବାଦ ପରିବର୍ତ୍ତେ ଅଭିଶାପ ପ୍ରଦାନ ପୂର୍ବକ ନିଜ ଲୋକକୁ ପ୍ରତ୍ୟାବର୍ତ୍ତନ କରିଥାନ୍ତି। ଯେଉଁମାନେ ନିଜ ପିତୃପୁରୁଷମାନଙ୍କୁ ଶ୍ରାଦ୍ଧ ଅର୍ପଣ କରନ୍ତି ନାହିଁ ପିତୃପୁରୁଷମାନେ ସେମାନଙ୍କ ରକ୍ତପାନ କରିଥାନ୍ତି। ଏହା ଆଦିତ୍ୟ ପୁରାଣର ନିମ୍ନ ଶ୍ଳୋକରୁ ପ୍ରମାଣିତ ହୁଏ:

"ନ ସନ୍ତି ପିତରଶ୍ଚେତି କୃତ୍ୱା ମନସି ଯୋ ନରଃ।
ଶ୍ରାଦ୍ଧଂ ନ କୁରୁତେ ତତ୍ର ତସ୍ୟ ରକ୍ତଂ ପିବନ୍ତି ତେ ॥"

(ଆଦିତ୍ୟ ପୁରାଣ)

ଏଣୁ ନିଜର ଶକ୍ତି ଅନୁଯାୟୀ ଅତି ଶ୍ରଦ୍ଧାର ସହ ପିଣ୍ଡଦାନ କରାଯିବା ଏକାନ୍ତ ଆବଶ୍ୟକ ଅଟେ। ଏତଦ୍ୱାରା ପିତୃପୁରୁଷମାନେ ନିଜ ବଂଶର ପୁତ୍ର, ପୌତ୍ରାଦିମାନଙ୍କୁ ସର୍ବମଙ୍ଗଳକାରୀ ସୌଭାଗ୍ୟ ପ୍ରାପ୍ତି ପାଇଁ ଆଶୀର୍ବାଦ ପ୍ରଦାନ କରିଥାନ୍ତି। ଏଣୁ ଶାସ୍ତ୍ରରେ କୁହାଯାଇଛି:

"ଆୟୁଃ ପୁତ୍ରାନ୍ ଯଶଃ ସ୍ୱର୍ଗଂ କୀର୍ତ୍ତିଂ ପୁଷ୍ଟିଂ ବଳଂଶ୍ରିୟମ୍।
ପଶୂନ୍ ସୌଖ୍ୟଂ ଧନଂ ଧାନ୍ୟଂ ପ୍ରାପ୍ନୁୟାତ୍ ପିତୃ ପୂଜନାତ୍ ॥"

ପରିବାରର ଜ୍ୟେଷ୍ଠ ପୁତ୍ର ଦ୍ୱାରା ଶ୍ରାଦ୍ଧ କର୍ମ ସମ୍ପାଦନ କରାଯିବା ବିଧି। ତେବେ କୌଣସି ପରିବାରରେ ଜ୍ୟେଷ୍ଠ ପୁତ୍ର ବା ପୁରୁଷ ସଦସ୍ୟ ନଥିଲେ ମଧ୍ୟ ସ୍ତ୍ରୀମାନଙ୍କ ଦ୍ୱାରା ଶ୍ରାଦ୍ଧକାର୍ଯ୍ୟ ସମ୍ପନ୍ନ କରାଯିବାରେ କୌଣସି ପ୍ରତିବନ୍ଧକ ନଥାଏ। ଭାରତୀୟ ସଂସ୍କୃତିରେ ଶ୍ରାଦ୍ଧପକ୍ଷକୁ ନିଷ୍ଠାର ସହ ପାଳନ କରାଯାଇଥାଏ। ଏହି ସମୟରେ ପିତୃପୁରୁଷମାନଙ୍କ ପ୍ରତି ଶ୍ରଦ୍ଧା ସମ୍ମାନ ନିବେଦନ କରିବା ନିମିତ୍ତ ପ୍ରତ୍ୟେକ ପରିବାରର ସଦସ୍ୟମାନେ ତତ୍ପର ହୋଇ ଉଠନ୍ତି। ଏହି ପକ୍ଷରେ ଶୁଦ୍ଧ ସାତ୍ତ୍ୱିକ

ଆହାର ଗ୍ରହଣ କରାଯାଇଥାଏ। ଗରୁଡ଼ ପୁରାଣ ଏବଂ ମତ୍ସ୍ୟପୁରାଣ ଅନୁଯାୟୀ ଶ୍ରାଦ୍ଧ ଦ୍ୱାରା ସମର୍ପିତ ପଦାର୍ଥଗୁଡ଼ିକୁ ପିତୃପୁରୁଷମାନେ ଅବଶ୍ୟ ଗ୍ରହଣ କରିଥାନ୍ତି।

"ଗୃହ୍ଣାତି ବରୁଣୋ ଦାନଂ ମମହସ୍ତେ ପ୍ରଯଚ୍ଛତି।
ଅହଂ ଚ ଭାସ୍କରେ ଦେବେ ଭାସ୍କରାତ୍ ସୋଽଶ୍ନୁତେ ସୁଖମ୍ ॥"

(ଗରୁଡ଼ ପୁରାଣ ୧୮/୨୭)

ଏଠାରେ ନିଜେ ଭଗବାନ ବିଷ୍ଣୁ ଗରୁଡ଼ଙ୍କୁ କହୁଛନ୍ତି- ହେ ପକ୍ଷୀରାଜ ! ମୃତ ବ୍ୟକ୍ତି ଉଦ୍ଦେଶ୍ୟରେ ଯେ କୌଣସି ଦାନ ସମର୍ପଣ କରାଯାଏ ତାହା ସର୍ବପ୍ରଥମେ ବରୁଣ ଗ୍ରହଣ କରନ୍ତି। ବରୁଣ ଏହି ଦାନକୁ ମୋ ହସ୍ତରେ ପ୍ରଦାନ କରନ୍ତି। ମୁଁ ତାହା ସୂର୍ଯ୍ୟଦେବଙ୍କୁ ଅର୍ପଣ କରି ଦେଇଥାଏ। ଏବଂ ତାଙ୍କ ଠାରୁ ପ୍ରେତମାନେ ସେହି ଦାନକୁ ଗ୍ରହଣ କରି ସୁଖଶାନ୍ତି ପ୍ରାପ୍ତ କରିଥାନ୍ତି।

ବେଦରେ 'ପଞ୍ଚଯଜ୍ଞ' ବିଷୟରେ କୁହାଯାଇଛି: କ) ବ୍ରହ୍ମଯଜ୍ଞ, ଖ) ଦେବଯଜ୍ଞ, ଗ) ପିତୃଯଜ୍ଞ, ଘ) ବୈଶ୍ୱଦେବଯଜ୍ଞ, ଙ) ଅତିଥିଯଜ୍ଞ। ତନ୍ମଧ୍ୟରୁ ପିତୃଯଜ୍ଞ ଅନ୍ୟତମ। ଯାହାକୁ ଶ୍ରାଦ୍ଧକ୍ରିୟା ନାମରେ ନାମିତ କରାଯାଏ। ମୃତ୍ୟୁ ପରେ ବ୍ୟକ୍ତିର ଆତ୍ମା ନିଜର କର୍ମ ଭେଦରେ କେହି ୩ଦିନ ବା କେହି ୧୩ଦିନ, ୩୭ ଦିନ ଅଥବା ୪୦ ଦିନ ଉତ୍ତାରୁ ପିତୃଲୋକକୁ ପ୍ରସ୍ଥାନ କରନ୍ତି। କିଛି ଆତ୍ମା କର୍ମ ପ୍ରାଦୁର୍ଭାବରୁ ପିତୃଲୋକକୁ ଗମନ ଅଥବା ପୃଥିବୀ ଲୋକରେ ପୁନର୍ଜନ୍ମ ପ୍ରାପ୍ତି ପାଇଁ ଅକ୍ଷମ ହୁଅନ୍ତି। କେତେକ ଅଧୋଗତି ପ୍ରାପ୍ତ ହୋଇ ଭୂତପ୍ରେତ, ପିଶାଚ ଆଦି ଯୋନିରେ ନିକ୍ଷିପ୍ତ ହୁଅନ୍ତି। କେହି ସ୍ୱର୍ଗପ୍ରାପ୍ତି ଅଥବା କେହି ମୋକ୍ଷପ୍ରାପ୍ତି ହୁଅନ୍ତି। ଶାସ୍ତ୍ରାନୁଯାୟୀ କେତେକ ଆତ୍ମା ଏସବୁ ବ୍ୟତିରେକେ ଅତୃପ୍ତ ଭାବରେ ଘୁରି ବୁଲନ୍ତି। ନା ସେମାନଙ୍କର ସ୍ୱର୍ଗପ୍ରାପ୍ତି ହୁଏ ନା ପୁନର୍ଜନ୍ମ। ଏହିପରି ପ୍ରତୀକ୍ଷାରତ ଘୂର୍ଣ୍ଣନଶୀଳ ଆତ୍ମାଗୁଡ଼ିକର ମୁକ୍ତି ନିମନ୍ତେ ଶ୍ରାଦ୍ଧ, ପିଣ୍ଡଦାନ ଏବଂ ତର୍ପଣ ଆଦି କର୍ମମାନ ଉତ୍ତରଦାୟାଦମାନଙ୍କ ଦ୍ୱାରା କରାଯାଇ ପାରିଲେ ସେମାନେ ମୁକ୍ତିଲାଭ କରନ୍ତି। ନିଜ ପିତୃପୁରୁଷମାନଙ୍କର ମୋକ୍ଷ କାମନା କରି ସ୍ୱର୍ଗ ରାଜ୍ୟରୁ ଗଙ୍ଗାମାତାଙ୍କୁ ପୃଥିବୀ ଲୋକକୁ ଅଣାଇବା ସକାଶେ ଭଗୀରଥଙ୍କ ଦ୍ୱାରା କରାଯାଇଥିବା କଠୋର ତପସ୍ୟା ବିଷୟ କାହାକୁ ବା ଅଜଣା ଅଛି। ଗଙ୍ଗାଙ୍କ ପୃଥିବୀ ଆଗମନ ଫଳରେ ଭଗୀରଥଙ୍କ ପିତୃପୁରୁଷମାନେ ମୋକ୍ଷଲାଭ କରିଥିଲେ। ଶ୍ରାଦ୍ଧତର୍ପଣ ଦ୍ୱାରା ପିତୃଋଣ, ଦେବଋଣ ଏବଂ ମାତୃଋଣରୁ ମୁକ୍ତି ମିଳିଥାଏ। କେତେକ ଶ୍ରାଦ୍ଧ ଦିନ ଗାଈ,

କୁକୁର, କୁଆ, ପିମ୍ପୁଡ଼ି ଏବଂ ଦେବାଦିଙ୍କୁ ପଞ୍ଚବଳି ଅର୍ପଣ କରିବା ପରେ ବ୍ରାହ୍ମଣ ଓ ଅତିଥି ଆଦିଙ୍କୁ ଭୋଜନ କରାଇଥାନ୍ତି। ଏହାଦ୍ୱାରା ଯମରାଜ ସନ୍ତୁଷ୍ଟ ହୋଇ ମୃତାତ୍ମାମାନଙ୍କୁ ମୁକ୍ତି ପ୍ରଦାନ କରନ୍ତି। ଏଣୁ ଶ୍ରୀମଦ୍ ଭାଗବତରେ ଉଲ୍ଲେଖ କରାଯାଇଛି:

"ଆଶ୍ୱିନ ମାସେ କୃଷ୍ଣ ପକ୍ଷେ। ପିତୃଙ୍କୁ ପୂଜିବ ପ୍ରତ୍ୟକ୍ଷେ ॥
ପିତୃ ପୂଜନେ ଶ୍ରଦ୍ଧାମନେ। ଜ୍ଞାତି ବାନ୍ଧବ ସୁଭୋଜନେ ॥"

(୭।୧୪)

ଶାସ୍ତ୍ରୋକ୍ତ ମାନ୍ୟତା ଅନୁଯାୟୀ ଶ୍ରାଦ୍ଧ ଦ୍ୱାରା ପିତୃପୁରୁଷମାନଙ୍କୁ ଶକ୍ତି ପ୍ରାପ୍ତ ହୋଇଥାଏ। ଏହି ଶକ୍ତି ଦ୍ୱାରା ସେମାନେ ନିଜର ଉତ୍ତରଦାୟାଦମାନଙ୍କୁ ସାଂସାରିକ କଷ୍ଟ ଏବଂ ଦୁଃଖରୁ ଉଦ୍ଧାର କରିଥାନ୍ତି। କିନ୍ତୁ ଶ୍ରାଦ୍ଧତର୍ପଣ ଆଦିରେ ଅବହେଳା ଦ୍ୱାରା ପିତୃପୁରୁଷମାନେ ସାମର୍ଥ୍ୟ ବିହୀନ ହୋଇ ପୁତ୍ରାଦି ପରିଜନମାନଙ୍କୁ ଦୁଃଖ, ଦୁର୍ଦ୍ଦଶାଦି ଆବଶ୍ୟକ ସ୍ଥଳେ ସାହାଯ୍ୟ କରିପାରି ନଥାନ୍ତି। ଏ ଦୃଷ୍ଟିରୁ ମଧ୍ୟ ଶ୍ରାଦ୍ଧାଦି କର୍ମ, ଆମର ମଙ୍ଗଳ ସକାଶେ ଏକ ଅନିବାର୍ଯ୍ୟ ଆବଶ୍ୟକତା ଅଟେ। ଏଠାରେ ଏହା ସ୍ମରଣଯୋଗ୍ୟ ଯେ ପିତୃପୁରୁଷମାନଙ୍କ ନିମନ୍ତେ ଶ୍ରାଦ୍ଧତର୍ପଣ ଦୃଷ୍ଟିରୁ ଗୟା ତୀର୍ଥକୁ ସର୍ବଶ୍ରେଷ୍ଠ ବୋଲି ଶାସ୍ତ୍ରମାନଙ୍କ ଦ୍ୱାରା ବିବେଚିତ ହୋଇଥିବା ସ୍ଥଳେ ମାତାମାନଙ୍କ ସକାଶେ କାଥିଆବାଡ଼ ସ୍ଥିତ ସିଦ୍ଧପୁର ନାମକ ପୁଣ୍ୟତୀର୍ଥକୁ ପରମ ଶ୍ରେଷ୍ଠ ବୋଲି ଅଭିହିତ କରାଯାଇଛି। ଏହି ସ୍ଥାନ 'ମାତୃଗୟା' ନାମରେ ପ୍ରସିଦ୍ଧ ଅଟେ।

ସମଗ୍ର ହିନ୍ଦୁ ଜଗତରେ ଶ୍ରାଦ୍ଧପକ୍ଷକୁ ଅତ୍ୟନ୍ତ ଶ୍ରଦ୍ଧା, ନିଷ୍ଠା ଏବଂ ପବିତ୍ରତାର ସହ ପାଳନ କରାଯାଇଥାଏ। କେରଳରେ ଏହା 'କରିକଡ଼ା ବାବୁବଳୀ', ତାମିଲନାଡୁରେ 'ଆଦି ଅମାବସାଇ' ଓ ମହାରାଷ୍ଟ୍ରରେ ଏହା 'ପିତୃ ପନ୍ଧରବଡ଼ା' ନାମରେ ପ୍ରସିଦ୍ଧ ଅଟେ। ପୂଜ୍ୟପୂଜାର ପରମ୍ପରା, ଏପରିକି ମୃତାତ୍ମା ପିତୃପୁରୁଷମାନଙ୍କ ଉଦ୍ଦେଶ୍ୟରେ ଅନନ୍ୟ ଭକ୍ତି ଓ ଶ୍ରଦ୍ଧା ପ୍ରଦର୍ଶନର ସଂସ୍କାର ହିନ୍ଦୁମାନଙ୍କ ଦ୍ୱାରା ଯେ ବିଶ୍ୱକୁ ସର୍ବଶ୍ରେଷ୍ଠ ଦାନ ଏଥିରେ ତିଳେ ମାତ୍ର ସନ୍ଦେହ ନାହିଁ। ଖାଲି ମଣିଷ କାହିଁକି ନିଜେ ଜଗତର ନାଥ ମହାପ୍ରଭୁ ଜଗନ୍ନାଥ ଯେ ପିତୃଯଜ୍ଞ ଦ୍ୱାରା ନିଜର ପିତୃପୁରୁଷମାନଙ୍କୁ ଶ୍ରଦ୍ଧାଞ୍ଜଳି ଜ୍ଞାପନ କରନ୍ତି ତାହା ଶ୍ରୀମନ୍ଦିରର ନୀତିମାନଙ୍କରୁ ବେଶ୍ ଭଲ ଭାବରେ ସ୍ପଷ୍ଟ ହୋଇଯାଏ। ମହାପ୍ରଭୁ ନିଜର ବାମନ

ଅବତାରରେ ତାଙ୍କର ପିତାମାତା ଅଦିତି ଓ କଶ୍ୟପଙ୍କୁ, ରାମ ଅବତାରରେ ପିତାମାତା ଦଶରଥ ଓ କୌଶଲ୍ୟାଙ୍କୁ ଏବଂ କୃଷ୍ଣାବତାରରେ ପିତାମାତା ବସୁଦେବ-ଦେବକୀ ଓ ନନ୍ଦ-ଯଶୋଦାଙ୍କୁ ତଥା ଜଗନ୍ନାଥ ଅବତାରରେ ପିତାମାତା ରାଜା ଇନ୍ଦ୍ରଦ୍ୟୁମ୍ନ ଓ ଗୁଣ୍ଡିଚାଙ୍କୁ ଦୀପଦାନ ଦ୍ୱାରା ଶ୍ରଦ୍ଧାସୁମନ ଅର୍ପଣ କରିବା ପାଇଁ ଭୁଲି ନଥାନ୍ତି। ବାସ୍ତବରେ ବ୍ୟକ୍ତି ସ୍ୱଅନ୍ତଃକରଣରେ ଏହିପରି ଶ୍ରଦ୍ଧାପୂର୍ଣ୍ଣ ଭାବନା ଦ୍ୱାରା ପ୍ରେରିତ ହେବା ଫଳରେ ହିଁ ସେ ପର୍ଯ୍ୟାପ୍ତ ଧନମାନ ଗୌରବ ଏବଂ ସୁଖର ଅଧିକାରୀ ହେବା ସଙ୍ଗେ ସଙ୍ଗେ ନିଜ ପରିବାରକୁ ମଧ୍ୟ ଅନୁରୂପ ପ୍ରେମ, ସଂସ୍କାର, ବିଶ୍ୱାସ ତଥା ବିଶ୍ୱଶ୍ରେଷ୍ଠ ଆର୍ଯ୍ୟ ପରମ୍ପରା ସହ ଅତୁଟ ସମ୍ପର୍କର ବନ୍ଧନରେ ଆବଦ୍ଧ କରି ରଖିପାରେ। ତେବେ ଆସନ୍ତୁନା! ଆମେ ସମସ୍ତେ ଶ୍ରାଦ୍ଧପକ୍ଷର ପାବନ ଅବସରରେ ଆମର ପରମପୂଜ୍ୟ ପିତୃପୁରୁଷମାନଙ୍କୁ ବୈଦିକ ରୀତିରେ ଶ୍ରାଦ୍ଧାଦି ଅର୍ପଣ କରି ସେମାନଙ୍କ ଆଶୀର୍ବାଦ ପ୍ରାପ୍ତିର ସୌଭାଗ୍ୟ ଅର୍ଜନ କରିବା।

ପିତୃପକ୍ଷ ଶ୍ରାଦ୍ଧ (ପୃ.୧୬୪)

ହିନ୍ଦୁ ସଂସ୍କୃତିରେ ଶ୍ରାଦ୍ଧର ମହିମା ଓ ରହସ୍ୟମୟୀ ଦେବୀ ସ୍ୱଧା

ଶ୍ରାଦ୍ଧ ଶବ୍ଦର ଉତ୍ପତ୍ତି 'ଶ୍ରଦ୍ଧା' ଶବ୍ଦରୁ ହୋଇଛି । ଏଣୁ କୁହାଯାଇଛି: **'ଶ୍ରଦ୍ଧୟା ଦୀୟତେ ଯସ୍ମାତ୍ ତଚ୍ଛ୍ରାଦ୍ଧମ୍ ।'** ଶାସ୍ତ୍ରୋକ୍ତ ନିୟମରେ ସମ୍ପାଦିତ ପିତୃକର୍ମକୁ ଶ୍ରାଦ୍ଧ ବୋଲି କୁହାଯାଏ । ଶ୍ରାଦ୍ଧର ପ୍ରକୃତ ତାତ୍ପର୍ଯ୍ୟ ହେଲା ମନୁଷ୍ୟର ମୃତ୍ୟୁପରେ 'ରକ୍ତ-ମାଂସ-ଅସ୍ଥି-ମଜ୍ଜା-ତ୍ୱକ୍'ର ସମାହାର ବିଶିଷ୍ଟ ଏଇ ସ୍ଥୂଳ ଶରୀରରୁ ଆତ୍ମା ଯେତେବେଳେ ନିଷ୍କ୍ରାନ୍ତ ହୋଇ ନିଜ କର୍ମାନୁଯାୟୀ ଫଳପ୍ରାପ୍ତି ସକାଶେ ଅନ୍ତରୀକ୍ଷକୁ ଗମନ କରେ ସେତେବେଳେ ଜୀବର ସଦ୍‌ଗତି ପ୍ରାପ୍ତି ନିମିତ୍ତ ଅନୁକୂଳ ଶାସ୍ତ୍ରୋକ୍ତ ବିଧିବିଧାନ ଅନୁଯାୟୀ ଯେଉଁ କ୍ରିୟାନୁଷ୍ଠାନ କରାଯାଏ ତାହା ହିଁ 'ଶ୍ରାଦ୍ଧ' ଅଟେ । 'ଶ୍ରାଦ୍ଧ-କର୍ତ୍ତା'ର ହୃଦୟ ମଧ୍ୟସ୍ଥ ଶ୍ରଦ୍ଧା ହିଁ ହେଉଛି ଏଇ କ୍ରିୟାର ମୁଖ୍ୟ ଉପାଦାନ । ଏଇ କାରଣରୁ ଏଇ ଅନୁଷ୍ଠାନର ନାମକୁ 'ଶ୍ରାଦ୍ଧ' ବୋଲି ସଂଜ୍ଞାୟିତ କରାଯାଇଛି । ଅତଏବ 'ଶ୍ରାଦ୍ଧ' ହେଉଛି ଜୀବର ସଦ୍‌ଗତି ନିମିତ୍ତ ଶ୍ରଦ୍ଧାର ସହ କରାଯାଉଥିବା ଔର୍ଦ୍ଧ୍ୱ ଦୈହିକ ସଂସ୍କାରର ଅନ୍ୟତମ ନାମ । ଶାସ୍ତ୍ରର ପ୍ରମାଣ ଅନୁଯାୟୀ ଶ୍ରାଦ୍ଧ ଦ୍ୱାରା କେବଳ ନିଜର ମୃତ ଆତ୍ମୀୟମାନେ ଯେ ତୃପ୍ତ ହୁଅନ୍ତି ତାହା ନୁହେଁ ବରଂ ସୃଷ୍ଟି କର୍ତ୍ତା ବ୍ରହ୍ମାଙ୍କ ଠାରୁ ଆରମ୍ଭ କରି ତୃଣ ପର୍ଯ୍ୟନ୍ତ ସମସ୍ତ ପ୍ରାଣୀମାନେ ତୃପ୍ତ ହୋଇଥାଆନ୍ତି । ଏପରି ହିନ୍ଦୁ ସଂସ୍କୃତିରେ ବିଶ୍ୱାସ ରହିଛି । ସଂସାର ମଧ୍ୟରେ ଶ୍ରାଦ୍ଧକର୍ତ୍ତା ସକାଶେ ଶ୍ରାଦ୍ଧ ଠାରୁ ବଳି କଲ୍ୟାଣ କାରକ ଏବଂ ଶ୍ରେୟସ୍କର କର୍ମ ଆଉ କିଛି ନାହିଁ । ଏଣୁ ମନୁଷ୍ୟକୁ ଯତ୍ନପୂର୍ବକ ଶ୍ରାଦ୍ଧ କର୍ମ କରିବା ଉଚିତ- ଏହି ଉକ୍ତିକୁ ପ୍ରମାଣିତ କରି ନିମ୍ନ ଶ୍ଳୋକରେ ମହର୍ଷି ସୁମନ୍ତୁଙ୍କର ଉପଦେଶ ବିଶେଷ ପ୍ରଣିଧାନ ଯୋଗ୍ୟ ।

"ଶ୍ରାଦ୍ଧାତ୍‌ପରତରଂ ନାନ୍ୟଚ୍ଛ୍ରେୟସ୍କରମୁଦାହୃତମ୍ ।
ତସ୍ମାତ୍‌ସର୍ବପ୍ରୟତ୍ନେନ ଶ୍ରାଦ୍ଧଂକୁର୍ଯ୍ୟାତ୍‌ବିଚକ୍ଷଣଃ ॥"

ବିଷ୍ଣୁପୁରାଣର କଥନ ଅନୁଯାୟୀ ଶ୍ରଦ୍ଧାଯୁକ୍ତ ହୋଇ ଶ୍ରାଦ୍ଧକର୍ମ କରିବା ଫଳରେ ପିତୃଗଣଙ୍କ ବ୍ୟତୀତ ବ୍ରହ୍ମା, ଇନ୍ଦ୍ର, ରୁଦ୍ର, ଅଶ୍ୱିନୀ କୁମାର, ସୂର୍ଯ୍ୟ, ଅଗ୍ନି,

ବସୁ, ମରୁତଗଣ, ବିଶ୍ୱେଦେବ, ପକ୍ଷୀ, ମନୁଷ୍ୟ, ପଶୁ, ସରୀସୃପ, ଋଷିଗଣ ତଥା ଭୂତଗଣ ସଭିଏଁ ତୃପ୍ତ ହୋଇଥାନ୍ତି ।

"ବ୍ରହ୍ମେନ୍ଦ୍ରରୁଦ୍ରନାସତ୍ୟସୂର୍ଯ୍ୟାଗ୍ନିବସୁମାରୁତାନ୍ ।
ବିଶ୍ୱେଦେବାନୃଷିଗଣାନ୍ ବୟାଂସି ମନୁଜାନ୍ ପଶୂନ୍ ॥
ସରୀସୃପାନ୍ ପିତୃଗଣାନ୍ ଯଚ୍ଚାନ୍ୟଭୂତସଂଜ୍ଞକମ୍ ।
ଶ୍ରାଦ୍ଧଂ ଶ୍ରଦ୍ଧାନ୍ୱିତଂ କୁର୍ବନ୍ ତର୍ପୟତ୍ୟଖିଳଂ ହି ତତ୍ ॥"

(ବିଷ୍ଣୁପୁରାଣ ୩/୧୪/୧-୨)

ଶାସ୍ତ୍ରର ପ୍ରମାଣ ଅନୁଯାୟୀ ଶ୍ରାଦ୍ଧବିହୀନ ପରିବାରରେ ପୁତ୍ର ଉତ୍ପନ୍ନ ହୁଏ ନାହିଁ । ସେ ପରିବାରର ଲୋକମାନେ ନୀରୋଗ ହୁଅନ୍ତି ନାହିଁ । ସେମାନେ ଦୀର୍ଘାୟୁ ନହୋଇ ସଦାସର୍ବଦା ଅକଲ୍ୟାଣ କର ଜୀବନ ନିର୍ବାହ କରନ୍ତି ।

"ନ ତତ୍ର ବୀରା ଜାୟନ୍ତେ ନାରୋଗ୍ୟଂ ନ ଶତାୟୁଷଃ ।
ନ ଚ ଶ୍ରେୟୋଽଧି ଗଚ୍ଛନ୍ତି ଯତ୍ର ଶ୍ରାଦ୍ଧଂ ବିବର୍ଜିତମ୍ ॥"

(ହାରୀତ ସ୍ମୃତି)

ଶ୍ରାଦ୍ଧକର୍ମ କରାଯିବା ଫଳରେ ପିତୃଗଣ ତୃପ୍ତ ହୋଇ ଶ୍ରାଦ୍ଧକର୍ତ୍ତାଙ୍କୁ ଦୀର୍ଘାୟୁ, ସନ୍ତତି, ଧନ, ବିଦ୍ୟା, ସୁଖ, ରାଜ୍ୟ, ସ୍ୱର୍ଗ ଏବଂ ମୋକ୍ଷ ପ୍ରଦାନ କରିଥାନ୍ତି ।

"ଆୟୁଃ ପ୍ରଜାଂ ଧନଂବିଦ୍ୟାଂ ସ୍ୱର୍ଗଂ ମୋକ୍ଷଂ ସୁଖାନି ଚ ।
ପ୍ରଯଚ୍ଛନ୍ତି ତଥା ରାଜ୍ୟଂ ପିତରଃ ଶ୍ରାଦ୍ଧତର୍ପିତାଃ ॥"

(ମାର୍କଣ୍ଡେୟ ପୁରାଣ)

ଶ୍ରାଦ୍ଧର ପ୍ରକାର ଭେଦ: ପ୍ରକାର ଭେଦରେ ଶ୍ରାଦ୍ଧକୁ ଦୁଇ ଭାଗରେ ବିଭକ୍ତ କରାଯାଏ ।

୧) ଶ୍ରୌତ ଶ୍ରାଦ୍ଧ:- 'ପିଣ୍ଡ ପିତୃଯୋଗ' ଅମାବାସ୍ୟା ତିଥିରେ ପଡ଼େ ଏବଂ ଏହାକୁ ଶ୍ରୌତ ଶ୍ରାଦ୍ଧ କୁହାଯାଏ । **"ଅମାବାସ୍ୟାୟାଂ ପିଣ୍ଡ ପିତୃଯାଗଃ ।"** ଏହି ପିଣ୍ଡ ପିତୃଯାଗ କ୍ରିୟା କେବଳ ଅଗ୍ନିହୋତ୍ରୀମାନେ କରିପାରିବେ ବୋଲି ଶାସ୍ତ୍ରର ସିଦ୍ଧାନ୍ତ ନିର୍ଦ୍ଦେଶିତ ରହିଛି । ଏହି ପ୍ରକାର ଶ୍ରାଦ୍ଧର କେବଳ ଶ୍ରୁତି ଉଲ୍ଲିଖିତ ମନ୍ତ୍ରର ପ୍ରୟୋଗ ହୋଇଥାଏ । ଏହା 'ପ୍ରକୃତିଯାଗ' ବୋଲି ମଧ୍ୟ ନାମିତ ହୋଇଛି ।

୨) ସ୍ମାର୍ତ୍ତ ଶ୍ରାଦ୍ଧ:- ଏକୋଦ୍ଦିଷ୍ଟ, ପାର୍ବଣ, ତଥାତୀର୍ଥଶ୍ରାଦ୍ଧ ଓ ମୃତ୍ୟୁ ବା ମରଣ ପର୍ଯ୍ୟନ୍ତ ହେଉଥିବା ଶ୍ରାଦ୍ଧକୁ 'ସ୍ମାର୍ତ୍ତ ଶ୍ରାଦ୍ଧ' କୁହାଯାଏ। ଏଥିରେ ବୈଦିକ, ପୌରାଣିକ, ତାନ୍ତ୍ରିକ ତଥା ଧର୍ମଶାସ୍ତ୍ରାଦିରେ ଉଲ୍ଲିଖିତ ମନ୍ତ୍ରମାନଙ୍କର ପ୍ରୟୋଗ ହୋଇଥାଏ। ଏହାକୁ 'ବିକୃତି ଯାଗ' ଶ୍ରେଣୀର ଶ୍ରାଦ୍ଧ ରୂପେ ବର୍ଣ୍ଣନା କରାଯାଏ।

ବେଦ ହେଉଛି ହିନ୍ଦୁଧର୍ମର ସର୍ବଶ୍ରେଷ୍ଠ ଧର୍ମଗ୍ରନ୍ଥ। ବେଦ ଅନ୍ତର୍ଗତ 'କର୍ମକାଣ୍ଡ' ମଧ୍ୟରେ ଶ୍ରାଦ୍ଧ ବିଷୟକ ରୀତିନୀତି ଓ ପଦ୍ଧତି ଉଲ୍ଲେଖ ରହିଛି। ବେଦରେ କର୍ମକାଣ୍ଡ ବ୍ୟତୀତ ଉପାସନା କାଣ୍ଡ ଏବଂ ଜ୍ଞାନକାଣ୍ଡର ବିଶେଷ ବର୍ଣ୍ଣନ ଥିଲେ ମଧ୍ୟ ଏହି 'କାଣ୍ଡତ୍ରୟ' ମଧ୍ୟରୁ 'କର୍ମକାଣ୍ଡ'ର ପ୍ରାଧାନ୍ୟ ଅଧିକ। କର୍ମକାଣ୍ଡରେ ବିଭିନ୍ନ ପ୍ରକାର ଯଜ୍ଞ ଏବଂ ସେଗୁଡ଼ିକର ଅନୁଷ୍ଠାନ ପଦ୍ଧତି ସମ୍ବନ୍ଧରେ ବ୍ୟାପକ ବର୍ଣ୍ଣନା ରହିଛି। ତନ୍ମଧ୍ୟରେ 'ପିତୃଯଜ୍ଞ'କୁ ବିଶେଷ ମହତ୍ତ୍ୱ ଦିଆଯାଇଛି। ପିତୃଯଜ୍ଞର ଅନ୍ୟନାମ ହେଉଛି 'ଶ୍ରାଦ୍ଧ'। ପିତାମାତା ଆଦିଙ୍କର ମୃତ୍ୟୁ ପରେ ସେମାନେ ପିତୃଲୋକରେ ଅବସ୍ଥାନ କରନ୍ତି। ଏଣୁ ବେଦରେ କୁହାଯାଇଛି-
"ପିତୃଣାଂ ଲୋକମପି ଗଚ୍ଛନ୍ତୁ ଯେ ମୃତାଃ।" (ଅଥର୍ବ ୧୨/୨/୪୫)
ସେମାନଙ୍କର ତୃପ୍ତି ଉଦ୍ଦେଶ୍ୟରେ ବେଦ ବିହିତ ବିଧିବିଧାନ ଅନୁଯାୟୀ ଅନୁଷ୍ଠିତ ହେଉଥିବା 'ଶ୍ରାଦ୍ଧ'କୁ ହିଁ 'ପିତୃଯଜ୍ଞ' କୁହାଯାଏ। ଏଥିରେ ଶ୍ରଦ୍ଧା ପୂର୍ବକ 'ପିଣ୍ଡୋଦକାଦି' ପିତୃପୁରୁଷଙ୍କ ଉଦ୍ଦେଶ୍ୟରେ ସମର୍ପଣ କରାଯାଏ। ଶ୍ରଦ୍ଧା ଓ ଭକ୍ତି ଦ୍ୱାରା ଶାସ୍ତ୍ରୋକ୍ତ ରୀତିରେ ସମ୍ପନ୍ନ କରାଯାଉଥିବା 'ଶ୍ରାଦ୍ଧ' ସର୍ବବିଧ କଲ୍ୟାଣ ପ୍ରଦାନକାରୀ ହୋଇଥାଏ। ଯେଉଁ ମନୁଷ୍ୟ ଦୁର୍ବୁଦ୍ଧିଯୁକ୍ତ ହୋଇ ପିତୃଲୋକ ଅଥବା ପିତୃଗଣଙ୍କୁ ଅମାନ୍ୟ କରି ଶ୍ରାଦ୍ଧ ନ କରେ ତାହାର ପିତୃପୁରୁଷମାନେ ସେଇ ବ୍ୟକ୍ତିର ରକ୍ତପାନ କରିଥାନ୍ତି।

"ନ ସନ୍ତି ପିତରଶ୍ଚେତି କୃତ୍ୱା ମନସି ଯୋ ନରଃ।
ଶ୍ରାଦ୍ଧଂ ନ କରୁତେ ତତ୍ର ତସ୍ୟ ରକ୍ତଂ ପିବନ୍ତି ତେ ॥"

(ଆଦିତ୍ୟ ପୁରାଣ)

ବ୍ରହ୍ମପୁରାଣ କୁହନ୍ତି, 'ଶ୍ରଦ୍ଧା ଏବଂ ବିଶ୍ୱାସ ପୂର୍ବକ କରାଯାଉଥିବା ଶ୍ରାଦ୍ଧରେ ପିଣ୍ଡଦାନ ସମୟରେ ପିଣ୍ଡ ଉପରେ ପତିତ ହେଉଥିବା କ୍ଷୁଦ୍ର ଜଳକଣା ଦ୍ୱାରା ପଶୁପକ୍ଷୀମାନଙ୍କ ଯୋନିରେ ପତିତ ହୋଇଥିବା ପିତରଙ୍କର ପୋଷଣ ହୋଇଥାଏ। ଯେଉଁମାନେ ବାଲ୍ୟାବସ୍ଥାରେ ମୃତ୍ୟୁର ଶିକାର ହୁଅନ୍ତି ସେମାନେ ସମାର୍ଜନ ଜଳ

ଦ୍ୱାରା ତୃପ୍ତ ହୋଇଯାଆନ୍ତି। ଶ୍ରାଦ୍ଧର ମହତ୍ତ୍ୱ ତ ଏପରି ଯେ ଶ୍ରାଦ୍ଧରେ ହେଉଥିବା ଭୋଜନ ପରେ ଯେଉଁ ଆଚମନ କରାଯାଏ ଏପରିକି ଏହି ଅବସରରେ ପାଦ ଆଦି ପ୍ରକ୍ଷାଳନ ହେଉଥିବା ଜଳ ଦ୍ୱାରା ବହୁତ ପିତୃପୁରୁଷ ସନ୍ତୁଷ୍ଟ ହୋଇଯାଆନ୍ତି। ବନ୍ଧୁବାନ୍ଧବମାନଙ୍କୁ ଅନ୍ନ ଜଳ ଦ୍ୱାରା ଆପ୍ୟାୟିତ କରାଯାଉଥିବା କର୍ମ ସହ ଶ୍ରାଦ୍ଧର ମହିମା ତ ବର୍ଣ୍ଣନା କରିବା ଅସମ୍ଭବ ହିଁ ଅଟେ। କେବଳ ଶ୍ରଦ୍ଧା ପ୍ରେମ ସହ ଶାକାଦି ଦ୍ୱାରା ଅନୁଷ୍ଠିତ ଶ୍ରାଦ୍ଧ ଫଳରେ ମଧ୍ୟ ପିତୃପୁରୁଷମାନେ ତୃପ୍ତ ହୋଇଥାନ୍ତି।' ଯମସ୍ମୃତିର ବଚନ ଅନୁଯାୟୀ ଯେଉଁ ବ୍ୟକ୍ତି ଦେବତା, ବ୍ରାହ୍ମଣ, ଅଗ୍ନି ଏବଂ ପିତୃପୁରୁଷମାନଙ୍କର ପୂଜା କରନ୍ତି ସେମାନେ ସମସ୍ତଙ୍କ ଅନ୍ତରାତ୍ମା ମଧ୍ୟରେ ସ୍ଥିତ ବିଷ୍ଣୁ ଭଗବାନଙ୍କର ପୂଜା ହିଁ କରିଥାନ୍ତି।

ମହାଭାରତର ଅନୁଶାସନ ପର୍ବରେ (୮୭/୯-୧୭) ପ୍ରତିପଦା ଠାରୁ ଅମାବାସ୍ୟା ପର୍ଯ୍ୟନ୍ତ ପ୍ରତ୍ୟେକ ତିଥିରେ ଶ୍ରାଦ୍ଧ କରାଯିବାର ଅଲଗା ଅଲଗା ଫଳ ବିଷୟରେ ଭୀଷ୍ମ ପିତାମହ ଉପଦେଶ ଛଳରେ ଯୁଧିଷ୍ଠିରଙ୍କୁ ବୁଝାଇଛନ୍ତି। କୌଣସି କାରଣ ବଶତଃ 'ସ୍ମାର୍ତଶ୍ରାଦ୍ଧ' କରାଯାଇ ନ ପାରିଲେ ମଧ୍ୟ ଅତି କମ୍‌ରେ ସଂକଳ୍ପ କରି କେବଳ ଜଣେ ବ୍ରାହ୍ମଣଙ୍କୁ ଭୋଜନ କରାଇ ଦେଲେ ଶ୍ରାଦ୍ଧ ସମ୍ପନ୍ନ ହୋଇଯାଏ। ସେଇପରି ପରିସ୍ଥିତି ବଶତଃ ଶ୍ରାଦ୍ଧ କରିବା ଅସମ୍ଭବ ହେଲେ ସଂକଳ୍ପ କରି ଚାଉଳ, ଘୃତ, ଲୁଣ, ଚିନି ଆଦି ଭୋଜ୍ୟ ପଦାର୍ଥ 'ଶ୍ରାଦ୍ଧ ଭୋଜନ' ଉଦ୍ଦେଶ୍ୟରେ କୌଣସି ବ୍ରାହ୍ମଣଙ୍କୁ ଉତ୍ସର୍ଗ କରିବା ଉଚିତ ଅଥବା ତାହା ଅଭାବରେ ଗୋମାତାଙ୍କୁ ଗୋଗ୍ରାସ ଭୋଜନ କରାଇବା ଉଚିତ। ଏସବୁ ବି ଯଦି ଆର୍ଥିକ ଦୁରାବସ୍ଥା କାରଣରୁ ହୋଇ ନପାରେ ତେବେ ବନ ମଧ୍ୟକୁ ଯାଇ ନିଜର ଦୁଇ ହସ୍ତକୁ ଊର୍ଦ୍ଧ୍ୱକୁ ପ୍ରସାରଣ କରି ସୂର୍ଯ୍ୟନାରାୟଣଙ୍କ ଉଦ୍ଦେଶ୍ୟରେ ଉଚ୍ଚ ସ୍ୱରରେ ବିଷ୍ଣୁପୁରାଣର ନିମ୍ନ ଶ୍ଳୋକ ବା ତା'ର ଅର୍ଥକୁ ଉଚ୍ଚାରଣ କଲେ ମଧ୍ୟ ଶ୍ରାଦ୍ଧ ସମ୍ପନ୍ନ ହୋଇପାରେ।

"ନ ମେଽସ୍ତି ବିତ୍ତଂ ନ ଧନଂ ଚ ନାନ୍ୟ ଚ୍ଛ୍ରାଦ୍ଧୋପଯୋଗ୍ୟଂ ସ୍ୱପିତୃନ୍ନତୋସ୍ମି।
ତୃପ୍ୟନ୍ତୁ ଭକ୍ତ୍ୟା ପିତରୋ ମୟୈତୌ କୃତୌ ଭୁଜୌ ବର୍ତ୍ମନି ମାରୁତସ୍ୟ ॥"

(ବି.ପୁ. ୩/୧୪/୩୦)

ଅର୍ଥାତ୍ ହେ ମୋର ପୂଜ୍ୟ ପିତୃଗଣ! ମୋ ପାଖରେ ଶ୍ରାଦ୍ଧ ନିମିତ୍ତ ଧନାଦି କିଛି ବି ବସ୍ତୁ ନାହିଁ। ମୁଁ ନିଜର ଶ୍ରଦ୍ଧା ଭକ୍ତି ଆପଣଙ୍କୁ ସମର୍ପଣ କରୁଛି। ଆପଣଙ୍କୁ ପ୍ରଣାମ କରୁଛି। ଆପଣ ତୃପ୍ତ ହୋଇଯାନ୍ତୁ।

ଶାସ୍ତ୍ରୋକ୍ତ ନିୟମ ଅନୁଯାୟୀ ମନ୍ୱନ୍ତରର ମନ୍ୱାଦି ତିଥି, ଯୁଗାଦି ତିଥି, ଅୟନ କାଳ, ଗ୍ରହଣ ଦିବସ, ବ୍ୟତିପାତ ଯୋଗ, ସଂକ୍ରାନ୍ତି, ବିଷୁବ ଯୋଗ ଏବଂ ଅମାବାସ୍ୟା ତିଥିରେ ଶ୍ରାଦ୍ଧ କରିବା ବିଶେଷ ଭାବରେ ଫଳଦାୟକ ଅଟେ। ଏତଦ୍ ବ୍ୟତୀତ ବାର୍ଷିକ ତିଥି (ମୃତ୍ୟୁ ତିଥି)ରେ କ୍ଷୟାହ ଶ୍ରାଦ୍ଧ ଏବଂ ପିତୃପକ୍ଷ ମହାଳୟାରେ ପାର୍ବଣ ଶ୍ରାଦ୍ଧ ଅନୁଷ୍ଠିତ ହୋଇଥାଏ। ଶ୍ରାଦ୍ଧ ହେଉଛି ମୃତ ଆତ୍ମାର ମୁକ୍ତି ଓ ସଦ୍‌ଗତି ନିମିତ୍ତ କରାଯାଉଥିବା ଔର୍ଦ୍ଧ୍ୱଦୈହିକ ସଂସ୍କାର। ଯେଉଁମାନେ ଶାସ୍ତ୍ର ନିର୍ଦ୍ଦେଶିତ ସମସ୍ତ ଶ୍ରାଦ୍ଧ କରି ନପାରନ୍ତି ସେମାନେ ଅତି କମ୍‌ରେ ଥରେ ଆଶ୍ୱିନ ମାସ କୃଷ୍ଣ ପକ୍ଷରେ ପଡୁଥିବା ପିତୃପକ୍ଷର ପିତୃପୁରୁଷଙ୍କ ମୃତ୍ୟୁ ତିଥିରେ ଦିବସରେ ଶ୍ରାଦ୍ଧ ଅନୁଷ୍ଠାନ କରିବା ଉଚିତ। ପିତୃପକ୍ଷରେ ଶ୍ରାଦ୍ଧଦାନର ମହିମା ଅତୁଳନୀୟ। ଏଣୁ କୁହାଯାଇଛି:

"ପୁତ୍ର ନାୟୁସ୍ତଥାଽଽରୋଗ୍ୟମୈଶ୍ୱର୍ଯ୍ୟମତୁଲଂ ତଥା।
ପ୍ରାପ୍ନୋତି ପଞ୍ଚମେ କୃତ୍ୱା ଶ୍ରାଦ୍ଧଂ କାମାଂଶ୍ଚ ପୁଷ୍କଳାନ୍ ।।"

(ମହର୍ଷି ଜାବାଳି)

ଅର୍ଥାତ୍ ପିତୃପକ୍ଷରେ ଶ୍ରାଦ୍ଧ କଲେ ପୁତ୍ର, ଆୟୁ, ଆରୋଗ୍ୟ, ଅତୁଳ, ଐଶ୍ୱର୍ଯ୍ୟ ଏବଂ ଅଭିଳଷିତ ବୈଭବ ପ୍ରାପ୍ତି ହୋଇଥାଏ। ଶ୍ରାଦ୍ଧର ପ୍ରକାର ଭେଦକୁ ନେଇ ଶାସ୍ତ୍ରମାନଙ୍କରେ ଭିନ୍ନ ଭିନ୍ନ ବର୍ଣ୍ଣନ ଦୃଷ୍ଟିଗୋଚର ହୁଏ। ମତ୍ସ୍ୟପୁରାଣରେ ତିନି ପ୍ରକାରର ଶ୍ରାଦ୍ଧର ଉଲ୍ଲେଖ ମିଳେ:

"ନିତ୍ୟଂ ନୈମିତ୍ତିକଂ କାମ୍ୟଂ ତ୍ରିବିଧଂ ଶ୍ରାଦ୍ଧ ମୁଚ୍ୟତେ।"

ଅର୍ଥାତ୍ ନିତ୍ୟ, ନୈମିତ୍ତିକ ଏବଂ କାମ୍ୟ- ଏପରି ତିନି ପ୍ରକାର ଶ୍ରାଦ୍ଧ ଅଛି।

କୁର୍ମ ପୁରାଣ, ବୃହସ୍ପତି ସଂହିତା ଏବଂ ଯମସ୍ମୃତିରେ ପାଞ୍ଚ ପ୍ରକାର ଶ୍ରାଦ୍ଧ ବିଷୟରେ ବର୍ଣ୍ଣନା କରାଯାଇଛି:

"ନିତ୍ୟଂ ନୈମିତ୍ତିକଂ କାମ୍ୟଂ ବୃଦ୍ଧିଶ୍ରାଦ୍ଧମଥାପରମ୍।
ପାର୍ବଣଂ ଚେତି ବିଜ୍ଞେୟଂ ଶ୍ରାଦ୍ଧଂ ପଞ୍ଚବିଧଂ ବୁଧୈଃ ।।"

(ଯମସ୍ମୃତି)

ଅର୍ଥାତ୍ ନିତ୍ୟ, ନୈମିତ୍ତିକ, କାମ୍ୟ, ବୃଦ୍ଧିଶ୍ରାଦ୍ଧ ଏବଂ ପାର୍ବଣ ଶ୍ରାଦ୍ଧ ଏପରି ଶ୍ରାଦ୍ଧ ପାଞ୍ଚ ପ୍ରକାରର ଅଛି।

ପ୍ରତିଦିନ କରାଯାଉଥିବା ଶ୍ରାଦ୍ଧକୁ 'ନିତ୍ୟ ଶ୍ରାଦ୍ଧ' କୁହାଯାଏ।

ଏକୋଦ୍ଦିଷ୍ଟ ପ୍ରଭୃତି ଶ୍ରାଦ୍ଧ ହେଉଛି 'ନୈମିତ୍ତିକ ଶ୍ରାଦ୍ଧ'।

ନିଜ ଦ୍ୱାରା ଅଭିଳଷିତ କାର୍ଯ୍ୟସିଦ୍ଧି ସକାଶେ ଆୟୋଜିତ ହେଉଥିବା ଶ୍ରାଦ୍ଧକୁ 'କାମ୍ୟଶ୍ରାଦ୍ଧ ବୋଲି କୁହାଯାଇଥାଏ।

ବୃଦ୍ଧି କାଳରେ ଅର୍ଥାତ୍ ପୁତ୍ର ଜନ୍ମ, ବିବାହ ଆଦିରେ ଯେଉଁ ଶ୍ରାଦ୍ଧ ଅନୁଷ୍ଠାନ କରାଯାଏ ତାହାକୁ 'ବୃଦ୍ଧି ଶ୍ରାଦ୍ଧ' ବୋଲି କୁହାଯାଏ।

ଅମାବାସ୍ୟାରେ ଅଥବା ପର୍ବ ସମୟରେ ଯେଉଁ ଶ୍ରାଦ୍ଧ ଅନୁଷ୍ଠିତ ହୁଏ ତାହାକୁ ପାର୍ବଣ ଶ୍ରାଦ୍ଧ ବୋଲି କହନ୍ତି।

ସେଇପରି ଭବିଷ୍ୟ ପୁରାଣରେ ଉପରୋକ୍ତ ପାଞ୍ଚପ୍ରକାର ଶ୍ରାଦ୍ଧ ବ୍ୟତୀତ ଆହୁରି ସାତପ୍ରକାର ଶ୍ରାଦ୍ଧ ଅର୍ଥାତ୍ ସର୍ବମୋଟ ବାରପ୍ରକାର ଶ୍ରାଦ୍ଧ ବିଷୟରେ ଉଲ୍ଲେଖ କରାଯାଇଛି।

"ନିତ୍ୟଂ ନୈମିତ୍ତିକଂ କାମ୍ୟଂ ବୃଦ୍ଧିଶ୍ରାଦ୍ଧଂ ସପିଣ୍ଡନମ୍।
ପାର୍ବଣ ଚେତି ବିଜ୍ଞେୟଂ ଗୋଷ୍ଠୟାଂ ଶୁଦ୍ଧୟର୍ଥମଷ୍ଟମମ୍ ॥
କର୍ମାଙ୍ଗଂ ନବମଂ ପ୍ରୋକ୍ତଂ ଦୈବିକଂ ଦଶମଂ ସ୍ମୃତମ୍।
ଯାତ୍ରାସ୍ୱେକାଦଶଂ ପ୍ରୋକ୍ତଂ ପୁଷ୍ଟୟର୍ଥଂ ଦ୍ୱାଦଶଂ ସ୍ମୃତମ୍ ॥"

ନିତ୍ୟଶ୍ରାଦ୍ଧ, ନୈମିତ୍ତିକ ଶ୍ରାଦ୍ଧ, କାମ୍ୟଶ୍ରାଦ୍ଧ, ବୃଦ୍ଧିଶ୍ରାଦ୍ଧ, ସପିଣ୍ଡନ ଶ୍ରାଦ୍ଧ, ପାର୍ବଣ ଶ୍ରାଦ୍ଧ, ଗୋଷ୍ଠୀ ଶ୍ରାଦ୍ଧ, ଶୁଦ୍ଧୟର୍ଥ ଶ୍ରାଦ୍ଧ, କର୍ମାଂଙ୍ଗ ଶ୍ରାଦ୍ଧ, ଦୈବିକ ଶ୍ରାଦ୍ଧ, ଯାତ୍ରାର୍ଥ ଶ୍ରାଦ୍ଧ ଏବଂ ପୁଷ୍ଟୟର୍ଥ ଶ୍ରାଦ୍ଧ- ଏହିପରି ବାର ପ୍ରକାର ଶ୍ରାଦ୍ଧ ବର୍ଣ୍ଣିତ ହୋଇଛି।

ପ୍ରଥମେ ବର୍ଣ୍ଣିତ ପାଞ୍ଚପ୍ରକାର ଶ୍ରାଦ୍ଧ ବ୍ୟତୀତ ଯେଉଁ ଶ୍ରାଦ୍ଧରେ ପ୍ରେତ ପିଣ୍ଡକୁ ପିତୃ ପିଣ୍ଡରେ ସମ୍ମିଳିତ କରାଯାଏ ତାହାକୁ 'ସପିଣ୍ଡନକ ଶ୍ରାଦ୍ଧ' କୁହାଯାଏ। ଗୋଶାଳାରେ ଯେଉଁ ଶ୍ରାଦ୍ଧ କରାଯାଏ ତାହା 'ଗୋଷ୍ଠୀ ଶ୍ରାଦ୍ଧ' ନାମରେ ନାମିତ। ସେଇପରି ଶୁଦ୍ଧି କରିବା ଉଦ୍ଦେଶ୍ୟରେ ଯେଉଁ ଶ୍ରାଦ୍ଧ ବ୍ରାହ୍ମଣ ଭୋଜନ ସହ କରାଯାଏ ତାକୁ 'ଶୁଦ୍ଧୟର୍ଥ ଶ୍ରାଦ୍ଧ' କହନ୍ତି। ଗର୍ଭାଧାନ, ସୋମରସ ପାନ, ସୀମନ୍ତୋନ୍ନୟନ ଏବଂ ପୁଂ-ସବନରେ ଯେଉଁ ଶ୍ରାଦ୍ଧ ହୁଏ ତାହା 'କର୍ମାଙ୍ଗ ଶ୍ରାଦ୍ଧ' ଅଟେ। 'ଦୈବିକ ଶ୍ରାଦ୍ଧ'ରେ ଦେବତାମାନଙ୍କ ଉଦ୍ଦେଶ୍ୟରେ ଶ୍ରାଦ୍ଧ କରାଯାଏ। ଏହି ଶ୍ରାଦ୍ଧ ପାଇଁ

ହବିଷ୍ୟ ପାଳନ ସହ ସପ୍ତମାଦି ତିଥିରେ ଏହାର ଅନୁଷ୍ଠାନ କରାଯାଏ। ତୀର୍ଥ ଉଦ୍ଦେଶ୍ୟରେ ଯାଉଥିବା ସମୟରେ ଘୃତାଦି ଦ୍ୱାରା 'ଯାତ୍ରାର୍ଥ ଶ୍ରାଦ୍ଧ' ଅନୁଷ୍ଠାନ କରାଯାଏ। ଶାରୀରିକ ଉନ୍ନତି ଅଥବା ଆର୍ଥିକ ଅଭିବୃଦ୍ଧି ନିମିତ୍ତ କରାଯାଉଥିବା ଶ୍ରାଦ୍ଧକୁ 'ପୁଷ୍ଟ୍ୟର୍ଥ ଶ୍ରାଦ୍ଧ' ବୋଲି କୁହାଯାଏ।

ଉପରୋକ୍ତ ସମସ୍ତ ଶ୍ରାଦ୍ଧକୁ ପୂର୍ବ ବର୍ଣ୍ଣିତ ଶ୍ରୌତ ଏବଂ ସ୍ମାର୍ତ ଏହି ଦୁଇ ପ୍ରକାର ଶ୍ରାଦ୍ଧ ରୂପେ ବର୍ଗୀକରଣ କରାଯାଇପାରେ। ସାଧାରଣତଃ ଅଧିକାଂଶ ବର୍ଷରେ ଦୁଇଥର ଶ୍ରାଦ୍ଧ କରନ୍ତି: ପ୍ରଥମରେ କ୍ଷୟାହ ତିଥିରେ ଏବଂ ଦ୍ୱିତୀୟରେ ପିତୃପକ୍ଷରେ।

କ) କ୍ଷୟାହ ତିଥିରେ ହେଉଥିବା ଶ୍ରାଦ୍ଧ ବ୍ୟକ୍ତିର ମରଣ ତିଥିରେ ସମ୍ପନ୍ନ ହୋଇଥାଏ। ଶାସ୍ତ୍ରର ନିର୍ଦ୍ଦେଶ ଅନୁଯାୟୀ ଏହିଦିନ ଏକୋଦିଷ୍ଟ ଶ୍ରାଦ୍ଧ ଅର୍ଥାତ୍ କେବଳ ମୃତ ବ୍ୟକ୍ତି ସକାଶେ ଗୋଟିଏ ପିଣ୍ଡଦାନ କରାଯାଏ ଏବଂ ଏଥିରେ ଜଣେ ମାତ୍ର ବ୍ରାହ୍ମଣଙ୍କୁ ଅଥବା ବେଶୀରୁ ବେଶୀ ତିନିଜଣ ବ୍ରାହ୍ମଣଙ୍କୁ ଭୋଜନ ଦିଆଗଲେ ଚଳେ।

ଖ) ପିତୃପକ୍ଷ ଶ୍ରାଦ୍ଧରେ ମୃତ ବ୍ୟକ୍ତିର ମରଣ ତିଥିରେ ପାର୍ବଣ ଶ୍ରାଦ୍ଧ କରାଯାଏ। ଗୋଟିଏ ମଣ୍ଡଳରେ ପିତା, ପିତାମହ, ପ୍ରପିତାମହ-ସପତ୍ନୀକ ଅର୍ଥାତ୍ ମୋଟ ଛଅଜଣ ବ୍ୟକ୍ତିଙ୍କୁ ଶ୍ରାଦ୍ଧ ଦିଆଯାଏ। ଏହା ସହ ଦ୍ୱିତୀୟ ମଣ୍ଡଳରେ ମାତାମହ, ପ୍ରମାତାମହ, ବୃଦ୍ଧ ପ୍ରମାତାମହ-ସପତ୍ନୀକ ଅର୍ଥାତ୍ ଆଉ ଛଅଜଣଙ୍କୁ ଶ୍ରାଦ୍ଧ ଅର୍ପଣ କରାଯାଏ। ଏହା ବ୍ୟତୀତ ତୃତୀୟ ମଣ୍ଡଳରେ ନିକଟତମ ସମ୍ବନ୍ଧୀ ବା କୁଟୁମ୍ବର ଅନ୍ୟ ସମସ୍ତ ମୃତ ବ୍ୟକ୍ତିଙ୍କ ଉଦ୍ଦେଶ୍ୟରେ ପିଣ୍ଡଦାନ କରାଯାଏ। ଏହା ଅତିରିକ୍ତ ବିଶ୍ୱେଦେବଙ୍କ ନିମିତ୍ତ ପିଣ୍ଡଦାନ ବିଧି ପୂର୍ବକ କରାଯାଇଥାଏ। ଏହି ଉପଲକ୍ଷରେ ଅତି କମ୍‌ରେ ଜଣେ ଏବଂ ବେଶୀରେ ନଅଜଣ ସାତ୍ତ୍ୱିକ ବ୍ରାହ୍ମଣଙ୍କୁ ଭୋଜନ କରାଇବା ବିଧି ରହିଛି। ପାର୍ବଣରେ ନବ ଦୈବତ୍ୟ ଶ୍ରାଦ୍ଧ କରାଯାଇଥାଏ।

ଶ୍ରାଦ୍ଧ ପାଇଁ ଦ୍ୱିପ୍ରହର ଘ.୧୧.୩୫ରୁ ଘ.୧୨.୨୫ ପର୍ଯ୍ୟନ୍ତ ସମୟ ବିଶେଷ ଉପଯୋଗୀ ବୋଲି କୁହାଯାଏ। ଏଇ ସମୟରେ ପିଣ୍ଡଦାନ ଖୁବ୍ ଫଳଦାୟୀ ବୋଲି ଅନେକଙ୍କ ମତ। ଶ୍ରାଦ୍ଧରେ କୃଷ୍ଣତିଳ, ଗଙ୍ଗାଜଳ, କୁଶ, ତୁଳସୀ ଏବଂ ଚାନ୍ଦି- ଏସବୁ ଅତ୍ୟାବଶ୍ୟକ ସାମଗ୍ରୀ ରୂପେ ବ୍ୟବହୃତ ହୁଏ। ଏତଦ୍ ବ୍ୟତୀତ

ଜ୍ୱାଇଁ ଓ ନାତି (ଝିଅର ପୁଅ), ଏମାନଙ୍କ ଉପସ୍ଥିତି ଶ୍ରାଦ୍ଧକର୍ମର ମହିମାକୁ ଶତଗୁଣ ବଢ଼ାଇଥାଏ ବୋଲି ଶାସ୍ତ୍ରରେ ପ୍ରମାଣ ରହିଛି। ଶ୍ରାଦ୍ଧ ଓ ତର୍ପଣ ଆଦି ଯାହା କିଛି ପିତୃପୁରୁଷମାନଙ୍କ ଉଦ୍ଦେଶ୍ୟରେ କରାଯାଏ, ସେମାନେ ଯେ କୌଣସି ଯୋନି ପ୍ରାପ୍ତ ହୋଇଥିଲେ ମଧ୍ୟ, ସେ ସବୁ (ଶ୍ରାଦ୍ଧ ଓ ତର୍ପଣ) ସେମାନଙ୍କୁ ଅନୁକୂଳ ଖାଦ୍ୟ, ବସ୍ତୁ ଅଥବା ସୁଖ ଅବଶ୍ୟ ପ୍ରାପ୍ତ କରାଇଥାଏ ଏବଂ ସେମାନେ ଶ୍ରାଦ୍ଧର କର୍ତ୍ତାଙ୍କୁ ଆଧିଦୈବିକ, ଆଧିଭୌତିକ ଏବଂ ଆଧ୍ୟାତ୍ମିକ ଉନ୍ନତି ନିମିତ୍ତ ଆଶୀର୍ବାଦ ପ୍ରଦାନ କରିଥାନ୍ତି। ଶ୍ରାଦ୍ଧ ହେଉଛି ଏକ ଯଜ୍ଞ। ଏହାକୁ ପିତୃଯଜ୍ଞ ବୋଲି କୁହାଯାଏ। ଏଣୁ ଏହା ଶ୍ରାଦ୍ଧର ପର୍ଯ୍ୟାୟବାଚୀ ଶବ୍ଦ। ଏହାର ପାଳନ ଦ୍ୱାରା ମନୁଷ୍ୟ ପିତୃମାତୃ ଋଣରୁ ଅନେକାଂଶରେ ମୁକ୍ତି ଲାଭ କରି ମୃତ୍ୟୁପରେ ବ୍ରହ୍ମଲୋକ ଗମନ କରିଥାଏ। ଏପରିକି ଜୀବାତ୍ମା ମୁକ୍ତି ପ୍ରାପ୍ତ ହୋଇଗଲେ ମଧ୍ୟ କରାଯାଉଥିବା ଶ୍ରାଦ୍ଧ-ତର୍ପଣର ପୁଣ୍ୟଫଳ ଶ୍ରାଦ୍ଧ କର୍ତ୍ତାଙ୍କୁ ଅବଶ୍ୟ ମିଳିଥାଏ। ଏଣୁ ବିଶେଷ ଅବସର ତଥା ନିତ୍ୟ ପ୍ରତି ପିତୃପୁରୁଷଙ୍କ ଉଦ୍ଦେଶ୍ୟରେ ତର୍ପଣ କରିବା ବିଧି ନିର୍ଦ୍ଦେଶ ଶାସ୍ତ୍ର ଦ୍ୱାରା ଦିଆଯାଇଛି। ଅନେକଙ୍କ ଧାରଣା ଗୟାରେ ପିଣ୍ଡଦାନ କରିବା ପରେ ଆଉ ଶ୍ରାଦ୍ଧ ତର୍ପଣର ଆବଶ୍ୟକତା ନାହିଁ। ଏହା କିନ୍ତୁ ଠିକ୍ ନୁହେଁ। ଏହାପରେ ବି ନିୟମିତ ଶ୍ରାଦ୍ଧ-ତର୍ପଣ କରାଯିବା ଉଚିତ। ସେଇପରି ବଦ୍ରିନାରାୟଣ ସ୍ଥିତ ବ୍ରହ୍ମକପାଳୀ ଠାରେ ପିଣ୍ଡଦାନ ପରେ ଶ୍ରାଦ୍ଧରେ ପିଣ୍ଡଦାନ କରିବା ନିଷିଦ୍ଧ ହେଲେ ମଧ୍ୟ ସାଂକଳ୍ପିକ ଶ୍ରାଦ୍ଧ ଏବଂ ନିତ୍ୟ ତର୍ପଣ (ପିତୃପୁରୁଷଙ୍କ ଉଦ୍ଦେଶ୍ୟରେ) କେବେ ହେଲେ ବନ୍ଦ କରିବା ଉଚିତ ନୁହେଁ। ଏତଦ୍ ବ୍ୟତୀତ 'ଦେବୀସ୍ୱଧା' ହେଉଛନ୍ତି ପିତର (ପିତୃପୁରୁଷ)ମାନଙ୍କର ଅଧିଷ୍ଠାତ୍ରୀ ଦେବୀ। ଶ୍ରାଦ୍ଧରେ ଅର୍ପିତ ହେଉଥିବା କବ୍ୟ/ ପିଣ୍ଡ ଆଦି ମାତା ସ୍ୱଧା ପିତୃପୁରୁଷମାନଙ୍କ ଠାରେ ପହଞ୍ଚାଇ ଦେଇଥାନ୍ତି। ପିତାମହ ବ୍ରହ୍ମା କହିଛନ୍ତି- ସ୍ୱଧା ମାତାଙ୍କ ନାମ ଉଚ୍ଚାରଣ ମାତ୍ରକେ ମନୁଷ୍ୟ ସମସ୍ତ ପାପରୁ ମୁକ୍ତ ହୋଇ ବାଜପେୟ ଯଜ୍ଞ ତଥା ସମସ୍ତ ତୀର୍ଥସ୍ନାନର ଫଳ ପ୍ରାପ୍ତ ହୋଇଥାଏ। ଏଣୁ କୁହାଯାଇଛି:

"ସ୍ୱଧୋଚ୍ଚାରଣ ମାତ୍ରେଣ ତୀର୍ଥସ୍ନାୟୀ ଭବେନ୍ନରଃ।
ମୁଚ୍ୟତେ ସର୍ବପାପେଭ୍ୟୋ ବାଜପେୟଫଳଂ ଲଭେତ୍ ।।"

(ଦେବୀ ଭାଗବତ ୯/୪୪/୭)

ଦେବୀ ଭାଗବତରେ ଅନ୍ୟ ଏକ ଶ୍ଳୋକର ବର୍ଣ୍ଣନା ଅନୁଯାୟୀ:

"ସ୍ୱଧା ସ୍ୱଧା ସ୍ୱଧେତ୍ୟେବଂ ଯଦି ବାରତ୍ରୟଂ ସ୍ମରେତ୍।
ଶ୍ରାଦ୍ଧସ୍ୟ ଫଳମାପ୍ନୋତି ବଳେଶ୍ଚ ତର୍ପଣସ୍ୟ ଚ ॥"

ଅର୍ଥାତ୍ ସ୍ୱଧା, ସ୍ୱଧା, ସ୍ୱଧା- ଏହିପରି ତ୍ରିବାର ଜପ କଲେ ଶ୍ରାଦ୍ଧ, ବଳି ବୈଶ୍ୱଦେବ, ତର୍ପଣ ତଥା ଶ୍ରାଦ୍ଧ ସମ୍ବନ୍ଧୀୟ ସମସ୍ତ ଫଳାଫଳ ତତ୍କାଳ ଶ୍ରାଦ୍ଧ କର୍ତ୍ତାଙ୍କୁ ପ୍ରାପ୍ତ ହେବା ସଙ୍ଗେ ସଙ୍ଗେ ପିତରମାନଙ୍କୁ କ୍ଷୁଧାଜନିତ ପୀଡ଼ା ସହନ କରିବାକୁ ପଡ଼େ ନାହିଁ। ଦେବୀ ସ୍ୱଧା ଶତଦଳ କମଳ ଆସନ ଉପରେ ବିରାଜମାନ ସହସ୍ର ଚନ୍ଦ୍ରମା ସମାନ ପ୍ରକାଶ ବିଶିଷ୍ଟ, ଶୁଦ୍ଧ ସ୍ୱରୂପା ତଥା ଦେବୀ ଲକ୍ଷ୍ମୀଙ୍କ ଅଂଶରୂପା ପିତାମହ ବ୍ରହ୍ମାଙ୍କ 'ମାନସ କନ୍ୟା' ଅଟନ୍ତି। ଏକଦା ପିତରମାନେ କ୍ଷୁଧାଗ୍ରସ୍ତ ହୋଇ ବ୍ରହ୍ମାଙ୍କୁ ପ୍ରାର୍ଥନା କରିବା ହେତୁ ସେ ପ୍ରସନ୍ନ ହୋଇ 'ଦେବୀ ସ୍ୱଧା'ଙ୍କୁ ପ୍ରକଟ କରାଇ ତାଙ୍କ ଉପରେ ପିତୃପୁରୁଷମାନଙ୍କର ସମସ୍ତ ପାଳନ ଦାୟିତ୍ୱ ଅର୍ପଣ କରିଥିଲେ। ଏଣୁ ଶ୍ରାଦ୍ଧ ଅବସରରେ ତାଙ୍କ ନାମ ଜପର ମହିମା ଅନନ୍ତ ଅଟେ।

ବ୍ରହ୍ମାଙ୍କ ମାନସକନ୍ୟା ଦେବୀ ସ୍ୱଧା (ପୃ.୧୭୦)

ଗୃହରେ ଶାନ୍ତି ସମୃଦ୍ଧି ତଥା ଦୁର୍ଭାଗ୍ୟରୁ ମୁକ୍ତି ପାଇଁ ଶ୍ରାଦ୍ଧପକ୍ଷରେ ବିଶେଷ ପରୀକ୍ଷିତ ପ୍ରୟୋଗ

ହିନ୍ଦୁ ପରମ୍ପରା ଅନୁସାରେ ପିତୃଋଣ ପରିଶୋଧ ତଥା ପିତୃପୁରୁଷମାନଙ୍କ ଆତ୍ମାର ସଦ୍‌ଗତି, ଶାନ୍ତି ଓ ମୁକ୍ତି ବିଧାନ କରିବା ନିମନ୍ତେ କରାଯାଉଥିବା ବିଶେଷ କର୍ମକାଣ୍ଡକୁ ଶ୍ରାଦ୍ଧ କୁହାଯାଏ । ଶାସ୍ତ୍ରର କଥନ ଅନୁଯାୟୀ ପିତୃ ଋଣରୁ ମୁକ୍ତି ପାଇଁ ଶ୍ରାଦ୍ଧ ଅପେକ୍ଷା ଅଧିକ ଶ୍ରେଷ୍ଠ କୌଣସି କର୍ମ ନାହିଁ । ପୁଣି ଶ୍ରାଦ୍ଧ ନିମନ୍ତେ ପିତୃପକ୍ଷ ଠାରୁ ବଳି ପବିତ୍ର ଅବସର ମଧ୍ୟ ନାହିଁ । ଏଣୁ କୁହାଯାଇଛି:

"ଏବଂ ବିଧାନତଃ ଶ୍ରାଦ୍ଧଂ କୁର୍ଯ୍ୟାତ୍ ସ୍ୱବିଭାବୋଚିତମ୍ ।
ଆବ୍ରହ୍ମସ୍ତମ୍ବପର୍ଯ୍ୟଂତଂ ଜଗତ ପ୍ରୀଣାତି ମାନବଃ ।।"

ଅର୍ଥାତ୍ ଯେଉଁ ବ୍ୟକ୍ତି ବିଧି ପୂର୍ବକ ଶ୍ରାଦ୍ଧ କର୍ମ ସମ୍ପାଦନ କରେ, ସେ ବ୍ରହ୍ମାଙ୍କ ଠାରୁ ଆରମ୍ଭ କରି ଘାସ ପର୍ଯ୍ୟନ୍ତ ସମସ୍ତ ପ୍ରାଣୀମାନଙ୍କୁ ସଂତୃପ୍ତ କରିବା ସହ ନିଜ ପୂର୍ବପୁରୁଷମାନଙ୍କ ଋଣରୁ ମୁକ୍ତି ଲାଭ କରିଥାଏ । ପିତୃପୁରୁଷମାନେ ସଂତୃପ୍ତ ନହେଲେ ଗୃହରେ ନାନାବିଧ ଅଶାନ୍ତି, ଦୁର୍ଭାଗ୍ୟ, କଳି-ଝଗଡ଼ା ସୃଷ୍ଟି ହୋଇ ପାରିବାରିକ ଜୀବନରେ କ୍ଲେଶ ବୃଦ୍ଧି ପ୍ରାପ୍ତ ହେବା ସଙ୍ଗେ ସଙ୍ଗେ ସୁଖ ସମୃଦ୍ଧିର ପଥରୁଦ୍ଧ ହୋଇଯାଏ । ଗୃହରେ ଯଦି ଏପରି ଅଶାନ୍ତିର ସୂତ୍ରପାତ ବାରମ୍ବାର ହେଉଥାଏ ତେବେ ଶ୍ରାଦ୍ଧ ପକ୍ଷରେ ନିମ୍ନ ପ୍ରୟୋଗ ଆପଣେଇ ସେଥିରୁ ମୁକ୍ତି ପାଇବା ସମ୍ଭବ ହୋଇପାରେ ।

ପ୍ରଥମେ ସନ୍ଧ୍ୟା ସମୟରେ ସ୍ନାନ ପରେ ଏକ ଶୁକ୍ଳ ବସ୍ତ୍ର (ଧୋତି ଇତ୍ୟାଦି) ପରିଧାନ ପୂର୍ବକ ଗୋଟିଏ ମୃତ୍ତିକା ନିର୍ମିତ ପାତ୍ରରେ କିଛି ବାଲି ପୂରଣ କରି ଯେପରିକି ସେଥିରେ କିଛି ଗହମ ବା ଧାନ୍ୟ ବୀଜ ବପନ କରାଯାଇପାରିବ । ଧାନ୍ୟ ବପନ ପରେ ସେଥିରେ ପ୍ରତ୍ୟହ ଜଳ ସିଞ୍ଚନ କର । ସେଇ ମୃତ୍ତିକା ପାତ୍ର ସମ୍ମୁଖରେ ଏକ ନୂତନ ଶୁକ୍ଳ ବସ୍ତ୍ର ବିଛାଇ ତା' ଉପରେ କିଛି (୧୦୦/୨୦୦ ଗ୍ରାମ୍) ବୁଟଡ଼ାଲି ଢାଳିଦିଅ । ସେଇ ଡ଼ାଲି ଉପରେ ୧ ବା ୨ ଇଞ୍ଚ ଲମ୍ବ ବିଶିଷ୍ଟ କ୍ଷୁଦ୍ର ବା ଲଘୁ ନାରିକେଳ ରଖ (ବଡ଼ ନଡ଼ିଆ ନୁହେଁ) । ଏହା ପରେ ଏକ ଘିଅ ଦୀପ

ଓ ଧୂପବତୀ ଜଳାଇ ଏହା ସାମ୍ନାରେ କମ୍ବଳ ଆସନ (ଶ୍ୱେତ ହେଲେ ଉତ୍କୃଷ୍ଟ) ବିଛାଇ ତା' ଉପରେ ପଶ୍ଚିମକୁ ମୁଖ କରି ବସ। ପ୍ରତ୍ୟହ ମୁଁଗା ମାଳା (ରେଡ୍ କୋରାଲ୍) ଦ୍ୱାରା ୧୧ ମାଳା ନିମ୍ନ ମନ୍ତ୍ର ଜପ କର:

"ଓଁ ଶ୍ରୀଂ ସର୍ବ ପିତୃଦୋଷ ନିବାରଣାୟ କ୍ଲେଶ ହନ ହନ
ସୁଖ ଶାନ୍ତି ଦେହି ଦେହି ଫଟ୍ ସ୍ୱାହା।"

ପ୍ରତ୍ୟହ ଦେଶୀ ଗୋଦୁଗ୍ଧରୁ ପ୍ରସ୍ତୁତ ମିଠାଇ ଭୋଗ ଲଗାଇବା ଉଚିତ। ମନ୍ତ୍ର ଜପ ସମାପ୍ତି ପରେ ପଶ୍ଚିମ ଦିଗ ଆଡ଼କୁ ଭୋଗ ଫିଙ୍ଗିଦିଅ। ଏହିପରି ପ୍ରୟୋଗ ୧୧ ଦିନ ଧରି ନିୟମିତ କରିବାକୁ ପଡ଼ିବ। ଯେଉଁ ପାତ୍ରରେ ଧାନ୍ୟ ବିହନ ପକାଯାଇଥିଲା ସେଥିରେ ୧୧ ଦିନ ପର୍ଯ୍ୟନ୍ତ ଜଳ ସିଞ୍ଚନ କରାଗଲେ ତାହା ଅଙ୍କୁରିତ ହୋଇ ଧାନ୍ୟଚାରା ବଢ଼ିଯିବ। ୧୧ ଦିନ ଏପରି ଜପ ଓ ପ୍ରୟୋଗ ପରେ ଦ୍ୱାଦଶ ଦିବସରେ ସେଇ ଧାନ୍ୟଚାରା ସହ ବାଲିପାତ୍ରକୁ କୌଣସି ନଦୀ ବା ପୁଷ୍କରିଣୀରେ ବିସର୍ଜନ କରିଦିଅ। ଲଘୁ ନାରିକେଳଟିକୁ ଗୃହର ପୂଜା ସ୍ଥାନରେ ରଖିଦିଅ। ଏହି ପ୍ରୟୋଗ ଫଳରେ ଅଶେଷ ଫଳ ପ୍ରାପ୍ତି ହୋଇ ଗୃହରୁ ସକଳ କ୍ଲେଶ ଦୂରୀଭୂତ ହୋଇଥାଏ ବୋଲି ବିଦ୍ୱାନ୍‌ମାନଙ୍କ ମତ।

ଗୟାରେ ପିତୃପୁରୁଷଙ୍କୁ ପିଣ୍ଡଦାନ (ପୃ.୧୮୧)

ଗୟାରେ ପିଣ୍ଡଦାନର ମହତ୍ତ୍ୱ

ଶାସ୍ତ୍ରୀୟ ତଥ୍ୟ:-

ଗୟା ତୀର୍ଥରେ ପ୍ରତିବର୍ଷ ଲକ୍ଷ ଲକ୍ଷ ଶ୍ରଦ୍ଧାଳୁ ନିଜ ପୂର୍ବପୁରୁଷମାନଙ୍କ ଉଦ୍ଦେଶ୍ୟରେ ଶ୍ରାଦ୍ଧ ଓ ପିଣ୍ଡଦାନ କରିଥାନ୍ତି। ଏହାଦ୍ୱାରା ମୃତ ଆତ୍ମାର ସ୍ୱର୍ଗ ପ୍ରାପ୍ତି ହୁଏ ବୋଲି ଶାସ୍ତ୍ରରେ ଲିପିବଦ୍ଧ ହୋଇ ରହିଛି। ବିଶେଷ କରି ଶ୍ରାଦ୍ଧ ପକ୍ଷରେ ପିଣ୍ଡଦାନ ନିମନ୍ତେ ଏଠାରେ 'ଶ୍ରାଦ୍ଧର ମହାକୁମ୍ଭ' ଅର୍ଥାତ୍ ଅସଂଖ୍ୟ ଜନ ସମାଗମ ହୋଇଥାଏ। ନିଜ ପୂର୍ବପୁରୁଷଙ୍କ ପ୍ରେତ ଯୋନିରୁ ମୁକ୍ତି, ପିତୃଋଣ ପରିଶୋଧ ତଥା ଆତ୍ମାର ନିଶ୍ଚିତ ସ୍ୱର୍ଗ ପ୍ରାପ୍ତି ନିମନ୍ତେ ସୁସନ୍ତାନମାନେ ଗୟାରେ ପିଣ୍ଡଦାନ କରି କୃତକୃତ୍ୟ ମନେ କରନ୍ତି। ଏଣୁ କୁହାଯାଇଛି:

"ଗୟାପ୍ରାପ୍ତଂ ସୁତଂ ଦୃଷ୍ଟ୍ୱା ପିତୃଣାମୁତ୍ସବୋ ଭବେତ୍।"

(ବାୟୁ ପୁରାଣ ଉ. ୪୩/୯)

ଅର୍ଥାତ୍ ଗୟାକୁ ଶ୍ରାଦ୍ଧ ପାଇଁ ଯାଇଥିବା ସୁସନ୍ତାନମାନଙ୍କୁ ଦେଖି ପିତରମାନେ ଉତ୍ସବର ଆୟୋଜନ କରନ୍ତି (ଉତ୍ସବ ସଦୃଶ ଆନନ୍ଦ ଅନୁଭବ କରନ୍ତି)। ବିହାରର ରାଜଧାନୀ ପାଟନା ସହରରୁ ଦକ୍ଷିଣ-ପଶ୍ଚିମ ଦିଗରେ ପ୍ରାୟ ୯୨ କି.ମି. ଦୂରତ୍ୱରେ ପୁଣ୍ୟ ସଲିଳା ଫଲ୍‌ଗୁ ନଦୀର ତଟ ଦେଶରେ ଆଧ୍ୟାତ୍ମିକ, ଐତିହାସିକ ତଥା ପ୍ରାଚୀନ ତୀର୍ଥ ଗୟାକ୍ଷେତ୍ର ଅବସ୍ଥିତ। ପ୍ରତିବର୍ଷ ସମଗ୍ର ବିଶ୍ୱରୁ ଆସୁଥିବା ଲକ୍ଷ ଲକ୍ଷ ହିନ୍ଦୁମାନେ ଏଠାରେ ମିଳିତ ହୋଇ ପାବନ ପିତୃପକ୍ଷ ଉପଲକ୍ଷେ ଶ୍ରାଦ୍ଧ ଓ ପିଣ୍ଡଦାନ କରନ୍ତି। କଥିତ ଅଛି ଏଠାରେ ସ୍ୱୟଂ ଭଗବାନ ବିଷ୍ଣୁ 'ଗଦାଧର' ନାମ ଧାରଣ କରି ସମସ୍ତ ଦେବତାମାନଙ୍କ ସହ ଉପସ୍ଥିତ ରହନ୍ତି ଏବଂ ପିତରମାନେ ଶ୍ରାଦ୍ଧ ଓ ପିଣ୍ଡଦାନ ପ୍ରାପ୍ତ କରି ସଂତୃପ୍ତ ହେବା ସଙ୍ଗେ ସଙ୍ଗେ ଅକ୍ଷୟ ଲୋକରେ ପଦାର୍ପଣ କରନ୍ତି। ଏଣୁ ଶାସ୍ତ୍ରରେ କୁହାଯାଇଛି:

"ଗଙ୍ଗା ପାଦୋଦକଂ ବିଷ୍ଣୋଃ ଫଲ୍‌ଗୁର୍ହ୍ୟାଦିଗଦାଧରଃ।
ସ୍ୱୟଂ ହି ଦ୍ରବରୂପେଣ ତସ୍ମାଦ୍ ଗଙ୍ଗାଧିକଂ ବିଦୁଃ ॥"

(ବାୟୁ ପୁରାଣ ଉ.୪୯/୧୮)

ପୌରାଣିକ ଆଖ୍ୟାନ:-

ଏକଦା ଏକ ପ୍ରବଳ ପ୍ରତାପୀ ଅସୁର ଥିଲା। ସେ ବିଷ୍ଣୁଙ୍କ ତପସ୍ୟା କଲା। ତାହାର ତପସ୍ୟା ଥିଲା ଅତ୍ୟନ୍ତ କଠୋର। ଭଗବାନ ବିଷ୍ଣୁ ତା' ତପସ୍ୟାରେ ସନ୍ତୁଷ୍ଟ ହୋଇ ତାହାକୁ ବର ଯାଚନ୍ତେ ସେ ଏକ ଅସମ୍ଭବ ବର ମାଗି ବସିଲା। ଭଗବାନ ତ ସର୍ବଦା ନିଜ ଭକ୍ତର ମନୋବାଞ୍ଛା ପୂରଣ କରନ୍ତି। ଏଣୁ ଗୟାସୁର ମାଗିବା ଅନୁଯାୟୀ- 'ଯିଏ ବି ତାହାକୁ ଦର୍ଶନ କରିବ ଅଥବା ସ୍ପର୍ଶ କରିବ ତାହାକୁ ନିଶ୍ଚିତ ସ୍ୱର୍ଗ ପ୍ରାପ୍ତି ହେବ।' ଏପରି ଏକ ବର ଭଗବାନ ତାହାକୁ ପ୍ରଦାନ କଲେ। ଏହା ଜାଣି ସ୍ୱର୍ଗ ଦେବତାମାନଙ୍କର ଭାଳେଣି ପଡ଼ିଗଲା। ଏହାଦ୍ୱାରା ନିଶ୍ଚିତ ଭାବେ ଦେବତାମାନଙ୍କ ପ୍ରତିପତ୍ତି କମିଯିବ। ସେମାନଙ୍କ ପୂଜା ଆରାଧନା ହୁଏତ ସମ୍ପୂର୍ଣ୍ଣ ବନ୍ଦ ହୋଇଯିବ। ସେମାନେ ଯମରାଜଙ୍କ ସହ ମିଳିତ ଭାବେ ଭଗବାନ ବିଷ୍ଣୁଙ୍କ ସାନ୍ନିଧରେ ଉପସ୍ଥିତ ହୋଇ ନିଜର ମନୋଭାବ ବ୍ୟକ୍ତ କଲେ ଏବଂ ଏ ବିଷୟରେ କିଛି ସମାଧାନ ବାହାର କରିବା ପାଇଁ ସବିନୟ ପ୍ରାର୍ଥନା କଲେ।

ଦେବତାମାନଙ୍କର ପ୍ରାର୍ଥନାରେ ଭଗବାନଙ୍କ ମନ ତରଳିଗଲା। ସେ ବ୍ରହ୍ମାଙ୍କୁ ନିର୍ଦ୍ଦେଶ ଦେଇ କହିଲେ ଗୟାସୁରର ମୃତ୍ୟୁ ପରେ ତାହାର ଶବ ପେଟ ତଳକୁ ଓ ପିଠି ଉପରକୁ ତଥା ମୁଣ୍ଡ ଉତ୍ତର ତଥା ଗୋଡ଼ ଦକ୍ଷିଣ ଆଡ଼କୁ ରଖି ଶୁଆଇବା ପରେ ତା' ପିଠି ଉପରେ ଏକ ଯଜ୍ଞ ଆୟୋଜନ କରନ୍ତୁ। ଏହାପରେ ବିଷ୍ଣୁ ନିଜେ ଗୟାସୁର ପାଖକୁ ଯାଇ ତାହାକୁ ଜୀବନ ବିସର୍ଜନ ନିମନ୍ତେ ପ୍ରେରିତ କଲେ। ଗୟାସୁର ବିଷ୍ଣୁଙ୍କ ମାୟାରେ ଜୀବନ ବିସର୍ଜନ କଲା। ନିର୍ଦ୍ଦେଶ ଅନୁଯାୟୀ ବ୍ରହ୍ମା ତା'ର ପିଠି ଉପରେ ଯଜ୍ଞ ଆରମ୍ଭ କଲେ। ସେଠାରେ ସ୍ୱୟଂ ବିଷ୍ଣୁ ଓ ସମସ୍ତ ଦେବତାମାନେ ଉପସ୍ଥିତ ଥିଲେ। ଏ ସମସ୍ତଙ୍କ ଉପସ୍ଥିତିରେ ଯଜ୍ଞ ହେଲା। ଏଇ ସମୟରେ ଏକ ଅଦ୍ଭୁତ ଘଟଣା ଘଟିଲା। ସେହି ମୃତ ଶବର ମସ୍ତକରେ ପ୍ରଚଣ୍ଡ କମ୍ପନ ହେଉଥିବା ଦୃଶ୍ୟମାନ ହେଲା। ଏହା ଅବଲୋକନ କରି ଦେବତାମାନେ ଏକ ବିଶାଳ ପ୍ରସ୍ତର ଖଣ୍ଡକୁ ସମ୍ମିଳିତ ଭାବେ ଅଣାଇ ତାହାର ମସ୍ତକ ଉପରେ ସ୍ଥାପନ କଲେ। ଅଧୁନା ଏହା 'ଧର୍ମଶିଳା' ନାମରେ କଥିତ ହୁଏ। ତଥାପି ମସ୍ତକର କମ୍ପନ ହ୍ରାସ ପାଇଲା ନାହିଁ ବରଂ ସେଇ ବିଶାଳ ଶିଳାଖଣ୍ଡ ପ୍ରକମ୍ପିତ ହେବାକୁ ଲାଗିଲା। ଏହା ଦେଖି ଦେବତାମାନେ ଭୟଭୀତ ହେଲେ ଏବଂ ଭଗବାନ ବିଷ୍ଣୁଙ୍କୁ ଏହାର ଉପାୟ କରିବା ନିମନ୍ତେ ପ୍ରାର୍ଥନା କଲେ। ଶ୍ରୀବିଷ୍ଣୁ ବର୍ତ୍ତମାନ ମସ୍ତକ

ଉପରସ୍ଥ ସେଇ ଶିଳାଖଣ୍ଡ ଉପରେ ନିଜ ଗଦା ଦ୍ୱାରା ପ୍ରଚଣ୍ଡ ପ୍ରହାର କରିବା ସକାଶେ ସ୍ଥିର କଲେ। ଏହା ପୂର୍ବାନୁମାନ ଦ୍ୱାରା ଜାଣିପାରି ଗୟାସୁର ଭଗବାନଙ୍କୁ ଆଉ ଏକ ବର ପ୍ରାର୍ଥନା କଲା ଯେ ହେ ପ୍ରଭୁ ! ମୋ ଉପରେ ଗଦା ପ୍ରହାର ପୂର୍ବରୁ ମୋତେ ଏହି ବର ଦିଅନ୍ତୁ ଯେପରିକି ଏହି ପ୍ରସ୍ତର ଉପରେ ଆପଣଙ୍କର ଏକ ପଦଚିହ୍ନ ଅଙ୍କିତ ହୋଇ ସବୁଦିନ ପାଇଁ ରହିଯିବ ଏବଂ ସମସ୍ତ ଦେବତାମାନେ ଏହି ପ୍ରସ୍ତର ମଧ୍ୟରେ ନିବାସ କରିବେ ତଥା ଯେ କୌଣସି ମନୁଷ୍ୟ ଆସି ଏଇ ଶିଳା ଉପରେ ନିଜ ପିତୃପୁରୁଷମାନଙ୍କ ଉଦ୍ଦେଶ୍ୟରେ ଶ୍ରାଦ୍ଧ, ପିଣ୍ଡଦାନ ଓ ତର୍ପଣ କରିବେ ତାଙ୍କର ପିତର ଓ ସେ ନିଜେ ମୃତ୍ୟୁ ପରେ ନିଶ୍ଚିତ ସ୍ୱର୍ଗ ପ୍ରାପ୍ତ ହେବେ। ଭଗବାନ ଗୟାସୁରର ଇଚ୍ଛାକୁ ପୂରଣ କରି ତଥାସ୍ତୁ ବୋଲି କହିଥିଲେ ଏବଂ ସେହି ଦିନଠାରୁ ସେଇ କ୍ଷେତ୍ର ତାର ନାମାନୁଯାୟୀ 'ଗୟା' ନାମରେ ପ୍ରସିଦ୍ଧି ଲାଭ କରିବ ବୋଲି ବରଦାନ କରିଥିଲେ। ଏଣୁ ପିତୃଋଣରୁ ମୁକ୍ତି ପାଇଁ ଲୋକେ ଏଠାରେ ଶ୍ରାଦ୍ଧ କର୍ମ କରିଥାନ୍ତି। ପୁଣି ଆଶ୍ୱିନ ମାସ ପିତୃ ପକ୍ଷରେ ଏଠାରେ ଶ୍ରାଦ୍ଧର ମହତ୍ତ୍ୱ ବହୁ ଗୁଣ ବୃଦ୍ଧି ପ୍ରାପ୍ତ ହୋଇଯାଏ। କାରଣ ଏହି ସମୟରେ ସୂର୍ଯ୍ୟ ପୃଥିବୀର ନିକଟତମ ଦୂରତ୍ୱରେ ଅବସ୍ଥାନ କରୁଥିବାରୁ ପୃଥିବୀ ଉପରେ ପିତୃଗଣଙ୍କର ପ୍ରଭାବ ମଧ୍ୟ ଅଧିକତମ ହୋଇଥାଏ। ଏଣୁ ଶାସ୍ତ୍ରରେ କୁହାଯାଇଛି:

"ଏବଂ ବିଧାନତଃ ଶ୍ରାଦ୍ଧଂ କୁର୍ଯ୍ୟାତ୍ ସ୍ୱବିଭାବୋଚିତମ୍।
ଆବ୍ରହ୍ମସ୍ତମ୍ବପର୍ଯ୍ୟନ୍ତଂ ଜଗତ ପ୍ରୀଣାତି ମାନବଃ ॥"

ଅର୍ଥାତ୍ ଯେଉଁ ବ୍ୟକ୍ତି ବିଧି ଅନୁଯାୟୀ ଶ୍ରାଦ୍ଧ କର୍ମ ସମ୍ପାଦନ କରେ, ସେ ବ୍ରହ୍ମାଙ୍କ ଠାରୁ ଆରମ୍ଭ କରି ତୃଣ ପର୍ଯ୍ୟନ୍ତ ସମସ୍ତ ପ୍ରାଣୀଙ୍କୁ ସଂତୃପ୍ତ କରିପାରେ ତଥା ନିଜ ପିତୃପୁରୁଷମାନଙ୍କ ଋଣରୁ ମୁକ୍ତି ଲାଭ କରିବାରେ ସକ୍ଷମ ହୁଏ। ଏତଦ୍ୱାରା ନିଜର ମଧ୍ୟ ମୁକ୍ତିର ମାର୍ଗ ଉନ୍ମୋଚିତ ହୋଇଯାଏ।

ପିତୃ ଦୋଷ ଦ୍ୱାରା କ'ଣ କ୍ଷତି ହୁଏ ?

ଯିଏ କୌଣସି ଶ୍ରାଦ୍ଧ ତର୍ପଣ ଆଦି ନକରେ ତାଙ୍କୁ ପିତୃଦୋଷ ଲାଗେ। ଏହାଦ୍ୱାରା ସନ୍ତାନହୀନତା, ଧନହାନି, ଦୁଃଖଦୁର୍ଦ୍ଦଶା, ଗୃହରେ ଚିରସ୍ଥାୟୀ କଳି, ଝଗଡ଼ା, ଅଶାନ୍ତି, ଭୂତ-ପ୍ରେତ ବାଧା, ଅଶାନ୍ତି, ଦରିଦ୍ରତା, ମୋକଦ୍ଦମା, କୋର୍ଟ, କଚେରୀ ମାମଲାରେ ବୃଦ୍ଧି ପ୍ରାପ୍ତ ହେବା, ପୁତ୍ର-କନ୍ୟା ବିବାହରେ ବାଧା,

ରୋଗପୀଡ଼ା ବୃଦ୍ଧି ଆଦି ସମସ୍ୟା ମାନ ଦେଖାଯାଏ ତଥା ନିରନ୍ତର ଶାନ୍ତି ବିଘ୍ନିତ ହୁଏ।

ପିତୃଦୋଷ ଦ୍ୱାରା ଭାଗ୍ୟଶାଳୀ ମଧ୍ୟ ହୋଇଯାଏ ହତଭାଗା:

ମୃତ ବ୍ୟକ୍ତିର ଦଶରାତ୍ର ଏବଂ ଷୋଡ଼ଶୀ ସଂପିଣ୍ଡନ ସଂସ୍କାର ହେବା ପର୍ଯ୍ୟନ୍ତ ମୃତାତ୍ମାକୁ ପ୍ରେତ ରୂପେ ପରିଗଣିତ କରାଯାଏ। ଏହି ସଂସ୍କାରର ସମାପ୍ତି ପରେ ତାହାଙ୍କୁ ପିତର/ପିତୃପୁରୁଷ ବୋଲି କୁହାଯାଏ। ମୃତ୍ୟୁ ପରେ ଶାସ୍ତ୍ରୀୟ ବିଧିବିଧାନ ଅନୁଯାୟୀ ବିହିତ ସଂସ୍କାର ନକଲେ ମୃତାତ୍ମା ପିତୃ ଲୋକକୁ ଯାଇ ନପାରି ଏହି ମର୍ତ୍ତ୍ୟ ଲୋକରେ ଅଶାନ୍ତ ଭାବରେ ଘୁରି ବୁଲେ। ଏହା ଫଳରେ ପରିବାରବର୍ଗ ଓ ସନ୍ତାନସନ୍ତତିମାନଙ୍କୁ ପିତୃଦୋଷ ଲାଗେ। ଏହି ସମୟରେ ଉପଯୁକ୍ତ ଶ୍ରାଦ୍ଧକର୍ମ, ପିଣ୍ଡଦାନ ବା କର୍ମକାଣ୍ଡ ଇତ୍ୟାଦି ନକଲେ ପିତୃପୁରୁଷମାନେ ଅଶାନ୍ତ ହୋଇ ପରିବାରବର୍ଗଙ୍କୁ ଯାବତ୍ ପୀଡ଼ା ପ୍ରଦାନ କରନ୍ତି। ଦୁଃଖ ଦୁର୍ଦ୍ଦଶାର ଅନ୍ତ ଘଟେ ନାହିଁ। ସେଇ ସମୟରେ ମଣିଷ ଧୈର୍ଯ୍ୟ ପୂର୍ବକ ପିତୃ ଦୋଷରୁ ମୁକ୍ତି ପାଇଁ ଉପରୋକ୍ତ ଉପାୟ ମାନ କରିବା ଉଚିତ। ଏ ଦୃଷ୍ଟିରୁ ମହାଳୟାର ଅବସର ନେଇ ଆସେ ସୁବର୍ଣ୍ଣ ସୁଯୋଗ। କୌଣସି ତୀର୍ଥ ଅଥବା ଗୟାରେ ପିଣ୍ଡଦାନ ଓ ପ୍ରତିକାର ଦ୍ୱାରା ହୃତଭାଗ୍ୟର ପୁନରୁଦ୍ଧାର ଘଟିପାରେ।

ଗୟା ପିଣ୍ଡଦାନର ଆଉ ଏକ ଚିତ୍ର (ପୃ.୧୮୧)

ଶ୍ରାଦ୍ଧପକ୍ଷ ସମ୍ବନ୍ଧରେ ବିଶେଷ ଜାଣିବା ଯୋଗ୍ୟ କଥା

ଶ୍ରାଦ୍ଧ କର୍ମର ଶ୍ରେଷ୍ଠତ୍ୱ ଓ ମହତ୍ତ୍ୱ ତଥା ବିଧିବିଧାନ ବିଷୟ ଆମର ଶାସ୍ତ୍ରପୁରାଣରେ ବିଷଦ ବ୍ୟାଖ୍ୟା କରାଯାଇଛି। ଗରୁଡ଼ ପୁରାଣ, ବାୟୁପୁରାଣ, ମତ୍ସ୍ୟପୁରାଣ, ବ୍ରହ୍ମପୁରାଣ, ମନୁସ୍ମୃତି, କଠୋପନିଷଦ, ମାର୍କଣ୍ଡେୟ ପୁରାଣ ଇତ୍ୟାଦିରେ ଏ ସମ୍ପର୍କରେ ସୁବିସ୍ତୃତ ବିଧିବିଧାନ ଦୃଷ୍ଟିଗୋଚର ହୁଏ।

ପିତୃପୁରୁଷମାନଙ୍କ ମଧ୍ୟରେ ଅର୍ଯ୍ୟମାଙ୍କୁ ଶ୍ରେଷ୍ଠ ସ୍ଥାନ ପ୍ରଦାନ କରାଯାଇଛି। ଏଣୁ ଭଗବାନ ଗୀତାରେ ନିଜକୁ ଅର୍ଯ୍ୟମା (...ପିତୃଣାମର୍ଯ୍ୟମା ଚାସ୍ମି ଯମଃ ସଂଯମତାହମ୍ ॥ ଗୀତା ୧୦/୨୯) ରୂପେ ଘୋଷଣା କରିଛନ୍ତି। ଶ୍ରାଦ୍ଧ କର୍ମ ସମୟରେ ଯେଉଁ ଦେବତାମାନଙ୍କୁ ଆବାହନ କରାଯାଏ ସେମାନେ ହେଉଛନ୍ତି ଅର୍ଯ୍ୟମା, ସୋମ, ଯମ ଏବଂ କାବ୍ୟ ବାଡନଳ। ଏତଦ୍ ବ୍ୟତୀତ ବ୍ରହ୍ମାଙ୍କ ପୁତ୍ର ମନୁଙ୍କ ଠାରୁ ଯେଉଁ ଦିବ୍ୟପିତୃମାନେ ସୃଷ୍ଟି ହୋଇଥିଲେ ସେମାନେ ସଂଖ୍ୟାରେ ନଅଜଣ ଅଟନ୍ତି। ସେ ସମସ୍ତେ ଋଷି ଅଟନ୍ତି। ସେମାନେ ହେଲେ ନାନ୍ଦିମୁଖ, ଆୟନ୍ତୁନ, ରଶ୍ମିପ, ସୋମେପ, ଉପଦୂତ, ଶ୍ରାଦ୍ଧଭୁକ, ଆଜ୍ୟପ, ଅଗ୍ନିଷ୍ୱାତ୍ତ ଏବଂ ବର୍ହିଂଷଦ। ଏମାନେ ଦିବ୍ୟ ପିତର ରୂପେ ଅର୍ଚ୍ଚିତ ହୁଅନ୍ତି।

ଶାସ୍ତ୍ର ଅନୁଯାୟୀ ଶ୍ରାଦ୍ଧ ବାର ପ୍ରକାର: ନିତ୍ୟ, ନୈମିତିକ, ସପିଣ୍ଡନ, ପାର୍ବଣ, ଶୁଦ୍ଧି, ଯାତ୍ରା, ଗୋଷ୍ଠ, ବୃଦ୍ଧି, ଦୈବିକ, ପୁଷ୍ଟି, କର୍ମାଂଗ ଓ କାମ୍ୟ। ସେହିପରି ଶ୍ରାଦ୍ଧ ସହ ମୃତ ବ୍ୟକ୍ତିଙ୍କ ଆତ୍ମାର ସଦ୍‌ଗତି ନିମନ୍ତେ ତର୍ପଣ ମଧ୍ୟ କରାଯାଏ। ତର୍ପଣରେ ତିଳ, ଜଳ ଇତ୍ୟାଦି ପିତରମାନଙ୍କୁ ଅର୍ପଣ କରାଯାଏ। ଏହି ତର୍ପଣ ୬ ଭାଗରେ ବିଭକ୍ତ- ଦେବତର୍ପଣ, ଋଷି ତର୍ପଣ, ଦିବ୍ୟମାନବ ତର୍ପଣ, ଦିବ୍ୟପିତୃ ତର୍ପଣ, ମନୁଷ୍ୟ ପିତର ତର୍ପଣ। ଯେଉଁ ଆର୍ଥିକ ଦୃଷ୍ଟିରୁ ସମ୍ପନ୍ନ ନୁହନ୍ତି ସେମାନେ ଶ୍ରାଦ୍ଧ କରି ନପାରିଲେ ମଧ୍ୟ ବେଦଜ୍ଞ ବ୍ରାହ୍ମଣଙ୍କୁ ନିଜ କ୍ଷମତା ଅନୁଯାୟୀ ଭୋଜ୍ୟ ଦକ୍ଷିଣା ସହ ଦାନ କରିଥାନ୍ତି। ଭୋଜ୍ୟ ଦାନରେ ଅନ୍ନ, ବସ୍ତ୍ର, ଲୁଣ, ଡ଼ାଲି, ପରିବା, ଗୁଡ଼ ଇତ୍ୟାଦି ଦିଆଯାଏ। ଶ୍ରାଦ୍ଧ ପକ୍ଷରେ କୌଣସି ଶୁଭକାର୍ଯ୍ୟ

ବର୍ଜିତ ଥାଏ। ଏହି କାଳରେ ପବିତ୍ର, ସାତ୍ତ୍ୱିକ ଆହାର କରାଯାଏ। ମାଛ, ମାଂସ ଆହାର ସମ୍ପୂର୍ଣ୍ଣ ନିଷିଦ୍ଧ କରାଯାଏ। ଶ୍ରାଦ୍ଧରେ କୁକୁର, କୁଆ, ଗାଈ ଓ ବ୍ରାହ୍ମଣଙ୍କୁ ଭୋଜନ କରାଯିବା ଶ୍ରେଷ୍ଠ କର୍ମ ରୂପେ ଗଣ୍ୟ କରାଯାଏ।

'ଦେବୀସ୍ୱଧା' ବ୍ରହ୍ମାଙ୍କର 'ମାନସ କନ୍ୟା' ଅଟନ୍ତି। ତାଙ୍କୁ ପିତୃପୁରୁଷମାନଙ୍କର ଅଧିଷ୍ଠାତ୍ରୀ ଦେବୀ ରୂପେ ମାନ୍ୟତା ପ୍ରଦାନ କରାଯାଏ। ଶ୍ରାଦ୍ଧରେ ପିତରମାନଙ୍କ ଉଦ୍ଦେଶ୍ୟରେ ଅର୍ପିତ ହେଉଥିବା 'ପିଣ୍ଡଦାନ' ଇତ୍ୟାଦି ସକଳ ବସ୍ତୁ ପିତୃପୁରୁଷମାନଙ୍କ ଠାରେ 'ଦେବୀସ୍ୱଧା' ହିଁ ପହଞ୍ଚାଇଥାନ୍ତି। ଶାସ୍ତ୍ରର ପ୍ରମାଣ ଅନୁଯାୟୀ ସ୍ୱଧା, ସ୍ୱଧା, ସ୍ୱଧା- ଏପରି ତ୍ରିବାର ଜପ କଲେ ଶ୍ରାଦ୍ଧ, ବଳିବୈଶ୍ୱ ଦେବ, ତର୍ପଣ ଇତ୍ୟାଦି ପିତରମାନଙ୍କ ନିକଟରେ ପହଞ୍ଚିଯାଏ ଏବଂ ସେମାନଙ୍କୁ କ୍ଷୁଧାଜନିତ ପୀଡ଼ା ସହନ କରିବାକୁ ପଡ଼େ ନାହିଁ ଏବଂ ଶ୍ରାଦ୍ଧ କର୍ତ୍ତାଙ୍କୁ ତତ୍କାଳ ଶ୍ରାଦ୍ଧ ଦାନର ଫଳାଫଳ ପ୍ରାପ୍ତ ହୋଇଯାଏ। ଶାସ୍ତ୍ରାନୁଯାୟୀ ପ୍ରାତଃ ଓ ସନ୍ଧ୍ୟା କାଳରେ ଶ୍ରାଦ୍ଧକର୍ମ ନିଷିଦ୍ଧ ଅଟେ। ଶ୍ରାଦ୍ଧ କର୍ମ ନିମନ୍ତେ ଦ୍ୱିପ୍ରହର ଘ.୧୧.୪୫ରୁ ଘ.୨.୪୫ ପର୍ଯ୍ୟନ୍ତ ସମୟ ପ୍ରଶସ୍ତ ଅଟେ ବୋଲି କେତେକଙ୍କ ମତ।

(ପିତରମାନଙ୍କୁ ସନ୍ତୁଷ୍ଟ କରିବା ନିମନ୍ତେ ତଥା ପିତୃ ଋଣରୁ ମୁକ୍ତିଲାଭ ସକାଶେ ବେଦ ବର୍ଣ୍ଣିତ ପଞ୍ଚଯଜ୍ଞ ମଧ୍ୟରୁ ଶ୍ରାଦ୍ଧକର୍ମକୁ ପିତୃଯଜ୍ଞ ରୂପେ ନାମିତ କରାଯାଇଛି। ପ୍ରତ୍ୟହ ମାର୍କଣ୍ଡେୟ ପୁରାଣ ଉଲ୍ଲିଖିତ 'ପିତୃସ୍ତୁତି' ପାଠ କଲେ ପିତରମାନେ ସନ୍ତୁଷ୍ଟ ହୁଅନ୍ତି ବୋଲି କୁହାଯାଏ। ଏହାଛଡ଼ା ଶ୍ରାଦ୍ଧ ସମୟରେ ଶ୍ରୀମଦ୍ ଭଗବତ ଗୀତାର ମାହାତ୍ମ୍ୟ ସହ ସପ୍ତମ ଅଧ୍ୟାୟ ପାଠ କରି ଏହାର ଫଳାଫଳ ପିତରମାନଙ୍କ ଉଦ୍ଦେଶ୍ୟରେ ସମର୍ପଣ କଲେ ପିତୃପୁରୁଷମାନେ ସଂତୃପ୍ତ ହୋଇ ପରିବାରବର୍ଗଙ୍କୁ ଆଶୀର୍ବାଦ ପ୍ରଦାନ କରନ୍ତି। ଏହା ଫଳରେ ପିତୃଦୋଷ ଶାନ୍ତ ହୋଇ ଧନହାନି, ଅର୍ଥପୀଡ଼ା, ଝଗଡ଼ା, ଅଶାନ୍ତି, ଭୂତପ୍ରେତ ବାଧା, ସ୍ୱାସ୍ଥ୍ୟହାନି, ଦୁରାରୋଗ୍ୟ ରୋଗ, ମାଲି ମୋକଦ୍ଦମା, କନ୍ୟା ବା ପୁତ୍ର ବିବାହରେ ବାଧା ଓ ମାନସିକ ତାଡ଼ନା ଇତ୍ୟାଦିରୁ ମୁକ୍ତି ମିଳେ।)

ଅଶୌଚ ସମୟରେ ଶ୍ରାଦ୍ଧ ପଡ଼ିଲେ ବ୍ରାହ୍ମଣ ଭୋଜନ ବର୍ଜିତ ହୋଇଥାଏ। ଏଇ ସମୟରେ ବ୍ରାହ୍ମଣ ଭୋଜନ ପରିବର୍ତ୍ତେ ଗାଈ, କୁକୁର ଆଦିଙ୍କୁ ଖାଇବା ପାଇଁ ଦିଆଯାଇପାରେ। ଶ୍ରାଦ୍ଧରେ ବେସନ ବା ଏଥିରୁ ପ୍ରସ୍ତୁତ ଖାଦ୍ୟ ବ୍ରାହ୍ମଣ

ଭୋଜନରେ ବ୍ୟବହାର କରାଯାଏ ନାହିଁ। ଶ୍ରାଦ୍ଧ ପକ୍ଷ ଭାଦ୍ରବ ପୂର୍ଣ୍ଣିମାରୁ ଆରମ୍ଭ କରି ୧୬ ଦିନ ଅର୍ଥାତ୍ ଆଶ୍ୱିନ କୃଷ୍ଣ ଅମାବାସ୍ୟା (ମହାଳୟା ଅମାବାସ୍ୟା) ପର୍ଯ୍ୟନ୍ତ ପାଳିତ ହୋଇଥାଏ। ହିନ୍ଦୁ ଧର୍ମ ବା ବୈଦିକ ସଂସ୍କୃତିରେ ୧୦ଗୋଟି ନିୟମ ଓ ୧୬ ସଂସ୍କାରର ବ୍ୟବସ୍ଥା ରହିଛି। ଯାହାକି ଆମର ସଫଳ ଜୀବନଯାତ୍ରା ଏବଂ ଆଧ୍ୟାତ୍ମିକ ବିକାଶ ନିମନ୍ତେ ଅତ୍ୟନ୍ତ ମହତ୍ତ୍ୱପୂର୍ଣ୍ଣ ଅଟେ। ସେ ୧୦ ନିୟମ ଗୁଡ଼ିକ ହେଲା- ଶ୍ରାଦ୍ଧ (ପିତୃଯଜ୍ଞ), ପ୍ରତ୍ୟହ ସନ୍ଧ୍ୟା (କେହି କେହି ପ୍ରାତଃ, ଦ୍ୱିପ୍ରହର ଓ ପ୍ରଦୋଷ ଏପରି ତ୍ରିସନ୍ଧ୍ୟା ମଧ୍ୟ କରନ୍ତି), ଦାନକର୍ମ, କୁମ୍ଭସ୍ନାନ, ସେବାକାର୍ଯ୍ୟ, ଈଶ୍ୱର ପ୍ରଣିଧାନ, ଶ୍ରାବଣ ମାସ ବ୍ରତ, ପଞ୍ଚଯଜ୍ଞ, ଚାରିଧାମ ଯାତ୍ରା ଇତ୍ୟାଦି। ସେଥିମଧ୍ୟରୁ ଶ୍ରାଦ୍ଧକର୍ମ ଅତ୍ୟାବଶ୍ୟକ କର୍ମ ଅଟେ। ଏହାଦ୍ୱାରା ମନୁଷ୍ୟର ପରମାର୍ଥିକ ଉନ୍ନତି ସାଧିତ ସହ ପିତରମାନଙ୍କ ଆଶୀର୍ବାଦ ପ୍ରାପ୍ତ ହୋଇଥାଏ। ଧୀରେ ଧୀରେ ଏଇ ସୁନ୍ଦର ସଂସ୍କାର ଗୁଡ଼ିକର ଅବକ୍ଷୟ ପରିଲକ୍ଷିତ ହେଉଥିବାରୁ ଛୋଟ ସମୟରେ ବି ପରିବାରର ପିଲାମାନଙ୍କୁ ଏସବୁ ବିଷୟରେ ଉପଯୁକ୍ତ ସୂଚନା ଓ ସଂସ୍କାର ପ୍ରଦାନ କରାଯିବାର ଆବଶ୍ୟକତା ରହିଛି।

ପିତୃଶ୍ରାଦ୍ଧ ଚିତ୍ର (ପୃ.୧୮୫)

ଶକ୍ତି ଉପାସନାର ପୁଣ୍ୟ ପର୍ବ:
ଶାରଦୀୟ ନବରାତ୍ର

ହିନ୍ଦୁ ସଂସ୍କୃତିରେ ଶାରଦୀୟ ନବରାତ୍ର, ଶକ୍ତି ଉପାସନାର ମହାନ୍ ଅବସର ଅଟେ। ଏଣୁ ରୁଦ୍ର ଯାମଳ ତନ୍ତ୍ରରେ କୁହାଯାଇଛି: **"ନବଶକ୍ତି ସମାୟୁକ୍ତାଂ ନବରାତ୍ରଂ ତଦୁଚ୍ୟତେ"**- ଅର୍ଥାତ୍ ନଅ ଶକ୍ତିଙ୍କ ଦ୍ୱାରା ଯୁକ୍ତ ହୋଇଥିବା କାରଣରୁ ଏହାକୁ ନବରାତ୍ର ବୋଲି କୁହାଯାଏ। ଶକ୍ତି ହିଁ ଜୀବନ। ଶକ୍ତିହୀନତାର ଅନ୍ୟନାମ 'ମୃତ୍ୟୁ'। କୁହାଯାଇଛି 'ଶିବ' ମଧ୍ୟ ଶକ୍ତି ବିନା ଶବରେ ରୂପାନ୍ତରିତ ହୁଅନ୍ତି। ଆଦିଶକ୍ତି ହିଁ ଏହି ଅନନ୍ତ ସୃଷ୍ଟିର ସୃଜନ, ପାଳନ ଓ ସଂହାରର କାରଣ ଅଟନ୍ତି। ଏଥିପାଇଁ ସନାତନ ସଂସ୍କୃତି ଯୁଗେ ଯୁଗେ ଶକ୍ତି ଆରାଧନାକୁ ସର୍ବଶ୍ରେଷ୍ଠ ବ୍ରତ ରୂପେ ମହତ୍ୱ ଦେଇ ଆସିଛି।

ଆଶ୍ୱିନ ଶୁକ୍ଳ ପ୍ରତିପଦା ଠାରୁ ନବମୀ ପର୍ଯ୍ୟନ୍ତ ସମୟକୁ 'ବୋଧନାଖ୍ୟ ଶାରଦୀୟ ନବରାତ୍ର' ରୂପେ ପାଳନ କରାଯାଏ। ସେଇପରି ଚୈତ୍ର ଶୁକ୍ଳ ପ୍ରତିପଦା ଠାରୁ ନବମୀ ପର୍ଯ୍ୟନ୍ତ ସମୟକୁ 'ଶୟନାଖ୍ୟ ବାସନ୍ତୀକ ନବରାତ୍ର' ବୋଲି କହନ୍ତି। ଏହି ଉଭୟ ନବରାତ୍ର, ଶକ୍ତି ପୂଜା ବା ଭଗବତୀ ମାଆ ଦୁର୍ଗାଙ୍କର ପୂଜା ଉପାସନା ନିମିତ୍ତ ବିଶେଷ ଭାବେ ମହତ୍ତ୍ୱପୂର୍ଣ୍ଣ। ଏଣୁ ଶକ୍ତି ପରାକ୍ରମ, ବିଜୟ ଏବଂ ଅକ୍ଷୟ ସ୍ଫୂର୍ତ୍ତି ପ୍ରଦାନକାରୀ ଉପାସନା ରୂପେ ଏଇ ପର୍ବ ପ୍ରତିବର୍ଷ ଏହି ସମୟରେ ଆବହମାନ କାଳରୁ ଅତ୍ୟନ୍ତ ଆନନ୍ଦ ଉଲ୍ଲାସ, ଭକ୍ତି ଓ ଶ୍ରଦ୍ଧାର ସହ ସାରା ଦେଶରେ ପାଳିତ ହୋଇଥାଏ। ଶାସ୍ତ୍ରାନୁଯାୟୀ ଶ୍ରଦ୍ଧାଳୁମାନେ ଏହି ବ୍ରତ ପାଳନ ଅବସରରେ ଉପବାସ, ଘଟ ସ୍ଥାପନ, ନବଦୁର୍ଗା ପୂଜନ, ସପ୍ତଶତୀ ଚଣ୍ଡୀ ପଠନ ଓ ଯଜ୍ଞାଦି ଅନୁଷ୍ଠାନ ସହିତ ଦଶମୀ ଦିନ ଘଟ ବିସର୍ଜନ କରିଥାନ୍ତି।

୧. ଉପବାସ:

ନାରୀପୁରୁଷ ଉଭୟ ଭକ୍ତ ନିଜର ସାମର୍ଥ୍ୟ ଅନୁଯାୟୀ ଉପବାସ ସହ ନବରାତ୍ର ବ୍ରତ ପାଳନ କରନ୍ତି। କେହି ନଅଦିନ ଯାକ ଉପବାସ କରୁଥିଲା ବେଳେ କେହି ଏକ ଦିବସୀୟ ଉପବାସ ବ୍ରତ ମଧ୍ୟ ପାଳନ

କରିଥାନ୍ତି। ଏଥିରେ ଦିନସାରା ଉପବାସ ଥାଇ ପ୍ରତିଦିନର ପୂଜା ଶେଷରେ ଥରେ ମାତ୍ର (ଏକଭୁକ୍ତ) ସାତ୍ତ୍ୱିକ ଆହାର କରାଯାଏ।

୨. ଘଟ ସ୍ଥାପନ:

ସର୍ବପ୍ରଥମେ ମୃତ୍ତିକା ନିର୍ମିତ ଏକହାତ, ଦେଢ଼ହାତ ବା ଦୁଇ ହାତ ବାହୁ ବିଶିଷ୍ଟ ବର୍ଗାକାର ବେଦୀ ପ୍ରସ୍ତୁତ କରାଯାଇ ତାହା ଗୋବରରେ ଲିପାଯାଏ। ତା' ଉପରେ ମାଟି, ତମ୍ବା ବା ପିତଳ ଆଦିର କଳସ ସ୍ଥାପନ କରି ସେଥିରେ ଗଙ୍ଗାଜଳ, ପଞ୍ଚରତ୍ନ, ପଞ୍ଚପଲ୍ଲବ, ସପ୍ତମୃତ୍ତିକା, ସର୍ବୌଷଧି, ପଇଡ଼ ଏବଂ ନାଲିରଙ୍ଗର ଲୁଗା ଆଦି ଦେଇ ନିମ୍ନୋକ୍ତ ମନ୍ତ୍ରରେ ଦେବୀ ମାତାଙ୍କର ଆବାହନ କରାଯାଇଥାଏ।

"ଆଗଚ୍ଛ ବରଦେ ଦେବୀ ଦୈତ୍ୟ ଦର୍ପ ନିଷୂଦିନୀ
ଗୃହାଣପୂଜା ସୁମୁଖି ନମସ୍ତେ ଶଙ୍କର ପ୍ରିୟେ ॥"

ସପ୍ତମୀ ଦିନ ପ୍ରାଣ ପ୍ରତିଷ୍ଠା ସହ ମାଆ ଦୁର୍ଗାଙ୍କର ଷୋଡ଼ଶ ଉପଚାର ପୂଜା କରାଯାଇ ଅଷ୍ଟମୀ ଠାରୁ ବୈଦିକ ରୀତିରେ ବହୁବିଧ ପୂଜନ ଓ ଯଜ୍ଞାଦି କର୍ମ ଦଶମୀ ତିଥି ପର୍ଯ୍ୟନ୍ତ ଚାଲୁ ରହେ ଓ ସେଇଦିନ ଘଟ ବିସର୍ଜିତ ହୁଏ।

୩. ନବଦୁର୍ଗା ପୂଜନ:

ପବିତ୍ର ନବରାତ୍ରରେ ନବଦୁର୍ଗା ପୂଜନର ବିଶେଷ ବିଧାନ ରହିଛି। ନିମ୍ନ ଶ୍ଳୋକରୁ ନବଦୁର୍ଗାଙ୍କର ମାହାତ୍ମ୍ୟ ସୁସ୍ପଷ୍ଟ ହୁଏ।

"ପ୍ରଥମଂ ଶୈଳପୁତ୍ରୀ ଚ ଦ୍ୱିତୀୟଂ ବ୍ରହ୍ମଚାରିଣୀ।
ତୃତୀୟଂ ଚନ୍ଦ୍ରଘଣ୍ଟେତି କୂଷ୍ମାଣ୍ଡେତି ଚତୁର୍ଥକମ୍ ॥
ପଞ୍ଚମଂ ସ୍କନ୍ଦମାତେତି ଷଷ୍ଠଂ କାତ୍ୟାୟନୀତି ଚ।
ସପ୍ତମଂ କାଳରାତ୍ରୀତି ମହାଗୌରୀତି ଚାଷ୍ଟମମ୍ ॥
ନବମଂ ସିଦ୍ଧିଦାତ୍ରୀ ଚ ନବଦୁର୍ଗାଃ ପ୍ରକୀର୍ତ୍ତିତାଃ।
ଉକ୍ତାନ୍ୟେତାନି ନାମାନି ବ୍ରହ୍ମଣୈବ ମହାତ୍ମନା ॥"

(ଶ୍ରୀ ଶ୍ରୀ ଚଣ୍ଡୀ ଦେବ୍ୟାଃ କବଚମ୍ ଶ୍ଳୋକ ୩-୫)

ଅର୍ଥାତ୍ ପ୍ରଥମରେ ହିମାଳୟ ପୁତ୍ରୀ (ଶୈଳସୁତା) ପାର୍ବତୀ, ଦ୍ୱିତୀୟରେ ବ୍ରହ୍ମଚାରିଣୀ ଯିଏକି ତପ ସ୍ୱରୂପା ଅଟନ୍ତି। ତୃତୀୟରେ ଚନ୍ଦ୍ରଘଣ୍ଟା ଦଶଭୁଜା

ସିଂହବାହିନୀ ଦୁର୍ଗା ଯାହାଙ୍କର ମସ୍ତକରେ ଅର୍ଦ୍ଧଚନ୍ଦ୍ର ଘଣ୍ଟା ସଦୃଶ ସୁଶୋଭିତ। ଚତୁର୍ଥରେ ସମଗ୍ର ବ୍ରହ୍ମାଣ୍ଡର ସୃଷ୍ଟିକାରିଣୀ ହାସ୍ୟଲାସ୍ୟମୟୀ କୁଷ୍ମାଣ୍ଡା। ପଞ୍ଚମରେ ବୀର କାର୍ତ୍ତିକେୟଙ୍କର ଜନନୀ ପଦ୍ମାସନା ଶୁଭ୍ରବର୍ଣ୍ଣା ସ୍କନ୍ଦମାତା। ଷଷ୍ଠରେ କତ୍ୟାୟନ ମହର୍ଷିଙ୍କର ପ୍ରଚଣ୍ଡ ତପସ୍ୟା କ୍ରମେ ତାଙ୍କର କନ୍ୟା ରୂପେ ଅବତୀର୍ଣ୍ଣା ହୋଇଥିବା ସୌମ୍ୟବଦନା ତ୍ରିଲୋଚନା 'ମାଆ କାତ୍ୟାୟନୀ'। ସପ୍ତମରେ ଗର୍ଦ୍ଦଭ ବାହନ ଆରୂଢ଼ା, ମୁକୁଳିତ କେଶଯୁକ୍ତା, ଅତିଶୟ ଭୟଙ୍କର ସ୍ୱରୂପ 'କାଳରାତ୍ରି'- କିନ୍ତୁ ଆନ୍ତରିକ ସ୍ୱରୂପରେ ସେ ଅତ୍ୟନ୍ତ କୋମଳ ହୃଦୟା ସଦାଶୁଭଙ୍କରୀ ଏବଂ ଶୁଭଫଳ ପ୍ରଦାୟିନୀ ଅଟନ୍ତି। ଅଷ୍ଟମରେ ପରମ ଗୌରବର୍ଣ୍ଣା 'ମହାଗୌରୀ' ତଥା ନବମରେ ଅନନ୍ତ ଫଳ ପ୍ରଦାନକାରିଣୀ ତଥା ସିଦ୍ଧିଦାୟିନୀ 'ସିଦ୍ଧିଦାତ୍ରୀ'। ଏହି ସବୁ ନାମ ସର୍ବଜ୍ଞ ମହାତ୍ମା ବେଦ ଭଗବାନଙ୍କ ଦ୍ୱାରା ହିଁ ପ୍ରତିପାଦିତ ହୋଇଛି। ନବରାତ୍ରରେ ଏହି 'ନବଦୁର୍ଗା' ପୂଜନ ଦ୍ୱାରା ସକଳରିଷ୍ଟ ଖଣ୍ଡନ, ନବଗ୍ରହ, ଦୋଷଶାନ୍ତି, ସର୍ବଶୁଭ ତଥା ସକଳ ଅଭୀଷ୍ଟ ସିଦ୍ଧି ହୋଇଥାଏ ବୋଲି ବିଶ୍ୱାସ ରହିଛି।

୪. ଶ୍ରୀ ଦୁର୍ଗା ସପ୍ତଶତୀ ପଠନ:

ଜଗଜ୍ଜନନୀ ମାଆ ଦୁର୍ଗାଙ୍କର ଆରାଧନାର ଅନ୍ୟତମ ମୁଖ୍ୟ ଅଂଶବିଶେଷ ହେଉଛି ଶ୍ରୀଦୁର୍ଗା ସପ୍ତଶତୀ ପଠନ। ଦେବୀ ମାହାତ୍ମ୍ୟରେ କୁହାଯାଇଛି:

"ଶରତ୍କାଳେ ମହାପୂଜା କ୍ରିୟତେ ଯା ଚ ବାର୍ଷିକୀ।
ତସ୍ୟାଂ ମମୈତନ୍ମାହାତ୍ମ୍ୟଂ ଶ୍ରୁତ୍ୱା ଭକ୍ତିସମନ୍ୱିତଃ ॥
ସର୍ବବାଧାବିନିର୍ମୁକ୍ତୋ ଧନଧାନ୍ୟସୁତାନ୍ୱିତଃ।
ମନୁଷ୍ୟୋ ମତ୍ପ୍ରସାଦେନ ଭବିଷ୍ୟତି ନ ସଂଶୟଃ ॥"

(ଶ୍ରୀ ଶ୍ରୀ ସପ୍ତଶତୀ ୧୨/୧୨-୧୩)

ଅର୍ଥାତ୍ ଶରତ ଋତୁରେ ନବରାତ୍ର ସମୟରେ ପାଳିତ ମୋର ମହାପୂଜାରେ ଯିଏ ମୋର ମାହାତ୍ମ୍ୟ ବା 'ଶ୍ରୀ ସପ୍ତଶତୀ ଚଣ୍ଡୀ'କୁ ଭକ୍ତି ପୂର୍ବକ ଶ୍ରବଣ କରେ, ସେଇ ମନୁଷ୍ୟ ମୋ ପ୍ରସାଦରୁ ସମସ୍ତ ବାଧାବିଘ୍ନ କବଳରୁ ଅଚିରେ ମୁକ୍ତିଲାଭ ପୂର୍ବକ ଧନଧାନ୍ୟ ଓ ପୁତ୍ରାଦି ସକଳ ବୈଭବ ଯେ ନିଶ୍ଚିତ ପ୍ରାପ୍ତ ହୋଇଥାଏ, ଏଥିରେ ତିଳେ ମାତ୍ର ସନ୍ଦେହ ନାହିଁ। ସାତଶହ ଶ୍ଳୋକ ବିଶିଷ୍ଟ 'ଶ୍ରୀଦୁର୍ଗା ସପ୍ତଶତୀ ଚଣ୍ଡୀ' ବାସ୍ତବରେ ମାଆ ଦୁର୍ଗାଙ୍କର ଦୁର୍ଲ୍ଲଭ କଥା ଗୁଡ଼ିକରେ ପରିପୂର୍ଣ୍ଣ। ଏହା

ପଠନ ଦ୍ୱାରା ମାଆ ଜଗଦମ୍ବାଙ୍କର କୃପାନୁଭୂତି ପ୍ରାପ୍ତି ହୋଇ ସାଧକ କୃତାର୍ଥ ହୋଇଯାଏ। ଏହି ଦିବ୍ୟଗ୍ରନ୍ଥର ଛତ୍ରେ ଛତ୍ରେ କର୍ମ-ଭକ୍ତି-ଜ୍ଞାନର ତ୍ରିବେଣୀ ଧାରା ସ୍ୱତଃ ପ୍ରବାହିତ। ଏହାକୁ ସାକ୍ଷାତ ଜଗଜ୍ଜନନୀଙ୍କର ପ୍ରତ୍ୟକ୍ଷ ସ୍ୱରୂପ ଭାବରେ ଗ୍ରହଣ କରାଯାଏ। ସକାମ ନିଷ୍କାମ ଉଭୟ ଭକ୍ତଙ୍କ ନିମନ୍ତେ ଏହା କଳ୍ପବଟ ସଦୃଶ ଅଟେ।

କିମ୍ବଦନ୍ତୀ ଅନୁଯାୟୀ ସୃଷ୍ଟିକର୍ତ୍ତା ବ୍ରହ୍ମାଙ୍କର ପରାମର୍ଶ କ୍ରମେ ମର୍ଯ୍ୟାଦା ପୁରୁଷୋତ୍ତମ ଭଗବାନ ଶ୍ରୀରାମ ମଧ ଏକଦା ନବରାତ୍ର ପାଳନ ପୂର୍ବକ ସେଇ ଅମେୟ ବିକ୍ରମ ସର୍ବଦାନବ ଘାତିନୀ ଦୁର୍ଗତିନାଶିନୀ ମାଆ ଦୁର୍ଗାଙ୍କର ପୂଜା ଆରାଧନା କରିଥିଲେ। ଏହାର ଫଳସ୍ୱରୂପ ସେ ରାକ୍ଷସରାଜ ରାବଣକୁ ବଧ କରିବା ପାଇଁ ସକ୍ଷମ ହୋଇଥିଲେ ଏବଂ ତାହାର କବଳରୁ ମାତା ଜାନକୀଙ୍କୁ ଉଦ୍ଧାର ସଙ୍ଗେ ସଙ୍ଗେ ସମଗ୍ର ସୃଷ୍ଟିକୁ ତାର ଉତ୍ପୀଡ଼ନରୁ ରକ୍ଷା କରିବାପାଇଁ ସମର୍ଥ ହୋଇଥିଲେ।

ନବଦୁର୍ଗା ଫୋଟଚିତ୍ର (ପୃ.୧୯୪)

ନବଦୁର୍ଗାଙ୍କ ସ୍ତୁତି ମନ୍ତ୍ର

ନାମ ଅନୁଯାୟୀ ଭିନ୍ନ ଭିନ୍ନ ଦେବୀଙ୍କର ସ୍ତୁତି କରିବା ସକାଶେ ଅଲଗା ଅଲଗା ମନ୍ତ୍ର ରହିଛି। ସେହି ମନ୍ତ୍ର ଦ୍ୱାରା ସମ୍ପୃକ୍ତ ଦେବୀଙ୍କର ପ୍ରାର୍ଥନା କଲେ ମନୋବାଞ୍ଛିତ ଫଳ ଲାଭ ହୋଇଥାଏ। ନିମ୍ନରେ ସେଗୁଡ଼ିକ ଉଲ୍ଲେଖ କରାଗଲା।

୧. ଦେବୀ ଶୈଳପୁତ୍ରୀଙ୍କ ସ୍ତୁତି ମନ୍ତ୍ର:

ବନ୍ଦେବାଂଛିତ ଲାଭାୟ ଚନ୍ଦ୍ରାର୍ଦ୍ଧକୃତଶେଖରାମ୍।
ବୃଷାରୂଢ଼ା ଶୂଳଧରାଂ ଶୈଳପୁତ୍ରୀଂ ଯଶସ୍ୱିନୀମ୍ ॥

୨. ଦେବୀ ବ୍ରହ୍ମଚାରିଣୀଙ୍କ ସ୍ତୁତି:

ଯାଦେବୀ ସର୍ବଭୂତେଷୁ ମାଁ ବ୍ରହ୍ମଚାରିଣୀ ରୂପେଣ ସଂସ୍ଥିତା।
ନମସ୍ତସ୍ୟୈ ନମସ୍ତସ୍ୟୈ ନମସ୍ତସ୍ୟୈ ନମୋନମଃ ॥

୩. ଦେବୀ ଚନ୍ଦ୍ରଘଣ୍ଟାଙ୍କ ସ୍ତୁତି:

ପିଣ୍ଡଜ ପ୍ରବରାରୂଢ଼ା ଚଣ୍ଡକୋପାସ୍ତ୍ରାକୈର୍ୟୁତା।
ପ୍ରସାଦଂ ତନୁତେ ମହ୍ୟଂ ଚନ୍ଦ୍ରଘଣ୍ଟେତି ବିଶ୍ରୁତା ॥

୪. ଦେବୀ କୁଷ୍ମାଣ୍ଡଙ୍କ ସ୍ତୁତି:

ଯାଦେବୀ ସର୍ବଭୂତେଷୁ ମାଁ କୁଷ୍ମାଣ୍ଡା ରୂପେଣ ସଂସ୍ଥିତା।
ନମସ୍ତସ୍ୟୈ ନମସ୍ତସ୍ୟୈ ନମସ୍ତସ୍ୟୈ ନମୋନମଃ ॥

୫. ଦେବୀ ସ୍କନ୍ଦମାତାଙ୍କ ସ୍ତୁତି:

ଯାଦେବୀ ସର୍ବଭୂତେଷୁ ମାଁ ସ୍କନ୍ଦମାତା ରୂପେଣ ସଂସ୍ଥିତା।
ନମସ୍ତସ୍ୟୈ ନମସ୍ତସ୍ୟୈ ନମସ୍ତସ୍ୟୈ ନମୋନମଃ ॥

୬. ଦେବୀ କାତ୍ୟାୟନୀଙ୍କ ସ୍ତୁତି:

ଯାଦେବୀ ସର୍ବଭୂତେଷ୍ଣୁ ମାଁ କାତ୍ୟାୟନୀ ରୂପେଣ ସଂସ୍ଥିତା ।
ନମସ୍ତସ୍ୟୈ ନମସ୍ତସ୍ୟୈ ନମସ୍ତସ୍ୟୈ ନମୋନମଃ ॥

୭. ଦେବୀ କାଳରାତ୍ରିଙ୍କ ସ୍ତୁତି:

ଯାଦେବୀ ସର୍ବଭୂତେଷ୍ଣୁ ମାଁ କାଳରାତ୍ରି ରୂପେଣ ସଂସ୍ଥିତା ।
ନମସ୍ତସ୍ୟୈ ନମସ୍ତସ୍ୟୈ ନମସ୍ତସ୍ୟୈ ନମୋନମଃ ॥

୮. ଦେବୀ ମହାଗୌରୀଙ୍କ ସ୍ତୁତି:

ସର୍ବମଙ୍ଗଳ ମଙ୍ଗଲ୍ୟେ ଶିବେ ସର୍ବାର୍ଥ ସାଧିକେ ।
ଶରଣ୍ୟେ ତ୍ର୍ୟମ୍ବକେ ଗୌରୀ ନାରାୟଣୀ ନମସ୍ତୁଂତେ ॥

୯. ଦେବୀ ସିଦ୍ଧିଦାତ୍ରୀଙ୍କ ସ୍ତୁତି:

ଯାଦେବୀ ସର୍ବଭୂତେଷ୍ଣୁ ମାଁ ସିଦ୍ଧିଦାତ୍ରୀ ରୂପେଣ ସଂସ୍ଥିତା ।
ନମସ୍ତସ୍ୟୈ ନମସ୍ତସ୍ୟୈ ନମସ୍ତସ୍ୟୈ ନମୋନମଃ ॥

ନବଦୁର୍ଗା ପୂଜା ଫଟୋ (ପୃ.୧୯୨)

ନବଦୁର୍ଗାଙ୍କ ସ୍ୱରୂପ ଓ ଆରାଧନାର ବୈଶିଷ୍ଟ୍ୟ

୧. ଶୈଳପୁତ୍ରୀ :

ନବରାତ୍ରିର ପ୍ରଥମ ଦିବସରେ ଦେବୀ ଶୈଳପୁତ୍ରୀଙ୍କ ଆରାଧନା କରାଯାଏ । ସେ ପର୍ବତରାଜ ହିମାଳୟଙ୍କ ପୁତ୍ରୀ ରୂପେ ଜନ୍ମ ନେଇଥିବାରୁ ତାଙ୍କ ନାମ ହେଲା ଶୈଳପୁତ୍ରୀ । ନବଦୁର୍ଗା ମାଆ ଦୁର୍ଗାଙ୍କର ହିଁ ନଅଗୋଟି ଭିନ୍ନ ଭିନ୍ନ ରୂପ ଅଟେ ।

ଦେବୀ ଦିବ୍ୟସ୍ୱରୂପା ଏବଂ ତାଙ୍କର ଦକ୍ଷିଣ ହସ୍ତରେ ଶିବଙ୍କର ତ୍ରିଶୂଳ ବିଦ୍ୟମାନ । ଦେବୀଙ୍କ ବାମ ହସ୍ତରେ ରହିଛି ଭଗବାନ ବିଷ୍ଣୁଙ୍କ ପ୍ରଦତ୍ତ କମଳ ପୁଷ୍ପ । ସେ ସମସ୍ତ ଜୀବଜନ୍ତୁଙ୍କ ରକ୍ଷାକର୍ତ୍ତ୍ରୀ ତଥା ବୃଷଭାରୂଢ଼ା ଅଟନ୍ତି । ତାଙ୍କର ଉପାସନା ଦ୍ୱାରା ଆକସ୍ମିକ ଆପଦ ରୋଗ ବ୍ୟାଧିରୁ ମୁକ୍ତି ଇତ୍ୟାଦି ସମ୍ଭବ ହୋଇଥାଏ । ତାଙ୍କର ବୀଜମନ୍ତ୍ର **"ଓଁ ଐଂ ହ୍ଲୀଂ କ୍ଲୀଂ ଚାମୁଣ୍ଡାୟୈ ବିଚ୍ଚେ ଶୈଳପୁତ୍ରୀ ଦେବ୍ୟୈ ନମଃ ।"** ଏହି ମନ୍ତ୍ର ଜପ ଦ୍ୱାରା ଦେବୀ ଅତ୍ୟନ୍ତ ପ୍ରସନ୍ନ ହୋଇଥାନ୍ତି ଏବଂ ମନୋବାଞ୍ଛା ପୂର୍ଣ୍ଣ କରନ୍ତି ।

୨. ବ୍ରହ୍ମଚାରିଣୀ :

ଦେବୀ ବ୍ରହ୍ମଚାରିଣୀ ବ୍ରହ୍ମ ବିଷୟକ ମହାଶକ୍ତି ଯାହାଙ୍କ ଉପାସନା ଦ୍ୱାରା ସାଧକ ବ୍ରହ୍ମତ୍ୱ ପ୍ରାପ୍ତିରେ ସଫଳତା ହାସଲ କରେ । ତାଙ୍କର ଦକ୍ଷିଣ ହସ୍ତରେ ଜପମାଳ, ବାମ ହସ୍ତରେ ସ୍ୱଚ୍ଛ ଜଳପୂର୍ଣ୍ଣ କମଣ୍ଡଳୁ ତଥା ଦେବୀ ଶୁଦ୍ଧ ତ୍ୟାଗ, ତପସ୍ୟା, ବୈରାଗ୍ୟର ପ୍ରତୀକରୂପା ଅଟନ୍ତି । ଏହି ବ୍ରହ୍ମଚାରିଣୀ ଓ ତପସ୍ୱିନୀ ରୂପା ଦେବୀଙ୍କ ସାନ୍ନିଧ ଲାଭ ସକାଶେ ସାଧକ ବୈରାଗ୍ୟ ଓ ସଂଯମ ଆଚରଣ ପୂର୍ବକ ସ୍ୱାଧିଷ୍ଠାନ ଚକ୍ରରେ ଧ୍ୟାନ ସାଧନାରେ ବ୍ରତୀ ହେବା ଉଚିତ । ଏହା ଫଳରେ ସାଧକର କୁଣ୍ଡଳିନୀ ଶକ୍ତିର ଜାଗୃତି ସମ୍ଭବ ହୁଏ । ଏହା ଏପରି ଏକ ଶକ୍ତି ଯାହାର ଜାଗୃତି ଫଳରେ ସାଧକ ସ୍ୱର୍ଗୀୟ ଆନନ୍ଦ ଲାଭ ସହ ତପଶକ୍ତିର ଶୀର୍ଷ ଦେଶକୁ

ଉନ୍ନୀତ ହୋଇଯାଏ। ସେ ଯାହା ଇଚ୍ଛା କରେ ତାହା ହୁଏ। ଏପରିକି ପ୍ରକୃତି ମଧ୍ୟ ତାର ଇଚ୍ଛା ଅନୁଯାୟୀ କାର୍ଯ୍ୟ କରେ। ତାହାକୁ ଅକ୍ଳେଶରେ ଚତୁର୍ବର୍ଗ ଫଳ ପ୍ରାପ୍ତି ହୁଏ। ଦେବୀ ବ୍ରହ୍ମଚାରିଣୀ **"ଐଂ ହ୍ରୀଂ କ୍ଲୀଂ ଶ୍ରୀଂ ବ୍ରହ୍ମଚାରିଣୀ ଦୁର୍ଗାଦେବ୍ୟୈ ନମଃ।"** ଏହି ବୀଜମନ୍ତ୍ର ଜପ ଦ୍ୱାରା ଅତୀବ ସନ୍ତୁଷ୍ଟ ହୋଇଥାନ୍ତି। ଦେବୀ ବ୍ରହ୍ମଚାରିଣୀ ମହାଦୁର୍ଗାଙ୍କର ଦ୍ୱିତୀୟ ସ୍ୱରୂପ। ଏଣୁ ନବରାତ୍ରିର ଦ୍ୱିତୀୟ ଦିବସରେ ତାଙ୍କର ଉପାସନା କରାଯାଏ। କେତେକ ଶାସ୍ତ୍ର ତାଙ୍କୁ ମୃଗଚର୍ମ ପରିହିତା ବ୍ରହ୍ମଚାରିଣୀ ତଥା କମଣ୍ଡଳୁ, ଅକ୍ଷମାଳା ଓ ବରଦହସ୍ତ ଯୁକ୍ତା ବେଶରେ ଥିବା ବର୍ଣ୍ଣନା କରନ୍ତି। ଯିଏକି ବୃଷଭ ଉପରେ ଥିବା କମଳ ଉପରେ ଆରୂଢ଼ା ଦୁର୍ଗା ମୂର୍ତ୍ତି ରୂପରେ ଶୋଭାୟମାନ ଅଟନ୍ତି। ସେ ପଦ୍ମକୁଣ୍ଡଳ ଧାରିଣୀ, ଜୟା ଆଦି ସଖୀମାନଙ୍କ ଗହଣରେ ଦେବାଧିଦେବ ମହାଦେବଙ୍କ ତପସ୍ୟାରେ ସଦା ନିମଗ୍ନା।

୩. ଦେବୀ ଚନ୍ଦ୍ରଘଣ୍ଟା :

ନବରାତ୍ରିର ତୃତୀୟ ଦିବସରେ ପୂଜିତ ମହାମାୟା ଦୁର୍ଗାଙ୍କର ତୃତୀୟ ସ୍ୱରୂପ ଦେବୀ ଚନ୍ଦ୍ରଘଣ୍ଟା ଦଶଭୁଜା ଯୁକ୍ତା ଅଟନ୍ତି। ତାଙ୍କ ଭୁଜାରେ ଢାଲ, ଖଡ୍‌ଗ, ତଲବାର, ଖଟ୍ୱାଙ୍ଗ, ତ୍ରିଶୂଳ, ଧନୁ, ଚକ୍ର, ପାଶ, ଗଦା ଏବଂ ତୂଣୀର ଇତ୍ୟାଦି ଶସ୍ତ୍ରାସ୍ତ୍ର ଶୋଭାୟମାନ। ଦେବୀ ଭକ୍ତବତ୍ସଳା, ଉଗ୍ରକୋପା, ବୀରଦର୍ପା, ସିଂହବାହିନୀ, ବ୍ୟାଘ୍ରଚର୍ମ ପରିହିତା, ତ୍ରିନେତ୍ରା, ଲୋଳଜିହ୍ୱା, ନୃମୁଣ୍ଡ ମାଳିନୀ, ମହାକ୍ରୂରା, ଭୀଷଣା ଅଟନ୍ତି। ଯାହାଙ୍କ ମସ୍ତକରେ ଘଣ୍ଟା ସଦୃଶ ଚନ୍ଦ୍ର ବିରାଜମାନ, ଉତ୍ତରୀୟ ରୂପେ ଗଜଚର୍ମ ସୁସଜ୍ଜିତ, ସେହି ସନ୍ତାପହାରିଣୀ, ଦୁଃଖହାରିଣୀ ଦେବୀଙ୍କର ବୀଜମନ୍ତ୍ର ହେଉଛି **"ଓଁ ଐଂ ହ୍ରୀଂ କ୍ଲୀଂ ଚାମୁଣ୍ଡାୟୈ ବିଚ୍ଚେ ଦେବୈ ନମଃ।"** ମଣିପୁର ଚକ୍ରର ଧ୍ୟାନ ସାଧନ ଦ୍ୱାରା ଦେବୀଙ୍କ କୃପାନୁଭୂତି ଅବିଳମ୍ବେ ପ୍ରାପ୍ତ ହୋଇଥାଏ।

୪. କୁଷ୍ମାଣ୍ଡା :

ମହାଦୁର୍ଗାଙ୍କର ଚତୁର୍ଥ ସ୍ୱରୂପା ଦେବୀ କୁଷ୍ମାଣ୍ଡାଙ୍କର ହସରୁ ବ୍ରହ୍ମାଣ୍ଡର ସୃଷ୍ଟି ହୋଇଥିବା ଶାସ୍ତ୍ରମାନଙ୍କର ମତ। ସେ ନବରାତ୍ରିର ଚତୁର୍ଥ ଦିବସରେ ଉପାସିତ ହୁଅନ୍ତି। ତାଙ୍କର ପ୍ରିୟ ବସ୍ତୁ କୁଷ୍ମାଣ୍ଡକୁ ତାଙ୍କ ସମକ୍ଷରେ ବଳି ଦିଆଯାଉଥିବାରୁ ନାମକରଣ 'କୁଷ୍ମାଣ୍ଡା' ହୋଇଛି। ସେ ଶାର୍ଦ୍ଦୁଳ (ବ୍ୟାଘ୍ର)ବାହିନୀ, ପର୍ବତ ବାସିନୀ,

ନୀଚ ଜୀବମାନଙ୍କର ଶୁଭଦାୟିନୀ, ଶରଣ ପ୍ରଦାୟିନୀ, ରକ୍ତ ଓ ସୁରା ପରିପୂର୍ଣ୍ଣ ଦୁଇ କଳସ ଧାରିଣୀ କୁଷ୍ମାଣ୍ଡା, ଅଲୌକିକ ମହିମା ବିମଣ୍ଡିତା ଦେବୀ ଅଟନ୍ତି। ଦେବୀ ଅଷ୍ଟଭୁଜା ହୋଇଥିବା ବେଳେ ତାଙ୍କର ସପ୍ତଭୁଜରେ କମଣ୍ଡଳୁ, ଧନୁ, ପଦ୍ମ, ଚକ୍ର, ତୂଣୀର, ଗଦା, ଅମୃତ କଳସ ଇତ୍ୟାଦି ବିଦ୍ୟମାନ। ଶେଷ ହସ୍ତରେ ସର୍ବସିଦ୍ଧି ପ୍ରଦାୟକ ଜୟମାଳା ରହିଛି। ଦେବୀ ସୂର୍ଯ୍ୟମଣ୍ଡଳ ମଧ୍ୟରେ ନିବାସ କରିଥାନ୍ତି। ତାଙ୍କର ବୀଜମନ୍ତ୍ର **"ଓଁ ଐଂ ହ୍ଲୀଂ କ୍ଲୀଂ ଚାମୁଣ୍ଡାୟୈ ବିଚ୍ଚେ କୁଷ୍ମାଣ୍ଡା ଦେବ୍ୟୈ ନମଃ।"** ଅନାହତ ଚକ୍ରର ସାଧନା ଦ୍ୱାରା ସାଧକ ତପସିଦ୍ଧ ହୋଇ ଦେବୀଙ୍କ ଆଶୀର୍ବାଦ ପ୍ରାପ୍ତ ହୁଏ। ତାଙ୍କ ଉପାସନା ଦ୍ୱାରା ସମସ୍ତ ରୋଗ ଦୂରେଇ ଯାଏ। ଧନ, ଯଶ, ସମ୍ମାନ ବୃଦ୍ଧିପ୍ରାପ୍ତ ହୁଏ।

୫. ସ୍କନ୍ଦମାତା :

ପଞ୍ଚମ ସ୍ୱରୂପ ଦେବୀ ସ୍କନ୍ଦମାତାଙ୍କର ଆରାଧନା ନବରାତ୍ରିର ପଞ୍ଚମ ଦିବସରେ ଅନୁଷ୍ଠିତ ହୁଏ। ହିମାଳୟ କନ୍ୟା ଦେବୀ ପାର୍ବତୀ ହିଁ ତାଙ୍କର ପ୍ରିୟ ପୁତ୍ର କୁମାର କାର୍ତ୍ତିକେୟ (କୁମାର ସ୍କନ୍ଦ)ଙ୍କ ଆବିର୍ଭାବ ପରେ ସ୍କନ୍ଦମାତା ରୂପେ ପରିଚିତ ହୋଇଥିଲେ। ଶାସ୍ତ୍ରର ମାନ୍ୟତାନୁଯାୟୀ ଦୁଷ୍ଟ ଦାନବମାନଙ୍କୁ ସଂହାର କରି ସାଧୁମାନଙ୍କ ରକ୍ଷା କରିବା ନିମନ୍ତେ ସିଂହାରୂଢ଼ା ହୋଇ ଦେବୀ ସ୍କନ୍ଦମାତା ତତ୍ପର ହୋଇଥାନ୍ତି। ଚତୁର୍ଭୁଜା ଦେବୀ ସ୍କନ୍ଦମାତାଙ୍କ ଦୁଇ ହସ୍ତରେ କମଳ ପୁଷ୍ପ ଶୋଭାୟମାନ ହେଉଥିବା ବେଳେ ଗୋଟିଏ ହସ୍ତ ପୁତ୍ର ସ୍କନ୍ଦଙ୍କୁ କୋଳରେ ଧରି ରଖିବା ନିମନ୍ତେ ଉପଯୋଗ ହୋଇଥାଏ। (ଦୈନିକ ବିଶ୍ୱାମିତ୍ର ତା୩.୧୦.୨୦୧୬) ଅନ୍ୟ ଏକ ହସ୍ତ ଭକ୍ତମାନଙ୍କୁ ଆଶୀର୍ବାଦ କରିବା ମୁଦ୍ରାରେ ସଦା ଉନ୍ମୁକ୍ତ ଥାଏ। ଦେବୀ ସ୍କନ୍ଦମାତାଙ୍କୁ ଗୌରୀ ଅଥବା ମାହେଶ୍ୱରୀ ନାମରେ ମଧ୍ୟ ଉଲ୍ଲେଖ କରାଯାଏ। ପର୍ବତ (ହିମାଳୟ) ପୁତ୍ରୀ ହୋଇଥିବାରୁ ପାର୍ବତୀ ଏବଂ ମହେଶ୍ୱରଙ୍କ ପତ୍ନୀ ହେବା କାରଣରୁ ମାହେଶ୍ୱରୀ ନାମରେ ପରିଚିତ ହୁଅନ୍ତି। ଅତ୍ୟଧିକ ପୁତ୍ର ପ୍ରେମ ହେତୁ ପୁତ୍ର ସ୍କନ୍ଦଙ୍କ ନାମ ଅନୁଯାୟୀ ସ୍କନ୍ଦମାତା ରୂପେ ପରିଚିତ ହେବାରେ ଦେବୀ ଅଧିକ ଆନନ୍ଦ ଅନୁଭବ କରନ୍ତି। ଏଣୁ ଏହି ନାମରେ ତାଙ୍କୁ ଉପାସନା କଲେ ଦେବୀ ଭକ୍ତଙ୍କୁ ମଧ୍ୟ ଅନନ୍ୟ ବାତ୍ସଲ୍ୟ ମମତା ପ୍ରଦାନ କରିବା ସଙ୍ଗେ ସଙ୍ଗେ ସହଜ ଆଶୀର୍ବାଦ ପ୍ରଦାନ କରନ୍ତି। ତାଙ୍କୁ ସୂର୍ଯ୍ୟମଣ୍ଡଳର

ଅଧିଷ୍ଠାତ୍ରୀ ଦେବୀ ବୋଲି କୁହାଯାଏ। ଅତଏବ ତାଙ୍କୁ ଆରାଧନା କରୁଥିବା ଭକ୍ତମାନେ ମଧ୍ୟ ଅଲୌକିକ ତେଜ ସମ୍ପନ୍ନ ହୋଇଥାନ୍ତି। କେତେକ ପ୍ରମାଣ ଅନୁଯାୟୀ ଦେବୀ ସ୍କନ୍ଦମାତାଙ୍କୁ ଦ୍ୱିଭୁଜା ରୂପେ ବର୍ଣ୍ଣନା କରାଯାଇଛି:

ଓଁ ଦ୍ୱିଭୁଜାଂ ସ୍କନ୍ଦଜନନୀଂ ବରାଭୟ ଯୁତାଂ ସ୍ମରେତ୍।
ଗୌରବର୍ଣ୍ଣା ମହାଦେବୀଂ ନାନାଲଂକାର ବିଭୂଷିତାମ୍ ॥
ଦିବ୍ୟବସ୍ତ୍ର ପରିଧାନାଂ ବାମକ୍ରୋଡେ ସୁପୁତ୍ରିକାମ୍।
ପ୍ରସନ୍ନବଦନାଂ ନିତ୍ୟଂ ଜଗଦ୍ଧାତ୍ରୀ ସୁଖପ୍ରଦାମ୍ ॥
ସର୍ବଲକ୍ଷଣସଂପନ୍ନା ପୀନୋନ୍ନତ ପୟୋଧରାମ୍।
ଏବଂ ସ୍କନ୍ଦମାତରଂ ଧ୍ୟାୟେତ୍ ବିନ୍ଧ୍ୟବାସିନୀମ୍ ॥

ଅର୍ଥାତ୍ ଦେବୀ ଦ୍ୱିଭୁଜା, ବରାଭୟଯୁକ୍ତା, ନାନାଳଙ୍କାର ଓ ଦିବ୍ୟବସ୍ତ୍ର ବିଭୂଷିତା, ଗୌରବର୍ଣ୍ଣା, ପ୍ରସନ୍ନ ବଦନା, ଜଗଦ୍ଧାତ୍ରୀ, ପୀନ୍ନୋନ୍ନତ ପୟୋଧରୀ ଯାହାଙ୍କ ବାମ କୋଳରେ ପ୍ରିୟ ପୁତ୍ର କାର୍ତ୍ତିକେୟ-ସେଇ ପରମ ସୁଖପ୍ରଦା ମାଆ ବିନ୍ଧ୍ୟବାସିନୀଙ୍କୁ ଧ୍ୟାନ କରୁଛୁଁ।

କେହି ଦେବୀଙ୍କୁ ଅଷ୍ଟଭୁଜା ରୂପେ ବର୍ଣ୍ଣନା କରନ୍ତି। ଯାହାଙ୍କର ହସ୍ତ ଦ୍ୱୟ ଅଭୟ ଓ ବରଦାମୁଦ୍ରା ଯୁକ୍ତା। ସେ ରୁଦ୍ରାକ୍ଷ ମାଳା ପରିହିତା, ପଦ୍ମାସନା ଏବଂ ସିଂହବାହିନୀ ଅଟନ୍ତି। ଦେବୀଙ୍କର ଅନ୍ୟ ଷଡ଼ଭୁଜ ବିବିଧ ଆୟୁଧରେ ସୁଶୋଭିତା। ବିଶୁଦ୍ଧ ଚକ୍ରର ସାଧନା ଦ୍ୱାରା ଦେବୀଙ୍କର ଆଶୀର୍ବାଦ ପ୍ରାପ୍ତ ହୋଇଥାଏ। ଦେବୀ ସ୍କନ୍ଦମାତାଙ୍କ ବୀଜମନ୍ତ୍ର ହେଲା **"ଓଁ ଐଂ କ୍ଲୀଁ ଚାମୁଣ୍ଡାୟୈ ବିଚ୍ଚେ ଓଁ ସ୍କନ୍ଦମାତେତି ନମଃ।"** ଦେବୀଙ୍କର ଧ୍ୟାନ ମନ୍ତ୍ର ନିମ୍ନରେ ପ୍ରଦତ୍ତ:

"ସିଂହାସନ ଗତା ନିତ୍ୟଂ ପଦ୍ମାଞ୍ଚିତ କର ଦ୍ୱୟ
ଶୁଭଦାସ୍ତୁ ସଦାଦେବୀ ସ୍କନ୍ଦମାତା ଯଶସ୍ୱିନୀ।"

୬. କାତ୍ୟାୟନୀ :

ଦେବୀ କାତ୍ୟାୟନୀଙ୍କ ଉପାସନା ଦ୍ୱାରା ସକଳ ରୋଗ ଆରୋଗ୍ୟ ହୋଇଥାଏ। ସେ ଶତ୍ରୁହନ୍ତା ହୋଇଥିବାରୁ ତାଙ୍କ ଉପାସନା ଫଳରେ ସମସ୍ତ ଶତ୍ରୁ ପରାଜିତ ହୋଇଥାନ୍ତି ଓ ଜୀବନ ସୁଖ ସମୃଦ୍ଧିରେ ପୂରି ଉଠେ। କୁମାରୀ କନ୍ୟାମାନେ ତାଙ୍କର ପୂଜା କରି ମନୋବାଞ୍ଛିତ ପତି ଲାଭ କରନ୍ତି। ଦ୍ୱାପର ଯୁଗରେ ଶ୍ରୀକୃଷ୍ଣଙ୍କୁ

ପତି ରୂପେ ପ୍ରାପ୍ତ କରିବା ମାନସରେ ବ୍ରଜର ଗୋପୀକାମାନେ ଯମୁନା କୂଳରେ ଦେବୀ କାତ୍ୟାୟନୀଙ୍କ ପୂଜା କରିଥିଲେ। ଏଣୁ ସେ ବ୍ରଜମଣ୍ଡଳର ଅଧିଷ୍ଠାତ୍ରୀ ଦେବୀ ରୂପେ ସ୍ୱୀକୃତ ଅଟନ୍ତି। କାତ୍ୟାୟନୀଙ୍କ ଉପାସନା ଫଳରେ ଧର୍ମ, ଅର୍ଥ, କାମ ଓ ମୋକ୍ଷ ଇତ୍ୟାଦି ଚତୁର୍ବର୍ଗ ଫଳ ପ୍ରାପ୍ତି ହୋଇଥାଏ। ଦେବୀଙ୍କ ଉପାସକ ଅଲୌକିକ ପ୍ରଭାବ ଓ ତେଜ ସମ୍ପନ୍ନ ହୋଇଥାଏ।

ଦେବୀ କାତ୍ୟାୟନୀଙ୍କ ପୂଜାର୍ଚ୍ଚନା ନବରାତ୍ରିର ଷଷ୍ଠ ଦିବସରେ ଅନୁଷ୍ଠିତ ହୁଏ। ତାଙ୍କର ବୀଜମନ୍ତ୍ର ହେଲା- **"ଓଁ ଐଂ ହ୍ଲୀଂ କ୍ଲୀଂ ଚାମୁଣ୍ଡାୟୈ ବିଚ୍ଚେ ଓଁ କାତ୍ୟାୟନୀ ଦେବ୍ୟୈ ନମଃ।"** ଏହି ମନ୍ତ୍ରର ଜପ ଆଜ୍ଞାଚକ୍ରରେ ଧ୍ୟାନ ପୂର୍ବକ କଲେ ସାଧକ ଦେବୀଙ୍କ କୃପା ଆଶୀର୍ବାଦ ପ୍ରାପ୍ତ ସହଜରେ କରିପାରେ। ସେଇ ସାଧକଙ୍କ ଆଜ୍ଞାକୁ କେହି ଅମାନ୍ୟ କରିପାରନ୍ତି ନାହିଁ।

ପୂର୍ବେ 'କତ୍ୟ' ନାମକ ଜଣେ ଋଷି ଥିଲେ। ତାଙ୍କ ବଂଶଜାତ ଋଷି ଶ୍ରେଷ୍ଠ 'କାତ୍ୟାୟନ' ଦେବୀ ଜଗଦମ୍ବାଙ୍କୁ ନିଜ କନ୍ୟା ରୂପେ ପାଇବା ନିମିତ୍ତ କଠୋର ତପସ୍ୟା କରିଥିଲେ। ତପସ୍ୟାରେ ସନ୍ତୁଷ୍ଟ ହୋଇ ଦେବୀ ଜଗଦମ୍ବା ଋଷିଙ୍କ ପୁତ୍ରୀ ଭାବରେ ଜନ୍ମଗ୍ରହଣ କରିଥିଲେ। ଏଣୁ କାତ୍ୟାୟନ ଋଷିଙ୍କ ନାମ ଅନୁଯାୟୀ କନ୍ୟାଙ୍କ ନାମ ହେଲା 'କାତ୍ୟାୟନୀ'। ଦେବୀ କାତ୍ୟାୟନୀଙ୍କ ଦ୍ୱାରା ମହିଷାସୁରର ନିଧନ ହୋଇଥିଲା ବୋଲି ଶାସ୍ତ୍ରୋକ୍ତ ପ୍ରମାଣ ମିଳେ। ଦେବୀଙ୍କୁ ଚନ୍ଦ୍ରହାସ ତଥା ଶାର୍ଦ୍ଦୂଳ (ବ୍ୟାଘ୍ର) ବାହନ ଯୁକ୍ତା ରୂପେ ବର୍ଣ୍ଣନା କରାଯାଇଛି। କେତେକ ଶାସ୍ତ୍ରରେ ତାଙ୍କୁ ସିଂହବାହିନୀ ବୋଲି ମଧ୍ୟ କୁହାଯାଇଛି।

"ଚନ୍ଦ୍ରୋହାସୋଜ୍ଜ୍ୱଳ କରା ଶାର୍ଦ୍ଦୁଳ ବର ବାହନ।
କାତ୍ୟାୟନୀ ଶୁଭଂ ଦଦ୍ୟା ଦେବୀ ଦାନବ ଘାତିନୀ ॥"

କେତେକ ତାଙ୍କୁ ଚତୁର୍ଭୁଜା କହୁଥିବା ବେଳେ କେତେକ ଦଶଭୁଜା ବୋଲି ମତପୋଷଣ କରନ୍ତି। ମାଆ କାତ୍ୟାୟନୀଙ୍କ ଚତୁର୍ଭୁଜ ମଧ୍ୟରୁ ଦକ୍ଷିଣ ପାର୍ଶ୍ୱସ୍ଥ ଉପର ହସ୍ତରେ ଅଭୟ ମୁଦ୍ରା ଏବଂ ନିମ୍ନ ହସ୍ତ ବରମୁଦ୍ରା ଯୁକ୍ତ ଅଟେ। ବାମପାର୍ଶ୍ୱର ଉପର ହସ୍ତରେ ତଲୱାର ଏବଂ ନିମ୍ନହସ୍ତ କମଳ ପୁଷ୍ପ ଦ୍ୱାରା ସୁଶୋଭିତ ହୋଇଥାଏ। ତାଙ୍କର ଦଶଭୁଜା ମୂର୍ତ୍ତିର ଭୁଜ ମାନଙ୍କରେ ଶଙ୍ଖ, ଚକ୍ର, କୃପାଣ, ଖେଟକ, ବାଣ, ଧନୁ ଓ ଶୂଳ ଇତ୍ୟାଦି ଆୟୁଧଗୁଡ଼ିକ ବିଦ୍ୟମାନ।

୭. କାଳରାତ୍ରି :

ନବରାତ୍ରିର ସପ୍ତମୀ ଦିନ ଉପାସିତ ଦେବୀ ହେଉଛନ୍ତି କାଳରାତ୍ରି। ଦେବୀ ଚତୁର୍ଭୁଜା ଓ ଗର୍ଦ୍ଦଭ ବାହନ ଆରୂଢ଼ା ଅଟନ୍ତି। ତାଙ୍କର ଦକ୍ଷିଣ ପାର୍ଶ୍ୱସ୍ଥ ଉପର ହସ୍ତ ବରଦମୁଦ୍ରା ଏବଂ ନିମ୍ନ ହସ୍ତ ଅଭୟମୁଦ୍ରା ଦ୍ୱାରା ସୁଶୋଭିତା। ବାମପଟ ଊର୍ଦ୍ଧ୍ୱ ହସ୍ତରେ ଲୌହକଣ୍ଟା ଓ ନିମ୍ନ ହସ୍ତରେ ଖଡ୍‌ଗ (କଟାର) ରହିଛି। ନବରାତ୍ରିର ସପ୍ତମୀ ତିଥି ଅର୍ଦ୍ଧରାତ୍ରି ସମୟରେ ଦେବୀଙ୍କୁ କାଳୀ ସ୍ୱରୂପରେ ଅର୍ଚ୍ଚନା କରାଯାଏ ଏବଂ ବଳି ପ୍ରଦାନ କରାଯାଏ। କେତେକ ମତ ଅନୁଯାୟୀ ଦେବୀଙ୍କ ହସ୍ତରେ ଖଡ୍‌ଗ, ପାନପାତ୍ର, ନରମୁଣ୍ଡ ଓ ଖେଟକ ଥିବା ବର୍ଣ୍ଣନା କରାଯାଏ।

ତାଙ୍କର ସ୍ୱରୂପ ଅତ୍ୟନ୍ତ ଭୟଙ୍କର ହେଲେ ମଧ୍ୟ ସର୍ବଦା ଶୁଭଫଳ ଦାତ୍ରୀ (ଶୁଭଙ୍କରୀ), ଶରୀର ଗଭୀର ଅନ୍ଧକାର (କାଳରାତ୍ରି) ସଦୃଶ କୃଷ୍ଣବର୍ଣ୍ଣ ଯୁକ୍ତା, ଘନ ଅନ୍ଧକାର ସଦୃଶା ଚତୁର୍ଦ୍ଦିଗରେ ବିସ୍ତୃତ କେଶରାଶି, ଗଳାରେ ବିଦ୍ୟୁତ୍ ସମ ଚମକ ସୃଷ୍ଟି କରୁଥିବା ମାଳା, ବ୍ରହ୍ମାଣ୍ଡ ସଦୃଶ ଗୋଲାକାର ଚକ୍ଷୁ ବିଶିଷ୍ଟ ତ୍ରିନୟନା, ଶ୍ୱାସପ୍ରଶ୍ୱାସରେ ଅଗ୍ନି ସଦୃଶ ଭୟଙ୍କର ଜ୍ୱାଳାଯୁକ୍ତା, ଦାନବ, ଦୈତ୍ୟ, ଭୂତ, ପ୍ରେତ ଆଦି ଶତ୍ରୁହନ୍ତ୍ରୀ, ଗ୍ରହବାଧା, ଅଗ୍ନି ଭୟ, ଜଳ ଭୟ, ରାତ୍ରି ଭୟ, ଜୀବଜନ୍ତୁ ଇତ୍ୟାଦି ଭୟ ବିନାଶିନୀ ଅଟନ୍ତି।

ମାତା କାଳରାତ୍ରିଙ୍କ ବୀଜମନ୍ତ୍ର ହେଉଛି **"ଓଁ ଐଂ ହ୍ଲୀଂ କ୍ଲୀଂ ଚାମୁଣ୍ଡାୟୈ ବିଚ୍ଚେ ଓଁ କାଳରାତ୍ରି ଦେବୈ ନମଃ।"** ଦେବୀ ମାତାଙ୍କ ସାଧକ ଉପରୋକ୍ତ ମନ୍ତ୍ରାଦି ଜପ ସହ 'ସହସ୍ରାର' ଚକ୍ର ଉପରେ ଧ୍ୟାନ ନିବଦ୍ଧ କରି ଯତ୍ନ ପୂର୍ବକ ସାଧନା ରତ ହେଲେ ଧିରେ ଧିରେ ବ୍ରହ୍ମାଣ୍ଡର ସମସ୍ତ ସିଦ୍ଧି ମାଆଙ୍କ ଆଶୀର୍ବାଦରୁ ତାହାକୁ ପ୍ରାପ୍ତ ହୋଇପାରେ।

୮. ମହାଗୌରୀ :

ନବରାତ୍ରିର ଅଷ୍ଟମୀ ତିଥିରେ ଦେବୀ ମହାଗୌରୀଙ୍କ ପୂଜା ଉପାସନା କରାଯାଏ। ତାଙ୍କ ବିଷୟରେ ବର୍ଣ୍ଣନା କରି କୁହାଯାଇଛି:

"ଶ୍ୱେତେ ବୃଷେ ମମାରୁଢ଼ା ଶ୍ୱେତାମ୍ବର ଧରା ଶୁଚିଃ।
ମହାଗୌରୀ ଶୁଭଂଦଦ୍ୟାନ୍ ମହାଦେବ ପ୍ରମୋଦଦା ॥"

ଯାହାର ଅର୍ଥ ହେଲା- ଦେବୀ ଶ୍ୱେତ ବୃଷଭ ଉପରେ ଆରୂଢ଼ା, ଶ୍ୱେତବସ୍ତ୍ର ପରିହିତା ଅଟନ୍ତି । ଯାହାଙ୍କ ଦ୍ୱାରା ମହାଦେବ ପରିତୃପ୍ତା ହୁଅନ୍ତି ସେହି ମହାଗୌରୀ ସମସ୍ତଙ୍କର କଲ୍ୟାଣ କରନ୍ତୁ । ସେ ତ୍ରିନେତ୍ରା ଏବଂ ଚତୁର୍ଭୁଜା ଅଟନ୍ତି ଯାହାଙ୍କର ଊର୍ଦ୍ଧ୍ୱ ଦକ୍ଷିଣ ହସ୍ତ ଅଭୟ ମୁଦ୍ରା, ନିମ୍ନସ୍ଥ ଦକ୍ଷିଣ ହସ୍ତରେ ତ୍ରିଶୂଳ, ଊର୍ଦ୍ଧ୍ୱସ୍ଥିତ ବାମ ହସ୍ତରେ ଡମ୍ବରୁ ଏବଂ ନିମ୍ନ ବାମହସ୍ତ ବରଦମୁଦ୍ରା ଯୁକ୍ତା ଅଟନ୍ତି । ସେ ଶଙ୍ଖ ବା ଚନ୍ଦ୍ର ଅଥବା କୁନ୍ଦ ପୁଷ୍ପ ସଦୃଶ ଗୌରବର୍ଣ୍ଣା, ସମସ୍ତ ଆଭୂଷଣ ଶ୍ୱେତବର୍ଣ୍ଣା, ଅମୋଘ ଶକ୍ତି ସମ୍ପନ୍ନା, ସଦ୍ୟଫଳ ପ୍ରଦାନକାରିଣୀ, ସର୍ବକଲ୍ମଷ ବିନାଶିନୀ ଅଟନ୍ତି । ତାଙ୍କ ଆଶୀର୍ବାଦ ଦ୍ୱାରା ପୂର୍ବ ସଞ୍ଚିତ ସର୍ବ ପାପ ବିନଷ୍ଟ ହେବା ସହିତ ଭବିଷ୍ୟତରେ ମଧ୍ୟ ତାଙ୍କ ଭକ୍ତ ନିକଟକୁ କୌଣସି ପ୍ରକାର ପାପତାପ, ଦୁଃଖ-କଷ୍ଟ କେବେ ବି ଆସିପାରେ ନାହିଁ ।

ଶିବଙ୍କୁ ପତି ରୂପେ ପ୍ରାପ୍ତ କରିବା ନିମନ୍ତେ ସେ ଅତ୍ୟନ୍ତ କଠୋର ତପସ୍ୟା କରିଥିବା ହେତୁ ତାଙ୍କ ଶରୀର କୃଷ୍ଣ ବର୍ଣ୍ଣ ହୋଇଗଲା । ତାଙ୍କ ତପସ୍ୟାରେ ସନ୍ତୁଷ୍ଟ ହୋଇ ଶିବ ତାଙ୍କୁ ପତ୍ନୀ ରୂପେ ଗ୍ରହଣ କରିବାପରେ ତାଙ୍କୁ ପବିତ୍ର ଗଙ୍ଗା ଜଳରେ ଧୌତ କରିବା ଫଳରେ ତାଙ୍କ ଶରୀର ପୁନର୍ବାର ଔଜ୍ଜ୍ୱଲ୍ୟ ବିମଣ୍ଡିତ ଶ୍ୱେତବର୍ଣ୍ଣା ହୋଇ ଯାଇଥିଲା । ବିଦ୍ୟୁତ୍ ସମାନ ତାଙ୍କ ଶରୀର କାନ୍ତିଯୁକ୍ତ ଓ ଗୌରବର୍ଣ୍ଣା ହୋଇଯିବାରୁ ସେ 'ଗୌରୀ' ନାମରେ ପରିଚିତ ହେଲେ । ଦେବୀ କାଳୀ ଗୌରବର୍ଣ୍ଣା ଏବଂ ସୌମ୍ୟ ବଦନା ହୋଇ ମହାଦେବଙ୍କ ପ୍ରିୟ ପତ୍ନୀ ରୂପେ ପ୍ରତିଭାତ ହେଲେ ସେତେବେଳେ ସେ ମହାଗୌରୀ ଭାବରେ ସମ୍ବୋଧିତ ହୋଇଥିଲେ ବୋଲି କେତେକ ଶାସ୍ତ୍ର ଉଲ୍ଲେଖ କରନ୍ତି । ତାଙ୍କର ବୀଜମନ୍ତ୍ର **"ଓଁ ଐଂ କ୍ଲୀଂ ଚାମୁଣ୍ଡାୟୈ ବିଚ୍ଚେ ଓଁ ମହାଗୌରୀ ଦେବ୍ୟୈ ନମଃ ।"** ଏହି ମନ୍ତ୍ରର ଜପ ଦ୍ୱାରା ଦେବୀଙ୍କ କୃପା ଆଶୀର୍ବାଦ ପ୍ରାପ୍ତ ହୋଇଥାଏ ।

୯. ସିଦ୍ଧିଦାତ୍ରୀ :

ମହାମାୟା ଦେବୀଦୁର୍ଗାଙ୍କର ନବମ ଶକ୍ତି ହେଉଛନ୍ତି ସିଦ୍ଧିଦାତ୍ରୀ । ତାଙ୍କର ଉପାସନା ନବରାତ୍ରିର ନବମୀ ତିଥିରେ ଅନୁଷ୍ଠିତ ହୋଇଥାଏ । ତାଙ୍କ ନାମରୁ ଏହା ସୁସ୍ପଷ୍ଟ ଯେ ଦେବୀ ସିଦ୍ଧିଦାତ୍ରୀ ସକଳ ପ୍ରକାର ସିଦ୍ଧି ପ୍ରଦାନ କରି ଭକ୍ତର ଯାବତ୍ ମନୋବାଞ୍ଛା ପୂରଣ କରିଥାନ୍ତି । ତାଙ୍କର ଆଶୀର୍ବାଦ ପ୍ରାପ୍ତ ହେଲେ ସଂସାରର କୌଣସି କାମନା ଅପ୍ରାପ୍ୟ ହୋଇ ରହିଯାଏ ନାହିଁ । ମାର୍କଣ୍ଡେୟ ପୁରାଣ ଅନୁଯାୟୀ ଅଣିମା, ଲଘିମା, ଗରିମା, ମହିମା, ପ୍ରାପ୍ତି, ପ୍ରାକାମ୍ୟ, ଈଶିତ୍ୱ ଏବଂ

ବଶିତ୍ୱ- ଏଇ ଆଠଗୋଟି ସିଦ୍ଧିରୁ ସବୁ କିଛି ଦେବୀମାତା ଭକ୍ତକୁ ଅଚିରେ ପ୍ରଦାନ କରିପାରନ୍ତି। ଦେବୀ ପୁରାଣର ଉଲ୍ଲେଖ ଅନୁଯାୟୀ ଭଗବାନ ଶିବ ଉପରୋକ୍ତ ଅଷ୍ଟସିଦ୍ଧିଗୁଡ଼ିକୁ ମାତା ସିଦ୍ଧିଦାତ୍ରୀଙ୍କ ଠାରୁ ହିଁ ପ୍ରାପ୍ତ କରିଥିଲେ। ଦେବୀ ସିଦ୍ଧିଦାତ୍ରୀଙ୍କ କୃପାରୁ ଶିବ 'ଅର୍ଦ୍ଧନାରୀଶ୍ୱର' ସ୍ୱରୂପକୁ ପ୍ରାପ୍ତ ହୋଇଥିଲେ। ଫଳରେ ତାଙ୍କର ଅଧା ଶରୀର ଦେବୀ ରୂପକୁ ପରିବର୍ତ୍ତିତ ହୋଇ ଯାଇଥିଲା।

"ସକଳଭୁବନଭୂତଭାବନାଭ୍ୟାଂ
ଜନନବିନାଶବିହୀନବିଗ୍ରହାଭ୍ୟାମ୍।
ନରବରଯୁବତୀବପୁର୍ଧରାଭ୍ୟାଂ
ସତତମହଂ ପ୍ରଣତୋଽସ୍ମି ଶଙ୍କରାଭ୍ୟାମ୍ ॥"

ଅର୍ଥାତ୍ ସକଳ ଭୁବନର ସମସ୍ତ ପ୍ରାଣୀମାନଙ୍କର ସୃଷ୍ଟିକର୍ତ୍ତା, ଯିଏକି ଜନ୍ମ ଓ ମୃତ୍ୟୁ ରହିତ ତଥା ଶ୍ରେଷ୍ଠ ନର ଓ ସୁନ୍ଦର ନାରୀ (ଅର୍ଦ୍ଧନାରୀଶ୍ୱର) ରୂପୀ ଗୋଟିଏ ଶରୀର ଧାରଣ କରି ସ୍ଥିତ ଅଛନ୍ତି, ସେଇ ପରମ କଲ୍ୟାଣକାରୀ ଭଗବାନ ଶିବ ଏବଂ ଭଗବତୀ ଶିବାଙ୍କୁ ମୁଁ ପ୍ରଣାମ ନିବେଦନ କରୁଛି।

ଚତୁର୍ଭୁଜା ଦେବୀ ସିଦ୍ଧିଦାତ୍ରୀ ସିଂହବାହିନୀ ଅଟନ୍ତି। କମଳ ପୁଷ୍ପ ମଧ୍ୟରେ ଆସୀନ ସେଇ ଦେବୀ ସମଗ୍ର ଜଗତକୁ ନିଜ ଇଙ୍ଗିତରେ ସଞ୍ଚାଳିତ କରିଥାନ୍ତି। ଦେବୀଙ୍କର ଦକ୍ଷିଣ ଉର୍ଦ୍ଧ୍ୱ ହସ୍ତରେ ଗଦା ଏବଂ ନିମ୍ନ ଦକ୍ଷିଣ ହସ୍ତରେ ଚକ୍ର ତଥା ବାମ ପାର୍ଶ୍ୱ ଉର୍ଦ୍ଧ୍ୱ ହସ୍ତରେ ପଦ୍ମ ଓ ନିମ୍ନ (ବାମ) ହସ୍ତରେ ଶଙ୍ଖ ଦ୍ୱାରା ଶୋଭାୟମାନ। ନବରାତ୍ରିର ନବମୀ ତିଥି ଉପାସନାର ସିଦ୍ଧିଦାତ୍ରୀ ହିଁ ହେଉଛନ୍ତି ପୂର୍ଣ୍ଣ ଅଧିଷ୍ଠାତ୍ରୀ ଦେବୀ। ତାଙ୍କର ବୀଜମନ୍ତ୍ର ହେଉଛି **"ଓଁ ଐଂ ହ୍ରୀଂ କ୍ଲୀଂ ଚାମୁଣ୍ଡାୟୈ ସିଦ୍ଧିଦାତ୍ରୀ ଦେବ୍ୟୈ ନମଃ।"** ତାଙ୍କୁ ଜଗନ୍ମାତା, ବ୍ରହ୍ମା ବିଷ୍ଣୁଙ୍କର ଶକ୍ତି ଓ ଜନନୀ ତଥା ଶିବଙ୍କ ଶକ୍ତି ଓ ଜନନୀ ରୂପେ ବର୍ଣ୍ଣନା କରାଯାଏ। ଏଣୁ ନିମ୍ନ ଶ୍ଳୋକରେ କୁହାଯାଇଛି:

".... ଯଚ୍ଚ ପ୍ରଭବରାଗ ରଚିତ ଚମତ୍କୃତ ବିକଶିତ ବିନ୍ଦୁଃ
ଦିଗ୍‌ବାସିନୀଂ ପ୍ରପୂଜିତାଂ ଅଭୟାଂ ବରଦାଂ ବିଶ୍ୱଜନନୀମ୍।
ଶିବମାତର ଶିବାନୀଚ ବ୍ରାହ୍ମଣୀଂ ବ୍ରହ୍ମଜନନୀ
ନମାମି ମାତରଂ ସିଦ୍ଧିଦାତ୍ରୀମ୍ ॥"

ଦେବୀ ଦୁର୍ଗାଙ୍କର ଏହି ସର୍ବଶେଷ ସ୍ୱରୂପ ନବଦୁର୍ଗାଙ୍କ ମଧ୍ୟରେ ସର୍ବଶ୍ରେଷ୍ଠ। ସେ ସର୍ବସିଦ୍ଧି ଓ ମୋକ୍ଷ ପ୍ରଦାନ କାରିଣୀ ତଥା ଭଗବାନ ବିଷ୍ଣୁଙ୍କର ଅର୍ଦ୍ଧାଙ୍ଗିନୀ ରୂପେ ଉପାସିତ ହୋଇଥାନ୍ତି।

ନବରାତ୍ର ବ୍ରତର ବିଧିବିଧାନ

ମହାକାଳ ସଂହିତାର ଉଲ୍ଲେଖ ଅନୁଯାୟୀ ବର୍ଷକ ମଧ୍ୟରେ ଚାରିଗୋଟି ନବରାତ୍ର ପାଳିତ ହୋଇଥାଏ । ସତ୍ୟ ଯୁଗରେ ଚୈତ୍ର ନବରାତ୍ର, ତ୍ରେତା ଯୁଗରେ ଆଷାଢ଼ ନବରାତ୍ର, ଦ୍ୱାପର ଯୁଗରେ ମାଘ ନବରାତ୍ର ଏବଂ କଳି ଯୁଗରେ ଆଶ୍ୱିନ ନବରାତ୍ରକୁ ଶକ୍ତିପୂଜା ଓ ତନ୍ତ୍ର ସାଧନା ଆଦି ଦୃଷ୍ଟିରୁ ବିଶେଷ ଭାବରେ ମହିମାମଣ୍ଡିତ କରାଯାଇଛି । ତେବେ କଳି ଯୁଗରେ ଚୈତ୍ର ନବରାତ୍ର ଅଥବା ବାସନ୍ତୀକ ନବରାତ୍ର ଏବଂ ଆଶ୍ୱିନ ନବରାତ୍ର ଭାଷାନ୍ତରେ ଶାରଦୀୟ ନବରାତ୍ରକୁ ଜଗଜ୍ଜନନୀ ମାଆ ଦୁର୍ଗାଙ୍କ ପୂଜା ଅର୍ଚ୍ଚନା ନିମନ୍ତେ ବ୍ୟାପକ ଭାବରେ ଗ୍ରହଣ କରାଯାଇଥାଏ । ଅନ୍ୟ ଦୁଇ ନବରାତ୍ରକୁ ଗୁପ୍ତ ନବରାତ୍ର ରୂପେ ଆଖ୍ୟାୟିତ କରାଯାଏ । ଆଶ୍ୱିନ ମାସର ଶୁକ୍ଳ ପ୍ରତିପଦ ତିଥିରୁ ଆରମ୍ଭ ହୋଇ ନଅଗୋଟି ରାତ୍ରିକୁ 'ନବରାତ୍ର' ବୋଲି କୁହାଯାଏ । ଏହା ହିଁ ଶାରଦୀୟ ନବରାତ୍ର । ଏହି କାଳରେ ଶକ୍ତି ପୂଜାରେ ବିଶେଷ ସଫଳତା ପ୍ରାପ୍ତି ଏବଂ ଜଗଜ୍ଜନନୀ ଦୁର୍ଗାଙ୍କର ସାମ୍ବତ୍ସରିକ ପୂଜନ ନିମନ୍ତେ ଦେବୀ ମାତା ନିଜେ ଶାସ୍ତ୍ରରେ ନିର୍ଦ୍ଦେଶ କରନ୍ତି ପୂଜାର ସମୟ ବିଧାନ ।

"ଶରତ୍‌କାଳେ ମହାପୂଜା କ୍ରିୟତେ ଯା ଚ ବାର୍ଷିକୀ ।
ତସ୍ୟାଂ ମମୈତନ୍ମାହାତ୍ମ୍ୟଂ ଶ୍ରୁତ୍ୱା ଭକ୍ତିସମନ୍ୱିତଃ ॥
ସର୍ବବାଧାବିନିର୍ମୁକ୍ତୋ ଧନଧାନ୍ୟ ସୁତାନ୍ୱିତଃ ।
ମନୁଷ୍ୟୋ ମତ୍‌ପ୍ରସାଦେନ ଭବିଷ୍ୟତି ନ ସଂଶୟଃ ॥"

(ଶ୍ରୀ ଶ୍ରୀ ଦୁର୍ଗା ସପ୍ତଶତୀ ୧୨/୧୨-୧୩)

ଦେବୀ ଭାଗବତ, କାଳିକାପୁରାଣ, ସ୍କନ୍ଦପୁରାଣ, ମାର୍କଣ୍ଡେୟ ପୁରାଣ, ମହାଭାରତ, ହରିବଂଶ ତଥା ବ୍ରହ୍ମପୁରାଣ ଆଦି ଶାସ୍ତ୍ରମାନ ଦେବୀଙ୍କର ଅନନ୍ୟ ଓ ଅପାର ମହିମା ବର୍ଣ୍ଣନରେ ମୁଖରିତ । ମାର୍କଣ୍ଡେୟ ପୁରାଣର ଏକାଅଶୀ ଅଧ୍ୟାୟରୁ ଆରମ୍ଭ କରି ତେୟାନବେ ଅଧ୍ୟାୟ ପର୍ଯ୍ୟନ୍ତ ଉଲ୍ଲିଖିତ ସାତଶହ ଶ୍ଳୋକ ମଧ୍ୟରେ ମଧୁକୈଟଭ, ଉଦଗ୍ର, ଅସିଲୋମା, ବାସ୍କଳ, ବିଡ଼ାଳାକ୍ଷ ଆଦି ବହୁ ଦୈତ୍ୟମାନଙ୍କର

ବଧ ପ୍ରସଙ୍ଗ ଯାହା 'ଶ୍ରୀ ଶ୍ରୀ ସପ୍ତଶତୀ ଚଣ୍ଡୀ' ନାମରେ ପ୍ରସିଦ୍ଧି ଲାଭ କରିଛି । ଏହି ଚଣ୍ଡୀକୁ ମାଆ ଦୁର୍ଗାଙ୍କର ବାଙ୍ମୟ ସ୍ୱରୂପରେ ପୂଜନ କରାଯାଇଥାଏ । ନବରାତ୍ର ବ୍ରତ ପାଳନ ସମୟରେ ଘଟସ୍ଥାପନ, ନିତ୍ୟ ନୈମିତିକ ଉପଚାର, ପୂଜା, ହୋମ, ତର୍ପଣ ଇତ୍ୟାଦି କରାଯାଏ । ଏତଦ୍ ସହ ଶ୍ରୀ ଶ୍ରୀ ସପ୍ତଶତୀ ଚଣ୍ଡୀଙ୍କର ସ୍ୱାଧ୍ୟାୟ ମଧ୍ୟ ବ୍ରତର ଏକ ଅନିବାର୍ଯ୍ୟ ଅଙ୍ଗ ରୂପେ ଗୃହୀତ । ମାର୍କଣ୍ଡେୟ ପୁରାଣ ଅନୁଯାୟୀ ସୁରଥ ରାଜା ଓ ସମାଧି ବୈଶ୍ୟ ନଦୀ ତଟରେ ମାଆ ଦୁର୍ଗାଙ୍କର ମୃଣ୍ମୟୀ ମୂର୍ତ୍ତି ପ୍ରତିଷ୍ଠା କରି ପୁଷ୍ପ, ଧୂପ, ଦୀପ, ହୋମ ଓ ନୈବେଦ୍ୟ ପ୍ରଭୃତି ଦ୍ୱାରା ଦେବୀ ପୂଜା କରିଥିଲେ । ସେଇ ଆଧାରରେ ପରବର୍ତ୍ତୀ ସମୟରେ ଦେବୀ ପୂଜାର ବିଧିବିଧାନରେ କ୍ରମବିକାଶ ଘଟିଥିବା ଅନୁମାନ କରାଯାଏ । ତେବେ ଶାରଦା ଶରଦର୍ଚ୍ଚନ ପଦ୍ଧତି, ଶକ୍ତି ପଲ୍ଲଭତନ୍ତ୍ର, ଦୁର୍ଗୋତ୍ସବ ଚନ୍ଦ୍ରିକା, ଶାରଦା ତିଳକ, ଦୁର୍ଗାଯଜନ ଦୀପିକା ଇତ୍ୟାଦି ଶାସ୍ତ୍ର ଗ୍ରନ୍ଥମାନଙ୍କରୁ ପୂଜା ବିଧିବିଧାନ ବିଷୟକ ବହୁବିଧ ମାର୍ଗଦର୍ଶନ ପ୍ରାପ୍ତ ହୋଇଥାଏ । ମାଆଙ୍କର ପୂଜନ ନିମିତ୍ତ ଉଦ୍ଦିଷ୍ଟ ପ୍ରତିଟି ବିଧିବିଧାନର ବିଶେଷ ମହତ୍ତ୍ୱ ରହିଛି । ଏତଦ୍ ବ୍ୟତୀତ ଏକଦା ରାକ୍ଷସମାନଙ୍କ ଅତ୍ୟାଚାରରେ ନିର୍ଯ୍ୟାତିତ ଦେବତାମାନେ ବିଧି ଅନୁଯାୟୀ ଦେବୀ ମାତାଙ୍କର ଅର୍ଚ୍ଚନା କରିଥିଲେ । ଫଳରେ ମାତା ଦୁର୍ଗା ଅତୀବ ପ୍ରସନ୍ନ ହୋଇ ଅସୁରମାନଙ୍କୁ ବିନାଶ କରିଥିଲେ ଏବଂ ଦେବ ସମାଜକୁ ସେମାନଙ୍କ କବଳରୁ ସୁରକ୍ଷା ଦେଇଥିଲେ । ସେହି ଦିନ ଠାରୁ ନବରାତ୍ର ପୂଜନ ପ୍ରଚଳିତ ହୋଇ ଅଦ୍ୟାବଧି ପାଳିତ ହୋଇ ଆସୁଛି । ଉଚିତ ବିଧିବିଧାନ ଦେବୀପୂଜା ନିମନ୍ତେ ଅତ୍ୟାବଶ୍ୟକ ହୋଇଥିଲେ ମଧ୍ୟ ସାତ୍ତ୍ୱିକ ଭାବଧାରା ସହ ଭକ୍ତିପୂତ ସମର୍ପିତ ହୃଦୟରେ କରାଯାଉଥିବା ଆରାଧନା ଦ୍ୱାରା ଦେବୀ ସହଜରେ ପ୍ରସନ୍ନ ହୋଇ ଭକ୍ତର ସକଳ ମନୋବାଞ୍ଛା ପୂରଣ କରିବା ସଙ୍ଗେ ସଙ୍ଗେ ତାହାକୁ କୃତାର୍ଥ କରାଇ ଦିଅନ୍ତି । ନବରାତ୍ରର ପାବନ ଅବସରରେ ଦେବୀ ମାତାଙ୍କର ନଅଗୋଟି ସ୍ୱରୂପ । ଯଥା:- ୧) ପ୍ରକୃତିରୂପା ଶୈଳପୁତ୍ରୀ, ୨) ସୃଷ୍ଟିରୂପା ବ୍ରହ୍ମଚାରିଣୀ, ୩) ମାଆ ଚନ୍ଦ୍ରଘଣ୍ଟା, ୪) ମାତା କୁଷ୍ମାଣ୍ଡା, ୫) ମାତୃରୂପା ସ୍କନ୍ଦମାତା, ୬) ତୁଷ୍ଟିରୂପା କାତ୍ୟାୟନୀ, ୭) ମାଆ କାଳରାତ୍ରି, ୮) ମାତା ମହାଗୌରୀ, ୯) ଲକ୍ଷ୍ମୀରୂପା ସିଦ୍ଧିଦାତ୍ରୀଙ୍କୁ ପୂଜନ କରାଯାଇଥାଏ । ପ୍ରଥମ ଦିନ କ୍ରମାଙ୍କ ଏକରେ ସୂଚୀଭୂକ୍ତ ମାତା ଶୈଳପୁତ୍ରୀଙ୍କ ଠାରୁ ଆରମ୍ଭ କରି ନବଦିନ ବ୍ୟାପି ପ୍ରତିଦିନ ଉପର ବର୍ଣ୍ଣିତ ନାମ କ୍ରମାନୁସାରେ ଦୁର୍ଗାଙ୍କର ନଅଗୋଟି ସ୍ୱରୂପର ପୂଜନ କ୍ରିୟା

ଉପଯୁକ୍ତ ଶାସ୍ତ୍ରୀୟ ବିଧିବିଧାନ ଅନୁଯାୟୀ ଅନୁଷ୍ଠିତ ହୋଇଥାଏ। ଆଶ୍ୱିନ ଶୁକ୍ଳ ପ୍ରତିପଦାର ବ୍ରାହ୍ମ ମୁହୂର୍ତ୍ତରେ ସ୍ନାନାଦି ନିତ୍ୟକର୍ମ ସମାପନ କରି ଗୃହର (ସମ୍ଭବ ହେଲେ) ଉତ୍ତର ପୂର୍ବ ଦିଗରେ (ଅଥବା ସୁବିଧାନୁଯାୟୀ ଯେ କୌଣସି ଦିଗରେ) ମୃତ୍ତିକା ବେଦୀ ନିର୍ମାଣ କରି ତଦୁପରି ଗହମ ଏବଂ ଯଅ ଅଥବା ନଅପ୍ରକାର ଧାନ୍ୟକୁ ମିଶାଇ ବପନ କରାଯାଏ। ମାନ୍ୟତାନୁଯାୟୀ ବସନ୍ତ ଋତୁ ତଥା ସୃଷ୍ଟିର ପ୍ରଥମ ଫସଲ ଯଅ (ଯବ) ହୋଇଥିବାରୁ ବପନ ସକାଶେ ଏହାକୁ ପ୍ରାଧାନ୍ୟ ଦିଆଯାଇଥାଏ। ଏତଦ୍ ବ୍ୟତୀତ ବ୍ରତୀମାନଙ୍କୁ ମାନସିକ ଓ ଶାରୀରିକ ଶୁଦ୍ଧତା ରକ୍ଷା କରିବା ନିମିତ୍ତ ଶାସ୍ତ୍ରାନୁଯାୟୀ ଆଗ୍ରହ କରାଯାଏ। ଗୃହର ଉତ୍ତର, ପୂର୍ବ ବା ଉତ୍ତର-ପୂର୍ବ ଅଥବା କୌଣସି ପବିତ୍ର ସ୍ଥାନରେ ମୃତ୍ତିକା ନିର୍ମିତ ବେଦୀଟିଏ ପ୍ରସ୍ତୁତ କରାଯାଇ ତଦୁପରି ବା ତାହା ସମୀପରେ ପୃଥିବୀ ପୂଜନ କରାଯାଏ। କଳସ ଉପରେ ସ୍ୱସ୍ତିକ ଚିହ୍ନ ଅଙ୍କିତ କରାଯାଏ। ସେଥିରେ ପୁଷ୍ପମାଳା ଆଦି ଦିଆଯାଇ ତାହାକୁ ହଳଦୀରେ ଚିତ୍ରିତ ଅଷ୍ଟଦଳ କମଳ ଉପରେ ସ୍ଥାପିତ କରାଯାଏ। କଳସରେ ଜଳ, ଚନ୍ଦନ, ପଞ୍ଚପଲ୍ଲବ, ଦୁର୍ବା, ଗୁବାକ, କୁଶ, ହଳଦୀ, ଅକ୍ଷତ, ଗୋଶାଳା ମାଟି, ଗଙ୍ଗା ମୃତ୍ତିକା, ତୀର୍ଥଜଳ, ପଞ୍ଚାମୃତ, ପଇଡ଼ ଆଦି ଦିଆଯାଇ ତାହାକୁ ଲାଲ ବସ୍ତ୍ର ଦ୍ୱାରା ଆବୃତ କରାଯାଏ। କଳସ ଉପରେ ଦିଆଯାଉଥିବା ପଇଡ଼ ବା ନଡ଼ିଆ କିପରି ସ୍ଥାପନ କରାଯିବ ତାହାର ବିଧି ନିମ୍ନମତେ ଶାସ୍ତ୍ରରେ ଦିଆଯାଇଛି।

"ଅଧୋମୁଖଂ ଶତ୍ରୁ ବିବର୍ଧନାୟ,
ଊର୍ଦ୍ଧ୍ୱସ୍ୟ ବସ୍ତ୍ରଂ ବହୁରୋଗ ବୃଦ୍ଧୈ।
ପ୍ରାଚୀମୁଖଂ ବିତ ବାନାଶନାୟ,
ତସ୍ମାତ୍ ଶୁଭଂ ସଂମୁଖ୍ୟଂ ନାରୀକେଳଂ।"

ଅର୍ଥାତ୍ ନଡ଼ିଆର ମୁଖ ନିମ୍ନମୁଖୀ ହେଲେ ଶତ୍ରୁ ବୃଦ୍ଧି, ଊର୍ଦ୍ଧ୍ୱ ମୁଖ ହେଲେ ରୋଗବୃଦ୍ଧି, ପୂର୍ବମୁଖ ହେଲେ ଧନନାଶ ହୋଇଥାଏ। ଏଣୁ ଏହାର ମୁଖ ସର୍ବଦା ବ୍ରତୀ (ସାଧକ) ନିଜ ଆଡ଼କୁ ରଖିବା ଉଚିତ। କଳସ ସ୍ଥାପନ ପରେ ଗଣେଶ ପୂଜନ କରାଯାଏ। ଏହାପରେ ଦେବୀମାତାଙ୍କ ପ୍ରତିମା ବା ଚିତ୍ର ସ୍ଥାପନ ନିମ୍ନ ମନ୍ତ୍ରରେ କରାଯାଏ: ପ୍ରଥମେ ବ୍ରତୀ **ଓଁ କେଶବାୟ ନମଃ, ଓଁ ମାଧବାୟ ନମଃ, ଓଁ ନାରାୟଣାୟ ନମଃ** ଉଚ୍ଚାରଣ କରି ୩ଥର ଆଚମନ କରନ୍ତି। ତତ୍ପରେ ହସ୍ତ ପ୍ରକ୍ଷାଳନ କରି ଅଞ୍ଜଳିରେ ଅକ୍ଷତ ଓ ପୁଷ୍ପ ନେଇ ଭକ୍ତି ପୂର୍ବକ ଦେବୀଙ୍କର ଧ୍ୟାନ

କରାଯାଏ- **"ଆଗଚ୍ଛ ତ୍ୱଂ ମହାଦେବୀ ସ୍ଥାନେ ତାତ୍ର ସ୍ଥିରାଭବ। ଯାବତ ପୂଜାଂ କରିଷ୍ୟାମି ତାବବ ତ୍ୱଂ ସନ୍ନିଧୌଭବ।"** ଶ୍ରୀ ଜଗଦମ୍ବେ ଦୁର୍ଗା ଦେବୈ ନମଃ ଦୁର୍ଗାଦେବୀ ଆବାହୟାମି ! ଏହାପରେ ପୁଷ୍ପ ଏବଂ ଅକ୍ଷତ ଚଢ଼ାଯାଏ। ଶ୍ରୀ ଜଗଦମ୍ବେ ଦୁର୍ଗା ଦେବୈ ନମଃ- **ଆସନାର୍ଥେ ପୁଷ୍ପାଣି ସମର୍ପୟାମି।** ଏହା କହି ଦେବୀଙ୍କୁ ଆସନ ଦିଆଯାଏ। **ଶ୍ରୀ ଦୁର୍ଗା ଦେବ୍ୟୈ ନମଃ, ପାଦ୍ୟମ, ଅର୍ଘ୍ୟ, ଆଚମନ, ସ୍ନାନାର୍ଥ ଜଳଂ ସମର୍ପୟାମି।** ଏହାପରେ **'ଶ୍ରୀ ଦୁର୍ଗାଦେବୀ ଦୁଗ୍ଧଂ ସମର୍ପୟାମି।'** ମନ୍ତ୍ର ସହ ଦୁଗ୍ଧ ଏବଂ **'ଶ୍ରୀ ଦୁର୍ଗାଦେବୀ ଦହି ସମର୍ପୟାମି'** ମନ୍ତ୍ରରେ ଦହି ଚଢ଼ାଯାଏ। ସେହିପରି **'ଶ୍ରୀ ଦୁର୍ଗାଦେବୀ ଘୃତ ସମର୍ପୟାମି', 'ଶ୍ରୀ ଦୁର୍ଗାଦେବୀ ମଧୁ ସମର୍ପୟାମି', 'ଶ୍ରୀ ଦୁର୍ଗାଦେବୀ ଶର୍କରା ସମର୍ପୟାମି'** ଆଦି ମନ୍ତ୍ରରେ ଘୃତ, ମଧୁ, ଶର୍କରା ଆଦି ଦେବୀଙ୍କ ଉଦ୍ଦେଶ୍ୟରେ ଚଢ଼ାଯାଏ। ଏତଦ୍ ବ୍ୟତୀତ ପଞ୍ଚାମୃତ, ଗନ୍ଧୋଦକ, ବସ୍ତ୍ର, ସୌଭାଗ୍ୟ ସୂତ୍ର, ପୁଷ୍ପ, ମାଳା, ନୈବେଦ୍ୟ, ତାମ୍ବୁଲ ଆଦି ବହୁବିଧ ବସ୍ତ୍ର ଦେବୀମାତାଙ୍କୁ ସମର୍ପଣ କରାଯାଏ। ଏତଦ୍ ଉତ୍ତାରୁ ଶ୍ରୀଦୁର୍ଗା ସପ୍ତଶତୀ ପାଠ ପରେ ଆରତୀ କରାଯାଇ ପ୍ରସାଦ ବିତରଣ ହୁଏ। ଏହାପରେ କନ୍ୟା ଓ ବ୍ରାହ୍ମଣମାନଙ୍କୁ ଭୋଜନ ଦିଆଯିବା ପରେ ବ୍ରତୀ ନିଜେ ଫଳାହାର ଗ୍ରହଣ କରିଥାନ୍ତି।

ଏହିପରି ଭାବରେ ଉପଯୁକ୍ତ ବିଧିବିଧାନ ଅନୁଯାୟୀ ଦେବୀମାତାଙ୍କର ଉପାସନା କରୁ କରୁ ସାଧକ, ଦୁର୍ଗମ ଭବସାଗରର ସମସ୍ତ ବାଧାବିଘ୍ନ ଏବଂ ଦୁର୍ଗତିରୁ ମୁକ୍ତିଲାଭ କରି ଭକ୍ତିରସର ଅମୃତମୟ ସ୍ୱର୍ଗ ରାଜ୍ୟରେ ବିଚରଣ କରେ ଯେଉଁଠି ସୃଷ୍ଟି ରୂପୀ ବିଶ୍ୱ ବ୍ରହ୍ମାଣ୍ଡର ପ୍ରତି କୋଣ କୋଣରେ ସେହି ସର୍ବମନ୍ତ୍ରମୟୀ, ସତ୍‌ସ୍ୱରୂପା, ସତ୍ୟାନନ୍ଦ ସ୍ୱରୂପିଣୀ, ଅନନ୍ତା, ଭାବିନୀ, ଭବ୍ୟା, ଅଭବ୍ୟା, ଅଗତିର ଗତି, ସର୍ବଗତି- ମାତୃରୂପର ଦର୍ଶନ କରି କୃତାର୍ଥ ହୋଇଥାଏ। ଶାସ୍ତ୍ରକୃତ ବାଙ୍ମୟ ସମ୍ବଳିତ ସ୍ତୁତି ଗୁଡ଼ିକର ବହୁ ଉର୍ଦ୍ଧ୍ୱରେ ସେ ଅବସ୍ଥାନ କରି ଦେବୀଙ୍କର ସହସ୍ର ସହସ୍ର ସୂର୍ଯ୍ୟ ପରିମିତ ଅଲୌକିକ ତେଜ ମଧ୍ୟରେ ନିଜକୁ ସମାହିତ କରିନିଏ। ଏଣୁ ଯଥାର୍ଥରେ କୁହାଯାଇଛି:

"ସର୍ବମନ୍ତ୍ରମୟୀ ସତ୍ତା ସତ୍ୟାନନ୍ଦସ୍ୱରୂପିଣୀ।
ଅନନ୍ତା ଭାବିନୀ ଭାବ୍ୟା ଭବ୍ୟାଭବ୍ୟା ସଦାଗତିଃ ॥

ତବ ଚ କା କିଲ ନ ସ୍ତୁତିରମ୍ବିକେ !
ସକଲଶବ୍ଦମୟୀ କିଲ ତେ ତନୁଃ ।।
ନିଖିଳମୂର୍ତ୍ତିଷୁ ମେ ଭବଦନ୍ୱୟୋ
ମନସିଜାସୁ ବହିଃପ୍ରସରାସୁ ଚ ।।"

ଅର୍ଥାତ୍ ହେ ସର୍ବମନ୍ତ୍ରମୟୀ, ସତ୍‌ସ୍ୱରୂପା (ସତ୍ତା), ସତ୍ୟାନନ୍ଦସ୍ୱରୂପିଣୀ, ଅନନ୍ତା (ଯାହାଙ୍କ ସ୍ୱରୂପର ଅନ୍ତ ନାହିଁ), ଭାବିନୀ (ସମସ୍ତଙ୍କ ସୃଷ୍ଟିକାରିଣୀ), ଧ୍ୟାନ କରିବା ଯୋଗ୍ୟ (ଭାବ୍ୟା), କଲ୍ୟାଣରୂପା (ଭବ୍ୟା), ଅଭବ୍ୟା (ଯାହାଙ୍କ ଅପେକ୍ଷା ଅଧିକ ଭବ୍ୟ କେହି ନାହିଁ), ସଦାଗତି-ଜଗଦମ୍ବିକେ ! ସଂସାରରେ ଏପରି କେଉଁ ବାଙ୍ମୟ ରହିଛି; ଯାହାକି ତୁମର ସ୍ତୁତି ନୁହେଁ ? କାରଣ ସକଳ ବାଙ୍ମୟ ତୁମର ହିଁ ଶରୀର ଅଟେ । ହେ ମହାଦେବୀ ! ବର୍ତ୍ତମାନ ତ ମୋ ମନ ମଧ୍ୟରେ ସଂକଳ୍ପ ବିକଳ୍ପାତ୍ମକ ରୂପରେ ଉଦିତ ହେଉଥିବା ଓ ସଂସାରରେ ଦୃଶ୍ୟ ରୂପରେ ସମ୍ମୁଖକୁ ଆସୁଥିବା ସମସ୍ତ ଆକୃତି ଗୁଡ଼ିକରେ ଆପଣଙ୍କ ସ୍ୱରୂପର ହିଁ ଦର୍ଶନ ହେଉଛି । ଅର୍ଥାତ୍ ଏ ହେଉଛି ସେଇ ଅବସ୍ଥା ଯେଉଁଠି ଭଗବତୀ ଓ ଭକ୍ତ- ଏ ଦୁହିଁଙ୍କ ମଧ୍ୟରେ କୌଣସି ତଫାତ୍ ରହେ ନାହିଁ । ସେମାନେ ହୋଇଯାଆନ୍ତି ଏକ ଓ ଅଭିନ୍ନ ଅଥବା ଏକାକାର ।

ନବରାତ୍ରି ବ୍ରତରେ ଶ୍ରୀଦୁର୍ଗା ସପ୍ତଶତୀ ପାଠ (ପୃ.୨୦୭, ପୃ.୨୧୮)

ଶ୍ରୀ ଶ୍ରୀ ଦୁର୍ଗା ସପ୍ତଶତୀ- ଏକ ସଂକ୍ଷିପ୍ତ ପରିଚୟ

(୧)

ଶ୍ରୀ ଦୁର୍ଗା ସପ୍ତଶତୀ (ଶ୍ରୀ ଶ୍ରୀ ଚଣ୍ଡୀ) ହେଉଛି ଜଗଜ୍ଜନନୀ ମାଆ ଦୁର୍ଗାଙ୍କର ସାକ୍ଷାତ ବାଙ୍ଗ୍ମୟ ସ୍ୱରୂପ। ବିନା ଶ୍ରୀଦୁର୍ଗା ସପ୍ତଶତୀ ପାଠରେ ଜଗନ୍ମାତା ଦୁର୍ଗାଙ୍କର ପୂଜା ବିଷୟ କଳ୍ପନା ମଧ୍ୟ କରାଯାଇ ନପାରେ। ଏହା ହିନ୍ଦୁ ଧର୍ମର ସର୍ବମାନ୍ୟ ଗ୍ରନ୍ଥ ଯେଉଁଥିରେ କର୍ମ, ଭକ୍ତି ଏବଂ ଜ୍ଞାନର ତ୍ରିବିଧ ଧାରା ସ୍ୱତଃ ପ୍ରବାହିତ। ସକାମ ଏବଂ ନିଷ୍କାମ ଉଭୟ ସାଧକମାନଙ୍କ ନିମନ୍ତେ ଏହା ବାଞ୍ଛା କଳ୍ପତରୁ ସଦୃଶ। ସକାମ ଭକ୍ତମାନେ ଏହି ମନ୍ତ୍ରମୟ ଗ୍ରନ୍ଥର ଉପାସନା କରି ସକଳ ଇହ ଲୌକିକ ଅଭିଳାଷା ପୂର୍ଣ୍ଣ କରୁଥିବା ବେଳେ ନିଷ୍କାମ ପ୍ରେମୀ ଭକ୍ତମାନେ ସାକ୍ଷାତ ଦେବୀ ମାତାଙ୍କର ଆଶୀର୍ବାଦ ପ୍ରାପ୍ତ କରି ଜୀବନ ଧନ୍ୟ କରିଥାନ୍ତି। ସକଳ ସମସ୍ୟା ଓ ବାଧାବିଘ୍ନ ଦୂର କରିବା ନିମନ୍ତେ ଏହାର ଆରାଧନା ଦ୍ୱାରା ଯେ ଅତୁଳନୀୟ ଫଳ ପ୍ରାପ୍ତି ଘଟିଥାଏ- ଏପରି ଅଭିଜ୍ଞତା ଅସଂଖ୍ୟ ଭକ୍ତମାନଙ୍କର ରହିଛି। ଏହାର ଶ୍ଲୋକ ଗୁଡ଼ିକର ଜପ ଦ୍ୱାରା ଅସାଧ୍ୟ ସାଧନ ହୋଇଥିବା ଅଗଣିତ ଉଦାହରଣ, ଯୁଗେ ଯୁଗେ ଭକ୍ତଜନଙ୍କୁ ଶକ୍ତିପୂଜା ନିମନ୍ତେ ପ୍ରେରଣା ଯୋଗାଇ ଆସିଛି। ଯେପରି ମହର୍ଷି ବେଦବ୍ୟାସଙ୍କ ରଚିତ ମହାଭାରତ ରୂପୀ ମହାକାବ୍ୟକୁ ଆଲୋକିତ କରିବା ନିମିତ୍ତ ତାହା ମଧ୍ୟରେ 'ଶ୍ରୀମଦ୍ ଭଗବତ୍ ଗୀତା' ଏକ ଭବ୍ୟ ଆଲୋକ ସ୍ତମ୍ଭ ସଦୃଶ ଦଣ୍ଡାୟମାନ ହୋଇ ରହିଛି ଠିକ୍ ସେଇପରି ଶ୍ରୀ ମାର୍କଣ୍ଡେୟ ପୁରାଣ ମଧ୍ୟସ୍ଥ ସାବର୍ଣ୍ଣିକ ମନ୍ୱନ୍ତର କଥା ଅନ୍ତର୍ଗତ ଶ୍ରୀଦୁର୍ଗା ସପ୍ତଶତୀ, ମାୟାମୋହ ଜର୍ଜରିତ ମାନବ ସମାଜ ମଧ୍ୟରେ କର୍ମ, ଭକ୍ତି ଏବଂ ଜ୍ଞାନର ତ୍ରିବେଣୀ ସଂଗମ ସୃଷ୍ଟି କରିବା ସଙ୍ଗେ ସଙ୍ଗେ ବ୍ୟକ୍ତି ବ୍ୟକ୍ତି ମଧ୍ୟରେ 'ବାହ୍ମୀସ୍ଥିତି' ଭଳି ଉଚ୍ଚତମ ଅବସ୍ଥା ନିର୍ମାଣ କରିବା ନିମିତ୍ତ, ଦିବ୍ୟ ଆଲୋକବର୍ତ୍ତିକା ସମାନ ପ୍ରତିଭାତ ହେଉଛି। ଏହାର ଭକ୍ତିପୂତ ପାରାୟଣ ଦ୍ୱାରା ସାଧକ ଦେବୀ ମାତାଙ୍କର ଅହେତୁକୀ କୃପାର ଅଧିକାରୀ ହେବା ସଙ୍ଗେ ସଙ୍ଗେ ତାଙ୍କର ସାନ୍ନିଧ୍ୟ ପ୍ରାପ୍ତି ଆଡ଼କୁ ଦ୍ରୁତ ଅଗ୍ରସର ହୋଇଥାଏ। ଏଣୁ ଦେବୀମାତାଙ୍କ ସ୍ୱମୁଖ ବର୍ଣ୍ଣିତ ଘୋଷଣା ଅନୁଯାୟୀ- **"ସର୍ବଂ**

ମମୈତନ୍ମାହାତ୍ମ୍ୟଂ ମମ ସନ୍ନିଧିକାରକମ୍।...” (ଶ୍ରୀ ଶ୍ରୀ ଚଣ୍ଡୀ ୧୨-୨୦) ଅର୍ଥାତ୍ ମୋର ଏହି ମାହାତ୍ମ୍ୟ ସମସ୍ତର ପଠନ ଦ୍ୱାରା ମୋର ସାମୀପ୍ୟ ପ୍ରାପ୍ତି ସୁଲଭ ହୋଇଥାଏ.....।

ଏକଦା ଚୈତ୍ରବଂଶୀୟ ସୁରଥ ନାମରେ ଜଣେ ରାଜା ଥିଲେ। ସ୍ୱାୟଂଭୁବ ମନୁଙ୍କ ବଂଶୋଦ୍ଭବ ଧ୍ରୁବଙ୍କ ପୌତ୍ର ତଥା ଉତ୍କଳଙ୍କ ପୁତ୍ର ନନ୍ଦି ନାମକ ଶକ୍ତିଶାଳୀ ନରେଶଙ୍କ ଦ୍ୱାରା ଯୁଦ୍ଧରେ ସୁରଥ ପରାସ୍ତ ହୋଇ ବଣକୁ ପଳାୟନ କଲେ ଏବଂ ମେଧା ଋଷିଙ୍କ ଶରଣରେ ତାଙ୍କ ଆଶ୍ରମରେ ଆଶ୍ରିତ ହେଲେ। ଏହି ଆଶ୍ରମରେ 'ସମାଧି' ନାମକ ବୈଶ୍ୟ ସହ ରାଜା ସୁରଥଙ୍କର ଭେଟ ହେଲା। ସମାଧି ବୈଶ୍ୟ ମଧ୍ୟ ନିଜର ଧନ ଲୋଲୁପ ସ୍ତ୍ରୀ ଓ ପୁତ୍ରମାନଙ୍କ ଦ୍ୱାରା ବିତାଡ଼ିତ ହୋଇ ଆକସ୍ମିକ ଭାବରେ ମେଧା ଋଷିଙ୍କ ଆଶ୍ରମରେ ପହଞ୍ଚି ଥିଲେ। ସମାଧି ବୈଶ୍ୟ ନିଜ ସ୍ତ୍ରୀ ପୁତ୍ରମାନଙ୍କ ଦୁର୍ବ୍ୟବହାର ସତ୍ତ୍ୱେ ସେମାନଙ୍କ ବିୟୋଗ ଜନିତ ଦୁଃଖ ପାଶୋରିବା ପାଇଁ ଅକ୍ଷମ ଥିଲା। ରାଜା ସୁରଥ ଏବଂ ସମାଧି ବୈଶ୍ୟ ଏ ଦୁହିଁଙ୍କ ମଧ୍ୟରେ ପରିସ୍ଥିତି ଜନିତ ତଥା ମାନସିକ ସ୍ତରରେ ଯେଉଁ ସାମ୍ୟତା ଥିଲା ତାହା ହେଉଛି ଉଭୟ ଧନ, ସମ୍ପତ୍ତି, ରାଜ୍ୟ ଏବଂ ପରିବାର ଲୋକଙ୍କୁ ଅନିତ୍ୟ, ନାଶବାନ୍ ବୋଲି ଜାଣି ମଧ୍ୟ ଈଶ୍ୱର ଭକ୍ତି ଶୂନ୍ୟ ବ୍ୟକ୍ତି ସଦୃଶ ମମତା, ମୋହ ତଥା ମାୟାଗ୍ରସ୍ତ ହୋଇ ଏସବୁକୁ ସେମାନେ ପୁଣି ଫେରି ପାଇବା ନିମିତ୍ତ ମେଧା ଋଷିଙ୍କ ନିକଟରେ ଆକୁଳ ନିବେଦନ କରିଥିଲେ। ଏବଂ ଏହି ସମସ୍ତ ବିଷୟଗୁଡ଼ିକ କ୍ଷଣସ୍ଥାୟୀ ଏବଂ ସମସ୍ତ ଦୁଃଖର ମୂଳ କାରଣ ବୋଲି ଅନୁଭବ ତଥା ହୃଦ୍‌ବୋଧ କରି ମଧ୍ୟ ନିଜ ମନକୁ ସେମାନେ ସେଥିରୁ ନିବୃତ୍ତ କରିପାରୁ ନଥିଲେ।

ଏପରି ମୋହର କାରଣ ବ୍ୟାଖ୍ୟା କରିବାକୁ ଯାଇ ଋଷିମେଧା ସେମାନଙ୍କୁ ସେଦିନ ଯେଉଁ ଦିଗ୍‌ଦର୍ଶନ ଦେଇଥିଲେ ତାର ଆବଶ୍ୟକତା ଅତୀତରେ ଥିଲା, ଆଜି ଅଛି ଏବଂ ଭବିଷ୍ୟତରେ ମଧ୍ୟ ଅତୁଟ ରହିବ। ମହର୍ଷି କହିଥିଲେ ମନର ଏ ସଦୃଶ ମୋହାଚ୍ଛନ ପ୍ରକୃତି ପାଇଁ ଆଦୌ ଆଶ୍ଚର୍ଯ୍ୟ ହେବା ଉଚିତ ନୁହେଁ। କାରଣ ଜ୍ଞାନୀମାନଙ୍କ ମନରେ ମଧ୍ୟ ଏପରି ମାୟାଗ୍ରସ୍ତ ଅବସ୍ଥା ସୃଷ୍ଟି ହୋଇପାରେ। ଏଥିପାଇଁ ପରମା ବ୍ରହ୍ମଜ୍ଞାନ ରୂପା ମହାମାୟା ଦେବୀ ଭଗବତୀଙ୍କ ତମୋଗୁଣ ପ୍ରଧାନ ଶକ୍ତି, ବୁଦ୍ଧିମାନ ବୋଲାଉଥିବା ଜ୍ଞାନୀ ବ୍ୟକ୍ତିମାନଙ୍କର ଚିତ୍ତକୁ ଅକ୍ଳେଶରେ ବଳ ପୂର୍ବକ ହରଣ କରି ମୋହଯୁକ୍ତ କରି ଦେଇଥାଏ। ରାଜା ସୁରଥ ଦେବୀ ମହାମାୟାଙ୍କ

ମୋହାଚ୍ଛନ୍ନ କରିଦିଅ । ଖ) ଜଗଦୀଶ୍ୱର ଭଗବାନ ବିଷ୍ଣୁଙ୍କୁ ନିଦ୍ରାରୁ ଜାଗ୍ରତ କରିଦିଅ । ଗ) ଏହା ସହ ବିଷ୍ଣୁଙ୍କ ମଧ୍ୟରେ ଏହି ଭୀଷଣ ଦୈତ୍ୟ ଦ୍ୱୟଙ୍କୁ ବିନାଶ କରିବା ନିମିତ୍ତ ବୁଦ୍ଧି ଉତ୍ପନ୍ନ କରିଦିଅ । **"ମୋହୟୈତୌ... ମହାସୁରୌ ॥ (ଚଣ୍ଡୀ ୧/୮୬-୮୭)"**। ଦେବୀଙ୍କ ପ୍ରସାଦରୁ ଭଗବାନ ବ୍ରହ୍ମାଙ୍କର ମନୋସ୍କାମନା ପରିପୂର୍ଣ୍ଣ ହେଲା । ବିଷ୍ଣୁ ଭଗବାନ ଯୋଗନିଦ୍ରାରୁ ଉତ୍ଥିତ ହୋଇ ଦୈତ୍ୟ ଦ୍ୱୟଙ୍କ ସହ ଯୁଦ୍ଧରତ ହେଲେ । ଦୈତ୍ୟମାନେ ମଧ୍ୟ ମହାଦେବୀ ଯୋଗନିଦ୍ରାଙ୍କ ଦ୍ୱାରା ବଶୀଭୂତ ଏବଂ ମୋହାଚ୍ଛନ୍ନ ହୋଇ ଭଗବାନ ବିଷ୍ଣୁଙ୍କୁ ବର ଯାଚନା ନିମନ୍ତେ ଅନୁରୋଧ କଲେ । ଶ୍ରୀ ଭଗବାନ କହିଲେ ଯଦି ତୁମେ ଦୁହେଁ ମୋ ଉପରେ ପ୍ରସନ୍ନ ତେବେ ମୋ ହାତରେ ମୃତ୍ୟୁଙ୍କୁ ବରଣ କର- ଏତିକି ମାତ୍ର ବର ମୁଁ ମାଗୁଛି । ଏଥିରେ ଦୈତ୍ୟମାନେ ଆନନ୍ଦ ହୋଇ ତଥାସ୍ତୁ କହିଲେ କିନ୍ତୁ, ଜଳରେ ବଧ ନ କରିବା ପାଇଁ ସର୍ତ୍ତ ରଖିଲେ । ଏହାପରେ ହୋଇଥିବା ଭୀଷଣ ଯୁଦ୍ଧରେ ରାକ୍ଷସ ଦ୍ୱୟଙ୍କୁ ଭଗବାନ ନିଜ ଜଙ୍ଘ ଉପରେ ରଖି ଚକ୍ର ଦ୍ୱାରା ସେମାନଙ୍କର ଶିରଚ୍ଛେଦ କଲେ କାରଣ ଚତୁର୍ଦ୍ଦିଗରେ କେବଳ ଜଳ ହିଁ ଜଳ ବ୍ୟାପ୍ତ ହୋଇଥିଲା । (ଶ୍ରୀ ଶ୍ରୀ ଚଣ୍ଡୀ ୧-୮୯/୧୦୪) ଉପରୋକ୍ତ କଥାରୁ ଯେଉଁ ଉପଦେଶ ଶିକ୍ଷା ମିଳେ ତାହାକୁ ପିତାମହ ବ୍ରହ୍ମା ବିଶେଷ ଭାବରେ ବର୍ଣ୍ଣନା କରି କହିଛନ୍ତି ଯେଉଁମାନେ ଅଭିମାନ ଏବଂ ସୁକୃତ ଓ ଦୁଷ୍କୃତ ରୂପୀ କର୍ମଫଳଗୁଡ଼ିକୁ ତ୍ୟାଗ ପୂର୍ବକ ଦେବୀ ମହାମାୟାଙ୍କ ଉପାସନା କରିବା ସହ ନିଷ୍କାମ ଭାବରେ ନିଜର ବିହିତ କର୍ମ ସମ୍ପାଦନ କରି ଚାଲନ୍ତି ସେମାନେ ଶାନ୍ତି ଏବଂ ସଫଳତାର ସହ ଜୀବନ ନିର୍ବାହ କରିଥାନ୍ତି- ଆଉ ଏହା ହିଁ ହେଉଛି 'ବ୍ରାହ୍ମୀସ୍ଥିତି' । ଏହି ସ୍ଥିତିରେ ଆରୂଢ଼ ବ୍ୟକ୍ତି କେବେ ହେଲେ ରାଜା ସୁରଥ ଓ ସମାଧି ବୈଶ୍ୟଙ୍କ ସଦୃଶ ମୋହଗ୍ରସ୍ତ ନହୋଇ ଅକ୍ଲେଶରେ ସଂସାର ସାଗରକୁ ଅତିକ୍ରମ କରିଥାଏ । ସୁରଥ ଏବଂ ସମାଧି ଉଭୟଙ୍କୁ ଉପଲକ୍ଷ୍ୟ କରି ମହର୍ଷି ମେଧା ଏଠାରେ ସମଗ୍ର ମାନବଜାତିକୁ କର୍ମର ଉଚ୍ଚତମ ତଥା ଜଟିଳ ସିଦ୍ଧାନ୍ତ, ଦେବୀ ଉପାସନାର ଅନନ୍ୟ ମହିମା, ଜ୍ଞାନଯୋଗର ଗମ୍ଭୀର ତତ୍ତ୍ୱଗୁଡ଼ିକୁ ଭଗବତୀ ମହାମାୟାଙ୍କର ବହୁବିଧ ଲୀଳା ଦ୍ୱାରା ସରଳ ଭାବରେ ବ୍ୟାଖ୍ୟା କରିଛନ୍ତି ।

ଦେବୀ ମହାମାୟାଙ୍କ ପ୍ରାଦୁର୍ଭାବ ଏବଂ ମହିଷାସୁର ବଧ ପ୍ରସଙ୍ଗ

ପୂର୍ବ କାଳରେ ମହିଷ ନାମକ ଏକ ଭୟଙ୍କର ଦୈତ୍ୟ ନିଜର ଅସୀମିତ ଦେବୀମାତା ସେମାନଙ୍କୁ ବର ପ୍ରଦାନ କରି କହିଲେ, "ସେମାନେ ଯେତେବେଳେ

ବଳ, ପରାକ୍ରମ ଏବଂ ଶକ୍ତି ଦ୍ୱାରା ଇନ୍ଦ୍ର ତଥା ସମସ୍ତ ଦେବତାମାନଙ୍କୁ ଯୁଦ୍ଧରେ ପରାଜିତ କରି ଇନ୍ଦ୍ରଙ୍କ ସିଂହାସନକୁ ଦଖଲ କରିନେଲା ଏବଂ ସମସ୍ତ ଦେବତାମାନଙ୍କୁ ସ୍ୱର୍ଗ ଲୋକରୁ ବହିଷ୍କାର କଲା। ସମ୍ପୂର୍ଣ୍ଣ ଦେବ ସମାଜ ପରାଭୂତ ହୋଇ ମର୍ତ୍ତ୍ୟ ଲୋକରେ ଭୟଗ୍ରସ୍ତ ଅବସ୍ଥାରେ ଏକ ଦୈନ୍ୟତାପୂର୍ଣ୍ଣ ଜୀବନ ନିର୍ବାହ କରିବାକୁ ଲାଗିଲେ। ଅନ୍ତତଃ ସେମାନେ ବ୍ରହ୍ମା, ବିଷ୍ଣୁ ଓ ମହେଶ୍ୱରଙ୍କ ନିକଟକୁ ଗମନ କରି ସେମାନଙ୍କୁ ନିଜର ଦୁଃଖ ଦୁର୍ଦ୍ଦଶା ବିଷୟ ଅବଗତ କରାଇ ପ୍ରତିକାରାର୍ଥ ଉପାୟ ନିମିତ୍ତ ସ୍ତୁତି କଲେ। ତତ୍ ପଶ୍ଚାତ୍ ଦେବତାମାନଙ୍କର ଭକ୍ତିପୂର୍ଣ୍ଣ ସ୍ତୁତି ଓ ତପସ୍ୟାରେ ସନ୍ତୁଷ୍ଟ ଶ୍ରୀହରିଙ୍କ ମୁଖରୁ ଏକ ମହାତେଜ ପ୍ରକଟ ହେଲା।ଏଥି ଉତ୍ତାରୁ ଶଙ୍କର, ବ୍ରହ୍ମା-ଇନ୍ଦ୍ର-ସୂର୍ଯ୍ୟାଦି ସମସ୍ତ ଦେବତାମାନଙ୍କ ଶରୀର ମଧ୍ୟରୁ ସେମାନଙ୍କ ତେଜମାନ ନିର୍ଗତ ହେଲା ଓ ସମସ୍ତ ତେଜ ଅନନ୍ତ ଗଗନରେ ଏକୀଭୂତ ହୋଇ କୋଟି କୋଟି ସୂର୍ଯ୍ୟଙ୍କ ତେଜପୁଞ୍ଜ ସମାନ ପ୍ରତିଭାତ ହେଲା। ସେଇ ତେଜପୁଞ୍ଜ ଏକ ନାରୀରୂପ ଧାରଣ କରି ତ୍ରିଲୋକକୁ ବ୍ୟାପ୍ତ ହୋଇଗଲା। **(ତତୋଽତିକୋପ ପୂର୍ଣ୍ଣସ୍ୟ... ବ୍ୟାପ୍ତଲୋକତ୍ରୟଂ ତ୍ୱିଷା- ଶ୍ରୀ ଶ୍ରୀ ଚଣ୍ଡୀ ୨/୧୦-୧୩)** ସେହି ତେଜସ୍ୱୀ ନାରୀ ମୂର୍ତ୍ତି-ଅମ୍ବିକାଙ୍କୁ ବ୍ରହ୍ମା ବିଷ୍ଣୁ ମହେଶ ତଥା ସମସ୍ତ ଦେବତାମାନେ ନିଜ ନିଜର ଦିବ୍ୟାସ୍ତ୍ର ମାନ ପ୍ରଦାନ କଲେ। ଏହାପରେ ଦେବୀ ଅଟ୍ଟହାସ କରିବାକୁ ଲାଗିଲେ ଯଦ୍ୱାରା ତ୍ରିଲୋକ କମ୍ପାୟମାନ ହେଲା। ଏହା ଦର୍ଶନ କରି ଦେବତା ଓ ମହର୍ଷିମାନେ ଦେବୀଙ୍କର ଜୟକାର ସହ ସ୍ତବନ କଲେ। ଦୈତ୍ୟ ରାଜା ମହିଷାସୁର ସେଇ ଅଟ୍ଟହାସ ଶବ୍ଦ ଶୁଣି ସେଇ ଆଡ଼କୁ ନିଜର ସେନା ସହ ଦୌଡ଼ିଲା ଏବଂ ସହସ୍ର ଭୁଜା ଯୁକ୍ତ ସିଂହବାହିନୀ ମାଆ ଅମ୍ବିକାଙ୍କ ସହ ଯୁଦ୍ଧ କରିବାକୁ ଲାଗିଲା। ଫଳରେ କୋଟି କୋଟି ରାକ୍ଷସ ମୃତ୍ୟୁ ଲାଭ କଲେ ଏବଂ ଚିକ୍ଷୁର, ଚାମର, ଉଦଗ୍ର, କରାଳ, ବାଷ୍କଳ, ତାମ୍ର, ଅନ୍ଧକ, ଅସିଲୋମା, ଉଗ୍ରାସ୍ୟ, ମହାହନୁ, ମହାସୁର, ଉଗ୍ରବୀର୍ଯ୍ୟ, ଦୁର୍ମୁଖ ଓ ଦୁର୍ଧର ଆଦି ଅସଂଖ୍ୟ ରାକ୍ଷସମାନେ ଦେବୀଙ୍କ ଦ୍ୱାରା ଅକ୍ଳେଶରେ ବଧ ହେଲେ। ଶେଷରେ ମହିଷାସୁର ଦେବୀଙ୍କ ସହ ମହିଷ, ସିଂହ, ମନୁଷ୍ୟ ତଥା ହସ୍ତୀ ଆଦି ରୂପରେ ଯୁଦ୍ଧ କରି ଶେଷରେ ମୃତ୍ୟୁବରଣ କଲା। ମହିଷାସୁର ବଧ ପରେ ଦେବତା, ମହର୍ଷି, ଗନ୍ଧର୍ବ, ଅପସରା ଆଦି ଦେବୀଙ୍କର ସ୍ତୁତି କରିବାକୁ ଲାଗିଲେ। ଦେବତାମାନଙ୍କ ସ୍ତୁତିରେ ସନ୍ତୁଷ୍ଟ ହୋଇ

ବି ବିପଦର ସମ୍ମୁଖୀନ ହେବେ ଏବଂ ତାଙ୍କୁ (ଦେବୀଙ୍କୁ) ସ୍ମରଣ କରିବେ ସେତେବେଳେ ସେ ତାଙ୍କର (ଦେବତାଙ୍କର) ଦୁଃଖ ଦୂର କରିବେ।" ଏପରି ଆଶୀର୍ବାଦ ଦେଇ ଦେବୀ ଅନ୍ତର୍ଦ୍ଧାନ ହୋଇଗଲେ। ଏଠାରେ ଦେବତାମାନଙ୍କର ମୋହର କାରଣ ରୂପେ ସେମାନଙ୍କର କର୍ମ ଫଳରେ ଆସକ୍ତି ବିଷୟଟି ବର୍ଣ୍ଣନା କରାଯାଇଛି। ତତ୍ ସହ ଆତ୍ମଶକ୍ତିର ଉପାସନା ଓ ଜାଗୃତି ଦ୍ୱାରା ଦେବୀ ମହାମାୟାଙ୍କ ଆବିର୍ଭାବ ଏବଂ ଫଳସ୍ୱରୂପ ଇନ୍ଦ୍ରାଦିଙ୍କ ଅପହୃତ ସ୍ୱର୍ଗରାଜ୍ୟର ପୁନଃ ପ୍ରାପ୍ତି ଶେଷରେ ସେମାନଙ୍କ ଦୁର୍ଦ୍ଦଶାରୁ ମୁକ୍ତି ମିଳିବା ଆଦି ଉଦାହରଣ, ସୁରଥ ରାଜାଙ୍କ ଜୀବନଯାତ୍ରା। ସହ ସମ୍ପୂର୍ଣ୍ଣ ଭାବରେ ମେଳ ଖାଉଥିବା ଦୃଷ୍ଟିରୁ ତାଙ୍କର (ସୁରଥ) ସମସ୍ୟାର ସମାଧାନ ନିମିତ୍ତ ସମାନ ଭାବେ ଆତ୍ମଶକ୍ତିର ଜାଗୃତି ଓ ଆଦ୍ୟାଶକ୍ତିଙ୍କ ଉପାସନା ହିଁ ଏକମାତ୍ର ବିକଳ୍ପ ପନ୍ଥା ରୂପେ ଉପଦେଶ ପ୍ରଦାନ କରାଯାଇଛି।

ଶୁମ୍ଭ, ନିଶୁମ୍ଭ ଓ ଚଣ୍ଡ, ମୁଣ୍ଡ ଆଦି ମହାଦୈତ୍ୟମାନଙ୍କ ବଧ ପ୍ରସଙ୍ଗ

ପୂର୍ବ କାଳରେ ଶୁମ୍ଭ ଓ ନିଶୁମ୍ଭ ନାମରେ ଦୁଇ ଜଣ ମହାଦୈତ୍ୟ ଥିଲେ। ସେମାନେ ନିଜ ପରାକ୍ରମ ଦ୍ୱାରା ଦେବତାମାନଙ୍କୁ ସ୍ୱର୍ଗରାଜ୍ୟରୁ ବିତାଡ଼ିତ କଲେ ତଥା ଇନ୍ଦ୍ରଙ୍କ ରାଜ୍ୟ ଓ ଯଜ୍ଞଭାଗ ଆଦିକୁ ନିଜେ ଉପଭୋଗ କଲେ। ସେମାନେ ସୂର୍ଯ୍ୟ, ଚନ୍ଦ୍ର, କୁବେର, ବରୁଣ, ଯମ, ଅଗ୍ନି ଓ ପବନ ଆଦି ଦେବତାମାନଙ୍କ ଅଧିକାରକୁ ମଧ୍ୟ ହସ୍ତଗତ କରି ସେମାନଙ୍କୁ ସ୍ୱର୍ଗ ରାଜ୍ୟରୁ ମର୍ତ୍ତ୍ୟଲୋକକୁ ଘଉଡ଼ାଇ ଦେଲେ। ଅପମାନିତ, ରାଜ୍ୟଭ୍ରଷ୍ଟ, ପରାଜିତ ତଥା ଅଧିକାର ହୀନ ଦେବତାମାନେ ପଳାୟନ ପୂର୍ବକ ଗିରିରାଜ ହିମାଳୟ ଉପରେ ଅବସ୍ଥାନ କରି ଦେବୀ ଭଗବତୀ ବିଷ୍ଣୁ-ମାୟାଙ୍କର ସ୍ତୁତି କରିବାକୁ ଲାଗିଲେ।(**"ପୁରା ଶୁମ୍ଭନିଶୁମ୍ଭାଭ୍ୟାମସୁରାଭ୍ୟାଂ... ଦେବୀଂ ବିଷ୍ଣୁମାୟାଂ ପ୍ରତୁଷ୍ଟୁବୁଃ।"** ଶ୍ରୀ ଶ୍ରୀ ଚଣ୍ଡୀ ୫/୧-୭) ଦୟାର୍ଦ୍ର ହୃଦୟା ଶ୍ରୀ ଭଗବତୀ ଦୁର୍ଗାଦେବୀ ପୂର୍ବେ ପ୍ରଦାନ କରିଥିବା ବର ଅନୁଯାୟୀ ହିମାଳୟରେ ଗଙ୍ଗାନଦୀ ତଟ ଦେଶରେ, ଶୁମ୍ଭ ନିଶୁମ୍ଭଙ୍କ ଅତ୍ୟାଚାରରୁ ଦେବତାମାନଙ୍କୁ ଉଦ୍ଧାର କରିବା ନିମିତ୍ତ ଦେବୀ ପାର୍ବତୀ ରୂପେ ଆବିର୍ଭାବ ହେଲେ। ତାଙ୍କର ଶରୀର ମଧ୍ୟରୁ 'ଶିବା ଦେବୀ' ପ୍ରକଟ ହୋଇ ଦେବ ସମାଜର ଦୁଃଖ ଦୁର୍ଦ୍ଦଶାର କାରଣ ଯେ ଶୁମ୍ଭ ନିଶୁମ୍ଭ ଏହା ଜାଣିଗଲେ। ଏହି ସମୟରେ ଦେବୀ ପାର୍ବତୀଙ୍କ ଶରୀର କୋଶରୁ ମାତା ଅମ୍ବିକାଙ୍କ ଆବିର୍ଭାବ ହେଲା ଏଣୁ ସେ 'କୌଶିକୀ' ରୂପେ ସମସ୍ତ

ଲୋକରେ ପରିଚିତ ହେଲେ । କୌଶିକୀଙ୍କ ଆବିର୍ଭାବ ପରେ ପାର୍ବତୀଙ୍କ ଶରୀର କୃଷ୍ଣବର୍ଣ୍ଣ ହୋଇଗଲା ଏଣୁ ସେ ହିମାଳୟ ବାସିନୀ 'କାଳିକା ଦେବୀ' ରୂପେ ବିଖ୍ୟାତ ହେଲେ । **"କାଳିକେତି ସମାଖ୍ୟାତା ହିମାଳୟକୃତାଶ୍ରୟା ।"** ତଦନନ୍ତର ଶୁମ୍ଭ ନିଶୁମ୍ଭଙ୍କ ଭୃତ୍ୟ ଚଣ୍ଡମୁଣ୍ଡ ସେଠାକୁ ଆସିଲେ ଓ ଅତ୍ୟନ୍ତ ମନୋହର ରୂପ ଧାରିଣୀ ଦେବୀ ଅମ୍ବିକାଙ୍କୁ ଦର୍ଶନ କରି ଏହି ଦିବ୍ୟ କାନ୍ତିଯୁକ୍ତ ମନୋହର ନାରୀ ରତ୍ନ ବିଷୟରେ ଶୁମ୍ଭକୁ ଜଣାଇଲେ । (ଶ୍ରୀ ଶ୍ରୀ ଚଣ୍ଡୀ ୫/୮୪-୮୫) । ଶୁମ୍ଭ ସେଇ ଅତୁଳ ସୌନ୍ଦର୍ଯ୍ୟମୟୀ ନାରୀ ବିଷୟରେ ସମସ୍ତ ଶ୍ରବଣ କରି ସୁଗ୍ରୀବ ନାମକ ଅସୁରକୁ ଅମ୍ବିକାଙ୍କୁ ସଙ୍ଗରେ ନେଇ ଆସିବା ପାଇଁ ଦୂତ ରୂପେ ପଠାଇଲା । ସୁଗ୍ରୀବ ଯାଇ ଦେବୀ ଅମ୍ବିକାଙ୍କୁ ଶୁମ୍ଭର ମନୋରଥ ପୂର୍ଣ୍ଣ କରି ତାଙ୍କୁ ବିବାହ କରିବା ନିମିତ୍ତ ପ୍ରବର୍ତ୍ତାଇବା ସକାଶେ ଚେଷ୍ଟା କଲା । ଦେବୀ ଭଗବତୀ କହିଲେ, "ଯିଏ ମୋତେ ଯୁଦ୍ଧରେ ପରାସ୍ତ କରି ମୋର ବଳ ଦର୍ପ ନଷ୍ଟ କରିପାରିବ ସେଇଭଳି ଶକ୍ତିଶାଳୀ ଓ ପରାକ୍ରମୀ ପୁରୁଷକୁ ମୁଁ ପତି ରୂପେ ସ୍ୱୀକାର କରିବି । ଏହା ମୋର ଅଟଳ ପ୍ରତିଜ୍ଞା ।" ଦେବୀଙ୍କ ମୁଖରୁ ଏପରି କଥନ ଶ୍ରବଣ କରି ଦୂତ ସୁଗ୍ରୀବ ସେଠାରୁ ପ୍ରତ୍ୟାବର୍ତ୍ତନ କଲା ଏବଂ ଦୈତ୍ୟରାଜ ଶୁମ୍ଭକୁ ବିସ୍ତାର ପୂର୍ବକ ସମସ୍ତ ଜଣାଇଲା । ଏଥିରେ କୋପିତ ଦୈତ୍ୟରାଜ ନିଜର ସେନାପତି 'ଧୂମ୍ରଲୋଚନ'କୁ ସେନା ସହ ଯାଇ ସେଇ ଦୁଷ୍ଟାନାରୀର କେଶ ଧରି ବଳପୂର୍ବକ ଟାଣି ଟାଣି ତାକୁ ନେଇ ଆସିବା ପାଇଁ ନିର୍ଦ୍ଦେଶ ଦେଲା । ଆଜ୍ଞା ପାଇବା ମାତ୍ରେ ଧୂମ୍ରଲୋଚନ ଷାଠିଏ ହଜାର ସେନା ସହ ଦେବୀଙ୍କୁ ଆଣିବା ପାଇଁ ପ୍ରସ୍ଥାନ କଲା । ଧୂମ୍ରଲୋଚନ ବଳପୂର୍ବକ ଦେବୀଙ୍କୁ ଆଣିବା ପାଇଁ ଉଦ୍ୟତ ହୁଅନ୍ତେ ଦେବୀ ଅମ୍ବିକା 'ହୁଂ' ଶବ୍ଦ ଉଚ୍ଚାରଣ କଲେ । ଏପରି ଉଚ୍ଚାରଣ ମାତ୍ରେ ଧୂମ୍ରଲୋଚନ ସଙ୍ଗେ ସଙ୍ଗେ ଭସ୍ମ ହୋଇଗଲା । ଏବଂ ଦେବୀଙ୍କ ମହାବଳୀ ବାହନ ସିଂହ ଦ୍ୱାରା ତାର ବିଶାଳ ସେନା ମଧ୍ୟ ଧ୍ୱଂସ ହୋଇଗଲେ । ଏହାପରେ ଶୁମ୍ଭ ଦ୍ୱାରା ନିର୍ଦ୍ଦେଶିତ ହୋଇ ଚଣ୍ଡ ଓ ମୁଣ୍ଡ ନାମକ ଦୁଇ ମହାଦୈତ୍ୟ ବିଶାଳ ସେନା ସହ ଦେବୀଙ୍କୁ ବଳପୂର୍ବକ ଆଣିବା ଉଦ୍ଦେଶ୍ୟରେ ପ୍ରସ୍ଥାନ କଲେ ।

ଚଣ୍ଡମୁଣ୍ଡ ଯାଇ ହିମାଳୟର ସୁବର୍ଣ୍ଣମୟ ସୁଉଚ୍ଚ ଶିଖର ଉପରେ ସିଂହ ଉପରେ ବିରାଜମାନ ମନ୍ଦ ମନ୍ଦ ହାସ୍ୟମୟୀ ଦେବୀଙ୍କୁ ଦର୍ଶନ କରି ତାଙ୍କ ଚତୁଃପାର୍ଶ୍ୱରେ ନିଜର ଚତୁରଙ୍ଗିଣୀ ସେନା ସହ ଘେରିଗଲେ । ଏହା ଦେଖି ଦେବୀ

ଅତ୍ୟନ୍ତ କ୍ରୋଧିତ ହେଲେ ଏବଂ ତାଙ୍କ ଲଲାଟରୁ ନରମୁଣ୍ଡ ମାଳା ବିଭୂଷିତ ବିକରାଳ ମୁଖୀ କାଳୀ ଭୟଙ୍କର ରୂପ ଧାରଣ କରି ପ୍ରକଟ ହେଲେ ତଥା ସମଗ୍ର ସେନାକୁ ନିମିଷକ ମଧ୍ୟରେ ଧ୍ୱଂସ କରି ଦେଲେ। ଏହା ଦେଖି ଚଣ୍ଡ ସେଇ ଭୟଙ୍କର କାଳୀ ଦେବୀଙ୍କ ଆଡ଼କୁ ଦୌଡ଼ିଲା ଏବଂ ମହାଦୈତ୍ୟ ମୁଣ୍ଡ ନିଜର ଧନୁ ଦ୍ୱାରା ବାଣ ବର୍ଷା କରି ଦେବୀଙ୍କୁ ଆଚ୍ଛାଦିତ କରିଦେଲା। (ଶ୍ରୀ ଶ୍ରୀ ଚଣ୍ଡୀ ୭/ ୨-୧୭)। ଏଥିରେ କ୍ରୋଧିତ ହୋଇ ଦେବୀ ହସ୍ତରେ ଏକ ବିରାଟ ଖଡ୍‌ଗ (ତଲବାର) ଧାରଣ ପୂର୍ବକ 'ହଂ' ଉଚ୍ଚାରଣ କରି ଚଣ୍ଡର ମସ୍ତକ କାଟି ଦେଲେ। ଏହାପରେ 'ମୁଣ୍ଡ'କୁ ମଧ୍ୟ ହତ୍ୟା କଲେ। ଉଭୟଙ୍କର ମସ୍ତକକୁ ହସ୍ତରେ ଧାରଣ କରି କାଳୀକା ଦେବୀ ତାହା ଦେବୀ ଅମ୍ବିକା (ଚଣ୍ଡୀ)ଙ୍କୁ ଭେଟି ଦେଲେ। ଚଣ୍ଡ ଓ ମୁଣ୍ଡ ମହାଦୈତ୍ୟ ଦ୍ୱୟଙ୍କୁ ହତ୍ୟା କରିଥିବା କାରଣରୁ ସେ 'ଚାମୁଣ୍ଡା' ନାମରେ ଜଗତ ପ୍ରସିଦ୍ଧ ହେଲେ। **"ଚାମୁଣ୍ଡେତି ତତୋ ଲୋକେ ଖ୍ୟାତା ଦେବୀ ଭବିଷ୍ୟତି।"** (ଶ୍ରୀ ଶ୍ରୀ ଚଣ୍ଡୀ ୭/ ୨୦-୨୭)

ଚଣ୍ଡ ଓ ମୁଣ୍ଡର ମୃତ୍ୟୁ ଖବର ପାଇ ଶୁମ୍ଭ ନିର୍ଦ୍ଦେଶରେ ଉଦାୟୁଧ ନାମକ ଦୈତ୍ୟ ୮୬ ସେନାପତି ବିଶିଷ୍ଟ ସେନା, କମ୍ବୁ ନାମକ ଦୈତ୍ୟ ୮୪ ସେନାନାୟକ ବିଶିଷ୍ଟ ସେନା, ୫୦ କୋଟି 'ବୀର୍ଯ୍ୟ କୁଳ'ର ସେନା ଏବଂ ଏକଶହ 'ଧୌମ୍ରକୁଳ'ର ଅସୁର ସେନାପତିଙ୍କ ସେନା ତଥା କାଳକ, ଦୌର୍ହୃଦ, ମୌର୍ଯ୍ୟ ଏବଂ କାଳକେୟ ଆଦି ଅସୁରମାନେ ମଧ୍ୟ ସାମିଲ ହୋଇଥିବା ଏକ ବହୁ ବିଭାଗ ଯୁକ୍ତ ଅତି ବିଶାଳ ସେନା ଦେବୀଙ୍କ ସହ ଯୁଦ୍ଧ କରିବା ପାଇଁ ପ୍ରସ୍ଥାନ କଲେ। ଏହି ରାକ୍ଷସ ସେନା ସହ ଯୁଦ୍ଧ ପାଇଁ ତ୍ରିଦେବ, ଇନ୍ଦ୍ର, ନୃସିଂହ, କାର୍ତ୍ତିକେୟ ଏବଂ ମହାବରାହଙ୍କ ସମ୍ମିଳିତ ଶକ୍ତି ଆବିର୍ଭାବ ହେଲା। ଦେବୀଙ୍କ ଶରୀରରୁ ମଧ୍ୟ ଅତ୍ୟନ୍ତ ଭୟାନକ ଓ ପରମ ଉଗ୍ର ଚଣ୍ଡିକା ଶକ୍ତି ପ୍ରକଟ ହେଲା। ଏହାପରେ ଭଗବତୀ ଶୁମ୍ଭ ଓ ନିଶୁମ୍ଭ ନିକଟକୁ ଶିବଶଙ୍କରଙ୍କୁ ଦୂତ ରୂପେ ପ୍ରେରଣ କରି ଏହି ସନ୍ଦେଶ ପଠାଇଲେ ଯେ ଯଦି ସେମାନେ ନିଜର କଲ୍ୟାଣ କାମନା କରନ୍ତି ତେବେ ଦେବତାମାନଙ୍କୁ ସେମାନଙ୍କ ରାଜ୍ୟ ଏବଂ ଯଜ୍ଞାଧିକାର ଫେରାଇ ଦେଇ ପାତାଳକୁ ଯାଇ ଅବସ୍ଥାନ କରନ୍ତୁ।

ଶୁମ୍ଭ-ନିଶୁମ୍ଭ ଦେବୀଙ୍କର ପରାମର୍ଶକୁ ପ୍ରତ୍ୟାଖ୍ୟାନ କରି ଯୁଦ୍ଧ ଭୂମିରେ ସେନା ସହ ଉପସ୍ଥିତ ହେଲେ। ଭଗବତୀ ଅମ୍ବିକା ଦେବଶକ୍ତି ସହଯୋଗରେ

ଅସୁରମାନଙ୍କୁ ସଂହାର କରିବାକୁ ଲାଗିଲେ। ଅସୁର ସେନାପତି ରକ୍ତବୀଜ କିନ୍ତୁ ଦେବୀଙ୍କ ସଂହାର ଲୀଳାରେ ସମସ୍ୟା ସୃଷ୍ଟି କଲା। ତାର ଶରୀରରୁ ଯେତେ ଟୋପାରକ୍ତ ଭୂମି ଉପରେ ପତିତ ହେଉଥିଲା ସେତେ ଗୋଟି ନୂତନ ରକ୍ତବୀଜ ସୃଷ୍ଟି ହୋଇ ଯାଉଥିଲେ। ଶେଷରେ ଦେବୀ ମାତାଙ୍କ ନିର୍ଦ୍ଦେଶରେ ଚାମୁଣ୍ଡା ନିଜର ମୁଖ ବିସ୍ତାର କରି ରକ୍ତବୀଜର ଶରୀରରୁ ନିର୍ଗତ ହେଉଥିବା ରକ୍ତ ବିନ୍ଦୁମାନଙ୍କୁ ଭକ୍ଷଣ କରିବାକୁ ଲାଗିଲେ ଏବଂ ପୂର୍ବରୁ ପତିତ ରକ୍ତରୁ ସୃଷ୍ଟି ହୋଇଥିବା ସହସ୍ର ସହସ୍ର ସଂଖ୍ୟକ ସମାନ ପରାକ୍ରମ ବିଶିଷ୍ଟ ରକ୍ତବୀଜ ସଦୃଶ ଅସୁରମାନଙ୍କୁ ଦେବୀ ଚାମୁଣ୍ଡା ଗିଳି ଦେଲେ। ଶେଷରେ ରକ୍ତବୀଜର ରୁଧିର ବିହୀନ ଶରୀର ମୃତ୍ୟୁବରଣ କରି ଯୁଦ୍ଧଭୂମି ଉପରେ ଲୋଟି ପଡ଼ିଲା। (ଶ୍ରୀ ଶ୍ରୀ ଚଣ୍ଡୀ ୮/୫୧-୬୨)। ଏହାପରେ ନିଶୁମ୍ଭ ଏବଂ ଶୁମ୍ଭ ଦ୍ୱାରା ଦେବୀଙ୍କ ସହ ଘୋର ସଂଗ୍ରାମ ହେଲା। ଏହି ସଂଗ୍ରାମରେ ପ୍ରଥମେ ନିଶୁମ୍ଭ ମୃତ୍ୟୁବରଣ କଲା। (ଶ୍ରୀ ଶ୍ରୀ ଚଣ୍ଡୀ ୯/୩୪-୩୬)

ଏହାପରେ କ୍ରୋଧିତ ଶୁମ୍ଭ ନିଜର ପ୍ରାଣ ସମାନ ଭାଇ ନିଶୁମ୍ଭର ମୃତ୍ୟୁରେ ବିଚଳିତ ହୋଇ ଦେବୀଙ୍କୁ କହିଲା, 'ଦୁଷ୍ଟ ଦୁର୍ଗେ ! ତୁ ଶକ୍ତିର ଅଭିମାନ ଓ ଗର୍ବର ଘମଣ୍ଡ ଦେଖାଉଛୁ କିନ୍ତୁ ଅନ୍ୟ ସ୍ତ୍ରୀ (ଦେବୀ)ମାନଙ୍କ ପରାକ୍ରମର ସାହାଯ୍ୟ ନେଇ ଯୁଦ୍ଧ କରୁଛୁ।' ଶ୍ରୀ ଭଗବତୀ ଉତ୍ତର ଦେଲେ, 'ସଂସାରରେ ମୁଁ କେବଳ ଏକା ହିଁ ଅବସ୍ଥାନ କରେ। ଏ ସମସ୍ତ ଦେବୀମାନେ ମୋର ହିଁ ଅଂଶବିଶେଷ ଅଟନ୍ତି ଏବଂ ମୋଠାରୁ ହିଁ ପ୍ରକଟ ହୋଇଛନ୍ତି। ମୋ ବିନା ସଂସାରରେ ଦ୍ୱିତୀୟ କେହି ବି ନାହାନ୍ତି। ତଦନନ୍ତର ବ୍ରହ୍ମାଣୀ ଆଦି ସାତଗୋଟି ଶକ୍ତି ଯେଉଁମାନେ ଦେବୀଙ୍କ ଶରୀର ମଧ୍ୟରୁ ଉଦ୍ଭବ ହୋଇଥିଲେ ସେ ସମସ୍ତେ ଦେବୀ ଅମ୍ବିକାଙ୍କ ଶରୀର ମଧ୍ୟରେ ବିଲୀନ ହୋଇଗଲେ। ଏହାପରେ କେବଳ ଦେବୀ ଅମ୍ବିକା ହିଁ ଯୁଦ୍ଧଭୂମିରେ ଛିଡ଼ାହୋଇ ଶୁମ୍ଭକୁ ସଂଗ୍ରାମ ପାଇଁ ଆହ୍ୱାନ କଲେ।' (ଶ୍ରୀ ଶ୍ରୀ ଚଣ୍ଡୀ ୧୦/୭-୮)। ବର୍ତ୍ତମାନ ଶୁମ୍ଭ ସହ ଦେବୀଙ୍କର ଭୟଙ୍କର ଯୁଦ୍ଧ ହେଲା। ଶେଷରେ ଦେବୀ ଶୁମ୍ଭକୁ ଶୂନ୍ୟରେ ଉଠାଇ ଘୁରାଇ ଘୁରାଇ ଭୂମି ଉପରେ କଚାଡ଼ି ଦେଲେ। ଏହାପରେ ମଧ୍ୟ ଦୁଷ୍ଟ ଦୈତ୍ୟ ପୁନର୍ବାର ଉଠି ଦେବୀଙ୍କୁ ଆକ୍ରମଣ କରିବା ପାଇଁ ଦୌଡ଼ିଲା ଏବଂ ଦେବୀଙ୍କ ତ୍ରିଶୂଳାଘାତରେ ତାହାର ବକ୍ଷ ବିଦୀର୍ଣ୍ଣ ହୋଇ ପ୍ରାଣବାୟୁ ଉଡ଼ିଗଲା। (ଶ୍ରୀ ଶ୍ରୀ ଚଣ୍ଡୀ ୧୦/୨୪-୨୭)।

ଏଣୁ ଅନ୍ତରେ ଦେବତାମାନେ ଆନନ୍ଦରେ ଦେବୀମାତା ଅମ୍ବିକାଙ୍କର ସ୍ତୁତି କରି ସମଗ୍ର ସଂସାର ଉପକୃତ ହେବା ନିମିତ୍ତ ଆବଶ୍ୟକ ବର, ଯେପରିକି ତିନି ଲୋକର ସମସ୍ତ ବାଧାକୁ ଶାନ୍ତ କରିବା, ଦୁଷ୍ଟମାନଙ୍କର ନାଶ କରିବା ଆଦି ଦୃଷ୍ଟିରୁ ତାଙ୍କ ଠାରୁ ବର ଯାଚନା କଲେ (ଶ୍ରୀ ଶ୍ରୀ ଚଣ୍ଡୀ ୧୧/୩୮-୩୯)। ଦେବୀମାତା ଯେଉଁ ସମସ୍ତ ବର ଦେବତାମାନଙ୍କୁ ପ୍ରଦାନ କରିଥିଲେ ତାହା ଶ୍ରୀ ଦୁର୍ଗା ସପ୍ତଶତୀର ଏକାଦଶ ଅଧ୍ୟାୟ ସ୍ଥିତ ଶ୍ଳୋକ ୪୦ରୁ ୫୫ ମଧ୍ୟରେ ଆଦ୍ୟାଶକ୍ତିଙ୍କ ସ୍ୱମୁଖ ନିସୃତ ଦିବ୍ୟବାଣୀ ରୂପେ ଲିପିବଦ୍ଧ ହୋଇ ରହିଛି। ଏତଦ୍ ବ୍ୟତୀତ ଭବିଷ୍ୟତରେ ସାତବାର ଭକ୍ତମାନଙ୍କର ରକ୍ଷା ନିମିତ୍ତ ଅବତାର ଗ୍ରହଣ ପାଇଁ ପ୍ରତିଶ୍ରୁତି ସହିତ ଦେବତାମାନଙ୍କୁ ଅନ୍ୟ ଅଭିଳଷିତ ବର ପ୍ରଦାନ କରିଥିଲେ। ଏହା ସହ ଦ୍ୱାଦଶ ଅଧ୍ୟାୟ ଅନ୍ତର୍ଗତ ଦେବୀ ଚରିତ୍ର ପାଠର ମାହାତ୍ମ୍ୟ ଏବଂ ପୂଜାବିଧି ଆଦି ବିଷୟ ବର୍ଣ୍ଣନା କରି ଅନ୍ତର୍ଦ୍ଧାନ ହୋଇଗଲେ।

ଏହି କଥାରେ ଜ୍ଞାନଯୋଗ ଅର୍ଥାତ୍ ଯେଉଁ ଜ୍ଞାନ ଦ୍ୱାରା ସାଧକ ସମସ୍ତ ଭୂତରେ ଏକ ଓ ଅଭିନ୍ନ ଅବିନାଶୀ ଐଶ୍ୱରୀୟ ସତ୍ତାର (ଯାଦେବୀ ସର୍ବଭୂତେଷୁ....) ଉପଲବ୍ଧି କରିଥାଏ- ତାହା ବିଷଦ ଭାବରେ ବର୍ଣ୍ଣିତ ହୋଇଛି। ଏତାଦୃଶ ଜ୍ଞାନକୁ ହିଁ ସାତ୍ତ୍ୱିକ ଜ୍ଞାନ ବୋଲି ଶାସ୍ତ୍ରମାନେ ବ୍ୟାଖ୍ୟା କରିଛନ୍ତି। ଦେବତାମାନେ ନିଜ ସ୍ତୁତି ଦ୍ୱାରା ସମସ୍ତ ଭୂତରେ ମହାମାୟାଙ୍କର ସେଇ ଅନନ୍ତ ତଥା ଅବିନାଶୀ ସତ୍ତାର ଆରାଧନା, ତେଇଶ ମାତୃଗଣଙ୍କ ମାଧ୍ୟମରେ କରିଛନ୍ତି। ଏହା ମଧ୍ୟରେ ମହାମାୟାଙ୍କର ସେଇ ସନାତନ ଅଦ୍ୱୈତ ତତ୍ତ୍ୱ ହିଁ ପ୍ରତିପଳିତ ହୋଇଛି। ଶୁମ୍ଭ ପ୍ରତି ଦେବୀମାତାଙ୍କ ଉଦ୍‌ଗାର- 'ରେ ଦୁଷ୍ଟ! ମୋ ବିନା ସଂସାରରେ ଦ୍ୱିତୀୟ କେହି ବି ନାହିଁ। ସବୁ କିଛି ମୁଁ ହିଁ ଅଟେ। ଦେଖ, ଏସବୁ ମୋର ହିଁ ବିଭୂତି, (ଭିନ୍ନ ଭିନ୍ନ ଦୃଷ୍ଟିଗୋଚର ହେଉଥିବା ଦେବୀମାନେ ମୋ ଅଂଶରୁ, ମୋ ଶରୀର ମଧ୍ୟରୁ ପ୍ରକଟିତ) ଏଣୁ ମୋ ଶରୀର ମଧ୍ୟରେ ସେ ସମସ୍ତେ ବିଲୀନ ହୋଇ ଯାଉଛନ୍ତି।' ତଦନନ୍ତର ବ୍ରହ୍ମାଣୀ ଆଦି ସମସ୍ତ ଦେବୀମାନେ ଅମ୍ବିକାଙ୍କ ଶରୀରରେ ଲୀନ ହୋଇଗଲେ। ସେତେବେଳେ କେବଳ ଅମ୍ବିକା ହିଁ ଦୃଷ୍ଟିଗୋଚର ହେଲେ। (ଶ୍ରୀ ଶ୍ରୀ ଚଣ୍ଡୀ ୧୦/୪-୬)। ଏସବୁଥିରୁ ଦେବୀଙ୍କର ସେଇ ଅଦ୍ୱୈତ ତତ୍ତ୍ୱ ହିଁ ପ୍ରମାଣିତ ହୋଇଛି। ମେଧାଋଷି ଏହି କଥା ମଧ୍ୟରେ ସ୍ୱର୍ଗରାଜ୍ୟ ଦୁଷ୍ଟ ଅସୁରମାନଙ୍କ ଦ୍ୱାରା ଅପହୃତ ହେବା ଏବଂ ସଂପୂର୍ଣ୍ଣ ଦେବ ସମାଜର ପ୍ରବଳ ଆତ୍ମଶକ୍ତି, ତପଶକ୍ତି ତଥା ସଂଗଠିତ ଶକ୍ତିକୁ ଆଧାର କରି ଦେବୀ ମହାମାୟା କିପରି ଆବିର୍ଭୂତ ହେଲେ

ତାହା ବର୍ଣ୍ଣନା କରିଛନ୍ତି। ଦେବତାମାନଙ୍କ ସମ୍ମିଳିତ ଶକ୍ତିର ମୂର୍ତ୍ତି ରୂପ ଦେବୀ ଆଦ୍ୟାଶକ୍ତିଙ୍କ ଦ୍ୱାରା ଦୁଷ୍ଟ ଆସୁରିକ ଶକ୍ତିର ସମ୍ପୂର୍ଣ୍ଣ ଧ୍ୱଂସ ହେବା ଫଳରେ ଅପହୃତ ସ୍ୱର୍ଗରାଜ୍ୟ ପୁନଃ ସେମାନେ (ଦେବତାମାନେ) କିପରି ଫେରି ପାଇଲେ ସେ କଥା ମଧ୍ୟ ସୁରଥ ରାଜା ଓ ସମାଧି ବୈଶ୍ୟଙ୍କୁ ମେଧାଋଷି ଶୁଣାଇଛନ୍ତି। ନିଜର ଆତ୍ମଶକ୍ତି ଓ ତପଶକ୍ତିର ଜାଗୃତି ଦ୍ୱାରା ସୁରଥ ରାଜା ସ୍ୱରାଜ୍ୟ ପୁନଃ ହାସଲ କରିବା ଏବଂ ବୈଶ୍ୟ ମଧ୍ୟ ସମସ୍ତ ବିପଦରୁ ଉଦ୍ଧାର ପାଇ ଏକ ସମୃଦ୍ଧ ଜୀବନ ପ୍ରାପ୍ତ କରିବା ସମ୍ଭବ ବୋଲି ଋଷି ସେ ଉଭୟଙ୍କୁ ଉପଦେଶ ପ୍ରଦାନ କରିଛନ୍ତି। କେବଳ ସେତିକି ନୁହେଁ, ସେଇ ଆଦ୍ୟାଶକ୍ତି ପରମେଶ୍ୱରୀଙ୍କ ଶରଣ ଓ ଆରାଧନା ମାଧ୍ୟମରେ ଯାବତ୍ ଭୌତିକ ସୁଖ ସମୃଦ୍ଧି, ସ୍ୱର୍ଗ ତଥା ମୋକ୍ଷ ପ୍ରାପ୍ତି ମଧ୍ୟ ସମ୍ଭବ ହୋଇଥାଏ; ଏଣୁ ସେମାନେ ସେଇ ମହାଶକ୍ତିଙ୍କର ସମ୍ପୂର୍ଣ୍ଣ ଶରଣାଗତ ହୋଇ ତାଙ୍କର ଆରାଧନା କରିବା ଉଚିତ୍ ବୋଲି କହିଛନ୍ତି।

ଏହାପରେ ସେ ଦୁହେଁ ସେହି ନଦୀ ତଟରେ ମହାମାୟା ଭଗବତୀଙ୍କ ଉପାସନା ଆରମ୍ଭ କଲେ। ସେମାନଙ୍କର କଠୋର ଉପାସନାରେ ସନ୍ତୁଷ୍ଟା ଦେବୀ ଭଗବତୀ ଆବିର୍ଭୂତା ହୋଇ ବର ପ୍ରଦାନ କରିଥିଲେ। ଫଳରେ ରାଜା ତାଙ୍କର ହୃତ ରାଜ୍ୟକୁ ପୁନଃ ପ୍ରାପ୍ତ କରିବା ସହିତ ଶତ୍ରୁମାନଙ୍କର ମୂଳୋତ୍ପାଟନ କରି ପାରିଥିଲେ। ଦେବୀ ଭଗବତୀଙ୍କ କରୁଣାରୁ ପରଜନ୍ମରେ ରାଜା ସୂର୍ଯ୍ୟପୁତ୍ର ସାବର୍ଣ୍ଣି ନାମକ ମନୁ ରୂପେ ଜନ୍ମ ହେବେ ବୋଲି ବର ପ୍ରାପ୍ତ କରିଥିଲେ। ଅପର ପକ୍ଷରେ ସମାଧି ବୈଶ୍ୟ ସଂସାର (ଭୌତିକ) ସୁଖ ଭୋଗକୁ ଅନିତ୍ୟ, ଦୁଃଖମୟ ଏବଂ ଅତ୍ୟନ୍ତ ପୀଡ଼ାଦାୟକ ମନେକରି ଏସବୁଥିରୁ ମୁକ୍ତିଲାଭ ନିମନ୍ତେ ଦେବୀମାତାଙ୍କ ନିକଟରେ ପ୍ରାର୍ଥନା କରିଥିଲେ। ଏଣୁ ସେ ଯେଭଳି ଭାବରେ 'ଶୁଦ୍ଧଜ୍ଞାନ - (ମୋକ୍ଷ ପ୍ରଦାୟକ ଜ୍ଞାନଯୋଗ)'ର ଅଧିକାରୀ ହୋଇ ସଦାସର୍ବଦା ଦେବୀ ଆଦ୍ୟାଶକ୍ତିଙ୍କ ଭକ୍ତିରେ ବିଭୋର ହୋଇପାରିବେ- ସେଥି ନିମନ୍ତେ ବର ପ୍ରାର୍ଥନା କରିଥିଲେ। ଭକ୍ତବତ୍ସଳା ଦେବୀ ଭକ୍ତର ମନୋସ୍କାମନା ପୂର୍ତ୍ତି ନିମନ୍ତେ ଅଭିଳଷିତ ବର ପ୍ରଦାନ କରି ଅନ୍ତର୍ଦ୍ଧାନ ହୋଇ ଯାଇଥିଲେ। (ଶ୍ରୀ ଶ୍ରୀ ସପ୍ତଶତୀ ଚଣ୍ଡୀ ୧୩/୬-୨୬)।

ଶ୍ରୀ ଶ୍ରୀ ଦୁର୍ଗା ସପ୍ତଶତୀ : ଏକ ସଂକ୍ଷିପ୍ତ ପରିଚୟ
(୨)

ମାର୍କଣ୍ଡେୟ ମହାପୁରାଣର ଅଧ୍ୟାୟ ୮୧ରୁ ୯୩ ପର୍ଯ୍ୟନ୍ତ ମୋଟ ତେରଗୋଟି ଅଧ୍ୟାୟକୁ ଦେବୀ ମାହାତ୍ମ୍ୟ, ଦୁର୍ଗା ସପ୍ତଶତୀ ଅଥବା ଶାକ୍ତତତ୍ତ୍ୱ ଚଣ୍ଡୀ ଆଦି ନାମରେ ନାମିତ କରାଯାଇଛି। ଶ୍ରୀ ଶ୍ରୀ ଦୁର୍ଗା ସପ୍ତଶତୀରେ ଗୀତା ସଦୃଶ ମୋଟ ସାତଶହ ଶ୍ଳୋକ ରହିଛି। ସେଥିପାଇଁ ବୋଧହୁଏ ଏହାକୁ ଦୁର୍ଗା ସପ୍ତଶତୀ ବୋଲି ନାମକରଣ କରାଯାଇଛି। ତ୍ରେତା ଯୁଗରେ ଭଗବାନ ଶ୍ରୀରାମ ରାବଣ ବଧ କରିବା ପୂର୍ବରୁ ଶାରଦୀୟ (ଶରତ କାଳରେ) ଦୁର୍ଗାପୂଜା ଅସମୟରେ ବ୍ରହ୍ମାଙ୍କ ପରାମର୍ଶ କ୍ରମେ ଆରମ୍ଭ କରିଥିଲେ ବୋଲି ଦୁର୍ଗାପୂଜା ମନ୍ତ୍ରରେ ରହିଛି:

"ଐଂରାବଣସ୍ୟ ବଧାର୍ଥାୟ ରାମସ୍ୟାନୁ ଗ୍ରହାୟ ଚ।
ଅକାଲେ ବ୍ରହ୍ମଣା ବୋଧୋ ଦେବ୍ୟାସ୍ତ୍ୱୟି କୃତଃ ପୁରା ।।....."

ଦୁର୍ଗାପୂଜା ବିଷୟରେ ମହାଭାରତର ଭୀଷ୍ମ ପର୍ବର ପ୍ରାରମ୍ଭରେ ଉଲ୍ଲେଖ ଅଛି। ଶ୍ରୀକୃଷ୍ଣ ଦେବୀ ଦୁର୍ଗାଙ୍କ ପୂଜା କରି ମହାମାୟା ଜଗଜ୍ଜନନୀଙ୍କ ଆଶୀର୍ବାଦ ଗ୍ରହଣ ପୂର୍ବକ ଯୁଦ୍ଧ କ୍ଷେତ୍ରକୁ ଯିବା ସକାଶେ ଅର୍ଜୁନଙ୍କୁ ପ୍ରେରଣା ଦେଇଥିଲେ।

କ) ଭକ୍ତିଯୋଗ ହିଁ ସର୍ବଶ୍ରେଷ୍ଠ ମାର୍ଗ

ଶ୍ରୀ ଶ୍ରୀ ଦୁର୍ଗା ସପ୍ତଶତୀ ଅନୁଯାୟୀ ଭକ୍ତିଯୋଗ ହିଁ ସର୍ବଶ୍ରେଷ୍ଠ, ସର୍ବସୁଲଭ ଓ ସହଜ ମାର୍ଗ ଯଦ୍ୱାରା ଜୀବନରେ ସଫଳତା ତଥା ଶେଷରେ ମୋକ୍ଷ ପ୍ରାପ୍ତି ସମ୍ଭବ ବୋଲି ବାରମ୍ବାର କୁହାଯାଇଛି। ଶ୍ରଦ୍ଧାପୂର୍ଣ୍ଣ ଭକ୍ତି ସହିତ ସମ୍ପୂର୍ଣ୍ଣ ସମର୍ପଣ ଦ୍ୱାରା ଦେବୀମାତା ଶରଣାଗତ ଉପରେ ପ୍ରସନ୍ନ ହୋଇ ତାହାକୁ ମୋକ୍ଷ ପ୍ରଦାନ କରନ୍ତି ବୋଲି ସେ ନିଜ ଶ୍ରୀମୁଖରେ ସ୍ୱୀକାର କରିଛନ୍ତି।

"ଏଭିଃ ସ୍ତବୈଶ୍ଚ ମାଂ ନିତ୍ୟଂ ସ୍ତୋଷ୍ୟତେ ଯଃ ସମାହିତଃ।
ତସ୍ୟାହଂ ସକଳାଂ ବାଧାଂ ନାଶୟିଷ୍ୟାମ୍ୟ ସଂଶୟମ୍ ।।"

(ଶ୍ରୀ ଶ୍ରୀ ଚଣ୍ଡୀ ୧୨-୨)

ଅର୍ଥାତ୍ ହେ ଦେବଗଣ ! ଯିଏ ଏକାଗ୍ର ଚିତ୍ତ ହୋଇ ପ୍ରତିଦିନ ଦ୍ୱାଦଶ ଅଧ୍ୟାୟ ଅନ୍ତର୍ଗତ ସ୍ତୁତି (ଦେବୀ ଚରିତ୍ର ପଠନ) ଆଦି ଦ୍ୱାରା ମୋର ସ୍ତବନ କରେ ତାହାର ସମସ୍ତ ବାଧାବିଘ୍ନ ମୁଁ ନିଶ୍ଚିତ ଭାବରେ ଦୂର କରିବି। ସେହିପରି ବିପତ୍ତି ନାଶ ନିମନ୍ତେ- **"ଶରଣାଗତ ଦୀନାର୍ତ୍ତ...।"** (ଶ୍ରୀ ଶ୍ରୀ ଚଣ୍ଡୀ ୧୧-୧୨); ପାପ ନାଶ ନିମନ୍ତେ- **"ହିନସ୍ତି ଦୈତ୍ୟତେଜାଂସି ସ୍ୱନେନାପୂର୍ଯ୍ୟ ଯା ଜଗତ୍...।"** (ଶ୍ରୀ ଶ୍ରୀ ଚଣ୍ଡୀ ୧୧-୨୭); ସର୍ବବାଧା ଶାନ୍ତି ନିମନ୍ତେ- **"ସର୍ବବାଧା ପ୍ରଶମନଂ ତ୍ରୈଲୋକ୍ୟସ୍ୟାଖିଳେଶ୍ୱରି...।"** (ଶ୍ରୀ ଶ୍ରୀ ଚଣ୍ଡୀ ୧୧-୩୯); ସର୍ବ ରୋଗରୁ ମୁକ୍ତି ସକାଶେ- **"ରୋଗାନ୍‌ଶେଷାନ୍‌ପହଂସି ତୁଷ୍ଟା...।"** (ଶ୍ରୀ ଶ୍ରୀ ଚଣ୍ଡୀ ୧୧-୨୯); ଉତ୍ତମ ଲକ୍ଷଣଯୁକ୍ତ ପତ୍ନୀ ପ୍ରାପ୍ତି ପାଇଁ- **"ପତ୍ନୀଂ ମନୋରମାଂ ଦେହୀ ମନୋବୃତ୍ତାନୁସାରିଣୀମ୍।..."** (ଅର୍ଗଳା ସ୍ତୋତ୍ରମ୍ ୨୪); ଆରୋଗ୍ୟ ଓ ସୌଭାଗ୍ୟ ପ୍ରାପ୍ତି ନିମନ୍ତେ- **"ଦେହୀ ସୌଭାଗ୍ୟମାରୋଗ୍ୟଂ ଦେହି ମେ ପରମଂ ସୁଖମ୍...।"** (ଅର୍ଗଳା ସ୍ତୋତ୍ରମ୍ ୧୨); ଦାରିଦ୍ର୍ୟ ଦୁଃଖାଦିରୁ ମୁକ୍ତି ଲାଭ ନିମନ୍ତେ- **"ଦୁର୍ଗେ ସ୍ମୃତା ହରସି ଭୀତି ମଶେଷଜନ୍ତୋଃ... ସଦାଽଽର୍ଦ୍ରଚିତ୍ତା।"** (ଶ୍ରୀ ଶ୍ରୀ ଚଣ୍ଡୀ ୪-୧୭); ସର୍ବକଲ୍ୟାଣ ପ୍ରାପ୍ତି ନିମିତ୍ତ-**"ସର୍ବମଙ୍ଗଳମଙ୍ଗଲ୍ୟେ... ନାରାୟଣି ନମୋଽସ୍ତୁତେ।"** (ଶ୍ରୀ ଶ୍ରୀ ଚଣ୍ଡୀ ୧୧-୧୦); ଶକ୍ତିର ଅଧିକାରୀ ହେବା ନିମିତ୍ତ- **"ସୃଷ୍ଟିସ୍ଥିତିବିନାଶାନାଂ... ନାରାୟଣି ନମୋଽସ୍ତୁତେ।"** (ଶ୍ରୀ ଶ୍ରୀ ଚଣ୍ଡୀ ୧୧-୧୧); ସେଇପରି ସ୍ୱର୍ଗ ଓ ମୋକ୍ଷ ପ୍ରାପ୍ତି ନିମନ୍ତେ- **"ସର୍ବଭୂତା ଯଦା ଦେବୀ... ଭବନ୍ତୁ ପରମୋକ୍ତୟଃ।"** (ଶ୍ରୀ ଶ୍ରୀ ଚଣ୍ଡୀ ୧୧-୭); ଆଦି ଦୁର୍ମୂଲ୍ୟ ଶ୍ଲୋକଗୁଡ଼ିକୁ ଦେବୀଙ୍କର ଶରଣାଗତ ହୋଇ ଭକ୍ତି ଓ ପ୍ରେମାପ୍ଲୁତ ହୃଦୟରେ ଜପ କରିବା ଦ୍ୱାରା ଅସଂଖ୍ୟ ସାଧକ ବୃନ୍ଦ ଯେ ନିତ୍ୟ ନୈମିତିକ ସାଂସାରିକ ଜୀବନରେ ଅସାଧକୁ ସାଧନ କରୁଛନ୍ତି ଏହା କହିବା ବାହୁଲ୍ୟ ମାତ୍ର। ଶରଣାଗତିର ଅର୍ଥ ହେଉଛି ପୂର୍ଣ୍ଣ ଆତ୍ମ ସମର୍ପଣ। ଆତ୍ମ ସମର୍ପଣ ଦ୍ୱାରା ଭକ୍ତର ଅହଂଭାବ ବିନଷ୍ଟ ହୋଇ ଈଶ୍ୱର ପ୍ରାପ୍ତି ନିମନ୍ତେ ସକଳ ଦ୍ୱାର ଉନ୍ମୁକ୍ତ ହୋଇଯାଏ। ତାର ହୃଦୟ ମଧ୍ୟରେ ପ୍ରେମଭକ୍ତିର ସ୍ରୋତସ୍ୱିନୀ ପ୍ରବାହିତ ହୁଏ। ଶ୍ରୀଶ୍ରୀ ଚଣ୍ଡୀ ବର୍ଣ୍ଣିତ ସମାଧି ବୈଶ୍ୟ ନିଜର ସାଧନା ଭକ୍ତି ମାଧ୍ୟମରେ ଦେବୀଙ୍କ ପ୍ରସାଦ କ୍ରମେ ମୋହଜାଲରୁ ମୁକ୍ତ ହୋଇ ମୋକ୍ଷ ପ୍ରାପ୍ତ ହୋଇଥିଲା। ରାଜା ସୁରଥ ଭକ୍ତିଯୋଗର ଶୀର୍ଷ ଭାଗରେ ଆରୂଢ଼ ହୋଇ ଦେବୀଙ୍କ ଆଶୀର୍ବାଦ ପ୍ରାପ୍ତି ଫଳରେ ନିଜ ରାଜ୍ୟକୁ ପୁନଃ ପ୍ରାପ୍ତ

ହୋଇଥିଲେ । ସର୍ବୋପରି ଧ୍ୱସ୍ତବିଧ୍ୱସ୍ତ ଦେବ ସମାଜ ଦେବୀମାତା ଦୁର୍ଗାଙ୍କୁ ପ୍ରସନ୍ନ କରିବା ନିମିତ୍ତ ଭକ୍ତିଭାବର ଯେଉଁ ଚରମ ଉଦାହରଣ ପ୍ରସ୍ତୁତ କରିଥିଲେ ତାହା ଅବଶ୍ୟ ପ୍ରଣିଧାନ ଯୋଗ୍ୟ । ଯାହା ଫଳରେ ଦେବୀଦୁର୍ଗା ଦେବତାମାନଙ୍କୁ ବରଦାନ ଦେବା ସହିତ ଶୁମ୍ଭନିଶୁମ୍ଭ ଓ ମହିଷାଦି ରାକ୍ଷସୀ ଶକ୍ତିମାନଙ୍କର ସମୂଳ ଉତ୍ପାଟନ କରିଥିଲେ । ଜ୍ଞାନମାର୍ଗୀ ଓ କର୍ମମାର୍ଗୀ ସାଧକମାନଙ୍କୁ ସିଦ୍ଧି ପ୍ରାପ୍ତି ନିମନ୍ତେ ସଦାସର୍ବଦା ବହୁ ଭାବରେ ଜାଗ୍ରତ ଏବଂ ସାବଧାନତା ଅବଲମ୍ବନ କରିବାକୁ ପଡୁଥିବାବେଳେ ଭକ୍ତି ମାର୍ଗରେ ସେ ସମସ୍ତ ବାଧା ଆପଣାଛାଏଁ ଦୂରୀଭୂତ ହୋଇଯାଏ । କାରଣ ଭକ୍ତର ଦାୟିତ୍ୱ ଦେବୀମାତା ନିଜେ ବହନ କରିଥାନ୍ତି, ଠିକ୍ ମାଆ ନିଜ ଶିଶୁର ଭୁଲ୍ ଠିକ୍ ପ୍ରତି ଆଦୌ ଦୃଷ୍ଟି ନଦେଇ ତାର ସମସ୍ତ ଦାୟିତ୍ୱ ନିଜ କାନ୍ଧରେ ବହନ କଲାଭଳି । ଏଣୁ ରାମଚରିତ ମାନସରେ 'ଭକ୍ତି'ର ମହିମାମଣ୍ଡନ କରି କୁହାଯାଇଛି: **"ସେଇ ସର୍ବଗ୍ୟ... ସରୋଜ ରତି ହୋଇ ।"** (ଉତ୍ତରାକାଣ୍ଡ ୪୮-୪) ଅର୍ଥାତ୍ ଯାହାର ହୃଦୟରେ ଭକ୍ତି ବିରାଜମାନ, ଈଶ୍ୱରଙ୍କ ଚରଣରେ ପ୍ରେମ ରହିଛି ସେହି ବ୍ୟକ୍ତି ହିଁ ଚତୁର, ସମସ୍ତ ସୁଲକ୍ଷଣରେ ଯୁକ୍ତ, ଅଖଣ୍ଡ ବିଜ୍ଞାନବାନ୍, ସମସ୍ତ ସୁଗୁଣର ଖଣି, ତତ୍ତ୍ୱଜ୍ଞ, ପଣ୍ଡିତ ତଥା ସର୍ବଜ୍ଞ ଅଟେ । ସେହିପରି ଶ୍ରୀମଦ୍ ଭାଗବତ ଗୀତାରେ ଭଗବାନ ନିଜେ କହିଛନ୍ତି, **"ଅନନ୍ୟାଶ୍ଚିନ୍ତୟନ୍ତୋ ମାଂ... ଯୋଗକ୍ଷେମଂବହାମ୍ୟହମ୍ ।"** (୯-୨୨) ଅର୍ଥାତ୍ ଯେଉଁ ଅନନ୍ୟ ପ୍ରେମୀ ଭକ୍ତମାନେ ମୋତେ (ପରମେଶ୍ୱରଙ୍କୁ) ନିରନ୍ତର ଚିନ୍ତନ ପୂର୍ବକ ମୋର ନିଷ୍କାମ ଉପାସନା କରନ୍ତି ସେହି ପୁରୁଷମାନଙ୍କର ଯୋଗକ୍ଷେମ (ସୁରକ୍ଷା ଦାୟିତ୍ୱ / ଅପ୍ରାପ୍ତ ବସ୍ତୁର ପ୍ରାପ୍ତି ଏବଂ ପ୍ରାପ୍ତ ବସ୍ତୁର ସୁରକ୍ଷା ଦାୟିତ୍ୱ) ମୁଁ ସ୍ୱୟଂ ବହନ କରେ । ଅତଏବ ଈଶ୍ୱର ପ୍ରାପ୍ତି ନିମିତ୍ତ ଭକ୍ତି ହିଁ ସବୁଠୁଁ ଶ୍ରେଷ୍ଠ ମାର୍ଗ ଅଟେ ।

ଖ) ଦୁର୍ଗା ସପ୍ତଶତୀରେ ଭକ୍ତମାନଙ୍କୁ ଦେବୀଙ୍କ ଆଶ୍ୱାସନା

ଶ୍ରୀ ଦୁର୍ଗା ସପ୍ତଶତୀରେ ଭକ୍ତଜନମାନଙ୍କୁ ଦେବୀମାତାଙ୍କ ଦ୍ୱାରା ପ୍ରଦାନ କରାଯାଇଥିବା ଅଭୟ ଆଶ୍ୱାସନା/ପ୍ରତିଶ୍ରୁତି ମଧ୍ୟରେ ହିଁ ପ୍ରତିଫଳିତ ହୋଇଛି ଏହାର ସମ୍ପୂର୍ଣ୍ଣ ଆଧ୍ୟାତ୍ମିକ ଦର୍ଶନ । ଦେବୀମାତା ନିଜେ ନିଜର ଶ୍ରୀମୁଖରେ ପ୍ରକାଶ କରିଛନ୍ତି, **"ଇତ୍ଥଂ ଯଦା ଯଦା ବାଧା ଦାନବୋତ୍ଥା ଭବିଷ୍ୟତି ।** (୧୧-୫୪); **ତଦା ତଦାବତୀର୍ୟାହଂ କରିଷ୍ୟାମ୍ୟରିସଂକ୍ଷୟମ୍ ।** (୧୧-୫୫)" ଅର୍ଥାତ୍

ଏହି ପ୍ରକାର ଯେତେବେଳେ ଯେତେବେଳେ ସଂସାରରେ ଦାନବୀ ବାଧା ଉପସ୍ଥିତ ହେବ; ସେତେବେଳେ ଅବତାର ଗ୍ରହଣ କରି ମୁଁ ଶତ୍ରୁମାନଙ୍କୁ ସଂହାର କରିବି।

ସେହିପରି ରାମଚରିତ ମାନସରେ ଗୋସ୍ୱାମୀ ତୁଳସୀ ଦାସ ପ୍ରଭୁଙ୍କର ଅବତାର ଗ୍ରହଣର କାରଣ ସମ୍ପର୍କରେ ବର୍ଣ୍ଣନା କରି କହିଛନ୍ତି: **"ଜବ ଜବ ହୋଇ ଧରମ କୈ ହାନି.... ଧେନୁ ସୁର ଧରନୀ।"** (୧-୧୨୧/୬-୭) ଅର୍ଥାତ୍ ଧର୍ମର ହାନି, ଅଧର୍ମ ରୂପୀ ଅଭିମାନୀ ରାକ୍ଷସମାନଙ୍କର ବୃଦ୍ଧି, ଅନୀତି, ଆଚରଣ ତଥା ବ୍ରାହ୍ମଣ, ଗୋ-ଦେବତା ଏବଂ ପୃଥିବୀ ପ୍ରତାଡ଼ିତ ହେଲେ ଈଶ୍ୱର ଅବତାର ଗ୍ରହଣ କରିଥାନ୍ତି। ଶ୍ରୀମଦ୍ ଭାଗବଦ୍ ଗୀତାରେ ମଧ୍ୟ ନିଜେ ଭଗବାନ **"ଯଦା ଯଦା ହି ଧର୍ମସ୍ୟ....** (ଅ.୪-୭/୮)" କହିଛନ୍ତି ଯାହାର ଅର୍ଥ ହେଲା, ହେ ଭାରତ ! ଯେଉଁ ଯେଉଁ ସମୟରେ ଧର୍ମର ଅବକ୍ଷୟ ହୁଏ ଏବଂ ଅଧର୍ମର ବୃଦ୍ଧି ହୁଏ, ସେଇ ସେଇ ସମୟରେ ମୁଁ ଅବତାର ଗ୍ରହଣ କରି ପାପୀମାନଙ୍କୁ ବିନାଶ ଓ ସାଧୁମାନଙ୍କୁ ଉଦ୍ଧାର କରିଥାଏ। ଏହି ଭାବରେ ଧର୍ମ ସଂସ୍ଥାପନା କରିବା ପାଇଁ ମୁଁ ଯୁଗେ ଯୁଗେ ପ୍ରକଟ ହୋଇଥାଏ।

ଇନ୍ଦ୍ରାଦି ଦେବତାମାନେ ବ୍ୟକ୍ତିଗତ ସ୍ତରରେ ଅହଂଭାବ ଗ୍ରସ୍ତ ହୋଇ ସ୍ୱ ସମାଜ ପ୍ରତି ନିଜର କର୍ତ୍ତବ୍ୟା କର୍ତ୍ତବ୍ୟକୁ ଯେତେବେଳେ ପାଶୋରି ଗଲେ, ଦମ୍ଭ ଗର୍ବ ଅହଂକାର ସର୍ବସ୍ୱ ହୋଇ ସାମାଜିକ କର୍ତ୍ତବ୍ୟ ପ୍ରତି ଉଦାସୀନ ହୋଇଗଲେ, ସେତେବେଳେ ଦେବ ସମାଜ ଶକ୍ତିହୀନ, ଦୁର୍ବଳ, ହୀନବୀର୍ଯ୍ୟ ହୋଇ ପଡ଼ିଲା ଏବଂ ସ୍ୱର୍ଗରାଜ୍ୟ ରାକ୍ଷସମାନଙ୍କ ଦ୍ୱାରା କବଳିତ ହୋଇ ଶ୍ରୀହୀନ, ଧ୍ୱସ୍ତବିଧ୍ୱସ୍ତ ହେବା ସଙ୍ଗେ ସଙ୍ଗେ ଦେବତାମାନେ ଉତ୍ପୀଡ଼ିତ, ଅତ୍ୟାଚାରିତ ହୋଇ ଆତ୍ମଗୋପନ କରିବାକୁ ବାଧ୍ୟ ହେଲେ। ଏହିପରି ବହୁକାଳ ଅତିବାହିତ ହେବାପରେ ଦେବତାମାନେ ଜାଗ୍ରତ ହେଲେ, ଲୁପ୍ତ ଚେତନା ପୁନଃ ପ୍ରାପ୍ତି କଲେ ଏବଂ ନିଜ ସମାଜର ସଂଗଠନ ଶକ୍ତି ବିକଶିତ କରି ସମ୍ମିଳିତ ପ୍ରଚେଷ୍ଟାରେ ଦେବୀ ଦୁର୍ଗାଙ୍କୁ ଅବତରିତ ହେବା ପାଇଁ ତପସ୍ୟା କଲେ। ଶକ୍ତିମୟୀ ଦେବୀଦୁର୍ଗା ପ୍ରସନ୍ନ ହୋଇ ଆବିର୍ଭୂତା ହେବା ସହ ଦୁଷ୍ଟ ଅସୁରମାନଙ୍କୁ ଧ୍ୱଂସ କଲେ। ଏଥିରୁ ମିଳୁଥିବା ଶିକ୍ଷା ଯାହା ପ୍ରଣିଧାନ ଯୋଗ୍ୟ ତାହା ହେଲା ସମାଜର ସୁରକ୍ଷା ନିମିତ୍ତ ନିଜର ବ୍ୟକ୍ତିଗତ ସ୍ୱାର୍ଥ, ଅହଂଭାବ ଆଦି ଜଳାଞ୍ଜଳି ଦେଇ ଭକ୍ତି ଓ ତ୍ୟାଗପୂତ ହୃଦୟରେ ଏକ ଶକ୍ତିଶାଳୀ ସଂଗଠିତ ସମାଜ ଜୀବନର ରଚନା କରିବା ହେଉଛି ପ୍ରତ୍ୟେକ ବ୍ୟକ୍ତିର

ସର୍ବଶ୍ରେଷ୍ଠ, ପବିତ୍ର ତଥା ଐଶ୍ୱରୀୟ କର୍ତ୍ତବ୍ୟ। ତେବେ ଯାଇ ଦେବୀମାତା ପ୍ରସନ୍ନ ହୋଇ ଅବତୀର୍ଣ୍ଣ ହେବେ ଏବଂ ରାକ୍ଷସୀ ବୃତ୍ତି ସମ୍ପନ୍ନ ଶତ୍ରୁମାନଙ୍କର ବିନାଶ କରିବେ। ଏଥି ସକାଶେ ମାୟାମୋହ ଲୋଭ ଆଦି ସମସ୍ତ ନକାରାତ୍ମକ ଗୁଣଗୁଡ଼ିକୁ ରାଜା ସୁରଥ ଏବଂ ସମାଧି ବୈଶ୍ୟ ସଦୃଶ ପରିହାର କରିବାକୁ ପଡ଼ିବ। ତେବେ ଯାଇ ଦେବୀମାତାଙ୍କୁ ପ୍ରସନ୍ନ କରାଯାଇପାରିବ ଓ ଅଭୀଷ୍ଟ ସିଦ୍ଧି ପ୍ରାପ୍ତ ହୋଇପାରିବ। ସମଗ୍ର ସୃଷ୍ଟିରେ ଜୀବ ତଥା ମନୁଷ୍ୟ କିପରି ଲୋଭ, ମୋହ ଓ ମାୟା ଜାଲରେ ଆବଦ୍ଧ ତାହା ମେଧା ଋଷିଙ୍କ ଦ୍ୱାରା ବର୍ଣ୍ଣିତ ନିମ୍ନ ଶ୍ଳୋକରୁ ସୁସ୍ପଷ୍ଟ ହୁଏ:

"ଲୋଭାତ୍ପ୍ରତ୍ୟୁପକାରାୟ ନନ୍ୱେତାନ୍ କିଂ ନ ପଶ୍ୟସି।
ତଥାପି ମମତାବର୍ତ୍ତେ ମୋହଗର୍ତ୍ତେ ନିପାତିତାଃ ॥
ମହାମାୟାପ୍ରଭାବେଣ ସଂସାରସ୍ଥିତିକାରିଣା।
ତନ୍ନାତ୍ର ବିସ୍ମୟଃ କାର୍ଯ୍ୟୋ ଯୋଗନିଦ୍ରା ଜଗତ୍ପତେଃ ॥"

(ଶ୍ରୀ ଦୁର୍ଗା ସପ୍ତଶତୀ ୧-୫୩-୫୪)

ଅର୍ଥାତ୍ ହେ ନରଶ୍ରେଷ୍ଠ ! ତୁମେ କଣ ଦେଖି ପାରୁନାହଁ ଯେ ମନୁଷ୍ୟ ବୁଦ୍ଧିମାନ ହେଲେ ମଧ୍ୟ ଲୋଭବଶତଃ ନିଜେ କରୁଥିବା ଉପକାରର ପ୍ରତ୍ୟୁପକାର ପୁତ୍ରମାନଙ୍କ ଠାରୁ ପାଇବା ପାଇଁ ଅଭିଳାଷ କରନ୍ତି। ଯଦ୍ୟପି ସେମାନେ ସବୁ ନିର୍ବୋଧ ନୁହନ୍ତି; ତଥାପି ସେମାନେ ସଂସାରରେ ସ୍ଥିତି (ଜନ୍ମମରଣର ପରମ୍ପରା) ବଜାୟ ରଖିଥିବା ଭଗବତୀ ମହାମାୟାଙ୍କ ପ୍ରଭାବ ଦ୍ୱାରା ମମତାମୟ ଭ୍ରମଯୁକ୍ତ ମୋହ ରୂପୀ ଗଭୀର ଗର୍ତ୍ତରେ ପକାଯାଇଛନ୍ତି। ଏଣୁ ଏଥିରେ ଆଶ୍ଚର୍ଯ୍ୟ ହେବା ଉଚିତ ନୁହେଁ। ଭଗବାନ ବିଷ୍ଣୁଙ୍କ ଯୋଗନିଦ୍ରା ରୂପା ଭଗବତୀ ମହାମାୟାଙ୍କ ଦ୍ୱାରା ଏହି ଜଗତ ମୋହିତ ହେଉଅଛି। ସେ (ମହାମାୟା) ଜ୍ଞାନୀମାନଙ୍କ ଚିତ୍ତକୁ ବି ବଳପୂର୍ବକ ଆକର୍ଷଣ କରି ମୋହରେ ନିକ୍ଷେପ କରନ୍ତି ଏବଂ ସେ ପ୍ରସନ୍ନ ହେବା ମାତ୍ରକେ ମନୁଷ୍ୟମାନଙ୍କୁ ମୁକ୍ତି ନିମନ୍ତେ ବରଦାନ କରନ୍ତି। ସେ ହିଁ ପରାବିଦ୍ୟା ସଂସାର ବନ୍ଧନ ଏବଂ ମୋକ୍ଷର ହେତୁଭୂତା ସନାତନ ଦେବୀ ତଥା ସମସ୍ତ ଈଶ୍ୱରଙ୍କର ଅଧୀଶ୍ୱରୀ ଅଟନ୍ତି। (ଶ୍ରୀ ଶ୍ରୀ ଚଣ୍ଡୀ ୧/୫୫-୫୮) ଅତଏବ ହୃଦୟରେ ଭକ୍ତିର ପ୍ରାଦୁର୍ଭାବ ଘଟିଲେ ଦେବୀ ସନ୍ତୁଷ୍ଟ ହୋଇ ଭକ୍ତକୁ ମମତା, ମାୟା, ମୋହ, ଲୋଭ ଆଦିରୁ ମୁକ୍ତ କରି ମୋକ୍ଷ ବା ପରମଗତି ପ୍ରଦାନ କରିଥାନ୍ତି। ଏହା ହିଁ ଭକ୍ତିଯୋଗ। ଭକ୍ତିଯୋଗ ଦ୍ୱାରା ହୃଦୟରେ ଭକ୍ତିର ପ୍ରାଦୁର୍ଭାବ ଘଟି ମନୁଷ୍ୟ କୃତାର୍ଥ ହୋଇଯାଏ। ସରଳ

ଅର୍ଥରେ 'କେବଳ ପରମେଶ୍ୱରୀ ଜଗଜ୍ଜନନୀ ହିଁ ମୋର, ସଂସାରରେ ଆଉ କେହି ମୋର ନୁହଁନ୍ତି।'- ଏହି ଭାବ ହିଁ ହେଉଛି ଭକ୍ତିଯୋଗ। ଏହା ହିଁ ଶରଣାଗତି। "ସମ୍ପୂର୍ଣ୍ଣ ଶରଣାଗତି" କହିଲେ କ'ଣ ବୁଝାଏ ତାହା ଗୀତାରେ ସ୍ୱୟଂ ଭଗବାନ ନିଜ ଶ୍ରୀମୁଖରେ ନିମ୍ନ ଶ୍ଳୋକରେ ବୁଝାଇଛନ୍ତି:

"ମନ୍ମନା ଭବ ମଦ୍ଭକ୍ତୋ... ମୋକ୍ଷୟିଷ୍ୟାମି ମା ଶୁଚଃ।"

(ଗୀତା ୧୮/୬୫-୬୬)

ଅର୍ଥାତ୍ ତୁମେ ମୋର ଭକ୍ତ ହୋଇଯାଅ, ମଦ୍‌ଗତ ମନା ହୋଇଯାଅ, ମୋର ପୂଜକ ହୋଇଯାଅ ଏବଂ ମୋତେ ନମସ୍କାର କର। ଏହିପରି କରି ତୁମେ ମୋତେ ହିଁ ପ୍ରାପ୍ତ ହେବ- ଏହା ମୁଁ ତୁମ ଆଗରେ ସତ୍ୟ ପ୍ରତିଜ୍ଞା କରି କହୁଛି; କାରଣ ତୁମେ ମୋର ଅତ୍ୟନ୍ତ ପ୍ରିୟ। ସର୍ବଧର୍ମର ଆଶ୍ରୟ ଛାଡ଼ି ତୁମେ କେବଳ ମୋର ଶରଣକୁ ଆସିଯାଅ। ମୁଁ ତୁମକୁ ସମସ୍ତ ପାପରୁ ମୁକ୍ତ କରି ଦେବି। ଚିନ୍ତାକର ନାହିଁ। ତାଙ୍କର କୃପାବିନା ଏହା (ମୋକ୍ଷ) କେବେ ହେଁ ସମ୍ଭବ ହୋଇ ନପାରେ। ଶ୍ରୀ ଶ୍ରୀ ସପ୍ତଶତୀ ଚଣ୍ଡୀ ଅନ୍ତର୍ଗତ ଏହି ସର୍ବଶ୍ରେଷ୍ଠ ଆଧ୍ୟାତ୍ମିକ ଜୀବନ ଦର୍ଶନ ବାସ୍ତବରେ ମନୁଷ୍ୟର ଅନ୍ତିମ ଲକ୍ଷ୍ୟ (ପରମଗତି) ପ୍ରାପ୍ତି ସକାଶେ ଏକାନ୍ତ ପ୍ରଣିଧାନ ଯୋଗ୍ୟ।

ଗ) ଧର୍ମର ବିଜୟ ସୁନିଶ୍ଚିତ

'ଯତୋ ଧର୍ମ ସ୍ତତୋ ଜୟଃ।' ଯେଉଁଠି ଧର୍ମ ଅଛି ସେଠି ବିଜୟ ସୁନିଶ୍ଚିତ ବୋଲି କୁହାଯାଇଛି। ମହାଭାରତ ଯୁଦ୍ଧରେ ପାଣ୍ଡବମାନେ ଧର୍ମ ମାର୍ଗରେ ଥିବାରୁ ଭଗବାନ କୃଷ୍ଣ ସେମାନଙ୍କୁ ସବୁ ପ୍ରକାର ସହଯୋଗ କରିଥିଲେ ଏବଂ ପାଣ୍ଡବମାନଙ୍କର ବିଜୟ ହୋଇଥିଲା। ଠିକ୍ ସେଇପରି ରାଜା ସୁରଥ ଏବଂ ସମାଧି ବୈଶ୍ୟ ମେଧା ଋଷିଙ୍କ ନିର୍ଦ୍ଦେଶ କ୍ରମେ ମାୟା, ମମତା, ଲୋଭ, ମୋହ ଆଦିରୁ ନିବୃତ୍ତ ହୋଇ ଆଧ୍ୟାତ୍ମିକ ପଥରେ ଅଗ୍ରସର ହେବାରୁ ଦେବୀମାତାଙ୍କ ଦର୍ଶନ ଓ ଆଶୀର୍ବାଦ ପ୍ରାପ୍ତ ହୋଇ ନିଜ ନିଜର ଅଭୀଷ୍ଟ ସାଧନ କରିବାରେ ସଫଳ ହୋଇଥିଲେ। **"ଇତି ତସ୍ୟଂ ବଚଃ... ନଦୀପୁଳିନସଂସ୍ଥିତଃ।"** (ଶ୍ରୀ ଶ୍ରୀ ଚଣ୍ଡୀ ୧୩/୬-୯) **"ଏବଂ ସମାରାଧୟ... ପରିତୁଷ୍ଟା ଦଦାମି ତତ୍।"** (ଶ୍ରୀ ଶ୍ରୀ ଚଣ୍ଡୀ ୧୩/୧୨-୧୫) ଯାହାର ସଂକ୍ଷିପ୍ତ ଅର୍ଥ ହେଲା; ମେଧା ମୁନିଙ୍କ ଉପଦେଶ

ଅନୁଯାୟୀ ରାଜା ତଥା ବୈଶ୍ୟ ତତ୍‌କାଳ ତପସ୍ୟା କରିବାକୁ ଚାଲିଗଲେ ଏବଂ ଜଗଦମ୍ବାଙ୍କ ଦର୍ଶନ ପାଇଁ ନଦୀ ତଟରେ ଅବସ୍ଥାନ କରି ତପସ୍ୟା ଆଚରଣ କଲେ ତଥା ବିଧି ପୂର୍ବକ ନିରବିଚ୍ଛିନ୍ନ ଭାବରେ ତିନି ବର୍ଷ ପର୍ଯ୍ୟନ୍ତ ଦେବୀଙ୍କର ସଂଯମ ପୂର୍ବକ ଆରାଧନା କଲେ। ଫଳସ୍ୱରୂପ ଚଣ୍ଡିକା ଦେବୀ ପ୍ରତ୍ୟକ୍ଷ ଦର୍ଶନ ଦେଇ କହିଲେ ହେ ରାଜନ୍ ! ତଥା ନିଜ କୁଳକୁ ଆନନ୍ଦିତ କରୁଥିବା ହେ ବୈଶ୍ୟ ! ତୁମେ ଯେଉଁ ବସ୍ତୁକୁ ଅଭିଳାଷ କରୁଛ ସେ ସବୁ ମୋତେ ମାଗ। ମୁଁ ବର୍ତ୍ତମାନ ସନ୍ତୁଷ୍ଟ। ଅତଃ ତୁମକୁ ସେ ସବୁ ପ୍ରଦାନ କରିବି। ଏହିପରି ଭାବରେ ଜଗତକୁ ଧାରଣ କରିଥିବା ଦେବୀ ଚଣ୍ଡିକା ସେ ଦୁହିଁଙ୍କୁ ମନୋବାଞ୍ଛିତ ବର ପ୍ରଦାନ କରି ତତ୍କାଳ ଅନ୍ତର୍ଦ୍ଧାନ ହୋଇଗଲେ। ଠିକ୍ ସେଇପରି ଯେତେବେଳେ ଦେବ ସମାଜ ସ୍ୱାର୍ଥ ସର୍ବସ୍ୱ ହୋଇ ନିଜର କର୍ତ୍ତବ୍ୟାକର୍ତ୍ତବ୍ୟ ବୋଧରୁ ଦୂରେଇ ଗଲେ ସେତେବେଳେ ଆସୁରିକ ଶକ୍ତି ଦ୍ୱାରା ପ୍ରଚଣ୍ଡ ଭାବେ ଉତ୍ପୀଡ଼ିତ ହୋଇ ସ୍ୱର୍ଗରାଜ୍ୟରୁ ବହିଷ୍କୃତ ହେଲେ। ସ୍ୱର୍ଗ ରାଜ୍ୟ ହେଲା ଭୂଲୁଣ୍ଠିତ। ଅସୁରମାନଙ୍କ ଦ୍ୱାରା ପରାଜିତ ଦେବତାମାନେ ବ୍ରହ୍ମାଙ୍କ ନେତୃତ୍ୱରେ ଯାଇ ଭଗବାନ ବିଷ୍ଣୁ ଓ ଶିବଙ୍କୁ ନିଜର ଦୁର୍ଭାଗ୍ୟ ବିଷୟ ଶୁଣାଇଲେ। ଏହାପରେ ବିଷ୍ଣୁ, ଶିବ ତଥା ସମସ୍ତ ଦେବତାଙ୍କ ଶରୀରରୁ ତେଜମାନ ବାହାରି ସମ୍ମିଳିତ ହେଲା ଏବଂ ସେଥିରୁ ଏକ ତେଜସ୍ୱୀ ନାରୀମୂର୍ତ୍ତି ସକଳ ଶକ୍ତିର ଆଧାର ମହାଦେବୀ ଦୁର୍ଗା ରୂପରେ ଧର୍ମର ସୁରକ୍ଷା କରିବା ସଙ୍ଗେ ସଙ୍ଗେ ଦେବ ସମାଜକୁ ଉଦ୍ଧାର କରିଥିଲେ। ଏହା ପ୍ରଚଣ୍ଡ ଭାବେ ଉତ୍ପୀଡ଼ିତ ଦେବ ସମାଜ ଦ୍ୱାରା ଦେବୀଙ୍କ ଉଦ୍ଦେଶ୍ୟରେ କରାଯାଇଥିବା ସ୍ତବ ମାଧ୍ୟମରେ କୃତଜ୍ଞତାର ସହ ସ୍ୱୀକୃତ ହୋଇଛି।

"...ଭଗବତ୍ୟା କୃତଂ ସର୍ବଂ ନ କିଞ୍ଚିଦବଶିଷ୍ୟତେ।
ଯଦୟଂ ନିହତଃ ଶତ୍ରୁରସ୍ମାକଂ ମହିଷାସୁରଃ ॥"

(ଶ୍ରୀ ଶ୍ରୀ ଚଣ୍ଡୀ ୪/୩୩-୩୫)

ଅର୍ଥାତ୍ ଦେବତାମାନେ କହିଲେ- ଭଗବତୀ ଆମର ସମସ୍ତ ଇଚ୍ଛା ପୂରଣ କଲେ। ବର୍ତ୍ତମାନ ଆମର ଆଉ କିଛି ବାକି ନାହିଁ। କାରଣ ଆମର ଏହି ଶତ୍ରୁ ମହିଷାସୁର ନିହତ ହେଲା। ଉପରୋକ୍ତ ଉପାଖ୍ୟାନ ଆହୁରି ମଧ୍ୟ ସାଧାରଣ ମାନବୀୟ ଦୁର୍ବଳତା ପ୍ରତି ସଜାଗ ରହିବା ନିମିତ୍ତ ପରୋକ୍ଷ ସନ୍ଦେଶ ପ୍ରଦାନ କରୁଛି। ତାହା ହେଲା ପ୍ରତ୍ୟେକ ମନୁଷ୍ୟ ମଧ୍ୟରେ କାମ, କ୍ରୋଧ, ମୋହ, ମଦ,

ଲୋଭ, ମାତ୍ସର୍ଯ୍ୟ ଅଥବା ମମତାଦି ରାକ୍ଷସୀ ପ୍ରବୃତ୍ତି ଗୁଡ଼ିକ ବିଦ୍ୟମାନ। ସେଗୁଡ଼ିକ ଉପରେ ବିଜୟ ପ୍ରାପ୍ତ କଲେ ଯାଇ ମାଆ ଜଗଜ୍ଜନନୀଙ୍କର କୃପାଦୃଷ୍ଟି ଅଥବା ଆଶୀର୍ବାଦ ପ୍ରାପ୍ତ ହେବ। ଏହି ରାକ୍ଷସୀ ଦୁଷ୍ପ୍ରବୃତ୍ତିରୁ ମୁକ୍ତ ହେବା ସକାଶେ ନିରନ୍ତର ଆଧ୍ୟାତ୍ମିକ/ସାତ୍ତ୍ୱିକ ଶକ୍ତିର ଜାଗୃତି ଦ୍ୱାରା କଠୋର ସାଧନାରେ ନିଯୁକ୍ତ ରହିବାକୁ ପଡ଼ିବ।

ବାସ୍ତବରେ କହିବାକୁ ଗଲେ ଶ୍ରୀଦୁର୍ଗା ସପ୍ତଶତୀ ମଧ୍ୟରେ ଅତ୍ୟୁଚ୍ଚ ଆଧ୍ୟାତ୍ମିକ ଦର୍ଶନ, ଧାର୍ମିକ ଆସ୍ଥା ଓ ଭକ୍ତିଭାବର ସଂଗମ ଘଟିଛି ଯାହା ମାନବ ସମାଜ ଭିତରେ ଦେବତ୍ୱର ବିକାଶ ନିମନ୍ତେ ଅମୃତମୟ ସନ୍ଦେଶ ଜ୍ଞାପନ କରେ। ସେଇ ଆଧ୍ୟାତ୍ମିକ ଦର୍ଶନ ଜନ ଜନ ହୃଦୟରେ ପ୍ରତିଷ୍ଠିତ ହୋଇ ସମଗ୍ର ବିଶ୍ୱର ଅଶେଷ କଲ୍ୟାଣ ସାଧିତ ହେଉ- ଏତିକି ବିଶ୍ୱରୂପା ବିଶ୍ୱେଶ୍ୱରୀ ଦେବୀ ଦୁର୍ଗାଙ୍କ ଶ୍ରୀ ଚରଣରେ ପ୍ରାର୍ଥନା-

"ପ୍ରଣତାନାଂ ପ୍ରସୀଦ ତ୍ୱଂ ଦେବି ବିଶ୍ୱାର୍ତ୍ତିହାରିଣି।
ତ୍ରୈଲୋକ୍ୟବାସିନାମୀଡ୍ୟେ ଲୋକାନାଂ ବରଦା ଭବ ॥"

(ଶ୍ରୀ ଶ୍ରୀ ଚଣ୍ଡୀ ୧୧-୩୫)

ଅର୍ଥାତ୍ ବିଶ୍ୱର ଦୁଃଖକୁ ଦୂର କରୁଥିବା ହେ ଦେବୀ! ଆମ୍ଭେ ତୁମ୍ଭର ଚରଣ ତଳେ ଆଶ୍ରିତ। ଆମ୍ଭ ଉପରେ ପ୍ରସନ୍ନ ହୁଅ। ତ୍ରିଲୋକ ନିବାସୀମାନଙ୍କ ପୂଜନୀୟା ହେ ପରମେଶ୍ୱରୀ! ସବୁ ଲୋକଙ୍କୁ ସେମାନଙ୍କ ମଙ୍ଗଳ ନିମନ୍ତେ ବରଦାନ ଦିଅ।

ବିଭିନ୍ନ ବାର ଅନୁଯାୟୀ
ଶ୍ରୀ ଶ୍ରୀ ସପ୍ତଶତୀ ଚଣ୍ଡୀ ପଠନର ଫଳାଫଳ

କ) ସୋମବାର ସପ୍ତଶତୀ ଚଣ୍ଡୀ ପାଠ କଲେ ଅମୋଘ ଫଳ ମିଳେ।

ଖ) ମଙ୍ଗଳବାର ଥରେ ପାଠ କଲେ ୧୦୮ ଥର ପାଠ କରିବାର ଫଳ ମିଳେ।

ଗ) ବୁଧବାର ପାଠ କଲେ ଏକଲକ୍ଷ ଦୁର୍ଗାପାଠର ଫଳ ପ୍ରାପ୍ତ ହୁଏ।

ଘ) ଗୁରୁବାର ପାଠ କରିବା ଦ୍ୱାରା ଏକଲକ୍ଷ ପଚିଶ ହଜାର ଥର ପାଠର ଫଳ ଲାଭ ହୁଏ।

ଙ) ଶୁକ୍ରବାର ଦିନ ପାଠ କଲେ ଦୁଇଲକ୍ଷ ପାଠର ଲାଭ ମିଳେ।

ଚ) ଶନିବାର ପାଠ ଦ୍ୱାରା ଅନନ୍ତ ଗୁଣ ଫଳ ପ୍ରାପ୍ତ ହୋଇଥାଏ।

ଛ) ରବିବାର ପାଠ ଫଳରେ ଭକ୍ତକୁ ନଅଥର ଦୁର୍ଗାପାଠର ଫଳାଫଳ ପ୍ରାପ୍ତ ହୋଇଥାଏ ବୋଲି ପ୍ରାଜ୍ଞମାନେ ମତପୋଷଣ କରିଥାନ୍ତି।

ଶାରଦୀୟ ନବରାତ୍ରରେ
କୁମାରୀ ପୂଜନର ପରମ୍ପରା

କୁମାରୀ ପୂଜନର ଶ୍ରେଷ୍ଠତ୍ୱ ପ୍ରତିପାଦିତ କରିବାକୁ ଯାଇ ଆମର ଶାସ୍ତ୍ରାଦି ମୁକ୍ତ କଣ୍ଠରେ ଏପରି ଉପାସନର ଭୂରି ଭୂରି ପ୍ରଶଂସା କରିଛନ୍ତି । ନବରାତ୍ର ଉପାସନାର ଅନ୍ୟତମ ବୈଶିଷ୍ଟ୍ୟ ରୂପେ କୁମାରୀ ପୂଜାକୁ ଗ୍ରହଣ କରାଯାଇଛି । 'ବୃହତ୍ ତନ୍ତ୍ରସାର'ରେ **"କୁମାରୀ ଯୋଗିନୀ ସାକ୍ଷାତ୍ କୁମାରୀ ପରଦେବତା"** ଅର୍ଥାତ୍ କୁମାରୀଙ୍କୁ ସାକ୍ଷାତ୍ ପରମ ଦେବତା ବା ଯୋଗିନୀ ରୂପେ ବର୍ଣ୍ଣନା କରାଯାଇଛି । (ପୃଷ୍ଠା ୬୪୪) ଠାକୁର ରାମକୃଷ୍ଣ ପରମହଂସ କୁମାରୀ ପୂଜନର ତାତ୍ପର୍ଯ୍ୟକୁ ଅତି ସୁନ୍ଦର ଭାବରେ ବିଶ୍ଳେଷଣ କରି କହିଛନ୍ତି "କୁମାରୀ ପୂଜା କାହିଁକି କରନ୍ତି ଜାଣ ? କାରଣ ପ୍ରତ୍ୟେକ ନାରୀ ଭଗବତୀଙ୍କର ଗୋଟିଏ ଗୋଟିଏ ରୂପ । ଶୁଦ୍ଧାତ୍ମା କୁମାରୀଠାରେ ଭଗବତୀଙ୍କର ପ୍ରକାଶ ବେଶୀ ମାତ୍ରାରେ ପ୍ରକଟିତ ।" ସେଥିପାଇଁ ବୋଧହୁଏ ଭାରତୀୟ ସଂସ୍କୃତିରେ ନାରୀମାନଙ୍କୁ ସର୍ବଶ୍ରେଷ୍ଠ ସମ୍ମାନ ପ୍ରଦାନ କରାଯାଇଥାଏ । **"ଯତ୍ର ନାର୍ଯ୍ୟସ୍ତୁ ପୂଜ୍ୟନ୍ତେ ରମନ୍ତେ ତତ୍ର ଦେବତାଃ..."** ଅର୍ଥାତ୍ ଯେଉଁଠି ନାରୀମାନଙ୍କର ପୂଜା (ସମ୍ମାନ) ହୁଏ ସେଠାରେ ଦେବତାମାନେ ଅବସ୍ଥାନ କରନ୍ତି । ଆଉ ଯେଉଁଠି ନାରୀମାନଙ୍କର ଅସମ୍ମାନ କରାଯାଏ ସେଠାରୁ ମହାଲକ୍ଷ୍ମୀ ରୁଷ୍ଟ ହୋଇ ଚାଲିଯାଆନ୍ତି (ମନୁସ୍ମୃତି) । **'ବିଦ୍ୟାଃ ସମସ୍ତାସ୍ତବ ଦେବି ଭେଦାଃ ସ୍ତ୍ରୀୟଃ ସମସ୍ତ ସକଳା ଜଗତ୍ସୁ ।"** (ଶ୍ରୀ ଶ୍ରୀ ଦୁର୍ଗାସପ୍ତଶତୀ ୧୧/୬) ଅର୍ଥାତ୍ ସମସ୍ତ 'ସ୍ତ୍ରୀ' ଏବଂ ସମସ୍ତ 'ବିଦ୍ୟା' ଦେବୀରୂପା ଅଟନ୍ତି ।**"ଗୃହେଷୁ ତନୟା ଭୂଷା... !"** ଅର୍ଥାତ୍ କନ୍ୟା ରୂପରେ ନାରୀ ଘରର ଶୋଭାବର୍ଦ୍ଧନ କରିଥାଏ । କନ୍ୟା ପୁତ୍ର ଅପେକ୍ଷା ଅଧିକ ଭାବନାଶୀଳ । ଅତଏବ ତାଠାରୁ ପ୍ରାପ୍ତ ହେଉଥିବା ସ୍ନେହ ପ୍ରୀତିର ମହତ୍ତ୍ୱ ବହୁ ଗୁଣ ଅଧିକ ।

କୁମାରୀ ସ୍ୱରୂପିଣୀ ଦେବୀ ମହାମାୟାଙ୍କର ବର୍ଣ୍ଣନା କରିବାକୁ ଯାଇ ଏକ ମନ୍ତ୍ରରେ କୁହାଯାଇଛି–

"କୁମାରୀଂ କମଳାରୂଢ଼ାଂ ତ୍ରିନେତ୍ରାଂ ଚନ୍ଦ୍ରଶେଖରାମ୍ ।
ତପ୍ତକାଞ୍ଚନବର୍ଣ୍ଣାଭାଂ ନାନାଲଙ୍କାରଭୂଷିତାମ୍ ॥

ରକ୍ତାମ୍ବର ପରିଧାନାଂ ରକ୍ତମାଲ୍ୟାନୁଲେପନାମ୍ ।
ବାମେନାଭୟଦାଂ ଧ୍ୟାୟେଦକ୍ଷିଣେନ ବରପ୍ରଦାମ୍ ।।"

ଅର୍ଥାତ୍ ଯେ 'ତ୍ରିନୟନୀ' ଯାହାଙ୍କର ମସ୍ତକ ଚନ୍ଦ୍ରଶୋଭିତ ଏବଂ ଦେହକାନ୍ତି ତପ୍ତକାଞ୍ଚନ ତୁଲ୍ୟ, ଯିଏ ନାନାବିଧ ଅଳଙ୍କାରରେ ବିଭୂଷିତା, ରକ୍ତବସ୍ତ୍ର ଓ ରକ୍ତମାଲ୍ୟ ପରିହିତା ଏବଂ ରକ୍ତ ଚନ୍ଦନାଦି ଦ୍ୱାରା ଯାହାଙ୍କର ଶରୀର ସୁଶୋଭିତ, ଯାହାଙ୍କର ବାମ ଓ ଦକ୍ଷିଣ ହସ୍ତଦ୍ୱୟ ଯଥାକ୍ରମେ ବର ଓ ଅଭୟ ପ୍ରଦାନ କରିବା ପାଇଁ ପ୍ରସାରିତ- ସେହି ପଦ୍ମାସନା କୁମାରୀଙ୍କୁ ଧ୍ୟାନ କରିବ । ଉପରୋକ୍ତ ଆଲୋଚନାରୁ ଦେବୀ ସ୍ୱରୂପା ମାତୃସ୍ୱରୂପା ଓ ଶକ୍ତିସ୍ୱରୂପା ନାରୀ ସମ୍ପର୍କରେ ଭାରତୀୟ ବୈଦିକ ସଂସ୍କୃତିର ଉଦାତ୍ତ ପରିକଳ୍ପନା ବେଶ୍ ହୃଦ୍‌ବୋଧ ହୁଏ । ଅତଏବ କୁମାରୀମାନେ ମାଆ ଭଗବତୀଙ୍କର ପ୍ରତ୍ୟକ୍ଷ ବିଗ୍ରହ ଅଟନ୍ତି ଏହା ନିଃସନ୍ଦେହ । ଏଣୁ ହିନ୍ଦୁ ସଂସ୍କୃତିର ମୂଳଭୂତ ସିଦ୍ଧାନ୍ତ ଅନୁଯାୟୀ କୁମାରୀ ପୂଜନ ଦ୍ୱାରା ଇହଲୌକିକ ଏବଂ ପରଲୌକିକ କଲ୍ୟାଣ, ଧନଧାନ୍ୟ ଗୋପଲକ୍ଷ୍ମୀ ତଥା ଚତୁର୍ବର୍ଗ ଫଳପ୍ରାପ୍ତି ସହ ସକଳ ମନୋବାଞ୍ଛା ପୂର୍ଣ୍ଣ ହୋଇଥାଏ ବୋଲି ବିଶ୍ୱାସ ରହିଛି । ନିଷ୍ଠାର ସହ ଏହା ପାଳନ କରାଯାଇ ପାରିଲେ ଏତଦ୍ୱାରା ଶକ୍ତି ଉପାସନାର ସକଳ ସାର୍ଥକତା ପ୍ରାପ୍ତି ସମ୍ଭବ ହୁଏ ।

ଏଣୁ ଭାରତର ବିଭିନ୍ନ ପ୍ରସିଦ୍ଧ ଶକ୍ତିପୀଠ ମାନଙ୍କରେ ଦେବୀଙ୍କୁ କୁମାରୀ ରୂପରେ ପୂଜନ କରାଯିବାର ପରମ୍ପରା ବିଦ୍ୟମାନ ରହିଛି । ଭାରତର ଶେଷ ପ୍ରାନ୍ତରେ ଅବସ୍ଥିତ କୁମାରିକା ଅନ୍ତରୀପ ସ୍ଥିତ ଦେବୀ କନ୍ୟାକୁମାରୀଙ୍କ ମନ୍ଦିର ଏ ଦୃଷ୍ଟିରୁ ବିଶେଷ ପ୍ରସିଦ୍ଧ ଅଟେ । ଏଠାରେ ଦେବୀ ମହାମାୟା ଚିର କୁମାରୀ ରୂପେ ବିରାଜିତା । ହିନ୍ଦୁ ରାଷ୍ଟ୍ର ନେପାଳରେ କୁମାରୀ ପୂଜନର ସାମାଜିକ ମହତ୍ତ୍ୱ ସର୍ବବିଦିତ ଅଟେ । ଆସାମର କାମରୂପ ସ୍ଥିତ ପ୍ରସିଦ୍ଧ ତନ୍ତ୍ରପୀଠ କାମାକ୍ଷା ଦେବୀଙ୍କ ମନ୍ଦିରରେ ମହାମାୟାଙ୍କର କୁମାରୀ ପୂଜା ବିଷୟରେ କିଏ ବା ନଜାଣେ । ସେହିପରି ଭୁଟାନ୍, ସିକିମ୍ ଆଦି ସ୍ଥାନରେ କୁମାରୀ ପୂଜନର ମହତ୍ତ୍ୱ ସାମାଜିକ ସ୍ତରରେ ପରମ୍ପରା କ୍ରମେ ସ୍ୱୀକୃତ । ଏମିତି ଭାବେ ବିଶ୍ଳେଷଣ କଲେ ସାରା ଦେଶର ପ୍ରତ୍ୟେକ କୋଣ ଅନୁକୋଣରେ ଦେବୀସ୍ୱରୂପା କୁମାରୀ ପୂଜନ ପରମ୍ପରା ଅତ୍ୟନ୍ତ ପ୍ରାଚୀନ ଏବଂ ବହୁ ବ୍ୟାପକ ବୋଲି ହୃଦ୍‌ବୋଧ ହୋଇଥାଏ । ଏଣୁ **"କୁମାରୀଂ ପୂଜୟିତ୍ୱା ତୁ ଧ୍ୟାତ୍ୱା ଦେବୀଂ ସୁରେଶ୍ୱରୀମ୍ ।"** ଅର୍ଥାତ୍ କୁମାରୀ ପୂଜନ ଏବଂ ଦେବୀ ସୁରେଶ୍ୱରୀଙ୍କୁ

ଧ୍ୟାନ କରି ପରାଭକ୍ତି ସହିତ ତାଙ୍କର ପୂଜା କରିବା ଉଚିତ୍ ବୋଲି ଶାସ୍ତ୍ରୋକ୍ତ ମତ ଅଟେ।

ଉପନିଷଦରେ ପରମେଶ୍ୱରୀ ମହାମାୟାଙ୍କୁ "ତୁମେ ନାରୀ, ତୁମେ ନର, ତୁମେ କୁମାର ଓ ତୁମେ ହିଁ କୁମାରୀ" ବୋଲି ବର୍ଣ୍ଣନା କରାଯାଇଛି: **"ତ୍ୱଂ ସ୍ତ୍ରୀ ତ୍ୱଂ ପୁନମାନସି ତ୍ୱଂ କୁମାର ଉତ ବା କୁମାରୀ।"** (ଶ୍ୱେତାଶ୍ୱତର ଉପନିଷଦ ୪/୩) ସେହିପରି ତୈତ୍ତିରୀୟ ଆରଣ୍ୟକ (୧୦-୨-୩୪)ରେ **"କାତ୍ୟାୟନାୟ ବିଦ୍ମହେ କନ୍ୟାକୁମାରୀ ଧୀମହି ତନ୍ନୋ ଦୁର୍ଗଃ ପ୍ରଚୋଦୟାତ୍।"** ଅର୍ଥାତ୍ ହେ ମାତା ଦୁର୍ଗେ, ତୁମେ ହିଁ କନ୍ୟା ଓ ତୁମେ ହିଁ କୁମାରୀ- ଏ ରୂପେ ବର୍ଣ୍ଣନା କରାଯାଇଛି। ଆମେ କାତ୍ୟାୟନୀଙ୍କୁ ଜାଣିବା ନିମିତ୍ତ ତୁମକୁ ଧ୍ୟାନ କରୁଛୁ। ଶୁଭ କର୍ମରେ ପ୍ରବୃତ୍ତ ହେବା ନିମିତ୍ତ ଆମକୁ ପ୍ରେରିତ କର। ଏଥିରୁ ଦେବୀଙ୍କର କୁମାରୀ ନାମର ପ୍ରାଚୀନତା ସମ୍ପର୍କରେ ସମ୍ୟକ୍ ଅନୁମାନ କରାଯାଇପାରେ।

ନାରୀ ମାତ୍ରକେ ମହାମାୟାଙ୍କର ପ୍ରତ୍ୟକ୍ଷ ରୂପ ହୋଇଥିବାରୁ ଆଶ୍ୱିନ ଶୁକ୍ଳ ପ୍ରତିପଦା ଠାରୁ ନବମୀ ପର୍ଯ୍ୟନ୍ତ ନଅଦିନ ବ୍ୟାପି ପାଳିତ ହେଉଥିବା ନବରାତ୍ର ଉପାସନାର ମହତ୍ତ୍ୱପୂର୍ଣ୍ଣ ବୈଶିଷ୍ଟ୍ୟ ହେଉଛି କୁମାରୀ ପୂଜନ। ସେଇପରି ଚୈତ୍ର ଶୁକ୍ଳ ପ୍ରତିପଦାରୁ ନବମୀ ପର୍ଯ୍ୟନ୍ତ ନଅଦିନକୁ ମଧ୍ୟ 'ବାସନ୍ତୀକ ନବରାତ୍ର' ବୋଲି କୁହାଯାଏ। ଏହି ଉପାସନାରେ ଉପବାସ, ଘଟସ୍ଥାପନ, ଚଣ୍ଡୀପାଠ, କୁମାରୀ ପୂଜନ, ହୋମଜପ ଆଦି ଅନୁଷ୍ଠିତ ହୋଇ ଦଶମୀ ଦିନ ମୂର୍ତ୍ତି/ଘଟ ବିସର୍ଜନ କରାଯାଇଥାଏ। ଶାସ୍ତ୍ରାନୁଯାୟୀ **"ସର୍ବ ସ୍ତ୍ରୀ ନିଳୟା ଜଗଦମ୍ବାମୟଂ ପଶ୍ୟ ସ୍ତ୍ରୀ ମାତ୍ରଂ ବିଶେଷତଃ।"** ଅର୍ଥାତ୍ ସ୍ତ୍ରୀ ମାତ୍ରକେ ମାଆ ଜଗଦମ୍ବାଙ୍କର ଚଳନ୍ତି ବିଗ୍ରହ ହୋଇଥିବାରୁ ସେମାନଙ୍କୁ ସେଇ ରୂପରେ ସମ୍ମାନିତ କରାଯିବା ଉଚିତ ବୋଲି ନିର୍ଦ୍ଦେଶ ଦିଆଯାଇଛି। ପୁଣି ତନ୍ତ୍ରରେ କୁହାଯାଇଛି:

"ହୋମାଦିକଂ ହି ସକଳ କୁମାରୀପୂଜନଂ ବିନା।
ପରିପୂର୍ଣ୍ଣଫଳଂ ନ ସ୍ୟାତ୍ ପୂଜୟା ତଦ୍ ଭବେଦ୍ଧ୍ରୁବମ୍ ॥
କୁମାରୀପୂଜୟା ଦେବି ଫଳଂ କୋଟିଗୁଣଂ ଭବେତ୍।
ପୁଷ୍ପଂ କୁମାର୍ଯ୍ୟୈ ଯଦ୍ଦତ୍ତଂ ତନ୍ମେରୁ ସଦୃଶଂ ଫଳମ୍।
କୁମାରୀ ଭୋଜିତା ଯେନ ତ୍ରୈଲୋକ୍ୟଂ ତେନ ଭୋଜିତମ୍ ॥"

(ଅର୍ଥାତ୍ କୁମାରୀ ପୂଜା ବିନା ହୋମାଦି କର୍ମ ପୂର୍ଣ୍ଣଫଳ ପ୍ରଦାନ କରନ୍ତି ନାହିଁ। କୁମାରୀ ପୂଜା ସହ ଏଗୁଡ଼ିକ ଅନୁଷ୍ଠିତ ହେଲେ ତାହା କୋଟିଗୁଣ ଫଳ ପ୍ରଦାନ କରିଥାଏ। କୁମାରୀଙ୍କୁ ଗୋଟିଏ ପୁଷ୍ପ ଦାନ କଲେ ସୁମେରୁ ପରିମାଣ ଫଳ ମିଳିଥାଏ। କୁମାରୀଙ୍କୁ ଭୋଜନ କରାଇଲେ ସମସ୍ତ ତ୍ରିଲୋକବାସୀଙ୍କୁ ଭୋଜନ କରାଇବା ସହ ସମତୁଲ ହୁଏ।) ଏହିପରି ତନ୍ତ୍ରରେ କୁମାରୀ ପୂଜନର ମହତ୍ତ୍ୱ ପ୍ରତିପାଦିତ କରାଯାଇଛି। ଏଣୁ ଆଶ୍ୱିନ ଶୁକ୍ଳ ପ୍ରତିପଦ ଠାରୁ ନବମୀ ପର୍ଯ୍ୟନ୍ତ ବିଭିନ୍ନ ବୟସର କୁମାରୀ କନ୍ୟାମାନଙ୍କୁ ବସ୍ତ୍ରାଳଙ୍କାର ଓ ଗନ୍ଧାଦି ପୁଷ୍ପ ଦ୍ୱାରା ପୂଜନ ସହ ବହୁବିଧ ଭୋଜନରେ ଆପ୍ୟାୟିତ କରାଯାଏ। ଭୋଜନ ସହ ପାୟସ ପ୍ରଦାନ କଲେ ବିଶେଷ ପୁଣ୍ୟ ମିଳେ ବୋଲି କୁହାଯାଇଛି। ଏକରୁ ଷୋଳ ବର୍ଷ ପର୍ଯ୍ୟନ୍ତ ଋତୁମତୀ ହୋଇ ନଥିବା କନ୍ୟାମାନଙ୍କୁ ପୂଜା କରାଯିବାର ବିଧି ରହିଛି। ବିଭିନ୍ନ ବୟସର କନ୍ୟାମାନଙ୍କୁ ଭିନ୍ନ ଭିନ୍ନ ନାମ ଏବଂ ଦେବୀ ଜ୍ଞାନରେ ପୂଜନ କରାଯିବାର ପରମ୍ପରା ଅଛି। ବଙ୍ଗ ଦେଶରେ ଏହି ପୂଜା ଖୁବ୍ ଆଡ଼ମ୍ବର ସହକାରେ ଅନୁଷ୍ଠିତ ହୋଇଥାଏ। ଏକବର୍ଷର କନ୍ୟାକୁ ସନ୍ଧ୍ୟା, ଦୁଇବର୍ଷିଆ କନ୍ୟାଙ୍କୁ ସରସ୍ୱତୀ, ତିନି ବର୍ଷ ବୟସର କନ୍ୟାଙ୍କୁ ତ୍ରିଧା, ଚାରିବର୍ଷ କନ୍ୟାକୁ କାଳିକା/କଲ୍ୟାଣୀ, ପାଞ୍ଚବର୍ଷ ବୟସର କନ୍ୟାକୁ ସୁଭଗା/ ରୋହିଣୀ, ଛଅବର୍ଷିଆ କନ୍ୟାକୁ ଉମା, ସପ୍ତମ ବର୍ଷିଆକୁ ମାଳିନୀ, ଅଷ୍ଟମ-କୁବ୍ଜିକା, ନବମ-କାଳସନ୍ଦର୍ଭା, ଦଶମ-ଅପରାଜିତା, ଏକାଦଶ-ରୁଦ୍ରାଣୀ, ଦ୍ୱାଦଶରେ-ଭୈରବୀ, ତ୍ରୟୋଦଶରେ-ମହାଲକ୍ଷ୍ମୀ, ଚତୁର୍ଦ୍ଦଶ-ପୀଠନାୟିକା, ପଞ୍ଚଦଶରେ-କ୍ଷେତ୍ରଜ୍ଞ, ଷୋଡ଼ଶ ବର୍ଷିଆ କନ୍ୟାକୁ ଅମ୍ବିକା ନାମରେ ପୂଜା କରାଯାଏ। ଅବଶ୍ୟ କେତେକ ଶାସ୍ତ୍ରରେ ଏ ଦୃଷ୍ଟିରୁ କିଞ୍ଚିତ ମତ ଭିନ୍ନତା ଦୃଷ୍ଟିଗୋଚର ହୋଇଥାଏ।

ସାଧାରଣତଃ ନବରାତ୍ରର ସପ୍ତମୀ, ଅଷ୍ଟମୀ ଓ ନବମୀ- ଏହି ତିନିଦିନ ଯାକ ଅଥବା ଏହା ମଧ୍ୟରୁ କୌଣସି ବି ଦିନ କୁମାରୀ ପୂଜନ କରାଯାଇଥାଏ। ପୂଜାଦିନ କୁମାରୀମାନଙ୍କୁ ପ୍ରାତଃସ୍ନାନ କରାଇ ନୂତନ ବସ୍ତ୍ର ପିନ୍ଧାଇ ଦିଆଯାଏ। ନାନାବିଧ ଅଳଙ୍କାର ସହ ପାଦରେ ଅଳତା, କପାଳରେ ସିନ୍ଦୂର, ହସ୍ତରେ ସୁନ୍ଦର ପୁଷ୍ପମାନ ଦିଆଯାଏ। କୁମାରୀମାନଙ୍କୁ ସୁସଜ୍ଜିତ ମଣ୍ଡପରେ ମନୋରମ ଆସନରେ ବସାଇ ସେମାନଙ୍କ ପାଦ ପାଖରେ ବେଲପତ୍ର, ଫୁଲ, ଫଳ, ନୈବେଦ୍ୟ ଏବଂ

ପୂଜା ପାଇଁ ଉଦ୍ଦିଷ୍ଟ ବହୁବିଧ ଉପଚାରମାନ ସଜାଇ ରଖାଯାଏ। ପାଦ୍ୟ, ଅର୍ଘ୍ୟ, ଧୂପ, କୁଙ୍କୁମ ଓ ଚନ୍ଦନ ଆଦି ଅର୍ପଣ ସହ ଭକ୍ତିପୂତ ଭାବରେ କୁମାରୀମାନଙ୍କୁ ପୂଜନ କରାଯାଏ। ଏଣୁ କୁହାଯାଇଛି:

"ପାଦ୍ୟ ମର୍ଘ୍ୟଂ ତଥା ଧୂପଂ କୁଙ୍କୁମଂ ଚନ୍ଦନଂ ଶୁଭମ୍।
ଭକ୍ତିଭାବେନ ସଂପୂଜ୍ୟ କୁମାରୀଭ୍ୟୋ ନିବେଦୟେତ୍ ॥"

କୁମାରୀ ପୂଜା ସକାଶେ ଦୁଇ ହସ୍ତରେ ପୁଷ୍ପାଞ୍ଜଳି ଧାରଣ ପୂର୍ବକ ନିମ୍ନ ମନ୍ତ୍ରରେ ତାହା ଅର୍ପଣ କରାଯାଏ।

"ମନ୍ତ୍ରାକ୍ଷର-ମୟୀଲକ୍ଷ୍ମୀଂ, ମାତୃଣାଂରୂପ-ଧାରିଣୀଂ।
ନବଦୁର୍ଗାତ୍ମିକାଂ ସାକ୍ଷାତ୍, କନ୍ୟାମାବାହୟାମ୍ୟହଂ ॥
ଜଗତ ପୂଜ୍ୟେ ଜଗତବନ୍ଦ୍ୟେ, ସର୍ବଶକ୍ତି ସ୍ୱରୂପିଣୀ।
ପୂଜାଗୃହାଣ କୌମାରି ଜଗନ୍ମାତର୍ନମୋଽସ୍ତୁତେ ॥"

ମେରୁତନ୍ତ୍ର ଅନୁଯାୟୀ ବ୍ରାହ୍ମଣ କୁମାରୀ ପୂଜନ କଲେ ସର୍ବଇଷ୍ଟ, କ୍ଷତ୍ରିୟ କୁମାରୀ ପୂଜନ ଫଳରେ ଯଶ, ବୈଶ୍ୟ କୁମାରୀ ପୂଜା କଲେ ଧନ ତଥା ଶୁଦ୍ର କୁମାରୀ ପୂଜା ଦ୍ୱାରା ପୁତ୍ରଲାଭ ସମ୍ଭବ ହୋଇଥାଏ। ବିପତ୍ତିରୁ ଉଦ୍ଧାର ନିମନ୍ତେ ଅନ୍ତ୍ୟଜା କୁମାରୀ ପୂଜା ବାଞ୍ଛିତ ଫଳ ପ୍ରଦାନ କରିଥାଏ- (ସ୍କନ୍ଦପୁରାଣ) କୁମାରୀ ପୂଜା ସମ୍ବନ୍ଧରେ ବଡ଼ବାଳନୀୟ ତନ୍ତ୍ର, ଯାମଳ ତନ୍ତ୍ର ଆଦିରେ ସାମାନ୍ୟ ମତ ଭିନ୍ନତା ସତ୍ତ୍ୱେ ଏହି ଉପାସନାର ଶ୍ରେଷ୍ଠତ୍ୱ ବିଷୟଟି ଉଲ୍ଲେଖ କରିବା ଦିଗରେ ଏହି ଶାସ୍ତ୍ରମାନେ ସମସ୍ତେ ଯେ ଶତଜିହ୍ୱ ଏଥିରେ ସନ୍ଦେହର ଅବକାଶ ନାହିଁ।

କୁମାରୀ ପୂଜନ ପରେ ଅଭୀଷ୍ଟ ସିଦ୍ଧି ନିମନ୍ତେ ପ୍ରାର୍ଥନା କରାଯାଏ-

"ବାଳରୂପାଞ୍ଚ ତ୍ରୈଲୋକ୍ୟସୁନ୍ଦରୀଂ ବରବର୍ଣ୍ଣିନୀମ୍।
ନାନାଲଙ୍କାର ନମ୍ରାଙ୍ଗୀଂ ଭଦ୍ରବିଦ୍ୟା ପ୍ରକାଶିନୀମ୍ ॥
ଚାରୁହାସ୍ୟାଂ ମହାନନ୍ଦହୃଦୟାଂ ଶୁଭଦାଂ ଶୁଭାମ୍।
ଧ୍ୟାୟେତ୍ କୁମାରୀଂ ଜନନୀଂ ପରମାନନ୍ଦରୂପିଣୀମ୍ ॥...."

ଆଦି ମନ୍ତ୍ରରେ କୁମାରୀ ସ୍ୱରୂପା ମହାମାୟାଙ୍କୁ ଧ୍ୟାନ କରିବାର ବିଧି ରହିଛି। ଯାହାର ଅର୍ଥ ହେଉଛି, ହେ ତ୍ରିଲୋକ ଶ୍ରେଷ୍ଠା ସୁନ୍ଦରୀ, ଉତ୍କୃଷ୍ଟ ବର୍ଣ୍ଣ ଧାରିଣୀ ବାଳିକା ମୂର୍ତ୍ତି, ଯାହାଙ୍କର ଅଙ୍ଗ ନାନାବିଧ ଅଳଙ୍କାରରେ ଆଚ୍ଛାଦିତ, ଯିଏ କଲ୍ୟାଣ

କର ବିଦ୍ୟାର ପ୍ରକାଶ କାରିଣୀ, ମନୋହର ହାସ୍ୟଯୁକ୍ତା, ମହାନନ୍ଦମୟୀ, ମଙ୍ଗଳଦାୟିନୀ ମଙ୍ଗଳମୟୀ, ପରମାନନ୍ଦ ସ୍ୱରୂପିଣୀ କୁମାରୀ ରୂପୀ ହେ ଜଗଦ୍‌ଜନନୀ। ତୁମେ ହିଁ ଧ୍ୟାନ ଯୋଗ୍ୟା।

ଏହିପରି ଧ୍ୟାନ ଏବଂ ସ୍ତବ ଏକଦା ଦେବତାମାନେ ସମ୍ମିଳିତ ଭାବେ ଦେବୀଙ୍କ ଉଦ୍ଦେଶ୍ୟରେ କରିଥିଲେ, ଶ୍ରୀରାମଚନ୍ଦ୍ରଙ୍କୁ ରାବଣ ବଧ ନିମିତ୍ତ ଆଶୀର୍ବାଦ କରିବା ପାଇଁ। ଦେବତାମାନଙ୍କ ଭକ୍ତିରେ ସନ୍ତୁଷ୍ଟ ହୋଇ ଦେବୀ ସେଦିନ କୁମାରୀ ରୂପରେ ଆବିର୍ଭୂତା ହୋଇଥିଲେ। ଏହାର ବର୍ଣ୍ଣନ କରି ବୃହଦ୍ଧର୍ମ ପୁରାଣରେ କୁହାଯାଇଛି: **"କନ୍ୟାରୂପେଣ ଦେବନାମଗ୍ରତୋ ଦର୍ଶନଂ ଦଦୌ।"** (ପୂର୍ବଖଣ୍ଡ ୨୧/୬୨) ସେହି କନ୍ୟାରୂପୀ ଦେବୀଙ୍କ ନିର୍ଦ୍ଦେଶରେ ଦେବତାମାନେ ବ୍ରହ୍ମାଙ୍କ ସହ ପୃଥିବୀ ପୃଷ୍ଠକୁ ଆଗମନ କରି ଏକ ନିର୍ଜ୍ଜନ ସ୍ଥାନରେ ସ୍ଥିତ ବିଲ୍ୱବୃକ୍ଷର ଶାଖାରେ ନିଦ୍ରିତ ଥିବା ସୁନ୍ଦରୀ କୁମାରୀ ରୂପୀ ମହାମାୟାଙ୍କୁ ଦର୍ଶନ କଲେ ଏବଂ ସ୍ତୁତି ଦ୍ୱାରା ତାଙ୍କୁ ସନ୍ତୁଷ୍ଟ କରାଇଲେ। ନିମ୍ନୋକ୍ତ ଶ୍ଳୋକରୁ ଏହା ସୁସ୍ପଷ୍ଟ ହୁଏ।

"ତସ୍ୟୈକପତ୍ରେ ରୁଚିରେ ସୁଚାରୁବନମାଳିକାମ୍।
ନିଦ୍ରିତାଂ ତପ୍ତହେମାଭାଂ ବିମ୍ବୋଷ୍ଠୀତନୁମଧ୍ୟମାମ୍ ॥"...

ଏହି ସୁନ୍ଦରୀ କୁମାରୀ ଉଗ୍ରଚଣ୍ଡୀ ରୂପ ଧାରଣ କରି ସବଂଶ ରାବଣ ନିଧନର ପ୍ରତିଶ୍ରୁତି ରୂପୀ ବରଦାନ କରିଥିଲେ-

".... ନବମ୍ୟାଂ ପୂଜିତାହଂ ତୁ ବଳିଭିର୍ବିବିଧୈରପି।
ଅପରାହ୍ନେ ରଣେ ବୀରଂ ପାତୟିଷ୍ୟାମି ରାବଣମ୍ ॥"

(ଦେବୀପୁରାଣ)

ଅର୍ଥାତ୍ ନବମୀ ତିଥିରେ ବହୁବିଧ ଉପଚାର ପ୍ରଦାନ ପୂର୍ବକ ମୋର ପୂଜନ କରାଯିବା ଉଚିତ ଯଦ୍ୱାରା ମୁଁ ଅପରାହ୍ନରେ ସେଇ ବୀର ରାବଣକୁ ସଂହାର କରିବି।

ସେ ଯାହାହେଉ ନବରାତ୍ରର ଏଇଭଳି ଏକ ଅତି ଆଡ଼ମ୍ବରପୂର୍ଣ୍ଣ ଏବଂ ଆନନ୍ଦମୟ ତଥା ଆଧ୍ୟାତ୍ମିକତାପୂର୍ଣ୍ଣ ପାବନ ପରିବେଶରେ ବହୁବିଧ ଉପଚାର ଦ୍ୱାରା ପୂଜିତା ସାଧାରଣ କୁମାରୀମାନେ ପରମାରାଧ୍ୟା ସାକ୍ଷାତ ଦେବୀ ରୂପା ହୋଇ ପ୍ରତିଭାତ ହୁଅନ୍ତି। ଶ୍ରଦ୍ଧାଳୁ ଭକ୍ତମାନଙ୍କର ସ୍ୱୟଂସ୍ଫୂର୍ତ୍ତ ଜୟ ଜୟକାର

ମଧ୍ୟରେ ଜଗନ୍ମାତା ଆଦ୍ୟାଶକ୍ତି ମାଆ ଜଗଦମ୍ବାଙ୍କର ପୂଜା ସମ୍ପନ୍ନ ହୁଏ । ଆଜି ଯେତେବେଳେ ପାଶ୍ଚାତ୍ୟର ଭୌତିକତାବାଦ ତଥା ବଜାରବାଦୀ ସଭ୍ୟତାର କଷାଘାତରେ ଆମର ସମାଜ ଜୀବନ ଜର୍ଜରିତ, ନାରୀ ନିର୍ଯ୍ୟାତନା ଏବଂ କନ୍ୟାଭ୍ରୁଣ ହତ୍ୟା ପରି ଜଘନ୍ୟ ସମସ୍ୟା ଦ୍ୱାରା ସମଗ୍ର ପରିବେଶ କଳୁଷିତ ଓ ଅତିଷ୍ଠ ଠିକ୍ ସେଇ ସମୟରେ 'କୁମାରୀ ପୂଜନ' ମାଧ୍ୟମରେ ମହାମାୟା ମାଆ ଜଗଦମ୍ବାଙ୍କର ଭକ୍ତିପୂତ ଆରାଧନା, ବ୍ୟକ୍ତି ବ୍ୟକ୍ତିଙ୍କୁ ଏକ ଦିବ୍ୟ-ସନାତନ-ସ୍ୱର୍ଗୀୟ-ଶାଶ୍ୱତ ମାର୍ଗଦର୍ଶନ କରାଇବାରେ ଯେ ସକ୍ଷମ ହେବ ଏଥିରେ ତିଳେମାତ୍ର ସନ୍ଦେହର ଅବକାଶ ନାହିଁ । ଆଜି ଶାରଦୀୟ ଦୁର୍ଗୋତ୍ସବର ପାବନ ମୁହୂର୍ତ୍ତରେ ଏତିକି କାମନା ।

ନବରାତ୍ରରେ କୁମାରୀ ପୂଜା ଫଟୋ (ପୃ.୨୨୭)

ନବଜୀବନ ପ୍ରଦାନକାରୀ ପର୍ବ: ନବରାତ୍ର

ଶରତ ଋତୁର ଆଗମନରେ ପ୍ରକୃତି ରାଣୀ ହୁଏ ସୌନ୍ଦର୍ଯ୍ୟ ବିମଣ୍ଡିତ। ପଞ୍ଚଭୂତାତ୍ମକ ସୃଷ୍ଟିର କାରଣ ରୂପୀ ମହାମାୟା ଦୁର୍ଗାଙ୍କର ପୂଜନ ସକାଶେ ସମଗ୍ର ବିଶ୍ୱ ହୋଇ ଉଠେ ଚଳଚଞ୍ଚଳ। ଏଣୁ ଜଗଜ୍ଜନନୀଙ୍କ ଆଗମନୀ ଉପଲକ୍ଷେ ଭକ୍ତି ନିବେଦନ କରି ଶାସ୍ତ୍ରମାନେ ସ୍ତୁତି କରନ୍ତି:

"ପ୍ରସୀଦ ପ୍ରପଞ୍ଚସ୍ୱରୂପେ ପ୍ରଧାନେ
ପ୍ରକୃତ୍ୟାତ୍ମିକେ ପ୍ରାଣୀନାଂ ପ୍ରାଣସଂଜ୍ଞେ।
ପ୍ରଣୋତୁ ପ୍ରଭୋ ପ୍ରାରଭେ ପ୍ରାଞ୍ଜଲିସ୍ତ୍ୱାଂ
ପ୍ରକୃତ୍ୟାହପ୍ରତର୍କ୍ୟ ପ୍ରକାମ ପ୍ରବୃତ୍ତେ ।।" (ପ୍ରପଞ୍ଚ ସାରତନ୍ତ୍ର)

ଅର୍ଥାତ୍ ଏଠାରେ ମହାମାୟା ଶକ୍ତି ପ୍ରପଞ୍ଚ ସ୍ୱରୂପ ରୂପେ ବର୍ଣ୍ଣିତ। ଯାହାର ଅର୍ଥ ଦେବୀଶକ୍ତି ହେଉଛନ୍ତି ସ୍ଥୁଳ ପଞ୍ଚମହାଭୂତାତ୍ମକ ବିଶ୍ୱର କାରଣ। ସେ ବିଶ୍ୱୋଦରୀ, ପ୍ରକୃତ୍ୟାତ୍ମିକା ଓ ଅଚିନ୍ତ୍ୟ ଅଟନ୍ତି। ତାଙ୍କୁ ପ୍ରଣାମ କରାଯାଇଛି।

ଶରତ ଋତୁରେ ହେଉଥିବା ମାଆ ଜଗଜ୍ଜନନୀଙ୍କର ପୂଜା କାଳକୁ ନବରାତ୍ରି ରୂପେ ଅଭିହିତ କରାଯାଏ। ଏମିତି ନବରାତ୍ରି ବର୍ଷ ମଧ୍ୟରେ ଚାରିବାର ପଡ଼ିଥାଏ। ଚୈତ୍ର, ଆଷାଢ଼, ଆଶ୍ୱିନ ଓ ମାଘ ମାସରେ ନବରାତ୍ରି ମାନ ପଡ଼େ। କିନ୍ତୁ ଆଶ୍ୱିନ ଏବଂ ଚୈତ୍ର ମାସର ନବରାତ୍ରି, ଦେବୀମାତାଙ୍କ ପୂଜା ପାଇଁ ପ୍ରସିଦ୍ଧ ଅଟେ। ଏହାକୁ ଯଥାକ୍ରମେ ଶାରଦୀୟ ଏବଂ ବାସନ୍ତିକ ନବରାତ୍ର ନାମରେ ନାମିତ କରାଯାଏ। ଶାରଦୀୟ ନବରାତ୍ର ଆଶ୍ୱିନ ଶୁକ୍ଳ ପ୍ରତିପଦାରୁ ଆରମ୍ଭ କରି ନଅଦିନ ବ୍ୟାପି ଶକ୍ତି ଉପାସନାର ପର୍ବ ରୂପେ ସାରା ଦେଶରେ ପାଳିତ ହୁଏ। ନବରାତ୍ରିର ପବିତ୍ର ଅବସରରେ ନବଦୁର୍ଗା ଅଥବା ମାଆ ଦୁର୍ଗାଙ୍କର ନଅଗୋଟି ସ୍ୱରୂପର ପୂଜନ କରାଯାଏ। ମାଆଙ୍କର ନଅ ସ୍ୱରୂପକୁ ଶାସ୍ତ୍ରକାରମାନେ ଯଥାକ୍ରମେ ଶୈଳୀପୁତ୍ରୀ, ବ୍ରହ୍ମଚାରିଣୀ, ଚନ୍ଦ୍ରଘଣ୍ଟା, କୁଷ୍ମାଣ୍ଡା, ସ୍କନ୍ଦମାତା, କାତ୍ୟାୟନୀ, କାଳରାତ୍ରି, ମହାଗୌରୀ ଓ ସିଦ୍ଧିଦାତ୍ରୀ ରୂପେ ବର୍ଣ୍ଣନା କରିଛନ୍ତି। ଦେବତାମାନଙ୍କ

କାର୍ଯ୍ୟ ପୂରଣ କରିବା ନିମନ୍ତେ ସେ ବିଭିନ୍ନ ରୂପରେ ଆବିର୍ଭୂତା ହୁଅନ୍ତି। **(ଏକୋଽହଂ ବହୁ ସ୍ୟାମ୍।):"ନିତ୍ୟୈବ ସା ଜଗନ୍ମୂର୍ତ୍ତିସ୍ତୟା ସର୍ବମିଦଂ ତତମ୍॥"**

ତଥାପି ତତ୍ସମୁତ୍ପତ୍ତିର୍ବହୁଧା ଶ୍ରୂୟତାଂ ମମ।

ଦେବାନାଂ କାର୍ଯ୍ୟସିଦ୍ଧ୍ୟର୍ଥମାବିର୍ଭବତି ସା ଯଦା॥

(ଶ୍ରୀଶ୍ରୀ ଦୁର୍ଗାସପ୍ତଶତୀ, ୧/୬୪-୬୫)

ଅର୍ଥାତ୍ - ପ୍ରକୃତରେ ସେହି ଦେବୀ ନିତ୍ୟସ୍ୱରୂପା ଅଟନ୍ତି। ସମସ୍ତ ଜଗତ ତାଙ୍କର ରୂପ ଅଟେ ତଥା ସେ ସମସ୍ତ ବିଶ୍ୱକୁ ବ୍ୟାପ୍ତ କରି ରଖିଛନ୍ତି। ତଥାପି ତାଙ୍କର ପ୍ରାକଟ୍ୟ ଅନେକ ପ୍ରକାର ହୁଏ। ସେ ନିତ୍ୟ ଓ ଅଜନ୍ମା ହେଲେ ମଧ୍ୟ ଦେବତା ମାନଙ୍କ କାର୍ଯ୍ୟସିଦ୍ଧି ନିମନ୍ତେ ବହୁ ସ୍ୱରପରେ ଆବିର୍ଭୂତ ହୁଅନ୍ତି। ସେ ହେଉଛନ୍ତି ଶକ୍ତି ସ୍ୱରୂପିଣୀ। ସମଗ୍ର ସୃଷ୍ଟିର ଅଣୁ ପରମାଣୁ ପର୍ଯ୍ୟନ୍ତ ସମସ୍ତେ ତାଙ୍କ ଠାରୁ ଶକ୍ତି ପ୍ରାପ୍ତ କରିଥାନ୍ତି। ଏପରିକି ସ୍ୱୟଂ ସୃଷ୍ଟିକର୍ତ୍ତା ଭଗବାନ ଶିବ ମଧ୍ୟ ତାଙ୍କ ଠାରୁ ଶକ୍ତି ପ୍ରାପ୍ତ ନହେଲେ ଶବରେ ପରିଣତ ହୁଅନ୍ତି। ଏଣୁ କୁହାଯାଇଛି: **"ଶିବୋଽପି ଶବତାଂ ଜାତି ତୟାଶକ୍ତ୍ୟା ବିବର୍ଜିତଃ।"** ଏଥିପାଇଁ ଶାସ୍ତ୍ରମାନେ ତାଙ୍କ ବର୍ଣ୍ଣନାରେ ବିଭୋର ହୋଇ କହି ଉଠିଛନ୍ତି:

"ଜଳେ ଶୀତଳତ୍ୱଂ ଶୁଚୌ ଦାହକତ୍ୱଂ ବିଧୌଃ।

ନିର୍ମଳତ୍ୱଂ ରବୌ ତାପକତ୍ୱଂ, ତ୍ୱମେକାମ୍ବିକେ ଯସ୍ୟ।

କସ୍ୟାପି ଶକ୍ତିଃ ତ୍ୱମେକା ପରଂବ୍ରହ୍ମ ରୂପେଣ ସିଦ୍ଧାଃ ॥"

ଅର୍ଥାତ୍ ଜଳର ଶୀତଳତା, ଅଗ୍ନିର ଦାହକତା, ଚନ୍ଦ୍ରର ନିର୍ମଳତା, ସୂର୍ଯ୍ୟଙ୍କର ପ୍ରଖରତା ରୂପକ ଶକ୍ତି ହିଁ ତୁମେ। ତୁମେ ହିଁ ପରଂବ୍ରହ୍ମ ସ୍ୱରୂପିଣୀ ଜଗନ୍ମାତା ଆଦ୍ୟାଶକ୍ତି ସନାତନୀ ଦେବୀ ଅମ୍ବିକା।

ଆଶ୍ୱିନ ଶୁକ୍ଳ ପ୍ରତିପଦ ଠାରୁ ଆରମ୍ଭ କରି ନଅଦିନ ବ୍ୟାପି ପ୍ରତିଦିନ ମାଆଙ୍କ ଗୋଟିଏ ଗୋଟିଏ ସ୍ୱରୂପକୁ କ୍ରମ ଅନୁଯାୟୀ ପୂଜନ କରାଯାଏ। ନବରାତ୍ରିର ଏହି ନଅଦିନ ମଧ୍ୟରୁ ପ୍ରଥମ ତିନି ରାତ୍ରି ମାଆ ଜଗଜ୍ଜନନୀଙ୍କର ପୂଜନ ଦୁର୍ଗା/କାଳୀ ରୂପରେ କରାଯାଉଥିବା ବେଳେ ପରବର୍ତ୍ତୀ ତିନିରାତ୍ରି ତାଙ୍କୁ ଲକ୍ଷ୍ମୀ ରୂପରେ ଅର୍ଚ୍ଚନା କରାଯାଇଥାଏ ଏବଂ ଶେଷ ତିନି ରାତ୍ରି ତାଙ୍କର ଆରାଧନା ସରସ୍ୱତୀ ସ୍ୱରୂପରେ କରାଯାଏ। ମାଆ କାଳୀଙ୍କର ଉପାସନା ଆମ ମଧ୍ୟସ୍ଥ ଅପବିତ୍ର, କଳୁଷିତ ଏବଂ କାଳିମାଯୁକ୍ତ ପାଶବିକ ବିଚାରକୁ

ପ୍ରଶମିତ କରିଥାଏ। ସେଇପରି ମାଆ ଲକ୍ଷ୍ମୀଙ୍କର ଅର୍ଚ୍ଚନା ଆମକୁ ଆଧାତ୍ମିକ ତଥା ଭୌତିକ ସମ୍ପତ୍ତି ପ୍ରଦାନ କରି ଇହଲୌକିକ କଲ୍ୟାଣ ସାଧନ ନିମନ୍ତେ ସାହାଯ୍ୟ କରେ। ଆଉ ଶେଷ ତିନି ଦିନ ଦୁର୍ଗାଙ୍କୁ ମାଆ ସରସ୍ୱତୀ ସ୍ୱରୂପରେ ପୂଜନ କରାଯାଏ, ଯାହାକି ଜୀବନର ଚରମ ସଫଳତା ନିମିତ୍ତ ଆବଶ୍ୟକ ହେଉଥିବା ଜ୍ଞାନ, ପ୍ରଜ୍ଞା, ବିଦ୍ୟା, ବୁଦ୍ଧି ଆଦି ଐଶ୍ୱରୀୟ ଗୁଣମାନ ପ୍ରଦାନ କରିଥାଏ। ଅତଏବ ନବରାତ୍ରିରେ ମାଆ ଦୁର୍ଗାଙ୍କ ପୂଜନ, ମନୁଷ୍ୟ ସମାଜ ସାମ୍ନାରେ ଏକ ସର୍ବାଙ୍ଗ ଜୀବନ ଦର୍ଶନର ଉଜ୍ଜ୍ୱଳ କୀର୍ତ୍ତିସ୍ତମ୍ଭ ସ୍ଥାପନ କରେ। ଏ ସମସ୍ତ ଆଦର୍ଶ ଗୁଣମାନ ମାନବ ଜୀବନକୁ ସାର୍ଥକ କରି ଗଢ଼ି ତୋଳିବା ସଙ୍ଗେ ସଙ୍ଗେ ପରମ ପାବନ ଏବଂ ଶକ୍ତିଶାଳୀ କରିଥାଏ। ଏହା ମାନବ ଜୀବନର କାୟାକଳ୍ପ କରି ନବଜୀବନ ପ୍ରଦାନ କରୁଥିବାରୁ ଦୁର୍ଗାପୂଜାକୁ ଶକ୍ତି ଉପାସନା ରୂପେ ବର୍ଣ୍ଣନା କରାଯାଇଛି। ଦୁର୍ଗା ନାମର ଶ୍ରେଷ୍ଠତ୍ୱ ନିମ୍ନ ଶ୍ଳୋକରୁ ପ୍ରଣିଧାନ ଯୋଗ୍ୟ।

"ଦୈତ୍ୟନାଶାର୍ଥବଚନୋ ଦକାରଃ ପରିକୀର୍ତ୍ତିତଃ।
ଉକାରୋ ବିଘ୍ନନାଶସ୍ୟ ବାଚକୋ ବେଦସମ୍ମତଃ ॥
ରେଫୋ ରୋଗଘ୍ନବଚନୋ ଗଶ୍ଚ ପାପଘ୍ନବାଚକଃ।
ଭୟଶତ୍ରୁଘ୍ନବଚନଶ୍ଚାକାରଃ ପରିକୀର୍ତ୍ତିତଃ ॥
ସ୍ମୃତ୍ୟୁକ୍ତି ଶ୍ରବଣାଦ୍ ଯସ୍ୟାଃ ଏତେ ନଶ୍ୟନ୍ତିଃ ନିଶ୍ଚିତମ୍।
ତତୋ ଦୁର୍ଗା ହରେ ଶକ୍ତିଃ ହରିଣା ପରିକୀର୍ତ୍ତିତଃ ॥"

'ଦ'କାର ନର୍କର ଦ୍ୱାର ସ୍ୱରୂପ କାମ, କ୍ରୋଧ, ଲୋଭ, ମୋହାଦି ଦୁର୍ଗୁଣରୂପୀ ଦୈତ୍ୟ ଓ 'ଉ'କାର ବିଘ୍ନାଦି ନାଶ ନିମନ୍ତେ ଉଦ୍ଦିଷ୍ଟ ହୋଇଥିବା ବେଳେ 'ରେଫ୍'କାର ରୋଗନାଶକ ଓ 'ଗ'କାର ପାପ ହରଣକାରୀ ସତ୍ ପ୍ରେରଣା ପାଇଁ ଉଦ୍ଦିଷ୍ଟ ତଥା 'ଆ'କାର ଭୟ ଏବଂ ଶତ୍ରୁନାଶ ପୂର୍ବକ ତାହା ହାତରୁ ସୁରକ୍ଷା ପ୍ରଦାନ କରୁଥିବା କାରଣରୁ ଦେବୀମାତାଙ୍କୁ 'ଦୁର୍ଗା' ନାମରେ ଭୂଷିତ କରାଯାଇଛି। ଅର୍ଥାତ୍ ଦୈତ୍ୟ, ବିଘ୍ନ, ଭୟ ଓ ଶତ୍ରୁ କବଳରୁ ସୁରକ୍ଷା ଦେଉଥିବାରୁ ସେ ଦୁର୍ଗା ଅଟନ୍ତି। **"ଦୁର୍ଗଂ ନାଶୟତି ଯା ନିତ୍ୟଂ ସା ଦୁର୍ଗା ବା ପ୍ରକର୍ତ୍ତିତା।"** ଦୁର୍ଗ ନାମକ ଅସୁରକୁ ବିନାଶ କରିଥିବାରୁ ସେ ମଧ ଦୁର୍ଗା ନାମରେ ପ୍ରସିଦ୍ଧି ଲାଭ

କରିଛନ୍ତି । ପୁଣି ଦୁର୍ଗମାସୁରକୁ ଦେବୀ ବଧ କରିଥିଲେ ଏଣୁ ମଧ୍ୟ ସେ ଦୁର୍ଗା ରୂପେ ବିଖ୍ୟାତ ହୋଇଛନ୍ତି । ଏଥିପାଇଁ କୁହାଯାଇଛି:

"ତତ୍ରୈବ ଚ ବଧିଷ୍ୟାମି ଦୁର୍ଗମାଖ୍ୟଂ ମହାସୁରଂ ।
ଦୁର୍ଗା ଦେବୀତି ବିଖ୍ୟାତଂ ତନ୍ମେ ନାମ ଭବିଷ୍ୟତି ॥"

(ଶ୍ରୀ ଶ୍ରୀ ଚଣ୍ଡୀ ୧୧/୪୯-୫୦)

ନବରାତ୍ରିରେ ମାଆ ଦୁର୍ଗାଙ୍କର ଆରାଧନା କାଳରେ କେତେକ ଧାର୍ମିକ ମାନ୍ୟତାକୁ ଅଗ୍ରାଧିକାର ଦିଆଯାଇଥାଏ । ଦେବୀଙ୍କର ଆହ୍ୱାନ, ପୂଜନ, ଚଣ୍ଡୀପାଠ ତଥା ବିସର୍ଜନ ଆଦି କାର୍ଯ୍ୟ ସହ ହବନ (ହୋମ) ଏବଂ କନ୍ୟା ପୂଜନ ଆଦି କୃତ୍ୟ; ଧନଧାନ୍ୟ, ଯଶ, ଶୌର୍ଯ୍ୟ, ଶାନ୍ତି ତଥା ସକଳ ମନୋରଥ ପୂରଣ କରି ସାଧକକୁ ଉନ୍ନତିର ଚରମ ଶିଖରରେ ପହଞ୍ଚାଇ ଦିଏ । ପ୍ରତିପଦ ଦିନ ଯଅ ଆଦି ନଅପ୍ରକାର ଧାନ୍ୟ ଗୃହ ସମୀପରେ ବପନ କରାଯାଏ । ନବମୀ ଦିନ ସେ ସମସ୍ତକୁ ମସ୍ତକ ଉପରେ ବହନ କରି ନଦୀ ସ୍ରୋତରେ ବିସର୍ଜନ କରାଯାଏ । ପୂଜା ବ୍ରାହ୍ମଣଙ୍କ ଦ୍ୱାରା କରାଯାଉଥିଲେ ଏଥିପାଇଁ ଏକ, ତିନି, ପାଞ୍ଚ ଅଥବା ନଅଜଣ ବ୍ରାହ୍ମଣଙ୍କୁ ବରଣ କରାଯାଏ । ଅଷ୍ଟମୀ ଓ ନବମୀ ତିଥିରେ ପୂଜା, ପାରାୟଣ ଓ ହୋମ ଶେଷ ହେବାପରେ ବ୍ରାହ୍ମଣ ଭୋଜନ କରାଯିବା ବିଧି ରହିଛି । ବ୍ରତୀମାନେ ବ୍ରହ୍ମଚର୍ଯ୍ୟ ପାଳନ ପୂର୍ବକ ନବରାତ୍ରିରେ ଦେବୀ ମାତାଙ୍କର ଆରାଧନା କରିଥାନ୍ତି । ଶ୍ରୀଦୁର୍ଗା ସପ୍ତଶତୀ, ଦେବୀମାତାଙ୍କର ସାକ୍ଷାତ୍ ବାଙ୍ଗ୍ମୟ ସ୍ୱରୂପ ହୋଇଥିବାରୁ ଶ୍ରଦ୍ଧାପୂର୍ବକ ଏହାକୁ ବାରମ୍ବାର ପାଠ କରିବା ଦ୍ୱାରା ହିଁ ସକଳ ଅଭୀଷ୍ଟ ପୂରଣ ହେଉଥିବା ବିଶ୍ୱାସ କରାଯାଏ । ନବରାତ୍ରି ସମୟରେ ପାଳନ କରାଯାଉଥିବା ବ୍ରତ ଉପବାସ ଆଦିର ପୃଷ୍ଠ ଭାଗରେ ବିଶେଷ ବୈଜ୍ଞାନିକ ମହତ୍ତ୍ୱ ଥିବା ଆୟୁର୍ବେଦ ଦ୍ୱାରା ଯୁଗ ଯୁଗରୁ ସ୍ୱୀକୃତି ଲାଭ କରିଛି । ଏହାଦ୍ୱାରା ବ୍ରତୀ ଅତୁଳନୀୟ ଶାରୀରିକ ଏବଂ ମାନସିକ ଶକ୍ତି ଲାଭ କରିବାରେ ସମର୍ଥ ହୋଇଥାଏ । ଆୟୁର୍ବେଦ ଅନୁଯାୟୀ ଗ୍ରୀଷ୍ମ ଏବଂ ଶୀତଋତୁ ପରେ ବର୍ଷରେ ଦୁଇଥର ଅର୍ଥାତ୍ ଛଅମାସ ଅନ୍ତରରେ ପଞ୍ଚକର୍ମ କରାଯିବା ବିଧି ରହିଛି ଯଦ୍ୱାରା ମନୁଷ୍ୟର ଶରୀର ଶୁଦ୍ଧି ହୋଇ ସେ ଶତାୟୁ ଲାଭ କରିବା ନିମିତ୍ତ ସମର୍ଥ ହୋଇଥାଏ । ନବରାତ୍ରି ଠିକ୍ ଏହିପରି ସମୟରେ ପାଳିତ ହେଉଥିବାରୁ ବ୍ରତର

ନିୟମ ଅନୁଯାୟୀ ଉପବାସ, ସାତ୍ତ୍ୱିକ, ଚିନ୍ତନ, ଜପ, ପାରାୟଣ ଆଦି ଦ୍ୱାରା ଶାରୀରିକ ଏବଂ ମାନସିକ ଶୁଦ୍ଧି ଘଟି ମନୁଷ୍ୟର ନୂତନ କାୟାକଳ୍ପ ହେବା ସଙ୍ଗେ ସଙ୍ଗେ ସେ ଉର୍ଜାବାନ୍ ଏବଂ ଶକ୍ତିବାନ ହୋଇଥାଏ। ଆମର ଧାର୍ମିକ ରୀତିନୀତି ଏବଂ ପୂଜା ପାର୍ବଣର ବିଧିବିଧାନ ମଧ୍ୟରେ ବୈଦିକ ଋଷିମୁନି ଗଣ ବୈଜ୍ଞାନିକ ଦୃଷ୍ଟିଭଙ୍ଗୀ ପ୍ରସୂତ ଏପରି ବ୍ୟବସ୍ଥାମାନ ଖଞ୍ଜି ଯାଇଛନ୍ତି ଯଦ୍ୱାରା ବ୍ୟକ୍ତିଗତ ଜୀବନରେ ମନୁଷ୍ୟ ଔଷଧ ବ୍ୟବହାର ନକରି ମଧ୍ୟ ଶତବର୍ଷ ପର୍ଯ୍ୟନ୍ତ କର୍ମକ୍ଷମ ଜୀବନଯାପନ ପୂର୍ବକ ସମାଜ ଏବଂ ରାଷ୍ଟ୍ରର ସର୍ବାଙ୍ଗୀନ ଉନ୍ନତି କଳ୍ପେ ନିଜର ଯୋଗଦାନ ଅବ୍ୟାହତ ରଖିପାରିବ। ଏଇଥିପାଇଁ ଅଥର୍ବ ବେଦରେ ଏକ ସ୍ତୁତିରେ ପ୍ରାର୍ଥନା କରାଯାଇଛି:

"ପଶ୍ୟେମ ଶରଦଃ ଶତମ୍। ଜୀବେମ ଶରଦଃ ଶତମ୍ ॥
ବୁଧ୍ୟେମ ଶରଦଃ ଶତମ୍। ରୋହେମ ଶରଦଃ ଶତମ୍ ॥
ପୂଷେମ ଶରଦଃ ଶତମ୍। ଭବେମ ଶରଦଃ ଶତମ୍ ॥
ଭୂୟେମ୍ ଶରଦଃ ଶତମ୍। ଭୂୟସୀଃ ଶରଦଃ ଶତାତ୍ ॥"

(ଅଥର୍ବ ବେଦ ୧୯/୬୭/୧-୮)

ଅର୍ଥାତ୍ ଆମ୍ଭେମାନେ ଶତବର୍ଷ ପର୍ଯ୍ୟନ୍ତ ଚକ୍ଷୁଷ୍ମାନ୍ ରହୁଁ। ଶତବର୍ଷ ପର୍ଯ୍ୟନ୍ତ ଜୀବିତ ରହୁଁ। ଶହେ ବର୍ଷ ପର୍ଯ୍ୟନ୍ତ ଜ୍ଞାନ ପ୍ରାପ୍ତି ନିମିତ୍ତ ସକ୍ଷମ ରହୁଁ। ଶତବର୍ଷ ପର୍ଯ୍ୟନ୍ତ ଉନ୍ନତି ପଥରେ ଧାବମାନ ହେଉ ଥାଉଁ, ଶତବର୍ଷ ପର୍ଯ୍ୟନ୍ତ ହୃଷ୍ଟପୁଷ୍ଟ ରହୁଁ। ଶହେ ବର୍ଷ ଧରି ଶୋଭା ପ୍ରାପ୍ତି କରିବା ପାଇଁ ସକ୍ଷମ ହେଉଁ ତଥା ଆମ୍ଭେମାନେ ଶତବର୍ଷରୁ ମଧ୍ୟ ଅଧିକ ଆୟୁ ପ୍ରାପ୍ତ ହେଉ।

ବାସନ୍ତିକ ନବରାତ୍ର

ଚୈତ୍ର ମାସ ଶୁକ୍ଳ ପ୍ରତିପଦା ତିଥିରୁ ରାଷ୍ଟ୍ରୀୟ ନବବର୍ଷ/ନବସମ୍ବତ୍ସର ଆରମ୍ଭ ହୁଏ। ସେହି ଦିନ ଠାରୁ ନବମୀ ତିଥି ପର୍ଯ୍ୟନ୍ତ ନଅଦିନ ବ୍ୟାପି ସମୟକୁ ନବରାତ୍ର ବୋଲି କୁହାଯାଏ। ଚୈତ୍ର ମାସର ଏହି ନବରାତ୍ରକୁ 'ବାସନ୍ତିକ ନବରାତ୍ର' ବୋଲି କୁହାଯାଏ। ନବରାତ୍ରରେ ଆଦ୍ୟାଶକ୍ତି ଦୁର୍ଗାଙ୍କର ପୂଜନ କାର୍ଯ୍ୟ ଭକ୍ତିପୂତ ହୃଦୟରେ କରାଯାଏ। ନବରାତ୍ରରେ ବ୍ରତାଦି ସ୍ତ୍ରୀ, ପୁରୁଷ ଉଭୟ କରିଥାନ୍ତି। ଅମାଯୁକ୍ତ ପ୍ରତିପଦା ପୂଜା ପାଇଁ ଉପଯୁକ୍ତ ନୁହେଁ ବୋଲି କୁହାଯାଇଛି। 'ସମ୍ମୁଖୀ ପ୍ରତିପଦା' ପୂଜା ପାଇଁ ଶୁଭ ହୋଇଥିବାରୁ ଏଥିରେ ପୂଜନ ପ୍ରାରମ୍ଭ ହୋଇଥାଏ। ପୂଜାସ୍ଥାନକୁ ଗୋମୟରେ ଲେପନ ପୂର୍ବକ ପ୍ରାତଃ କାଳରେ 'ଘଟସ୍ଥାପନ' କରାଯାଏ। ଚିତ୍ରା ବା ବୈଧୃତି ଯୋଗକୁ ବାଦ୍ ଦେଇ ଅଭିଜିତ ଆଦି ଶୁଭ ଯୋଗରେ ଘଟସ୍ଥାପନ ସାଧାରଣତଃ କରାଯାଇଥାଏ।

କୌଣସି କାରଣରୁ ବ୍ରତୀ ନବରାତ୍ର ନିଜେ ପାଳନ କରି ନପାରିଲେ ମଧ୍ୟ ନିଜର ନିକଟ ସମ୍ପର୍କୀୟ ଅଥବା ବ୍ରାହ୍ମଣଙ୍କୁ ପ୍ରତିନିଧି ରୂପେ ନିଯୁକ୍ତ କରି ଏହି ବ୍ରତ ପୂର୍ଣ୍ଣ କରିବାରେ ବାଧା ନଥାଏ। ପବିତ୍ର ମାଟି ଅଣାଯାଇ ସେଥିରେ ବେଦୀ ନିର୍ମାଣ କରାଯାଏ। ତାହା ଉପରେ ସୁନା, ତମ୍ବା, ଚାନ୍ଦି ବା ମୃତ୍ତିକା ନିର୍ମିତ ଘଟ ସ୍ଥାପିତ କରାଯାଇ ଗଣେଶାମ୍ବିକା, ଷୋଡ଼ଶମାତୃକା, ବରୁଣ, ସପ୍ତମାତୃକା ଏବଂ ନବଗ୍ରହ ଆଦି ପଞ୍ଚାଙ୍ଗ ପୂଜନ ବ୍ରାହ୍ମଣଙ୍କ ଦ୍ୱାରା କରାଯାଇଥାଏ। ଏଥି ଅନନ୍ତରେ କଳସରେ ଦେବୀ ମୂର୍ତ୍ତି ସ୍ଥାପିତ କରି ଷୋଡ଼ଶୋପଚାର ପୂଜା କରାଯାଏ। ଏହାପରେ 'ଶ୍ରୀଦୁର୍ଗା ସପ୍ତଶତୀ ଚଣ୍ଡୀ' ପାଠ କରାଯାଇଥାଏ। କେହି କେହି ମାନସିକ ପୂଜା ସକାଶେ ସମ୍ପୁଟକ ଚଣ୍ଡୀ ମଧ୍ୟ ପାଠ କରିଥାନ୍ତି। ପୂଜା ସମୟରେ ଘୃତଦୀପ ପ୍ରଜ୍ୱଳନ ସହ ଏହାକୁ ଅକ୍ଷତ, ପୁଷ୍ପ, ଗନ୍ଧାଦି ଦ୍ୱାରା ପୂଜନ ଓ ସ୍ଥାପନ କରାଯାଏ। ଚଣ୍ଡୀପାଠର ପୂର୍ଣ୍ଣାହୁତି ଦିବସରେ ଦଶାଂଶପାଠ ବା ଦଶାଂଶ ହବନ କରାଯିବା ବିଧି ରହିଛି।

ଶକ୍ତି ଉପାସନା ଓ ବୈଦିକ ଦେବୀତତ୍ତ୍ୱ : ୨୩୮

ନବରାତ୍ର ପର୍ବରେ 'କୁମାରୀ ପୂଜନ'ର ବିଧାନ ପାରମ୍ପରିକ ଭାବରେ ଅନୁସୃତ ହୋଇଥାଏ। କାରଣ ଭାରତୀୟ ସଂସ୍କୃତିରେ କୁମାରୀ ବାଳିକାମାନଙ୍କୁ ଜଗଜ୍ଜନନୀ ଦୁର୍ଗାଙ୍କର ପ୍ରତ୍ୟକ୍ଷ ବିଗ୍ରହ ରୂପେ ଗ୍ରହଣ କରାଯାଏ। ନବରାତ୍ରରେ ନଅଦିନ ପର୍ଯ୍ୟନ୍ତ ନିଜ ଶକ୍ତି ଅନୁଯାୟୀ ଏକ, ତିନି, ପାଞ୍ଚ, ସାତ ବା ନଅଜଣ କନ୍ୟାଙ୍କୁ ଦେବୀ ରୂପେ ଗ୍ରହଣ କରାଯାଇ ପୂଜନ କରାଯାଏ ଏବଂ ପୂଜା ପରେ ସେମାନଙ୍କୁ ନାନାବିଧ ଭୋଜନରେ ଆପ୍ୟାୟିତ କରାଯାଏ। ଆସନ ଉପରେ ଗଣେଶ, ବଟୁକ ଏବଂ କୁମାରୀମାନଙ୍କୁ ଗୋଟିଏ ଧାଡ଼ିରେ ବସିବା ପାଇଁ ଦିଆଯାଇ **"ଓଁ ଗଂ ଗଣପତୟେ ନମଃ"** ଏହି ମନ୍ତ୍ରରେ ଗଣେଶଙ୍କର ପଞ୍ଚୋପଚାର ପୂଜା କରାଯାଏ। ତତ୍‌ପରେ ବଟୁକ ତଥା କୁମାରୀମାନଙ୍କ ପୂଜନ ଯଥାକ୍ରମେ **"ଓଁ ବଂ ବଟୁକାୟ ନମଃ"** ଏବଂ **"ଓଁ କୁମାର୍ଯ୍ୟୈ ନମଃ"** ଆଦି ମନ୍ତ୍ରରେ କରାଯାଏ। କୁମାରୀମାନଙ୍କର ପଞ୍ଚୋପଚାର ପୂଜନ ପରେ ନିମ୍ନ ମନ୍ତ୍ରରେ କୁମାରୀମାନଙ୍କୁ ପ୍ରାର୍ଥନା କରାଯାଏ:

"ମନ୍ତ୍ରାକ୍ଷରମୟୀଂ ଲକ୍ଷ୍ମୀଂ ମାତୃଣାଂ ରୂପ ଧାରିଣୀମ୍।
ନବଦୁର୍ଗାତ୍ମିକା ସାକ୍ଷାତ କନ୍ୟାମାବାହୟାମ୍ୟହମ୍ ॥
ଜଗତ୍‌ପୂଜ୍ୟେ ଜଗଦ୍‌ବନ୍ଦେ ସର୍ବଶକ୍ତି ସ୍ୱରୂପିଣୀ।
ପୂଜାଗୃହାଣକୌମାରି ଜଗନ୍ମାତର୍ନମୋଽସ୍ତୁତେ ॥"

ଅଷ୍ଟମୀ ବା ନବମୀ ତିଥିରେ ହାଲୁଆ ପ୍ରସ୍ତୁତ କରାଯାଇ ତାହାକୁ ଜଗଜ୍ଜନନୀ ମା' ଦୁର୍ଗାଙ୍କ ସମ୍ମୁଖରେ ରଖାଯାଇ "ଓଁ ଅନ୍ନପୂର୍ଣ୍ଣାୟୈ ନମଃ" ମନ୍ତ୍ରରେ ପଞ୍ଚୋପଚାର ପୂଜା ସହ ନୈବେଦ୍ୟ ଅର୍ପଣ କରାଯାଏ। ଏହାକୁ 'କଡ଼ାଇ ପୂଜନ' ବୋଲି କହନ୍ତି। ନବରାତ୍ରି ପରେ ଦଶମୀ ଦିନ ଜଗନ୍ମାତାଙ୍କୁ ଧୂପ, ଗନ୍ଧ, ଅକ୍ଷତ, ପୁଷ୍ପ ଆଦିରେ ପୂଜନ କରି ନିମ୍ନ ମନ୍ତ୍ରରେ ପ୍ରାର୍ଥନା କରାଯାଏ:

"ରୂପଂ ଦେହୀ ଯଶୋ ଦେହୀ ଭାଗ୍ୟଂ ଭଗବତିଦେହି ମେ।
ପୁତ୍ରାନ୍ ଦେହି ଧନଂ ଦେହି ସର୍ବାନ୍ କାମାଂଶ୍ଚ ଦେହିମେ ॥
ମହଷଘ୍ନି ମହାମାୟେ ଚାମୁଣ୍ଡେ ମୁଣ୍ଡମାଳିନି।
ଆୟୁରାରୋଗ୍ୟମୈଶ୍ବର୍ଯ୍ୟଂ ଦେହି ଦେବି ନମୋଽସ୍ତୁତେ ॥"

ଏଥି ଉତ୍ତାରୁ **"ଗଚ୍ଛ ଗଚ୍ଛ ସୁର ଶ୍ରେଷ୍ଠେ ସ୍ୱସ୍ଥାନଂ ପରମେଶ୍ୱରି।**
ପୂଜାରାଧନକାଳେଚ ପୁନରାଗମନାୟ ଚ ॥" ଆଦି ମନ୍ତ୍ରରେ ଦେବୀଙ୍କୁ ବିସର୍ଜନ କରାଯାଏ। ନବରାତ୍ରରେ ଦେବୀଙ୍କର ଶକ୍ତି ଉପାସନା ସହ

ଶକ୍ତିଧର ଦେବତାମାନଙ୍କର ଉପାସନା ମଧ୍ୟ କରାଯିବା ଆମ ସଂସ୍କୃତିର ମହତ୍ତ୍ୱପୂର୍ଣ୍ଣ ଅଙ୍ଗ ଅଟେ। ଏଣୁ ଦେବୀ ଭାଗବତ, ମାର୍କଣ୍ଡେୟ ପୁରାଣ, କାଳିକା ପୁରାଣ ସହିତ ଶ୍ରୀମଦ୍ ବାଲ୍ମିକୀ ରାମାୟଣ, ଶ୍ରୀରାମଚରିତ ମାନସ ତଥା ଆଧ୍ୟାତ୍ମ ରାମାୟଣ ଆଦି ମଧ୍ୟ ପାଠ କରାଯାଏ। ଏଣୁ ଏହା ଦେବୀ ନବରାତ୍ର ସଙ୍ଗେ ସଙ୍ଗେ ରାମ ନବରାତ୍ର ନାମରେ ମଧ୍ୟ ବିଶେଷ ଭାବରେ ପ୍ରସିଦ୍ଧ ଅଟେ। ଏହି ସମୟରେ କରାଯାଉଥିବା ଶକ୍ତି ସାଧନା ଦ୍ୱାରା ଅନନ୍ତ ଗୁଣ ଫଳପ୍ରାପ୍ତି ହୋଇଥାଏ ବୋଲି କଥିତ ଅଛି।

ନବରାତ୍ର ଉତ୍ସବର ଫଟୋ

ନବରାତ୍ରିରେ ବିଭିନ୍ନ ତିଥି ଅନୁଯାୟୀ
ଶ୍ରୀ ଶ୍ରୀ ସପ୍ତଶତୀ ଚଣ୍ଡୀ ପଠନର ଫଳାଫଳ

ନବରାତ୍ରି ହେଉଛି ଶକ୍ତିପୂଜାର ଶ୍ରେଷ୍ଠ ଅବସର। ଏହି ବ୍ରତ କାଳରେ ଶ୍ରୀ ଦୁର୍ଗା ସପ୍ତଶତୀ ପାଠ କରିବାର ବିଶେଷ ମହତ୍ତ୍ୱ ରହିଛି। ସର୍ବପ୍ରଥମେ ବ୍ରାହ୍ମଣଙ୍କ ଦ୍ୱାରା ଶ୍ରୀଦୁର୍ଗା ସପ୍ତଶତୀ ଅନୁଷ୍ଠାନ ନିମନ୍ତେ କଳସ ସ୍ଥାପନ କରାଯାଏ। ଏହାପରେ ଗୌରୀ ଗଣେଶ ପୂଜନ ଓ ନବଗ୍ରହ ପୂଜନ ଆଦି ଅନୁଷ୍ଠିତ ହୁଏ। ତା'ପରେ ଷୋଡ଼ଶ ମୃତକା ପୂଜା ଏବଂ କୂଳ ଦେବୀଙ୍କ ପୂଜା କରାଯାଇ ଶ୍ରୀ ଶ୍ରୀ ଚଣ୍ଡୀ ପାଠ ହୋଇଥାଏ। ଶ୍ରୀ ଶ୍ରୀ ଚଣ୍ଡୀ ପାଠର ଅନୁଷ୍ଠାନ ପାଇଁ ନିଷ୍ଠା ହେଉଛି ସର୍ବଶ୍ରେଷ୍ଠ ପାଳନ ଯୋଗ୍ୟ ସର୍ତ୍ତ। ଶ୍ରୀ ଶ୍ରୀ ଚଣ୍ଡୀ ମଧ୍ୟରେ ସର୍ବମୋଟ ୧୩ ଗୋଟି ଅଧ୍ୟାୟ ଓ ୭୦୦ଟି ଶ୍ଳୋକ ସନ୍ନିବେଶିତ ହୋଇଛି। ଏହା ସ୍ୱୟଂ ନାରାୟଣ ରୂପୀ ବ୍ୟାସ ମହର୍ଷି କୃତ ମାର୍କଣ୍ଡେୟ ପୁରାଣର ଏକ ଅଂଶ ବିଶେଷ ଅଟେ। ଏଥି ମଧ୍ୟରେ ୩୬୦ ଶକ୍ତିଙ୍କର ବର୍ଣ୍ଣନା ହୋଇଥିବା ଦୃଷ୍ଟିଗୋଚର ହୁଏ। ମହାଦେବୀ ଶକ୍ତି ସ୍ୱୟଂ ଏକ ହେଲେ ମଧ୍ୟ ଲୋକ କଲ୍ୟାଣ ନିମନ୍ତେ ବିବିଧ ରୂପ ଧାରଣ କରନ୍ତି ବିଭିନ୍ନ କାଳରେ। କେତେବେଳେ ସେ ମହାକାଳୀ, ମହାଲକ୍ଷ୍ମୀ ଏବଂ ମହାସରସ୍ୱତୀ ଅଥବା ତ୍ରିଶକ୍ତି ରୂପରେ ପ୍ରକଟ ହୁଅନ୍ତି ତ ପୁଣି ନବଦୁର୍ଗା ଓ ଦଶମହାବିଦ୍ୟା ଇତ୍ୟାଦି ଅନନ୍ତ ନାମ ଧାରଣ କରି ଉପାସିତ ହୋଇଥାନ୍ତି। ଶ୍ରୀ ଶ୍ରୀ ଚଣ୍ଡୀ ପୂଜା ସହ ଭୈରବ ପୂଜନ, ଅଷ୍ଟୋତ୍ତର ଶତନାମ ବିଶିଷ୍ଟ ବଟୁକ ଭୈରବ ନାମାବଳୀ ମଧ୍ୟ ଶ୍ରୀ ଶ୍ରୀ ସପ୍ତଶତୀ ସହ ପଠନ କରାଯାଇଥାଏ। ବିଭିନ୍ନ ତିଥିରେ ପଠନ ଅନୁଯାୟୀ ଭିନ୍ନ ଭିନ୍ନ ଫଳାଫଳ ପ୍ରାପ୍ତି ହୁଏ ବୋଲି ଶାସ୍ତ୍ରୀୟ ମତ ରହିଛି:

୧. ଶୁକ୍ଳପକ୍ଷ ପ୍ରତିପଦା ଏବଂ ନବମୀ ତିଥିରେ ଶ୍ରୀଦୁର୍ଗା ପାଠ ଦ୍ୱାରା ଭକ୍ତି ଏବଂ ମୋକ୍ଷ ପ୍ରାପ୍ତି ହୁଏ।

୨. ପୂର୍ଣ୍ଣିମା ଦିନ ଦେବୀ ପୂଜା ଓ ପାଠ କଲେ ଅନନ୍ୟ ସିଦ୍ଧି ପ୍ରାପ୍ତି ହୁଏ।

୩. ଶୁକ୍ଳ ଅଷ୍ଟମୀ ଓ ନବମୀରେ ପାଠ କଲେ ରାଜଯୋଗ ଓ ରାଜସୁଖ ପ୍ରାପ୍ତି ହୁଏ।

୪. ଶୁକ୍ଳ ଷଷ୍ଠୀରୁ ପ୍ରାରମ୍ଭ କରି ପରବର୍ତ୍ତୀ ନଅଦିନ ଶ୍ରୀ ଶ୍ରୀ ଦୁର୍ଗା ପାଠ କଲେ ଅଷ୍ଟସିଦ୍ଧି ଓ ନଅନିଧି ପ୍ରାପ୍ତ ହୁଏ।*

୫. ଶୁକ୍ଳ ଚତୁର୍ଦ୍ଦଶୀ ଦିନ ପାଠ କରିବା ଦ୍ୱାରା ସୁଖ ସମୃଦ୍ଧି ବୃଦ୍ଧି ପ୍ରାପ୍ତ ହୁଏ।

୬. ଶୁକ୍ଳପକ୍ଷ ଅଷ୍ଟମୀ ଠାରୁ ଆରମ୍ଭ କରି ପରବର୍ତ୍ତୀ ମାସ ଶୁକ୍ଳ ଅଷ୍ଟମୀ ପର୍ଯ୍ୟନ୍ତ ନିୟମିତ ପାଠ ଦ୍ୱାରା ଭୂତପ୍ରେତ ଆଦିର ସମସ୍ୟା ନିବାରିତ ହୋଇଯାଏ ବୋଲି କହନ୍ତି।

*ଅଷ୍ଟସିଦ୍ଧି ଓ ନବନିଧି କଣ ?

ଅଷ୍ଟସିଦ୍ଧି ମାନେ ହେଲେ :

ଅଣିମା, ମହିମା, ଗରିମା, ଲଘିମା, ପ୍ରାପ୍ତି, ପ୍ରାକାମ୍ୟ, ଈଶିତ୍ୱ ଏବଂ ବଶିତ୍ୱ

ଅଣିମା : ଏହାର ସାଧକ ନିଜକୁ ଏକ ଅଣୁ ସଦୃଶ ସୂକ୍ଷ୍ମ ଶରୀରରେ ପ୍ରକଟ କରି ପାରନ୍ତି।

ମହିମା : ଏମାନେ ନିଜ ଶରୀରକୁ ଅସୀମିତ ଭାବରେ ବିଶାଳକାୟ ମଧ କରିପାରନ୍ତି।

ଗରିମା : ନିଜ ଶରୀରକୁ ଏମାନେ ପାହାଡ଼ ସମାନ ଏତେ ଓଜନଦାର କରିପାରନ୍ତି ଯେ ତାହା ବର୍ଣ୍ଣନାତୀତ।

ଲଘିମା : ଶରୀରକୁ ଓଜନରହିତ ବା ହାଲୁକା କରିବାରେ ଏମାନେ ସମର୍ଥ। ଯାହା ପବନ ଠାରୁ ତୀବ୍ର ବେଗରେ ଉଡ଼ିପାରେ।

ପ୍ରାପ୍ତି : ଏଇ ସିଦ୍ଧି ଦ୍ୱାରା ସାଧକ ଯେ କୌଣସି ସ୍ଥାନକୁ ନିର୍ବିବାଦରେ ଯିବା ଆସିବା ଅଥବା ପ୍ରବେଶ କରିପାରନ୍ତି। ସେମାନଙ୍କୁ ଅଟକାଇବା ସାମର୍ଥ୍ୟ କାହାରି ନଥାଏ ଅଥବା କେହି ଦେଖି ପାରନ୍ତି ନାହିଁ।

ପ୍ରାକାମ୍ୟ : ଯିଏ ନିଜର ପ୍ରତ୍ୟେକ ଇଚ୍ଛା ପୂର୍ଣ୍ଣ କରିବାରେ ସକ୍ଷମ ହୋଇଥାଏ ଏବଂ ଯେକୌଣସି ବ୍ୟକ୍ତିର ମନକଥା ଏମାନେ ସହଜରେ ଜାଣି ପାରନ୍ତି।

ଈଶିତ୍ୱ: ଏମାନଙ୍କର ପ୍ରତ୍ୟେକ ବସ୍ତୁ ଓ ପ୍ରାଣୀ ଉପରେ ପୂର୍ଣ୍ଣ ଅଧିକାର ସାବ୍ୟସ୍ତ କରିବା କ୍ଷମତା ଥାଏ। ଏଇ ଗୁଣ ପ୍ରାପ୍ତ କରି ଏମାନେ ଈଶ୍ୱରତୁଲ୍ୟ ହୋଇଯାଆନ୍ତି।

ବଶିତ୍ୱ : ଏମାନେ ପ୍ରତ୍ୟେକ ଜୀବକୁ ବଶୀଭୂତ କରିବାର କ୍ଷମତା ରଖିଥାନ୍ତି ।

ଅଷ୍ଟସିଦ୍ଧି ଦ୍ୱାରା ମନୁଷ୍ୟ କୌଣସି ପ୍ରକାର ଶରୀର, ରୂପ, ଅଣିମା ଅଥବା ଲଘିମା ଇତ୍ୟାଦି ଗୁଣଯୁକ୍ତ ସ୍ୱରୂପ ଧାରଣ କରିପାରେ ।

ନବନିଧି ମାନଙ୍କ ନାମ ନିମ୍ନମତେ ଶାସ୍ତ୍ରରେ ବର୍ଣ୍ଣିତ:

ପଦ୍ମନିଧି, ମହାପଦ୍ମନିଧି, ନୀଳନିଧି, ମୁକୁନ୍ଦନିଧି, ନୀଳନିଧି, ନନ୍ଦନିଧି, ମକର ନିଧି, ଶଙ୍ଖ ନିଧି, କଚ୍ଛପ ନିଧି ଓ ଖର୍ବ ଅଥବା ମିଶ୍ର ନିଧି ।

କୁହାଯାଏ **ଖର୍ବନିଧି**କୁ ବାଦ ଦେଇ ଅନ୍ୟ ଆଠ ନିଧି **ପଦ୍ମିନୀ** ନାମକ ବିଦ୍ୟାକୁ ସିଦ୍ଧି କଲେ ପ୍ରାପ୍ତ ହୋଇଥାଏ । **ପଦ୍ମନିଧି** ଯୁକ୍ତ ମନୁଷ୍ୟ ସାତ୍ତ୍ୱିକ ଗୁଣ ଯୁକ୍ତ ତଥା ତାର ସମ୍ପତ୍ତି ମଧ୍ୟ ସାତ୍ତ୍ୱିକତା ଯୁକ୍ତ ହୋଇଥାଏ । ଏହି ମନୁଷ୍ୟର ବହୁ ପୁରୁଷ ପର୍ଯ୍ୟନ୍ତ ଏହାର ପରିବାରବର୍ଗ ସମ୍ପନ୍ନତା ସହ କାଳାତିପାତ କରନ୍ତି । କିନ୍ତୁ **ମହାପଦ୍ମନିଧି** ଯୁକ୍ତ ମନୁଷ୍ୟ ଅବିକଳ **ପଦ୍ମନିଧି** ପରି ହୋଇଥିଲେ ମଧ୍ୟ ତାହାର ସାତ ପୁରୁଷ ପର୍ଯ୍ୟନ୍ତ ମାତ୍ର ସମ୍ପନ୍ନ ରହନ୍ତି । **ନୀଳନିଧି** ହେଉଛି ସତ୍ତ୍ୱ ଓ ରଜ ଗୁଣ ମିଶ୍ରିତ ତଥା **ମୁକୁନ୍ଦନିଧି**ରେ ରଜୋ ଗୁଣର ଆଧିକ୍ୟ ଯଥେଷ୍ଟ । ଗୋଟିଏ ପିଢ଼ି ପରେ ଏହାର ସମ୍ପନ୍ନତା ସମାପ୍ତ ହୋଇଥାଏ । **ନନ୍ଦନିଧି**ରେ ରଜ ଓ ତମ ଗୁଣର ମିଶ୍ରିତାବସ୍ଥା ଥିବାବେଳେ **ମକରନିଧି** ତାମସୀ ଗୁଣଯୁକ୍ତ ହୋଇଥିବାରୁ ସେ ରାଜ୍ୟ ଶାସନ କଳାରେ ପାରଦର୍ଶୀ ହେବା ସହ ଶତ୍ରୁମାନଙ୍କ ପକ୍ଷରେ ଯମ ସଦୃଶ ହୋଇଥାନ୍ତି । **କଚ୍ଛପନିଧି** ଯୁକ୍ତ ମନୁଷ୍ୟ ନିଜ ସମ୍ପତ୍ତିକୁ ଗୁପ୍ତ ରଖିବାର ପ୍ରୟାସ କରେ । ନିଜ ସମ୍ପତ୍ତିକୁ ନିଜେ ଉପଯୋଗ କରେ ନାହିଁ ବା କାହାକୁ କରିବାକୁ ଦିଏ ନାହିଁ । **ଶଙ୍ଖନିଧି** ପ୍ରଧାନ ସାଧକ ବହୁ ଧନର ଅଧିକାରୀ ଥିବା ସତ୍ତ୍ୱେ ନିଜ ବ୍ୟକ୍ତିଗତ ଚିନ୍ତା ଓ ଭୋଗେଚ୍ଛାରେ ସମୟ କଟାଏ, ଏପରିକି ପରିବାର ଲୋକେ ମଧ୍ୟ ସେ ସମ୍ପତ୍ତି ଉପଭୋଗ କରିପାରନ୍ତି ନାହିଁ । **ଖର୍ବନିଧି** ହେଉଛି ଏକ ଅହଂକାରୀ ବ୍ୟକ୍ତିତ୍ୱ । ତାହା ନିକଟରେ ଅନ୍ୟ ଆଠନିଧିର ସମିଶ୍ରିତ ଚିତ୍ର ଦୃଷ୍ଟିଗୋଚର ହୁଏ । ଏପରି ବ୍ୟକ୍ତି ଆବଶ୍ୟକ କ୍ଷେତ୍ରରେ ଅନ୍ୟ ବ୍ୟକ୍ତିର ସୁଖସମ୍ପଦକୁ ଅଚିରେ ହରଣ କରିଥାନ୍ତି ।

ଶକ୍ତି ପୂଜନର ସର୍ବଶ୍ରେଷ୍ଠ ଅବସର
ବାସନ୍ତିକ ନବରାତ୍ର

ଭାରତୀୟ ସଂସ୍କୃତିରେ ନବରାତ୍ରକୁ ଏକ ଅତି ମହତ୍ୱପୂର୍ଣ୍ଣ କାଳ ରୂପେ ଗଣନା କରାଯାଇଥାଏ । ଏହି ସମୟରେ କରାଯାଉଥିବା ଶକ୍ତି ସାଧନା ଅନନ୍ତ ଗୁଣ ଫଳଦାୟିନୀ ହୁଏ ବୋଲି ବିଶ୍ୱାସ ରହିଛି । ଚୈତ୍ର, ଆଷାଢ଼, ଆଶ୍ୱିନ ଏବଂ ମାଘ ମାସର ଶୁକ୍ଳପକ୍ଷର ପ୍ରତିପଦା ତିଥିରୁ ନବମୀ ପର୍ଯ୍ୟନ୍ତ ନଅଦିନ ବ୍ୟାପି ସମୟକୁ ଶାସ୍ତ୍ରୋକ୍ତ ଭାବରେ ନବରାତ୍ର ବୋଲି କୁହାଯାଏ । ବର୍ଷ ମଧ୍ୟରେ ଏପରି ଚାରିଗୋଟି ନବରାତ୍ର ହେଉଥିଲେ ମଧ୍ୟ 'ଚୈତ୍ର ନବରାତ୍ର'କୁ 'ବାସନ୍ତିକ ନବରାତ୍ର' ଏବଂ ଆଶ୍ୱିନ ନବରାତ୍ରକୁ 'ଶାରଦୀୟ ନବରାତ୍ର' ବୋଲି କୁହାଯାଏ ଯେଉଁଥିରେ ଆଦ୍ୟାଶକ୍ତି ମାଆ ଭଗବତୀଙ୍କର ବହୁବିଧ ଏବଂ ବିଶେଷ ଆରାଧନା କରାଯାଇଥାଏ । ଶିବ ଏବଂ ଶକ୍ତି ଏକ ସତ୍ତାର ଦୁଇ ଭିନ୍ନ ରୂପ ଅଟନ୍ତି । ଏଣୁ ତନ୍ତ୍ର ବର୍ତ୍ତିକାରେ କୁହାଯାଇଛି:

"ସର୍ବାକୃତିଃ ବିଶ୍ୱମୟଃ ନିରାକୃତିଃ ବିଶ୍ୱୋତ୍ତୀର୍ଣ୍ଣଃ ।"

ଏଥିରୁ ଏହା ସୁସ୍ପଷ୍ଟ ଯେ ନବରାତ୍ରରେ ଶିବ ଏବଂ ଶକ୍ତି ଉଭୟଙ୍କର ଆରାଧନା କରାଯାଏ । ଶାସ୍ତ୍ର ଅନୁଯାୟୀ ଶକ୍ତି ହିଁ ସୃଷ୍ଟିର ମୂଳ ପ୍ରକୃତି । ଯାହା ଆଦ୍ୟାଶକ୍ତି ଦୁର୍ଗା ନାମରେ ପ୍ରସିଦ୍ଧ ଅଟନ୍ତି । ସୃଷ୍ଟିରେ ସତ୍ତ୍ୱ ରଜତମ ଗୁଣ ଭେଦରେ ସେ ସରସ୍ୱତୀ, ମହାଲକ୍ଷ୍ମୀ ଓ ମହାକାଳୀ ଏହି ରୂପେ ତ୍ରିଗୁଣାତ୍ମିକା ସ୍ୱରୂପରେ ଅବସ୍ଥିତ ଅଟନ୍ତି । ମାତା ଭଗବତୀ ଦୁର୍ଗା ମୂଳତଃ ଏକ ହେଲେ ମଧ୍ୟ ବହୁ ରୂପରେ ବିଦ୍ୟମାନ ଅଟନ୍ତି । ତାନ୍ତ୍ରିକ ଗ୍ରନ୍ଥମାନଙ୍କ ମତରେ ଶକ୍ତି ହିଁ ଶିବସ୍ୱରୂପା ଏବଂ ସୃଷ୍ଟିର ମୂଳ ପ୍ରକୃତି ଅଟନ୍ତି । ଜୀବମାନଙ୍କର ପାଳନ ପୋଷଣ ତଥା ସମଗ୍ର ସୃଷ୍ଟିର ସଞ୍ଚାଳନ କରିବା ପାଇଁ ଉପରୋକ୍ତ ତ୍ରିଗୁଣାତ୍ମିକା ସ୍ୱରୂପରେ ମାଆ ଭଗବତୀ ଆବିର୍ଭୂତ ହୁଅନ୍ତି । ଯଦିଓ ଆଦ୍ୟାଶକ୍ତିଙ୍କର ରହସ୍ୟ ଉନ୍ମୋଚନ କୌଣସି ଶାସ୍ତ୍ର, ପୁରାଣ, ବେଦବେଦାନ୍ତ ଦ୍ୱାରା ସମ୍ପୂର୍ଣ୍ଣ ଭାବରେ କେବେ ହେଲେ କରିବା ସମ୍ଭବ ହୋଇନାହିଁ, କିନ୍ତୁ ଭକ୍ତ ହୃଦୟର ଭକ୍ତି ନିକଟରେ ସେ ସର୍ବଦା ବନ୍ଧା ହୋଇଥିବାରୁ

ତାଙ୍କର ସାକାର ରୂପଦର୍ଶନ ଦ୍ୱାରା ହିଁ ତାଙ୍କୁ କିଞ୍ଚିତ ଭାବରେ ଅନୁଭବ କରାଯାଇପାରେ। ମାଆ ଭଗବତୀ ଚାମୁଣ୍ଡା, ଚଣ୍ଡିକା, ଦୁର୍ଗା, ଶାମ୍ଭବୀ, ଦକ୍ଷକନ୍ୟା, ଅପର୍ଣ୍ଣା, ଅନେକବର୍ଣ୍ଣା, ପାଟଳାବତୀ, ଅମେୟ ବିକ୍ରମା, କ୍ରୂରା, ସୁନ୍ଦରୀ, ବନଦୁର୍ଗା, ମାତଙ୍ଗୀ, ବ୍ରାହ୍ମୀ, ମାହେଶ୍ୱରୀ, କୌମାରୀ, ବୈଷ୍ଣବୀ, ବାରାହୀ, ବିମଳା, ଜ୍ଞାନ, ସର୍ବବାହନ ବାହନା, ନିଶୁମ୍ଭ ଶୁମ୍ଭ ହନନୀ, ମହିଷାସୁରମର୍ଦ୍ଦିନୀ, ମଧୁକୈଟଭହନ୍ତ୍ରୀ, ଚଣ୍ଡମୁଣ୍ଡ ବିନାଶିନୀ, ସର୍ବଦାନବ ଘାତିନୀ, ସର୍ବଶାସ୍ତ୍ରମୟୀ, କାଳରାତ୍ରି, ତପସ୍ୱିନୀ, ନାରାୟଣୀ, ଶିବଦୂତୀ ଆଦି ସହସ୍ର ନାମ ଦ୍ୱାରା ଅଭିବ୍ୟକ୍ତ ହୋଇଥାନ୍ତି। ଶକ୍ତିତତ୍ତ୍ୱ ବାସ୍ତବରେ ଅନାଦି ଅନନ୍ତ ବୈଦିକ କାଳରୁ ହିଁ ମାନବ ସମାଜକୁ ପ୍ରାପ୍ତ ହୋଇଛି। ଯୋଗିନୀ ହୃଦୟ ତନ୍ତ୍ରରେ ଭଗବତୀଙ୍କୁ 'ସଚ୍ଚିଦାନନ୍ଦ ସ୍ୱରୂପିଣୀ' ମହାଶକ୍ତି ରୂପେ ବର୍ଣ୍ଣନା କରାଯାଇଛି। କେନୋପନିଷଦରେ ଭଗବତୀ ଉମାଙ୍କ ରୂପରେ ତାଙ୍କର ଶକ୍ତି ଅବତାର ତଥା ତତ୍ ସମ୍ବନ୍ଧୀୟ ସାଧନା ବିଷୟରେ ଉଲ୍ଲିଖିତ ରହିଛି। ମହାଭାରତ କାଳରେ ଭଗବାନ ଶ୍ରୀକୃଷ୍ଣଙ୍କ ଭଉଣୀ 'ବିନ୍ଧ୍ୟବାସିନୀ' ରୂପରେ ମାଆ ଭଗବତୀ ଅବତୀର୍ଣ୍ଣା ହୋଇଥିବା ପ୍ରମାଣ ମିଳେ।

ମିଥ୍ୟାଚାର, ରାକ୍ଷସୀ ବୃତ୍ତି ଏବଂ ଅଶୁଭ ବିରୁଦ୍ଧରେ ଶକ୍ତିସ୍ୱରୂପା ମହାକାଳୀଙ୍କର କୋପ ଭୀଷଣ ଏବଂ ତୀବ୍ର ହୋଇଥାଏ। ଉପରେ ପ୍ରଦତ୍ତ ନାମମାନଙ୍କରୁ ଏହା ସୁସ୍ପଷ୍ଟ ହୋଇଯାଏ ଯେ ମାଆ ଭଗବତୀ ଏପରି ଅନନ୍ତ ଶକ୍ତି ସ୍ୱରୂପିଣୀ ଅଟନ୍ତି ଯିଏକି ରଣାଙ୍ଗନରେ କେବେ ହେଲେ ପଶ୍ଚାତ୍ ଗତିକୁ ପ୍ରାପ୍ତ ହୋଇ ନଥାନ୍ତି। ଧନସମ୍ପତ୍ତି, ଯଶ, ପ୍ରତିଷ୍ଠା, ମାନ, ସମ୍ମାନ, ସମଗ୍ର ବିଶ୍ୱର ଶାଶ୍ୱତ ସୌନ୍ଦର୍ଯ୍ୟ, ରୂପଲାବଣ୍ୟ ଓ ସୁଖଶାନ୍ତି ଆନନ୍ଦ ପ୍ରାପ୍ତି ନିମିତ୍ତ ମହାଲକ୍ଷ୍ମୀଙ୍କର ପୂଜାର୍ଚ୍ଚନା କେବେ ହେଁ ବ୍ୟର୍ଥ ହୋଇନଥାଏ। ପୁଣି ଜ୍ଞାନ, ଗାରିମା, ଶିଳ୍ପ, ନିର୍ମାଣ, କଳା, କୌଶଳ ତଥା କାରିଗରିରେ ନିପୁଣତା ଏବଂ ବହୁମୁଖୀ କର୍ମଶକ୍ତିର ଉତ୍କର୍ଷତା ପ୍ରାପ୍ତି ନିମନ୍ତେ ମହାସରସ୍ୱତୀଙ୍କ ଉପାସନାର ଅନିବାର୍ଯ୍ୟତା ବିଷୟରେ କିଏ ବା ନଜାଣେ ?

ଯୁଗେ ଯୁଗେ ଭାରତୀୟ ସଂସ୍କୃତି ଶକ୍ତି ଉପାସନା ବଳରେ ବିଶ୍ୱ ଦରବାରର କେନ୍ଦ୍ରସ୍ଥଳରେ ସଦା ଶୋଭାୟମାନ ଏବଂ ସମଗ୍ର ଜଗତର ପଥ ପ୍ରଦର୍ଶକ ଭାବରେ ଜାଜ୍ଜ୍ୱଲ୍ୟମାନ ଥାଇ ସାଧନା ପ୍ରଧାନ ରାଷ୍ଟ୍ର ଜୀବନ ନିର୍ମାଣ କରି ଆସିଛି ସାରା ସଂସାରର କଲ୍ୟାଣ ନିମନ୍ତେ। କିନ୍ତୁ ସେ ସମସ୍ତ ପ୍ରେରଣାର ଉତ୍ସ ଯେ ମାଆ ଭଗବତୀ ଦୁର୍ଗାଙ୍କର ଆରାଧନା ତାହା ସ୍ମରଣ କରାଇ ଦେବା ନିମିତ୍ତ ପ୍ରତିବର୍ଷ ପରି ଚୈତ୍ର ନବରାତ୍ରର ପାବନ ପବିତ୍ର ଅବସର ଆଜି ଆମ ନିକଟରେ ଉପସ୍ଥିତ।

ନବରାତ୍ରିରେ କେଉଁ ତିଥିରେ
ଦେବୀଙ୍କୁ କ'ଣ ଅର୍ପଣ କଲେ କି ଫଳ ମିଳେ ?

୧. ପ୍ରତିପଦାରେ ମାଆଙ୍କୁ ଦେଶୀ ଗାଈର ଶୁଦ୍ଧ ଗୋଘୃତ ଅର୍ପଣ କଲେ କୌଣସି ଦୁରାରୋଗ୍ୟ ରୋଗ ହୁଏ ନାହିଁ।

୨. ଦ୍ୱିତୀୟାରେ ଶର୍କରା ଭୋଗ ଲାଗି କଲେ ଦୀର୍ଘାୟୁ ପ୍ରାପ୍ତି ହୁଏ।

୩. ତୃତୀୟା ତିଥିରେ ଦେଶୀ ଗାଈର ଦୁଗ୍ଧ ଭୋଗ ଦେଲେ ସମସ୍ତ ଦୁଃଖ ଦୂରୀଭୁତ ହୁଏ।

୪. ଚତୁର୍ଥୀରେ ମାଲପୁଆ ଭୋଗ ଲାଗି ଦ୍ୱାରା ସର୍ବବିଘ୍ନ ନାଶ ହୁଏ।

୫. ପଞ୍ଚମୀ ତିଥିରେ କଦଳୀ ଭୋଗ କଲେ ମେଧାଶକ୍ତି ବୃଦ୍ଧି ହୁଏ।

୬. ଷଷ୍ଠୀରେ ମହୁ ଅର୍ପଣ କଲେ ଶାରୀରିକ ସୌନ୍ଦର୍ଯ୍ୟ ପ୍ରାପ୍ତି ହୁଏ।

୭. ସପ୍ତମୀରେ ଗୁଡ଼ ଭୋଗ କଲେ ସର୍ବଶୋକ ବିନଷ୍ଟ ହୁଏ।

୮. ଅଷ୍ଟମୀ ତିଥିରେ ନାରିକେଳ ନୈବେଦ୍ୟ କଲେ ସମସ୍ତ ପ୍ରକାର ସନ୍ତାପ ଜନିତ ପୀଡ଼ାରୁ ଉଦ୍ଧାର ମିଳେ।

୯. ନବମୀ ତିଥିରେ ଧାନର ଖଇ ଭୋଗ ଅର୍ପଣ କଲେ ଇହଲୋକ ଓ ପରଲୋକରେ କଲ୍ୟାଣ ହୁଏ।

୧୦. ଦଶମୀ ଦିନ କଳା ତିଳର ନୈବେଦ୍ୟ ଫଳରେ ଯମଲୋକର କଷ୍ଟରୁ ନିବୃତ୍ତି ହୁଏ।

୧୧. ନବରାତ୍ରି ପରେ ଏକାଦଶୀରେ ଦହି ଅର୍ପଣ କଲେ ମାଆଙ୍କର ପ୍ରସନ୍ନତା ପ୍ରାପ୍ତି ହୁଏ।

୧୨. ଦ୍ୱାଦଶୀରେ ଚୁଡ଼ାଭୋଗ ଫଳରେ ମାଆ ଦୁର୍ଗା ଏତେ ପ୍ରସନ୍ନ ହୁଅନ୍ତି ଯେ ଭକ୍ତକୁ ସେ ମାତୃବତ୍ ବାତ୍ସଲ୍ୟ ସୁଖ ପ୍ରଦାନ କରନ୍ତି।

୧୩. ତ୍ରୟୋଦଶୀ ତିଥିରେ ବୁଟ ଭୋଗ ଦେଲେ ବଂଶ ବୃଦ୍ଧି ହୁଏ।

୧୪. ଚତୁର୍ଦ୍ଦଶୀରେ ଛତୁ ଅର୍ପଣ କଲେ ହରପାର୍ବତୀ ଉଭୟ ପ୍ରସନ୍ନ ହୁଅନ୍ତି।

୧୫. ପୂର୍ଣ୍ଣିମା ବା ଅମାବାସ୍ୟାରେ କ୍ଷୀର ଭୋଗ ଦ୍ୱାରା ପିତୃପୁରୁଷମାନଙ୍କର ଆତ୍ମା ସଦ୍‌ଗତି ପ୍ରାପ୍ତ ହୁଏ।

ନମାମି ତ୍ୱାଂ ମହାଦେବୀଂ

ଦେଶବ୍ୟାପୀ ପାଳିତ ହେଉଥିବା ଦୁର୍ଗା ପୂଜା ହେଉଛି ଶକ୍ତି ଉପାସନାର ପର୍ବ । ଏହି ଅବସରରେ ଆସ୍ଥାର ଏକ ବୈଭବଶାଳୀ ସ୍ୱରୂପ ସର୍ବତ୍ର ଦୃଷ୍ଟିଗୋଚର ହୋଇଥାଏ । ଦୁର୍ଗାପୂଜା ନିମିତ୍ତ ଚତୁର୍ଦ୍ଦିଗରେ ଅତୁଳନୀୟ ଉତ୍ସାହ, ଉଦ୍ଦୀପନା ଏବଂ ଉଲ୍ଲାସର ତରଙ୍ଗ ପରିଦୃଷ୍ଟ ହୁଏ । ଦେବୀ ଦୁର୍ଗମାସୁରକୁ ବଧ କରି 'ଦୁର୍ଗା' ନାମ ଧାରଣ କରିଥିଲେ, ଯାହା ନିମ୍ନ ଶ୍ଳୋକରୁ ଜାଣିହୁଏ ।

"ତତ୍ରୈବ ଚ ବଧିଷ୍ୟାମି ଦୁର୍ଗମାଖ୍ୟଂ ମହାସୁରମ୍ ।
ଦୁର୍ଗା ଦେବୀତି ବିଖ୍ୟାତଂ ତନ୍ମେ ନାମ ଭବିଷ୍ୟତି ॥"

(ଶ୍ରୀ ଶ୍ରୀ ଦୁର୍ଗା ସପ୍ତଶତୀ ୧୧ଅ / ୪୯-୫୦)

'ଶବ୍ଦକଳ୍ପଦ୍ରୁମ'ର ବର୍ଣ୍ଣନା ଅନୁଯାୟୀ 'ଦ' ଶବ୍ଦ ଦୈତ୍ୟନାଶକ, 'ଉ' ଶବ୍ଦ ବିଘ୍ନ ନାଶକ, 'ରେଫ୍' ରୋଗନାଶକ, 'ଗ' ଶବ୍ଦ ପାପ ନାଶକ, 'ଆ' ଭୟ ତଥା ଶତ୍ରୁ ନାଶକ ଅଟେ । ଅନନ୍ତ କୋଟି ବିଶ୍ୱପ୍ରପଞ୍ଚର ଯିଏ ଅଧିଷ୍ଠାନ ଭୂତା ସେ ହେଉଛନ୍ତି ସଚ୍ଚିଦାନନ୍ଦ ରୂପା-ଭଗବତୀ ଦୁର୍ଗା । ଦେବୀଙ୍କ ମାହାତ୍ମ୍ୟ ବିଷୟ ବର୍ଣ୍ଣନାରେ ଅତୀବ ମୁଖର ଋକ୍‌ବେଦ କହନ୍ତି

"ଅହଂ ସୁବେ ପିତର   -ମସ୍ୟ ମୂର୍ଧନ୍ମମ
ଯୋନିରପ୍‌ସ୍ୱନ୍ତଃ ସମୁଦ୍ରେ ।
ତତୋ ବି ତିଷ୍ଠେ   ଭୁବନାନୁ ବିଶ୍ୱୋ-
ତାମୂଂ ଦ୍ୟାଂ ବର୍ଷ୍ମଣୋପ ସ୍ପୃଶାମି ॥"

(ଋକ୍ ୧୦-୧୨୫-୭)

ଅର୍ଥାତ୍ ମୁଁ ଏହି ଜଗତର ପିତା ରୂପକ ଆକାଶକୁ ସର୍ବାଧିଷ୍ଠାନ ସ୍ୱରୂପ ପରମାତ୍ମଙ୍କ ଉପରେ ଉତ୍ପନ୍ନ କରେ । ସମୁଦ୍ର (ସମସ୍ତ ଭୂତଗୁଡ଼ିକର ଉତ୍ପତ୍ତିସ୍ଥାନ ପରମାତ୍ମା)ରେ ତଥା ଜଳ (ବୁଦ୍ଧିର ବ୍ୟାପକ ବୃତ୍ତିମାନଙ୍କ)ରେ ମୋ ହେତୁ (କାରଣ ସ୍ୱରୂପ ଚୈତନ୍ୟ ବ୍ରହ୍ମ)ର ସ୍ଥିତି ଅଛି । ଅତଏବ ମୁଁ ସମସ୍ତ ଭୁବନରେ ବ୍ୟାପ୍ତ ଅଛି ତଥା ସେହି ସ୍ୱର୍ଗଲୋକକୁ ମଧ୍ୟ ନିଜ ଶରୀର ଦ୍ୱାରା ସ୍ପର୍ଶ କରୁଛି ।

ଦେବୀ ଦୁର୍ଗାଙ୍କ ପର୍ବ ଶରତ ଋତୁର ଆଶ୍ୱିନ କୃଷ୍ଣ ଅମାବାସ୍ୟା ଠାରୁ ହିଁ ପ୍ରାରମ୍ଭ ହୋଇଯାଏ । ଏହିଦିନ ଟି ମହାଳୟା ନାମରେ ପ୍ରସିଦ୍ଧ । ଏହିଦିନ ପିତୃ ପୁରୁଷ ମାନଙ୍କୁ ଶ୍ରାଦ୍ଧ ଅର୍ପଣ କରାଯାଏ । ମହାଳୟା ଅର୍ଥ ଦେବୀଙ୍କ ଆଗମନୀ ଭେରୀ । ଏହିଦିନ ପ୍ରାତଃକାଳରୁ ଦେବୀ ଦୁର୍ଗାଙ୍କ ଆଗମନୀ ସଂଗୀତ, ଶ୍ରୀଦୁର୍ଗା ସପ୍ତଶତୀ ତଥା ଦେବୀ ଆଗମନ ସମ୍ପର୍କିତ କଥାକୁ ନେଇ ମଧୁମୟ ସଙ୍ଗୀତ ମାନ ମନଲୋଭା ବାଦ୍ୟର ତାଳେତାଳେ ଦୂରଦର୍ଶନ ତଥା ଆକାଶବାଣୀ ମାଧ୍ୟମରେ ପ୍ରସାରିତ କରାଯାଏ । ମହାଳୟା ଦିନ ପ୍ରାତଃସ୍ନାନ ପରେ ମୃତ୍ତିକା ନିର୍ମିତ କଳସ ଉପରେ ସିନ୍ଦୂର ଦ୍ୱାରା ମଙ୍ଗଳମୟ ଚିହ୍ନ ଅଙ୍କନ ସହ ଏହାକୁ ପବିତ୍ର ପାଣିରେ ପୂରଣ କରି ତଦୁପରି ଆମ୍ବଡାଳ ପଇଡ଼ ଆଦି ରଖାଯାଏ । ମନ୍ତ୍ରୋଚାରଣ ସହ ଘଟସ୍ଥାପନ ବିଧିବିଧାନ ଅନୁଯାୟୀ କରାଯାଏ ଓ ପୂଜାସ୍ଥଳକୁ କଦଳୀବୃକ୍ଷ ତଥା ଅନ୍ୟାନ୍ୟ ସାମଗ୍ରୀ ଦ୍ୱାରା ସୁସଜ୍ଜିତ କରାଯାଏ । ଏଇ ଅବସରରେ ସଭିଏଁ ନୂତନ ବସ୍ତ୍ର ପରିଧାନ ସହ ବନ୍ଧୁବାନ୍ଧବ ଓ ସମ୍ପର୍କୀୟ ମାନଙ୍କୁ ଉପହାର ଆଦି ପ୍ରଦାନ କରିଥାନ୍ତି । ଷଷ୍ଠୀଦିନ ଘଟକୁ ପ୍ରଥମେ ପୁରୋହିତ ପୂଜା ବେଦୀ (ପେଣ୍ଡାଲ) ଉପରେ ସ୍ଥାନିତ କରନ୍ତି । ଏହାପରେ ଦେବୀ ଦୁର୍ଗାଙ୍କ ପ୍ରତିମା ଏହିଠାରେ ସ୍ଥାପିତ ହୁଏ । ଏହି ପ୍ରତିମା ସହ ଗଣେଶ, କାର୍ତ୍ତିକେୟ, ଲକ୍ଷ୍ମୀ, ସରସ୍ୱତୀ ଆଦିଙ୍କ ମୂର୍ତ୍ତି ମଧ୍ୟ ଶୋଭାୟମାନ ହୁଏ । ପ୍ରତିଦିନ ଦେବୀଙ୍କର ପୂଜା, ଆରତି ଇତ୍ୟାଦି ଅନୁଷ୍ଠିତ ହୁଏ । ଅଷ୍ଟମୀ ଏବଂ ସନ୍ଧିପୂଜା ଧୂମଧାମରେ ପାଳନ କରାଯାଏ । ନବରାତ୍ରିରେ ମା' ଦୁର୍ଗାଙ୍କର ନଅଗୋଟି ସ୍ୱରୂପଙ୍କର ଆରାଧନା କରାଯାଏ । ଏହି ସମୟରେ ସର୍ବତ୍ର ଭକ୍ତିପୂର୍ଣ୍ଣ ବାତାବରଣ ସହ ଆନନ୍ଦ ଉଲ୍ଲାସର ତରଙ୍ଗ ଦୃଷ୍ଟିଗୋଚର ହୁଏ । ନବମୀ ପୂଜା ମଧ୍ୟ ଉତ୍ସାହର ସହ ଅନୁଷ୍ଠିତ ହୁଏ । ଶେଷରେ ବିଜୟାଦଶମୀ ଦିନ ଦେବୀ ମାତାଙ୍କୁ ବିଦାୟ ଦେବାର ସମୟ ଉପସ୍ଥିତ ହୁଏ । ଏହିଦିନ ନିୟମାନୁଯାୟୀ ବିଧି ଅନୁରୂପ ପୂଜା ହୁଏ ଏବଂ ମହିଳାମାନେ ଦେବୀ ଦୁର୍ଗାଙ୍କ ମୂର୍ତ୍ତି ସମ୍ମୁଖରେ ଦୀପ ପ୍ରଜ୍ୱଳନ ସହ 'ସନ୍ଦେଶ' ଭୋଗ ଲାଗି କରିଥାନ୍ତି । ଏହାପରେ ମଙ୍ଗଳ କାମନାର ପ୍ରତୀକ ସ୍ୱରୂପ ବିବାହିତ ସୁହାଗନୀ ସ୍ତ୍ରୀମାନେ କପାଳରେ ପରସ୍ପରକୁ ସିନ୍ଦୂର ଲଗାନ୍ତି । ଶେଷରେ ଶଙ୍ଖଧ୍ୱନୀ କରି ଅଶ୍ରୁଳ ନୟନରେ ଜଗନ୍ମାତା ଦୁର୍ଗାଙ୍କୁ ବିଦାୟ ଦିଆଯାଇଥାଏ । ମହାମାୟାଙ୍କର ଏହି ବିଦାୟ କାଳରେ ନିଜର ଅନ୍ତର୍ବେଦନାକୁ ସମ୍ବରଣ କରି

ନପାରି ଅଧିକାଂଶ କରୁଣ କ୍ରନ୍ଦନ କରିଥାନ୍ତି । ଏହାପରେ ପ୍ରତିମାଗୁଡ଼ିକୁ ବିଶାଳ ପଟୁଆରରେ ନିଆଯାଇ ନଦୀରେ ବିସର୍ଜନ କରାଯାଏ ।

କ) ନବରାତ୍ରିରେ କୁମାରୀ ପୂଜନ:

କୁମାରୀ ଝିଅମାନେ ମହାମାୟାଙ୍କର ପ୍ରତ୍ୟକ୍ଷ ରୂପ ଅଟନ୍ତି । ସାମର୍ଥ୍ୟ ଅନୁଯାୟୀ ନଅଦିନ ବା ଅତିକମରେ ଗୋଟିଏ ଦିନ ପାଇଁ ତିନିବର୍ଷରୁ ଆରମ୍ଭ କରି ନଅବର୍ଷ ଆୟୁ ବିଶିଷ୍ଟ କନ୍ୟାମାନଙ୍କୁ ନିମନ୍ତ୍ରଣ କରି ଭକ୍ତି ଓ ଶ୍ରଦ୍ଧାର ସହ ସେମାନଙ୍କୁ ପୂଜନ କରାଯାଏ । କେତେକ ସ୍ଥାନରେ ଅଧିକ ଆୟୁ ଅର୍ଥାତ୍ ଷୋଡ଼ଶ ବର୍ଷ ପର୍ଯ୍ୟନ୍ତ କନ୍ୟାଙ୍କୁ ମଧ୍ୟ ପୂଜନ କରାଯାଏ । କୁମାରୀ ପୂଜନ ବିନା ହୋମାଦି କର୍ମ ପୁଣ୍ୟଫଳ ଓ ପୂର୍ଣ୍ଣଫଳ ପ୍ରଦାନ କରନ୍ତି ନାହିଁ। ଏହିଦିନ କନ୍ୟାମାନଙ୍କୁ ପୂଜନ ଓ ଭୋଜନ ସହ ପାଦ୍ୟ ଅର୍ଘ, ଧୂପ, କୁଙ୍କୁମ, ଚନ୍ଦନ ଅଳଙ୍କାର ଓ ବସ୍ତ୍ର ଆଦି ଅର୍ପଣ କରାଯାଏ। କୁମାରୀ ମାନଙ୍କୁ ଏହିଦିନ ଭୋଜନ କରାଇଲେ ସମସ୍ତ ତ୍ରିଲୋକବାସୀଙ୍କୁ ଭୋଜନ କରାଇବା ସହ ସମାନ ହୁଏ ବୋଲି ଶାସ୍ତ୍ରମାନଙ୍କରେ ଉଲ୍ଲେଖ ରହିଛି।

ଖ) ସଦ୍‌ଗ୍ରନ୍ଥ ଓ ପୁରାଣାଦି ପଠନ :

ନବରାତ୍ରିରେ ଶ୍ରୀଦୁର୍ଗା ସପ୍ତଶତୀ, ଦେବୀ ପୁରାଣ, ମାର୍କଣ୍ଡେୟ ପୁରାଣ, ରାମଚରିତ ମାନସ, ରାମରକ୍ଷା ସ୍ତୋତ୍ର ଓ କାଳିକା ପୁରାଣ ଆଦି ପାଠ କରାଯିବାର ପରମ୍ପରା ରହିଛି ।

ଗ) ଦୁର୍ଗୁଣ ଓ ଦୁର୍ବ୍ୟସନର ପରିହାର:

ନବରାତ୍ରି ହେଉଛି ଶକ୍ତି ଉପାସନାର ପର୍ବ । ନିଜ ଇନ୍ଦ୍ରିୟ ଉପରେ ବିଜୟ ଲାଭ କିରଥିବା ବ୍ୟକ୍ତିକୁ ସବୁଠୁଁ ଶକ୍ତିସମ୍ପନ୍ନ ମନୁଷ୍ୟ ବୋଲି ଆମ ଶାସ୍ତ୍ରମାନଙ୍କରେ ବର୍ଣ୍ଣନା କରାଯାଇଛି । ସମସ୍ତ ଦୁର୍ଗଣ ଓ ଦୁର୍ବ୍ୟସନରୁ ମୁକ୍ତି ପାଇବା ନିମନ୍ତେ ଆତ୍ମସମୀକ୍ଷା ପୂର୍ବକ ନିଜ ଇନ୍ଦ୍ରିୟମାନଙ୍କୁ ସଂଯମିତ କରିବା ସକାଶେ ଦେବୀ ଦୁର୍ଗାଙ୍କ ନିକଟରେ ସଂକଳ୍ପ କରିବା ଉଚିତ । କାମ, କ୍ରୋଧ, ଲୋଭ, ଅସତ୍ୟ ଆଚରଣ/ ଭାଷଣ, କଳିଝଗଡ଼ା, ମାତା-ପିତା-ଗୁରୁ-ଗୁରୁଜନମାନଙ୍କୁ ଅବଜ୍ଞା, ତିରସ୍କାରପୂର୍ଣ୍ଣ ଆଚରଣ, ନିଶା ଓ ମାଦକଦ୍ରବ୍ୟ ଅଭ୍ୟାସ ଆଦିରୁ ମନୁଷ୍ୟ କ୍ଷାନ୍ତ ରହିବା ଉଚିତ ।

ଘ) ଶ୍ରୀଦୁର୍ଗା ସପ୍ତଶତୀ ପାଠ ଓ ନବରାତ୍ରି :

ନବରାତ୍ରି ଅବସରରେ ଶ୍ରୀଦୁର୍ଗା ସପ୍ତଶତୀ ପାଠର ବିଶେଷ ମହତ୍ତ୍ୱ ରହିଛି । ମାର୍କଣ୍ଡେୟ ପୁରାଣ ସ୍ଥିତ ଶ୍ରୀଦୁର୍ଗା ସପ୍ତଶତୀରେ ୧୩ଗୋଟି ଅଧ୍ୟାୟ ଓ ୭୦୦ ଶ୍ଳୋକ ରହିଛି । ଏଥିରେ ଦେବୀ ଦୁର୍ଗାଙ୍କର ଅପରମ୍ପାର ମହିମା ବର୍ଣ୍ଣିତ । ଏହାକୁ ସାକ୍ଷାତ ମହାମାୟାଙ୍କର ବାଙ୍ଗ୍ମୟ ସ୍ୱରୂପ ବୋଲି କୁହାଯାଏ । ଏଥିରେ ୩୬୦ ଶକ୍ତିଙ୍କର ଉଲ୍ଲେଖ ରହିଛି । ନବରାତ୍ରିରେ ଦେବୀ ମହାମାୟାଙ୍କ ପୂଜନ ସହ କୁମାରୀପୂଜନ, ଶ୍ରୀଦୁର୍ଗା ସପ୍ତଶତୀ ପାଠ, ଭୈରବ ପୂଜନ ଆଦିର ଅନିବାର୍ଯ୍ୟତାକୁ ଶାସ୍ତ୍ରରେ ସ୍ୱୀକାର କରାଯାଇଛି । ଏଣୁ ବଟୁକ ଭୈରବ ନାମବଳୀ ପାଠ ମଧ୍ୟ ଏହାସହ କରାଯାଏ । ଶ୍ରୀଦୁର୍ଗା ସପ୍ତଶତୀ ପାଠର ଅନୁଷ୍ଠାନ ସକାଶେ ପ୍ରଥମେ କଳଶ ସ୍ଥାପନ କରାଯାଇ ଗୌରୀ ଗଣେଶ ପୂଜନ, ନବଗ୍ରହ ପୂଜନ, ଷୋଡ଼ଶ ମାତୃକା ପୂଜା, କୁଳଦେବୀଙ୍କ ପୂଜନ ଆଦି କରାଯାଏ । ଏତଦ୍‌ବ୍ୟତୀତ ଶ୍ରୀଦୁର୍ଗା ସପ୍ତଶତୀ ପାଠ ସମୟରେ କେତେଗୁଡ଼ିଏ ନିୟମ ପାଳନ କରାଯାଏ:

୧. ଏହାର ମୌନ ପାଠ ନିଷିଦ୍ଧ କରାଯାଇଛି । ମନ୍ଦ୍ର ସ୍ୱରରେ ଏବଂ ସମତାଳରେ ପାଠ କରାଯାଇପାରେ ।

୨. ଗ୍ରନ୍ଥକୁ ହାତରେ ନେଇ ପଢ଼ିବା ଦ୍ୱାରା ଅଧା ଫଳ ପ୍ରାପ୍ତ ହୁଏ । ଏହାକୁ ବ୍ୟାସାସନ (କାଷ୍ଠ ନର୍ମିତ ଉପକରଣ) ଉପରେ ରଖି ପଢ଼ାଯାଏ ।

୩. ଗ୍ରନ୍ଥରେ ଥିବା କୌଣସି ଚରିତ୍ରକୁ ଅଧା ପାଠ କରିବା ବା ପଢ଼ିବା ଅଥବା କୌଣସି ଅଂଶକୁ ଛାଡ଼ି ଦେବା ନିଷିଦ୍ଧ ।

୪. ପାଠ କରିବା ସମୟରେ ଗ୍ରନ୍ଥକୁ ଦେଖି ପାଠ କରିବା ଉଚିତ ଯଦ୍ୱାରା ନିର୍ଭୂଲ ଉଚ୍ଚାରଣ ହୋଇପାରିବ ।

୫. ପାଠ ସମାପ୍ତ ହେବା ପରେ ବ୍ରାହ୍ମଣ ଓ କୁମାରୀ ଝିଅମାନଙ୍କୁ ଭୋଜନ କରାଇବା ବିଶେଷ ଫଳଦାୟୀ ହୋଇଥାଏ ।

ପୂର୍ବରୁ କୁହାଯାଇଛି ଶ୍ରୀ ଦୁର୍ଗା ସପ୍ତଶତୀରେ ୧୩ ଅଧ୍ୟାୟ ଓ ୭୦୦ ଶ୍ଳୋକ ରହିଛି ଏବଂ ଏହାକୁ ନିଷ୍ଠାର ସହ ପାଠ କଲେ ବିଶେଷ ଫଳ ପ୍ରାପ୍ତ ହୋଇଥାଏ । ପ୍ରତ୍ୟେକ ଅଧ୍ୟାୟ ପାଠ ଦ୍ୱାରା ଭିନ୍ନଭିନ୍ନ ଫଳ ଲାଭ ହୁଏ ।

ପ୍ରଥମ ଅଧ୍ୟାୟ	:	ପାଠ ଦ୍ୱାରା ସମସ୍ତ ପ୍ରକାର ଦୁଶ୍ଚିନ୍ତା ଦୂର ହୁଏ ।
ଦ୍ୱିତୀୟ ଅଧ୍ୟାୟ	:	ପାଠ ଦ୍ୱାରା ଶତ୍ରୁପୀଡ଼ାରୁ ମୁକ୍ତି ମିଳେ ଓ ମକଦ୍ଦମାରେ ବିଜୟ ପ୍ରାପ୍ତ ହୁଏ ।
ତୃତୀୟ ଅଧ୍ୟାୟ	:	ଦ୍ୱାରା ଶତ୍ରୁ ଦମନ ସମ୍ଭବ ହୁଏ ।
ଚତୁର୍ଥ ଅଧ୍ୟାୟ	:	ପରମାର୍ଥୀକ ଲାଭ, ଦେବୀକୃପା ଏବଂ ଦେବୀଙ୍କ ଦର୍ଶନ ପାଇଁ ମାର୍ଗ ପ୍ରଶସ୍ତ କରେ ।
ପଞ୍ଚମ ଅଧ୍ୟାୟ	:	ଦେବୀଙ୍କ ପ୍ରତି ଭକ୍ତି ଓ ଅନନ୍ୟ ନିଷ୍ଠା ଭାବକୁ ଜାଗ୍ରତ କରିବା ସକାଶେ ସାହାଯ୍ୟ କରେ ।
ଷଷ୍ଠ ଅଧ୍ୟାୟ	:	ଦ୍ୱାରା ବ୍ୟବସାୟରେ ବାଧା, ଭୟ ଓ ଦୁଃଖରୁ ମୁକ୍ତି ପ୍ରାପ୍ତ ହୋଇଥାଏ ।
ସପ୍ତମ ଅଧ୍ୟାୟ	:	ସକଳ ମନୋରଥ ପୂରଣ କରିଥାଏ ।
ଅଷ୍ଟମ ଅଧ୍ୟାୟ	:	ମିତ୍ରତା ଏବଂ ବଶୀକରଣ ନିମନ୍ତେ ଅପେକ୍ଷିତ ଫଳ ପ୍ରଦାନ କରେ ।
ନବମ ଅଧ୍ୟାୟ	:	ପଠନ ଦ୍ୱାରା ସମସ୍ତ ପ୍ରକାର କାମନାରେ ପୂର୍ତ୍ତି, ବ୍ୟକ୍ତିଗତ ଉନ୍ନତି ତଥା ସନ୍ତାନ ପ୍ରାପ୍ତି ହୋଇଥାଏ ।
ଦଶମ ଅଧ୍ୟାୟ	:	ରାଜସୁଖ ଓ ସତ୍ତା ପ୍ରାପ୍ତି ନିମନ୍ତେ ଫଳ ପ୍ରଦାନ କରେ ।
ଏକାଦଶ ଅଧ୍ୟାୟ	:	ବ୍ୟବସାୟରେ ଉନ୍ନତି ନିମନ୍ତେ ଉଦ୍ଦିଷ୍ଟ ହୋଇଥାଏ ।
ଦ୍ୱାଦଶ ଅଧ୍ୟାୟ	:	ପଠନ ଫଳରେ ଲୋକପ୍ରିୟତା ଓ ଯଶପ୍ରାପ୍ତି ହୁଏ ।
ତ୍ରୟୋଦଶ ଅଧ୍ୟାୟ	:	ଅପହୃତ ରାଜ୍ୟର ପୁନଃ ପ୍ରାପ୍ତି ସହ ରାଜ୍ୟସ୍ଥାପନ ତଥା ସତ୍ତା ସୁଖ ପ୍ରଦାନ କରିଥାଏ ।

ଡ) ଦେବୀଦୁର୍ଗାଙ୍କ ବାହନ:

ଏଠାରେ ଏହା ଉଲ୍ଲେଖନୀୟ ଯେ ଆଶ୍ୱିନ ନବରାତ୍ରକୁ ଶାରଦୀୟ ନବରାତ୍ର ଏବଂ ଚୈତ୍ର ନବରାତ୍ରକୁ 'ବାସନ୍ତିକ ନବରାତ୍ର' ବୋଲି କୁହାଯାଏ । ଏତଦ୍‌ବ୍ୟତୀତ ଆଷାଢ଼ ଓ ମାଘ ମାସରେ ମଧ୍ୟ ଦେବୀଙ୍କ ନବରାତ୍ରି ଉପାସନା କରାଯାଏ । ଏହି ନବରାତ୍ରି ଦ୍ୱୟକୁ 'ଗୁପ୍ତ ନବରାତ୍ରି' ବୋଲି କୁହାଯାଏ । ଗୁପ୍ତ ନବରାତ୍ରର ଏତେ ବେଶୀ ପ୍ରସିଦ୍ଧି ଦେଖାଯାଏ ନାହିଁ । ଶାରଦୀୟ ନବରାତ୍ରି ଓ

ବାସନ୍ତିକ ନବରାତ୍ରି ଦ୍ୱୟ ଦେବୀଙ୍କ ପୂଜା ପାଇଁ ବିଶେଷ ଭାବେ ପ୍ରଚଳିତ। ନବରାତ୍ରିରେ ପ୍ରଥମ ତିନିଦିନ ମା' ପାର୍ବତୀ, ତାର ପରବର୍ତ୍ତୀ ତିନିଦିନ ମାତା ଲକ୍ଷ୍ମୀ ଏବଂ ଅନ୍ତିମ ତିନିଦିନ ମାତା ସରସ୍ୱତୀଙ୍କ ନିମନ୍ତେ ସମର୍ପିତ ହୋଇଥିଲେ ମଧ୍ୟ ପ୍ରତ୍ୟେକ ଦିନ ମାତା ଦୁର୍ଗାଙ୍କର ହିଁ ଅଲଗା ଅଲଗା ରୂପରେ ପୂଜା ଉପାସନା ହୋଇଥାଏ ଯାହାଙ୍କୁ 'ନବଦୁର୍ଗା' ବୋଲି କୁହାଯାଏ।

"ପ୍ରଥମ ଶୈଳପୁତ୍ରୀ ଚ ଦ୍ୱିତୀୟଂ ବ୍ରହ୍ମଚାରିଣୀ।
ତୃତୀୟଂ ଚଣ୍ଡଘଣ୍ଟେତି କୂଷ୍ମାଣ୍ଡେତି ଚତୁର୍ଥକମ୍ ।।୩।।
ପଞ୍ଚମଂ ସ୍କନ୍ଦମାତେତି ଷଷ୍ଠଂ କାତ୍ୟାୟାନୀତି ଚ।
ସପ୍ତମଂ କାଳରାତ୍ରୀତି ମହାଗୌରୀତି ଚାଷ୍ଟମମ୍ ।।୪।।
ନବମଂ ସିଦ୍ଧିଦାତ୍ରୀ ଚ ନବଦୁର୍ଗାଃ ପ୍ରକୀର୍ତ୍ତିତାଃ....."

(ଶ୍ରୀଦୁର୍ଗା ସପ୍ତଶତୀ- ଦେବ୍ୟାଃ କବଚମ୍)

ଅର୍ଥାତ୍ ସିଂହବାହିନୀ ମାତା ଦୁର୍ଗାଙ୍କର ସେହି ନଅ ଭିନ୍ନଭିନ୍ନ ରୂପ ହେଲେ- ଶୈଳପୁତ୍ରୀ, ବ୍ରହ୍ମଚାରିଣୀ, ଚନ୍ଦ୍ରଘଣ୍ଟା, କୁଷ୍ମାଣ୍ଡା, ସ୍କନ୍ଦମାତା, କାତ୍ୟାୟନୀ, କାଳରାତ୍ରୀ, ମହାଗୌରୀ ଓ ସିଦ୍ଧିଦାତ୍ରୀ। ଏହି ପୂଜାକାଳ ଅର୍ଥାତ୍ ନବରାତ୍ରି ଅବସରରେ ସିଂହବାହିନୀ ମହାମାୟା ଜଗଜ୍ଜନନୀ ଦୁର୍ଗା ନିଜ ବାହାନ ଉପରେ ଆରୂଢ଼ା ହୋଇ ଭୂମଣ୍ଡଳକୁ ଆଗମନ କରିଥାନ୍ତି। ଦେବୀ ପୁରାଣରେ କଥିତ ଅଛି ଯେ ଦେବୀଙ୍କର ଏହି ଆଗମନ ଓ ପ୍ରସ୍ଥାନ ନିମନ୍ତେ ବାର ଅନୁଯାୟୀ ସେ ବିଶେଷ ବାହାନ ସ୍ଥିର କରିଥାନ୍ତି। ନବରାତ୍ରିର ପ୍ରାରମ୍ଭ ଏବଂ ସମାପନରେ ବାରକୁ ନେଇ ନିମ୍ନରେ ବାହାନ ମାନଙ୍କ ନାମ ସୂଚିତ ହେଲା।

ମାଆଙ୍କ ଆଗମନ ନିମନ୍ତେ ବାହନର ନାମ:

ରବିବାର ଏବଂ ସୋମବାରକୁ ହାତୀ, ଶନିବାର ଓ ମଙ୍ଗଳବାରକୁ ଘୋଡ଼ା, ଗୁରୁବାର ଓ ଶୁକ୍ରବାରକୁ ପାଲିଁକି, ବୁଧବାର ହୋଇଥିଲେ ନୌକାରେ ଆଗମନ କରନ୍ତି।

ପ୍ରସ୍ଥାନ ନିମନ୍ତେ (ବିସର୍ଜନ ପରେ) ବାହନର ନାମ:

ରବିବାର ବା ସୋମବାର ଦିନ ଦେବୀଙ୍କର ପ୍ରସ୍ଥାନ ହେଉଥିଲେ ମଇଁଷି, ଶନିବାର ବା ମଙ୍ଗଳବାର ହେଲେ ସିଂହ, ବୁଧବାର ବା ଶୁକ୍ରବାର ହେଲେ ଗଜ/

ହସ୍ତୀ, ଗୁରୁବାର ପ୍ରସ୍ଥାନ ହେଉଥିଲେ ନରବାହନ ବ୍ୟବହୃତ ହୁଏ । କିନ୍ତୁ ନବଦୁର୍ଗାଙ୍କ ମଧ୍ୟରେ ପ୍ରଥମ ଦେବୀଶକ୍ତି ଶୂଳଧାରିଣୀ ଶୈଳପୁତ୍ରୀଙ୍କ ବାହନ ହେଲା ବୃଷଭ, ଦେବୀଙ୍କ ଦ୍ୱିତୀୟ ସ୍ୱରୂପ ମୃଗଚର୍ମ ପରିହିତା ବ୍ରହ୍ମଚାରିଣୀ-ବୃଷଭ ଉପରେ ସ୍ଥିତ କମଳ (ପଦ୍ମ) ମଧ୍ୟରେ ବିଦ୍ୟମାନ । ତୃତୀୟ ଦେବୀ ଚନ୍ଦ୍ରଘଣ୍ଟା-ସିଂହବାହିନୀ ଉଗ୍ରରୂପା, ଚତୁର୍ଥରେ ଦେବୀ କୁଷ୍ମାଣ୍ଡାଙ୍କ ବାହନ ଶାର୍ଦ୍ଦୁଳ ଅର୍ଥାତ୍ ସେ ବ୍ୟାଘ୍ରବାହିନୀ, ପଞ୍ଚମ ଦେବୀ ଅଷ୍ଟଭୂଜା ସ୍କନ୍ଦମାତା-ପଦ୍ମାସନା ଓ ସିଂହାରୂଢ଼ା, ଷଷ୍ଠରେ ବଜ୍ରମଣ୍ଡଳର ଅଧିଷ୍ଠାତ୍ରୀ ଦେବୀ କାତ୍ୟାୟନୀ ହେଉଛନ୍ତି ଶାର୍ଦ୍ଦୁଳ ବାହନ ବିଶିଷ୍ଟ, ସପ୍ତମ ଦେବୀ ଚତୁର୍ଭୁଜା କାଳରାତ୍ରୀ ଯିଏକି ଗର୍ଦ୍ଦଭବାହନା, ଅଷ୍ଟମ ଦେବୀ କାଳୀ କୃଷ୍ଣରୂପା 'ମହାଗୌରୀ' । ସେ ତ୍ରିନେତ୍ରା ଓ ବୃଷଭବାହନା, ନବମ ଦିନରେ ପୂଜିତା ଶକ୍ତିଦେବୀ 'ସିଦ୍ଧିଦାତ୍ରୀ' ଚତୁର୍ଭୁଜା, ପଦ୍ମାସନା ଓ ସିଂହବାହିନୀ ଅଟନ୍ତି ।

ଦେବୀ ଦୁର୍ଗା ହେଉଛନ୍ତି ଶକ୍ତି ସ୍ୱରୂପିଣୀ, ସର୍ବ ଦେବାଦେବୀଙ୍କର ଜନନୀ, ବିଶ୍ୱପାଳିନୀ- ସୃଷ୍ଟିସ୍ଥିତି-ସଂହାରକାରିଣୀ, ସକଳ ଶକ୍ତିର ଅଧିକାରିଣୀ, ସଦା ମଙ୍ଗଳକାରିଣୀ । ଏଣୁ ତାଙ୍କ ଚରଣ କମଳରେ କୋଟିକୋଟି ପ୍ରଣାମ ନିବେଦନ କରି କୁହାଯାଇଛି:

"ନମାମି ତ୍ୱାଂ ମହାଦେବୀଂ
ମହାଭୟ ବିନାଶିନୀମ୍,
ମହାଦୁର୍ଗ ପ୍ରଶମନୀଂ
ମହାକାରୁଣ୍ୟ ରୂପିଣୀମ୍ ॥"

ଗୁପ୍ତ ନବରାତ୍ରି

ବିଷୟରେ ଜାଣିବା କଥା

ଚୈତ୍ର ଓ ଆଶ୍ୱିନ ମାସରେ ନବରାତ୍ର ଓ ଶାକ୍ତ ଉପାସନା କରାଯାଉଥିବା ସମସ୍ତେ ଜାଣନ୍ତି । ଚୈତ୍ରମାସର ଶୁକ୍ଳ ପ୍ରତିପଦା ଏବଂ ଆଶ୍ୱିନ ଶୁକ୍ଳ ପ୍ରତିପଦା ଠାରୁ ନବରାତ୍ରି ଆରମ୍ଭ ହୋଇ ନବମୀ ତିଥି ପର୍ଯ୍ୟନ୍ତ ନଅଦିନ ଧରି ପାଳିତ ହୋଇଥାଏ । ଶାସ୍ତ୍ରରେ କୁହାଯାଇଛି **'ନବଭିଃ ରାତ୍ରିଭିଃ ସମ୍ପଦ୍ୟତେ ଯଃ ସ ନବରାତ୍ରଃ ।'** ନବରାତ୍ରି, ନଅଗୋଟି ରାତ୍ରି, ନବଧା ଭକ୍ତି ଓ ନବଦୁର୍ଗା ଇତ୍ୟାଦିଙ୍କର ଦ୍ୟୋତକ ହୋଇଥିବାରୁ ଏହାର ନାମ କରଣ ଏପରି ହୋଇଛି । ଏହି ସମୟକୁ ଯଥାକ୍ରମେ ବାସନ୍ତିକ (ଚୈତ୍ର) ନବରାତ୍ର ଏବଂ ଶାରଦୀୟ (ଆଶ୍ୱିନ) ନବରାତ୍ର ବୋଲି କୁହାଯାଏ । ବାସନ୍ତିକ ନବରାତ୍ରିରେ ବିଷ୍ଣୁ ଉପାସନା ଏବଂ ଶାରଦୀୟ ନବରାତ୍ରିରେ ଶକ୍ତି ଉପାସନାର ପ୍ରାଧାନ୍ୟ ଦେଖାଯାଏ । ଉଭୟ ନବରାତ୍ରିରେ ଆଦ୍ୟାଶକ୍ତି ଭଗବତୀଙ୍କ ଆରାଧନା ମଧ୍ୟ କରାଯାଏ । ଏହି ନବରାତ୍ରି ଉତ୍ସାହର ସହ ବ୍ୟାପକ ଭାବରେ ଅନୁଷ୍ଠିତ ହୁଏ ଏବଂ ଏଥିରେ ଦେବୀଙ୍କ ପୂଜା ଅର୍ଚ୍ଚନା ସହ ଦୁର୍ଗା ସପ୍ତଶତୀ, ଦେବୀ ଭାଗବତ, ମାର୍କଣ୍ଡେୟ ପୁରାଣ, କାଳିକା ପୁରାଣ ଆଦି ପାଠ କରାଯାଏ । କିନ୍ତୁ ଚୈତ୍ର ନବରାତ୍ରିରେ ଶ୍ରୀରାମଚରିତ ମାନସ, ଆଧ୍ୟାତ୍ମ ରାମାୟଣ ତଥା ଶ୍ରୀବାଲ୍ମୀକୀୟ ରାମାୟଣ ଆଦି ବିଶେଷ ଭାବେ ପଠିତ ହୁଏ ତଥା ବ୍ୟାପକ ଅୟୋଜନ ମାନ ଏଥି ନିମନ୍ତେ କରାଯାଏ । ଏଣୁ ବାସନ୍ତିକ ନବରାତ୍ରିକୁ ଦେବୀ-ନବରାତ୍ରି ବୋଲି କୁହାଯାଉଥିଲେ ମଧ୍ୟ କେତେକ ଏହାକୁ 'ରାମ-ନବରାତ୍ରି' ବୋଲି ମଧ୍ୟ କହିଥାନ୍ତି । ଏହି ସମୟରେ ଶ୍ରୀରାମଚରିତ ମାନସ ପାରାୟଣ ତଥା ପ୍ରବଚନ ଆଦି ସର୍ବତ୍ର ଅନୁଷ୍ଠିତ ହୋଇଥାଏ ।

ଉପରୋକ୍ତ ନବରାତ୍ର ଦ୍ୱୟଙ୍କ ବ୍ୟତୀତ ଆଷାଢ଼ ଏବ ମାଘ ମାସର ଶୁକ୍ଳ ପ୍ରତିପଦା ତିଥିରୁ ଆରମ୍ଭ କରି ନବମୀ ପର୍ଯ୍ୟନ୍ତ ଯଥାକ୍ରମେ ଆଷାଢ଼ ଓ ମାଘ (ସାରସ୍ୱତ ନବରାତ୍ର) ନବରାତ୍ର ମାନ ଅନୁଷ୍ଠିତ ହୋଇଥାଏ । ଏହାର ଅନୁଷ୍ଠାନ ଏବଂ ବ୍ୟାପକତା ଆଖିଦୃଶିଆ ନହେଲେ ମଧ୍ୟ ଏମାନଙ୍କର ବିଶେଷତା କୌଣସି

ଶକ୍ତି ଉପାସନା ଓ ବୈଦିକ ଦେବୀତତ୍ତ୍ୱ : ୨୫୪

ଗୁଣରେ କମ ନୁହେଁ । ଏହି ନବରାତ୍ରି ଦ୍ୱୟଙ୍କୁ 'ଗୁପ୍ତ ରାତ୍ରି' ବୋଲି କୁହାଯାଏ । ଏଠାରେ ଉଲ୍ଲେଖନୀୟ ଯେ ମହାକାଳ ସଂହିତା ଅନୁଯାୟୀ ସତ୍ୟଯୁଗରେ ଚୈତ୍ରନବରାତ୍ର, ତ୍ରେତାରେ ଆଷାଢ଼. ଦ୍ୱାପରରେ ମାଘ ଓ କଳିଯୁଗରେ ଆଶ୍ୱିନ ନବରାତ୍ରକୁ ଶକ୍ତି ଓ ତନ୍ତ୍ର ସାଧନା ଆଦି ଦୃଷ୍ଟିରୁ ବିଶେଷ ଭାବରେ ମହତ୍ତ୍ୱ ପ୍ରଦାନ କରାଯାଏ। ଏ ସମ୍ପର୍କରେ ପ୍ରାମାଣିକ ତଥ୍ୟ ତଥା ପ୍ରାଚୀନ ପୌରାଣିକ କଥା ବିଶେଷ ଭାବରେ ଉପଲବ୍ଧ ହୁଏ। ଶାସ୍ତ୍ରର ଉଲ୍ଲେଖ ଅନୁଯାୟୀ ଏକଦା ଶୃଙ୍ଗୀ ଋଷି ଭକ୍ତମାନଙ୍କୁ ଦର୍ଶନ ଦେଉଥିବା ସମୟରେ ସେଇ ଭକ୍ତମାନଙ୍କ ଭିଡ଼ ମଧ୍ୟରୁ ଜଣେ ମହିଳା ଭକ୍ତ ସାମ୍ନାକୁ ଆସି ସାଷ୍ଟାଙ୍ଗ ପ୍ରଣିପାତ ପୂର୍ବକ ଶୃଙ୍ଗୀ ଋଷିଙ୍କୁ ନିବେଦନ କରି ନିଜ ଦୁଃଖ ଜଣେଇଥିଲେ ଯେ "ମୋର ସ୍ୱାମୀ ଅତ୍ୟନ୍ତ ନିଶାସକ୍ତ, ମାଂସାହାରୀ ଏବଂ ଜୁଆଖେଳରେ ଅଭ୍ୟସ୍ତ ହୋଇଥିବାରୁ ମୋ ଜୀବନ ନର୍କ ତୁଲ୍ୟ ହୋଇ ଯାଇଛି । ଏହି କାରଣରୁ ମୁଁ କୌଣସି ପୂଜାପାଠ, ଧର୍ମକାର୍ଯ୍ୟ ବା ଦାନପୁଣ୍ୟ ଆଦି କର୍ମ ସମ୍ପାଦନରୁ ବଞ୍ଚିତ ରହୁଛି । ଆଦ୍ୟାଶକ୍ତି ଦେବୀ ଦୁର୍ଗା ହେଉଛନ୍ତି ମୋର ଇଷ୍ଟ ଦେବୀ । ତାଙ୍କର ଆରାଧନା ଦ୍ୱାରା ମୁଁ ଦେବୀମାତାଙ୍କର କିପରି କୃପା ଲାଭ କରି ପାରିବି ସେଥିପାଇଁ ମୁଁ ଆପଣଙ୍କର ଶରଣାପନ୍ନ ହେଉଛି । ଏ ସକାଶେ ଆପଣ ଆଶୀର୍ବାଦ ପ୍ରଦାନ କଲେ ମୁଁ କୃତକୃତ୍ୟ ହୋଇଯିବି ।"

ଋଷି ଶୃଙ୍ଗୀ ସେହି ମହିଳାଙ୍କର ଭକ୍ତି ଭାବ ଦେଖି ପ୍ରସନ୍ନ ହୋଇଗଲେ । ଏବଂ ସେହି ମହିଳାଙ୍କୁ ତାଙ୍କ ସମସ୍ୟାର ପ୍ରତିକାର ସକାଶେ ଯେଉଁ ଉପାୟ ନିର୍ଦ୍ଦେଶ କରିଥିଲେ ତାହା ଏଠାରେ ପ୍ରଣିଧାନର ବିଷୟ । ସେ କହିଥିଲେ ଯେ ବାସନ୍ତିକ ଓ ଶାରଦୀୟ ନବରାତ୍ରରେ ନଅଦେବୀଙ୍କର ଉପାସନା ହେଉଥିବା ବେଳେ ଆଷାଢ଼ ଓ ମାଘ ମାସରେ ଅନୁଷ୍ଠିତ ହେଉଥିବା ଗୁପ୍ତ ନବରାତ୍ରିରେ ଦଶ ମହାବିଦ୍ୟାଙ୍କର ଅର୍ଚ୍ଚନା ତଥା ସାଧନା କରାଯାଇଥାଏ ।

"କାଳୀତାରା ମହାବିଦ୍ୟା ଷୋଡ଼ଶୀ ଭୁବନେଶ୍ୱରୀ।
ଭୈରବୀ ଛିନ୍ନମସ୍ତା ଚ ବିଦ୍ୟା ଧୂମାବତୀ ତଥା ॥
ବଗଳା ସିଦ୍ଧବିଦ୍ୟା ଚ ମାତଙ୍ଗୀ କମଳାତ୍ମିକା।
ଏତା ଦଶ ମହାବିଦ୍ୟାଃ ସିଦ୍ଧବିଦ୍ୟାଃ ପ୍ରକୀର୍ତ୍ତିତାଃ ॥"

(ପ୍ରାଣତୋଷିଣୀ ତନ୍ତ୍ର ୫/୬)

ଅର୍ଥାତ୍ କାଳୀ, ତାରା, ଷୋଡ଼ଶୀ, ଭୁବନେଶ୍ୱରୀ, ଭୈରବୀ, ଛିନ୍ନମସ୍ତା, ଧୂମାବତୀ, ବଗଳା, ମାତଙ୍ଗୀ ଓ କମଳା- ଏମାନେ ଦଶମହାବିଦ୍ୟା ଅଟନ୍ତି । ବିବିଧ ତନ୍ତ୍ର ସାଧନା ଓ ବଶୀକରଣ ଇତ୍ୟାଦି ନିମନ୍ତେ ତାନ୍ତ୍ରିକ ଭକ୍ତମାନେ ଗୁପ୍ତନବରାତ୍ରିକୁ ସର୍ବୋତ୍ତମ ସମୟ ରୂପେ ଅଭିହିତ କରନ୍ତି । ଏହି କାଳରେ ରାତ୍ରି ସମୟରେ ତନ୍ତ୍ରସାଧକମାନେ ବିଭିନ୍ନ ପ୍ରକାର ସାଧନା ଦ୍ୱାରା ଦେବୀମାତାଙ୍କୁ ପ୍ରସନ୍ନ କରାଇ ସିଦ୍ଧିପ୍ରାପ୍ତ କରିଥାନ୍ତି ।

ଶୃଙ୍ଗୀ ଋଷିଙ୍କ ଉପଦେଶ ଅନୁଯାୟୀ ଯଦି କୌଣସି ବ୍ୟକ୍ତି ମାଂସାହାରୀ, କାମୀ, ଲୋଭୀ ଓ ବ୍ୟସନୀ ଆଦି ମଧ୍ୟ ହୋଇଥାଏ ତଥା ପୂଜା ଅର୍ଚ୍ଚନା କରୁନଥାଏ, ସେ ବି ଏହି ଗୁପ୍ତ ନବରାତ୍ରି ଅବସରରେ ଯଦି ମାଆ ଦୁର୍ଗାଙ୍କର ଉପାସନା କରେ ତେବେ ତାର ଜୀବନରେ ଆଉ କିଛି କରିବାର ଆବଶ୍ୟକତା ରହେନାହିଁ । ଦେବୀମାତା ତାହା ଉପରେ ଅବଶ୍ୟ ପ୍ରସନ୍ନ ହୋଇ ଯାଆନ୍ତି ଏବଂ ଇପ୍‌ସିତ ଫଳ ପ୍ରଦାନ କରି ଭକ୍ତର ଜୀବନକୁ ଧନ୍ୟ କରିଦିଅନ୍ତି । ସର୍ବୈଶ୍ୱର୍ଯ୍ୟକାରିଣୀ ଭଗବତୀ ଦୁର୍ଗାଙ୍କର ସାଧନା ଦ୍ୱାରା ତାହାର ଜୀବନ ସଫଳ ଓ ଐଶ୍ୱର୍ଯ୍ୟଶାଳୀ ହୋଇଯାଏ । ସେଇ ମହିଳା ଶୃଙ୍ଗୀଋଷିଙ୍କ ନିର୍ଦ୍ଦେଶ ଅନୁଯାୟୀ ଗଭୀର ବିଶ୍ୱାସର ସହ ଗୁପ୍ତ ନବରାତ୍ରି ଉପାସନା କରିଥିଲେ । ମାଆ ଦୁର୍ଗା ତାହାଙ୍କ ଉପାସନାରେ ସନ୍ତୁଷ୍ଟ ହୋଇଥିଲେ ଏବଂ ତାଙ୍କର ପରିବାର ମଧ୍ୟରେ ପୁନଃ ସୁଖଶାନ୍ତି ପ୍ରତ୍ୟାବର୍ତ୍ତନ କରିଥିଲା । ଦେବୀମାତାଙ୍କ ଆଶୀର୍ବାଦ ପ୍ରଭାବରୁ ତାଙ୍କର ସ୍ୱାମୀ କୁପଥରୁ ଫେରି ସତ୍‌ମାର୍ଗରେ ପରିଚାଳିତ ହେଲେ ଏବଂ ଏକ ଯଶସ୍ୱୀ ପାରିବାରିକ ଜୀବନ ଅତିବାହିତ କଲେ । ଏଥିରୁ ଗୁପ୍ତ ନବରାତ୍ରିର ବୈଶିଷ୍ଟ୍ୟ ସହଜରେ ଅନୁଭବ କରାଯାଇପାରେ ।

ଯିଏ ମୁକ୍ତିର ମାର୍ଗ ପ୍ରଦର୍ଶନ କରନ୍ତି ତାଙ୍କୁ 'ବିଦ୍ୟା' ଏବଂ ଯାହାଙ୍କ ଆଶୀର୍ବାଦ ଓ କୃପା ଫଳରେ 'ଭୋଗ ଓ ମୋକ୍ଷ' ଉଭୟ ପ୍ରାପ୍ତ ହୁଏ ତାହାଙ୍କୁ ମହାବିଦ୍ୟା ବୋଲି କୁହାଯାଏ । ସେଇ ଦୃଷ୍ଟିରୁ ଦଶମହାବିଦ୍ୟାଙ୍କ ଉପାସନାର ମହତ୍ତ୍ୱ ଅନନ୍ୟ ଅଟେ । ବିଶେଷ କରି ଶାକ୍ତ ଓ ଶୈବ ଭକ୍ତମାନେ 'ଗୁପ୍ତ ନବରାତ୍ରି'କୁ ତନ୍ତ୍ର ସାଧନା ତଥା ଦଶମହାବିଦ୍ୟାଙ୍କ ଉପାସନା ସକାଶେ ଅତ୍ୟନ୍ତ ଗୁରୁତ୍ୱ ପ୍ରଦାନ କରିଥାନ୍ତି । ଉପର ବର୍ଣ୍ଣିତ ଦଶମହାବିଦ୍ୟାଙ୍କ ସଂକ୍ଷିପ୍ତ ଆଲୋଚନା ନିମ୍ନରେ ପ୍ରଦତ୍ତ ହେଲା:

୧) **କାଳୀ:** ମହାବିଦ୍ୟା କାଳୀଙ୍କ ଉପାସନା କଳି ଯୁଗରେ ଆଶୁଫଳ ପ୍ରଦାନ କରିଥାଏ।

୨) **ତାରା:** ଆର୍ଥିକ ଉନ୍ନତି, ଐଶ୍ୱର୍ଯ୍ୟ ପ୍ରାପ୍ତି, ଶତ୍ରୁନାଶ, ବାଧାବିଘ୍ନ ନିବାରଣ, ମୋକ୍ଷ ପ୍ରାପ୍ତି ଇତ୍ୟାଦି ସକାଶେ ଦେବୀ ତାରାଙ୍କୁ ଉପାସନା କରାଯାଇଥାଏ।

୩) **ଛିନ୍ନମସ୍ତା:** ରାହୁ ଦେବୀ ଛିନ୍ନମସ୍ତାଙ୍କ ଅଧିଷ୍ଠାତା ଗ୍ରହ ଅଟନ୍ତି। ଏହି ଗ୍ରହଙ୍କ କୁଦୃଷ୍ଟିରୁ ମୁକ୍ତି ନିମନ୍ତେ ଛିନ୍ନମସ୍ତାଙ୍କ ଉପାସନା ସଫଳତା ପ୍ରଦାନ କରିଥାଏ। ଛିନ୍ନମସ୍ତାଙ୍କ ଅର୍ଚ୍ଚନା ଦ୍ୱାରା ସରସ୍ୱତୀଙ୍କ ଠାରୁ ସିଦ୍ଧି ପ୍ରାପ୍ତ ହୋଇଥାଏ।

୪) **ତ୍ରିପୁର ଭୈରବୀ:** ଏହି ମହାବିଦ୍ୟାଙ୍କ ସାଧନା ଶତ୍ରୁ ସଂହାର ତଥା ତାନ୍ତ୍ରିକ ବାଧାବିଘ୍ନରୁ ମୁକ୍ତି ନିମନ୍ତେ ଉପଯୋଗୀ ସିଦ୍ଧ ହୋଇଥାଏ।

୫) **ଧୂମାବତୀ:** ଦେବୀ ଧୂମାବତୀଙ୍କ ଉପାସନା ଫଳରେ ଯୁଦ୍ଧରେ ବିଜୟ, ଯାବତ୍ ବିପଦରୁ ମୁକ୍ତି ତଥା ରୋଗ ନିବାରଣର ସହାୟକ ହୋଇଥାଏ।

୬) **ବଗଳାମୁଖୀ:** ଏହି ମହାବିଦ୍ୟାଙ୍କ ସାଧନା ଦ୍ୱାରା ଭୋଗ ଓ ମୋକ୍ଷ ତଥା ଧନଧାନ୍ୟ ପ୍ରାପ୍ତି, ଶତ୍ରୁ ବିନାଶ ତଥା ଦୈବୀ ପ୍ରକୋପରୁ ଉଦ୍ଧାର ସମ୍ଭବ ହୋଇଥାଏ। ଭଗବାନ ଶ୍ରୀକୃଷ୍ଣଙ୍କ ପରାମର୍ଶ କ୍ରମେ ଦେବୀଙ୍କ ଉପାସନା ଫଳରେ ପାଣ୍ଡବମାନେ ମହାଭାରତ ଯୁଦ୍ଧରେ କୌରବମାନଙ୍କୁ ପରାସ୍ତ କରି ପାରିଥିଲେ। ବ୍ରହ୍ମା, ବିଷ୍ଣୁ, ପର୍ଶୁରାମ ଓ ଦ୍ରୋଣାଚାର୍ଯ୍ୟ- ଏ ସମସ୍ତେ ଦେବୀଙ୍କର ଉପାସକ ଥିଲେ।

୭) **ଷୋଡ଼ଶୀ:** ମାଆ ଷୋଡ଼ଶୀଙ୍କର ଅଧିଷ୍ଠାତା ଗ୍ରହ ବୁଧ ଅଟନ୍ତି। ଭକ୍ତି ଓ ମୁକ୍ତି ତଥା ଐଶ୍ୱର୍ଯ୍ୟ ପ୍ରଦାନ କାରିଣୀ ରୂପେ ଦେବୀ ସର୍ବଜନ ବିଦିତ ଅଟନ୍ତି। ନିଜ କୃପା ଦ୍ୱାରା ସେ ରଙ୍କିଙ୍କୁ ରାଜାରେ ପରିଣତ କରିପାରନ୍ତି। ସେ ଲଳିତା ମହାତ୍ରିପୁର ସୁନ୍ଦରୀ ତଥା ରାଜା ରାଜେଶ୍ୱରୀ ନାମରେ ମଧ୍ୟ ପ୍ରସିଦ୍ଧ ଅଟନ୍ତି।

୮) **ଭୁବନେଶ୍ୱରୀ:** ଦେବୀଙ୍କ କୃପାରୁ ସମଗ୍ର ସୃଷ୍ଟିର ଅନ୍ନ ସଂସ୍ଥାନ ବ୍ୟବସ୍ଥା ସମ୍ଭବ ହୋଇଥାଏ। ସେ 'ଶାକାମ୍ବରୀ' ନାମରେ ମଧ୍ୟ ପ୍ରସିଦ୍ଧି ଲାଭ କରିଛନ୍ତି। ତାଙ୍କ ସାଧନା ଦ୍ୱାରା ବାକ୍ ସିଦ୍ଧି, ଶତ୍ରୁ ଉପରେ ବିଜୟ, ବଶୀକରଣ ସୁଖ ସମୃଦ୍ଧି ଇତ୍ୟାଦି ପ୍ରାପ୍ତ ହୋଇଥାଏ। 'ଚନ୍ଦ୍ର' ତାଙ୍କର ଅଧିଷ୍ଠାତୃ ଗ୍ରହ ଅଟନ୍ତି।

୯) **ମାତଙ୍ଗୀ:** ଦେବୀ ମାତାଙ୍କ ଉପାସନା ଫଳରେ ଆଦର୍ଶ ପତି ବା ପତ୍ନୀ ପ୍ରାପ୍ତି, ସୁଖୀ ଓ ସମୃଦ୍ଧଶାଳୀ ଜୀବନ ଇତ୍ୟାଦି ସମ୍ଭବ ହୋଇଥାଏ।

୧୦) **କମଳା:** ଦଶମ ମହାବିଦ୍ୟା ଦେବୀ କମଳା, କମଳ ପୁଷ୍ପ ଉପରେ ଆସୀନା। ତାଙ୍କ କୃପା ଦ୍ୱାରା ଦାରିଦ୍ର୍ୟର ବିନାଶ, ସର୍ବ ସୌଭାଗ୍ୟ ପ୍ରାପ୍ତି ସମ୍ଭବ ହୋଇଥାଏ। ଏହାଙ୍କର ଅଧିଷ୍ଠାତ୍ରୁ ଗ୍ରହ ହେଉଛନ୍ତି ଶୁକ୍ର। ଦେବୀ କମଳାଙ୍କ ସହ ଭଗବାନ ବିଷ୍ଣୁ ସର୍ବଦା ଅବସ୍ଥାନ କରନ୍ତି। ଚାରିଗୋଟି ଶ୍ୱେତ ହସ୍ତୀ ନିଜ ନିଜ ଶୁଣ୍ଢରେ ଜଳ କଳସୀ ଧାରଣ କରି ଦେବୀଙ୍କୁ ସ୍ନାନ କରାଉଥିବା ମୂର୍ତ୍ତିର ଉପାସନା ସାଧକମାନେ କରିଥାନ୍ତି।

ଅତଏବ ଚୈତ୍ର ଓ ଆଶ୍ୱିନ ନବରାତ୍ରିରେ ଦେବୀ ମାତାଙ୍କର ନଅଗୋଟି ସ୍ୱରୂପର ଉପାସନା କରାଯାଉଥିବା ବେଳେ ଗୁପ୍ତ ନବରାତ୍ରିରେ ଦଶମହାବିଦ୍ୟାଙ୍କ ପୂଜା ଅର୍ଚ୍ଚନା କରାଯାଇଥାଏ। ଯେଉଁ ଭକ୍ତମାନେ ଶକ୍ତି ଉପାସକ, ତାନ୍ତ୍ରିକ ଉପାସକ ଅଥବା ମହାକାଳ ଉପାସକ ସେମାନଙ୍କ ଦ୍ୱାରା ଆଷାଢ଼ ଓ ମାଘ ନବରାତ୍ରି ଏକ ଦୁର୍ଲଭ ସୁଯୋଗ ଭାବରେ ଗୃହୀତ ହୋଇଥାଏ।

ଦଶମହାବିଦ୍ୟା ଫଟୋ (ପୃ.୭୨, ପୃ.୮୧)

ଶକ୍ତିସ୍ୱରୂପା ନବପତ୍ରିକାର ପୂଜନ ରହସ୍ୟ

'ନବପତ୍ରିକା'ର ଅର୍ଥ ହେଉଛି ନଅଟି ବୃକ୍ଷର ପତ୍ର ବା ଚାରା । ଶାବ୍ଦିକ ଅର୍ଥରେ ନବପତ୍ରିକାର ଅର୍ଥ ନଅଟି ବିଭିନ୍ନ ବୃକ୍ଷର ପତ୍ରର ସମଷ୍ଟି । କିନ୍ତୁ କର୍ମକାଣ୍ଡ ଏବଂ ତାନ୍ତ୍ରିକ ପୂଜାବିଧିର ବ୍ୟବହାରିକ ଅର୍ଥରେ ଏହା ନଅଟି ବୃକ୍ଷର ଚାରାକୁ ହିଁ ବୁଝାଇଥାଏ । ଦେବୀ ମହାମାୟାଙ୍କ ପୂଜା ସହ ବୃକ୍ଷପୂଜାର ଏକ ନିବିଡ଼ ସମ୍ପର୍କ କାହିଁ କେଉଁ ଆବହମାନ କାଳରୁ ପ୍ରଚଳିତ ଅଛି ତାହା ଉଲ୍ଲେଖ କରିବା ସମ୍ଭବ ନୁହେଁ । ଦୁର୍ଗାପୂଜାରେ 'ନବପତ୍ରିକା'ର ପୂଜା ବିଧିବିଧାନକୁ ଅନୁଶୀଳନ କଲେ ବୃକ୍ଷପୂଜା ହିଁ ଯେ ମହାମାୟାଙ୍କ ଉପାସନା-ଏହା ପ୍ରମାଣିତ ହୋଇଥାଏ ।

ଦେବୀ ମାହାତ୍ମ୍ୟରେ ମହାମାୟାଙ୍କ ବିଷୟରେ ଉଲ୍ଲେଖ କରି କୁହାଯାଇଛି

"ଯଚ୍ଚ କିଂଚିତ୍ କ୍ୱଚିଦ୍‌ବସ୍ତୁ ସଦସଦ୍‌ବାଖିଲାତ୍ମିକେ ।
ତସ୍ୟ ସର୍ବସ୍ୟ ଯା ଶକ୍ତିଃ ସା ତ୍ୱଂ କିଂ ସ୍ତୂୟସେ ତଦା ।।"

(ତନ୍ତ୍ରୋକ୍ତଂ ରାତ୍ରିସୂକ୍ତମ୍-୧୧)

ଅର୍ଥାତ ଜଗତର ସର୍ବତ୍ର ଯେଉଁ ସବୁ ଜଡ଼ ବା ଚେତନ ପଦାର୍ଥ ଅଛି, ସେ ସବୁର ମୂଳଶକ୍ତି ବା ପ୍ରାଣ ସେଇ ମହାମାୟା ହିଁ ଅଟନ୍ତି । ଏହି ସଂସାରର କାରଣ ଚିନ୍ମୟୀ, ପ୍ରାଣ ସ୍ୱରୂପିଣୀ, ସଂସାର ବ୍ୟାପିନୀ ଏକମାତ୍ର ଶକ୍ତି ସେ ହିଁ ଅଟନ୍ତି । ସେଇ ଶକ୍ତିକୁ ମୁଁ ନମସ୍କାର କରୁଛି । ଉପରୋକ୍ତ ଶ୍ଳୋକର ସମାନ ଅର୍ଥ ବିଶିଷ୍ଟ ଶ୍ରୀମଦ୍‌ଭଗବତ୍ ଗୀତାର : **"ଅହଂ କ୍ରତୁରହଂ ଯଜ୍ଞଃ.....ସ୍ଥାନଂ ନିଧାନଂ ବୀଜମବ୍ୟୟମ୍-** (ଅଧ୍ୟାୟ ୯/ଶ୍ଳୋକ ୧୬, ୧୭, ୧୮)" ଅର୍ଥାତ ମୁଁ କ୍ରତୁ; ମୁଁ ଯଜ୍ଞ; ମୁଁ ସ୍ୱଧା; ମୁଁ ମନ୍ତ୍ର; ମୁଁ ଘୃତ; ମୁଁ ଅଗ୍ନି ଏବଂ ମୁଁ ହିଁ ହବନରୂପୀ କ୍ରିୟା । ଏହି ସମଗ୍ର ଜଗତର ଧାତା ବା ଧାରଣକର୍ତ୍ତା ଓ କର୍ମଫଳ ଦାତା, ପିତା, ମାତା, ପିତାମହ, ଜାଣିବା-ଯୋଗ୍ୟବସ୍ତୁ, ପବିତ୍ର ଓଁକାର ତଥା ଋଗ୍‌ବେଦ, ସାମବେଦ ଓ ଯଜୁର୍ବେଦ ମଧ୍ୟ ମୁଁ ହିଁ ଅଟେ । ପ୍ରାପ୍ତି ହେବା ଯୋଗ୍ୟ ପରମଧାମ, ସମସ୍ତଙ୍କର ଭରଣପୋଷଣକାରୀ, ସମସ୍ତଙ୍କର ସ୍ୱାମୀ, ଶୁଭାଶୁଭ ଦ୍ରଷ୍ଟା, ସମସ୍ତଙ୍କର ବାସସ୍ଥାନ, ଶରଣ ନେବାର

ଯୋଗ୍ୟ, ପ୍ରତ୍ୟୁପକାର ନ ଚାହିଁ ହିତକାରୀ, ସମସ୍ତଙ୍କର ହିତକାରୀ, ସମସ୍ତଙ୍କର ଉତ୍ପତ୍ତି ଓ ପ୍ରଳୟର ହେତୁ, ସ୍ଥିତିର ଆଧାର, ନିଧାନ (ଅର୍ଥାତ୍ ପ୍ରଳୟ କାଳରେ ଯେଉଁଥିରେ ସମସ୍ତଭୂତ ସୂକ୍ଷ୍ମରୂପେ ଲୟ ହୋଇଯାନ୍ତି ତାହା ହିଁ ନିଧାନ) ଓ ଅବିନାଶୀ କାରଣ ମଧ୍ୟ ମୁଁ ହିଁ ଅଟେ । (ଗୀତା ୯/୧୬,୧୭,୧୮) ଯାହାର ମୋଟାମୋଟି ଅର୍ଥ ହେଲା : କାର୍ଯ୍ୟ ଓ କାରଣ ରୂପରେ ସୃଷ୍ଟିରେ ଯାହା କିଛି ସ୍ଥୁଳ ବା ସୂକ୍ଷ୍ମ ପଦାର୍ଥ ଅଛି ଅର୍ଥାତ୍ ଯାହା କିଛି ଦର୍ଶନ, ଶ୍ରବଣ, ଚିନ୍ତନ ଓ ସ୍ୱୀକୃତିର ଅନ୍ତର୍ଭୁକ୍ତ ହୋଇପାରୁଛି, ସର୍ବରୂପରେ କେବଳ ଶକ୍ତିସ୍ୱରୂପା ମହାମାୟା ଅଥବା ସର୍ବକାରଣର କାରଣ ବ୍ରହ୍ମ ହିଁ ସର୍ବତ୍ର ବିଦ୍ୟମାନ ।

ଅତଏବ ଦୃଶ୍ୟମାନ ବୃକ୍ଷଜଗତ ମଧ୍ୟ ମହାମାୟାଙ୍କର ପ୍ରତ୍ୟକ୍ଷ ସ୍ୱରୂପ ଯାହା ବ୍ୟତିରେକ ପ୍ରାଣୀ ଜଗତ ତିଷ୍ଠିବା ସମ୍ଭବ ନୁହେଁ । କେବଳ ବୃକ୍ଷ ଜଗତ କାହିଁକି ପ୍ରକୃତି ମାତାର ଅଂଶ ବିଶେଷ ନଦ,ନଦୀ, ପାହାଡ଼, ପର୍ବତ, ବାୟୁ, ଜଳ, ଭୂମି, ଆକାଶ ପ୍ରଭୃତିର ମାତ୍ରାତିରିକ୍ତ ଦୋହନ ଫଳରେ ପରିବେଶର ଭାରସାମ୍ୟ ଆଜି ଦୋଦୁଲ୍ୟମାନ ହୋଇ ପୃଥିବୀର ଜୀବସତ୍ତାର ସୁରକ୍ଷାକୁ ନେଇ ବିଶ୍ୱବ୍ୟାପୀ ପ୍ରଶ୍ନର ଝଡ଼ ସୃଷ୍ଟି କରିଛି । ଏଇଥିପାଇଁ ବୋଧହୁଏ ଆମର ମନିଷୀମାନେ ବେଦମନ୍ତ୍ରରେ ପ୍ରତ୍ୟହ ପ୍ରାର୍ଥନା କରୁଥିଲେ । **"ଦ୍ୟୌଃ- ଶାନ୍ତିର୍ବ୍ରହ୍ମ ଶାନ୍ତିଃ ସର୍ବ ଁ ଶାନ୍ତିଃ ଶାନ୍ତିରେବ ଶାନ୍ତିଃ ସା ମା ଶାନ୍ତି ରେ ଧି ।।"**- ଯଜୁର୍ବେଦ ୩୬/୧୭) ଅର୍ଥାତ୍ ଦ୍ୟୁଲୋକ ଶାନ୍ତ ହେଉ । ଅନ୍ତରିକ୍ଷ ଶାନ୍ତ ହେଉ, ପୃଥିବୀ ଶାନ୍ତ ହେଉ, ଜଳ ଶାନ୍ତ ହେଉ, ଔଷଧମାନେ ଶାନ୍ତ ହୁଅନ୍ତୁ । ବନସ୍ପତି ଶାନ୍ତ ହୁଅନ୍ତୁ, ସମସ୍ତ ଦେବତା ଶାନ୍ତ ହୁଅନ୍ତୁ, ବ୍ରହ୍ମ ଶାନ୍ତ ହେଉ, ସବୁ କିଛି ଶାନ୍ତ ହେଉ, ଶାନ୍ତି ହିଁ ଶାନ୍ତି ବିରାଜମାନ କରୁ ଏବଂ ମୋ ମଧ୍ୟରେ ସେଇ ଶାନ୍ତି ମଧ୍ୟ ନିରନ୍ତର ପ୍ରକଟିତ ହେଉ । ଏହି ସମାନ ପ୍ରାର୍ଥନା ଋଗ୍‌ବେଦ (୭।୩୫।୫, ୮-୯)ଶ୍ଳୋକ ମାନଙ୍କରେ ମଧ୍ୟ କରାଯାଇଛି । ଏଥିରୁ ଏହା ସୁସ୍ପଷ୍ଟ ଯେ ଆର୍ଯ୍ୟ ପ୍ରଚେତାଗଣ ବୃକ୍ଷ ସହ ସମ୍ପୂର୍ଣ୍ଣ ପ୍ରକୃତି ମାତାକୁ ମହାମାୟାଙ୍କର ସ୍ୱରୂପରେ ଅଙ୍ଗୀକାର କରି ପୂଜା ଅର୍ଚ୍ଚନା କରୁଥିଲେ। ଆଲୋଚିତ ନବପତ୍ରିକା ବା ନଅଟି ବୃକ୍ଷର ଚାରା ସମଷ୍ଟିଗତ ଭାବରେ ସେଇ ପ୍ରକୃତି ମାତା ଅଥବା ମହାଶକ୍ତି ମାଆ ଦୁର୍ଗାଙ୍କର ପ୍ରତିନିଧି ହିଁ ଅଟନ୍ତି ।

ତନ୍ତ୍ରରେ ଦୁର୍ଗାଙ୍କୁ ମହାଭାବ ସ୍ୱରୂପିଣୀ ତଥା ପରଂବ୍ରହ୍ମ ସ୍ୱରୂପିଣୀ ଅର୍ଥାତ୍ ଦ୍ୱୈତ ସ୍ୱରୂପରେ ବର୍ଣ୍ଣନା କରାଯାଇଛି । ଦ୍ୱୈତ ଶ୍ରେଣୀର ଭକ୍ତମାନେ ଆଦ୍ୟାଶକ୍ତି

ଦୁର୍ଗାଙ୍କୁ ଶକ୍ତିରୂପା ଏବଂ ଶିବଙ୍କୁ ବ୍ରହ୍ମ ସ୍ୱରୂପରେ କଳ୍ପନା କରୁଥିଲେ ମଧ୍ୟ ସାଧନାରେ ଉଚ୍ଚ ସ୍ଥିତି ପ୍ରାପ୍ତ ହେଲାପରେ ସେଇ ଭକ୍ତମାନେ ପୁଣି ଅଦ୍ୱୈତ ଭାବଧାରା ସମ୍ପନ୍ନ ହୋଇ ଶିବ ଓ ଶକ୍ତିଙ୍କୁ ଏକ ଓ ଅଭିନ୍ନ ବୋଲି ଦୃଢ଼ ମତ ପୋଷଣ କରିଥାନ୍ତି । ମହାମାୟା ଦୁର୍ଗାଙ୍କର ପ୍ରତିରୂପ ବୃକ୍ଷରାଜି, ଜୀବ ଜଗତର ଅନ୍ନ ସଂସ୍ଥାନ ତଥା ଅମ୍ଳଜାନ ଆଦି ପୋଷକ ତତ୍ତ୍ୱ ଯୋଗାଇ ଜୀବନ ଧାରଣରେ ସହାୟକ ହେଉଥିବା କାରଣରୁ ଶକ୍ତିସ୍ୱରୂପା ଏବଂ ମାତୃତୁଲ୍ୟା ସ୍ୱୀକୃତ ହୋଇଥିଲାବେଳେ ଜୀବଜଗତ ଦ୍ୱାରା ପରିତ୍ୟାଗ କରାଯାଉଥିବା ଅଙ୍ଗାରକାମ୍ଳ ଓ ଅନ୍ୟାନ୍ୟ ଯାବତ ବିଷତୁଲ୍ୟ ବର୍ଜ୍ୟବସ୍ତୁକୁ ଆହରଣ (ଆତ୍ମସାତ୍) କରି ଶିବ ସ୍ୱରୂପରେ କଳ୍ପିତ ହୁଅନ୍ତି । ଏକଦା ଜଗତକୁ କାଳାନଳ ବିଷ ଦାଉରୁ ସୁରକ୍ଷା ଦେବାପାଇଁ ଶିବଶମ୍ଭୁ ସମସ୍ତ ବିଷପାନ କରି 'ନୀଳକଣ୍ଠ' ସାଜିଥିବା କାହାରିକୁ ଅଜଣା ନୁହେଁ । ବିଷପାନ କରି ସେ ସର୍ବଥା ଅଜର ଅମର

"ତସ୍ୟାପି ଦର୍ଶୟାମାସ ସ୍ୱବୀର୍ଯ୍ୟଂ ଜଲକଲ୍ମଷଃ ।
ଯଚ୍ଚକାର ଗଳେ ନୀଳଂ ତଚ୍ଚ ସାଧୋର୍ବିଭୂଷଣମ୍ ।।"

(ଭାଗବତ ୮/୭/୪୩)

ଏବଂ ଅବିନାଶୀ ହୋଇଯିବା ପରି ବୃକ୍ଷମାନେ ଅବିକଳ ଭାବେ ଜୀବଜଗତର ସମସ୍ତ ବର୍ଜ୍ୟବସ୍ତୁ ରୂପୀ କାଳକୂଟ ବିଷକୁ ଆତ୍ମସାତ୍ କରି ପ୍ରତିଦାନରେ ସେମାନଙ୍କୁ ଅନ୍ନ ଇତ୍ୟାଦି ଭୋଜନ ସାମଗ୍ରୀ ତଥା ଅମ୍ଳଜାନ ରୂପୀ ଅମୃତ ପରିବେଷଣ କରିଥାନ୍ତି । ଏଣୁ ଶିବଶକ୍ତି ଉଭୟଙ୍କର ସମ୍ମିଳିତ ତତ୍ତ୍ୱର ପ୍ରତୀକ ହେଉଛନ୍ତି 'ନବପତ୍ରିକା' ଯେଉଁଥିରେ ନଅଗୋଟି ନିର୍ଦ୍ଦିଷ୍ଟ ପ୍ରମୁଖ ବୃକ୍ଷର ଚାରା ବା ଶାଖାକୁ ଦୁର୍ଗାପୂଜା ଅବସରରେ ଉପାସନା ପାଇଁ ଗ୍ରହଣ କରାଯାଇଥାଏ । ଶ୍ଳୋକରେ ଉଲ୍ଲେଖ ଅନୁଯାୟୀ

"ରମ୍ଭା କଚ୍ଚୀ ହରିଦ୍ରା ଚ ଜୟନ୍ତୀ ବିଲ୍ୱଦାଡ଼ିମୌ ।
ଅଶୋକ ମାନକଶ୍ଚୈବ ଧାନ୍ୟାଞ୍ଚ ନବପତ୍ରିକା ।।"

ଅର୍ଥାତ୍ (୧) କଦଳୀ ଗଛର ଚାରା (୨) କଚୁ (୩) ହରିଦ୍ରା (୪) ଜୟନ୍ତୀ (୫) ଦୁଇଟି ବିଲ୍ୱଫଳଯୁକ୍ତ ଗୋଟିଏ ଶାଖା (୬) ଡାଳିମ୍ବ (୭) ଅଶୋକ (୮) ମାନକଚୁ (ମାଣସାରୁ) (୯) ଧାନଗଛ- ଏମାନେ ୯ଟି ବୃକ୍ଷ ଯଥାକ୍ରମେ ନବପତ୍ରିକା ନାମରେ ଆଖ୍ୟାୟିତ । ଏହି ଗଛ ବା ଅଭାବରେ କେତେକ ଗଛର ଶାଖା ସଂଗ୍ରହ

କରାଯାଇ ସେଗୁଡ଼ିକୁ ସ୍ୱୟଂ ଦୁର୍ଗାଙ୍କ ପ୍ରତୀକ ରୂପରେ ଧଳା ଅପରାଜିତା ଲତା ଦ୍ୱାରା ଦୃଢ଼ ଭାବେ ବନ୍ଧନ କରାଯାଏ । ସେମାନଙ୍କ ମଧ୍ୟରୁ କଦଳୀ ଗଛଟି ଅନ୍ୟ ଅପେକ୍ଷା ଉଚ୍ଚତାରେ ବଡ଼ ଦେଖି ସଂଗ୍ରହ କରାଯାଏ । ନବପତ୍ରିକା ଅର୍ଥାତ୍ ଉପରୋକ୍ତ ଚାରା ସବୁଗୁଡ଼ିକୁ ଏକୀକୃତ କରି ସେମାନଙ୍କୁ ଲାଲଧଡ଼ିଯୁକ୍ତ ଏକ ଶାଢ଼ୀ ପିନ୍ଧାଇ ଦିଆଯାଏ । ସେତେବେଳେ ଏହା ବଧୂରୂପ ଧାରଣ କରେ । ଉଭୟ ଚୈତ୍ର ଓ ଶାରଦୀୟ ଦୁର୍ଗା ପୂଜା ଅବସରରେ ଏହି ବଧୂରୂପୀ ନବପତ୍ରିକାକୁ ପୂଜା ପ୍ରାରମ୍ଭରେ ସ୍ନାନ କରାଯାଇ ପୂଜା ମଣ୍ଡପ ମଧ୍ୟକୁ ନିଆଯାଏ । କଦଳୀ ଗଛଟି ବଡ଼ ଥିବାରୁ ଏହାକୁ 'କଲା ବଉ' ବୋଲି ବଙ୍ଗଳା ଭାଷୀମାନେ ସମ୍ବୋଧିତ କରନ୍ତି ।

ଉତ୍କଳୀୟ ଦେବୀ ପୀଠମାନଙ୍କରେ ଆଶ୍ୱିନ କୃଷ୍ଣାଷ୍ଟମୀ (ମୂଳାଷ୍ଟମୀ) ଠାରୁ ଆଶ୍ୱିନ ଶୁକ୍ଳାଷ୍ଟମୀ ପର୍ଯ୍ୟନ୍ତ ମହାମାୟାଙ୍କ ପୂଜା ଅନୁଷ୍ଠିତ ହୋଇଥାଏ ଆଦିକବି ଶାରଳା ଦାସଙ୍କ କୃତ ଚଣ୍ଡୀ ପୁରାଣ ଅନୁଯାୟୀ ମୂଳାଷ୍ଟମୀରେ ମା' ଦୁର୍ଗାଙ୍କର ଆବିର୍ଭାବ ଘଟି ଆଶ୍ୱିନ ଶୁକ୍ଳ ମହାଷ୍ଟମୀ ଏବଂ ନବମୀ ତିଥିରେ ସନ୍ଧିକ୍ଷଣରେ ସେ ଦୁଷ୍ଟ ମହିଷାସୁରକୁ ବଧ କରିଥିଲେ । ସେହିପରି ଦେବୀ ପୁରାଣ ମହାଭାଗବତ (୩୬-୪୮ଅ), ଶ୍ରୀମଦ୍ ଦେବୀ ଭାଗବତ (୩ୟସ୍କ/୩୦ଅ) ଇତ୍ୟାଦି ଅନୁଯାୟୀ ଏହି ସନ୍ଧିକ୍ଷଣରେ ମହାମାୟାଙ୍କ ଆଶୀର୍ବାଦରୁ ଭଗବାନ ରାମ ମଧ୍ୟ ରାକ୍ଷସରାଜ ରାବଣକୁ ତ୍ରେତାଯୁଗରେ ବଧ କରିଥିଲେ। ମୂଳାଷ୍ଟମୀ ଠାରୁ ଆଶ୍ୱିନ ଶୁକ୍ଳ ପ୍ରତିପଦା ପର୍ଯ୍ୟନ୍ତ, ନଅଦିନ ହୁଏ ଏହାକୁ ନବପତ୍ରିକା ଦିବସ ରୂପେ ବର୍ଣ୍ଣନା କରାଯାଏ । ନବପତ୍ରିକା ହେଉଛନ୍ତି ନଅଗୋଟି ଦେବୀ ଯେଉଁମାନେ କି ମିଳିତ ଭାବେ ମହାଶକ୍ତି ମହାମାୟାଙ୍କର ପ୍ରତିନିଧି ଅଟନ୍ତି ସେମାନଙ୍କ ବିଷୟରେ ନିମ୍ନ ଶ୍ଳୋକରେ ବିଷଦ ବର୍ଣ୍ଣନା କରାଯାଇଛି।

"ବ୍ରହ୍ମାଣୀ କଦଳୀ କାଣ୍ଡେ ଦାଡ଼ିମ୍ବେ ରକ୍ତଦନ୍ତିକେ ।
ଧାନ୍ୟେ ଲକ୍ଷ୍ମୀ ହରିଦ୍ରାୟାଂ ଦୁର୍ଗା ଚ ମାନପତ୍ରକେ ॥
ଚାମୁଣ୍ଡା କାଳିକା କଚ୍ୟାଂ ଶିବା ବିଲ୍ୱେ ପ୍ରତିଷ୍ଠିତା ।
ଅଶୋକେ ଶୋକ ରିହତାଃ ଜୟନ୍ତ୍ୟାଂ କାର୍ତ୍ତିକୀ ସ୍ମୃତା ॥"

ଏହି ନଅଟି ବୃକ୍ଷ ମଧ୍ୟରୁ ପ୍ରତ୍ୟେକଙ୍କର ଜଣେ ଅଧିଷ୍ଠାତ୍ରୀ ଦେବୀ ଅଛନ୍ତି । ଯେମିତି କି କଦଳୀ ବୃକ୍ଷର ଅଧିଷ୍ଠାତ୍ରୀ ଦେବୀ ବ୍ରହ୍ମାଣୀ, କଚୁ ବା ସାରୁ ଚାରାର ଅଧିଷ୍ଠାତ୍ରୀ ଦେବୀ ବାରାହୀ ବା କାଳୀକା, ହରିଦ୍ରା ଚାରାର ଦୁର୍ଗା / ରୁଦ୍ରାଣୀ ବା ମାହେଶ୍ୱରୀ, ଜୟନ୍ତୀ ବୃକ୍ଷର ଅଧିଷ୍ଠାତ୍ରୀ ଐନ୍ଦ୍ରୀ ବା କାର୍ତ୍ତିକୀ, ବିଲ୍ୱ ବୃକ୍ଷର ଶିବା ବା ଶିବ ଦୂତୀ,

ଡାଳିମ୍ବର ରକ୍ତଦନ୍ତିକା ବା ନାରସିଂହୀ, ଆଶୋକର ଶୋକରହିତା, ମାନବୃକ୍ଷକୁ ମାଖ ବା ମାଣସାରୁ ବୋଲି କୁହାଯାଏ । ଏହାର ଅଧିଷ୍ଠାତ୍ରୀ ଚାମୁଣ୍ଡା । ଧାନ୍ୟଚାରାର ଅଧିଷ୍ଠାତ୍ରୀ ହେଲେ ଲକ୍ଷ୍ମୀ । ଏହି ନଅଗୋଟି ଉଦ୍ଭିଦ ମନୁଷ୍ୟର ଅଶେଷ କଲ୍ୟାଣ କରୁଥିବା ହେତୁ ଏମାନଙ୍କୁ କୃଷିଲକ୍ଷ୍ମୀ ବା ବନଦୁର୍ଗା ରୂପେ ପୂର୍ବେ ପୂଜା କରାଯାଉଥିଲା । ଏବେ ଏମାନଙ୍କର ପୂଜାବିଧି ଦୁର୍ଗାପୂଜା ସମୟରେ ମହାମାୟା ଙ୍କ ପୂଜା ସହ ସମ୍ପନ୍ନ କରାଯାଇଥାଏ ।

ଏହି ଦେବୀମାନଙ୍କ ବିଷୟରେ ଶ୍ରୀ ଦୁର୍ଗାସପ୍ତଶତୀ ସ୍ଥିତ "ଦେବ୍ୟା କବଚମ୍" ରେ ସମ୍ୟକ ଭାବେ ବର୍ଣ୍ଣିତ ହୋଇଛି ।

"ପ୍ରେତସଂସ୍ଥା ତୁ ଚାମୁଣ୍ଡା ବାରାହୀ ମହିଷାସନା ।
ଐନ୍ଦ୍ରୀ ଗଜସମାରୂଢ଼ା ବୈଷ୍ଣବୀ ଗରୁଡ଼ାସନା ॥
ମାହେଶ୍ୱରୀ ବୃଷାରୂଢ଼ା କୌମାରୀ ଶିଖିବାହନା ।
ଲକ୍ଷ୍ମୀଃ ପଦ୍ମାସନା ଦେବୀ ପଦ୍ମହସ୍ତା ହରିପ୍ରିୟା ॥
ଶ୍ୱେତରୂପଧରା ଦେବୀ ଈଶ୍ୱରୀ ବୃଷବାହନା ।
ବ୍ରାହ୍ମୀ ହଂସସମାରୂଢ଼ା ସର୍ବାଭରଣଭୂଷିତା ॥
ଇତ୍ୟେତା ମାତରଃ ସର୍ବାଃ ସର୍ବଯୋଗସମନ୍ୱିତାଃ...."

(ଦେବ୍ୟାଃ କବଚମ ୯-୧୨)

ଅର୍ଥାତ୍ ଚାମୁଣ୍ଡା ଦେବୀ ପ୍ରେତ ଉପରେ ଆରୂଢ଼ ହୁଅନ୍ତି । ବାରାହୀ ମଇଁଷି ଉପରେ, ଐନ୍ଦ୍ରୀ ଦେବୀ ଐରାବତ ଉପରେ, ବୈଷ୍ଣବୀ ଦେବୀ ଗରୁଡ଼ ଉପରେ, ମାହେଶ୍ୱରୀ ବୃଷଭ ଉପରେ, କୌମାରୀ ମୟୂର ଉପରେ, ଲକ୍ଷ୍ମୀ ଦେବୀ କମଳାସନ ଉପରେ, ଈଶ୍ୱରୀ ଦେବୀ ବୃଷଭ ଉପରେ, ବ୍ରାହ୍ମୀ ଦେବୀ ହଂସ ଉପରେ ଆରୂଢ଼ ହୁଅନ୍ତି । ଏହି ପ୍ରକାର ଉପରୋକ୍ତ ସମସ୍ତ ମାତୃଗଣ ସମସ୍ତ ପ୍ରକାର ଯୋଗ ଶକ୍ତି ସମ୍ପନ୍ନା ଅଟନ୍ତି । ଏମାନଙ୍କ ବ୍ୟତୀତ ଆହୁରି ମଧ୍ୟ ଅନେକ ଦେବୀ ଅଛନ୍ତି .....।

ନବ ପତ୍ରିକା ହିଁ 'ନବଦୁର୍ଗା' ଅଟନ୍ତି ଯାହା ନିମ୍ନ ମନ୍ତ୍ରରୁ ପ୍ରମାଣିତ ହୁଏ:

"ଓଁ ପତ୍ରିକେ ନବଦୁର୍ଗେ ତ୍ୱଂ ମହାଦେବ - ମନୋରମେ ।
ପୂଜାଂ ସମସ୍ତାଂ ସଂଗୃହ୍ୟ ରକ୍ଷ ମାଂ ତ୍ରିଦଶେଶ୍ୱରି ।"

ନବପତ୍ରିକାକୁ ନବଦୁର୍ଗା, କୃଷିଲକ୍ଷ୍ମୀ ସଦୃଶ ପରିକଳ୍ପନା କରାଯାଇ ବଧୂରୂପେ ସୁସଜ୍ଜିତ କରି ମଣ୍ଡପରେ ଗଣମାନଙ୍କର ପତି ଗଣପତିଙ୍କ ଦକ୍ଷିଣ ପାର୍ଶ୍ୱରେ ସ୍ଥାପନ ଓ ପୂଜନ କରାଯାଏ । ଏଥିରୁ ଏହା ସୁସ୍ପଷ୍ଟ ହୁଏ ଯେ କୃଷିଭିତ୍ତିକ ସମାଜ ତଥା ଜୀବଜଗତର ଐହିକ କଲ୍ୟାଣ ସାଧନର ମନୋସ୍କାମନା ନେଇ ଏପରି ବ୍ୟବସ୍ଥା କରାଯାଇଛି । 'କୃଷିଲକ୍ଷ୍ମୀ'ଙ୍କ ପ୍ରତି ସମସ୍ତ ମାନବ ଜାତି ହୃଦୟରେ ଶ୍ରଦ୍ଧା, ଭକ୍ତି ଓ ସମ୍ମାନବୋଧ ସୃଷ୍ଟି-ଏହି ମାଧ୍ୟମରେ ସମ୍ଭବ ହୋଇପାରେ । ଯଦ୍ୱାରା ଜନକଲ୍ୟାଣ କର ବସ୍ତୁ, ଶସ୍ୟ, ଉଦ୍ଭିଦ ବା ଦ୍ରବ୍ୟଗୁଡ଼ିକର ସୁରକ୍ଷା-ସମ୍ବର୍ଦ୍ଧନ ସମ୍ଭବ ହେବ ଓ କେବେହେଲେ ସେମାନଙ୍କର ଅବଲୁପ୍ତି ଘଟିବ ନାହିଁ । ସେଥିପ୍ରତି ଦୁର୍ଗାପୂଜା ଓ ଉପାସନା ମାଧ୍ୟମରେ ସଂସ୍କାର ଓ ସଚେତନତା ସୃଷ୍ଟି ଏହି ଆଧ୍ୟାତ୍ମିକ ଅନୁଷ୍ଠାନ ଦ୍ୱାରା ସମ୍ଭବ ହୋଇପାରେ । ଏହି ତତ୍ତ୍ୱକୁ ବୈଚାରିକ ଓ ମନୋସ୍ତାତ୍ତ୍ୱିକ ଦୃଷ୍ଟିରୁ ଶାସ୍ତ୍ରରେ ପ୍ରାଥମିକତା ଦିଆଯାଇ ଶାରଦୀୟ ଅଥବା ବାସନ୍ତିକ ଦୁର୍ଗାପୂଜାରେ ଶତାଧିକ ବସ୍ତୁ (ଯାହା ବିନା ପୂଜା ସମ୍ଭବ ନୁହେଁ) ସମାବିଷ୍ଟ ହୋଇଥାଏ, ଯେପରିକି : ପଞ୍ଚଗବ୍ୟ, ପଞ୍ଚପଲ୍ଲବ, ସର୍ବୌଷଧି, ପଞ୍ଚାମୃତ, ପଞ୍ଚଶସ୍ୟ, ବିଲ୍ୱପତ୍ର, ଚନ୍ଦନ, ତୁଳସୀ, ମହୌଷଧି, ପୁଷ୍ପ, ସପ୍ତନଦୀର ଜଳ, ବିବିଧ ମୃତ୍ତିକା (ଦେବାଳୟ ଦ୍ୱାରର ମୃତ୍ତିକା ଠାରୁ ଆରମ୍ଭ କରି ବେଶ୍ୟାଳୟ ଦ୍ୱାରର ମୃତ୍ତିକା ପର୍ଯ୍ୟନ୍ତ । ଅର୍ଥାତ୍ ହୀନ ବା ନ୍ୟୁନ ନ ଭାବି ଛୋଟବଡ଼ ସଭିଙ୍କର ଆରାଧନା ହିଁ ପ୍ରକୃତ ପକ୍ଷେ ଦେବୀମାତାଙ୍କ ଉପାସନା ଅଥବା ବାସ୍ତବିକ ପକ୍ଷରେ ଈଶ୍ୱରୀୟ ଉପାସନା- ଏହାହିଁ ଦେବୀପୂଜା । ସବୁଠିଁ ମାଆଙ୍କର ଉପସ୍ଥିତିକୁ ଅନୁଭବ କରିବାର ଚେତନା । ସମସ୍ତ ଅଣୁ ପରମାଣୁ ମଧ୍ୟରେ ମାତୃଚେତନାର ଦିବ୍ୟ ଅନୁଭୂତିର ସନ୍ଧାନ ହିଁ ଦୁର୍ଗୋତ୍ସବର ପ୍ରକୃତ ରହସ୍ୟ । ନବପତ୍ରିକାରେ ସଂଗୃହିତ ବୃକ୍ଷଚାରା ଗୁଡ଼ିକୁ ସୃଷ୍ଟିର ସମସ୍ତ ଉଦ୍ଭିଦ ତଥା କୃଷି ସମ୍ପଦର ପ୍ରତିନିଧ ରୂପେ ମହତ୍ତ୍ୱ ପ୍ରଦାନ କରାଯାଇ ସେମାନଙ୍କୁ ଦେବୀ ରୂପେ ପରିକଳ୍ପନା ତଥା ବନ୍ଦନା କରାଯାଇଛି:

୧) କଦଳୀ ଗଛ: କଦଳୀ (ରମ୍ଭା) ଗଛର ଚେର ଠାରୁ ଆରମ୍ଭ କରି ଫଳ, ଫୁଲ, ପତ୍ର, ବାହୁଙ୍ଗା ଏବଂ ଏହାର କନ୍ଦା ବା ମଞ୍ଜା ସବୁ କିଛି ଦିବ୍ୟଔଷଧି ବା ଖାଦ୍ୟ ରୂପେ ଏହା ମାନବ ସମାଜର ଅଶେଷ କଲ୍ୟାଣ କରିଥାଏ । ଏଣୁ ନବପତ୍ରିକାର ପ୍ରମୁଖ ଅଂଗ ମନେକରି କଦଳୀ ଗଛକୁ ବ୍ରହ୍ମାଣୀ ରୂପେ ପୂଜା

କରାଯାଇଥାଏ । ଦେବୀ ବ୍ରହ୍ମାଣୀ ଶାନ୍ତି ଦେବୀ ରୂପେ ଆରାଧିତ ହୁଅନ୍ତି । ତାଙ୍କ ହସ୍ତରେ ଶୂଳ ଓ ପୁସ୍ତକ ଶୋଭାୟମାନ । ଏଣୁ କୁହାଯାଇଛି:

"ଓଁ ରମ୍ଭାଂ ଚ ଦ୍ୱିଭୂଜଂ ପୀତଂ ଶୂଳ ପୁସ୍ତକ ଧାରିଣୀଂ ।
ରମ୍ଭା ରୂପେଣ ଦେବୀ ଶାନ୍ତି କୁରୁ ନମସ୍ତୁତେ ।।"

ମହାସ୍ନାନ ମନ୍ତ୍ରରେ **"ଓଁ କଦଳୀ ତରୁ ସଂସ୍ଥା ସି ବିଷ୍ଣୋ ର୍ବକ୍ଷସ୍ଥଳାଶ୍ରୟେ । ନମସ୍ତେ ନବପତ୍ରିକେ ତ୍ୱଂ ନମସ୍ତେ ଚଣ୍ଡନାୟିକେ ।।"** କଦଳୀ ବୃକ୍ଷକୁ ଚଣ୍ଡନାୟିକା ଦେବୀ ରୂପେ ନାମିତ କରାଯାଇଛି । ସେଇପରି ପୂଜାମନ୍ତ୍ରରେ **"ଓଁ ଦୁର୍ଗେଦେବୀ ସମାଗଚ୍ଛ ସାନ୍ନିଧ୍ୟମିହ କଳ୍ପୟ । ରମ୍ଭା ରୂପେଣ ସର୍ବତ୍ର ଶାନ୍ତିଂ କୁରୁ ନମୋସ୍ତୁତେ ।।"** ତଥା ବିସର୍ଜନ ମନ୍ତ୍ରରେ ଉଲ୍ଲେଖ କରାଯାଇଛି ଯେ **"ଓଁ କ୍ଷମସ୍ୱ ଦେବୀ ଚାମୁଣ୍ଡେ ରମ୍ଭାବୃକ୍ଷେ ସମାଶ୍ରିତେ । ଗଚ୍ଛ ଦେବି ଶିବାଗାରଂ, ପାର୍ବତି ବରଦା ସଦା ।।"**–ଏଥିରୁ କଦଳୀ ବୃକ୍ଷର ମହତ୍ତ୍ୱ ପ୍ରତିପାଦିତ ହୋଇଥାଏ ।

୨) ହଳଦୀ ଗଛ : ମନୁଷ୍ୟର ଜନ୍ମକ୍ଷଣରୁ ଆରମ୍ଭ କରି ମୃତ୍ୟୁ ପର୍ଯ୍ୟନ୍ତ ପ୍ରତିକ୍ଷେତ୍ରରେ ପ୍ରତିଦିନ, ତଥା ବିଭିନ୍ନ ରୋଗର ଔଷଧି ରୂପେ ଏପରିକି ଆଧୁନିକ ବୈଜ୍ଞାନିକ ମାନଙ୍କ ମତରେ ଏହା କ୍ୟାନସର ରୋଗର ପ୍ରତିରୋଧକ ଓ ପ୍ରତିଷେଧକ ରୂପେ ବ୍ୟବହୃତ ହୁଏ । ଏହା ଆଣ୍ଟି ଏଲାର୍ଜିକ, ଏଣ୍ଟି ସେପ୍‌ଟିକ୍ ତଥା ସଂକ୍ରାମକ ରୋଗ, ଚର୍ମରୋଗର ଅମୋଘ ଔଷଧ ଅଟେ । ଏଣୁ ଏହାକୁ ଦୁର୍ଗା (ଉମା) ରୂପେ ପୂଜା କରାଯାଏ । ତାଙ୍କ ବର୍ଣ୍ଣନା ନିମ୍ନମତେ କରାଯାଇଛି ।

"ଓଁ ଦ୍ୱିଭୁଜାଂ ପୀତବସନାଂ ତ୍ରିନେତ୍ରାଂ ଖଡ୍‌ଗ ଧାରିଣୀଂ
ମହିଷସ୍ଥା ବିଶାଲକ୍ଷ୍ମୀ ମତ୍ସରଂ ବାମହସ୍ତକେ
ଓଁ ହରିଦ୍ରେ ବରଦେ ଦେବୀ ଉମାରୂପାସି ସୁବ୍ରତେ
ମମବିଘ୍ନ ବିନାଶୟ ପୂଜାଂ ଗୃହଂ ପ୍ରସିଦ ମେ ।"

ହରିଦ୍ରାର ମହାସ୍ନାନ ମନ୍ତ୍ରରେ କୁହାଯାଇଛି **"ଓଁ ହରିଦ୍ରେ ହର ରୂପାସି, ଶଙ୍କରସ୍ୟ ସଦା ପ୍ରିୟେ । ରୁଦ୍ରରୂପାସି ଦେବୀତ୍ୱଂ ସର୍ବଶାନ୍ତିଂ ପ୍ରୟଚ୍ଛମେ ।।"** ସେହିପରି ପୂଜାମନ୍ତ୍ରରେ **"ଓଁ ହରିଦ୍ରେ ବରଦେ ଦେବି ଉମାରୂପାସି ସୁବ୍ରତେ । ମମ ବିଘ୍ନ ବିନାଶୟ ପୂଜାଂ ଗୃହ୍ଣ ପ୍ରସୀଦ ମେ ।।"** ଏବଂ ବିସର୍ଜନ ମନ୍ତ୍ରରେ **"ଓଁ ହରିଦ୍ରେ**

ଗୌରବର୍ଣ୍ଣାସି ମହିଷାସୁର ଘାତିନି । ସ୍ୱସ୍ଥାନଂ ଗମ୍ୟତାଂ ଦେବି ତ୍ରୈଲୋକ୍ୟ ବରଦା ଭବ ।" ହରିଦ୍ରାର ମହତ୍ତ୍ୱ ପ୍ରତିପାଦିତ ହୋଇଛି ।

୩) ଅଶୋକ : ଏହି ବୃକ୍ଷ ଶୋକହାରିଣୀ ଦେବୀ ରୂପେ ପୂଜିତ ହୁଅନ୍ତି । ଏଣୁ ସ୍ନାନମନ୍ତ୍ରରେ **"ଓଁ ସ୍ଥିରାଭବ ସଦାଦୁର୍ଗେ ଅଶୋକେଶୋକ ହାରିଣି । ମୟା ତ୍ୱଂ ପୂଜିତା ଦୁର୍ଗେ ସ୍ଥିରୋଭବ ହର ପ୍ରିୟେ ।।"** ଉଲ୍ଲେଖ ଥିବାବେଳେ ପୂଜାମନ୍ତ୍ରରେ

"ଓଁ ଅଶୋକ ପତ୍ରିକାଂ ରକ୍ଷା ସିନ୍ଦୂର ଭରଣ ବିଗ୍ରହମ୍ ।
ବାଣଚାପ ଧରାଂ ସୌମ୍ୟ ପଦ୍ମାସ୍ଥା ନାଗ ବାହନା ।।
ଓଁ ହରପ୍ରୀତିକରୋ ବୃକ୍ଷୋ ହରଶୋକଃ ଶୋକ ନାଶନଃ ।
ଦୁର୍ଗାପ୍ରୀତି-କରୋ ଯସ୍ମାନ୍ନାମଶୋକଂ ସଦା କୁରୁ ।।"

ଏବଂ ବିସର୍ଜନ ମନ୍ତ୍ରରେ **"ଓଁ ଅଶୋକେ ସୁଖଦା ତୁଷ୍ଟା ଶୋକ ବିଘ୍ନବିନାଶିନୀ । କୌମାରି ରୂପ ସଂସ୍ଥାନେ ମମ ଶୋକଂ ସଦା କୁରୁ ।।"** ଏହାକୁ ଶ୍ରେଷ୍ଠ ଶୋକ ନାଶକ ତଥା ସ୍ତ୍ରୀରୋଗ ହାରକ ଦେବୀ ବୃକ୍ଷରୂପେ ଗ୍ରହଣ କରାଯାଏ । ଚୈତ୍ର ବାସନ୍ତୀ ପୂଜା ଷଷ୍ଠୀ ତିଥିକୁ 'ଅଶୋକ ଷଷ୍ଠୀ' ବୋଲି କୁହାଯାଏ । ଏହିଦିନ ସନ୍ତାନବତୀ ନାରୀମାନେ ଛଅଗୋଟି ଅଶୋକ କଢ଼ି ଖାଇବାର ପରମ୍ପରା ଅଛି ।

(୪) ବିଲ୍ୱବୃକ୍ଷ : ଏହାର ପ୍ରତିଟି ଅଂଶ କଲ୍ୟାଣକାରୀ । ଏଣୁ ଏହାକୁ ଶିବା ଦେବୀ ରୂପେ ପୂଜନ କରାଯାଏ । ବିଲ୍ୱବୃକ୍ଷ ମୂଳରେ ଷଷ୍ଠୀଦିନ ଦେବୀଙ୍କ ଘଟ ଓ ଗଣେଶଙ୍କ ଘଟ ସ୍ଥାପନ ହୁଏ । ଏହାପରେ ବିଲ୍ୱବୋଧନ ଅଥବା ବେଲବରଣ ନୀତି ଅନୁଷ୍ଠିତ ହୁଏ । ସେଇ ସମୟରେ ସେଠାରେ ନବପତ୍ରିକା ରଖାଯାଇ ସେ ସମସ୍ତଙ୍କୁ ବୋଧନ ସହ ବିଲ୍ୱବୃକ୍ଷ ଆମନ୍ତ୍ରଣ ତଥା ଅଧିବାସ ଇତ୍ୟାଦି ୨୧ ଗୋଟି ପଦାର୍ଥ ଦ୍ୱାରା ସମ୍ପନ୍ନ କରାଯାଏ । ନିମ୍ନ ମନ୍ତ୍ରରେ ସେଗୁଡ଼ିକୁ ଉଲ୍ଲେଖ କରାଯାଇଛି:

"ମହିଗନ୍ଧା ଶିଳା ଧାନ୍ୟା ଦୂର୍ବା ପୁଷ୍ପଂ ଫଳଂ ଦଧି ।
ଘୃତଂ ସ୍ୱସ୍ତିକ ସିନ୍ଦୂରଂ ଶଂଖଂ କଜ୍ଜ୍ୱଳ ରୋଚନେ ।।

ସିଦ୍ଧାର୍ଥ କାଂଚନ ରୌପ୍ୟଂ ତ୍ରାମ୍ରଂ ଚାମର ଦର୍ପଣଂ ।

ଦୀପଂ ପ୍ରଶସ୍ତପାତ୍ରାଣି ବନ୍ଦୟେତ ଶୁଭ କର୍ମଷୁ ।।"

ବୋଧନ କାଳରେ ବିଲ୍ୱବୃକ୍ଷ ଉଦ୍ଦେଶ୍ୟରେ ପ୍ରାର୍ଥନା କରାଯାଏ -

"ଓଁ ତ୍ରିଦଳଂ ତ୍ରିଗୁଣାକାରଂ

ତ୍ରିନେତ୍ରଂ ଚ ତ୍ରିୟାୟୁଧମ୍ ।

ତ୍ରିଜନ୍ମ ପାପ ସଂହାରଂ

ବିଲ୍ୱବୃକ୍ଷଂ ନମାମ୍ୟହଂ ।।"

ଏହାପରେ ସପ୍ତମୀ ଦିନ ନବପତ୍ରିକା ଯେଉଁଥିରେ ନବଗୋଟି ପତ୍ରିକା ନିହିତ ଥିବା ଶାସ୍ତ୍ରଦ୍ୱାରା ସ୍ୱୀକୃତ, ସେମାନଙ୍କୁ ନିକଟସ୍ଥ ନଦୀ ବା ପୁଷ୍କରିଣୀରେ ମହାସ୍ନାନ କରାଯାଇ ଘଟ ସହିତ ଆଣି ଦେବୀ ମଣ୍ଡପରେ ସ୍ଥାପନା କରାଯାଏ । କାରଣ ମହାମାୟା ଦୁର୍ଗାଙ୍କ ପ୍ରତୀକ ରୂପୀ ଏହି ନବଗୋଟି ଉଦ୍ଭିଦ ଭୂଦେବୀଙ୍କ ଠାରୁ ଉତ୍ପନ୍ନ ହୋଇଥିଲା। ଏଣୁ ତାହା ମହାମାୟାଙ୍କର ପର୍ଯ୍ୟାୟବାଚି ରୂପେ ମାନ୍ୟତାପ୍ରାପ୍ତ । ଏହାର ସ୍ନାନମନ୍ତ୍ରରେ **"ଓଁ ଶ୍ରୀ ଫଳ ଶ୍ରୀନିକେତୋ ହସି ସଦା ବିଜୟ ବର୍ଦ୍ଧନଃ। ଦେହିନୋ ହିତକାମାଂଶ୍ଚ ପ୍ରସନ୍ନୋ ଭବ ସର୍ବଦା ।"** ଏହାକୁ ସଦା ବିଜୟ ବର୍ଦ୍ଧନକାରୀ, ହିତକାରୀ, ପ୍ରସନ୍ନ ପ୍ରଦାନ କାରୀ ଏବଂ ଶ୍ରୀଫଳ ରୂପେ ବର୍ଣ୍ଣନ କରାଯାଇଛି । ଏହାର ପ୍ରତ୍ୟେକଟି ଅଂଶ ଔଷଧି ରୂପେ ବ୍ୟବହୃତ ହୋଇଥାଏ । ବିଲ୍ୱଫଳ ଆମାଶୟ ରୋଗୀର ଜୀବନ ରକ୍ଷାକାରୀ ବନ୍ଧୁ ଓ ପଥ୍ୟ ତଥା ପତ୍ରର ରସ କାମ ପ୍ରବୃତି ନିୟନ୍ତ୍ରଣ, ବ୍ରହ୍ମଚର୍ଯ୍ୟ ରକ୍ଷା ତଥା କଫ ରୋଗ ସକାଶେ ଅମୂଲ୍ୟ ନିଦାନ ଅଟେ । ଏହାର ପୂଜା ମନ୍ତ୍ରରେ **"ଓଁ ମହାଦେବ ପ୍ରିୟ କରୋ ବାସୁଦେବ ପ୍ରିୟଃ ସଦା। ଉମାପ୍ରୀତି କରୋ ବୃକ୍ଷ ବିଲ୍ୱରୂପ ନମୋଽସ୍ତୁତେ ।"** ତଥା ବିସର୍ଜନ ମନ୍ତ୍ରରେ **"ଓଂ ଭଦ୍ରାକାଳୀ ସମାଖ୍ୟାତା ବିଲ୍ୱବୃକ୍ଷ ସମାଶ୍ରିତ। ଗଚ୍ଛ ଗଚ୍ଛ ମହାଭାଗେ ବରଦା ଭବ ସର୍ବଦା ।"**-ବିଲ୍ୱବୃକ୍ଷର ଅପରମ୍ପରା ମହିମା ଶାସ୍ତ୍ରରେ ଉଲ୍ଲିଖିତ ହୋଇଛି ।

୫) ଜୟନ୍ତୀ ବୃକ୍ଷ : ଏହା ବହୁବିଧ ରୋଗ ସକାଶେ ଉଚ୍ଚକୋଟୀର ନିଦାନ ରୂପେ ବ୍ୟବହୃତ ହୋଇଥାଏ । ବିଶେଷ କରି ବାତ, ଶ୍ୱେତୀ, ବସନ୍ତ ଓ ଜ୍ୱରାଦି ରୋଗରେ ଏହାର ବ୍ୟବହାର କରାଯାଏ । ଏହି ବୃକ୍ଷର ଅଧିଷ୍ଠାତ୍ରୀ ଦେବୀ

"କାର୍ତ୍ତିକୀ" ଅଟନ୍ତି । ଦେବୀ କାର୍ତ୍ତିକୀ ଅତି ଭୟଙ୍କରୀ, ନୃମୁଣ୍ଡମାଳିନୀ, ରକ୍ତବସ୍ତ୍ର ପରିହିତା, ଶୂଳ ଓ ଚକ୍ରଧାରିଣୀ :

"ଓଁ ଜୟନ୍ତୀ ରକ୍ତ ବସନାଂ ପୀତଞ୍ଚ ମୁଣ୍ଡମାଳିମ୍ ।
ଶୂଳ ଚକ୍ରଧରାଂ ଷ୍ଚୈବ ସର୍ବାଳଙ୍କାର ଭୂଷିତାମ୍ ।।
ଓଁ ନିଶୁମ୍ଭ ଶୁମ୍ଭମନ୍ଥନେ ସୈନ୍ଦ୍ରେ ଦେବୈ ଗଣୈସହ ।
ଜୟନ୍ତୀ ପୂଜିତାସ୍ମିତ୍ଵମ୍ ଅସ୍ମାକଂ ବରଦା ଭବ ।।"

ଏହି ବୃକ୍ଷର ପୂଜାକାଳରେ ବ୍ୟବହୃତ ସ୍ନାନମନ୍ତ୍ର ଯଥା : **"ଓଁ ଜୟନ୍ତୀ ଜୟ ରୂପା ସି ଜଗତାଂ ଜୟକାରିଣୀଂ । ସ୍ନାପୟାମୀହ ଦେବୀତ୍ଵଂ ଜୟଂଦେହି ଗୃହେମମ ।।"** ସେଇପରି ପୂଜାମନ୍ତ୍ର **"ଓଁ ନିଶୁମ୍ଭ ଶୁମ୍ଭ ମଥନେ ସେନ୍ଦ୍ରେ-ଦେବଗଣୈଃ ସହ । ଜୟନ୍ତୀ ପୂଜିତାସି ତ୍ଵମସ୍ମାକଂ ବରଦା ଭବ ।।"** ଓ ବିସର୍ଜନ ମନ୍ତ୍ର - **"ଓଁ ଜୟନ୍ତୀ ଜୟଦେ ଲୋକେ ସର୍ବଲୋକ ଜୟପ୍ରଦେ । କୃପାଂ କୁରୁସ୍ଵ ଦେବି ତ୍ଵଂ ସଂସାର ବନ୍ଧ ମୋକ୍ଷଣେ ।।"** ଏହି ସମସ୍ତ ମନ୍ତ୍ର ମାନଙ୍କରୁ ଏହି ବୃକ୍ଷର ମହତ୍ତ୍ଵ ପ୍ରତିପାଦିତ ହୋଇଥାଏ ।

୬) ମାଣସାରୁ : ଏହାକୁ 'ମାନକଚ୍ଚୁ' ବା ମାଣିବିକ ବୋଲି ମଧ୍ୟ କହନ୍ତି । ଅର୍ଶ, ଶୋଥ, ପେଟରୋଗ, କୋଷ୍ଠକାଠିନ୍ୟ ଏବଂ ପ୍ଲିହା ରୋଗରେ ଏହାର ବ୍ୟବହାର ସର୍ବଜନ ବିଦିତ । ଏଣୁ ଏହା ଦେବତା ଓ ରାକ୍ଷସ ମାନଙ୍କର ମଧ୍ୟ ଅତି ପ୍ରିୟ ଓ ଶ୍ରେଷ୍ଠ ବୋଲି କଥିତ ଅଛି । ଏହାର ଅଧିଷ୍ଠାତ୍ରୀ ଦେବୀ ହେଉଛନ୍ତି 'ଚାମୁଣ୍ଡା' । ଦେବୀ ଚାମୁଣ୍ଡାଙ୍କ ସମ୍ବନ୍ଧରେ ବର୍ଣ୍ଣନା କରାଯାଇଛି ନିମ୍ନ ଶ୍ଳୋକରେ :

"ଓଁ ଶ୍ୟାମାଙ୍ଗୀ ମାଣପତ୍ରଞ୍ଚ ନୀଳ ନୀରଜ ବାରିଣୀମ୍ ।
ମହିଷ ସ୍ଥାଂ ତ୍ରିନେତ୍ରାଞ୍ଚ କନ୍ୟା ଧ୍ୟେଜେନ ଚାର୍ଚ୍ଚୟେତଂ ।।"

ଏହାର ପୂଜା ନିମିତ୍ତ ଉଦ୍ଦିଷ୍ଟ ମନ୍ତ୍ରମାନଙ୍କରୁ ଏହାର ବୈଶିଷ୍ଟ୍ୟ ସହଜରେ ଜ୍ଞାତ ହୋଇପାରେ । ଏହାର ସ୍ନାନମନ୍ତ୍ର ଯଥା : **"ଓଁ ମାନୋମାନେଷ୍ଟୁ ବୃକ୍ଷେଷୁ ମାନନୀୟ ସୁରାସୁରୈଃ । ସ୍ନାପୟାମି ମହାଦେବୀଂ ମାନଂ ଦେହୀ ନମୋଽସ୍ତୁତେ ।।"** ପୂଜାମନ୍ତ୍ରରେ **"ଓଁ ଯସ୍ୟ ପତ୍ରେ ବସେଦ୍ଦେବି ମାନବୃକ୍ଷଃ ଶଚୀପ୍ରିୟଃ । ମମଚାନୁଗ୍ରହାର୍ଥାୟ ପୂଜାଂ ଗୃହ୍ଣ ପ୍ରସୀଦ ମେ ।"** ତଥା ସେହିପରି ବିସର୍ଜନ

ମନ୍ତ୍ରରେ **"ଓଁ ମାହେଶ୍ୱରୀ ସମାଖ୍ୟାତା ମାନବୃକ୍ଷେଷୁ ସଂସ୍ଥିତା । ସର୍ବତ୍ର ସୁଖଦେ ଦେବି ଗଚ୍ଛ ତ୍ୱଂ ନିଜ ମନ୍ଦିରମ୍ ॥"**

(୭) ଧାନ୍ୟ: ଏହାର ଅଧିଷ୍ଠାତ୍ରୀ ଦେବୀ ଲକ୍ଷ୍ମୀ ଅଟନ୍ତି । ଏହି ଗଛକୁ ଏଥିପାଇଁ ଲକ୍ଷ୍ମୀ ରୂପରେ ପୂଜା କରାଯାଏ । ଏହା ତେଜ, ବଳ ଓ ବୀର୍ଯ୍ୟ ବୃଦ୍ଧି କାରକ, ତଥା ବାୟୁ ଓ ବାତଦୋଷ ହରଣକାରୀ । ମନୁଷ୍ୟର ପ୍ରଧାନ ଖାଦ୍ୟ ଶସ୍ୟ ରୂପେ ବ୍ୟବହୃତ ହୁଏ ଏବଂ ସକଳ ପ୍ରାଣୀମାନଙ୍କର ପ୍ରାଣଦାତ୍ରୀ ଅଟେ । ଏଣୁ ଧାନ୍ୟ ବୃକ୍ଷ ବିଷୟରେ କୁହାଯାଇଛି:

"ଓଁ ଧାନ୍ୟ ବୃକ୍ଷେ ନିମଗ୍ନାଞ୍ଚ, ଦ୍ୱିଭୂଜାଂ ଶ୍ୱେତ ବିଗ୍ରହାମ୍ ।
ଶ୍ୱେତ ପଦ୍ମେ ପ୍ରବିଷ୍ଟାଞ୍ଚ ବରାଭୟଂ କରଂ ଶୁଭମ୍ ॥
ନବପତ୍ରିକା ବାସିନ୍ୟୈ ଦୁର୍ଗାୟ ନମୋଃ ।
ପୂଜାଂ ସମସ୍ଥାଂ ସଂ ଗୃହ ରକ୍ଷମାଂ ତ୍ରିଦଶେଶ୍ୱରୀ ॥
ଓଁ ଧନ୍ୟହଂ କୃତ କୃତ୍ୟ ହଂ ସଫଳଂ ଜୀବୀତଂ ମମ ।
ଓଁ ହିଂ ନବପତ୍ରିକା ବାସିନ୍ୟୈ ନମଃ ॥"

(ବୃହତ୍ ନନ୍ଦିକେଶରୀ ପୂଜାପଦ୍ଧତି -ବଙ୍ଗଳା)

ଏହାର ପୂଜନ ମନ୍ତ୍ରରେ ଏହାକୁ ମହିମା ମଣ୍ଡିତ କରାଯାଇଛି । ସ୍ନାନମନ୍ତ୍ର **"ଓଁ ଲକ୍ଷ୍ମୀସ୍ତ୍ୱଂ ଧାନ୍ୟ-ରୂପାସି ପ୍ରାଣୀନାଂ ପ୍ରାଣ ଦାୟିନୀ । ସ୍ଥିରାଦ୍ୟନ୍ତଂ ହିନୋ ଭୂକ୍ତ୍ୱା ଗୃହେକାମ ପ୍ରଦାଭବ ॥"** ପୂଜାମନ୍ତ୍ର : **"ଓଁ ଜଗତଃ ପ୍ରାଣ ରକ୍ଷାର୍ଥଂ ବ୍ରହ୍ମଣା ନିର୍ମିତଂ ପୁରା । ଉମା ପ୍ରୀତି କରଂ ଧାନ୍ୟଂ ତସ୍ମାତ୍ୱଂ ରକ୍ଷ ମାଂ ସଦା ॥ ଓଁ ଧାନ୍ୟଧିଷ୍ଠାତ୍ରେ ଲକ୍ଷ୍ମୈ ନମଃ ।"** ବିସର୍ଜନ ମନ୍ତ୍ର: **"ଓଁ ଧାନ୍ୟ ରୂପେଣ ଦେବୀ ତ୍ୱଂ ଲୋକାନାଂ ପ୍ରାଣଧାରିଣି । ଶାନ୍ତି ରୂପେଣ ଗଚ୍ଛ ତ୍ୱଂ ଦାସୋଃ ହଂ ପରମେଶ୍ୱରି ॥"**

(୮) ଡାଳିମ୍ବ: ଏହାର ଅଧିଷ୍ଠାତ୍ରୀ ଦେବୀ ହେଉଛନ୍ତି "ରକ୍ତଦନ୍ତିକା" । ଦେବୀଙ୍କ ସମ୍ପର୍କରେ ନିମ୍ନଶ୍ଳୋକରେ ବିଶେଷ ବର୍ଣ୍ଣନା ଦିଆଯାଇଛି:

"ଓଁ ରକ୍ତବସ୍ତ୍ରଂ ଧରାଂ ସୌମ୍ୟ ଅର୍ଦ୍ଧେନ୍ଦୁ କୃତ ଶେଖରମ୍
ଚତୁର୍ଭୁଜଂ ତ୍ରିନୟନା ମହିଷୋ ପରି ସଂସ୍ଥିତେ ।

ଖଡ଼୍‌ଗ ଚର୍ମ ଧରାଂ ସ୍କନ୍ଦେ ବାମେନେତ୍ ପଲ୍ଲ ଭୂଷିତମ୍
ଓଁ ଡାଡିମ୍ବତ୍ୱଂ ପୁରାଯୁଦ୍ଧେ ରକ୍ତବୀଜସ୍ୟ ସମ୍ମୁଖେ ।
ଉମା କାର୍ଯ୍ୟକରୋ ଯସ୍ମାତ୍ ଅସ୍ମାକଂ ବରଦାଭବ ।"

ଏହାର ରସ ମଧୁର । ଏହାକୁ ଗ୍ରହଣୀ, କଫ, ପିତ୍ତ, କାଶ, ତୃଷ୍ଣା ଆଦି ରୋଗରେ ବ୍ୟବହାର କରାଯାଏ । ଏହାର ପତ୍ରଫୁଲ ମଧ୍ୟ ବିବିଧ ରୋଗର ଔଷଧି ରୂପେ ବ୍ୟବହୃତ ହୁଏ । ଏହାର ସ୍ନାନ ମନ୍ତ୍ର ହେଲା : **"ଓଁ ଦାଡ଼ିମି ପୁଣ୍ୟରୂପାଚ ଶଙ୍କରସ୍ୟ ସଦାପ୍ରିୟଃ । ଦୁର୍ଗା ରୂପେଣ ସା ଦେବୀ ମମଶାନ୍ତିଂ ପ୍ରୟଚ୍ଛତୁ ।।"** ପୂଜାମନ୍ତ୍ର- **"ଓଁ ଦାଡ଼ିମି ତ୍ୱଂ ପୁରା ଯୁଦ୍ଧେ ରକ୍ତବୀଜସ୍ୟ ସମ୍ମୁଖେ । ଉମାକାର୍ଯ୍ୟଂ କୃତଂ ଯସ୍ମାଦସ୍ମାକଂ ବରଦା ଭବ ।। ଓଁ ଦାଡ଼ିମ୍ୟାଧିଷ୍ଠାତ୍ରେ୍ୟ ରକ୍ତଦନ୍ତିକାୟୈ ନମଃ ।।"** ସେଇପରି ବିସର୍ଜନ ମନ୍ତ୍ର ହେଲା - **"ଓଁ ଦାଡ଼ିମି ସୁଖଦେ ରମ୍ୟୋ ବୃଦ୍ଧ୍ୟର୍ଥଂ ସୁର ସୁନ୍ଦରୀ । ଗମ୍ୟତାଂ ଦେବି କୈଳାସଂ ମମ କାମ ପ୍ରଦା ଭବ ।"** ଏହି ସମସ୍ତ ମନ୍ତ୍ରରୁ ହିଁ ଡାଳିମ୍ବର ଶ୍ରେଷ୍ଠତ୍ୱ ନିର୍ଣ୍ଣିତ ହୁଏ ।

୯) କଚୁ (ସାରୁଗଛ) : ଏହାର ରସ ଦ୍ୱାରା ଧମନୀରୁ ରକ୍ତ ସ୍ରାବ ଆରୋଗ୍ୟ ହୁଏ । ଅର୍ଶ ଏବଂ କୋଷ୍ଠକାଠିନ୍ୟରେଏହାର ବ୍ୟବହାର ମଧ୍ୟ ଅଛି । ଏହି ବୃକ୍ଷକୁ କାଳିକା ସ୍ୱରୂପରେ ପୂଜା କରାଯାଏ । ପୂଜାମନ୍ତ୍ରରୁ ଏହାର ବୈଶିଷ୍ଟ୍ୟ ଜଣାଯାଏ । ସ୍ନାନମନ୍ତ୍ର - **"ଓଁ କଚ୍ଚିତ୍ୱଂ ସ୍ଥାବରସ୍ଥାସି ସଦା ସିଦ୍ଧି ପ୍ରଦାୟିନୀ । ଦୁର୍ଗା ରୂପେଣ ସର୍ବତ୍ର ସ୍ନାନେନ ବିଜୟଂ କୁରୁ ।।"** ପୂଜାମନ୍ତ୍ର: **"ଓଁ ମହିଷାସୁର ଯୁଦ୍ଧେଷୁ କଚ୍ୱି ଭୂତାସି ସୁବ୍ରତେ । ମମାନୁଗ୍ରହାର୍ଥାୟ ଆଗତାସି ହରପ୍ରିୟେ ।"** ସେଇପରି ବିସର୍ଜନ ମନ୍ତ୍ର ହେଲା: **"ଓଁ କାଳିକେ ତ୍ୱଂ ସମାଖ୍ୟାତା କଚ୍ୱିବୃକ୍ଷଂ ସମାଶ୍ରିତା । ଗଚ୍ଛ ଦେବି ମହାଭାଗେ ଧନପୁତ୍ର ପ୍ରଦାଭବ ।"**

୧୦) ଅପରାଜିତା : ଉପରୋକ୍ତ ନଅଟି ବୃକ୍ଷକୁ ପୂଜା କରିବା ପୂର୍ବରୁ ଏକତ୍ର ବାନ୍ଧିବା ସକାଶେ ଅପରାଜିତା ଲତା ଆବଶ୍ୟକ ହୁଏ । ଠିକ୍ ସେଇପରି ଦେବୀଙ୍କ ବିସର୍ଜନ ପୂର୍ବରୁ ଅପରାଜିତା ଲତାକୁ ପୂଜା କରାଯାଇ ଦେବୀଙ୍କ ବାହୁରେ ବନ୍ଧାଯାଏ : ନିମସ୍ଥ ମନ୍ତ୍ରରୁ ଏହାର ପ୍ରମାଣ ମିଳେ । ଯେକୌଣସି କାର୍ଯ୍ୟରେ ବିଜୟ ପ୍ରାପ୍ତି ନିମିତ୍ତ ଅପରାଜିତା ହସ୍ତରେ ବନ୍ଧନ କରାଯାଏ ।

"ବିସର୍ଜନୋତ୍ତରକାଳେ ବହୁବାଦ୍ୟ ପୁରଃ ସରମ୍ ।
ଯାତ୍ରାୟାଂ ବିଜୟାର୍ଥୀଚ ଧାରୟେ ହ୍ୟପରାଜିତାମ୍ ॥"

ଶ୍ରଦ୍ଧାଳୁମାନେ ମଧ୍ୟ ଏହି ଲତାକୁ ନିଜ ନିଜ ହାତରେ ଧାରଣ କରିବାର ବିଧି ରହିଛି । ଅପରାଜିତା ଲତା ଏବଂ ଦ୍ରୋଣ ପୁଷ୍ପ ଆଦି ଦ୍ୱାରା ଯେଉଁ ପୂଜା କରାଯାଏ ଏହାର ମଧ୍ୟ ବିଜ୍ଞାନ ସମ୍ମତ କାରଣ ରହିଛି । ଏଗୁଡ଼ିକ ଅମୋଘ ଆୟୁର୍ବେଦୀୟ ଔଷଧ ଭାବରେ ସ୍ୱୀକୃତ । ଏଲୋପାଥି ମତରେ ମଧ୍ୟ ଏହି ଉଭୟ ପୁଷ୍ପ ଓ ଚେରମୂଳୀରୁ ପ୍ରାଣରକ୍ଷକ ଔଷଧ ନିର୍ମିତ ହୋଇଥାଏ । ଅପସ୍ମାର, କୃମି, ଶ୍ୱାସ, ମିଳିମିଳା, ମୂତ୍ରରୋଗ, ଉଦରାମୟ, ରକ୍ତ ଆମାଶୟ, ଗନେରିଆ, ପେଟରୋଗ, ରକ୍ତଶୋଧନ ସକାଶେ ଏହା ପ୍ରମୁଖ ଔଷଧି ରୂପେ ବ୍ୟବହୃତ ହୋଇଥାଏ । ଅପରାଜିତା ବାହୁରେ ଧାରଣ ମନ୍ତ୍ରରୁ ମଧ୍ୟ ଏହାର ବିଶେଷ ଉପଯୋଗିତା ପ୍ରତିପାଦିତ ହୁଏ । ଧାରଣ ମନ୍ତ୍ର : **"ଓଁ ଜୟଦେ ବରଦେ ଦେବି ଦୟାଧାରେହପରେଜିତେ । ଧାରୟାମି ଭୁଜେ ଦକ୍ଷେ ଜୟଲାଭଭିବୃଦ୍ଧୟେ ॥ ଓଁ ବଳମାଧେୟି କୃପୟାମୟି ଶତ୍ରୋଃ ପରାଜୟମ୍ । ତଦ୍ଧାରଣାଦ୍ ଭବେୟୁର୍ମେ ଧନଧାନ୍ୟାଦି ସମ୍ପଦଃ ।"** ଅପରାଜିତାର ପ୍ରୟୋଗ ଦ୍ୱାରା ନିଜର ବିଜୟ ଲାଭକୁ ସୁନିଶ୍ଚିତ କରାଯିବା ସହ ଶତ୍ରୁକୁ ପରାଜିତ କରିବାର କ୍ଷମତା ପ୍ରାପ୍ତି ମଧ୍ୟ ଏହାର ଅନ୍ୟ ଏକ ମହତ୍ତ୍ୱପୂର୍ଣ୍ଣ ଦିଗ ବୋଲି କୁହାଯାଏ ।

ନବ ପତ୍ରିକା ପୂଜନ (ପୃ.୨୬୦)

ମହାଶକ୍ତି ଜଗନ୍ମାତା ଦୁର୍ଗାଙ୍କ ପୂଜାମହୋତ୍ସବ
(ଆଶ୍ୱିନ ଶୁକ୍ଳ ଷଷ୍ଠୀରୁ ଦଶମୀ)

ଘୂର୍ଣ୍ଣାୟମାନ ଋତୁଚକ୍ରର ପରାବର୍ତ୍ତନ କ୍ରମରେ ବର୍ଷା ପରେପରେ ଶରତଋତୁ ଆଗମନ କରେ ଧରାପୃଷ୍ଠକୁ । ମେଘମେଦୂର ଆକାଶର ଅଶାନ୍ତ ଘନଘଟା ଅପସାରିତ ହୋଇଯାଏ ବହୁଦୂରକୁ । ଶାନ୍ତ, ସ୍ନିଗ୍ଧ, ନିର୍ମଳ ଆକାଶର ମନଲୋଭା ଛବି ଧରାଧାମରେ ଶରତଋତୁର ଜୟଯାତ୍ରା ଘୋଷଣା କରେ । ଗାଢ଼ ସବୁଜ ରଂଗର ପାଟଶାଢ଼ୀ ପରିହିତା ଧରିତ୍ରୀମାତା ଅପରୂପ ସୌନ୍ଦର୍ଯ୍ୟର ପସରା ମେଲାଇ ଦିଏ ଧରାବକ୍ଷରେ । ନବପଲ୍ଲବିତ ବୃକ୍ଷରାଜି, ଚେନାଚେନା କାଶତଣ୍ଡୀ, ରଂଗବେରଂଗ ଜାତିଜାତି ଫୁଲ ଫଳ ଆଦି ବହୁବିଧ ସମ୍ଭାରର ଅର୍ଘ୍ୟାଞ୍ଜଳି ଧାରଣ କରି ସେ (ଧରିତ୍ରୀ) ଜଗନ୍ମାତା ଦୁର୍ଗାଙ୍କୁ ଧରାପୃଷ୍ଠକୁ ଆବାହନ କରିବା ପାଇଁ ପରମ ପାବନ ମୁହୂର୍ତ୍ତକୁ ଅପେକ୍ଷା କରିଥାଏ । ସ୍ୱୟଂ ଭଗବତୀ ଜଗଦମ୍ବା ଶାରଦୀୟ ପୂଜା ବିଧାନର ମୁହୂର୍ତ୍ତ ନିରୂପଣ କରି କହିଛନ୍ତି:

"ନବମ୍ୟାମାଦ୍ରାଯୁକ୍ତାୟାଂ ବିଲ୍ୱେ ମାଂ ପରିପୂଜ୍ୟ ଚ ।
ସମ୍ବୋଧ ଭକ୍ତିତଃ ଶୁକ୍ଳାଂ ନବମୀଂ ଯାବଦେବ ହି ॥
ପ୍ରତ୍ୟହଂ ପୂଜୟିଷ୍ୟନ୍ତି ୟେ ତୁ ଲୋକତ୍ରୟେ ସୁରାଃ ।
ତେଷାଂ ପ୍ରସନ୍ନା ନିତ୍ୟଂ ତୁ ପୂରୟିଷ୍ୟେ ମନୋରଥାନ୍ ॥"

(ଦେବୀପୁରାଣ ୪୬ /୨-୩)

ଅର୍ଥାତ୍ ହେ ଦେବଗଣ ! ଆର୍ଦ୍ରା ନକ୍ଷତ୍ର ଯୁକ୍ତ ନବମୀ ତିଥିରେ ବିଲ୍ୱବୃକ୍ଷରେ ଭକ୍ତିପୂର୍ବକ ମୋର ପ୍ରବୋଧନ ଓ ପୂଜନ କରି ଶୁକ୍ଳନବମୀ ପର୍ଯ୍ୟନ୍ତ ମୋ ପୂଜା କରୁଥିବା ସେଇ ଲୋକମାନଙ୍କ ଉପରେ ମୁଁ ପ୍ରସନ୍ନ ହୋଇ ସେମାନଙ୍କର ସକଳ ଅଭୀଷ୍ଟ ପୂରଣ କରେ ।

ଶ୍ରୀମଦ୍ ଦେବୀ ଭାଗବତ ଅନୁଯାୟୀ ପରମାତ୍ମା ସ୍ୱରୂପା ଜଗନ୍ମାତା ହିଁ ମହାଶକ୍ତି । ସେ ବିବିଧ ଶକ୍ତି ରୂପେ ସର୍ବତ୍ର କ୍ରୀଡ଼ାରତ । ଯେଉଁଠି ଶକ୍ତି ନାହିଁ ସେଠାରେ ଶୂନ୍ୟତା ବିରାଜମାନ କରେ । ଶକ୍ତି ବିନା 'ଶିବ' ମଧ୍ୟ 'ଶବ' ଅଟନ୍ତି :

'ଶିବୋଽପି ଶବତାଂ ଯାତି କୁଣ୍ଡଲିନ୍ୟା ବିବର୍ଜିତଃ'- ଅର୍ଥାତ୍ ଶକ୍ତି ଅଭାବରେ ଶିବ ଭଳି ଦେବତା (ଯିଏ ଇଚ୍ଛା ମାତ୍ରକେ ସୃଷ୍ଟି ବା ପ୍ରଳୟ କରିପାରନ୍ତି) ସେ ମଧ୍ୟ ଶବତୁଲ୍ୟ ନିର୍ଜୀବ ହୋଇ ପଡ଼ି ରହନ୍ତି । ଏ ସଂସାରର ସବୁକିଛି ବିଶ୍ୱ ମହାଶକ୍ତିର ବିଳାସ ହିଁ ଅଟେ । ଶକ୍ତିହୀନର କେଉଁଠି ହେଲେ ଆଦର ହେବାର ଦେଖାଯାଏ ନାହିଁ । ମହାମାୟାଙ୍କ ସେହି ମହାଶକ୍ତିରୁ କାଣିଚାଏ ପ୍ରାପ୍ତ ହୋଇ ବ୍ରହ୍ମା ସମଗ୍ର ସୃଷ୍ଟି ରଚନା କରନ୍ତି । ସେଇ ଶକ୍ତି ଦ୍ୱାରା ବିଷ୍ଣୁ ସୃଷ୍ଟିର ପାଳନ ଏବଂ ଶିବ ଜଗତର ସଂହାର କରନ୍ତି । ଏଣୁ ସୃଜନ, ପାଳନ ଓ ସଂହାରର କାରଣ ହେଉଛନ୍ତି ସେଇ ଆଦ୍ୟାଶକ୍ତି ବା ପରାଶକ୍ତି । ସେଇ ଜଗନ୍ମାତା ହିଁ ଅଟନ୍ତି ମହାଶକ୍ତି ସ୍ୱରୂପିଣୀ, ସମଷ୍ଟି ରୂପିଣୀ ଦେବୀ- ସଂପୂର୍ଣ୍ଣ ଜଗତର ବାତ୍ସଲ୍ୟମୟୀ ମାତା ତଥା ନିଜର ପୁତ୍ରରୂପୀ ଭକ୍ତମାନଙ୍କୁ ଏକାଧାରରେ ଭୋଗ ଓ ମୋକ୍ଷ ପ୍ରଦାନକାରିଣୀ ଏବଂ କଲ୍ୟାଣର ପଥ ପ୍ରଦର୍ଶିକା - ଜ୍ଞାନଗୁରୁ ।

ମହାକାଳ ସଂହିତା ବର୍ଣ୍ଣିତ ଏକ ଶ୍ଳୋକରେ ତାଙ୍କ ଶ୍ରେଷ୍ଠତ୍ୱ ବିଷୟରେ କୁହାଯାଇଛି:

"ଯଦା ନୈବ ଧାତା ନ ବିଷ୍ଣୁ ର୍ନ ରୁଦ୍ରୋ ନ କାଲୋ ନବା ପଞ୍ଚଭୂତାନି ନାଶା।
ତଦା କାରଣୀଭୂତସତ୍ତ୍ୱୈକମୂର୍ତ୍ତି-ସ୍ତ୍ୱମେକା ପରଂବ୍ରହ୍ମ ରୂପେଣ ସିଦ୍ଧା ।।"

ଅର୍ଥାତ୍ ହେ ଜଗନ୍ମାତା ! ଯେତେବେଳେ ବ୍ରହ୍ମା ବିଷ୍ଣୁ ରୁଦ୍ର, କାଳ, ପଞ୍ଚଭୂତ, ଦଶଦିଗାଦି କେହି ବି ଆର୍ବିଭୂତ ହୋଇନଥିଲେ ସେତେବେଳେ ସଂପୂର୍ଣ୍ଣ ସୃଷ୍ଟିର ବୀଜ ରୂପେ ତୁମେ ହିଁ ଏକମାତ୍ର ବିରାଜମାନ ଥିଲ । ଏଣୁ ନିଃସନ୍ଦେହ ଯେ ତୁମେ ହିଁ ସକଳ ସୃଷ୍ଟିର ଏକମାତ୍ର କାରଣ ରୂପ ପରଂବ୍ରହ୍ମ ଅଟ । ଅତଏବ ମାଆ ଦୁର୍ଗା ହିଁ ସମସ୍ତ ବସ୍ତୁ ମଧ୍ୟରେ ସୂକ୍ଷ୍ମ ରୂପେ ବିଦ୍ୟମାନ ଥିବା ମହାଶକ୍ତି- ପରଂବ୍ରହ୍ମ ସ୍ୱରୂପା ଅଟନ୍ତି । ସେ ହିଁ ପରମ ଜ୍ୟୋତି ସ୍ୱରୂପା, ଅମୃତ ସ୍ୱରୂପିଣୀ, ତ୍ରିଗୁଣ ପ୍ରସୂତ, ସିଦ୍ଧିକରୀ, ସ୍ୱାହା ରୂପିଣୀ, ସ୍ୱଧାରୂପା, ଶତ୍ରୁରୂପା, ମିତ୍ରରୂପା, ଏକରୂପା, ଅନେକ ରୂପା, ସୂକ୍ଷ୍ମରୂପା, ନିର୍ବିକାରା, ବୌଷଟ୍-ଓଁକାର-ଲଜ୍ଜାଦି ବୀଜରୂପା, ସ୍ତ୍ରୀ-ପୁରୁଷ ତଥା ସର୍ବରୂପମୟୀ, ଦେବର୍ଷି-ଦେବତା-କାଳରୂପା, ସତ୍ୟ ସ୍ୱରୂପା ଅଖଣ୍ଡ ସ୍ୱରୂପା ଅଟନ୍ତି ।

ଯୁଗେଯୁଗେ ଜଗନ୍ମାତା ଆବିର୍ଭାବ ହୋଇ ମାନବ ସମାଜକୁ ଦୁର୍ଗତିରୁ ଉଦ୍ଧାର କରିଥିବା କାରଣରୁ ସେ ଦୁର୍ଗା ନାମରେ ପରିଚିତ: ଶ୍ରୀ ଭଗବତୀ ନିତ୍ୟ

ହେଲେ ମଧ୍ୟ ଦେବକାର୍ଯ୍ୟ ପୂରଣ କରିବା ପାଇଁ ତଥା ସମ୍ପୂର୍ଣ୍ଣ ସୃଷ୍ଟିକୁ ଦୁଷ୍ଟମାନଙ୍କ ଅତ୍ୟାଚାର ତଥା ଦୁର୍ଗତିରୁ ଉଦ୍ଧାର କରିବା ସକାଶେ ଯୁଗ ପରେ ଯୁଗ ଭିନ୍ନ ଭିନ୍ନ ରୂପରେ ଅବତୀର୍ଣ୍ଣା ହୁଅନ୍ତି । ସେତେବେଳେ ସେ ଉତ୍ପନ୍ନ ହେଲେ ବୋଲି କୁହାଯାଏ । ଏଣୁ କୁହାଯାଇଛି:

"ନିତ୍ୟୈବ ସା ଜଗନ୍ମୂର୍ତ୍ତିସ୍ତୟା ସର୍ବମିଦଂ ତତମ୍ ॥
ତଥାପି ତତ୍ସମୁତ୍ପତ୍ତିର୍ବହୁଧା ଶ୍ରୂୟତାଂ ମମ ।
ଦେବାନାଂ କାର୍ଯ୍ୟସିଦ୍ଧ୍ୟର୍ଥମାବିର୍ଭବତି ସା ଯଦା ॥
ଉତ୍ପନ୍ନେତି ତଦା ଲୋକେ ସା ନିତ୍ୟାପ୍ୟଭିଧୀୟତେ ।"

(ଶ୍ରୀ ଦୁର୍ଗା ସପ୍ତଶତୀ ୧/୬୪-୬୬)

ଚଣ୍ଡୀରେ ଦୁର୍ଗା ନାମର ସାର୍ଥକତାକୁ ସିଦ୍ଧ କରି କୁହାଯାଇଛି :

"....ତତ୍ରୈବ ଚ ବଧିଷ୍ୟାମି ଦୁର୍ଗମାଖ୍ୟଂ ମହାସୁରମ୍ ।
ଦୁର୍ଗା ଦେବୀତି ବିଖ୍ୟାତଂ ତନ୍ମେ ନାମ ଭବିଷ୍ୟତି ।
ପୁନଶ୍ଚାହଂ ଯଦା ଭୀମଂ ରୂପଂ କୃତ୍ୱା ହିମାଚଳେ ॥"....

(ଶ୍ରୀ ଶ୍ରୀ ଚଣ୍ଡୀ ଉ.ଚରିତ୍ର ୧୧/୪୯-୫୦)

ଅର୍ଥାତ୍ ମାଆ ଏଠାରେ ଭବିଷ୍ୟବାଣୀ କରି କହିଛନ୍ତି ଦୁର୍ଗମ ନାମକ ମହଦୈତ୍ୟକୁ ମୁଁ ଭବିଷ୍ୟତକରେ 'ଶାକମ୍ଭରୀ' ଅବତାର ଗ୍ରହଣ କରି ବଧ କରିବି ଏଣୁ ମୋର ନାମ ଦୁର୍ଗା ଦେବୀ ରୂପେ ପ୍ରସିଦ୍ଧ ହେବ । ପୁଣି ଭୀମରୂପ ଧାରଣ କରି (ଭୀମାଦେବୀ) ହିମାଳୟ ସ୍ଥିତ ରାକ୍ଷସମାନଙ୍କୁ ଭକ୍ଷଣ କରିବି । ସେଇ ସମୟରେ ସମସ୍ତ ମୁନିଋଷିମାନେ ନତମସ୍ତକ ହୋଇ ମୋର ସ୍ତୁତି କରିବେ । ମହାଦୁର୍ଗତିର କାଳଖଣ୍ଡ ମାନଙ୍କରେ ବିବିଧ ରୂପରେ ଆବିର୍ଭୂତା ହୋଇ ସେ ମହିଷାସୁର ହେଉ ବା ଚଣ୍ଡମୁଣ୍ଡ ଅଥବା ଶୁମ୍ଭ, ନିଶୁମ୍ଭ ଓ ଦୁର୍ଗମ ଆଦି ରାକ୍ଷସମାନଙ୍କୁ ସଂହାର ପୂର୍ବକ ସେମାନଙ୍କ କବଳରୁ ସମାଜକୁ ଉଦ୍ଧାର କରିଥିବା କାରଣରୁ ତାହାଙ୍କୁ ଦୁର୍ଗତିନାଶିନୀ ମାଆ ଦୁର୍ଗା ରୂପେ ଅଭିହିତ କରାଯାଇଛି। 'ଶବ୍ଦ କଳ୍ପଦ୍ରୁମ'ରେ 'ଦ' ଶବ୍ଦ ଦୈତ୍ୟ ନାଶକ, 'ଉ' ଶବ୍ଦ ବିଘ୍ନ ବିନାଶକ, 'ରେଫ' ରୋଗନାଶକ, 'ଗ' ପାପ ନାଶକ, 'ଆ' ଭୟ ଓ ଶତ୍ରୁନାଶକ ରୂପେ ବର୍ଣ୍ଣନା କରାଯାଇଛି । ଭାରତରେ ଦୁର୍ଗାପୂଜା ପ୍ରାଗ୍‌ବୈଦିକ କାଳରୁ ହୋଇ ଆସୁଥିବା କଥା ପ୍ରମାଣିତ । 'ବୃହତ ସାର ସିଦ୍ଧାନ୍ତ' ଅନୁଯାୟୀ ଆଶ୍ୱିନ ଶୁକ୍ଳ ପ୍ରତିପଦା ଠାରୁ ଦଶମୀ ପର୍ଯ୍ୟନ୍ତ

ସମୟକୁ ବୋଧନାଖ୍ୟ ଶାରଦୀୟ ନବରାତ୍ର କୁହାଯାଏ । ଏହି ସମୟରେ ମାଆ ଦୁର୍ଗାଙ୍କର ପୂଜା ମହୋତ୍ସବ ଦ୍ୱାରା ଧର୍ମ ଅର୍ଥ କାମ ମୋକ୍ଷାଦି ଚତୁର୍ବର୍ଗ ଫଳପ୍ରାପ୍ତି ହୋଇଥାଏ ବୋଲି ଶାସ୍ତ୍ରୋକ୍ତ ପ୍ରମାଣ ରହିଛି । ଶାରଦୀୟ ଦୁର୍ଗୋତ୍ସବ ବ୍ୟତୀତ ବସନ୍ତଋତୁରେ ବାସନ୍ତିକ ଦୁର୍ଗାପୂଜା ମଧ୍ୟ ସାରାଦେଶରେ ପାଳିତ ହୁଏ । ଶ୍ରୀ ଶ୍ରୀ ସପ୍ତଶତୀ ଚଣ୍ଡୀରୁ ମହାରାଜା ସୁରଥ ଓ ସମାଧି ବୈଶ୍ୟଙ୍କ ଦ୍ୱାରା ବାସନ୍ତିକ ଦୁର୍ଗାପୂଜା ପ୍ରାରମ୍ଭ ହୋଇଥିବାର ପ୍ରମାଣ ମିଳେ । ବ୍ରହ୍ମବୈବର୍ତ୍ତ ପୁରାଣରେ ମଧ୍ୟ ଏହା ବିଶେଷ ଭାବରେ ବର୍ଣ୍ଣନା କରାଯାଇଛି । କିନ୍ତୁ ଶରତଋତୁରେ ହେଉଥିବା ଶାରଦୀୟ ଦୁର୍ଗୋତ୍ସବ ଭଗବାନ ରାମଚନ୍ଦ୍ରଙ୍କ ଦ୍ୱାରା ଅକାଳବୋଧନକୁ ଅନୁସରଣ କରି ରାବଣବଧ ନିମିତ୍ତ କରାଯାଇଥିଲା ଯାହାକି ପରମ୍ପରିକ ଭାବରେ ଅଦ୍ୟାବଧି ହୋଇ ଆସୁଛି । ଦୁର୍ଗାପୂଜା ମନ୍ତ୍ରରୂପେ ବ୍ୟବହୃତ ନିମ୍ନଶ୍ଳୋକରୁ ରାମଚନ୍ଦ୍ରଙ୍କ ଦ୍ୱାରା ଦୁର୍ଗାପୂଜା ହୋଇଥିବା ବିଷୟ ପ୍ରମାଣିତ ହୁଏ ।

"ଐଂରାବଣସ୍ୟ ବଧାର୍ଥାୟ ରାମସ୍ୟାନୁ ଗ୍ରହାୟ ଚ ।
ଅକାଳେ ବ୍ରହ୍ମଣା ବୋଧୋ ଦିବ୍ୟାସ୍ତ୍ୱୟି କୃତଃ ପୁରା ॥"

ଅର୍ଥାତ୍ ହେ ଦେବି ! ରାବଣ ବଧ ନିମିତ୍ତ ଏବଂ ରାମଚନ୍ଦ୍ରଙ୍କୁ ଅନୁଗ୍ରହ ପ୍ରଦର୍ଶନ ପାଇଁ ପୂର୍ବକାଳରେ ବ୍ରହ୍ମା ତୁମର (ଷଷ୍ଠୀ ଦେବୀଙ୍କ ବୋଧନ ମନ୍ତ୍ରରେ) ଅକାଳ ବୋଧନ କରିଥିଲେ । ଶ୍ରୀମଦ୍ ଦେବୀ ଭାଗବତ (୩ୟ ସ୍କନ୍ଦ-୩୦ ଅଧ୍ୟାୟ) ମହାଭାରତର ବନପର୍ବ (୩୦ ଅଧ୍ୟାୟ), କାଳିକାପୁରାଣରେ ଭଗବାନ ରାମଙ୍କ ଦ୍ୱାରା ଜଗନ୍ମାତା ଦୁର୍ଗାଙ୍କ ପୂଜା ବିଷୟ ବିଶଦ ଭାବରେ ବର୍ଣ୍ଣିତ ହୋଇଅଛି । ଶାରଦୀୟ ଦୁର୍ଗାପୂଜା ହିଁ ଅକାଳ ବୋଧନ ବୋଲି କଥିତ, କାରଣ ଏହା ନିର୍ଦ୍ଦିଷ୍ଟ ସମୟରେ ନହୋଇ ଅକାଳରେ ବିଶେଷ ଆବଶ୍ୟକତା ଦୃଷ୍ଟିରୁ କରାଯାଇଥିଲା । ପୁରାଣର ବର୍ଣ୍ଣନା ଅନୁଯାୟୀ ରାବଣ ନିଧନ ସକାଶେ ବ୍ରହ୍ମାଦି ସକଳ ଦେବତାଙ୍କସ୍ତୁତିରେ ସନ୍ତୁଷ୍ଟ ହୋଇ ବିଲ୍ୱବୃକ୍ଷରେ ଶୟନରତା ଦେବୀକୁମାରୀ ବରଦାନ ଦେଇ ଭବିଷ୍ୟବାଣୀ କରିଥିଲେ ଯେ "ସେ ନିଜେ ଶ୍ରୀରାମଙ୍କ ଦିବ୍ୟଶସ୍ତ୍ର ମଧ୍ୟରେ ସପ୍ତମୀ ଦିନ ପ୍ରବିଷ୍ଟ ହେବେ । ଅଷ୍ଟମୀ ଦିନ ରାମ ରାବଣଙ୍କ ମଧ୍ୟରେ ଭୟଙ୍କର ଯୁଦ୍ଧ ହେବ ଏବଂ ଅଷ୍ଟମୀ ଓ ନବମୀର ଉତ୍ତମ ସନ୍ଧିକ୍ଷଣ (ଏହି ସମୟରେ ସନ୍ଧିପୂଜା ହୁଏ)ରେ ଦୁରାତ୍ମା ରାବଣ ସହ ସେ (ଦେବୀମାତା) ରଣଭୂମିରେ ପଦାର୍ପଣ କରିବେ ଏବଂ ନବମି ତିଥିର ଅପରାହ୍ଣରେ ରାବଣର ସଂହାର କରିବେ ।

ଦଶମୀ (ବିଜୟା ଦଶମୀ) ଦିନ ପ୍ରାତଃକାଳରେ ପୂଜନ ମହୋତ୍ସବ ପରେ ପୂଜିତ ମୃଣ୍ମୟୀ ମୂର୍ତ୍ତିକୁ ନଦୀରେ ବିସର୍ଜିତ କରାଯିବ । ଏହି ସମୟରେ (ଆଶ୍ୱିନ କୃଷ୍ଣନବମୀ ଠାରୁ ଶୁକ୍ଳ ନବମୀ ପର୍ଯ୍ୟନ୍ତ ପନ୍ଦରଦିନ) ନିଜେ ରାମଚନ୍ଦ୍ର ଏବଂ ସଂସାରର କଲ୍ୟାଣକାମୀ ସମସ୍ତ ଦେବାଦେବୀଙ୍କ ଦ୍ୱାରା ବହୁବିଧ ଉପଚାରରେ ବିଧିବତ୍ ଭକ୍ତିପୂର୍ବକ ଦେବୀଙ୍କର ବାରମ୍ବାର ପୂଜା ଓ ସ୍ତବନ ଆଦି କରାଯିବ । ଫଳରେ ରାବଣର ନିଶ୍ଚିତ ନିଧନ ହେବ ଏବଂ ସାରା ଜଗତ ଶାନ୍ତି ଲାଭ କରିବ ।"

ଲଙ୍କାପତି ରାବଣ ମହାନ ଦେବୀଭକ୍ତ ଥିଲା । ସେ ଜଗନ୍ମାତାଙ୍କ ଛତ୍ରଛାୟାରେ ସର୍ବଦା ସୁରକ୍ଷିତ ରହୁଥିବାରୁ ଯୁଦ୍ଧରେ ଆଦୌ ପରାସ୍ତ ହେଉନଥିଲା । ଏଣୁ ଦୁଷ୍ଟ ଦାବନରାଜ ରାବଣ ସହ ଯୁଦ୍ଧରେ ଅବତୀର୍ଣ୍ଣ ଭଗବାନ ରାମ ନିଜକୁ ବିଫଳକାମ ହେଉଥିବା ଅନୁଭବ କରି ମ୍ରିୟମାଣ ହୃଦୟରେ ମହାଶକ୍ତି ଦୁର୍ଗତିନାଶିନୀଙ୍କ ଆରାଧନା କରିଥିଲେ । ଏଇ ଶରତ କାଳରେ ବିପୁଳ ପୂଜନୋପଚାର, ଧୂପ, ଦୀପ, ନୈବେଦ୍ୟ ତଥା ଭକ୍ତି ଓ ବିଧିବିଧାନ ସହିତ । ଶାସ୍ତ୍ର ଅନୁଯାୟୀ ମହାମାୟା, ମାୟା ରଚନା କରି ପୂଜାନିମନ୍ତେ ଗଚ୍ଛିତ ୧୦୦୮ ପଦ୍ମ ମଧ୍ୟରୁ ଗୋଟିଏ ପଦ୍ମଫୁଲ ହରଣ କରି ନେବାରୁ ଭଗବାନ ରାମ ନିଜର ଚକ୍ଷୁ ଉତ୍ପାଟନ କରି ପଦ୍ମବଦଳରେ ତାହା ଦେବୀଙ୍କୁ ଅର୍ପଣ କରିବା ସକାଶେ ଉଦ୍ୟତ ହେଲେ । ଏଥିରେ ସନ୍ତୁଷ୍ଟ ହୋଇ ଭଗବତୀ ନିଜେ ଆବିର୍ଭୂତ ହେଲେ ଓ ରାମଙ୍କୁ ଯୁଦ୍ଧରେ ଜିତିବା ପାଇଁ ବରଦାନ କରିଥିଲେ ଏବଂ ସାକ୍ଷାତ ମୁକ୍ତିଦାୟିନୀ ବିଦ୍ୟା ସ୍ୱରୂପା ଭଗବତୀ ଦୁର୍ଗା ସ୍ୱୟଂ ଅବିଦ୍ୟା ସ୍ୱରୂପକୁ ଧାରଣ କରି ରାବଣର ବୁଦ୍ଧିକୁ ଆଚ୍ଛାଦିତ କରିଦେଲେ । ଫଳରେ ରାବଣର ବୁଦ୍ଧି ଭ୍ରଂଶ ହୋଇ ତାର ଅନ୍ତଃକରଣରୁ ଦେବୀଙ୍କ ପ୍ରତି ଥିବା ଭକ୍ତିଭାବ ଅନ୍ତର୍ହିତ ହୋଇଗଲା । ସେଇ ସମୟରେ ପରଂବ୍ରହ୍ମ ସ୍ୱରୂପା ଦେବୀମାତାଙ୍କ ଠାରୁ ପ୍ରାପ୍ତ ପରମ ତେଜସ୍ୱୀ, ସର୍ବଶକ୍ତି ସମ୍ପନ୍ନ, ତୀବ୍ର ବେଗବାନ, ଅମୋଘ ଅସ୍ତ୍ର ଦ୍ୱାରା ରାମଚନ୍ଦ୍ର ରାବଣର ବକ୍ଷଭେଦ କଲେ । ଏକ ଦୁର୍ଦ୍ଧର୍ଷ ରାକ୍ଷସୀ ଶକ୍ତି ହେଲା ଭୂଲୁଣ୍ଠିତ । ପୃଥିବୀ ଆନ୍ଦୋଳିତ ହେବାକୁ ଲାଗିଲା । ସମୁଦ୍ରରେ ବିକ୍ଷୋଭ ସୃଷ୍ଟିହେଲା । ସ୍ୱର୍ଗ ମର୍ତ୍ତ୍ୟ ପାତାଳ ତ୍ରିଲୋକରେ ସମସ୍ତେ ହର୍ଷୋଲ୍ଲାସ ଓ ଜୟଜୟକାର କରିବାକୁ ଲାଗିଲେ । ସ୍ୱର୍ଗରୁ ଦେବତାମାନେ ଶ୍ରୀରାମଙ୍କ ଉପରେ ପୁଷ୍ପବୃଷ୍ଟି କଲେ । ଦେବରାଜ ଇନ୍ଦ୍ରଙ୍କ ଅମୃତବର୍ଷା ଫଳରେ ଯୁଦ୍ଧରେ ନିଧନ ହୋଇଥିବା ବାନରମାନେ ପୁନଃ ନବଜୀବନ

ଲାଭ କଲେ । ତଦନନ୍ତର ଶ୍ରୀରାମ ଅତୀବ ପ୍ରସନ୍ନତା ତଥା ପରମ ଭକ୍ତି ଯୁକ୍ତ ହୃଦୟରେ ଜଗନ୍ମାତା ଦୁର୍ଗାଙ୍କୁ ଦଣ୍ଡବତ କରି ତାଙ୍କର ସ୍ତୁତି କରିବାକୁ ଲାଗିଲେ । ତାଙ୍କ ସହ ସମସ୍ତ ଦେବତାମାନେ ସମ୍ମିଳିତ ହୋଇ ମହାମାୟାଙ୍କ ସ୍ତବନ କଲେ । ସଭିଙ୍କର ପ୍ରେମଭକ୍ତି ଓ ସ୍ତୁତି ଦ୍ୱାରା ଜଗଜ୍ଜନନୀ ଅତ୍ୟନ୍ତ ପ୍ରସନ୍ନ ଗଦ୍‌ଗଦ୍ ହୋଇଗଲେ । ଏହାପରେ ପରମ ଆନନ୍ଦ, ହର୍ଷୋଲ୍ଲାସର ଉତ୍ସବ, ବାନରମାନଙ୍କର ନୃତ୍ୟଗୀତ ମଧ୍ୟରେ ଶ୍ରୀରାମ ବିଭୀଷଣଙ୍କୁ ଲଙ୍କାର ରାଜ ସିଂହାସନରେ ଅଭିଷିକ୍ତ କଲେ ।

ଉପରୋକ୍ତ ପୌରାଣିକ ତଥ୍ୟରୁ ଏହା ସୁସ୍ପଷ୍ଟ ଯେ ରାକ୍ଷସୀ ଶକ୍ତି ଯେତେ ପ୍ରବଳ. ଭୟଙ୍କର ଓ ବିଶ୍ୱବ୍ୟାପୀ ହେଉନା କାହିଁକି ସତ୍ୟ ଓ ଧର୍ମର ବିଜୟ ସର୍ବଶେଷରେ ଅବଶ୍ୟମ୍ଭାବୀ । ଏପରିକି ସଂପୂର୍ଣ୍ଣ ମାନବ ଓ ଦେବ ସମାଜ ଏଇ ଆସୁରିକ ଶକ୍ତି ବିରୁଦ୍ଧରେ ସଂଗ୍ରାମ କରି କରି ବିଫଳ ହେଲେ ମଧ୍ୟ ନିଜେ ଭଗବାନ ଅବତାର ଗ୍ରହଣ କରି ମହାଶକ୍ତି ଭଗବତୀ ଜଗଦମ୍ବାଙ୍କର ଆର୍ଶୀବାଦରୁ ଏଇ ଦୁଷ୍ଟ ଶକ୍ତିକୁ ସମୂଳେ ବିନଷ୍ଟ କରନ୍ତି । ଈଶ୍ୱରଙ୍କର ଅବତାର ଗ୍ରହଣ ସବୁ ଯୁଗରେ ବୋଧହୁଏ ସର୍ତ୍ତସାପେକ୍ଷ । ସେ ସର୍ତ୍ତଟି ହେଉଛି ସଂପୂର୍ଣ୍ଣ ସମାଜର ପ୍ରତ୍ୟେକ ବ୍ୟକ୍ତି ନିଜ ବ୍ୟକ୍ତିଗତ ସ୍ୱାର୍ଥ ଓ ମହତ୍ତ୍ୱାକାଂକ୍ଷାକୁ ରାଷ୍ଟ୍ରରକ୍ଷା ଯଜ୍ଞରେ ଆହୁତି ଦେଇ ଶେଷ ରକ୍ତବିନ୍ଦୁ ପର୍ଯ୍ୟନ୍ତ ନିଜକୁ ସ୍ୱାହା କରିଦେବା, ଯଦ୍ୱାରା ପରମେଶ୍ୱରଙ୍କର ଆସନ ଟଳମଳ ହୋଇଯିବ ଏବଂ ତାଙ୍କ ପାଇଁ ଅବତାର ଗ୍ରହଣ ବ୍ୟତୀତ ଅନ୍ୟ କୌଣସି ବିକଳ୍ପ ନଥିବ । ତେଣୁ ଭାଗବତରେ କୁହାଯାଇଛି "ସର୍ବେ ହୋଇବେ ଏକମୁଖ, ବୋଲିବେ ନାରାୟଣ ରଖ" ଅର୍ଥାତ୍ ଈଶ୍ୱରଙ୍କର ଅବତାର ସକାଶେ ସଂପୂର୍ଣ୍ଣ ସମାଜର ସଂଗଠିତ ପ୍ରୟାସ ମଧ୍ୟ ଆବଶ୍ୟକ । ଯେପରି ରାବଣ ଅତ୍ୟାଚାରରେ ଅତିଷ୍ଠ ସ୍ୱର୍ଗମର୍ତ୍ତ୍ୟ ପାତାଳ ତିନିପୁରର ଅଧିବାସୀଙ୍କ ସାମୂହିକ ଆକୁଳ ପ୍ରାର୍ଥନାକୁ ସ୍ୱୀକାର କରି ମହାପାପୀ ରାବଣର ବିନାଶ ନିମନ୍ତେ ଭଗବାନ ଶ୍ରୀରାମ ପୃଥିବୀ ପୃଷ୍ଠରେ ଅବତାର ଗ୍ରହଣ କରିଥିଲେ ।

ଆଜି ଯେତେବେଳେ ଆମର ରାଷ୍ଟ୍ରଜୀବନ ଅନ୍ତର୍ବାହ୍ୟ ଆସୁରିକ ଶକ୍ତି ଦ୍ୱାରା କ୍ଷତାକ୍ତ,ଆମର ସଂସ୍କୃତି ବିପର୍ଯ୍ୟସ୍ତ, ଘନଘୋର ସ୍ୱାର୍ଥବାଦୀ କୁଚକ୍ରୀ ଗୋଷ୍ଠୀ ଏବଂ କ୍ଷମତା ପିପାସୁମାନଙ୍କ କବଳରେ ସମାଜ ବହୁଧା ବିଭକ୍ତ, ସନାତନ ହିନ୍ଦୁଧର୍ମ, ମଠ ମନ୍ଦିର, ସାଧୁ ସନ୍ଥ, ନିରୀହ ନିଷ୍ପାପ ଜନତା ଉପରେ ପାଶ୍ଚାତ୍ୟ

ବିଧର୍ମୀମାନଙ୍କ ଦ୍ୱାରା ବିରାମ ହୀନ ବର୍ବର ଆକ୍ରମଣ ଅବ୍ୟାହତ, ଅସଂଖ୍ୟ ଶହୀଦ ବଳିଦାନୀ ତଥା ଆମର ପୂର୍ବପୁରୁଷ ମାନଙ୍କର ସର୍ବସ୍ୱ ସମର୍ପଣ ଦ୍ୱାରା ଆମକୁ ପ୍ରାପ୍ତ ହୋଇଥିବା ଏକମାତ୍ର ଭୂଖଣ୍ଡ ଆମର ପ୍ରାଣପ୍ରିୟ ପବିତ୍ର ମାତୃଭୂମି ଭାରତର ସ୍ୱାଧୀନତା ସ୍ପଷ୍ଟ ଭାବରେ ଏକ ସମ୍ଭାବ୍ୟ ବିପନ୍ନତା ଆଡ଼କୁ ତୀବ୍ରବେଗରେ ଧାବମାନ ସେଇ ସମୟରେ ପରମ ବାତ୍ସଲ୍ୟମୟୀ ମାଆ ଦୁର୍ଗା ମହାଶକ୍ତି ଜଗଜ୍ଜନନୀ ଆମର ସହାୟ ହୁଅନ୍ତୁ । ସେ ଆମର ରାଷ୍ଟ୍ରର ଅନ୍ତରାତ୍ମାକୁ ଉଜ୍ଜୀବିତ ଓ ତେଜଦୀପ୍ତ କରନ୍ତୁ । ଆସେତୁ ହିମାଚଳ ପ୍ରତ୍ୟେକ ବ୍ୟକ୍ତି, ଶ୍ରୀରାମଙ୍କର ସେଇ ଅବ୍ୟଭିଚାରିଣୀ ନିଷ୍ଠା, ଅନନ୍ୟ ଭକ୍ତି ଓ ସମର୍ପିତ ହୃଦୟ ନେଇ ସଂକଟ ହାରିଣୀ, ମହିଷ ମର୍ଦ୍ଦନୀ-ମହାଶକ୍ତି ଜଗଦମ୍ବାଙ୍କର ଶାରଦୀୟ ପୂଜା ଅର୍ଚ୍ଚନା ସହିତ ଏମିତି ସ୍ୱାର୍ଥମେଧ ଯଜ୍ଞର ଆୟୋଜନ କରୁ, ଯେଉଁ ଯଜ୍ଞାଗ୍ନିର ପରମ ସାତ୍ତ୍ୱିକ ଲେଲିହାନ ଶିଖାରେ ଆଜିର ଶୁମ୍ଭ, ନିଶୁମ୍ଭ, ମହିଷ, ରାବଣ, ଦୁର୍ଗମ ଆଦି ସମସ୍ତ ଦୈତ୍ୟ ଦାନବ ସ୍ୱାହା ହୋଇଯିବେ । ଏହାହିଁ ହେବ ପ୍ରକୃତ ଅର୍ଥରେ ମହାଶକ୍ତିଙ୍କର ଶତ୍ରୁ ନିଧନକାରୀ ମହାପୂଜା । ଏ ସମ୍ପର୍କରେ ଶ୍ରୀ ମହାଦେବ, ମହର୍ଷି ନାରଦଙ୍କୁ କହିଛନ୍ତି -

"ଇତ୍ୟୁକ୍ତଂ ତେ ମୁନିଶ୍ରେଷ୍ଠ ଯଥା ସ ଭଗବାନ ହରିଃ ।
ସମ୍ଭୂୟ ମାନୁଷଂ ଦେହଂ ସମାଶ୍ରିତ୍ୟ ଧରାତଳେ ॥
ଶତ୍ରୋ ର୍ନିଧନ ମନ୍ୱିଚ୍ଛନ୍ନ କାଳେଽପି ବିଧାନତଃ ।
ଦେବୀଂ ସମ୍ପୂଜୟାମାସ ଭୂୟଃ କିଂ ଶ୍ରୋତୁ ମିଚ୍ଛସି ॥"

(ମହାଭାଗବତ ଅ:୪୮/ ୨୩-୨୪)

ଅର୍ଥାତ୍ ହେ ମୁନିଶ୍ରେଷ୍ଠ ନାରଦ ! ଯେପରି ଭାବରେ ଭଗବାନ ଶ୍ରୀହରି ମାନବ ଦେହ ଧାରଣ କରି ପୃଥିବୀରେ (ଶ୍ରୀରାମ) ଅବତାର ଗ୍ରହଣ କଲେ ଏବଂ ଶତ୍ରୁ ରାବଣ ନିଧନ ଇଚ୍ଛାକୁ ସାକାର କରିବା ପାଇଁ ଅସମୟରେ ମଧ୍ୟ (ଶାରଦୀୟ ପୂଜା ବିଧାନ ପୂର୍ବକ (ଅନେକ ବିଧ ପୂଜନ ଉପଚାର ସହ) ଭଗବତୀ ଆଦ୍ୟାଶକ୍ତି-ବାତ୍ସଲ୍ୟମୟୀ ଜଗନ୍ମାତାଙ୍କର ପୂଜନ କରିଥିଲେ ସେସବୁ ମୁଁ ତୁମକୁ କହିଲି । ଏହାପରେ ଆଉ କ'ଣ ମୋ ଠାରୁ ଶୁଣିବାକୁ ଚାହୁଁଛ ?

କେଉଁ ପୁଷ୍ପ ଦ୍ୱାରା କେଉଁ ଦେବୀ ପ୍ରସନ୍ନ ହୁଅନ୍ତି

ଦେବୀ ଆଦ୍ୟାଶକ୍ତି ଲୋକ ମଙ୍ଗଳ ନିମନ୍ତେ ବିଭିନ୍ନ ଯୁଗରେ ଅସଂଖ୍ୟ ସ୍ୱରୂପ ଗ୍ରହଣ କରି ମର୍ତ୍ତ୍ୟ ମଣ୍ଡଳରେ ଅବତୀର୍ଣ୍ଣା ହୋଇଥାନ୍ତି । ସେ ତ୍ରିଶକ୍ତି ରୂପେ ଜଗତରେ ପ୍ରସିଦ୍ଧ । ହେଲେ ମଧ୍ୟ ତାଙ୍କର ନବଦୁର୍ଗା ଓ ଦଶ ମହାବିଦ୍ୟା ଆଦି ସ୍ୱରୂପ ବି ଜଗତବନ୍ଦ୍ୟ ଅଟେ । ଏ ସମସ୍ତ ମଧ୍ୟରୁ ତାଙ୍କର ଯେକୌଣସି ସ୍ୱରୂପର ଆରାଧନାକୁ ଶକ୍ତି ଉପାସନା ରୂପେ ଅଭିହିତ କରାଯାଏ । ତାଙ୍କର ଉପାସନା ମନୁଷ୍ୟକୁ ସକଳ ଦୁଃଖ ଦୁର୍ଦ୍ଦଶାରୁ ମୁକ୍ତି ପ୍ରଦାନ କରିବା ସଂଗେ ସଂଗେ ଅନନ୍ୟ ସୁଖ-ସମୃଦ୍ଧିର କାରଣ ହୋଇଥାଏ । ଦେବୀମାତାଙ୍କ ତ୍ୱରିତ ଅନୁକମ୍ପା ଓ ଆଶୀର୍ବାଦ ପ୍ରାପ୍ତି ନିମନ୍ତେ ତାଙ୍କର ରୁଚି ଅନୁରୂପ ପୁଷ୍ପ ଓ ପୂଜନ ସାମଗ୍ରୀ ଅର୍ପଣ କରିବା ଭକ୍ତ ପାଇଁ ସର୍ବାଦୌ ଆବଶ୍ୟକ ଅଟେ । ଦେବୀମାତାଙ୍କର ପ୍ରିୟ ପୁଷ୍ପ ସମ୍ପର୍କରେ ନିମ୍ନରେ କିଞ୍ଚିତ ସୂଚନା ପ୍ରଦାନ କରାଯାଉଛି ।

ଦେବୀ ଦୁର୍ଗାଙ୍କର ଲାଲ ପୁଷ୍ପ (ରକ୍ତ ବର୍ଣ୍ଣ ଗୋଲାପ ଇତ୍ୟାଦି) ଅତ୍ୟନ୍ତ ପ୍ରିୟ ଅଟେ । ଏହା ଅର୍ପଣ କଲେ ଅବିଳମ୍ବେ ଆର୍ଥିକ କ୍ଳେଶରୁ ମୁକ୍ତି ମିଳେ । ଏତଦ୍‌ବ୍ୟତୀତ ଭଗବାନ ଶଙ୍କରଙ୍କ ପ୍ରିୟ ପୁଷ୍ପ ବା ପତ୍ର ଭଗବତୀ ଦୁର୍ଗାଙ୍କ ନିମନ୍ତେ ଅତ୍ୟନ୍ତ ପ୍ରିୟ ଅଟେ । ସମସ୍ତ ସୁଗନ୍ଧିତ ଶ୍ୱେତପୁଷ୍ପ ଦେବୀଙ୍କ ଉପାସନା ନିମନ୍ତେ ଅନୁକୂଳ । ଶଙ୍କରଙ୍କ ପାଇଁ ଯେଉଁ ପୁଷ୍ପଗୁଡ଼ିକ ନିଷିଦ୍ଧ ସେଗୁଡ଼ିକ ମଧ୍ୟ ଦେବୀଙ୍କ ପୂଜାରେ ବ୍ୟବହୃତ ହୋଇଥାଏ । ଚମ୍ପା, ଶ୍ୱେତକମଳ, ଅନ୍ୟ ଶ୍ୱେତ ସୁଗନ୍ଧିତ ପୁଷ୍ପ ସମୂହ, ଅଶୋକ, ଟଗର, ଶଙ୍ଖପୁଷ୍ପୀ, ଅପରାଜିତା, ମନ୍ଦାର, କେସର, ଲାଲଫୁଲ, ପଳାଶ, କନିଅର, ଅର୍କ, କୁନ୍ଦ ଇତ୍ୟାଦି ଦେବୀଙ୍କ ପୂଜାରେ ଲାଗି ହୋଇଥାଏ । ଶମୀ, ଅଗସ୍ତି, ମାଧବୀ, ବିଲ୍ୱପତ୍ର, କଦମ୍ବ, କେଓ୍ୱଡ଼ା, ଭଟକଟୈୟା ଇତ୍ୟାଦି ପୁଷ୍ପ ଦେବୀ ଦୁର୍ଗାଙ୍କର ପ୍ରିୟ ଅଟେ ।

ଅର୍କ, ମନ୍ଦାର, ମାଲତୀ, ତୁଳସୀ, ତମାଳ, ଦୁର୍ବା ଇତ୍ୟାଦିକୁ କେତେକ ସ୍ଥାନରେ ଦୁର୍ଗାଙ୍କ ସକାଶେ ନିଷିଦ୍ଧ କରାଯାଇଛି, ପୁଣି କେତେକ ଶାସ୍ତ୍ରରେ ଏଗୁଡ଼ିକୁ ବିହିତ ବୋଲି କୁହାଯାଇଛି । ବିହିତ ପୁଷ୍ପାଦି ପର୍ଯ୍ୟାପ୍ତ ନମିଳିଲେ ନିଷିଦ୍ଧ ପୁଷ୍ପଗୁଡ଼ିକ ଲାଗି କରାଯାଇପାରିବ ବୋଲି କେତେକ ଶାସ୍ତ୍ର ମତପୋଷଣ କରନ୍ତି । ଏଣୁ ମାଆଙ୍କ ପସନ୍ଦଯୋଗ୍ୟ ପୁଷ୍ପ ଓ ପୂଜା ସାମଗ୍ରୀ ଭକ୍ତିର ସହ ଅର୍ପଣ କଲେ ତାଙ୍କର ଆଶୀର୍ବାଦ ପ୍ରାପ୍ତି ସହଜ ହୋଇଯାଏ ।

ଶୈଳପୁତ୍ରୀ ଓ ଦେବୀ ଗୌରୀ ଙ୍କୁ କୁମାରୀ କନ୍ୟା ଏବଂ ବିବାହିତା ସ୍ତ୍ରୀମାନେ ଲାଲ ରଂଗର ପୁଷ୍ପରେ ପୂଜନ କରିବା ଉଚିତ । ଏ ଦ୍ୱାରା ସେମାନଙ୍କ ଜୀବନ ସୁଖ ସମୃଦ୍ଧିରେ ଭରି ଉଠେ । ଶ୍ୱେତପୁଷ୍ପରେ ମଧ୍ୟ ଦେବୀ ମା'ଙ୍କର ପୂଜା କରାଯାଏ ।

ମାତା କାଳୀଙ୍କୁ ୧୦୮ ଲାଲ ମନ୍ଦାର ପୁଷ୍ପ ଚଢ଼ାଇଲେ ସକଳ ମନୋସ୍କାମନ ପୂରଣ ହୋଇଥାଏ । କାଳରାତ୍ରୀଙ୍କର ମଧ୍ୟ ଏହି ପୁଷ୍ପ ପ୍ରିୟ ଅଟେ ।

ଦେବୀ ମହାଲକ୍ଷ୍ମୀଙ୍କର ପସନ୍ଦର ପୁଷ୍ପ ହେଉଛି ଲାଲକମଳ (ପଦ୍ମ) ଏବଂ ଲାଲ ଗୋଲାପ । ଭଗବାନ ବିଷ୍ଣୁ ହଳଦିଆ ଫୁଲ ପସନ୍ଦ କରୁଥିବାରୁ ଦେବୀ ଲକ୍ଷ୍ମୀଙ୍କୁ ମଧ୍ୟ ଏହି ପୁଷ୍ପ ପ୍ରିୟ ଅଟେ । ମହାଲକ୍ଷ୍ମୀ ସାଗର ଦୁଲ୍ଲଣୀ ଅର୍ଥାତ୍ ଜଳ ମଧ୍ୟରୁ ଆବିର୍ଭୂତା । ଏଣୁ ଜଳରୁ ଉତ୍ପନ୍ନ ପଦ୍ମପୁଷ୍ପ ତାଙ୍କର ଅତ୍ୟନ୍ତ ପ୍ରିୟ । ଏହା ଦ୍ୱାରା ତାଙ୍କର ପୂଜନ କଲେ ସେ ପ୍ରସନ୍ନ ହୋଇ ବିପୁଳ ସୌଭାଗ୍ୟ ଓ ସମ୍ପତ୍ତି ପ୍ରଦାନ କରିଥାନ୍ତି ।

ବିଦ୍ୟାର ଅଧିଷ୍ଠାତ୍ରୀ ମା' ସରସ୍ୱତୀ ଓ ଦେବୀ ବ୍ରହ୍ମଚାରିଣୀ ଶୁଭ୍ର ପୁଷ୍ପକୁ ଖୁବ୍ ପସନ୍ଦ କରିଥାନ୍ତି । ଶ୍ୱେତ ଗୋଲାପ, ଶ୍ୱେତ କନିଅର, ଚମ୍ପା ଇତ୍ୟାଦି ଚଢ଼ାଇଲେ ଦେବୀ ଅତ୍ୟନ୍ତ ସନ୍ତୁଷ୍ଟ ହୋଇଥାନ୍ତି । ହଳଦିଆ ରଙ୍ଗର ପୁଷ୍ପ ମଧ୍ୟ ଦେବୀ ସରସ୍ୱତୀଙ୍କର ପ୍ରିୟ ଅଟେ ।

'ଐଂ' ବୀଜମନ୍ତ୍ରର ମାହାତ୍ମ୍ୟ

ଶ୍ରୀଶ୍ରୀ ସପ୍ତଶତୀ ଚଣ୍ଡୀସ୍ଥିତ ଦେବୀମାଆଙ୍କର 'ଐଂ ହ୍ରୀଂ କ୍ଲୀଂ ଚାମୁଣ୍ଡାୟୈ ବିଚ୍ଚେ ।।' ନବାକ୍ଷରୀ ଅଥବା ନବାର୍ଣ୍ଣ ମନ୍ତ୍ରକୁ ସର୍ବ ସିଦ୍ଧିପ୍ରଦ ମନ୍ତ୍ର ରୂପେ ବିବେଚନା କରାଯାଏ । ଏହା ଆଦ୍ୟାଶକ୍ତି ଦୁର୍ଗାଙ୍କର ଅତ୍ୟନ୍ତ ପ୍ରସିଦ୍ଧ ମନ୍ତ୍ର ଅଟେ । ଏଥି ମଧ୍ୟରେ ସ୍ଥିତ 'ଐଂ' ବୀଜାକ୍ଷର ମନ୍ତ୍ରର ମହତ୍ତ୍ୱ ଅକଳ୍ପନୀୟ । ଭଗବତୀ ଦୁର୍ଗାଙ୍କର ଅସଂଖ୍ୟ ନାମ ଓ ସ୍ୱରୂପ ମଧ୍ୟରୁ ମହା ସରସ୍ୱତୀ, ମହାଲକ୍ଷ୍ମୀ ତଥା ମହାକାଳୀ ବିଶେଷ ଭାବରେ ପ୍ରସିଦ୍ଧି ଲାଭ କରିଅଛନ୍ତି । ସେମାନେ ଯଥାକ୍ରମେ ଚିତ୍, ସତ୍ ଓ ଆନନ୍ଦ ସ୍ୱରୂପିଣୀ ଅଟନ୍ତି । କ୍ରିୟା ଅଥବା ଅବତାର ଭେଦରେ ଏହି ତ୍ରିଶକ୍ତି ଭିନ୍ନ ଭିନ୍ନ ହେଲେ ମଧ୍ୟ ତତ୍ତ୍ୱତଃ ଏମାନେ ଏକ ଓ ଅଭିନ୍ନ ପରମ ସତ୍ତା ଅଟନ୍ତି । ଅର୍ଥାତ୍ ତ୍ରିଶକ୍ତିତତ୍ତ୍ୱ ହେଉଛି ଗୋଟିଏ ପରମ ସତ୍ତାର ଭିନ୍ନଭିନ୍ନ ନାମ ।

ଏଠାରେ 'ଐଂ' ବୀଜାକ୍ଷର ମନ୍ତ୍ର ସମ୍ବନ୍ଧରେ ଆଲୋଚିତ ହୋଇଛି । ଏହା ଦେବୀ ମହାସରସ୍ୱତୀଙ୍କର ମନ୍ତ୍ର ଯେଉଁଥିରେ ସମ୍ପୂର୍ଣ୍ଣ ସୃଷ୍ଟି ସମାହିତ ରହିଛି । ମହାସରସ୍ୱତୀ ହେଉଛନ୍ତି ମହାମାୟାଙ୍କର ସାତ୍ତ୍ୱିକ ବିଭାବ ଏବଂ ତାଙ୍କର ଜ୍ଞାନଶକ୍ତି । ମହାକାଳୀ ତ୍ରିଗୁଣମୟୀ ମହାମାୟାଙ୍କର ତାମସୀ ମୂର୍ତ୍ତି ହୋଇଥିବା ବେଳେ ପ୍ରବାଳ ସଦୃଶ ରକ୍ତବର୍ଣ୍ଣା ମହାଲକ୍ଷ୍ମୀ ହେଉଛନ୍ତି ରଜୋଗୁଣମୟୀ । ଋକ୍, ଯଜୁ ଏବଂ ସାମବେଦର ନିର୍ଯ୍ୟାସ ହେଉଛି 'ଐଂ' । 'ଐଂ' ବୀଜମନ୍ତ୍ର ମଧ୍ୟରେ ରାମ ଓ କୃଷ୍ଣ ସମାହିତ ରହିଛନ୍ତି ବୋଲି ଶାସ୍ତ୍ରମାନଙ୍କ ମତ ।

ଦେବୀ ଭାଗବତରେ ବର୍ଣ୍ଣିତ ଏକ ଉପାଖ୍ୟାନ ଅନୁଯାୟୀ ବ୍ରାହ୍ମଣ ବାଳକ 'ଉତଥ୍ୟ' ବିଦ୍ୟାହୀନ ହୋଇଥିବା କାରଣରୁ ତାହାକୁ ଗୃହରୁ ବାହାର କରିଦିଆଗଲା । ସେ ଘୋର ଜଙ୍ଗଲ ମଧ୍ୟକୁ ଯାଇ ସେଠାରେ ତପ କରିବାକୁ ଲାଗିଲେ । ଏକଦା ଏକ ତୀରବିଦ୍ଧ ଶୂକର ତାର କୁଟୀର ମଧ୍ୟକୁ ଆସି ଉତଥ୍ୟର ଶରଣାପନ୍ନ ହେଲା । ଦ୍ରବିତ-ହୃଦୟ ଉତଥ୍ୟ ଏହା ଦେଖି 'ଏ ଏ' ବୋଲି ଚିତ୍କାର କରିବାକୁ ଲାଗିଲେ । ଏହାକୁ ଦେବୀ ସରସ୍ୱତୀ ଅନୁସ୍ୱାର ରହିତ ବୀଜମନ୍ତ୍ରର ଜପ ବୋଲି ଗ୍ରହଣ କରି

ପ୍ରସନ୍ନ ହୋଇଗଲେ ଏବଂ ଉତଥ୍ୟର ମନ୍ତ୍ରଜପ ସିଦ୍ଧ ହୋଇଗଲା । ଫଳରେ ଦେବୀ ସରସ୍ୱତୀଙ୍କ ଆଶୀର୍ବାଦ ପ୍ରାପ୍ତ ହୋଇ ଉତଥ୍ୟ ମହାନ କବି ଓ ପଣ୍ଡିତ ହୋଇଗଲା । ଏହି ସମୟରେ ଶରବିଦ୍ଧ କରିଥିବା ବ୍ୟାଧ ଆସି ଉତଥ୍ୟ ସମକ୍ଷରେ ଉପସ୍ଥିତ ହୋଇ ଶୂକର କୁଆଡ଼େ ଗଲା ବୋଲି ପଚାରିଲା । ଉତଥ୍ୟର ଜ୍ଞାନଶକ୍ତି ଓ ବିଦ୍‌ବତ୍ତା ଏବେ ବଢ଼ି ଯାଇଥିଲା ଯେ ତାହାର ପ୍ରମାଣ ସେ ବ୍ୟାଧକୁ ପ୍ରଦାନ କରିଥିବା ପ୍ରତ୍ୟୁତ୍ତର ରୁ ସୁସ୍ପଷ୍ଟ ହୁଏ । ସେ ବ୍ୟାଧକୁ କହିଲା – 'ଯିଏ ଦେଖିଛି (ଅର୍ଥାତ୍ ନେତ୍ର) ସେ କହି ପାରେନାହିଁ, ଯିଏ କହିପାରେ (ଅର୍ଥାତ୍ ମୁଖ) ସେ ଦେଖିନାହିଁ ।' ବ୍ୟାଧ ଏଥିରୁ ଉତଥ୍ୟ ଦେଖିନାହିଁ ବୁଝି ପଳାଇଗଲା । ଏହା ଫଳରେ ସେ ମିଥ୍ୟା ନକହି ମଧ୍ୟ ଶୂକର ବଞ୍ଚିଗଲା ଓ ବ୍ୟାଧ ପଳାଇଗଲା ଅର୍ଥାତ୍ ସତ୍ୟ ଓ ଶୂକର ଉଭୟ ରକ୍ଷା ପାଇଗଲେ ।

ଏଣୁ ସଦ୍ୟଜନ୍ମିତ ଶିଶୁର ଜିହ୍ୱା ଉପରେ ଅଷ୍ଟଗନ୍ଧ ଚନ୍ଦନରେ ମଧୁ ମିଶାଇ ସ୍ୱର୍ଣ୍ଣ ଖଡ଼ିକାରେ 'ଐଂ' ବୀଜମନ୍ତ୍ରକୁ ଲେଖାଯିବାର ପରମ୍ପରା ପ୍ରାଚୀନ କାଳରୁ ଆମଦେଶରେ ପ୍ରଚଳିତ ରହି ଆସିଛି । କହନ୍ତି ଏହାଦ୍ୱାରା ମନୁଷ୍ୟ ପ୍ରଜ୍ଞାବାନ ହୋଇଥାଏ ।

ରୋଗ, ବିପତ୍ତି ଓ ପାପର ବିନାଶ ନିମନ୍ତେ ଶ୍ରୀଶ୍ରୀ ଦୁର୍ଗା ସପ୍ତଶତୀରୁ କେତେକ ପରୀକ୍ଷିତ ମନ୍ତ୍ର

ଶ୍ରୀଶ୍ରୀ ସପ୍ତଶତୀ ଦେବୀ ଦୁର୍ଗାଙ୍କ ସାକ୍ଷାତ ବାଙ୍ମୟ ସ୍ୱରୂପ ଅଟେ । ଏହାର ପ୍ରତ୍ୟେକ ମନ୍ତ୍ର ମଧ୍ୟରେ ନିହିତ ରହିଛି ଅତୁଳନୀୟ ଶକ୍ତି । ଶ୍ରଦ୍ଧା ଓ ବିଶ୍ୱାସ ର ସହ ସେଗୁଡ଼ିକର ଜପ ଅଥବା ସଂପୁଟ ଦେଇ ନିୟମାନୁଯାୟୀ ଶ୍ରୀଶ୍ରୀ ସପ୍ତଶତୀ ପାରାୟଣ କଲେ ସକଳ ମନୋସ୍କାମନା ସିଦ୍ଧି ହୁଏ ବୋଲି ଅସଂଖ୍ୟ ଭକ୍ତମାନଙ୍କର ବ୍ୟକ୍ତିଗତ ଅନୁଭବ ରହିଛି । ନିମ୍ନରେ କେତେକ ସୁପ୍ରସିଦ୍ଧ ମନ୍ତ୍ର ଜନସାଧାରଣମାନଙ୍କ ମଙ୍ଗଳ କାମନାରେ ଅବତାରଣା କରାଯାଉଛି–

୧) ରୋଗନାଶ ପାଇଁ ମନ୍ତ୍ର:

"ରୋଗାନ୍‌ଶେଷାନପହଂସି ତୁଷ୍ଟା ରୁଷ୍ଟା ତୁ କାମାନ୍ ସକଳାନଭୀଷ୍ଟାନ୍ ।
ତ୍ୱାମାଶ୍ରିତାନାଂ ନ ବିପନ୍ନରାଣାଂ ତ୍ୱାମାଶ୍ରିତା ହ୍ୟାଶ୍ରୟତାଂ ପ୍ରୟାନ୍ତି ॥"

(ଶ୍ରୀଶ୍ରୀ ଦୁର୍ଗା ସପ୍ତଶତୀ ଅ୧୧/ଶ୍ଳୋ.୨୯)

୨) ବିପତ୍ତିନାଶ ନିମନ୍ତେ ମନ୍ତ୍ର:

"ଶରଣାଗତଦୀନାର୍ତ୍ତପରିତ୍ରାଣପରାୟଣେ ।
ସର୍ବସ୍ୟାର୍ତ୍ତିହରେ ଦେବି ନାରାୟଣି ନମୋଽସ୍ତୁ ତେ ॥"

(ଶ୍ରୀଶ୍ରୀ ଦୁର୍ଗା ସପ୍ତଶତୀ ଅ୧୧/ଶ୍ଳୋ.୧୨)

୩) ବାଧାଶାନ୍ତି ପାଇଁ ମନ୍ତ୍ର:

"ସର୍ବବାଧାପ୍ରଶମନଂ ତ୍ରୈଲୋକ୍ୟସ୍ୟାଖିଳେଶ୍ୱରି ।
ଏବମେବ ତ୍ୱୟା କାର୍ଯ୍ୟମସ୍ମଦ୍‌ବୈରିବିନାଶନମ୍ ॥"

(ଶ୍ରୀଶ୍ରୀ ଦୁର୍ଗା ସପ୍ତଶତୀ ଅ୧୧/ଶ୍ଳୋ.୩୯)

୪) ଭୟରୁ ମୁକ୍ତି ସକାଶେ ମନ୍ତ୍ର:

"ସର୍ବସ୍ୱରୂପେ ସର୍ବେଶେ ସର୍ବଶକ୍ତିସମନ୍ୱିତେ ।
ଭୟେଭ୍ୟସ୍ତ୍ରାହି ନୋ ଦେବି ଦୁର୍ଗେ ଦେବି ନମୋଽସ୍ତୁତେ ॥"

(ଶ୍ରୀଶ୍ରୀ ଦୁର୍ଗା ସପ୍ତଶତୀ ଅ୧୧/ଶ୍ଳୋ.୨୪)

ଶକ୍ତି ଉପାସନା ଓ ବୈଦିକ ଦେବୀତତ୍ତ୍ୱ : ୨୮୩

୫) **ପାପନାଶ ଅର୍ଥେ ମନ୍ତ୍ର :**

"ହିନସ୍ତି ଦୈତ୍ୟତେଜାଂସି ସ୍ୱନେନାପୂର୍ଯ୍ୟ ଯା ଜଗତ୍ ।
ସା ଘଣ୍ଟା ପାତୁ ନୋ ଦେବି ପାପେଭ୍ୟୋଽନଃ ସୁତାନିବ ॥"

(ଶ୍ରୀଶ୍ରୀ ଦୁର୍ଗା ସପ୍ତଶତୀ ଅ୧୧/ଶ୍ଳୋ.୨୭)

୬) **ଦାରିଦ୍ର୍ୟ ଓ ଦୁଃଖର ବିନାଶ ପାଇଁ ମନ୍ତ୍ର:**

"ଦୁର୍ଗେ ସ୍ମୃତା ହରସି ଭୀତିମଶେଷଜନ୍ତୋଃ,
ସ୍ୱସ୍ଥୈଃ ସ୍ମୃତା ମତିମତୀବ ଶୁଭାଂ ଦଦାସି ।
ଦାରିଦ୍ର୍ୟଦୁଃଖଭୟହାରିଣୀ କା ତ୍ୱଦନ୍ୟା,
ସର୍ବୋପକାରକରଣାୟ ସଦାଽର୍ଦ୍ରଚିତ୍ତା ॥"

(ଶ୍ରୀଶ୍ରୀ ଦୁର୍ଗା ସପ୍ତଶତୀ ଅ୪/ଶ୍ଳୋ.୧୭)

୭) **ପାପମୁକ୍ତି ତଥା ଭକ୍ତି, ରୂପ, ଯଶ ଓ ବିଜୟ ପ୍ରାପ୍ତି ସକାଶେ :**

"ନତେଭ୍ୟଃ ସର୍ବଦା ଭକ୍ତ୍ୟା ଚଣ୍ଡିକେ ଦୁରିତାପହେ ।
ରୂପଂ ଦେହି ଜୟଂ ଦେହି ଯଶୋ ଦେହି ଦ୍ୱିଷୋ ଜହି ॥"

(ଅର୍ଗଳାସ୍ତୋତ୍ରମ୍-୯)

୮) **ସର୍ବପ୍ରକାର କଲ୍ୟାଣ ପ୍ରାପ୍ତି ସକାଶେ :**

"ସର୍ବମଙ୍ଗଳମଙ୍ଗଲ୍ୟେ ଶିବେ ସର୍ବାର୍ଥସାଧିକେ ।
ଶରଣ୍ୟେ ତ୍ର୍ୟମ୍ବକେ ଗୌରି ନାରାୟଣି ନମୋଽସ୍ତୁତେ ॥"

(ଶ୍ରୀଶ୍ରୀ ଦୁର୍ଗା ସପ୍ତଶତୀ ଅ୧୧/୧୦)

୯) **ସୁଲକ୍ଷଣା ପତ୍ନୀ ପ୍ରାପ୍ତି ସକାଶେ :**

"ପତ୍ନୀଂ ମନୋରମାଂ ଦେହି ମନୋବୃତ୍ତାନୁସାରିଣୀମ୍ ।
ତାରିଣୀଂ ଦୁର୍ଗସଂସାରସାଗରସ୍ୟ କୁଳୋଦ୍‌ଭବାମ୍ ॥"

(ଅର୍ଗଳାସ୍ତୋତ୍ରମ୍ -୨୪)

୧୦) ବିଶ୍ୱବିପତ୍ତିର ନିବାରଣ ନିମନ୍ତେ :

"ଦେବି ପ୍ରପନ୍ନାର୍ତ୍ତିହରେ ପ୍ରସୀଦ ପ୍ରସୀଦ ମାତର୍ଜଗତୋଽଖିଳସ୍ୟ ।
ପ୍ରସୀଦ ବିଶ୍ୱେଶ୍ୱରି ପାହି ବିଶ୍ୱଂ ତ୍ୱମୀଶ୍ୱରୀ ଦେବି ଚରାଚରସ୍ୟ ॥"
(ଶ୍ରୀଶ୍ରୀ ଦୁର୍ଗା ସପ୍ତଶତୀ ଅ୧୧/୩)

୧୧) ଧନ-ପୁତ୍ରାଦି ଲାଭ ଓ ବାଧାରୁ ପରିତ୍ରାଣ ନିମନ୍ତେ :

"ସର୍ବାଽବାଧାବିନିର୍ମୁକ୍ତୋ ଧନଧାନ୍ୟସୁତାନ୍ୱିତଃ ।
ମନୁଷ୍ୟୋ ମତ୍ପ୍ରସାଦେନ ଭବିଷ୍ୟତି ନ ସଂଶୟଃ ॥"
(ଶ୍ରୀଶ୍ରୀ ଦୁର୍ଗା ସପ୍ତଶତୀ ଅ୧୨/୧୩)

୧୨) ସ୍ୱର୍ଗ ଓ ମୋକ୍ଷ ପ୍ରାପ୍ତି ନିମନ୍ତେ :

"ସର୍ବଭୂତା ଯଦା ଦେବୀ ସ୍ୱର୍ଗମୁକ୍ତିପ୍ରଦାୟିନୀ
ତ୍ୱଂ ସ୍ତୁତା ସ୍ତୁତୟେ କା ବା ଭବନ୍ତୁ ପରମୋକ୍ତୟଃ ॥"
(ଶ୍ରୀଶ୍ରୀ ଦୁର୍ଗା ସପ୍ତଶତୀ ଅ୧୧/୭)

ଏକ ବିଜୟଶାଳୀ ଓ ସାମର୍ଥ୍ୟସମ୍ପନ୍ନ ରାଷ୍ଟ୍ରର ଗଠନ ନିମିତ୍ତ ପ୍ରେରକ ପର୍ବ

ବିଜୟା ଦଶମୀ

ଆମର ମହାନ ପୂର୍ବଜମାନେ କେବଳ ମନୁଷ୍ୟ କାହିଁକି କୀଟପତଙ୍ଗ ଆଦି ସମଗ୍ର ଜୀବଜଗତର କଲ୍ୟାଣ ନିମିତ୍ତ ପ୍ରଚଣ୍ଡ ତପସ୍ୟାର ଆଧାରରେ ଏକ ପରମ ତ୍ୟାଗମୟ, କାଳଜୟୀ ଓ ଅକ୍ଷୟ ସାଂସ୍କୃତିକ ରାଷ୍ଟ୍ରସୌଧର ନିର୍ମାଣ କରିଥିଲେ । ଏଣୁ ଉପନିଷଦର ମହାନ ଉଦ୍‌ଘୋଷ **'ସର୍ବ ଖଲ୍ୱିଦଂ ବ୍ରହ୍ମ'** ଅର୍ଥାତ୍ ଏ ସମସ୍ତ ସଂସାର ବ୍ରହ୍ମ ଅଟେ-ଏପରି ସମଗ୍ର ସୃଷ୍ଟି ସହ ତାଦାତ୍ମ୍ୟ ଭାବର ପୋଷଣ କରୁଥିବା ଆମର ଋଷି ମହର୍ଷିମାନେ ବିଶ୍ୱକଲ୍ୟାଣ ନିମିତ୍ତ ପ୍ରବଳ ପରାକ୍ରମ ଓ ଶକ୍ତିର ଅଧିକାରୀ ହେବାର ଆବଶ୍ୟକତା ଅନୁଭବ କରିଥିଲେ । କାରଣ ଅନ୍ୟର କଲ୍ୟାଣ କରିବା ତ ଦୂରର କଥା, ଦୁର୍ବଳ ବା ଶକ୍ତିହୀନ ପକ୍ଷରେ ନିଜକୁ ନିଜେ ସାହାଯ୍ୟ କରିବା ମଧ୍ୟ ସମ୍ପୂର୍ଣ୍ଣ ଅସମ୍ଭବ ବୋଲି ପ୍ରତୀତ ହୁଏ । ଶକ୍ତିହୀନ ବ୍ୟକ୍ତି ନିଜର ସୁରକ୍ଷା ପାଇଁ ସର୍ବଦା ଅନ୍ୟର ସେବା ଉପରେ ଆଶ୍ରିତ ହୋଇ ଏକ ହୀନମନ୍ୟ ଜୀବନ ନିର୍ବାହ କରିଥାଏ । ଏଣୁ ଶକ୍ତି ହିଁ ଜୀବନ ଏବଂ ଶକ୍ତିହୀନତାର ଅନ୍ୟନାମ ମୃତ୍ୟୁ ବୋଲି କୁହାଯାଏ । ଏଥିପାଇଁ ହିନ୍ଦୁ ସଂସ୍କୃତି ଯୁଗେ ଯୁଗେ ଶକ୍ତି ଆରାଧନାକୁ ସର୍ବଶ୍ରେଷ୍ଠ ବ୍ରତ ରୂପେ ଗ୍ରହଣ କରି ଆସିଛି । ବର୍ଷା ଋତୁର ସୁଦୀର୍ଘ ଜୟଯାତ୍ରା ପଥରେ ପୂର୍ଣ୍ଣଛେଦଟିଏ ଟାଣିବାର ଉପକ୍ରମ କରି ଉପସ୍ଥିତ ହୁଏ ଶାନ୍ତ ଶୀତଳ ଶରତର ମନଲୋଭା କମନୀୟ ପରିବେଶ । ପ୍ରକୃତି ରାଣୀ ନିଜର ଅପରୂପ ସୌନ୍ଦର୍ଯ୍ୟର ପସରା ମେଲାଇ 'ବିଜୟା ଦଶମୀ' ପର୍ବର ଉଲ୍ଲାସଭରା ସ୍ୱାଗତିକା ସଙ୍ଗୀତ ଗାଇଉଠେ ।

ପରାକ୍ରମ ଓ ବିଜୟର ପ୍ରେରଣା ଏବଂ ଅକ୍ଷୟ ସ୍ଫୂର୍ତ୍ତି ପ୍ରଦାନକାରୀ 'ବିଜୟା ଦଶମୀ' ଅଥବା ଦଶହରା ପର୍ବ ଆବହମାନ କାଳରୁ ପ୍ରତିବର୍ଷ ଆଶ୍ୱିନ ଶୁକ୍ଳ ଦଶମୀ ତିଥିରେ ସାରା ଦେଶରେ ଅତ୍ୟନ୍ତ ଭକ୍ତି ଓ ଶ୍ରଦ୍ଧାର ସହ ପାଳିତ ହୁଏ । ସମସ୍ତ ମତ-ପନ୍ଥ-ଜାତି ନିର୍ବିଶେଷରେ ବନବାସୀ ଭାଇମାନେ ମଧ୍ୟ ଜଗଜ୍ଜନନୀଙ୍କର ପୂଜା ଆରାଧନା କରିଥାନ୍ତି । ଅତୀତ ଭାରତରେ ଆକବର ଆଦି କେତେକ

ମୋଗଲ ଶାସକମାନେ ମଧ୍ୟ ମାଆ ଦୁର୍ଗାଙ୍କ ସଦ୍ୟ ଫଳଦାୟୀ ପ୍ରଭାବରେ ପ୍ରଭାବିତ ହୋଇ ଏହି ସମୟରେ ମୃଣ୍ମୟୀ ମୂର୍ତ୍ତିର ପୂଜନ ପ୍ରଚଳନ କରାଇ ସଂଖ୍ୟାଗରିଷ୍ଠ ହିନ୍ଦୁମାନଙ୍କର ହୃଦୟ ଜିଣିବାର ଚେଷ୍ଟା କରିଥିଲେ । ଆଶ୍ୱିନ ଶୁକ୍ଳ ପ୍ରତିପଦା ଠାରୁ ଦଶମୀ (ବିଜୟା ଦଶମୀ) ବା ଦଶହରା ପର୍ଯ୍ୟନ୍ତ ସମୟକୁ ବୋଧନାଖ୍ୟ ଶାରଦୀୟ ନବରାତ୍ର ବୋଲି କୁହାଯାଏ । ଏହି ପବିତ୍ର ଅବସର ଶକ୍ତି ଆରାଧନା ପାଇଁ ଅତ୍ୟନ୍ତ ମହତ୍ତ୍ୱପୂର୍ଣ୍ଣ, ଫଳଦାୟୀ ଏବଂ ପ୍ରଶସ୍ତ ବୋଲି ଶାସ୍ତ୍ରୋକ୍ତ ବର୍ଣ୍ଣନା ରହିଛି-

"ଆଶ୍ୱିନସ୍ୟ ସିତେ ପକ୍ଷେ ନାନାବିଧମହୋତ୍ସବୈଃ ।
ପ୍ରସାଦୟେୟୁଃ ଶ୍ରୀଦୁର୍ଗାଂ ଚତୁର୍ବର୍ଗଫଳାର୍ଥିନଃ ॥"

(ବୃହତ୍ ସାର ସିଦ୍ଧାନ୍ତ)

ଅର୍ଥାତ୍ ଆଶ୍ୱିନ ଶୁକ୍ଳ ପକ୍ଷରେ ମା' ଦୁର୍ଗାଙ୍କର ମହୋତ୍ସବ ଓ ପୂଜା ଦ୍ୱାରା ଧର୍ମ, ଅର୍ଥ, କାମମୋକ୍ଷାଦି ଚତୁର୍ବର୍ଗ ଫଳପ୍ରାପ୍ତି ହୋଇଥାଏ । ଦେବୀ ପାର୍ବତୀଙ୍କ ସ୍ୱମୁଖ ନିଃସୃତ ବାଣୀ ଅନୁଯାୟୀ ଶରତକାଳୀନ ନବରାତ୍ର ପୂଜା ଯେଉଁମାନେ ଭକ୍ତି ପୂର୍ବକ କରନ୍ତି ସେମାନଙ୍କୁ 'ମୁଁ ଅତ୍ୟନ୍ତ ପ୍ରସନ୍ନ ଚିତ୍ତ ହୋଇ ପତ୍ନୀ ଧନ ଆରୋଗ୍ୟ ତଥା ପରମ ଉନ୍ନତି ପ୍ରଦାନ କରିଥାଏ ।' ନିଷ୍କାମ ଓ ପ୍ରେମୀଭକ୍ତମାନଙ୍କୁ ତ ଦେବୀ ନିଜେ ସାକ୍ଷାତ ଦର୍ଶନ ଦେଇ କୃତାର୍ଥ କରାଇ ଦିଅନ୍ତି । ଦେବୀ ପୁରାଣ ଅନୁଯାୟୀ 'ଦୁର୍ଗା' ଶବ୍ଦର 'ଦ'କାର ଅର୍ଥ ଦୈତ୍ୟନାଶକ, 'ଉ'କାର ବିଘ୍ନନାଶକ, 'ରେଫ' କାର ରୋଗ ନାଶକ, 'ଗ' କାର ପାପ ବିନାଶକ ତଥା 'ଆ' କାର ଭୟ ଏବଂ ଶତ୍ରୁନାଶକ ରୂପେ ଗ୍ରହଣ କରାଯାଇଛି । ଏଣୁ ମା' ଦୁର୍ଗାଙ୍କୁ ଦୁର୍ଗତି ନାଶିନୀ ବୋଲି କୁହାଯାଏ । ଶକ୍ତି ସ୍ୱରୂପା ମାଆ, ଶତ୍ରୁକୁ ପରାଜିତ କରି ନିଜେ ସର୍ବଦା ଅପରାଜିତା ରହି ନିଜର ଶ୍ରେଷ୍ଠତ୍ୱ ପରିବ୍ୟାପ୍ତ କରନ୍ତି । ଏଣୁ ଆୟୁର୍ବେଦ ଶାସ୍ତ୍ରର ଅବ୍ୟର୍ଥ ରୋଗ ନାଶକ ଔଷଧି 'ଅପରାଜିତା ଲତା'କୁ ବିଜୟା ଦଶମୀ ପ୍ରାତଃକାଳରେ ପୂଜନ ସହ ତାହାକୁ ଦେବୀ ମାଆଙ୍କର ସର୍ବଶେଷ ପୂଜାରେ ବିଶେଷ ଭାବରେ ନିବେଦନ କରାଯାଏ । ଏହାପରେ ଜୟା ବିଜୟା ପୂଜା ସହିତ ବିସର୍ଜନ, ଜୟନ୍ତୀ ଧାରଣା, ଅପରାଜିତା ଧାରଣ ଆଦିର ପରମ୍ପରା ରହିଛି । ଏହିଦିନ ନାପିତମାନେ ଘରଘର ବୁଲି ସମସ୍ତଙ୍କୁ ଦର୍ପଣରେ ସେମାନଙ୍କ ନିଜ ନିଜର ପ୍ରତିବିମ୍ବ ଦେଖାନ୍ତି ଏବଂ ଭଦଭଦଳିଆ (ଭରଦ୍ୱାଜ) ବା ନୀଳକଣ୍ଠ ନାମକ ଏକ ନୀଳପକ୍ଷୀର ପର ଦେଖାଇ ଆଗାମୀ ଭବିଷ୍ୟତର

ଶୁଭ ସଙ୍କେତ ଜ୍ଞାପନ କରନ୍ତି । ପ୍ରତି ବଦଳରେ ଲୋକେ ସେମାନଙ୍କୁ କିଛି ପାରିତୋଷିକ ପ୍ରଦାନ କରନ୍ତି । ଦଶହରା ଦିନ ସକାଳେ ସ୍ନାନାଦି ଶେଷ କରି ନୂତନ ବସ୍ତ୍ର ପରିଧାନ ସହ ଦେବୀ ଦର୍ଶନ ଓ ପୁଷ୍ପାଞ୍ଜଳି ଆଦି ପରେ ଘରେ ଘରେ ପିଠାପଣା ପ୍ରସ୍ତୁତ ହୁଏ । ପରସ୍ପର ପରସ୍ପରକୁ ବିଜୟା ଅଭିନନ୍ଦନ ଜଣାନ୍ତି । କନିଷ୍ଠମାନେ ଗୁରୁଜନମାନଙ୍କ ପାଖକୁ ନିଶ୍ଚିତ ଭାବରେ ଯାଇ ସେମାନଙ୍କୁ ବିଜୟା ପ୍ରଣାମ ଜଣାଇ ଆଶୀର୍ବାଦ ଗ୍ରହଣ କରିବା ଆମର ପ୍ରାଚୀନ ପରମ୍ପରା । ବଡ଼ମାନେ ସାନମାନଙ୍କୁ ମିଠା ଆଦି ଖୁଆଇବା, ଦଶହରା ଭେଟି ଇତ୍ୟାଦି ଦେବାର ପ୍ରଥା ରହିଛି । ଦୂରରେ ଥିବା ଗୁରୁଜନମାନଙ୍କୁ ସାନମାନେ ପତ୍ର ମାଧମରେ ହେଉ ବା ଦୂରଭାଷ (ଟେଲିଫୋନ) ମାଧ୍ୟମରେ ହେଉ, ପ୍ରଣାମ ଜଣାଇ ଆଶୀର୍ବାଦ ଭିକ୍ଷା କରିବାକୁ ଭୁଲନ୍ତି ନାହିଁ । ଏହାର କିଛିଦିନ ପୂର୍ବରୁ ସାରା ଦେଶର ପ୍ରତି କୋଣେ କୋଣେ ରାମଲୀଳାର ଆୟୋଜନ କରାଯାଏ । ଭକ୍ତପ୍ରାଣ ଜନତା ଏହାକୁ ଶ୍ରଦ୍ଧାର ସହ ଉପଭୋଗ କରନ୍ତି । ଦଶହରା ଦିନ ସନ୍ଧ୍ୟା ସମୟରେ 'ରାବଣ ପୋଡ଼ି' ଉତ୍ସବ ଅନୁଷ୍ଠିତ ହୁଏ । ଏଥିରେ ରାବଣ ସହ କୁମ୍ଭକର୍ଣ୍ଣ ଓ ମେଘନାଦ ଆଦିଙ୍କୁ ମଧ ସାମିଲ କରାଯାଏ । ଏହି ଉତ୍ସବରେ ବିପୁଳ ଜନସମାଗମ ହୁଏ । ସମାଜର କୌଣସି ବ୍ୟକ୍ତି ଏଇ ମହାନ ସାର୍ବଜନୀକ ଅବସରକୁ ପ୍ରାୟ ହାତଛଡ଼ା ହେବାକୁ ଦିଅନ୍ତି ନାହିଁ । ଯିଏ ଯେତେ ଦୂରରେ ଥିଲେ ବି ଘରକୁ ଫେରି ପରିବାରବର୍ଗଙ୍କ ସହ ଏହି ଦୁର୍ଗୋତ୍ସବ ଏବଂ ଦଶହରା ପର୍ବରେ ଭାଗ ନେବା ପାଇଁ ଉତ୍ସୁକ ରହନ୍ତି । ସପ୍ତମୀଠାରୁ ଦଶହରା ପର୍ଯ୍ୟନ୍ତ ଶାରଦୀୟ ଦୁର୍ଗୋତ୍ସବକୁ 'ପାର୍ବତୀ ପୂଜା' ବୋଲି ମଧ କୁହାଯାଏ । ଏହି ସମୟରେ ଦଳଦଳ ଆଖଡ଼ା ବାହାରି ବିବିଧ ଘୋଷ ବାଦ୍ୟ ସହ ବାଡ଼ିଖେଳ ଏବଂ ଭିନ୍ନଭିନ୍ନ ପ୍ରକାର ଖଣ୍ଡା, ଢାଲ ଆଦି ମାଧମରେ ବୀରୋଚିତ ଯୁଦ୍ଧ (ଖେଳ) ପ୍ରଦର୍ଶନ କରି ଶକ୍ତି ଆରାଧନା, ଅତୀତର ବିଜୟଶାଳୀ ଏବଂ ବିଜିଗୀଷୁ ପରମ୍ପରାକୁ ଲୋକସ୍ମୃତିରେ ଜାଗ୍ରତ ରଖନ୍ତି । ଏହି ସମୟରେ ଆବାଳ-ବୃଦ୍ଧ-ବନିତା ସଭିଙ୍କ ପାଇଁ ଏଇ ଆଖଡ଼ା ଖେଳ ମୁଖ୍ୟ ଆକର୍ଷଣ ରୂପେ ବିବେଚିତ ହୁଏ । ଭାରତର ପ୍ରତ୍ୟେକ ପ୍ରାନ୍ତରେ ସାମାନ୍ୟ ପାରମ୍ପରିକ ଭେଦରେ ଅତ୍ୟନ୍ତ ଆନନ୍ଦ ଉଲ୍ଲାସ ମଧ୍ୟରେ ବିଜୟାଦଶମୀ ଉତ୍ସବ ପାଳିତ ହୁଏ । ଏହିଦିନ କ୍ଷତ୍ରିୟ ବୀରମାନେ ଶସ୍ତ୍ରପୂଜନ, ଶମୀ ପୂଜନ ଆଦିର ପରମ୍ପରା ପାଳନ କରନ୍ତି । ବିଜୟ ଉନ୍ମାଦନାରେ

ଉଲ୍ଲସିତ ପାଣ୍ଡବମାନେ ସୁଦୀର୍ଘ ବନବାସ ଶେଷ କରି ବିଜୟା ଦଶମୀର ପବିତ୍ର ଅବସରରେ ଶମୀ ବୃକ୍ଷ ମଧ୍ୟରେ ଲୁଚାଇ ରଖିଥିବା ଶସ୍ତ୍ରଗୁଡ଼ିକର ପୂଜନ କରିଥିଲେ ଏବଂ ସେଇ ଶସ୍ତ୍ରଗୁଡ଼ିକୁ ପୁନଃ ଧାରଣ କରି ଶୌର୍ଯ୍ୟ ବୀରତ୍ୱ ଓ ପରାକ୍ରମର ପ୍ରଦର୍ଶନ କରିଥିଲେ । ଶ୍ରବଣା ନକ୍ଷତ୍ର ପ୍ରଦୋଷ ବ୍ୟାପିନୀ ନବମୀବିଦ୍ଧା ଦଶମୀ, ଦଶହରା ପାଇଁ ପ୍ରଶସ୍ତ । ଏହିଦିନ ଦଶମୀ ପୂଜନ ସହ 'ସୀମୋଲଙ୍ଘନ' ମଧ୍ୟ ପାଳନ କରାଯାଏ । ବିଜୟା ଦେବୀଙ୍କ ନାମାନୁଯାୟୀ ଏହାର ବିଜୟା ଦଶମୀ ନାମକରଣ ହୋଇଥିବା ସମ୍ଭବ ମନେହୁଏ । ଭଗବାନ ରାମ ମଧ୍ୟ ଏହିଦିନ ରାବଣର ବିନାଶ ପାଇଁ ଲଙ୍କା ଅଭିମୁଖେ ବିଜୟ ଯାତ୍ରା ଆରମ୍ଭ କରିଥିଲେ । ଏହା ନିମ୍ନ ଶ୍ଲୋକରେ ବିଶେଷ ଭାବରେ ବର୍ଣ୍ଣିତ-

"ଅଥ ବିଜୟଦଶମ୍ୟାମାଶ୍ୱିନେ ଶୁକ୍ଲପକ୍ଷେ
ଦଶମୁଖନିଧନାୟ ପ୍ରସ୍ଥିତୋ ରାମଚନ୍ଦ୍ରଃ ।
ଦ୍ୱିରଦବିଧୁମହାବ୍ଦୈର୍ଯୂଥନାଥୈସ୍ତଥାଽନ୍ୟୈଃ
କପିଭିରପରିମାଣୈର୍ବ୍ୟାପ୍ତଭୂଦିକ୍‌ଖଚକ୍ରୈଃ ।।"

ଅର୍ଥାତ୍-ଆଶ୍ୱିନ ଶୁକ୍ଲପକ୍ଷରେ ବିଜୟା ଦଶମୀ ଦିନ ଦଶମୁଖ ରାବଣ ବଧ ନିମିତ୍ତ ରାମଚନ୍ଦ୍ର ପ୍ରସ୍ଥାନ କରିଥିଲେ । ତାଙ୍କ ସହିତ ସମସ୍ତ ଦିଗ, ସମଗ୍ର ପୃଥିବୀ ଏବଂ ଗଗନମଣ୍ଡଳକୁ ପରିବ୍ୟାପ୍ତ କରି ଅସଂଖ୍ୟ ବାନର ସୈନ୍ୟମାନେ ଏହି ଯୁଦ୍ଧଯାତ୍ରାରେ ଅଂଶ ଗ୍ରହଣ କରିଥିଲେ । ଏଥିରୁ ସୁସ୍ପଷ୍ଟ ହେଉଛି ଯେ ପ୍ରଭୁ ରାମଚନ୍ଦ୍ରଙ୍କ ଦ୍ୱାରା ହିଁ ଶାରଦୀୟ ନବରାତ୍ର ପୂଜା ପ୍ରାରମ୍ଭ ହୋଇଥିଲା ।

ଲଙ୍କା ନରେଶ ଦଶାନନ ରାବଣ ଅସାମାନ୍ୟ ପାଣ୍ଡିତ୍ୟ ଏବଂ ପ୍ରବଳ ତପଶକ୍ତିର ଅଧିକାରୀ ଥିଲା । ତପଶ୍ଚର୍ଯ୍ୟା ଦ୍ୱାରା ଅତୁଳନୀୟ ଶକ୍ତିର ଅଧିକାରୀ ହୋଇ ତାହା ସଂସାରର ମଙ୍ଗଳ କାମନାର୍ଥେ ବିନିଯୋଗ କରିବା ପରିବର୍ତ୍ତେ ଗର୍ବ, ଅହଙ୍କାର ଏବଂ ପ୍ରଚଣ୍ଡ ସାମର୍ଥ୍ୟ ଦ୍ୱାରା ମଦମତ୍ତ ହୋଇ ଧରାକୁ ସରା ଜ୍ଞାନ କରିବା ସଙ୍ଗେ ସଙ୍ଗେ ତେତ୍ରିଶ କୋଟି ଦେବତାଙ୍କ ସହ ସମଗ୍ର ସୃଷ୍ଟିକୁ ପଦାନତ କରି ଦେଇଥିଲା । ତାର ଅତ୍ୟାଚାରରେ ସ୍ୱର୍ଗ ମର୍ତ୍ତ୍ୟ ପାତାଳବାସୀ ତ୍ରାହି ତ୍ରାହି କରୁଥିଲେ । ତାହାର ଏହି ଅନ୍ୟାୟ ଅତ୍ୟାଚାରର ପର୍ବକୁ ଆଗେଇ ନେବାରେ ପ୍ରତ୍ୟକ୍ଷ ସହଯୋଗ କରୁଥିଲେ ଅସଂଖ୍ୟ ରାକ୍ଷସ ସମୁଦାୟ । ରାବଣର ଅତ୍ୟାଚାର ସମ୍ବନ୍ଧରେ ତୁଳସୀଦାସଜୀ 'ରାମଚରିତ ମାନସ'ରେ ଅତି ସୁନ୍ଦର ଭାବରେ ବର୍ଣ୍ଣନା

କରି କହିଛନ୍ତି-

"ଜେହି ବିଧି ହୋଇ ଧର୍ମ ନିର୍ମୂଳା,
ସୋ ସବ କରହିଁ ବେଦ ପ୍ରତିକୂଳା ।...
ହିଂସା ପର ଅତି ପ୍ରୀତି ତିହ୍ନ କେ ପାପହି କଓ୍ୱନି ମିତି ॥"

(ରାମଚରିତ ମାନସ- ୧/୧୮୩/୩-୪/ଛନ୍ଦ/ସୋର୦/୧୮୩)

ଅର୍ଥାତ୍ -ରାବଣ ଏବଂ ତାର ରାକ୍ଷସ ସମୂହ, ଧର୍ମକୁ ସମୂଳ ଉତ୍ପାଟନ କରିବା କାର୍ଯ୍ୟରେ ଲାଗି ପଡ଼ିଥିଲେ । ଯେଉଁଠି ଗୋ-ବ୍ରାହ୍ମଣ ବାସ କରୁଥିଲେ ସେଇ ଗ୍ରାମମାନଙ୍କରେ ଅଗ୍ନି ସଂଯୋଗ କରି ଭସ୍ମୀଭୂତ କରି ଦିଆଯାଉଥିଲା । ବ୍ରାହ୍ମଣଭୋଜନ, ଯଜ୍ଞ, ଶ୍ରାଦ୍ଧ, ହରିଭକ୍ତି, ବେଦ ପୁରାଣାଦି ଚର୍ଚ୍ଚା,. ଗୁରୁ-ବ୍ରାହ୍ମଣ-ଈଶ୍ୱରଭକ୍ତି ଏସବୁ ସ୍ୱପ୍ନ ଥିଲା । ଏସବୁ କାର୍ଯ୍ୟରେ ବ୍ରତୀ ଥିବା ଲୋକଙ୍କୁ ରାବଣ ବିଧ୍ୱଂସ କରି ଦେଉଥିଲା । ତା'ର ପାପ କର୍ମର ବର୍ଣ୍ଣନା କରିବା ସମ୍ପୂର୍ଣ୍ଣ ଅସମ୍ଭବ ଥିଲା । ଶେଷରେ ଧରତୀ ମାତା, ଦେବତା, ମୁନିଋଷି, ଗନ୍ଧର୍ବ ସମସ୍ତଙ୍କର ଆକୁଳ କ୍ରନ୍ଦନ ଓ ନିବେଦନକୁ ଭକ୍ତବତ୍ସଳ, ଭକ୍ତ-ବାଞ୍ଛା-କଳ୍ପତରୁ ଶ୍ରୀହରି ଗ୍ରହଣ କରି

"କସ୍ୟପ ଅଦିତି...ତେ ଦଶରଥ କୌଶଲ୍ୟା ରୂପା
କୋଶଲପୁରୀଁ ପ୍ରଗଟ ନରଭୂପା ॥"

(ରାମଚରିତ ମାନସ- ୧/୧୮୭/୨)

–ଦଶରଥ ଓ କୌଶଲ୍ୟା (ଯିଏ କି ପୂର୍ବଜନ୍ମରେ ଯଥାକ୍ରମେ କଶ୍ୟପ ଓ ଅଦିତି ଥିଲେ)ଙ୍କ କୋଳମଣ୍ଡନ କରି ଜନ୍ମନେବା ସଙ୍ଗେସଙ୍ଗେ ରାବଣ ସଂହାର ନିମିତ୍ତ ବଚନବଦ୍ଧ ହୋଇଥିଲେ । ବିଧିର ବିଚିତ୍ର ବିଧାନ ଅନୁଯାୟୀ ପରବର୍ତ୍ତୀ ସମୟରେ ପ୍ରଭୁରାମଙ୍କର ବନଗମନ, ସୀତା ହରଣ ଆଦି ସଂଘଟିତ ହୋଇ ରାବଣ ପରି ଅକଳନୀୟ ରାକ୍ଷସୀ ଶକ୍ତିର ମୂଳୋତ୍ପାଟନ ପାଇଁ ସ୍ୱୟଂ ପରଂବ୍ରହ୍ମ ପ୍ରଭୁ ରାମଚନ୍ଦ୍ର ଦିବ୍ୟ ଶସ୍ତ୍ରାସ୍ତ୍ର ଧାରଣ କଲେ । ରାବଣ, ମାଆ ଜଗଜ୍ଜନନୀଙ୍କର ଶ୍ରେଷ୍ଠ ଭକ୍ତ ଥିବାରୁ ତାଙ୍କୁ ସବୁମନ୍ତେ ଦୈବୀ ସୁରକ୍ଷା ମିଳି ଯାଉଥିଲା । କିନ୍ତୁ ପ୍ରଚଣ୍ଡ ତପସ୍ୟା ଦ୍ୱାରା ଯେଉଁ ଶକ୍ତି ପ୍ରାପ୍ତ ହୋଇଥାଏ ତାହା ଯଦି ଲୋକ କଲ୍ୟାଣ ପାଇଁ ବିନିଯୋଗ ହେବା ପରିବର୍ତ୍ତେ ସମାଜକୁ ଉତ୍ପୀଡ଼ିତ କରିବା ପାଇଁ ଅଥବା ପରାଧୀନ କରିବା ପାଇଁ, ଧାର୍ମିକ ସଂସ୍କାରକୁ ନିର୍ମୂଳ କରିବା ପାଇଁ, ମାନବିକ ମୂଲ୍ୟବୋଧକୁ ଧ୍ୱଂସ କରିବା ପାଇଁ, ବ୍ୟକ୍ତିଗତ ଦୁରାଗ୍ରହ ଓ ଇନ୍ଦ୍ରିୟ ଲାଳସାକୁ

ଚରିତାର୍ଥ କରିବା ପାଇଁ ବ୍ୟବହୃତ ହୁଏ, ତାହା ଐଶ୍ୱରୀୟ ନିୟମ ଏବଂ ପ୍ରକୃତିର ଉଲ୍ଲଙ୍ଘନ ଓ ବିରୁଦ୍ଧାଚରଣ କରୁଥିବା କାରଣରୁ ସ୍ୱୟଂ ଅନନ୍ତ ଶକ୍ତି ବିଭୂଷିତା ଜଗଜ୍ଜନନୀ ଯୋଗମାୟା ଅବତୀର୍ଣ୍ଣ ହୋଇ ସୃଷ୍ଟିକୁ ସୁରକ୍ଷା ପ୍ରଦାନ କରିଥାନ୍ତି । ଏବଂ ଏପରି ଦୁର୍ଜେୟ ଦୁଷ୍ଟ ଶକ୍ତିକୁ ଅଚିରେ ମୂଳୋତ୍ପାଟିତ କରନ୍ତି । ରାବଣ କ୍ଷେତ୍ରରେ ବି ଏହା ହିଁ ଘଟିଲା । କରୁଣାନିଧାନ ଶ୍ରୀରଘୁବୀର, ପିତାମହ ବ୍ରହ୍ମାଜୀଙ୍କ ପରାମର୍ଶ କ୍ରମେ ରାକ୍ଷସେନ୍ଦ୍ର ରାବଣକୁ ସଂହାର କରିବା ପାଇଁ ଦେବୀମାତା ଜଗଦମ୍ବାଙ୍କର ଶାରଦୀୟ ଦୁର୍ଗା ପୂଜା ବିଧିବିଧାନ ପୂର୍ବକ କରି ତାଙ୍କର ପରମ କୃପାଲାଭ କଲେ ଏବଂ ଶତ୍ରୁ ନିଧନରେ ସଫଳକାମ ହୋଇଥିଲେ । ମାଆ ଆଦ୍ୟାଶକ୍ତିଙ୍କର ଅଚିନ୍ତ୍ୟ ମହିମାରୁ ସେ ବାନର, ଭଲ୍ଲୁକ ଆଦି ବନ୍ୟ ପ୍ରାଣୀମାନଙ୍କ ସହ ମିତ୍ରତା ଏବଂ ସେମାନଙ୍କ ମଧ୍ୟରେ ସଙ୍ଗଠନ ନିର୍ମାଣ କରି ବୃକ୍ଷ, ପ୍ରସ୍ତର ଖଣ୍ଡ ପ୍ରଭୃତି ଶସ୍ତ୍ରାସ୍ତ୍ର ଦ୍ୱାରା ପ୍ରବଳ ପରାକ୍ରମୀ ରାକ୍ଷସ ଶ୍ରେଷ୍ଠ ରାବଣକୁ ସଂହାର କରିଥିଲେ । ଏବଂ ଧ୍ୱସ୍ତବିଧ୍ୱସ୍ତ ମାନବ ଧର୍ମ ଓ ସଭ୍ୟତାକୁ ନିଶ୍ଚିତ ପ୍ରଳୟ ମୁଖରୁ ଉଦ୍ଧାର କରିବାରେ ସକ୍ଷମ ହୋଇଥିଲେ । ଏଣୁ 'ଦେବୀ ପୁରାଣ'ର ନିର୍ଦ୍ଦେଶ ଅନୁଯାୟୀ ଏହି ସମୟରେ ଶାକ୍ତ, ଶୈବ, ସୂର୍ଯ୍ୟୋପାସକ ଅଥବା ବୈଷ୍ଣବ ସମ୍ପ୍ରଦାୟ ନିର୍ବିଶେଷରେ ପ୍ରତ୍ୟେକ ବ୍ୟକ୍ତି ବିଶେଷ ସର୍ବତୋଭାବେ ମହାମାୟାଙ୍କର ପୂଜନ କରି ତ୍ରିଲୋକର ସମସ୍ତ ପୁଣ୍ୟଲାଭର ଅଧିକାରୀ ହୋଇଥାନ୍ତି । କାରଣ ସେ ତେତ୍ରିଶ କୋଟି ଦେବତାଙ୍କର ସମ୍ମିଳିତ ତେଜପୁଞ୍ଜ ଓ ଶକ୍ତିର ଉତ୍ସ ଅଟନ୍ତି ।

ଅତଏବ ଦୁର୍ଗୋତ୍ସବ ବିଶେଷ କରି ବିଜୟାଦଶମୀର ପବିତ୍ର ଅବସର, ରାକ୍ଷସୀ ଶକ୍ତି ଉପରେ ଦୈବୀଶକ୍ତିର ବିଜୟ ପ୍ରସ୍ଥାପନର ଗୌରବୋଜ୍ଜ୍ୱଳ ବାର୍ତ୍ତା ବହନ କରେ । ଏକ ବିଜୟଶାଳୀ, ସଶକ୍ତ, ପରାକ୍ରମୀ ଓ ସମାର୍ଥ୍ୟସମ୍ପନ୍ନ ରାଷ୍ଟ୍ର ଜୀବନର ନିର୍ମାଣ ନିମିତ୍ତ ପ୍ରେରଣା ପ୍ରଦାନକାରୀ ମର୍ଯ୍ୟାଦା ପୁରୁଷୋତ୍ତମ ଭଗବାନ ଶ୍ରୀରାମଙ୍କର ପାବନ ସ୍ମୃତି ବହନ କରୁଥିବା ଏହି ପର୍ବକୁ ଯେ କୌଣସି ଶୁଭକାର୍ଯ୍ୟର ପ୍ରାରମ୍ଭ ନିମନ୍ତେ ସର୍ବଶ୍ରେଷ୍ଠ ମୁହୂର୍ତ୍ତ ରୂପେ ବିବେଚିତ କରାଯାଏ ।

୧୯୨୫ ମସିହା ବିଜୟା ଦଶମୀର ଏହି ପୁଣ୍ୟତିଥିରେ ଆଦ୍ୟ ସରସଂଘଚାଳକ ପରମ ପୂଜନୀୟ ସ୍ୱର୍ଗତ ଡକ୍ଟର କେଶବ ବଳୀରାମ ହେଡଗେୱାର ନାଗପୁର ଠାରେ 'ରାଷ୍ଟ୍ରୀୟ ସ୍ୱୟଂସେବକ ସଂଘ'ର ପ୍ରତିଷ୍ଠା କରିଥିଲେ ଏବଂ ହିନ୍ଦୁସ୍ଥାନରେ ଅନାଦି ଅନନ୍ତକାଳରୁ ଏକ ଭବ୍ୟ ଦିବ୍ୟ ସୁସଭ୍ୟ ସଂସ୍କୃତି

ସମ୍ପନ୍ନ ରାଷ୍ଟ୍ରଜୀବନର ନିର୍ମାଣ କରିଥିବା ଏଠାକାର ଭୂମିପୁତ୍ର ହିନ୍ଦୁ ମାନଙ୍କ ମଧ୍ୟରେ ଚରିତ୍ର, ସ୍ୱାଭିମାନ ତଥା ପ୍ରବଳ ଦେଶଭକ୍ତି ସୃଷ୍ଟି ମାଧ୍ୟମରେ ଏକ ଦୁର୍ଭେଦ୍ୟ ସଙ୍ଗଠିତ ଶକ୍ତିର ବିକାଶ ନିମନ୍ତେ ପ୍ରୟାସ କରିଥିଲେ । ଯଦ୍ୱାରା ଏକ ପରମ ବୈଭବଶାଳୀ ତଥା ବିଶ୍ୱବିଜୟୀ ଭାରତର ନିର୍ମାଣ ସମ୍ଭବ ହୋଇ ପାରିବ । ଭାରତର ପୁତ୍ରରୂପୀ ହିନ୍ଦୁ ସମାଜର ସମସ୍ତ ଦୋଷ ଦୁର୍ବଳତା, ପରାଧୀନ ମାନସିକତା ଏବଂ ହଜାର ବର୍ଷର ଆତ୍ମବିସ୍ମୃତିକୁ ଦୂର କରି ତା' ମଧ୍ୟରେ ରାଷ୍ଟ୍ର ଚେତନା, କଠୋର ଅନୁଶାସନ ଏବଂ ସ୍ୱଦେଶୀ ଚିନ୍ତନର ନବ ଉନ୍ମେଷ ଦ୍ୱାରା ଦୃଢ଼ ଏବଂ ସଶକ୍ତ ଭାରତର ଗଠନ ପାଇଁ ଆଜି ମଧ୍ୟ ଏଇ ସଙ୍ଗଠନ ତପସ୍ୟାରତ ରହିଛି । ଏଣୁ ସଂଘର ସ୍ୱନକ୍ଷତ୍ର ଦିବସ ଉପଲକ୍ଷେ 'ବିଜୟାଦଶମୀ'ର ମହତ୍ତ୍ୱ ଯେ ଅଧିକ ତାତ୍ପର୍ଯ୍ୟପୂର୍ଣ୍ଣ-ଏଥିରେ ଲେଶମାତ୍ର ସନ୍ଦେହ ନାହିଁ । କାରଣ ଶକ୍ତି ସଞ୍ଚୟର କଠୋର ତପସ୍ୟା ହିଁ କେବଳ ଭାରତକୁ ବିଶ୍ୱବନ୍ଦ୍ୟ ଆସନରେ ଅଧିଷ୍ଠିତ କରାଇ ପାରିବ, ଏହା ସଂଘର ଅକାଟ୍ୟ ସିଦ୍ଧାନ୍ତ ଅଟେ । ବିଜୟା ଦଶମୀର ପାବନ-ପରମ୍ପରା ମଧ୍ୟ ରାଷ୍ଟ୍ରର ସୁରକ୍ଷା ପାଇଁ ବିଜିଗୀଷୁ ଏବଂ ବୀରବ୍ରତର ପ୍ରେରଣା ଦେଇଥାଏ ।

(ରାଷ୍ଟ୍ରଦୀପ-ସାପ୍ତାହିକ-ଶାରଦୀୟ ସଂଖ୍ୟା ୨୦୦୭)

ଦଶଭୂଜା ଦୁର୍ଗାଦେବୀଙ୍କ ଚିତ୍ର

ମହାକାଳୀ, ମହାଲକ୍ଷ୍ମୀ, ମହା ସରସ୍ୱତୀଙ୍କ ପ୍ରାକଟ୍ୟ ରହସ୍ୟ ଓ ତ୍ରିଶକ୍ତି ତତ୍ତ୍ୱ

ପରଂବ୍ରହ୍ମ ଆଦ୍ୟାଶକ୍ତିଙ୍କର ଲୀଳା ବିସ୍ମୟ ପୂର୍ଣ୍ଣ ଅଟେ । ତାଙ୍କର ସେହି ଲୀଳା ହିଁ ଏହି ସୃଷ୍ଟିର ସୃଜନ, ପାଳନ ଓ ସଂହାରର ଏକମାତ୍ର କାରଣ । ହେଲେ ସେ କିନ୍ତୁ ଏଥିରେ ଆସକ୍ତ ନୁହନ୍ତି। ଆଦ୍ୟଶକ୍ତି ମହାମାୟାଙ୍କର ପ୍ରାଦୁର୍ଭାବ ତଥା ତାଙ୍କର ଅସଂଖ୍ୟ ଲୀଳା ପ୍ରସଙ୍ଗ ଏବଂ ମଙ୍ଗଳମୟୀ ଉପାଖ୍ୟାନ ଜଗତରେ ପ୍ରସିଦ୍ଧ । ତନ୍ମଧ୍ୟରୁ ତ୍ରିଶକ୍ତି ତତ୍ତ୍ୱ ଅନନ୍ୟ ଏବଂ ଅମୃତ ସ୍ୱରୂପ ଅଟେ । ଭକ୍ତ-ଜୀବ ମାତ୍ର ପ୍ରତି ମହାମାୟାଙ୍କର ଅନୁରାଗ ବା ଅନୁରକ୍ତି ହିଁ ଭଗବଲ୍ଲୀଳା-ବୈଭବର ପ୍ରାକଟ୍ୟ ନିମିତ୍ତ ମୁଖ୍ୟ ହେତୁ ଅଟେ । ଏଣୁ କୁହାଯାଇଛି : **"ଭକ୍ତାନୁରକ୍ତୋଽହଂ ବକ୍ଷେ ଯୋଗାନୁଶାସନମ୍ ।"** (ଶିବ ସଂହିତା ୧/୨) । ଏହି ଲୀଳା ମାନଙ୍କର ମୁଖ୍ୟ ହେତୁ ତାଙ୍କର କୃପା ବୋଲି ସ୍ୱୀକୃତ ହୋଇଛି- **'ମୁଖ୍ୟଂ ତସ୍ୟ ହି କାରୁଣ୍ୟମ୍'** । ମହାମାୟାଙ୍କର ଲୀଳା ମଧ୍ୟ ସେହିପରି ଅନନ୍ତ ଅଟେ, ସେଥି ମଧ୍ୟରୁ ତ୍ରିଶକ୍ତି ତତ୍ତ୍ୱର ବୈଶିଷ୍ଟ୍ୟ ଆହୁରି ଅନନ୍ୟ ଅଟେ । ଜଗତ୍‌ନିୟନ୍ତା ପରଂବ୍ରହ୍ମଙ୍କ ଚିତ୍ ଶକ୍ତିରୁ ହିଁ **"ମହାକାଳୀ, ମହଲକ୍ଷ୍ମୀ, ମହାସରସ୍ୱତୀ"**-ଏହି ତ୍ରିଶକ୍ତି ପ୍ରାଦୁର୍ଭୂତ । ନିଜ ଦ୍ୱାରା ସୃଜିତ ଏହି ସୃଷ୍ଟିର ମଙ୍ଗଳ ସମ୍ପାଦନ ଏବଂ ମର୍ଯ୍ୟାଦା ରକ୍ଷା ନିମିତ୍ତ ସ୍ୱ ଯୋଗମାୟା ବଳରେ ଅବ୍ୟକ୍ତ ପରଂବ୍ରହ୍ମ ପରମେଶ୍ୱରଙ୍କୁ ସ୍ତ୍ରୀ ବା ପୁରୁଷ ରୂପରେ ଅବତୀର୍ଣ୍ଣ ବା ବ୍ୟକ୍ତ ହେବାକୁ ପଡ଼ିଥାଏ । ପୁରୁଷ ରୂପୀ ଅବତାର କୁ ବ୍ରହ୍ମା, ବିଷ୍ଣୁ, ମହେଶ୍ୱର ଭାବରେ ଅର୍ଚ୍ଚନା କରାଯାଉଥିବା ବେଳେ ସ୍ତ୍ରୀ ରୂପୀ ଅବତାରକୁ ମହାକାଳୀ, ମହାଲକ୍ଷ୍ମୀ, ମହାସରସ୍ୱତୀ ସ୍ୱରୂପରେ ଉପାସନା କରାଯାଇଥାଏ । ରଜ, ସତ୍ତ୍ୱ,ତମ ଗୁଣକୁ ଆଶ୍ରୟ କରି ବ୍ରହ୍ମା ବିଷ୍ଣୁ ମହେଶ୍ୱର ଅବତୀର୍ଣ୍ଣ ହେବାପରି ତମ, ସତ୍ତ୍ୱ, ରଜର ପ୍ରାଧାନ୍ୟକୁ ବହନ କରି ମହାକାଳୀ, ମହାଲକ୍ଷ୍ମୀ, ମହା ସରସ୍ୱତୀ ପ୍ରକଟିତ ହୋଇଥାନ୍ତି । ଏହି ବର୍ଣ୍ଣିତ ଦେବାଦେବୀମାନେ ଗୁଣର ପ୍ରାଧାନ୍ୟ ଅନୁଯାୟୀ ଲୀଳାମାନ ସମ୍ପାଦନ କରି ଦୁଷ୍ଟ ଶକ୍ତିର ପ୍ରଭାବରୁ ଜଗତକୁ ସୁରକ୍ଷା ପ୍ରଦାନ କରିଥାନ୍ତି ।

ଶକ୍ତି ତତ୍ତ୍ୱରୁ ଶ୍ରେଷ୍ଠ ଆଉ ସଂସାରରେ କିଛି ନାହିଁ । ଚିତ୍‌ରୂପା ଭଗବତୀ ସ୍ୱତନ୍ତ୍ରରୂପରେ ତଥା ନିର୍ବିକାର ଭାବରେ ଏବଂ ବିଶ୍ୱରୂପରେ ହିଁ ସ୍ଫୁରିତ ହୋଇଥାନ୍ତି **(ସ୍ୱେଚ୍ଛୟା ସ୍ୱମିତ୍ତୌ ବିଶ୍ୱମୂନ୍ମୀଲୟତି-ପ୍ରତ୍ୟଭିଜ୍ଞାହୃଦୟମ୍ ସୂତ୍ର-୨)** ମହାକାଳୀ ଦୁଷ୍ଟମାନଙ୍କୁ ସଂହାର କରିବା ନିମିତ୍ତ ନିଜକୁ ନିୟୋଜିତ କରନ୍ତି । ଏଣୁ ସେ ତମ ଗୁଣ ପ୍ରଧାନ ରୌଦ୍ରରୂପକୁ ଗ୍ରହଣ କରିଥାନ୍ତି । ସେଇପରି ଜଗତକୁ ପାଳନ କରୁଥିବା ମହାଲକ୍ଷ୍ମୀ ସତ୍ତ୍ୱପ୍ରଧାନ ଓ ବୈଷ୍ଣବରୂପିଣୀ ଅଟନ୍ତି । ଆଉ ରଜ ପ୍ରଧାନ ବ୍ରାହ୍ମୀଶକ୍ତିଙ୍କୁ ମହାସରସ୍ୱତୀ ବୋଲି କୁହାଯାଏ । ସେ ଜଗତର ଉତ୍ପତ୍ତି ଏବଂ ସେଥିରେ ଜ୍ଞାନ ସଞ୍ଚାରର କାରଣ ରୂପେ ସୁବିଦିତ ହୋଇଥାନ୍ତି । ଏହାହିଁ ଅବ୍ୟକ୍ତ ପରଂବ୍ରହ୍ମଙ୍କର ତମ, ସତ୍ତ୍ୱ, ରଜ ଆଦି ଗୁଣମାନଙ୍କର ପ୍ରାଧାନ୍ୟକୁ ବହନ କରି (ତ୍ରିଶକ୍ତିଙ୍କର) ବ୍ୟକ୍ତ ହେବାର ରହସ୍ୟ ଅଟେ ।

ମହାମାୟାଙ୍କ ଦିବ୍ୟଲୀଳା ଏବଂ ପ୍ରାକଟ୍ୟ ତତ୍ତ୍ୱ:

ଏ ସମ୍ପର୍କରେ ମାର୍କଣ୍ଡେୟ ପୁରାଣ ଅନ୍ତର୍ଗତ ଆଖ୍ୟାନ ଏଠାରେ ଉଲ୍ଲେଖ ଯୋଗ୍ୟ । ସ୍ୱାରୋଚିଷ ମନ୍ୱନ୍ତର ରେ ସୁରଥ ନାମରେ ଜଣେ ଚକ୍ରବର୍ତ୍ତୀ ରାଜା ଥିଲେ । ଏକଦା ଶତ୍ରୁମାନଙ୍କ ଦ୍ୱାରା ସେ ଦାରୁଣ ଭାବେ ପରାଜିତ ହୋଇ ଜଙ୍ଗଲକୁ ପଳାଇ ଗଲେ ଏବଂ ମେଧା ମୁନିଙ୍କ ଆଶ୍ରମରେ ଆତ୍ମଗୋପନ କରି ରହିଲେ । ଦିନେ ସେଇ ଆଶ୍ରମ ନିକଟରେ ରାଜା ଆଉ ଜଣେ ଅପରିଚିତ ବ୍ୟକ୍ତିଙ୍କୁ ଦେଖିଲେ । ସେ ନବାଗତ ବ୍ୟକ୍ତି ଜଣକ ଥିଲେ 'ସମାଧି ବୈଶ୍ୟ'। ଯିଏ କି ଥିଲେ ଅତ୍ୟନ୍ତ ଉଦାସ ଓ ଚିନ୍ତିତ । ରାଜା ସମାଧି ବୈଶ୍ୟଙ୍କୁ ତାଙ୍କ ଚିନ୍ତାର କାରଣ ପଚାରିଲେ । ସମାଧି କହିଲେ ରାଜନ! ମୋର ଦୁଷ୍ଟ ପୁତ୍ର ଓ ଅର୍ଥ ଲୋଲୁପ ସ୍ୱଜନ ମାନେ ମୋର ଧନ ଅପହରଣ କରିବା ପାଇଁ ମୋତେ ଗୃହରୁ ବିତାଡ଼ିତ କରିବା ହେତୁ ମୁଁ ଜଙ୍ଗଲ ମଧ୍ୟକୁ ପଳାଇ ଆସିଛି । କିନ୍ତୁ ସ୍ୱଜନମାନଙ୍କ ପ୍ରତି ମୋହ ତଥାପି କମୁନାହିଁ । ସେମାନଙ୍କ ଭଲମନ୍ଦ ଓ କୁଶଳ ସମାଚାର ଜାଣି ନପାରି ମୁଁ ଚିନ୍ତିତ ହୋଇ ପଡୁଛି । ରାଜା ଏକଥା ଶୁଣି ସମାଧି ସହ ନିଜର ମାନସିକ ଅବସ୍ଥାକୁ ତୁଳନା କରି ଆଶ୍ଚର୍ଯ୍ୟ ଅଭିଭୂତ ହେଲେ । ସେ ନିଜେ ମଧ୍ୟ ସେଇପରି ହରାଇଥିବା ନିଜ ରାଜ୍ୟର ମାୟାକୁ ପରିତ୍ୟାଗ କରି ନ ପାରି ଦୁଃଶ୍ଚିନ୍ତାରେ ସଡୁଥିଲେ । ସମାଧି ବୈଶ୍ୟ ଏବଂ ରାଜା, ଉଭୟଙ୍କର ସଂସାର ଆସକ୍ତି ଏତେ ଗଭୀର ଥଲା ଯେ

ସେଇ ମାନସିକ ରୋଗରୁ ପରିତ୍ରାଣ ପାଇବା ନିମିତ୍ତ ସେମାନେ ମେଧା ଋଷିଙ୍କ ନିକଟକୁ ଯାଇ ନତମସ୍ତକ ପୂର୍ବକ ଏହି ଆସକ୍ତିର କାରଣ ଏବଂ ସେଥିରୁ ନିବୃତ୍ତ ହେବାର ଉପାୟ ଜିଜ୍ଞାସା କଲେ ।

ଋଷି ଉଭୟଙ୍କ ଦୁଃଖ କୁ ହୃଦୟଙ୍ଗମ କରି ଉପଦେଶ ପ୍ରଦାନ କରି କହିଲେ ରାଜନ! ଏହା ହେଉଛି ମହାମାୟାଙ୍କର ଲୀଳା ଯଦ୍ୱାରା ସମ୍ପୂର୍ଣ୍ଣ ଜଗତ ମୋହମାୟା ରୂପୀ ଅଜ୍ଞାନତାର ବଶୀଭୂତ ହୋଇ ଏପରି ଭାବରେ ମୋହିତ ହୋଇଥାଏ । ମାୟା ସ୍ୱରୂପିଣୀ ଦେବୀ ଭଗବତୀ ବଳପୂର୍ବକ ଜ୍ଞାନୀମାନଙ୍କର ଚିତ୍ତକୁ ହରଣ କରି ଏହିପରି ମାୟା ପାଶରେ ଆବଦ୍ଧ କରିଥାନ୍ତି । ସମଗ୍ର ଜଗତ ଏଇଭଳି ଧାବମାନ ହେଉଅଛି । ଯୋଗନିଦ୍ରାରୂପା ଭଗବତୀଙ୍କ ଆଶୀର୍ବାଦ ବା କୃପାବିନା ଏଇ ପାଶରୁ ମୁକ୍ତ ହେବାର କୌଣସି ଉପାୟ ନାହିଁ । ଏହାହିଁ ସଂସାର ବନ୍ଧନ । 'ଦେବୀ ସନାତନୀ' ସାକ୍ଷାତ ମୁକ୍ତିରୂପା । ସେହିଁ ମୋକ୍ଷ ପ୍ରଦାୟିନୀ । ସେ ନିତ୍ୟା ଓ ତାଙ୍କ ଦ୍ୱାରା ଏଇ ସମ୍ପୂର୍ଣ୍ଣ ଚରାଚର ଜଗତ ପରିବ୍ୟାପ୍ତ । ସମଗ୍ର ସୃଷ୍ଟି ତାଙ୍କର ମୂର୍ତ୍ତ ରୂପ ଅଟେ । ଜଗତର କଲ୍ୟାଣ ନିମିତ୍ତ ତଥା ଦେବତାମାନଙ୍କ କାର୍ଯ୍ୟସିଦ୍ଧି ସକାଶେ ସେ ବିଭିନ୍ନ ସମୟରେ ଅବତାର ଗ୍ରହଣ କରନ୍ତି, ସାକାର ରୂପ ଗ୍ରହଣ କରି ପ୍ରକଟ ହୁଅନ୍ତି । ଏହି ତତ୍ତ୍ୱକୁ ନିମ୍ନ ଭାବରେ ବର୍ଣ୍ଣନା କରାଯାଇଛି:

"ମହାମାୟା ହରେଶ୍ଚୈଷା ତୟା ସମ୍ମୋହ୍ୟତେ ଜଗତ୍ ।
ଜ୍ଞାନିନାମପି ଚେତାଂସି ଦେବୀ ଭଗବତୀ ହି ସା ॥
ବଳାଦାକୃଷ୍ୟ ମୋହାୟ ମହାମାୟା ପ୍ରଯଚ୍ଛତି ।
ତୟା ବିସୃଜ୍ୟତେ ବିଶ୍ୱଂ ଜଗଦେତଚ୍ଚରାଚରମ୍ ॥"

(ଶ୍ରୀଶ୍ରୀଚଣ୍ଡୀ ୧-୫୫/୫୬)

ତଥାପି ତତ୍ସମୁତ୍ପତ୍ତିର୍ବହୁଧା ଶ୍ରୂୟତାଂ ମମ ।
ଦେବାନାଂ କାର୍ଯ୍ୟସିଦ୍ଧ୍ୟର୍ଥମାବିର୍ଭବତି ସା ଯଦା ॥

(ଶ୍ରୀଶ୍ରୀ ଚଣ୍ଡୀ ୧/୬୫)

ମହାକାଳୀ, ମହାଲକ୍ଷ୍ମୀ ଓ ମହାସରସ୍ୱତୀଙ୍କର ପ୍ରାକଟ୍ୟ ପ୍ରସଙ୍ଗ ଦେବୀ ମହାମାୟା ଙ୍କର ସେଇ ଅନନ୍ତ ଅବତାର ଲୀଳାର ଏକ ଉଦାହରଣ ଅଟେ ।

ଦେବୀ ମହାକାଳୀଙ୍କ ଉତ୍ପତ୍ତି ଓ ଲୀଳା ପ୍ରସଙ୍ଗ:

ଏ ହେଉଛି ସେଇ ମହା ପ୍ରଳୟ କାଳର କଥା । ଯେତେବେଳେ ସମଗ୍ର ସଂସାର ଜଳମଗ୍ନ ହୋଇ ଯାଇଥିଲା । ସେଇ ପ୍ରଳୟ ଜଳରେ ଭଗବାନ ବିଷ୍ଣୁ ଶେଷନାଗ ଶଯ୍ୟାରେ ଘୋର ଯୋଗନିଦ୍ରାରେ ଶାୟିତ ଥିଲେ । ତାଙ୍କର କର୍ଣ୍ଣମଳରୁ ମଧୁ ଓ କୈଟଭ ନାମକ ଦୁଇଟି ରାକ୍ଷସ ଜନ୍ମନେଲେ ଏବଂ ବିଷ୍ଣୁଙ୍କ ନାଭି କମଳ ସ୍ଥିତ ବ୍ରହ୍ମାଙ୍କୁ ବଧ କରିବା ନିମିତ୍ତ ଅଗ୍ରସର ହେଲେ । ଭୟଭୀତ ପ୍ରଜାପତି ବହ୍ମା ନିଦ୍ରିତ ବିଷ୍ଣୁଙ୍କୁ ଜାଗ୍ରତ କରିବା ପାଇଁ ତାଙ୍କର ଚକ୍ଷୁସ୍ଥିତ ଦେବୀ ଯୋଗନିଦ୍ରାଙ୍କୁ ସ୍ତୁତି କଲେ (**ଉତ୍ପନ୍ନେତି....ତାମେକାଗ୍ର ହୃଦୟସ୍ଥିତଃ**-ଶ୍ରୀଶ୍ରୀ ଚଣ୍ଡୀ ୧-୬୬/୬୯) । ବ୍ରହ୍ମା, ଦେବୀ ଯୋଗନିଦ୍ରାଙ୍କୁ ସ୍ତବନ କରି କହିଲେ – ହେ ଦେବୀ! ତୁମେ ହିଁ ସ୍ୱାହା, ସ୍ୱଧା ଏବଂ ବଷଟ୍‌କାର ଅଟ । ତୁମେ ସଂଧ୍ୟା, ସାବିତ୍ରୀ ଏବଂ ବିଶ୍ୱ ବ୍ରହ୍ମାଣ୍ଡକୁ ଧାରଣ କରିଥିବା ପରମ ଜନନୀ ଅଟ । ତୁମେ ହିଁ ସଂସାରର ସୃଷ୍ଟି ରୂପା, ସ୍ଥିତିରୂପା ଏବଂ ସଂହାର ରୂପା ଅଟ । ତୁମେ ମହାମାୟା, ମହାବିଦ୍ୟା, ମହାମେଧା, ମହାସ୍ମୃତି, ମହା ମୋହରୂପା, ମହାଦେବୀ ଏବଂ ମହାସୁରୀ ଅଟ । ଭୟଙ୍କର କାଳରାତ୍ରି, ମହାରାତ୍ରି ଓ ମୋହରାତ୍ରି, ଶ୍ରୀ, ଈଶ୍ୱରୀ, ହ୍ରୀ ଏବଂ ବୋଧସ୍ୱରୂପା ତୁମେ ହିଁ ଅଟ । ତୁମେ ହିଁ ଲଜ୍ଜା, ପୁଷ୍ଟି, ତୁଷ୍ଟି, ଶାନ୍ତି ଏବଂ କ୍ଷମା ଅଟ । ତୁମେ ଖଡ୍‌ଗ ଧାରିଣୀ, ଶୂଳ ଧାରିଣୀ, ଘୋରରୂପା, ଗଦା, ଚକ୍ର, ଶଙ୍ଖ,ଧନୁଷ, ବାଣ, ଭୁଶୁଣ୍ଡୀ ଆଦି ଶସ୍ତ୍ର ଧାରଣକାରିଣୀ ଅଟ । ସୃଷ୍ଟିର ସର୍ବାପେକ୍ଷା ସୁନ୍ଦରୀ ଏବଂ ସବୁଠାରୁ ଉର୍ଦ୍ଧ୍ୱରେ ରହୁଥିବା ପରମେଶ୍ୱରୀ ତୁମେ ହିଁ ଅଟ । ଯିଏ ଜଗତର ସୃଷ୍ଟି, ପାଳନ ଏବଂ ସଂହାର କରନ୍ତି; ସେହି ଭଗବାନ ବିଷ୍ଣୁଙ୍କୁ ମଧ୍ୟ ଯେତେବେଳେ ତୁମେ ନିଦ୍ରାର ଅଧୀନ କରିଦେଲ ସେତେବେଳେ ତୁମର ସ୍ତୁତି କରିବାକୁ ଏଠାରେ କିଏ ବା ସମର୍ଥ ହୋଇପାରେ ? ହେ ଦେବି ! ଭଗବାନ ବିଷ୍ଣୁ, ଶଙ୍କର ଏବଂ ମୋତେ (ବ୍ରହ୍ମା) ମଧ୍ୟ ତୁମ୍ଭେ ଏହି ଶରୀର ଧାରଣ କରାଇଛ । ଏହି ମହାବଳଶାଳୀ ରାକ୍ଷସ ମଧୁ ଓ କୈଟଭଙ୍କୁ ତୁମେ ମୋହଗ୍ରସ୍ତ କରାଇବା ସଂଗେ ସଂଗେ ଭଗବାନ ବିଷ୍ଣୁଙ୍କୁ ଜାଗ୍ରତ କରାଇ ତାଙ୍କ ମଧ୍ୟରେ ଏଇ ଅସୁର ଦ୍ୱୟଙ୍କୁ ବଧ କରିବା ପାଇଁ ପ୍ରେରଣା ସୃଷ୍ଟି କର । ଏହିପରି ବ୍ରହ୍ମାଙ୍କର ଆକୁଳ ନିବେଦନ ଓ ସ୍ତୁତିରେ ପ୍ରସନ୍ନ ହୋଇ ଦେବୀ ମହାମାୟା ବିଷ୍ଣୁଙ୍କ ଚକ୍ଷୁ, ନାସିକା କର୍ଣ୍ଣ, ହୃଦୟ ଆଦିରୁ ବାହାରକୁ ଆସି ପ୍ରତ୍ୟକ୍ଷ ଭାବରେ ପ୍ରକଟ ହୋଇଗଲେ । ବିଷ୍ଣୁ ମଧ୍ୟ

ଜାଗ୍ରତ ହୋଇ ରାକ୍ଷସ ଦ୍ୱୟଙ୍କୁ ପ୍ରତ୍ୟକ୍ଷ କଲେ ଏବଂ ସେମାନଙ୍କୁ ବଧ କରିବା ନିମିତ୍ତ ଯୁଦ୍ଧରତ ହୋଇଗଲେ । ଏହିପରି ଯୁଦ୍ଧ ପାଞ୍ଚହଜାର ବର୍ଷ ପର୍ଯ୍ୟନ୍ତ ଚାଲୁ ରହିଲା । ତଥାପି ରାକ୍ଷସମାନେ ପରାସ୍ତ ହେଲେ ନାହିଁ । ବରଂ ସେମାନେ କହିଲେ ବିଷ୍ଣୁ ! ତୁମ ଯୁଦ୍ଧ କୌଶଳ ପ୍ରଶଂସନୀୟ । ତୁମ ଯୁଦ୍ଧରେ ଆମେ ସନ୍ତୁଷ୍ଟ । ଏଣୁ ଆମଠାରୁ କିଛି ବର ମାଗ । ଭଗବାନ ବିଷ୍ଣୁ ସେମାନଙ୍କୁ ବର ମାଗି କହିଲେ - ଯଦି ତୁମେମାନେ ମୋ ଯୁଦ୍ଧରେ ସନ୍ତୁଷ୍ଟ ତେବେ ମୋ ହାତରେ ମୃତ୍ୟୁ ବରଣ କର । ରାକ୍ଷସମାନେ ସର୍ତ୍ତମୂଳକ ତଥାସ୍ତୁ କହି ଜଳନଥିବା ସ୍ଥାନରେ ଆମକୁ ବଧ କର -ଏପରି ବର ଦେଲେ । ଭଗବାନ ବହୁ ବିଶାଳକାୟ ରୂପ ଧାରଣ କରି ନିଜ ଜଙ୍ଘ ଉପରେ ରାକ୍ଷସମାନଙ୍କୁ ପକାଇ ଚକ୍ରଦ୍ୱାରା ସେମାନଙ୍କ ଶିରଃଛେଦ କଲେ ।

ଏହିପରି ଦେବକାର୍ଯ୍ୟର ପୂର୍ତ୍ତି ନିମିତ୍ତ ମହାକାଳୀ ପ୍ରକଟ ହୋଇଥିଲେ । ତାଙ୍କର ସ୍ୱରୂପ ବର୍ଣ୍ଣନା କରି କୁହାଯାଇଛି ଦେବୀଙ୍କ ହସ୍ତରେ ଖଡ୍‌ଗ, ଚକ୍ର, ଗଦା, ଧନୁ, ବାଣ, ପରିଘ, ଶୂଳ,ଭୁଶୁଣ୍ଡୀ,କପାଳ ଏବଂ ଶଙ୍ଖ ଆଦି ବିଦ୍ୟମାନ । ସେ ତ୍ରିନେତ୍ର ଯୁକ୍ତା, ନୀଳମଣି ସଦୃଶ ଆଭାଯୁକ୍ତ,ଦିବ୍ୟ ଆଭୂଷଣ ଦ୍ୱାରା ସମଗ୍ର ଶରୀର ଶୋଭାମୟ, ଦଶମୁଖ ଏବଂ ଦଶପାଦ ଯୁକ୍ତ ଅଟନ୍ତି ଯାହା ନିମ୍ନ ଧାନମନ୍ତ୍ରରୁ ସୁସ୍ପଷ୍ଟ ହୁଏ:

"ଖଡ୍‌ଗଂ ଚକ୍ରଗଦେଷୁଚାପପରିଘାଞ୍ଛୂଳଂ ଭୁଶୁଣ୍ଡୀଂ ଶିରଃ,
ଶଙ୍ଖଂ ସଂଦଧତୀଂ କରୈସ୍ତ୍ରିନୟନାଂ ସର୍ବାଙ୍ଗଭୂଷାବୃତାମ୍ ।
ନୀଳାଶ୍ମଦ୍ୟୁତିମାସ୍ୟପାଦଦଶକାଂ ସେବେ ମହାକାଳିକାଂ
ଯାମସ୍ତୌତ୍‌ସ୍ୱପିତେ ହରୌକମଳଜୋ ହନ୍ତୁଂ ମଧୁଂ କୈଟଭମ୍ ॥"

ତମଗୁଣମୟୀ ମହାକାଳୀ ଭଗବାନ ବିଷ୍ଣୁଙ୍କ ଯୋଗନିଦ୍ରା ଅଟନ୍ତି । ମଧୁ ଓ କୈଟଭ ଙ୍କୁ ବିନାଶ କରିବା ପାଇଁ ବ୍ରହ୍ମା ଯାହାଙ୍କୁ ସ୍ତୁତି କରିଥିଲେ ତାଙ୍କର ନାମ ମହାକାଳୀ ଅଟେ- **"ଯୋଗନିଦ୍ରା ହରେରୁକ୍ତା ମହାକାଳୀ ତମୋଗୁଣା । ମଧୁକୈଟଭନାଶାର୍ଥଂ ଯାଂ ତୁଷ୍ଟାବାମ୍ବୁଜାସନଃ ॥"** (ଶ୍ରୀ ଶ୍ରୀ ସପ୍ତଶତୀ ବୈକୃତିକଂ ରହସ୍ୟମ୍-ଶ୍ଳୋ.୨) ଏହି ମହାକାଳୀ ବିଷ୍ଣୁଙ୍କ ଅନତିକ୍ରମ୍ୟ ମାୟା ଅଟନ୍ତି । ତାଙ୍କର ଆରାଧନା କଲେ ଏହି ଚରାଚର ଜଗତକୁ ମଧ୍ୟ ନିଜ ଉପାସକଙ୍କ ଅଧୀନ କରି ଦେବାର ସାମର୍ଥ୍ୟ ସେ ରଖନ୍ତି-

"ଏଷା ସା ବୈଷ୍ଣବୀ ମାୟା ମହାକାଳୀ ଦୁରତ୍ୟୟା ।
ଆରାଧିତା ବଶୀକୁର୍ଯ୍ୟାତ୍ ପୂଜାକର୍ତ୍ତୁଶ୍ଚରାଚରମ୍ ॥"

(ବୈକୃତିକଂ ରହସ୍ୟମ୍ ଶ୍ଳୋ.୬)

ସେହି ସଚ୍ଚିଦାନନ୍ଦରୂପୀ ମହାକାଳୀଙ୍କୁ କୋଟିକୋଟି ପ୍ରଣାମ ।

ଦେବୀ ମହାଲକ୍ଷ୍ମୀଙ୍କ ଉତ୍ପତ୍ତି ଓ ଲୀଳା ପ୍ରସଙ୍ଗ:

> **"ଓଁ ଅକ୍ଷସ୍ରକ୍‌ପରଶୁଂ ଗଦେଷୁକୁଳିଶଂ ପଦ୍ମଂ ଧନୁଷ୍କୁଣ୍ଡିକାଂ ।**
> **ଦଣ୍ଡଂ ଶକ୍ତିମସିଂଚ ଚର୍ମ ଜଳଜଂ ଘଣ୍ଟାଂ ସୁରାଭାଜନମ୍ ।**
> **ଶୂଳଂ ପାଶସୁଦର୍ଶନେ ଚ ଦଧତୀଂ ହସ୍ତୈଃ ପ୍ରସନ୍ନାନନାଂ**
> **ସେବେ ସୈରିଭମର୍ଦ୍ଦିନୀମିହ ମହାଲକ୍ଷ୍ମୀଂ ସରୋଜସ୍ଥିତାମ୍ ॥"**

(ଶ୍ରୀଶ୍ରୀ ସପ୍ତସତୀ ଅ. ୨-ଧ୍ୟାନମନ୍ତ୍ର)

ଅର୍ଥାତ୍ ମହିଷାସୁର ମର୍ଦ୍ଦିନୀ ମହାଲକ୍ଷ୍ମୀ ହସ୍ତରେ ଅକ୍ଷମାଳା, ପରଶୁ, ଗଦା, ବାଣ, ବଜ୍ର, କମଳ, ଧନୁଷ,କୁଣ୍ଡିକା, ଦଣ୍ଡ, ଶକ୍ତି, ଖଡ୍‌ଗ, ଚର୍ମ, ଶଙ୍ଖ, ଘଣ୍ଟା, ମଧୁପାତ୍ର, ଶୂଳ, ପାଶ ଏବଂ ସୁଦର୍ଶନ ଚକ୍ର କୁ ଧାରଣ କରି କମଳ ଉପରେ ଶୋଭା ପାଉଛନ୍ତି । ତାଙ୍କର ଆମେ ଧ୍ୟାନ କରୁଛୁଁ । ଭକ୍ତମାନଙ୍କର ମନୋବାଞ୍ଛା ପୂରଣ ଦୃଷ୍ଟିରୁ ଶ୍ରୀ ମହାଲକ୍ଷ୍ମୀଙ୍କୁ ଆଠଗୋଟି ରୂପରେ ଉପାସନା କରାଯାଇଥାଏ ବୋଲି ଶାସ୍ତ୍ରରେ ପ୍ରମାଣ ଅଛି: ଗଜଲକ୍ଷ୍ମୀ, ଧନଲକ୍ଷ୍ମୀ, ଧାନ୍ୟଲକ୍ଷ୍ମୀ, ଧୀଲକ୍ଷ୍ମୀ, ସନ୍ତାନ ଲକ୍ଷ୍ମୀ, ଐଶ୍ୱର୍ଯ୍ୟ ଲକ୍ଷ୍ମୀ, ବିଜୟ ଲକ୍ଷ୍ମୀ, ବୀରଲକ୍ଷ୍ମୀ-ଏହିପରି ଅଷ୍ଟଲକ୍ଷ୍ମୀଙ୍କର ଅର୍ଚ୍ଚନା ପ୍ରଚଳିତ ଅଛି । ଜଗଜ୍ଜନନୀ ଲକ୍ଷ୍ମୀ ଧର୍ମ ଆଚରଣକାରୀମାନଙ୍କ ପରିବାର ମଧ୍ୟରେ ଗୃହଲକ୍ଷ୍ମୀ ରୂପରେ, ଜ୍ଞାନୀ ଏବଂ ଜିଜ୍ଞାସୁମାନଙ୍କ କ୍ଷେତ୍ରରେ ବିଦ୍ୟା ଓ ବୁଦ୍ଧି ରୂପରେ ପାପୀ ଏବଂ ନିନ୍ଦୁକମାନଙ୍କ ଠାରେ ଅଲକ୍ଷ୍ମୀରୂପରେ, ଶ୍ରଦ୍ଧାବାନ ବ୍ୟକ୍ତିଙ୍କ ଠାରେ ଭକ୍ତିରୂପରେ ଏବଂ ଆଭିଜାତ୍ୟ ଓ ଉଚ୍ଚକୁଳ ସମ୍ପନ୍ନଙ୍କଠାରେ ଲଜ୍ଜାରୂପରେ ଅବସ୍ଥାନ କରନ୍ତି । ତାଙ୍କର ଆରାଧନା ଦ୍ୱାରା ସକଳ ଅଭିଷ୍ଟ ପୂର୍ତ୍ତି ସଙ୍ଗେ ସଙ୍ଗେ ବ୍ୟକ୍ତି ଅନନ୍ୟ ଧୀଶକ୍ତି ଓ ଐଶ୍ୱର୍ଯ୍ୟ ମଣ୍ଡିତ ହୋଇ ଶେଷରେ ମୋକ୍ଷ ଲାଭ ସହ ପରଲୌକିକ କଲ୍ୟାଣର ଅଧିକାରୀ ହୁଏ । ତାଙ୍କୁ ବିଭିନ୍ନ ଶାସ୍ତ୍ରରେ ଅଦ୍ୟାଶକ୍ତି, ମହାମାୟା, ନାରାୟଣୀଶକ୍ତି, ଶ୍ରୀ ବିଷ୍ଣୁଙ୍କର ଅହନ୍ତା ଶକ୍ତି, ପରା, ଅପରା, ବିଦ୍ୟା, ଅବିଦ୍ୟା ଆଦି ରୂପରେ ବର୍ଣ୍ଣନା କରାଯାଇଛି ।

ଥରେ ଦେବ ଓ ଦାନବ ମାନଙ୍କ ମଧ୍ୟରେ ଏକ ଶତବର୍ଷ ବ୍ୟାପୀ ପ୍ରବଳ ଯୁଦ୍ଧ ହେଲା । ଦେବତାମାନଙ୍କର ରାଜା ଇନ୍ଦ୍ର ଓ ଦାନବମାନଙ୍କର ରାଜା ମହିଷାସୁର ନିଜନିଜ ପକ୍ଷକୁ ନେତୃତ୍ୱ ଦେଇ ଏଇ ଲଢ଼େଇରେ ସାମିଲ ହୋଇଥିଲେ । ଦାନବମାନେ ଯୁଦ୍ଧରେ ବିଜୟୀ ହେଲେ ଏବଂ ଦାନବ ରାଜ ମହିଷାସୁର ସ୍ୱର୍ଗର ଇନ୍ଦ୍ର ରୂପେ ଅଭିଷିକ୍ତ ହେଲା । ପରାଜିତ ଦେବତାମାନେ ବିମର୍ଷ ମନରେ

ପଦ୍ମଯୋନି ବ୍ରହ୍ମାଙ୍କ ସହ ଭଗବାନ ବିଷ୍ଣୁ ଓ ଶଙ୍କରଙ୍କୁ ନିଜ ଦୁର୍ଦ୍ଦଶା ଜଣାଇବାକୁ ଗଲେ । ଦେବତାମାନଙ୍କ ଦୁଃଖରେ ଅଭିଭୂତ ବିଷ୍ଣୁ ଓ ଶଙ୍କର ଦାନବମାନଙ୍କ ଉପରେ କ୍ରୋଧିତ ହେଲେ । ଏହି ସମୟରେ ସମସ୍ତ ଦେବତାମାନଙ୍କ ଶରୀରରୁ ଦିବ୍ୟ ତେଜପୁଞ୍ଜ ନିର୍ଗତ ହୋଇ ଏକତ୍ରିତ ହେଲା । ସେଇ ପ୍ରଜ୍ୱଳିତ ତେଜପୁଞ୍ଜ ମଧ୍ୟରୁ ଏକ ନାରୀମୂର୍ତ୍ତି ଆବିର୍ଭୂତ ହେଲା ।

"ଅତୁଳଂ ତତ୍ର ତତ୍ତେଜଃ ସର୍ବଦେବଶରୀରଜମ୍ ।
ଏକସ୍ଥଂ ତଦଭୂନ୍ନାରୀ ବ୍ୟାପ୍ତଲୋକତ୍ରୟଂ ତ୍ୱିଷା ॥"

(ଶ୍ରୀଶ୍ରୀ ସପ୍ତଶତୀ ୨/୧୩)। ଏହି ମହା ଶକ୍ତିମୟୀ ଦେବୀ ମୂର୍ତ୍ତିଙ୍କୁ ଦର୍ଶନ କରି ଦେବତାମାନେ ଆନନ୍ଦିତ ହୋଇଗଲେ ଏବଂ ତାଙ୍କୁ ନିଜ ନିଜର ଶସ୍ତ୍ରାସ୍ତ୍ର ଦାନ କଲେ । ଦେବୀ ଭଗବତୀ ଏହି ସମସ୍ତ ଅସ୍ତ୍ରଶସ୍ତ୍ର ଧାରଣ କରି ପ୍ରସନ୍ନ ହେଲେ ଏବଂ ତାଙ୍କର ଅଟ୍ଟହାସ ସ୍ୱର୍ଗ ମର୍ତ୍ତ୍ୟ ପାତାଳ- ଏଇ ତିନିପୁରକୁ ପ୍ରକମ୍ପିତ କରିଦେଲା । ଦେବତା ଓ ମୁନିଋଷିମାନେ ଆନନ୍ଦରେ ଜୟଧ୍ୱନୀ କରିବାକୁ ଲାଗିଲେ। ଏହିପରି ମହା କୋଳାହୋଳ ଓ ଭୟଙ୍କର ଗର୍ଜନ ଶୁଣି ମହିଷାସୁର ତାହାର ବିଶାଳ ସେନା ସହ ଆସି ସେଠାରେ ପହଞ୍ଚିଲା ଏବଂ ତେଜପୁଞ୍ଜ ସମ୍ଭୂତ ଭଗବତୀ ମହାଲକ୍ଷ୍ମୀଙ୍କୁ ଦର୍ଶନ କରି ଅତ୍ୟନ୍ତ କ୍ରୋଧାନ୍ୱିତ ହେଲା । ଦେବୀଙ୍କ ସହ ତାହାର ଭୟଙ୍କର ଯୁଦ୍ଧ ହେଲା । ଏହି ମହା ପ୍ରଳୟଙ୍କରୀ ଯୁଦ୍ଧରେ ଦାନବ କୁଳଙ୍କ ସହ ମହିଷାସୁରର ନିଧନ ହେଲା । ଜୀବିତ ଦାନବ ସୈନ୍ୟମାନେ ଛତ୍ରଭଙ୍ଗ ଦେଇ ପଳାଇ ଗଲେ ଏବଂ ଦେବତାମାନେ ଅତ୍ୟନ୍ତ ପ୍ରସନ୍ନ ହେଲେ: **"ଅର୍ଦ୍ଧନିଷ୍କ୍ରାନ୍ତ ଏବାସୌ ଯୁଧ୍ୟମାନୋ ମହାସୁରଃ.... ସକଳା ଦେବତାଗଣାଃ** (ଶ୍ରୀ ଶ୍ରୀ ସପ୍ତଶତୀ ୩/୪୨-୪୩)" ଦେବୀ ମହାଲକ୍ଷ୍ମୀ ବିଭିନ୍ନ ଯୁଗରେ ଭିନ୍ନ ଭିନ୍ନ ଅବତାର ଗ୍ରହଣ କରି ଦିବ୍ୟ ଲୀଳା ରଚନା କରନ୍ତି । ଏଣୁ କୁହାଯାଇଛି:

"ରାଘବତ୍ୱେଽଭବତ୍‌ସୀତା ରୁକ୍ମିଣୀ କୃଷ୍ଣ ଜନ୍ମନି
ଅନ୍ୟେଷୁ ଚାବତାରେଷୁ ବିଷ୍ଣୋରେଷାନପାୟନି ।"

ଅର୍ଥାତ୍ ରାମ ଅବତାର ବା ତ୍ରେତାଯୁଗରେ ସେ ଦେବୀ ସୀତାରୂପେ, ଦ୍ୱାପର ଯୁଗରେ କୃଷ୍ଣାବତାରରେ ଭଗବତୀ ରକ୍ମିଣୀ ଏବଂ ଅନ୍ୟାନ୍ୟ ଅବତାର ସମୟରେ ବିଷ୍ଣୁପତ୍ନୀ ରୂପରେ ଅବତୀର୍ଣ୍ଣ ହୋଇଥାନ୍ତି । ବିଷ୍ଣୁ ପୁରାଣର ବର୍ଣ୍ଣନ ଅନୁଯାୟୀ

"ଦେବତିର୍ଯଙ୍ଗ୍‌ମନୁଷ୍ୟାଦୌ ପୁନ୍ନାମା ଭଗବାନ୍ ହରିଃ ।
ସ୍ତ୍ରୀନାମ୍ନୀ ଶ୍ରୀଶ୍ଚ ବିଜ୍ଞେୟା ନାନୟୋର୍ବିଦ୍ୟତେ ପରମ୍ ।।"

(ବିଷ୍ଣୁ ପୁରାଣ ୧/୮/୩୫)

ଅର୍ଥାତ୍ ଦେବତା, ମନୁଷ୍ୟ ତଥା ପଶୁ-ପକ୍ଷୀ ଆଦି ସମଗ୍ର ସଂସାରରେ ଯେତେ ପୁରୁଷବାଚକ ପ୍ରାଣୀ ଅଛନ୍ତି ସେ ସମସ୍ତେ ଭଗବାନ ଶ୍ରୀ ବିଷ୍ଣୁ ଅଟନ୍ତି । ଏବଂ ଯାହା କିଛି ସ୍ତ୍ରୀବାଚକ ଜୀବ ଅଛନ୍ତି ସେ ସଭିଏଁ ଶ୍ରୀଲକ୍ଷ୍ମୀ ହିଁ ଅଟନ୍ତି । ତାହାଙ୍କ ଠାରୁ ଭିନ୍ନ ଅନ୍ୟ କୌଣସି ବସ୍ତୁ ହିଁ ନାହିଁ ।

ଦେବୀ ମହାସରସ୍ୱତୀଙ୍କ ଉତ୍ପତ୍ତି ଓ ଲୀଳା ପ୍ରସଙ୍ଗ:

ଯିଏ ମହାଲକ୍ଷ୍ମୀ, ମହାକାଳୀ ସେଇ ହିଁ ମହାସରସ୍ୱତୀ ଅଟନ୍ତି । ଏହା ଶାସ୍ତ୍ରୋଚିତ ପ୍ରମାଣ ଅଟେ । ଦେବୀ ଆଦ୍ୟାଶକ୍ତି ଭିନ୍ନ ଭିନ୍ନ ରୂପରେ ଭିନ୍ନ ଭିନ୍ନ ସମୟରେ ଅବତୀର୍ଣ୍ଣ ହୋଇ ଦାନବ ଦଳନ କରିଥାନ୍ତି:

"ଅବତାରତ୍ରୟାର୍ଚ୍ଚାୟାଂ ସ୍ତୋତ୍ରମନ୍ତ୍ରାସ୍ତଦାଶ୍ରୟାଃ ।
ଅଷ୍ଟାଦଶଭୁଜା ଚୈଷା ପୂଜ୍ୟା ମହିଷମର୍ଦ୍ଦିନୀ ।।
ମହାଲକ୍ଷ୍ମୀର୍ମହାକାଳୀ ସୈବ ପ୍ରୋକ୍ତା ସରସ୍ୱତୀ ।
ଈଶ୍ୱରୀ ପୁଣ୍ୟପାପାନାଂ ସର୍ବଲୋକମହେଶ୍ୱରୀ ।।"

(ଶ୍ରୀ ଶ୍ରୀ ସପ୍ତଶତୀ-ବୈକୃତିକଂ ରହସ୍ୟମ୍-୨୪/୨୫)

ଅର୍ଥାତ ତାଙ୍କର ତିନୋଟି ଅବତାରର ପୂଜା ସମୟରେ ସେମାନଙ୍କ ଚରିତ୍ରରେ ଯେଉଁ ସ୍ତୋତ୍ର ଏବଂ ମନ୍ତ୍ର ରହିଛି; ସେ ସବୁକୁ ବିଶେଷ ରୂପରେ ଉପଯୋଗ କରିବା ଉଚିତ । ଅଷ୍ଟାଦଶଭୁଜା ମହିଷାସୁର ମର୍ଦ୍ଦିନୀ ମହାଲକ୍ଷ୍ମୀ ହିଁ ବିଶେଷ ଭାବରେ ପୂଜନୀୟା ଅଟନ୍ତି । କାରଣ ତାଙ୍କୁ ମହାଲକ୍ଷ୍ମୀ, ମହାକାଳୀ ତଥା ସହାସରସ୍ୱତୀ ବୋଲି କୁହାଯାଏ । ସେହିଁ ପାପପୁଣ୍ୟର ଅଧୀଶ୍ୱରୀ ତଥା ସାରା ସଂସାରର ମହେଶ୍ୱରୀ ଅଟନ୍ତି ।

ମାର୍କଣ୍ଡ ପୁରାଣର ଏକ ଆଖ୍ୟାନ ଅନୁଯାୟୀ ଶୁମ୍ଭନିଶୁମ୍ଭ ନାମକ ରାକ୍ଷସ ଦ୍ୱୟ ଅତ୍ୟନ୍ତ ବଳଶାଳୀ ହୋଇ ଉଠିଲେ ଏବଂ ସ୍ୱର୍ଗରାଜ୍ୟରେ ଅସହ୍ୟ ଉତ୍ପାତ ଘଟାଇ ଦେବତାମାନଙ୍କ ମଧ୍ୟରେ ଭୟ ସୃଷ୍ଟି କଲେ । ଦେବତାମାନଙ୍କର ସମସ୍ତ ଅଧିକାରକୁ ବିନଷ୍ଟ କରି ନିଜେ ଯଜ୍ଞର ଉପଭୋକ୍ତା ହୋଇଗଲେ । ଦେବତାମାନେ ଅନନ୍ୟୋପାୟ ହୋଇ ହିମାଳୟ ଉପରେ ଏକତ୍ରିତ ହେଲେ ଓ ଭଗବତୀ ପାର୍ବତୀଙ୍କୁ

ଶକ୍ତି ଉପାସନା ଓ ବୈଦିକ ଦେବୀତତ୍ତ୍ୱ : ୩୦୦

ସ୍ତୁତି କଲେ । ଦେବୀ ପାର୍ବତୀ ଦେବତାମାନଙ୍କ ସ୍ତୁତିରେ ସନ୍ତୁଷ୍ଟ ହୋଇ ଦର୍ଶନ ଦେଲେ ଏବଂ ତାଙ୍କ ଶରୀରରୁ ମଧ୍ୟ ଦେବୀ ଶିବା ପ୍ରକଟ ହେଲେ । ମହା ସରସ୍ୱତୀ ଭଗବତୀ ପାର୍ବତୀଙ୍କ ଶରୀର କୋଷରୁ ନିର୍ଗତ ହୋଇଥିବାରୁ ତାଙ୍କର ଅନ୍ୟନାମ କୌଶିକୀ ହେଲା । କୌଶିକୀ ପ୍ରକଟ ହେବାପରେ ପାର୍ବତୀଙ୍କ ଶରୀର କୃଷ୍ଣରଙ୍ଗ ହୋଇଗଲା । ଏଣୁ ସେ ହିମାଳୟରେ ବାସ କରୁଥିବା 'କାଳିକା ଦେବୀ' ନାମରେ ନାମିତ ହେଲେ-

"ତସ୍ୟାଂ ବିନିର୍ଗତାୟାଂ ତୁ କୃଷ୍ଣାଭୂତ୍‌ସାପି ପାର୍ବତୀ ।
କାଳିକେତି ସମାଖ୍ୟାତା ହିମାଚଳକୃତାଶ୍ରୟା ॥"

(ଶ୍ରୀ ଦୁର୍ଗା ସପ୍ତଶତୀ ୫/୮୮)

ଦେବୀ କୌଶିକୀ ଅତ୍ୟନ୍ତ ମନୋହର ରୂପ ଧାରଣ କରି ବସିଥିବା ସମୟରେ ତାଙ୍କୁ 'ଶୁମ୍ଭ-ନିଶୁମ୍ଭ' ଆଦି ମହା ଦୈତ୍ୟଙ୍କ ଦୂତମାନେ ଦେଖି ଅଭିଭୂତ ହୋଇ ପଡ଼ିଲେ ଏବଂ ଶୁମ୍ଭ ନିଶୁମ୍ଭଙ୍କ ସମକ୍ଷରେ ଜଣାଇଲେ-ହେ ମହାରାଜ ! ଗୋଟିଏ ଅତ୍ୟନ୍ତ ମନୋହାରିଣୀ ସ୍ତ୍ରୀ ଅଛି, ସେ ଦିବ୍ୟକାନ୍ତି ଦ୍ୱାରା ସାରା ହିମାଳୟକୁ ପ୍ରକାଶିତ କରୁଛି - (**ତାଭ୍ୟାଂ ଶୁମ୍ଭାୟ ଚାଖ୍ୟାତା... ହିମାଚଳମ୍**-ଶ୍ରୀ ସପ୍ତଶତୀ-୫/୯୦) । "ହେ ପ୍ରଭୋ ! ତ୍ରିଭୁବନରେ ସମସ୍ତ ମଣି, ହସ୍ତୀ, ଅଶ୍ୱ, ରତ୍ନ, ପାରିଜାତ ବୃକ୍ଷ, ବ୍ରହ୍ମାଙ୍କ ଅଧିକୃତ ଅଦ୍ଭୁତ ବିମାନ, ମହାପଦ୍ମ ନାମକ ନିଧି, ସମୁଦ୍ରଠାରୁ ପ୍ରାପ୍ତ 'କିଞ୍ଜଲ୍କିନୀ' ନାମକ କେବେ ବି ମଳିନ ପଡୁନଥିବା ପଦ୍ମର ମାଳା, ସୁବର୍ଣ୍ଣ ବର୍ଷା କରୁଥିବା ବରୁଣଙ୍କ ଛତ୍ର, ମୃତ୍ୟୁର 'ଉତ୍କ୍ରାନ୍ତିଦା' ନାମକ ଶକ୍ତି, ବରୁଣଙ୍କ ପାଶ, ସମୁଦ୍ରସ୍ଥ ସମସ୍ତ ରତ୍ନ ଆପଣଙ୍କ ଅଧୀନରେ ରହିଛି । କିନ୍ତୁ ହିମାଳୟରେ ଉପବିଷ୍ଟ ସେଇ ସୃଷ୍ଟିର ସର୍ବଶ୍ରେଷ୍ଠ ମନୋରମ ସ୍ତ୍ରୀ ରତ୍ନକୁ ମଧ୍ୟ ଆପଣ ନିଜ ଅଧୀନକୁ ଆଣିବା ଉଚିତ ।" (ଶ୍ରୀ ଶ୍ରୀ ସପ୍ତଶତୀ ୫/୯୩-୧୦୦) । ଦୂତର ଏହିପରି ବାକ୍ୟ ଶୁଣି ଶୁମ୍ଭ-ନିଶୁମ୍ଭ 'ସୁଗ୍ରୀବ'ନାମକ ଏକ ଦୂତକୁ ଦେବୀଙ୍କୁ ପ୍ରସନ୍ନ କରି ସଂଗରେ ନେଇ ଆସିବା ନିମନ୍ତେ ପଠାଇଲେ । ସୁଗ୍ରୀବର ପ୍ରସ୍ତାବ ଶୁଣି ଦେବୀ ତାହାକୁ କହିଲେ-

"ଯୋ ମାଂ ଜୟତି ସଂଗ୍ରାମେ ଯୋ ମେ ଦର୍ପଂ ବ୍ୟପୋହତି ।
ଯୋ ମେ ପ୍ରତିବଲୋ ଲୋକେ ସ ମେ ଭର୍ତ୍ତା ଭବିଷ୍ୟତି ।"

(ଶ୍ରୀ ଶ୍ରୀ ଦୁର୍ଗା ଶପ୍ତଶତୀ ୫/୧୨୦)

ଅର୍ଥାତ୍ ମୁଁ ଏପରି ପ୍ରତିଜ୍ଞା କରିଛି ଯେ ଯିଏ ମୋତେ ସଂଗ୍ରାମରେ ଜୟ କରି ମୋର ଦର୍ପକୁ ଚୂର୍ଣ୍ଣ କରିବ ସେ କେବଳ ମୋର ପତି ହେବ । ଦୂତ ଦେବୀଙ୍କୁ ବହୁତ ବୁଝାଇଲା କିନ୍ତୁ ଦେବୀ ନିଜ ଜିଦ୍‌ରେ ଅଟଳ ରହିଲେ । ଶୁମ୍ଭ-ନିଶୁମ୍ଭ ଏକଥା ଜାଣିବା ପରେ କ୍ରୋଧିତ ହୋଇ ନିଜ ସେନାପତି 'ଧୂମ୍ରଲୋଚନ'କୁ ଦେବୀଙ୍କ ସହ ଯୁଦ୍ଧ କରିବା ପାଇଁ ପଠାଇଲେ ଯିଏ କି ଯୁଦ୍ଧ କରି ଦେବୀଙ୍କ ହସ୍ତରେ ନିଧନ ହେଲା । ତାପରେ 'ଚଣ୍ଡ-ମୁଣ୍ଡ' ନମକ ଦାନବ ଯୁଦ୍ଧ କରିବା ପାଇଁ ଆସି ଦେବୀଙ୍କ ହାତରେ ମୃତ୍ୟୁ ଲାଭ କଲେ । ଏଥରେ କ୍ରୋଧିତ ହୋଇ 'ଶୁମ୍ଭ-ନିଶୁମ୍ଭ' ରକ୍ତବୀଜ ନାମକ ଦୈତ୍ୟକୁ ଯୁଦ୍ଧ ପାଇଁ ପ୍ରେରଣ କଲେ । ଯୁଦ୍ଧ କ୍ଷେତ୍ରରେ କ୍ଷତବିକ୍ଷତ ରକ୍ତବୀଜ ଶରୀରରୁ ପତତ ପ୍ରତି ରକ୍ତ କଣିକାରୁ ଅସଂଖ୍ୟ ରକ୍ତବୀଜ ସଦୃଶ ଦାନବ ସୃଷ୍ଟି ହୋଇ ଦେବୀଙ୍କ ସହ ଯୁଦ୍ଧକରି ଏକ ସଂକଟମୟ ସ୍ଥିତି ସୃଷ୍ଟି କଲେ । ଏହା ଦେଖି ଦେବୀ କାଳୀ ଏବଂ ଚାମୁଣ୍ଡାକୁ ରକ୍ତବୀଜର ରକ୍ତ ତଳେ ପଡ଼ି ନୂତନ ଦୈତ୍ୟ ସୃଷ୍ଟି ହେବା ପୂର୍ବରୁ ସେ ରକ୍ତକୁ ପାନ କରିବା ନିମନ୍ତେ ଆଦେଶ ଦେଲେ । କାଳୀ ଓ ଚାମୁଣ୍ଡା ତାହାହିଁ କଲେ । ରକ୍ତବୀଜର ରକ୍ତ ପାନ ସହ ଯଦିଚ ରକ୍ତ ଭୂମିରେ ପଡ଼ି ନୂତନ ଦୈତ୍ୟ ଉତ୍ପନ୍ନ ହେଉଥିଲେ ସେମାନଙ୍କୁ ଗିଳି ଦେଉଥିଲେ । ଏହିପରି ଭାବରେ ରକ୍ତବୀଜ ନିହତ ହେଲା । ଏହାପରେ ଶୁମ୍ଭ-ନିଶୁମ୍ଭାଦି ମହାଦୈତ୍ୟ ଦ୍ୱୟ ମଧ୍ୟ ଦେବୀଙ୍କ ଦ୍ୱାରା ନିଧନ ହେଲେ । ଦେବଗଣ ହର୍ଷୋତ୍‌ଫୁଲ୍ଲ ହୋଇ ଜୟଧ୍ୱନି କଲେ । ମହା ସରସ୍ୱତୀଙ୍କ ଯେଉଁ ସ୍ୱରୂପ ବର୍ଣ୍ଣିତ ହୋଇଛି ତାହା ନିମ୍ନ ଶ୍ଳୋକରୁ ପରିଭାଷିତ ହୁଏ:

"ଓଁ ଘଣ୍ଟାଶୂଳହଳାନି ଶଙ୍ଖମୁସଳେ ଚକ୍ରଂ ଧନୁଃ ସାୟକଂ
ହସ୍ତାବ୍‌ଜୈର୍ଦଧତୀଂ ଘନାନ୍ତବିଲସଚ୍ଛୀତାଂଶୁତୁଲ୍ୟପ୍ରଭାମ୍ ।
ଗୌରୀଦେହସମୁଦ୍ଭବାଂ ତ୍ରିଜଗତାମାଧାରଭୂତାଂ ମହା-
ପୂର୍ବାମତ୍ର ସରସ୍ୱତୀମନୁଭଜେ ଶୁମ୍ଭାଦିଦୈତ୍ୟାର୍ଦିନୀମ୍ ॥"

(ଶ୍ରୀ ଚଣ୍ଡୀ ଅ.୫/ଧ୍ୟାନମନ୍ତ୍ର)

ଅର୍ଥାତ୍ ଯେଉଁ ଦେବୀ ସ୍ୱହସ୍ତ କମଳରେ ଘଣ୍ଟା, ତ୍ରିଶୂଳ, ହଳ, ଶଙ୍ଖ, ମୂସଳ, ଚକ୍ର, ଧନୁଷ ଏବଂ ବାଣଧାରିଣୀ, ଗୌରୀଙ୍କ ଦେହରୁ ଉତ୍ପନ୍ନ, ଶରଦ୍ ଋତୁ ସମାନ ଶୋଭାଯୁକ୍ତ, ଚନ୍ଦ୍ରମା ସଦୃଶ କାନ୍ତିସମ୍ପନ୍ନ, ତ୍ରିଲୋକର ଆଧାରଭୂତା, ଶୁମ୍ଭାଦି ଦୈତ୍ୟମର୍ଦ୍ଦିନୀ, ସେଇ ମହାସରସ୍ୱତୀଙ୍କୁ ଆମ୍ଭେ ପ୍ରଣାମ କରୁଛୁ ।

ମହା ସରସ୍ୱତୀଙ୍କ ଉତ୍ପତ୍ତି ବିଷୟରେ ଅନ୍ୟ ଏକ ତଥ୍ୟ ଅନୁଯାୟୀ କୁହାଯାଇଛି :

"ତାମିତ୍ୟୁକ୍ତ୍ୱା ମହାଲକ୍ଷ୍ମୀଃ ସ୍ୱରୂପମପରଂ ନୃପ ।
ସତ୍ତ୍ୱାଖ୍ୟେନାତିଶୁଦ୍ଧେନ ଗୁଣେନେନ୍ଦୁପ୍ରଭଂ ଦଧୌ ॥
ଅକ୍ଷମାଲାଙ୍କୁଶଧରା ବୀଣାପୁସ୍ତକଧାରିଣୀ ।
ସା ବଭୂବ ବରା ନାରୀ ନାମାନ୍ୟସ୍ୟୈ ଚ ସା ଦଦୌ ॥
ମହାବିଦ୍ୟା ମହାବାଣୀ ଭାରତୀ ବାକ୍ ସରସ୍ୱତୀ ।
ଆର୍ଯ୍ୟା ବ୍ରାହ୍ମୀ କାମଧେନୁର୍ବେଦଗର୍ଭା ଚ ଧୀଶ୍ୱରୀ ॥"

(ସପ୍ତଶତୀ -ପ୍ରାଧାନିକଂ ରହସ୍ୟମ୍ ୧୪/୧୫/୧୬)

ଅର୍ଥାତ୍ ମହାକାଳୀଙ୍କୁ ଏହିପରି କହି ମହାଲକ୍ଷ୍ମୀ ଅତ୍ୟନ୍ତ ଶୁଦ୍ଧ ସତ୍ତ୍ୱ ଗୁଣ ଦ୍ୱାରା ଅନ୍ୟରୂପ ଧାରଣ କଲେ; ଯାହା ଚନ୍ଦ୍ର ସମାନ ଗୌରବର୍ଣ୍ଣ ଥିଲା । ସେହି ଶ୍ରେଷ୍ଠନାରୀ ସ୍ୱହସ୍ତରେ ଅକ୍ଷମାଳା, ଅଙ୍କୁଶ, ବୀଣା ତଥା ପୁସ୍ତକଧାରଣ କରିଥିଲେ । ମହାଲକ୍ଷ୍ମୀ ତାହାକୁ ମଧ୍ୟ ନାମ ପ୍ରଦାନ କଲେ । ମହାବିଦ୍ୟା, ମହାବାଣୀ, ଭାରତୀ, ବାଗ୍, ସରସ୍ୱତୀ, ଆର୍ଯ୍ୟା, ବ୍ରାହ୍ମୀ, କାମଧେନୁ, ବେଦଗର୍ଭା ଓ ଧୀଶ୍ୱରୀ (ବୁଦ୍ଧିର ସ୍ୱାମିନୀ)–ଏଗୁଡ଼ିକ ତୁମର ନାମ ହେବ । ଅନ୍ୟତ୍ର ମଧ୍ୟ କୁହାଯାଇଛି–

"ଏଷା ସମ୍ପୂଜିତା ଭକ୍ତ୍ୟା ସର୍ବଜ୍ଞତ୍ୱଂ ପ୍ରଯଚ୍ଛତି ।
ନିଶୁମ୍ଭମଥିନୀ ଦେବୀ ଶୁମ୍ଭାସୁରନିବର୍ହିଣୀ ॥"

(ବୈକୃତିକଂ ରହସ୍ୟମ୍-୧୬)

ଅର୍ଥାତ୍ ଏହି ଶୁମ୍ଭାସୁରର ସଂହାର କର୍ତ୍ତ୍ରୀ, ନିଶୁମ୍ଭର ମର୍ଦ୍ଦନକାରିଣୀ ସରସ୍ୱତୀ ଦେବୀଙ୍କୁ ଭକ୍ତିପୂର୍ବକ ପୂଜା କଲେ ସେ ସର୍ବଜ୍ଞତା ପ୍ରଦାନ କରନ୍ତି । ସେହିଦେବୀ ସତ୍ତ୍ୱଗୁଣର ଆଶ୍ରିତ ହୋଇ ପାର୍ବତୀଙ୍କ ଶରୀରରୁ ଆବିର୍ଭାବ ହୋଇଥିଲେ । ସେ ଅଷ୍ଟଭୁଜା-ଯିଏ କି ହସ୍ତରେ କ୍ରମଶଃ ବାଣ, ମୂସଳ, ଶୂଳ, ଚକ୍ର, ଶଙ୍ଖ, ଘଣ୍ଟା, ହଳ ଏବଂ ଧନୁ ଆଦି ଧାରଣ କରନ୍ତି ।

ସେ ବାସ୍ତବରେ ସୌଭାଗ୍ୟ, ଧନ, ବିଦ୍ୟା, ଅଦ୍ୱୈତ ଜ୍ଞାନର ଅଧିଷ୍ଠାତ୍ରୀ ଦେବୀ ଅଟନ୍ତି । ସେ ବାଗ୍‌ଦେବୀ, ବ୍ରହ୍ମରୂପା, ବାଣୀଦାତ୍ରୀ, ସର୍ବଶକ୍ତିମୟୀ, ବରଦଣ୍ଡ ମଣ୍ଡିତକରା, ବୀଣାପୁସ୍ତକଧାରିଣୀ, ଦିବ୍ୟଜ୍ଞାନ ସ୍ୱରୂପିଣୀ, ଅଜ୍ଞାନ ଦୂରକାରିଣୀ, ବିଦ୍ୟାଦାୟିନୀ ଆଦି ରୂପରେ ମଧ୍ୟ ବର୍ଣ୍ଣିତା ଓ ଆରାଧିତା ହୁଅନ୍ତି ।

ବିରଜାଙ୍କ ପରମ୍ପରାରେ ଦୈନନ୍ଦିନ ପୂଜାନୀତି ଓ ପର୍ବପର୍ବାଣି

ବିରଜା ପୀଠର ପୀଠାଧିଶ୍ୱରୀ ଆଦ୍ୟାଶକ୍ତି ଦେବୀ ବିରଜାଙ୍କର ପୂଜା ପରମ୍ପରା, ଦୈନନ୍ଦିନ ସେବାନୀତି, ଉପାସନା ପଦ୍ଧତି ତଥା ପର୍ବପର୍ବାଣିରୁ ବୈଦିକ ଶକ୍ତିତତ୍ତ୍ୱ, ଶାକ୍ତ ପରମ୍ପରା ବିଷୟକ ଆମର ସୁପ୍ରାଚୀନ ସଂସ୍କୃତି ଏବଂ ଏହାର ପୃଷ୍ଠଭାଗରେ ଅନ୍ତର୍ନିହିତ ଥିବା ଗଭୀର ଦର୍ଶନ ସମ୍ବନ୍ଧରେ ସମ୍ୟକ ଅବଧାରଣା କରାଯାଇପାରେ । ପ୍ରତ୍ନତାତ୍ତ୍ୱିକ ଗବେଷଣା, ଐତିହାସିକ ତଥ୍ୟ ତଥା ବେଦଶାସ୍ତ୍ରଦି ପ୍ରମାଣ ଅନୁଯାୟୀ ଦେବୀ ବିରଜାଙ୍କର ଦ୍ୱିଭୁଜା ମୂର୍ତ୍ତିଙ୍କୁ ବିଶ୍ୱର ପ୍ରାଚୀନତମ ଦୁର୍ଗାମୂର୍ତ୍ତି ରୂପେ ଗ୍ରହଣ କରାଯାଇଛି । ଅଥର୍ବ ବେଦ ତଥା ବ୍ୟାସଦେବଙ୍କ କୃତ ମହାଭାରତରେ ବିରଜାଙ୍କ ନାମ ଉଲ୍ଲେଖ ଥିବାରୁ ମହାଭାରତ ଯୁଗର ବହୁ ପୂର୍ବରୁ ବିରଜାପୀଠ ଭାରତର ଏକ ସୁପ୍ରସିଦ୍ଧ ତୀର୍ଥକ୍ଷେତ୍ର ରୂପେ ଯେ ପରିଗଣିତ ହୋଇ ସାରିଥିଲା ଏହା ନିଃସନ୍ଦେହ । ଗାୟତ୍ରୀଙ୍କୁ ବେଦମାତା ରୂପେ ବର୍ଣ୍ଣନା କରାଯାଇଛି । ଗାୟତ୍ରୀ ସହସ୍ରନାମରେ ବିରଜା ଏବଂ ସାବିତ୍ରୀ ଏଇ ଦୁଇ ନାମକୁ 'ଗାୟତ୍ରୀ' ସହ ସମାନାର୍ଥକ ଶବ୍ଦ ରୂପେ ବ୍ୟବହାର କରାଯାଇଛି । ଅର୍ଥାତ୍ ବେଦମାତା ଗାୟତ୍ରୀଙ୍କର ସହସ୍ରନାମ ମଧ୍ୟରୁ ବିରଜା ଏବଂ ସାବିତ୍ରୀ ମଧ୍ୟ ଗୋଟିଏ ଗୋଟିଏ ନାମ ଅଟେ । **"ବାରାହୀ ବିରଜା ବର୍ଷା ବରଲକ୍ଷ୍ମୀ ବିଳାସିନୀ"- "ଗାୟତ୍ରୀ ଚୈବ ସାବିତ୍ରୀ ପାର୍ବତୀ ଚ ସରସ୍ୱତୀ"** ଇତ୍ୟାଦି । ଏହାର ଅର୍ଥ ହେଉଛି ଋକ୍‌ବେଦରେ ଯାହାକୁ ଅଦିତି, ଋତାଚୀ ଅଧିଷ୍ଠାତ୍ରୀ, ପରାକ୍ରମୀ, ରକ୍ଷଣକର୍ତ୍ତ୍ରୀ, ଗାୟତ୍ରୀ, ସାବିତ୍ରୀ ରୂପେ ଗ୍ରହଣ କରାଯାଇଛି, ଦେବୀ ପୁରାଣରେ ଯାହାଙ୍କୁ ମହାକାଳୀ ବା ସଂହାରକାରିଣୀ, ମହାଲକ୍ଷ୍ମୀ ବା ପାଳନକାରିଣୀ, ମହାସରସ୍ୱତୀ ବା ଜ୍ଞାନଦାୟିନୀ ରୂପେ ବର୍ଣ୍ଣନ କରାଯାଇଛି, ବୈଦିକ ସାହିତ୍ୟମାନଙ୍କରେ ଯାହାଙ୍କୁ ଉମା, କାଳୀ, ଦୁର୍ଗା, ଚଣ୍ଡୀ, କତ୍ୟାୟନୀ ଆଦି ବହୁବିଧ ନାମରେ ଆଖ୍ୟାୟିତ କରାଯାଇଛି, ଅଥର୍ବ ବେଦରେ ଯାହାଙ୍କୁ କାଳର ବିନାଶିନୀ, ଦେବତାମାନଙ୍କ ଦ୍ୱାରା ସ୍ତୁତି ହୋଇଥିବା ବିଷ୍ଣୁଶକ୍ତି-ମହାଲକ୍ଷ୍ମୀ, ବ୍ରହ୍ମଶକ୍ତି-ସରସ୍ୱତୀ, ଶିବଶକ୍ତି-ସ୍କନ୍ଦମାତା, ଦକ୍ଷକନ୍ୟା-ସତୀ, ପାପନାଶିନୀ-କଲ୍ୟାଣକାରିଣୀ ଭଗବତୀ

ବୋଲି କୁହାଯାଇଛି- ସେ ହିଁ ବିରଜାକ୍ଷେତ୍ରର କ୍ଷେତ୍ରାଧିଶ୍ୱରୀ ସନାତନୀ ଦେବୀ ବିରଜାଙ୍କ ବ୍ୟତୀତ ଅନ୍ୟ କେହି ନୁହନ୍ତି । ସେଥିପାଇଁ ନିମ୍ନଶ୍ଳୋକରେ ବିରଜାଙ୍କର ଶ୍ରେଷ୍ଠତ୍ୱ ପ୍ରତିପାଦିତ କରି କୁହାଯାଇଛି:

"ବିରଜା ସା ମହାଦେବୀ ପରଂବ୍ରହ୍ମ ସ୍ୱରୂପିଣୀ ।
ଗାୟତ୍ରୀ ବେଦମାତା ଚ ଶବ୍ଦବ୍ରହ୍ମ ସ୍ୱରୂପିଣୀ ।।"

ଅତଏବ ସେ ହିଁ ସଚ୍ଚିଦାନନ୍ଦମୟୀ ସର୍ବାତ୍ମା ଦେବୀ, ରୁଦ୍ର, ବସୁ, ଆଦିତ୍ୟ ତଥା ବିଶ୍ୱଦେବଗଣଙ୍କ ରୂପରେ ବିଚରଣ କରନ୍ତି । ସେ ହିଁ ମିତ୍ର ଓ ବରୁଣ ଦୁହିଁଙ୍କୁ, ଇନ୍ଦ୍ର ଏବଂ ଅଗ୍ନିଙ୍କୁ ତଥା ଦୁଇ ଅଶ୍ୱିନୀ କୁମାରଙ୍କୁ ଧାରଣ ପୋଷଣ କରିଥା'ନ୍ତି :

"ଓଁ ଅହଂ ରୁଦ୍ରେଭିର୍ବସୁଭିଶ୍ଚରାମ୍ୟହମାଦିତ୍ୟୈରୁତ ବିଶ୍ୱଦେବୈଃ ।
ଅହଂ ମିତ୍ରାବରୁଣୋଭା ବିଭର୍ମ୍ୟହମିନ୍ଦ୍ରାଗ୍ନୀ ଅହମଶ୍ୱିନୋଭା ।।"

(ଋଗ୍ -୧୦-୧୦-୧୨୫-୧)

ସେ ହିଁ ବ୍ରହ୍ମଦ୍ୱେଷୀ ହିଂସ୍ର ରାକ୍ଷସମାନଙ୍କୁ ବଧ କରିବା ନିମିତ୍ତ ରୁଦ୍ରଙ୍କ ଧନୁ ଉତ୍ତୋଳନ କରନ୍ତି । ସେ ହିଁ ଶରଣାଗତ ଜନମାନଙ୍କ ରକ୍ଷା ନିମିତ୍ତ ଶତ୍ରୁମାନଙ୍କ ସହ ଯୁଦ୍ଧ କରନ୍ତି ଏବଂ ଅନ୍ତର୍ଯ୍ୟାମୀ ରୂପରେ ପୃଥିବୀ ଓ ଆକାଶ ମଧ୍ୟରେ ଥାଆନ୍ତି:

"ଅହଂ ରୁଦ୍ରାୟ ଧନୁରା ତନୋମି ବ୍ରହ୍ମଦ୍ୱିଷେ ଶରବେ ହନ୍ତବା ଉ ।
ଅହଂ ଜନାୟ ସମଦଂ କୃଣୋମ୍ୟହଂ ଦ୍ୟାବାପୃଥିବୀ ଆ ବିବେଶ ।।"

(ଋଗ୍-୧୦-୧୧-୧୨୫-(୬))

ସେଇ ତ୍ରିକାଳ-ଅବାଧିତ-ସତ୍ତାରୂପିଣୀ ପରମ ବ୍ରହ୍ମମୟୀ ଆଦ୍ୟାଶକ୍ତି ମହାମାୟା ନିଜ ସ୍ୱରୂପରେ ନିତ୍ୟା, ନିର୍ଗୁଣା ଏବଂ ନିରାକାରା ହେଲେ ମଧ୍ୟ ଦୁଷ୍ଟମାନଙ୍କର ଦଳନ ଓ ଧର୍ମର ସଂସ୍ଥାପନ କରିବା ପାଇଁ ସଗୁଣା ସାକାରା ରୂପେ ଦ୍ୱିଭୁଜା ମାନବୀ ସଦୃଶ ଦେବୀ ବିରଜା ନାମରେ ବୈତରଣୀ କୂଳରେ ଆବିର୍ଭୂତା । ସେ ଜଗଜ୍ଜନନୀ ବିରଜା ନାମଧାରଣ କରି ବେଦ ବର୍ଣ୍ଣିତ ତତ୍ତ୍ୱମୟୀ ସାବିତ୍ରୀ ଭାବରେ ପ୍ରକଟିତ । ତାଙ୍କର ପ୍ରାକଟ୍ୟ ଦିବସ ଅବସରରେ ବିରଜାଙ୍କର ସାବିତ୍ରୀବେଶ ଏହି ଉକ୍ତିର ଯଥାର୍ଥ ପ୍ରମାଣ ପ୍ରତିବେଦନ କରିଥାଏ । ବ୍ରହ୍ମତନ୍ତ୍ରର ଉଲ୍ଲେଖ ଅନୁଯାୟୀ:

"ମାଘଦର୍ଶେ ସମୁଦ୍ଭୁତା ରବିକୋଟି ସମପ୍ରଭା
ମାଧବର୍ଷେ ଚ ମଧ୍ୟାହ୍ନେ ବିରଜା ସା ସନାତନୀ ।।"

ମାଘମାସ ମକର ରାଶି ସ୍ଥିତ ଶ୍ରବଣା ନକ୍ଷତ୍ରର ଅମାବାସ୍ୟା ତିଥିରେ ବିରଜାଙ୍କ ଆବିର୍ଭାବ ଦିବସ ପାଳିତ ହୁଏ । ସିଂହବାହିନୀ ମାଆ ବିରଜାଙ୍କ ଆବିର୍ଭାବ ସମ୍ବନ୍ଧରେ ପ୍ରଚଳିତ କିମ୍ବଦନ୍ତୀରୁ ଜଣାପଡ଼େ ଯେ ଏକଦା ଭଗବାନ ବ୍ରହ୍ମା ଯଜ୍ଞ କରୁଥିବାବେଳେ ସେଇ ଯଜ୍ଞକୁଣ୍ଡ ମଧ୍ୟରୁ ଆଦ୍ୟାଶକ୍ତି ମାଆ ବିରଜାଙ୍କର ପ୍ରାକଟ୍ୟ ହୋଇଥିଲା । ଏହି ପବିତ୍ର ଦିବସରେ ଦେବୀ ବେଦମାତା ସାବିତ୍ରୀ ବେଶରେ ବିଭୂଷିତା ହୁଅନ୍ତି । ସେ ମୂଳତଃ ଏକମୁଖ ବିଶିଷ୍ଟା ହେଲେ ହେଁ ସାବିତ୍ରୀ ବେଶରେ ଚତୁର୍ମୁଖ ସ୍ୱରୂପରେ ପ୍ରତିଭାତ ହୁଅନ୍ତି । ପ୍ରଥମରୁ ଚତୁର୍ଥ ପର୍ଯ୍ୟନ୍ତ ଚାରିଗୋଟି ମୁଖ ଯଥାକ୍ରମେ ଶୁଭ୍ରବର୍ଣ୍ଣ, ରକ୍ତବର୍ଣ୍ଣ, ପୀତବର୍ଣ୍ଣ ଏବଂ ଶ୍ୟାମବର୍ଣ୍ଣ ବିଶିଷ୍ଟ ହେବା ସଙ୍ଗେ ସଙ୍ଗେ ପ୍ରତିଟି ମସ୍ତକରେ ତିନୋଟି ନେତ୍ର ବିରାଜମାନ ଥାଏ । ହରିଦ୍ରା ବସ୍ତ୍ର ପରିହିତା ମାଆ ବିରଜା ଏହିଦିନ ସାବିତ୍ରୀ ମନ୍ତ୍ରରେ ଏବଂ ବୈଦିକ ବିଧିବିଧାନ ଅନୁଯାୟୀ ପୂଜିତ ହୁଅନ୍ତି । ଏହି ଦିବସରେ ତାଙ୍କର ଦଶଭୁଜ ବିଶିଷ୍ଟ ହସ୍ତମାନଙ୍କରେ ବର, ଅଭୟ, ଅଙ୍କୁଶ, ଶର, ତ୍ରିଶୂଳ, ଧନୁ, ଶଙ୍ଖ-ଚକ୍ର, ପଦ୍ମ ଓ କପାଳ ଆଦି ଶସ୍ତ୍ରାଦି ଶୋଭାୟମାନ ହେଉଥାଏ ।

ମାଆଙ୍କର ଦୈନନ୍ଦିନ ପୂଜାନୀତି ପ୍ରାତଃ ଘ୫.୫୦ ମିନିଟ୍‌ରେ ମନ୍ଦିର ଖୋଲିବା ପରେ ପ୍ରାରମ୍ଭ ହୁଏ । ଖଇ, ଉଖୁଡ଼ା, ଫେଣି, ଫଳ ଏବଂ ସନ୍ଦେଶ ଆଦି ସାମଗ୍ରୀ ବାଲଭୋଗ ରୂପେ ଲାଗି ହୋଇଥାଏ । ଅନ୍ନଭୋଗ ରୂପେ ଖିରି, ଖେଚୁଡ଼ି, ଡାଲି, ଖଟା, ତରକାରୀ, ନୈବେଦ୍ୟ ଅର୍ପଣ କରାଯାଏ । ରାତିରେ ଅନ୍ନ, ଡାଲି, ଖିରି, ତରକାରୀ ଆଦି ଭୋଗହୁଏ । ଦିନ ଘ ୧ ଟିକାରେ ମାଆଙ୍କର ପହଡ଼ ସମୟ । ଏହି ସମୟରେ ଦର୍ଶନ ବନ୍ଦ ରହେ । ପୁଣି ଅପରାହ୍ନ ଘ୩ଟିକାରୁ ରାତି ୧୦ଘଟିକା ପର୍ଯ୍ୟନ୍ତ ମନ୍ଦିର ଖୋଲାଥାଏ । ତାପରେ ପହଡ଼ ପଡ଼େ ।

ମହାବିଷୁବ ସଂକ୍ରାନ୍ତି ବା ପଣାସଂକ୍ରାନ୍ତି ଦିନ ମାଆ ଏବଂ ତାଙ୍କର ପାର୍ଶ୍ୱ ଦେବାଦେବୀଙ୍କ ନିକଟରେ ପଣାଭୋଗ ଲାଗିହୁଏ । ପଣା ପ୍ରସ୍ତୁତି ପାଇଁ ଛେନା, ନଡ଼ିଆ, କଦଳୀ, ସର୍କରା ଆଦି ବ୍ୟବହୃତ ହୁଏ । ଏହିଦିନ ଦେବୀଙ୍କ ପାଖରେ ନୂତନ ପଞ୍ଜିକା ବ୍ୟବହୃତ ହୁଏ । ଚନ୍ଦନ ପୂର୍ଣ୍ଣିମାରେ ମାଆଙ୍କର ସୁମନୋହର ଚନ୍ଦନବେଶ ଭକ୍ତମାନେ ପ୍ରାଣଭରି ଭକ୍ତି ଭାବରେ ଉପଭୋଗ କରନ୍ତି । ଅତ୍ୟଧିକ ଗ୍ରୀଷ୍ମତାପକୁ ଉପଶମ କରିବା ପାଇଁ ଏହି ସମୟରେ ମାଆ ବିରଜାଙ୍କ ନିକଟରେ ପଖାଳ ଭୋଗ ନୈବେଦ୍ୟ ରୂପେ ଲାଗିହୁଏ ।

ରଜ ସଂକ୍ରାନ୍ତିରେ ଦେବୀ ମାତା ନୂତନ ବସ୍ତ୍ରରେ ବିଭୂଷିତ ହୁଅନ୍ତି । ରଜରେ ପୋଡ଼ପିଠା ମାଆଙ୍କ ସମକ୍ଷରେ ନୈବେଦ୍ୟ ରୂପେ ଅର୍ପଣ କରାଯାଏ । ଏହାପରେ ଆସେ ଶ୍ରାବଣ ପୂର୍ଣ୍ଣିମା । ଏହାକୁ ଉତ୍କଳର ଘରେ ଘରେ ଗହ୍ମା ପୂର୍ଣ୍ଣିମା ଅଥବା ରାକ୍ଷୀପୂର୍ଣ୍ଣିମା ନାମରେ ପାଳନ କରାଯାଏ । ଏହିଦିନ ଦେବୀ ମାତା ବିରାଜଙ୍କର ହସ୍ତରେ ରାକ୍ଷୀବନ୍ଧନ କରାଯାଏ । ସେଇପରି କୁମାର ପୂର୍ଣ୍ଣିମା ଏବଂ ଦୀପାବଳି ଅମାବାସ୍ୟା-ଏଇ ଦୁଇଟି ବିରଜାପୀଠରେ ପ୍ରସିଦ୍ଧ ପର୍ବ ରୂପେ ପାଳିତ ହୋଇଥାଏ। କୁମାରପୂର୍ଣ୍ଣିମାରେ ଦେବୀ ବିରଜାଙ୍କୁ ସୁନାବେଶରେ ସୁସଜ୍ଜିତ କରା ଯାଉଥିବା ବେଳେ ଦୀପାବଳିର ପବିତ୍ର ଅବସରରେ ଦୀପଦାନ କରାଯିବାର ପରମ୍ପରା ରହିଛି ।

ପ୍ରଥମାଷ୍ଟମୀ ଏକ ପ୍ରମୁଖ ଉତ୍ସବ ରୂପେ ଓଡ଼ିଶାରେ ଘରେ ଘରେ ପାଳିତ ହୋଇଥାଏ । ଏହିଦିନ ଘରେ କଳସପୂଜା, ମନ୍ଦିରରେ ପୂଜାର୍ଚ୍ଚନା ଆଦି ସହ ନୂତନ ବସ୍ତ୍ର ପରିଧାନ ଏବଂ ବହୁବିଧ ପିଠାପଣା କରା ଯାଇଥାଏ । ମାତା ବିରଜାଙ୍କ ମନ୍ଦିରରେ ମଧ୍ୟ ଅନୁରୂପ ପରମ୍ପରା ରହି ଆସିଛି । ଏହିଦିନ ମାଆଙ୍କଠାରେ ନୂତନ ବସ୍ତ୍ର ଲାଗିହୁଏ ଏବଂ ଏଣ୍ଡୁରି ପିଠା ଭୋଗ କରାଯାଏ । ମାଘ ପୂର୍ଣ୍ଣିମାକୁ ଏକ ପବିତ୍ର ଦିବସ ଭାବରେ ଓଡ଼ିଆମାନେ ସ୍ନାନଦାନ ସହ ସନ୍ଧ୍ୟାରେ ସାମୁହିକ ଅଗ୍ନ୍ୟୁତ୍ସବ କରି ପାଳନ କରିଥା'ନ୍ତି । ଏହିଦିନ ବିରଜାଙ୍କ ଠାରେ ମଧ୍ୟ ଅଗ୍ନିପୂଜା କରାଯାଇ ଖୋଲା ଦାଣ୍ଡରେ ଅଗ୍ନ୍ୟୁତ୍ସବ ପାଳିତ ହୋଇଥାଏ । ବହୁ ସଂଖ୍ୟକ ଭକ୍ତମାନେ ଏଥିରେ ଯୋଗଦାନ କରନ୍ତି । ଏହାପରେ ଆସେ ଫାଲ୍ଗୁନ ପୂର୍ଣ୍ଣିମା । ଏହିଦିନକୁ ଦୋଳ ପୂର୍ଣ୍ଣିମା ବୋଲି ମଧ୍ୟ କହନ୍ତି । ଏହି ଦିବସଟି ହୋଲିଖେଳ ଏବଂ ନୂତନ ପଞ୍ଜିକା ପାଠ ପାଇଁ ବିଶେଷ ମହତ୍ତ୍ୱ ରଖେ । ଦୋଳପୂର୍ଣ୍ଣିମା ଦିନ ମାଆ ବିରଜାଙ୍କର ଚଳନ୍ତି ପ୍ରତିମା ଦୋଳମଣ୍ଡପକୁ ଯାତ୍ରା କରନ୍ତି । ସେଠାରେ ପ୍ରତିମାଙ୍କ ନିକଟରେ ଅବିର ଲାଗିହୋଇ ହୋଲିଖେଳ ଖୁବ୍ ଆନନ୍ଦ ଉଲ୍ଲାସ ସହ ପାଳିତ ହୁଏ ।

ଏ ସମସ୍ତ ପର୍ବ ପର୍ବାଣିମାନଙ୍କ ମଧ୍ୟରେ ପ୍ରତ୍ୟେକ ପର୍ବର ସ୍ୱତନ୍ତ୍ର ବୈଶିଷ୍ଟ୍ୟମାନ ଦୃଷ୍ଟିଗୋଚର ହେଉଥିଲେ ମଧ୍ୟ ଜଗନ୍ମାତା ମାଆ ବିରଜାଙ୍କ ଠାରେ ହେଉଥିବା ଦୁର୍ଗାପୂଜା ବିଶେଷ ଭାବରେ ପ୍ରସିଦ୍ଧିଲାଭ କରିଛି । ଆଦ୍ୟାଶକ୍ତି ମାଆ ବିରଜାଙ୍କ ପୀଠରୁ ହିଁ ଶାରଦୀୟ ଦୁର୍ଗାପୂଜାର ପରମ୍ପରା ଆରମ୍ଭ ହୋଇ ବିଶ୍ୱବ୍ୟାପୀ ହୋଇଥିବାର ଭୁରି ଭୁରି ପ୍ରମାଣ ଶାସ୍ତ୍ରମାନଙ୍କରୁ ତଥା ଐତିହାସିକମାନଙ୍କ ଗବେଷଣାରୁ ଉପଲବ୍ଧ ହୁଏ । ଦ୍ୱିତୀବାହନ ଓଷା ଦିନ ସନ୍ଧ୍ୟାରେ ବ୍ରହ୍ମାକୁଣ୍ଡରୁ ଘଣ୍ଟାବାଦ୍ୟ ସହ

ବିରଜାଙ୍କ ଘଟ ଆସି ଅନ୍ୟ ଘଟମାନଙ୍କ ସହ ସ୍ଥାପିତ ହୋଇ ମାଆଙ୍କ ମହାସ୍ନାନ ପର୍ବ ପରେ ନୂତନ ବେଶ ହୁଏ । ରାତିରୁ ଋଷିମନ୍ତ୍ରରେ ଆବରଣ ପୂଜା, ଷୋଡ଼ଶ ଉପଚାର ପୂଜା, ନୈବେଦ୍ୟ, ହୋମ ଆଦି ହୁଏ । ଖେଚୁଡ଼ି, ଡାଲି, ତରକାରି, ଖିରି, ଖଇ, ପୁରୀ, ଉଖୁଡ଼ା, ଗଜା ଆଦି ଭୋଗ ଲାଗେ । ଆଦ୍ରା ନକ୍ଷତ୍ର ବିଶିଷ୍ଟ ମୂଳାଷ୍ଟମୀ ଠାରୁ ଉତ୍ତରାଷାଢ଼ା ନକ୍ଷତ୍ର ଯୁକ୍ତ ମହାନବମୀ ପର୍ଯ୍ୟନ୍ତ ଷୋଡ଼ଶ ଦିନାତ୍ମିକା ଦୁର୍ଗୋତ୍ସବ ପାଳିତ ହୋଇ ଶ୍ରବଣାନକ୍ଷତ୍ର ବିଶିଷ୍ଟ ଶୁକ୍ଲ ଦଶମୀ ତିଥିରେ ବିଜୟୋତ୍ସବ ଅନୁଷ୍ଠିତ ହୁଏ । ମୂଳାଷ୍ଟମୀରୁ ମହାଷ୍ଟମୀ ପର୍ଯ୍ୟନ୍ତ ପ୍ରତ୍ୟହ ଦୁଇଓଳି ଷୋଡ଼ଶ ଉପଚାର ପୂଜା ହୁଏ । ଏତଦ୍‌ବ୍ୟତୀତ ଏହି ସମୟରେ ପ୍ରତିଦିନ ଶକ୍ତିପଲ୍ଲବୋକ୍ତ ତନ୍ତ୍ରବିଧି ଅନୁଯାୟୀ ପୂଜା, ଚଣ୍ଡୀପାଠ ଆଦି ଅନୁଷ୍ଠିତ ହୁଏ । ଆଶ୍ୱିନ ଶୁକ୍ଲ ପଞ୍ଚମୀ ତିଥିରେ ସନ୍ଧ୍ୟାବେଳେ ମାଆଙ୍କର ମହାସ୍ନାନ, ଷୋଡ଼ଶ ଉପଚାର ପୂଜା ଆଦି ପରେ ମଧ୍ୟରାତ୍ରରେ ଯଜ୍ଞ ହୁଏ । ମହାଷ୍ଟମୀ ସନ୍ଧ୍ୟାରେ ମାଆଙ୍କର ମହାସ୍ନାନରେ ବହୁସଂଖ୍ୟକ ବ୍ରାହ୍ମଣ ବୈତରଣୀରେ ସ୍ନାନ କରି ଜଳପୂର୍ଣ୍ଣ କଳସୀ ସହ ମନ୍ଦିରକୁ ଆସନ୍ତି । ଏପରି ଜଳ ନେଇ ଆସିଥିବା ମହିଳା ଭକ୍ତମାନେ ମଧ୍ୟ ସମସ୍ତଙ୍କ ସହ ମାଆଙ୍କର ମହାସ୍ନାନ ସମୟ ପର୍ଯ୍ୟନ୍ତ ଅପେକ୍ଷା କରନ୍ତି ଏବଂ ମାଆଙ୍କ ମହାସ୍ନାନରେ ନିଜ ନିଜ ଜଳ ଲାଗି କରିବା ପରେ ବାହାରକୁ ଆସନ୍ତି । ଏହାପରେ ମାଆଙ୍କର ବେଶ କରାଯାଇ ଷୋଡ଼ଶ ଉପଚାର ପୂଜା, ମହାଷ୍ଟମୀ ପୂଜା, ଶେଷଯଜ୍ଞ ତଥା ସେଥିରେ ପୂର୍ଣ୍ଣାହୁତି ଅର୍ପଣ କରାଯାଏ । ଶେଷ ଯଜ୍ଞରେ ଅଂଶ ଗ୍ରହଣ କରିବା ପାଇଁ ଆସୁଥିବା ଭକ୍ତମାନେ ଉପବାସ ବିଧି ପାଳନ କରନ୍ତି । ଏବଂ ଏଇପରି ମାଆଙ୍କର ନୀତି ଅନୁଷ୍ଠାନ ରାତିବ୍ୟାପୀ ଚାଲିଥାଏ । ମହାନବମୀ ଦିନ ନବମୀପୂଜା ହୋଇ ସନ୍ଧ୍ୟାରେ ଲାଖବିନ୍ଧା ପଡ଼ିଆରେ ଲାଖବିନ୍ଧା ହୁଏ । ଏଥିରେ ପ୍ରବଳ ଭିଡ଼ ହୁଏ । ଏଇ ସମୟରେ ହେଉଥିବା ବିରଜାଙ୍କ ରଥଯାତ୍ରା ଖୁବ୍ ପ୍ରସିଦ୍ଧ । ପ୍ରତିପଦା ଠାରୁ ନବମୀ ପର୍ଯ୍ୟନ୍ତ ଏଇ ରଥ ବିରଜା ମନ୍ଦିର ବେଢ଼ା ଚାରିପଟେ ପରିକ୍ରମା କରେ । ଏହି ରଥରେ ମାଆ ବିରଜାଙ୍କ ଚଳନ୍ତି ପ୍ରତିମାକୁ ବିଜେ କରାଯାଇ ରଥ ଉପରେ ଚଣ୍ଡୀପାଠ କରାଯାଏ । ବିରଜାଙ୍କର ଏଇ ରଥର ନାମ 'ସିହଂଧ୍ୱଜ' । ନବମୀ ଦିନ ରଥ ପରିକ୍ରମା ପରେ ବିଜେ ପ୍ରତିମା ଏକ ସୁଦୃଶ୍ୟ ବିମାନରେ ସନ୍ଧ୍ୟାରେ ଲାଖବିନ୍ଧା ପଡ଼ିଆକୁ ଯାଆନ୍ତି ଓ ସେଠାରେ ଲାଖବିନ୍ଧା ଅନୁଷ୍ଠିତ ହୁଏ । ଦଶମୀ ଦିନ ସନ୍ଧ୍ୟାପୂଜା ପରେ ବିଜୟୋତ୍ସବ ପାଳନ ହୁଏ ଏବଂ ମାଆଙ୍କର ଘଟ ବିସର୍ଜନ ହୋଇ ଏଇ ଘଟକୁ ତୀର୍ଥଜଳରେ ନିମଜ୍ଜିତ କରାଯାଏ ।

ଶ୍ରୀ ମନ୍ଦିରରେ ବିମଳାଙ୍କ ଶାରଦୀୟ ଦୁର୍ଗୋତ୍ସବ

ଶ୍ରୀକ୍ଷେତ୍ରର ପୁରୀଧାମ ଏକ ତନ୍ତ୍ରପୀଠ ଭାବେ ପ୍ରସିଦ୍ଧି ଲାଭ କରିଛି। ଏହି ପୀଠରେ ବିଜେ ହୋଇଥିବା ଅଧିଷ୍ଠାତ୍ରୀ ଦେବୀ ମାଆ ବିମଳାଙ୍କ ଠାରେ ହେଉଥିବା ଶାରଦୀୟ ଦୁର୍ଗୋତ୍ସବର ସ୍ୱାତନ୍ତ୍ର୍ୟତା ଅନନ୍ୟ। ଶ୍ରୀମନ୍ଦିର ଭିତରେ ଥିବା ରୋହିଣୀ କୁଣ୍ଡର ଦକ୍ଷିଣ ପଶ୍ଚିମ କୋଣରେ ପରମ ଆରାଧ୍ୟା ମା' ବିମଳାଙ୍କର ପୁରାତନ ମନ୍ଦିର ଅବସ୍ଥିତ। ବିମଳାଙ୍କ ମୂର୍ତ୍ତି କଳାମୁଗୁନି ପଥରରେ ନିର୍ମିତ। କେତେକଙ୍କ ମତରେ ଦକ୍ଷକନ୍ୟା 'ସତୀ'ଙ୍କର ଜିହ୍ୱା ଶ୍ରୀ ପୁରୁଷୋତ୍ତମ କ୍ଷେତ୍ରରେ ପତିତ ହୋଇଥିବା କାରଣରୁ (**ରସନା ଉତ୍ର ଦେଶେ ଚ ବିମଳା ପୁରୁଷୋତ୍ତମେ**) ବିମଳା ପୀଠ ଏଠାରେ ବିରାଜମାନ। ଚତୁର୍ଭୁଜା ମା' ବିମଳା ଭକ୍ତର ମନୋବାଞ୍ଛା ଅଚିରେ ପୂର୍ଣ୍ଣ କରିଥାନ୍ତି। ଏକାଧାରରେ ସେ ମହାକାଳୀ, ମହାଲକ୍ଷ୍ମୀ ଓ ମହାସରସ୍ୱତୀ ଅଟନ୍ତି। କିନ୍ତୁ ଅନ୍ୟ ଏକ ମତ ତଥା ପୌରାଣିକ କିମ୍ବଦନ୍ତୀ ଅନୁଯାୟୀ ଏକଦା ଦକ୍ଷ ପ୍ରଜାପତି ଏକ ବିଶାଳ ଯଜ୍ଞର ଆୟୋଜନ କରିଥିଲେ। ଏହି ଯଜ୍ଞରେ ନିଜର ଝିଅ 'ସତୀ' ଏବଂ ଜ୍ୱାଇଁ ଶିବଙ୍କୁ ନିମନ୍ତ୍ରଣ ନକରି ଆଉ ସମସ୍ତ ଦେବାଦେବୀମାନଙ୍କୁ ନିମନ୍ତ୍ରଣ କରିଥିଲେ। ଏହା ସତ୍ତ୍ୱେ ସତୀ ବିନା ନିମନ୍ତ୍ରଣରେ ପିତ୍ରାଳୟରେ ଆୟୋଜିତ ଯଜ୍ଞରେ ଯୋଗ ଦେଇଥିଲେ। ସେଠାରେ ଦକ୍ଷଙ୍କ ଦ୍ୱାରା ନିଜର ସ୍ୱାମୀଙ୍କ ଅପମାନ ସହ୍ୟ କରି ନପାରି ଯଜ୍ଞ କୁଣ୍ଡରେ ଝାସ ଦେଇ ପ୍ରାଣ ବିସର୍ଜନ କରିଥିଲେ। ଏଥିରେ ଶିବ କ୍ରୋଧ ଜର୍ଜରିତ ହୋଇ ସମସ୍ତ ଯଜ୍ଞକୁ ବିଧ୍ୱସ୍ତ କରିବା ସଙ୍ଗେ ସଙ୍ଗେ ସତୀଙ୍କର ଅର୍ଦ୍ଧଦଗ୍ଧ ଶରୀରକୁ ସ୍କନ୍ଧ ଉପରେ ବହନ ପୂର୍ବକ ତୀର୍ଥଯାତ୍ରାରେ ବାହାରିଲେ। ଶିବଙ୍କ କ୍ରୋଧ ଫଳରେ ସମଗ୍ର ସୃଷ୍ଟି ଧ୍ୱଂସ ହୋଇପାରେ, ଏପରି ଭୟଗ୍ରସ୍ତ ହୋଇ ଦେବତାମାନେ ଏଥିରୁ ରକ୍ଷା କରିବାପାଇଁ ବିଷ୍ଣୁ ଭଗବାନଙ୍କୁ ପ୍ରାର୍ଥନା କଲେ। ଏଣୁ ବିଷ୍ଣୁ ନିଜ ଆୟୁଧ ସୁଦର୍ଶନ ଚକ୍ରଙ୍କୁ ପ୍ରେରଣ କରି ଶିବଙ୍କ ଅଜ୍ଞାତସାରରେ ସତୀଙ୍କ ଅର୍ଦ୍ଧଦଗ୍ଧ ଶରୀରକୁ ଖଣ୍ଡ ଖଣ୍ଡ କରି ଦେବାକୁ ନିର୍ଦ୍ଦେଶ ଦେଲେ। କାରଣ ବିଷ୍ଣୁ ଜାଣିଗଲେ

ଯେ ଶିବଙ୍କ ସ୍କନ୍ଧରେ ସତୀଙ୍କ ଅର୍ଦ୍ଧଦଗ୍ଧ ଶରୀର ଥିବା ପର୍ଯ୍ୟନ୍ତ ତାଙ୍କର କ୍ରୋଧ ଶାନ୍ତ ହୋଇ ନପାରେ। ସତୀଙ୍କର ଏହି ଶରୀର ଖଣ୍ଡଗୁଡ଼ିକ ଯେଉଁ ଯେଉଁ ସ୍ଥାନରେ ପତିତ ହେଲା ତାହା ପରବର୍ତ୍ତୀ କାଳରେ ଗୋଟିଏ ଗୋଟିଏ ଶକ୍ତିପୀଠ ଭାବରେ ପ୍ରସିଦ୍ଧି ଲାଭ କଲା। ସତୀଙ୍କ ପଦଯୁଗଳ ଶିବଙ୍କ ହସ୍ତ ମଧ୍ୟରେ ଥିବାରୁ ସୁଦର୍ଶନ ତାହା କାଟିପାରିଲେ ନାହିଁ। ଏହି ସମୟରେ ବିଷ୍ଣୁଙ୍କ ଆବିର୍ଭାବ ହେତୁ ତାଙ୍କୁ ପ୍ରଣାମ କରିବା ସକାଶେ ହାତ ଉଠାଇବା ମାତ୍ରେ ପଦଯୁଗଳ ସେହିଠାରେ ପତିତ ହେଲା। ତାହା ହିଁ ବିମଳା ପୀଠ। ଏଣୁ ଏହାକୁ ପାଦପୀଠ ବୋଲି ମଧ୍ୟ କୁହାଯାଏ। ଏହି ପୀଠର ଅଧିଷ୍ଠାତ୍ରୀ ଦେବୀ ହେଲେ ମା' ବିମଳା। ଶ୍ରୀ ପାଦପୀଠ ହେଉ ବା ରସନା ପୀଠ, ବିମଳାଙ୍କ ବିଜେ ସ୍ଥଳୀ ଯେ ଏକ ମହାନ୍ ଶକ୍ତିପୀଠ ଏଥିରେ ସନ୍ଦେହର କୌଣସି ଅବକାଶ ନାହିଁ। ଏଣୁ ବିମଳା ମହାମାୟା, ମହାଦୁର୍ଗା, ଆଦ୍ୟାଶକ୍ତି ଅଟନ୍ତି। ଦେବୀଙ୍କୁ ଏକାକ୍ଷରୀ ଭୁବନେଶ୍ୱରୀ ମନ୍ତ୍ରରେ ନିତ୍ୟ ଆରାଧନା କରାଯାଏ। ଏଣୁ କୁହାଯାଇଛି:

"ମାୟା ବୀଜାକ୍ଷରା ନିତ୍ୟା ହ୍ରୀଁକାର ବୀଜସଂଯୁତୈଃ
ପୂଜୟେତ୍ ବିମଳାଂ ଭଦ୍ର କୈବଲ୍ୟ ମୁକ୍ତିଦାୟିନୀଂ ॥"

ଶିବ-ଦୁର୍ଗା, ଭୈରବ ଭୈରବୀ ବା ଶିବ ଶିବପତ୍ନୀ ଅଥବା ଶିବ ଏବଂ ଶିବାଙ୍କ ମଧ୍ୟରେ ଯେ ଅଭେଦ ସମ୍ପର୍କ ନିହିତ ଏଥିରେ ସନ୍ଦେହ ନାହିଁ। ମାତ୍ର ଶ୍ରୀକ୍ଷେତ୍ରରେ ଶ୍ରୀଜଗନ୍ନାଥଙ୍କୁ ଭୈରବ ରୂପେ କଳ୍ପନା କଲାବେଳେ ବିମଳା ଭୈରବୀ ରୂପେ ପ୍ରତିପାଦିତ ହୁଅନ୍ତି। ସେ ହେଉଛନ୍ତି ଜଗତର ନାଥ ଜଗନ୍ନାଥଙ୍କର ଶକ୍ତି। ଏଣୁ ନିମ୍ନୋକ୍ତ ବର୍ଣ୍ଣନା ଆମ ସଭିଙ୍କର ଦୃଷ୍ଟି ଆକର୍ଷଣ କରେ।

"ଉତ୍କଳେ ନାଭିଦେଶେଷ୍ଟ ବିମଳା ପୁରୁଷୋତ୍ତମେ,
ବିମଳା ଭୈରବୀ ଯତ୍ର ଜଗନ୍ନାଥସ୍ତୁ ଭୈରବଃ।"

ସେମିତି ଏହା ବିମଳାଷ୍ଟକର –

"ଗୋବିନ୍ଦାଙ୍ଗ ବିହାରିଣୀ ଗୋ ଜନନୀ ଯଜ୍ଞୋଭବାଶଂକରୀ।"

ଉପରୋକ୍ତ ତଥ୍ୟକୁ ପ୍ରମାଣିତ କରିଥାଏ। ଶ୍ରୀକ୍ଷେତ୍ରର କ୍ଷେତ୍ରନାୟକ ଶ୍ରୀଜଗନ୍ନାଥ ହୋଇଥିବା ବେଳେ କ୍ଷେତ୍ରେଶ୍ୱରୀ ଭାବରେ ବିମଳାଙ୍କୁ ଗ୍ରହଣ କରାଯାଏ। ଏଇ ପୀଠରେ ପ୍ରଶଂସା କରି କୁହାଯାଇଛି:

"ସୃଷ୍ଟିଭୂତା ମହାଶକ୍ତିଃ ମଣିପୁର ନିବାସିନୀ,
ବିମଳା ସା ପରାଶକ୍ତି ଉଡ଼୍ଡ଼ୀୟାନ ପୁରେଶ୍ୱରୀ ।
ଅନୁଜ୍ଞା ଦେହୀମେ ଦେବି ବହିଃର୍ଯୋଗ ମମାମ୍ବିକେ
ମାଧବଃ ଭୈରବଃ ସାକ୍ଷାତ୍ ପ୍ରଣୋତୋଽସ୍ମି ଜଗତ୍‌ପତେ ॥"
(ବିମଳାକଳ୍ପ)

ଏଣୁ ଦୁର୍ଗାମାଧବ ଉପାସନା ଶ୍ରୀକ୍ଷେତ୍ରର ବୈଶିଷ୍ଟ୍ୟ ଅଟେ । ଏହି ଉପାସନା ଆଶ୍ୱିନ କୃଷ୍ଣ ଅଷ୍ଟମୀ ତିଥିରୁ ମା' ବିମଳାଙ୍କ 'ସହସ୍ର କୁମ୍ଭାଭିଷେକ'ର ଅର୍ଚ୍ଚନା ସହ ଆରମ୍ଭ ହୋଇ ଆଶ୍ୱିନ ଶୁକ୍ଳ ନବମୀ ତିଥି ପର୍ଯ୍ୟନ୍ତ ଷୋହଳ ଦିନ ବ୍ୟାପି ପାଳିତ ହୋଇଥାଏ । ଏହାକୁ ଷୋଡ଼ଶ ପୂଜା ଷୋଳପୂଜା ବୋଲି କୁହାଯାଏ । ଏହି ସମୟରେ ଶ୍ରୀମନ୍ଦିରରେ ଚତୁର୍ଦ୍ଧା ମୂର୍ତ୍ତିଙ୍କ ସକାଳଧୂପ ଉଠିବା ପରେ ସୁବର୍ଣ୍ଣ ଦୁର୍ଗାମୂର୍ତ୍ତି ସିଂହାସନରେ ବିଜେ ହୁଅନ୍ତି । ମହାପ୍ରଭୁଙ୍କ ଆଜ୍ଞାମାଳ ପ୍ରାପ୍ତି ପରେ ପତି ମହାପାତ୍ର ସେବକମାନେ ଦୁର୍ଗା ଦେବୀଙ୍କୁ ମାଜଣା ମଣ୍ଡପ ପଲଙ୍କ ଉପରେ ବିଜେ କରାନ୍ତି । ପଣ୍ଡା, ପତି, ମୁଦିରସ୍ତ ଏବଂ ଆଚାର୍ଯ୍ୟ ଆଦି ସେବକମାନେ ଦୁର୍ଗା ଦେବୀଙ୍କୁ ଏକଶହ ଆଠ ଗରା ଜଳରେ ଅଭିଷେକ କରାନ୍ତି । ଏହି ଅଭିଷେକ କାର୍ଯ୍ୟ ବନଦୁର୍ଗା ମନ୍ତ୍ରରେ ସମାହିତ ହୁଏ । ଶୀତଳ ଭୋଗ, ପ୍ରସାଦ ଲାଗି ଏବଂ ବନ୍ଦାପନା ପରେ ଦେବୀଙ୍କୁ ଭଣ୍ଡାର ଦ୍ୱାରରେ ବିଜେ କରାଯାଏ । ସେଠାରେ ଶ୍ରୀ ବାଳ ପୁରୁଷୋତ୍ତମ ଦେବଙ୍କୁ ଆଜ୍ଞାମାଳ ପ୍ରଦାନ ପରେ ଭଦ୍ରାସନରେ ଦୁର୍ଗାଙ୍କ ସହ ଏକତ୍ର ରୁନ୍ଧାଯାଇ ବିଜେ କରାଯାଏ । ଏହାପରେ ରୁନ୍ଧା ଦୁର୍ଗାଦେବୀ ଓ ଶ୍ରୀ ବାଳ ପୁରୁଷୋତ୍ତମଙ୍କୁ ଜୟ ବିଜୟ ଦ୍ୱାର ଦେଇ ଝୁଲଣ ମଣ୍ଡପ ନିକଟରେ ଥିବା ପାଲିଙ୍କିରେ ବିଜେ କରାଯାଏ । ଏତଦ୍ ମଧ୍ୟରେ ମାଆ ବିମଳାଙ୍କ ସହସ୍ର କୁମ୍ଭ ବରଣ ପୂଜାବିଧି ଶେଷ ହୋଇଥାଏ ଏବଂ ଷୋଡ଼ଶ ଉପଚାରରେ ଭୋଗ କରାଯାଇଥାଏ । ଭୋଗ ମଧ୍ୟରେ ମହାପ୍ରସାଦ ପିଠା, କୋଠ ଭୋଗ ସହିତ ଥାଳି ଖେଚୁଡ଼ି ବଢ଼ାଯାଇଥାଏ । ପୂଜା ପରେ ଧୂପ ଦୀପ ଦିଆଯାଇ ଟେରା ପଡ଼ିଥାଏ । ଆଚାର୍ଯ୍ୟ ନୈବେଦ୍ୟ ସମର୍ପଣ କରନ୍ତି । ଟେରା ଫିଟିବାପରେ ୨୧ ବତୀ କର୍ପୁର ଆଳତୀ ସହ ବନ୍ଦାପନା କରାଯାଏ । ଏହାପରେ ଶ୍ରୀ ବାଳ ପୁରୁଷୋତ୍ତମ ଓ ଶ୍ରୀଦୁର୍ଗା ରୁନ୍ଧା ଅବସ୍ଥାରେ ବିମଳା ମନ୍ଦିରସ୍ଥ ଖଟ ଉପରେ ବିରାଜମାନ କରନ୍ତି । ସେଠାରେ ଶୀତଳ ଭୋଗ ମଣୋହି କରାଯାଏ । ବନ୍ଦାପନା ହୁଏ । ଚତୁର୍ଦ୍ଧା ମୂର୍ତ୍ତିଙ୍କର ରାତ୍ରରେ ଭିତର ଚନ୍ଦନଲାଗି ହେଲାପରେ ବିମାନ

ବଡୁମାନେ ଦିଅଁମାନଙ୍କୁ ବାହୁଡ଼ା ବିଜେ କରାନ୍ତି । ଏଠାରେ ଏହା ଉଲ୍ଲେଖଯୋଗ୍ୟ ଯେ ରୁଦ୍ଧାଦିଅଁ (ଦୁର୍ଗାମାଧବ ବା ଶ୍ରୀଦୁର୍ଗା ଓ ଶ୍ରୀ ବାଳ ପୁରୁଷୋତ୍ତମ) ରଥରେ ବିଜେ ହୋଇ ଷୋଳ ପୂଜାର ପ୍ରଥମ ଆଠଦିନ ବିମଳାଙ୍କ ମନ୍ଦିରରେ ପଲଙ୍କ ଉପରେ ବସନ୍ତି ଏବଂ ଶ୍ରୀ ଜଗନ୍ନାଥଙ୍କ ରାତ୍ରି ଚନ୍ଦନଲାଗି ପରେ ବିମଳାଙ୍କ ମନ୍ଦିରରୁ ବାହୁଡ଼ା ବିଜେ କରନ୍ତି । ଶେଷ ଆଠଦିନ ଦୁର୍ଗା ଓ ମାଧବ ଦୋଳମଣ୍ଡପ ସାହିର ନାରାୟଣୀଙ୍କ ମନ୍ଦିରକୁ ରଥରେ ଯାତ୍ରା କରନ୍ତି । ଯୁଗଳ ମୂର୍ତ୍ତିଙ୍କର ଏହି ନାରାୟଣୀ ମନ୍ଦିର ବିଜେକୁ ଶାରଦୀୟ ରଥଯାତ୍ରା ଅଥବା ଗୁପ୍ତ ଗୁଣ୍ଡିଚା ବୋଲି କୁହାଯାଏ । ଶ୍ରୀ ମନ୍ଦିରରେ ଶ୍ରୀଜଗନ୍ନାଥଙ୍କ ରାତ୍ର ଚନ୍ଦନଲାଗି ପରେ ବିମାନ ବଡୁମାନେ ଯୁଗଳ ମୂର୍ତ୍ତିଙ୍କୁ ବାହୁଡ଼ା ବିଜେ କରି ଶ୍ରୀମନ୍ଦିରକୁ ଆଣନ୍ତି । ମହାସପ୍ତମୀ, ମହାଷ୍ଟମୀ ଏବଂ ମହାନବମୀ ତିଥିରେ ବିମଳାଙ୍କ ମନ୍ଦିର ପାଖରେ ଅନ୍ନ ବ୍ୟଞ୍ଜନ ପ୍ରସ୍ତୁତି ପାଇଁ ଏକ ଅସ୍ଥାୟୀ ପାକଶାଳା ନିର୍ମିତ ହୁଏ । ଏହି ସମୟରେ ମା' ବିମଳାଙ୍କ ପାଖରେ ପଶୁବଳି ଓ ଆମିଷ ଭୋଗ କରାଯିବାର ବିଧି ରହିଛି । ଚତୁର୍ଦ୍ଧା ମୂର୍ତ୍ତିଙ୍କର ରାତ୍ର ପହୁଡ଼ ପରେ ବିମଳାଙ୍କ ପାଖରେ ତିନି ଦିନ ଧରି ଆମିଷ ଓ ଶଙ୍ଖୁଡ଼ି ଭୋଗ କରାଯାଏ । ଶଙ୍ଖୁଡ଼ି ଭୋଗ ଓ ବଳି ନୀତି ଶେଷ ହେବାପରେ ବିମଳାଙ୍କ ମନ୍ଦିର ଠାରୁ ପଶ୍ଚିମଦ୍ୱାର ପର୍ଯ୍ୟନ୍ତ ଚୂନ ପାଣିରେ ଧୂଆଯାଏ । କିନ୍ତୁ ଯେଉଁ ଭକ୍ତମାନେ ମାନସିକ କରିଥାନ୍ତି ସେମାନଙ୍କ ଦ୍ୱାରା ପ୍ରଦତ୍ତ ବଳିର ଛେଦବିଧି ଶ୍ରୀମନ୍ଦିର ପେଜନଳା କୋଣଠାରେ ବିଜେ ହୋଇଥିବା ବିମଳାଙ୍କ ଚଳନ୍ତି ବିଗ୍ରହ ମା' କାକୁଡ଼ିଖାଇଙ୍କ ନିକଟରେ ସମ୍ପନ୍ନ ହୁଏ । ଏଠାରେ ଏହା ଉଲ୍ଲେଖନୀୟ ଯେ ଶ୍ରୀକ୍ଷେତ୍ରର ଦକ୍ଷିଣକାଳୀ, ରାମଚଣ୍ଡୀ, ଭୁବନେଶ୍ୱରୀ, ବାସେଳୀ, ଶ୍ରୀ ବରାହୀ, ହରଚଣ୍ଡୀ, ଚର୍ଚ୍ଚିକା, ଭଗବତୀ, ଆଲାମଚଣ୍ଡୀ ଆଦି ଦେବୀପୀଠ ମାନଙ୍କରେ ଷୋହଳ ପୂଜା ମହାସମାରୋହରେ ପାଳିତ ହୁଏ ।

ଏହି ଶାରଦୀୟ ପୂଜାର ଅବଧି ମଧ୍ୟରେ ମା' ବିମଳାଙ୍କୁ ୧୧ଟି ବେଶରେ ସୁସଜ୍ଜିତ କରାଯାଇଥାଏ । ଆଶ୍ୱିନ କୃଷ୍ଣ ଅଷ୍ଟମୀରୁ ଆଶ୍ୱିନ ଶୁକ୍ଳ ଅଷ୍ଟମୀ ପର୍ଯ୍ୟନ୍ତ ବନଦୁର୍ଗା, ଭୁବନେଶ୍ୱରୀ, ନାରାୟଣୀ, ବଗଳା, ଜୟଦୁର୍ଗା, ଉଗ୍ରତାରା, ମାତଙ୍ଗିନୀ, ଦଶଭୁଜା, ରାଜେଶ୍ୱରୀ, ହରଚଣ୍ଡୀ, ସିଂହବାହିନୀ ଆଦି ବେଶ କରାଯାଇ ଶ୍ରଦ୍ଧାଳୁମାନଙ୍କ ଦର୍ଶନ ପାଇଁ ଉନ୍ମୁକ୍ତ କରାଯାଏ । କିନ୍ତୁ ଏହି ୧୬ଦିନ ବ୍ୟାପି ଶାରଦୀୟ ଦୁର୍ଗୋତ୍ସବ ବିଧି ଅନୁଷ୍ଠାନ ବେଳେ ମହିଳା ଭକ୍ତମାନଙ୍କୁ ବିମଳା

ମନ୍ଦିରରେ ପ୍ରବେଶ ନିଷିଦ୍ଧ କରାଯାଇଥାଏ । ଦେବୀ ବିମଳାଙ୍କ ବିଷୟରେ ବିମଳାସପର୍ଯ୍ୟାରେ ବର୍ଣ୍ଣନା କରି କୁହାଯାଇଛି:

"ବିମଳା ସା ମହାଦେବୀ ପରାଶକ୍ତିଃ ବରାନନା,
ପରାଶକ୍ତି ପରାୟଣା ପରମା ଚିନ୍ମୟା ଭକ୍ତ ତୋଷିଣୀ ।
ଉଡ୍ଡ୍ରୀୟାନ ପରାପୀଠାଧିଶ୍ୱରୀ ପରମେଶ୍ୱରୀ,
କୈବଲ୍ୟଦାୟିନୀ ଦେବୀ ହରି କୈବଲ୍ୟ ଲୋଲୁପା ।
ଯୋଗମାୟା ଯୋଗରୂପା ପୁରଷୋତ୍ତମ ବଲ୍ଲଭା,
ପାଦ ପୀଠେଶ୍ୱରୀ ବିଦ୍ୟା ଚତୁର୍ବର୍ଗ ପ୍ରଦାୟିକା ।"

ସେହିପରି ଶ୍ରୀବିମଳାଷ୍ଟକରେ ମାତା ବିମଳାଙ୍କୁ ଆଦ୍ୟଦେବୀ ରୂପେ ସମ୍ବୋଧିତ କରାଯାଇଛି:

"ଆଦ୍ୟାଦେବୀ ପରାତ୍ପରା ଭଗବତୀ ମାତା କୃପାସାଗରୀ,
ବ୍ରହ୍ମାନନ୍ଦ ପ୍ରଦାୟିନୀ ହରବଧୂଃ ଷଡ୍‌ଚକ୍ରଚକ୍ରେଶ୍ୱରୀ ।
ମାୟାମୋହମୟୀ ଜନୋଦୟବାରୀ ବ୍ରହ୍ମାଣ୍ଡଭାଣ୍ଡୋଦରୀ,
ତ୍ରାହିମାଂ ବିମଳେ ସଦା ସୁଖକରୀ ଶ୍ରୀକ୍ଷେତ୍ରରାଜେଶ୍ୱରୀ ।।"

ସନ୍ଦର୍ଭ ସୂଚୀ:

୧. 'ଶ୍ରୀକ୍ଷେତ୍ର ଶ୍ରୀମନ୍ଦିର ଶ୍ରୀଜଗନ୍ନାଥ'(ପୁସ୍ତକ)
ଲେଖକ: ପ୍ରାଧାପକ ଶ୍ରୀ ଗୋପାଳ ଚନ୍ଦ୍ର ତ୍ରିପାଠୀ

୨. ବିମଳାଙ୍କ ଶାରଦୀୟ ଦୁର୍ଗାପୂଜା ଓ ଗୋଷାଣୀ ଉପାସନା (ପ୍ରବନ୍ଧ)
ଲେଖକ: ଶ୍ରୀଯୁକ୍ତ ସୁରେନ୍ଦ୍ର ନାରାୟଣ ମିଶ୍ର

ଭାରତୀୟ ଶାକ୍ତତନ୍ତ୍ର ପରମ୍ପରାରେ ମାତୃକା ଉପାସନା

ଐତିହାସିକମାନଙ୍କ ମତରେ ଭାରତରେ ମାତୃକା ଉପାସନା ଖ୍ରୀ.ଅ. ଷଷ୍ଠ ଓ ସପ୍ତମ ଶତକ ମଧ୍ୟରେ ପ୍ରସାର ଲାଭ କରିଥିଲା ବୋଲି କୁହାଯାଉଥିଲେ ମଧ୍ୟ କେତେକ ମତ ଅନୁସାରେ ପ୍ରାଗ୍‌-ବୈଦିକ କାଳରୁ ଏହି ପରମ୍ପରାର ଉଦ୍ଭବ ଘଟିଥିଲା । ସିନ୍ଧୁ ସଭ୍ୟତା ଧ୍ୱଂସାବଶେଷର ପ୍ରତ୍ନତାତ୍ତ୍ୱିକ ଖନନରୁ ପ୍ରାପ୍ତ ହୋଇଥିବା ମାତୃକା ଉପାସନାର ନିଦର୍ଶନରୁ ଏହାର ପ୍ରାଚୀନତା ପ୍ରମାଣିତ ହୁଏ । ବୈଦିକ ଉପାସନାରେ ଅଷ୍ଟାଦଶ ମାତୃଗଣଙ୍କ ପୂଜାର ଅନିବାର୍ଯ୍ୟତା ଏକ ସର୍ବବିଦିତ ପରମ୍ପରା । ଗୌରୀ, ସଚୀ, ଜୟା, ବିଜୟା, ମାତର, ଲୋକ ମାତର, ସ୍ୱାହା, ସ୍ୱଧା, ପଦ୍ମା, ସାବିତ୍ରୀ, ମେଧା, ଶାନ୍ତି, ତୁଷ୍ଟି, ପୁଷ୍ଟି, ଧୃତି, ଆତ୍ମଦେବତା, ଦେବସେନା ଓ କୁଳ ଦେବତୀ ଆଦି ହେଉଛନ୍ତି ସେଇ ଅଷ୍ଟାଦଶ ମାତୃକାଗଣ । ଅଷ୍ଟାଦଶ ମାତୃକାଗଣଙ୍କ ମଧ୍ୟରୁ ମାତର ଓ ଲୋକମାତର ଦ୍ୱୟଙ୍କ ବ୍ୟତୀତ ଅବଶିଷ୍ଟ ଷୋଡ଼ଶ ମାତୃକାଗଣଙ୍କ ପୂଜା ବ୍ରତ, ବିବାହ ଆଦି ଶୁଭ କର୍ମରେ କରାଯାଇଥାଏ । କେତେକଙ୍କ ମତରେ ସପ୍ତମାତୃକା ପୂଜା ପ୍ରସିଦ୍ଧି ଲାଭ କରିବାର ପରବର୍ତ୍ତୀ କାଳରେ ସେମାନଙ୍କ ସହ ମହାଲକ୍ଷ୍ମୀଙ୍କୁ ମିଶାଇ ଅଷ୍ଟମାତୃକା ଉପାସନା ସୃଷ୍ଟି ହୋଇଥିଲା । ସେଇପରି ଏକ କାଳଖଣ୍ଡରେ ସପ୍ତମାତୃକାଙ୍କ ସହିତ ନାରସିଂହୀ ଓ ଚଣ୍ଡିକାଙ୍କୁ ମିଶାଇ ନବମାତୃକା ପୂଜାର ପ୍ରସାର ଘଟିଥିଲା । ନବମାତୃକାମାନେ ହେଲେ- ବ୍ରହ୍ମାଣୀ, ବୈଷ୍ଣବୀ, ନାରସିଂହୀ, ମାହେନ୍ଦ୍ରୀ, ବାରାହୀ, କୌମାରୀ, ରୌଦ୍ରୀ, ଚାମୁଣ୍ଡା ଓ ଚଣ୍ଡିକା । କେତେକ ଅଷ୍ଟ ମାତୃକାଙ୍କୁ ନିମ୍ନମତେ ବର୍ଣ୍ଣନା କରନ୍ତି- ବ୍ରାହ୍ମୀ, ମାହେଶ୍ୱରୀ, କୌମାରୀ, ବୈଷ୍ଣବୀ, ବାରାହୀ, ଐନ୍ଦ୍ରୀ, ଚାମୁଣ୍ଡା ଓ ଚର୍ଚ୍ଚିକା । ସପ୍ତମାତୃକା ରୂପେ ଯେଉଁମାନଙ୍କ ଉଲ୍ଲେଖ ଅମର କୋଷରେ ମିଳେ, ସେମାନେ ହେଲେ :

"ବ୍ରାହ୍ମୀ ଚ ବୈଷ୍ଣବୀ ଐନ୍ଦ୍ରୀ ରୌଦ୍ରୀ ବାରାହିକୀ ତଥା ।
କୌବେରୀ ଚୈବ କୌମାରୀ ମାତରଃ ସପ୍ତକୀର୍ତ୍ତିତାଃ ॥"

ଶକ୍ତି ଉପାସନା ଓ ବୈଦିକ ଦେବୀତତ୍ତ୍ୱ : ୩୧୪

ଏଠାରେ କୁବେର ପତ୍ନୀ କୌବେରୀଙ୍କୁ ସପ୍ତମାତୃକାମାନଙ୍କ ମଧ୍ୟରୁ ଅନ୍ୟତମ ମାତୃକା ରୂପେ ନିଆଯାଇଛି । ଅର୍ଥାତ୍ ଉପରୋକ୍ତ ଶ୍ଳୋକ ଅନୁଯାୟୀ ବ୍ରାହ୍ମୀ, ବୈଷ୍ଣବୀ, ମାହେଶ୍ୱରୀ, ଐନ୍ଦ୍ରୀ, ବାରାହୀ, କୌମାରୀ ଏବଂ କୌବେରୀଙ୍କୁ ସପ୍ତମାତୃକା ବୋଲି କୁହାଯାଇଛି । କିନ୍ତୁ ସାର୍ଥଚଣ୍ଡୀ ଓ ମେରୁତନ୍ତ୍ରରେ ବ୍ରାହ୍ମୀ, ମାହେଶ୍ୱରୀ, କୌମାରୀ, ବାରାହୀ, ଇନ୍ଦ୍ରାଣୀ, ବୈଷ୍ଣବୀ ଏବଂ ଚାମୁଣ୍ଡାଙ୍କୁ ସପ୍ତମାତୃକା ଭାବରେ ବର୍ଣ୍ଣନା କରାଯାଇଛି । ଅତୀତରେ ତନ୍ତ୍ର ସାଧକଗଣ କାମ, କ୍ରୋଧ, ଲୋଭ, ମୋହ, ମଦ, ମାତ୍ସର୍ଯ୍ୟ ଓ ଅସୂୟା ରୂପୀ ଦୁର୍ଗୁଣ ଗୁଡ଼ିକର ବିନାଶ ନିମନ୍ତେ ଯଥାକ୍ରମେ ଯୋଗେଶ୍ୱରୀ, ମାହେଶ୍ୱରୀ, ବୈଷ୍ଣବୀ, କୌମାରୀ, ବ୍ରହ୍ମାଣୀ, ଇନ୍ଦ୍ରାଣୀ ଓ ବାରାହୀ ଆଦି ସପ୍ତମାତୃକାମାନଙ୍କ ଉପାସନା କରିଥିଲେ । ତେବେ ତନ୍ତ୍ର ପରମ୍ପରା ଅନୁଯାୟୀ ସମଗ୍ର ଭାରତରେ ଯେଉଁ ସପ୍ତମାତୃକା ମାନଙ୍କର ପୂଜା କରାଯାଏ, ସେମାନେ ହେଲେ–ବ୍ରାହ୍ମୀ, ମାହେଶ୍ୱରୀ, ଐନ୍ଦ୍ରୀ, ବାରାହୀ, ବୈଷ୍ଣବୀ, କୌମାରୀ ଓ ଚାମୁଣ୍ଡା । ଏହି ମାତୃକାଗଣଙ୍କ ସହ ଉପାସକମାନେ ଗଣେଶ ଓ ବୀରଭଦ୍ରଙ୍କର ପୂଜା ମଧ୍ୟ କରିଥାନ୍ତି ।

କେତେକଙ୍କ ମତରେ 'କ' ବର୍ଗରେ ବ୍ରାହ୍ମୀ, 'ଚ' ବର୍ଗରେ ମାହେଶ୍ୱରୀ, 'ଟ' ବର୍ଗରେ କୌମାରୀ, 'ତ' ବର୍ଗରେ ବୈଷ୍ଣବୀ, 'ପ' ବର୍ଗରେ ବାରାହୀ, 'ଯ' ବର୍ଗରେ ଐନ୍ଦ୍ରୀ ଏବଂ 'ଶ' ବର୍ଗରେ ଚାମୁଣ୍ଡା ଅର୍ଥାତ୍ କ, ଚ, ଟ, ତ, ପ, ଯ, ଶ– ଏମିତି ସପ୍ତବର୍ଗ ଅନୁଯାୟୀ ସପ୍ତମାତୃକା ଗଣ ନିର୍ଦ୍ଧାରିତ ଓ ପୂଜିତ ହୁଅନ୍ତି । ଅବିକଳ ଏହି ମତ 'ସ୍ୱଚ୍ଛନ୍ଦ ତନ୍ତ୍ର ୩୪/୩୬' ଦ୍ୱାରା ମଧ୍ୟ ଘୋଷିତ ହୋଇଛି ।

ବରାହ ପୁରାଣର ଆଖ୍ୟାନ ଅନୁଯାୟୀ ଏକଦା ଶିବ ଓ ଅନ୍ଧକାସୁର ମଧ୍ୟରେ ପ୍ରବଳ ଯୁଦ୍ଧ ହୋଇଥିଲା । ଶିବ ବହୁ ଚେଷ୍ଟା କରି ମଧ୍ୟ ସେହି ଅସୁରକୁ ନିହତ କରିପାରିଲେ ନାହିଁ । କାରଣ ଯୁଦ୍ଧରେ ଅନ୍ଧକାସୁର ଶରୀରରୁ କ୍ଷରିତ ରକ୍ତ ଭୂମି ଉପରେ ପତିତ ହୋଇ ପ୍ରତିଟି ଶୋଣିତ ବିନ୍ଦୁରୁ ଗୋଟିଏ ଗୋଟିଏ ନୂତନ ଅନ୍ଧକାସୁରର ଜନ୍ମ ହୋଇଗଲା । ଏମିତି ଦେଖୁ ଦେଖୁ ଅସଂଖ୍ୟ ଅସୁର ସୃଷ୍ଟି ହୋଇ ଶିବ, ବ୍ରହ୍ମା, ବିଷ୍ଣୁ ଓ କାର୍ତ୍ତିକେୟ ଆଦିଙ୍କ ସହ ଲଢ଼େଇ କଲେ । ସ୍ଥିତି ଅସମ୍ଭାଳ ହେଲା । ଶିବ କ୍ରୋଧାନ୍ୱିତ ହୋଇ ଉଗ୍ର ରୂପ ଧାରଣ କଲେ । ତାଙ୍କ ଶରୀରରୁ ଏକ ବିଶାଳ ଓ ସହସ୍ର ସୂର୍ଯ୍ୟ ସମକକ୍ଷ ଅଗ୍ନିପିଣ୍ଡୁଳା ସୃଷ୍ଟି ହେଲା । ତନ୍ମଧ୍ୟରୁ ପରମ ତେଜ ସମ୍ପନ୍ନା ଦେବୀ ଯୋଗେଶ୍ୱରୀ ଆବିର୍ଭୂତା ହେଲେ । ସେହିପରି ବ୍ରହ୍ମାଙ୍କ ତେଜରୁ 'ବ୍ରାହ୍ମୀ', ବିଷ୍ଣୁଙ୍କ ତେଜରୁ 'ବୈଷ୍ଣବୀ', ଇନ୍ଦ୍ରଙ୍କ ତେଜରୁ 'ଐନ୍ଦ୍ରୀ', କାର୍ତ୍ତିକେୟଙ୍କ

ଶରୀରରୁ 'କୌମାରୀ', ବରାହ ରୂପୀ ବିଷ୍ଣୁଙ୍କ ଶରୀରରୁ ବାରାହୀ ଏବଂ ଯମଙ୍କ ଶରୀରରୁ 'ଚାମୁଣ୍ଡା' ଇତ୍ୟାଦି ମାତୃକା (ଦେବୀ) ଗଣଙ୍କର ଉତ୍ପତ୍ତି ହେଲା। ଏମାନେ ସମସ୍ତେ ମିଳିତ ଭାବରେ ଅନ୍ଧକାସୁର ଶରୀରରୁ ପତିତ ହେଉଥିବା ଶୋଣିତ ବିନ୍ଦୁକୁ ପାନ କରିବାକୁ ଲାଗିଲେ। ଫଳରେ ନୂତନ ଅସୁର ଆଉ ସୃଷ୍ଟି ହୋଇପାରିଲା ନାହିଁ। ଶେଷରେ ଅନ୍ଧକାସୁର ନିହତ ହେଲା। ଶିବ ଅନ୍ଧକାସୁର ବଧ ପରେ ସ୍ୱୟଂ 'ଅନ୍ଧକାରୀ' ନାମ ଧାରଣ କଲେ। ଏହି ଆଖ୍ୟାନର ବର୍ଣ୍ଣନ ଭିନ୍ନ ଭିନ୍ନ ପୁରାଣରେ କିଞ୍ଚିତ୍ ତାରତମ୍ୟ ଭେଦରେ ଦୃଷ୍ଟିଗୋଚର ହେଉଥିଲେ ମଧ୍ୟ ଆବିର୍ଭୂତ ସପ୍ତମାତୃକା ମାନଙ୍କର ଉପାସନା ସମସ୍ତ ଲୋକରେ ସ୍ୱୀକୃତି ଲାଭ କଲା। ତନ୍ତ୍ର ସାଧକମାନେ ଏହି ଉପାସନାକୁ ବ୍ୟାପକ ପ୍ରସିଦ୍ଧି ପ୍ରଦାନ କଲେ। ମାର୍କଣ୍ଡେୟ ପୁରାଣ ଅନ୍ତର୍ଗତ ଶ୍ରୀଦୁର୍ଗା ସପ୍ତଶତୀ ଚଣ୍ଡୀରେ ଅଷ୍ଟମ ଅଧ୍ୟାୟ ସ୍ଥିତ 'ରକ୍ତବୀଜ ରାକ୍ଷସ ବଧ' ପ୍ରସଙ୍ଗରେ ଏହିପରି ଆଖ୍ୟାନ ବର୍ଣ୍ଣିତ ହୋଇଛି।

୧. ବ୍ରାହ୍ମୀ:

ଉପରୋକ୍ତ ବର୍ଣ୍ଣନା ଅନୁଯାୟୀ ବ୍ରହ୍ମାଙ୍କର ଶକ୍ତି 'ବ୍ରାହ୍ମୀ' ବା 'ବ୍ରହ୍ମାଣୀ' ହେଉଛନ୍ତି ସପ୍ତମାତୃକାମାନଙ୍କ ମଧ୍ୟରେ ପ୍ରଥମା ଦେବୀ। ସେ ହଂସଯୁକ୍ତ ବିମାନାରୂଢ଼ା ଏବଂ କମଣ୍ଡଳୁ, ଅକ୍ଷସୂତ୍ର ଓ ଅକ୍ଷମାଳା ଧାରିଣୀ:-

"ହଂସଯୁକ୍ତ ବିମାନାଗ୍ରେ ସାକ୍ଷସୂତ୍ର କମଣ୍ଡଳୁଃ।
ଆୟାତା ବ୍ରହ୍ମଣଃ ଶକ୍ତିର୍ବ୍ରହ୍ମାଣୀ ସାଭିଧୀୟତେ ॥"

(ମାର୍କଣ୍ଡେୟ ପୁରାଣ)

'ମେରୁତନ୍ତ୍ର'ର ଏକ ଶ୍ଳୋକ ଅନୁଯାୟୀ:-

ବ୍ରାହ୍ମୀ ପଦ୍ମ ପୁଷ୍ପ ସମାସୀନା, ହଂସାରୂଢ଼ା, ଚର୍ତୁମୁଖୀ, ଚତୁର୍ବାହୁଯୁକ୍ତା। ପ୍ରତ୍ୟେକ ଭୁଜରେ ଯଥାକ୍ରମେ ଅକ୍ଷ, ଅଭୟ ମୁଦ୍ରା, ବରଦା ମୁଦ୍ରା ଏବଂ କମଣ୍ଡଳୁ ଶୋଭାୟମାନ-

"ଧ୍ୟାୟେ ବ୍ରାହ୍ମୀ ପଦ୍ମସଂସ୍ଥା ହଂସାରୂଢ଼ାଂ ଚତୁର୍ମୁଖାମ୍।
ଅକ୍ଷମାଳା ବରାଭୀତି କମଣ୍ଡଳୁ କରାରୁଣାମ୍ ॥"

'ବିଷ୍ଣୁ ଧର୍ମୋତ୍ତର' ପୁରାଣ ଅନୁଯାୟୀ ବ୍ରହ୍ମାଣୀ ଚତୁର୍ବକ୍ତ୍ରା, ଷଡ଼ଭୁଜା, ଦକ୍ଷିଣ ଭୁଜ ମାନଙ୍କରେ ଅକ୍ଷସୂତ୍ର, ସ୍ରୁବ ଓ ବରଦ ମୁଦ୍ରା ଏବଂ ବାମ ତିନି ଭୁଜରେ

ପୁସ୍ତକ, ପାତ୍ରୀ ଓ ଅଭୟ ମୁଦ୍ରା ଧାରଣ କରିଥାନ୍ତି । କିନ୍ତୁ 'ଅଂଶୁମଦ୍‌ଭେଦାଗମ ତନ୍ତ୍ର' ଅନୁଯାୟୀ ତାଙ୍କର ଚତୁର୍ବାହୁ, ଚତୁର୍ମୁଖ ତଥା ସେ ରକ୍ତ ପଦ୍ମାସନା । ପୀତାମ୍ବର ପରିଧାନ ସହ ଦେବୀ ଜଟା ମୁକୁଟ ଧାରଣ ପୂର୍ବକ ହଂସ ବାହନରେ ଭ୍ରମଣ କରନ୍ତି । ଭିନ୍ନ ଭିନ୍ନ ଶାସ୍ତ୍ରରେ ତାଙ୍କର ମୂର୍ତ୍ତିକୁ ନେଇ ମତ ଭିନ୍ନତା ପରିଦୃଷ୍ଟ ହେଉଥିଲେ ମଧ୍ୟ ଉପାସନା ପଦ୍ଧତି ପ୍ରାୟତଃ ସମାନ ଅଟେ । ତାଙ୍କର ଉପାସନା ଦ୍ୱାରା 'ମଦ' ନାମକ ଆସୁରିକ ଗୁଣ ନଷ୍ଟ ହୁଏ । ବ୍ରାହ୍ମୀଙ୍କର ଏକାକ୍ଷର ବୀଜମନ୍ତ୍ର ହେଉଛି 'ବ୍ରାଂ' ।

୨. ମାହେଶ୍ୱରୀ:

ମାହେଶ୍ୱରୀ ହେଉଛନ୍ତି ଦ୍ୱିତୀୟ ମାତୃକା । ତାଙ୍କ ସମ୍ପର୍କରେ କୁହାଯାଇଛି-

"ମାହେଶ୍ୱରୀ ବୃଷାରୂଢ଼ା ତ୍ରିଶୂଳବରଧାରିଣୀ ।
ମହାହିବଳୟା ପ୍ରାପ୍ତା ଚନ୍ଦ୍ରରେଖାବିଭୂଷଣା ॥"

(ଶ୍ରୀ ଶ୍ରୀ ଚଣ୍ଡୀ ୮/୧୬)

ଅର୍ଥାତ୍ ମହାଦେବଙ୍କ ଶକ୍ତି ବୃଷଭ ଉପରେ ଆରୂଢ଼ ହୋଇ ହସ୍ତରେ ଶ୍ରେଷ୍ଠ ତ୍ରିଶୂଳ ଧାରଣ କରି ମହାନାଗର କଙ୍କଣ ପରିଧାନ ପୂର୍ବକ ମସ୍ତକରେ ଚନ୍ଦ୍ରରେଖା ଦ୍ୱାରା ବିଭୂଷିତ ହୋଇ ସେଠାରେ ଉପସ୍ଥିତ ହେଲେ । 'ଅଂଶୁମଦ୍‌ଭେଦାଗମ ତନ୍ତ୍ର' ଅନୁଯାୟୀ ସେ ତ୍ରିନେତ୍ରା, ଚତୁର୍ଭୁଜା ଏବଂ ଶୂଳ, ଜପମାଳା, ବରଦ ଓ ଅଭୟ ମୁଦ୍ରା ହସ୍ତା ।

"ଚତୁର୍ଭୁଜା ତ୍ରିନେତ୍ରା ଚ ଅତିରିକ୍ତ ସମପ୍ରଭା,
ଶୂଳା ଭୟଂକରା ସବ୍ୟେ ବାମେ ବରଦ ସଂଯୁତା,
ଜପମାଳା ସମାଯୁକ୍ତା ଜଟାମୁକୁଟ ସଂଯୁତା,
ଈଶ୍ୱରେଣୋପମା ହ୍ୱେଷା ଶିବା ମାହେଶ୍ୱରୀ ସ୍ମୃତା ॥"

'ବିଷ୍ଣୁଧର୍ମୋତ୍ତର' ପୁରାଣ ଅନୁଯାୟୀ ସେ ବୃଷଭ ବାହନା, ପଞ୍ଚବକ୍ତ୍ରା, ଶୁକ୍ଳବର୍ଣ୍ଣା, ତ୍ରିଲୋଚନା ଓ ଷଡ଼ଭୁଜା ଅଟନ୍ତି । ଏତଦ୍ ବ୍ୟତୀତ ସେ ବରଦ, ଅକ୍ଷମାଳା, ଡମ୍ବରୁ, ତ୍ରିଶୂଳ ଅଭୟ ମୁଦ୍ରା ଓ ଘଣ୍ଟା ହସ୍ତରେ ସୁଶୋଭିତା । ବିଧିବିଧାନ ଅନୁଯାୟୀ ତାଙ୍କର ପୂଜାର୍ଚ୍ଚନା କଲେ କ୍ରୋଧ ଉପରେ ବିଜୟ ପ୍ରାପ୍ତି ହୋଇଥାଏ । ଦେବୀ ମାହେଶ୍ୱରୀଙ୍କ ବୀଜମନ୍ତ୍ର ହେଲା- **"ଓଁ ହ୍ଲାଁ ନମୋ ଭଗବତୀ ମାହେଶ୍ୱର୍ଯ୍ୟୈ**

ପରମେଶ୍ୱରୀ ସ୍ୱାହା ।" ଅଥବା ତାଙ୍କର ଗାୟତ୍ରୀ ମନ୍ତ୍ର : **ଓଁ ବ-ଷଭ ଧ୍ୱଜାୟେ ବିଦ୍ମହେ, ମୃଗ ହସ୍ତାୟ ଧୀମହୀ । ତନ୍ନୋଃ ମହେଶ୍ୱରୀ ପ୍ରଚୋଦୟାତ୍ ।** ପୂର୍ବକାରଣାଗମ୍, ମେରୁତନ୍ତ୍ର ଓ ରୂପ ମଣ୍ଡନ ଆଦି ଗ୍ରନ୍ଥରେ ଦେବୀଙ୍କର ବିଶେଷ ବର୍ଣ୍ଣନା ଦୃଷ୍ଟିଗୋଚର ହୋଇଥାଏ ।

୩. କୌମାରୀ :

କୁମାର କାର୍ତ୍ତିକେୟଙ୍କ ଶକ୍ତିରୁ ଉତ୍ପନ୍ନ ଦେବୀ କୌମାରୀଙ୍କ ସ୍ଥାନ ତୃତୀୟରେ । ବିଷ୍ଣୁ ଧର୍ମୋତ୍ତର ପୁରାଣରେ ତାଙ୍କର ବର୍ଣ୍ଣନା କରି କୁହାଯାଇଛି-

"କୌମାରୀ ରକ୍ତବର୍ଣ୍ଣାସ୍ୟାତ୍ ଷଡ୍‌ବକ୍ତ୍ରା ସାର୍କଲୋଚନା,
ରବିର୍ବାହୁ ମୟୂରାସ୍ଥା ବରଦା ଶକ୍ତିଧାରିଣୀ,
ପତାକାଂ ବିଭ୍ରତୀ ଦଣ୍ଡଂ ପାତ୍ରଂ ବାଣଂ ଚ ଦକ୍ଷିଣେ,
ବାମେ ଚାପମଥୋଘଣ୍ଟାଂ କମଳଂ କୁକ୍କୁଟଂ ତ୍ରଧଃ,
ପରଶୁଂ ବିଭ୍ରତୀ ତୀକ୍ଷଣଂ ତଦଭୟସ୍ଥୟାନ୍ୱିତା ॥"

ଅର୍ଥାତ୍ ଦେବୀ କୌମାରୀଙ୍କର ଛଅଟି ମସ୍ତକ, ବାରିଗୋଟି ହସ୍ତ । ସେ ରକ୍ତବର୍ଣ୍ଣା ତଥା ଶକ୍ତି, ଦଣ୍ଡ, ବାଣ, ଚାପ, କମଳ, ପାତ୍ର, ପତାକା, ବରଦ, ଘଣ୍ଟା, କୁକ୍କୁଟ, ପରଶୁ ଓ ଅଭୟ ଧାରିଣୀ ଅଟନ୍ତି । ତାଙ୍କର ଉପାସନା ଦ୍ୱାରା 'ମୋହ'ର ବିନାଶ ସମ୍ଭବ ହୋଇଥାଏ । ମାର୍କଣ୍ଡେୟ ପୁରାଣର ବର୍ଣ୍ଣନାରେ କୁହାଯାଇଛି-

"କୌମାରୀ ଶକ୍ତିହସ୍ତା ଚ ମୟୂରବରବାହନା ।
ଯୋଦ୍ଧୁମଭ୍ୟାଯଯୌ ଦୈତ୍ୟାନମ୍ବିକା ଗୁହରୂପିଣୀ ॥"

(ଶ୍ରୀଶ୍ରୀ ଚଣ୍ଡୀ ୮/୧୭)

ଅର୍ଥାତ୍ କାର୍ତ୍ତିକେୟଙ୍କ ଶକ୍ତିରୂପା କୌମାରୀ ତାଙ୍କର ରୂପ ଧାରଣ କରି ଶ୍ରେଷ୍ଠ ମୟୂର ଉପରେ ଆରୂଢ଼ ହୋଇ ହସ୍ତରେ ଶକ୍ତି ଧାରଣ କରି ଦୈତ୍ୟଙ୍କ ସହ ଯୁଦ୍ଧ କରିବାପାଇଁ ଆସିଲେ । ସେହିପରି 'ରୂପମଣ୍ଡନ' ନାମକ ଗ୍ରନ୍ଥରେ ବର୍ଣ୍ଣିତ ଶ୍ଳୋକ ନିମ୍ନରେ ପ୍ରଦତ୍ତ ହେଲା-

"କୁମାର ରୂପା କୌମାରୀ ମୟୂରବର ବାହନା
ରକ୍ତବସ୍ତ୍ରଧରା ତଦ୍ ବଚ୍ଛୂଳ ଶକ୍ତି ଗଦାଧରା ।" (ରୂପମଣ୍ଡନ)

କୁମାର କାର୍ତ୍ତିକେୟଙ୍କ ଅନୁରୂପ ତାଙ୍କର ଶକ୍ତି କୌମାରୀ ମୟୂର ବାହନ ଆରୂଢ଼ା ଓ ରକ୍ତବସ୍ତ୍ର ପରିହିତା । ତାଙ୍କ ଭୁଜାରେ ଶୂଳ, ଗଦା ଆଦି ଆୟୁଧ ବିଦ୍ୟମାନ । **'କାଁ କୌମାର୍ଯ୍ୟୈ ନମଃ'** ଦେବୀଙ୍କର ବୀଜମନ୍ତ୍ର ଅଟେ । **'ଓଁ ଭଗବତୀ ଶ୍ରୀ କୌମାରୀ ନମଃ' ।** ଏହି ମନ୍ତ୍ର ମଧ୍ୟ ଜପ କରାଯାଏ ।

୪. ବୈଷ୍ଣବୀ:

ଦେବୀ ବୈଷ୍ଣବୀ ହେଉଛନ୍ତି ଚତୁର୍ଥ ମାତୃକା। ସେ ଭଗବାନ ବିଷ୍ଣୁଙ୍କର ଶକ୍ତି। ତାଙ୍କୁ ଚତୁର୍ହସ୍ତା, ଚାରୁବଦନା, ସୁଲୋଚନା, ପୀତାମ୍ବରା, କିରୀଟୀ ମୁକୁଟଯୁକ୍ତ ତଥା ଗରୁଡ଼ ବାହନା ରୂପେ ବର୍ଣ୍ଣନା କରାଯାଇଛି। ସେ ଶଙ୍ଖ, ଚକ୍ର, ଅଭୟ ଓ ବରଦ ମୁଦ୍ରା ଧାରିଣୀ ଅଟନ୍ତି। ଏଣୁ କୁହାଯାଇଛି-

"ଶଙ୍ଖ ଚକ୍ର ଧରା ଦେବୀ ବରଦାଭୟ ପାଣିନୀ,
ସୁସ୍ତନା ଚାରୁବଦନା ଶ୍ୟାମାଭା ଚ ସୁଲୋଚନା।
ପୀତାମ୍ବର ଧରାଦେବୀ କିରିଟ ମୁକୁଟାନ୍ୱିତା,
ରାଜବୃକ୍ଷ ସମାଶ୍ରିତ୍ୟ ଗରୁଡ଼ଧ୍ୱଜ ବାହିନୀ,
ବୈଷ୍ଣବୀ ପୀଠଗା ଦେବୀ ବିଷ୍ଣୁ ଭୂଷଣ ଭୂଷିତା ।।"

(ଅଂଶୁମଦ୍‌ଭେଦାଗମ)

ସେହିପରି ନିମ୍ନୋକ୍ତ ବର୍ଣ୍ଣନାରୁ ଦେବୀଙ୍କ ସ୍ୱରୂପର କିଞ୍ଚିତ ଆଭାସ ପ୍ରାପ୍ତ ହୁଏ।

"ତଥୈବ ବୈଷ୍ଣବୀ ଶକ୍ତିର୍ଗରୁଡ଼ୋପରି ସଂସ୍ଥିତା।
ଶଙ୍ଖଚକ୍ରଗଦାଶାର୍ଙ୍ଗଖଡ୍‌ଗହସ୍ତାଭ୍ୟୁପାଯଯୌ ।।"

(ଶ୍ରୀ ଶ୍ରୀ ଚଣ୍ଡୀ ୮/୧୮)

ଅର୍ଥାତ୍ ଏହି ପ୍ରକାର ଭଗବାନ ବିଷ୍ଣୁଙ୍କ ଶକ୍ତି 'ବୈଷ୍ଣବୀ' ଗରୁଡ଼ ଉପରେ ବିରାଜମାନ ହୋଇ ଶଙ୍ଖ, ଚକ୍ର, ଗଦା, ଶାର୍ଙ୍ଗ ଧନୁଷ ତଥା ଖଡ୍‌ଗ ହସ୍ତରେ ଧରି ସେଠାକୁ ଆସିଲେ।

'ବିଷ୍ଣୁଧର୍ମୋତ୍ତର ପୁରାଣ'ରେ ଦେବୀଙ୍କ ସ୍ୱରୂପ ବିଷୟରେ କୁହାଯାଇଛି-

"ବୈଷ୍ଣବୀ ତାର୍କ୍ଷ୍ୟଗା ଶ୍ୟାମା ଷଡ଼୍‌ଭୁଜା ବନମାଳିନୀ,
ବରଦାଗଦିନୀ ଦକ୍ଷେ ବିଭ୍ରତୀ ଚାମ୍ବୁଜ ସ୍ରଜମ୍
ଶଙ୍ଖ ଚକ୍ରାଭୟାନ ବାମେ ସା ଚେୟଂ ବିଲସଦ୍‌ଭୁଜା।"

(ବିଷ୍ଣୁଧର୍ମୋତ୍ତର ପୁରାଣ)

ଦେବୀ ବୈଷ୍ଣବୀ ଷଡ଼୍‌ଭୁଜା ଏବଂ ଗ୍ରୀବାରେ ବନମାଳା ବିଭୂଷିତା। ତାଙ୍କର ଷଡ଼୍‌ଭୁଜ ମଧ୍ୟରୁ ଚତୁର୍ଭୁଜରେ ସେ ଶଙ୍ଖ, ଚକ୍ର, ଗଦା, ପଦ୍ମ ଧାରଣ କରିଥାନ୍ତି। ଅନ୍ୟ ଦୁଇ ହସ୍ତରୁ ଗୋଟିକରେ ବରଦା ଓ ଅନ୍ୟଟିରେ ଅଭୟ ମୁଦ୍ରା ବିଦ୍ୟମାନ। ଦେବୀ ଗରୁଡ଼ ବାହନା। ଦେବୀଙ୍କର ମନ୍ତ୍ର ହେଲା **'ଅକଚଟତପଯଶ; ବୈଷ୍ଣବ୍ୟା ମନ୍ତ୍ର ଇତିଃ।'** ଅଥବା 'ଓଁ ବୈଷ୍ଣବୀ ନମଃ' ଦେବୀଙ୍କ ପୂଜା ଦ୍ୱାରା 'ଲୋଭ' ନାଶ ହୁଏ।

୫. ଐନ୍ଦ୍ରୀ ବା ଇନ୍ଦ୍ରାଣୀ:

ଦେବରାଜ ଇନ୍ଦ୍ରଙ୍କର ଶକ୍ତି ଐନ୍ଦ୍ରୀ ବା ଇନ୍ଦ୍ରାଣୀ ସପ୍ତମାତୃକାମାନଙ୍କ କ୍ରମରେ ପଞ୍ଚମ ସ୍ଥାନରେ ଅଧିଷ୍ଠିତା ଅଟନ୍ତି । ବିଷ୍ଣୁ ଧର୍ମୋତ୍ତର ପୁରାଣରେ ତାଙ୍କର ବର୍ଣ୍ଣନା କରି କୁହାଯାଇଛି–

"ଐନ୍ଦ୍ରୀ ସହସ୍ରଦୃକ୍ ସୌମ୍ୟା ହେମାଭା ଗଜ ସଂସ୍ଥିତା
ବରଦା ସୁତ୍ରିଣାଂ ବଜ୍ରଂ ବିଭ୍ରତ୍ୟୁର୍ଦ୍ଧଂ ତୁ ଦକ୍ଷିଣେ
ବାମେତୁ କଳସଂ ପାତ୍ରଂ ଦ୍ୱରୟଂ ତଦଧଃ କରେ ।"

ଏଠାରେ ଦେବୀଙ୍କୁ ଇନ୍ଦ୍ରଙ୍କ ସଦୃଶ ସହସ୍ର ନୟନା, ଷଡ଼ଭୁଜା, ସୁବର୍ଣ୍ଣବର୍ଣ୍ଣା, ଗଜବାହନା ରୂପେ ବର୍ଣ୍ଣନା କରାଯାଇଛି । ତାଙ୍କର ଷଡ଼୍‌ଭୁଜରେ ଅକ୍ଷସୂତ୍ର, ବଜ୍ର, କଳସ, ପାତ୍ର, ଅଭୟ ଓ ବରଦ ମୁଦ୍ରା ସୁଶୋଭିତ ।

ଅଂଶୁମଦ୍‌ଭେଦାଗମ ଅନୁଯାୟୀ ସେ ଗଜାରୂଢ଼ା, ତ୍ରିନୟନା ଓ ଚତୁର୍ଭୁଜା ଅଟନ୍ତି । ତାଙ୍କର ଚତୁର୍ଭୁଜରେ ଶକ୍ତି, ବଜ୍ର, ବରଦ ଓ ଅଭୟ ମୁଦ୍ରା ବିରାଜମାନ ତଥା ସେ କଳ୍ପବୃକ୍ଷ ସମାସୀନା, ନାନାଦି ଭୂଷଣରେ ବିଭୂଷିତା ତଥା ରକ୍ତବର୍ଣ୍ଣା ଏବଂ କିରୀଟ ମୁକୁଟ ଧାରିଣୀ–

"ଚତୁର୍ଭୁଜା ତ୍ରିନେତ୍ରା ଚ ରକ୍ତବର୍ଣ୍ଣା କିରୀଟିନୀ,
ଶକ୍ତି ବଜ୍ର ଧରା ଚୈବ ବରଦାଭୟ ପାଣିନୀ ।
ସର୍ବାଭରଣ ସଂଯୁକ୍ତା ଗଜଧ୍ୱଜ ସବାହିନୀ,
ଇନ୍ଦ୍ରାଣୀ ଚୈବ ବିଖ୍ୟାତା କଳ୍ପଦ୍ରୁମସମାଶ୍ରିତା ॥"

(ଅଂଶୁମଦ୍‌ଭେଦାଗମ)

ଶ୍ରୀ ଶ୍ରୀ ଚଣ୍ଡୀରେ ଐନ୍ଦ୍ରୀଙ୍କର ଯେଉଁ ବର୍ଣ୍ଣନା ମିଳେ ତାହାର ବିଷ୍ଣୁ ଧର୍ମୋତ୍ତର ପୁରାଣର ବର୍ଣ୍ଣନା ସହ ସାଦୃଶ୍ୟ ଥିଲେ ମଧ୍ୟ ସେଥିରେ ଏହି ଦେବୀଙ୍କୁ ସପ୍ତମ ସ୍ଥାନ ପ୍ରଦାନ କରାଯାଇଛି ।

"ବଜ୍ରହସ୍ତା ତଥୈବୈନ୍ଦ୍ରୀ ଗଜରାଜୋପରି ସ୍ଥିତା ।
ପ୍ରାପ୍ତା ସହସ୍ରନୟନା ଯଥା ଶକ୍ରସ୍ତଥୈବ ସା ॥"

(ଶ୍ରୀ ଶ୍ରୀ ଚଣ୍ଡୀ ୮/୨୧)

ଅର୍ଥାତ୍ ଏହି ପ୍ରକାର ଇନ୍ଦ୍ରଙ୍କ ଶକ୍ତି ଐନ୍ଦ୍ରୀ ହସ୍ତରେ ବଜ୍ର ଧାରଣ କରି ଗଜରାଜ ଐରାବତ ଉପରେ ବସି ଆସିଲେ । ସେ ଥିଲେ ସହସ୍ର ନୟନା ଏବଂ ତାଙ୍କର ରୂପ

ଥିଲା ଠିକ୍ ଇନ୍ଦ୍ରଙ୍କ ପରି । **'ଓଁ ଐଂ ହ୍ରୀଂ କ୍ଲୀଂ ଶ୍ରୀଂ ଇନ୍ଦ୍ରାଣ୍ୟୈ ନମଃ'** ଅଥବା **'ଓଁ ହ୍ରୀଂ ଶ୍ରୀଂ କ୍ଲୀଂ ଇନ୍ଦ୍ରଭାର୍ଯ୍ୟା ସର୍ବ ସୁଖମ୍ ଦେହୀ ଦେହୀ ସ୍ୱାହା'** ହେଉଛି ଦେବୀଙ୍କର ମନ୍ତ୍ର ।

୬. ବାରାହୀ:

ଷଷ୍ଠ ମାତୃକା ଦେବୀ ବାରାହୀ ହେଉଛନ୍ତି ବରାହ ରୂପୀ ଶ୍ରୀହରିଙ୍କ ଶକ୍ତି । ସେ ହେଉଛନ୍ତି ସର୍ବଶ୍ରେଷ୍ଠ କାଳସତ୍ତା । ଶ୍ରୀ ଦୁର୍ଗା ସପ୍ତଶତୀରେ ତାଙ୍କ ସ୍ୱରୂପ ବର୍ଣ୍ଣନା କରି କୁହାଯାଇଛି:

"ଯଜ୍ଞ ବାରାହମତୁଲଂ ରୂପଂ ଯା ବିଭ୍ରତୋ ହରେଃ ।
ଶକ୍ତିଃ ସାପ୍ୟାଯଯୌ ତତ୍ର ବାରାହୀଂ ବିଭ୍ରତୀ ତନୁମ୍ ।"

(ଶ୍ରୀଶ୍ରୀ ଚଣ୍ଡୀ ୮/୧୯)

ଅର୍ଥାତ୍ ଶ୍ରୀହରିଙ୍କର ଶକ୍ତି ଯଜ୍ଞବାରାହର ଶରୀର ଧାରଣ କରି ସେଠାରେ ଆବିର୍ଭୂତ ହେଲେ । ବରାହ ନିଜର ଅପରିସୀମ ଶକ୍ତି ଦ୍ୱାରା ନିଜ ଦନ୍ତ ଦ୍ୱୟରେ ପୃଥିବୀକୁ ଧାରଣ କରିଥିଲେ । ସେ ହେଉଛନ୍ତି କାଳଶକ୍ତିର ପ୍ରତୀକ । ତାଙ୍କର ବୀଜମନ୍ତ୍ର **'ଗ୍ଲୌଂ'** ଓ ମନ୍ତ୍ର ହେଲା **'ଓଁ ହ୍ୱୀଂ ଥୀଂ ବାରାହୀ ଦେବ୍ୟୈ ନମଃ'** । ଶ୍ରୀହରିଙ୍କ ଶକ୍ତି ଦେବୀ ବାରାହୀ ପ୍ରଳୟ କାଳୀନ ମେଘ ସଦୃଶ ଭୟଙ୍କରା ଏବଂ ମସ୍ତକରେ ଶୈବାଳର ମୁକୁଟ ଓ ଶରୀରରେ ପୋହଳା (ପ୍ରବାଳ) ମାଳା ଧାରିଣୀ । ତାଙ୍କର ଚତୁର୍ଭୁଜରେ ହଳ ଲଙ୍ଗଳ, ଶକ୍ତି, ବରଦ ଓ ଅଭୟ ମୁଦ୍ରା ପରିଶୋଭିତ–

"ବରାହ ବକ୍ତ୍ର ସଦୃଶା ପ୍ରଳୟାମ୍ବୁଜ ସନ୍ନିଭା,
କରଣ୍ଡ ମୁକୁଟୋପେତା ବିଦ୍ରୁମାଭରଣା–ନ୍ୱିତା ।
ହଳଂ ଚ ବରଦଂ ସବ୍ୟେ ବାମେ ଅଭୟ ଶକ୍ତିକେ
କଳ୍ପଦ୍ରୁମଂ ସମାଶ୍ରିତ୍ୟ ଗଜଧ୍ୱଜ ସବାହିନୀ
ବାରାହୀ ଚେତି ବିଖ୍ୟାତା ନାମ୍ନା ସର୍ବ ଫଳପ୍ରଦା ।।"

(ଅଂଶୁମଦ୍‌ଭେଦାଗମ)

ବିଷ୍ଣୁଧର୍ମୋତ୍ତର ପୁରାଣ ଅନୁଯାୟୀ–

"କୃଷ୍ଣବର୍ଣ୍ଣାତୁ ବାରାହୀ ଶୂକରାସ୍ୟା ମହୋଦରୀ
ବରଦା ଦଣ୍ଡିନୀ ଖଡ୍‌ଗଂ ବିଭ୍ରତୀ ଦକ୍ଷିଣେ ସଦା
ଖେଟ ପାଶା ଭୟାନ୍ ବାମେ ସୈବଚାପି ଲସଦ୍‌ଭୁଜା ।।"

ଅର୍ଥାତ୍ ଦେବୀ ବାରାହୀ ଷଡ଼୍‌ଭୁଜା। ସେହି ଭୁଜା ମାନଙ୍କରେ ଦଣ୍ଡ, ଖଡ୍‌ଗ, ଖେଟକ, ପାଶ, ବହୁବିଧ ଆୟୁଧ ଏବଂ ବରଦ ଓ ଅଭୟ ମୁଦ୍ରା ଶୋଭାୟମାନ। ଦେବୀ ପୁରାଣ କହନ୍ତି-

"ବୈବସ୍ୱତୀ ପ୍ରକର୍ତ୍ତବ୍ୟା ଦୂର୍ଦ୍ଧରା ମହିଷୋପରି।
ଶୂକରାସ୍ୟା କପାଳେଽସୃଜ ପିବନ୍ତି ଦଣ୍ଡଧାରିଣୀ ।।"

ଅର୍ଥାତ୍ ଦେବୀ ବାରାହୀ ମହିଷ ବାହନା। ତାଙ୍କର ଗୋଟିଏ ହସ୍ତରେ ଦଣ୍ଡ ଏବଂ ଅନ୍ୟ ଏକ ହସ୍ତରେ ଥିବା ନର ମୁଣ୍ଡରୁ କ୍ଷରିତ ରକ୍ତପାନରେ ସେ ନିମଜ୍ଜିତ। ସେହିପରି ମେରୁତନ୍ତ୍ର, ରୂପମଣ୍ଡନ ଓ ପୂର୍ବକାରଣାଗମ ଇତ୍ୟାଦି ଗ୍ରନ୍ଥରେ ଦେବୀ ବାରାହୀଙ୍କର ବର୍ଣ୍ଣନାରେ କିଞ୍ଚିତ୍ ଭିନ୍ନତା ସତ୍ତ୍ୱେ ଉପାସନା ପଦ୍ଧତିରେ ବିଶେଷ ତାରତମ୍ୟ ପରିଲକ୍ଷିତ ହୋଇ ନଥାଏ। ତାଙ୍କର ଉପାସନା ସାଧକକୁ ଦୁର୍ଲ୍ଲଭ ଅନୁଭୂତି ସହ ଅସୂୟା ରୂପୀ ଦୁର୍ଗୁଣରୁ ମୁକ୍ତି ପ୍ରଦାନ କରିଥାଏ।

୭. ଚାମୁଣ୍ଡା:

ସପ୍ତମ ମାତୃକା ରୂପେ ପୂଜିତା ଦେବୀ ଚାମୁଣ୍ଡାଙ୍କର ବର୍ଣ୍ଣନା ଅଂଶୁମଦ୍ ଭେଦାଗମ ଗ୍ରନ୍ଥରେ ଚତୁର୍ଭୁଜା, ତ୍ରିନେତ୍ରା, ଅତ୍ୟନ୍ତ ଭୀଷଣା (ଭୟପ୍ରଦା), ରକ୍ତବର୍ଣ୍ଣା, ଉପବୀତ ପରିବର୍ତ୍ତେ ନୃମୁଣ୍ଡ ମାଳା ପରିହିତା, କମଳାସନା, ବଟବୃକ୍ଷ ସମାସୀନା, ଊର୍ଦ୍ଧ୍ୱକେଶା, ଶୂଳହସ୍ତା, ବରଦ ଓ ଅଭୟ ମୁଦ୍ରା ଧାରିଣୀ ତଥା ବ୍ୟାଘ୍ର ଚର୍ମାମ୍ବରା ରୂପେ କରାଯାଇଛି। ତାଙ୍କର ବାମପାଦ ପଦ୍ମାସନରେ ଥାଇ ଦକ୍ଷିଣପାଦ ତଳକୁ ଲମ୍ବି ଯାଇଥାଏ। କିନ୍ତୁ ବିଷ୍ଣୁ ଧର୍ମୋତ୍ତର ପୁରାଣରେ ତାଙ୍କର ସ୍ୱରୂପ ବର୍ଣ୍ଣନାରେ ପାର୍ଥକ୍ୟ ପରିଲକ୍ଷିତ ହୁଏ।

"ଚାମୁଣ୍ଡା ପ୍ରେତଗା ରକ୍ତା ବିକୃତାସ୍ୟାହିଭୂଷଣା,
ଦଂଷ୍ଟୋଗ୍ରା କ୍ଷୀଣଦେହା ଚ ଗର୍ତ୍ତାକ୍ଷୀ ଭୀମରୂପିଣୀ
ଦିଗବାହୁ କ୍ଷାମ କୁକ୍ଷିଶ୍ଚ ମୂଷଳଂ କବଚଂ ଶରଂ
ଅଙ୍କୁଶଂ ବିଭ୍ରତୀ ଖଡ୍‌ଗଂ ଦକ୍ଷିଣେ ତ୍ୱଥ ବାମତଃ
ଖେଟଂ ପାଶଂ ଧନୁର୍ଦ୍ଦଣ୍ଡଂ କୁଠାରଂ ଚେତି ବିଭ୍ରତୀ ।।"

ଏଠାରେ ସେ ଦଶଭୁଜା, ପ୍ରେତାସନା, କ୍ଷୀଣ ଦେହା, ବିକୃତ ବଦନା, ଉଗ୍ରଦଂଷ୍ଟ୍ରା ଓ କୋଟରାକ୍ଷୀ ରୂପେ ବର୍ଣ୍ଣିତା। ମୂଷଳ, ଅଙ୍କୁଶ, ଶର, ଖଡ୍‌ଗ, କବଚ ଆଦି ବହୁବିଧ ଆୟୁଧର ସେ ଅଧିକାରିଣୀ। ଦେବୀ ଚାମୁଣ୍ଡାଙ୍କର ମନ୍ତ୍ର ହେଲା : **'କ୍ଲୀଂ ହ୍ରୀଂ ଐଂ ଚାମୁଣ୍ଡାୟୈ ବିଚ୍ଚେ'** ଅଥବା **'ଓଁ ଐଇ ହ୍ରୀଂ କ୍ଲୀଂ ଚାମୁଣ୍ଡାୟୈ ବିଚ୍ଚେ'**।

ଶ୍ରୀ ଶ୍ରୀ ଚଣ୍ଡୀରେ ଚାମୁଣ୍ଡାଙ୍କ ପ୍ରାକଟ୍ୟ ସମ୍ପର୍କରେ ଯେଉଁ ତଥ୍ୟ ଉପସ୍ଥାପିତ ହୋଇଛି ତାହା ହେଲା; ଚଣ୍ଡ ମୁଣ୍ଡ ବଧ ସମୟରେ ଦେବୀ ଅମ୍ବିକା କ୍ରୋଧାନ୍ୱିତା ହେବାରୁ ତାଙ୍କର ମୁଖମଣ୍ଡଳ କଳା ପଡ଼ିଗଲା। ତାଙ୍କ ଶରୀରରୁ ବିକରାଳମୁଖୀ କାଳୀ ପ୍ରକଟ ହେଲେ। ତାଙ୍କ ହସ୍ତରେ ଖଡ୍‌ଗ, ପାଶ, ଖଟ୍ୱାଙ୍ଗ ଇତ୍ୟାଦି ଆୟୁଧ ଥିଲା। ସେ ଥିଲେ ବ୍ୟାଘ୍ରଚର୍ମାମ୍ବରା, ନୃମୁଣ୍ଡ ମାଳା ବିଭୂଷିତା, ଅସ୍ଥି-କଙ୍କାଳମୟ ଶରୀର, ଲୋଳଜିହ୍ୱା, କୋଟର ନୟନା-

"ତତଃ କୋପଂ ଚକାରୋଚ୍ଚୈରମ୍ବିକା... ..
ନାଦାପୂରିତ ଦିଙ୍‌ମୁଖା ।।" (ଶ୍ରୀ ଶ୍ରୀ ଚଣ୍ଡୀ ୭/୫-୮)

ପୁଣି ସେହି ଦେବୀ କାଳୀ ଯେତେବେଳେ ଚଣ୍ଡମୁଣ୍ଡର ବଧ କରି ସେମାନଙ୍କ ମସ୍ତକକୁ ନେଇ ଦେବୀ ଅମ୍ବିକା (ଚଣ୍ଡିକା)ଙ୍କୁ ଉପହାର ସ୍ୱରୂପ ପ୍ରଦାନ କଲେ ସେତେବେଳେ ଦେବୀ ଚଣ୍ଡିକା କାଳୀଙ୍କ ଉପରେ ପ୍ରସନ୍ନ ହୋଇ ତାଙ୍କୁ ଚାମୁଣ୍ଡା ବୋଲି ସମ୍ବୋଧନ କଲେ ଏବଂ ଏହି ନାମରେ ତାଙ୍କୁ ପ୍ରସିଦ୍ଧି ମିଳିବ ବୋଲି କହି ଆଶୀର୍ବାଦ କଲେ-

"ଯସ୍ମାଚ୍ଚଣ୍ଡଞ୍ଚ ମୁଣ୍ଡଞ୍ଚ ଗୃହୀତ୍ୱା ତ୍ୱମୁପାଗତା ।
ଚାମୁଣ୍ଡେତି ତତୋଲୋକେ ଖ୍ୟାତା ଦେବି ଭବିଷ୍ୟସି ।।"

(ଶ୍ରୀ ଶ୍ରୀ ଚଣ୍ଡୀ ୭/୨୭)

ଦେବୀ ଚାମୁଣ୍ଡାଙ୍କୁ ନିଷ୍ଠାର ସହ ଉପାସନା କଲେ କାମ ବିକାର ଦୂରୀଭୂତ ହୋଇଥାଏ ବୋଲି ସାଧକଗଣ ମତପୋଷଣ କରିଥାନ୍ତି।

ଓଡ଼ିଶାରେ ଚାମୁଣ୍ଡା ଉପାସନା ଭୌମକର ରାଜତ୍ୱ କାଳରେ (୭ମରୁ ୧୦ମ ଶତାବ୍ଦୀ ମଧ୍ୟରେ) ଏହାର ଶୀର୍ଷ ସ୍ଥାନରେ ଉପନୀତ ହୋଇଥିଲା ବୋଲି ଐତିହାସିକମାନଙ୍କ ମତ। ଚାମୁଣ୍ଡା, ଚଣ୍ଡୀ ଓ ଯୋଗିନୀ ଉପାସନାରେ ଏଠାକାର କୌଳ ସାଧକ ବୃନ୍ଦ ଏକ ଭବ୍ୟ ପରମ୍ପରା ସୃଷ୍ଟି କରି ପାରିଥିଲେ। ସପ୍ତମାତୃକା ଉପାସନା ଏତେ ପ୍ରସିଦ୍ଧି ଲାଭ କରିଥିଲା ଯେ ଓଡ଼ିଶା ମାଟିରେ ଏଥି ନିମିତ୍ତ ୨୭ଟି ପୀଠ ଗଢ଼ି ଉଠିଥିଲା ବୋଲି କୁହାଯାଏ। ହିନ୍ଦୁ ସଂସ୍କୃତିରେ ସାତ ସମୁଦ୍ର, ସପ୍ତଛନ୍ଦ, ସପ୍ତର୍ଷି, ସପ୍ତଲୋକ, ସପ୍ତତଳ, ସପ୍ତ ପାତାଳ ଇତ୍ୟାଦି ସାତ ସଂଖ୍ୟାକୁ ବିଭିନ୍ନ ଭାବରେ ବୈଶିଷ୍ଟ୍ୟ ପ୍ରଦାନ କରାଯାଇଛି। ସେଇ ଅନୁସରଣରେ ଓଡ଼ିଶାରେ ମଧ୍ୟ ସପ୍ତମାତୃକା ଉପାସନା ଲୋକ ଚେତନାକୁ ବିଶେଷ ଭାବରେ ପ୍ରଭାବିତ ଓ ଉଦ୍‌ବୁଦ୍ଧ

କରିଥିଲା। ଶ୍ରୀକ୍ଷେତ୍ରର ମାର୍କଣ୍ଡେଶ୍ୱର ମନ୍ଦିର ପରିସର ସ୍ଥିତ ସପ୍ତମାତୃକା ବିଗ୍ରହ-ନିକଟରେ ମାତୃକାଙ୍କ ସହ ଗଣେଶ ଓ ବୀରଭଦ୍ରଙ୍କ ମୂର୍ତ୍ତି ରହିଛି; ଭଦ୍ରକର ଅନ୍ନପାଳ ସ୍ଥିତ ଲାଙ୍ଗୁଡ଼ି ଗ୍ରାମର ସପ୍ତମାତୃକା ମନ୍ଦିର ଯାହାକୁ 'ଯମ ମାଆ ସାତ ଭଉଣୀ' ବୋଲି କୁହାଯାଏ; ଭୁବନେଶ୍ୱର ସ୍ଥିତ ପର୍ଶୁରାମେଶ୍ୱର ମନ୍ଦିର ଉତ୍ତର ପାର୍ଶ୍ୱ କାନ୍ଥରେ ସପ୍ତମାତୃକା ବିଗ୍ରହ ଖୋଦିତ; ବୈତାଳ ମନ୍ଦିର ଗାତ୍ରରେ ସପ୍ତମାତୃକା ମୂର୍ତ୍ତି; ଉଦୟଗିରି ଗୁହା ମଧ୍ୟରେ ଥିବା ଚମତ୍କାର ସପ୍ତମାତୃକା ବିଗ୍ରହ, ଭୁବନେଶ୍ୱରର ମୋହିନୀ ମନ୍ଦିର; ଗୌରୀ ମନ୍ଦିର; କାପାଳିନୀ ମନ୍ଦିର ଗାତ୍ରରେ ଭୀଷଣାକୃତି ସପ୍ତମାତୃକା ବିଗ୍ରହ, ଜଗତସିଂହପୁରର ସଠଳପୁର ଗ୍ରାମ ସ୍ଥିତ ଅତ୍ୟନ୍ତ ପ୍ରାଚୀନ ସପ୍ତମାତୃକା ପୀଠ; ଯାଜପୁରର ବୈତରଣୀ ଦକ୍ଷିଣ କୂଳରେ ଦଶାଶ୍ୱମେଧ ଘାଟ ସ୍ଥିତ ସପ୍ତମାତୃକା ପୀଠର ବିଗ୍ରହଗୁଡ଼ିକ ଛଅଫୁଟ ଉଚ୍ଚତା ବିଶିଷ୍ଟ ଭୀଷଣାକୃତି ଓ ଭୀତିପ୍ରଦ- (ଏହାଙ୍କୁ ମଧ୍ୟ 'ଯମମାଆ ସାତ ଭଉଣୀ) ବୋଲି କୁହାଯାଏ। ଏମାନେ ଓଡ଼ିଶାର ଭବ୍ୟ ସପ୍ତମାତୃକା ଉପାସନା ସମ୍ପର୍କରେ ଯଥେଷ୍ଟ ତଥ୍ୟ ପ୍ରଦାନ କରନ୍ତି। ଏମାନଙ୍କ ବ୍ୟତୀତ ଯାଜପୁରଠାରେ ଅନ୍ୟ ଏକ ପୀଠ ପ୍ରାଚୀନ ମୁକ୍ତିମଣ୍ଡପ (ଯାଜପୁର) ନିକଟରେ ଥିଲା। ତାହା ମୁସଲମାନ ଆକ୍ରମଣକାରୀମାନଙ୍କ ଦ୍ୱାରା ଧ୍ୱଂସ ପ୍ରାପ୍ତ ହୋଇ ସେଠାରେ ମସ୍‌ଜିଦ୍ ନିର୍ମିତ ହୋଇଛି। ସେଠାରୁ ଚାରିଗୋଟି ମୂର୍ତ୍ତି ସଂଗୃହୀତ ହୋଇ ଉପଜିଲ୍ଲାପାଳଙ୍କ ବାସଗୃହ ପରିସର ମଧ୍ୟରେ ରଖାଯାଇଛି। ଧର୍ମଶାଳ ନିକଟରେ ଥିବା ଅନ୍ୟ ଏକ ସପ୍ତମାତୃକା ପୀଠକୁ ମୁସଲମାନ ଆକ୍ରମଣକାରୀମାନେ ଧ୍ୱଂସ କରି ଦେଇଥିଲେ। କେନ୍ଦୁଝର ଜିଲ୍ଲା ବୈତରଣୀ ନଦୀ ତଟରେ ଥିବା ହାବଲେଶ୍ୱର ମନ୍ଦିର ନିକଟରେ ଥିବା ପ୍ରାଚୀନ ସାତଭଉଣୀ ମାତୃକା ପୀଠଟି ଜରାଜୀର୍ଣ୍ଣ ହୋଇ ଏକ ନୂତନ ମନ୍ଦିର ନିର୍ମିତ ହୋଇଛି। ଏଠାରେ କିନ୍ତୁ ଚାରିଗୋଟି ବିଗ୍ରହ ପୂଜା ପାଉଛନ୍ତି।

ବଲାଙ୍ଗୀର ଜିଲ୍ଲାର ଟିଟିଲାଗଡ଼ ସ୍ଥିତ ଘୋଡାଲ ଖଣ୍ଡ ଗ୍ରାମରେ ଏକ ପ୍ରାଚୀନ ସପ୍ତମାତୃକା ପୀଠରେ ଗୋଟିଏ ଶିଳା ଖଣ୍ଡରେ ସପ୍ତମାତୃକାଙ୍କ ସହ ଗଣେଶ ଓ ବୀରଭଦ୍ରଙ୍କ ମୂର୍ତ୍ତି (ନଅଗୋଟି ବିଗ୍ରହ) ଖୋଦିତ ହୋଇ ପ୍ରତିଷ୍ଠିତ। କାଉଁରୀ ପାଟଣା ଓ ସୁବର୍ଣ୍ଣପୁରଠାରେ ଥିବା ପୀଠରେ ଙ୍କାନ ଦେଇ ମାଲୁଣୀ, ନିତେଇ ଧୋବଣୀ, ଶୁକୁଟି ଚମାରୁଣୀ, ଗାଙ୍ଗୀ କେଉଟୁଣୀ, ଲୁହକୁଟା ଲୋହରାଣୀ, ଶୁଆ ତେଲୁଣୀ ଓ ପତର ପିନ୍ଧା ସଉରୁଣୀ ଆଦି ଦେବୀଗଣଙ୍କ ବିଗ୍ରହରୁ ଯେଉଁ

ସହଜ ନିଷ୍କର୍ଷ ଉପଲବ୍ଧ ହୁଏ ତାହା ହେଲା ଉତ୍କଳୀୟ ପରମ୍ପରା ଓ ଓଡ଼ିଶାର ନିଜସ୍ୱ ଶାବରତନ୍ତ୍ର ପ୍ରସୂତ ସପ୍ତମାତୃକା ରୂପେ ଏମାନେ ଯେ ଅତୀତରେ ପୂଜିତ ହେଉଥିଲେ ଏଥିରେ ସନ୍ଦେହ ନାହିଁ। ଆହୁରି ଏହା ମଧ୍ୟ ପ୍ରମାଣିତ ହୁଏ ଓଡ଼ିଶାର ଭିନ୍ନ ଭିନ୍ନ ସ୍ଥାନରେ ବିଭିନ୍ନ ନାମରେ ସପ୍ତମାତୃକାମାନେ ପୂଜିତା ହେଉଥିଲେ। ସେମାନଙ୍କ ମଧ୍ୟରୁ କେତେକ ଶାସ୍ତ୍ରୀୟ ସ୍ୱୀକୃତି ବାହାରେ ଥାଇ ମଧ୍ୟ ଆରାଧିତ ହେଉଥିଲେ। ଏହା ସପକ୍ଷରେ ଅନେକ ମତ ପ୍ରଦାନ କରନ୍ତି। ଏହା ବ୍ୟତୀତ ବାଲେଶ୍ୱରଠାରେ ସଂରକ୍ଷିତ ଥିବା ଏକ ସପ୍ତମାତୃକା ମୂର୍ତ୍ତିରୁ ଏହା ଅନୁମାନ କରାଯାଏ ଯେ ଏଠାରେ ମଧ୍ୟ ଏକ ସପ୍ତମାତୃକା ପୀଠ ପୂର୍ବେ ପ୍ରତିଷ୍ଠିତ ଥିଲା।

କଳାହାଣ୍ଡିର ତେଲ ନଦୀ ତଟରେ ବେଲଖଣ୍ଡି ନାମକ ଏକ ଗ୍ରାମ ଅଛି। ସେଠାରେ ପ୍ରତ୍ନତତ୍ତ୍ୱ ଖନନ ଦ୍ୱାରା ଏକ ଅତ୍ୟନ୍ତ ପ୍ରାଚୀନ ସପ୍ତମାତୃକା ମନ୍ଦିର ସହ ସନ୍ତାନଧାରିଣୀ ମାତୃକା ବିଗ୍ରହମାନ ୧୯୪୬ ମସିହାରେ ଆବିଷ୍କୃତ ହୋଇଥିଲା। ଅତଏବ ଓଡ଼ିଶା ଯେ ଏକଦା ସପ୍ତମାତୃକା ଉପାସନାର ଏକ ମୁଖ୍ୟ କେନ୍ଦ୍ର ରୂପେ ପ୍ରସିଦ୍ଧି ଲାଭ କରିଥିଲା ଏଥିରେ ସନ୍ଦେହ ନାହିଁ।

ସମଗ୍ର ଭାରତର ବିଭିନ୍ନ ସ୍ଥାନରେ ସପ୍ତମାତୃକା ଉପାସନାର ଭବ୍ୟ ପରମ୍ପରା ଅତ୍ୟନ୍ତ ପ୍ରାଚୀନ କାଳରୁ ପ୍ରଚଳିତ ଥିଲା ଯାହା ଏକ ଐତିହାସିକ ସତ୍ୟ ଅଟେ। ଉତ୍ତରପ୍ରଦେଶର ଏହ୍ଲାବାଦ ସଂଗ୍ରହାଳୟରେ ସୁରକ୍ଷିତ ଥିବା ଷଡ଼ଭୁଜା ଚାମୁଣ୍ଡା ମୂର୍ତ୍ତି, କନୌଜ ସଂଗ୍ରହାଳୟ ସ୍ଥିତ ଚତୁର୍ଭୁଜା ଚାମୁଣ୍ଡା ବିଗ୍ରହ, ଏଲୋରା ଗୁମ୍ଫାରେ ଥିବା ସପ୍ତମାତୃକା ମୂର୍ତ୍ତି, କାମାକ୍ଷା ସ୍ଥିତ ଦେବୀ ଚାମୁଣ୍ଡାଙ୍କର ଅତି ଭୀତିପ୍ରଦ ମୂର୍ତ୍ତି, ଅର୍ଥନାର ନୀଳକଣ୍ଠ ମନ୍ଦିରରେ ଥିବା ଅଷ୍ଟଭୁଜା ଚାମୁଣ୍ଡା, ମଥୁରାର କଳାଭବନରେ ସପ୍ତମାତୃକା ମୂର୍ତ୍ତି, ଇନ୍ଦୋର ସଂଗ୍ରହାଳୟର ସର୍ପ ବିଭୂଷିତା ଚାମୁଣ୍ଡା ମୂର୍ତ୍ତି, କାଶୀକଳା ଭବନ ସ୍ଥିତ ସପ୍ତମାତୃକା ବିଗ୍ରହ ଓ ଆବୁ ପର୍ବତର ଚନ୍ଦ୍ରାବତୀଠାରେ ଥିବା ମତ୍ସ୍ୟଧାରିଣୀ ବାରାହୀ ରୂପୀ ଚାମୁଣ୍ଡା ପ୍ରତିମା ଇତ୍ୟାଦି ଏହା ପ୍ରମାଣ ଦେବା ପାଇଁ ଯଥେଷ୍ଟ ଯେ ଅତୀତ ଭାରତରେ ଏକଦା ମାତୃକା ଉପାସନାର ଦିବ୍ୟ ଉତ୍ତରଣ ସଂଘଟିତ ହୋଇ ଜନମାନସକୁ ବହୁ ଭାବରେ ପ୍ରଭାବିତ କରିବା ସହିତ ଆଧ୍ୟାତ୍ମିକ ଚେତନାରେ ଉଦ୍‌ବୁଦ୍ଧ କରିଥିଲା। ନିମ୍ନ ମନ୍ତ୍ରରେ ସପ୍ତମାତୃକାଙ୍କ ବୈଶିଷ୍ଟ୍ୟ ବିଶେଷ ଭାବରେ ବର୍ଣ୍ଣିତ :

"ବ୍ରାହ୍ମୀ ମାହେଶ୍ୱରୀ ଚୈବ, କୌମାରୀ ବୈଷ୍ଣବୀ ତଥା।
ବାରାହୀ ଚ ତ୍‌ଥେନ୍ଦ୍ରାଣୀ ଚାମୁଣ୍ଡା ସପ୍ତମାତରଃ ॥"

ଶ୍ରୀକ୍ଷେତ୍ରରେ ଶକ୍ତି ଉପାସନାର ଅନନ୍ୟ ପରମ୍ପରା ଗୋସାଣୀ ଯାତ

ଉତ୍କଳର ପୁରୁଷୋତ୍ତମ କ୍ଷେତ୍ରରେ ଶକ୍ତି ଉପାସନାର ପରମ୍ପରା ଅତ୍ୟନ୍ତ ପ୍ରାଚୀନ କାଳରୁ ଆଦୃତି ଲାଭ କରି ଆସିଛି । ସମଗ୍ର ଉତ୍କଳ ଶାକ୍ତ ଉପାସନା ଦୃଷ୍ଟିରୁ ଏକ ପୁରାତନ ଶକ୍ତିପୀଠ ଅଟେ । ବିଶେଷତଃ ଶ୍ରୀକ୍ଷେତ୍ରରେ ଶାରଦୀୟ ଦୁର୍ଗାପୂଜା କାଳରେ ପୂଜିତ ହେଉଥିବା ମୃଣ୍ମୟୀ ମହିଷାମର୍ଦ୍ଦିନୀଙ୍କର ମୂର୍ତ୍ତିମାନଙ୍କୁ 'ଗୋସାଣୀ' ନାମରେ ଉପାସନା କରାଯାଏ । ଅର୍ଥାତ୍ ଦେବୀ ଦୁର୍ଗାଙ୍କର ମୂର୍ତ୍ତିଗୁଡ଼ିକୁ ହିଁ 'ଗୋସାଣୀ' ନାମରେ ଶ୍ରୀକ୍ଷେତ୍ରରେ ଆଖ୍ୟାୟିତ କରାଯାଏ । ଏହାହିଁ ଏଠାକାର 'ଶାକ୍ତ ଉପାସନାର ମୁଖ୍ୟ ପରମ୍ପରା' । ଏଠାରେ ନିର୍ମିତ ବିଶାଳକାୟ ମୂର୍ତ୍ତି ଓ ମେଢ଼ମାନଙ୍କୁ ଯେମିତି ଭାବରେ ଜରି, ସୋଲ ଏବଂ ଜମ୍ଭୁରା ଆଦି ସାହାଯ୍ୟରେ ତଥା ସମ୍ପୂର୍ଣ୍ଣ ଉତ୍କଳୀୟ ପରିପାଟୀରେ ସାଜସଜ୍ଜା କରାଯାଏ ତାହା ନିଆରା ଉତ୍କଳୀୟ ସଂସ୍କୃତିର ଛାପ ବହନ କରେ । ଯାହାକି ଅତ୍ୟନ୍ତ ପ୍ରାଚୀନ କାଳରୁ ପାରମ୍ପରିକ ଭାବରେ ଅଦ୍ୟାବଧି ଅକ୍ଷୁର୍ଣ୍ଣ ରହି ଆସିଛି । ଯଦିଚ ଉତ୍କଳର ଅନ୍ୟସ୍ଥାନମାନଙ୍କରେ ହେଉଥିବା ଦୁର୍ଗାପୂଜା ମଧ୍ୟରେ କିଞ୍ଚିତ ପରିମାଣରେ ହେଲେ ବି ବଙ୍ଗୀୟ ସଂସ୍କୃତିର ପ୍ରଭାବ ପରିଲକ୍ଷିତ ହୋଇଥାଏ । ଆଶ୍ୱିନ କୃଷ୍ଣ ମୂଳାଷ୍ଟମୀ ଠାରୁ ଆରମ୍ଭ କରି ୧୬ଦିନ ପର୍ଯ୍ୟନ୍ତ ଅର୍ଥାତ୍ ଆଶ୍ୱିନ ଶୁକ୍ଳ ନବମୀ ପର୍ଯ୍ୟନ୍ତ ପ୍ରତିବର୍ଷ ଗୋସାଣୀ ପୂଜା ପୁରୀଧାମରେ ପାଳିତ ହୋଇଥାଏ । ତେବେ କେତେକ ଏହି ପୂଜା ୧୬ଦିନ ପାଳନ କରୁଥିବା ସ୍ଥଳେ କେହି ୮ଦିନ ବା ୩ଦିନ ପାଇଁ କରିଥାନ୍ତି । ୧୬ଦିନ ପୂଜାକୁ ଷୋଳପୂଜା, ଆଠ ଦିନ ପୂଜାକୁ ଆଠ ପୂଜା ଏବଂ ତିନିଦିନ ପୂଜାକୁ ତିନିପୂଜା ବୋଲି କୁହାଯାଇଥାଏ । ଷୋହଳ, ଆଠ ବା ତିନି ପୂଜା ପରେ ଦଶହରା ପରଦିନ ସିଂହଦ୍ୱାର ସମ୍ମୁଖ ବଡ଼ଦାଣ୍ଡରେ ଦେବୀ ପ୍ରତିମାମାନଙ୍କର ଯେଉଁ ମେଳଣ ହୁଏ ତାହାକୁ 'ଗୋସାଣୀ ଯାତ' ବୋଲି କୁହାଯାଏ । ବିଶାଳ ଜନ ସମାଗମ ସହ ଏହି ମେଳା ଖୁବ୍ ଚିତାକର୍ଷକ ହୋଇଥାଏ । ପୁରୀର ଭିନ୍ନ ଭିନ୍ନ ସାହି ଏବଂ ଗଳିକନ୍ଦିରୁ ଅସଂଖ୍ୟ ଗୋସାଣୀ ମୂର୍ତ୍ତି ଏହି ମେଳଣରେ ଶଙ୍ଖ ଓ ବାଦ୍ୟ ଧ୍ୱନୀ ଯୁକ୍ତ

ପଟୁଆର ସହ ଅଂଶ ଗ୍ରହଣ କରନ୍ତି । ଏହି ପ୍ରତିମାଗୁଡ଼ିକ ମେଳଣ ଉପଲକ୍ଷେ ବାହାରିବା ପୂର୍ବରୁ ସ୍ୱ ସ୍ୱ ମଣ୍ଡପରେ ପୂଜାର୍ଚ୍ଚନା ସହ ବିସର୍ଜିତ ହୋଇ ସାରିଥାନ୍ତି । ଏପରି ମୂର୍ତ୍ତିଗୁଡ଼ିକ ବିସର୍ଜିତ ହେବା ପରେ ମେଳଣରେ ଭାଗ ନେଉଥିବାରୁ ଏହାକୁ 'ଗୋସାଣୀ ଯାତ' କୁହାଯାଏ । ଆଉ କେତେକ ଗବେଷକଙ୍କ ମତରେ ଗୋସ୍ୱାମୀନି ଅଥବା ଗୋସାମଣି ଶବ୍ଦରୁ ଗୋସାଣୀ ଶବ୍ଦ ଆନୀତ ।

ପୁରୀର ସାହିସାହିମାନଙ୍କରେ ଗୋସାଣୀ ଦେବୀମାନେ ପୂଜିତ ହୋଇଥାନ୍ତି । ଏଥିପାଇଁ ସୁସଜ୍ଜିତ ବେଦୀମାନ ନିର୍ମିତ ହୋଇଥାଏ । ତନ୍ତ୍ରଶାସ୍ତ୍ର ମତରେ ଦକ୍ଷ ପ୍ରଜାପତିଙ୍କ କନ୍ୟା 'ସତୀ' ଯଜ୍ଞକୁଣ୍ଡରେ ଝାସ ଦେଇ ଦେହାବସାନ କଲା ଉତ୍ତାରୁ ଯେଉଁ ଶକ୍ତିମାନେ ଜନ୍ମନେଲେ ସେମାନେ ଶ୍ରୀକ୍ଷେତ୍ରରେ ଗୋସାଣୀ ରୂପ ନେଇ ଶାକ୍ତ ପରମ୍ପରାରେ ପୂଜିତ ହେଉଛନ୍ତି । ଶୂନ୍ୟରେ ଆବିର୍ଭାବ ଏବଂ ଶୂନ୍ୟରେ ମହିଷାସୁରକୁ ବଧ କରିଥିବାରୁ ମାଆ ଦୁର୍ଗାଙ୍କୁ ଶୂନ୍ୟ ଗୋସାଣୀ ଏବଂ 'ସତୀ'ଙ୍କର ଦଶ ମହାବିଦ୍ୟାର ଅବତାରମାନେ ଗୋସାଣୀ ଆଖ୍ୟା ପାଇ ପୁରୀରେ ପୂଜା ପାଇଥାନ୍ତି । ଏଠାରେ ଅସଂଖ୍ୟ ବିଗ୍ରହ ଯଥା- ମାଲ, ହାଡ଼ିଆ ଭୂତ, ମହାଦେବ, ନାଗା, ବୁଢ଼ାବୁଢ଼ୀ ଏମାନେ ଯୋଗିନୀ ନହେଲେ ମଧ୍ୟ ଯୋଗିନୀ ବା ଠାକୁରାଣୀ ମନ୍ତ୍ରରେ ପୂଜା ପାଆନ୍ତି ।

ଶ୍ରୀମନ୍ଦିରର ପେଜନଳା କୋଣସ୍ଥିତ ବଣିଆପଟିରେ ନିର୍ମିତ 'କାକୁଡ଼ିଖାଇ' ଗୋସାଣୀ ମାଆ ବିମଳାଙ୍କ ସାକ୍ଷାତ ଚଳନ୍ତି ପ୍ରତିମା ରୂପେ ପୂଜିତ ହୁଅନ୍ତି । ସେଇପରି ଗୌଡ଼ବାଡ଼ ସାହିର ଜହ୍ନିମୁଣ୍ଡିଆ, ଗୁଡ଼ିଆ ସାହିର ଗେଲବାଇ, ଯମକୋଟ, ହରଚଣ୍ଡୀସାହିର ବାରବାଟୀ, ଚକ୍ରକୋଟ ଓ ମହତେଶ୍ୱରୀ, ମଣିକର୍ଣ୍ଣିକା ସାହିର ଗେଲବାଇ, ହଜୁରୀ ବନଦୁର୍ଗା, କାଳିକା ଦେବୀ ସାହିର ଶୂନ୍ୟଗୋସାଣୀ, ବାଘଲଢ଼େଇ, ବୁଢ଼ାବୁଢ଼ୀ, ମାଲ, ଭୂତ, ନାଗ, ଶିବପାର୍ବତୀ, ସମ୍ପାତି, ରାବଣ ଆଦି ତିଆଡ଼ି ସାହିର ହାଡ଼ବାଇ, ବାଲିସାହିର ଜହ୍ନିଖାଇ ପ୍ରଭୃତି ବହୁ ମୂର୍ତ୍ତିମାନ ନିର୍ମିତ ହୁଅନ୍ତି । ଗୋସାଣୀମାନଙ୍କୁ ବହୁବିଧ ଅଳଙ୍କାର ଏବଂ ଆଲୋକମାଳାରେ ସୁସଜ୍ଜିତ କରାଯାଏ । ସକାଳ ଓ ମଧ୍ୟାହ୍ନରେ ଶୀତଳ ଭୋଗ ତଥା ସନ୍ଧ୍ୟାରେ ସଙ୍ଖୁଡ଼ି ଭୋଗ ଅର୍ପଣ କରାଯାଏ । କାକୁଡ଼ି ଖାଇ ଠାକୁରାଣୀଙ୍କୁ ବିଜୟା ଦଶମୀ ଦିନ ମଧ୍ୟରାତ୍ରିରେ ବିସର୍ଜନ କରାଯାଇ ଅନ୍ୟ ଗୋସାଣୀ ମୂର୍ତ୍ତି ଓ ନାଗାମୂର୍ତ୍ତିଙ୍କୁ ଆଶ୍ୱିନ ଶୁକ୍ଳ ଏକାଦଶୀରେ ବିସର୍ଜନ କରାଯାଏ ।

ଦ୍ୱାଦଶ ଶତାବ୍ଦୀରେ ଗଙ୍ଗବଂଶର ରାଜତ୍ୱ କାଳରେ ଶ୍ରୀକ୍ଷେତ୍ର ଧାମର ଶ୍ରୀମନ୍ଦିର ନିର୍ମିତ ହୋଇଥିଲା । ଏହି ସମୟରେ ଶ୍ରୀମନ୍ଦିରର ସୁରକ୍ଷା ପାଇଁ ଏହାର ଚତୁଃପାର୍ଶ୍ୱରେ ଜାଗା, ଗଡ଼, କୋଟ, ଗୁରୁଜ ଓ ସାତସାହି ଆଖଡ଼ା ଆଦି ପ୍ରତିଷ୍ଠିତ ହୋଇଥିଲା । ସେଇ ସମୟରୁ ଶତାବ୍ଦୀ ଶତାବ୍ଦୀ ବ୍ୟାପୀ ଶାରଦୀୟ ଗୋସାଣୀ ଯାତ୍ରା ଏହି ସମସ୍ତ ଆଖାଡ଼ା ଓ ଜାଗାମାନଙ୍କରେ ପାଳିତ ହୋଇଚାଲିଛି । ଯେଉଁଠି ଚାମୁଣ୍ଡା, ବନଦୁର୍ଗା, ମହେତଶ୍ୱରୀ, ଜହ୍ନିମୁଣ୍ଡିଆ, ବାରବାଟୀ, ଚକ୍ରକୋଟ, ଜମକୋଟ, ନରେନ୍ଦ୍ରକୋଣ, ପେଣ୍ଠକଟା, ମାଜଣଯାଗା, ସିଦ୍ଧମହାବୀର, ବାସେଳିସାହି, ହରଚଣ୍ଡୀସାହି, ପଶ୍ଚିମଦ୍ୱାର, ଭୋଗଯାଗା, ପଣାପ୍ରିୟା, ହଜୁରୀଗୋସାଣୀ, ବାଲିସାହି, ମାର୍କେଟଛକ ଆଦି ସ୍ଥାନରେ ନିର୍ମିତ ବିଶାଳ ନାଗାମୂର୍ତ୍ତିମାନେ ଏକାଦଶୀ ଦିନ ବାଦ୍ୟ, ଘଣ୍ଟ ସହ ବିରାଟ ଶୋଭାଯାତ୍ରାରେ ନିଆଯାଇ ସିଂହଦ୍ୱାର ସମ୍ମୁଖ ବଡ଼ଦାଣ୍ଡରେ ମେଳଣ ପାଇଁ ରଖା ଯାଇଥାଏ । ଉଜ୍ଜ୍ୱଳ ଆଲୋକ ଓ ସୁନ୍ଦର ସାଜସଜ୍ଜାରେ ମୂର୍ତ୍ତିଗୁଡ଼ିକ ଜନମନ ହରଣ କରିଥାଏ । ମାର୍କଣ୍ଡେଶ୍ୱର ସାହି ସାତବଖରା ଜାଗାସ୍ଥିତ ସମ୍ପାତି ପୂଜା ବାସ୍ତବରେ ଅନ୍ୟ କେଉଁଠି ଦୃଷ୍ଟି ଗୋଚର ହୋଇନଥାଏ । ରାମାୟଣରେ ବର୍ଣ୍ଣନା ଅନୁଯାୟୀ ଅରୁଣଙ୍କ ପୁତ୍ର ସମ୍ପାତି ସୂର୍ଯ୍ୟଙ୍କର ପ୍ରଖର ତେଜ ଦ୍ୱାରା ନିଜର ପକ୍ଷ ହରାଇ ଦକ୍ଷିଣ ସମୁଦ୍ରତଟ ଦେଶସ୍ଥ ଏକ ପର୍ବତ ଉପରେ ବସବାସ କରୁଥିଲେ । ରାବଣ ଦ୍ୱାରା ସୀତା ହରଣ ଏବଂ ସୀତାଙ୍କ ଅନ୍ୱେଷଣ ପାଇଁ ରାମଙ୍କ ପ୍ରେରିତ ଅଷ୍ଟମଲ ଦୂତମାନଙ୍କୁ ସାକ୍ଷାତ ଦେଇ ସେମାନଙ୍କୁ ସୀତା ହରଣ ସମ୍ବାଦ ଦେଇ ପରେ ସମ୍ପାତିଙ୍କ ନିଜ ପକ୍ଷ (ଡେଣା) ପୁଣି ଫେରି ପାଇଥିଲେ । ସାତବଖରା ଜାଗାରେ ସୁଗ୍ରୀବ ପୂଜା ହୋଇଥାଏ । ଏଠାରେ ରାମାୟଣ ବର୍ଣ୍ଣିତ କଥା ଆଧାରରେ ସମ୍ପାତିର ୧୬ଫୁଟ ଉଚ୍ଚତା ବିଶିଷ୍ଟ ବିଶାଳକାୟ ମୂର୍ତ୍ତି ପୂଜା ପ୍ରଚଳିତ । ଏହି ବିଶାଳ ସମ୍ପାତି ଡେଣା ଉପରେ ଜାମ୍ବବାନ, ସୁଶେଣ, ହନୁମାନ, ନଳ, ଅଙ୍ଗଦ, ନୀଳ, ଗନ୍ଧ ଓ ମାର୍ଦ୍ଦନ (ଅଷ୍ଟମଲ୍ଲ) ବିରାଜମାନ କରି ପୂଜିତ ହୁଅନ୍ତି । ଏଠାରେ କେବଳ ଶୁଖିଲା ଭୋଗ ଲାଗି ହୋଇଥାଏ ଏବଂ ସମ୍ପାତିଙ୍କ ଶାରଦୀୟ ପୂଜା ସପ୍ତମୀରୁ ଦଶମୀ ପର୍ଯ୍ୟନ୍ତ କରାଯାଇଥାଏ । ମାଟିମଣ୍ଡପ ସାହିର ସିଂହବାହିନୀ ମହିଷମର୍ଦ୍ଦିନୀ ମା' ଶୂନ୍ୟ ଗୋସାଣୀଙ୍କ ଖମ୍ବ ଉପରିସ୍ଥ ବିଶାଳକାୟ ମୂର୍ତ୍ତିକୁ ସ୍ୱଚକ୍ଷୁରେ ନଦେଖିବା ପର୍ଯ୍ୟନ୍ତ କଳ୍ପନା କରିବା ସମ୍ଭବ ନୁହେଁ । ଏପରି ସବୁ ଗୋସାଣୀ ମୂର୍ତ୍ତି ପୂଜନର ପରମ୍ପରା

ଉତ୍କଳର ଅନ୍ୟ କେଉଁଠି ହେଲେ ଦେଖାଯାଏ ନାହିଁ । ସିଂହଦ୍ୱାର ସମ୍ମୁଖରେ ଏକାଦଶୀ ଦିନ ହେଉଥିବା ଗୋସାଣୀ ମେଳଣ ପରି ରାତ୍ରିର ବିଳମ୍ବିତ ପ୍ରହରରେ ଗୋସାଣୀ ମୂର୍ତ୍ତିମାନଙ୍କୁ ସମୁଦ୍ର ବା ମୂଷାନଈରେ ବିସର୍ଜନ କରାଯାଏ ।

ଶ୍ରୀକ୍ଷେତ୍ରର ଶ୍ରୀଦକ୍ଷିଣ କାଳୀ, ଶ୍ରୀରାମଚଣ୍ଡୀ, ମା' ଭୁବନେଶ୍ୱରୀ, ମା' ବାସେଳୀ, ଶ୍ରୀବାରାହୀ, ମା'ହରଚଣ୍ଡୀ, ମା' ଚର୍ଚ୍ଚିକା, ମା' ଭଗବତୀ, ମା' ଆଲାମଚଣ୍ଡୀ ଆଦି ଦେବୀପୀଠମାନଙ୍କରେ ଶାରଦୀୟ ଦୁର୍ଗୋତ୍ସବ ଉପଲକ୍ଷେ ଷୋହଳପୂଜା ମହାସମାରୋହରେ ପାଳିତ ହୋଇଥାଏ ।

ଶ୍ରୀକ୍ଷେତ୍ର ଶକ୍ତିପୀଠରେ ପରମ୍ପରା କ୍ରମେ ଅତ୍ୟନ୍ତ ପ୍ରାଚୀନ କାଳରୁ ପ୍ରଚଳିତ ହୋଇ ଆସୁଥିବା ଶକ୍ତିପୂଜାର ଏହି ଅନନ୍ୟ ଉଦାହରଣ କୁତ୍ରାପି ଦୃଷ୍ଟିଗୋଚର ହୁଏନାହିଁ । ବାସ୍ତବରେ ପୁରୀ ଗୋସାଣୀ ଯାତ ଏକ ଭିନ୍ନ ପରମ୍ପରା କହିଲେ ଅତ୍ୟୁକ୍ତି ହେବନାହିଁ ।

ସନ୍ଦର୍ଭ ସୂଚୀ:

୧. ପୁସ୍ତକ 'ଶ୍ରୀକ୍ଷେତ୍ର ଶ୍ରୀମନ୍ଦିର ଶ୍ରୀଜଗନ୍ନାଥ', ଲେଖକ : ପ୍ରାଧ୍ୟାପକ ଶ୍ରୀ ଗୋପାଳଚନ୍ଦ୍ର ତ୍ରିପାଠୀ

୨. ପ୍ରବନ୍ଧ 'ବିମଳାଙ୍କ ଶାରଦୀୟ ଦୁର୍ଗାପୂଜା ଓ ଗୋସାଣୀ ଉପାସନା', ଲେଖକ : ଶ୍ରୀଯୁକ୍ତ ସୁରେନ୍ଦ୍ର ନାରାୟଣ ମିଶ୍ର

୩. ପ୍ରବନ୍ଧ 'ପୁରୀ ଗୋସାଣୀ ଯାତ', ଲେଖକ : ଶ୍ରୀ କୁମାର ଶୁକ୍ଳ

ପୁରୀ ଗୋସାଣୀ ଯାତ (ପୃ.୩୨୭)

ବିଜୟ ଉଲ୍ଲାସର ପର୍ବ : ବିଜୟା ଦଶମୀ

ପରାକ୍ରମ ଓ ବିଜୟର ପ୍ରେରଣା ଏବଂ ଅକ୍ଷୟ ସ୍ଫୁର୍ତ୍ତି ପ୍ରଦାନକାରୀ 'ବିଜୟାଦଶମୀ' ଅଥବା ଦଶହରା ପର୍ବ ଆବହମାନ କାଳରୁ ପ୍ରତିବର୍ଷ ଆଶ୍ୱିନ ଶୁକ୍ଳ ଦଶମୀ ତିଥିରେ ସମଗ୍ର ଦେଶର କୋଣେକୋଣେ ଅତ୍ୟନ୍ତ ଭକ୍ତି, ଶ୍ରଦ୍ଧା ଏବଂ ଉଲ୍ଲାସର ସହ ପାଳିତ ହୁଏ । ସମସ୍ତ ମତ ପନ୍ଥ ନିର୍ବିଶେଷରେ ଏପରିକି ବନବାସୀ ଭାଇମାନେ ମଧ୍ୟ ଜଗଜ୍ଜନନୀଙ୍କର ପୂଜା ଆରାଧନା ନିଜ ନିଜର ପାରମ୍ପରିକ ରୀତିନୀତି କ୍ରମେ ପାଳନ କରିଥାନ୍ତି । ଅତୀତ ଭାରତରେ ଆକବର ଆଦି କେତେକ ମୋଗଲ ଶାସକଗଣ ମାଆ ଦୁର୍ଗାଙ୍କ ସଦ୍ୟ ଫଳଦାୟୀ ପ୍ରଭାବରେ ପ୍ରଭାବିତ ହୋଇ ଏହି ସମୟରେ ମୃଣ୍ମୟୀ ମୂର୍ତ୍ତି ପୂଜାର ପ୍ରଚଳନ କରାଇ ସଂଖ୍ୟାଗରିଷ୍ଠ ହିନ୍ଦୁ ସମାଜର ହୃଦୟ ଜିଣିବାର ପ୍ରୟାସ କରିଥିଲେ ବୋଲି କୁହାଯାଏ । ଆଶ୍ୱିନ ଶୁକ୍ଳ ପ୍ରତିପଦ ଠାରୁ ଦଶମୀ (ବିଜୟାଦଶମୀ) ବା ଦଶହରା ପର୍ଯ୍ୟନ୍ତ ସମୟକୁ ବୋଧନାଖ୍ୟ ଶାରଦୀୟ ନବରାତ୍ରି ବୋଲି କୁହାଯାଏ । ସାରା ବର୍ଷ ମଧ୍ୟରେ ଚାରୋଟି ନବରାତ୍ରି ପଡ଼େ । ପ୍ରଥମରେ ଚୈତ୍ର ଶୁକ୍ଳ ପ୍ରତିପଦାରୁ ଦଶମୀ (ଶୟନାଖ୍ୟ ନବରାତ୍ରି); ଦ୍ୱିତୀୟରେ ଆଷାଢ଼ ଶୁକ୍ଳ ପ୍ରତିପଦାରୁ ଦଶମୀ; ତୃତୀୟରେ ଆଶ୍ୱିନଶୁକ୍ଳ ପ୍ରତିପଦାରୁ ଦଶମୀ (ବୋଧନାଖ୍ୟ ନବରାତ୍ରି) । ଏବଂ ଶେଷରେ ମାଘଶୁକ୍ଳ ପ୍ରତିପଦାରୁ ଦଶମୀ (ସାରସ୍ୱତ-ନବରାତ୍ରି) । ଆଷାଢ଼ ଓ ମାଘ ମାସର ନବରାତ୍ରିକୁ 'ଗୁପ୍ତ ନବରାତ୍ର' ବୋଲି କୁହାଯାଏ । କାରଣ ଏହା ସାର୍ବଜନୀନ ଭାବରେ ପାଳନ କରାଯାଏ ନାହିଁ । ପ୍ରାୟ କେବଳ ତନ୍ତ୍ର ସାଧକମାନେ ଏ ସମୟକୁ ଶକ୍ତିସାଧନାରେ ବିନିଯୋଗ କରିଥାନ୍ତି । ଏହି ପବିତ୍ର ଅବସର (ନବରାତ୍ର) ଶକ୍ତି ଆରାଧନା ପାଇଁ ଅତ୍ୟନ୍ତ ଫଳଦାୟୀ ବୋଲି ଶାସ୍ତ୍ରୋକ୍ତ ପ୍ରମାଣ ରହିଛି । "ବୃହତ୍ ସାର ସିଦ୍ଧାନ୍ତ" ଗ୍ରନ୍ଥ ଅନୁଯାୟୀ :

"ଆଶ୍ୱିନସ୍ୟ ସିତେ ପକ୍ଷେ ନାନାବିଧମହୋତ୍ସବୈଃ ।
ପ୍ରସାଦୟେୟୁଃ ଶ୍ରୀଦୁର୍ଗାଂ ଚତୁର୍ବର୍ଗଫଳାର୍ଥିନଃ ॥"

ଶକ୍ତି ଉପାସନା ଓ ବୈଦିକ ଦେବୀତତ୍ତ୍ୱ : ୩୩୦

ଅର୍ଥାତ୍ ଆଶ୍ୱିନ ଶୁକ୍ଳପକ୍ଷରେ ମା' ଦୁର୍ଗାଙ୍କର ପୂଜା ମହୋତ୍ସବ ପାଳନ କରିବା ଦ୍ୱାରା ଧର୍ମ ଅର୍ଥ କାମ ମୋକ୍ଷାଦି ଚତୁର୍ବର୍ଗ ଫଳପ୍ରାପ୍ତି ହୁଏ । ଦେବୀ ପୁରାଣ ଅନୁଯାୟୀ 'ଦୁର୍ଗା' ଶବ୍ଦର ଅର୍ଥ ନିମ୍ନମତେ ବ୍ୟାଖ୍ୟା କରାଯାଇଛି: 'ଦ'କାର ଅର୍ଥ ଦୈତ୍ୟନାଶକ, 'ଉ' କାର ବିଘ୍ନନାଶକ; 'ରେଫ' କାର ରୋଗ ବିନାଶକ, 'ଗ' କାର ପାପନାଶକ ତଥା 'ଆ' କାର ଭୟ ଓ ଶତ୍ରୁ ନାଶକ ଅଟେ-

"ଦୈତ୍ୟନାଶାର୍ଥବଚନୋ ଦକାରଃ ପରିକୀର୍ତିତଃ ।
ଉକାରୋ ବିଘ୍ନନାଶସ୍ୟ ବାଚକୋ ବେଦସମ୍ମତଃ ।।
ରେଫୋ ରୋଗଘ୍ନବଚନୋ ଗଶ୍ଚ ପାପଘ୍ନବାଚକଃ ।
ଭୟଶତ୍ରୁଘ୍ନବଚନଶ୍ଚାକାରଃ ପରିକୀର୍ତ୍ତିତଃ ।।"

ମା' ଦୁର୍ଗାଙ୍କୁ ଦୁର୍ଗତି ନାଶିନୀ ବୋଲି କୁହାଯାଏ । ସେ ଶକ୍ତିସ୍ୱରୂପା । ଏଣୁ ଶତ୍ରୁକୁ ପରାଜିତ କରି ନିଜେ ସର୍ବଦା ଅପରାଜିତ ରହି ନିଜର ଶ୍ରେଷ୍ଠତ୍ୱ ପରିବ୍ୟାପ୍ତ କରନ୍ତି । ବିଜୟାଦଶମୀର ପ୍ରାତଃକାଳରେ 'ଅପରାଜିତା' ଲତାକୁ ପୂଜନ କରାଯାଏ ତଥା ଏହି ଲତାକୁ ଦେବୀ ମାଆଙ୍କ ଠାରେ ନବରାତ୍ରର ସର୍ବଶେଷ ପୂଜା ରୂପେ ବିଶେଷ ଭାବରେ ନିବେଦନ କରାଯାଏ ଅଥବା ଲାଗି କରାଯାଏ । ଅପରାଜିତା ଲତା ହେଉଛି ଆୟୁର୍ବେଦ ଶାସ୍ତ୍ରର ଏକ ଅବ୍ୟର୍ଥ ରୋଗନାଶକ ଔଷଧି । ଏହା ଅପସ୍ମାର, କୃମି, ଶ୍ୱାସ, ମିଳିମିଳା, ମୂତ୍ରରୋଗ, ଉଦରାମୟ, ରକ୍ତ ଆମାଶୟ, ଗନେରିଆ, ପେଟରୋଗ, ରକ୍ତ ଶୋଧନ ଆଦି ସକାଶେ ଔଷଧି ରୂପେ ବ୍ୟବହୃତ ହୁଏ । ଅପରାଜିତା ସହ ପୂଜା ପାଇଁ ଲାଗି ହେଉଥିବା ଦ୍ରୋଣ ପୁଷ୍ପ ମଧ୍ୟ ଏକ ଅବ୍ୟର୍ଥ ଔଷଧି । ଏହି ଉଭୟ ପୁଷ୍ପରୁ ଏଲୋପାଥି ପଦ୍ଧତିରେ ମଧ୍ୟ ପ୍ରାଣରକ୍ଷକ ଔଷଧ ନିର୍ମିତ ହୋଇଥାଏ । ଅପରାଜିତା ଲତାକୁ ପୂଜା ପରେ ଦେବୀଙ୍କ ବାହୁରେ ବଂଧାଯାଏ । ଭକ୍ତ ଓ ଶ୍ରଦ୍ଧାଳୁମାନେ ମଧ୍ୟ ନିଜ ନିଜ ବାହୁରେ ଏହାକୁ ଧାରଣ କରନ୍ତି । ଏହି ଧାରଣ କରିବା ସମୟରେ ଯେଉଁ ମନ୍ତ୍ର ବୋଲାଯାଏ ସେଥିରେ ମଧ୍ୟ ଏହାର ବିଶେଷ ଉପଯୋଗିତା ପ୍ରକଟିତ ହୁଏ :

"ଓଁ ଜୟଦେ ବରଦେ ଦେବି ଦୟାଧାରେ ହ୍ୟପରାଜିତେ ।
ଧାରାୟାମି ଭୁଜେ ଦକ୍ଷେ ଜୟ ଲାଭ ଭିବୃଦ୍ଧୟେ ।।
ଓଁ ବଳମାଧେୟି କୃପୟା ମୟି ଶତ୍ରୋଃ ପରାଜୟମ୍ ।
ତଦ୍ଧାରଣାଦ୍ ଭବୟେର୍ମେ ଧନଧାନ୍ୟାଦି ସମ୍ପଦଃ ।।"

ଅପରାଜିତାର ପ୍ରୟୋଗ ଦ୍ୱାରା ନିଜର ବିଜୟଲାଭକୁ ସୁନିଶ୍ଚିତ କରାଯିବା ସହ ଶତ୍ରୁକୁ ପରାଜିତ କରିବା ଓ ଐହିକ ସମ୍ପଦର ଅଭିବୃଦ୍ଧି ଘଟାଇବା ସମ୍ଭବ ହୋଇପାରେ ବୋଲି ଏଥିରୁ ପ୍ରମାଣିତ ହୁଏ ।

ଏହିଦିନ ବ୍ରାହ୍ମଣମାନେ ସରସ୍ୱତୀ ପୂଜନ ଏବଂ କ୍ଷତ୍ରିୟମାନେ ଶସ୍ତ୍ର ପୂଜନ କରନ୍ତି । ଦଶହରାଦିନ, ବିଧିପୂର୍ବକ ଜୟାବିଜୟା ଦେବୀଙ୍କ ପୂଜା, ଦଶମୀ ପୂଜନ, ଶମୀପୂଜନ, ନବରାତ୍ର ପାରଣ, ଦେବୀ ଦୁର୍ଗା ବିସର୍ଜନ, ସୀମୋଲଂଘନ, ଜୟନ୍ତୀ ଧାରଣ ଏବଂ ଅପରାଜିତା ଧାରଣ ଆଦି କରାଯିବାର ବିଧାନ ରହିଛି । ଏହି ପର୍ବକୁ ଦେବୀ ବିଜୟାଙ୍କ ନାମ ଅନୁଯାୟୀ 'ବିଜୟା ଦଶମୀ' କହନ୍ତି । ସଂଧ୍ୟାରେ ରାବଣପୋଡ଼ି ଅନୁଷ୍ଠିତ ହୁଏ । ଏହି ଦିନ ନାପିତମାନେ ଘର ଘର ବୁଲି ସମସ୍ତଙ୍କୁ ଦର୍ପଣରେ ସ୍ୱପ୍ରତିବିମ୍ବ ଦେଖାନ୍ତି ଏବଂ ଭଦଭଦଳିଆ ବା ଭରଦ୍ୱାଜ ଅଥବା ନୀଳକଣ୍ଠ ନାମକ ଏକ ନୀଳପକ୍ଷୀର ପର ଦେଖାଇ ଆଗାମୀ ଭବିଷ୍ୟତର ଶୁଭ ସଂକେତ ଜ୍ଞାପନ କରନ୍ତି । ବଦଳରେ ଲୋକେ ସେମାନଙ୍କୁ ପାରିତୋଷିକ ଦେଇଥାନ୍ତି ।

ଦଶହରା ଦିନ ସକାଳେ ସ୍ନାନାଦି ଶେଷ କରି ନୂତନ ବସ୍ତ୍ର ପରିଧାନ ସହ ଦେବୀଦର୍ଶନ ଓ ପୁଷ୍ପାଞ୍ଜଳି ଆଦି ପରେ ଘରେ ଘରେ ପିଠାପଣା ପ୍ରସ୍ତୁତ ହୁଏ । ଏହିଦିନ ପରସ୍ପରକୁ ବିଜୟା ଅଭିନନ୍ଦନ ଜଣାଇବା ଏବଂ କନିଷ୍ଠମାନେ ଗୁରୁଜନମାନଙ୍କ ପାଖକୁ ଯାଇ 'ବିଜୟା ପ୍ରଣାମ' ଜଣାଇ ଆଶୀର୍ବାଦ ଗ୍ରହଣ କରିବା ଆମର ପ୍ରାଚୀନ ପରଂପରା । ବଡ଼ମାନେ ସାନମାନଙ୍କୁ ମିଠା ଆଦି ଖୁଆଇବା ଏବଂ ଦଶହରା ଭେଟି ଦେବାର ପ୍ରଥା ଅଛି । ଦୂରରେ ଥିବା ଗୁରୁଜନମାନଙ୍କୁ ସାନମାନେ ପତ୍ର ବା ଦୂରଭାଷ ମାଧ୍ୟମରେ ପ୍ରଣାମ ଜଣାଇ ଆଶୀର୍ବାଦ ଭିକ୍ଷା କରନ୍ତି । ନବରାତ୍ର ସମୟରେ ଦେଶବ୍ୟାପୀ 'ରାମଲୀଳା' ଆୟୋଜିତ ହୁଏ । ଦଶହରା ସଂଧ୍ୟା ସମୟରେ 'ରାବଣପୋଡ଼ି' ଉତ୍ସବ ଆୟୋଜିତ ହୁଏ । ଯିଏ ଯେତେ ଦୂରରେ ଥିଲେ ମଧ୍ୟ ଘରକୁ ଫେରି ପରିବାର ବର୍ଗଙ୍କ ସହ ଏହି ଦୁର୍ଗୋତ୍ସବ ଏବଂ ଦଶହରା ପର୍ବରେ ଭାଗ ନେବାକୁ ଉତ୍ସୁକ ରହନ୍ତି । ସପ୍ତମୀ ଠାରୁ ଦଶହରା ପର୍ଯ୍ୟନ୍ତ ଶାରଦୀୟ ଦୁର୍ଗୋତ୍ସବକୁ ପାର୍ବଣ ପୂଜା ବୋଲି ମଧ୍ୟ କହନ୍ତି । ଏହି ସମୟରେ ଦଳଦଳ ଆଖଡ଼ା ବାହାରି ବିବିଧ ଘୋଷେ ବାଦ୍ୟ ସହ ବାଡ଼ିଖେଳ ଏବଂ ଭିନ୍ନଭିନ୍ନ ପ୍ରକାର ଖଣ୍ଡା ଢାଲ ଆଦି ମାଧ୍ୟମରେ ବିରୋଚିତ ଯୁଦ୍ଧ ଖେଳ ପ୍ରଦର୍ଶନ କରିଥାନ୍ତି । ଲୋକେ ଏପରି ଶକ୍ତି ଆରାଧନା

ସହ ଅତୀତର ବିଜୟଶାଳୀ ଏବଂ ବିଜିଗୀଷୁ ପରଂପରାକୁ ଲୋକ ସ୍ମୃତିରେ ଜାଗ୍ରତ ରଖନ୍ତି । ଏହି ସମୟରେ ଆବାଳବୃଦ୍ଧ ବନିତା ଆଖଡ଼ା ଖେଳର ମଜା ଉପଭୋଗ କରନ୍ତି ।

ଭାରତର ପ୍ରତ୍ୟେକ ପ୍ରାନ୍ତରେ ସାମାନ୍ୟ ପାରଂପରିକ ଭେଦରେ ଅତ୍ୟନ୍ତ ଉଲ୍ଲାସ ମଧ୍ୟରେ ବିଜୟାଦଶମୀ, ଶସ୍ତ୍ରପୂଜନ ଓ ଶମୀପୂଜନ ଆଦି ପାଳନ କରାଯାଏ । ବିଜୟ ଉନ୍ମାଦନାରେ ଉଲ୍ଲସିତ ପାଣ୍ଡବମାନେ ସୁଦୀର୍ଘ ବନବାସ ଶେଷକରି ବିଜୟାଦଶମୀର ଅବସରରେ ଶମୀବୃକ୍ଷ ମଧ୍ୟରେ ଲୁଚାଇ ରଖିଥିବା ଶସ୍ତ୍ରଗୁଡ଼ିକର ପୂଜନ କରିଥିଲେ ଏବଂ ପୁନଃ ସେଗୁଡ଼ିକୁ ଧାରଣ କରି ଶୌର୍ଯ୍ୟ ବୀରତ୍ୱ ଓ ପରାକ୍ରମର ଆରାଧନା କରିଥିଲେ । ଶ୍ରବଣା ନକ୍ଷତ୍ର ପ୍ରଦୋଷ ବ୍ୟାପିନୀ ନବମୀ ବିଦ୍ଧା ଦଶମୀ, ଦଶହରା ପାଇଁ ପ୍ରଶସ୍ତ । ଭଗବାନ ରାମ ଏହିଦିନ ରାବଣର ବିନାଶ ପାଇଁ ଲଙ୍କା ଅଭିମୁଖେ ବିଜୟ ଯାତ୍ରା କରିଥିଲେ ।

"ଅଥ ବିଜୟଦଶମ୍ୟାମାଶ୍ୱିନେ ଶୁକ୍ଳପକ୍ଷେ ଦଶମୁଖନିଧନାୟ ପ୍ରସ୍ଥିତୋ ରାମଚନ୍ଦ୍ରଃ ।
ଦ୍ୱିରଦବିଧୂମହାବ୍ଜୈର୍ଯୂଥନାଥୈସ୍ତଥାଽନ୍ୟୈଃ କପିଭିରପରିମାଣୈର୍ବ୍ୟାପ୍ତଭୂଦିକ୍‌ଖଚକ୍ରୈଃ ॥"

(ହନୁମନ୍ନାଟକ ୭/୨)

ଅର୍ଥାତ୍ ଆଶ୍ୱିନ ଶୁକ୍ଳପକ୍ଷ ବିଜୟାଦଶମୀ ଦିନ ଦଶମୁଖ ରାବଣ ବଧ ନିମିତ୍ତ ରାମଚନ୍ଦ୍ର ପ୍ରସ୍ଥାନ କରିଥିଲେ । ତାଙ୍କ ସହିତ ପୃଥିବୀକୁ ପରିବ୍ୟାପ୍ତ କରି ଅସଂଖ୍ୟ କପି ସୈନ୍ୟ ଏହି ଯୁଦ୍ଧ ଯାତ୍ରାରେ ଅଂଶଗ୍ରହଣ କରିଥିଲେ । ଏଥିରୁ ପ୍ରମାଣିତ ହେଉଛି ଯେ ପ୍ରଭୁ ରାମଚନ୍ଦ୍ରଙ୍କ ଦ୍ୱାରା ଶାରଦୀୟ ନବରାତ୍ର ପୂଜା ଆରମ୍ଭ ହୋଇଥିଲା ।

ଲଙ୍କା ନରେଶ ଦଶାନନ ରାବଣ ଅସାମାନ୍ୟ ପାଣ୍ଡିତ୍ୟ ଏବଂ ପ୍ରବଳ ତପଶକ୍ତିର ଅଧିକାରୀ ଥିଲା । ସେଇ ଶକ୍ତି ସମୂହକୁ ଜଗତର ମଂଗଳ କାମନାର୍ଥେ ବିନିଯୋଗ କରିବା ପରିବର୍ତ୍ତେ ଗର୍ବ, ଅହଂକାର ଏବଂ ପ୍ରଚଣ୍ଡ ସାମର୍ଥ୍ୟ ଦ୍ୱାରା ମଦମତ୍ତ ହୋଇ ଧରାକୁ ସରାଜ୍ଞାନ କରିବା ସଂଗେ ସଂଗେ ତେତ୍ରିଶ କୋଟି ଦେବତାଙ୍କୁ ତଥା ସମଗ୍ର ସୃଷ୍ଟିକୁ ମଧ୍ୟ ସେ ପଦାନତ କରି ଦେଇଥିଲା । ତାର ଅତ୍ୟାଚାରରେ ସ୍ୱର୍ଗ ମର୍ତ୍ତ୍ୟ ପାତାଳବାସୀ ତ୍ରାହିତ୍ରାହି କରୁଥିଲେ । ତାହାର ଏହି ଅନ୍ୟାୟ ଅତ୍ୟାଚାରର ପର୍ବକୁ ଆଗେଇ ନେବାରେ ପ୍ରତ୍ୟକ୍ଷ ସହଯୋଗ କରୁଥିଲେ

ଶକ୍ତି ଉପାସନା ଓ ବୈଦିକ ଦେବୀତତ୍ତ୍ୱ : ୩୩୩

ଅସଂଖ୍ୟ ରାକ୍ଷସ ସମୁଦାୟ । ରାବଣର ଅତ୍ୟାଚାରକୁ 'ରାମଚରିତ ମାନସ'ରେ ନିମ୍ନମତେ ବର୍ଣ୍ଣନା କରାଯାଇଛି :

"ଜେହି ବିଧି ହୋଇ ଧର୍ମ ନିର୍ମୂଳା ।
ସୋସବ କରହିଁ ବେଦପ୍ରତିକୂଳା ॥"

ଅର୍ଥାତ୍ ରାବଣ ଏବଂ ତାର ରାକ୍ଷସ ସମୂହ ଧର୍ମକୁ ସମୂଳ ଉତ୍ପାଟନ କରିବା କାର୍ଯ୍ୟରେ ଲାଗି ପଡ଼ିଥିଲେ । ଯେଉଁଠି ଗୋ-ବ୍ରାହ୍ମଣ ବାସ କରୁଥିଲେ ସେଇ ଗ୍ରାମମାନଙ୍କରେ ଅଗ୍ନି ସଂଯୋଗ କରି ଭସ୍ମୀଭୂତ କରି ଦିଆଯାଉଥିଲା । ବ୍ରାହ୍ମଣ ଭୋଜନ, ଯଜ୍ଞ, ଶ୍ରାଦ୍ଧ, ହରିଭକ୍ତି, ବେଦ ପୁରାଣାଦି ଚର୍ଚ୍ଚା, ଗୁରୁ-ବ୍ରାହ୍ମଣ-ଈଶ୍ୱରଭକ୍ତି-ଏସବୁ ସ୍ୱପ୍ନଥିଲା । ଏସବୁ କାର୍ଯ୍ୟରେ ବ୍ରତୀ ଥିବା ଲୋକମାନଙ୍କୁ ରାବଣ ବିଧ୍ୱଂସ କରି ଦେଉଥିଲା । ତାର ପାପ କର୍ମର ବର୍ଣ୍ଣନା କରିବା ସଂପୂର୍ଣ୍ଣ ଅସମ୍ଭବ ଥିଲା । ଶେଷରେ ଧରିତ୍ରୀ ମାତା, ଦେବତା, ଋଷି, ମୁନି, ଗନ୍ଧର୍ବ ସମସ୍ତଙ୍କର ଆକୁଳ କ୍ରନ୍ଦନ ଓ ନିବେଦନକୁ ଭକ୍ତବତ୍ସଳ, ଭକ୍ତ-ବାଂଛା କଳ୍ପତରୁ ଶ୍ରୀହରି ଗ୍ରହଣ କରି –

ଜନି ଡ଼ରପହୁ ମୁନି ସିଦ୍ଧ ସୁରେସା। ତୁହ୍ମହି ଲାଗି ଧରିହଉଁ ନର ବେସା ॥
ଅଂସହ୍ନ ସହିତ ମନୁଜ ଅବତାରା । ଲେହଉଁ ଦିନକର ବଂଶ ଉଦାରା ॥
କସ୍ୟପ ଅଦିତି ମହାତପ କିନ୍ହା । ତିନ୍ହ କହୁଁ ମୌଁ ପୂରବ ବର ଦୀନ୍ହା ॥
ତେ ଦଶରଥ କୌସଲ୍ୟା ରୂପା । କୋସଲପୁରୀଁ ପ୍ରଗଟ ନର ଭୂପା ॥

-ରାମ ଚରିଚ ମାନସ ୧/୧୮୬/୧-୨)

ଦଶରଥ ଓ କୌଶଲ୍ୟା (ଯିଏ କି ପୂର୍ବଜନ୍ମରେ ଯଥାକ୍ରମେ କଶ୍ୟପ ଓ ଅଦିତି ଥିଲେ)ଙ୍କ କୋଳମଣ୍ଡନ କରି ଜନ୍ମ ନେବାପାଇଁ ତଥା ରାବଣକୁ ବିନାଶ କରିବା ନିମନ୍ତେ ଭଗବାନ ସ୍ୱୟଂ ବଚନବଦ୍ଧ ହୋଇଥିଲେ । ବିଧିର ବିଚିତ୍ର ବିଧାନ ଅନୁଯାୟୀ ପରବର୍ତ୍ତୀ ସମୟରେ ପ୍ରଭୁ ରାମଙ୍କର ବନଗମନ ସୀତାହରଣ ଆଦି ସଂଘଟିତ ହୋଇ ରାବଣ ପରି ଅକଳନୀୟ ରାକ୍ଷସୀ ଶକ୍ତିର ମୂଳୋତ୍ପାଟନ ପାଇଁ ସ୍ୱୟଂ ପରଂବ୍ରହ୍ମ ପ୍ରଭୁ ରାମଚନ୍ଦ୍ର ଦିବ୍ୟ ଶସ୍ତ୍ରାସ୍ତ୍ର ଧାରଣ କଲେ । ରାବଣ ମାଆ ଜଗଜ୍ଜନନୀ ଦୁର୍ଗାଙ୍କର ଜଣେ ଶ୍ରେଷ୍ଠ ଭକ୍ତ ଥିବାରୁ ତାକୁ ସବୁ ସମୟରେ ଦେବୀଙ୍କ ସୁରକ୍ଷା ମିଳିଯାଉଥିଲା । କିନ୍ତୁ ପ୍ରଚଣ୍ଡ ତପସ୍ୟା ଦ୍ୱାରା ଯେଉଁ ଶକ୍ତି ରାବଣକୁ ପ୍ରାପ୍ତ ହୋଇଥିଲା ତାହା ଯେତେବେଳେ ଲୋକ କଲ୍ୟାଣ ପାଇଁ

ବିନିଯୋଗ ହେବା ପରିବର୍ତ୍ତେ ସମାଜକୁ ଉତ୍ପୀଡ଼ିତ କରିବା ସକାଶେ, ପରାଧୀନ କରିବା ସକାଶେ, ଧାର୍ମିକ ସଂସ୍କାରକୁ ନିର୍ମୂଳ କରିବା ନିମିତ୍ତ, ମାନବିକ ମୂଲ୍ୟବୋଧର ଧ୍ୱଂସ ସାଧନ, ବ୍ୟକ୍ତିଗତ ଦୁରାଗ୍ରହ ତଥା ଇନ୍ଦ୍ରିୟ ଲାଳସାକୁ ଚରିତାର୍ଥ କରିବା ସକାଶେ ବ୍ୟବହୃତ ହେଲା, ତାହା ଐଶ୍ୱରୀୟ ନିୟମ ଓ ପ୍ରକୃତିର ଉଲଂଘନ ତଥା ବିରୁଦ୍ଧାଚରଣ କରୁଥିବା କାରଣରୁ ସେଇ ଅନନ୍ତ ମହାଶକ୍ତି ବିଭୂଷିତା ଜଗଜ୍ଜନନୀଙ୍କ ଯୋଗମାୟା ଦ୍ୱାରା ସୃଷ୍ଟିର ସୁରକ୍ଷା ଏବଂ ପାଳନ ନିମନ୍ତେ ଶେଷରେ ମୂଳୋତ୍ପାଟିତ ହେଲା । ରାବଣ ତଥା ରାକ୍ଷସାମାନଙ୍କର ବିଧ୍ୱଂସ ହେଲା ।

ବ୍ରହ୍ମାଙ୍କ ଆଗ୍ରହରେ ଶ୍ରୀରାମଚନ୍ଦ୍ର ଦେବୀ ମାତା ଜଗଦମ୍ବାଙ୍କର ଶାରଦୀୟ ପୂଜା ବିଧିବିଧାନପୂର୍ବକ କରିଥିଲେ ଏବଂ ତାଙ୍କର ପରମକୃପା ଲାଭ କଲେ ତଥା ଶତ୍ରୁ ନିଧନରେ ସଫଳ ହେଲେ । ମାଆ ଆଦ୍ୟାଶକ୍ତିଙ୍କର ଅଚିନ୍ତ୍ୟ ମହିମାରୁ ସେ ବାନର ଭଲ୍ଲୁକ ଆଦି ବନ୍ୟପ୍ରାଣୀଙ୍କ ସହ ମିତ୍ରତା ଏବଂ ସେମାନଙ୍କ ମଧ୍ୟରେ ସଂଗଠନ ନିର୍ମାଣ କରି ବୃକ୍ଷ, ପ୍ରସ୍ତରଖଣ୍ଡ ରୂପକ ଶସ୍ତ୍ରାସ୍ତ୍ର ଦ୍ୱାରା ପ୍ରବଳ ପରାକ୍ରମୀ ରାକ୍ଷସଶ୍ରେଷ୍ଠ ରାବଣକୁ ସଂହାର ପୂର୍ବକ ଧ୍ୱସ୍ତବିଧ୍ୱସ୍ତ ମାନବ ଧର୍ମ ଓ ସଭ୍ୟତାକୁ ନିଶ୍ଚିତ ପ୍ରଳୟ ମୁଖରୁ ଉଦ୍ଧାର କରିବାରେ ସକ୍ଷମ ହୋଇଥିଲେ । ଏଣୁ ଦେବୀ ପୁରାଣ ନିର୍ଦ୍ଦେଶ ଅନୁଯାୟୀ ଶାକ୍ତ, ଶୈବ, ସୂର୍ଯ୍ୟୋପାସକ ବା ବୈଷ୍ଣବପନ୍ଥୀ ନିର୍ବିଶେଷରେ ପ୍ରତ୍ୟେକ ବ୍ୟକ୍ତି ସର୍ବତୋଭାବେ ଶରତ କାଳରେ ମହାମାୟାଙ୍କର ପୂଜନ କରି ତ୍ରିଲୋକର ସମସ୍ତ ପୁଣ୍ୟଲାଭର ଅଧିକାରୀ ହେବା ଉଚିତ ବୋଲି କୁହାଯାଇଛି । କାରଣ ମାଆ ହେଉଛନ୍ତି ତ୍ରେତିଶକୋଟି ଦେବାଦେବୀଙ୍କର ସମ୍ମିଳିତ ତେଜପୁଞ୍ଜ ଓ ଶକ୍ତିର ଉତ୍ସ ।

ଏଣୁ ବିଜୟାଦଶମୀର ପବିତ୍ର ଅବସର, ରାକ୍ଷସୀଶକ୍ତି ଉପରେ ଦୈବୀଶକ୍ତିର ବିଜୟ ପ୍ରସ୍ଥାପନର ଗୌରବୋଜ୍ଜଳ ବାର୍ତ୍ତାବହନ କରେ । ଏକ ବିଜୟଶାଳୀ, ସଶକ୍ତ, ପରାକ୍ରମୀ ଓ ସାମର୍ଥ୍ୟସମ୍ପନ୍ନ ରାଷ୍ଟ୍ରଜୀବନର ନିର୍ମାଣନିମିତ୍ତ ପ୍ରେରଣା ପ୍ରଦାନକାରୀ ତଥା ମର୍ଯ୍ୟାଦା ପୁରୁଷୋତ୍ତମ ଶ୍ରୀ ରାମଙ୍କର ପାବନ ସ୍ମୃତି ବହନ କରୁଥିବା ଏହି ପର୍ବ ଅବିସ୍ମରଣୀୟ କାଳରୁ ବେଦଭୂମି ଭାରତବର୍ଷରେ ଏକ ଗଣଉତ୍ସବ ଭାବରେ ପାଳିତ ହୋଇ ଆସୁଛି । ଏହି ଦିବସଟିକୁ ଯେକୌଣସି ଶୁଭକାର୍ଯ୍ୟ ପ୍ରାରମ୍ଭ ନିମନ୍ତେ ସର୍ବଶ୍ରେଷ୍ଠ ମୁହୂର୍ତ୍ତ ରୂପେ ବିବେଚିତ କରାଯାଏ ।

ବିଜୟାଦଶମୀର କୃତ୍ୟ ସମ୍ପନ୍ନ ହେବା ପୂର୍ବରୁ ପୂଜା ନିମନ୍ତେ ସ୍ଥାପିତ କଳସ ସ୍ଥିତ ପଞ୍ଚ ପଲ୍ଲବ ଓ ଜଳରୂପୀ ଅମୃତ ଦ୍ୱାରା ଅଭିଷେକ କରାଯିବାର ବିଧି ଅଛି । ଏହି ସମୟରେ ଯେଉଁ ମନ୍ତ୍ରୋଚାରଣ କରାଯାଏ ସେଇଥିରୁ ଏଇ ଦିବସରେ ସର୍ବସିଦ୍ଧିପ୍ରଦ ମାହାତ୍ମ୍ୟ ପ୍ରକଟିତ ହୁଏ ।

"......ଓଁ ଉଗ୍ରଚଣ୍ଡା ପ୍ରଚଣ୍ଡା ଚ ଚଣ୍ଡୋଗ୍ରା ଚଣ୍ଡ ନାୟିକା ।
ଚଣ୍ଡା ଚଣ୍ଡବତୀଚୈବ ଚଣ୍ଡରୂପାତି ଚଣ୍ଡିକା ॥
ଉଗ୍ରଦଂଷ୍ଟ୍ରା ମହାଦଂଷ୍ଟ୍ରା ଶୁଭ୍ରଦଂଷ୍ଟ୍ରା କପାଳିନୀ ।
ଭୀମନେତ୍ରା ବିଶାଳାକ୍ଷୀ ମଂଗଳା ବିଜୟାଜୟା ॥
ଏତାସ୍ତ୍ୱାମଭିଷିଞ୍ଚନ୍ତୁ ସର୍ବକାମାର୍ଥ ସିଦ୍ଧୟେ ॥.....
ନଶ୍ୟନ୍ତୁ ପ୍ରେତକୂଷ୍ମାଣ୍ଡା ରାକ୍ଷସା ଦାନବାଶ୍ଚ ଯେ ॥
ବିଶାଳାଗୁହ୍ୟକା ଭୂତା ଅଭିଷେକେଚ ତାଡ଼ିତାଃ ।
ରୋଗାଃ ଶୋକାଶ୍ଚ ଦୌର୍ବଲ୍ୟଂ ଦାରିଦ୍ର୍ୟଂ ଚିତ୍ତବିକ୍ରିୟା ॥
ନଶ୍ୟନ୍ତୁ ଚାପଦଃ ସର୍ବାଃ ସମ୍ପଦଃ ସନ୍ତୁସୁସ୍ଥିରା ।
ଅଭିଷେକେନ ଚାନେନ ପୂର୍ଣ୍ଣାଃ ସନ୍ତୁ ମନୋରଥାଃ ॥"

॥ ଓଁ ଅମୃତାଭିଷେକୋଽସ୍ତୁ ॥

ବିଜୟା ଦଶମୀ ଚିତ୍ର (ପୃ.୩୩୧)

ଜଗନ୍ମାତା ମହାଲକ୍ଷ୍ମୀଙ୍କ ଆରାଧନା (ଆଶ୍ୱିନ ପୂର୍ଣ୍ଣିମା)

ଶାସ୍ତ୍ରାନୁଯାୟୀ ଶରତ ଋତୁର ପୂର୍ଣ୍ଣିମା ତିଥିକୁ ପରମପାବନ ମହାଲକ୍ଷ୍ମୀ ବା ଗଜଲକ୍ଷ୍ମୀଙ୍କ ପୂଜା ରୂପେ ପାଳନ କରାଯାଏ । ଏହାକୁ ଆଶ୍ୱିନ ପୂର୍ଣ୍ଣିମା, କୁମାର ପୂର୍ଣ୍ଣିମା ଅଥବା କୁଆଁର ପୁନେଇଁ ବୋଲି ମଧ୍ୟ କହନ୍ତି । ଉତ୍କଳୀୟ ପରମ୍ପରାରେ କୁଆଁର ପୁନେଇଁ ପୁରପଲ୍ଲୀଠୁଁ ଆରମ୍ଭ କରି ନଗର ସହର ପର୍ଯ୍ୟନ୍ତ ସର୍ବତ୍ର ଏକ ଶାଶ୍ୱତ ଗଣପର୍ବ ରୂପେ ପାଳିତ ହୋଇଥାଏ । ଏହି ଦିନ କୋଜାଗର ବ୍ରତ (ରାତ୍ରୀ ଜାଗରଣ) ସହ ଗଜଲକ୍ଷ୍ମୀଙ୍କ ଆରାଧନା ଅନୁଷ୍ଠିତ ହୁଏ । ଦେବୀ ଲକ୍ଷ୍ମୀ 'କୋଜାଗ୍ରତ' (କିଏ ଉଜାଗର ଅଛି ?) କହି ଏହିଦିନ ସଂସାର ଭ୍ରମଣ କରୁଥିବାରୁ ଏହା 'କୋଜାଗର' ବ୍ରତ ନାମରେ ପ୍ରସିଦ୍ଧ । ଏହି ତିଥିରେ ଜାଗ୍ରତ ରହି ସମ୍ପଦ ଓ ସୌଭାଗ୍ୟର ଅଧିଷ୍ଠାତ୍ରୀ ଦେବୀ ମାଆ ଲକ୍ଷ୍ମୀଙ୍କର ପୂଜା କରୁଥିବା ବ୍ୟକ୍ତିଙ୍କୁ ଧନସମ୍ପଦ ସହ ଲକ୍ଷ୍ମୀପ୍ରାପ୍ତ ହୋଇଥାଏ । ଏଣୁ ଶାସ୍ତ୍ରରେ କୁହାଯାଇଛି:

"ନିଶୀଥେ ବରଦାଲକ୍ଷ୍ମୀଃ କୋ ଜାଗର୍ତୀତି ଭାଷିଣୀ ।
ଜଗତି ଭ୍ରମତେ ତସ୍ୟାଂ ଲୋକଚେଷ୍ଟାବଲୋକିନୀ ॥
ତସ୍ମୈ ବିତ୍ତଂ ପ୍ରଯଚ୍ଛାମି ଯୋ ଜାଗର୍ତି ମହୀତଳେ ॥"

ଶାରଦୀୟ ଦୁର୍ଗାପୂଜାର ସମାପ୍ତି ପରେ ପରେ ଆଶ୍ୱିନ ପୂର୍ଣ୍ଣିମା, ହେମନ୍ତ ଋତୁର ଆଗମନୀ ପର୍ବକୁ ଘୋଷଣା କରେ । ଧରାପୃଷ୍ଠରୁ ବର୍ଷାର ବିଦାୟ,ସବୁଜ ଶସ୍ୟ କେଦାର ମଧ୍ୟରୁ ଉକୁଟି ଉଠୁଥିବା ସୁନେଲି ଆଭା, ଘନ ନୀଳ ନିର୍ମଳ ଆକାଶର ମନୋହର ରୂପଚ୍ଛଟା, ସରଳ ସୁଶୀତଳ ନଦୀ ପୁଷ୍କରିଣୀର ଅପୂର୍ବ ଦୃଶ୍ୟପଟ ସହିତ ମନଲୋଭା ଶସ୍ୟ ସବୁଜିମା ବିମଣ୍ଡିତ ଧରିତ୍ରୀ ମାତାର ଅନନ୍ୟ ରୂପକାନ୍ତି – ଜଗନ୍ମାତା ମହାଲକ୍ଷ୍ମୀଙ୍କର ମର୍ତ୍ତ୍ୟଲୋକରେ ଅବତରଣ ଓ ଆରାଧନା ପର୍ବର ବାର୍ତ୍ତା ଘରେ ଘରେ ପହଞ୍ଚାଇ ଦିଏ । ଏହି ପବିତ୍ର ତିଥିରେ ଧନସମ୍ପତ୍ତି ଓ ସୌଭାଗ୍ୟ ପ୍ରଦାନକାରିଣୀ ମହାଲକ୍ଷ୍ମୀଙ୍କ ସହ ଐରାବତ ହସ୍ତୀ ଉପରେ ଆରୂଢ଼ ଦେବରାଜ ଇନ୍ଦ୍ରଙ୍କର ମଧ୍ୟ ପୂଜନ କରା ଯାଇଥାଏ । କାରଣ ଧର୍ମଶାସ୍ତ୍ରର ପ୍ରମାଣ

ଅନୁଯାୟୀ ଏହିଦିନ ଇନ୍ଦ୍ରଙ୍କ ସହିତ ମହାଲକ୍ଷ୍ମୀ ମଧ୍ୟ ପୃଥିବୀ ଭ୍ରମଣ କରିଥାନ୍ତି । ଆମର ଶାସ୍ତ୍ରରେ ଲକ୍ଷ୍ମୀଙ୍କର ଆଠଗୋଟି ସ୍ୱରୂପ ବିଷୟରେ ବର୍ଣ୍ଣନା କରାଯାଇଛି- ଆଦ୍ୟାଲକ୍ଷ୍ମୀ, ବିଦ୍ୟାଲକ୍ଷ୍ମୀ, ସୌଭାଗ୍ୟଲକ୍ଷ୍ମୀ, କାମଲକ୍ଷ୍ମୀ, ଭୋଗଲକ୍ଷ୍ମୀ, ସତ୍ୟଲକ୍ଷ୍ମୀ, ଅମୃତଲକ୍ଷ୍ମୀ, ଯୋଗଲକ୍ଷ୍ମୀ । ଲକ୍ଷ୍ମୀଙ୍କୁ ସୌନ୍ଦର୍ଯ୍ୟ ଓ ସମୃଦ୍ଧିର ପ୍ରତୀକ 'ଶ୍ରୀ' ରୂପେ ଗ୍ରହଣ କରାଯାଇଛି । ରାଜାମାନଙ୍କ ପାଇଁ ସେ ରାଜଲକ୍ଷ୍ମୀ, ବ୍ୟବସାୟୀମାନଙ୍କ ପାଖରେ ସେ ବାଣିଜ୍ୟଲକ୍ଷ୍ମୀ, ଯୁଦ୍ଧରେ ବିଜୟୀ ବୀରମାନଙ୍କ ନିକଟରେ ସେ ବିଜୟଲକ୍ଷ୍ମୀ, ସ୍ୱର୍ଗରେ ସ୍ୱର୍ଗଲକ୍ଷ୍ମୀ ତଥା ଗୃହସ୍ଥମାନଙ୍କ ସକାଶେ ସେ ଗୃହଲକ୍ଷ୍ମୀ ରୂପରେ ପୂଜିତା ହୋଇଥାନ୍ତି । ସାମବେଦ ଅନୁଯାୟୀ ଲକ୍ଷ୍ମୀଙ୍କୁ 'ଶ୍ରୀ', ଦୀପ୍ତି, କୀର୍ତ୍ତି, ଜ୍ୟୋତି ଆଦି ରୂପରେ ବ୍ୟାଖ୍ୟା କରାଯାଇଛି ଯିଏ କି ଶୁଦ୍ଧ ସତ୍ୟମୟୀ ଅଟନ୍ତି । ଏବଂ ଲୋଭ, ମୋହ, କାମକ୍ରୋଧ ତଥା ଅହଂକାରଦି ଦୋଷ ଦୁର୍ଗଣ ତାଙ୍କଠାରେ କେବେହେଁ ପ୍ରବେଶ କରି ପାରନ୍ତି ନାହିଁ । ଦେବ ଦାବନଙ୍କ ଦ୍ୱାରା କରାଯାଇଥିବା ସମୁଦ୍ର ମନ୍ଥନରୁ ଆଜି ଦିନରେ (ଆଶ୍ୱିନ ପୂର୍ଣ୍ଣମା)ଯାହାଙ୍କର ଆବିର୍ଭାବ, ସେହି ଆଦ୍ୟାଶକ୍ତି 'ଶ୍ରୀ'ଙ୍କୁ ତୈତ୍ତିରୀୟ ଉପନିଷଦରେ -

ଆବହନ୍ତୀ ବିତନ୍ୱାନା କୁର୍ବାଣାଚୀରମାତ୍ମନଃ । ବାସାଁ ସି ମମ ଗାବଶ୍ଚ । ଅନ୍ନପାନେ ଚ ସର୍ବଦା । ତତୋ ମେ ଶ୍ରିୟମାବହ । ଲୋମଶାଂ ପଶୁଭିଃ ସହ ସ୍ୱାହା ।

(ତୈ.ଉ.୪ ଅନୁ/୨)

ଗୋ, ଅନ୍ନ, ବସ୍ତ୍ର, ଦୁଗ୍ଧ, ଜଳ ଆଦି ଐଶ୍ୱର୍ଯ୍ୟ ପ୍ରଦାନକାରିଣୀ ମାତୃଶକ୍ତି ରୂପେ ବର୍ଣ୍ଣନ କରାଯାଇଛି । ତାଙ୍କର ଉପାସନା ଦ୍ୱାରା ଇହଲୌକିକ ତଥା ପରଲୌକିକ ଐଶ୍ୱର୍ଯ୍ୟ, ଆନନ୍ଦ ତଥା କଲ୍ୟାଣ ପ୍ରାପ୍ତି ସମ୍ଭବ ହୁଏ ବୋଲି ବିଶ୍ୱାସ କରାଯାଏ । ଏଣୁ ନାରାୟଣାନୁରାଗୀ ଲକ୍ଷ୍ମୀଙ୍କ ପ୍ରଶଂସା କରି ଅଥର୍ବ ବେଦରେ କୁହାଯାଇଛି : **"ରମନ୍ତାଂ ପୁଣ୍ୟାଲକ୍ଷ୍ମୀର୍ଯ୍ୟାଃ ପାପୀସ୍ତା ଅନୀନ ଶମ୍"** ଅର୍ଥାତ୍ ପୁଣ୍ୟା ଲକ୍ଷ୍ମୀ ଆମ୍ଭର ଗୃହରେ ରମଣ କରନ୍ତୁ, ଏଣୁ ଯିଏ ପାପୀ (ଯାହା ସବୁ ପାପର ଲକ୍ଷଣ) ତାହା ବିନଷ୍ଟ ହୋଇଯାଉ । (ଅଥର୍ବ ୭-୧୧୫-୪)

ଭକ୍ତବୃନ୍ଦ ଏହିଦିନ ଦେବୀଙ୍କର ମୂର୍ତ୍ତି ନିକଟରେ, ଦେବ ମନ୍ଦିରରେ, ତୁଳସୀ ଅଶ୍ୱତ୍ଥ ତଥା ଗୃହରେ ଦୀପ ପ୍ରଜ୍ୱଳନ କରି ମାଆଙ୍କର ସ୍ୱାଗତ କରିଥାନ୍ତି । ଦେବୀଙ୍କ ନିକଟରେ ଏହିଦିନ ଖିରି (ପାୟସ) ଭୋଗ ଲଗାଇଲେ ସେ ପ୍ରସନ୍ନ ହୁଅନ୍ତି । ଆୟୁର୍ବେଦ ଏବଂ ଧାର୍ମିକ ମାନ୍ୟତା ଅନୁଯାୟୀ ଶରତ ପୂର୍ଣ୍ଣମା ଦିନ

ଜ୍ୟୋସ୍ନା କିରଣ ମାଧ୍ୟମରେ ସ୍ୱର୍ଗରୁ ଅମୃତ ବର୍ଷା ହୋଇଥାଏ । ଯଦି ଏହି ତିଥିରେ ସାରା ରଜନୀ ଜ୍ୟୋସ୍ନା କିରଣରେ ଦୁଗ୍ଧ ପ୍ରସ୍ତୁତ ଖିରି ପାତ୍ର ଖୋଲା ରଖି ଦିଆଯାଏ (କମ୍‌ରେ ରାତ୍ର ୯ରୁ ୧୨ ପର୍ଯ୍ୟନ୍ତ) ତେବେ ତାହା ଦିବ୍ୟ ଔଷଧିରେ ପରିଣତ ହୋଇ ଯାଏ । ଏହା ସେବନ କଲେ ମନୁଷ୍ୟ ଦୀର୍ଘାୟୁ ଏବଂ ନୀରୋଗ ହେବାର ବିଶ୍ୱାସ କରାଯାଏ । କାରଣ ଏହି ତିଥିରେ ଚନ୍ଦ୍ରମା ପୃଥିବୀର ଖୁବ୍ ନିକଟତର ହେଉଥିବାରୁ ଏହାର ଉଜ୍ଜ୍ୱଳ କିରଣ ଖାଦ୍ୟ ବା ପେୟ ପଦାର୍ଥ ଉପରେ ଅମୃତବୃଷ୍ଟି କରିଥାଏ । ଏହା ସେବନ କରୁଥିବା ବ୍ୟକ୍ତିର ଶରୀର ପୃଷ୍ଟ ହେବା ସଙ୍ଗେ ସଙ୍ଗେ ସାରା ବର୍ଷ ସେ ନୀରୋଗ ରହେ । ଏଣୁ ଗୀତାରେ ଭଗବାନ କହିଛନ୍ତି- **ପୁଷ୍ଣାମି ଚୌଷଧୀଃ ସର୍ବାଃ ସୋମୋ ଭୂତ୍ୱା ରସାତ୍ମକଃ ॥** ଅର୍ଥାତ୍ ମୁଁ (ଭଗବାନ ନିଜେ) ରସ ସ୍ୱରୂପ ଅର୍ଥାତ୍ ଅମୃତମୟ ଚନ୍ଦ୍ରମା ରୂପରେ ସମ୍ପୂର୍ଣ୍ଣ ଔଷଧ ବା ବନସ୍ପତିମାନଙ୍କୁ ପରିପୃଷ୍ଟ କରିଥାଏ । (ଗୀତା ୧୫-୧୩) ।

ଏହିଦିନ ଦେବୀ ମାଆଙ୍କର ପୂଜନ ଭକ୍ତି ଭାବରେ କଲେ ତାହା ସକଳ ଅଭୀଷ୍ଟ ପୂରଣ କରିପାରେ ବୋଲି କଥିତ ଅଛି । ଏହି ତିଥିରେ ଲକ୍ଷ୍ମୀସ୍ତୋତ୍ର ଏବଂ ଶ୍ରୀସୂକ୍ତ ବ୍ରାହ୍ମଣ ଦ୍ୱାରା ପାଠ କରାଇ ଗୋଦୁଗ୍ଧ ପ୍ରସ୍ତୁତ ଖିରି ଦ୍ୱାରା ଦଶାଂଶ ଆହୂତି ଦେବାର ପ୍ରଥା ରହିଛି । ରାତ୍ରିରେ ଚନ୍ଦ୍ରଦେବ ଯେତେବେଳେ ମଧ୍ୟାକାଶରେ ସ୍ଥିତ ହୁଅନ୍ତି ସେଇ ସମୟରେ ତାଙ୍କର ପୂଜନ ସହ ଅର୍ଘ୍ୟାଦି ଅର୍ପଣ କରାଯାଏ । ଏହିଦିନ ଭଗବାନ କୃଷ୍ଣ ରାସଲୀଳା ରଚନା କରିଥିବାରୁ ବ୍ରଜରେ ଏହାକୁ 'ରାସୋତ୍ସବ' ବା 'କୌମୁଦୀ ମହୋତ୍ସବ' ରୂପେ ଧୁମ୍‌ଧାମରେ ପାଳନ କରାଯାଏ । ଏହିଦିନ ଘୃତ ପରିପୂର୍ଣ୍ଣ କାଂସ୍ୟପାତ୍ରକୁ ତିଳକାଞ୍ଚନ ସହ ବ୍ରାହ୍ମଣଙ୍କୁ ଦାନ କଲେ ମନୁଷ୍ୟ ଚିର ଭାଗ୍ୟବାନ ହୁଏ ବୋଲି ବିଶ୍ୱାସ କରାଯାଏ । ଏହିଦିନ ଚନ୍ଦ୍ର ଏବଂ କାର୍ତ୍ତିକଙ୍କର ପୂଜା ଅନୁଷ୍ଠିତ ହୁଏ । ଏହା କୁମାର କାର୍ତ୍ତିକେୟଙ୍କର ଜନ୍ମତିଥି କୁହାଯାଉଥିଲେ ମଧ୍ୟ ତାଙ୍କର ମୂର୍ତ୍ତିପୂଜା ହେଉଥିବା ଦେଖାଯାଏ ନାହିଁ । ଭାଦ୍ରବ ପୂର୍ଣ୍ଣିମା (ଇନ୍ଦୁ ପୂର୍ଣ୍ଣିମା) ଠାରୁ କୁମାର ପୂର୍ଣ୍ଣିମୀ ପର୍ଯ୍ୟନ୍ତ କୁମାରୀ କନ୍ୟାମାନେ ସାମୂହିକ ଭାବେ 'ଜହ୍ନି ଓଷା' କରନ୍ତି । କଳସ ବସାଇ ଜହ୍ନିଫୁଲ କୋଠି ତିଆରି କରି, ତୁଳସୀ ମୂଳରେ ପୂଜା କରାଯାଏ । ଦିନସାରା ଉପବାସ ବ୍ରତ କରି ସକାଳ ସମୟରେ ନିବୋଦିତ ସୂର୍ଯ୍ୟଙ୍କର ରକ୍ତିମ ଆଭା ଯେତେବେଳେ ପୂର୍ବ ଦିଗବଳୟକୁ ପ୍ରକାଶମାନ କରୁଥାଏ ଏବଂ ଅସ୍ତଗାମୀ ଚନ୍ଦ୍ର ତଥାପି ନିଜର ନିଷ୍ପ୍ରଭ ଜ୍ୟୋତି ସହ

କିଞ୍ଚିତ ଦୃଶ୍ୟମାନ ହେଉଥାନ୍ତି- ସେଇ ସନ୍ଧିକ୍ଷଣରେ କୁମାରୀ କନ୍ୟାମାନେ ଅଛଡ଼ା ଲିଆ, ବିବଧ ଫଳମୂଳ ଓ ନଡ଼ିଆର ଆଞ୍ଜୁଳା ଟେକି ଚନ୍ଦ୍ର ଓ ସୂର୍ଯ୍ୟ ଉଭୟଙ୍କୁ ଅର୍ଘ୍ୟ ପ୍ରଦାନ କରନ୍ତି ।

ଚନ୍ଦ୍ରଦେବଙ୍କୁ ଶାନ୍ତ ଶୀତଳତାର ପ୍ରତୀକ ତଥା ଚିର କୁମାର ରୂପେ ଗ୍ରହଣ କରା ଯାଇଥିବାରୁ ପୁଣି ଏହା କୁମାର କାର୍ତ୍ତିକେୟଙ୍କର ଜନ୍ମତିଥି ହୋଇଥିବାରୁ ଏହିଦିନକୁ କୁମାର ପୂର୍ଣ୍ଣିମା ରୂପେ ପାଳନ କରାଯାଇଥାଏ । ଏଣୁ କୁମାର ପୂର୍ଣ୍ଣିମାରେ ଅବିବାହିତ କୁମାର କୁମାରୀମାନେ ନୂତନ ବସ୍ତ୍ରାଦି ପରିଧାନ କରି ସନ୍ଧ୍ୟା ସମୟରେ ଚନ୍ଦ୍ରପୂଜା କରନ୍ତି । ଚନ୍ଦ୍ରପୂଜା ମଧ୍ୟ ଏପରି ସନ୍ଧିକ୍ଷଣରେ କରାଯାଏ ଯେ ଅସ୍ତାଚଳଗାମୀ ସୂର୍ଯ୍ୟ ପଶ୍ଚିମ ଦିଗବଳୟରେ ନିଜର ରକ୍ତିମ ଆଭା ସହ ଇଷତ୍ ଦୃଶ୍ୟମାନ ହେଉଥାନ୍ତି ତଥା ଚନ୍ଦ୍ର ପୂର୍ବ ଦିଗ୍‌ବଳୟରେ ଉଦୟ ହୋଇ ଆସୁଥାନ୍ତି । ସୌଭାଗ୍ୟ ଏବଂ ସମୃଦ୍ଧି କାମନା ଅଭିପ୍ରାୟରେ କୁମାର ଓ କୁମାରୀମାନଙ୍କ ମୁଣ୍ଡରେ ଚନ୍ଦନ ସିନ୍ଦୂର ଲଗାଇ ସେମାନଙ୍କୁ ଚନ୍ଦ୍ର ସୂର୍ଯ୍ୟଙ୍କ ସହ ବନ୍ଦାପନା କରାଯାଏ । କେହି କେହି ମହାଷ୍ଟମୀ ଠାରୁ ପୂର୍ଣ୍ଣିମା ପର୍ଯ୍ୟନ୍ତ ଜହ୍ନିପୂଜା କରନ୍ତି । ପ୍ରତିଦିନ ସନ୍ଧ୍ୟାରେ ଜହ୍ନିଓଷା କରିଥିବା ବ୍ରତୀମାନେ ବ୍ରତ ବହିପାଠ ହେଲା ଉତ୍ତାରୁ ଭୋଗ କରାଯାଏ । ଜହ୍ନିଓଷା ବ୍ରତ, ପୂର୍ଣ୍ଣିମା ଦିନ ରାତ୍ରିରେ ଉଦ୍‌ଯାପିତ ହୁଏ । ଏସବୁ ଶେଷରେ ପୁଚିଖେଳ, କବାଡ଼ି, ବହୂଚୋରୀ, ଲୁଚକାଳି ଆଦି ଖେଳ ତଥା ନୃତ୍ୟଗୀତ ପ୍ରଭୃତିରେ ରାତି ବିତିଯାଏ । ଏହି ଦିନ ପୁଚି ନ ଖେଳିଲେ ଝିଅମାନେ ପରଜନ୍ମରେ ବେଙ୍ଗ ହୋଇ ଜନ୍ମ ହୁଅନ୍ତି ବୋଲି ପ୍ରବାଦ ଅଛି । ଖାଲି କୁମାରୀ କନ୍ୟା କାହିଁକି, ଆବାଳ ବୃଦ୍ଧ ସମସ୍ତଙ୍କ ଦ୍ୱାରା ଏହା ଏକ ନିଆରା ସାମାଜିକ ପର୍ବ ରୂପେ ପାଳିତ ହୋଇ ଏହି ଅବସରରେ ବହୁବିଧ ପୂଜାବ୍ରତ, ଉତ୍ସବାନୁଷ୍ଠାନ ମାଧ୍ୟମରେ ଧନଧାନ୍ୟ, ଯଶ, ସୌଭାଗ୍ୟ, ସୁଖସମୃଦ୍ଧି, ରୋଗମୁକ୍ତି ଆଦି କାମନା କରାଯାଇଥାଏ ।

ପ୍ରାଚୀନ ଉତ୍କଳର ସାଧବ ପୁଅମାନେ ଦୂର ଦେଶମାନଙ୍କରେ ବାଣିଜ୍ୟ ସାରିବା ପରେ ଅପାର ଧନସମ୍ପଦ ସହ ଆଷାଢ଼ ଠାରୁ କାର୍ତ୍ତିକ ମାସ ପର୍ଯ୍ୟନ୍ତ ପ୍ରବାହିତ ହେଉଥିବା ଦକ୍ଷିଣ ପଶ୍ଚିମ ମୌସୁମୀ ବାୟୁର ଅନୁକୂଳତାକୁ ଦୃଷ୍ଟିରେ ରଖି ସମୁଦ୍ର ଗର୍ଭରେ ନିଜ ନିଜର ବାଣିଜ୍ୟ ପୋତକୁ ମେଲି ଦେଇ ସ୍ୱଦେଶକୁ ପ୍ରତ୍ୟାବର୍ତ୍ତନ କରୁଥିଲେ । ସେମାନେ ସାଙ୍ଗରେ ବୋହି ଆଣୁଥିବା ଧନସମ୍ପଦରୂପୀ

ଲକ୍ଷ୍ମୀମାତାଙ୍କୁ ଆବାହନ କରିବା ଏବଂ ସେମାନଙ୍କର ନିରାପଦ ପ୍ରତ୍ୟାବର୍ତ୍ତନ କାମନାରେ ଏହି ପର୍ବ ପାଳନ କରା ଯାଉଥିଲା ।

ସଚରାଚର ଦ୍ୟୂତକ୍ରୀଡ଼ା ନିମିତ୍ତ ସାମାଜିକ ଏବଂ ଆଇନଗତ ପ୍ରତିବନ୍ଧକ ଥିଲେ ମଧ୍ୟ ଆଶ୍ୱିନ ପୂର୍ଣ୍ଣିମା ଦିନ ରାତ୍ରିରେ ଦ୍ୟୁତକ୍ରୀଡ଼ାକୁ ହଜାର ବର୍ଷ ଧରି ପରମ୍ପରା କ୍ରମେ ଶାସ୍ତ୍ର ସମ୍ମତ ଭାବରେ ପାଳନ କରା ଯାଇଆସୁଛି । ଏହି ଦିନରେ ଚନ୍ଦ୍ରକିରଣ-ନେତ୍ରରୋଗ, ଦୃଷ୍ଟିଦୋଷ ଏବଂ ଆୟୁର୍ବେଦ ଅନୁଯାୟୀ ୩୨ ପ୍ରକାର ପିତ୍ତରୋଗ ଶମନ ନିମନ୍ତେ ଅତ୍ୟନ୍ତ ଉପଯୋଗୀ ହୋଇଥିବାରୁ ତଥା ଏହିଦିନ ଧନସମ୍ପତ୍ତି ସହ ମାଆ ଲକ୍ଷ୍ମୀଙ୍କର ଆଶୀର୍ବାଦ ପ୍ରାପ୍ତି ପାଇଁ ସହଜ ଭାବରେ ରାତ୍ରି ଅନିଦ୍ରା ରହିବା ସକାଶେ ବୋଧହୁଏ ଦ୍ୟୁତକ୍ରୀଡ଼ା ପରି ଆକର୍ଷକ, ଆମୋଦଦାୟକ ଓ ଉପଭୋଗ୍ୟ ବ୍ୟବସ୍ଥା ଆମର ପୂର୍ବପୁରୁଷମାନେ ସୃଷ୍ଟି କରି ଯାଇଛନ୍ତି । ଏହି କ୍ରୀଡ଼ା ମୁଖ୍ୟତଃ ଦକ୍ଷିଣ ଓଡ଼ିଶାରେ ବ୍ୟାପକ ଭାବରେ ଖେଳା ଯାଉଥିଲେ ମଧ୍ୟ ଉଣା ଅଧିକେ ସମସ୍ତ ଉତ୍କଳପ୍ରାନ୍ତରେ ଏହା ଆଦୃତ ହୋଇ ଏକ ସାମାଜିକ ପରମ୍ପରା ଭାବରେ ସ୍ୱୀକୃତ ହୋଇ ଆସିଛି । ଏପରିକି ଶରତ ପୂର୍ଣ୍ଣିମା ଉପଲକ୍ଷେ ପୁରୀ ଶ୍ରୀମନ୍ଦିରରେ ମହାପ୍ରଭୁ ଜଗନ୍ନାଥ ଏବଂ ଲକ୍ଷ୍ମୀ ଠାକୁରାଣୀଙ୍କ ମଧ୍ୟରେ ପଶା, ଜୁଆ, ଶକଟା ଆଦି ଦ୍ୟୁତକ୍ରୀଡ଼ା ନିମିତ୍ତ ବିଶେଷ ନୀତି ଅନୁଷ୍ଠିତ ହୋଇଥାଏ । କିନ୍ତୁ ଲକ୍ଷ୍ମୀଠାକୁରାଣୀ ସର୍ବଦା ଏହି କ୍ରୀଡ଼ାରେ ବିଜୟ ବିମଣ୍ଡିତା ହେଉଥିବା ସ୍ଥଳେ ଅଦ୍ୟାବଧି ମହାପ୍ରଭୁ ଏଥିରେ ବିଜୟୀ ହେବା ସର୍ବଦା ଅସମ୍ଭବ ହୋଇ ରହି ଆସିଛି । ଏଣୁ ସଦା ଅପରାଜେୟ ମାଆ ଲକ୍ଷ୍ମୀଙ୍କ ସର୍ତ୍ତାନୁଯାୟୀ ମହାପ୍ରଭୁ ପ୍ରତିବର୍ଷ ଆଠଦିନ ଅର୍ଥାତ୍ କାର୍ତ୍ତିକ କୃଷ୍ଣ ଅଷ୍ଟମୀ ପର୍ଯ୍ୟନ୍ତ ଲକ୍ଷ୍ମୀ ମନ୍ଦିରରେ ବନ୍ଧା ପଡ଼ି ରହି ଯାଆନ୍ତି । ଶ୍ରୀମନ୍ଦିରରେ ଏହି ଦ୍ୟୁତକ୍ରୀଡ଼ା ନୀତି, ସେଥିରେ ମହାପ୍ରଭୁଙ୍କ ଇଚ୍ଛାକୃତ(?) ପରାଜୟ ବରଣ ସହ ବିଜୟ ଉଲ୍ଲାସରେ ଉଲ୍ଲସିତା ମାଆ ଲକ୍ଷ୍ମୀଙ୍କର ସର୍ତ୍ତାନୁଯାୟୀ ନିଜେ ଜଗନ୍ନାଥ ବନ୍ଧା ପଡ଼ିବା-ଏସବୁ ଯେ ମହାନ ଜଗନ୍ନାଥ ସଂସ୍କୃତିର ନିଆରା ଅଧ୍ୟାତ୍ମିକ ପରମ୍ପରା ଏଥିରେ ସନ୍ଦେହର ଅବକାଶ ନାହିଁ । ଏଣୁ ରାତ୍ରି ଉଜାଗର ରହି ପଶା ଖେଳୁଥିବା ଖେଳାଳୀମାନଙ୍କୁ ମାଆ ଲକ୍ଷ୍ମୀ ଐଶ୍ୱର୍ଯ୍ୟ ପ୍ରଦାନ କରିଥାନ୍ତି ବୋଲି ବିଶ୍ୱାସ ରହି ଆସିଛି । ପର୍ବ ଉପଲକ୍ଷେ ସାମୟିକ ଆମୋଦ ପ୍ରମୋଦ ପାଇଁ ଦ୍ୟୁତକ୍ରୀଡ଼ା ଶାସ୍ତ୍ର ସମ୍ମତ ବୋଲି ସ୍ୱୀକାର କରାଯାଇଥିଲେ ମଧ୍ୟ ପଣ (ବାଜି) ଲଗାଇ ଅନୁଷ୍ଠିତ ହେଉଥିବା ଦ୍ୟୁତକ୍ରୀଡ଼ା ଭଗବତୀ ଲକ୍ଷ୍ମୀଙ୍କ ଦ୍ୱାରା ତିରସ୍କୃତ

ହୋଇଥାଏ ଏବଂ ସେଥିରେ ଅଂଶଗ୍ରହଣ କରୁଥିବା ବ୍ୟକ୍ତିମାନେ ସର୍ବସ୍ୱାନ୍ତ ହୋଇଥାନ୍ତି । ସେ ଯାହାହେଉ, କୁମାର ପୂର୍ଣ୍ଣିମାର ପାଳନ ଅବସରରେ ଗଜଲକ୍ଷ୍ମୀ ପୂଜା, ଚାନ୍ଦପୂଜା, ଜହ୍ନିପୂଜା, ଦ୍ୟୁତକ୍ରୀଡ଼ା, କୁମାରୀ କନ୍ୟାମାନଙ୍କ ଦ୍ୱରା ପୁଚିଖେଳ, ଫୁଲ ବଉଳବେଣୀ ଆଦି ଗୀତ ଓ ନୃତ୍ୟ ତଥା ଏହିଦିନ ଠାରୁ ଆରମ୍ଭ ହେଉଥିବା ପବିତ୍ର କାର୍ତ୍ତିକ ବ୍ରତ ସକାଶେ ସମଗ୍ର ଓଡ଼ିଆ ଜାତି ଚଳଚଞ୍ଚଳ ଏବଂ ଉଲ୍ଲାସ ମୁଖର ହୋଇଉଠେ ।

ଦେବୀ ମହାଲକ୍ଷ୍ମୀଙ୍କ ଗାୟତ୍ରୀ ମନ୍ତ୍ର:

୧) **ଓଁ ଶ୍ରୀମହଲକ୍ଷ୍ମୈ ବିଦ୍ମହେ, ବିଷ୍ଣୁପତ୍ନୈ ଧୀମହି ତନ୍ନୋ ଲକ୍ଷ୍ମୀଃ ପ୍ରଚୋଦୟାତ୍ ।**

୨) **ଓଁ ମହାଲକ୍ଷ୍ମୈ ଚ ବିଦ୍ମହେ ବିଷ୍ଣୁପ୍ରିୟାୟୈ ଧୀମହି ତନ୍ନୋ ଲକ୍ଷ୍ମୀଃ ପ୍ରଚୋଦୟାତ୍**

(ନାରାୟଣ ଉପନିଷଦ)

ଗଜଲକ୍ଷ୍ମୀ ପୂଜା ଫଟୋ (ପୃ.୩୩୮)

କେଉଁ ଗୃହରେ ଭଗବତୀ ଲକ୍ଷ୍ମୀ ନିବାସ କରନ୍ତି ?

ଉଭୟ ସ୍ତ୍ରୀ ଓ ପୁରୁଷ ଦେବୀ ଲକ୍ଷ୍ମୀଙ୍କର ଆଶୀର୍ବାଦ ପ୍ରାପ୍ତି ପାଇଁ କାମନା କରନ୍ତି । ଏ ପ୍ରସଙ୍ଗରେ ଦେବୀ ଲକ୍ଷ୍ମୀଙ୍କର ସବୁଠୁଁ ପ୍ରିୟ ସ୍ଥାନ ଯେଉଁଠି କି ସେ ସର୍ବଦା ଅବସ୍ଥାନ କରିବା ପାଇଁ ଆଗ୍ରହ କରନ୍ତି ତାହା ସମସ୍ତେ ଜାଣିବା ଉଚିତ । ତଦ୍ଦ୍ୱାରା ଦେବୀଙ୍କୁ ସେଇ ସ୍ଥାନକୁ ଆବାହନ କରିବା ନିମନ୍ତେ ମାର୍ଗ ପ୍ରଶସ୍ତ ହୋଇ ପାରିବ । ଏଥିପାଇଁ ମାତା ଲକ୍ଷ୍ମୀଙ୍କର ପୂଜା ଆରାଧନା ସହ ତାଙ୍କ ରୁଚି ଅନୁରୂପ ପରିବେଶ ସୃଷ୍ଟି କରିବା ସର୍ବାଦୌ ଆବଶ୍ୟକ ଅଟେ ।

ଏକଦା ଦେବୀ ଲକ୍ଷ୍ମୀ ରାଜାବଳିଙ୍କୁ ପରିତ୍ୟାଗ କରି ଚାଲି ଯାଇଥିଲେ । ଏହାର କାରଣ ଦେବରାଜ ଇନ୍ଦ୍ରଙ୍କୁ ଦେବୀ କହିଥିଲେ ଓ ତାଙ୍କର ଜିଜ୍ଞାସାକୁ ସେ ଶାନ୍ତ କରିଥିଲେ । ତାଙ୍କର ଏହି ପରିତ୍ୟାଗର କାରଣ, ଯାହା ସେ ନିଜେ ବ୍ୟାଖ୍ୟା କରିଥିଲେ – "ସତ୍ୟ, ଦାନ, ବ୍ରତ, ତପସ୍ୟା, ପରାକ୍ରମ ଏବଂ ଧର୍ମ ଯେଉଁଠି ବାସକରେ, ସେଇଠାରେ ହିଁ ମୁଁ ଅବସ୍ଥାନ କରେ ।" (ମହାଭାରତ, ଶାନ୍ତିପର୍ବ ୨୨୫) ପୁଣି ନୃସିଂହ ପୁରାଣରେ କୁହାଯାଇଛି 'ଲକ୍ଷ୍ମୀ ନୃସିଂହ'ଙ୍କର ଚାରିପୁତ୍ର । ସେମାନେ ହେଉଛନ୍ତି :ସତ୍ୟ, ଧର୍ମ, ଦୟା ଓ ଜ୍ଞାନ । ଈଶ୍ୱରଙ୍କ ଅଂଶରୁ ସତ୍ୟ, ବିଷ୍ଣୁଙ୍କ ଅଂଶରୁ ଧର୍ମ, ବିଧାତାଙ୍କ ଅଂଶରୁ ଦୟା ଏବଂ ନିରଞ୍ଜନଙ୍କ ଅଂଶରୁ ଜ୍ଞାନ ଜାତ ହୋଇଥିଲେ । ସଂସାରର ହିତ ପାଇଁ ଏଇ ଚାରି ପୁତ୍ର ଅବତାର ଗ୍ରହଣ କରିଛନ୍ତି । ଏମାନଙ୍କୁ ଆଶ୍ରା କରୁଥିବା ବ୍ୟକ୍ତି ଅବଶ୍ୟ ସଂସାରରୁ ମୁକ୍ତି ଲାଭ କରିଥାନ୍ତି ।

ସେହିପରି ଭକ୍ତ ପ୍ରହ୍ଲାଦଙ୍କୁ ଥରେ ମାତା ଲକ୍ଷ୍ମୀ କହିଥିଲେ ଯେ– ତେଜ, ଧର୍ମ, ସତ୍ୟ, ବ୍ରତ, ବଳ ଏବଂ ଶୀଳ ଆଦି ମାନବୀ ଗୁଣଗୁଡ଼ିକ ମଧ୍ୟରେ ମୁଁ ନିବାସ କରିଥାଏ । ଏହି ଗୁଣମାନଙ୍କ ମଧ୍ୟରେ ଶୀଳ ବା ଚରିତ୍ର ମୋର ସର୍ବାଧିକ ପ୍ରିୟ ଅଟେ । ମୁଁ ସର୍ବଦା ଶୀଳବାନ ପୁରୁଷଙ୍କୁ ବରଣ କରିଥାଏ । (ମହାଭାରତ, ଶାନ୍ତି.୧୨୪)

ଲକ୍ଷ୍ମୀପୂଜା (କୁମାର ପୂର୍ଣ୍ଣିମା ଓ କାର୍ତ୍ତିକ ଅମାବାସ୍ୟା) ଦିନ ରାତ୍ରିକାଳରେ ଦେବୀ ମହାଲକ୍ଷ୍ମୀ ସର୍ବତ୍ର ଭ୍ରମଣ କରିଥାନ୍ତି ଏବଂ ଯେଉଁ ସ୍ଥାନକୁ ତାଙ୍କର ସବୁଠୁଁ ଅନୁକୂଳ ବୋଲି ହୃଦ୍‌ବୋଧ କରନ୍ତି ସେଠାରେ ସେ ଅବସ୍ଥାନ କରନ୍ତି । ଥରେ ଦେବୀ ରୁକ୍ମିଣୀଙ୍କ ପ୍ରଶ୍ନର ଉତ୍ତର ଦେଇ ମହାଲକ୍ଷ୍ମୀ କହିଥିଲେ-

"ବସାମି ନିତ୍ୟଂ ସୁଭଗେ ପ୍ରଗଲ୍‌ଭେ
ଦକ୍ଷେ ନରେ କର୍ମଣି ବର୍ତ୍ତମାନେ ।
ଅକ୍ରୋଧନେ ଦେବ ପରେ କୃତଜ୍ଞେ
ଜିତେନ୍ଦ୍ରିୟେ ନିତ୍ୟମୁଦୀର୍ଣ୍ଣ ସତ୍ତ୍ୱେ ॥
ସ୍ୱଧର୍ମଶିଳେଷୁ ଚ ଧର୍ମବିତ୍‌ସୁ
ବୃଦ୍ଧୋପସେବାନିରତେ ଚ ଦାନ୍ତେ ।
କୃତାତ୍ମନି କ୍ଷାନ୍ତିପରେ ସମର୍ଥେ
କ୍ଷାନ୍ତସୁ ଦାନ୍ତାସୁ ତଥାବଲାସୁ ॥
ବସାମି ନାରୀଷୁ ପତିବ୍ରତା ସୁ
କଲ୍ୟାଣଶୀଳାସୁ ବିଭୂଷିତା ସୁ ।"

(ମହାଭାରତ, ଅନୁ., ଦାନଧର୍ମପର୍ବ ୧୧/୬, ୧୦,୧୪)

ଅର୍ଥାତ୍‌ ମୁଁ ସେହି ପୁରୁଷମାନଙ୍କ ଗୃହରେ ସତତ ନିବାସ କରିଥାଏ ଯିଏ କି ସୈଭାଗ୍ୟଶାଳୀ, ନିର୍ଭିକ, ସଚ୍ଚରିତ୍ର, ତଥା କର୍ତ୍ତବ୍ୟ ପରାୟଣ, ଅକ୍ରୋଧୀ, ଭକ୍ତ, କୃତଜ୍ଞ, ଜିତେନ୍ଦ୍ରିୟ ତଥା ସତ୍ତ୍ୱସମ୍ପନ୍ନ ଅଟନ୍ତି ଏବଂ ସ୍ୱଭାବତଃ ନିଜଧର୍ମ, କର୍ତ୍ତବ୍ୟ ତଥା ସଦାଚରଣରେ ସତର୍କତା ପୂର୍ବକ ତତ୍ପର ଥାନ୍ତି । ଯେଉଁ ପୁରୁଷମାନେ ଧର୍ମଜ୍ଞ ଏବଂ ଗୁରୁଜନ ମାନଙ୍କ ସେବାରେ ନିୟୋଜିତ ରହନ୍ତି, ମନକୁ ବଶରେ ରଖନ୍ତି, କ୍ଷମାଶୀଳ, ସାମର୍ଥ୍ୟଶାଳୀ, -ଏ ପ୍ରକାର ପୁରୁଷମାନେ ମୋର ପ୍ରିୟ ଅଟନ୍ତି । ସେହିପରି ସେହି ସ୍ତ୍ରୀମାନେ ଯିଏକି କ୍ଷମାଶୀଳ, ଜିତେନ୍ଦ୍ରିୟ, ସତ୍ୟାଶ୍ରୟୀ, ଶୀଳବତୀ, ସୌଭାଗ୍ୟବତୀ, ଗୁଣବତୀ, ପତିପରାୟଣା, ସମସ୍ତଙ୍କର ମଙ୍ଗଳ କରୁଥିବା, ସଦ୍‌ଗୁଣ ସମ୍ପନ୍ନା-ସେମାନେ ମୋର ପ୍ରିୟ ଅଟନ୍ତି ।

ପୁଣି ଯେଉଁ ସ୍ତ୍ରୀମାନେ ବିନା ବିବେକ ଓ ବିନା ବିଚାରରେ କାର୍ଯ୍ୟକରନ୍ତି, ଗୃହର ବ୍ୟବହାର୍ଯ୍ୟ ବସ୍ତୁଗୁଡ଼ିକର ଅଯତ୍ନ କରନ୍ତି, ପତିଙ୍କର ପ୍ରତିକୂଳ ବ୍ୟବହାର କରନ୍ତି ଓ ବିରୁଦ୍ଧାଚରଣ କରନ୍ତି, ପର ଗୃହ ପ୍ରତି ଅନୁରାଗ ରଖନ୍ତି, ନିର୍ଲଜ ଓ ପାପକର୍ମରେ ଆସକ୍ତ ରହନ୍ତି, ଅପବିତ୍ର, ଇନ୍ଦ୍ରିୟାସକ୍ତ, ଅଧୀର, ଝଗଡ଼ାଖୋର ତଥା ସର୍ବଦା ଶୋଇବାରେ ଅଭ୍ୟସ୍ତ-ଏପରି ଗୃହକୁ ମୁଁ ପରିତ୍ୟାଗ କରିଥାଏ । ନିମ୍ନ ଶ୍ଳୋକରେ ଏହି ମର୍ମରେ ବର୍ଣ୍ଣନା କରାଯାଇଛି:

"ପ୍ରକୀର୍ଣଭାଣ୍ଡାମନବେକ୍ଷକାରିଣୀଂ
ସଦାଚ ଭର୍ତ୍ତୁଃ ପ୍ରତିକୂଳ ବାଦିନୀମ୍ ॥
ପରସ୍ୟ ବେଶ୍ମାଭିରତାମଲଜ୍ଜା-
ମେବଂବିଧାଂ ତାଂ ପରବର୍ଜୟାମି ।
ପାପାମଚୋକ୍ଷାମବଲେହିନୀଂ ଚ
ବ୍ୟପେତଧୈର୍ଯ୍ୟାଂ କଳହପ୍ରିୟାଂ ଚ ॥
ନିଦ୍ରାଭିଭୂତାଂ ସତତଂ ଶୟାନା-
ମେବଂବିଧାଂ ତାଂ ପରିବର୍ଜୟାମି ।"

(ମହାଭାରତ, ଅନୁ., ଦାନ-୧୧/୧୧-୧୩)

ପୁରୁଷ ମାନଙ୍କର ଯେଉଁ ଯେଉଁ କୁକର୍ମ ଓ ଦୁର୍ଗୁଣ ସକାଶେ ଦେବୀ ଲକ୍ଷ୍ମୀ ବୀତସ୍ପୃହ ହୋଇ ସେମାନଙ୍କ ଗୃହକୁ ପରିତ୍ୟାଗ କରନ୍ତି ତାହା ମଧ୍ୟ ସେ ନିଜ ମୁଖରେ ଦେବୀ ରୁକ୍ମିଣୀଙ୍କଠାରେ ପ୍ରକାଶ କରିଥିଲେ- "ଯେଉଁ ପୁରୁଷ ଅକର୍ମଣ୍ୟ, ନାସ୍ତିକ, ବର୍ଣ୍ଣଶଙ୍କର, କୃତଘ୍ନ, ଦୁରାଚାରୀ, କ୍ରୁର, ଚୋର ତଥା ଗୁରୁଜନମାନଙ୍କ ଦୋଷ ଦେଖିବାବାଲା, ସେମାନଙ୍କଠାରେ ମୁଁ ନିବାସ କରେ ନାହିଁ । ସେମାନଙ୍କୁ ମୁଁ ପରିତ୍ୟାଗ କରିଥାଏ । ଯେଉଁମାନେ ତେଜହୀନ, ବଳହୀନ, ସତ୍ତ୍ୱହୀନ, ଗୌରବ ବିହୀନ ତଥା ଯେଉଁ ପୁରୁଷମାନେ ପ୍ରତ୍ୟେକଟି ସ୍ଥାନ ଓ ପ୍ରତିଟି କଥାରେ ଅସନ୍ତୁଷ୍ଟ, ଖିନ୍ନ ଓ ଛଳନାକାରୀ ଅଟନ୍ତି":

"ନାକର୍ମଶୀଳେ ପୁରୁଷେ ବସାମି
ନ ନାସ୍ତିକେ ସାଙ୍କରିକେ କୃତଘ୍ନେ ।
ନ ଭିନ୍ନବୃତ୍ତେ ନ ନୃଶଂସବର୍ଣ୍ଣେ
ନ ଚାପି ଚୌରେ ନ ଗୁରୁଷ୍ୱସୂୟେ ॥

ଶକ୍ତି ଉପାସନା ଓ ବୈଦିକ ଦେବୀତତ୍ତ୍ୱ : ୩୪୫

ୟେ ଚାଲ୍ପତେଜୋବଲ ସତ୍ତ୍ୱମାନାଃ
କ୍ଲିଶ୍ୟନ୍ତି କୁପ୍ୟନ୍ତି ଚ ଯତ୍ର ତତ୍ର
ନ ଚୈବ ତିଷ୍ଠାମି ତଥାବିଧେଷୁ
ନରେଷୁ ସଂଗୁପ୍ତମନୋରଥେଷୁ ॥"
(ମହାଭାରତ, ଅନୁ., ଦାନ.୧୧/୭-୮)

ଅତଏବ ଦେବୀ ମହାଲକ୍ଷ୍ମୀଙ୍କୁ ସନ୍ତୁଷ୍ଟ କରି ତାଙ୍କର ଆଶୀର୍ବାଦ ପ୍ରାପ୍ତି ନିମିତ୍ତ ତାଙ୍କ ମନ ଅନୁରୂପ ପରିବେଶ ସୃଷ୍ଟି କରିବା ସଙ୍ଗେ ସଙ୍ଗେ ନିଜକୁ ଗୁଣୀବାନ ଓ ଚାରିତ୍ର୍ୟବାନ କରି ଗଢ଼ିବା ଏକାନ୍ତ ଆବଶ୍ୟକ ଅଟେ ।

ଦୀପାବଳିର ଲକ୍ଷ୍ମୀ,ଗଣେଶ ପୂଜାଚିତ୍ର (ପୃ.୩୪୮)

ଜ୍ଞାନ ଓ ପ୍ରକାଶର ଦିବ୍ୟ ପର୍ବ ଦୀପାବଳିରେ ମହାଲକ୍ଷ୍ମୀ ଓ ଷୋଡ଼ଷମାତୃକା ଆରାଧନା

ମଣିଷକୁ ଦେବତ୍ୱ ପ୍ରାପ୍ତି ପାଇଁ ଅଥବା ନରକୁ ନାରାୟଣରେ ରୂପାନ୍ତରିତ କରିବା ପାଇଁ ବିଶେଷ ତପଶ୍ଚର୍ଯ୍ୟାର ଆବଶ୍ୟକତା ରହିଛି । ବ୍ୟକ୍ତି ବ୍ୟକ୍ତି ମଧ୍ୟରେ ତପସ୍ୟା ପ୍ରଧାନ ଜୀବନଚର୍ଯ୍ୟାର ଅଭ୍ୟାସ ନିର୍ମାଣ ଦ୍ୱାରା ଏକ ଜ୍ଞାନୀଗୁଣି ତେଜୋଦୀପ୍ତ ତଥା ଐଶ୍ୱର୍ଯ୍ୟ ସମ୍ପନ୍ନ ରାଷ୍ଟ୍ର ରଚନାର କଳ୍ପନା ଅତୀତରେ ହିନ୍ଦୁ ମନିଷୀମାନେ କରିଥିଲେ । ଏହି ସ୍ୱପ୍ନକୁ ସାକାର କରିବା ନିମିତ୍ତ ଆମର ପୂର୍ବୋଜମାନଙ୍କ ଦ୍ୱାରା ବହୁବିଧ ପୂଜା, ଉତ୍ସବ ଏବଂ ପର୍ବ ଆଦିର ପ୍ରଚଳନ କରାଯାଇଥିଲା । ସେହି ବର୍ଣ୍ଣାଢ୍ୟ ପରମ୍ପରାର ଏକ ମହାନ ରାଷ୍ଟ୍ରୀୟ ପର୍ବ ହେଉଛି "ଦୀପାବଳି" । କାର୍ତ୍ତିକ ମାସର ଅମାବାସ୍ୟା ତିଥିରେ, ନିଜର ଅତୁଳନୀୟ ପ୍ରକାଶ ଏବଂ ଦେଦିପ୍ୟମାନ ରୂପଛଟାର ଔଜଲ୍ୟରେ ଆସେତୁ ହିମାଚଳ ସମ୍ପୂର୍ଣ୍ଣ ଭାରତଭୂଇଁକୁ ଉଦ୍ଭାସିତ କରି ଉପସ୍ଥିତ ହୋଇଥାଏ "ଦୀପୋତ୍ସବ ବା ଦୀପାବଳି ପର୍ବ" । ଏହି ପର୍ବର ଆଗମନ ଭରିଦିଏ ଆବାଳ ବୃଦ୍ଧବନିତା ସଭିଙ୍କ ପ୍ରାଣରେ ନବ ଉନ୍ମାଦନାର ଅପୂର୍ବ ଲହରୀ । ମନେହୁଏ ସତେ ଯେମିତି ଅଜ୍ଞାନରୂପୀ ରାକ୍ଷସର ବକ୍ଷକୁ ବିଦୀର୍ଣ୍ଣ କରିବା ପାଇଁ ଜ୍ଞାନରୂପୀ ପ୍ରକାଶ ସହିତ ଦୀପାବଳି ଧରାପୃଷ୍ଠକୁ ଶୁଭାଗମନ କରିଛି । କିଞ୍ଚିତ ତାରତମ୍ୟ ସହ ସାରା ଦେଶରେ ଏହି ଉତ୍ସବ ଏକ ଜାତୀୟ ପର୍ବ ରୂପେ ପାଳିତ ହୋଇଥାଏ । ଆମ ଓଡ଼ିଶାରେ ଏହି ପର୍ବ ଘରେ ଘରେ ପୂର୍ବପୁରୁଷଙ୍କୁ ଶ୍ରାଦ୍ଧ, ପିଣ୍ଡ ଓ ଦୀପଦାନ ପୂର୍ବକ ମହା ସମାରୋହରେ ପାଳିତ ହେବାର ପରମ୍ପରା ରହି ଆସିଛି ।

ଏହି ପବିତ୍ର ଦିବସଟିକୁ ବ୍ୟବସାୟୀମାନେ ନବବର୍ଷ ରୂପେ ପାଳନ କରନ୍ତି । ଏହି ଉପଲକ୍ଷେ ଦୀପାବଳି ଅଭିନନ୍ଦନ ପତ୍ରିକା (Diwali Greetings) ସାଙ୍ଗ ସାଥୀ ବନ୍ଧୁ-ବାନ୍ଧବମାନଙ୍କ ପାଖକୁ ପଠାଯାଏ । ଏହିଭଳି ସନ୍ଧ୍ୟା ସମୟରେ ସୁସଜ୍ଜିତ ବେଦୀ ଉପରେ ଜ୍ଞାନ, ବୁଦ୍ଧି ଓ ବିଦ୍ୟାଦାତା ଭଗବାନ ଶ୍ରୀ ଗଣେଶଙ୍କ ପୂଜା କରାଯାଏ । ତାପରେ କଳସ ପୂଜନ, ଷୋଡ଼ଶ ମାତୃକା ପୂଜା ତଥା ମାଆ

ଲକ୍ଷ୍ମୀଙ୍କର ଷୋଡ଼ଶ ଉପଚାର ପୂଜା- "ଓଁ ମହଲକ୍ଷ୍ମୈ ନମଃ" ଆଦି ମନ୍ତ୍ରରେ ପୂଜନ କରାଯାଏ । ମାଙ୍ଗଳିକ ଚିହ୍ନ ଓ ମନ୍ତ୍ର ପ୍ରଭୃତି ଯଥା- "ସ୍ୱସ୍ତିକ ଚିହ୍ନ", "ଓଁ ଶ୍ରୀ ଗଣେଶାୟ ନମଃ" ସହିତ "ଶୁଭଲାଭ" ଆଦି ଗୃହ କାନ୍ଥରେ ସିନ୍ଦୂରରେ ଲେଖାଯାଇ ମଧ୍ୟ ପୂଜନ କରାଯାଏ । ଏହାକୁ 'ଦେହଲୀ ବିନାୟକ' ପୂଜନ ବୋଲି କୁହାଯାଏ । ଏହାପରେ ଶ୍ରୀ ମହାକାଳୀ ପୂଜନ, ଲେଖନୀ, ସରସ୍ୱତୀ, କୁବେର, ତୁଳାଯନ୍ତ୍ରାଦି ସହ ଦୀପ ପୂଜନ କରାଯାଏ । ନୈବେଦ୍ୟ, ଆରତି, ପୁଷ୍ପାଞ୍ଜଳି ଏବଂ କ୍ଷମାପ୍ରାର୍ଥନା ପରେ ବ୍ରାହ୍ମଣ ଓ ଗୁରୁଜନମାନଙ୍କୁ ପ୍ରଣାମ ତଥା ଭୋଜନ ଦିଆଯାଏ । ଗଣେଶ ଓ ଲକ୍ଷ୍ମୀଙ୍କ ମୂର୍ତ୍ତିକୁ ବାଦ ଦେଇ ଅନ୍ୟ ଦେବାଦେବୀଙ୍କୁ ବିସର୍ଜନ ପରେ ପୂଜା ସମାପ୍ତ କରାଯାଏ । ଏହିଦିନ ରାତ୍ରି ଜାଗରଣ ବ୍ରତ ପାଳନ ଦ୍ୱାରା ଲକ୍ଷ୍ମୀପ୍ରାପ୍ତି ହୋଇଥାଏ ବୋଲି ବିଶ୍ୱାସ ରହିଛି ।

କେତେକ କାର୍ତ୍ତିକ ତ୍ରୟୋଦଶୀ ତିଥିଠାରୁ ଆରମ୍ଭ କରି କାର୍ତ୍ତିକ ଶୁକ୍ଳ ଦ୍ୱିତୀୟା ପର୍ଯ୍ୟନ୍ତ ପାଞ୍ଚ ଦିବସ ବ୍ୟାପୀ ଦୀପାବଳି ପର୍ବ ପାଳନ କରନ୍ତି । ଆୟୁର୍ବେଦର ସ୍ରଷ୍ଟା ଭଗବାନ ଧନ୍ୱନ୍ତରୀଙ୍କ ଜୟନ୍ତୀ କୃଷ୍ଣ ତ୍ରୟୋଦଶୀ ତିଥିରେ ପାଳିତ ହୋଇଥାଏ । ଏହିଦିନ ଧନ୍ୱନ୍ତରୀଙ୍କ ପୂଜାର୍ଚ୍ଚନା କରାଯାଏ । ଏହାକୁ 'ଧନତେରସ ପର୍ବ' ବା "ଧନଦା ତ୍ରୟୋଦଶୀ" ବୋଲି କହନ୍ତି । ଦେବ ଓ ଦାନବମାନଙ୍କ ଦ୍ୱାରା ହୋଇଥିବା ସମୁଦ୍ର ମନ୍ଥନରୁ ଏହିଦିନ ଭଗବାନ ଧନ୍ୱନ୍ତରୀ ସକଳ ରୋଗର ଉପଚାର ପାଇଁ ନିଦାନ ବ୍ୟବସ୍ଥା ଏବଂ ଔଷଧି ସହ ଆବିର୍ଭୂତ ହୋଇଥିଲେ ସୃଷ୍ଟିର କଲ୍ୟାଣ ନିମିତ୍ତ । ଏହି ଦିବସରେ ଚାନ୍ଦି ବା ଚାନ୍ଦିରୂପାର ବାସନ କିଣିବା ଶୁଭଙ୍କର ବୋଲି କୁହାଯାଏ । ଏହିଦିନ ବ୍ରତପୂର୍ବକ ଯମୁନା ନଦୀରେ ସ୍ନାନ ଅତ୍ୟନ୍ତ ଫଳଦାୟୀ । କାରଣ ଯମୁନା, ଯମରାଜଙ୍କର ଭଉଣୀ ହୋଇଥିବାରୁ ଏହିଦିନ ଯମୁନା ସ୍ନାନ ସହ ସନ୍ଧ୍ୟା ସମୟରେ ଘରର ମୁଖ୍ୟଦ୍ୱାରର ବାହାର ପଟେ ଗୋଟିଏ ଥାଳିଆରେ ଅରୁଆ ଚାଉଳ ରଖି ତଦୁପରି ଯମରାଜଙ୍କ ଉଦ୍ଦେଶ୍ୟରେ ଦକ୍ଷିଣାଭିମୁଖ ଦୀପ ସ୍ଥାପନ କରି ଧୂପଗନ୍ଧାଦି ପୂଜନ ସହ ଦୀପଦାନ କଲେ ସକଳ ପ୍ରକାର ଅପମୃତ୍ୟୁରୁ ରକ୍ଷା ମିଳିବା ସଙ୍ଗେ ସଙ୍ଗେ ପରିବାରର ମଙ୍ଗଳ ହୁଏ ବୋଲି ବିଶ୍ୱାସ ରହିଛି । ଏହି ଦୀପଦାନ ସମୟରେ ନିମ୍ନ ମନ୍ତ୍ର ସହ ଭକ୍ତିପୂତ ପ୍ରାର୍ଥନା କରାଯାଏ-

"ମୃତ୍ୟୁନା ପାଶହସ୍ତେନ କାଳେନ ଭାର୍ଯ୍ୟୟା ସହ ।
ତ୍ରୟୋଦଶ୍ୟାଂ ଦୀପଦାନାତ୍ସୂର୍ଯ୍ୟଜଃ ପ୍ରୀୟତାମିତି ॥"

ଅପମୃତ୍ୟୁର ବିନାଶ ପାଇଁ ସନ୍ଧ୍ୟାରେ ଦୀପଦାନର ଅନିବାର୍ଯ୍ୟତା ବିଷୟଟି ନିମ୍ନୋକ୍ତ ଶ୍ଳୋକରୁ ପ୍ରମାଣିତ ହୁଏ-

"କାର୍ତ୍ତିକସ୍ୟାସିତେ ପକ୍ଷେ ତ୍ରୟୋଦଶ୍ୟାଂ ନିଶାମୁଖେ ।
ଯମଦୀପଂ ବହିର୍ଦଦ୍ୟାଦପ-ମୃତ୍ୟୁର୍ବିନଶ୍ୟତି ॥"

ତତ୍ପରଦିନ କାର୍ତ୍ତିକ କୃଷ୍ଣ ଚତୁର୍ଦ୍ଦଶୀ ତିଥିକୁ 'ନରକ ଚତୁର୍ଦ୍ଦଶୀ' ନାମରେ ପାଳନ କରାଯାଏ । କାର୍ତ୍ତିକ ମାସରେ ତୈଳବର୍ଜନ ଶାସ୍ତ୍ର ନିର୍ଦ୍ଦେଶିତ । କିନ୍ତୁ ଏହି ଦିବସରେ ଖସାତେଲ ଲଗାଇ ସୂର୍ଯ୍ୟୋଦୟ ପୂର୍ବରୁ ସ୍ନାନ କରି ଦକ୍ଷିଣାଭିମୁଖ ହୋଇ ଯମରାଜଙ୍କ ଉଦ୍ଦେଶ୍ୟରେ ତିନି ଅଞ୍ଜଳି ଖସା ମିଶ୍ରିତ ଜଳ ଅର୍ଘ୍ୟଦାନ କରିବା ବିଧି ରହିଛି । ଯେଉଁମାନେ ଏହିଦିନ ସୂର୍ଯ୍ୟୋଦୟ ପରେ ସ୍ନାନ କରନ୍ତି ଅଥବା ସନ୍ଧ୍ୟାରେ ଯମରାଜଙ୍କୁ ଦୀପଦାନ ନକରନ୍ତି ସେମାନଙ୍କର ସମସ୍ତ ଶୁଭକର୍ମ ବିନଷ୍ଟ ହୋଇଯାଏ ବୋଲି କୁହାଯାଇଛି । ନର୍କପ୍ରାପ୍ତିରୁ ମୁକ୍ତିଲାଭ ହେବା ନିମିତ୍ତ ସ୍ନାନପୂର୍ବରୁ ଅପାମାର୍ଗକୁ ନିମ୍ନ ଉଚ୍ଚାରଣ ପୂର୍ବକ ନିଜ ମୁଣ୍ଡ ଚାରିପଟେ (ପ୍ରୋକ୍ଷଣ କରିବା) ବୁଲାଇବା ଉଚିତ-

"ସୀତାଲୋଷ୍ଟସମାଯୁକ୍ତଂ ସକଣ୍ଟକ-ଦଳାନ୍ୱିତମ୍ ।
ହର ପାପମପାମାର୍ଗ ଭ୍ରାମ୍ୟମାଣଃ ପୁନଃପୁନଃ ॥"

ଏହା ଦ୍ୱାରା ସାରା ବର୍ଷର ପାପ ବିନଷ୍ଟ ହୋଇଯାଏ । ନରକ ଚତୁର୍ଦ୍ଦଶୀକୁ 'ରୂପ ଚୌଦସ୍' ବା 'ଛୋଟ ଦୀପାବଳି' ମଧ୍ୟ କହନ୍ତି । ଏହିଦିନ ସନ୍ଧ୍ୟାରେ 'ଓଁ ଯମାୟ ନମଃ, ଓଁ ଧର୍ମରାଜାୟ ନମଃ, ଓଁ ମୃତ୍ୟବେ ନମଃ...' ଇତ୍ୟାଦି ମନ୍ତ୍ରରେ ପୂଜା କରି ଦୀପଦାନ କରାଯାଏ । ଦୀପଦାନ ନିମ୍ନ ମନ୍ତ୍ରପାଠ କରି କରାଯାଇଥାଏ-

"ଦତ୍ତୋ ଦୀପଶ୍ଚତୁର୍ଦଶ୍ୟାଂ ନରକପ୍ରିୟତେ ମୟା ।
ଚତୁର୍ବର୍ତିସମାଯୁକ୍ତଃ ସର୍ବପାପାପନୁତ୍ତୟେ ॥"

ଦୀପଗୁଡ଼ିକ ଗୃହର ବିଭିନ୍ନ କଠୋରୀ, ଗୁହାଳ ତଥା ଘରର ବାହାର ପଟ ଅଗଣା ଆଦିରେ ଜଳାଇ ଦିଆଯାଏ । ତ୍ରୟୋଦଶୀରୁ ଅମାବାସ୍ୟା ପର୍ଯ୍ୟନ୍ତ ଯମଦେବତାଙ୍କୁ ଦୀପଦାନ କଲେ ନର୍କରୁ ମୁକ୍ତି ସହ ବ୍ରତୀଙ୍କୁ କେବେ ହେଲେ ଲକ୍ଷ୍ମୀ ଛାଡ଼ି ଯାଆନ୍ତି ନାହିଁ ବୋଲି କଥିତ ଅଛି । ଏହିଦିନ ହନୁମାନଙ୍କୁ ଷୋଡ଼ଶ ଉପଚାରରେ ପୂଜା ସହ ହନୁମାନ ଜୟନ୍ତୀ ପାଳନ କରାଯାଇଥାଏ । ଏହି ଅବସରରେ ମୂର୍ତ୍ତି ଉପରେ ତୈଳ ମିଶ୍ରିତ ସିନ୍ଦୂର ବୋଳିଲେ ହନୁମାନ ପ୍ରସନ୍ନ ହୁଅନ୍ତି । ଯଦିଚ ହନୁମାନଙ୍କ ଜନ୍ମ ଚୈତ୍ର ଶୁକ୍ଳ ପୂର୍ଣ୍ଣିମାରେ ହୋଇଥିବା ଶାସ୍ତ୍ରରେ ଉଲ୍ଲେଖ ରହିଛି,

କାର୍ତ୍ତିକ କୃଷ୍ଣ ଚତୁର୍ଦ୍ଦଶୀ ଦିନ ହନୁମାନଙ୍କୁ ଲଙ୍କା ବିଜୟର ସ୍ମୃତିରେ ମାତା ଜାନକୀ ନିଜର ସୌଭାଗ୍ୟ ସିନ୍ଦୂର ପ୍ରଦାନ କରି ଚିର ଅମରତ୍ୱର ଆଶୀର୍ବାଦ ପ୍ରଦାନ କରିଥିଲେ । ଏଣୁ ଏହା ହନୁମାନଙ୍କର ନବଜନ୍ମ ଦିବସ ରୂପେ ଆଦୃତ ହୁଏ । ଏହିଦିନ ଭଗବାନ କୃଷ୍ଣ ନରକାସୁରକୁ ସଂହାର କରି ମେଦିନୀକୁ ତାର ଅତ୍ୟାଚାର କବଳରୁ ଉଦ୍ଧାର କରିଥିଲେ । ଏହି ଖୁସିରେ ଲୋକେ ଚତୁର୍ଦ୍ଦଶୀ ଏବଂ ଅମାବାସ୍ୟା ଦୁଇଦିନ ଯାକ ଦୀପାବଳି ଜଳାଇ ଆନନ୍ଦଉତ୍ସବ ପାଳନ କରିଥିଲେ ।

କାର୍ତ୍ତିକ ଅମାବାସ୍ୟା ଦିନ ସମୁଦ୍ର ମନ୍ଥନରୁ ଭଗବତୀ ମହାଲକ୍ଷ୍ମୀ ଆବିର୍ଭୂତା ହୋଇଥିବାରୁ ସେଇ ଆନନ୍ଦରେ ଦେବ ଦାନବ ସମସ୍ତେ ରାତ୍ରି ଉଜାଗର ରହି ଦୀପାବଳି ଜଳାଇଥିଲେ । ଏହିଦିନ ମହାରାଜ ପୃଥୁ ପୃଥିବୀକୁ ଦୋହନ କରି ରାଜ୍ୟକୁ ଧାନ୍ୟାଦି ଶସ୍ୟରେ ଭରପୂର କରାଇଥିଲେ । ସେଇ ଆନନ୍ଦରେ ପାଳିତ ଦୀପୋତ୍ସବ ଅଦ୍ୟାବଧି ପରମ୍ପରା କ୍ରମେ ଅନୁସୃତ ହେଉଛି । ଭଗବାନ ଶ୍ରୀରାମଙ୍କ ଲଙ୍କା ବିଜୟ ଏବଂ ରାବଣ ନିଧନ ପରେ ଅଯୋଧ୍ୟା ନଗରୀରେ ଏହିଦିନ ତାଙ୍କର ସ୍ୱାଗତ ଉପଲକ୍ଷେ ଅଯୋଧ୍ୟାବାସୀମାନଙ୍କ ଦ୍ୱାରା ଦୀପାବଳି ଉତ୍ସବ ପାଳିତ ହୋଇଥିଲା । ମହାଭାରତରେ ଉଲ୍ଲେଖ ଅନୁଯାୟୀ ପାଣ୍ଡବମାନେ ବନବାସ ଶେଷ କରି ନିର୍ବିଘ୍ନରେ ନିଜ ରାଜ୍ୟକୁ ପ୍ରତ୍ୟାବର୍ତ୍ତନ କରିବା ଅବସରରେ ଏହିଦିନ ଦୀପାବଳି ଜଳାଇ ସେମାନଙ୍କୁ ଅଭିନନ୍ଦିତ କରାଯାଇଥିଲା । ମହାରାଜ ବଳୀଙ୍କ ଆଗ୍ରହରୁ ବାମନରୂପୀ ଭଗବାନ ନାରାୟଣ, ତାଙ୍କୁ ଲୋକ କଲ୍ୟାଣକାରୀ ବର ଦେଇ ତ୍ରୟୋଦଶୀଠାରୁ ଅମାବାସ୍ୟା ପର୍ଯ୍ୟନ୍ତ ଦୀପାବଳି ପାଳନ କରୁଥିବା ଲୋକଙ୍କୁ ଯମଦଣ୍ଡରୁ ମୁକ୍ତି ସହ ସେମାନଙ୍କୁ ଲକ୍ଷ୍ମୀପ୍ରାପ୍ତି ହେବ ବୋଲି ଆଶୀର୍ବାଦ ପ୍ରଦାନ କରିଥିଲେ। ସମ୍ରାଟ ବିକ୍ରମାଦିତ୍ୟାଙ୍କ ରାଜ୍ୟ ବିଜୟ ଉପଲକ୍ଷେ ଏହିଦିନ ରାଜ୍ୟବାସୀମାନେ ବିଭୋର ହୋଇ ଦିପୋତ୍ସବ ପାଳନ କରିଥିଲେ । ଦୀପାବଳିର ପବିତ୍ର ତିଥିରେ ମହାବୀର ଜିନ୍‌ଙ୍କର ମହାନିର୍ବାଣ ହୋଇଥିଲା। ଭଗବାନ ବୁଦ୍ଧ ତାଙ୍କର ଶିଷ୍ୟମାନଙ୍କୁ "ଅପ୍ପଦୀପୋଭବ" ଅର୍ଥାତ୍ ବିବେକରୂପୀ ଜ୍ଞାନଦୀପକୁ ନିଜେ ପ୍ରଜ୍ୱଳିତ କରିବା ପାଇଁ ଉପଦେଶ ଦେଇଥିଲେ। ମୋଟାମୋଟି ଭାବରେ ଏହି ଉତ୍ସବକୁ ମତପନ୍ଥ ନିର୍ବିଶେଷରେ ହିନ୍ଦୁ, ଜୈନ, ଶିଖ ଆଦି ସମସ୍ତେ ଧୂମଧାମରେ ପାଳନ କରି ପରସ୍ପର ମଧ୍ୟରେ ଥିବା ଐକ୍ୟଭାବକୁ ପ୍ରକାରାନ୍ତରେ ପ୍ରକଟ କରନ୍ତି । ଦୀପାବଳି ସମ୍ବନ୍ଧରେ ବହୁବିଧତଥ୍ୟ ଭବିଷ୍ୟପୁରାଣ, ସ୍କନ୍ଦପୁରାଣ, ସନତ କୁମାର ସଂହିତା, ପଦ୍ମପୁରାଣ ଆଦିରୁ ପ୍ରାପ୍ତ ହୋଇଥାଏ।

ହିନ୍ଦୁ ସଂସ୍କୃତିରେ ଦୀପାବଳିର ମହତ୍ତ୍ୱ ଏବଂ ସାମାଜିକ ମାନ୍ୟତା ଏତେବେଶୀ ଯେ ଧନୀଦରିଦ୍ର ସବୁ ସ୍ତରର ଲୋକେ ନିଜ କ୍ଷମତା ଅନୁସାରେ ଏହି ପର୍ବ ପାଇଁ ପୂର୍ବପ୍ରସ୍ତୁତି ସ୍ୱରୂପ ଅନେକ ଦିନ ଆଗରୁ ବ୍ୟବସ୍ଥାରେ ଲାଗି ରହନ୍ତି । ଏଇ ଉପଲକ୍ଷେ ବ୍ୟବସାୟ ପ୍ରତିଷ୍ଠାନ, ଘର-ଦ୍ୱାର ଆଦି ସଫା ସୁତୁରା କରାଯାଏ । ନିଜର ଦ୍ୱାଦଶ ପୁରୁଷଙ୍କୁ ଶ୍ରାଦ୍ଧ ପିଣ୍ଡଦାନ ଆଦି ଅର୍ପଣ କରିବା ପାଇଁ ଏହି ଦିନଟିକୁ ଅତି ପବିତ୍ର ଦିବସ ରୂପେ ଗଣ୍ୟ କରାଯାଏ । ପିତୃପୁରୁଷଙ୍କୁ ପିଣ୍ଡଦାନର ମହିମା ବିଷୟ ଶାସ୍ତ୍ରରେ ଉଲ୍ଲେଖ କରି କୁହାଯାଇଛି-

"ଆୟୁଃ ପୁତ୍ରାନ୍ ଯଶଃ ସ୍ୱର୍ଗଂ କୀର୍ତ୍ତିଂ ପୁଷ୍ଟିଂ ବଳଂ ଶ୍ରୀୟମ୍ ।
ପଶୂନ୍ ସୌଖ୍ୟଂ ଧନଂ ଧାନ୍ୟଂ ପ୍ରାପ୍ନୁୟାତ୍ ପିତୃ ପୂଜନାତ୍ ।।"

(ଯମସ୍ମୃତି)

ଅର୍ଥାତ୍ ଯେଉଁମାନେ ପିତୃପୁରୁଷଙ୍କୁ ପିଣ୍ଡଦାନ କରନ୍ତି ସେମାନେ ଆଶୀର୍ବାଦ ସହିତ ଆୟୁଃ, ପୁତ୍ର, ଯଶ, କୀର୍ତ୍ତି, ସ୍ୱର୍ଗ, ପୁଷ୍ଟି, ବଳ, ଲକ୍ଷ୍ମୀ, ଗୋବାଦି ପଶୁ, ସମସ୍ତ ସୁଖାଦି ଐଶ୍ୱର୍ଯ୍ୟ ଓ ସୌଭାଗ୍ୟ ସହ ଧନଧାନ୍ୟାଦି ପ୍ରାପ୍ତ କରନ୍ତି । ଏହିଦିନ ସନ୍ଧ୍ୟାରେ ମହାଳୟା ଶ୍ରାଦ୍ଧ ସକାଶେ ପୃଥିବୀ ଲୋକଙ୍କୁ ଆସିଥିବା ପିତୃପୁରୁଷମାନଙ୍କୁ ସ୍ୱଲୋକକୁ ପ୍ରସ୍ଥାନ ନିମନ୍ତେ କାଉଁରିଆ କାଠି (କପାକାଠି) ପ୍ରଜ୍ୱଳିତ କରି ସେମାନଙ୍କ ଗନ୍ତବ୍ୟ ପଥକୁ ଆଲୋକିତ କରାଯିବା ସହ ବିଦାୟ ସମ୍ବର୍ଦ୍ଧନା ଦିଆ ଯିବାର ମହନୀୟ ପରମ୍ପରା ରହି ଆସିଛି ।

କାର୍ତ୍ତିକ ଶୁକ୍ଳ ପ୍ରତିପଦ ଦିନ ପ୍ରତ୍ୟୁଷ କାଳରେ ଗୋମୟ ଦ୍ୱାରା ଗୋବର୍ଦ୍ଧନ ପର୍ବତର ପ୍ରତିମା ନିର୍ମାଣ କରି ତତ୍‌ସହ ଭଗବାନ ଶ୍ରୀକୃଷ୍ଣ ଏବଂ ଗୋମାତାଙ୍କୁ ନବବେଶଭୂଷା ଓ ମାଳା ଆଦିରେ ସଜ୍ଜିତ କରାଯାଇ ପୂଜନ ହୋଇଥାଏ । ଏହାକୁ ଗୋବର୍ଦ୍ଧନ ପୂଜା କହନ୍ତି । କ୍ଷେତରୁ ସଂଗୃହୀତ ନୂତନ ଶସ୍ୟରୁ ପ୍ରସ୍ତୁତ ବିବିଧ ପ୍ରକାର ଭୋଗରାଗ ଏଥିରେ ନୈବେଦ୍ୟରୂପେ ଅର୍ପଣ କରାଯାଏ । ନିମ୍ନ ମନ୍ତ୍ରରେ ଗୋବର୍ଦ୍ଧନ ପୂଜା କରାଯାଏ -

'ଗୋବର୍ଦ୍ଧନ ଧରାଧାର ଗୋକୁଳତ୍ରାଣକାରକ ।
ବିଷ୍ଣୁବାହୁକୃତୋଚ୍ଛ୍ରାୟ ଗବାଂ କୋଟିପ୍ରଦୋଭବ ।।'

ଅର୍ଥାତ୍ ପୃଥିବୀକୁ ଧାରଣ କରିଥିବା ହେ ଗୋବର୍ଦ୍ଧନ, ଗୋକୁଳର ରକ୍ଷକ ଭଗବାନ କୃଷ୍ଣ ନିଜ ବାହୁ ଦ୍ୱାରା ତୁମକୁ ଉଠାଇଥିଲେ । ତୁମେ ମୋତେ କୋଟି ଗାଈ ପ୍ରଦାନ କର ।

ଦୀପାବଳିର ଅନ୍ତିମ ଦିବସ କାର୍ତ୍ତିକ ଶୁକ୍ଳ ଦ୍ୱିତୀୟାକୁ 'ଯମଦ୍ୱିତୀୟା' ବା 'ଭୟାଦୂଜ' ବୋଲି କୁହାଯାଏ । ଶାସ୍ତ୍ରାନୁସାରେ ଏହି ଦିନ ଯମ ଦେବତା ନିଜ ଭଉଣୀ ଯମୁନାଙ୍କୁ ଭେଟିବା ପାଇଁ ମର୍ତ୍ତ୍ୟଲୋକକୁ ଆଗମନ କରନ୍ତି । ଏଣୁ ଭାଇମାନଙ୍କ ସହ ଭଉଣୀମାନେ ସାମୁହିକ ଭାବରେ ଯମୁନା ସ୍ନାନ କରନ୍ତି । ଭଉଣୀମାନେ ବ୍ରତ ସଂକଳ୍ପ ପୂର୍ବକ ଭାଇମାନଙ୍କର ଦୀର୍ଘ ଜୀବନ, ଐଶ୍ୱର୍ଯ୍ୟ ତଥା ସର୍ବମଙ୍ଗଳ କାମନା କରି ମୃତ୍ୟୁ ଦେବତା ଯମରାଜଙ୍କ ଉଦ୍ଦେଶ୍ୟରେ ପୂଜା ଅର୍ଚ୍ଚନା କରିଥାନ୍ତି । ଦୂରବର୍ତ୍ତୀ ପ୍ରାନ୍ତରେ ଭଉଣୀମାନେ ଏହିଦିନ ପ୍ରାତଃସ୍ନାନ ପରେ ଗଣେଶାଦି ସ୍ଥାପନ କରି ଯମ, ଯମୁନା, ଚିତ୍ରଗୁପ୍ତ ଏବଂ ଯମଦୂତଙ୍କର ଶାସ୍ତ୍ରୋକ୍ତ ବିଧିରେ ପୂଜନ ଶେଷରେ ନିମ୍ନ ମନ୍ତ୍ରରେ ଯମରାଜଙ୍କ ପ୍ରାର୍ଥନା କରନ୍ତି -

"ଧର୍ମରାଜ ନମସ୍ତୁଭ୍ୟଂ ନମସ୍ତେ ଯମୁନାଗ୍ରଜ ।
ପାହି ମାଂ କିଙ୍କରୈଃ ସାର୍ଦ୍ଧଂ ସୂର୍ଯ୍ୟପୁତ୍ର ନମୋଽସ୍ତୁତେ ।"

ସେହିପରି ଯମୁନାଙ୍କୁ ମଧ୍ୟ ପ୍ରାର୍ଥନା କରାଯାଏ:

"ଯମସ୍ୱସର୍ନମସ୍ତେଽସ୍ତୁ ଯମୁନେ ଲୋକ ପୂଜିତେ ।
ବରଦା ଭବ ମେ ନିତ୍ୟଂ ସୂର୍ଯ୍ୟପୁତ୍ରି ନମୋଽସ୍ତୁତେ ॥"

ପୂଜା ପରେ ଭାଇମାନଙ୍କ ମୁଣ୍ଡରେ ତିଳକ ଲଗାଇ ଭଉଣୀମାନେ ସେମାନଙ୍କୁ ସୁଆଦିଆ ଖାଦ୍ୟ ଓ ମିଷ୍ଟାନ୍ନ ଆଦି ଖୁଆଇ ଦୀର୍ଘ ନିରାମୟ ଜୀବନ କାମନା କରନ୍ତି।

ଦୀପାବଳିର ଆଗମନ ଜନମାନସରେ ଏକ ପରମ ସାତ୍ତ୍ୱିକ ତଥା ପରମାର୍ଥୀକ ବାତାବରଣ ଭରିଦିଏ । ଗାଁ ଠାରୁ ସହର ପର୍ଯ୍ୟନ୍ତ ଘରେଘରେ କଦଳୀ ଗଛ, ଆମ୍ବଡାଳ ଏବଂ ତୋରଣଆଦି ଦ୍ୱାରା ଭଳିକି ଭଳି ସାଜସଜ୍ଜା ଜନମନ ହରଣ କରେ । ଅସ୍ତାଚଳଗାମୀ ସୂର୍ଯ୍ୟ ଦୃଷ୍ଟିପଥରୁ ଅନ୍ତର୍ହିତ ହେବା ମାତ୍ରେ ଅମା ଅନ୍ଧକାରର ବକ୍ଷକୁ ଉଦ୍‌ଭାସିତ କରି ଜଳିଉଠେ ଅସଂଖ୍ୟ ଦୀପମାଳା । ଚତୁର୍ଦ୍ଦିଗ ମୁଖରିତ କରି ବାଣ, ଫଟକା ଏବଂ ବିବିଧ ପ୍ରକାର ରଙ୍ଗବେରଙ୍ଗ ରୋଷଣୀମାନ ଆକାଶ ବକ୍ଷରେ ମନୋହର ଚିତ୍ରପଟ ସୃଷ୍ଟି କରି ପରିବେଶକୁ ଉଲ୍ଲାସମୁଖର କରି ତୋଳେ । ମନେହୁଏ ଯେମିତି ହିମାଳୟ ଠାରୁ କନ୍ୟାକୁମାରୀ ପର୍ଯ୍ୟନ୍ତ ବିସ୍ତୃତ ଏକ ବିଶାଳ ସମାଜର ପ୍ରତ୍ୟେକ ବ୍ୟକ୍ତି ତାର ପ୍ରାଣପ୍ରିୟ ମାତୃଭୂମି ଭାରତକୁ ଜ୍ଞାନ ଗରିମା ଏବଂ ଧନଧାନ୍ୟରେ ଐଶ୍ୱର୍ଯ୍ୟଶାଳୀ ତଥା ପ୍ରକାଶମାନ କରିବା ପାଇଁ ବହୁବିଧ ସମସ୍ୟା ଜର୍ଜରିତ ନିରାଶାର ଅମା ଅନ୍ଧକାର ଭିତରେ ଆଶାର ପ୍ରଦୀପ ଜାଳି ଆଜିର ଏ ଶୁଭ ଦୀପାବଳି ପାଳନ କରୁଛି ।

ଦେବୀ ଜଗଦ୍ଧାତ୍ରୀଙ୍କ ପୂଜା ଉପାସନା

କାର୍ତ୍ତିକ ଶୁକ୍ଳ ନବମୀ ତିଥିରେ ଜଗନ୍ମାତା ଜଗଦ୍ଧାତ୍ରୀଙ୍କର ପୂଜା ଓ ଉପାସନା କରାଯାଏ । ପୂଜା ବିଧାନରେ ଉଲ୍ଲେଖ ଅନୁଯାୟୀ :

"କାର୍ତ୍ତିକୋଽମଲପକ୍ଷସ୍ୟ ତ୍ରେତାଦୌ ନବମେଽହନି ।
ପୂଜୟେତ୍ତାଂ ଜଗଦ୍ଧାତ୍ରୀଂ ସିଂହପୃଷ୍ଠେନିଷେଦୁଷୀମ୍ ॥"

ଅର୍ଥାତ୍ ତ୍ରେତାଯୁଗର ପ୍ରାରମ୍ଭରୁ କାର୍ତ୍ତିକ ମାସ ଶୁକ୍ଳ ନବମୀ ତିଥିରେ ସିଂହପୃଷ୍ଠରେ ସମାରୂଢ଼ା ଦେବୀ ଜଗଦ୍ଧାତ୍ରୀଙ୍କର ପୂଜା କରାଯିବ ।

ବାସ୍ତବରେ ଦେବୀଦୁର୍ଗା ଓ ମା' ଜଗଦ୍ଧାତ୍ରୀ ଏକ ଓ ଅଭିନ୍ନ । ବିଭିନ୍ନ ଶାସ୍ତ୍ରରେ ଦେବୀ 'ଦଶମହାବିଦ୍ୟା' ରୂପରେ ବା କେଉଁଠି 'ନବଦୁର୍ଗା' ଭାବରେ ବର୍ଣ୍ଣିତ । ବିଭିନ୍ନ ସମୟରେ ସେ ବିବିଧ ଅବତାର ଗ୍ରହଣ କରି ଅବତରିତ:

"କାଳୀ ତାରା ମହାବିଦ୍ୟା ଷୋଡ଼ଶୀ ଭୁବନେଶ୍ୱରୀ ।
ଭୈରବୀଚ୍ଛିନ୍ନ ମସ୍ତାଚ ବିଦ୍ୟା ଧୂମାବତୀ ତଥା ॥.."

(ପ୍ରାଣତୋଷିଣୀ ତନ୍ତ୍ର ୫/୬)

ଅର୍ଥାତ୍ କାଳୀ, ତାରା, ଷୋଡ଼ଶୀ, ଭୁବନେଶ୍ୱରୀ, ଭୈରବୀ, ଛିନ୍ନମସ୍ତା, ଧୂମାବତୀ, ବଗଳା, ମାତଙ୍ଗୀ, କମଳା- ଏମାନେ ଦଶମହାବିଦ୍ୟା ଅର୍ଥାତ୍ ଦେବୀ ଦୁର୍ଗାଙ୍କର ଦଶରୂପ ଅଟନ୍ତି । ସେଇପରି ନିମ୍ନଶ୍ଳୋକରେ

"ପ୍ରଥମଂ ଶୈଳ ପୁତ୍ରୀ ଚ ଦ୍ୱିତୀୟଂ ବ୍ରହ୍ମଚାରିଣୀ ।
ତୃତୀୟଂ ଚନ୍ଦ୍ରଘଣ୍ଟେତି କୂଷ୍ମାଣ୍ଡେତି ଚତୁର୍ଥକମ୍ ॥
ପଞ୍ଚମ ସ୍କନ୍ଦମାତେତି ଷଷ୍ଠଂ କାତ୍ୟାୟନୀତି ଚ ।
ସପ୍ତମଂ କାଳରାତ୍ରୀତି ମହାଗୌରୀତି ଚାଷ୍ଟମମ୍ ।
ନବମଂ ସିଦ୍ଧଦାତ୍ରୀ ଚ ନବଦୁର୍ଗାଃ ପ୍ରକୀର୍ତ୍ତିତାଃ ॥"

(ଶ୍ରୀଶ୍ରୀ ଚଣ୍ଡୀ ଦେବ୍ୟାଃ କବଚମ୍ ଶ୍ଳୋକ ୩-୫)

ଅର୍ଥାତ୍ ସେ ହିମାଳୟ ପୁତ୍ରୀ ପାର୍ବତୀ, ବ୍ରହ୍ମଚାରିଣୀ, ଚନ୍ଦ୍ରଘଣ୍ଟା, କୁଷ୍ମାଣ୍ଡା, ସ୍କନ୍ଦମାତା,

କାତ୍ୟାୟନୀ, କାଳରାତ୍ରୀ, ମହାଗୌରୀ ଓ ସିଦ୍ଧିଦାତ୍ରୀ- ଏପରି ନଅଗୋଟି ସ୍ୱରୂପରେ ଅବିର୍ଭୂତା । ଉପରୋକ୍ତ ବହୁ ବିଧ ରୂପ ପରି ସେ ଜଗଦ୍ଧାତ୍ରୀ ସ୍ୱରୂପରେ ମଧ୍ୟ ପ୍ରକଟିତ ଓ ପୂଜିତ ହୋଇଥାନ୍ତି । ତାଙ୍କର ଇଚ୍ଛାକ୍ରମେ ସେ ଅସଂଖ୍ୟ ରୂପରେ ଅବତରିତ ହୋଇ ପାରନ୍ତି । କିନ୍ତୁ ସ୍ୱରୂପତଃ ଦୁର୍ଗା ଓ ଜଗଦ୍ଧାତ୍ରୀ ଅଭିନ୍ନ ଅଟନ୍ତି । ଜଗଦ୍ଧାତ୍ରୀଙ୍କ ପ୍ରଣାମ ମନ୍ତ୍ରରୁ ଏହା ପ୍ରମାଣିତ ହୋଇଯାଏ :

"ଜୟଦେ ଜଗଦାନନ୍ଦେ ଜଗଦେକ ପ୍ରପୂଜିତେ ।
ଜୟ ସର୍ବଗତେ ଦୁର୍ଗେ ଜଗଦ୍ଧାତ୍ରୀ ନମୋଽସ୍ତୁତେ ।।
ଦୟାରୂପେ ଦୟାଦୃଷ୍ଟେ ଦୟାର୍ଦ୍ରେ ଦୁଃଖମୋଚନି ।
ସର୍ବାପତ୍ତାରିକେ ଦୁର୍ଗେ ଜଗଦ୍ଧାତ୍ରୀ ନମୋଽସ୍ତୁତେ ।।"

ଅର୍ଥାତ ହେ ଦୁର୍ଗେ, ତୁମେ ଜୟ ବିଧାୟିନୀ ଓ ଜଗତର ଆନନ୍ଦ ସ୍ୱରୂପିଣୀ । ଜଗତରେ ଏକମାତ୍ର ତୁମେ ହିଁ ପ୍ରକୃଷ୍ଟ ରୂପେ ପୂଜିତା ଓ ତୁମେ ସର୍ବବ୍ୟାପିନୀ- ତୁମର ଜୟ ହେଉ । ହେ ଜଗଦ୍ଧାତ୍ରୀ ତୁମେ ଦୟା ସ୍ୱରୂପା, କୃପା ଦୃଷ୍ଟି ସ୍ୱରୂପା, କରୁଣାମୟୀ, ଦୁଃଖ ବିନାଶିନୀ, ସର୍ବ ବିଘ୍ନ ବିନାଶିନୀ, ହେ ଦୁର୍ଗେ ! ତୁମକୁ ନମସ୍କାର।" ଏଠାରେ ଦେବୀ ଜଗଦ୍ଧାତ୍ରୀ, ଦୁର୍ଗା ରୂପରେ ବର୍ଣ୍ଣିତ ହୋଇଛନ୍ତି । ସେ ଜଗତକୁ ଧାରଣ କରିଥିବାରୁ ଜଗଦ୍ଧାତ୍ରୀ ନାମରେ ସମ୍ବୋଧିତା । ତାଙ୍କ ଦ୍ୱାରା ସବୁ କିଛି ହେଉଥିବାରୁ ଶ୍ରୀଶ୍ରୀଚଣ୍ଡୀରେ ଋଷି ମାର୍କଣ୍ଡେୟ ତାଙ୍କର ସୂକ୍ଷ୍ମ ଦୃଷ୍ଟିରେ ଏହା ସାକ୍ଷାତକାର କରି କହନ୍ତି । **"ଭଗବତ୍ୟାଂ କୃତଂ ସର୍ବଂ ।"** ଏଥିପାଇଁ ଭଗବାନ ଶଙ୍କରାଚାର୍ଯ୍ୟ ତାଙ୍କର ନଜ ଦିବ୍ୟ ଦୃଷ୍ଟିରେ "ସୌନ୍ଦର୍ଯ୍ୟ ଲହରୀ"ରେ ବିଷ୍ଣୁ, ବ୍ରହ୍ମା ଓ ଇନ୍ଦ୍ରଙ୍କୁ ତାଙ୍କର (ଜୀବଜଗଦ୍ଧାତ୍ରୀଙ୍କର) ଭୃତ୍ୟ ରୂପେ ବର୍ଣ୍ଣନା କରି କହିଛନ୍ତି-

"ଭବାନି ତ୍ୱଂ ଦାସେ ମୟିବିତର ଦୃଷ୍ଟିଂ ସକରୁଣା-
ମିତି ସ୍ତୋତୁଂ ବାଞ୍ଛନ୍ କଥୟତି ଭବାନି ତ୍ୱମିତି ଯଃ ।
ତଦୈବ ତ୍ୱଂ ତସ୍ମୈ ଦିଶସି ନିଜ ସାଯୁଜ୍ୟ ପଦବୀଂ
ମୁକୁନ୍ଦ ବ୍ରହ୍ମେନ୍ଦ୍ରସ୍ଫୁଟମୁକୁଟ ନିରାଜିତ ପଦାମ୍ ।।"

(ସୌନ୍ଦର୍ଯ୍ୟ ଲହରୀ- ୨୨)

ଅର୍ଥାତ୍ ହେ ଭବାନୀ ! ତୁମେ ତୁମର ଦାସ ମାନଙ୍କ ପ୍ରତି ସକରୁଣ ଦୃଷ୍ଟି ପ୍ରଦାନ କର । ତୁମର ପାଦତଳେ ସେମାନେ ସେମାନଙ୍କର ମୁକୁଟ ସମର୍ପି ସ୍ତୋତ୍ର ପାଠ ପୂର୍ବକ ପ୍ରଣତି ଜଣାଉଥିବା ବିଷ୍ଣୁ, ବ୍ରହ୍ମା ଏବଂ ଇନ୍ଦ୍ରଙ୍କୁ ନିଜର ଭୃତ୍ୟ ତୁଲ୍ୟ

ମନେକରି ସେମାନଙ୍କୁ ତୁମର ଦୟାର୍ଦ୍ର ଦୃଷ୍ଟି ପ୍ରଦାନ କର, ଯେଉଁଥିରେ ସେମାନେ ତୁମର ସାଜୁଜ୍ୟ ମୁକ୍ତି ଲାଭ କରିବେ । ଦେବୀ ହେଉଛନ୍ତି ସମଗ୍ର ଜଗତର ସର୍ବଶ୍ରେଷ୍ଠ ଓ ସର୍ବାତ୍ମିକା ଶକ୍ତି ଏବଂ ସମସ୍ତ ଦେବଶକ୍ତିର ମୂର୍ତ୍ତ ରୂପ- **"ଦେବ୍ୟା ଯୟା ତତମିଦଂ ଜଗଦାତ୍ମଶକ୍ତ୍ୟା ନିଶ୍‌ଶେଷ ଦେବଗଣଶକ୍ତି ସମୂହ ମୂର୍ତ୍ତ୍ୟା...."**(ଶ୍ରୀଶ୍ରୀଚଣ୍ଡୀ ୪/୩) । ସେ ବିଶ୍ୱାତ୍ମିକା ତେଣୁ ବିଶ୍ୱର ଧାରଣ କର୍ତ୍ତ୍ରୀ (**....ବିଶ୍ୱତ୍ମିକା ଧାରୟସୀତି ବିଶ୍ୱମ୍ -ଚଣ୍ଡୀ** ୧୧/୩୩), ବିଶ୍ୱେଶ୍ୱରୀ ବିଶ୍ୱରୂପା ବିଶ୍ୱେଶବନ୍ଦ୍ୟା ତଥା ବିଶ୍ୱାଶ୍ରୟା ହୋଇ ଥିବାରୁ (**ବିଶ୍ୱେଶବନ୍ଦ୍ୟା ଭବତୀ ଭବନ୍ତି...** (୧୧-୩୩) ଜଗଦ୍ଧାତ୍ରୀ ଅଟନ୍ତି ।

ଜଗଦ୍ଧାତ୍ରୀ ତତ୍ତ୍ୱର ମୂଳ କଥା ହେଉଛି- "ସେ ଜଗତର ଧାରଣ କର୍ତ୍ତ୍ରୀ ହୋଇଥିବାରୁ ଜଗଦ୍ଧାତ୍ରୀ ଅଟନ୍ତି ।" ଶ୍ରୀରାମକୃଷ୍ଣ ପରମହଂସଦେବ ଏହାକୁ ଅତି ସରଳ ଓ ସାଧାରଣ ଭାଷାରେ ବୁଝାଇ ଦେଇଥିଲେ- **"ଈଶ୍ୱରୀୟ ରୂପ ମାନିବାକୁ ହୁଏ । ସେ ଯେ ଜଗତକୁ ଧାରଣ କରି ରହିଛନ୍ତି । ସେ ନ ଧରିଲେ, ପାଳନ ନକଲେ ଜଗତ ପଡ଼ିଯାଏ (ଧ୍ୱଂସ ହୋଇଯାଏ)-ଏହା ହିଁ ଜଗଦ୍ଧାତ୍ରୀ ସ୍ୱରୂପର ମାନେ (ଅର୍ଥ) ।" ଆହୁରି ମଧ୍ୟ ସେ କହୁଥିଲେ- "ମନ-କରୀ (ହସ୍ତୀ)କୁ ଯେ ବଶ କରିପାରେ ତା' ହୃଦୟରେ ହିଁ ଜଗଦ୍ଧାତ୍ରୀ ଉଦୟ ହୁଅନ୍ତି ।.... ସିଂହବାହିନୀର ସିଂହ (ଦେବୀ ଆରୂଢ଼ ହୋଇଥିବା ତାଙ୍କର ବାହନ ସିଂହର ପାଦ ପାଖରେ ଏକ ହାତୀ ମୁଣ୍ଡ ଲୋଟୁଥାଏ) ତେଣୁ ହାତୀକୁ ଜବତ କରି ରଖିଛି ।"** ଅର୍ଥାତ୍ ଆମର ମନ ହେଉଛି ଏକ 'ମତ୍ତ ହସ୍ତୀ' । ତାହାକୁ ଆୟତ କରି ପାରିଲେ ସକଳ ପ୍ରକାର ସିଦ୍ଧି ହସ୍ତଗତ ହୋଇପାରେ । କୁହାଯାଇଛି ଯେ ଦେବୀ ଜଗଦ୍ଧାତ୍ରୀ 'କରୀନ୍ଦ୍ରାସୁରକୁ ବଦ୍ଧ କରିଥିଲେ । ଏଣୁ ସେ 'କରୀନ୍ଦ୍ରସୂର ନିସୂଦିନୀ' ନାମ ଧାରଣ କରିଛନ୍ତି । ଏଠାରେ ମନର ସମାର୍ଥବୋଧକ ବ୍ୟାଖ୍ୟା ହେଉଛି । ଏହା କରୀନ୍ଦ୍ରାସୁର ସଦୃଶ ।(କରୀ ଶବ୍ଦରୁ କରୀନ୍ଦ୍ରା ସୁର ହୋଇଛି) । ତତ୍ତ୍ୱ ଦୃଷ୍ଟିରୁ ଏହାର ବ୍ୟାପକ ଅର୍ଥ ମଧ୍ୟରୁ ଗୋଟିଏ ହେଉଛି ମନ ରୂପୀ କରୀନ୍ଦ୍ରାସୁରକୁ ସଂଯତ କରିବା ସକାଶେ ଦେବୀଙ୍କ କୃପା ଆଶୀର୍ବାଦ ନିତାନ୍ତ ଆବଶ୍ୟକ । ଏଣୁ ତାଙ୍କର ପୂଜାର୍ଚ୍ଚନା ଅନୁଷ୍ଠିତ ହୋଇଥାଏ କାର୍ତ୍ତିକ ଶୁକ୍ଳ ନବମୀ ତିଥିରେ ।

ଦେବୀ ଜଗଦ୍ଧାତ୍ରୀ ବସ୍ତ୍ରାଭୂଷଣ ରଜୋଗୁଣରେ ଉଦ୍ଦୀପ୍ତ । ତାଙ୍କର ବସ୍ତ୍ର ରକ୍ତବର୍ଣ୍ଣ, ତାଙ୍କର ସିଂହାସନ ସ୍ଥିତ ରକ୍ତକମଳ- ଏପରିକି ତାଙ୍କର ବାହନ ଓ ଅସ୍ତ୍ରଶସ୍ତ୍ର ସବୁ କିଛି ରଜୋଗୁଣର ପରିଚାୟକ, ଏହା ଶକ୍ତିମତ୍ତାର ପ୍ରତୀକ ଯାହା

ମହାବିନାଶରୁ ସମାଜକୁ ସୁରକ୍ଷିତ ରଖିବା ପାଇଁ ଦୁଷ୍ଟ ବା ରାକ୍ଷସ ମାନଙ୍କୁ ସଂହାର କରେ, ସତ୍ୟ-ଧର୍ମର ବିଜୟକୁ ସୁନିଶ୍ଚିତ କରେ । ତାଙ୍କର ସ୍ତବମନ୍ତ୍ରରୁ ଦେବୀଙ୍କର ସ୍ୱରୂପ ସମ୍ପର୍କିତ ସମ୍ୟକ କଳ୍ପନା କରାଯାଇପାରେ:

"ଆଧାରଭୂତେ ଚାଧେୟେ ଧୃତିରୂପେ ଧୁରନ୍ଧରେ ।
ଧ୍ରୁବେ ଧ୍ରୁବପଦେ ଧୀରେ ଜଗଦ୍ଧାତ୍ରି ନମୋଽସ୍ତୁତେ ।
ଶବାକାରେ ଶକ୍ତିରୂପେ ଶକ୍ତିସ୍ଥେ ଶକ୍ତିବିଗ୍ରହେ ।
ଶାକ୍ତାଚାରପ୍ରିୟେ ଦେବି ଜଗଦ୍ଧାତ୍ରି ନମୋଽସ୍ତୁତେ ॥"

ଅର୍ଥାତ ହେ ଜଗଦ୍ଧାତ୍ରୀ ଦେବୀ! ତୁମେ ଆଧାର ଓ ଆଧେୟ ସ୍ୱରୂପିଣୀ, ତୁମେ ଧୃତି ରୂପା ଶକ୍ତି ସ୍ୱରୂପିଣୀ, ସର୍ବକର୍ମରେ ଅନନ୍ୟ ନିପୁଣା (ଧୁରନ୍ଧର), ସନାତନୀ, ତୁମେ ଶାଶ୍ୱତ ଧାମ ରୂପିଣୀ ଓ ସ୍ଥିତପ୍ରଜ୍ଞ ସ୍ୱଭାବ ଓ ଅଦ୍ୱିତୀୟା-ତୁମକୁ ପ୍ରଣାମ । ତୁମେ ହିଁ ଶିବ, ତୁମେ ହିଁ ଶକ୍ତି ଓ ଶକ୍ତିମୟୀ ସ୍ୱରୂପା । ତୁମେ ଶାକ୍ତାଚାର ପ୍ରିୟା -ହେ ଜଗଦ୍ଧାତ୍ରୀ ତୁମକୁ ପ୍ରଣାମ ।

ସେ ଅଦ୍ୱିତୀୟା ଅର୍ଥାତ୍ ତାଙ୍କ ବ୍ୟତୀତ ସଂସାରରେ ଆଉ କିଛି ବି ନାହିଁ-ସେ ହିଁ ସବୁ କିଛି । ଆଶ୍ରିତ ପ୍ରପଞ୍ଚ ଠାରୁ ଅଭିନ୍ନହୋଇଥିବାରୁ ସେ ଆଧେୟା, ସୃଷ୍ଟିର ଆଧାର ଭୂତା ହୋଇଥିବାରୁ ସର୍ବାଶ୍ରୟ ବା ଅନନ୍ୟାଶ୍ରୟାଅଚିନ୍ତ୍ୟ ଧୃତି-ଶକ୍ତିର ଅଧିକାରିଣୀ ହୋଇଥିବା କାରଣରୁ ତଥା ବିଶ୍ୱକୁ ଧାରଣ କରିଥିବାରୁ ସେ 'ଧୃତିରୂପା' । ସମଗ୍ର ବିଶ୍ୱର ପାଳନ, ପୋଷଣ, ରକ୍ଷଣ ଆଦି ସମସ୍ତ ଦାୟିତ୍ୱ ସେ ଏକା ବହନ କରନ୍ତି, ଏଣୁ ସେ ଧ୍ରୁବା ଓ ଧୀରା । ସେ ସନାତନୀ ବା ନିତ୍ୟା । ସମସ୍ତ ଶକ୍ତି ଚିହ୍ନ (ରକ୍ତାମ୍ବରା, ରକ୍ତବର୍ଣ୍ଣା, ବିବିଧ ଅସ୍ତ୍ରଶସ୍ତ୍ର ଧାରିଣୀ, ସିଂହବାହିନୀ ହୋଇଥିବାରୁ)ର ମୂର୍ତ୍ତ ରୂପ ହୋଇଥିବାରୁ ଶକ୍ତି ବିଗ୍ରହା । ତଥା ନିଜର ଅଚନ୍ତ୍ୟ ଶକ୍ତି ପ୍ରଭାବରେ ସମଗ୍ର ବିଶ୍ୱବ୍ରହ୍ମାଣ୍ଡର ଧାରଣ କର୍ତ୍ତ୍ରୀ ହୋଇଥିବାରୁ ସେ ଶାକ୍ତାଚାର ପ୍ରିୟା ନାମରେ କଥିତ ହୁଅନ୍ତି।

ତାଙ୍କର ଅନନ୍ୟ-ଆସାଧାରଣ ମନୋହର, ଦିବ୍ୟ ତଥା ଶକ୍ତି ସ୍ୱରୂପା ବିଗ୍ରହର କିଞ୍ଚିତ କଳ୍ପନା ଦେବୀଙ୍କ ଧାନ ମନ୍ତ୍ରରୁ ସୁସ୍ପଷ୍ଟ ହୋଇଯାଏ:

"ସିଂହସ୍କନ୍ଧସମାରୂଢ଼ାଂ ନାନାଲଙ୍କାରଭୂଷିତାମ୍ ।
ଚତୁର୍ଭୁଜାଂ ମହାଦେବୀଂ ନାଗଯଜ୍ଞୋପବୀତିନୀମ୍ ॥
ଶଙ୍ଖଶାର୍ଙ୍ଗସମାୟୁକ୍ତ ବାମପାଣିଦ୍ୱାୟାନ୍ୱିତାମ୍ ।
ଚକ୍ରଞ୍ଚ ପଞ୍ଚବାଣାଂଶ୍ଚ ଦଧତୀଂ ଦକ୍ଷିଣେ କରେ ॥

ରକ୍ତବସ୍ତ୍ର ପରିଧାନାଂ ବାଲାର୍କ ସଦୃଶୀତନୁମ୍ ।
ନାରଦାଦ୍ୟୈର୍ମୁନିଗଣୈଃ ସେବିତାଂ ଭବସୁନ୍ଦରୀମ୍"॥
ତ୍ରିବଳୀବଲୟୋପେତନାଭିନାଳମୃଣାଳିନୀମ୍ ।
ରତ୍ନଦ୍ୱୀପେ ମହାଦ୍ୱୀପେସିଂହାସନ ସମନ୍ୱିତେ ।
ପ୍ରଫୁଲ୍ଲ କମଳାରୂଢାଂ ଧ୍ୟାୟେତ୍ତାଂ ଭବଗେହିନୀମ୍ ।

ଅର୍ଥାତ୍ ସିଂହର ସ୍କନ୍ଧ ଉପରେ ସମରୂଢ଼ା, ନାନଳଙ୍କାରରେ ବିଭୂଷିତା, ଚତୁର୍ଭୁଜା, ନାଗସର୍ପକୁ ଯଜ୍ଞୋପବୀତ ରୂପେ ଧାରଣ କରିଥିବା ଦେବୀ ଯାହାଙ୍କର ବାମ ହସ୍ତ ଦ୍ୱୟରେ ଶଙ୍ଖ ଓ ଶାର୍ଙ୍ଗଧନୁ ତଥା ଦକ୍ଷିଣ ହସ୍ତ ଦ୍ୱୟରେ ପଞ୍ଚବାଣ ଓ ଚକ୍ର ଶୋଭାୟମାନ ରକ୍ତବସ୍ତ୍ର ପରିହିତା ଭବସୁନ୍ଦରୀ ଦେବୀ ପ୍ରାତଃକାଳୀନ ନବୋଦ୍ଧିତ ସୂର୍ଯ୍ୟ ସଦୃଶ ରକ୍ତବର୍ଣ୍ଣା ଅଟନ୍ତି । ନରଦାଦି ମୁନିଗଣଙ୍କ ଦ୍ୱାରା ସେ ନିତ୍ୟ ସେବିତା। ତାଙ୍କର ତ୍ରିବଳି ବଳୟ ବିଶିଷ୍ଟ ନାଭିଦେଶ ମୃଣାଳ ଯୁକ୍ତ ପଦ୍ମ ସଦୃଶ ଅଟେ ଦେବୀ ରତ୍ନଦୀପ ରୂପକ ସୁଉଚ୍ଚ ବେଦୀ ସ୍ଥିତ ସିଂହାସନ ମଧ୍ୟସ୍ଥ ପ୍ରସ୍ଫୁଟିତ ପଦ୍ମ ଉପରେ ବିରାଜମାନ।

ଉପରୋକ୍ତ ଶ୍ଳୋକରେ ଦେବୀ ଜଗଦ୍ଧାତ୍ରୀଙ୍କୁ 'ନାଗଯଜ୍ଞୋ ପବୀତିନାମ୍' ଏବଂ 'ବାଲାର୍କ ସଦୃଶୀ ତନୁ ଯୁକ୍ତା' ରୂପେ ବର୍ଣ୍ଣନା କରାଯାଇଛି, ଯାହାକି ବିଶେଷ ଭାବେ ତାତ୍ପର୍ଯ୍ୟ ପୂର୍ଣ୍ଣ । ନାଗସାପ ଯୋଗଶକ୍ତିର ବା କୁଣ୍ଡଳିନୀ ଶକ୍ତିର ପରିଚାୟକ। ଯଜ୍ଞୋପବୀତ ବ୍ରହ୍ମତ୍ୱର ପରିଚିତି ଜ୍ଞାପନ କରେ। ଏଣୁ ଦେବୀ ଯୋଗଶକ୍ତି ବିଭୂଷିତା ଓ ପରମ ବ୍ରହ୍ମମୟୀ ସ୍ୱରୂପା ଅଟନ୍ତି । ଏହି ଉଭୟ ଶକ୍ତି ଦ୍ୱାରା ସେ ସମ୍ପୂର୍ଣ୍ଣ ସୃଷ୍ଟିକୁ ଧାରଣ କରନ୍ତି । **"ଆଧାର ଭୂତା ଜଗତସ୍ତ୍ୱମେକା..."** – ଶ୍ରୀଶ୍ରୀ ଚଣ୍ଡୀ ୧୧/୪- ଅର୍ଥାତ୍ ତୁମେ ହିଁ ଜଗତର ଏକମାତ୍ର ଆଧାର ଅଟ କାରଣ ପୃଥିବୀ ରୂପରେ ତୁମର ହିଁ ସ୍ଥିତି ଅଛି। ଏତଦ୍‌ବ୍ୟତୀତ ତାଙ୍କର ତନୁ ନବୋଦିତ ସୂର୍ଯ୍ୟ ଭଳି ରକ୍ତବର୍ଣ୍ଣା।

"ରକ୍ତାମ୍ବରା ରକ୍ତବର୍ଣ୍ଣା ରକ୍ତ ସର୍ବାଙ୍ଗ ଭୂଷଣା ।
ରକ୍ତାୟୁଧା ରକ୍ତନେତ୍ରା ରକ୍ତକେଶାତିଭୀଷଣା ॥"

(ଶ୍ରୀ ଶ୍ରୀ ଚଣ୍ଡୀ -ମୂର୍ତ୍ତିରହସ୍ୟମ୍ ଶ୍ଳୋକ-୫)

ଏହି ସୂର୍ଯ୍ୟକିରଣ (ବାଲାର୍କ) ଶରୀରର ପୋଷଣ କରେ ଏବଂ ରୋଗପ୍ରତିରୋଧ କ୍ଷମତା ସୃଷ୍ଟି କରେ । ଏହା ଔଷଧି ଗୁଣଯୁକ୍ତ । ସୂର୍ଯ୍ୟକିରଣ ଶରୀର ପ୍ରତି କ୍ଷତିକାରକ ବା ଅନିଷ୍ଟ ତତ୍ତ୍ୱକୁ ସମୂଳେ ନଷ୍ଟ କରିବାର କ୍ଷମତା ରଖେ । ସୂର୍ଯ୍ୟକୁ ସକଳ ଶକ୍ତିର ଆଧାର କୁହାଯାଏ । ଏହା ବିନା ବୃକ୍ଷ ଜଗତ ଓ ଜୀବ ଜଗତର ସ୍ଥିତି ସମ୍ଭବ ନୁହେଁ । ଏହାର କିରଣ ସଂସାରର ପାଳନ ପୋଷଣରେ କ୍ଷମତା ବହନ କରେ । ଗ୍ରହ-ଉପଗ୍ରହମାନେ ସୂର୍ଯ୍ୟଙ୍କ ଦ୍ୱାରା ଆକର୍ଷିତ ହୋଇ ସ୍ୱସ୍ଥାନରେ ସ୍ଥିତ ରହିଛନ୍ତି ।

ଠିକ୍ ସେହିପରି ଦେବୀ ସୃଷ୍ଟିର ପାଳନ ଓ ପୋଷଣ କର୍ତ୍ତ୍ରୀ ଅଟନ୍ତି । ସମସ୍ତ ଦେବତାମାନେ ଯେଉଁ ଯେଉଁ କର୍ତ୍ତବ୍ୟ କରନ୍ତି ତାହା ଦେବୀଙ୍କ ନିମନ୍ତେ ହିଁ ଉଦ୍ଦିଷ୍ଟ ଥାଏ । **"...ତାଂ ମା ଦେବା ବ୍ୟଦଧୁଃ ପୁରତ୍ରା ଭୂରିସ୍ଥାତ୍ରାଂ ଭୂର୍ଯ୍ୟାବେଶୟନ୍ତୀମ୍ ॥"** – (ଋଗ୍‌ବେଦ-ଦେବୀସୂକ୍ତ-୩) ଅର୍ଥାତ୍ ଦେବୀ କହୁଛନ୍ତି ଅନେକ ସ୍ଥାନରେ ରହିଥିବା ଦେବତା ଯେକୌଣସି ସ୍ଥାନରେ ଯାହା ବି କିଛି କରନ୍ତି; ସେ ସବୁ ମୋ ପାଇଁ ହିଁ କରନ୍ତି ।" ଅତଏବ ସୂର୍ଯ୍ୟ ମଧ୍ୟ ଦେବୀଙ୍କ ସକାଶେ ନିଜର କିରଣ ପ୍ରଦାନ କରିଥାନ୍ତି । ଯଦ୍ଵାରା ବିଶ୍ୱ ଉପକୃତ ହୋଇଥାଏ । ପୁଣି ଦେବୀ ହେଉଛନ୍ତି ସ୍ୱୟଂ ସୃଷ୍ଟି କର୍ତ୍ତ୍ରୀ : **"ଅହମେବ ବାତ ଇବ ପ୍ରବାମ୍ୟାରଭମାଣା ଭୁବନାନି ବିଶ୍ୱା ।**....ଋଗ୍‌ବେଦ-ଦେବୀସୂକ୍ତ-୮ ॥" ଅର୍ଥାତ୍ ମୁଁ କାରଣ ରୂପରେ ଯେତେବେଳେ ସମସ୍ତ ବିଶ୍ୱର ରଚନା ଆରମ୍ଭ କରେ; ସେତେବେଳେ ଅନ୍ୟର ପ୍ରେରଣା ବିନା ସ୍ୱୟଂ ବାୟୁ ସଦୃଶ ଗମନ କରେ ଏବଂ ସ୍ୱତଃ ହିଁ ସୃଷ୍ଟି କାର୍ଯ୍ୟରେ ପ୍ରବୃତ୍ତ ହୁଏ ॥" ଏଣୁ ସୂର୍ଯ୍ୟ ମଧ୍ୟ ଦେବୀଙ୍କ ଠାରୁ ସୃଷ୍ଟି ହୋଇଛନ୍ତି । ଦେବୀ ଜଗଦ୍ଧାତ୍ରୀଙ୍କ ଠାରୁ ହିଁ ସୂର୍ଯ୍ୟ ତେଜପ୍ରାପ୍ତ କରି ନିଜେ ପ୍ରକାଶିତ ହୁଅନ୍ତି ଓ ଜଗତବାସୀଙ୍କୁ ପ୍ରଦାନ କରିଥାନ୍ତି ।

ଦେବୀ ଜଗଦ୍ଧାତ୍ରୀ ଜଗତର ଧାତ୍ରୀ ରୂପା ଅଟନ୍ତି । 'ଧା' ଧାତୁ 'ଧାରଣ ଓ ପୋଷଣ'କୁ ବୁଝାଇଥାଏ । ଧାତ୍ରୀଙ୍କ ସଦୃଶ ସେ ବିଶ୍ୱକୁ ନିଜ ବକ୍ଷରେ ଧାରଣ କରି ପାଳନ ପୋଷଣ କରିଥାନ୍ତି । ଏଣୁ ସେ ଜଗତର ଧାତ୍ରୀ (ଶ୍ରୀଶ୍ରୀ ଚଣ୍ଡୀ ୫-୧୦)-ଜଗଜ୍ଜନନୀ (**ଯା ଦେବୀ ସର୍ବଭୂତେଷୁ ମାତୃରୂପେଣ ସଂସ୍ଥିତା..../** ଶ୍ରୀଶ୍ରୀ ଚଣ୍ଡୀ ୫/୭୩/) ଅଟନ୍ତି । ଏଣୁ ଜଗଜ୍ଜନନୀ ଜଗଦ୍ଧାତ୍ରୀଙ୍କ ପୂଜାର୍ଚ୍ଚନା, ଧ୍ୟାନ ଆଦି ସର୍ବକାମ ଫଳପ୍ରଦା ଅଟେ:

"ଦେବ୍ୟା ଧ୍ୟାନଂ ମୟା ଖ୍ୟାତଂ ଗୁହ୍ୟାଦ୍ ଗୁହ୍ୟତରଂ ମହତ୍ ।
ତସ୍ମାତ୍ ସର୍ବପ୍ରୟତ୍ନେନ ସର୍ବକାମଫଳପ୍ରଦମ୍ ॥....."
...ସର୍ବରୂପମୟୀ ଦେବୀ ସର୍ବଂ ଦେବୀମୟଂ ଜଗତ୍ ।
ଅତୋଽହଂ ବିଶ୍ୱରୂପାଂ ତାଂ ନମାମି ପରମେଶ୍ୱରୀମ୍ ।

–ଶ୍ରୀଶ୍ରୀ ଚଣ୍ଡୀ-ମୂର୍ତ୍ତି ରହସ୍ୟମ୍

ଅର୍ଥାତ୍ ଦେବୀଙ୍କର ଧ୍ୟାନ ସବୁପ୍ରକାର ମନୋବାଞ୍ଛିତ ଫଳ ପ୍ରଦାନ କରେ । ଦେବୀ ସର୍ବ ରୂପମୟୀ ଅଟନ୍ତି ତଥା ସମସ୍ତ ଜଗତ ଦେବୀମୟ ଅଟେ । ତେଣୁ ମୁଁ ସେହି ବିଶ୍ୱରୂପା ପରମେଶ୍ୱରୀଙ୍କୁ ପ୍ରଣାମ କରୁଛି ।

ମାର୍ଗଶୀର ମାସ ମାଣବସା ଗୁରୁବାର ବ୍ରତ ଓ ଲକ୍ଷ୍ମୀ ଉପାସନା

ଭାରତ ଭୂମିରେ ବୈଦିକ କାଳରୁ ଲକ୍ଷ୍ମୀ ଉପାସନାର ଅବିଚ୍ଛିନ୍ନ ପରମ୍ପରା ଅଦ୍ୟାବଧି ଆସେତୁ ହିମାଚଳ ପାଳିତ ହୋଇ ଆସୁଛି । ମହାଲକ୍ଷ୍ମୀ କେବଳ ପରଂବ୍ରହ୍ମ ନାରାୟଣଙ୍କର ଅର୍ଦ୍ଧାଙ୍ଗିନୀ ରୂପେ ନୁହଁନ୍ତି ବରଂ ଶୁକ୍ଳ ଯଜୁର୍ବେଦ ତଥା ବୈଷ୍ଣବ ମାନଙ୍କ ମତରେ ତାହାଙ୍କୁ ପରଂବ୍ରହ୍ମ ନାରାୟଣଙ୍କର ପରାଶକ୍ତି ରୂପେ ବର୍ଣ୍ଣନା କରାଯାଇଛି । ସେ ଧନ ସମ୍ପତ୍ତି ତଥା ଐଶ୍ୱର୍ଯ୍ୟର ଦେବୀ, ସର୍ବବ୍ୟାପୀ, ଏବଂ ନିତ୍ୟମୁକ୍ତା ଅଟନ୍ତି । ସେ କୃଷି, ସମ୍ପଦ, ପ୍ରାଚୁର୍ଯ୍ୟ, ଧନଧାନ୍ୟ ଏବଂ ସୌଭାଗ୍ୟ ପ୍ରଦାନ କାରିଣୀ ସର୍ବଶ୍ରେଷ୍ଠ ଦେବୀ ରୂପେ ଆଦୃତା ତଥା ବିଶ୍ୱବନ୍ଦ୍ୟ ଲୋକମାତା ଅଟନ୍ତି । ଅନାଦି ଅନନ୍ତକାଳରୁ ତାଙ୍କର ପୂଜାର୍ଚ୍ଚନା ତଥା ଗୌରବ ଗାନରେ ଭାରତୀୟ ସମାଜ ଯେ ସଦା ଆତ୍ମବିଭୋର ଏଥିରେ ତିଳେମାତ୍ର ସନ୍ଦେହର ଅବକାଶ ନାହିଁ । ମହାବିଷ୍ଣୁ ପୁରାଣ, ବ୍ରହ୍ମବୈବର୍ତ୍ତ ପୁରାଣ, ମତ୍ସ୍ୟପୁରାଣ, ବ୍ରହ୍ମପୁରାଣ, ପଦ୍ମପୁରାଣ, ଗରୁଡ଼ପୁରାଣ, ହରିବଂଶ ପୁରାଣ, ମାର୍କଣ୍ଡେୟ ପୁରାଣ, ଦେବୀ ଭାଗବତ, ଶ୍ରୀ ସପ୍ତଶତୀ ଚଣ୍ଡୀ ଏବଂ ମହାଭାରତ ଆଦି ପୌରାଣିକ ଗ୍ରନ୍ଥମାନଙ୍କରେ ଲୋକମାତା ଭଗବତୀ ମହାଲକ୍ଷ୍ମୀଙ୍କ ଜୀବନ ଚରିତ ବହୁଭାବରେ ବର୍ଣ୍ଣିତ ହୋଇଥିଲେ ମଧ୍ୟ ଭଗବାନ ବିଷ୍ଣୁଙ୍କର ପତ୍ନୀ ରୂପେ ସେ ସର୍ବଦା ବନ୍ଦିତା ଓ ପୂଜିତା ।

"ପଦ୍ମାଳୟାଂ ପଦ୍ମକରାଂ ପଦ୍ମପତ୍ରନିଭେକ୍ଷଣାମ୍ ।
ବନ୍ଦେ ପଦ୍ମମୁଖୀଂ ଦେବୀଂ ପଦ୍ମନାଭପ୍ରିୟାମହମ୍ ।।"

ଶ୍ରୀ ଶ୍ରୀ ଚଣ୍ଡୀରେ ମହାଲକ୍ଷ୍ମୀଙ୍କୁ ଆଦ୍ୟାଶକ୍ତି, ରଣକୌଶଳରେ ନିପୁଣା, ଦିବ୍ୟରୂପା ଏବଂ ଅଲୌକିକ ଶକ୍ତି ସମ୍ପନ୍ନା ରୂପେ ବର୍ଣ୍ଣନା କରାଯାଇଛି । ଦେବୀଶକ୍ତିଙ୍କର ଯେତେ ବି ଅବତାର ରହିଛି ସେ ସଭିଁଙ୍କର ମୂଳ ହେଉଛନ୍ତି ମହାଲକ୍ଷ୍ମୀ । ସେ ପୁଣ୍ୟଶାଳୀଙ୍କ ଗୃହରେ ଲକ୍ଷ୍ମୀ, ପାପୀମାନଙ୍କ ପକ୍ଷରେ ଅଲକ୍ଷ୍ମୀ,

ସାଧୁମାନଙ୍କ ହୃଦୟରେ ଶ୍ରଦ୍ଧା, ବିଦ୍ୱାନମାନଙ୍କଠାରେ ବୁଦ୍ଧି ଏବଂ କୁଳୀନ ମାନଙ୍କ ଠାରେ ଲଜ୍ଜା ରୂପେ ପ୍ରକଟିତ ହୁଅନ୍ତି :

"ଯା ଶ୍ରୀଃ ସ୍ୱୟଂ ସୁକୃତିନାଂ ଭବନେଷ୍ୱ ଲକ୍ଷ୍ମୀଃ ।
ପାପାତ୍ମନାଂ କୃତଧିୟାଂ ହୃଦୟେଷୁ ବୁଦ୍ଧିଃ ॥
ଶ୍ରଦ୍ଧା ସତାଂ କୁଳଜନ ପ୍ରଭବସ୍ୟ ଲଜ୍ଜା ।
ତାଂ ତ୍ୱଂ ନତାଃ ସ୍ମ ପରିପାଳୟ ବିଶ୍ୱମ୍ ॥"

ଦେବୀ ମହାତ୍ମ୍ୟରୁ ମହାଲକ୍ଷ୍ମୀଙ୍କ ଠାରୁ ସକଳ ଦେବୀ ଦେବତା ଉତ୍ପତ୍ତି ହୋଇଥିବା ଜଣାପଡ଼େ । କାତ୍ୟାୟନୀ ତନ୍ତ୍ର ଅନୁଯାୟୀ **"ଅଷ୍ଟାଦଶଭୁଜା ପୂଜ୍ୟା ସା ସହସ୍ରଭୁଜା ରଣୌ"** ଅଷ୍ଟାଦଶଭୁଜା ମହାଲକ୍ଷ୍ମୀ ଯୁଦ୍ଧକ୍ଷେତ୍ରରେ ସହସ୍ରଭୁଜା ରୂପେ ଆବିର୍ଭୂତ ହୋଇ ଶତ୍ରୁମାନଙ୍କର ସଂହାର ମଧ୍ୟ କରିପାରନ୍ତି । ପୁରୁଷ ରୂପ ଧାରଣ କରି ଅବତାର ଗ୍ରହଣ କଲାବେଳେ ଭଗବାନ ଯଥାକ୍ରମେ ରଜ, ସତ୍ତ୍ୱ ଓ ତମ ଗୁଣ ଭେଦରେ ବ୍ରହ୍ମା, ବିଷ୍ଣୁ, ମହେଶ୍ୱର ରୂପେ ଆବିର୍ଭୂତ ହୁଅନ୍ତି । ସେଇ ସମୟରେ ଯଥାକ୍ରମେ ତାଙ୍କର ପରାଶକ୍ତି ରୂପେ (ଚିତ୍‌ଶକ୍ତିର) ରଜଗୁଣ ପ୍ରଧାନ ମହାସରସ୍ୱତୀ, ସତ୍ତ୍ୱ ଗୁଣସମ୍ପନ୍ନା ବୈଷ୍ଣବୀ ମହାଲକ୍ଷ୍ମୀ ଏବଂ ତମଗୁଣଯୁକ୍ତା ବ୍ରାହ୍ମୀ ଶକ୍ତି ମହାକାଳୀ ମଧ୍ୟ ଆବିର୍ଭୂତା ହୁଅନ୍ତି । ସେମାନଙ୍କ ଦ୍ୱାରା ସୃଷ୍ଟି, ପାଳନ ଏବଂ ସଂହାର ରୂପୀ ତ୍ରିଗୁଣାତ୍ମିକା କ୍ରିୟା ସମ୍ପାଦିତ ହୋଇଥାଏ । ସେତେବେଳେ ସେଇ ପରମା ପ୍ରକୃତିଙ୍କୁ ଜ୍ଞାନ, ଇଚ୍ଛା ଓ କ୍ରିୟାଶକ୍ତି ସମ୍ପନ୍ନା ସତ୍‌ଚିତ୍ ଓ ଆନନ୍ଦ ସ୍ୱରୂପିଣୀ ଭାବରେ ଶାସ୍ତ୍ରମାନେ ବର୍ଣ୍ଣନା କରିଥାନ୍ତି । ଶ୍ରୀଦୁର୍ଗା ସପ୍ତଶତୀରେ ମହାଲକ୍ଷ୍ମୀଙ୍କ ସ୍ୱରୂପ ବର୍ଣ୍ଣନା କରି କୁହାଯାଇଛି:

"ଓଁ ଅକ୍ଷସ୍ରକ୍‌ପରଶୁଂ ଗଦେଷୁକୁଳିଶଂ ପଦ୍ମଂ ଧନୁଷ୍କୁଣ୍ଡିକାଂ
ଦଣ୍ଡଂ ଶକ୍ତିମସିଞ୍ଚ ଚର୍ମ ଜଳଜଂ ଘଣ୍ଟାଂ ସୁରାଭାଜନମ୍ ।
ଶୂଳଂ ପାଶସୁଦର୍ଶନେ ଚ ଦଧତୀଂ ହସ୍ତୈଃ ପ୍ରସନ୍ନାନନାଂ
ସେବେ ସୈରିଭମର୍ଦ୍ଦିନୀମିହ ମହାଲକ୍ଷ୍ମୀଂ ସରୋଜସ୍ଥିତାମ୍ ॥"

(ଅ. ୨)

ଅର୍ଥାତ୍ ମୁଁ କମଳାସନ ଉପରେ ବସିଥିବା ପ୍ରସନ୍ନ ମୁଖଯୁକ୍ତା ମହିଷାସୁର ମର୍ଦ୍ଦିନୀ ଭଗବତୀ ମହାଲକ୍ଷ୍ମୀଙ୍କର ସ୍ତୁତି କରୁଛି ଯେ କି ନିଜ ହସ୍ତରେ ଅକ୍ଷମାଳା, ଫାର୍ଶା,

ଗଦା, ବାଣ, ବଜ୍ର, ପଦ୍ମ, ଧନୁଷ, କୁଣ୍ଡିକା, ଦଣ୍ଡ, ଶକ୍ତି, ଖଡ୍‌ଗ, ଢାଲ, ଶଙ୍ଖ, ଘଣ୍ଟା, ମଧୁପାତ୍ର, ଶୂଳ, ପାଶ ଏବଂ ଚକ୍ର ଧାରଣ କରିଛନ୍ତି ।

କେତେବେଳେ ସେ ଅଷ୍ଟଲକ୍ଷ୍ମୀ (ଗଜଲକ୍ଷ୍ମୀ, ଧାନ୍ୟଲକ୍ଷ୍ମୀ, ବୀରଲକ୍ଷ୍ମୀ, ଧୀଲକ୍ଷ୍ମୀ, ବିଜୟଲକ୍ଷ୍ମୀ, ସନ୍ତାନଲକ୍ଷ୍ମୀ ଓ ଐଶ୍ୱର୍ଯ୍ୟ ଲକ୍ଷ୍ମୀ) ରୂପରେ ତ ଆଉ କେତେବେଳେ ବୈକୁଣ୍ଠପୁରର ମହାଲକ୍ଷ୍ମୀ, ଇନ୍ଦ୍ରପୁରୀର ସ୍ୱର୍ଗଲକ୍ଷ୍ମୀ, ପ୍ରତିଗୃହର ଗୃହଲକ୍ଷ୍ମୀ, ଗୋଲକର ସୁରଭି, ଯଜ୍ଞରେ ଦକ୍ଷିଣା, ତ୍ରିଲୋକରେ ରାଧା, ଚନ୍ଦ୍ରମଣ୍ଡଳରେ ଶୋଭା, କ୍ଷୀର ସାଗରରେ ଲକ୍ଷ୍ମୀ ରୂପରେ ଭକ୍ତମାନଙ୍କ ଦ୍ୱାରା ଅର୍ଚ୍ଚିତା ହୁଅନ୍ତି । କେତେବେଳେ ସେ ସୃଷ୍ଟିକର୍ତ୍ତା ବ୍ରହ୍ମାଙ୍କର ଏକମାତ୍ର କନ୍ୟା ବା କେତେବେଳେ ସମୁଦ୍ର ମନ୍ଥନରୁ ଆବିର୍ଭୂତା ହୋଇଥିବାରୁ ସେ ସାଗର ଦୁଲ୍ଲଣୀ ଅଥବା ମହର୍ଷି ଭୃଗୁଙ୍କ କନ୍ୟା ରୂପେ କଥିତ ହୁଅନ୍ତି । ଉଦୟଗିରି ସ୍ଥିତ ଶିଳାଲେଖରେ ଖୋଦିତ ଗଜଲକ୍ଷ୍ମୀଙ୍କ ଚିତ୍ର, ପର୍ଶୁରାମ ମନ୍ଦିର ତଥା କୋଣାର୍କର ମନ୍ଦିର ଗାତ୍ରରେ ଥିବା ମହାଲକ୍ଷ୍ମୀଙ୍କର ଖୋଦିତ ଚିତ୍ରରୁ ଉତ୍କଳୀୟ ସଂସ୍କୃତିରେ ଅତି ପ୍ରାଚୀନ କାଳରୁ ମହାଲକ୍ଷ୍ମୀଙ୍କ ଉପାସନା ହୋଇ ଆସୁଥିବା ପ୍ରମାଣିତ ହୁଏ । ମାର୍ଗଶୀର ମାସ ପ୍ରତି ଗୁରୁବାରରେ ମାଣବସା ଓ ଲକ୍ଷ୍ମୀପୂଜା, ବଳରାମ ଦାସଙ୍କ ଲକ୍ଷ୍ମୀପୁରାଣକୁ ଓଡ଼ିଶାରେ ଘରେଘରେ ପଠନ, ସୁଦଶାବ୍ରତ, ଲକ୍ଷ୍ମୀନାରାୟଣ ବ୍ରତ, କୁମାରପୂର୍ଣ୍ଣିମା, ଗଜଲକ୍ଷ୍ମୀ ପୂଜା ଆଦିରୁ ଓଡ଼ିଶାରେ ଲକ୍ଷ୍ମୀ ଉପାସନାର ପ୍ରାଧାନ୍ୟ ସ୍ୱତଃ ପ୍ରତିଭାତ ହୁଏ ।

ମାର୍ଗଶୀର ମାସର ଗୁରୁବାର ଦିନ (ମାର୍ଗଶୀର କୃଷ୍ଣ ଅଷ୍ଟମୀ ବା ପ୍ରଥମାଷ୍ଟମୀର ପରବର୍ତ୍ତୀ ଗୁରୁବାର ହେଉଛି ମାଣବସା-ଲକ୍ଷ୍ମୀପୂଜାର ପ୍ରାରମ୍ଭ ଅଥବା ପ୍ରଥମ ପାଳି) ମାନଙ୍କରେ ପାଳିତ ହେଉଥିବା ମାଣବସା ବ୍ରତକୁ ପ୍ରତ୍ୟେକ ଓଡ଼ିଆଣୀ ନିଷ୍ଠା ଓ ଭକ୍ତିର ସହ ଉପଯୁକ୍ତ ରୀତିନୀତି ଅନୁଯାୟୀ ପାଳନ କରିଥାନ୍ତି । ଗୃହର ଚତୁର୍ଦ୍ଦିଗ ଓ ଅଗଣା ଆଦି ଲିପାପୋଛା ହୋଇ ଚାଉଳ ବଟା ଯାଇ ପିଠଉ (ସୋଦୁଅ)ରେ ଝୋଟି ଦିଆଯାଏ । ଭକ୍ତିର ସହ ଏହି ବ୍ରତକୁ ଉଚ୍ଚନୀଚ ଭେଦାଭେଦ ନିର୍ବିଶେଷରେ ସମସ୍ତ ଓଡ଼ିଆ ଘରେ ଘରେ ପାଳନ କରନ୍ତି । ନିଷ୍ଠାର ସହ ଏହି ଉପାସନା କଲେ ଜଗଜ୍ଜନନୀ ମାଆ ଲକ୍ଷ୍ମୀ ଗୃହ ମଧ୍ୟକୁ ଆଗମନ କରନ୍ତି । ରୋଗଶୋକ ଦୁଃଖ ଦାରିଦ୍ର୍ୟ ଦୂରେଇ ଯାଏ ତଥା ଧନଧାନ୍ୟ ଓ ପ୍ରାଚୁର୍ଯ୍ୟରେ ଘର ପୂରିଉଠେ ବୋଲି ବିଶ୍ୱାସ କରାଯାଏ । ମାସ ମାନଙ୍କ ମଧ୍ୟରେ ମାର୍ଗଶିର ମାସକୁ

ଶ୍ରେଷ୍ଠ ବୋଲି ଗୀତାରେ କୁହାଯାଇଛି, **"....ମାସାନାଂ ମାର୍ଗଶିର୍ଷୋଽହମୃତୂନାଂ କୁସୁମାକରଃ**-ଗୀତା ୧୦-୩୫ ।" ମୃଗଶୀରା ନକ୍ଷତ୍ର ଅନୁଯାୟୀ ଏହି ମାସର ନାମକରଣ ମାର୍ଗଶୀର ହୋଇଥିବା ସୁସ୍ପଷ୍ଟ । ମାର୍ଗଶିର, ମାଘ, ବୈଶାଖ ଏବଂ ଆଷାଢ଼ ମାସର ଗୁରୁବାର ମାନଙ୍କରେ ମହାଲକ୍ଷ୍ମୀ ବ୍ରତ ଅନୁଷ୍ଠାନ କରାଯାଏ । ମାର୍ଗଶିର ଶେଷପାଳି ଗୁରୁବାର ଅର୍ଥାତ୍ ପୂର୍ଣ୍ଣମୀ ପୂର୍ବ ଗୁରୁବାରକୁ ବୁଝାଏ । ମାର୍ଗଶିର ମାସର ପ୍ରଥମ ଗୁରୁବାର ଠାରୁ ଆରମ୍ଭ କରି ଶେଷପାଳି ଗୁରୁବାର ପର୍ଯ୍ୟନ୍ତ ପାଞ୍ଚପାଳି ଯାକ ଲକ୍ଷ୍ମୀଙ୍କର ବ୍ରତ ଅନୁଷ୍ଠାନ କରାଯାଏ । କିନ୍ତୁ ଶେଷପାଳି ଗୁରୁବାର ସ୍ୱତନ୍ତ୍ର ମହତ୍ତ୍ୱ ବହନ କରେ । କେହି କେହି ଏହିଦିନ ମଧ୍ୟ ଲକ୍ଷ୍ମୀପୂଜା (ମାଣବସା) କରନ୍ତି । ମାର୍ଗଶିର ମାସରେ ଚାଷଜମିରୁ ନୂଆଧାନ ଅମଳ ହୁଏ । ଗୁରୁବାର ପୂର୍ବଦିନରୁ ଗୋବରରେ ଘର ଲିପାପୋଛା ହୋଇ ଅଗଣା, ବାରଣ୍ଡା, ଧାନଖଳା (ଯେଉଁଠି ଧାନ ବିଡ଼ିଆ ଅଥବା କଳେଇ ରଖାଯାଏ) ତଥା ଘର ବାହାର ଓ ଭିତରର ଚଟାଣ ତଥା କାନ୍ଥ ଆଦିରେ ଓଡ଼ିଆ ରମଣୀମାନେ ଅରୁଆ ଚାଉଳ ବଟା ପିଠଉ (ସୋଦୁଅ) ଦ୍ୱାରା ଝୋଟି ଦିଅନ୍ତି । ଏଇ ଝୋଟି, ଘର ଅଗଣାରୁ ଧାନଗଦା ତଥା ସେଠାରୁ ପୂଜାସ୍ଥଳ ପର୍ଯ୍ୟନ୍ତ ଜଗଜ୍ଜନନୀ ମାଆ ଲକ୍ଷ୍ମୀଙ୍କୁ ପାଛୋଟି ନେବା ଉଦ୍ଦେଶ୍ୟରେ ଚିତ୍ରିତ କରାଯାଏ । ପ୍ରତ୍ୟେକ ଗୃହ ତଥା ସମଗ୍ର ଗ୍ରାମ୍ୟ ପରିବେଶ ପରିଷ୍କାର ପରିଚ୍ଛନ୍ନ ହୋଇ ଏକ ଅନନ୍ୟ ଆଧ୍ୟାତ୍ମିକ ପରିବେଶରେ ବିମଣ୍ଡିତ ହୋଇଉଠେ । ଗୁରୁବାର ପାହାନ୍ତି ପ୍ରହରରୁ ଓଡ଼ିଆ ବଧୂମାନେ ସ୍ନାନାଦି ସମାପନ କରି ଘରର ଦ୍ୱାର ଏବଂ ଝୋଟିରେ ଅଙ୍କିତ ଲକ୍ଷ୍ମୀପାଦ ଚିହ୍ନ ଉପରେ ଗେଣ୍ଡୁଫୁଲ, ଦୂବ, ବରକୋଳି ପତ୍ର ଚଢ଼ାଇ ଲୋକମାତା ଲକ୍ଷ୍ମୀଙ୍କୁ ଆବାହନ କରିଥାନ୍ତି । ଧୂପ ଦୀପ ଝୁଣାର ସୁଗନ୍ଧିରେ ସମଗ୍ର ବାତାବରଣ ଭରିଉଠେ ।

ବଳରାମ ଦାସଙ୍କ ରଚିତ ଲକ୍ଷ୍ମୀପୁରାଣରେ ମାଣବସା ବ୍ରତର ବିଧିବିଧାନ ଠାରୁ ଆରମ୍ଭ କରି ମହାତ୍ମ୍ୟ ପର୍ଯ୍ୟନ୍ତ ସବୁକିଛି ଉଲ୍ଲେଖ ରହିଛି । କେତେକଙ୍କ ମତରେ ସାରଳା ଦାସଙ୍କ ଲକ୍ଷ୍ମୀ ନାରାୟଣ ଉପାଖ୍ୟାନ ଧାରାରେ ମାଣବସା ଗୁରୁବାର ବିଷୟରେ ଲକ୍ଷ୍ମୀପୁରାଣ (ପରବର୍ତ୍ତୀ ସମୟରେ) ବଳରାମ ଦାସଙ୍କ ଦ୍ୱାରା ରଚିତ ହୋଇ ପ୍ରତିଟି ଉତ୍କଳୀୟଙ୍କ ଘରେ ଘରେ ଆଦୃତି ଲାଭ କରିଥିଲା । ଓଡ଼ିଶାରେ ପାଳିତ ହେଉଥିବା ଓଷା ବ୍ରତମାନଙ୍କ ମଧ୍ୟରେ ମାଣବସା ଗୁରୁବାର ବ୍ରତଟି ଏକ ଅତି ଉଚ୍ଚାଙ୍ଗ ଆଧ୍ୟାତ୍ମିକ ଅନୁଷ୍ଠାନ ଯାହା ପୁରୁଷ ସ୍ତ୍ରୀ, ପିଲା, ବୃଦ୍ଧ

ସଭିଙ୍କୁ ଭକ୍ତି ରସରେ ରସାଣିତ କରିଦିଏ ତଥା ଉଚ୍ଚନୀଚ, ସ୍ପୃଶ୍ୟ, ଅସ୍ପୃଶ୍ୟ ଆଦି କୁସଂସ୍କାର ବିରୁଦ୍ଧରେ ଜାତିହୀନ, ଗୋଷ୍ଠୀହୀନ ସମାଜ ନିର୍ମାଣର ଲକ୍ଷ୍ୟ ହାସଲ ପାଇଁ ଏକ ସାମାଜିକ ସମରସତାର ସଂସ୍କାର ଗଢ଼ି ତୋଳେ ।

ମାର୍ଗଶିର ମାସର ଗୁରୁବାର ଦିନମାନଙ୍କରେ ମହାଲକ୍ଷ୍ମୀଙ୍କର ପ୍ରତୀକ ଭାବରେ ଧାନମାଣଟିଏ ସ୍ଥାପନ କରାଯାଏ । ନୂଆ ବେତ ଟୋକେଇରେ ଚାଷରୁ ସଂଗୃହୀତ ନୂତନ ଶୁକ୍ଳ ଧାନ୍ୟ ପୂରଣ କରାଯାଇ ପୂଜା ହୁଏ । ଏଣୁ ଏହାକୁ ଧାନମାଣିକା ଓଷା ମଧ୍ୟ କହନ୍ତି । ଶୁକ୍ଳ ଧାନରୁ ପେଣ୍ଡା ବା ମେଣ୍ଟିକୁ ପିଢ଼ା ବା ଖଟୁଲିରେ ସ୍ଥାପନ କରାଯାଇ ତାହାକୁ ସୁନ୍ଦର ଶାଢ଼ି ବା ଅନୁରୂପ କନା ପିନ୍ଧାଇ ଦେବୀ ରୂପରେ ସୁସଜ୍ଜିତ କରାଯାଏ । ଯଦ୍ଦ୍ୱାରା ଏହା ଲକ୍ଷ୍ମୀ ଠାକୁରାଣୀଙ୍କ ରୂପରେ ପରିଶୋଭିତ ହୁଅନ୍ତି । ଏହା ଉପରେ ସିନ୍ଦୂର, ଚନ୍ଦନ, ଗେଣ୍ଡୁଫୁଲ, ସୋରିଷଫୁଲ, ଅଁଳା, ମୂଳାଗଛ ଓ ଆଖୁ ଅର୍ପଣ କରାଯାଇ ଧୂପଦୀପ ନୈବେଦ୍ୟ ଦ୍ୱାରା ପୂଜା କରାଯାଏ । ଚିତଉ, ମଣ୍ଡା, ଛେନା, କାକରା, ବିରିପୁଲି, ଖିରି, ଖେଚିଡ଼ି, ଦହିଭାତ ଆଦି ସ୍ୱାଦିଷ୍ଟ ବ୍ୟଞ୍ଜନ ମାନ ନୈବେଦ୍ୟ ପ୍ରଦାନ କରାଯାଏ । ଅନ୍ନବ୍ରହ୍ମକୁ ଲକ୍ଷ୍ମୀ ରୂପେ ପୂଜା କରିବା ବୈଦିକ ସଂସ୍କୃତିର ଏକ ଅଭିନ୍ନ ଅଙ୍ଗ (ସଂସ୍କାର) ଅଟେ । ଉକ୍ତ ପରିପ୍ରେକ୍ଷୀରେ ମାଣବସା ବ୍ରତ ଦ୍ୱାରା ଧାନ୍ୟ ଶସ୍ୟର ଏପରି ପୂଜା ପରମ୍ପରା ତଥା ଉତ୍କଳୀୟ ରୀତିନୀତି ଯେ ଏକ ସ୍ୱତନ୍ତ୍ର ସନ୍ଦେଶ ଓ ସଂସ୍କାର ବହନ କରେ ଏଥିରେ ସନ୍ଦେହ ନାହିଁ । ଖାଦ୍ୟଶସ୍ୟକୁ ଯତ୍ନର ସହ ସାଇତି ରଖିବା ଓ ସଂରକ୍ଷଣ କରିବା ଏହି ବ୍ରତ ମାଧ୍ୟମରେ ଗୁରୁତ୍ୱର ସହ ସମାଜକୁ ଶିକ୍ଷା ଦିଆଯାଇଛି । ଏହି ପୂଜାରେ ବଳରାମ ଦାସଙ୍କ ରଚିତ ଲକ୍ଷ୍ମୀପୁରାଣ ଘରେଘରେ ଝିଅବୋହୂ ମାନେ ପଢ଼ିଥାନ୍ତି ଏବଂ ଏଥିରେ ଉଲ୍ଲିଖିତ ସଂସ୍କାରଗୁଡ଼ିକୁ ନିଷ୍ଠାର ସହ ଗ୍ରହଣ ପାଇଁ ଚେଷ୍ଟା କରନ୍ତି । ଏହାର ଫଳରେ ପରିବାରର ସମସ୍ତ ସଦସ୍ୟମାନଙ୍କ ମଧ୍ୟରେ ଏକ ନୀତିନିଷ୍ଠ ସଂସ୍କାର ସ୍ୱତଃ ସୃଷ୍ଟି ହେବାକୁ ଲାଗେ । ଲକ୍ଷ୍ମୀ ପୁରାଣର ଉଲ୍ଲେଖ ଅନୁଯାୟୀ–

ଯେଉଁ ନାରୀ ଗୁରୁବାର ଦିନରେ ଆଇଁଷ,
ଭୁଞ୍ଜାଇଲୋଭରେ କିବା ନ ପାଖଳେ କେଶ ।
ଭୁଞ୍ଜଇ ଉଚ୍ଛିଷ୍ଟ ଅବା ଲଗାଏ ସେ ତେଲ,
ମହାଲକ୍ଷ୍ମୀ ତା'ର ନିଷ୍ଟେ ଭାଙ୍ଗନ୍ତିଟି ଗେଲ ।

ଶକ୍ତି ଉପାସନା ଓ ବୈଦିକ ଦେବୀତତ୍ତ୍ୱ : ୩୬୩

ଗୁରୁବାରେ ଯେଉଁ ନାରୀ ତୁଳାକୁ ଭିଣଇ,
ଲାଉରେ ଆମିଷ ଦେଇ ସେ ଗ୍ରାସ କରଇ ।
ଘରର ଛାୟାରେ ଯେହୁ କରଇ ଶୟନ,
ରାତ୍ରିକାଳେ ଦଧିଅନ୍ନ ଯେ କରେ ଭୋଜନ ।
କ୍ଷୌର ହୁଏ ଯେହୁ ନାପିତର ଦ୍ୱାରେ,
ଭୋଜନ ସମୟେ ଅନ୍ନ ପକାଏ ଭୂମିରେ ।
ଭୁଞ୍ଜି ନ ପାରିଣ ଅନ୍ନ ଫୋପଡ଼ାଇ ଦିଏ,
ଏତେ କର୍ମ ଯେ କରେ ସେ ଲକ୍ଷ୍ମୀ କି ନ ପାଏ ।

ଏହିପରି ଗୃହସ୍ଥ ଓ ଗୃହିଣୀମାନଙ୍କ ସକାଶେ ଅସଂଖ୍ୟ ଉପଦେଶ ମାନ ଅତି ସରଳ ଭାବରେ ଲକ୍ଷ୍ମୀପୁରାଣରେ ବର୍ଣ୍ଣିତ ହୋଇଛି, ଯାହାକି ଏକ ସୁଖୀ, ଶ୍ରଦ୍ଧାବାନ ତଥା ସମୃଦ୍ଧଶାଳୀ ସମାଜ ଜୀବନ ସକାଶେ ପରମ ଆବଶ୍ୟକ । ସନ୍ଧ୍ୟା ସମୟରେ ମଧ୍ୟ ଧୂପଦୀପ, ନୈବେଦ୍ୟ ପ୍ରଦାନ କରାଯାଇ ମାଆଙ୍କର ପୂଜା କରାଯାଏ । କେତେକ ସେଇଦିନ (ଶେଷପାଳି ଗୁରୁବାର) ମାଣ ବସାଇ ପୂଜା ପରେ ଉଜାଇ ଦିଅନ୍ତି ଅଥବା ମାର୍ଗଶିର ଶେଷପାଳିରେ ମାଣପୂଜା କରି ପୌଷ ମାସର ପ୍ରଥମ ଗୁରୁବାରରେ ଉଜାଇ ଥାଆନ୍ତି । ଆଉ କେତେକ ମାଘମାସ ଶେଷ ଗୁରୁବାର ଉଜାଇବା ଦେଖାଯାଏ । ଏହା କୃଷିଭିତ୍ତିକ ବ୍ରତ ହୋଇଥିବାରୁ ଧାନ ଅମଳ ବେଳେ ମାଣବସା ପୂଜା କରାଯାଏ । ପୂଜାରେ ବ୍ୟବହୃତ ଧାନର ଚାଉଳ ପ୍ରସ୍ତୁତ କ୍ଷୀରି କେବଳ ପରିବାର ସଦସ୍ୟମାନେ ହିଁ ସେବନ କରନ୍ତି । ଏପିରିକି ବିବାହିତ ଝିଅଙ୍କୁ ମଧ୍ୟ ଏହା ସେବନ ସକାଶେ ବାରଣ କରାଯାଇଛି ।

ଜାତିପ୍ରଥା ଆମ ସମାଜରେ ଏକ କଳଙ୍କ । ଏହି ପ୍ରଥା ବିରୁଦ୍ଧରେ ଷୋଡ଼ଶ ଶତାବ୍ଦୀରେ ରଚିତ ଲକ୍ଷ୍ମୀପୁରାଣ ଥିଲା ଏକ ସାମାଜିକ ଆନ୍ଦୋଳନ । ଯେ କୌଣସି ବ୍ୟକ୍ତି ଜାତି ନିର୍ବିଶେଷରେ ସଭିଙ୍କର ପୂଜା କରିବାର ଅଧିକାର ରହିଛି । ତାର ଭକ୍ତି ଓ ଶ୍ରଦ୍ଧାକୁ ଭଗବାନ ଗ୍ରହଣ କରିଥାନ୍ତି ଏହାହିଁ 'ଲକ୍ଷ୍ମୀପୁରାଣ'ରେ ସମାଜକୁ ସନ୍ଦେଶ । ଶ୍ରୀୟା ଚଣ୍ଡାଲୁଣୀର ଭକ୍ତି ଶ୍ରଦ୍ଧାନିଷ୍ଠା ଏବଂ ପରିଚ୍ଛନ୍ନତାରେ ବିଭୋର ହୋଇ ଲୋକମାତା ଐଶ୍ୱର୍ଯ୍ୟ ଦାୟିନୀ କମଳିନୀ ଶ୍ରୀମନ୍ଦିରର ସମସ୍ତ ରୀତିନୀତିକୁ ଅଣଦେଖା କରି ବିଜେ କରିଥିଲେ ଶ୍ରୀୟାର ଘରେ ଏବଂ ସନ୍ତୁଷ୍ଟ ଚିତ୍ତରେଗ୍ରହଣ

କରିଥିଲେ ତାହାର ଭକ୍ତିପୂତ ପୂଜାକୁ । ତାର ମସ୍ତକ ଉପରେ ଆଜାଡ଼ି ଦେଇଥିଲେ ତାଙ୍କର ସମସ୍ତ ଆଶୀର୍ବାଦ ।

ତା' ପୂର୍ବରୁ ମହାଲକ୍ଷ୍ମୀ ପହଞ୍ଚିଥିଲେ ସାଧବାଣୀ ଘରେ ବୁଢ଼ୀ ବ୍ରାହ୍ମଣୀ ରୂପରେ । ସେଠାରେ ଘର ଲିପାପୋଛା ହେବା ଅଥବା ପୂଜାବିଧିର କୌଣସି ଚିହ୍ନବର୍ଣ୍ଣ ନଥିଲା । ମହାଲକ୍ଷ୍ମୀ ସାଧବାଣୀକୁ ଗୁରୁବାର ବ୍ରତର ବିଧି ପାଳନ ନକଲେ ତାର ସମସ୍ତ ସମ୍ପତ୍ତି ନଷ୍ଟ ହୋଇଯିବ ଏବଂ ସେମାନେ ଅନେକ କଷ୍ଟ ଭୋଗ କରିବେ ଏକଥା ସୂଚାଇ ଦେଇଥିଲେ । ଏହାପରେ ନଗରର ବିଭିନ୍ନ ସାହିରେ ବୁଲିବୁଲି ସେ କାହାରି ଗୃହରେ ଲକ୍ଷ୍ମୀପୂଜାର ପ୍ରସ୍ତୁତି ଦେଖିଲେ ନାହିଁ ।

"ଦାଣ୍ଡେ ଦାଣ୍ଡେ ଯାଉଥିଲେ ବିଷ୍ଣୁ ପାଟରାଣୀ,
ସହି ନପାରିଲେ ଚଣ୍ଡାଳୁଣୀର ଦୟିନୀ ।
ପଦ୍ମଫୁଲ ଦେଖି ତାଙ୍କ ବଳିଲା ଶରଧା,
ଦୁଇପାଦ ଦେଇ ମାତା ପଦ୍ମେ ହେଲେ ଉଭା ।
ଚଣ୍ଡାଳୁଣୀ ଘର ଗୋଟି ପାଇଲାକ ଶୋଭା,
ଲକ୍ଷ୍ମୀ ବିଜେ କରିଛନ୍ତି କି ଉପମା ଦେବା ।" (ଲକ୍ଷ୍ମୀପୁରାଣ)

ଅର୍ଥାତ୍ ଶେଷରେ ଏକମାତ୍ର ଶ୍ରୀୟା ଚଣ୍ଡାଳୁଣୀ ତାଙ୍କ ପୂଜା ପାଇଁ ଭକ୍ତିର ସହ ସମସ୍ତ ଆୟୋଜନ କରିଥିବା ଦେଖି ତା ଉପରେ ଅତିଶୟ ପ୍ରୀତ ହୋଇ ତାର ପୂଜା ଗ୍ରହଣ କଲେ ଏବଂ ତାଙ୍କୁ ବର ଯାଚନା କରି କହିଛନ୍ତି :

"ଯେତେଦିନ ଜୀଇଥିବୁ ଐଶ୍ୱର୍ଯ୍ୟ ଭୁଞ୍ଜିବୁ,
ଅନ୍ତକାଳେ ଯାଇ ବିଷ୍ଣୁ ପଞ୍ଝରେ ପଶିବୁ ।
ମୋହର ଏ ବ୍ରତ କରୁଥିବୁ ସବୁଦିନ,
ଲକ୍ଷ୍ମୀନାରାୟଣ ପାଦେ ଥିବ ତୋର ମନ ।....
.....କୁଟୀର ଖଣ୍ଡିକ ଥିଲା ବଲୁରିର ବାସ,
ଲକ୍ଷ୍ମୀ ଦୟା କଲେ ତାକୁ ଚନ୍ଦନ ଉଆସ ।
ଯେଉଁ ଚଣ୍ଡାଳୁଣୀ ଘରେ ନଥିଲାକ ଅନ୍ନ,
ଚାରିକୋଣେ ଦେଲେ ତାକୁ ଶୁଦ୍ଧ ଯେ ସୁବର୍ଣ୍ଣ ।
ଯେଉଁ ଚଣ୍ଡାଳୁଣୀ ଘରେ ନଥିଲାକ ପୁତ୍ର,
ଲକ୍ଷ୍ମୀ ଦୟାକଲେ ତାର ହେଲା ପାଞ୍ଚ ପୁତ୍ର ।

ଧନ ପୁତ୍ରବତୀ ହୁଅ ବୋଲି ଯେ ବୋଇଲେ,
ବର ଦେଇଣ ସେଠାରୁ ବିଜେ କରି ଗଲେ ।"

(ଲକ୍ଷ୍ମୀପୁରାଣ)

ଅବିକଳ ଏହି ପ୍ରସଂଗ ଅନ୍ୟତ୍ର ଭିନ୍ନ ଭାଷାରେ ବର୍ଣ୍ଣିତ ହୋଇଛି:

"ପୁଲକ ଭରେ ଲକ୍ଷ୍ମୀ ଦେବୀ ବୋଇଲେ; ଆଲୋ ଶ୍ରୀୟା,
ମୋହରି ପୂଜା କରିବା ପାଇଁ ତୋହର ଅଛି ହିୟା,
ଆଶିଷ ଏବେ ଦେଉଛି ମୁହିଁ, ସକଳ ଶ୍ରୀ ଲଭିବୁ ତୁହି
ସୁଖରେ ଘର ଦୁଆର କରି; ରହିବୁ ମହା ସୁଖେ,
ଧରଣୀ ତଳେ କାଟିବୁ ଦିନ; ହରଷ କର ବୁକେ ।

(ଶ୍ରୀୟା ଚଣ୍ଡାଳୁଣୀ, 'ଶାମୁକାର ସ୍ୱପ୍ନ')

ଚଣ୍ଡାଳ ସାହିରେ ବିଜେ କରି ମହାଲକ୍ଷ୍ମୀ ଶ୍ରୀୟା ଚଣ୍ଡାଳୁଣୀ ଠାରୁ ପୂଜା ଗ୍ରହଣ କରୁଥିବା ବେଳେ ତାହା ତାଙ୍କର ଦେଢ଼ଶୁର ମହାପ୍ରଭୁ ବଳରାମଙ୍କ ଦୃଷ୍ଟିରେ ପଡ଼ିଲା । ସେ ଲକ୍ଷ୍ମୀଙ୍କ ବିରୁଦ୍ଧରେ ଶ୍ରୀ ଜଗନ୍ନାଥଙ୍କୁ କହିଲେ- 'ଲକ୍ଷ୍ମୀ ଜାତି ଅଜାତି ନମାନି ଯେଣେତେଣେ ଯାଉଛି ଏବଂ ଶ୍ରୀମନ୍ଦିରର ପବିତ୍ରତାକୁ କ୍ଷୁଣ୍ଣ କରୁଛି ।' ଏଣୁ ବଡ଼ଭାଇଙ୍କ ନିର୍ଦ୍ଦେଶରେ ଶ୍ରୀଜଗନ୍ନାଥ ବାଧ ହୋଇ ମହାଲକ୍ଷ୍ମୀଙ୍କୁ ଶ୍ରୀମନ୍ଦିରରୁ ଚାଲିଯିବାକୁ ନିର୍ଦ୍ଦେଶ ଦେଲେ । ଲକ୍ଷ୍ମୀ ସନ୍ତାପଗ୍ରସ୍ତ ହେବା ସହ ବଡ଼ ଦେଉଳରୁ ନିର୍ବାସିତା ହୋଇ ଚାଲି ଯାଇଥିଲେ । କିନ୍ତୁ ତତ୍ ସଂଗେସଂଗେ ଅଭିଶାପ ଦେଇ କହିଥିଲେ:

ସତେ ଯେବେ ସୂର୍ଯ୍ୟଚନ୍ଦ୍ର ହୋନ୍ତି ଆତଯାତ,
ତୁମ୍ଭଙ୍କୁ ଅନ୍ନ ନମିଳୁ ଆହେ ଜଗନ୍ନାଥ ।
ବାରବର୍ଷ ଯାଏ ତୁମ୍ଭେ ଦରିଦ୍ର ହୋଇବ,
ଅନ୍ନ ବସ୍ତ୍ର ଜଳ ଯେ ତୁମ୍ଭଙ୍କୁ ନ ମିଳିବ ।
ମୁହିଁ ଚଣ୍ଡାଳୁଣୀ ଯେବେ ଟେକି ଦେବି ଅନ୍ନ,
ଭୋଜନ କରିବ ତେବେ କାଳୀୟ ଗଞ୍ଜନ ।
ଏତେ ବୋଲି ଲକ୍ଷ୍ମୀ ଦେବୀ ଶାପ ଦେଇଗଲେ,
ଦେଉଳୁ ବାହାର ହୋଇ କେତେଦୂର ଗଲେ ।। (ଲକ୍ଷ୍ମୀପୁରାଣ)

ମହାଲକ୍ଷ୍ମୀଙ୍କ ଏହି ଉକ୍ତିରୁ ସମାଜକୁ ସୁସ୍ପଷ୍ଟ ନିର୍ଦ୍ଦେଶ ହେଉଛି ଜାତି ଅଜାତି ପ୍ରଶ୍ନ ଅନୁଚିତ ଓ ମୂଲ୍ୟହୀନ । ଏପରି ବିଭେଦ ଦ୍ୱାରା ସମାଜ ଦୁର୍ବଳ ହୋଇପଡ଼େ । ସ୍ୱଚ୍ଛତା ଓ ଭକ୍ତିଭାବ ହିଁ ଈଶ୍ୱର ଉପଲବ୍ଧି ପାଇଁ ଏକମାତ୍ର ଆବଶ୍ୟକତା । ଶ୍ରୀମନ୍ଦିରରୁ ନିର୍ବାସିତା ହେବା ପରେ ଲକ୍ଷ୍ମୀଙ୍କ ବିନା ବଡ଼ଦେଉଳ ହୋଇ ପଡ଼ିଲା ଶ୍ରୀହୀନ । ବିଶ୍ୱକର୍ମାଙ୍କୁ ସ୍ମରଣ କରି ତାଙ୍କ ଦ୍ୱାରା କମଳିନୀ ନିଜ ପାଇଁ ଅନ୍ୟତ୍ର ସୁବର୍ଣ୍ଣରେ ପ୍ରାସାଦ ତୋଳାଇ ସେଠାରେ ବସବାସ କଲେ । ଜଗତର ନାଥ ମଧ୍ୟ ଲକ୍ଷ୍ମୀଛଡ଼ା ହୋଇ ଗଣ୍ଡିଏ ଖାଦ୍ୟ ଓ ମୁନ୍ଦେ ପାଣି ପାଇଁ ଦ୍ୱାରେଦ୍ୱାରେ ଭିକ୍ଷାବୃତ୍ତି ଅବଲମ୍ବନ କଲେ । ଶେଷରେ ଅନନ୍ୟୋପାୟ ହୋଇ ଜୀବନ ବଞ୍ଚାଇବା ସକାଶେ ମହାଲକ୍ଷ୍ମୀଙ୍କ ଦ୍ୱାରସ୍ଥ ହେଲେ । ଚଣ୍ଡାଲୁଣୀ ରୂପେ ସମ୍ବୋଧିତ ହୋଇଥିବା ଲକ୍ଷ୍ମୀଠାକୁରାଣୀଙ୍କ ହସ୍ତରୁ ଭୋଜନ ଗ୍ରହଣ କରି ଶ୍ରୀ ଜଗନ୍ନାଥ ତାଙ୍କୁ ପୂର୍ବ ମର୍ଯ୍ୟାଦା ପ୍ରଦାନ କଲେ । ଏ ସନ୍ଦର୍ଭରେ ଲକ୍ଷ୍ମୀପୁରାଣରେ ଉଲ୍ଲିଖିତ ମହାଲକ୍ଷ୍ମୀଙ୍କ ଉକ୍ତି ହେଲା–

"ଯେବେ ଜଗନ୍ନାଥ ପ୍ରଭୁ ମୋତେ ନ ଖୋଜିବେ,
ନାରୀଙ୍କୁ ପୁରୁଷମାନେ ଆଉ ନ ଲୋଡ଼ିବେ ।"

ଭୋଜନ ଶେଷରେ ଶ୍ରୀଜଗନ୍ନାଥ ପୋଡ଼ପିଠା ଖାଇବାକୁ ଭଲପାଆନ୍ତି । ମହାଲକ୍ଷ୍ମୀ ସେ ଅନୁଯାୟୀ ପୋଡ଼ପିଠା ଦାସୀମାନଙ୍କ ଦ୍ୱାରା ପଠାଇଦେଲେ । ଏହାଦେଖି ଶ୍ରୀ ଜଗନ୍ନାଥ ଲକ୍ଷ୍ମୀଙ୍କୁ ସ୍ମରଣ କରି ଚମକି ଉଠିଛନ୍ତି । କାରଣ ଲକ୍ଷ୍ମୀଙ୍କ ବ୍ୟତୀତ ତାଙ୍କର ରୁଚି ଓ କେଉଁ ଖାଦ୍ୟ ପ୍ରତି ଆଗ୍ରହ ଆଉ ଅନ୍ୟ ବା କିଏ ଜାଣିବ ? ଏଣୁ ତାହା ଯେ ଲକ୍ଷ୍ମୀଙ୍କର ଗୃହ ଏ ବିଷୟ ସେ ଅନୁମାନ କରି ବ୍ୟଥିତ ହୋଇ ପଡ଼ିଲେ । ଏକଥା ବଡ଼ଭାଇ ବଳରାମ ଜାଣିବା ପରେ ଏ ବିଷୟରେ ଅନୁସନ୍ଧାନ କରିବା ନିମନ୍ତେ ସେ ଜଗନ୍ନାଥଙ୍କୁ ପରାମର୍ଶ ଦେଇଛନ୍ତି । ଏଥିରେ ଜଗନ୍ନାଥ ନିଜକୁ ଏଥିପାଇଁ ଦୋଷୀ / ଦାୟୀ କରି କହିଛନ୍ତି:

"ଲକ୍ଷ୍ମୀ ପରା ଭାର୍ଯ୍ୟାକୁ ପାଇବି ଆଉ କାହିଁ
ଲକ୍ଷ୍ମୀଙ୍କୁ ଭର୍ତ୍ସନା କରି ଦେଲୁଁ ଘଉଡ଼ାଇ ।
ମୋର ମନ କଥାକୁ ଯେ ଲକ୍ଷ୍ମୀ ଜାଣିଥାଇ
ଭୋଜନ ଶେଷକୁ ପୋଡ଼ ପିଠାଏ ଦିଅଇ ।" (ଲକ୍ଷ୍ମୀପୁରାଣ)

ଶେଷରେ ବଡ଼ଭାଇଙ୍କ ନିର୍ଦ୍ଦେଶରେ ଜଗନ୍ନାଥ ଯାଇଛନ୍ତି ଲକ୍ଷ୍ମୀଙ୍କୁ ମନାଇବା ପାଇଁ । ଲକ୍ଷ୍ମୀ ଏହା ପରେ ନିଜେ ଆସି ପତିଙ୍କର ପଦଧୌତ କରି ପୂଜା ବନ୍ଦନା କରିଛନ୍ତି ।

"ଅତି ଯତନରେ ଦେଲେ ପାଦପଦ୍ମ ଧୋଇ
ଥୋକାଏ ପାଦ ଉଦକ ମସ୍ତକେ ଲଗାଇ ।
କିଛି ପାଦୋଦକ ଲକ୍ଷ୍ମୀ ଗର୍ଭକୁ କ୍ଷେପିଲେ
ପଞ୍ଚବର୍ଣ୍ଣ ପୁଷ୍ପେ ପଦ୍ମ ପାଦ ପୂଜା କଲେ ।" (ଲକ୍ଷ୍ମୀପୁରାଣ)

କାରଣ ସ୍ୱାମୀ ବିନା ଯେ ସ୍ତ୍ରୀର ଅନ୍ୟଗତି ବା ଅବଲମ୍ବନ ନାହିଁ । ସ୍ୱାମୀ ସ୍ତ୍ରୀ ମଧ୍ୟରେ ଥିବା ଶାଶ୍ୱତ ବନ୍ଧନ, ସ୍ୱାମୀ ହେଉଛି ସ୍ତ୍ରୀ ପାଇଁ ଦେବତା ଓ ଇହପର କାଳର ସାଥୀ- ଯୁଗଯୁଗରୁ ପ୍ରଚଳିତ ଶାସ୍ତ୍ରର ଏହି କଥନ ଓ ଲୋକବିଶ୍ୱାସକୁ ଦେବୀ ମହାଲକ୍ଷ୍ମୀ ମହତ୍ତ୍ୱ ଦେଇ ସେଇ ଅନୁରୂପ ମାନବୀୟ ଲୀଳାର ସଂରଚନା କରିଛନ୍ତି ଏବଂ ସେ ସମାଜକୁ ତାଙ୍କ ଦ୍ୱାରା ଅନୁସୃତ ଆଦର୍ଶକୁ ଗ୍ରହଣ କରିବା ପାଇଁ ଲୋକଶିକ୍ଷା ମଧ୍ୟ ପ୍ରଦାନ କରିଛନ୍ତି । ସେ ପତି ରୂପୀ ପରମେଶ୍ୱରଙ୍କୁ ବିନମ୍ରତାର ସହ ଯଥା ସମ୍ମାନ ଓ ଆଚରଣ ପ୍ରଦର୍ଶନ କରିଛନ୍ତି । ଏହା ସହ ସାଧାରଣ ସ୍ୱାମୀ ସ୍ତ୍ରୀ ସମ୍ପର୍କ ସଦୃଶ ଶାଳୀନତା ପୂର୍ଣ୍ଣ ବାକ୍ୟ ବିନିମୟ ମାଧ୍ୟମରେ ହସିହସି ନିଜରଅଭିମାନ ମଧ୍ୟ ପ୍ରକଟ କରିଛନ୍ତି :

"ମହାଲକ୍ଷ୍ମୀ କହୁଛନ୍ତି ପ୍ରଭୁଙ୍କୁ ଅନାଇ
ଚଣ୍ଡାଳୁଣୀ ବୋଲି ମୋତେ ଦେଲ ଘଉଡ଼ାଇ ।
ଚଣ୍ଡାଳୁଣୀ ଘରେ ଏବେ ଭୁଞ୍ଜିଲ ଗୋସାଇଁ ।
ଚଣ୍ଡାଳ ପିଟାଳ ହେଲ ଦୁଇଗୋଟି ଭାଇ ।" (ଲକ୍ଷ୍ମୀପୁରାଣ)

ଏଥି ମଧ୍ୟରେ ସ୍ୱାମୀ ସ୍ତ୍ରୀ (ଶ୍ରୀଜଗନ୍ନାଥ ଓ ମହାଲକ୍ଷ୍ମୀ)ଙ୍କ ଦ୍ୱାରା ଲୌକିକ ଲୀଳାକୁ ନିଖୁଣ ଭାବରେ ଚିତ୍ରିତ କରାଯାଇଛି । ନାରୀ ପୁରୁଷ ମଧ୍ୟରେ ସମାନତା, ସ୍ୱତନ୍ତ୍ରତା, ଅସୀମ କର୍ତ୍ତବ୍ୟବୋଧ, ଅଧିକାରର ଲକ୍ଷ୍ମଣରେଖା, ପାତିବ୍ରତ୍ୟ ଧର୍ମ, ସହନଶୀଳତା, ସାମୟିକ କଟୁତା ଓ ଅଭିମାନ, ମର୍ଯ୍ୟାଦାପୂର୍ଣ୍ଣ ବଚସା ଶେଷରେ ସବୁକିଛିକୁ ଭୁଲିଯାଇ ପରସ୍ପର ପ୍ରତି ଅନୁରକ୍ତି ଓ ଅନାବିଳ ସ୍ନେହ ମମତ୍ୱର ମାଧୁର୍ଯ୍ୟପୂର୍ଣ୍ଣ ବନ୍ଧନରେ ଆବଦ୍ଧ ହେବାର ତାଦାତ୍ମ୍ୟ, ସାମାଜିକ ଅସ୍ପୃଶ୍ୟତା ଉପରେ ସାଲିସହୀନ କୁଠାରାଘାତ, ପରିଚ୍ଛନ୍ନତା ଏବଂ ପବିତ୍ରତା ପ୍ରତି ସଚେତନାର ସନ୍ଦେଶ ଆଦିକୁ ନେଇ ସମାଜରେ ସଂସ୍କାର

ସୃଷ୍ଟି କରିବା ଦୃଷ୍ଟିରୁ ଲକ୍ଷ୍ମୀପୁରାଣରେ ଥିବା ଉକ୍ତି ଗୁଡ଼ିକ ସୁଦୀର୍ଘ ପାଞ୍ଚଶତ ବର୍ଷ ପୂର୍ବରୁ ଓଡ଼ିଶା ମାଟିରେ ଯେ ଏକ ଜନ ଆନ୍ଦୋଳନର ଝଡ଼ ସୃଷ୍ଟି କରିଥିଲା ଏଥିରେ ସନ୍ଦେହର ଅବକାଶ ନାହିଁ ।

ଶେଷରେ ଲକ୍ଷ୍ମୀ ଠାକୁରାଣୀ ଯେମିତି ଭାବରେ ଶ୍ରୀ ଜଗନ୍ନାଥଙ୍କୁ ସମାଜରୁ ଘୃଣା ଓ ଜାତିଭେଦର ପ୍ରାଚୀରକୁ ଭାଂଗିଦେବା ନିମନ୍ତେ ସର୍ତ୍ତ ଉପସ୍ଥାପନ କରିଛନ୍ତି ଓ ଶପଥ ନେଇଛନ୍ତି ତାହା 'ଲକ୍ଷ୍ମୀପୁରାଣ'ର ନିମ୍ନ ଅଂଶରୁ ପ୍ରମାଣିତ ହୁଏ:

"ଏତେ କହି ଗୋବିନ୍ଦ ଧଇଲେ ଲକ୍ଷ୍ମୀ ହସ୍ତ,
ଜଗତ ମାତା ବୋଇଲେ ତୁମେ କର ସତ୍ୟ ।
ଚଣ୍ଡାଳୁ ବ୍ରାହ୍ମଣ ଯାଏ ଖୁଆଖୋଇ ହେବେ,
ସମସ୍ତେ ଖାଇଣ ହସ୍ତ ଜଳେ ନ ଧୋଇବେ ।
ହାଡ଼ିର ହସ୍ତୁ ବ୍ରାହ୍ମଣ ଛଡ଼ାଇ ଖାଇବେ,
ବ୍ରାହ୍ମଣେ ଖାଇ ହସ୍ତକୁ ମୁଣ୍ଡରେ ପୋଛିବେ ।
ଅନ୍ନ ଖାଇ ସର୍ବେ ମୁଣ୍ଡେ ପୋଛୁଥିବେ ହସ୍ତ,
ତେବେ ବଡ଼ଦେଉଳକୁ ଯିବି ଜଗନ୍ନାଥ ।"

ଶ୍ରୀଜଗନ୍ନାଥ ଏଥିରେ ରାଜି ହୋଇ ଲକ୍ଷ୍ମୀଙ୍କ ହାତ ଧରି (**ଲକ୍ଷ୍ମୀଙ୍କ ହସ୍ତ ଧରିଣ ଜଗନ୍ନାଥ ନେଲେ, ବଡ଼ଦେଉଳକୁ ପ୍ରଭୁ ବିଜେ କରିଗଲେ ।**) ଶ୍ରୀମନ୍ଦିରକୁ ପ୍ରତ୍ୟାବର୍ତ୍ତନ କଲେ । ଉଚ୍ଚନୀଚ ଭେଦାଭେଦ ପରିବର୍ତ୍ତେ ହୃଦୟରେ ଭକ୍ତି ଭାବର ପ୍ରାଧାନ୍ୟ, ବ୍ୟକ୍ତିଗତ ଓ ପରିବେଶର ସ୍ୱଚ୍ଛତା, ଆଚରଣ ଶୁଦ୍ଧି ମାଧ୍ୟମରେ ଲକ୍ଷ୍ମୀପ୍ରାପ୍ତି, ଆଦର୍ଶ ଗୃହିଣୀ ଭାବରେ ଲକ୍ଷ୍ମୀଙ୍କର ପରିବାର ସଦସ୍ୟମାନଙ୍କ ମନକୁ ଜିଣିବାର ବ୍ୟବହାର କଳା, ରନ୍ଧନ କୌଶଳରେ ତାଙ୍କର ନିପୁଣତା, ସଂସ୍କାରକ୍ଷମ ସାମାଜିକ ଚଳଣି, ଲକ୍ଷ୍ମୀଙ୍କର ବସ୍ତ୍ର ପରିପାଟୀ ଓ ଆଭୂଷଣ ଇତ୍ୟାଦି ବହୁବିଧ ଦୃଷ୍ଟାନ୍ତ ଦ୍ୱାରା କ୍ଷୁଦ୍ର କଳେବର ବଶିଷ୍ଟ ଲକ୍ଷ୍ମୀପୁରାଣଟି ଲକ୍ଷ୍ମୀ ଉପାସନା ମାଧ୍ୟମରେ ଏକାଧିକ ସଂସ୍କାର ସୃଷ୍ଟି ଦିଗରେ ହୋଇ ଉଠିଛି ଅତ୍ୟନ୍ତ ମନୋଜ୍ଞ ଏବଂ ରସାଣିତ । ନିମ୍ନ ଉଦ୍ଧୃତାଂଶରୁ ଉପରୋକ୍ତ ତଥ୍ୟର କିଞ୍ଚିତ ଆଭାସ ପ୍ରାପ୍ତ ହୁଏ :

"ଭୋଜନ କରି ଯେ ମୁଖ ଶୋଧନ ନ କରେ,
ଭୋଜନ କରଇ ଯେହ୍ନେ ଅନ୍ଧକାର ଘରେ ।

ନିଜ ଅଙ୍ଗ ପରିଷ୍କାର କରି ଶୁଚି ହୁଏ,
ସାନବଡ଼ ସମସ୍ତଙ୍କୁ ସମଭାବେ ଚାହେଁ ।
ପରଷିବା ବେଳେ ପକ୍ଷପାତ ଯେ ନକରେ,
ସ୍ୱାମୀ ପୁତ୍ର ସମସ୍ତଙ୍କୁ ବାଢ଼େ ସମାନରେ ।" (ଲକ୍ଷ୍ମୀପୁରାଣ)

ଲକ୍ଷ୍ମୀ ଅପ୍ରସନ୍ନ ହେବାରୁ ଜଗତର ନାଥ ଜଗନ୍ନାଥଙ୍କୁ ମଧ୍ୟ ଭିକ୍ଷାଥାଳ ଧରି ଦ୍ୱାରେଦ୍ୱାରେ ବୁଲିବାକୁ ପଡ଼ିଥିଲା । ଏଠାରେ ଦେବୀ ଲକ୍ଷ୍ମୀ ଖାଣ୍ଟି ଓଡ଼ିଆ ଘରଣୀ ଓ ସ୍ୱାଭିମାନର ପ୍ରତୀକ । ସେ ସଂସ୍କାର, ସଦାଚାର ଏବଂ ସାମାଜିକ ସମନ୍ୱୟର ସର୍ବଶ୍ରେଷ୍ଠ ଉଦାହରଣ ଏବଂ ଶିକ୍ଷାଦାତ୍ରୀ ଜଗଜ୍ଜନନୀ । ତାଙ୍କର ତାତ୍ତ୍ୱିକ ଓ ଯୁକ୍ତିସଂଗତ ଆଚରଣ ସମାଜ ନିମନ୍ତେ ପ୍ରୟୋଜନୀୟ ଏବଂ ବିଜ୍ଞାନ ସମ୍ମତ । ପୁରୁଷ ସମାଜର ପ୍ରତିଟି କ୍ଷେତ୍ରରେ ଏକାଧିକାର ବିରୁଦ୍ଧରେ ତାଙ୍କର ସ୍ୱର ଶାଣିତ । ନାରୀ କୌଣସି ଗୁଣରେ କ୍ଷୁଦ୍ର ନୁହେଁ । ନାରୀ ପୁରୁଷ ଉଭୟଙ୍କର ଦୋଷାଦୋଷ ରହିଛି । ଲକ୍ଷ୍ମୀଙ୍କୁ 'ଅଛବ' କୁହାଯାଇ ଶ୍ରୀମନ୍ଦିରରୁ ଘଉଡ଼ାଇ ଦିଆଯାଇଛି, ତାହା ସର୍ବତୋଭାବେ ଅନ୍ୟାୟ ଓ ଅନୁଚିତ । ନାରୀ ବାସ୍ତବରେ ସମାଜରେ ପୂଜ୍ୟା, ଗୃହର ଐଶ୍ୱର୍ଯ୍ୟ ଏବଂ ପରିବାରରେ ଉଜ୍ଜ୍ୱଳ ଆଲୋକସ୍ତମ୍ଭ ସଦୃଶ । ଏଣୁ ମହାରାଜ ମନୁଙ୍କ ଭାଷାରେ:

"ପ୍ରଜାନାର୍ଥଂ ମହାଭାଗଃ ପୂଜାର୍ହ ଗୃହଦୀପ୍ତୟଃ ।
ସ୍ତ୍ରୀ ୟଃ ଶ୍ରିୟଶ୍ଚ ଗେହେଷୁ ନ ବିଶେଷୋଽସ୍ତି କଶ୍ଚନ ।।"

(ମନୁସ୍ମୃତି୯-୨୬)

ମାଣବସା ଗୁରୁବାର ଲକ୍ଷ୍ମୀପୂଜା ଫଟୋ (ପୃ.୩୭୦)

ଜଗନ୍ମାତା ଦେବୀ ମହାଲକ୍ଷ୍ମୀଙ୍କ
ସଂକ୍ଷିପ୍ତ ଶାସ୍ତ୍ରୀୟ ପୂଜାବିଧି

ଧ୍ୟାନ : ଯା ସା ପଦ୍ମାସନାସ୍ଥା ବିପୁଳକଟିତଟୀ ପଦ୍ମପତ୍ରାୟତାକ୍ଷୀ
ଗମ୍ଭୀରାବର୍ତ୍ତନାଭିସ୍ତନଭରନମିତା ଶୁଭ୍ରବସ୍ତ୍ରୋତ୍ତରୀୟା ॥
ଯା ଲକ୍ଷ୍ମୀର୍ଦିବ୍ୟରୂପୈର୍ମଣିଗଣଖଚିତୈଃ ସ୍ନାପିତା ହେମକୁମ୍ଭୈଃ
ସା ନିତ୍ୟଂ ପଦ୍ମହସ୍ତା ମମ ବସତୁ ଗୃହେ ସର୍ବମାଙ୍ଗଲ୍ୟଯୁକ୍ତା ॥
ଓଁ ହିରଣ୍ୟବର୍ଣ୍ଣାଂ ହରିଣୀଂ ସୁବର୍ଣ୍ଣରଜତସ୍ରଜାମ୍ ।
ଚନ୍ଦ୍ରାଂ ହରଣ୍ମୟୀଂ ଲକ୍ଷ୍ମୀଂ ଜାତବେଦୋ ମ ଆ ବହ ॥
ଓଁ ମହାଲକ୍ଷ୍ମ୍ୟୈ ନମଃ । ଧ୍ୟାନାର୍ଥେ ପୁଷ୍ପାଣି ସମର୍ପୟାମି ।
(ପୁଷ୍ପ ପ୍ରଦାନ)

ଆବାହନ: ସର୍ବଲୋକସ୍ୟ ଜନନୀଂ ସର୍ବସୌଖ୍ୟପ୍ରଦାୟିନୀମ୍ ।
ସର୍ବଦେବମୟୀମୀଶାଂ ଦେବୀମାବାହୟାମ୍ୟହମ୍ ॥
ଓଁ ତାଂ ମ ଆ ବହ ଜାତବେଦୋ ଲକ୍ଷ୍ମୀମନପଗାମିନୀମ୍ ।
ଯସ୍ୟାଂ ହିରଣ୍ୟଂ ବିନ୍ଦେୟଂ ଗାମଶ୍ୱଂ ପୁରୁଷାନହମ୍ ।
ଓଁ ମହାଲକ୍ଷ୍ମ୍ୟୈ ନମଃ । ମହାଲକ୍ଷ୍ମୀମାବାହୟାମି, ଆବାହନାର୍ଥେ
ପୁଷ୍ପାଣି ସମର୍ପୟାମି । (ପୁଷ୍ପ ପ୍ରଦାନ)

ଆସନ: ତପ୍ତକାଞ୍ଚନବର୍ଣ୍ଣାଭଂ ମୁକ୍ତାମଣିବିରାଜିତମ୍ ।
ଅମଳଂ କମଳଂ ଦିବ୍ୟମାସନଂ ପ୍ରତିଗୃହ୍ୟତାମ୍ ॥
ଓ ମହାଲକ୍ଷ୍ମ୍ୟୈ ନମଃ । ଆସନଂ ସମର୍ପୟାମି । (ପୁଷ୍ପ ପ୍ରଦାନ)

ପାଦ୍ୟ: ଗଙ୍ଗାଦିତୀର୍ଥସମ୍ଭୂତଂ ଗନ୍ଧପୁଷ୍ପାଦିଭିର୍ଯୁତମ୍ ।
ପାଦ୍ୟଂ ଦଦାମ୍ୟହଂ ଦେବି ଗୃହାଣାଶୁ ନମୋଽସ୍ତୁତେ ॥
ଓଁ ମହାଲକ୍ଷ୍ମ୍ୟୈ ନମଃ, ପାଦୟୋଃ ପାଦ୍ୟଂ ସମର୍ପୟାମି । (ଚନ୍ଦନ,
ପୁଷ୍ପାଦିଯୁକ୍ତ ଜଳ ସମର୍ପଣ)

ଅର୍ଘ୍ୟ: ଅଷ୍ଟଗନ୍ଧସମାଯୁକ୍ତଂ ସ୍ୱର୍ଣ୍ଣପାତ୍ରପ୍ରପୂରିତମ୍ ।
ଅର୍ଘ୍ୟଂ ଗୃହାଣ ମଦ୍ଦତ୍ତଂ ମହାଲକ୍ଷ୍ମି ନମୋଽସ୍ତୁତେ ॥
ଓଁ ମହାଲକ୍ଷ୍ମ୍ୟୈ ନମଃ । ହସ୍ତୟୋରର୍ଘ୍ୟଂ ସମର୍ପୟାମି ।
(ଅଷ୍ଟଗନ୍ଧମିଶ୍ରିତ ଜଳ ଅର୍ଘ୍ୟପାତ୍ରରେ ଦେବୀଙ୍କ ହାତରେ ଦେବ ।)

ଆଚମନ: ସର୍ବଲୋକସ୍ୟ ଯା ଶକ୍ତିର୍ବ୍ରହ୍ମବିଷ୍ଣୁବାଦିଭିଃ ସ୍ତୁତା ।
ଦଦାମ୍ୟାଚମନଂ ତସ୍ମୈ ମହାଲକ୍ଷ୍ମ୍ୟୈ ମନୋହରମ୍ ॥
ଓଁ ମହାଲକ୍ଷ୍ମ୍ୟୈ ନମଃ, ଆଚମନୀୟଂ ଜଳଂ ସମର୍ପୟାମି ।
(ଆଚମନ ନିମିତ୍ତ ଜଳ ଦେବ ।)

ସ୍ନାନ: ମନ୍ଦାକିନ୍ୟାଃ ସମାନୀତୈର୍ହେମାମ୍ଭୋରୁହବାସିତୈଃ ।
ସ୍ନାନଂ କୁରୁଷ୍ୱ ଦେବେଶି ସଲିଲୈଶ୍ଚ ସୁଗନ୍ଧିଭିଃ ॥
ଓଁ ମହାଲକ୍ଷ୍ମ୍ୟୈ ନମଃ । ସ୍ନାନଂ ସମର୍ପୟାମି । (ସ୍ନାନୀୟ ଜଳ ଅର୍ପଣ କରିବ ।) ସ୍ନାନାନ୍ତେ ଆଚମନୀୟଂ ଜଳଂ ସମର୍ପୟାମି ।
(ସ୍ନାନ ପରେ ଓଁ ମହାଲକ୍ଷ୍ମ୍ୟୈ ନମଃ- ଏହା କହି ଆଚମନୀୟ ଜଳଦେବ ।)

ଦୁଗ୍ଧସ୍ନାନ: କାମଧେନୁସମୁତ୍ପନ୍ନଂ ସର୍ବେଷାଂ ଜୀବନଂ ପରମ୍ ।
ପାବନଂ ଯଜ୍ଞହେତୁଶ୍ଚ ପୟଃ ସ୍ନାନାର୍ଥମର୍ପିତମ୍ ॥
ଓଁ ପୟଃ ପୃଥିବ୍ୟାଂ ପୟ ଓଷଧୀଷୁ ପୟୋ ଦିବ୍ୟନ୍ତରିକ୍ଷେ ପୟୋ ଧାଃ। ପୟସ୍ୱତୀଃ ପ୍ରଦିଶଃ ସନ୍ତୁ ମହ୍ୟମ୍ ।
ଓଁ ମହାଲକ୍ଷ୍ମ୍ୟୈ ନମଃ । ପୟଃ ସ୍ନାନଂ ସମର୍ପୟାମି । ପୟଃ ସ୍ନାନାନ୍ତେ ଶୁଦ୍ଧୋଦକସ୍ନାନଂ ସମର୍ପୟାମି । (ଦୁଗ୍ଧ ସ୍ନାନ ପରେ ଶୁଦ୍ଧୋଦକ ସ୍ନାନ କରାଇବ ।)

ଦଧିସ୍ନାନ: ପୟସସ୍ତୁ ସମୁଦ୍ଭୂତଂ ମଧୁରାମ୍ଳଂ ଶଶିପ୍ରଭମ୍ ।
ଦଧ୍ୟାନୀତଂ ମୟା ଦେବି ସ୍ନାନାର୍ଥଂ ପ୍ରତିଗୃହ୍ୟତାମ୍ ।
ଓଁ ଦଧିକ୍ରାବ୍‌ଣୋ ଅକାରିଷଂ ଜିଷ୍ଣୋରଶ୍ୱସ୍ୟ ବାଜିନଃ ସୁରଭି ନୋ ମୁଖା କରତ୍‌ପ୍ର ଣ ଆୟୁଁ ଷିତାରିଷତ୍ ।
ଓଁ ମହାଲକ୍ଷ୍ମ୍ୟୈ ନମଃ । ଦଧିସ୍ନାନଂ ସମର୍ପୟାମି । (ଦଧି ସ୍ନାନାନ୍ତେ ଶୁଦ୍ଧୋଦକସ୍ନାନ କରିବ ।)

ଘୃତସ୍ନାନ: ନବନୀତସମୁତ୍ପନ୍ନଂ ସର୍ବସନ୍ତୋଷକାରକମ୍
ଘୃତଂ ତୁଭ୍ୟଂ ପ୍ରଦାସ୍ୟାମି ସ୍ନାନାର୍ଥଂ ପ୍ରତିଗୃହ୍ୟତାମ୍ ।
ଓଁ ମହାଲକ୍ଷ୍ମ୍ୟୈ ନମଃ, ଘୃତସ୍ନାନଂ ସମର୍ପୟାମି, ଘୃତସ୍ନାନାନ୍ତେ ଶୁଦ୍ଧୋଦକ ସ୍ନାନଂ ସମର୍ପୟାମି । (ଘୃତସ୍ନାନ ପରେ ପୁନଃ ଶୁଦ୍ଧ ସ୍ନାନ କରାଇବ ।)

ମଧୁସ୍ନାନ: ତରୁପୁଷ୍ପସମୁଦ୍ଭୂତମ୍ ସୁସ୍ୱାଦୁ ମଧୁରଂ ମଧୁ ।
ତେଜଃ ପୁଷ୍ଟିକରଂ ଦିବ୍ୟଂ ସ୍ନାନାର୍ଥଂ ପ୍ରତିଗୃହ୍ୟତାମ୍ ॥
ଓଁ ମହାଲକ୍ଷ୍ମ୍ୟୈ ନମଃ, ମଧୁସ୍ନାନଂ ସମର୍ପୟାମି । (ମଧୁସ୍ନାନ ପରେ ଶୁଦ୍ଧ ଜଳରେ ସ୍ନାନ କରାଇବ ।)

ଶର୍କରାସ୍ନାନ: ଇକ୍ଷୁସାରସମୁଦ୍ଭୂତା ଶର୍କରା ପୁଷ୍ଟିକାରିକା ।
ମଳାପହାରିକା ଦିବ୍ୟା ସ୍ନାନାର୍ଥଂ ପ୍ରତିଗୃହ୍ୟତାମ୍ ।
ଓଁ ମହାଲକ୍ଷ୍ମ୍ୟୈ ନମଃ, ଶର୍କରାସ୍ନାନଂ ସମର୍ପୟାମି, ଶର୍କରାସ୍ନାନାନ୍ତେ ପୁନଃ ଶୁଦ୍ଧୋଦକ ସ୍ନାନଂ ସମର୍ପୟାମି । (ଶର୍କରାସ୍ନାନ ପରେ ଶୁଦ୍ଧ ଜଳରେ ସ୍ନାନ କରାଇବ ।)

ପଞ୍ଚାମୃତ ସ୍ନାନ: ପୟୋ ଦଧିଘୃତଂ ଚୈବ ମଧୁଶର୍କରୟାନ୍ୱିତମ୍ ।
ପଞ୍ଚାମୃତଂ ମୟାନୀତଂ ସ୍ନାନାର୍ଥଂ ପ୍ରତିଗୃହ୍ୟତାମ୍ ॥
ଓଁ ମହାଲକ୍ଷ୍ମ୍ୟୈ ନମଃ, ପଞ୍ଚାମୃତସ୍ନାନଂ ସମର୍ପୟାମି, ପଞ୍ଚାମୃତ ସ୍ନାନାନ୍ତେ ଶୁଦ୍ଧୋଦକ ସ୍ନାନଂ ସମର୍ପୟାମି । (ପଞ୍ଚାମୃତ ସ୍ନାନ ପରେ ଶୁଦ୍ଧୋଦକ ସ୍ନାନ କରାଇବ ।) ଶୁଦ୍ଧୋଦକ ସ୍ନାନପରେ 'ଓଁ ମହାଲକ୍ଷ୍ମ୍ୟୈ ନମଃ' କହି ଆଚମନୀୟ ଜଳ ଅର୍ପଣ କରିବ ।

ବସ୍ତ୍ର : ଦିବ୍ୟାମ୍ବରଂ ନୂତନଂ ହି କ୍ଷୌମଂ ତ୍ୱତିମନୋହରମ୍ ।
ଦୀୟମାନଂ ମୟା ଦେବି ଗୃହାଣ ଜଗଦମ୍ବିକେ ।
ଓଁ ମହାଲକ୍ଷ୍ମ୍ୟୈ ନମଃ । ବସ୍ତ୍ରଂ ସମର୍ପୟାମି, ଆଚମନୀୟଂ ଜଳଂ ଚ ସମର୍ପୟାମି । (ବସ୍ତ୍ରଦାନ ପରେ ଆଚମନୀୟ ଜଳ ପ୍ରଦାନ କରିବ ।)

ଉପବସ୍ତ୍ର: (ଉତ୍ତରୀୟ) କଞ୍ଚୁକୀୟମୁପବସ୍ତ୍ରଂ ଚ ନାନାରତ୍ନୈଃ ସମନ୍ୱିତମ୍ ।
ଗୃହାଣ ତ୍ୱଂ ମୟା ଦତ୍ତଂ ମଙ୍ଗଳେ ଜଗଦୀଶ୍ୱରୀ ॥
ଓଁ ମହାଲକ୍ଷ୍ମ୍ୟୈ ନମଃ । ଉପବସ୍ତ୍ରଂ ସମର୍ପୟାମି, ଆଚମନୀୟଂ ଜଳଂ

ଚ ସମର୍ପୟାମି । (ଉତ୍ତରୀୟ ବସ୍ତ୍ର ଦେଇ ଆଚମନୀୟ ଜଳ ଦେବା ।)

ମଧୁପର୍କ: କାଂସ୍ୟେ, କାଂସ୍ୟେନ ପିହିତୋ ଦଧିମଧ୍ୱାଜ୍ୟସଂଯୁତଃ ।
ମଧୁପର୍କୋ ମୟାନୀତଃ ପୂଜାର୍ଥଂ ପ୍ରତିଗୃହ୍ୟତାମ୍ ॥
ଓଁ ମହାଲକ୍ଷ୍ମ୍ୟୈ ନମଃ । ମଧୁପର୍କଂ ସମର୍ପୟାମି, ଆଚମନୀୟଂ ଜଳଂ ଚ ସମର୍ପୟାମି । (କାଂସ୍ୟ ପାତ୍ରସ୍ଥିତ ମଧୁପର୍କ ସମର୍ପଣ କରି ଆଚମନ ଜଳ ଦେବ ।)

ଆଭୂଷଣ (ଅଳଙ୍କାର): ରତ୍ନକଙ୍କଣବୈଦୂର୍ଯ୍ୟମୁକ୍ତାହାରାଦିକାନି ଚ ।
ସୁପ୍ରସନ୍ନେନ ମନସା ଦତ୍ତାନି ସ୍ୱୀକୁରୁଷ୍ୱ ଭୋଃ ॥
ଓଁ ମହାଲକ୍ଷ୍ମ୍ୟୈ ନମଃ । ନାନାବିଧାନି କୁଣ୍ଡଳକଟକାଦୀନି ଆଭୂଷଣାନି ସମର୍ପୟାମି । (ଅଳଙ୍କାର ସମର୍ପଣ କରିବ ।)

ଗନ୍ଧ : ଶ୍ରୀଖଣ୍ଡଂ ଚନ୍ଦନଂ ଦିବ୍ୟଂ ଗନ୍ଧାଢ୍ୟଂ ସୁମନୋହରମ୍ ।
ବିଲେପନଂ ସୁରଶ୍ରେଷ୍ଠେ ଚନ୍ଦନଂ ପ୍ରତିଗୃହ୍ୟତାମ୍ ॥
ଓଁ ଗନ୍ଧଦ୍ୱାରାଂ ଦୁରାଧର୍ଷାଂ ନିତ୍ୟପୁଷ୍ଟାଂ କରୀଷିଣୀମ୍ ।
ଈଶ୍ୱରୀଂ ସର୍ବଭୂତାନାଂ ତ୍ୱାମିହୋପ ହ୍ୱୟେ ଶ୍ରିୟମ୍ ।
ଓଁ ମହାଲକ୍ଷ୍ମ୍ୟୈ ନମଃ । ଗନ୍ଧଂ ସମର୍ପୟାମି । (ଅନାମିକା ଅଂଗୁଳିରେ କେସରାଦି ମିଶ୍ରିତ ଚନ୍ଦନ ଅର୍ପଣ କରିବ ।)

ରକ୍ତଚନ୍ଦନ: ରକ୍ତଚନ୍ଦନସମ୍ମିଶ୍ରଂ ପାରିଜାତ ସମୁଦ୍ଭବମ୍ ।
ମୟାଦତ୍ତଂ ମହାଲକ୍ଷ୍ମି ଚନ୍ଦନଂ ପ୍ରତିଗୃହ୍ୟତାମ୍ ॥
ଓଁ ମହାଲକ୍ଷ୍ମ୍ୟୈ ନମଃ । ରକ୍ତଚନ୍ଦନଂ ସମର୍ପୟାମି । (ଅନାମିକା ଆଙ୍ଗୁଠିରେ ରକ୍ତଚନ୍ଦନ ଲଗାଇବ ।)

ସିନ୍ଦୂର : ସିନ୍ଦୂରଂ ରକ୍ତବର୍ଣ୍ଣଂ ଚ ସିନ୍ଦୂରତିଳକପ୍ରିୟେ ।
ଭକ୍ତ୍ୟା ଦତ୍ତଂ ମୟାଦେବି ସିନ୍ଦୂରଂ ପ୍ରତିଗୃହ୍ୟତାମ୍ ॥
ଓଁ ସିନ୍ଧୋରିବ ପ୍ରାଧ୍ୱନେ ଶୂଘନାସୋ ବାତ ପ୍ରମିୟଃ ପତୟନ୍ତି ୟହ୍ୱାଃ ।
ଘୃତସ୍ୟ ଧାରା ଅରୁଷୋ ନ ବାଜୀ କାଷ୍ଠା ଭିନ୍ଦନ୍ନୂର୍ମିଭିଃ ପିନ୍ୱମାନଃ ।
ଓଁ ମହାଲକ୍ଷ୍ମ୍ୟୈ ନମଃ । ସିନ୍ଦୂରଂ ସମର୍ପୟାମି । (ଦେବୀଙ୍କୁ ସିନ୍ଦୂର ଦେବ ।)

କୁଙ୍କୁମ : କୁଙ୍କୁମଂ କାମଦଂ ଦିବ୍ୟଂ କୁଙ୍କୁମଂ କାମରୂପିଣମ୍ ।
ଅଖଣ୍ଡକାମସୌଭାଗ୍ୟଂ କୁଙ୍କୁମଂ ପ୍ରତିଗୃହ୍ୟତାମ୍ ॥
ଓଁ ମହାଲକ୍ଷ୍ମ୍ୟୈ ନମଃ । କୁଙ୍କୁମଂ ସମର୍ପୟାମି । (କୁଙ୍କୁମ ଅର୍ପଣ କରିବ ।)

ପୁଷ୍ପସାର (ଅତର): ତୈଳାନି ଚ ସୁଗନ୍ଧୀନି ଦ୍ରବ୍ୟାଣି ବିବିଧାନି ଚ ।
ମୟା ଦତ୍ତାନି ଲେପାର୍ଥଂ ଗୃହାଣ ପରମେଶ୍ୱରି ॥
ଓଁ ମହାଲକ୍ଷ୍ମ୍ୟୈ ନମଃ । ସୁଗନ୍ଧିତ ତୈଳଂ ପୁଷ୍ପସାରଂ ଚ ସମର୍ପୟାମି । (ସୁଗନ୍ଧିତ ତେଲ-ଅତର ପ୍ରଦାନ କରିବ ।)

ଅକ୍ଷତ : ଅକ୍ଷତାଶ୍ଚ ସୁରେଶ୍ରେଷ୍ଠେ କୁଙ୍କୁମାକ୍ତାଃ ସୁଶୋଭିତାଃ ।
ମୟା ନିବେଦିତା ଭକ୍ତ୍ୟା ଗୃହାଣ ପରମେଶ୍ୱରୀ ॥
ଓଁ ମହାଲକ୍ଷ୍ମ୍ୟୈ ନମଃ । ଅକ୍ଷତାନ୍ ସମର୍ପୟାମି । (କୁଙ୍କୁମାକ୍ତ ଅକ୍ଷତ ଅର୍ପଣ କରିବ)

ପୁଷ୍ପ ଏବଂ ପୁଷ୍ପମାଳା: ମାଲ୍ୟାଦୀନି ସୁଗନ୍ଧୀନି ମାଲତ୍ୟାଦୀନି ବୈ ପ୍ରଭୋ ।
ମୟାନୀତାନି ପୁଷ୍ପାଣି ପୂଜାର୍ଥଂ ପ୍ରତିଗୃହ୍ୟତାମ୍ ।
ଓଁ ମହାଲକ୍ଷ୍ମ୍ୟୈ ନମଃ । ପୁଷ୍ପଂପୁଷ୍ପମାଳାଂ ଚ ସମର୍ପୟାମି । (ଦେବୀଙ୍କୁ ପୁଷ୍ପ ଓ ପୁଷ୍ପମାଳାରେ ଅଳଂକୃତ କରିବ ।)

ଦୂର୍ବା : ବିଷ୍ଣବାଦିସର୍ବଦେବାନାଂ ପ୍ରିୟାଂ ସର୍ବସୁଶୋଭନାମ୍ ।
କ୍ଷୀରସାଗରସମ୍ଭୂତେ ଦୂର୍ବାଂ ସ୍ୱୀକୁରୁ ସର୍ବଦା ।
ଓଁ ମହାଲକ୍ଷ୍ମ୍ୟୈ ନମଃ । ଦୂର୍ବାଙ୍କୁରାନ ସମର୍ପୟାମି । (ଦେବୀଙ୍କୁ ଦୁବ ଦେବ ।)

ଧୂପ: ବନସ୍ପତି ରସୋଦ୍ଭୂତୋ ଗନ୍ଧାଢ୍ୟୋଃ ସୁମନୋହରଃ ।
ଆଘ୍ରେୟଃ ସର୍ବଦେବାନାଂ ଧୂପୋଽୟଂ ପ୍ରତିଗୃହ୍ୟତାମ୍ ॥
ଓଁ ମହାଲକ୍ଷ୍ମ୍ୟୈ ନମଃ । ଧୂପମାଘ୍ରାପୟାମି । (ଦେବୀଙ୍କୁ ଧୂପ ଆଘ୍ରାଣ କରାଇବ ।)

ଦୀପ : କାର୍ପାସବର୍ତ୍ତିସଂଯୁକ୍ତଂ ଘୃତଯୁକ୍ତଂ ମନୋହରମ୍ ।
ତମୋନାଶକରଂ ଦୀପଂ ଗୃହାଣ ପରମେଶ୍ୱରି ॥

ଓଁ ମହାଲକ୍ଷ୍ମ୍ୟୈ ନମଃ । ଦୀପଂ ଦର୍ଶୟାମି । (ଦୀପ ଦେଖାଇ ହାତ ଧୋଇବ ।)

ନୈବେଦ୍ୟ : ନୈବେଦ୍ୟଂ ଗୃହ୍ୟତାଂ ଦେବି ଭକ୍ଷ୍ୟଭୋଜ୍ୟସମନ୍ୱିତମ୍ ।
ଷଡ୍‌ରସୈରନ୍ୱିତଂ ଦିବ୍ୟଂ ଲକ୍ଷ୍ମିଦେବୀ ନମୋଽସ୍ତୁତେ ॥
ଓଁ ମହାଲକ୍ଷ୍ମ୍ୟୈ ନମଃ । ନୈବେଦ୍ୟଂ ନିବେଦୟାମି, ମଧ୍ୟେ ପାନୀୟମ୍, ଉତ୍ତରାପୋଽଶନାର୍ଥଂ ହସ୍ତପ୍ରକ୍ଷାଳନାର୍ଥଂ ମୁଖପ୍ରକ୍ଷାଳନାର୍ଥଂ ଚ ଜଳଂ ସମର୍ପୟାମି । (ଦେବୀଙ୍କୁ ନୈବେଦ୍ୟ ନିବେଦନ କରିବା ପରେ ପାନୀୟ ଜଳ ଏବଂ ହାତ ଧୋଇବା ନିମନ୍ତେ ଜଳ ଦେବ ।)

ଋତୁଫଳ : ଫଳେନ ଫଳିତଂ ସର୍ବଂ ତ୍ରୈଲୋକ୍ୟଂ ସଚରାଚରମ୍ ।
ତସ୍ମାତ୍ ଫଳପ୍ରଦାନେନ ପୂର୍ଣ୍ଣାଃ ସନ୍ତୁ ମନୋରଥାଃ ॥
ଓଁ ମହାଲକ୍ଷ୍ମ୍ୟୈ ନମଃ । ଅଖଣ୍ଡଋତୁଫଳଂ ସମର୍ପୟାମି, ଆଚମନୀୟଂ ଜଳଂ ଚ ସମର୍ପୟାମି । (ଋତୁଫଳ ଅର୍ପଣ କରି ଆଚମନୀୟ ଜଳ ଦେବ ।)

ତାମ୍ବୁଲ-ପୁଗୀଫଳ : ପୁଗୀଫଳଂ ମହଦ୍‌ଦିବ୍ୟଂ ନାଗବଲ୍ଲୀଦଳୈର୍ଯୁତମ୍ ।
ଏଳାଚୂର୍ଣ୍ଣାଦିସଂଯୁକ୍ତଂ ତାମ୍ବୁଲଂ ପ୍ରତିଗୃହ୍ୟତାମ୍ ॥
ଓଁ ଆର୍ଦ୍ରାଂ ଯଃ କରିଣୀଂ ଯଷ୍ଟିଂ
ସୁବର୍ଣ୍ଣାଂ ହେମମାଳିନୀମ୍ ।
ସୂର୍ଯ୍ୟାଂ ହିରଣ୍ମୟୀଂ ଲକ୍ଷ୍ମୀଂ ଜାତବେଦୋ
ମ ଆ ବହ ॥
ଓଁ ମହାଲକ୍ଷ୍ମ୍ୟୈ ନମଃ । ମୁଖବାସାର୍ଥେ ତାମ୍ବୁଲଂ ସମର୍ପୟାମି । (ଅଳେଇଚ, ଲବଙ୍ଗ, ଗୁଆ ସଂଯୁକ୍ତ କରି ପାନ ସମର୍ପଣ କରିବ ।)

ଦକ୍ଷିଣା : ହିରଣ୍ୟଗର୍ଭଗର୍ଭସ୍ଥଂ ହେମବୀଜଂ ବିଭାବସୋଃ ।
ଅନନ୍ତପୁଣ୍ୟଫଳଦମତଃ ଶାନ୍ତିଂ ପ୍ରୟଚ୍ଛ ମେ ॥
ଓଁ ମହାଲକ୍ଷ୍ମ୍ୟୈ ନମଃ । ଦକ୍ଷିଣାଂ ସମର୍ପୟାମି । (ଦକ୍ଷିଣା ଦେବ)

ନୀରାଜନ (ଆଳତି) : ଚକ୍ଷୁର୍ଦଂ ସର୍ବଲୋକାନାଂ ତିମିରସ୍ୟ ନିବାରଣମ୍ ।
ଆର୍ତ୍ତିକ୍ୟଂ କଳ୍ପିତଂ ଭକ୍ତ୍ୟା ଗୃହାଣ ପରମେଶ୍ୱରି ॥

ଓଁ ମହାଲକ୍ଷ୍ମ୍ୟୈ ନମଃ । ନୀରାଜନଂ ସମର୍ପୟାମି । (ଆଳତି କରି ଜଳଦେବ ଓ ହାତ ଧୋଇବ ।)

ପୁଷ୍ପାଞ୍ଜଳି : ନମଃ ଦେବୀମହାଲକ୍ଷ୍ମୀ ସର୍ବସଂପଦଦାୟିନୀ ।
ସର୍ବଦୁଃଖହାରିଦେବୀ ଗୃହାଣ କୁସୁମାଞ୍ଜଳିମ୍ ॥

ବା ଓଁ ଯା ଶ୍ରୀଃ ସ୍ୱୟଂ ସୁକୃତିନାଂ ଭବନେଷ୍ୱଲକ୍ଷ୍ମୀଃ
ପାପାତ୍ମନା କୃତଧିୟାଂ ହୃଦୟେଷୁ ବୃଦ୍ଧିଃ ।
ଶ୍ରଦ୍ଧାସତାଂ କୁଳଜନ ପ୍ରଭବସ୍ୟ ଲଜ୍ଜା ।
ତାଂ ତ୍ୱଂ ନତାଃ ସ୍ମ ପରିପାଳୟ ଦେବି ବିଶ୍ୱମ୍ ॥
ଓଁ ମହାଲକ୍ଷ୍ମ୍ୟୈ ନମଃ, ମନ୍ତ୍ର ପୁଷ୍ପାଞ୍ଜଳିଂ ସମର୍ପୟାମି ।

କ୍ଷମା ପ୍ରାର୍ଥନା : ମନ୍ତ୍ରତନ୍ତ୍ରକ୍ରିୟାଚାରଂ ଭାବଭକ୍ତ୍ୟାନ୍ୟଥାକୃତମ୍ ।
ଯଦର୍ଚ୍ଚିତଂ ମୟା ଦେବି ପରିପୂର୍ଣ୍ଣଂ ତଦସ୍ତୁ ମେ ॥
ଆବହନଂ ନ ଜାନାମି ନ ଜାନାମି ବିସର୍ଜନମ୍ ।
ପୂଜାଂ ଚୈବ ନ ଜାନାମି କ୍ଷମସ୍ୱ ପରମେଶ୍ୱରି ॥
ଅପରାଧସହସ୍ର କ୍ରିୟନ୍ତେଽହର୍ନିଶଂ ମୟା ।
ଦାସୋଽୟମିତି ମାଂ ମତ୍ୱା କ୍ଷମସ୍ୱ ପରେମଶ୍ୱରି ॥
ପୁଣି ପ୍ରଣାମ କରିବା 'ଓଁ ଅନେନ ଯଥାଶକ୍ତ୍ୟର୍ଚନେନ ଶ୍ରୀମହାଲକ୍ଷ୍ମୀଃ ପ୍ରସୀଦତୁ'– ଏହା କହି ଜଳ ଦେବ ।

ପ୍ରଦକ୍ଷିଣାଃ : ଯାନି କାନି ଚ ପାପାନି ଜନ୍ମାନ୍ତରକୃତାନି ଚ ।
ତାନି ସର୍ବାଣି ନଶ୍ୟନ୍ତୁ ପ୍ରଦକ୍ଷିଣପଦେ ପଦେ ॥
ଓଁ ମହାଲକ୍ଷ୍ମ୍ୟୈ ନମଃ, ପ୍ରଦକ୍ଷିଣାଂ ସମର୍ପୟାମି । (ପ୍ରଦକ୍ଷିଣା କରିବ)

ପ୍ରାର୍ଥନା ଓ ପ୍ରଣାମ : ସୁରାସୁରେନ୍ଦ୍ରାଦିକିରୀଟମୌକ୍ତିକୈ–
ର୍ଯୁକ୍ତଂ ସଦା ଯତ୍ତବ ପାଦପଙ୍କଜମ୍ ।
ପରାବରଂ ପାତୁ ବରଂ ସୁମଙ୍ଗଳଂ
ନମାମି ଭକ୍ତ୍ୟାଖିଳକାମସିଦ୍ଧୟେ ॥
ଭବାନି ତ୍ୱଂ ମହାଲକ୍ଷ୍ମୀଃ ସର୍ବକାମ ପ୍ରଦାୟିନୀ ।
ସୁପୂଜିତା ପ୍ରସନ୍ନା ସ୍ୟାନ୍ମହାଲକ୍ଷ୍ମି ! ନମୋସ୍ତୁତେ ॥

ନମସ୍ତେ ସର୍ବଦେବାନାଂ ବରଦାସି ହରିପ୍ରିୟେ ।
ଯା ଗତିସ୍ତ୍ୱତ୍ପ୍ରପନ୍ନାନାଂ ସା ମେ ଭୂୟାତ୍ ତ୍ୱଦର୍ଚ୍ଚନାତ୍ ॥
ଓଁ ମହାଲକ୍ଷ୍ମ୍ୟୈ ନମଃ । ପ୍ରାର୍ଥନାପୂର୍ବକଂ ନମସ୍କାରାନ୍ ସମର୍ପୟାମି ।
(ପ୍ରାର୍ଥନା କରି ନମସ୍କାର କରିବ ।)

ସମର୍ପଣ : ପୂଜା ଶେଷରେ -କୃତେନାନେନ ପୂଜନେନ ଭଗବତୀ ମହାଲକ୍ଷ୍ମୀ ଦେବୀ ପ୍ରୀୟତାମ୍, ନ ମମ ।
(ଏହି ବାକ୍ୟ ଉଚ୍ଚାରଣ କରି ସମସ୍ତ ପୂଜାକର୍ମ ଭଗବତୀ ମହାଲକ୍ଷ୍ମୀଙ୍କୁ ସମର୍ପଣ କରିବ ଓ ଜଳ ଦେବ ।)

ବିସର୍ଜନ : ପୂଜା ଶେଷରେ ହାତରେ ଅକ୍ଷତ ନେଇ ମହାଲକ୍ଷ୍ମୀଙ୍କୁ ଛାଡ଼ି ଅନ୍ୟ ସମସ୍ତ ଆବାହିତ, ପ୍ରତିଷ୍ଠିତ ଏବଂ ପୂଜିତ ଦେବତାଙ୍କ ଉପରେ ଅକ୍ଷତ ପକାଇବ ଓ ନିମ୍ନ ମନ୍ତ୍ରରେ ବିସର୍ଜିତ କରିବ–

ଯାନ୍ତୁ ଦେବଗଣାଃ ସର୍ବେ ପୂଜାମାଦାୟ ମାମକୀମ୍ ।
ଇଷ୍ଟ କାମସମୃଦ୍ଧ୍ୟର୍ଥଂ ପୁନରାଗମନାୟ ଚ ॥

ଗଜଲକ୍ଷ୍ମୀ ପୂଜା ଚିତ୍ର (ପୃ.୩୭୨)

ଶ୍ରୀ ମହାଲକ୍ଷ୍ମୀଙ୍କର ବିବିଧ ସ୍ତୋତ୍ରମାଳା

କ) ଶ୍ରୀମହାଲକ୍ଷ୍ମ୍ୟଷ୍ଟକସ୍ତୋତ୍ରମ୍

ଇନ୍ଦ୍ର ଉବାଚ

ନମସ୍ତେଽସ୍ତୁ ମହାମାୟେ ଶ୍ରୀପୀଠେ ସୁରପୂଜିତେ ।
ଶଙ୍ଖଚକ୍ରଗଦାହସ୍ତେ ମହାଲକ୍ଷ୍ମି ନମୋଽସ୍ତୁତେ ॥୧॥

ନମସ୍ତେ ଗରୁଡ଼ାରୂଢ଼େ କୋଲାସୁରଭୟଙ୍କରି ।
ସର୍ବପାପହରେ ଦେବି ମହାଲକ୍ଷ୍ମି ନମୋଽସ୍ତୁତେ ॥୨॥

ସର୍ବଜ୍ଞେ ସର୍ବବରଦେ ସର୍ବଦୁଷ୍ଟଭୟଙ୍କରି ।
ସର୍ବଦୁଃଖହରେ ଦେବି ମହାଲକ୍ଷ୍ମି ନମୋଽସ୍ତୁତେ ॥୩॥

ସିଦ୍ଧିବୁଦ୍ଧିପ୍ରଦେ ଦେବି ଭକ୍ତିମୁକ୍ତି- ପ୍ରଦାୟିନି ।
ମନ୍ତ୍ରପୂତେ ସଦା ଦେବି ମହାଲକ୍ଷ୍ମି ନମୋଽସ୍ତୁତେ ॥୪॥

ଆଦ୍ୟନ୍ତରହିତେ ଦେବି ଆଦ୍ୟାଶକ୍ତି ମହେଶ୍ୱରି ।
ଯୋଗଜେ ଯୋଗସମ୍ଭୂତେ ମହାଲକ୍ଷ୍ମି ନମୋଽସ୍ତୁତେ ॥୫॥

ସ୍ଥୂଳସୂକ୍ଷ୍ମ ମହାରୌଦ୍ରେ ମହାଶକ୍ତି ମହୋଦରେ ।
ମହାପାପହରେ ଦେବି ମହାଲକ୍ଷ୍ମି ନମୋଽସ୍ତୁତେ ॥୬॥

ପଦ୍ମାସନସ୍ଥିତେ ଦେବି ପରଂବ୍ରହ୍ମସ୍ୱରୂପିଣି ।
ପରମେଶିଜଗନ୍ମାତର୍ମହାଲକ୍ଷ୍ମୀ ନମୋଽସ୍ତୁତେ ॥୭॥

ଶ୍ୱେତାମ୍ବରଧରେ ଦେବି ନାନାଳଂକାରଭୂଷିତେ ।
ଜଗତସ୍ଥିତେ ଜଗନ୍ମାତର୍ମହାଲକ୍ଷ୍ମି ନମୋଽସ୍ତୁତେ ॥୮॥

ମହାଲକ୍ଷ୍ମ୍ୟଷ୍ଟକଂ ସ୍ତୋତ୍ରଂ ଯଃ ପଠେତ୍ ଭକ୍ତିମାନ୍ ନରଃ ।
ସର୍ବସିଦ୍ଧିମବାପ୍ନୋତି ରାଜ୍ୟଂ ପ୍ରାପ୍ନୋତି ସର୍ବଦା ॥୯॥

ଏକକାଳଂ ପଠେନ୍ନିତ୍ୟଂ ମହାପାପଂ ବିନାଶନମ୍ ।
ଦ୍ୱିକାଳଂ ଯଃ ପଠେନ୍ନିତ୍ୟଂ ଧନଧାନ୍ୟସମନ୍ୱିତଃ ॥୧୦।

ତ୍ରିକାଳଂ ଯଃ ପଠେନ୍ନିତ୍ୟଂ ମହାଶତ୍ରୁବିନାଶନମ୍ ।
ମହାଲକ୍ଷ୍ମୀର୍ଭବେନ୍ନିତ୍ୟଂ ପ୍ରସନ୍ନା-ବରଦା-ଶୁଭା ॥୧୧॥

ଇତୀନ୍ଦ୍ରକୃତଂ ଶ୍ରୀମହାଲକ୍ଷ୍ମ୍ୟଷ୍ଟକସ୍ତୋତ୍ରଂ ସମାପ୍ତମ୍ ॥

ଖ) ଶ୍ରୀସୂକ୍ତମ୍

ଓଁ ହିରଣ୍ୟବର୍ଣ୍ଣାଂ ହରିଣୀଂ ସୁବର୍ଣ୍ଣରଜତସ୍ରଜାମ୍ ।
ଚନ୍ଦ୍ରାଂ ହିରଣ୍ମୟୀଂ ଲକ୍ଷ୍ମୀଂ ଜାତବେଦୋ ମ ଆ ବହ ॥୧॥
ତାଂ ମ ଆ ବହ ଜାତବେଦୋ ଲକ୍ଷ୍ମୀମନପଗାମିନୀମ୍ ।
ଯସ୍ୟାଂ ହିରଣ୍ୟଂ ବିନ୍ଦେୟଂ ଗାମଶ୍ୱଂ ପୁରୁଷାନହମ୍ ॥୨॥
ଅଶ୍ୱପୂର୍ବାଂ ରଥମଧ୍ୟାଂ ହସ୍ତିନାଦପ୍ରମୋଦିନୀମ୍ ।
ଶ୍ରିୟଂ ଦେବୀମୁପ ହ୍ୱୟେ ଶ୍ରୀର୍ମା ଦେବୀ ଜୁଷତାମ୍ ॥୩॥
କାଂ ସୋସ୍ମିତାଂ ହିରଣ୍ୟପ୍ରାକାରାମାର୍ଦ୍ରାଂ ଜ୍ୱଲନ୍ତୀଂ ତୃପ୍ତାଂ ତର୍ପୟନ୍ତୀମ୍ ।
ପଦ୍ମେସ୍ଥିତାଂ ପଦ୍ମବର୍ଣ୍ଣାଂ ତାମିହୋପ ହ୍ୱୟେ ଶ୍ରିୟମ୍ ॥୪॥
ଚନ୍ଦ୍ରାଂ ପ୍ରଭାସାଂ ଯଶସା ଜ୍ୱଲନ୍ତୀଂ ଶ୍ରିୟଂ ଲୋକେ ଦେବଜୁଷ୍ଟାମୁଦାରାମ୍ ।
ତାଂ ପଦ୍ମିନୀମୀଂ ଶରଣଂ ପ୍ର ପଦ୍ୟେ ଅଲକ୍ଷ୍ମୀର୍ମେ ନଶ୍ୟତାଂ ତ୍ୱାଂ ବୃଣେ ॥୫॥
ଆଦିତ୍ୟବର୍ଣ୍ଣେ ତପସୋଽଧି ଜାତୋ ବନସ୍ପତିସ୍ତବ ବୃକ୍ଷୋଽଥ ବିଲ୍ୱଃ ।
ତସ୍ୟ ଫଳାନି ତପସା ନୁଦନ୍ତୁ ଯା ଅନ୍ତରା ଯାଶ୍ଚ ବାହ୍ୟା ଅଲକ୍ଷ୍ମୀଃ ॥୬॥
ଉପୈତୁ ମାଂ ଦେବସଖଃ କୀର୍ତ୍ତିଶ୍ଚ ମଣିନା ସହ ।
ପ୍ରାଦୁର୍ଭୂତୋଽସ୍ମି ରାଷ୍ଟ୍ରେଽସ୍ମିନ୍ କୀର୍ତ୍ତିମୃଦ୍ଧିଂ ଦଦାତୁ ମେ ॥୭॥

କ୍ଷୁତ୍‌ପିପାସାମଲାଂ ଜ୍ୟେଷ୍ଠାମଲକ୍ଷ୍ମୀଂ ନାଶୟାମ୍ୟହମ୍ ।
ଅଭୂତିମସମୃଦ୍ଧିଂ ଚ ସର୍ବାଂ ନିର୍ଣ୍ଣୁଦ ମେ ଗୃହାତ୍ ॥୮॥
ଗନ୍ଧଦ୍ୱାରାଂ ଦୁରାଧର୍ଷାଂ ନିତ୍ୟପୁଷ୍ଟାଂ କରୀଷିଣୀମ୍ ।
ଈଶ୍ୱରୀଂ ସର୍ବଭୂତାନାଂ ତାମିହୋପ ହ୍ୱୟେ ଶ୍ରିୟମ୍ ॥୯॥
ମନସଃ କାମମାକୂତିଂ ବାଚଃ ସତ୍ୟମଶୀମହି ।
ପଶୂନାଂ ରୂପମନ୍ନସ୍ୟ ମୟି ଶ୍ରୀଃ ଶ୍ରୟତାଂ ଯଶଃ ॥୧୦॥
କର୍ଦମେନ ପ୍ରଜା ଭୂତା ମୟି ସମ୍ଭବ କର୍ଦମ ।
ଶ୍ରିୟଂ ବାସୟ ମେ କୁଳେ ମାତରଂ ପଦ୍ମମାଳିନୀମ୍ ॥୧୧॥
ଆପଃ ସୃଜନ୍ତୁ ସ୍ନିଗ୍ଧାନି ଚିକ୍ଲୀତ ବସ ମେ ଗୃହେ ।
ନି ଚ ଦେବୀଂ ମାତରଂ ଶ୍ରିୟଂ ବାସୟ ମେ କୁଳେ ॥୧୨॥
ଆର୍ଦ୍ରାଂ ପୁଷ୍କରିଣୀଂ ପୁଷ୍ଟିଂ ପିଙ୍ଗଳାଂ ପଦ୍ମମାଳିନୀମ୍ ।
ଚନ୍ଦ୍ରାଂ ହିରଣ୍ମୟୀଂ ଲକ୍ଷ୍ମୀଂ ଜାତବେଦୋ ମ ଆ ବହ ॥୧୩॥
ଆର୍ଦ୍ରାଂ ଯଃ କାରିଣୀଂ ଯଷ୍ଟିଂ ସୁବର୍ଣ୍ଣାଂ ହେମମାଳିନୀମ୍ ।
ସୂର୍ଯ୍ୟାଂ ହରିଣ୍ମୟୀଂ ଲକ୍ଷ୍ମୀଂ ଜାତବେଦୋ ମ ଆ ବହ ॥୧୪॥
ତାଂ ମ ଆ ବହ ଜାତବେଦୋ ଲକ୍ଷ୍ମୀମନପଗାମିନୀମ୍ ।
ଯସ୍ୟାଂ ହରିଣ୍ୟଂ ପ୍ରଭୂତଂ ଗାବୋ ଦାସ୍ୟୋଽଶ୍ୱାନ୍ ବିନ୍ଦେୟଂ ପୁରୁଷାନହମ୍ ॥୧୫॥
ଯଃ ଶୁଚିଃ ପ୍ରୟତୋ ଭୂତ୍ୱା ଜୁହୁୟାଦାଜ୍ୟମନ୍ୱହମ୍ ।
ସୂକ୍ତଂ ପଞ୍ଚଦଶର୍ଚ୍ଚଂ ଚ ଶ୍ରୀକାମଃ ସତତଂ ଜପେତ୍ ॥୧୬॥
ପଦ୍ମାନନେ ପଦ୍ମବିପଦ୍ମପତ୍ରେ ପଦ୍ମପ୍ରିୟେ ପଦ୍ମଦଳାୟତାକ୍ଷି ।
ବିଶ୍ୱପ୍ରିୟେ ବିଷ୍ଣୁମନୋଽନୁକୂଳେ ତ୍ୱତ୍‌ପାଦପଦ୍ମଂ ମୟି ସଂ ନି ଧତ୍ସ୍ୱ ॥୧୭॥
ପଦ୍ମାନନେ ପଦ୍ମଉରୂ ପଦ୍ମାକ୍ଷି ପଦ୍ମସମ୍ଭବେ ।
ତନ୍ମେ ଭଜସି ପଦ୍ମାକ୍ଷି ଯେନ ସୌଖ୍ୟଂ ଲଭାମ୍ୟହମ୍ ॥୧୮॥
ଅଶ୍ୱଦାୟି ଗୋଦାୟି ଧନଦାୟି ମହାଧନେ ।
ଧନଂ ମ ଜୁଷତାଂ ଦେବି ସର୍ବକାମାଂଶ୍ଚ ଦେହି ମେ ॥୧୯॥
ପୁତ୍ରପୌତ୍ରଧନଂ ଧାନ୍ୟଂ ହସ୍ତ୍ୟଶ୍ୱାଶ୍ୱତରୀ ରଥମ୍ ।
ପ୍ରଜାନାଂ ଭବସି ମାତା ଆୟୁଷ୍ମନ୍ତଂ କରୋତୁ ମେ ॥୨୦॥

ଶକ୍ତି ଉପାସନା ଓ ବୈଦିକ ଦେବୀତତ୍ତ୍ୱ : ୩୮୧

ଧନମଗ୍ନିର୍ଧନଂ ବାୟୁର୍ଧନଂ ସୂର୍ଯ୍ୟୋ ଧନଂ ବସୁଃ ।
ଧନମିନ୍ଦ୍ରୋ ବୃହସ୍ପତିର୍ବରୁଣୋ ଧନମଶ୍ୱିନା ॥୨୧॥
ବୈନତେୟ ସୋମଂ ପିବ ସୋମଂ ପିବତୁ ବୃତ୍ରହା ।
ସୋମଂ ଧନସ୍ୟ ସୋମିନୋ ମହ୍ୟଂ ଦଦାତୁ ସୋମିନଃ ॥୨୨॥
ନ କ୍ରୋଧୋ ନ ଚ ମାତ୍ସର୍ଯ୍ୟଂ ନ ଲୋଭୋ ନାଶୁଭା ମତିଃ ।
ଭବନ୍ତି କୃତପୁଣ୍ୟାନାଂ ଭକ୍ତ୍ୟା ଶ୍ରୀସୂକ୍ତଜାପିନାମ୍ ॥୨୩॥
ସରସିଜନିଲୟେ ସରୋଜହସ୍ତେ ଧବଳତରାଂଶୁକଗନ୍ଧମାଲ୍ୟଶୋଭେ ।
ଭଗବତି ହରିବଲ୍ଲଭେ ମନୋଜ୍ଞେ ତ୍ରିଭୁବନଭୂତିକରି ପ୍ର ସୀଦ ମହ୍ୟମ୍ ॥୨୪॥
ବିଷ୍ଣୁପତ୍ନୀଂ କ୍ଷମାଂ ଦେବୀଂ ମାଧବୀଂ ମାଧବପ୍ରିୟାମ୍ ।
ଲକ୍ଷ୍ମୀଂ ପ୍ରିୟସଖୀଂ ଭୂମିଂ ନମାମ୍ୟଚ୍ୟୁତବଲ୍ଲଭାମ୍ ॥୨୫॥
ମହାଲକ୍ଷ୍ମ୍ୟୈ ଚ ବିଦ୍ମହେ ବିଷ୍ଣୁପତ୍ନ୍ୟୈ ଚ ଧୀମହି ।
ତନ୍ନୋ ଲକ୍ଷ୍ମୀଃ ପ୍ର ଚୋଦୟାତ୍ ॥୨୬॥
ଆନନ୍ଦଃ କର୍ଦମଃ ଶ୍ରୀଦଶ୍ଚିକ୍ଲୀତ ଇତି ବିଶ୍ରୁତାଃ ।
ଋଷୟଃ ଶ୍ରିୟଃ ପୁତ୍ରାଶ୍ଚ ଶ୍ରୀର୍ଦେବୀର୍ଦେବତା ମତାଃ ॥୨୭॥
ଋଣରୋଗାଦିଦାରିଦ୍ର୍ୟପାପକ୍ଷୁଦପମୃତ୍ୟବଃ ।
ଭୟଶୋକମନସ୍ତାପା ନଶ୍ୟନ୍ତୁ ମମ ସର୍ବଦା ॥୨୮॥
ଶ୍ରୀ ର୍ବର୍ଚସ୍ୱମାୟୁଷ୍ୟମାରୋଗ୍ୟମାବିଧାଚ୍ଛୋଭମାନଂ ମହୀୟତେ ।
ଧନଂ ଧାନ୍ୟଂ ପଶୁଂ ବହୁପୁତ୍ରଲାଭଂ ଶତସମ୍ୱତ୍ସରଂ ଦୀର୍ଘମାୟୁଃ ॥୨୯॥

// ଋଗ୍‌ବେଦୋକ୍ତଂ ଶ୍ରୀସୂକ୍ତଂ ସମ୍ପୂର୍ଣ୍ଣମ୍ //

ଗ) ତ୍ରୈଲୋକ୍ୟମଙ୍ଗଳ ଶ୍ରୀଲକ୍ଷ୍ମୀସ୍ତୋତ୍ରମ୍

ନମଃ କଲ୍ୟାଣଦେ ଦେବି ନମୋଽସ୍ତୁ ହରିବଲ୍ଲଭେ ।
ନମୋ ଭକ୍ତପ୍ରିୟେ ଦେବି ଲକ୍ଷ୍ମୀଦେବି ନମୋଽସ୍ତୁତେ ॥୧॥

ନମୋ ମୟାଗୃହୀତାଙ୍ଗି ନମୋଽସ୍ତୁ ହରିବଲ୍ଲଭେ ।
ସର୍ବେଶ୍ୱରି ନମସ୍ତୁଭ୍ୟଂ ଲକ୍ଷ୍ମୀଦେବି ନମୋଽସ୍ତୁତେ ॥୨॥

ମହାମାୟେ ବିଷ୍ଣୁଧର୍ମପତ୍ନୀରୂପେ ହରିପ୍ରିୟେ ।
ବାଞ୍ଛାଦାତ୍ରି ସୁରେଶାନି ଲକ୍ଷ୍ମୀଦେବି ନମୋଽସ୍ତୁତେ ॥୩॥

ଉଦ୍ୟଦ୍‌ଭାନୁସହସ୍ରାଭେ ନୟନତ୍ରୟଭୂଷିତେ ।
ରତ୍ନାଧାରେ ସୁରେଶାଳି ଲକ୍ଷ୍ମୀଦେବି ନମୋଽସ୍ତୁତେ ॥୪॥

ବିଚିତ୍ରବସନେ ଦେବି ଭବଦୁଃଖବିନାଶିନି ।
କୁଚଭାରନତେ ଦେବି ଲକ୍ଷ୍ମୀଦେବି ନମୋଽସ୍ତୁତେ ॥୫॥

ସାଧକାଭୀଷ୍ଟଦେ ଦେବି ଅନ୍ନଦାନରତେଽନଘେ ।
ବିଶ୍ୱାନନ୍ଦପ୍ରଦେ ମାତର୍ଲକ୍ଷ୍ମୀଦେବି ନମୋଽସ୍ତୁତେ ॥୬॥

ଷଟ୍‌କୋଣପଦ୍ମମଧ୍ୟସ୍ଥେ ଷଡ଼ଙ୍ଗଯୁବତୀମୟେ ।
ବ୍ରହ୍ମାଣ୍ୟାଦି ସ୍ୱରୂପେ କି ଲକ୍ଷ୍ମୀଦେବି ନମୋଽସ୍ତୁତେ ॥୭॥

ଦେବି ତ୍ୱଂ ଚନ୍ଦ୍ରବଦନେ ସର୍ବସାମ୍ରାଜ୍ୟଦାୟିନି ।
ସର୍ବନନ୍ଦକରେ ଦେବି ଲକ୍ଷ୍ମୀଦେବି ନମୋଽସ୍ତୁତେ ॥୮॥

ପୂଜାକାଳେ ପଠେଦ୍ ଯସ୍ତୁ ସ୍ତୋତ୍ରଂ ମେତତ୍ ସମାହିତଃ ।
ତସ୍ୟ ଗେହେ ସ୍ଥିରା ଲକ୍ଷ୍ମୀର୍ଲକ୍ଷ୍ମୀ ଦେବି ନମୋଽସ୍ତୁତେ ॥୯॥

ଘ) ଦେବୀ ମହାଲକ୍ଷ୍ମୀଙ୍କ ଗାୟତ୍ରୀ ମନ୍ତ୍ର

ଓଁ ଶ୍ରୀ ମହାଲକ୍ଷ୍ମ୍ୟୈ ଚ ବିଦ୍ମହେ, ବିଷ୍ଣୁପତ୍ନ୍ୟୈ ଚ ଧୀମହି,
ତନ୍ନୋ ଲକ୍ଷ୍ମୀଃ ପ୍ରଚୋଦୟାତ୍ ॥

ବସନ୍ତ ପଞ୍ଚମୀ

ବିଦ୍ୟାଦାତ୍ରୀ ସରସ୍ୱତୀଙ୍କର ପୂଜାମହୋତ୍ସବ

ଋତୁରାଜ ବସନ୍ତର ଆଗମନରେ ଧରାପୃଷ୍ଠ ଅପରୂପ ଶୋଭା ସୌନ୍ଦର୍ଯ୍ୟରେ ବିମଣ୍ଡିତ ହୋଇଉଠେ । ବିଦ୍ୟାର ଅଧିଷ୍ଠାତ୍ରୀ ଦେବୀ ସରସ୍ୱତୀଙ୍କର ଆଗମନୀ ବାର୍ତ୍ତା କୋକିଳର କୁହୁକୁହୁ ତାନ ଦ୍ୱାରା ସର୍ବତ୍ର ପରିବ୍ୟାପ୍ତ ହେବା ସଂଗେ ସଂଗେ ଚତୁର୍ଦ୍ଦିଗରେ ସୁମଧୁର ଗୁଂଜନ ତଥା ଉଲ୍ଲାସ ଓ ଉଦ୍ଦୀପନା ସୃଷ୍ଟିକରେ । ଦେବୀ ମାତାଙ୍କର ପୂଜା ଅର୍ଚ୍ଚନା ସକାଶେ ଦେବାଦେବୀ, ପ୍ରକୃତି ତଥା ପୃଥିବୀବାସୀ ହୋଇ ଉଠନ୍ତି ଭାବ ବିହ୍ୱଳିତ । ସୁଦୀର୍ଘ ଶୈତ୍ୟର ଜଡ଼ତା ଅବସାନ ପ୍ରାପ୍ତ ହୋଇ ବସନ୍ତର ମଳୟସ୍ପର୍ଶ ସମସ୍ତ ଜୀବଜନ୍ତୁ ଏବଂ ତରୁ ଲତା ମଧ୍ୟରେ ସଂଚାର କରେ ନବ ଜୀବନର ମୃଦୁ ଝଙ୍କାର । ବସନ୍ତ ପଞ୍ଚମୀକୁ ବାଗୀଶ୍ୱରୀ ଜୟନ୍ତୀ, ଶ୍ରୀପଞ୍ଚମୀ ଅଥବା ସରସ୍ୱତୀ ପୂଜା ବୋଲି କୁହାଯାଏ । ବିଦ୍ୟା, ବୁଦ୍ଧି, ଜ୍ଞାନ ଏବଂ ବାଣୀର ଅଧିଷ୍ଠାତ୍ରୀ ଦେବୀ ଭାବରେ ସେ ସର୍ବତ୍ର ପୂଜିତ ହୁଅନ୍ତି । ସୃଷ୍ଟିର ପ୍ରାରମ୍ଭ କାଳରେ ମହାମାୟା ଆଦ୍ୟାଶକ୍ତି ସ୍ୱଲୀଳା ରଚନା କ୍ରମେ ନିଜକୁ ରାଧା, ପଦ୍ମା, ସାବିତ୍ରୀ, ଦୁର୍ଗା ଏବଂ ସରସ୍ୱତୀ -ଏହିପରି ପାଞ୍ଚ ରୂପରେ ଭଗବାନ ଶ୍ରୀକୃଷ୍ଣଙ୍କ ବିଭିନ୍ନ ଅଙ୍ଗରୁ ପ୍ରକଟ କରାଇଥିଲେ । ଦେବୀ ସରସ୍ୱତୀ ଶ୍ରୀକୃଷ୍ଣଙ୍କ କଣ୍ଠ ଦେଶରୁ ସୃଷ୍ଟ ହୋଇଥିବା ଜଣାଯାଏ, ଯାହା ବ୍ରହ୍ମବୈର୍ତ୍ତ ପୁରାଣରେ ଉଲ୍ଲିଖିତ :

"ସା ଚ ଶକ୍ତିଃ ସୃଷ୍ଟିକାଳେ ପଞ୍ଚଧା ଚେଶ୍ୱରେଚ୍ଛୟା ।
ରାଧା ପଦ୍ମା ଚ ସାବିତ୍ରୀ ଦୁର୍ଗାଦେବୀ ସରସ୍ୱତୀ ॥
ବାଗଧିଷ୍ଠାତୃ ଯା ଦେବୀ ଶାସ୍ତ୍ରଜ୍ଞାନପ୍ରଦା ସଦା ।
କୃଷ୍ଣକଣ୍ଠୋଦ୍‌ଭବା ସା ଚ ଯା ଚ ଦେବୀ ସରସ୍ୱତୀ ॥"

(ବ୍ରହ୍ମବୈ.ପୁରାଣ)

ଅନ୍ୟ ଯୁଗରେ ଶ୍ରୀମଦ୍‌ଭାଗବତ ଏବଂ ଶ୍ରୀ ଦୁର୍ଗାସପ୍ତଶତୀ ଅନୁଯାୟୀ ଆଦ୍ୟାଶକ୍ତି-ମହାକାଳୀ, ମହାଲକ୍ଷ୍ମୀ, ମହାସରସ୍ୱତୀ ସ୍ୱରୂପରେ ନିଜକୁ ଉତ୍ପନ୍ନ

କରାଇ ଥିଲେ ବୋଲି କଥିତ ଅଛି । ନିମ୍ନ ଶ୍ଳୋକରୁ ଏହି ତଥ୍ୟର କିଞ୍ଚିତ୍ ଆଭାଷ ପ୍ରାପ୍ତ ହୋଇଥାଏ:

"ବାଙ୍ମାୟା ବ୍ରହ୍ମସୂସ୍ତସ୍ମାତ୍ ଷଷ୍ଠଂ ବକ୍ତ୍ରସମନ୍ୱିତମ୍ ।
ସୂର୍ଯ୍ୟୋଽବାମଶ୍ରୋତ୍ରବିନ୍ଦୁସଂଯୁକ୍ତଷ୍ଟାତ୍ତୃତୀୟକଃ ।
ନାରାୟଣେନ ସମ୍ମିଶ୍ରୋ ବାୟୁଶ୍ଚାଧରଯୁକ୍ ତତଃ ।
ବିଚ୍ଚେ ନବାର୍ଣ୍ଣକୋଽର୍ଣ୍ଣଃ ସ୍ୟାନ୍ମହଦାନନ୍ଦଦାୟକଃ ।"

(ଶ୍ରୀଦେବ୍ୟଥର୍ବ ଶୀର୍ଷମ୍ ଶ୍ଳୋକ ୨୦)

ଅର୍ଥାତ୍ ହେ ଚିତ୍ ସ୍ୱରୂପିଣୀ ମହାସରସ୍ୱତୀ । ହେ ସତ୍‌ରୂପିଣୀ ମହାଲକ୍ଷ୍ମୀ । ହେ ଆନନ୍ଦରୂପିଣୀ ମହାକାଳୀ ! ବ୍ରହ୍ମବିଦ୍ୟା ପ୍ରାପ୍ତି ନିମନ୍ତେ ଆମ୍ଭେ ସର୍ବଦା ତୁମ୍ଭଙ୍କୁ ଧ୍ୟାନ କରୁଛୁ । ହେ ମହାକାଳୀ- ମହାଲକ୍ଷ୍ମୀ -ମହାସରସ୍ୱତୀ ସ୍ୱରୂପିଣୀ ଚଣ୍ଡିକେ ! ତୁମକୁ ନମସ୍କାର । ଅବିଦ୍ୟାରୂପ ରଜ୍ଜୁର ଦୃଢ଼ ଗ୍ରନ୍ଥିକୁ ଉନ୍ମୋଚନ କରି ଆପଣ ମୋତେ ମୁକ୍ତ କରନ୍ତୁ । ପୁଣି **"ମହାଲକ୍ଷ୍ମୀର୍ମହାକାଳୀ ସୈବ ପ୍ରୋକ୍ତା ସରସ୍ୱତୀ । ଈଶ୍ୱରୀ ପୂଣ୍ୟପାପାନାଂ ସର୍ବଲୋକମହେଶ୍ୱରୀ**-(ବୈକୃତିକଂ ରହସ୍ୟମ୍) ଅର୍ଥାତ୍ ସେଇ ଭଗବତୀ ଆଦ୍ୟାଶକ୍ତିଙ୍କୁ ମହାଲକ୍ଷ୍ମୀ, ମହାକାଳୀ ତଥା ମହାସରସ୍ୱତୀ ବୋଲି କୁହାଯାଏ । ସେ ହିଁ ପାପପୁଣ୍ୟର ଅଧିଶ୍ୱରୀ ତଥା ସାରା ସଂସାରର ମହେଶ୍ୱରୀ ଅଟନ୍ତି ।"

ଶାସ୍ତ୍ରଜ୍ଞାନର ପ୍ରଦାନକାରିଣୀ ତଥା ବିଦ୍ୟା, ବୁଦ୍ଧି, ଜ୍ଞାନ ଓ ବାଣୀର ଅଧିଷ୍ଠାତ୍ରୀ ଦେବୀ ଭଗବତୀ ସରସ୍ୱତୀ ନିତ୍ୟ ଶଶାଙ୍କ ସଦନ (ପ୍ରକାଶ ପୁଞ୍ଜ)ରେ ଅବସ୍ଥାନ କରନ୍ତି ଏବଂ ନିଜ ଭକ୍ତମାନଙ୍କ ନିମନ୍ତେ ଜ୍ଞାନର ପ୍ରକାଶ ସଦାସର୍ବଦା ବିତରଣ କରନ୍ତି । ସେ ସ୍ୱୟଂ ଶବ୍ଦବ୍ରହ୍ମ, ଆନନ୍ଦମୟ ଏବଂ ପରମଶୁଦ୍ଧ ଜ୍ଞାନମୟ ଅଟନ୍ତି । ସେ ସତ୍ତ୍ୱଗୁଣ ସମ୍ପନ୍ନା ଅଟନ୍ତି । ଦେବୀ ଅନନ୍ତ ମହିମା ସମ୍ପନ୍ନା ଅଟନ୍ତି । ସେ ଆକାଶ ପରି ଅନନ୍ତ ଏବଂ ସାଗର ପରି ଗଭୀର ଅଟନ୍ତି । ବ୍ରାହ୍ମଣ୍ୟ ଗ୍ରନ୍ଥମାନଙ୍କରେ ସେ ବ୍ରହ୍ମସ୍ୱରୂପିଣୀ ରୂପେ ବର୍ଣ୍ଣିତ । **'ବାଗ୍‌ବୈବ୍ରହ୍ମ'** (ଏତରୟ ବ୍ରାହ୍ମଣ ୩/୬) ଅର୍ଥାତ୍ ବାଗ୍‌ଦେବୀ ବ୍ରହ୍ମ ସ୍ୱରୂପିଣୀ । ଗୋପଥ ବ୍ରାହ୍ମଣରେ ତାଙ୍କୁ **'ବାଗ୍‌ବ୍ରହ୍ମ'** (୧/୨/୧୦) ରୂପେ ବର୍ଣ୍ଣନା କରାଯାଇଛି । **'ବାଗ୍‌ବୈ ସମୁଦ୍ରୋ ନ ବୈ ବାକ୍ କ୍ଷୀୟନ୍ତେ ନ ସମୁଦ୍ରଃ-** (ଏତରୟବ୍ରା ୫/୬) ସେ ସମୁଦ୍ର ପରି ଅନନ୍ତ ଅକ୍ଷୟ; **"ବାଗ୍ ବୈ ବିରାଟ"** -ସେ ବିରାଟ ସ୍ୱରୂପିଣୀ ଅଟନ୍ତି (ଶତପଥବ୍ରା

: ୩/୫/୧/୩୪)। ସେ ବିଦ୍ୟା ବୁଦ୍ଧିର ଅଧିଷ୍ଠାତ୍ରୀ ହୋଇଥିବାରୁ ତାଙ୍କୁ **'ବାଗେବ ସରସ୍ୱତୀ'** (ଏତରୟବ୍ରା :୨/୨୪); **'ବାଗ୍ ବୈ ଧୀଷଣା'**- (ଶତପଥବ୍ରା: ୬-୫/୪-୫) ରୂପେ ବର୍ଣ୍ଣନା କରାଯାଇଛି । ସେ ରାଷ୍ଟ୍ରୀୟ ଚେତନା ଓ ରାଷ୍ଟ୍ରୀୟ ଭାବନାର ଜାଗ୍ରତକାରିଣୀ ଦେବୀ ଅଟନ୍ତି - ଏଣୁ ତାଙ୍କର ବ୍ୟାଖ୍ୟା ନିମ୍ନ ରୂପେ କରାଯାଏ : **'ବାଗ୍ ବୈ ରାଷ୍ଟ୍ରୀ'** । (ଏତରୟବ୍ରା:୧-୧୯) । ସେ ବାକ୍ ଓ ମନର ଦେବୀ ଅଟନ୍ତି- **"ବାକ୍ ଚ ବୈ ମନଶ୍ଚ ଦେବାନାଂ ମିଥୁନମ୍"** (ଏତ.ବ୍ରା.୫-୨୩) ।'

ସେ ସୌମ୍ୟଗୁଣର ଅଧିକାରିଣୀ; ରୁଦ୍ର,ଆଦିତ୍ୟ ଓ ବସୁ ଆଦି ଦେବତାମାନଙ୍କର ରକ୍ଷାକାରିଣୀ ଏବଂ ଐଶ୍ୱର୍ଯ୍ୟ ତଥା ରାଷ୍ଟ୍ରୀୟ ଚେତନାର ଉଦ୍‌ବୁଦ୍ଧ କାରିଣୀ, ସମସ୍ତ ସଂସ୍କାରର ଦେବୀ; ଋଷିମୁନି-ମନୁଷ୍ୟ, ଦେବାଦେବୀ ଆଦିଙ୍କର ଜ୍ଞାନ ପ୍ରଦାୟିନୀ । ଏଣୁ ତାଙ୍କର ଅମୃତମୟୀ ମହିମାବର୍ଣ୍ଣନରେ ବହୁଧା ମୁଖର ହୋଇ ଉଠିଛନ୍ତି ଋକ୍‌ବେଦ । ଏଥିରେ ସ୍ଥାନିତ 'ଦେବୀ ସୂକ୍ତ' (ଋକ୍ ୧୦/ ୧୨୫) ଅନ୍ତର୍ଗତ ଆଠଗୋଟି ଶ୍ଳୋକ ଦେବୀଙ୍କ ଯଶୋଗାନରେ ନିନାଦିତ- **"ଓଁ ଅହଂ ରୁଦ୍ରେଭିର୍ବସୁଭିଶ୍ଚରାମ୍ୟହ..ମହିନା ସମ୍ବଭୂବ ।"** ପ୍ରାଣସ୍ୱରୂପା ଦେବୀ ସରସ୍ୱତୀ ଙ୍କର ଯଶୋଗାନରେ ମୁଖର ଋଗ୍‌ବେଦ (୬/୬୧/୪) ବର୍ଣ୍ଣନା କରନ୍ତି : **"ପ୍ରାଣୋ ଦେବୀ ସରସ୍ୱତୀ ବାଜେଭିର୍ବାଜିନୀବତୀଧୀନାମ ବିତ୍ୟବତୁ"** ସେହିପରି ଋଗ୍ ୧/୧୮/୮୪ ଶ୍ଳୋକରେ ଦେବୀ ସରସ୍ୱତୀଙ୍କୁ ସ୍ତୁତି କରି ମନୁଷ୍ୟକୁ ବୈଭବଶାଳୀ କରାଇବା ନିମିତ୍ତ ପ୍ରାର୍ଥନା କରାଯାଇଛି । ଏଥିରୁ ପ୍ରମାଣିତ ଯେ ବୈଦିକ କାଳରୁ ଭଗବତୀ ସରସ୍ୱତୀଙ୍କ ଉପାସନା ପ୍ରଚଳିତ ଥିଲା। ଦେବୀ ଅଗ୍ନିତତ୍ତ୍ୱର ପ୍ରତୀକ - **'ବାଗେବାଗ୍ନି'** -ଶ.ବ୍ରା (୩-୨-୨-୧୩) ସେ ସକଳ ଦେବାଦେବୀଙ୍କର ଆରାଧ୍ୟା- **'ବାଗେବ ଦେବାଃ'**-(ଶତ.ବ୍ରା.୧୪/୪/୩/୧୩); **"ବାଗୀତି ସର୍ବେଦେବା"** (ଜୈମି.ଉପ.ବ୍ରା.୧/୯/୨); ସେ ସକଳ ଭେଷଜ ଓ ଚିକିତ୍ସା ଶାସ୍ତ୍ରର ଦେବୀ - **"ବାଗୁ ସର୍ବ ଭେଷଜମ୍"**(ଶ.ବ୍ରା.୭/୨/୪/୨୮); ସେ ସକଳ କାମନାର ପୂରଣ କର୍ତ୍ତ୍ରୀ, ଏଣୁ କାମଧେନୁ ସ୍ୱରୂପିଣୀ **'ବାଗ୍ ବୈଧେନୁଃ'** -(ଗୋ,ବ୍ରା.୧/୨/ ୨୧); **"ବାଚ ଧେନୁ ମୁପାସୀ ତ"** -(ଶତପଥ ବ୍ରା.୧୪/ ୮/୯/୧)

ଉପନିଷଦ ଗ୍ରନ୍ଥରେ ଦେବୀ ସରସ୍ୱତୀଙ୍କ ତତ୍ତ୍ୱ ବା ମହିମା ବହୁଳ ଉଦ୍‌ଘାଟିତ ଯାହାର ପ୍ରମାଣ ହେଉଛି "ସରସ୍ୱତୀ ରହସ୍ୟୋପନିଷଦ" । ସେ

ମାତୃଗଣମାନଙ୍କ ମଧ୍ୟରେ ଶ୍ରେଷ୍ଠ, ନଦୀମାନଙ୍କ ମଧରେ ଶ୍ରେଷ୍ଠ, ଦେବୀମାନଙ୍କ ମଧରେ ଶ୍ରେଷ୍ଠ ତଥା ଅପ୍ରଶସ୍ତ ଓ ଅସମୃଦ୍ଧମାନଙ୍କୁ ପ୍ରଶସ୍ତ ଓ ସମୃଦ୍ଧଶାଳୀ କରିବା ଦିଗରେ ଶ୍ରେଷ୍ଠ ସ୍ଥାନୀୟା । ତଥା 'ଐଂ'ର ଅର୍ଥ ହେଲା ସେ ପରମ କଲ୍ୟାଣମୟୀ ଅଟନ୍ତି । ଏଣୁ ପ୍ରାର୍ଥନା କରାଯାଇଛି-

"ଐଂ ଅମ୍ବିତମେ ନଦୀତମେ ଦେବିତମେ ସରସ୍ୱତି ।

ଅପ୍ରଶସ୍ତା ଇବ ସ୍ମସି ପ୍ରଶସ୍ତିମମ୍ବ ନସ୍କୃଧି ॥"

(ସରସ୍ୱତୀ ଦଶଶ୍ଳୋକୀ ୧୦ମ ଶ୍ଳୋକ /ଋଷି ଆଶ୍ୱାଳୟନ)

ତନ୍ତ୍ରଶାସ୍ତ୍ରରେ ସେ ଶୁମ୍ଭ-ନିଶୁମ୍ଭ, ରକ୍ତବୀର୍ଯ୍ୟ ଆଦି ମହାଦୈତ୍ୟ ମର୍ଦ୍ଦିନୀ;ତ୍ରିନେତ୍ରା; ସଂସାରର ଆଧାରଭୂତା; ଘଣ୍ଟା; ତ୍ରିଶୂଳ; ହଳ,ମୂଷଳ, ଶଂଖ, ଚକ୍ର, ଧନୁ, ବାଣଧାରିଣୀ; ଗୌରୀଙ୍କ ଅଙ୍ଗରୁ ପ୍ରକଟିତ ତଥା ଚନ୍ଦ୍ରମା ସଦୃଶ ମନୋହର କାନ୍ତିମୟୀ ଭଗବତୀ ମହା ସରସ୍ୱତୀ ରୂପେ ବର୍ଣ୍ଣିତ :

"ଓଁ ଘଣ୍ଟାଶୂଳହଲାନି ଶଂଖମୁସଲେ ଚକ୍ରଂ ଧନୁଃ ସାୟକଂ

ହସ୍ତାବ୍ଜୈର୍ଦଧତୀଂ ଘନାନ୍ତବିଲସଚ୍ଛୀତାଂଶୁତୁଲ୍ୟପ୍ରଭାମ୍ ।

ଗୌରୀଦେହସମୁଦ୍ଭବାଂ ତ୍ରିଜଗତାମାଧାରଭୂତାଂ ମହା-

ପୂର୍ବାମତ୍ର ସରସ୍ୱତୀମନୁଭଜେ ଶୁମ୍ଭାଦିଦୈତ୍ୟାର୍ଦିନୀମ୍ ॥"

(ଶ୍ରୀ ଶ୍ରୀ ଚଣ୍ଡୀ ଅ୫)

ଅତୀତରେ ମହାକବି କାଳିଦାସ ଦେବୀ ସରସ୍ୱତୀଙ୍କ ଉପାସନା କରି କୃତାର୍ଥ ହୋଇଥିଲେ ଏବଂ ବିଶ୍ୱବରେଣ୍ୟ କବିଶ୍ରେଷ୍ଠ ରୂପେ ଖ୍ୟାତି ଅର୍ଜନ କରିଥିଲେ। ପୌରାଣିକ ଯୁଗର ନାରଦ, ଶୌନକ, ବଶିଷ୍ଠ, ବିଶ୍ୱାମିତ୍ର, ବାଲ୍ମୀକି, ବ୍ୟାସ ଆଦି ମହର୍ଷିବୃନ୍ଦ ଭଗବତୀଙ୍କର ଅନନ୍ୟ କୃପାଲାଭ କରିଥିଲେ । ଏକଦା ମହର୍ଷି ବ୍ୟାସଙ୍କ ତପସ୍ୟାରେ ସନ୍ତୁଷ୍ଟ ହୋଇ ଦେବୀ ସରସ୍ୱତୀ ପ୍ରକଟିତ ହୋଇଥିଲେ ଏବଂ ବାଲ୍ମୀକି ରାମାୟଣକୁ କାବ୍ୟମାନଙ୍କ ମଧରେ ସନାତନ ବୀଜ ରୂପେ ବର୍ଣ୍ଣନା କରିଥିଲେ । ତାହାକୁ ଥରେ ଅଧ୍ୟୟନ କରିବା ନିମିତ୍ତ ସେ ବ୍ୟାସଦେବଙ୍କୁ ଉପଦେଶ ଦେଇ କହିଥିଲେ - ବ୍ୟାସ ! ସେଇ କାବ୍ୟରେ 'ରାମଚରିତ' ରୂପେ ମୁଁ ସ୍ୱୟଂ ପ୍ରକଟିତ ।

"ପଠ ରାମାୟଣଂ ବ୍ୟାସ କାବ୍ୟବୀଜଂ ସନାତନମ୍ ।

ଯତ୍ର ରାମଚରିତଂ ସ୍ୟାତ୍ ତଦହଂ ତତ୍ର ଶକ୍ତିମାନ୍ ।"

(ବୃହଦ୍ଧର୍ମପୁରାଣ ୧/୩୦/୪୭)

ଶ୍ରୀ ରାମଚରିତ ମାନସରେ ତୁଳସୀ ଦାସ ଜୀ ମହାରାଜ ଭଗବତୀ ସରସ୍ୱତୀଙ୍କ ବର୍ଣ୍ଣନା କରି କହିଛନ୍ତି-

"ପୁନିବନ୍ଦଉଁ ସାରଦ ସୁର ସରିତା। ଜୁଗଲ ପୁନୀତ ମନୋହର ଚରିତା ॥
ମଜ୍ଜନ ପାନ ପାପ ହର ଏକା । କହତ ସୁନତ ଏକ ହର ଅବିବେକା ॥"

(ରା.ଚ.ମା-ବାଲଖଣ୍ଡ ୧୪ଛ-୧)

ଅର୍ଥାତ୍ ଗଂଗା ଓ ସରସ୍ୱତୀ ଉଭୟ ସମାନ ରୂପରେ ପବିତ୍ରକାରିଣୀ ଅଟନ୍ତି । ଜଣେ ପାପହାରିଣୀ ଏବଂ ଅନ୍ୟ ଜଣେ ଅବିବେକ ହାରିଣୀ ଅଟନ୍ତି ।

ଭଗବତୀ ସରସ୍ୱତୀଙ୍କର ନିମ୍ନସ୍ଥ ଦ୍ୱାଦଶ ନାମକୁ ତ୍ରିସଂଧ୍ୟାରେ ଆବୃତ୍ତି କଲେ ଭକ୍ତଠାରେ ସେ ସର୍ବଦା ବିରାଜମାନ କରନ୍ତି ବୋଲି ଶାସ୍ତ୍ରର ପ୍ରମାଣ ରହିଛି:

"ପ୍ରଥମଂ ଭାରତୀ ନାମ ଦ୍ୱିତୀୟଂ ଚ ସରସ୍ୱତୀ ।
ତୃତୀୟଂ ଶାରଦା ଦେବୀ ଚତୁର୍ଥଂ ହଂସବାହିନୀ ॥
ପଞ୍ଚମଂ ଜଗତୀ ଖ୍ୟାତା ଷଷ୍ଠଂ ବାଗୀଶ୍ୱରୀ ତଥା ।
ସପ୍ତମଂ କୁମୁଦୀ ପ୍ରୋକ୍ତା ଅଷ୍ଟମଂ ବ୍ରହ୍ମଚାରିଣୀ ॥
ନବମଂ ବୁଦ୍ଧିଦାତ୍ରୀ ଚ ଦଶମଂ ବରଦାୟିନୀ ।
ଏକାଦଶଂ ଚନ୍ଦ୍ରକାନ୍ତିର୍ଦ୍ୱାଦଶଂ ଭୁବନେଶ୍ୱରୀ ॥
ଦ୍ୱାଦଶୈତାନି ନାମାନି ତ୍ରିସନ୍ଧ୍ୟଂ ଯଃ ପଠେନ୍ନରଃ ।
ଜିହ୍ୱାଗ୍ରେ ବସତେ ନିତ୍ୟଂ ବ୍ରହ୍ମରୂପା ସରସ୍ୱତୀ ॥"

ମାଘମାସ ଶୁକ୍ଳ ପଞ୍ଚମୀ ତିଥିରେ ଦେବୀ ମାତା ବାଗ୍‌ଦେବୀଙ୍କ ପୂଜାର୍ଚ୍ଚନା ସର୍ବତ୍ର ଅନୁଷ୍ଠିତ ହୋଇଥାଏ । ଏହା ଶ୍ରୀପଞ୍ଚମୀ ନାମରେ ପ୍ରସିଦ୍ଧ:

"ମାଘେ ମାସି ଶୀତେ ପକ୍ଷେ ପଞ୍ଚମୀ ମା ପ୍ରିୟଃ ପ୍ରିୟା ।
ତସ୍ୟାବ ପୂର୍ବାହ୍ନ ଏତବହଂ କୁର୍ଯ୍ୟାତ୍ ସାରସ୍ୱତୋତ୍ସବ ।"

ଏହି ଦିବସକୁ ତାଙ୍କର ଆବିର୍ଭାବ ଦିବସ, ପ୍ରାକଟ୍ୟ ଦିବସ ବା ଭଗବତୀ ସରସ୍ୱତୀଙ୍କ ଜୟନ୍ତୀ ଦିବସରୂପେ ପାଳନ କରାଯାଏ । ତାଙ୍କର ଏହି ବାର୍ଷିକ ପୂଜା ଆରାଧନାର ଦିବସକୁ ବାଦ୍ ଦେଇ ପୁତ୍ର ପୁତ୍ରୀମାନଙ୍କର ବିଦ୍ୟାରମ୍ଭ ଦିବସରେ ମଧ୍ୟ ସରସ୍ୱତୀଙ୍କର ଅର୍ଚ୍ଚନା କରାଯିବା ଦେଖାଯାଏ:

"ମାଘସ୍ୟ ଶୁକ୍ଲପଞ୍ଚମ୍ୟାଂ ବିଦ୍ୟାରମ୍ଭଦିନେଽପି ଚ ।
ପୂର୍ବେଽହ୍ନି ସଂଯମଂ କୃତ୍ୱା ତତ୍ରାହ୍ନି ସଂଯତଃ ଶୁଚିଃ ॥"
(ବ୍ରହ୍ମବୈବର୍ତ୍ତ ପୁରାଣ, ପ୍ରକୃତିଖଣ୍ଡ ୪/୩୪)

ସେ ଶ୍ୱେତବର୍ଣ୍ଣ ଅଦ୍ୱୈତ ଜ୍ଞାନର ପ୍ରତୀକ । ତାଙ୍କର ଆରାଧନା ଦ୍ୱାରା ସୌଭାଗ୍ୟ,ବିଦ୍ୟା, ଆଧିଭୌତିକ ବୁଦ୍ଧି ଓ ଧନ ପ୍ରାପ୍ତି ହୋଇଥାଏ । ଯାଜ୍ଞବଲ୍କ୍ୟ ସଂହିତା ଅନୁଯାୟୀ -

"ଋଷ୍ୟ ଶୃଙ୍ଗୋ ଭରଦ୍ୱାଜଃ ଚାସ୍ତିକୋ କେବଳ ସ୍ତଥା ।
ଜିଜକ୍ଷକୋ ଯଜାତିଷ୍ଟ ଧୃତ୍ୱା ସର୍ବତ୍ର ପୂଜିତା ॥"

ଅର୍ଥାତ୍ ତ୍ରିପୁରର ଆଧାରଭୂତା ଦେବୀ ସରସ୍ୱତୀଙ୍କୁ ଋଷ୍ୟଶୃଙ୍ଗ, ଅଗସ୍ତି, ଭରଦ୍ୱାଜ ପ୍ରଭୃତି ମହର୍ଷିମାନେ ଅର୍ଚ୍ଚନା କରି ତାଙ୍କର କରୁଣା ଦ୍ୱାରା ସର୍ବତ୍ର ପୂଜିତ ହୋଇଛନ୍ତି । ତାଙ୍କର ଦିବ୍ୟସ୍ୱରୂପ ଅପାର ମହିମା ଓ ଉପାସନା ପଦ୍ଧତି ବିଷୟରେ ପ୍ରପଞ୍ଚସାର, ସରସ୍ୱତୀ ରହସ୍ୟୋପନିଷଦ୍ । ସଂମ୍ବସ୍ତର ପ୍ରଦୀପ, ଦେବୀ ଭାଗବତ, ଶାରଦା ତିଳକ, ଶ୍ରୀଦୁର୍ଗାଶପ୍ତସତୀ, ବ୍ରହ୍ମବୈବର୍ତ୍ତ ପୁରାଣାଦି ମଧ୍ୟରେ ବିଶେଷ ଭାବରେ ଉଲ୍ଲିଖିତ ହୋଇଛି । ଦେବୀ ସତ୍ତ୍ୱଗୁଣ ସମ୍ପନ୍ନା ହୋଇଥିବାରୁ ତାଙ୍କ ପୂଜାରେ ଲାଗି ହେଉଥିବା ଉପଚାର ଶ୍ୱେତବର୍ଣ୍ଣଯୁକ୍ତ ହେବା ଉଚିତ । ଯଥା- ନଡ଼ିଆ, ଖଇ, ଦୁଧ, ଦହି, ଧଳା ତିଳର ଲଡ୍ଡୁ, ଶ୍ୱେତପୁଷ୍ପ, ଶ୍ୱେତ ଚନ୍ଦନ, ଶ୍ୱେତବସ୍ତ୍ର, ଚାନ୍ଦି ନର୍ମିତ ଶ୍ୱେତ ଅଳଂକାର, ଖୁଆର ଶ୍ୱେତ ମିଷ୍ଟାନ୍ନ, ଅଦା, ଶର୍କରା, ମହୁ, ଆଖୁ, ଗୁଡ଼, ଆଖୁରସ, ଶୁକ୍ଳଧାନ୍ୟ, ଶ୍ୱେତ ଧାନ୍ୟର ଅକ୍ଷତ, ଘୃତ, ଯବଚୂର୍ଣ୍ଣ ଇତ୍ୟାଦି ତାଙ୍କ ପୂଜା ନିମିତ୍ତ ଉପଯୁକ୍ତ । ଭଗବାନ ନାରାୟଣଙ୍କ କୃତ ତାଙ୍କର ଅଷ୍ଟାକ୍ଷର ମନ୍ତ୍ର **'ଶ୍ରୀଂ ହ୍ରୀଂ ସରସ୍ୱତ୍ୟୈ ସ୍ୱାହା'** ବ୍ୟତୀତ **"ଓଁ ଏ୍ୟାଂ ହ୍ରୀଂ ଶ୍ରୀଂ କ୍ଲୀଂ ସରସ୍ୱତ୍ୟୈ ବୁଧଜନନ୍ୟୈ ସ୍ୱାହା"** ଏବଂ **"ଏ୍ୟାଂ ବାଗ୍‌ବାଦିନି ବଦ ବଦ ସ୍ୱାହା"** ଇତ୍ୟାଦି ମନ୍ତ୍ର ସୁପ୍ରସିଦ୍ଧ ଅଟେ ।

ପୂଜାଦିନ ପ୍ରାତଃ ସ୍ନାନାଦି ପରେ ଆଚମନ ଆଦି ଶରୀର ଶୁଦ୍ଧି ଶେଷରେ ସଂକଳ୍ପ, କଳସ ସ୍ଥାପନା, ସହ ଭଗବତୀ ସରସ୍ୱତୀଙ୍କର ଆବାହନ କରି ବୈଦିକ ପଦ୍ଧତିରେ ପୂଜା, ଉପଚାର ସାମଗ୍ରୀ ଅର୍ପଣ, ନୈବେଦ୍ୟ, ହୋମ, ଆରତୀ, ସ୍ତୁତି ଆଦି କରାଯାଏ । ନିମ୍ନ ମନ୍ତ୍ରାନୁଯାୟୀ ଦେବୀ ମାତାଙ୍କର ଧ୍ୟାନ ଓ ପ୍ରାର୍ଥନାଦି କରାଯାଏ–

"ଯା କୁନ୍ଦେନ୍ଦୁତୁଷାରହାରଧବଳା ଯା ଶୁଭ୍ରବସ୍ତ୍ରାବୃତା
ଯା ବୀଣାବରଦଣ୍ଡମଣ୍ଡିତକରା ଯା ଶ୍ୱେତପଦ୍ମାସନା ।
ଯା ବ୍ରହ୍ମାଚ୍ୟୁତଶଂକରପ୍ରଭୃତିଭିର୍ଦେବୈଃ ସଦା ବନ୍ଦିତା
ସା ମାଂ ପାତୁ ସରସ୍ୱତୀ ଭଗବତୀ ନିଃଶେଷଜାଡ୍ୟାପହା ॥
ଶୁକ୍ଲାଂ ବ୍ରହ୍ମବିଚାରସାରପରମାମାଦ୍ୟାଂ ଜଗଦ୍‌ବ୍ୟାପିନୀଂ
ବୀଣାପୁସ୍ତକଧାରିଣୀମଭୟଦାଂ ଜାଡ୍ୟାନ୍ଧକାରାପହାମ୍ ।
ହସ୍ତେ ସ୍ଫଟିକମାଳିକାଂ ବିଦଧତୀଂ ପଦ୍ମାସନେ ସଂସ୍ଥିତାଂ
ବନ୍ଦେ ତାଂ ପରମେଶ୍ୱରୀଂ ଭଗବତୀଂ ବୁଦ୍ଧିପ୍ରଦାଂ ଶାରଦାମ୍ ॥"
"ସରସ୍ୱତୀଂଶୁକ୍ଳବର୍ଣ୍ଣାଂ ସସ୍ମିତାଂ ସୁମନୋହରାମ୍ ॥
କୋଟିଚନ୍ଦ୍ରପ୍ରଭାମୁଷ୍ଟପୁଷ୍ଟଶ୍ରୀଯୁକ୍ତବିଗ୍ରହାମ୍ ।
ବହ୍ନିଶୁଦ୍ଧାଂ ଶୁକାଧାନାଂ ବୀଣାପୁସ୍ତକଧାରିଣୀମ୍ ॥
ରତ୍ନସାରେନ୍ଦ୍ରନିର୍ମାଣନବଭୂଷଣଭୂଷିତାମ୍ ।
ସୁପୂଜିତାଂ ସୁରଗଣୈର୍ବ୍ରହ୍ମବିଷ୍ଣୁଶିବାଦିଭିଃ ॥
ବନ୍ଦେ ଭକ୍ତ୍ୟା ବନ୍ଦିତାଂ ଚ ମୁନୀନ୍ଦ୍ରମନୁମାନବୈଃ ॥"

ଦେବୀ ସରସ୍ୱତୀଙ୍କ ଗାୟତ୍ରୀ ମନ୍ତ୍ର :

ଓଁ ବାଗ୍‌ଦେବ୍ୟୈ ବିଦ୍ମହେ,
କାମବୀଜାୟୈ ଧୀମହି
ତନ୍ନୋ ଦେବୀ ପ୍ରଚୋଦୟାତ୍ ।

ଦେବୀ ସରସ୍ୱତୀ (ପୃ.୩୯୨)

ମା' ସରସ୍ୱତୀଙ୍କ ଉପାସନାର ପୁଣ୍ୟପର୍ବ ଶ୍ରୀପଞ୍ଚମୀ

ମାଘ ଶୁକ୍ଳପଞ୍ଚମୀ ତିଥିରେ ମାଆ ବାଗ୍‌ଦେବୀଙ୍କର ପୂଜନ ମହୋତ୍ସବ ଅନୁଷ୍ଠିତ ହୋଇଥାଏ । ବ୍ରାହ୍ମଣଗ୍ରନ୍ଥ ଅନୁଯାୟୀ ସେ ବ୍ରହ୍ମସ୍ୱରୂପା, ସକଳ ଅଭିଷ୍ଟ ସିଦ୍ଧି ପ୍ରଦାନ କାରିଣୀ (**ବାଗବୈ ବ୍ରହ୍ମ, ବାଗବୈ ଧେନୁଃ**)ଦୃଷ୍ଟିରୁ କାମଧେନୁ ସ୍ୱରୂପା, ତଥା ସମସ୍ତ ଦେବାଦେବୀମାନଙ୍କର ପ୍ରତିନିଧି ଅଟନ୍ତି । ସେ ବିଦ୍ୟାବୁଦ୍ଧି, ଜ୍ଞାନକଳା ଏବଂ ବାଣୀର ଅଧିଷ୍ଠାତ୍ରୀ ଦେବୀ ଅଟନ୍ତି । ସକଳ ଶାସ୍ତ୍ରରେ ଜ୍ଞାନ ଅର୍ଜନ ତାଙ୍କ ଆଶୀର୍ବାଦ ଦ୍ୱାରା ହିଁ ପ୍ରାପ୍ତ ହେବା ସମ୍ଭବ ହୋଇଥାଏ । ତାଙ୍କ ପ୍ରିୟ ବର୍ଣ୍ଣ ଶ୍ୱେତ । ଏହା ସହଜତା, ସରଳତା, ସାତ୍ତ୍ୱିକତା ଏବଂ ଶୁଦ୍ଧଜ୍ଞାନର ପ୍ରତୀକ । ଏଣୁ ପରମ ସାର୍ଥକ ଶୁଦ୍ଧଜ୍ଞାନ ଏବଂ ଆତ୍ମିକ ଶାନ୍ତିର ଅଭିଳାଷା ପୋଷଣ କରୁଥିବା ପ୍ରତ୍ୟେକ ବ୍ୟକ୍ତି ମାଆ ସରସ୍ୱତୀଙ୍କ ପୂଜନ ପାଇଁ ଆକର୍ଷିତ ହେବା ସ୍ୱାଭାବିକ । ସେ ଶୁଭ୍ରବସ୍ତ୍ର ପରିହିତା । ତାଙ୍କର ବାହନ ଶ୍ୱେତ ରାଜହଂସ ଏବଂ ଆସନ ମଧ୍ୟ ଶ୍ୱେତ କମ୍ବଳ । ସେ ଶ୍ୱେତ ପୁଷ୍ପ ଦ୍ୱାରା ପୂଜିତ ହୁଅନ୍ତି । ଶ୍ୱେତ ରାଜହଂସ କ୍ଷୀର-ନୀର ରୂପୀ ବିବେକ ଜ୍ଞାନର ପ୍ରତୀକ । ମାଘ ଶୁକ୍ଳ ପଞ୍ଚମୀକୁ ବସନ୍ତ ପଞ୍ଚମୀ ବୋଲି କୁହାଯାଏ । ଏହିଦିନ ମାଆଙ୍କର ଆବିର୍ଭାବ ହୋଇଥିବା ବିଶ୍ୱାସ ରହିଛି । ଏଣୁ ଏହି ପାବନ ଅବସରକୁ ତାଙ୍କର ବାର୍ଷିକ ପୂଜନ ଅଥବା 'ବାଗ୍‌ଦେବୀଙ୍କର ଜୟନ୍ତୀ' ଉତ୍ସବ ରୂପେ ପାଳନ କରା ଯାଇଥାଏ ।

"ମାଘସ୍ୟ ଶୁକ୍ଳପଞ୍ଚମ୍ୟାଂ ବିଦ୍ୟାରମ୍ଭ ଦିନେଽପି ଚ ।
ପୂର୍ବେଽହ୍ନି ସଂଯମଂ କୃତ୍ୱା ତତ୍ରାହ୍ନି ସଂଯତଃ ଶୁଚିଃ ।।"

(ବ୍ରହ୍ମ ବୈ.ପୁ., ପ୍ରକୃତି ଖ.୪/୩୪)

ପୁରାଣ ମାନଙ୍କରେ ସରସ୍ୱତୀ (ବାଗ୍‌ଦେବୀ)ଙ୍କର ଅନେକ ରୂପ, ନାମ, ବିଚାରଧାରା ତଥା ଜନ୍ମ ସମ୍ବନ୍ଧରେ ବିବିଧ ଆଖ୍ୟାନ ବର୍ଣ୍ଣିତ ହୋଇଛି । ପୁରାଣରେ ସରସ୍ୱତୀଙ୍କୁ ବାଗ୍ ଦେବତା, ଧୀଶ୍ୱରୀ, ବାଚା, ଗିରା, ବାକ୍, ଗୀଃ, ସୋମଲତା, ଭାରତୀ, ବ୍ରାହ୍ମୀ, ବାଗ୍‌ଦେବୀ, ଶାରଦା, ଭାଷା, ବାଗୀଶ୍ୱରୀ ରୂପେ ସମ୍ବୋଧିତ

କରାଯାଇଛି । ଋଗ୍‌ବେଦରେ ସରସ୍ୱତୀ କ୍ରମଶଃ ପବିତ୍ର ନଦୀ, ଦେବତା, ଭାରତୀ ଏବଂ ବାଗ୍‌ଦେବତା ଆଦି ରୂପରେ ବର୍ଣ୍ଣିତ ହୋଇଛନ୍ତି । ଋଗ୍‌ବେଦରେ ସରସ୍ୱତୀଙ୍କୁ ପାବକ (ଅର୍ଥାତ୍ ସମସ୍ତଙ୍କୁ ପବିତ୍ର କରୁଥିବା) 'ଶଂତମା' (ଶାନ୍ତି ପ୍ରଦାନକାରିଣୀ) ତଥା ସମସ୍ତଙ୍କର କଲ୍ୟାଣକାରିଣୀ ଦେବୀ ରୂପେ ଅଭିହିତ କରାଯାଇଛି । ଋଗ୍‌ବେଦର (୧୦-୧୨୫-୧ ରୁ ୮) ଶ୍ଳୋକମାନ ମାଆଙ୍କର ବହୁବିଧ ଶ୍ରେଷ୍ଠତ୍ୱ ଏବଂ ଯଶୋଗାନରେ ପରିପୂର୍ଣ୍ଣ ଅଟେ । ଶତପଥ ବ୍ରାହ୍ମଣ (୧୪-୨-୧, ୧୨)ରେ ତାଙ୍କୁ **"ବାକ୍ ବୈ ସରସ୍ୱତୀ"** ରୂପେ ବର୍ଣ୍ଣନା କରାଯାଇଛି । ବାଣୀ (ବାକ୍)ର ଅଧିଷ୍ଠାତ୍ରୀ ଦେବୀ ରୂପେ ସେ ସକଳ ଶାସ୍ତ୍ରର ଜ୍ଞାନ ପ୍ରଦାନକାରିଣୀ ଅଟନ୍ତି । ସେ ବସୁ-ରୁଦ୍ର-ଆଦିତ୍ୟ ଆଦି ସମସ୍ତ ଦେବମାନଙ୍କର ରକ୍ଷିକା ଅଟନ୍ତି । ରାଷ୍ଟ୍ରୀୟତାର ପରମଶୁଦ୍ଧ ବିଚାରର ପୋଷଣ କର୍ତ୍ତ୍ରୀ ତଥା ଲୋକହିତ ନିମିତ୍ତ ସଂଘର୍ଷଶୀଳ ହେବା ନିମିତ୍ତ ପ୍ରେରକ ଦେବୀ ହିସାବରେ ତାଙ୍କର ଅନନ୍ୟ ଭୂମିକା ଶାସ୍ତ୍ରମାନଙ୍କରେ ସ୍ୱୀକୃତ ହୋଇଅଛି । ଶ୍ରୀମଦ୍ ଦେବୀ ଭାଗବତ ଏବଂ ମାର୍କଣ୍ଡେୟ ପୁରାଣ ଅନ୍ତର୍ଗତ ଦୁର୍ଗା ସପ୍ତଶତୀରେ ମହାମାୟା ଆଦ୍ୟାଶକ୍ତି ନିଜକୁ ମହାକାଳୀ, ମହାଲକ୍ଷ୍ମୀ ଏବଂ ମହାସରସ୍ୱତୀ-ଏପରି ତିନିଭାଗରେ ବିଭକ୍ତ କରିଥିବା ବୃତ୍ତାନ୍ତ ପ୍ରାପ୍ତ ହୋଇଥାଏ । ପାର୍ବତୀଙ୍କ ଶରୀରକୋଷରୁ ମାଆ ସରସ୍ୱତୀ ଆବିର୍ଭୂତା ହୋଇଥିବାର କାରଣରୁ ସେ 'କୌଶିକୀ' ନାମରେ ସମ୍ବୋଧିତ ହୁଅନ୍ତି, ବ୍ରହ୍ମବୈବର୍ତ୍ତ ପୁରାଣ ଅନୁଯାୟୀ ଭଗବାନ ଶ୍ରୀକୃଷ୍ଣଙ୍କର ଶ୍ରୀମୁଖ ମଧ୍ୟରୁ ସେ ଆବିର୍ଭୂତ:

"ଆବିର୍ବଭୂବ ତତ୍ପଶ୍ଚାନ୍ମୁଖତଃ ପରାମାତ୍ମନଃ ।
ଏକା ଦେବୀ ଶୁକ୍ଳବର୍ଣ୍ଣା ବୀଣାପୁସ୍ତକଧାରିଣୀ ।
ବାଗ୍ଧିଷ୍ଠାତୃ ଦେବୀ ସା କବୀନାମିଷ୍ଟଦେବତା ॥"

(ବ୍ରହ୍ମବୈ.ପୁ. ୩/୫୪, ୫୭ ଗଣପତି ଖ. ୪୦/୬୧, ୬୬)

ଅର୍ଥାତ୍ ପରମାତ୍ମା ଶ୍ରୀକୃଷ୍ଣଙ୍କ ମୁଖ ମଧ୍ୟରୁ ବୀଣା-ପୁସ୍ତକ ଧାରିଣୀ ଏକ ଗୌରବର୍ଣ୍ଣା ଦେବୀ ଅବିର୍ଭୂତ ହେଲେ ଯିଏ କି କବି ମାନଙ୍କର ଇଷ୍ଟଦେବୀ 'ବାଗ୍‌ଦେବୀ' ଅଟନ୍ତି । ଅନ୍ୟ ଏକ କଥା ଅନୁଯାୟୀ ସରସ୍ୱତୀ ବ୍ରହ୍ମାଙ୍କ ମୁଖ ମଧ୍ୟରୁ ଉତ୍ପନ୍ନ ହୋଇଥିବାରୁ ସେ ବ୍ରହ୍ମାଙ୍କର ପୁତ୍ରୀ ଅଟନ୍ତି । ଏବଂ ଜ୍ଞାନର ପ୍ରତୀକ ମଧ୍ୟ । ଗାୟତ୍ରୀ, ସାବିତ୍ରୀ ଏବଂ ସରସ୍ୱତୀ-ଏହି ତିନି ଦେବୀ ଜ୍ଞାନ ଏବଂ ସଦ୍‌ଗୁଣର ପ୍ରତୀକ ଭାବରେ ଭାରତୀୟ ସଂସ୍କୃତିରେ ଯୁଗେଯୁଗେ ଆଦୃତ ହୋଇ ଆସିଛନ୍ତି ।

ଜ୍ଞାନର ମୂଳଉତ୍ସ ବ୍ରହ୍ମା ଅଟନ୍ତି । ଏଣୁ ଏହି ତିନି ଦେବୀଙ୍କର କଳ୍ପନା ବ୍ରହ୍ମାଙ୍କ ସନ୍ଦର୍ଭରେ ବେଶ୍ ତାତ୍ପର୍ଯ୍ୟପୂର୍ଣ୍ଣ । ପୁଣି ପିତାମହ ବ୍ରହ୍ମାଙ୍କ ଉଦ୍ଦେଶ୍ୟରେ ଉତ୍ସର୍ଗୀକୃତ ପୁଷ୍କରତୀର୍ଥ ଯେଉଁଠି ମହର୍ଷି ବିଶ୍ୱାମିତ୍ରଙ୍କ ଦ୍ୱାରା ଗାୟତ୍ରୀ ମନ୍ତ୍ରର ପ୍ରାପ୍ତି ଘଟି ସବିତୃ ଦେବତାଙ୍କୁ ଅର୍ପିତ ହୋଇଥିଲା । ଚତୁର୍ଭୁଜା ମା ସରସ୍ୱତୀ ଦୁଇ ହସ୍ତରେ ବୀଣାବାଦନରେ ବ୍ୟସ୍ତଥିବା ବେଳେ ଅନ୍ୟ ଦୁଇ ହସ୍ତରେ ଯଥାକ୍ରମେ ପୁସ୍ତକ ଓ ମାଳା ଧାରଣ କରିଥାନ୍ତି । ସେ ବୀଣା, ସଙ୍ଗୀତ ଓ ସର୍ବବିଧ କଳାର ପ୍ରତୀକ ଅଟନ୍ତି । ପୁସ୍ତକ ଏବଂ ମାଳା: ଜ୍ଞାନ ତଥା ସାଧାନାର ପ୍ରତୀକ ଅଟେ । ଏଣୁ ସରସ୍ୱତୀଙ୍କ କୃପା ବିନା କୌଣସି ବି ବ୍ୟକ୍ତି ବିଦ୍ୟା ଅଥବା କଳାରେ ନିପୁଣ ହୋଇ ନପାରନ୍ତି । ଏଥି ସକାଶେ ଜ୍ଞାନ ସାଧନାରେ ବ୍ରତୀ ପ୍ରତ୍ୟେକ ବ୍ୟକ୍ତି ତଥା ଶିକ୍ଷାନୁଷ୍ଠାନମାନଙ୍କରେ ମାଆଙ୍କର ଆରାଧନା ସ୍ୱାଭାବିକ ଭାବରେ କରାଯାଇଥାଏ । କେବେ କେବେ ସରସ୍ୱତୀଙ୍କର ହାତରେ ମାଳା ବଦଳରେ କମଣ୍ଡଳୁ ଥିବା ଦୃଷ୍ଟିଗୋଚର ହୋଇଥାଏ । ଯାହା ଜ୍ଞାନର ଅକ୍ଷୟ ଭଣ୍ଡାରକୁ ସୂଚିତ କରେ । ଏହାର (ଜ୍ଞାନର) ସମାପ୍ତି ଅସମ୍ଭବ ଅଟେ । ସମଗ୍ର ବ୍ରହ୍ମାଣ୍ଡରେ ଜ୍ଞାନ ବିତରିତ ହେବା ପରେ ମଧ୍ୟ ଏହି କମଣ୍ଡଳୁ ସଦା ପରିପୂର୍ଣ୍ଣ ରହିଥାଏ । ଅତଏବ ଭକ୍ତି ଏବଂ ଶ୍ରଦ୍ଧାର ସହ ମାଆ ସହସ୍ୱତୀଙ୍କୁ କରାଯାଉଥିବା ପ୍ରାର୍ଥନା କେବେହେଲେ ନିଷ୍ଫଳ ହେବାର ଦେଖାଯାଏ ନାହିଁ । ନିମ୍ନ ମନ୍ତ୍ରରେ ମାଆଙ୍କର ଧ୍ୟାନ ଦ୍ୱାରା ଭକ୍ତର ମନୋବାଞ୍ଛା ପୂରଣ ହୋଇଥାଏ :

"ସରସ୍ୱତୀଂ ଶୁକ୍ଲବର୍ଣ୍ଣାଂ ସସ୍ମିତାଂ ସୁମନୋହରାମ୍ ॥
କୋଟିଚନ୍ଦ୍ରପ୍ରଭାମୁଷ୍ଟପୁଷ୍ଟଶ୍ରୀଯୁକ୍ତବିଗ୍ରହାମ୍ ।
ବହ୍ନିଶୁଦ୍ଧାଂ ଶୁକାଧାନାଂ ବୀଣାପୁସ୍ତକଧାରିଣୀମ୍॥
ରତ୍ନସାରେନ୍ଦ୍ରନିର୍ମାଣନବଭୂଷଣଭୂଷିତାମ୍ ।
ସୁପୂଜିତାଂ ସୁରଗଣୈର୍ବ୍ରହ୍ମବିଷ୍ଣୁଶିବାଦିଭିଃ ॥
ବନ୍ଦେ ଭକ୍ତ୍ୟା ବନ୍ଦିତାଂ ଚ ମୁନୀନ୍ଦ୍ରମନୁମାନବୈଃ ।"

(ଦେବୀ ଭାଗବତ ୯/୪/୪୫-୪୮)

ଦେବରାଜ ଇନ୍ଦ୍ରଙ୍କର ଗର୍ବ ଗଂଜନକାରିଣୀ ଦେବୀ ଭଗବତୀ

ଏକଦା ସ୍ୱର୍ଗପୁରରେ ଦେବତା ଓ ଦୈତ୍ୟମାନଙ୍କ ମଧ୍ୟରେ ଶତବର୍ଷ ଧରି ପ୍ରଚଣ୍ଡ ଯୁଦ୍ଧ ହେଲା । ଦେବତାମାନେ ଦେବୀ ଭଗବତୀଙ୍କ କୃପା ପାତ୍ର ଥିବାରୁ ଏହି ସଂଗ୍ରାମରେ ବିଜୟଶ୍ରୀ ଲାଭ କଲେ । ଦୈତ୍ୟକୁଳ ପରାସ୍ତ ହୋଇ ପାତାଳପୁରକୁ ପଳାୟନ କଲେ । ଏହି ମହାଯୁଦ୍ଧରେ ବିଜିତ ହୋଇଥିବାରୁ ଦେବକୁଳ ଗର୍ବ ଓ ଅହଂକାରରେ ଧରାକୁ ସରା ଜ୍ଞାନ କଲେ ଏବଂ ଦେବୀମାତାଙ୍କ କୃପା କଥା ଭୁଲିଗଲେ । ଏହି ବିଜୟକୁ ଦେବତାମାନେ ନିଜ ନିଜର ପରାକ୍ରମ ଏବଂ ପୁରୁଷାର୍ଥ ବୋଲି ଭାବି ଅହଂକାର କଲେ :

"ବ୍ରହ୍ମ ହ ଦେବେଭ୍ୟୋ ବିଜିଗ୍ୟେ ତସ୍ୟ ହ ବ୍ରହ୍ମଣୋ ବିଜୟେ ଦେବା ।
ଅମହୀୟନ୍ତ ତ ଐକ୍ଷନ୍ତାସ୍ମାକମେବାୟଂ ବିଜୟୋଽସ୍ମାକମେବାୟଂ ମହିମେତି ॥"

(କେନୋପନିଷଦ ୩ୟଖ./୧)

ଦେବରାଜ ଇନ୍ଦ୍ର, ମାତା ଭଗବତୀଙ୍କ ଆଶୀର୍ବାଦ ଦ୍ୱାରା ଦୈତ୍ୟମାନଙ୍କୁ ପରାଜିତ କରିବା ସମ୍ଭବ ହେଲା ବୋଲି ବିଷୟଟିକୁ ଭୁଲିଗଲେ । ପରଂବ୍ରହ୍ମ ସ୍ୱରୂପିଣୀ ଭଗବତୀ ଭକ୍ତର ସମସ୍ତ ତ୍ରୁଟି ବିଚ୍ୟୁତିକୁ ସହ୍ୟ କରନ୍ତି କିନ୍ତୁ କାହାର ଗର୍ବ ଓ ଅହଂକାରକୁ କେବେହଲେ କ୍ଷମା କରନ୍ତି ନାହିଁ ।

ଦେବତା ତଥା ସେମାନଙ୍କର ରାଜା ଇନ୍ଦ୍ରଙ୍କର ଅହଂକାରକୁ ଚୂର୍ଣ୍ଣୀଭୂତ କରିବା ନିମନ୍ତେ ଦେବୀମାତା ମାୟା ରଚନା କଲେ ଏବଂ ଶୂନ୍ୟମଣ୍ଡଳରେ ଏକ ଭୟଙ୍କର ବିଗ୍ରହ ରୂପେ ପ୍ରତିଭାତ ହେଲେ । କୋଟି କୋଟି ସୂର୍ଯ୍ୟଙ୍କର ତେଜଠାରୁ ମଧ୍ୟ ଏହି ବିଗ୍ରହର ପ୍ରକାଶପୁଞ୍ଜ ଅଧିକ ତେଜୋଦୀପ୍ତ ଥିଲା । ଇନ୍ଦ୍ରଙ୍କ ଦ୍ୱାରା ପ୍ରେରିତ ହୋଇ ଦେବତାମାନଙ୍କ ମଧ୍ୟରେ ସବୁଠୁଁ ତେଜସ୍ୱୀ ଅଗ୍ନି ଦେବତା ଅଦ୍ୱିତୀୟ ସେହି ବିଗ୍ରହଙ୍କ ବିଷୟରେ ତଥ୍ୟ ସଂଗ୍ରହ ପାଇଁ ସେଠାରେ ଉପସ୍ଥିତ ହେଲେ:

"ତେଽଗ୍ନିମବ୍ରୁବଞ୍ଜାତବେଦ ଏତଦ୍ୱିଜାନୀହି କିମିଦଂ ଯକ୍ଷମିତି ତଥେତି ।"

(କେନୋପନିଷଦ୍ ୩ଖ./୩)

ଶକ୍ତି ଉପାସନା ଓ ବୈଦିକ ଦେବୀତତ୍ତ୍ୱ : ୩୯୪

ସେ ଆସି ସେହି ଅଚିନ୍ତ୍ୟ ବିଶାଳକାୟ ମୂର୍ତ୍ତିଙ୍କୁ ଯକ୍ଷଙ୍କର ବିଗ୍ରହ ରୂପେ କଳ୍ପନା କଲେ ଏବଂ ତାଙ୍କର ପ୍ରକୃତ ପରିଚୟ ଜିଜ୍ଞାସା କଲେ । ଯକ୍ଷ କହିଲେ ତୁମେ ପ୍ରଥମେ ନିଜର ପରିଚୟ ପ୍ରଦାନକର ଯେ ତୁମେ କିଏ ? ଅଗ୍ନି କହିଲେ ମୁଁ ହେଉଛି ସମଗ୍ର ଦେବତାମାନଙ୍କ ମଧ୍ୟରେ ସବୁଠୁଁ ତେଜସ୍ୱୀ ଅଗ୍ନିଦେବତା । ଏହି ସମଗ୍ର ସୃଷ୍ଟିକୁ ଭସ୍ମୀଭୂତ କରିଦେବାର କ୍ଷମତା ମୋ ମଧ୍ୟରେ ବିଦ୍ୟମାନ ।

ଏକଥା ଶୁଣି ଯକ୍ଷ ତାଙ୍କ ସମ୍ମୁଖରେ ଶୁଷ୍କତୃଣ ଖଣ୍ଡିଏ ଥୋଇଦେଇ ତାହାକୁ ଜଳାଇ ଦେବା ସକାଶେ ଅଗ୍ନି ଦେବଙ୍କୁ ଆହ୍ୱାନ କଲେ । ଅଗ୍ନି ଦେବତା ସେଇ ତୃଣ ଖଣ୍ଡିକୁ ଜଳାଇବା ନିମନ୍ତେ ନିଜର ସମ୍ପୂର୍ଣ୍ଣ ଶକ୍ତିର ପ୍ରୟୋଗ କରି ମଧ୍ୟ ତାହାକୁ ଭସ୍ମ କରି ପାରିଲେ ନାହିଁ । ଶେଷରେ ଲଜ୍ଜା ଓ ଅପମାନ ବୋଧ କରି ଇନ୍ଦ୍ରଙ୍କ ନିକଟକୁ ପ୍ରତ୍ୟାବର୍ତ୍ତନ କଲେ । ଏବଂ ଏ ସମସ୍ତ ବିଷୟରେ ବର୍ଣ୍ଣନା କଲେ । ଏହାପରେ ଇନ୍ଦ୍ର ବାୟୁ ଦେବତାଙ୍କୁ ଡକାଇ କହିଲେ- "ତୁମେ ଏ ବିଶ୍ୱର ସମସ୍ତ ପ୍ରାଣୀଙ୍କର ପ୍ରାଣ ସ୍ୱରୂପ । ତୁମ ବିନା ଏ ଜଗତ କ୍ଷଣେ ମଧ ଜୀବିତ ରହିପାରିବ ନାହିଁ । ତୁମେ ଯାଇ ଯକ୍ଷଙ୍କ ବିଷୟରେ ବିବରଣୀ ସଂଗ୍ରହ କରି ସମ୍ପୂର୍ଣ୍ଣ ତଥ୍ୟ କ'ଣ ତାହା ମୋତେ ଜଣାଅ । ଦେବରାଜଙ୍କ ଠାରୁ ନିଜର ପ୍ରଶଂସା ଶ୍ରବଣ ଶୁଣି ବାୟୁ ଦେବତାଙ୍କର ଗର୍ବ ଦ୍ୱିଗୁଣିତ ହୋଇଗଲା । ସେ ତୁରନ୍ତ ଯାଇ ଯକ୍ଷଙ୍କ ସମକ୍ଷରେ ଆବିର୍ଭାବ ହେଲେ ଏବଂ ନିଜର ପରିଚୟ ଦେଇ କିହଲେ- "ମୋତେ ସମସ୍ତେ ମାତରିଶ୍ୱା ବାୟୁ ଦେବତା" ରୂପେ ଜାଣନ୍ତି । ମୋର ଅସୀମ ଶକ୍ତି ଦ୍ୱାରା ମୁଁ ନିମିଷକ ମଧ୍ୟରେ ଏହି ସମଗ୍ର ସୃଷ୍ଟିକୁ ବିଧ୍ୱଂସ କରିପାରେ ।" ଏହି ଶୁଣି ଯକ୍ଷ ତାଙ୍କ ସମ୍ମୁଖରେ ସେହି ତୃଣ ଖଣ୍ଡିକୁ ଥୋଇ ଦେଇ ତାହାକୁ ଉଡ଼ାଇ ଦେବାକୁ ଆହ୍ୱାନ କଲେ । ଏହାକୁ ଅତିଛାର କଥା ଭାବି ବାୟୁ ଦେବତା ସେଇ ତୃଣ ଖଣ୍ଡିକ ଉଡ଼ାଇ ନେବାକୁ ଚେଷ୍ଟା କରି ଅସଫଳ ହେବାରୁ ନିଜର ସଂପୂର୍ଣ୍ଣ ଶକ୍ତିକୁ ଲଗାଇ ଦେଲେ । ତଥାପି ନିଜ ଚେଷ୍ଟାରେ ଅକୃତକାର୍ଯ୍ୟ ହେଲେ ଏବଂ ଅତିଶୟ ଲଜ୍ଜିତ ହୋଇ ଇନ୍ଦ୍ରଙ୍କ ନିକଟକୁ ଫେରିଗଲେ ।

ଏହାପରେ ଯକ୍ଷଙ୍କ ପାଖକୁ ଆସିବା ପାଇଁ ଅନ୍ୟକୌଣସି ଦେବତାଙ୍କର ସାହସ ହେଲାନାହିଁ । ସେମାନେ ସମସ୍ତେ ଏକସ୍ୱରରେ ସ୍ୱୟଂ ଇନ୍ଦ୍ରଙ୍କୁ ଏଥି ନିମନ୍ତେ ଯକ୍ଷଙ୍କ ପାଖକୁ ଆସି ତାଙ୍କ ବିଷୟରେ ବିଷଦ ବିବରଣୀ ହାସଲ କରିବା ପାଇଁ ମତ ଦେଲେ । କାରଣ ଦେବତାମାନଙ୍କ ମଧ୍ୟରେ ସେ ହିଁ ଥିଲେ ମୁଖ୍ୟ ଓ ସର୍ବଶ୍ରେଷ୍ଠ । ଶେଷରେ ତାହା ହିଁ ହେଲା । ଦେବରାଜ ନିଜର ବଡ଼ପଣିଆ ଏବଂ ଅହଂକାର ସର୍ବସ୍ୱ ମାନସିକତା ନେଇ ଯକ୍ଷଙ୍କ ନିକଟରେ ଉପସ୍ଥିତ ହେବାମାତ୍ରେ ନିମିଷକ ମଧ୍ୟରେ ଯକ୍ଷ

ଅନ୍ତର୍ଦ୍ଧାନ ହୋଇଗଲେ । ଇନ୍ଦ୍ର ଏହି ଘଟଣା ପ୍ରତ୍ୟକ୍ଷ କରି ବଡ଼ ଲଜ୍ଜିତ ହେଲେ। ତାଙ୍କର ଗର୍ବ ଅହଂକାର ଧୂଳିସାତ ହୋଇଗଲା। ଏଥି ଉତ୍ତାରୁ ଭଗବତୀ ଆଦ୍ୟାଶକ୍ତି ତାଙ୍କୁ ଯକ୍ଷ ରୂପରେ ପୁନର୍ବାର ଦର୍ଶନ ଦେଇ ସେଇ ତୃଣଟିକୁ ଧ୍ୱଂସ କରିବା ନିମନ୍ତେ ନିର୍ଦ୍ଦେଶ ଦିଅନ୍ତେ ଇନ୍ଦ୍ର ବହୁ ଚେଷ୍ଟା ସତ୍ତ୍ୱେ ବିଫଳ ହୋଇ ଶେଷରେ ନିଜର ଅଦ୍ୱିତୀୟ ଶସ୍ତ୍ର ବଜ୍ର ଦ୍ୱାରା ତାହା ଉପରେ ପ୍ରହାର କଲେ । କିନ୍ତୁ ସେ ସବୁ କିଛି ନିରର୍ଥକ ହେଲା। ଇନ୍ଦ୍ରଙ୍କ ଗର୍ବ ସମ୍ପୂର୍ଣ୍ଣ ଭାବରେ ଚୂର୍ଣ୍ଣୀଭୂତ ହୋଇଗଲା। ସେ ହାତଯୋଡ଼ି ନତମସ୍ତକ ଭାବରେ ପ୍ରାର୍ଥନା କରିବାକୁ ଲାଗିଲେ ସେଇ ଅତି ବିଶାଳକାୟ ବିଗ୍ରହ ସମ୍ମୁଖରେ ସେଇ ବିଗ୍ରହ ମଧ୍ୟରୁ ଦେବୀମାତା ଆବିର୍ଭୂତ ହୋଇ ନିଜ ସ୍ୱରୂପରେ ଦର୍ଶନ ଦେଲେ। ଇନ୍ଦ୍ର ବର୍ତ୍ତମାନ ଦେବୀ ଭଗବତୀଙ୍କୁ ବହୁବିଧ ସ୍ତୁତି କରିବାକୁ ଲାଗିଲେ ଏବଂ ଯକ୍ଷଙ୍କର ପରିଚୟ ପ୍ରଦାନ କରିବା ନିମନ୍ତେ ଦେବୀଙ୍କୁ ପ୍ରାର୍ଥନା କଲେ। ଦେବୀମାତା ଇନ୍ଦ୍ରଙ୍କୁ କହିଲେ- ହେ ଦେବରାଜ ! ମୋର କୃପା ଏବଂ ଆଶୀର୍ବାଦ ପ୍ରାପ୍ତ ହୋଇ ତୁମେ ଏବଂ ତୁମର ଦେବ ସମାଜ ଦୈତ୍ୟମାନଙ୍କ ଉପରେ ବିଜୟ ଲାଭ କଲ। କିନ୍ତୁ ପରବର୍ତ୍ତୀ ସମୟରେ ତୁମ୍ଭେମାନେ ଅହଂକାର ଏବଂ ଅଭିମାନ ସର୍ବସ୍ୱ ଭାବନାରେ ଏହି ବିଜୟକୁ ତୁମ୍ଭମାନଙ୍କର ନିଜସ୍ୱ ପୁରୁଷାର୍ଥ ବୋଲି ଗ୍ରହଣ କରି ମଦମତ୍ତ ହୋଇପଡ଼ିଲ। ଏଣୁ ତୁମମାନଙ୍କ ଉପରେ କୃପା କରି ସଠିକ୍ ମାର୍ଗଦର୍ଶନ ନିମନ୍ତେ ମୋର ଏକ ସୂକ୍ଷ୍ମ ଅଂଶରୁ ସମ୍ଭୂତ ଏହି ବିଶାଳକାୟ ଅଚିନ୍ତ୍ୟ ବିଗ୍ରହ ଯକ୍ଷଙ୍କୁ ମୁଁ ପ୍ରକଟ କରାଇଥିଲି ଏଣୁ ତୁମେ ଓ ସମସ୍ତ ଦେବଗଣ ଗର୍ବ ଅହଂକାର ତ୍ୟାଗ କରି (ମୁଁ) ପରମଶକ୍ତିମୟୀ ପରଂବ୍ରହ୍ମ ସ୍ୱରୂପିଣୀ ଆଦିମାତା ମୋର ଶରଣାପନ୍ନ ହୋଇଯାଅ। ଏପରି ଶିକ୍ଷା ପ୍ରଦାନ କରି ଦେବୀ ଭଗବତୀ ଅନ୍ତର୍ଦ୍ଧାନ ହୋଇଗଲେ । ଦେବରାଜ ଇନ୍ଦ୍ର, ଏବେ ହୃଦୟଙ୍ଗମ କରିପାରୁଥିଲେ ଯେ ଯକ୍ଷ ରୂପରେ ସାକ୍ଷାତ ପରଂବ୍ରହ୍ମ ପରମେଶ୍ୱର ଦେବତାମାନଙ୍କର ନିଜ ନିଜ ଶକ୍ତି ସମ୍ବନ୍ଧରେ ଗର୍ବ ଓ ଅହଂକାରକୁ ଧ୍ୱଂସ କରିବା ନିମିତ୍ତ ପ୍ରକଟ ହୋଇଥିଲେ। ଅସୁର ମାନଙ୍କର ପରାଜୟ ସକାଶେ ଦେବତାମାନେ କେବଳ ନିମିତ୍ତ ମାତ୍ର ହୋଇଥିଲେ ମଧ୍ୟ ପ୍ରକୃତ ପକ୍ଷେ ସେହି ସର୍ବଶକ୍ତିମାନ ପରମେଶ୍ୱର ଙ୍କୁ ହିଁ ଏଥି ନିମନ୍ତେ ଶ୍ରେୟ ପ୍ରଦାନ କରାଯିବା ଉଚିତ:

"ସା ବ୍ରହ୍ମେତି ହୋବାଚ । ବ୍ରହ୍ମଣୋ ବା ଏତଦ୍ୱିଜୟେ
ମହୀୟଧ୍ୱମିତି, ତତୋ ହୈବ ବିଦାଞ୍ଚକାର ବ୍ରହ୍ମେତି ।।"

(କେନ.ଉପ.୪ର୍ଥ ଖ./୧)

କାଳୀ ତତ୍ତ୍ୱ ଏବଂ ତାଙ୍କ ଆରାଧନା

ଜଗଜ୍ଜନନୀ ମହାମାୟା ମହାଶକ୍ତି, ନିତ୍ୟା, ଅବ୍ୟକ୍ତ ଓ ଅନନ୍ତ ହେଲେ ମଧ୍ୟ ତାଙ୍କର ତ୍ରିଗୁଣାତ୍ମିକା ଶକ୍ତି "ସତ୍ତ୍ୱ, ରଜଃ, ତମୋ" ଦ୍ୱାରା ସେ ବ୍ୟକ୍ତ ହୁଅନ୍ତି- **"ବ୍ୟକ୍ତଂ ଅବ୍ୟକ୍ତଂ ବ୍ୟକ୍ତ ରୂପେଣ ରଜଃ ସତ୍ତ୍ୱ ତମୋ ଗୁଣୈଃ ।"** ମହାକାଳୀ, ମହାସରସ୍ୱତୀ, ମହାଲକ୍ଷ୍ମୀ ପରଂବ୍ରହ୍ମଙ୍କର ଚିତ୍‌ଶକ୍ତି ପ୍ରସୂତ ଏହି ତ୍ରିମହାଶକ୍ତି, ତମୋ, ସତ୍ତ୍ୱ ଏବଂ ରଜଃ ଗୁଣକୁ ଆଧାର କରି ଯୁଗେଯୁଗେ ପ୍ରକଟିତ ହୁଅନ୍ତି । କିନ୍ତୁ ଏହି ତ୍ରିବିଧ ରୂପ ସେଇ ଏକ ଅଭିନ୍ନ ମହାଶକ୍ତିଙ୍କର ତ୍ରିବିଧ ଶକ୍ତି ଯିଏ କି ତାମସୀ, ସାତ୍ତ୍ୱିକୀ ଓ ରାଜସୀ ଗୁଣମାନଙ୍କୁ ଆଶ୍ରୟ କରି ଦେବତାମାନଙ୍କ କାର୍ଯ୍ୟସିଦ୍ଧି ଉପଲକ୍ଷେ ତଥା ଜଗତର ବହୁବିଧ କଲ୍ୟାଣ ସାଧନ ନିମନ୍ତେ ଅବତୀର୍ଣ୍ଣ ହୁଅନ୍ତି-

"....ଦେବାନାଂ କାର୍ଯ୍ୟସିଦ୍ଧ୍ୟର୍ଥମାବିର୍ଭବତି ସା ଯଦା ।
ଉତ୍ପନ୍ନେତି ତଦା ଲୋକେ ସା ନିତ୍ୟାପ୍ୟଭିଧୀୟତେ....।"

(ସପ୍ତଶତୀ ୧/୬୫-୬୬)

ସେ ଏକରୁ ଅନେକ ହୁଅନ୍ତି **'ଏକୋଽହଂ ବହୁ ସ୍ୟାମ୍'**/ **'ବହୁ ସ୍ୟାଂ ପ୍ରଜାୟେୟ'** (ତୈତ୍ତି.ଉ ୨/୬/୪) ।

ଶ୍ରୀରାମକୃଷ୍ଣ ପରମହଂସଙ୍କ ବକ୍ତବ୍ୟ ଅନୁଯାୟୀ କାଳୀ ହିଁ ବ୍ରହ୍ମ ଏବଂ ବ୍ରହ୍ମ ହିଁ କାଳୀ । ଯେଉଁ ଆଦ୍ୟାଶକ୍ତି ଲୀଳାମୟୀ ଓ ସୃଷ୍ଟି-ସ୍ଥିତି-ପ୍ରଳୟ କରନ୍ତି, ତାଙ୍କର ନାମ ହିଁ କାଳୀ । ଯେତେବେଳେ ସେ ନିଷ୍କ୍ରିୟ, ସୃଷ୍ଟି-ସ୍ଥିତି-ପ୍ରଳୟ ଆଦି କାର୍ଯ୍ୟରେ ଲିପ୍ତ ରହନ୍ତି ନାହିଁ, ସେତେବେଳେ ତାଙ୍କୁ ବ୍ରହ୍ମ ବୋଲି କୁହାଯାଏ । ଅତଏବ ବ୍ରହ୍ମ ଏବଂ କାଳୀ ଏକ ଓ ଅଭିନ୍ନ-କେବଳ ନାମରୂପ ଭେଦ । ମାତ୍ର ସେ କାଳର କର୍ତ୍ତ୍ରୀ । ସେ ଲୀଳାମୟୀ ମହାଶକ୍ତି । ନିଜ ସାଧନାର ସର୍ବୋଚ୍ଚ ଶିଖରରେ ଆରୂଢ଼ ଥାଇ ଠାକୁର ରାମକୃଷ୍ଣ କାଳୀତତ୍ତ୍ୱର ଯେପରି ବ୍ୟାପକ ଓ ସରଳ ବ୍ୟାଖ୍ୟା ପ୍ରଦାନ କରିଛନ୍ତି ତାହା ଯେକୌଣସି ସାଧାରଣରୁ ସାଧାରଣ ବ୍ୟକ୍ତିର ହୃଦୟରେ ଯେ ଆଲୋଡନ ସୃଷ୍ଟି କରିବ ଏଥିରେ ସନ୍ଦେହର ଅବକାଶ ନାହିଁ । ସେ ପୁଣି

କହନ୍ତି- 'କାଳୀ ଏବଂ ବ୍ରହ୍ମ' ଏ ମଧ୍ୟରୁ ଗୋଟିକୁ ଛାଡ଼ି ଅନ୍ୟଟିକୁ ଚିନ୍ତା କରି ହୁଏ ନାହିଁ । ଠିକ୍ ଯେପରି 'ଜ୍ୟୋତି ଓ ମଣି' । ଜ୍ୟୋତିକୁ ବାଦ ଦେଇ ମଣିକୁ ଭାବିବା ଯେପରି ଅସମ୍ଭବ ଠିକ୍ ସେହିପରି ମଣିକୁ ଛାଡ଼ି ଜ୍ୟୋତିକୁ ଭାବି ହୁଏ ନାହିଁ ।

ଦେବୀ ପୁରାଣ ଅନୁଯାୟୀ ଏକଦା ବ୍ରହ୍ମା, ବିଷ୍ଣୁ, ଇନ୍ଦ୍ର ଭଗବାନ ଶିବଙ୍କ ସହ ଏକତ୍ର ମହାକାଳୀଙ୍କ ଦର୍ଶନ ନିମନ୍ତେ ତାଙ୍କ ଲୋକକୁ ଗମନ କଲେ । ସେମାନେ ଯାଇ ଜଗଦମ୍ବାଙ୍କ ଦିବ୍ୟ ନଗରୀରେ ପ୍ରବେଶ କରି ତାଙ୍କ ଅନ୍ତଃପୁରର ଦ୍ୱାରରେ ମହାବାହୁ-ସ୍ଥୁଳକାୟ-ଚତୁର୍ଭୁଜ ଗଣନାୟକ ଗଜାନନଙ୍କୁ ଦେଖି ତାଙ୍କ ଦ୍ୱାରା ମହାମାୟାଙ୍କ ଦର୍ଶନ ନିମନ୍ତେ ସନ୍ଦେଶ ପ୍ରେରଣ କଲେ । ଜଗନ୍ମାତା, ଗଣନାୟକଙ୍କଠାରୁ ଏହି ସନ୍ଦେଶ ପାଇ ସେହି ଦେବତାମାନେ କେଉଁ ବ୍ରହ୍ମାଣ୍ଡରୁ ଆସିଛନ୍ତି ତାହା ଜଜ୍ଞାସା କଲେ । କାରଣ ଅସଂଖ୍ୟ ବ୍ରହ୍ମାଣ୍ଡରେ ଏହିପରି ଅସଂଖ୍ୟ ବ୍ରହ୍ମା, ବିଷ୍ଣୁ,ଇନ୍ଦ୍ରାଦି ଦେବତାମାନେ ଅଛନ୍ତି । ଗଣପତି ଫେରି ଯାଇ ଦେବତାମାନଙ୍କୁ ସେମାନଙ୍କର ଆଗମନ କେଉଁ ବ୍ରହ୍ମାଣ୍ଡରୁ ହୋଇଛି ତାହା ଜିଜ୍ଞାସା କଲାରୁ ବ୍ରହ୍ମା ଇନ୍ଦ୍ରାଦି ଦେବତାମାନେ ଆଶ୍ଚର୍ଯ୍ୟଚକିତ ହେଲେ । ଏଥି ଉତ୍ତାରୁ ଦେବୀ ମହାମାୟାଙ୍କ ଅନୁମତି କ୍ରମେ ସେମାନେ ତାଙ୍କୁ ଦର୍ଶନର ସୁଯୋଗ ପାଇ କୃତକୃତ୍ୟ ହୋଇଥିଲେ । ବ୍ରହ୍ମା-ବିଷ୍ଣୁ, ଜଗଦୀଶ୍ୱରୀ ମହାକାଳୀ ଏବଂ ପରମେଶ୍ୱର ମହାକାଳଙ୍କ ଯୁଗଳମୂର୍ତ୍ତି ଦର୍ଶନ କରି ତାଙ୍କୁ ସ୍ତୁତି ଦ୍ୱାରା ସେଇ ସର୍ବସୃଷ୍ଟିକାରିଣୀ, ସତ୍ୟବିଜ୍ଞାନ ରୂପା, ନିତ୍ୟା, ଆଦ୍ୟାଶକ୍ତି, ନିର୍ଗୁଣ, ପୂର୍ଣ୍ଣା, ଶୁଦ୍ଧା, ବିଶ୍ୱରୂପା, ସ୍ୱରୂପା, ବନ୍ଦନୀୟା, ବିଶ୍ୱବନ୍ଦ୍ୟା, ମହାମାୟା, ମାୟାମୟୀ, ମାୟାରୁ ଅତୀତ, ଭୀଷଣ ଶ୍ୟାମବର୍ଣ୍ଣ, ଭୟଙ୍କର ନେତ୍ରଯୁକ୍ତା, ସକଳ ସିଦ୍ଧିସମ୍ପନ୍ନା, ବିଦ୍ୟାସ୍ୱରୂପା, ସମସ୍ତ ପ୍ରାଣୀଙ୍କ ହୃଦୟସ୍ଥିତା, ସୃଷ୍ଟିର ସଂହାରକର୍ତ୍ତ୍ରୀ, ସୃଷ୍ଟିର କାରଣଭୂତା ଓ ସତ୍ତାସ୍ୱରୂପା, ସର୍ବସ୍ୱରୂପା, ବ୍ରହ୍ମବିଦ୍ୟାସ୍ୱରୂପା, ସର୍ବସାରରୂପା, ଅନନ୍ତ ସ୍ୱରୂପିଣୀ ପରମେଶ୍ୱରୀ ଦେବୀମାତାଙ୍କର ସନ୍ତୁଷ୍ଟି ବିଧାନ କରିଥିଲେ । ମହାକାଳୀଙ୍କର ଦିବ୍ୟଦର୍ଶନରଏଇ ପୁଣ୍ୟମୟ ଆଖ୍ୟାନରୁ ତାଙ୍କର ତତ୍ତ୍ୱାତ୍ମକ ପରିଚିତିର ସମ୍ୟକ୍ ଜ୍ଞାନ ପ୍ରାପ୍ତି ହୋଇଥାଏ (ଦେବୀପୁରାଣ- ଅ.୬୩)

ଏହି ସମାନ ତତ୍ତ୍ୱ ଭଗବାନ ଶ୍ରୀକୃଷ୍ଣଙ୍କ ମୁଖ ନିସୃତ ଜଗଜ୍ଜନନୀଙ୍କ ସ୍ତୁତିରେ ସ୍ୱତଃ ପ୍ରକଟିତ:

"ତ୍ୱମେବ ସର୍ବଜନନୀ ମୂଳପ୍ରକୃତିରୀଶ୍ୱରୀ ।
ତ୍ୱମେବାଦ୍ୟା ସୃଷ୍ଟିବିଧୌ ସ୍ୱେଚ୍ଛୟାତ୍ରିଗୁଣାତ୍ମିକା ॥
କାର୍ଯ୍ୟାର୍ଥେ ସଗୁଣା ତ୍ୱଂ ଚ ବସ୍ତୁତୋ ନିର୍ଗୁଣା ସ୍ୱୟମ୍ ।
ପରଂବ୍ରହ୍ମସ୍ୱରୂପା ତ୍ୱଂ ସତ୍ୟାନିତ୍ୟା ସନାତନୀ ॥
ତେଜଃସ୍ୱରୂପା ପରମା ଭକ୍ତାନୁଗ୍ରହବିଗ୍ରହା ।
ସର୍ବସ୍ୱରୂପା ସର୍ବେଶା ସର୍ବଧାରା ପରାତ୍ପରା ॥
ସର୍ବଜୀବସ୍ୱରୂପା ଚ ସର୍ବପୂଜ୍ୟା ନିରାଶ୍ରୟା ।
ସର୍ବଜ୍ଞା ସର୍ବତୋଭଦ୍ରା ସର୍ବମଂଗଳମଂଗଳା ॥"

(ବ୍ରହ୍ମ ବୈବର୍ତ୍ତ ପୁରାଣ- ପ୍ରକୃତିଖଣ୍ଡ)

ଅର୍ଥାତ୍ ତୁମେ ହିଁ ବିଶ୍ୱଜନନୀ, ମୂଳ-ପ୍ରକୃତି ଈଶ୍ୱରୀ ଅଟ, ତୁମେ ସୃଷ୍ଟି ସମୟରେ ଆଦ୍ୟାଶକ୍ତି ରୂପେ ବିରାଜମାନ କରିଥାଅ ଏବଂ ସ୍ୱେଚ୍ଛାରେ ତ୍ରିଗୁଣାତ୍ମିକା ହୋଇଯାଅ । ଯଦ୍ୟପି ତୁମେ ସ୍ୱୟଂ ନିର୍ଗୁଣ ତଥାପି ପ୍ରୟୋଜନ ବଶତଃ ସଗୁଣ ହୋଇଥାଅ । ତୁମେ ହିଁ ପରଂବ୍ରହ୍ମ, ସତ୍ୟ, ନିତ୍ୟ, ସନାତନୀ ଅଟ । ପରମତେଜଃ ସ୍ୱରୂପ, ଭକ୍ତ ପ୍ରତି ଅନୁଗ୍ରହ କରି ଶରୀର ଧାରଣ କରୁଥିବା ହେ ମାତା ! ତୁମେ ହିଁ ସର୍ବ ସ୍ୱରୂପା, ସର୍ବେଶ୍ୱରୀ, ସର୍ବାଧାର ଏବଂ ପରାତ୍ପର ଅଟ । ତୁମେ ସର୍ବବୀଜ ସ୍ୱରୂପ, ସର୍ବପୂଜ୍ୟା ଏବଂ ଆଶ୍ରୟ ରହିତ ଅଟ । ତୁମେ ସର୍ବଜ୍ଞ, ସର୍ବ ମଙ୍ଗଳକାରିଣୀ ଏବଂ ସର୍ବ ମଙ୍ଗଳ ଠାରୁ ମଧ୍ୟ ଅତୀବ ମଙ୍ଗଳମୟୀ ଅଟ ।

ସେ କାଳର କର୍ତ୍ତ୍ରୀ । ଏଣୁ କାଳୀ ତତ୍ତ୍ୱର ଜ୍ଞାନ ଆହରଣ ପୂର୍ବରୁ ପ୍ରଥମେ କାଳତତ୍ତ୍ୱକୁ ହୃଦୟଙ୍ଗମ କରିବା ଉଚିତ୍ । କାଳଗର୍ଭରେ ହିଁ ସମସ୍ତ ଭୂତର ଉତ୍ପତ୍ତି ଏବଂ ବିଲୟ ହୋଇଥାଏ । କାଳଦ୍ୱାରା ହିଁ ସମଗ୍ର ସୃଷ୍ଟିର ଉତ୍ପତ୍ତି, ସ୍ଥିତି ଏବଂ ସଂହାର ହୋଇଥାଏ । କାଳ ହିଁ ଜଗତର ଆଧାର ଏବଂ ମହାଶକ୍ତି ମହାମାୟା ହିଁ କାଳର ଆଶ୍ରୟ । ଏଣୁ କାଳଶକ୍ତି, ପରଂବ୍ରହ୍ମ ଏକ ଓ ଅଭିନ୍ନ । ସେ କେବଳ କାଳର ନୁହନ୍ତି, ମହାକାଳର ମଧ୍ୟ କର୍ତ୍ତ୍ରୀ । ଏଣୁ ସେ ମହାକାଳୀ । ଜଡ଼ ଚେତନ ଜଗତର ବିବିଧ କ୍ରିୟାକଳାପକୁ ପରିଚାଳିତ ଓ ନିୟନ୍ତ୍ରିତ କରିବାପାଇଁ ଏବଂ ସୁବ୍ୟବସ୍ଥିତ କରିବା ସକାଶେ ପରଂବ୍ରହ୍ମ ସ୍ୱରୂପିଣୀ ଦେବୀ ନିଜ ଶକ୍ତିକୁ ଅନେକ ଭାଗରେ ବିଭକ୍ତ କରି ନିୟୋଜିତ କରିଥାନ୍ତି । ଏହା ହିଁ ଅବତାର ରହସ୍ୟ -

"ହରି ଅବତାର ହେତୁ ଜେହି ହୋଇ ।

ଇଦମିତ୍‌ଥ୍ୟଂ କହି ଯାଇ ନ ସୋଇ ॥"

(ରାମଚରିତ ମାନସ :୧-୧୨୧-୨) ॥)

ଅର୍ଥାତ୍ ଅନନ୍ତରୂପ ପରଂବ୍ରହ୍ମଙ୍କର ଅନନ୍ତ ଅବତାର ହୋଇଛି । ଯାହାର ପ୍ରୟୋଜନ ମଧ୍ୟ ଅନନ୍ତ ଅଟେ । ସେଇପରି ଶ୍ରୀ ଦୁର୍ଗା ସପ୍ତଶତୀରେ କୁହାଯାଇଛି :

"ଏବଂ ଭଗବତୀ ଦେବୀ ସା ନିତ୍ୟାପି ପୁନଃ ପୁନଃ ।

ସମ୍ଭୂୟ କୁରୁତେ ଭୂପ ଜଗତଃ ପରିପାଳନମ୍ ॥"

(ଅ.୧୨-୩୬)

ଅର୍ଥାତ୍ ଏହିପ୍ରକାର ଜଗଜ୍ଜନନୀ ଆଦ୍ୟାଶକ୍ତି ନିତ୍ୟ ହେଲେ ମଧ୍ୟ ପୁନଃ ପୁନଃ ପ୍ରକଟ ହୋଇ ଜଗତକୁ ରକ୍ଷା କରନ୍ତି ॥ ଦେବୀ ଆଦ୍ୟାଶକ୍ତି ହେଉଛନ୍ତି ସାକ୍ଷାତ ପରଂବ୍ରହ୍ମ ଜଗଦମ୍ବା ସନାତନୀ ଏବଂ ଶୁଦ୍ଧା ତଥା ବ୍ରହ୍ମା, ବିଷ୍ଣୁ, ମହେଶ୍ୱର ଆଦି ତ୍ରିଦେବଙ୍କର ଆରାଧ୍ୟା ଦେବୀ । କାଳର ପରିବର୍ତ୍ତନକୁ ସାକାର କରୁଥିବା ସେଇ ମହାଶକ୍ତି, ମହାକାଳ ଅଟନ୍ତି । ଯୁଗର ପରିବର୍ତ୍ତନ ଏବଂ ପ୍ରବର୍ତ୍ତନ ସଦାସର୍ବଦା ଏହି ଅନନ୍ତ ସତ୍ତା ଦ୍ୱାରା ସମାହିତ ହୋଇଥାଏ । ଏଣୁ ତାହାଙ୍କୁ ରୁଦ୍ର ନାମରେ ନାମିତ କରାଯାଏ । ପରିବର୍ତ୍ତନ କାଳ (ସଂହାର ବା ବିଲୟ ପରେ ନୂତନ ସୃଷ୍ଟି) ସର୍ବଦା ରୌଦ୍ର, ଭୟଙ୍କର ଏବଂ କଷ୍ଟ ସାଧ୍ୟ ହୋଇଥାଏ । ଏହି ପ୍ରଳୟାବସ୍ଥା ହିଁ ମହାକାଳର ତାଣ୍ଡବ ନୃତ୍ୟ । କିନ୍ତୁ ଏହି ରୁଦ୍ରତା ମଧ୍ୟରେ ବି ଲୋକ ମଙ୍ଗଳର ସୁମହାନ କଲ୍ୟାଣକାରୀ ଉଦ୍ଦେଶ୍ୟ ବିଦ୍ୟମାନ ଥାଏ । ଯୁଗ ପରିବର୍ତ୍ତନର ପ୍ରକ୍ରିୟାକୁ ସମ୍ପନ୍ନ କରିବା ପାଇଁ ସେଇ ଅନନ୍ତ ମହାକାଳ ବିଭିନ୍ନ ସମୟରେ ଭିନ୍ନଭିନ୍ନ ରୂପ ଧାରଣ କରନ୍ତି । କିନ୍ତୁ ସେଇ ସମସ୍ତ ଅବତାରର ଏକମାତ୍ର ଆନ୍ତରିକ ଉଦ୍ଦେଶ୍ୟ ହେଉଛି:

"ପରିତ୍ରାଣାୟ ସାଧୂନାଂ ବିନାଶାୟ ଚ ଦୁଷ୍କୃତାମ୍ ।

ଧର୍ମସଂସ୍ଥାପନାର୍ଥାୟ ସମ୍ଭବାମି ଯୁଗେ ଯୁଗେ ॥" (ଗୀତା ୪/୮)

ମହାକାଳ ଓ ମହାକାଳୀ-ଶ୍ରଦ୍ଧା, ବିଶ୍ୱାସ ଓ ଭାବନା ଅନୁଯାୟୀ ଯୁଗ୍ମହେଲେ ମଧ୍ୟ ସେ ଏକ ଓ ଅଭିନ୍ନ ଅଟନ୍ତି-ଅର୍ଦ୍ଧନାରୀଶ୍ୱର ଅଟନ୍ତି- ଅଖଣ୍ଡ ପୂର୍ଣ୍ଣବ୍ରହ୍ମ ଅଟନ୍ତି । ଏହି ସମଗ୍ର ବ୍ରହ୍ମାଣ୍ଡର ସୃଷ୍ଟି ଶିବଙ୍କ ଶକ୍ତିରୁ ହିଁ ଉଦ୍ଭୁତ ହୋଇଛି, ଅର୍ଥାତ୍ 'ଶିବ-ଶକ୍ତି'ର

ଶକ୍ତି ଉପାସନା ଓ ବୈଦିକ ଦେବୀତତ୍ତ୍ୱ : ୪୦୦

କ୍ରିୟା ଶକ୍ତି ରୂପ ବିକାଶ (ପ୍ରଚୟ)ରୁ ଏହି ବିଶ୍ୱର ଉତ୍ପନ୍ନ ସମ୍ଭବ ହୋଇଛି- **"ଶିବସ୍ୟ ବିଶ୍ୱଂ ସ୍ୱଶକ୍ତିମୟଂ ତଥା ଅସ୍ୟାପି ସ୍ୱସ୍ୟାଃ ସଂବିଦାତ୍ମନଃ ଶକ୍ତେଃ ପ୍ରଚୟଃ କ୍ରିୟାଶକ୍ତି-ସ୍ଫୁରଣରୂପୋ ବିକାସୋ ବିଶ୍ୱମ୍ ।**- (ଶିବ ସୂତ୍ର ବିମର୍ଶିନୀ ୩/୩୦)"

ସତ୍ ଏବଂ ଚିତ୍‌ର ପୂର୍ଣ୍ଣ ସଂଯୋଗରୁ ଉତ୍ପନ୍ନ ପ୍ରକୃତ ସମତା ହିଁ 'ଅର୍ଦ୍ଧ-ନାରୀଶ୍ୱର'ଙ୍କର ବିଗ୍ରହ ମଧ୍ୟରୁ ଅଭିବ୍ୟକ୍ତ ହୋଇଥାଏ । ସୃଷ୍ଟିର ସମଗ୍ର ଜୀବଜଗତ ପାଇଁ ସଦାସର୍ବଦା ସେବା, ତ୍ୟାଗ, ମଙ୍ଗଳକାରୀ ଓ ଅଳ୍ପରେ ସନ୍ତୁଷ୍ଟ' ଆପ୍ତକାମ, ନିତ୍ୟତୃପ୍ତ, ନିର୍ଲିପ୍ତ, ନିର୍ବିକାର, ସର୍ବସମର୍ଥ, ଅବିନାଶୀ, ଅଦ୍ଭୁତ ଔଜଲ୍ୟରେ ସଦା ପ୍ରକାଶମାନ, ସର୍ବଜ୍ଞ, ସର୍ବଶକ୍ତିମାନ, ସର୍ବାଧିଷ୍ଠାନ ସ୍ୱରୂପ, ସୂକ୍ଷ୍ମ, ଅବ୍ୟୟ, ସମ୍ପୂର୍ଣ୍ଣ ଭୂତର ସୃଷ୍ଟି, ସ୍ଥିତି ଏବଂ ପ୍ରଳୟକର୍ତ୍ତା ରୂପୀ ଈଶ୍ୱରୀୟ ଗୁଣରେ ବିଭୂଷିତ ଏଇ ଅର୍ଦ୍ଧନାରୀଶ୍ୱର ବିଗ୍ରହ, ସେଇଥିପାଇଁ ବୋଧହୁଏ ବ୍ରହ୍ମା, ବିଷ୍ଣୁ, ଇନ୍ଦ୍ରାଦି ସମସ୍ତ ଦେବାଦେବୀ, ଦାନବ, ମାନବ, ଯକ୍ଷ, ଗନ୍ଧର୍ବ, କିନ୍ନର, ଭୂତ, ପିଶାଚ, ପଶୁପକ୍ଷୀ ସମସ୍ତଙ୍କର ହୃଦୟର ଦେବତାରୂପେ ଉପାସିତ ହୋଇଥାନ୍ତି ।

ପୁଣି କାଳର ଉତ୍ପାଦକ ହେଉଛନ୍ତି ମହାକାଳ ଶିବ ସ୍ୱୟଂ । ଅତଏବ କାଳଜ୍ଞାନର ଆଦିଗୁରୁ ସେ ହିଁ ଅଟନ୍ତି । ମହାକାଳ ହେଉଛି ଏକ ଅନନ୍ତ ସତ୍ତା । ତା' ମଧ୍ୟରୁ ଏହି ଅନନ୍ତ ସୃଷ୍ଟିର ସୃଜନ, ପାଳନ ଏବଂ ପ୍ରଳୟ ସମ୍ପାଦିତ ହୁଏ- **"କାଳଃ ପଚତି ଭୂତାନି କାଳଃ ସଂହରତି ପ୍ରଜାଃ", (କାଳୋଽସ୍ମି ଲୋକ କ୍ଷୟକୃତ୍ ପ୍ରବୃଦ୍ଧୋ, ଲୋକାନ୍ ସମାହର୍ତୁମିହ ପ୍ରବୃତ୍ତଃ...** (ଗୀତା ୧୧-୩୨) ଅର୍ଥାତ୍ ମୁଁ ହେଉଛି ଲୋକମାନଙ୍କର ବିନାଶକାରୀ ପ୍ରବୃଦ୍ଧ ମହାକାଳ । ଏହି ସମୟରେ ଲୋକମାନଙ୍କୁ ବିନାଶ କରିବାପାଇଁ ମୁଁ ପ୍ରବୃତ୍ତ ହୋଇଛି...) (**କାଳଃକଳୟତା ମହମ୍**-ଗୀତା ଅ: ୧୦/୩୦-ଅର୍ଥାତ୍ ମୁଁ ଗଣନାକାରୀ ମାନଙ୍କ ମଧ୍ୟରେ କାଳ..) (**...ଅହମେବାକ୍ଷୟଃ କାଳୋ ଧାତାହଂ ବିଶ୍ୱତୋମୁଖଃ**-ଗୀତା ୧୦-୩୩ -ଅର୍ଥାତ୍ ମୁଁ ହେଉଛି ଅକ୍ଷୟକାଳ ଅର୍ଥାତ୍ କାଳର ମଧ ମହାକାଳ ତଥା ସକଳ ଦିଗରେ ମୁଖଥିବା ବିରାଟ ସ୍ୱରୂପ ଏବଂ ଧାରଣ ପୋଷଣ କର୍ତ୍ତା ମଧ୍ୟ ମୁଁ ହିଁ ଅଟେ ।) ଏହି ମହାକାଳର ନିୟନ୍ତ୍ରୀ ଓ ଶକ୍ତି ହେଉଛନ୍ତି ମହାକାଳୀ । ଅତଏବ କାଳଜ୍ଞାନର ଯିଏ ଦ୍ରଷ୍ଟା, ସେ ଲୋକ ଓ ପରଲୋକ ଉଭୟ ଜ୍ଞାନର ମଧ୍ୟ ଅଧିକାରୀ ହୋଇପାରନ୍ତି ଏବଂ ସେଇପରି ଜ୍ଞାନୀମାନଙ୍କୁ ଶକ୍ତିର ମହାନ ଉପାସକ

ରୂପେ ସଂଜ୍ଞାୟିତ କରାଯାଏ । କାଳର ମହିମା ଅନନ୍ତ । ଅନନ୍ତ ଆକାଶ ବକ୍ଷରେ ଖଗୋଳୀୟ ଗ୍ରହ ନକ୍ଷତ୍ର, ସୂର୍ଯ୍ୟ, ଚନ୍ଦ୍ର ଆଦିଙ୍କର ଅନନ୍ତ କ୍ରୀଡ଼ା ସଂଚରିତ ହୋଇ ପ୍ରତିମୁହୂର୍ତ୍ତରେ ଅପାର ପରିବର୍ତ୍ତନର ସୂତ୍ରପାତ ହୋଇଥାଏ ଯାହା ଆମର ହିନ୍ଦୁ ଜ୍ୟୋତିଷୀୟ ସିଦ୍ଧାନ୍ତକୁ ପ୍ରମାଣିତ, ପରିଭାଷିତ, ପ୍ରଭାବିତ ଓ ପରିପୋଷିତ କରିଥାଏ। କଳା, କାଷ୍ଠା, ନିମେଷ ମୁହୂର୍ତ୍ତ ଆଦି କାଳର ଅତି ସୂକ୍ଷ୍ମ ଏକକ ଅଟନ୍ତି । କିନ୍ତୁ କାଳର ଅଚିନ୍ତ୍ୟ ସ୍ୱରୂପ ବା ମହାକାଳର ପରିକଳ୍ପନା କରିବା ମନୁଷ୍ୟର ଚିନ୍ତାଶକ୍ତିର ମଧ୍ୟ ବହିର୍ଭୂତ । ଏଣୁ ସେ ମହାକାଳ ସ୍ୱରୂପିଣୀ 'ମହାକାଳୀ'। ଶ୍ରୀମଦ୍ ଜଗଦ୍‌ଗୁରୁ ଶଙ୍କରାଚାର୍ଯ୍ୟ ତାଙ୍କ ରଚିତ 'ସୌନ୍ଦର୍ଯ୍ୟ ଲହରୀ'ର ପ୍ରଥମ ଶ୍ଳୋକରେ ଉଲ୍ଲେଖ କରିଛନ୍ତି-

"ଶିବଃ ଶକ୍ତ୍ୟା ଯୁକ୍ତୋ ଯଦି ଭବତି ଶକ୍ତଃ ପ୍ରଭବିତୁମ୍ ।
ନଚେ ଦେବଂ ଦେବୋନଖଲୁ କୁଶଳଃ ସ୍ପନ୍ଦିତୁ ମପି ।।"

ଅର୍ଥାତ୍ ଶିବ, ଶକ୍ତି ସହ ଯୁକ୍ତ ନହେଲେ ସୃଷ୍ଟି-ସ୍ଥିତି-ପ୍ରଳୟ କରିବା ପାଇଁ ସକ୍ଷମ ହୋଇ ପାରନ୍ତି ନାହିଁ । ଶିବ, ମହାକାଳ ହେଲେ ଶକ୍ତି ହେଉଛନ୍ତି ମହାକାଳୀ । କାହାରିକୁ କାହାଠାରୁ ଅଲଗା କରିବା ସମ୍ଭବ ନୁହେଁ । ସେମାନେ ସତ୍ ଓ ଚିତ୍‌ର ପୂର୍ଣ୍ଣ ସଂଯୋଗର ପ୍ରତୀକ । ସେମାନେ ଏକ ଓ ଅଭିନ୍ନ, ବ୍ରହ୍ମ ଓ ବ୍ରହ୍ମଶକ୍ତି ଅଭେଦ । **"ତ୍ୱମେକା ପରଂବ୍ରହ୍ମ ରୂପେଣ ସିଦ୍ଧାଃ-ରୁଦ୍ରାଯାମଳତନ୍ତ୍ର"- "ମହାବିଦ୍ୟାଂ ମହାମାୟା ମହାଯୋଗେଶ୍ୱରୀଂ ପରା-କାଳୀତନ୍ତ୍ର" - 'ସର୍ବଶକ୍ତି ସ୍ୱରୂପା ସର୍ବଦେବମୟୀ ତନୁଃ'- 'ମହାନିର୍ବାଣତନ୍ତ୍ର'**-ଏହିପରି ଭାବରେ ବ୍ରହ୍ମସ୍ୱରୂପା ଦେବୀଙ୍କର ଅପରଂପାର ମହିମା ବର୍ଣ୍ଣିତ ହୋଇଛି । ମହାଭାରତ ଯୁଦ୍ଧରେ - **ପରାଜୟାୟ ଶତ୍ରୁଣାଂ ଦୁର୍ଗାସ୍ତୋତ୍ରମ୍ ଉଦୀରୟ**-ଭଗବାନ ଶ୍ରୀକୃଷ୍ଣଙ୍କର ଅର୍ଜୁନଙ୍କୁ ଏହି ପରାମର୍ଶ ଯେ ଯୁଦ୍ଧରେ ଶତ୍ରୁମାନଙ୍କୁ ପରାଜୟ କରିବାପାଇଁ ଦେବୀଦୁର୍ଗାଙ୍କୁ ସ୍ତୁତି କର- ମହାରଥୀ ଅର୍ଜୁନ ସ୍ତୁତି କରିକହିଲେ :

"ଭଦ୍ରକାଳି ନମସ୍ତୁଭ୍ୟଂ ମହାକାଳି ନମୋଽସ୍ତୁତେ ।
ଚଣ୍ଡିଚଣ୍ଡେ ନମସ୍ତୁଭ୍ୟଂ ତାରିଣି ବରବର୍ଣ୍ଣିନି ।।"

(ମହାଭାରତ ଭୀଷ୍ମପର୍ବ ୨୩/୪/୧୫)

ଭଦ୍ରକାଳୀ, ମହାକାଳୀ, ଚଣ୍ଡୀ ବ୍ୟତୀତ କୁମାରୀ, କାଳୀ, କପାଳୀ ଆଦି ନାମର ଉଲ୍ଲେଖଥିବା ମହାଭାରତର ବିଭିନ୍ନ ସ୍ଥାନରେ ଦୃଷ୍ଟିଗୋଚର ହୁଏ ।

ଦେବୀ-ଉପନିଷଦ ଅନୁଯାୟୀ ମହାମାୟା ନିଜ ସ୍ୱରୂପ ସମ୍ପର୍କରେ ପରିଚୟ ପ୍ରଦାନ କରି ଆଶ୍ଚର୍ଯ୍ୟ ଚକିତ ଦେବତାମାନଙ୍କୁ କହିଥିଲେ **'ଅହଂ ବ୍ରହ୍ମସ୍ୱରୂପିଣୀ ମତ୍ତଃ ପ୍ରକୃତି ପୁରୁଷାତ୍ମକ୍ୟଂ ଜଗଚ୍ଛନ୍ୟଂ ଚାଶୂନ୍ୟଂ ଚ'** (୧-୨) ଅର୍ଥାତ୍ ମୁଁ ହିଁ ବ୍ରହ୍ମସ୍ୱରୂପ ପ୍ରକୃତି- ପୁରୁଷାତ୍ମକ ଏହି ଜଗତର କାରଣ ଅଟେ । ତୈତ୍ତିରୀୟ ଆରଣ୍ୟକର ମହାନାରାୟଣ ଉପନିଷଦର ବର୍ଣ୍ଣନାରେ ମହାମାୟାଙ୍କ ବିଷୟରେ କୁହାଯାଇଛି-

ତାମଗ୍ନିବର୍ଣ୍ଣାଂ ତପସା ଜ୍ୱଲନ୍ତୀଂ ବୈରୋଚନୀଂ କର୍ମଫଳେଷୁ ଜୁଷ୍ଟାମ୍ ।
ଦୁର୍ଗାଦେବୀଂ ଶରଣମହଂ ପ୍ରପଦ୍ୟେ ସୁତରସି ତରସେ ନମଃ ॥

(୧୦-୨)

ଅର୍ଥାତ୍ ମୁଁ ସେହି ବୈରୋଚନୀ, ପରମାତ୍ମାଙ୍କ ଦ୍ୱାରା ଦୃଷ୍ଟ ଅଗ୍ନିବର୍ଣ୍ଣା, ସ୍ୱୀୟ ତାପରେ ଶତ୍ରୁ ଦଗ୍ଧକାରିଣୀ, କର୍ମଫଳଦାତ୍ରୀ, ଦୁର୍ଗାଦେବୀଙ୍କ ଶରଣାଗତ ହେ ସଂସାରତ୍ରାଣକାରିଣୀ ଦେବୀ! ତୁମକୁ ପ୍ରଣାମ । ଏହି ଉପନିଷଦଗୁଡ଼ିକ ବୁଦ୍ଧଙ୍କ ଯଥେଷ୍ଟ ପୂର୍ବରୁ ରଚିତ ହୋଇଥିବା ପଣ୍ଡିତମାନଙ୍କ ମତ । ଏଥିରୁ ଜଣାପଡ଼େ ଯେ ଦେବୀ ପୂଜା ବହୁ ପ୍ରାଚୀନ କାଳରୁ ଭାରତୀୟ ସମାଜର ଅଙ୍ଗୀଭୂତ ହୋଇ ରହି ଆସିଛି ।

ମହେଞ୍ଜୋଦାରୋ ଓ ହରପ୍ପା ଆଦି ବିଶ୍ୱର ପ୍ରାଚୀନତମ ସଭ୍ୟତାର ପ୍ରତ୍ନତାତ୍ତ୍ୱିକ ଉତ୍ଖନନରୁ ମିଳିଥିବା ମୁଦ୍ରାରେ ମାତୃକା ମୂର୍ତ୍ତିର ଖୋଦିତ ଚିତ୍ର ଓ ବିଭିନ୍ନ ଦେବୀ ମୂର୍ତ୍ତିର ଅବଶେଷ ଏହା ପ୍ରମାଣ କରେ ଯେ ପ୍ରାଗ୍ଐତିହାସିକ ଯୁଗରୁ ମଧ୍ୟ ଦେବୀପୂଜାର ପ୍ରଚଳନ ଆମ ସଂସ୍କୃତିର ପ୍ରମୁଖ ଅଙ୍ଗ ଥିଲା । ଅତଏବ ଦେବୀ ଉପାସନା ରୂପୀ ବିଚାରର ଧାରା ପ୍ରବାହ ସିନ୍ଧୁ ସଭ୍ୟତାର ବିକାଶ କାଳର ଯେ ଭାରତ ମାଟିରେ ପ୍ରବାହିତ ଥିଲା ଏଥିରେ ସନ୍ଦେହ ନାହିଁ । ବେଦମାନଙ୍କ ମଧ୍ୟରେ ପ୍ରାଚୀନତମ ବେଦ ଋଗ୍ବେଦ ଓ ସାମବେଦରେ ଶକ୍ତିତତ୍ତ୍ୱ ସନ୍ନିବେଶିତ ହୋଇଥିବା ଦୃଷ୍ଟିଗୋଚର ହୁଏ । ଋଗ୍ବେଦର ରାତ୍ରିସୂକ୍ତ, ଦେବୀସୂକ୍ତ ଏବଂ ସାମବେଦର ରାତ୍ରିସୂକ୍ତ ଇତ୍ୟାଦିରୁ ଶକ୍ତି ଉପାସନାର ଭୂରି ଭୂରି ପ୍ରମାଣ ମିଳିଥାଏ । ଋଗ୍ବେଦର 'ଦେବୀସୂକ୍ତ'-(**ଓଁ ଅହଂ ରୁଦ୍ରେଭି ର୍ବସୁଭିଶ୍ଚରାମ୍ୟହମାଦିତ୍ୟୈରୁତ ବିଶ୍ୱଦେବୈଃ...**) ଅର୍ଥାତ୍ ମୁଁ ସଚ୍ଚିଦାନନ୍ଦମୟୀ ସର୍ବାତ୍ମାଦେବୀ ରୁଦ୍ର, ବସୁ, ଆଦିତ୍ୟ ତଥା ବିଶ୍ୱଦେବଗଣଙ୍କ ରୂପରେ ବିଚରଣ କରୁଛି । ମୁଁ ହିଁ ମିତ୍ର ଓ ବରୁଣ ଦୁହିଁଙ୍କୁ

ଇନ୍ଦ୍ର ଏବଂ ଅଗ୍ନିଙ୍କୁ ତଥା ଦୁଇ ଅଶ୍ୱିନୀ କୁମାରଙ୍କୁ ଧାରଣ କରିଛି ଇତ୍ୟାଦି)- ରଗ୍‌ବେଦ ଅନ୍ତର୍ଗତ ଦଶମମଣ୍ଡଳ, ଦଶମ ଅଧ୍ୟାୟ ୧୨୫ ସୂକ୍ତର ଆଠଟି ଋଚା/ ରଗ୍‌ବେଦର 'ରାତ୍ରିସୂକ୍ତ', ମଣ୍ଡଳ-୧୦ଅ ୧୦-ସୂକ୍ତ ୧୨୭ ମନ୍ତ୍ର ୧ରୁ ୮ / ଅଥର୍ବ ବେଦର 'ଶ୍ରୀ ଦେବ୍ୟଥର୍ବଶୀର୍ଷମ୍' ବର୍ଣ୍ଣିତ ଦେବୀମାତାଙ୍କର ଅପାରମହିମା ସମ୍ବଳିତ ଋଚାମାନଙ୍କରୁ ଏହା ପ୍ରମାଣିତ ହୁଏ ଯେ ସୃଷ୍ଟିର ପ୍ରାରମ୍ଭ କାଳରୁ ପ୍ରକୃତିରୂପିଣୀ ତ୍ରିଗୁଣାତ୍ମିକା, ମାତୃସ୍ୱରୂପିଣୀ ଆଦ୍ୟାଶକ୍ତିଙ୍କର ସାକାର-ନିରାକାର, ସଗୁଣ-ନିର୍ଗୁଣ, ଅଥବା ଉଭୟାତ୍ମିକା ରୂପରେ କଳ୍ପନା କରାଯାଇ ପୂଜା ଆରାଧନା ଅଦ୍ୟାବଧି ନିରବଚ୍ଛିନ୍ନ ଭାବରେ କରାଯାଇ ଆସୁଅଛି । ଅତଏବ, ରଗ୍‌ବେଦ ଅନ୍ତର୍ଗତ 'ଦେବୀସୂକ୍ତ'ର ଦେବୀମାତା ବାକ୍‌ଦେବୀ ରୂପରେ ଏବଂ ରାତ୍ରିସୂକ୍ତରେ ତାହାଙ୍କୁ ଚିତ୍‌ଶକ୍ତି ରାତ୍ରିଦେବୀ ତଥା ରାତ୍ରିର ଅଧିଷ୍ଠାତ୍ରୀ ଉଷାଦେବୀ ସ୍ୱରୂପରେ, ସାମବେଦର 'ରାତ୍ରିସୂକ୍ତ'ରେ ଆଦିମାତାଙ୍କୁ ରାତ୍ରିରୂପା ଜଗଜ୍ଜନନୀ ଓ ଜ୍ୟୋତିରୂପା ଶକ୍ତିସ୍ୱରୂପିଣୀ ମହାବିଦ୍ୟା ଭାବରେ, ଅଥର୍ବବେଦର 'ଶ୍ରୀଦେବ୍ୟଥର୍ବଶୀର୍ଷମ୍' ରେ ତାହାଙ୍କୁ ଆନନ୍ଦ-ଅନାନନ୍ଦରୂପା, ବିଜ୍ଞାନ-ଅବିଜ୍ଞାନ ରୂପା । ପଞ୍ଚୀକୃତ- ଅପଞ୍ଚୀକୃତ । ବିଦ୍ୟା-ଅବିଦ୍ୟା /ଅଜା-ଅନଜା/ ରୁଦ୍ର-ବସୁ/ଆଦିତ୍ୟ-ବିଶ୍ୱଦେବ/ଇନ୍ଦ୍ର-ଅଗ୍ନି/ ବିଷ୍ଣୁ-ବ୍ରହ୍ମା-ପ୍ରଜାପତି ତଥା ପ୍ରକୃତି...ପୁରୁଷାତ୍ମକ ଜଗତର କାରଣରୂପା ସାକ୍ଷାତ ପରଂବ୍ରହ୍ମ ସ୍ୱରୂପିଣୀ ଜଗଦମ୍ବା ରୂପେ ସେ ପୂଜିତା- **"ପରଂବ୍ରହ୍ମ ସ୍ୱରୂପା ତ୍ୱଂ ସତ୍ୟାନିତ୍ୟା ସନାତନୀ । ତେଜଃ ସ୍ୱରୂପା ପରମା** ଭକ୍ତାନୁଗ୍ରହ ବିଗ୍ରହା ।" ବିଶ୍ୱଜୀବନର ଅଦ୍ୱିତୀୟ ଉତ୍ସ, ସମଗ୍ର ଜଗତର ନିୟନ୍ତ୍ରୀ, ସୃଷ୍ଟି-ସ୍ଥିତି-ପ୍ରଳୟକାରିଣୀ (**ସୃଷ୍ଟି-ସ୍ଥିତି-ବିନାଶନାଂ ଶକ୍ତିଭୂତେ ସନାତନୀ...**) ତନ୍ତ୍ରଶାସ୍ତ୍ରରପ୍ରଧାନ ଉପାସ୍ୟ ମାତୃକାଶକ୍ତି, ଆଦ୍ୟା-ଅଦ୍ୱିତୀୟା, ଅସଂଖ୍ୟ ମହାଶକ୍ତିଙ୍କ ମଧ୍ୟରେ ସର୍ବପ୍ରଧାନ 'ଦଶମହାବିଦ୍ୟା' ସେ ହି ଅଟନ୍ତି:

"କାଳୀ ତାରା ମହାବିଦ୍ୟା ଷୋଡ଼ଶୀ ଭୁବନେଶ୍ୱରୀ ।
ଭୈରବୀ ଛିନ୍ନମସ୍ତା ଚ ବିଦ୍ୟା ଧୂମାବତୀ ତଥା ।।
ବଗଳା ସିଦ୍ଧବିଦ୍ୟା ଚ ମାତଙ୍ଗୀ କମଳାତ୍ମିକା ।
ଏତାଦଶ ମହାବିଦ୍ୟାଃ ସିଦ୍ଧବିଦ୍ୟାଃ ପ୍ରକୀର୍ତ୍ତିତାଃ ।।

(ପ୍ରାଣତୋଷିଣୀତନ୍ତ୍ର ୫/୬)

ମହାକାଳ ସିନା ବିଶ୍ୱକୁ ଗ୍ରାସ କରେ, ସେ କିନ୍ତୁ ମହାକାଳକୁ ଗ୍ରାସ କରନ୍ତି । ଏଣୁ ସେ କାଳୀ (ମହାନିର୍ବାଣତନ୍ତ୍ର ୪/୨୯-୩୧ର ଭାବାର୍ଥ) । ଶ୍ରୀ ରାମକୃଷ୍ଣ ପରମହଂସଙ୍କ 'ଫଳ ହାରିଣୀ କାଳୀପୂଜା'ରେ ସେ ମୂର୍ତ୍ତିମତୀ ବିଦ୍ୟା ସ୍ୱରୂପିଣୀ ଶ୍ରୀ ଶ୍ରୀ ମା ସାରଦାଦେବୀଙ୍କର ଦେହାବଲମ୍ବନରେ ଆଦ୍ୟାଶକ୍ତିଙ୍କୁ ଷୋଡ଼ଶୀରୂପେ ପୂଜା କରିଥିଲେ । ତନ୍ତ୍ରସାଧନା ବେଳେ ଶ୍ରୀରାମକୃଷ୍ଣ ଜଗନ୍ମାତାଙ୍କର ବହୁ ପ୍ରକାର ମୂର୍ତ୍ତିଙ୍କର ଦର୍ଶନ ଲାଭ କରିଥିଲେ । ସେହି ଦେବୀ ମୂର୍ତ୍ତିମାନଙ୍କ ବିଷୟରେ ସେ କହୁଥିଲେ, "ସେଇ ମୂର୍ତ୍ତି ସମୂହ ସମସ୍ତେ ଅପୂର୍ବ ସ୍ୱରୂପା ହେଲେ ମଧ୍ୟ ଶ୍ରୀ ଶ୍ରୀ ରାଜରାଜେଶ୍ୱରୀ ବା ଷୋଡ଼ଶ ମୂର୍ତ୍ତିର ସୌନ୍ଦର୍ଯ୍ୟ ସହିତ ସେମାନଙ୍କ ରୂପର ତୁଳନା ହୁଏନାହିଁ ।" ସେ ଆହୁରି କହିଥିଲେ, "ଷୋଡ଼ଶୀ ବା ତ୍ରିପୁରା ମୂର୍ତ୍ତିଙ୍କ ଅଂଗ ରୂପ-ସୌନ୍ଦର୍ଯ୍ୟ ସହିତ ସେମାନଙ୍କ ରୂପର ତୁଳନା ହୁଏନାହିଁ ।" ସେ ଆହୁରି କହିଥିଲେ, "ଷଡ଼ୋଶୀ ବା ତ୍ରିପୁରା ମୂର୍ତ୍ତିଙ୍କ ଅଂଗ ରୂପ- ସୌନ୍ଦର୍ଯ୍ୟ ବିଗଳିତ ହୋଇ ଚତୁର୍ଦ୍ଦିଗରେ ପତିତ ଓ ବିଚ୍ଛୁରିତ ହେବା ଦେଖିଥିଲି ।" ସେ କହିଥିଲେ- "ସେ (ତାଙ୍କ ପତ୍ନୀ) ସାରଦା-ସରସ୍ୱତୀ ଜ୍ଞାନ ଦେବାକୁ ଆସିଛି ।...ଏ ଜ୍ଞାନଦାୟିନୀ, ମହାବୁଦ୍ଧିମତୀ....ସେ ମୋର ଶକ୍ତି ।" ତାଙ୍କର ପୂଜା ଥିଲା ସତରେ ବିଚିତ୍ର, ପ୍ରତିମା ବି ବିଚିତ୍ର । ଜୀବନ୍ତ ପ୍ରତିମା- ମାନବର ଜୀବନ୍ତ ଶରୀର । ଭାଗବତ ପୁରାଣର ଉଲ୍ଲେଖ ଅନୁଯାୟୀ ସତୀ, ଦକ୍ଷ-ଯଜ୍ଞରେ ଯୋଗଦାନ କରିବାପାଇଁ ଇଚ୍ଛା ପ୍ରକାଶ କରିବାରୁ ଶିବ ଅନୁମତି ଦେଇ ନଥିଲେ, ସତୀ ସେଇ ସମୟରେ କାଳୀ, ତାରା, ଷୋଡ଼ଶୀ, ଭୁବନେଶ୍ୱରୀ, ଛିନ୍ନମସ୍ତା, ଭୈରବୀ, ଧୂମାବତୀ, ବଗଳା, ମାତଙ୍ଗୀ ଓ କମଳା-ଏହିପରି ଦଶମହାବିଦ୍ୟା ରୂପେ ପ୍ରକଟ ହୋଇଥିଲେ । ଦଶଦିଗରୁ ଏହି ଦେବୀମାନଙ୍କୁ ଦର୍ଶନ କରି ଶିବ ମଧ୍ୟ ଭୀତତ୍ରସ୍ତ ହୋଇ ପଡ଼ିଥିଲେ । ଏଥିରେ କାଳୀଙ୍କୁ ଦଶମହା ବିଦ୍ୟାଙ୍କ ମଧ୍ୟରୁ ପ୍ରଥମ ଓ ପ୍ରମୁଖ ରୂପ ଭାବରେ ବର୍ଣ୍ଣନା କରାଯାଇଛି । ଏହି ଦଶମହାବିଦ୍ୟା ହେଉଛନ୍ତି ମହାକାଳୀଙ୍କର ଉଗ୍ର ଓ ସୌମ୍ୟ - ଏହି ଗୁଣଭେଦ ଆଧାରରେ ଆବିର୍ଭୂତ ବିବିଧ ଦେବୀ ମୂର୍ତ୍ତି ମାତ୍ର- ଏହା ଶାସ୍ତ୍ରମାନଙ୍କର ମତ । ମହାକାଳୀଙ୍କୁ ସର୍ବବିଦ୍ୟାର ଅଧୀଶ୍ୱରୀ ରୂପେ ଗ୍ରହଣ କରାଯାଇଥାଏ ଅର୍ଥାତ୍ ସେ ହିଁ ସକଳ ବିଦ୍ୟାର ଉତ୍ସ ଏବଂ ସୃଷ୍ଟିକର୍ତ୍ତ୍ରୀ । ତାଙ୍କର ଏଇ ବିଦ୍ୟାମୟ ବିଭୂତିରୁ ଦଶମହାବିଦ୍ୟା ପ୍ରକଟିତ । ତନ୍ତ୍ର ଶାସ୍ତ୍ରାନୁଯାୟୀ କାଳୀ, ରକ୍ତ ଓ କୃଷ୍ଣବର୍ଣ୍ଣ ତାରତମ୍ୟରେ ଯଥାକ୍ରମେ 'ସୁନ୍ଦରୀ' ଏବଂ 'ଦକ୍ଷିଣା' ନାମରେ ପ୍ରସିଦ୍ଧି ଲାଭ କରିଛନ୍ତି । ସାଧନାରେ ପ୍ରଖରତା ମାଧ୍ୟମରେ ହିଁ ସାଧକଗଣ

'ଦଶମହାବିଦ୍ୟା'ଙ୍କର କୃପାନୁଭୂତି ଏବଂ ଚରମ ଶ୍ରେଷ୍ଠ ସିଦ୍ଧିପ୍ରାପ୍ତିରେ ସଫଳ କାମ ହୋଇଥାନ୍ତି । କାଳୀଙ୍କ ନାମକରଣ ପୃଷ୍ଠଭାଗରେ ଯେଉଁ ରହସ୍ୟ ଲୁକ୍କାୟିତ ତାହା ଶ୍ରୀ ଶ୍ରୀ ସପ୍ତଶତୀ ଚଣ୍ଡୀରେ ପ୍ରାଞ୍ଜଳ ଭାବରେ ବର୍ଣ୍ଣିତ:

"ତସ୍ୟାଂ ବିନିର୍ଗତାୟାଂ ତୁ କୃଷ୍ଣାଭୂତ୍‌ସାପି ପାର୍ବତୀ ।
କାଳିକେତି ସମାଖ୍ୟାତା ହିମାଚଳକୃତାଶ୍ରୟା ॥"

(ଶ୍ରୀ ଶ୍ରୀ ସପ୍ତଶତୀ ୫/୮୮)

ଅର୍ଥାତ୍ ଶୁମ୍ଭ-ନିଶୁମ୍ଭଙ୍କ ଦ୍ୱାରା ପରାଜିତ ଓ ସ୍ୱର୍ଗରାଜ୍ୟରୁ ବିତାଡ଼ିତ ଦେବଗଣ ପାର୍ବତୀଙ୍କର ସ୍ତବ କରିବାରୁ ପାର୍ବତୀଙ୍କ ଦେହ କୋଷରୁ କୌଶିକୀ ପ୍ରକଟ ହେଲେ । ଏହାପରେ ଦେବୀ ପାର୍ବତୀ କୃଷ୍ଣବର୍ଣ୍ଣା ହୋଇଗଲେ । ଏବଂ ଏଥି ଉତ୍ତାରୁ ଦେବୀ ହିମାଳୟରେ ଅଧିଷ୍ଠାନ ପୂର୍ବକ 'କାଳିକା' ନାମରେ ଖ୍ୟାତ ହେଲେ । ପୁଣି ଶ୍ରୀ ସପ୍ତଶତୀର ସପ୍ତମ ଅଧ୍ୟାୟରେ : **"ତତଃକୋପଂ.. ବିନିଷ୍କ୍ରାନ୍ତାସି ପାଶିନୀ"**– ଶ୍ରୀ ଚଣ୍ଡୀ ୭/୫-୬ଶୁମ୍ଭ ନାମକ ଦୈତ୍ୟ ଦ୍ୱାରା ପ୍ରେରିତ ଚଣ୍ଡ ଓ ମୁଣ୍ଡ ନିଜର ଚତୁରଙ୍ଗିଣୀ ସେନାସହ ଦେବୀଙ୍କୁ ଘେରିବା ପାଇଁ ଉଦ୍ୟତ ହେଲେ । ସେତେବେଳେ ଦେବୀ ଅମ୍ବିକା ସେମାନଙ୍କ ପ୍ରତି କ୍ରୋଧାନ୍ୱିତା ହେଲେ । ଏଇ ସମୟରେ କ୍ରୋଧ ହେତୁ ତାଙ୍କ ମୁଖମଣ୍ଡଳ କଳା ପଡ଼ିଗଲା । ଲଲାଟରେ ଭ୍ରୂକଟି କୁଂଚିତ ହୋଇଗଲା । ଏବଂ ସେଠାରୁ ବିକରାଳ ମୁଖୀ, ଅସ୍ଥିଚର୍ମସାର କଂକାଳ ଯୁକ୍ତ ତଥା ନରମୁଣ୍ଡମାଳ ଦ୍ୱାରା ବିଭୂଷିତା ଭୟଙ୍କର ଓ ବିକରାଳ ଶରୀର ବିଶିଷ୍ଟ କାଳୀ ମୂର୍ତ୍ତି ପ୍ରକଟ ହେଲେ । ଦେବୀକାଳୀଙ୍କର ବିକରାଳ ସ୍ୱରୂପକୁ ବର୍ଣ୍ଣନା କରି ଉପନିଷଦରେ କୁହାଯାଇଛି:

"କାଳୀ କରାଳୀ ଚ ମନୋଜବା ଚ
ସୁଲୋହିତା ଯା ଚ ସୁଧୁମ୍ରବର୍ଣ୍ଣା ।"

(ମୁଣ୍ଡକ ଉ.୧/୨/୪)

ସେହିପରି ଶ୍ରୀ ସପ୍ତଶତୀ ଅନ୍ତର୍ଗତ ଅଷ୍ଟମ ଅଧ୍ୟାୟରେ ମହାଦୈତ୍ୟ 'ରକ୍ତବୀଜ ବଧ' ପ୍ରସଂଗରେ, ଦେବୀ କାଳିକାଙ୍କ ଉଦ୍ଭବ ବିଷୟ ବର୍ଣ୍ଣିତ ହୋଇଛି । ସହସ୍ର ସହସ୍ର ଦୈତ୍ୟ ସେନାଗଣ ଯୁଦ୍ଧକ୍ଷେତ୍ରରେ ଅବତୀର୍ଣ୍ଣ ହେବା ଦେଖି ଦେବୀ ଚଣ୍ଡିକା ନିଜ ଧନୁଷ ଟଂକାର ଦ୍ୱାରା ପୃଥିବୀ ଓ ଆକାଶକୁ ଭୟଙ୍କର ଶବ୍ଦରେ ପରିପୂର୍ଣ୍ଣ କରିଦେଲେ । ସେଇ ଭୟଙ୍କର ଶବ୍ଦ ଶୁଣି ଦେବୀ କାଳୀ ନିଜ ବିକରାଳ

ମୁଖକୁ ଆଉ ଅଧିକ ବୃଦ୍ଧି କଲେ: "**......ନିନାଦୈର୍ଭୀଷଣୈଃ କାଳୀ ଜିଗ୍ୟେ ବିସ୍ତାରିତା ନନା ।** (ଶ୍ରୀ ସପ୍ତଶତୀ୮-୧୦)" ଏତଦ୍‌ବ୍ୟତୀତ ଶ୍ରୀ ସପ୍ତଶତୀର ତୃତୀୟ ଅଧ୍ୟାୟରେ ମହିଷାସୁର ଏବଂ ତା'ର ସେନାପତିମାନଙ୍କର ବଧ ପ୍ରସଂଗରେ ଯାହା ଜ୍ଞାତ ହୁଏ ତାହା ହେଲା ମହାଦୈତ୍ୟ ସେନାପତି 'ଚିକ୍ଷୁର' ଦେବୀ ଅମ୍ବିକାଙ୍କ ସହ ଯୁଦ୍ଧ କରିବା ପାଇଁ ବାଣ ବୃଷ୍ଟି କରିଥିଲା । ଦେବୀ ନିଜ ଶସ୍ତ୍ର ଦ୍ୱାରା ତାହାର ଅଙ୍ଗମାନଙ୍କୁ ଶରବିଦ୍ଧ କରିବା ସଂଗେସଂଗେ ତାହାର ସାରଥୀ ଓ ଅଶ୍ୱକୁ ବଧକଲେ । ସେଇ ରାକ୍ଷସ ଦେବୀଙ୍କ ବାମହସ୍ତ ଉପରେ ଖଡ୍ଗ ପ୍ରହାର କରନ୍ତେ ତାହା (ସେଇ ଖଡ୍ଗ) ଭାଙ୍ଗି ଖଣ୍ଡ ଖଣ୍ଡ ହୋଇଗଲା । ଏଥିରେ ରାକ୍ଷସ ଅତ୍ୟଧିକ କ୍ରୋଧିତ ହୋଇ ଏକ ଶୂଳ ଧାରଣ କରି ତାହାକୁ ଭଗବତୀ ଭଦ୍ରକାଳୀଙ୍କ ଉପରକୁ ନିକ୍ଷେପ କଲା । ଭଦ୍ରକାଳୀଙ୍କ ସୂର୍ଯ୍ୟମଣ୍ଡଳସମ ତେଜରେ ସେଇ ନିକ୍ଷିପ୍ତ ଶୂଳ ପ୍ରଜ୍ୱଳିତ ହୋଇ ଧ୍ୱଂସ ହୋଇଗଲା:

"ଚିକ୍ଷେପ ଚ ତତସ୍ତତ୍ତୁ ଭଦ୍ରକାଲ୍ୟାଂ ମହାସୁରଃ ।
ଜାଜ୍ୱଲ୍ୟମାନଂ ତେଜୋଭୀ ରବିବିମ୍ବମିବାମ୍ବରାତ୍ ॥"

(ଶ୍ରୀ ସପ୍ତଶତୀ ୩/ ୯)

ଶ୍ରୀ ସପ୍ତଶତୀରେ ପ୍ରଥମ ଅଧ୍ୟାୟରେ ଦେବୀଙ୍କର ଅପାର ମହିମା ବିଷୟରେ ବର୍ଣ୍ଣନା କରି କୁହାଯାଇଛି ଯେ ସେ ହିଁ ଜଗତର ସୃଷ୍ଟିରୂପା, ସ୍ଥିତିରୂପା (ପାଳନକର୍ତ୍ତ୍ରୀ) ଏବଂ କଳ୍ପାନ୍ତରେ ସଂହାର କର୍ତ୍ତ୍ରୀ । ସେ ହିଁ ସ୍ୱାହା, ସ୍ୱଧା ଓ ବଷଟ୍‌କାର, ମହାମାୟା, ମହାମେଧା, ମହାସ୍ମୃତି, ମହାମୋହରୂପା, ମହାଦେବୀ, ମହାସୁରୀ, ଭୟଙ୍କର କାଳରାତ୍ରୀ, ମହାରାତ୍ରି, ମୋହରାତ୍ରି, ଲଜ୍ଜା, ପୁଷ୍ଟି, ତୁଷ୍ଟି, ଶାନ୍ତି, କ୍ଷମା, ଶ୍ରୀ, ଈଶ୍ୱରୀ, ହ୍ରୀ ଏବଂ ବୋଧସ୍ୱରୂପା ଅଟନ୍ତି । ସେ ହିଁ ଖଡ୍‌ଗଧାରିଣୀ, ଶୂଳଧାରିଣୀ, ଘୋରରୂପା, ଗଦା, ଚକ୍ର, ଶଂଖ, ଧନୁଷ, ବାଣ, ଭୁଶୁଣ୍ଡୀ ଏବଂ ପରିଘ ଧାରିଣୀ ଅଟନ୍ତି। ସେ ସର୍ବାପେକ୍ଷା ଅତ୍ୟଧିକ ସୁନ୍ଦରୀ ଏବଂ ସର୍ବାପେକ୍ଷା ଊର୍ଦ୍ଧ୍ୱରେ ଅବସ୍ଥାନ କରୁଥିବା ପରମେଶ୍ୱରୀ ଅଟନ୍ତି । ତାଙ୍କର ତାତ୍ତ୍ୱିକ ରହସ୍ୟକୁ ନିମ୍ନଭାବରେ ବର୍ଣ୍ଣନା କରାଯାଇଛି:

"ଶବାରୁଢ଼ାଂ ମହାଭୀମାଂ ଘୋରଦଂଷ୍ଟ୍ରାଂ ବରପ୍ରଦାମ୍ ।
ହାସ୍ୟଯୁକ୍ତାଂ ତ୍ରିନେତ୍ରାଂ ଚ କପାଳ କର୍ତ୍ତୀକା କରାମ୍ ॥
ମୁକ୍ତକେଶୀ ଲଲଜିହ୍ୱାଂ ପିବନ୍ତୀ ରୁଧିରଂ ମୁହୁଃ ।
ଚତୁର୍ବାହୁ ଯୁତାଂ ଦେବୀ ବରାଭୟକରାଂ ସ୍ମରେତ୍ ॥

ଶକ୍ତି ଉପାସନା ଓ ବୈଦିକ ଦେବୀତତ୍ତ୍ୱ : ୪୦୭

ଦୁଷ୍ଟମାନଙ୍କର ଉନ୍ମୂଳନ ନିମନ୍ତେ ଦେବୀ ଅତ୍ୟନ୍ତ ଭୟଙ୍କର ରୂପ ଧାରଣ କରିଥିଲେ ମଧ୍ୟ ତାଙ୍କର ଦୁଇଟି ହସ୍ତ ସଦା ଅଭୟ ପ୍ରଦାୟିନୀ :

"ଶବାରୁଢ଼ାଂ ମହାଭୀମାଂ ଘୋରଦ୍ରଂଷ୍ଟାଂ ହସନ୍ମୁଖୀମ୍ ।
ଚତୁର୍ଭୁଜାଂ ଖଡ୍ଗ ମୁଣ୍ଡବରାଭୟକରାଂ ଶିବାମ୍ ॥
ମୁଣ୍ଡମାଳାଧରାଂ ଦେବୀଂ ଲଲଜ୍ଜିହ୍ୱାଂ ଦିଗମ୍ବରାମ୍ ।
ଏବଂ ସଞ୍ଚିନ୍ତୟେତ୍ କାଳୀଂ ଶ୍ମଶାନାଳୟବାସିନୀମ୍ ॥"

(ଶାକ୍ତ ପ୍ରମୋଦ- କାଳୀତନ୍ତ୍ର)

ତାଙ୍କୁ ସ୍ମରଣ କରିବା ମାତ୍ରକେ ସେ ସମସ୍ତ ପ୍ରାଣୀଙ୍କର ଭୟ ଦୂର କରନ୍ତି, ପରମ କଲ୍ୟାଣମୟୀ ବୁଦ୍ଧି ପ୍ରଦାନ କରନ୍ତି ଏବଂ ଦୁଃଖ, ଦାରିଦ୍ର୍ୟ, ତଥା ସମସ୍ତଙ୍କର ଉପକାର କରିବା ନିମିତ୍ତ ସଦା ଦୟାର୍ଦ୍ର ଚିତ୍ତ ବହନ କରନ୍ତି । ଏଣୁ ଯଥାର୍ଥରେ କୁହାଯାଇଛି: **"ଦୁର୍ଗେସ୍ମୃତା ହରସି.... ସର୍ବୋପକାରକରଣାୟ ସଦାऽऽର୍ଦ୍ର ଚିତ୍ତା-** (ଶ୍ରୀ ଶ୍ରୀ ସପ୍ତଶତୀ ୪/୧୭)" ନିମ୍ନ ଶ୍ଳୋକରେ ତାଙ୍କର ସାର୍ଥକତାକୁ ସେ ପ୍ରତିପାଦିତ କରି ମହାପ୍ରଳୟ ସମୟରେ ମହାମାରୀ ସ୍ୱରୂପକୁ ଧାରଣ କରନ୍ତି- **"...ମହାକାଲ୍ୟା ମହାକାଳେ ମହାମାରୀସ୍ୱରୂପୟା** -ଶ୍ରୀ ଚଣ୍ଡୀ ୧୨/୩୮"/ **"ମହାମାୟା ମହାକାଳୀ.... କାଳରାତ୍ରିର୍ଦୁରତ୍ୟୟା-** (ଶ୍ରୀଚଣ୍ଡୀ, ପ୍ରାଧାନିକଂ ରହସ୍ୟମ୍ ୧୨)"। ସେ ମହାମାରୀ ସ୍ୱରୂପିଣୀ ହେଲେ ମଧ୍ୟ ନିଜେ ସୃଷ୍ଟି ରୂପରେ ପ୍ରକଟ ହୋଇ ସମୟାନୁସାରେ ସକଳ ଭୂତଙ୍କୁ ସୁରକ୍ଷା ପ୍ରଦାନ କରନ୍ତି:-**"ସୈବ କାଳେ ମହାମାରୀ....ସୈବକାଳେ ସନାତନୀ-**(ଶ୍ରୀ ଚଣ୍ଡୀ ୧୨-୩୯)"

ଦେବୀକାଳୀ ହେଉଛନ୍ତି ଶିବଙ୍କର ଶକ୍ତି । ସୃଷ୍ଟି, ସ୍ଥିତି, ସଂହାର ତାଙ୍କର ଇଚ୍ଛାଧୀନ । ସେ ଆଦ୍ୟାଶକ୍ତି-ଆଦ୍ୟା ପ୍ରକୃତି । ତାଙ୍କର ଶକ୍ତି ବିନା ଶିବ ଶକ୍ତିହୀନ 'ଶବ'ରେ ପରିଣତ ହୁଅନ୍ତି । ତାଙ୍କର ସ୍ପନ୍ଦିତ ହେବାର ସାମର୍ଥ୍ୟ ଲୋପ ପାଇଯାଏ ।

ଏଥି ସକାଶେ 'କାଳିକା ପୁରାଣ'ରେ ଶିବଙ୍କୁ ଦେବୀ କାଳୀଙ୍କର ଅଧୀନସ୍ଥ ବୋଲି କୁହାଯାଇଛି - **'ତଦଧୀନସ୍ଥୁ ଶଙ୍କର'**

ମହାକାଳୀଙ୍କର ସ୍ୱରୂପ ଏବଂ ତାତ୍ତ୍ୱିକତା ଉପରେ ଆଲୋଚନା କରି ଆହୁରି ମଧ୍ୟ କୁହାଯାଇଛି : **"ଯୋଗନିଦ୍ରା ହରେ ରୁକ୍ତା ମହାକାଳୀ ତମୋଗୁଣା...** (ବୈକୃତିକଂ ରହସ୍ୟମ୍-୨)" / **ଏଷା ସା ବୈଷ୍ଣବୀ ମାୟା ମହାକାଳୀ ଦୁରତ୍ୟୟା...** (ବୈକୃତିକଂ ରହସ୍ୟମ୍-୬)-ଅର୍ଥାତ୍ ତମୋଗୁଣମୟୀ ମହାକାଳୀ

ଭଗବାନ ବିଷ୍ଣୁଙ୍କ ଯୋଗନିଦ୍ରା ଅଟନ୍ତି । ପୁଣି ମଧୁ ଓ କୈଟଭଙ୍କୁ ବିନାଶ କରିବା ପାଇଁ ବ୍ରହ୍ମା ଯେଉଁ ଦେବୀଙ୍କୁ ସ୍ତୁତି କରିଥିଲେ ସେ ମଧ ଥିଲେ ସେଇ 'ମହାକାଳୀ' । ଏହି ମହାକାଳୀ ଭଗବାନ ବିଷ୍ଣୁଙ୍କ ଅନତିକ୍ରମ୍ୟ ମାୟା ଅଟନ୍ତି । ତାଙ୍କୁ ଆରାଧନା କଲେ ସେ ଏହି ଚରାଚର ଜଗତକୁ ନିଜ ଉପାସକଙ୍କ ଅଧୀନ କରି ଦିଅନ୍ତି ।

କାଳୀରୂପ ଅନେକ ହେଲେ ମଧ ଦେବୀ ଏକ ଓ ଅଭିନ୍ନ । ସେ ଭିନ୍ନ ଭିନ୍ନ ଲୀଳାରେ ଅବତୀର୍ଣ୍ଣ ହୁଅନ୍ତି ନାନା ଉଦ୍ଦେଶ୍ୟ ଓ ଲୋକ ମଙ୍ଗଳକାରୀ ଆବଶ୍ୟକତାକୁ ପୂର୍ଣ୍ଣ କରିବା ପାଇଁ । ସେ ହିଁ ମହାକାଳୀ, ଶ୍ମଶାନ କାଳୀ, ଶ୍ୟାମାକାଳୀ, ନିତ୍ୟକାଳୀ, ରକ୍ଷାକାଳୀ, ଭଦ୍ରକାଳୀ, କୁମାରୀ, କାଳୀ, କପାଳୀ, ଚଣ୍ଡୀ, ତାରିଣୀ, ଷୋଡ଼ଶୀ, ଭୁବନେଶ୍ୱରୀ, ଚିନ୍ତାମଣି କାଳୀ, ସନ୍ତତିପ୍ରଦାକାଳୀ, ଦକ୍ଷିଣାକାଳୀ, ହଂସକାଳୀ, ସ୍ୱର୍ଣମଣିକାଳୀ, ସିଦ୍ଧିକାଳୀ, କାମକଳାକାଳୀ ଏବଂ ଗୁହ୍ୟକାଳୀ-ଏହିପରି ଅସଂଖ୍ୟ ନାମରେ ସେ ତାଙ୍କର ଭକ୍ତ ଓ ଉପାସକମାନଙ୍କ ଦ୍ୱାରା ଆରାଧିତ ହୋଇ ସେମାନଙ୍କ ସକଳ ମନୋବାଂଛା ପୂର୍ଣ୍ଣ କରିଥାନ୍ତି । ଏଣୁ ଯଥାର୍ଥରେ କୁହାଯାଇଛି:

"ଐଶ୍ୱର୍ଯ୍ୟଂ ଯତ୍ପ୍ରସାଦେନ ସୌଭାଗ୍ୟାରୋଗ୍ୟ ସମ୍ପଦଃ ।
ଶତ୍ରୁହାନିଃ ପରୋମୋକ୍ଷଃ ସ୍ତୂୟତେ ସା ନ କିଂ ଜନୈଃ ।।"

ଅର୍ଥାତ୍ ଯାହାଙ୍କ ପ୍ରସାଦରୁ ଐଶ୍ୱର୍ଯ୍ୟ, ସୌଭାଗ୍ୟ, ଆରୋଗ୍ୟ, ସମ୍ପତ୍ତି, ଶତ୍ରୁନାଶ ଏବଂ ପରମ ମୋକ୍ଷର ସିଦ୍ଧି ହୁଏ; ସେହି କଲ୍ୟାଣମୟୀ ଜଗଦମ୍ବାଙ୍କ ସ୍ତୁତି ମନୁଷ୍ୟ କାହିଁକି ନ କରିବ ? ଏଥିପାଇଁ ଦେବୀଙ୍କ ଉଦ୍ଦେଶ୍ୟରେ କୃତକୃତ୍ୟ ଭକ୍ତ ବିଭୋର ହୋଇ ଗାଇ ଉଠେ:

"ଖଡ୍ଗଂ ଚକ୍ରଗଦେଷୁଚାପପରିଘାଞ୍ଛୂଳଂ ଭୁଶୁଣ୍ଡୀଂ ଶିରଃ
ଶଙ୍ଖଂ ସଂଦଧତୀଂ କରୈସ୍ତ୍ରିନୟନାଂ ସର୍ବାଙ୍ଗଭୂଷାବୃତାମ୍ ।
ନୀଳାଶ୍ମଦ୍ୟୁତିମାସ୍ୟପାଦଦଶକାଂ ସେବେ ମହାକାଳିକାଂ
ଯାମସ୍ତୌତ୍ସ୍ୱପିତେ ହରୌ କମଳଜୋ ହନ୍ତୁଂ ମଧୁଂ କୈଟଭମ୍ ।।"

(ଶ୍ରୀଶ୍ରୀଚଣ୍ଡୀ ଅ୧/ଧ୍ୟାନ)

ଅର୍ଥାତ୍ ହସ୍ତରେ ଖଡ୍ଗ, ଚକ୍ର, ଗଦା... ଇତ୍ୟାଦି ଧାରଣ କରିଥିବା ତ୍ରିନୟନା, ବିବିଧ ବାଦ୍ୟ ଆୟୁଧ ଓ ଦିବ୍ୟ ଆଭୂଷଣରେ ସୁସଜ୍ଜିତ ଦଶମୁଖ, ଦଶପାଦ ଯୁକ୍ତ ମହାକାଳୀଙ୍କୁ ମୁଁ ଧ୍ୟାନ କରୁଛି ।

ମହାମାୟା ଦୁର୍ଗାଙ୍କର ଦୁର୍ଗମ ନାମକ ମହାଦୈତ୍ୟର ନିଧନ ଓ ବେଦୋଦ୍ଧାର ପ୍ରସଙ୍ଗ

ଶିବ ପୁରାଣର ଉମା ସଂହିତା ୫୦ତମ ଅଧ୍ୟାୟରେ ମହାମାୟା ଆଦ୍ୟାଶକ୍ତି, ଦୁର୍ଗମାସୁରକୁ ବଧ କରି ବେଦ ଉଦ୍ଧାର କରିବା ଏବଂ ଦୁର୍ଗାନାମ ଧାରଣ କରିବା ପ୍ରସଙ୍ଗ ଚମତ୍କାର ଭାବରେ ବର୍ଣ୍ଣିତ ହୋଇଛି । 'ଶବ୍ଦ କଳ୍ପ ଦ୍ରୁମ'ର ବର୍ଣ୍ଣନା ଅନୁଯାୟୀ 'ଦ' ଶବ୍ଦ ଦୈତ୍ୟନାଶକ, 'ଉ' ଶବ୍ଦ ବିଘ୍ନନାଶକ, 'ରେଫ' ରୋଗନାଶକ, 'ଗ' ପାପନାଶକ 'ଆ' ଭୟ ଓ ଶ୍ରତ୍ରୁ ନାଶକ ଅଟେ । ମହାଭାରତରେ ଯୁଧିଷ୍ଠିରଙ୍କ ଦ୍ୱାରା ଦୁର୍ଗାଙ୍କ ସ୍ତବରେ :

"ଦୁର୍ଗାତ୍ ତାରୟସେ ଦୁର୍ଗେ ତତ୍ ତ୍ୱଂ ଦୁର୍ଗାସ୍ମୃତାଜନୈ
କାନ୍ତାରେଷ୍ୱବସନ୍ନାନ୍ନାଂ ମଗ୍ନାନାଂ ଚ ମହାର୍ଣ୍ଣବେ
ଦସ୍ୟୁର୍ଭି ବା ନିରୁଦ୍ଧାନାଂ ତ୍ୱଂ ଗତିଃ ପରମାନୃଣାମ୍ ॥"

(ମହାଭାରତ-ବିରାଟ ପର୍ବ-୬/୧୦/୧୧)

ଅର୍ଥାତ୍ ଦୁଃସହ ଦୁଃଖରୁ ଉଦ୍ଧାରକାରିଣୀ, କାନ୍ତାରେ ଅବସନ୍ନ, ଜଳରେ ମଗ୍ନ, ଦସ୍ୟୁମାନଙ୍କ ଦ୍ୱାରା ଅବରୋଧ ଭଳି ଦୁର୍ଗତିରୁ ରକ୍ଷା ପାଇବା ସକାଶେ ଦେବୀ ଦୁର୍ଗାଙ୍କ ଶରଣାପନ୍ନ ହେଲେ ସେଥିରୁ ଅକ୍ଳେଶରେ ନିଷ୍କୃତି ମିଳିଥାଏ ବୋଲି ଉଲ୍ଲେଖ ରହିଛି ।

ପୂର୍ବକାଳରେ 'ଦୁର୍ଗମ' ନାମକ ଏକ ମହାଦୈତ୍ୟର ଉଦ୍ଭବ ହେଲା । ସେ ଘୋର ତପସ୍ୟା କରି ସୃଷ୍ଟିକର୍ତ୍ତା ବ୍ରହ୍ମାଙ୍କ ଠାରୁ ବରପ୍ରାପ୍ତ କରିଥିଲା । ଏଇ ବରପ୍ରାପ୍ତି ଫଳରେ ତ୍ରିଭୁବନ ବିଜୟ ନିଶାରେ ସେ ହୋଇ ଉଠିଲା ଉନ୍ମତ୍ତ । ଧାରକୁ ସରା ଜ୍ଞାନ କଲା । ତାର ଅତ୍ୟାଚାରରେ ସର୍ବତ୍ର ତ୍ରାହି, ତ୍ରାହି, ତ୍ରାହି ଶବ୍ଦ ଶୁଣାଗଲା । ମନୁଷ୍ୟ ଦେବତା ସମସ୍ତେ ଭୟଭୀତ ହୋଇ ପଡ଼ିଲେ । 'ଦୁର୍ଗମ' ଦୈତ୍ୟ ବେଦକୁ ହରଣ କରି ନେଇଗଲା । ବେଦ ଲୁପ୍ତ ହେବା ଫଳରେ ଚତୁର୍ଦ୍ଦିଗରେ ଧର୍ମ ଓ ଆଧାତ୍ମିକ କ୍ରିୟାମାନ ନଷ୍ଟ ହୋଇଗଲା । ଏତଦ୍ୱାରା ଅନାବୃଷ୍ଟି ଓ ଦୁର୍ଭିକ୍ଷ, ମରୁଡ଼ି ଆଦି ସୃଷ୍ଟି ହେଲା । ନଦୀନାଳ ସମ୍ପୂର୍ଣ୍ଣ ଭାବେ ଶୁଷ୍କ ହୋଇଗଲା । ସମଗ୍ର

ସୃଷ୍ଟି ଦୁଃଖ ଓ ଦୁର୍ଦ୍ଦଶାର ଶିକାର ହେଲା । ଏଥିରୁ ମୁକ୍ତିଲାଭ ପାଇଁ ସମସ୍ତ ଦେବତାମାନେ ମିଳିତ ହୋଇ ଭଗବତୀ ମହମାୟାଙ୍କ ଶରଣାପନ୍ନ ହୋଇ କରୁଣ ପ୍ରାର୍ଥନା କଲେ ଏବଂ କହିଲେ - "ମାଆ ! ତୁମ୍ଭେ ଶୁମ୍ଭନିଶୁମ୍ଭ, ଧୂମ୍ରାକ୍ଷ, ଚଣ୍ଡ-ମୁଣ୍ଡ, ରକ୍ତବୀଜ, ମଧୁକୈଟଭ ଓ ମହିଷାସୁର ଆଦି ରାକ୍ଷସମାନଙ୍କ କବଳରୁ ଯେପରି ସୃଷ୍ଟିକୁ ରକ୍ଷା କରିଥିଲ ସେହିପରି ଦୁର୍ଗମାସୁରକୁ ମଧ ସଂହାର କରି ବ୍ରହ୍ମାଣ୍ଡକୁ ଉଦ୍ଧାର କର ।"

ଦେବତାମାନଙ୍କର ଆର୍ତ୍ତ ପ୍ରାର୍ଥନା ଶୁଣି ମହାମାୟା ବିହ୍ୱଳିତ ହୋଇ ଉଠିଲେ । ଅନ୍ନଜଳ ଅଭାବରୁ ଅସଂଖ୍ୟ ଜୀବମାନଙ୍କର ଆକୁଳ କ୍ରନ୍ଦନ ଦେଖି କୃପାମୟୀ ଦେବୀଙ୍କ ଚକ୍ଷୁରୁ ଅଶ୍ରୁ ପ୍ରବାହିତ ହେଲା । ତାଙ୍କର ନେତ୍ରରୁ ଏହି ଅଶ୍ରୁଜଳ ସହସ୍ର ଧାରାରେ ବିଭାଜିତ ହୋଇ ବିଶ୍ୱବ୍ୟାପୀ ଶୁଷ୍କ ବତ୍ ପଡ଼ି ରହିଥିବା ନଦନଦୀ ସାଗର ଆଦି ପରିପୂର୍ଣ୍ଣ ହୋଇଗଲା । ଦେବୀମାତାଙ୍କ ଅପାର କୃପାରୁ ସମସ୍ତ ଜୀବଜନ୍ତୁ ଓ ଗାଈମାନଙ୍କ ନିମନ୍ତେ ଖାଦ୍ୟପେୟ ଓ ତୃଣାଦିର ଅଚିନ୍ତ୍ୟ ଭଣ୍ଡାର ସୃଷ୍ଟି ହୋଇଗଲା । ଏହିପରି ଭାବରେ ଦେବତା, ମନୁଷ୍ୟ ଓ ସକଳ ପ୍ରାଣୀମାନେ ପରିତୃପ୍ତ ହୋଇ ଗଲେ । ଏଥି ଉତ୍ତାରୁ ଦେବତାମାନେ ମହାଦେବୀଙ୍କୁ ନିବେଦନ କରି କହିଲେ- ମାତା ! ତୁମ୍ଭେ ଯେପରି ସମଗ୍ର ବିଶ୍ୱକୁ ଅନାହାର ଓ ମୃତ୍ୟୁମୁଖରୁ ଉଦ୍ଧାର କଲ ସେହିପରି ଏ ସାରା ସୃଷ୍ଟିକୁ ମହାଦୈତ୍ୟ ଦୁର୍ଗମ କବଳରୁ ମଧ ସୁରକ୍ଷା ପ୍ରଦାନ କର । ସେ ବେଦକୁ ଅପହରଣ କରି ସମସ୍ତ ଆଧ୍ୟାତ୍ମିକ କ୍ରିୟା ଓ ନୀତିକାନ୍ତିକୁ ଲୁପ୍ତ କରି ଦେଇଛି । ଦେବୀ ସମସ୍ତଙ୍କୁ ଆଶ୍ୱସ୍ତ କରି କହିଲେ-

"ଶାକମ୍ଭରୀତି ବିଖ୍ୟାତିଂ ତଦା ଯାସ୍ୟାମ୍ୟହଂ ଭୁବି ।
ତତ୍ରୈବ ଚ ବଧିଷ୍ୟାମି ଦୁର୍ଗମାଖ୍ୟଂ ମହାସୁରମ୍ ॥

(ଶ୍ରୀ ଦୁର୍ଗା ସପ୍ତଶତୀ ୧୧/୪୯)"

(ଅର୍ଥାତ୍ ମୁଁ ପୃଥିବୀ ଉପରେ 'ଶାକମ୍ଭରୀ' ନାମକ ଅବତାର ଗ୍ରହଣ କରିବି । ସେଇ ଅବତାରରେ ମୁଁ ଦୁର୍ଗମାସୁର ମହାଦୈତ୍ୟକୁ ବଧ କରିବି ।)–

"ଦୁର୍ଗା ଦେବୀତି ବିଖ୍ୟାତଂ ତନ୍ମେ ନାମ ଭବିଷ୍ୟତି ।....ଅର୍ଥାତ୍ ଏହାଦ୍ୱାରା ମୋର ନାମ 'ଦୁର୍ଗାଦେବୀ' ରୂପରେ ପ୍ରସିଦ୍ଧ ହେବ...।" (ଶ୍ରୀ ଦୁର୍ଗା ସପ୍ତଶତୀ ୧୧/୫୦)

ଏହାପରେ ଦେବତାମାନେ ନିଶ୍ଚିନ୍ତ ହୋଇ ନିଜନିଜ ସ୍ଥାନକୁ ପ୍ରତ୍ୟାବର୍ତ୍ତନ କଲେ । ସୃଷ୍ଟିରେ ଏ ସମସ୍ତ ପରିବର୍ତ୍ତନ ପ୍ରତ୍ୟକ୍ଷ କରି ଦୁର୍ଗମାସୁର ଆଶ୍ଚର୍ଯ୍ୟ ଚକିତ ହେଲା, ଭାବିଲା- "ମୁଁ ତ ସାରା ତ୍ରିଲୋକକୁ ନିଜ ଅକ୍ତିଆର ମଧ୍ୟରେ ରଖିଥିଲି । ମୋର ଅତ୍ୟାଚାରରେ ସମସ୍ତ ଦେବାଦେବୀ ଓ ପ୍ରାଣୀମାନେ ଅତିଷ୍ଠ ଥିଲେ । କ୍ଷୁଧାତୃଷାର ଜ୍ୱାଳାରେ କ୍ରନ୍ଦନ କରୁଥିଲେ । ଏବେ ସମସ୍ତେ ସୁଖଶାନ୍ତିରେ କାଳ କିପରି କାଟୁଛନ୍ତି ? କାହାର ଅଭୟ ଶରଣରେ ଏମାନେ ମନେ କରୁଛନ୍ତି ଏତେ ସୁରକ୍ଷିତ ?" ପ୍ରକୃତ ତଥ୍ୟ ଅବଗତ ହେବାପରେ ସେ ପ୍ରଥମେ ସ୍ୱର୍ଗଲୋକକୁ ନିଜର ବିଶାଳ ସେନା ଦ୍ୱାରା ଅବରୁଦ୍ଧ କରିଦେଲା । ଏହା ପ୍ରତ୍ୟକ୍ଷ କରି ଦେବୀ ଶାକମ୍ଭରୀ ସ୍ୱର୍ଗଲୋକକୁ ସୁରକ୍ଷା ଦେବା ନିମନ୍ତେ ନିଜର କୋଟି ସୂର୍ଯ୍ୟ ପରିମାଣ ଆଭା ମଣ୍ଡଳ ତଥା ଅତୁଳନୀୟ ତେଜରାଶି ଦ୍ୱାରା ଏହାର ଚତୁର୍ଦ୍ଦିଗରେ ଏକ ଦୁର୍ଭେଦ୍ୟ ପ୍ରାଚୀର ସୃଷ୍ଟି କରିଦେଲେ । ଦେବୀ ଶାକମ୍ଭରୀଙ୍କୁ ଦର୍ଶନ କରି ସେହି ମହାଦୈତ୍ୟ (ଦୁର୍ଗମ) ତାଙ୍କ ଉପରେ ଆକ୍ରମଣ କରିଦେଲା । ଏହି ସମୟରେ ଦେବୀଙ୍କ ଦିବ୍ୟ ଶରୀର ମଧ୍ୟରୁ ଅତ୍ୟନ୍ତ ସୁନ୍ଦର ରୂପ ବିଶିଷ୍ଟ ଅସଂଖ୍ୟ ଦେବୀ, ମାତୃକାଗଣ ତଥା କାଳୀ, ତାରା, ଛିନ୍ନମସ୍ତା, ଷୋଡ଼ଶୀ, ଭୁବନେଶ୍ୱରୀ, ଧୂମାବତୀ, ମାତଙ୍ଗୀ, ତ୍ରିପୁର ଭୈରବୀ, କମଳା ଓ ବଗଳାମୁଖୀ ଆଦି ଦଶମହାବିଦ୍ୟା–

"କାଳୀତାରା ମହାବିଦ୍ୟା ଷୋଡ଼ଶୀ ଭୁବନେଶ୍ୱରୀ ।
ଭୈରବୀ ଛିନ୍ନମସ୍ତା ଚ ବିଦ୍ୟା ଧୂମାବତୀ ତଥା ॥
ବଗଳାସିଦ୍ଧ ବିଦ୍ୟା ଚ ମାତଙ୍ଗୀ କମଳାତ୍ମିକା ।
ଏତା ଦଶ ମହାବିଦ୍ୟାଃ ସିଦ୍ଧବିଦ୍ୟା ପ୍ରକୀର୍ତ୍ତିତା ॥" (ତୋଡ଼ଳ ତନ୍ତ୍ର)

ନିଜ ନିଜର ଅସ୍ତ୍ରଶସ୍ତ୍ର ଧାରଣ କରି ଆବିର୍ଭୂତ ହେଲେ । ସେମାନଙ୍କ ମସ୍ତକ ଉପରେ ଚନ୍ଦ୍ରମାଯୁକ୍ତ ମୁକୁଟ ଶୋଭାୟମାନ ହେଉଥିଲା । ବିଦ୍ୟୁତ୍ ସମାନ ପ୍ରଖର ତେଜୋଦୀପ୍ତ ଶରୀର ଧାରଣ କରି ସେମାନେ ଅବିଳମ୍ବେ ଦୁର୍ଗମାସୁରର ଏକଶତ ଅକ୍ଷୌହିଣୀ ସେନାକୁ ଧ୍ୱଂସ କରିଦେଲେ । ଏହାପରେ ଦେବୀ ଶାକମ୍ଭରୀ ଦୁର୍ଗମାସୁରକୁ ତୀକ୍ଷ୍ଣ ଶସ୍ତ୍ର ଓ ତ୍ରିଶୂଳ ଦ୍ୱାରା ସଂହାର କରିଦେଲେ ତଥା ବେଦକୁ ଉଦ୍ଧାର କରି ଦେବତାମାନଙ୍କୁ ତାହା ଅର୍ପଣ କଲେ । ଏହି ପ୍ରକାର ଦେବୀ ଦୁର୍ଗମ ନାମକ ମହାଦୈତ୍ୟକୁ ବଧ କରି ବିଶ୍ୱର ଉଦ୍ଧାର କଲେ ତଥା ସ୍ୱୟଂ 'ଦୁର୍ଗା' ନାମ

ଧାରଣ କଲେ ଏବଂ ଦୁର୍ଗତିନାଶିନୀ ରୂପେ ପରିଚିତ ହେଲେ । ଏଣୁ ମହାକବି ସାରଳାଦାସ ତାଙ୍କ ରଚିତ ଚଣ୍ଡି ପୁରାଣରେ ଏହା ବର୍ଣ୍ଣନା କରି ଯଥାର୍ଥରେ କହିଛନ୍ତି:-

"ଦୁର୍ଗତି କାଳରେ ସେହୁ ହେଲେ ଉତ୍ପନ୍ନ ।
ହୃଦୟ ବ୍ୟାକୁଳ ଛାଡ଼ି ଦେଲେ ସର୍ବଜନ ॥
ମହା ଶଙ୍ଖ ଧ୍ୱନି କଲେ ପୁରୁଷ ଉତ୍ତମ ।
ବ୍ରହ୍ମା ବିଚାରିଣ ଦେଲେ ତାଙ୍କୁ ଦୁର୍ଗା ନାମ ॥
ଦୁର୍ଗତି ରୁ ଯେଣୁ କରି ପାରନ୍ତି ସେ ଦୂର ।
ତେଣୁ କରି ଦୁର୍ଗା ନାମ ଅଟଇ ତାଙ୍କର ॥"

ଦେବୀ ଦୁର୍ଗା (ପୃ.୪୧୧)

ଦେବୀମାତା ଆଦ୍ୟାଶକ୍ତିଙ୍କ ଦ୍ୱାରା ମଧୁ ଓ କୈଟଭ ନାମକ ରାକ୍ଷସଙ୍କର ବଧ

ଏକଦା ସମଗ୍ର ପୃଥିବୀ ପ୍ରଳୟ ହୋଇ ଚତୁର୍ଦ୍ଦିଗ ଜଳମଗ୍ନ ଦେଖାଗଲା। ଚାରିଆଡ଼େ କେବଳ ପାଣି ହିଁ ପାଣି। ଯୁଆଡ଼େ ଚାହିଁବ କେବଳ ଜଳର ସମୁଦ୍ର। ସମଗ୍ର ସୃଷ୍ଟି ତା'ରି ମଧ୍ୟରେ ବୁଡିଯାଇ ଧ୍ୱଂସ ହୋଇଗଲା। ଚତୁର୍ଦ୍ଦିଗରେ କେବଳ ନିସ୍ତବ୍ଧତା ବିରାଜମାନ। ଏହି ସମୟରେ ଭଗବାନ ବିଷ୍ଣୁ ଶେଷଶଯ୍ୟା ଉପରେ ସେଇ ଅନନ୍ତ ଜଳ ସମୁଦ୍ର ମଧ୍ୟରେ ନିଦ୍ରିତ ହୋଇଗଲେ। ଏମିତି କେତେ କାଳ ଅତିବାହିତ ହୋଇଗଲା। ଏ ମଧ୍ୟରେ ବିଷ୍ଣୁ ଭଗବାନଙ୍କ କର୍ଣ୍ଣର ମଳରୁ ପ୍ରଳୟକାଳୀନ ସୂର୍ଯ୍ୟ ସମାନ, ଅସୀମ ବଳଯୁକ୍ତ, ଅତି ବିଶାଳକାୟ ତଥା ଅତ୍ୟନ୍ତ ଭୟଙ୍କର ରାକ୍ଷସଦ୍ୱୟ ଜନ୍ମନେଲେ। ସତେ ଯେମିତି ସମଗ୍ର ସୃଷ୍ଟିକୁ ଗିଳି ଦେବାପାଇଁ ଏଇ ଦୁଇଜଣ ହିଁ ଯଥେଷ୍ଟ। ସେଇ ରାକ୍ଷସ ଦୁହିଁଙ୍କ ନାମଥିଲା ମଧୁ ଓ କୈଟଭ। ସେହି ରାକ୍ଷସ ଦୁହେଁ ବିଷ୍ଣୁଙ୍କ ନାଭି କମଳରେ ସ୍ଥିତ ସୃଷ୍ଟିକର୍ତ୍ତା ବ୍ରହ୍ମାଙ୍କୁ ଦେଖି ତାଙ୍କ ଆଡ଼କୁ ଅଗ୍ରସର ହେଲେ। ସେହି ଭୟଙ୍କର ରାକ୍ଷସ ଦୁହିଁଙ୍କୁ ଦେଖି ଭୟଭୀତ ବ୍ରହ୍ମା ଅନନ୍ୟୋପାୟ ହୋଇ ନିଜର ଜୀବନରକ୍ଷାର୍ଥେ ପରମେଶ୍ୱରୀ ଦେବୀ ଆଦ୍ୟାଶକ୍ତିଙ୍କୁ ସ୍ତୁତି କରିବାକୁ ଲାଗିଲେ- "ହେ ଆଦ୍ୟାଶକ୍ତି ମହାମାୟା, ଯୋଗନିଦ୍ରା, କାଳରାତ୍ରି, ମୋହରାତ୍ରି, ଉମା, ସତୀ, ତ୍ରିଦେବ (ବ୍ରହ୍ମା, ବିଷ୍ଣୁ, ମହେଶ୍ୱର)ଙ୍କ ଜନନୀ, କରୁଣାସାଗର ରୂପିଣୀ ଜଗଦମ୍ବେ ! ମୋତେ ଏହି ମହାବଳ ଦୈତ୍ୟମାନଙ୍କ କବଳରୁ ଉଦ୍ଧାର କର। ମୁଁ ତୁମକୁ କୋଟି କୋଟି ପ୍ରଣାମ ନିବେଦନ କରୁଛି। ତୁମ୍ଭେ ହିଁ ସମସ୍ତ ଦେବତାମାନଙ୍କର ପାଳନ କର୍ତ୍ତ୍ରୀ, ତୁମେ ହିଁ ସ୍ୱଧା, ଲଜ୍ଜା, ତୁଷ୍ଟି, ପୁଷ୍ଟି, ଶାନ୍ତି, କ୍ଷାନ୍ତି, କ୍ଷୁଧା ଏବଂ ଦୟା ଅଟ। ହେ ଦେବୀ, ତୁମ ପ୍ରଭାବରୁ ହିଁ ବ୍ରହ୍ମା, ବିଷ୍ଣୁ ଓ ମହେଶ୍ୱର ଏହି ଜଗତର ସୃଜନ, ପାଳନ ଏବଂ ସଂହାର କରିଥାନ୍ତି। ହେ ଦେବୀ! ତୁମ ଦ୍ୱାରା ହିଁ ଏହି ଅସୀମ ଶକ୍ତିଶାଳୀ ରାକ୍ଷସଦ୍ୱୟ ମୋହିତ ହେବା ସମ୍ଭବ। ହେ ବ୍ୟାପ୍ତି ରୂପା ମାତା ! ତୁମେ ହିଁ ସର୍ବବ୍ୟାପୀ। ଅଜନ୍ମା ବିଷ୍ଣୁଙ୍କୁ ତାଙ୍କର ଏହି ଯୋଗନିଦ୍ରାରୁ ଉଠାଇ ପାରିବ, ତୁମ୍ଭଙ୍କୁ କୋଟି କୋଟି ପ୍ରଣାମ।"

ଶକ୍ତି ଉପାସନା ଓ ବୈଦିକ ଦେବୀତତ୍ତ୍ୱ : ୪୧୪

ଏହି ରୂପେ ବ୍ରହ୍ମାଙ୍କ ସ୍ତୁତିରେ ସନ୍ତୁଷ୍ଟ ଭଗବତୀ ଜଗଦ୍ଧାତ୍ରୀ ସମଗ୍ର ସୃଷ୍ଟିଙ୍କୁ ମୋହିତ କରି, ସେଇ ସାକ୍ଷାତ ମୃତ୍ୟୁ ସମାନ ରାକ୍ଷସ ଦ୍ୱୟଙ୍କୁ ବିନାଶ ନିମନ୍ତେ ଆବିର୍ଭୂତ ହେଲେ । ଏବଂ ସେଇ ମହାଶକ୍ତି ମହାକାଳୀ ରୂପରେ ପ୍ରସିଦ୍ଧି ଲାଭ କଲେ । ସେହି ମହାଶକ୍ତିଙ୍କ ଆବିର୍ଭାବ ମାତ୍ରେ ଚତୁର୍ଦ୍ଦିଗ ଶୂନ୍ୟବାଣୀ ଦ୍ୱାରା ପ୍ରକମ୍ପିତ ହୋଇ ଉଠିଲା- "ହେ ବ୍ରହ୍ମଦେବ ! ଏହି ରାକ୍ଷସମାନଙ୍କୁ ତୁମେ ଭୟ କରିବା ଅନାବଶ୍ୟକ । ମୁଁ ଆଜି ହିଁ ବିଷ୍ଣୁଙ୍କୁ ଜାଗ୍ରତ କରାଇ ତୁମର ଦୁଃଖ ଦୂର କରିବି ତଥା ରାକ୍ଷସମାନଙ୍କୁ ଯୁଦ୍ଧରେ ବିନାଶ କରିବି । ଏଇଭଳି ଶୂନ୍ୟବାଣୀ ସହ ମହାମାୟା ମହାକାଳୀ ବିଷ୍ଣୁଙ୍କ ମୁଖ ଏବଂ ନେତ୍ରରୁ ପ୍ରକଟ ହୋଇ ବ୍ରହ୍ମାଜୀଙ୍କ ସମ୍ମୁଖରେ ଦର୍ଶନ ଦେଲେ । ଅତଏବ ତମୋଗୁଣମୟୀ ମହାକାଳୀ ଭଗବାନ ବିଷ୍ଣୁଙ୍କ ଯୋଗନିଦ୍ରା ବୋଲି କୁହାଯାଇଛି । ମଧୁ ଓ କୈଟଭଙ୍କୁ ବିନାଶ କରିବା ପାଇଁ ବ୍ରହ୍ମା ଯାହାଙ୍କୁ ସ୍ତୁତି କରିଥିଲେ; ତାଙ୍କର ନାମ ମହାକାଳୀ ଅଟେ :

"ଯୋଗନିଦ୍ରା ହରେ ରୁକ୍ତା ମହାକାଳୀ ତମୋଗୁଣା ।
ମଧୁକୈଟଭନାଶାର୍ଥଂ ଯାଂ ତୁଷ୍ଟାବାମ୍ବୁଜାସନଃ ।।"

(ବୈକୃତିକଂ ରହସ୍ୟମ୍-୨)

ତାଙ୍କର କୃପା ଫଳରେ ଭଗବାନ ବିଷ୍ଣୁ ନିଦ୍ରାରୁ ଉଠି ସେଇ ଦୈତ୍ୟ ଦ୍ୱୟଙ୍କୁ ଦେଖିଲେ ଏବଂ ସେମାନଙ୍କ ସହ ପାଞ୍ଚ ହଜାର ବର୍ଷ ପର୍ଯ୍ୟନ୍ତ ମୁଷ୍ଟି ଯୁଦ୍ଧରେ ଲିପ୍ତ ରହିଲେ । ଶେଷରେ ମହାମାୟାଙ୍କ ମାୟାବଳରୁ ମଧୁ ଓ କୈଟଭ ମୋହିତ ହୋଇ ବିଷ୍ଣୁଙ୍କୁ ବର ଯାଚନା କଲେ । ବିଷ୍ଣୁ ସେମାନଙ୍କୁ କହିଲେ - ତୁମେ ଦୁହେଁ ଯଦି ମୋ ଉପରେ ସନ୍ତୁଷ୍ଟ ତେବେ ମୋତେ କେବଳ ଏହି ବର ପ୍ରଦାନ କର ଯେ- "ତୁମେ ଦୁହେଁ ମୋ ଦ୍ୱାରା ଏହି ଯୁଦ୍ଧରେ ପରାଜିତ ଓ ବିନଷ୍ଟ ହେବ । ମୁଁ ଅନ୍ୟ କୌଣସି ବର ଚାହୁଁନାହିଁ ।" ରାକ୍ଷସମାନେ ବର ପ୍ରଦାନ କରି କହିଲେ ଜଳ ନଥିବା ସ୍ଥାନରେ ହିଁ ଆମର ବିନାଶ ସମ୍ଭବ ହେବ । ସେତେବେଳେ ଭୂଭାଗ ନଥିଲା । ସବୁ କିଛି ଜଳ ସମୁଦ୍ରରେ ପରିଣତ ହୋଇ ଯାଇଥିଲା । ଏଣୁ ଭଗବାନ ବିଷ୍ଣୁ ସେହି ଦୈତ୍ୟମାନଙ୍କୁ ନିଜ ଜଂଘ ଉପରେ ରଖି ସୁଦର୍ଶନ ଚକ୍ର ଦ୍ୱାରା ସେମାନଙ୍କୁ ସଂହାର କରିଥିଲେ । ଦେବୀ ମାତା ନିଜେ ଅଜନ୍ମା ଏବଂ ନିରାକାର ହେଲେ ମଧ ଭକ୍ତମାନଙ୍କର ମଗଂଳ କରବା ପାଇଁ ବାରମ୍ଭାର ଏହିପରି ଅବତାର ଗ୍ରହଣ କରିଥାନ୍ତି ।

ଉତ୍କଳରେ ଶାକ୍ତ ଉପାସନାର ପରମ୍ପରା ଓ ଏହାର ପ୍ରାଚୀନତା

ଉତ୍କଳରେ ଶାକ୍ତ ଉପାସନାର ପରମ୍ପରା ଅତ୍ୟନ୍ତ ପ୍ରାଚୀନ । ବିରଜା ପୀଠକୁ ବିଶ୍ୱର ସର୍ବପ୍ରଥମ ଶକ୍ତି ପୀଠ ରୂପେ ମାନ୍ୟତା ପ୍ରାଦାନ କରି ଆମର ପୂର୍ବୋଜ, ଆର୍ଯ୍ୟ ପ୍ରଚେତାଗଣ ଉତ୍କଳୀୟ ପରମ୍ପରାରେ ଶାକ୍ତ ଉପାସନାର ପ୍ରାଚୀନତାକୁ ପ୍ରମାଣିତ କରିଛନ୍ତି;

"ଓଡ୍ରାଖ୍ୟଂ ପ୍ରଥମଂ ପୀଠଂ ଦ୍ୱିତୀୟଂ ଜାଲଶୈଳକମ୍।
ତୃତୀୟଂ ପୂର୍ଣ୍ଣ ପୀଠନ୍ତ କାମରୂପ ଚତୁର୍ଥକମ୍।।"

(କାଳିକା ପୁରାଣ ୬୪/୪୩)

ବୈଦିକ ଯୁଗରେ ମୂର୍ତ୍ତିପୂଜା ନଥିଲେ ମଧ୍ୟ ଉତ୍ତର ବୈଦିକ ଯୁଗର ଅନ୍ତିମ ପର୍ଯ୍ୟାୟରେ ସାକାର ମୂର୍ତ୍ତିପୂଜା ସମାଜ ମଧ୍ୟରେ ସ୍ୱୀକୃତି ଲାଭ କଲା ଏବଂ ଶାକ୍ତ ଉପାସକ ମାନଙ୍କ ଦ୍ୱାରା ଦେବୀ ମୂର୍ତ୍ତିର ପୂଜା ହେବା ସଙ୍ଗେ ସଙ୍ଗେ ଉପାସନା ନିମିତ୍ତ ନିର୍ଦ୍ଦିଷ୍ଟ ଶାସ୍ତ୍ରସମ୍ମତ ନୀତି ନିୟମ ମାନ ଆଚାର୍ଯ୍ୟମାନଙ୍କ ଦ୍ୱାରା ପ୍ରଣୀତ ହେଲା । "ଶକ୍ତି ପଲ୍ଲବ ତନ୍ତ୍ର" ବୋଧହୁଏ ଏପରି ନୀତିନିୟମ ବିଷୟକ ପ୍ରଥମ ଶାସ୍ତ୍ର ଯାହାଦ୍ୱାରା ବିଧିବିଧାନ ଅନୁଯାୟୀ ଶକ୍ତି ଉପାସନା କ୍ଷେତ୍ରରେ ନିର୍ଦ୍ଦିଷ୍ଟ ଶାସ୍ତ୍ରୀୟ ରୀତିନୀତି ଅନୁସୃତ ହୋଇ ଦେବୀ ମୂର୍ତ୍ତିମାନେ ପୂଜିତ ହେଲେ।

ବ୍ୟାସକୃତ ମହାଭାରତ ତଥା ବ୍ରତପ୍ରଧାନ ଅଥର୍ବ ବେଦରେ ଓଡ଼ିଶା ସହ ସଂଶ୍ଳିଷ୍ଟ ବହୁଳ ତଥ୍ୟ ଏବଂ ସେଥିରେ ଦେବୀ ବିରଜାଙ୍କ ନାମରେ ଉଲ୍ଲେଖ ତଥା ଓଡ଼ିଶାରେ ବହୁ ସଂଖ୍ୟକ ଅଥର୍ବ ବେଦୀ ବ୍ରାହ୍ମଣଙ୍କ ନିବାସ ପ୍ରସଙ୍ଗକୁ ଆଧାର କରି ଗବେଷକ ମାନେ ଏହି ନିଷ୍କର୍ଷରେ ପହଞ୍ଚନ୍ତି ଯେ ଅଥର୍ବ ବେଦର ରଚନା ପ୍ରାଚୀନ ଉତ୍କଳରେ ହିଁ ସଂଘଟିତ ହୋଇଥିଲା । ବୈଦିକ ଯୁଗରେ ମୂର୍ତ୍ତିପୂଜା ନଥଲେ ମଧ୍ୟ ଆର୍ଯ୍ୟ ଋଷିମାନେ ବ୍ରତ ପ୍ରଧାନ ଅଥର୍ବବେଦର ଶ୍ରେଷ୍ଠତ୍ୱକୁ ଅନୁଭବ କରି ଏହାକୁ ଚତୁର୍ଥ ବେଦ ରୂପେ ମାନ୍ୟତା ପ୍ରଦାନ କରିଥିଲେ ଏବଂ ଅଥର୍ବ ବେଦ ନିର୍ଦ୍ଦେଶିତ ବିଧିବିଧାନ ଅନୁଯାୟୀ ମାଆ ବିରଜାଙ୍କ ଯଜ୍ଞନୀତି ଅନୁଷ୍ଠିତ ହେଉଥିବା କାରଣରୁ ସେ ବୈଦିକ ଦେବୀ ରୂପେ ଗୃହୀତ ହୋଇଥିଲେ । ଆହୁରି ମଧ୍ୟ ଦେବୀ ବିରଜା

ପିତାମହ ବ୍ରହ୍ମାଙ୍କ ଦ୍ୱାରା ଗାୟତ୍ରୀ ମନ୍ତ୍ରରେ ପୂଜିତ ହୋଇଥିବାରୁ ତାଙ୍କର ପବିତ୍ର ଜନ୍ମତିଥିରେ (ମାଘମାସ ତ୍ରିବେଣୀ ଅମାବାସ୍ୟା) ସେ ଗାୟତ୍ରୀ ବେଶରେ ସୁସଜ୍ଜିତ ହେବାର ପରମ୍ପରା ପ୍ରାଗ୍‌ଐତିହାସିକ କାଳରୁ ପ୍ରଚଳିତ ଅଛି । ବ୍ରହ୍ମତନ୍ତ୍ରରେ ଏହା ପ୍ରାଞ୍ଜଳ ଭାବରେ ବର୍ଣ୍ଣିତ । ପୁଣି ଋଗ୍‌ବେଦ ଅନ୍ତର୍ଗତ ଦେବୀସୂକ୍ତ, ଭଗବତୀ ବିରଜାଙ୍କ ପାରମ୍ପରିକ ପୂଜାନୀତିର ପ୍ରମୁଖ ବିଧାନ ହୋଇଥିବା ଦୃଷ୍ଟିରୁ ତାଙ୍କୁ ପୃଥିବୀର ସର୍ବପ୍ରଥମ ଦ୍ୱିଭୁଜା ମୂର୍ତ୍ତି ବିଶିଷ୍ଟ ବୈଦିକ ଦେବୀ ଏବଂ ବିରଜାପୀଠକୁ ଆଦ୍ୟ ଶକ୍ତିପୀଠ ବା ତନ୍ତ୍ରପୀଠ ରୂପେ ଗ୍ରହଣ କରାଯାଇଥାଏ । ସମ୍ଭବତଃ ଖ୍ରୀ.ପୂ ଷଷ୍ଠ ଶତାବ୍ଦୀବେଳକୁ ବିରାଜଙ୍କ ପ୍ରସିଦ୍ଧି ଚତୁର୍ଦ୍ଦିଗରେ ବ୍ୟାପ୍ତ ହୋଇଯାଇଥିଲା । ଏଠାରେ ସତୀଙ୍କର ନାଭି ପତିତ ହୋଇଥିବାରୁ ବ୍ରହ୍ମପୁରାଣ, ବ୍ରହ୍ମାଣ୍ଡ ପୁରାଣ ଓ ବାୟୁ ପୁରାଣ, ନୀଳତନ୍ତ୍ର, ଯୋଗିନୀ ତନ୍ତ୍ର ଆଦିରେ ଶାସ୍ତ୍ର ବର୍ଣ୍ଣିତ ୫୧ଟି ଶକ୍ତିପୀଠ ମଧ୍ୟରୁ ଅନ୍ୟତମ ପ୍ରସିଦ୍ଧ ପୀଠ ରୂପେ ଏହାର ପ୍ରଶସ୍ତି ଗାନ କରାଯାଇଛି ।

ଏତଦ୍‌ବ୍ୟତୀତ ଉପନିଷଦ ବର୍ଣ୍ଣିତ 'ପରାଶକ୍ତି' ଯାହାକୁ ପ୍ରାଚୀନ ଉତ୍କଳରେ ଅମୂର୍ତ୍ତ (ମୂର୍ତ୍ତିବିହୀନ) ଉପାସନା ଅଥବା ପ୍ରତୀକାତ୍ମକ ଉପାସନା ରୂପେ ଗ୍ରହଣ କରାଯାଇଥିଲା । ଏଥିରେ ବୃକ୍ଷ, ଲତା, ପଥର, ଗୁମ୍ଫା, ବାଲୁକା ନିର୍ମିତ ସ୍ତୂପ ଆଦିକୁ ଦେବୀ ରୂପେ ପୂଜା କରାଯାଉଥିଲା ଏପରିକି ପାହାଡ଼, ପର୍ବତ ଜଳସ୍ଥଳ ଆକାଶ ସବୁଠି ସର୍ବବ୍ୟାପୀ ମାତୃଶକ୍ତି ବିଦ୍ୟମାନ–ଏଇ ବ୍ୟାପକ ମନୋବିଜ୍ଞାନକୁ ଆଧାର କରି ଏଠାକାର ଜନ ସମାଜ ଭକ୍ତି ଭାବରେ ଏକ ଅତି ଉଚ୍ଚାଙ୍ଗ ଉପାସନା ପ୍ରବଣ ସମର୍ପିତ ଆଧ୍ୟାତ୍ମିକ ଜୀବନକୁ ଅଙ୍ଗୀକାର କରି ନେଇଥିଲା। ଆଜି ମଧ୍ୟ ପ୍ରତ୍ୟେକ ସହର, ଗ୍ରାମରେ ଯେକୌଣସି ମାଙ୍ଗଳିକ କର୍ମର ପ୍ରାରମ୍ଭରେ ଦିଅଁ ମଙ୍ଗୁଳା ନାମରେ ମଙ୍ଗଳା ପୂଜା ଅଥବା ଗ୍ରାମଦେବତୀ ଙ୍କ ପୂଜା ପରମ୍ପରା–ଉତ୍କଳୀୟମାନଙ୍କ ଅସ୍ଥିମଜ୍ଜାଗତ ମାତୃଶକ୍ତି ଉପାସନା ପ୍ରସୂତ ଉଚ୍ଚ ଆଧ୍ୟାତ୍ମିକ ଚେତନାକୁ ସୂଚିତ କରିଥାଏ । କେବଳ ସେତିକି ନୁହେଁ ଓଡ଼ିଶାର ପାର୍ବତ୍ୟ ଅଞ୍ଚଳରେ ବିଶେଷ କରି ପଶ୍ଚିମ ଓଡ଼ିଶାରେ ଆଦିବାସୀ ବା ବନବାସୀ ମାନେ ମଧ୍ୟ ଆପଣେଇଥିବା ସ୍ତମ୍ଭେଶ୍ୱରୀ ବା ଖମ୍ଭେଶ୍ୱରୀ ଉପାସନା ଯେଉଁଥିରେ ବୃକ୍ଷର କାଷ୍ଠସ୍ତମ୍ଭ ଅଥବା ପ୍ରସ୍ତର ନିର୍ମିତ ଖମ୍ଭକୁ ତନ୍ତ୍ରାରାଧ୍ୟା ଦେବୀ ଆଦ୍ୟାଶକ୍ତି ସଦୃଶ (ପ୍ରତୀକାତ୍ମକ) ପୂଜା ଅର୍ଚ୍ଚନା ଶାବରତନ୍ତ୍ର ମତେ ଅତି ପ୍ରାଚୀନ କାଳରୁ ପାରମ୍ପରିକ ଭାବରେ

କରାଯାଉଥିଲା । ପରବର୍ତ୍ତୀ କାଳରେ ତନ୍ତ୍ର ଉପାସନା ଅଥବା ଶକ୍ତିପୂଜାର ବିକାଶ ଘଟି ସେମାନଙ୍କ ପୂଜାରେ ମଧ୍ୟ ବ୍ରାହ୍ମଣ ପୂଜକ ମାନଙ୍କ ଦ୍ୱାରା ବ୍ରାହ୍ମଣତନ୍ତ୍ରର ସମାବିଷ୍ଟ ହୋଇ ପୂଜାପଦ୍ଧତିରେ ଶାବର ଓ ବ୍ରାହ୍ମଣତନ୍ତ୍ରର ସମ୍ମିଳିତ ରୂପରେଖ ପରିଦୃଷ୍ଟ ହେଲା । ଓଡ଼ିଶାର ସ୍ତମ୍ଭେଶ୍ୱରୀ ପୀଠମାନଙ୍କ ମଧ୍ୟରେ ପାଟଣାଗଡ଼, ସୁବର୍ଣ୍ଣପୁର, ସମଲେଶ୍ୱରୀ, ଜୁନାଗଡ଼, କୁଆଁଲୋ, ସୋନପୁର, ଆସ୍କା, ଦୋଭଗତା ପୀଠ ଆଦି ପ୍ରସିଦ୍ଧ ଅଟେ ।

ନର୍କର ଦ୍ୱାର ସଦୃଶ କାମ, କ୍ରୋଧ, ଲୋଭ, ମୋହ, ମଦ, ମାତ୍ସର୍ଯ୍ୟ ଓ ଅସୂୟାଦି ସାତଗୋଟି ଦୁର୍ଗୁଣକୁ ଦୂର କରିବା ସକାଶେ ଉତ୍କଳଭୂମିରେ ବ୍ରାହ୍ମୀ, ମାହେଶ୍ୱରୀ, ବୈଷ୍ଣବୀ, କୌମାରୀ, ଇନ୍ଦ୍ରାଣୀ, ବାରାହୀ ଓ ରୌଦ୍ରୀ ଆଦି ସପ୍ତମାତୃକାଗଣଙ୍କ ଉପାସନା ସର୍ବପ୍ରଥମ ରୂପ ନେଇଥିବା ଶାସ୍ତ୍ରୋକ୍ତ ପ୍ରମାଣ ରହିଛି । ସପ୍ତମାତୃକାଙ୍କ ସହିତ ଗଣେଶ ଓ ବୀରଭଦ୍ରଙ୍କ ପୂଜା ଓଡ଼ିଶାର ବିଶେଷତା ଅଟେ । ସର୍ବ ପ୍ରଥମେ ବିରଜା ପୀଠରେ ହିଁ ସପ୍ତମାତୃକା ଉପାସନାର ଅୟମାରମ୍ଭ ଘଟି ତାହା ଉତ୍କଳର ଗଣ ଉପାସନା ପର୍ଯ୍ୟାୟକୁ ଉନ୍ନୀତ ହୋଇଥିଲା । ଓଡ଼ିଶାରେ ସତେଇଶ ଗୋଟି ସପ୍ତମାତୃକା ପୀଠ ଥିବାର ସନ୍ଧାନ ମିଳିବା ବାସ୍ତବରେ ଏହି ଉପାସନାର ତତ୍କାଳୀନ ଲୋକପ୍ରିୟତାକୁ ପ୍ରମାଣ କରିଥାଏ । ଭାରତରେ ଅନ୍ୟ କୌଣସି ପ୍ରାନ୍ତରେ ଏତେ ସଂଖ୍ୟକ ସପ୍ତମାତୃକା ପୀଠ ଦୃଷ୍ଟିଗୋଚର ହୁଏ ନାହିଁ । ସପ୍ତମାତୃକାଙ୍କ ମଧ୍ୟରେ ବାରାହୀ ଓ ଚାମୁଣ୍ଡାଙ୍କୁ ସର୍ବାଧିକ ପ୍ରାଧାନ୍ୟ ଦିଆଯାଇ ପୂଜା ଅନୁଷ୍ଠିତ ହେଉଥିଲା । ବିଭିନ୍ନ ସପ୍ତମାତୃକା ପୀଠମାନଙ୍କରେ ଚଣ୍ଡବାରାହୀ, ଚକ୍ରବାରାହୀ, ମତ୍ସ୍ୟବାରାହୀ, ମହାବାରାହୀ ଓ ସ୍ୱପ୍ନବାରାହୀ ଆଦି ଭିନ୍ନ ଭିନ୍ନ ବାରାହୀମାନଙ୍କ ପୂଜା ଅନୁଷ୍ଠାନ କରାଯାଇଥାଏ । କୌଳାଚାରତନ୍ତ୍ର, ଅଂଶୁମଦ୍‌ଭେଦାଗମ ଓ ବାରାହୀତନ୍ତ୍ର ଆଦି ଶାସ୍ତ୍ର ମାନଙ୍କର ବାରାହୀ ପୂଜାର ବିଧିବିଧାନ ଉଲ୍ଲେଖ ରହିଛି । ସେହିପରି ଭୌମକର ଯୁଗରେ ଓଡ଼ିଶାର ଚାମୁଣ୍ଡା ଉପାସନାର ମଧ୍ୟ ବ୍ୟାପକ ପ୍ରସାର ଘଟିଥିଲା । ମାତୃକାଗଣଙ୍କ ମଧ୍ୟରେ କାଳୀଙ୍କର ଅତି ଉଗ୍ରରୂପ ହେଉଛନ୍ତି ଚାମୁଣ୍ଡା । ସେ ଦୁର୍ଗାଙ୍କ କପାଳରୁ ଜନ୍ମିତ ହୋଇଥିବାରୁ 'କାପାଳୀ' ନାମରେ ଖ୍ୟାତ । ଏଣୁ ତାଙ୍କର ପୂଜକମାନଙ୍କୁ କାପାଳିକ ବୋଲି କୁହାଯାଏ । ଅଙ୍ଗେଶ୍ୱର, କପିଳେଶ୍ୱର, ବାଙ୍କି ଓ ଅମରେଶ୍ୱର ଆଦି ସ୍ଥାନରେ ପୂଜିତ ହେଉଥିବା ଚର୍ଚ୍ଚିକା ହିଁ ଚାମୁଣ୍ଡାଙ୍କର ଅନ୍ୟରୂପ। କେତେକସ୍ଥାନରେ ଚାମୁଣ୍ଡାଙ୍କୁ

ଗ୍ରାମଦେବତୀ ରୂପେ ପୂଜା କରାଯାଏ । ଭୁବନେଶ୍ୱର ସ୍ଥିତ ବୈତାଳ ମନ୍ଦିରରେ ଅଷ୍ଟଭୁଜା ଯୁକ୍ତ ଚାମୁଣ୍ଡା ବିଦ୍ୟମାନ । ଏହା ବ୍ୟତୀତ ଅଷ୍ଟ ଚାମୁଣ୍ଡା ମଧ୍ୟ ଭୁବନେଶ୍ୱର ଠାରେ ଭିନ୍ନଭିନ୍ନ ନାମରେ ପୂଜିତା । ଅଷ୍ଟଭୁଜା ଚାମୁଣ୍ଡା ସିଦ୍ଧେଶ୍ୱର, ସାଗରପୁର ଓ ତରାଙ୍ଗଠାରେ ଦେଖାଯାଆନ୍ତି । ସେଇପରି ବରୁଆଡ଼ି ଓ ତ୍ରିଲୋଚନେଶ୍ୱର ମନ୍ଦିର ସନ୍ନିକଟ ଦଶଭୁଜା ଚାମୁଣ୍ଡା ପ୍ରସିଦ୍ଧ ଅଟନ୍ତି । ଏହିପରି ଦୁଇଶତାଧିକ ଚାମୁଣ୍ଡା ପୀଠ ସମଗ୍ର ଓଡ଼ିଶାରେ ବିଦ୍ୟମାନ ଥିବା ତାତ୍ପର୍ଯ୍ୟପୂର୍ଣ୍ଣ ।

ଚାମୁଣ୍ଡାଙ୍କ ବ୍ୟତୀତ ଯାଜପୁର ବିରଜାପୀଠରୁ କାଳୀଙ୍କ ଅର୍ଚ୍ଚନା ପ୍ରାରମ୍ଭ ହୋଇ ଭୌମକର ଯୁଗରେ ଉତ୍କଳ ଭୂମିରେ କାଳୀ ଉପାସନାର ପ୍ରାଧାନ୍ୟ ବହୁବ୍ୟାପୀ ହୋଇଥିବା ଗବେଷକମାନଙ୍କ ମତ । ଏ ସନ୍ଦର୍ଭରେ ଆର.ପି.ଚାନ୍ଦଙ୍କ "ଦି ମଦର ଗଡ଼େଶ" ପୁସ୍ତକ ବିସ୍ତୃତ ତଥ୍ୟ ପ୍ରଦାନ କରେ । ଶ୍ରୀକ୍ଷେତ୍ରର ଶ୍ରୀଜଗନ୍ନାଥଙ୍କୁ ଦକ୍ଷିଣକାଳୀ ରୂପେ ସାଧକମାନେ ଗ୍ରହଣ କରିଥାନ୍ତି । ଆଦ୍ୟାଶକ୍ତି ମହାମାୟାଙ୍କର ଦଶବିଧ ରୂପକୁ ଦଶମହାବିଦ୍ୟା ରୂପେ ବର୍ଣ୍ଣନା କରାଯାଏ । ତନ୍ମଧ୍ୟରୁ ମହାକାଳୀ ହେଉଛନ୍ତି ପ୍ରଥମ ମହାବିଦ୍ୟା । ସେ ସଂହାର କର୍ତ୍ତ୍ରୀ ରୂପେ ବୈଦିକ ରାତ୍ରୀସୂକ୍ତରେ ବର୍ଣ୍ଣିତ । ଯାଜପୁର, କେନ୍ଦୁଝର, କଳାହାଣ୍ଡି, ମୟୂରଭଂଜ, ସୁବର୍ଣ୍ଣପୁର, ସମ୍ବଲପୁର, ପାଟଣାଗଡ଼, ଭଦ୍ରଖ, ବଲାଙ୍ଗୀର, ପୁରୀର ଶ୍ୟାମାକାଳୀ ଓ କୋଇଲି ବୈକୁଣ୍ଠର ଶ୍ମଶାନକାଳୀ, ଭୁବେନେଶ୍ୱର ଆଦି ସ୍ଥାନରେ କାଳୀଙ୍କର ପ୍ରସିଦ୍ଧ ପୀଠମାନ ବିଦ୍ୟମାନ ଅଛି । ସେହିପରି ଶ୍ୟାମାକାଳୀ, ଗଛକାଳୀ, ଉତ୍ତରକାଳୀ ଆଦିଙ୍କ ପୂଜା ଏସବୁ ଓଡ଼ିଶାର ନିଜସ୍ୱ ପରମ୍ପରା ବୋଲି କହିଲେ ଅତ୍ୟୁକ୍ତି ହେବନାହିଁ ।

ଉତ୍କଳରେ ଶାରଳା ଉପାସନାର ବିଶେଷ ବୈଶିଷ୍ଟ୍ୟ ରହିଛି ଯାହା ଅନ୍ୟରାଜ୍ୟ ମାନଙ୍କରେ ଦୃଷ୍ଟିଗୋଚର ହୁଏନାହିଁ । ଝଙ୍କଡ଼ ସ୍ଥିତ ଅଷ୍ଟଭୁଜା ମହିଷମର୍ଦ୍ଦିନୀ ଶାରଳାଙ୍କ ମୂର୍ତ୍ତି ଅତ୍ୟନ୍ତ ପ୍ରସିଦ୍ଧ । ଏହା ଏକ ବିଶିଷ୍ଟ ତନ୍ତ୍ରପୀଠ । ଗେବଷକମାନେ ଶାରଳାଙ୍କ ଉପାସନାକୁ ବେଦବର୍ଣ୍ଣିତ ସରସ୍ୱତୀଙ୍କ ସମକକ୍ଷ ଉପାସନା ରୂପେ ପ୍ରତିପାଦିତ କରନ୍ତି । ଏଣୁ ପ୍ରାଚୀନ ଉତ୍କଳରେ ଜ୍ଞାନବିଦ୍ୟାର ପ୍ରତ୍ୟକ୍ଷ ଦେବୀରୂପେ ଶାରଳାଙ୍କ ପୂଜା ପରମ୍ପରା ଭବ୍ୟ ରୂପ ଧାରଣ କିରଥିଲା । ବାଲୁକା ପୂଜା, ପଥର ଏବଂ ଶିଳପୁଆ ପୂଜା ଉତ୍କଳ ଭୂମିର ଛତ୍ରେଛତ୍ରେ ପ୍ରାଚୀନ କାଳରୁ ଖ୍ୟାତି ଲାଭ କରି ଏକଦା ଗଣଉପାସନାର ରୂପ ନେଇଥିବା ତାତ୍ପର୍ଯ୍ୟପୂର୍ଣ୍ଣ ।

ଆଜି ମଧ୍ୟ ଏହି ପରମ୍ପରା ଅନେକେ ସ୍ଥାନରେ ଦୃଷ୍ଟିଗୋଚର ହୋଇଥାଏ । ଶାକ୍ତ ଉପାସନା ପରମ୍ପରା ମଧ୍ୟରେ ଏଗୁଡ଼ିକର ଭୂମିକା ଅଧିକ ଗବେଷଣା ନିମନ୍ତେ ମହତ୍ୱପୂର୍ଣ୍ଣ ସଂକେତ ପ୍ରଦାନ କରେ । ଆଜି ମଧ୍ୟ ଶିଳପୁଆକୁ ସିନ୍ଦୂର, ଶାଢ଼ୀ, ଅଳଙ୍କାର ଆଦିରେ ଭୂଷିତ କରାଯାଇ ସାବିତ୍ରୀ ଦେବୀ ରୂପେ ପୂଜନ ପରମ୍ପରା ଅବ୍ୟାହତ ରହିଛି । ସେଇପରି ମହାକବି କାଳିଦାସ କୃତ 'ଅଭିଜ୍ଞାନ ଶାକୁନ୍ତଳମ୍' ନାଟକରେ ପରିଦୃଷ୍ଟ ହେଉଥିବା 'ବୈଖାନସ ବ୍ରତ' ଓଡ଼ିଶାରେ ପାଳିତ ହେଉଥିବା ପ୍ରତୀକାତ୍ମକ ବୁଧିବାମନ ଓଷା ସହ ଗଭୀର ସାଦୃଶ୍ୟ ବହନ କରେ । ଏଥିରେ ପଥରରେ ଚନ୍ଦନ, ସିନ୍ଦୂର, କଜ୍ଜଳ, ବସ୍ତ୍ର ଆଦି ଅର୍ପିତ ହୋଇ ପୂଜନ କରାଯାଏ । ପ୍ରାଚୀନ ଉତ୍କଳୀୟ ମାନେ ଦୂର ରାଇଜକୁ ବଣିଜ ପାଇଁ ସାଗର ଗର୍ଭରେ ବୋଇତ ମେଲିବା ପୂର୍ବରୁ ମଙ୍ଗଳା ପୂଜା ଓ ବାଲୁକା ପୂଜା ଆଦି ଓଡ଼ିଆ ସାଧବ ଘରର ସୀମନ୍ତିନୀଗଣଙ୍କ ଦ୍ୱାରା କରାଯାଉଥିଲା ବୋଲି ଗବେଷକମାନେ ମତ ପ୍ରଦାନ କରନ୍ତି । ଏବେ ପାଳିତ ହେଉଥିବା ଖୁଦୁରୁକୁଣି ଓଷା ଅତୀତର ସେଇ ବୋଇତ ମେଲାଣି ବେଳର ବାଲୁକା ପୂଜା ସହ ସାଦୃଶ୍ୟ ବହନ କରୁଥିବା ବିଷୟଟି ମଧ୍ୟ ଗବେଷଣା ସାପେକ୍ଷ । ଏହି ଖୁଦୁରୁକୁଣି ଓଷା ଦିନ ସକାଳେ କୁମାରୀମାନେ ନଦୀ ବା ପୋଖରୀ ତଟରେ ସ୍ନାନ ପରେ ଓଦାବସ୍ତ୍ର ପରିହିତ ହୋଇ ଏକତ୍ର ବାଲୁକା ପୂଜା କରିବାର ପରମ୍ପରା ରହିଛି ।

ଶାକ୍ତତନ୍ତ୍ରର ସର୍ବପ୍ରଥମ ଉନ୍ମେଷସ୍ଥଳୀ ରୂପେ ପ୍ରାଚୀନ ଉତ୍କଳଭୂମିକୁ ଗ୍ରହଣ କରାଯିବା ସପକ୍ଷରେ ସବୁଠୁଁ ବଡ଼ ପ୍ରମାଣ ହେଲା- ଶକ୍ତିସ୍ୱରୂପା ଭଗବତୀ ଚଣ୍ଡୀଙ୍କର ସାକ୍ଷାତ ବାଙ୍ମୟ ସ୍ୱରୂପ ବୋଲି କୁହାଯାଉଥିବା ମାର୍କଣ୍ଡେୟ ପୁରାଣ ଅନ୍ତର୍ଗତ "ଶ୍ରୀ ଶ୍ରୀ ଦୁର୍ଗାସପ୍ତଶତୀ" ର ରଚୟିତା ମହର୍ଷି ମାର୍କଣ୍ଡେୟଙ୍କ ଆଶ୍ରମ ପୁରୀଧାମରେ ଅବସ୍ଥିତ । ପ୍ରାୟ ସାଢ଼େ ପାଞ୍ଚ ହଜାର ବର୍ଷପୂର୍ବେ ମହାଭାରତ କାଳରେ ମହର୍ଷି ମାର୍କଣ୍ଡେୟଙ୍କର ଆବିର୍ଭାବ ଘଟିଥିଲା । ଏହି ଆଶ୍ରମର ପାର୍ଶ୍ୱଦେଶରେ ପ୍ରବାହିତ ମଙ୍ଗଳାନଦୀ କୂଳରେ ମହର୍ଷି ମାର୍କଣ୍ଡେୟ ତାଙ୍କର ଇଷ୍ଟଦେବୀ ଭଗବତୀ ଅପରାଜିତାଙ୍କ ଉପାସନା କରିଥିଲେ । ମାର୍କଣ୍ଡେୟ ପୁରାଣ ଲିଖିତ ହେବାପରେ ଦେବୀ ଅପରାଜିତା 'ଚଣ୍ଡୀ' ନାମରେ ପରିଚିତ ହେଲେ । କାଳର ଗତିଚକ୍ର ପରିବର୍ତ୍ତିତ ହୋଇ ସେଇ ଦେବୀପୀଠ (ଅପରାଜିତାଙ୍କ ଆରାଧନାସ୍ଥଳୀ)ରେ ଏକ ଶ୍ମଶାନ ଗଢ଼ି ଉଠିଲା ଏବଂ ଦେବୀମାତା 'ମଶାଣୀଚଣ୍ଡୀ' ରୂପେ ଆଖ୍ୟାୟିତ ହେଲେ । ଆଜି ମଧ୍ୟ ପୁରୀଠାରେ

ସେଇ 'ମଶାଣୀଚଣ୍ଡୀ'ଙ୍କର ପ୍ରସିଦ୍ଧି ରହିଛି। "ଶ୍ରୀଦୁର୍ଗା ସପ୍ତଶତୀ" ମଧ୍ୟରେ ଚଣ୍ଡୀଙ୍କ ସ୍ତୁତି ଓ ତାହାର ମହାତ୍ମ୍ୟ ତଥା ପୂଜାବିଧି ଆଦି ବିଶଦ ଭାବରେ ଭଗବତୀଙ୍କ ନିଜ ମୁଖନିସୃତ ବାଣୀ ଦ୍ୱାରା ବର୍ଣ୍ଣିତ ହୋଇ ରହିଛି। ଶାକ୍ତତନ୍ତ୍ରର ପ୍ରଥମ ପ୍ରାଦୁର୍ଭାବ ଯେ ଉତ୍କଳ ଭୂମିରେ ସଂଘଟିତ ହୋଇଥିଲା ତାହା ସପକ୍ଷରେ ଏହାଠାରୁ ବଳି ଅଧିକ ଯୁକ୍ତିଯୁକ୍ତ ପ୍ରମାଣ ବା ଆଉ କ'ଣ ମିଳିପାରେ ?

ମହାନ ସାଧକ ମତ୍ସ୍ୟେନ୍ଦ୍ରନାଥ–ଉଗ୍ରଚଣ୍ଡା, ଭଦ୍ରକାଳୀ, ଦୁର୍ଗା, ଉଗ୍ରତାରା, ଶିବଦୂତୀ, କାଳୀ, କୌଶିକୀ, ମହାମାୟା ଆଦି ଅଷ୍ଟଦେବୀ, ତଥା ଏ ପ୍ରତ୍ୟେକ ଦେବୀଙ୍କ ଠାରୁ ଆଉ ଆଠଗୋଟି ଲେଖାଏଁ ଦେବୀଙ୍କ ଉତ୍ପତ୍ତି ଘଟି ଏପରି ମୋଟ ଚଉଷଠି ଯୋଗିନୀଙ୍କ ଆରାଧନା ସର୍ବପ୍ରଥମେ ଉତ୍କଳଭୂମିରେ ପ୍ରାରମ୍ଭ କରିଥିଲେ । ମଣ୍ଡଳାକାର ଯୋଗିନୀ ପୀଠ ମଧ୍ୟରେ ଅଷ୍ଟଦଳ ପଦ୍ମସ୍ଥିତ ଚଉଷଠି ଯୋଗିନୀଙ୍କ ସାଧନା ପରେ ପଦ୍ମକେଶର ମଧ୍ୟସ୍ଥ ମହାଭୈରବଙ୍କ ଉପାସନା ପରେ ସାଧକ ସିଦ୍ଧିପ୍ରାପ୍ତ ହୁଏ ବୋଲି କଥିତ ଅଛି । ବୃହନ୍ନୀଳ ତନ୍ତ୍ର, ବୃହତ ନନ୍ଦିକେଶ୍ୱର ପୁରାଣ, ସ୍କନ୍ଦ ପୁରାଣ, କାଳିକା ପୁରାଣ, କୌଳଜ୍ଞାନ ନିର୍ଣ୍ଣୟ, ଅକୌଳବୀର ତନ୍ତ୍ର ଏବଂ ସାରଳାଦାସଙ୍କ ଚଣ୍ଡି ପୁରାଣ ଆଦି ଗ୍ରନ୍ଥରୁ ଏ ସମ୍ବନ୍ଧରେ ସବିଶେଷ ତଥ୍ୟ ପ୍ରାପ୍ତ ହୁଏ । ଜଗଦ୍‌ଗୁରୁ ଆଦି ଶଙ୍କରାଚାର୍ଯ୍ୟ ଭଗବତୀ ବିରଜାଙ୍କୁ ସର୍ବଶ୍ରେଷ୍ଠ ତନ୍ତ୍ରାରାଧ୍ୟା ଦେବୀ ରୂପେ ସ୍ୱୀକାର କରି ଏ ଦୃଷ୍ଟିରୁ ତାହାଙ୍କୁ ବିଶ୍ୱର ସର୍ବପ୍ରଥମ ଦେବୀ ମୂର୍ତ୍ତି ବୋଲି ମାନ୍ୟତା ପ୍ରଦାନ କରିଥିଲେ । ତାଙ୍କ ରଚିତ 'ସୌନ୍ଦର୍ଯ୍ୟ ଲହରୀ' ଗ୍ରନ୍ଥ ଉତ୍କଳ ମାଟିରେ ତନ୍ତ୍ର ଆରାଧନା କ୍ଷେତ୍ରରେ ବିଶେଷ ସଂସ୍କାର ଆନୟନ ଦୃଷ୍ଟିରୁ ସଫଳକାମ ହୋଇଥିଲା । ସମଗ୍ର ଭାରତରେ ସାତଗୋଟି ଚଉଷଠି ଯୋଗିନୀ ପୀଠ ମଧ୍ୟରୁ ଓଡ଼ିଶାରେ ପାଞ୍ଚଗୋଟି ପୀଠ ପ୍ରତିଷ୍ଠିତ ହୋଇଥିଲା । ତନ୍ମଧ୍ୟରୁ ଭାର୍ଗବୀ ନଦୀକୂଳରେ ଅବସ୍ଥିତ ହୀରାପୁର ଓ ବଲାଙ୍ଗୀରର ରାଣୀପୁର-ଝରିଆଲର ଯୋଗିନୀ ପୀଠଦ୍ୱୟ ଅଧୁନା ପରିଦୃଷ୍ଟ ହୁଏ । କିନ୍ତୁ ପୂର୍ବେ ଯାଜପୁର, ଜେନାପୁର ଓ ଗଞ୍ଜାମ ର ସୋରଡ଼ାଠାରେ ଯୋଗିନୀପୀଠ ଥିବାର ଉଲ୍ଲେଖ ମିଳୁଥିଲେ ମଧ୍ୟ ଆଜି ତାହାର ଅବଶେଷ ପର୍ଯ୍ୟନ୍ତ ମିଳେନାହିଁ । ସମ୍ଭବତଃ ଯାଜପୁର ନିକଟସ୍ଥ ହୀରାପୁର ଓ ଜେନାପୁରସ୍ଥ ଚଉଷଠି ଯୋଗିନୀ ପୀଠଦ୍ୱୟ ଯଥାକ୍ରମେ ବୈତରଣୀ ଏବଂ ବ୍ରାହ୍ମଣୀ ନଦୀର ସ୍ରୋତ ପରିବର୍ତ୍ତନ କାରଣରୁ ଏମାନଙ୍କ ଗର୍ଭ ମଧ୍ୟରେ ବିଲୀନ ହୋଇଯାଇଛନ୍ତି ।

ଆଉ ସ୍ମରଣାତୀତ କାଳରୁ ଗଞ୍ଜାମସ୍ଥିତ ପୀଠଟି ସମ୍ପୂର୍ଣ୍ଣ ଭାବେ ବିଧ୍ୱସ୍ତ ହୋଇ ଯାଇଛି ।

ପୁରୀ ଶ୍ରୀକ୍ଷେତ୍ରରେ ବିଦ୍ୟମାନ ବିମଳାପୀଠକୁ ଦେବୀଭାଗବତ ଏବଂ କାଳିକାପୁରାଣ ଆଦି ଗ୍ରନ୍ଥରେ ସର୍ବଶ୍ରେଷ୍ଠ ତନ୍ତ୍ରାରାଧ୍ୟା ଦେବୀ ବିମଳାଙ୍କ ପୀଠରୂପେ ଅଭିହିତ କରାଯାଇଛି । ସତୀଙ୍କର ପାଦ ପତିତ ହୋଇ ଏହି ଗୋପନୀୟ ତନ୍ତ୍ରପୀଠ ପ୍ରତିଷ୍ଠିତ ହୋଇଥିଲା । ଶ୍ରୀକ୍ଷେତ୍ରରେ ପୂଜିତ ହେଉଥିବା ଷୋଡ଼ଶ ମହାବିଦ୍ୟା ଦେବୀ ବିମଳାଙ୍କ ଷୋଡ଼ଶକଳା ରୂପେ ବିବେଚିତ ହୋଇଥାନ୍ତି । ବିଭିନ୍ନ କାଳଖଣ୍ଡରେ ଉଦ୍ଭବ ଘଟିଥିବା ଶ୍ରୀବିଦ୍ୟା, ତ୍ରିକ ଦର୍ଶନ, ଶାକ୍ତ ଦର୍ଶନ ଅଥବା ପ୍ରତ୍ୟଭିଜ୍ଞା ଦର୍ଶନ (ଶିବତତ୍ତ୍ୱ ହିଁ ଶକ୍ତି ତତ୍ତ୍ୱ) ଆଦି ଦାର୍ଶନିକ ତତ୍ତ୍ୱଗୁଡ଼ିକୁ ଆଦି ଶଂକରାଚାର୍ଯ୍ୟ ତାଙ୍କର ପ୍ରଣୀତ 'ସୌନ୍ଦର୍ଯ୍ୟଲହରୀ', 'ବିମଳା ସପର୍ଯ୍ୟା', 'ଲଳିତା ତ୍ରିଶତୀ ଭାଷ୍ୟ' ଆଦି ଗ୍ରନ୍ଥରେ ନିଜର ବିଦ୍‌ବତ୍ତା ପୂର୍ଣ୍ଣ ବିବେଚନ ଓ ସମନ୍ୱୟ ଦୃଷ୍ଟିଭଙ୍ଗୀ ମାଧ୍ୟମରେ ସରଳୀକୃତ ବ୍ୟାଖ୍ୟା ପ୍ରଦାନ କରି ଓଡ଼ିଶାର ତନ୍ତ୍ରଧାରା ମଧ୍ୟରେ ବ୍ୟାପକ ପରିବର୍ତ୍ତନର ସୂତ୍ରପାତ ଘଟାଇଥିଲେ । ସେ ଅନୁଯାୟୀ ଶାକ୍ତତନ୍ତ୍ରର ଅଦ୍ୱୈତବାଦ ଓ ଭକ୍ତିରସର ଅପୂର୍ବ ସମନ୍ୱୟ ସୃଷ୍ଟି ହୋଇ ଶିବତତ୍ତ୍ୱ, ତ୍ରିପୁରା ଦର୍ଶନର ଷୋଡ଼ଶୀ ଏବଂ ବୈଷ୍ଣବ ଦର୍ଶନର ରାଧାକୃଷ୍ଣ ପ୍ରେମ–ଏ ସମସ୍ତ ଏକାକାର ହୋଇ ଏକ ଓ ଅଭିନ୍ନ ଭକ୍ତି ଭାବର ଲହରୀ ସୃଷ୍ଟିକଲା । ଦେବୀ ବିମଳା ହେଉଛନ୍ତି ସପ୍ତମାତୃକା, ନବଦୁର୍ଗା, ଦଶମହାବିଦ୍ୟା, ଅଷ୍ଟାଦଶ ମାତୃକା, ଚଉଷଠୀ ଯୋଗିନୀ ତଥା ତ୍ରିଗୁଣାତ୍ମିକା ଶକ୍ତିର ସାମୂହିକ ସମଷ୍ଟିରୂପା ଭଗବତୀ ମହାମାୟା । ତାଙ୍କର ଉପାସନାରେ ଉଚ୍ଚ ତାନ୍ତ୍ରିକ ରୀତିନୀତି ଏବଂ ତନ୍ତ୍ରଧାରା ସମାବିଷ୍ଟ ହୋଇଥାଏ । ଆଶ୍ୱିନ କୃଷ୍ଣାଷ୍ଟମୀ ଠାରୁ ଶୁକ୍ଳଅଷ୍ଟମୀ ପର୍ଯ୍ୟନ୍ତ ତାଙ୍କର ଷୋଡ଼ଶ ଦିନାତ୍ମିକା ଶାରଦୀୟ ପୂଜା ପାଳିତ ହୋଇ ବିଜୟାଦଶମୀ ଦିନ ଉଦ୍‌ଯାପିତ ହୁଏ । ଏଥିରେ ଦୁର୍ଗାମାଧବ ଉପାସନା, ପ୍ରତ୍ୟହ ଚଣ୍ଡୀପାଠ, ହୋମ ଓ ଶାକ୍ତ ଗୁଣ୍ଡିଚା ଯାତ୍ରା ଆଦି ସହ ତାନ୍ତ୍ରିକ ମତରେ ଦକ୍ଷିଣାଚାର ଓ ବାମାଚାର ପୂଜା ପଦ୍ଧତି ଅନୁସୃତ ହୋଇଥାଏ ।

ଶାକ୍ତ ଉପାସନାର ଅନ୍ୟ ଏକ ଅତି ପୁରାତନ ପ୍ରସିଦ୍ଧ ପରମ୍ପରା ହେଉଛି "ଜାଗୁଲେଇ ପଞ୍ଚମୀ" ଅଥବା "ଜାଗ୍ରତ ଗୌରୀ" ପୂଜା । ଏଥିରେ ବାରିକମାନଙ୍କ ଦ୍ୱାରା ମୃତ୍ତିକା ନିର୍ମିତ ଦେବୀ ମୂର୍ତ୍ତିଗୁଡ଼ିକ ପ୍ରସ୍ତୁତ ହୋଇ ବେତାମାନଙ୍କରେ

ବସାଯାଇ ପୁରୀର ଶାସନସ୍ଥିତ (ବ୍ରାହ୍ମଣ ସାହି) ଗାଁ ଗାଁରେ ମାଳି ମହାପାତ୍ରଙ୍କ ଦ୍ୱାରା ବୁଲିଥାନ୍ତି । ଘରେ ଘରେ ଦିଅଁଙ୍କ ଠାରେ ଦୁଆରି ଭୋଗ ଲାଗି ହୋଇ ଶେଷରେ ବିସର୍ଜିତ ହୋଇଥାନ୍ତି । ପ୍ରାଚୀନ ଶକ୍ତି ଉପାସନା ପରମ୍ପରା ମଧ୍ୟରେ ଉତ୍କଳୀୟମାନେ ଯେ ମୂର୍ତ୍ତିପୂଜାର ବିକାଶ ଘଟାଇଥିଲେ ଏହା ହେଉଛି ତାହାର ଅନ୍ୟ ଏକ ପ୍ରମାଣ । ପରବର୍ତ୍ତୀ ସମୟରେ ମୂର୍ତ୍ତିପୂଜାର ଆହୁରି ବିକଶିତ ଅବସ୍ଥା ପ୍ରାପ୍ତ ହୋଇ ଶାରଦୀୟ ଦୁର୍ଗୋତ୍ସବ ମଧ୍ୟ ଓଡ଼ିଶା ମାଟିରେ ହିଁ ପୂର୍ଣ୍ଣାଙ୍ଗ ରୂପ ଗ୍ରହଣ କରିଥିଲା । ଶାକ୍ତ ପରମ୍ପରାର ଏହି ଦିବ୍ୟଧାରା ହଜାରବର୍ଷ ଧରି ଓଡ଼ିଶାର ଜନଜୀବନ ଏବଂ ସାମାଜିକ ପୃଷ୍ଠଭୂମି କୁ ଐକ୍ୟବଦ୍ଧ, ସମରସତା ପୂର୍ଣ୍ଣ ଓ ଗୌରବାବହ କରି ଗଢ଼ି ତୋଳିବା ସଂଗେ ସଂଗେ ଏକ ଅନନ୍ତ ଆଧାତ୍ମିକ ଚେତନାରେ ଯେ ଆପ୍ଲୁତ କରି ରଖିଥିଲା, ଏହା କହିବା ବାହୁଲ୍ୟ ମାତ୍ର ।

ମା' ବିରଜାଙ୍କ ବିଗ୍ରହ ଓ ମନ୍ଦିର (ପୃ.୪୨୫)

ଶକ୍ତି ଓ ତନ୍ତ୍ର ପରମ୍ପରାର
ଆଦ୍ୟପୀଠ ବିରଜାକ୍ଷେତ୍ର

ଯୁଗେ ଯୁଗେ ଭାରତୀୟ ସଂସ୍କୃତି ଶକ୍ତି ପୂଜା ନିମନ୍ତେ ପ୍ରସିଦ୍ଧିଲାଭ କରିଛି । ଏପରିକି ପ୍ରାଗ୍ ବୈଦିକ କାଳରୁ ମଧ୍ୟ ଭାରତରେ ଶକ୍ତିପୂଜାର ପରମ୍ପରା ପ୍ରଚଳିତ ଥିଲା ବୋଲି ଗବେଷକମାନଙ୍କର ମତ । ତେବେ ବୈଦିକ କାଳରେ ଏହା ଅଧିକ ବ୍ୟବସ୍ଥିତ ହେବା ସଂଗେସଂଗେ ଶାକ୍ତ ପରମ୍ପରାର ଦିବ୍ୟ ଉତ୍ତରଣ ସଂଘଟିତ ହୋଇଥିଲା । କେତେ ବର୍ଷ ତଳେ ପ୍ରତ୍ନତାତ୍ତ୍ୱିକ ଖନନରୁ ଏକ ଦ୍ୱିଭୁଜା ଦୁର୍ଗାମୂର୍ତ୍ତି ମଥୁରା ଠାରୁ ପ୍ରାପ୍ତ ହୋଇଥିଲା । ଏହା ଥିଲା ଏକ ଭଗ୍ନ ମହିଷାସୁରମର୍ଦ୍ଦିନୀ ମୂର୍ତ୍ତି ଯାହାକି ପ୍ରଥମ ବା ଦ୍ୱିତୀୟ ଶତାବ୍ଦୀରେ ନିର୍ମିତ ହୋଇଥିବା ଗବେଷକମାନେ ମତ ପ୍ରଦାନ କରନ୍ତି । କେତେକଙ୍କ ମତରେ ବେଦବ୍ୟାସଙ୍କ ମହାଭାରତ ଏବଂ ଅଥର୍ବ ବେଦରେ ବିରାଜଙ୍କ ନାମ ଉଲ୍ଲେଖ ଥିବାରୁ ମହାଭାରତ ରଚନାର ଯଥେଷ୍ଟ ପୂର୍ବରୁ ଆଦ୍ୟାଶକ୍ତି ମହିଷାସୁରମର୍ଦ୍ଦିନୀ ଦ୍ୱିଭୁଜା ମାଦୁର୍ଗା "ବିରଜା" ନାମ ଧାରଣ କରି ବିରଜାକ୍ଷେତ୍ର ଯାଜପୁର ଠାରେ ପୂଜିତ ହେଉଥିଲେ । ମହାଭାରତ କାଳ ପ୍ରାୟ ଖ୍ରୀଷ୍ଟ ପୂର୍ବ ୩୦୦୦ ବର୍ଷ ବେଳକୁ ଭାରତର ସର୍ବଶ୍ରେଷ୍ଠ ଏବଂ ପ୍ରଥମ ଶକ୍ତିପୀଠ ରୂପେ ବିରଜାକ୍ଷେତ୍ର ଖ୍ୟାତି ଲାଭ କରିଥିବା ଅନୁମିତ ହୁଏ । କାରଣ ମହାଭାରତରେ ନିମ୍ନଶ୍ଲୋକରୁ ଏହା ପ୍ରମାଣିତ:

"ତତେ ! ବୈତରଣୀ ଗଚ୍ଛେତ୍ ସର୍ବପାପ ପ୍ରମୋଚନୀମ୍,
ବିରଜାଂ ତୀର୍ଥମାସାଦ୍ୟ ବିରାଜତି ଯଥାଶଶୀ ।
ପ୍ରଚରେ କୁଳଂ ପୁଣ୍ୟଚ ସର୍ବପାପଂ ବ୍ୟପୋ,
ଗୋସହସ୍ର ଫଳଂ ଲବ୍‌ଧ୍ୱା ପୁନୀତିସ୍ୱକୁଳଂ ନରମ୍ ।।"

(ମହାଭାରତ- ବନପର୍ବ)

ପୁଣି 'ହେ ବଜ୍ରତନ୍ତ୍ର' ନାମକ ବୌଦ୍ଧଶାସ୍ତ୍ର ଯାହା ଅଷ୍ଟମ ଶତାବ୍ଦୀରେ ରଚିତ ହୋଇଥିବା ଅନୁମାନ କରାଯାଏ, ଅନୁଯାୟୀ:

ଶକ୍ତି ଉପାସନା ଓ ବୈଦିକ ଦେବୀତତ୍ତ୍ୱ : ୪୨୪

"ଉଡ୍ରାଖ୍ୟଂ ପ୍ରଥମଂ ପୀଠଂ ଦ୍ୱିତୀୟଂ ଜାଳଶୈଳକମ୍ ।
ତୃତୀୟଂ ପୂର୍ଣ୍ଣପୀଠଂ ତୁ କାମରୂପ ଚତୁର୍ଥକମ୍ ॥"

ଏହି ତଥ୍ୟ ଖ୍ରୀଷ୍ଟାବ୍ଦ ୮୫୦ରେ ସମସାମୟିକ ରଚନା 'କାଳିକା ପୁରାଣ' ଆଦିରୁ ମଧ୍ୟ ଉଡ୍ର, ଜାଳଶୈଳ (ସମ୍ଭବତଃ ଜାଳନ୍ଧର), ପୂର୍ଣ୍ଣଶୈଳ ଓ କାମରୂପ ପ୍ରଭୃତି ଚାରିଗୋଟି ଏବଂ 'କୁଳ ଚୂଡ଼ାମଣି'ରେ ଏଗୁଡ଼ିକ ସହିତ 'କାମାକ୍ଷା' ପୀଠକୁ ନିଆଯାଇ ମୋଟ ପାଞ୍ଚଗୋଟି ପୀଠ ସମ୍ବନ୍ଧରେ ବର୍ଣ୍ଣନା କରାଯାଇଛି । ବ୍ରହ୍ମଯାମଳ ତନ୍ତ୍ରରେ .... **"ବିରଜା ଉଡ୍ର ଦେଶେ ଚ କାମାକ୍ଷା ନୀଳ ପର୍ବତେ"** ଅର୍ଥାତ୍ ମାତା ବିରଜା ଉଡ୍ର ଦେଶରେ ବିରାଜମାନ -ଏ ତଥ୍ୟ ଉଲ୍ଲେଖ କରାଯାଇଛି । ସେଇପରି "ଉଡ୍ଡୀୟାନ ତନ୍ତ୍ର" ମତରେ

"ଉଡ୍ଡୀୟାନ ପରଂ ପୀଠଂ ଯତ୍ର ବୈତରଣୀ ନଦୀ,
ଉଡ୍ରଭୂମିଃ ମହାକୌଳଃ ଯାବତ୍ ମାହେନ୍ଦ୍ର ପର୍ବତ ।"

ଅର୍ଥାତ୍ ବୈତରଣୀ ନଦୀର ତଟଦେଶରେ ଅବସ୍ଥିତ ବିରଜା ପୀଠକୁ 'ଉଡ୍ଡୀୟାନ ପୀଠ' ଏବଂ ବୌଦ୍ଧତନ୍ତ୍ର ସାଧନା ନିମିତ୍ତ ଉଦ୍ଦିଷ୍ଟ ଚାରିଗୋଟି ପ୍ରମୁଖ ପୀଠ ମଧ୍ୟରେ ଉଡ୍ଡୀୟାନ ପୀଠକୁ ସର୍ବଶ୍ରେଷ୍ଠପୀଠ ରୂପେ ଅବିହିତ କରାଯାଇଛି । ଏଥିରୁ ଏହା ନିଃସନ୍ଦେହ ରୂପେ ଗ୍ରହଣ କରାଯାଇ ପାରେ ଯେ ଉଡ୍ରଦେଶ ଅନ୍ତର୍ଗତ ବୈତରଣୀ ନଦୀ ତଟସ୍ଥିତ ଉଡ୍ଡୀୟାନ ପୀଠ ହିଁ ବିରଜା ପୀଠ ଅଟେ ଯାହାକି ବର୍ତ୍ତମାନର ଯାଜପୁର ନାମରେ ବିଖ୍ୟାତ । ଏଠାରେ ଏହା ଉଲ୍ଲେଖନୀୟ ଯେ ଅତୀତରେ ବୌଦ୍ଧମାନେ ତନ୍ତ୍ର ସାଧନା ପାଇଁ ବିରଜାପୀଠକୁ ମୁଖ୍ୟସ୍ଥଳୀ ଭାବରେ ଗ୍ରହଣ କରିଥିଲେ । ବୌଦ୍ଧମାନଙ୍କୁ ମାଆ ବିରାଜଙ୍କର ଅଲୌକିକ ଲୀଳା ବହୁ ଭାବରେ ପ୍ରଚୋଦିତ କରିଥିଲା । ସେଇଥିପାଇଁ ବୋଧହୁଏ ବିରଜାକ୍ଷେତ୍ରର ରତ୍ନଗିରି, ଲଳିତଗିରି, ଧର୍ମଶାଳା, ରାଧାନଗର, ଖୋଳମ୍ପୁର, ଲାଙ୍ଗୁଡ଼ା ଆଦି ସ୍ଥାନରୁ ବହୁ ସଂଖ୍ୟକ ତନ୍ତ୍ରମୂର୍ତ୍ତି ପ୍ରାପ୍ତ ହୋଇ ଏପରି ସମ୍ଭାବନାକୁ ପରିପୃଷ୍ଟ କରିଛି । ବିରଜାଙ୍କୁ ପ୍ରଜ୍ଞା ପାରମିତା ଭାବରେ ବୌଦ୍ଧ ତାନ୍ତ୍ରିକମାନେ ଗ୍ରହଣ କରିଥିଲେ ଏବଂ ଏଇ ପୀଠରେ 'ପ୍ରଜ୍ଞା ପାରମିତା ସୂତ୍ର' ଓ 'ଗଣ୍ଡବ୍ୟୁହ' ଆଦି ବୌଦ୍ଧ ତନ୍ତ୍ରଶାସ୍ତ୍ରମାନ ରଚିତ ହୋଇଥିଲା । ବୌଦ୍ଧମାନଙ୍କ ମଧ୍ୟରେ ବଜ୍ରଯାନ, ସହଜଯାନ, କାଳଚକ୍ରଯାନ ଆଦି ବିବିଧ ତନ୍ତ୍ର ପଦ୍ଧତି ବିକାଶଲାଭ କରିଥିଲା । ବୌଦ୍ଧମାନଙ୍କ ପରି ନିରୀଶ୍ୱରବାଦୀ ଜୈନମାନେ ମଧ୍ୟ ବିରଜା

ପୂଜାରେ ପ୍ରଭାବିତ ହୋଇ ବିରଜାଙ୍କୁ ମହା ସରସ୍ୱତୀ ଜ୍ଞାନରେ ଉପାସନା କରିଥିଲେ ଯାହାର ଭୁରି ଭୁରି ପ୍ରମାଣ "ସାରସ୍ୱତ କଳ୍ପ" ନାମକ ତନ୍ତ୍ରଶାସ୍ତ୍ରରୁ ପ୍ରାପ୍ତ ହୋଇଥାଏ । ଅର୍ଥାତ ବିରଜା ପୀଠ ହିନ୍ଦୁ, ବୌଦ୍ଧ ଏବଂ ଜୈନ ତଥା ନାଗ, ଶୈବ, ଶାକ୍ତ ଓ ପାଞ୍ଚରାତ୍ର ଆଦି ବହୁବିଧ ସମ୍ପ୍ରଦାୟ ଦ୍ୱାରା ମୁଖ୍ୟତନ୍ତ୍ର ପୀଠ ରୂପେ ଗୃହୀତ ହୋଇଥିଲା । ଅନ୍ୟ ଅର୍ଥରେ ଭାରତର ମତ ସମ୍ପ୍ରଦାୟ ନିର୍ବିଶେଷରେ ସମସ୍ତେ ସମ୍ମିଳିତ ଭାବରେ ବିରଜାଙ୍କୁ ପରମ ଆରାଧ୍ୟା ଦେବୀ ରୂପେ ସ୍ୱୀକାର କରିଥିଲେ ଏବଂ ସେ ଥିଲେ ସମସ୍ତ ମତ ସମ୍ପ୍ରଦାୟଙ୍କ ଦ୍ୱାରା ଗୃହୀତ ତନ୍ତ୍ର ସାଧନାର ପୃଷ୍ଠଭୂମିରେ ସମନ୍ୱୟ ସୃଷ୍ଟିକାରୀ ଦେଦିପ୍ୟମାନ ଆଲୋକବର୍ତ୍ତିକା ସଦୃଶ । ତାନ୍ତ୍ରିକ ପୂଜାରେ ପରବର୍ତ୍ତୀ କାଳରେ ବିକାଶ ଘଟି ସପ୍ତମାତୃକା, ଅଷ୍ଟାଦଶ ମାତୃଗଣ ଓ ଚୌଷଠି ଯୋଗିନୀ ପୂଜାଦିର ସୂତ୍ରପାତ ହୋଇଥିଲା । ଏବଂ ବିରାଜଙ୍କ ସ୍ଥାନ ଥିଲା ଏ ସମସ୍ତଙ୍କ ମଧ୍ୟରେ ସର୍ବଶ୍ରେଷ୍ଠ ।

ପୌରାଣିକ ଆଖ୍ୟାନ ଅନୁଯାୟୀ ସତ୍ୟଯୁଗରେ ଦକ୍ଷ ପ୍ରଜାପତିଙ୍କ ଦ୍ୱାରା ଅନୁଷ୍ଠିତ ଏକ ବିଶାଳ ଯଜ୍ଞକୁ କନ୍ୟା ସତୀ ଏବଂ ଜାମାତା ଶିବଙ୍କୁ ବାଦ୍ ଦେଇ ଅନ୍ୟ ସମସ୍ତ କନ୍ୟା ଏବଂ ଜ୍ୱାଇଁ ତଥା ସର୍ବ ଦେବାଦେବୀଙ୍କୁ ନିମନ୍ତ୍ରିତ କରାଯାଇଥିଲା । କନ୍ୟା ସତୀ ବିନା ନିମନ୍ତ୍ରଣରେ ପିତାଙ୍କ ଯଜ୍ଞକୁ ଯାଇଥିବାରୁ ତାଙ୍କୁ ତଥା ଜାମାତା ଶିବଙ୍କୁ ଅପମାନିତ ଏବଂ ଭର୍ତ୍ସନାର ଶିକାର ହେବାକୁ ପଡ଼ିଥିଲା । ଦକ୍ଷଙ୍କ ଦ୍ୱାରା ନିଜ ପତିଙ୍କୁ ତିରସ୍କାର କରାଯିବା ସହ୍ୟ କରି ନପାରି ସତୀ ଯଜ୍ଞକୁଣ୍ଡରେ ଝାସ ଦେଇ ପ୍ରାଣ ବିସର୍ଜନ କଲେ । ଶିବ ଏହା ଜାଣିପାରି କ୍ରୋଧିତ ହେଲେ ଏବଂ ଯଜ୍ଞସ୍ଥଳରେ ନିଜ ଅନୁଚରମାନଙ୍କ ସହ ପହଞ୍ଚି ଯଜ୍ଞକୁ ସମ୍ପୂର୍ଣ୍ଣଭାବେ ଧ୍ୱଂସ କରିଦେଲେ ତଥା ଦକ୍ଷଙ୍କ ମସ୍ତକ ଛେଦନ କରି ଯଜ୍ଞକୁଣ୍ଡରେ ପକାଇଦେଲେ । ତାହା ପୋଡ଼ି ପାଉଁଶ ହୋଇଗଲା । ଅଣଚାଶ କନ୍ୟା, ଜାମାତା ଏବଂ ଦକ୍ଷପତ୍ନୀ ସମ୍ମିଳିତ ଭାବେ ଶିବଙ୍କୁ କ୍ଷମା ପ୍ରାର୍ଥନା କରିବାରୁ ଏକ ଛାଗଳର ମୁଣ୍ଡ ଦକ୍ଷଙ୍କ ଶରୀରରେ ଯୋଡ଼ିଦେଇ ସେ ତାହାକୁ ଜୀବନ୍ୟାସ ପ୍ରଦାନ କଲେ । ଏଥି ଉତ୍ତାରୁ ସତୀଙ୍କର ଅର୍ଦ୍ଧଦଗ୍ଧ ମୃତ ଦେହକୁ କାନ୍ଧରେ ପକାଇ ଶିବ ପାଗଳବତ୍ ଉନ୍ମତ୍ତ ଅବସ୍ଥାରେ ଚତୁର୍ଦ୍ଦିଗରେ ଘୁରି ବୁଲିଲେ । ଭଗବାନ ବିଷ୍ଣୁ ଏହା ଜାଣିଥିଲେ ଯେ ସତୀଙ୍କର ଶବ କାନ୍ଧରେ ଥିବା ପର୍ଯ୍ୟନ୍ତ ଶିବ ପ୍ରକୃତିସ୍ଥ ହୋଇ ପାରିବେ ନାହିଁ । ଏଣୁ ନିଜର ସୁଦର୍ଶନ ଚକ୍ର ଦ୍ୱାରା ସତୀଙ୍କର ମୃତ

ଶରୀରକୁ ୫୧ଟି ଅଂଶରେ ଖଣ୍ଡ ଖଣ୍ଡ କରି କାଟି ଦେଇଥିଲେ । ପ୍ରତିଟି ଅଂଶ ଯେଉଁଠି ଯେଉଁଠି ପତିତ ହେଲା ତାହା ଗୋଟିଏ ଗୋଟିଏ ଶକ୍ତିପୀଠର ମାନ୍ୟତା ଲାଭ କରିଥିଲା । ଏହିପରି ଭାବରେ ଭାରତ ମଧ୍ୟରେ ୪୨ଟି ଶକ୍ତିପୀଠ ଏବଂ ବାହାରେ ୯ଟି ଶକ୍ତିପୀଠ ସୃଷ୍ଟି ହେଲା । ଏତଦ୍‌ବ୍ୟତୀତ ସତୀଙ୍କର ଅଳଙ୍କାର, ଅସ୍ତ୍ର ଏବଂ ଉଚ୍ଛିଷ୍ଟ ଆଦି ଯେଉଁ ଯେଉଁ ସ୍ଥାନରେ ପତିତ ହେଲା ତାହା ଗୋଟିଏ ଗୋଟିଏ ଉପପୀଠ ରୂପେ ଖ୍ୟାତି ଅର୍ଜନ କଲା । ଏହପରି ମୋଟ ୨୬ଟି ଉପପୀଠ ଥିବାର ଉଲ୍ଲେଖ ମିଳିଥାଏ । ତେବେ ପୀଠସଂଖ୍ୟା ବାବଦରେ ଶାସ୍ତ୍ରମାନଙ୍କରେ ମତରେ ଭିନ୍ନତା ପରିଦୃଷ୍ଟ ହୁଏ । ତନ୍ତ୍ରସାର, ମହାପୀଠ ନିରୂପଣ ତଥା ତନ୍ତ୍ର ଚୂଡ଼ାମଣି ଅନୁଯାୟୀ ଏହି ସଂଖ୍ୟା ୫୧ ଥିବାବେଳେ ମସ୍ୟପୁରାଣ, କାଳିକା ପୁରାଣ, ପଦ୍ମପୁରାଣ ଏବଂ ଦେବୀ ଭାଗବତରେ ଉଲ୍ଲେଖ ଅନୁଯାୟୀ ପୀଠସଂଖ୍ୟା ୧୦୮ ତଥା 'ଜ୍ଞାନର୍ଣ୍ଣବ ତନ୍ତ୍ର' ଅନୁଯାୟୀ ୫୦ଟି ଶକ୍ତିପୀଠର ବର୍ଣ୍ଣନା ମିଳିଥାଏ । ତେବେ ସତୀଙ୍କର ନାଭିପଦ୍ମ ବିଷ୍ଣୁଙ୍କ ସୁଦର୍ଶନ ଚକ୍ର ଦ୍ୱାରା ଖଣ୍ଡିତ ହୋଇ ବିରଜା କ୍ଷେତ୍ରରେ ପତିତ ହୋଇଥିଲା । ତନ୍ତ୍ର ଚୂଡ଼ାମଣିର ଉଲ୍ଲେଖ ଅନୁଯାୟୀ:

"ଉତ୍କଳେ ନାଭିଦେଶଶ୍ଚ ବିରଜାକ୍ଷେତ୍ର ମୁଚ୍ୟତେ,
ବିମଳା ସା ମହାଦେବୀ ଜଗନ୍ନାଥ ସ୍ତୁ ଭୈରବ ॥"

ବିରଜା କ୍ଷେତ୍ରରେ ନାଭିପଦ୍ମ ପତିତ ହୋଇଥିଲେ ମଧ୍ୟ ବିମଳାଙ୍କୁ ଭୈରବୀ ଓ ଜଗନ୍ନାଥଙ୍କୁ ଭୈରବ ରୂପେ ବର୍ଣ୍ଣନା କରାଯାଇଛି ଯଦିଓ ବିରଜା ଏଠାକାର ଅଧିଷ୍ଠାତ୍ରୀ ଦେବୀ ଅଟନ୍ତି । ଅବଶ୍ୟ ବିମଳା, ଦୁର୍ଗା, ସତୀ ଆଦି ନାମକୁ ବିରଜାଙ୍କ ସହ ଏକାର୍ଥବୋଧକ ଶବ୍ଦ ଭାବରେ ଏଠାରେ ବିବେଚିତ ହୋଇଥବା ସମ୍ଭବ ମନେହୁଏ । କାରଣ ଭାରତର ଅନ୍ୟ କେତେକ ଦେବୀପୀଠରେ ଭୈରବୀଙ୍କ ନାମ ବିମଳା, ପୁଣି 'ଗାୟତ୍ରୀ ସହସ୍ର ନାମ'ରେ ବିରଜାଙ୍କ ସହ ବିମଳାଙ୍କୁ ସମାନାର୍ଥରେ ଗ୍ରହଣ କରାଯାଇଛି । ଏଣୁ ବିରଜା କ୍ଷେତ୍ରରେ ବିମଳାଙ୍କୁ ଭୈରବୀ ରୂପେ ପ୍ରକାଶ କରାଯିବା ଏ ଦୃଷ୍ଟିରୁ ସମ୍ଭବ ବୋଲି ମନେ କରାଯାଇପାରେ । ପୁଣି ଉଡ୍ଡୀଶତନ୍ତ୍ରରେ ଉଲ୍ଲିଖିତ ଅଛି : **"ଅନନ୍ତ ରୂପୀଣ ସାକ୍ଷାତ୍ ଜଗନ୍ନାଥସ୍ୟ ଭୈରବଃ...."** ଅର୍ଥାତ୍ ଜଗନ୍ନାଥ ଅନନ୍ତରୂପୀ ଅଟନ୍ତି । ସେ ଶିବ ରୂପୀ ଭୈରବ । ପୁଣି ମଧ୍ୟ କୁହାଯାଇଛି **'ନୀଳାଦ୍ରୌ ଶ୍ରୀଜଗନ୍ନାଥଃ ସାକ୍ଷାତ ଦକ୍ଷିଣ କାଳିକାଃ'** ।

ଦେବୀ ବିମଳାଙ୍କୁ ଦେବୀ ଭାଗବତରେ ନାରାୟଣଙ୍କର ଏକ ଶକ୍ତି ରୂପେ ଉଲ୍ଲେଖ କରାଯାଇଛି । ଏଣୁ ଜଗନ୍ନାଥ ଭୈରବ ହୋଇଥିଲେ ହେଁ ସେ ଭୈରବୀ ରୂପେ ପ୍ରକଟ ମଧ୍ୟ ହୋଇ ପାରନ୍ତି । ଅର୍ଥାତ୍ ଭୈରବ-ଭୈରବୀଙ୍କର ସମ୍ମିଳିତ ପ୍ରାକଟ୍ୟ ରୂପ ହେଉଛନ୍ତି ଶ୍ରୀଜଗନ୍ନାଥ । ଏଥିପାଇଁ ଜଗନ୍ନାଥ ଏବଂ ବିରଜାଙ୍କ ମଧ୍ୟରେ ତାତ୍ତ୍ୱିକ ଦୃଷ୍ଟିରୁ କୌଣସି ପରିଭେଦ ନାହିଁ ।

ଏତଦ୍‌ବ୍ୟତୀତ 'ବିରଜା ମହାତ୍ମ୍ୟ'ରେ ଉଲ୍ଲେଖ ଅନୁଯାୟୀ ଗୟାସୁରର ଶରୀରକୁ ଭଗବାନ ବିଷ୍ଣୁ ତିନିଖଣ୍ଡ କରି ମୁଣ୍ଡକୁ ଗୟାରେ, ନାଭିକୁ ଯାଜପୁରରେ ତଥା ପାଦକୁ ମହେନ୍ଦ୍ର ପର୍ବତରେ ନିକ୍ଷେପ କରିଥିଲେ । ଏଣୁ ଏଇ ସ୍ଥାନମାନଙ୍କରେ ବିଷ୍ଣୁକ୍ଷେତ୍ର, ଶାକ୍ତକ୍ଷେତ୍ର ତଥା ଶୈବକ୍ଷେତ୍ର ଆଦି ଯଥାକ୍ରମେ ପ୍ରତିଷ୍ଠା ଲାଭ କରିଥିଲା। 'ନୀଳତନ୍ତ୍ର'ର କଥନ ଅନୁଯାୟୀ-

"ନାଭିପୀଠେ ମହାଦେବୀ ବିରଜା ବିରଜପ୍ରଦା,
ବୈତରଣୀ ତଟେ ଦଦ୍ୟାତ୍ ପିଣ୍ଡଂ ପିତୃଗଣାଂ ସ୍ତଥା ॥"

ଏଣୁ ଏହା (ଯାଜପୁର) ନାଭିଗୟା ନାମରେ ବିଖ୍ୟାତ ଅଟେ । ଏଥିପାଇଁ ଏଠାରେ ପିତୃଗଣଙ୍କୁ ପିଣ୍ଡଦାନ କଲେ ସେମାନେ ମୋକ୍ଷଲାଭ କରନ୍ତି ବୋଲି ଶାସ୍ତ୍ରୋକ୍ତ ପ୍ରମାଣ ତଥା ଲୋକ ବିଶ୍ୱାସ ରହିଛି । ଗୟାସୁର ବିଷୟକ ବିଶେଷ ବର୍ଣ୍ଣନ ତଥା ବିରଜାକ୍ଷେତ୍ରକୁ ନାଭିକ୍ଷେତ୍ର ଏବଂ ପିତୃତୀର୍ଥ ରୂପେ ମାନ୍ୟତା ପ୍ରଦାନ ସମ୍ବନ୍ଧରେ ବିସ୍ତୃତ ଆଲୋଚନା 'ବ୍ରହ୍ମପୁରାଣ' ଓ 'ବାୟୁପୁରାଣ'ରେ ମଧ୍ୟ ଦେଖାଯାଏ । 'ଉଡ୍ଡୀଶତନ୍ତ୍ର' ଅନୁଯାୟୀ ବିରଜା ଏବଂ ବିମଳାଙ୍କ ତତ୍ତ୍ୱ ମଧ୍ୟରେ ସମନ୍ୱୟବାଦୀ ବିଚାରଧାରାର ଉନ୍ମେଷ ଘଟି (୧୪ଶ ଶତାବ୍ଦୀ) "ଉଡ୍ଡୀୟାନ ମହାପୀଠ"କୁ ତ୍ରିକୋଣାକାର ଶକ୍ତି ଯନ୍ତ୍ର ରୂପେ ପ୍ରତିଷ୍ଠିତ କରାଯାଇଛି । ଯାହାର ଗୋଟିଏ କୋଣରେ ଯଥାକ୍ରମେ ବିରଜା, ଅନ୍ୟକୋଣରେ ବାରିପଦାର ଉଗ୍ରଚଣ୍ଡୀ ତଥା ତୃତୀୟକୋଣରେ ବିମଳା ବିଦ୍ୟମାନ । ଏଣୁ କୁହାଯାଇଛି:

"ବିରଜା ବିମଳା ମଧ୍ୟେ କ୍ଷେତ୍ରଚୋତ୍କଳ ମୁତ୍ତମମ୍ ।
ଉଡ୍ଡୀୟାନ ମହାପୀଠ କୌଳାଚାର ସମର୍ଥିତମ୍ ॥"

ସେ ଯାହାହେଉ ସମଗ୍ର ଦେଶରେ ଶାକ୍ତ ସଂସ୍କୃତିର ଆଦ୍ୟପୀଠ ରୂପେ ପ୍ରମାଣିତ ବିରଜାପୀଠର ଅଧିଷ୍ଠାତ୍ରୀ ଦେବୀ ଆଦ୍ୟାଶକ୍ତି ମାଆ ବିରଜାଙ୍କ ଦ୍ୱିଭୁଜା ବିଗ୍ରହ ଯେ ହଜାର ହଜାର ବର୍ଷ ଧରି ପାରମ୍ପରିକ ଭାବରେ ପୂଜିତ

ହୋଇ ଆସୁଅଛି ଏଥିରେ ସନ୍ଦେହର କୌଣସି ଅବକାଶ ନାହିଁ । ଶାକ୍ତତନ୍ତ୍ରର କେନ୍ଦ୍ରବିନ୍ଦୁ ଭାବରେ ବିରଜାଙ୍କ ଆବିର୍ଭାବରେ ପରବର୍ତ୍ତୀ କାଳରେ ଶାକ୍ତ ପରମ୍ପରାର ଉତ୍ତରଣ ଘଟି ଦୁର୍ଗାଙ୍କର ଚତୁର୍ଭୁଜା, ଷଡ଼ଭୁଜା, ଅଷ୍ଟଭୁଜା, ଦଶଭୁଜା, ଦ୍ୱାଦଶଭୁଜା ଓ ଅଷ୍ଟାଦଶଭୁଜା ମୂର୍ତ୍ତିମାନ ଦେଶର ଭିନ୍ନ ଭିନ୍ନ ଭାଗରେ ପୂଜିତ ହେବାକୁ ଲାଗିଲେ ।

ଶାକ୍ତତନ୍ତ୍ରର ପରିପୂର୍ଣ୍ଣ ବିକାଶ ନିମନ୍ତେ କେନ୍ଦ୍ରବିନ୍ଦୁରେ ଥାଇ ଆଦ୍ୟ ତଥା ସର୍ବପ୍ରଥମ ପ୍ରେରଣା ଦାୟିନୀ ମାଆ ବିରଜାଙ୍କ ଭୂମିକା ଅନସ୍ୱୀକାର୍ଯ୍ୟ ହୋଇଥିବା କାରଣରୁ 'ପ୍ରପଞ୍ଚସାର ତନ୍ତ୍ର'ରେ ତାଙ୍କୁ ସ୍ୱୟଂ ସମ୍ପୂର୍ଣ୍ଣା ବା ପୂର୍ଣ୍ଣୋଦରୀ ରୂପେ ବର୍ଣ୍ଣନା କରାଯାଇଛି :

"ପୂର୍ଣ୍ଣୋଦରୀ ଚ ବିରଜା ତୃତୀୟା ଶାଲ୍ମଳୀ ତଥା,
ଲୋଲାକ୍ଷୀ ବର୍ତ୍ତୁଳାକ୍ଷୀ ଚ ଦୀର୍ଘଘୋଣା ତଥୈବଚ ॥"

ଏତଦ୍‌ବ୍ୟତୀତ ଦେବୀ ବିରଜାଙ୍କ ଅଲୌକିକ ଗାଥା ମତ୍ସ୍ୟପୁରାଣ, ବାମନ ପୁରାଣ, ଅଗ୍ନି ପୁରାଣ, ବିଷ୍ଣୁପୁରାଣ, ନାରଦୀୟ ପୁରାଣ ଆଦିରେ ମଧ୍ୟ ଉଲ୍ଲିଖିତ ରହିଛି ।

ମା' ବିରଜା (ପୃ.୪୩୧)

ଆଦ୍ୟାଶକ୍ତି ବିରଜାଙ୍କ ଦୁର୍ଗୋତ୍ସବ ଓ ପୂଜାନୀତି

ବିରଜା କ୍ଷେତ୍ର (ଯାଜପୁର)ର ଅଧିଷ୍ଠାତ୍ରୀ ଦେବୀ ଆଦ୍ୟାଶକ୍ତି ମାଆ ବିରଜା ସମଗ୍ର ବିଶ୍ୱରେ ସର୍ବପ୍ରଥମ ସଗୁଣ ସାକାର, ଦ୍ୱିଭୁଜା ଦେବୀମୂର୍ତ୍ତି ରୂପେ ପ୍ରସିଦ୍ଧି ଲାଭ କରିଛନ୍ତି । ଦେବୀ ବିରଜା, ଶକ୍ତି ଉପାସନା ଏବଂ ଶାକ୍ତତନ୍ତ୍ରର ଅଭ୍ୟୁଦୟ ତଥା ଶାକ୍ତ ବିଚାରଧାରାକୁ ଜନମାନସରେ ସୁପ୍ରତିଷ୍ଠିତ କରିବା ଦିଗରେ ଯେଉଁ ଅନନ୍ୟ ଭୂମିକା ନିର୍ବାହ କରିଛନ୍ତି ତାହା ଯୁଗ ଯୁଗ ଧରି ଭାରତୀୟ ସଂସ୍କୃତିକୁ ଅମରତ୍ୱ ପ୍ରଦାନ କରିଛି । ବିରଜାଙ୍କୁ କେନ୍ଦ୍ର କରି ଶାକ୍ତ ଚେତନାର ଅଭ୍ୟୁଦୟ ତଥା ସାର୍ବଜନୀନ ଦୁର୍ଗୋତ୍ସବର ବିଶ୍ୱବ୍ୟାପୀ ଉତ୍ତରଣ ପର୍ବ ବାସ୍ତବରେ 'ବିରଜାକ୍ଷେତ୍ର' ସର୍ବୋପରି ପବିତ୍ର ଉତ୍କଳ ଭୂଖଣ୍ଡକୁ ସମଗ୍ର ଜଗତରେ ମହିମା ମଣ୍ଡିତ କରାଇଛି କହିଲେ ଅତ୍ୟୁକ୍ତି ହେବନାହିଁ । ଦୁର୍ଗା ସପ୍ତଶତୀ ଚଣ୍ଡୀର ଉଲ୍ଲେଖ ଅନୁଯାୟୀ:

"ମାତୁଲୁଙ୍ଗଂ ଗଦାଂ ଖେଟଂ ପାନପାତ୍ରଂ ଚ ବିଭ୍ରତୀ ।
ନାଗଂ ଲିଙ୍ଗଂ ଚ ଯୋନିଂ ଚ ବିଭ୍ରତୀ ନୃପ ମୂର୍ଧନି ॥"

(ଶ୍ରୀ ଚଣ୍ଡୀ-ପ୍ରାଧାନିକଂ ରହସ୍ୟମ୍-ଶ୍ଲୋକ୫)

ଅର୍ଥାତ୍ ହେ ରାଜନ୍! ଦେବୀ ନିଜ ଚାରୋଟି ହସ୍ତରେ ମାତୁଲୁଙ୍ଗ (ବେଦନା ଫଳ), ଗଦା, ଢାଲ (ଖେଟ) ଏବଂ ପାନପାତ୍ର ଓ ମସ୍ତକରେ ନାଗ, ଲିଙ୍ଗ ତଥା ଯୋନି ଏହି ବସ୍ତୁଗୁଡ଼ିକ ଧାରଣ କରିଛନ୍ତି ।

ଉପରୋକ୍ତ ଶ୍ଲୋକରେ ଆଦ୍ୟାଶକ୍ତି ମାଆ ବିରଜାଙ୍କ ମସ୍ତକରେ ଶୋଭାୟମାନ ସାତମୁଦ୍ରା-ଯାହାକି ମେଧାଋଷିଙ୍କ ଦ୍ୱାରା ଶ୍ରୀଚଣ୍ଡୀରେ ବର୍ଣ୍ଣିତ । ଏଣୁ ଚଣ୍ଡୀପାଠ ବିରଜାଙ୍କ ଦୁର୍ଗୋତ୍ସବର ଅଭିନ୍ନ ଅଙ୍ଗ ହୋଇଥିବାରୁ ଏହାକୁ ବାଦ୍ ଦେଇ ଦୁର୍ଗାପୂଜା ବିଷୟ କଳ୍ପନା କରିବା ଅସମ୍ଭବ । ମେଧାଋଷିଙ୍କ ଉପରୋକ୍ତ ଭାବେ ଆଦ୍ୟାଶକ୍ତିଙ୍କ ବର୍ଣ୍ଣନ ସହ ଦେବୀ ବିରଜାଙ୍କ ସ୍ୱରୂପର ସମାନତା ଏହା ପ୍ରମାଣିତ କରେ ଯେ ଦୁର୍ଗୋତ୍ସବର ପରମ୍ପରା ବିରଜାଙ୍କୁ ଆଧାର କରି ବିରଜା

ଶକ୍ତି ଉପାସନା ଓ ବୈଦିକ ଦେବୀତତ୍ତ୍ୱ : ୪୩୦

ପୀଠରୁ ହିଁ ସମଗ୍ର ବିଶ୍ୱରେ ବିକଶିତ ହୋଇଥିଲା ଏବଂ ମହିଷମର୍ଦ୍ଦିନୀ ବିରଜାଙ୍କ ଅଲୌକିକ ଚରିତ୍ର ହିଁ ସପ୍ତଶତୀ ଚଣ୍ଡୀର ଛତ୍ରେ ଛତ୍ରେ ବର୍ଣ୍ଣିତ ହୋଇଅଛି । ବିରଜାଙ୍କ ଆବିର୍ଭାବର ପରବର୍ତ୍ତୀ କାଳରେ ଦୁର୍ଗାଦେବୀ ଚତୁର୍ଭୁଜା, ଷଡ଼ଭୁଜା, ଅଷ୍ଟଭୁଜା, ଦଶଭୁଜା, ଦ୍ୱାଦଶଭୁଜା ଓ ଅଷ୍ଟାଦଶଭୁଜା ଆଦି ରୂପରେ ନିର୍ମିତ ହୋଇ ପୂଜିତ ହେଲେ । ବ୍ୟାସଦେବଙ୍କ ରଚିତ ମହାଭାରତର ବନପର୍ବରେ ବୈତରଣୀ ନଦୀ, ବିରଜା ତୀର୍ଥ ଏବଂ ମାତା ବିରଜାଙ୍କ ବିଷୟରେ ବର୍ଣ୍ଣନ ଥିବାରୁ ଆଦ୍ୟାଶକ୍ତି ବିରଜା ମହାଭାରତ କାଳର ବହୁ ପୂର୍ବରୁ (ଅର୍ଥାତ୍ ଖ୍ରୀ.ପୂ. ୩୦୦୦ବର୍ଷ ପୂର୍ବରୁ) ଏଠାରେ ଯେ ପ୍ରତିଷ୍ଠିତ ଏବଂ ପୂଜିତ ହେଉଥିଲେ ଏଥିରେ ସନ୍ଦେହ ନାହିଁ। ଏପିରିକି ଅଥର୍ବ ବେଦରେ ମଧ୍ୟ ବିରଜାଙ୍କ ନାମ ଉଲ୍ଲେଖ ଥିବାର ଦେଖାଯାଏ । ଦ୍ୱିଭୁଜା ଦୁର୍ଗାଙ୍କୁ ବିଶ୍ୱର ପ୍ରାଚୀନତମ ମୂର୍ତ୍ତି ରୂପେ ସୁପ୍ରସିଦ୍ଧ ଐତିହାସିକ ଆର.ଏଲ୍. ମିତ୍ର ମଧ୍ୟ ମତପୋଷଣ କରନ୍ତି । ଅଷ୍ଟମ ଶତାବ୍ଦୀରେ ଲିଖିତ ବୌଦ୍ଧ ଶାସ୍ତ୍ର 'ବଜ୍ରତନ୍ତ୍ର' ଅନୁଯାୟୀ :

"ଓଡ୍ରାଖ୍ୟଂ ପ୍ରଥମଂ ପୀଠଂ ଦ୍ୱିତୀୟଂ ଜାଲଶୈଳକମ୍ ।
ତୃତୀୟଂ ପୂର୍ଣ୍ଣପୀଠଂ ନ୍ତ କାମରୂପ ଚତୁର୍ଥକମ୍ ॥"

ଅର୍ଥାତ୍ ଉଡ୍ର, ଜାଲଶୈଳ, ପୂର୍ଣ୍ଣଶୈଳ ଓ କାମରୂପ ମଧ୍ୟରୁ ଉଡ୍ରକୁ ପ୍ରଥମ ଏବଂ ପ୍ରାଚୀନତମ ପୀଠ ଭାବରେ ମାନ୍ୟତା ପ୍ରାପ୍ତି ହୋଇଛି । ଖାଲି ବୌଦ୍ଧ କାହିଁକି, ଅତୀତରେ ହିନ୍ଦୁ, ଜୈନ, ନାଗ, ଶୈବ, ଶାକ୍ତ ଓ ପାଞ୍ଚରାତ୍ର ଆଦି ଭାରତର ବିବିଧ ଶ୍ରେଣୀର ତନ୍ତ୍ରସାଧକମାନଙ୍କ ଦ୍ୱାରା 'ବିରଜାପୀଠ' ସାଧନାର ମୁଖ୍ୟକେନ୍ଦ୍ର ରୂପେ ଗୃହୀତ ହୋଇଥିଲା । ପୌରାଣିକ କଥାବସ୍ତୁ ଅନୁଯାୟୀ ସତ୍ୟଯୁଗରେ 'ସତୀ'ଙ୍କର ପିତା ଦକ୍ଷ ପ୍ରଜାପତି ଏକ ବିଶାଳ ଯଜ୍ଞ ଆୟୋଜନ କରିଥିଲେ । ସେଇ ଯଜ୍ଞରେ ଦକ୍ଷ ନିଜର ଅଣପଚାଶ ଜଣ କନ୍ୟା ଓ ଜାମାତା ତଥା ସ୍ୱର୍ଗରାଜ୍ୟର ସମସ୍ତ ଦେବାଦେବୀଙ୍କୁ ନିମନ୍ତ୍ରିତ କରିଥିଲେ ମଧ୍ୟ ଘୃଣା ଏବଂ ହେୟଜ୍ଞାନ ଭାବ ପୋଷଣ କରି କନ୍ୟା ସତୀ ଓ ଜାମାତା ଶିବଙ୍କୁ ନିମନ୍ତ୍ରଣ କରିନଥିଲେ । ଏହା ସତ୍ତ୍ୱେ ବି ସତୀ, ପିତାଙ୍କ ଯଜ୍ଞରେ ଭାଗନେବା ପାଇଁ ଜିଦ୍ କଲେ ଏବଂ ଶିବଙ୍କ ବାରଣ ଅମାନ୍ୟ କରି ପିତ୍ରାଳୟକୁ ଗମନ କଲେ । ବିନା ଆମନ୍ତ୍ରଣରେ ସେଠାକୁ ଗଲେ ସତୀଙ୍କୁ ପିତାଙ୍କ ଦ୍ୱାରା ଅପମାନିତ ହୋବାକୁ ପଡ଼ିବ ବୋଲି ଯୋଗବଳରେ ଶିବ ଜାଣି ପାରିଥିଲେ । କିନ୍ତୁ ତାଙ୍କର

ବାରଣକୁ ସତୀ ମାନି ନଥିଲେ । ଏଣୁ ଫଳ ଯାହା ହେବାର ଥିଲା ତାହାହିଁ ହେଲା । ଦକ୍ଷ ନିଜକନ୍ୟା ସତୀ ଏବଂ ଜାମାତା ଶିବଙ୍କୁ ଅତି ତିରସ୍କାର ପୂର୍ବକ ଅପମାନିତ କଲେ । ଶିବଙ୍କର ତିରସ୍କାର ଏହଂ ଅପମାନକୁ ସତୀ ସହ୍ୟ କରି ନପାରି ଜ୍ୱଳନ୍ତ ଯଜ୍ଞକୁଣ୍ଡରେ ଆତ୍ମ ବିସର୍ଜନ କଲେ । ଏ ଖବର ପାଇ ଶିବ କ୍ରୋଧାନଳରେ ଜର୍ଜରିତ ହେବା ସହ ଅନୁଚରମାନଙ୍କ ସଙ୍ଗରେ ଆସି ଯଜ୍ଞକୁ ସମ୍ପୂର୍ଣ୍ଣ ଭାବରେ ଧ୍ୱଂସ କରିଦଲେ ଏବଂ ଶଶୁର 'ଦକ୍ଷ'ଙ୍କର ମସ୍ତକ ଛେଦନ କରି ତାଙ୍କୁ ଦଣ୍ଡିତ କଲେ । ଛିନ୍ନ ମସ୍ତକଟି ଯଜ୍ଞକୁଣ୍ଡରେ ପଡ଼ି ପାଉଁଶ ହୋଇଗଲା । ଏଥିରେ ମ୍ରିୟମାଣ ହୋଇ ଦକ୍ଷପତ୍ନୀ ଏବଂ ତାଙ୍କର ଅନ୍ୟ ସମସ୍ତ କନ୍ୟା ଓ ଜାମାତାମାନେ ଶିବଙ୍କ ନିକଟରେ କ୍ଷମା ଯାଚନା କରିବା କାରଣରୁ ଦକ୍ଷଙ୍କ ଶରୀରରେ ଏକ ଛାଗଳର ମୁଣ୍ଡଯୋଡ଼ି ସେ (ଶିବ) ମୃତ ଶରୀରକୁ ଜୀବନ୍ୟାସ ଦେଲେ ଏବଂ ସତୀଙ୍କର ଅର୍ଦ୍ଧଦଗ୍ଧ ଶରୀରକୁ ନିଜ କାନ୍ଧରେ ବହନ କରି କ୍ରନ୍ଦନରତ ଅବସ୍ଥାରେ ପାଗଳପ୍ରାୟ ତ୍ରିଭୁବନ ଭ୍ରମଣ କରିବାକୁ ଲାଗିଲେ । ଭଗବାନ ବିଷ୍ଣୁ ଏହା ଭଲଭାବରେ ଜାଣିଥିଲେ ଯେ ସତୀଙ୍କର ଶରୀର ସ୍କନ୍ଧରେ ଥିବା ପର୍ଯ୍ୟନ୍ତ ଶିବ ପ୍ରକୃତିସ୍ଥ ହୋଇ ପାରିବେ ନାହିଁ । ଏଣୁ ସେ ନିଜର ସୁଦର୍ଶନ ଚକ୍ରକୁ ପ୍ରେରଣ କରି ସତୀଙ୍କ ମୃତ ଶରୀରକୁ ୫୧ ଖଣ୍ଡ କରି କାଟି ପକାଇଲେ । ପ୍ରତିଟି ଅଂଶ ଯେଉଁଠି ଯେଉଁଠି ପତିତ ହେଲା ତାହା ଗୋଟିଏ ଗୋଟିଏ ଶକ୍ତିପୀଠର ମାନ୍ୟତା ଲାଭ କରିଥିଲା । ତେବେ ପୀଠ ବାବଦରେ ଶାସ୍ତ୍ରମାନଙ୍କରେ ମତ ଭିନ୍ନତା ଦୃଷ୍ଟିଗୋଚର ହୁଏ । ଏଣୁ ଶକ୍ତିପୀଠ ସଂଖ୍ୟାକୁ କେଉଁଠି ୫୧, କେଉଁଠି ୫୨, କେଉଁଠି ୫୦ ବା ୧୦୮ ବୋଲି କୁହାଯାଇଛି । ସେ ଯାହାହେଉ ସତୀଙ୍କ ମୃତ ଶରୀର ବିଷ୍ଣୁଙ୍କ ଦ୍ୱାରା ଖଣ୍ଡିତ ହୋଇ ନାଭିପଦ୍ମ ଅଂଶଟି ବର୍ତ୍ତମାନର ଯାଜପୁର ବିରଜା ପୀଠରେ ପତିତ ହୋଇଥିଲା । ଏଣୁ ଏହାକୁ ନାଭିପୀଠ ମଧ୍ୟ କୁହାଯାଏ । ଏଥିପାଇଁ କୁହାଯାଇଛି:

"ଉତ୍କଳେ ନାଭି ଦେଶଶ୍ଚ ବିରଜାକ୍ଷେତ୍ର ମୁଚ୍ୟତେ,
ବିରଜାସା ମହାଦେବୀ ବିଜୟସ୍ତତ୍ର ଭୈରବ ।"

ବ୍ରହ୍ମପୁରାଣରେ ବିରଜାଙ୍କୁ ଉଲ୍ଲେଖ କରି କୁହାଯାଇଛି:

"ବିରଜେ ବିରଜାମାତା ବ୍ରହ୍ମାଣି ସଂପ୍ରତିଷ୍ଠିତା,
ଯସ୍ୟାଃ ସଂଦର୍ଶନାତ୍ ମତ୍ୟା ପୁନାତ୍ୟା ସପ୍ତମଂ କୁଳମ୍ ।"

ପୁଣି ଏହି ପୀଠକୁ ନାଭିପୀଠ, ପିତୃତୀର୍ଥ ରୂପେ ଉଲ୍ଲେଖ କରାଯାଇ ଏଠାରେ ପିଣ୍ଡଦାନର ମହିମା ତଥା ଗୟାସୁର ବିଷୟକ କଥାବସ୍ତୁର ବିଶେଷ ବର୍ଣ୍ଣନ ବ୍ରହ୍ମପୁରାଣରେ ଦେଖିବାକୁ ମିଳେ:

"ତତ୍ର ନାଭିଃ କୂପରୂପା ଦେବ୍ୟା ଇ ଶାନ କୋଣତଃ
ଗୟସ୍ୟ ପତିତାତତ୍ର ତଂ ବୈ ତ୍ରୈଲୋକ୍ୟ ପୂଜିତମ୍ ॥"

(ବ୍ରହ୍ମପୁରାଣ)

ସେଇପରି ବାୟୁପୁରାଣ ମଧ୍ୟ ନାଭିକୂପ ଏବଂ ପିତୃତୀର୍ଥ ଭାବରେ ଏହି ପୀଠକୁ ମହିମାମଣ୍ଡିତ କରିଛନ୍ତି:

"ନାଭିକୂପ ସମୀପେତୁ ଦେବୀ ଯା ବିରଜା ସ୍ଥିତା,
ତତ୍ର ପିଣ୍ଡାଦିକଂ କୃତ୍ୱା ତ୍ରିସପ୍ତ କୁଳ ମୁଦ୍ଧରେତ୍ ।"

ବିରଜା ପୀଠ-ଯାଜପୁରର ଅଧିଷ୍ଠାତ୍ରୀ ଦେବୀ ସିଂହବାହିନୀ ମାଆ ବିରଜାଙ୍କ ଦ୍ୱିଭୁଜା ମୂର୍ତ୍ତି ତିନି ଫୁଟ ଉଚ୍ଚତା ବିଶିଷ୍ଟ କଳା ମୁଗୁନି ପଥରରେ ନିର୍ମିତ । ଦେବୀଙ୍କର ବାମହସ୍ତରେ ମହିଷାର ଲାଞ୍ଜ ଥାଇ ଦକ୍ଷିଣ ହସ୍ତସ୍ଥିତ ତ୍ରିଶୂଳ ଦ୍ୱାରା ତାର କନ୍ଧସ୍ଥଳକୁ ବିଦୀର୍ଣ୍ଣ କରୁଥିବା ଦୃଶ୍ୟ ସହ ଦେବୀଙ୍କର ଦକ୍ଷିଣ ପାଦ ମହିଷାସୁରର ମସ୍ତକ ଉପରେ ଅବସ୍ଥାପିତ ଥିବା ଏହି ଅଲୌକିକ ମୂର୍ତ୍ତି ଭକ୍ତଜନଙ୍କର ହୃଦୟକୁ ଆଲୋଡ଼ିତ କରେ । ମାଆ ବିରଜାଙ୍କ ଆବିର୍ଭାବ ବିଷୟରେ ଯେଉଁ କିମ୍ବଦନ୍ତୀ ରହିଛି ତାହା ଅତ୍ୟନ୍ତ ରୋମାଞ୍ଚକର । ଥରେ ପିତାମହ ବ୍ରହ୍ମା ଯଜ୍ଞ କରୁଥିବାବେଳେ ସେଇ ଯଜ୍ଞକୁଣ୍ଡ ମଧ୍ୟରୁ ବିରଜାଙ୍କର ପ୍ରାକଟ୍ୟ ହୋଇଥିଲା । ବିରଜାଙ୍କ ପର୍ବପର୍ବାଣି ମଧ୍ୟରେ ଆର୍ଦ୍ରା ନକ୍ଷତ୍ର ଯୁକ୍ତ ମୂଳାଷ୍ଟମୀ ଠାରୁ ଉତ୍ତରାଷାଢ଼ା ନକ୍ଷତ୍ରଯୁକ୍ତ ମହାନବମୀ ପର୍ଯ୍ୟନ୍ତ ଷୋଡ଼ଶ ଦିନାତ୍ମିକା ଦୁର୍ଗୋତ୍ସବ ଅତ୍ୟନ୍ତ ପ୍ରସିଦ୍ଧ ଅଟେ । ମହାନବମୀ ପରେ ଶ୍ରବଣା ନକ୍ଷତ୍ରଯୁକ୍ତ ଶୁକ୍ଳ ଦଶମୀ ତିଥିରେ ବିଜୟୋତ୍ସବ ପାଳିତ ହୁଏ । ଦ୍ୱିତୀ ବାହନ ଓଷା ଦିନ ସନ୍ଧ୍ୟା ସମୟରେ ଛତ୍ର, ଚାମର ଓ ବାଦ୍ୟ ସହ ମାଆ ବିରାଜଙ୍କ ଘଟ ଆସି ଅନ୍ୟ ଘଟମାନଙ୍କ ସହ ସ୍ଥାପିତ ହୁଏ । ଏହାପରେ ମାଆଙ୍କର ମହାସ୍ନାନ ବିଧି ଅନୁଷ୍ଠିତ ହୋଇ ହରିଦ୍ରା ବସ୍ତ୍ର ଲାଗି କରାଯାଏ । ସ୍ୱର୍ଣ୍ଣମୁକୁଟ ଓ ଅଳଙ୍କାରରେ ମାଆଙ୍କୁ ସୁସଜ୍ଜିତ କରାଯାଏ । ରାତିରେ ଋଷିମନ୍ତ୍ରରେ ଆବରଣ ପୂଜା, ଷୋଡ଼ଶ ଉପଚାର ପୂଜା ହୋମ ଆଦି ହୋଇଥାଏ । ଖେଚୁଡ଼ି ଡାଲି, ତରକାରି, ଖିରି, ଖଇ, ପୁରୀ, ଉଖୁଡ଼ା, ଗଜା ଆଦି ନୈବେଦ୍ୟ ହୁଏ ।

ମୂଳାଷ୍ଟମୀରୁ ମହାଷ୍ଟମୀ ପର୍ଯ୍ୟନ୍ତ ଷୋଡ଼ଶ ଉପଚାର ପୂଜା ପ୍ରତ୍ୟହ ଦୁଇଓଳି କରାଯାଏ । ପଞ୍ଚମୀ ଦିନ ସନ୍ଧ୍ୟାରେ ବିରଜାଙ୍କର ମହାସ୍ନାନ, ଷୋଡ଼ଶ ଉପଚାର ପୂଜା ଆଦି ପରେ ମଧ୍ୟରାତ୍ରରେ ଯଜ୍ଞ ଅନୁଷ୍ଠିତ ହୁଏ । ପଞ୍ଚମୀରୁ ଅଷ୍ଟମୀ ପର୍ଯ୍ୟନ୍ତ ଏକ ସହସ୍ର ଆହୁତି ସହ ଦଶହଜାର ଜପ ମାଆଙ୍କ ଉଦ୍ଦେଶ୍ୟରେ କରାଯାଏ । ମହାଷ୍ଟମୀ ସନ୍ଧ୍ୟାରେ ମାଆଙ୍କର ମହାସ୍ନାନ କରାଯାଏ । ଏହି ମହାସ୍ନାନ ଅତ୍ୟନ୍ତ ପ୍ରସିଦ୍ଧ । ମହାସ୍ନାନ ସମୟରେ ବୈତରଣୀ ନଦୀରେ ସ୍ନାନ କରି ମହିଳାମାନେ ବହୁ ସଂଖ୍ୟାରେ ତୀର୍ଥ ଜଳ ନେଇ ମାଆଙ୍କ ସିଂହାସନ ପାଖରେ ସମବେତ ହୁଅନ୍ତି । ଏହି ଜଳରେ ମାଆଙ୍କ ଅଭିଷେକ ପରେ ସେମାନଙ୍କୁ ବାହାରକୁ ଛଡ଼ାଯାଏ । ବହୁ ସଂଖ୍ୟକ ବ୍ରାହ୍ମଣମାନେ ମଧ୍ୟ ବୈତରଣୀ ନଦୀରୁ ମାଆଙ୍କ ଉଦ୍ଦେଶ୍ୟରେ ଗରାରେ ଜଳ ନେଇ ଆସନ୍ତି । ଶୃଙ୍ଖଳା ରକ୍ଷାପାଇଁ ପୁଲିସ ମାନଙ୍କୁ ପ୍ରଶାସନ ଦ୍ୱାରା ମୁତୟନ କରାଯାଇଥାଏ । ଜଳାଭିଷେକ ପରେ ମାଆଙ୍କର ବେଶ କରାଯାଏ ଓ ଷୋଡ଼ଶ ଉପଚାର ପୂଜା ତଥା ମହାଷ୍ଟମୀ ପୂଜା ହୁଏ । ରାତ୍ରି ଶେଷ ପ୍ରହର ସମୟରେ କଳସ ପୂଜା, ଶେଷ ଯଜ୍ଞ ପୂର୍ଣ୍ଣାହୁତି ଆଦି ଅନୁଷ୍ଠିତ ହୁଏ । ଭକ୍ତମାନେ ବଡ଼ହୋମ ସକାଶେ ଉପବାସରେ ଥାଇ ଘୃତାଦି ହବନ କରନ୍ତି । ସୂର୍ଯ୍ୟୋଦୟ ପରେ ସେମାନେ ବ୍ରହ୍ମାକୁଣ୍ଡରେ ସ୍ନାନ କରି ମାଆଙ୍କ ଦର୍ଶନ କରନ୍ତି । ମହାପାର୍ବଣରେ ପ୍ରତ୍ୟହ ଶକ୍ତି ପଲ୍ଲବ ତନ୍ତ୍ରବିଧି ଅନୁଯାୟୀ ପୂଜାଦି ଅନୁଷ୍ଠିତ ହୁଏ ।

ଦୁର୍ଗୋତ୍ସବ ସମୟରେ ବିରଜାଙ୍କ ରଥଯାତ୍ରା ବେଶ୍ ପ୍ରସିଦ୍ଧ । ପ୍ରତିପଦା ଠାରୁ ନବମୀ ପର୍ଯ୍ୟନ୍ତ 'ସିହଂଧ୍ୱଜ' ନାମକ ଏହି ରଥ ବିରଜା ମନ୍ଦିର ଚତୁର୍ଦ୍ଦିଗରେ ପରିକ୍ରମା କରେ । ମହାଳୟା ଅମାବାସ୍ୟା ରାତିରେ ଷୋଡ଼ଶ ଉପଚାର ପୂଜା ପରେ ରଥ ମଣ୍ଡପକୁ ରଥ ଅଧିବାସ ପାଇଁ ଯାତ୍ରା ହୁଏ । ରଥମଣ୍ଡପରେ କଳସ ସ୍ଥାପନ କରାଯାଏ । ରଥରେ ଆରୂଢ଼ ଦେବାଦେବୀଙ୍କର ଆବାହନ, ପୂଜା ଓ ହୋମାଦି ପରେ ରଥ ସିଂହାସନକୁ ହରିଦ୍ରା, ଗନ୍ଧମାଳା ଆଦି ସହିତ ବେଶ କରାଯାଇ ଅଧିବାସ ପୂଜା ଅର୍ଦ୍ଧରାତ୍ରିରେ ଶେଷହୁଏ । ରଥ ପ୍ରତିଷ୍ଠା ଦିନ ବ୍ରାହ୍ମଣ, ଆଚାର୍ଯ୍ୟ ଆଦିଙ୍କୁ ବରଣ କରାଯାଇ ଏହିଦିନରୁ ନିୟମିତ ରଥ ଉପରେ ମାଆଙ୍କର ଚଳନ୍ତି ପ୍ରତିମା ନିକଟରେ ଚଣ୍ଡୀପାଠ ହୁଏ । ପ୍ରତିଷ୍ଠା ଦିନ ରଥକୁ ମାଆଙ୍କ ନିକଟରେ ସମର୍ପଣ କରାଯାଏ । ଏହାପରେ ମାଆଙ୍କର ଚଳନ୍ତି ପ୍ରତିମାକୁ ଦୋଳବିମାନରେ

ବିବିଧି ବାଦ୍ୟ ସହ ରଥ ଚାରିପଟେ ପରିକ୍ରମା କରାଯାଇ ରଥ ଉପରକୁ ନିଆଯାଏ ଓ ବହୁବିଧି ନୀତି ଅନୁଷ୍ଠିତ ହୋଇ ମନ୍ଦିର ବେଢ଼ା ଚାରିପଟେ ଭ୍ରମଣ କରାଯାଏ । ପ୍ରତିପଦା ଠାରୁ ନଅଦିନ ଧରି ରଥଦ୍ୱାରା ଏହି ବେଢ଼ା ପରିକ୍ରମା କରାଯାଏ । ମହାନବମୀ ଦିନ ଏହି ରଥ ପରିକ୍ରମା ପରେ ଚଳନ୍ତି ପ୍ରତିମାକୁ ସୁସଜ୍ଜିତ ବିମାନରେ ଲାଖବିନ୍ଧା ପଡ଼ିଆକୁ ନିଆଯାଏ । ସେଠାରେ ପ୍ରବଳ ଜନଗହଳି ମଧ୍ୟରେ ଚତୁର୍ଦ୍ଦିଗକୁ ଲାଖବିନ୍ଧା ଅନୁଷ୍ଠିତ ହୁଏ । ଦଶହରା ଦିନ ତନ୍ତ୍ର ନିର୍ଦ୍ଦେଶିତ ନୀତି ଅନୁଯାୟୀ ବଳିପ୍ରଦାନ ଏବଂ ଶେଷରେ ବିଜୟୋତ୍ସବ ପାଳିତ ହୁଏ । ଦଶହରା ଦିନ ସନ୍ଧ୍ୟାରେ ମାଆଙ୍କ ପୂଜା ସମ୍ପନ୍ନ କରାଯାଇ ତାଙ୍କ ସେବକମାନଙ୍କର ମଙ୍ଗଳାର୍ପଣ ହୁଏ । ଘଟ ବିସର୍ଜନ ପରେ ତାହାକୁ ତୀର୍ଥଜଳରେ ନିମଜ୍ଜିତ କରାଯାଏ ।

ବିରଜାଙ୍କ ରଥଯାତ୍ରା

ଶ୍ରୀପୁରୁଷୋତ୍ତମ କ୍ଷେତ୍ରରେ ଅଷ୍ଟଶକ୍ତି ଉପାସନା

ପବିତ୍ର ଉତ୍କଳ ଖଣ୍ଡର ପାବନତୀର୍ଥ ଶ୍ରୀପୁରୁଷୋତ୍ତମ କ୍ଷେତ୍ର ଜଗତ ଠାକୁର ଶ୍ରୀଜଗନ୍ନାଥଙ୍କ ଦିବ୍ୟ ଲୀଳାଭୂମି ରୂପେ କାହିଁ କେଉଁ ଅନାଦି କାଳରୁ ଭକ୍ତମାନଙ୍କ ସକାଶେ ଆକର୍ଷଣର କେନ୍ଦ୍ର ରୂପେ ରହି ଆସିଛି। ଶ୍ରୀଜଗନ୍ନାଥ ଦାସଙ୍କ ଭାଷାରେ- **"ଏ କ୍ଷେତ୍ର ପୁରୁଷୋତ୍ତମ, ଅଟଇ ନିତ୍ୟ ବୃନ୍ଦାବନ।** (ପରିଚୟ ବୋଧିନୀ)"। ବ୍ରହ୍ମପୁରାଣ, ବାମଦେବ ସଂହିତା, ନୀଳାଦ୍ରି ମହୋଦୟ ଆଦି ପୁରାଣରେ ଶ୍ରୀକ୍ଷେତ୍ର ବା ପୁରୁଷୋତ୍ତମ କ୍ଷେତ୍ରର ମାହାତ୍ମ୍ୟ ବର୍ଣ୍ଣିତ ହୋଇଛି। ଶ୍ରୀକ୍ଷେତ୍ରର ମହିମା ବର୍ଣ୍ଣନା କରି ସ୍କନ୍ଦପୁରାଣରେ କୁହାଯାଇଛି-

"ପୃଥିବ୍ୟାଂ ଯାନିତୀର୍ଥାନି ଗଗନେଚ ତ୍ରିପିଷ୍ଟପେ,
ସାର୍ଦ୍ଧଂତ୍ରିକୋଟି ସଂଖ୍ୟାନି ସ୍ୱର୍ଗମୋକ୍ଷପ୍ରଦାନି ବୈ,
ତେଷାମୟଂ ତୀର୍ଥରାଜଃ କୀର୍ତ୍ତିତଃ ପୁରୁଷୋତ୍ତମଃ,
ସର୍ବେଷାଂ ମୁକ୍ତିକ୍ଷେତ୍ରାଣାମ୍ ଇଦଂ ସାୟୁଜ୍ୟଦଂ ମତମ୍।"

(ବିଷ୍ଣୁଖଣ୍ଡ ଅ.୪)

'କପିଳ ସଂହିତା' ଶ୍ରୀକ୍ଷେତ୍ରର ମହିମା ଗାନରେ ମୁଖରିତ ହୋଇ କହନ୍ତି-

"ସର୍ବେଷାଂ ଚୈବ ଦେବାନାଂ ରାଜା ଶ୍ରୀପୁରୁଷୋତ୍ତମଃ,
ସର୍ବେଷାଂ ଚୈବ କ୍ଷେତ୍ରାଣାଂ ରାଜା ଶ୍ରୀପୁରୁଷୋତ୍ତମଃ।"

(୩୯/ଅ.୫)

ସମସ୍ତ ତୀର୍ଥମାନଙ୍କ ମଧ୍ୟରେ ଶ୍ରୀଜଗନ୍ନାଥଙ୍କର ଏହି ଦିବ୍ୟ ଲୀଳାଭୂମି ସର୍ବଶ୍ରେଷ୍ଠ ହୋଇଥିବାରୁ ଏହାକୁ ଶ୍ରୀକ୍ଷେତ୍ର ବୋଲି ନାମକରଣ କରାଯାଇଛି। ଏହି କ୍ଷେତ୍ର ଶ୍ରୀ ମହାପ୍ରଭୁଙ୍କର ଅତ୍ୟନ୍ତ ପ୍ରିୟ ହୋଇଥିବାରୁ ସେ ସବୁ କିଛି ପରିତ୍ୟାଗ କରି ଏଠାରେ ଗୋପନ ଭାବରେ ଅବସ୍ଥାନ କରନ୍ତି। ତାଙ୍କର ବିଚିତ୍ର ଲୀଳା ଏବଂ ମାୟା ଦ୍ୱାରା ଜଗତର ସୃଷ୍ଟିକର୍ତ୍ତା ବ୍ରହ୍ମା ମଧ୍ୟ ମୋହିତ ହୋଇ ଏକଦା ଶ୍ରୀପୁରୁଷୋତ୍ତମ ଜଗନ୍ନାଥଙ୍କର ଏହି ଦିବ୍ୟଭୂମିରେ ନିତ୍ୟ ଅବସ୍ଥାନ ବିଷୟରେ ଅଜ୍ଞ ଥିଲେ। କିନ୍ତୁ

ଥରେ ବ୍ରହ୍ମାଙ୍କ ସ୍ତୁତିରେ ସନ୍ତୁଷ୍ଟ ହୋଇ ଶ୍ରୀମହାପ୍ରଭୁ ଏହି ଗୁପ୍ତ ଅବସ୍ଥାନ ବିଷୟ ତାଙ୍କଠାରେ ପ୍ରକାଶ କରିଥିଲେ। ବ୍ରହ୍ମା ଆହୁରି ଗଭୀର ଧ୍ୟାନ ଦ୍ୱାରା ଏହା ଜାଣି ପାରିଥିଲେ ଯେ- "ଦକ୍ଷିଣ ମହୋଦଧିର ତଟଦେଶ ଯେଉଁଠି ନୀଳପର୍ବତ ବିଦ୍ୟମାନ ତାହା ହିଁ ମହାପ୍ରଭୁଙ୍କ ଦିବ୍ୟ ଗୁପ୍ତଭୂମି। ସେ ନିତ୍ୟ ଅବସ୍ଥାନ କରିବା ସକାଶେ ସେଇ ସ୍ଥାନଟିକୁ ହିଁ ନିର୍ବାଚିତ କରିଛନ୍ତି। ଏଣୁ ଏହି କ୍ଷେତ୍ରର ଅଜସ୍ର ବର୍ଣ୍ଣନା ବିଭିନ୍ନ ପୁରାଣରେ କରାଯାଇଛି। ଏହି ପାବନ ଭୂମିର ମାହାତ୍ମ୍ୟ ଏତେ ଯେ ଏହାର ସ୍ୱରୂପକୁ ସାକ୍ଷାତ୍ ମହାପ୍ରଭୁ ଶ୍ରୀଜଗନ୍ନାଥଙ୍କ ସହ ସମାନ ବୋଲି କୁହାଯାଏ। ନିଜେ ମହାପ୍ରଭୁ ହିଁ ଏହି କ୍ଷେତ୍ରର କ୍ଷେତ୍ରାଧିପତି ଅଟନ୍ତି। ଏଠାରେ ଦେହତ୍ୟାଗ କଲେ ବୈକୁଣ୍ଠ ପ୍ରାପ୍ତି ଘଟିଥାଏ ବୋଲି ବିଶ୍ୱାସ ରହିଛି।"

"କ୍ଷେତ୍ରଂ ନୀଳାଚଳଂ ପୁଣ୍ୟଂ ଦାରୁବ୍ରହ୍ମ ସ୍ୱରୂପିଣଃ।
ଯସ୍ମିନ୍ କ୍ଷେତ୍ରେ ତ୍ୟଜନ୍ ଦେହଂ ନରୋ ବୈକୁଣ୍ଠମାପ୍ନୁୟାତ୍ ॥
(କପିଳ ସଂହିତା)

ଏହି କ୍ଷେତ୍ରର ଆକୃତି ଦକ୍ଷିଣାବର୍ତ୍ତ ଶଙ୍ଖ ସଦୃଶ। ଏଣୁ ଶଙ୍ଖକ୍ଷେତ୍ର ଭାବେ ଶ୍ରୀକ୍ଷେତ୍ର ପ୍ରସିଦ୍ଧି ଲାଭ କରିଛି। ସ୍କନ୍ଦ ପୁରାଣ ଅନୁଯାୟୀ ଏହା ନୃସିଂହ କ୍ଷେତ୍ର ରୂପେ ମଧ୍ୟ ବିଖ୍ୟାତ। ଶ୍ରୀମନ୍ଦିର ନିର୍ମିତ ହୋଇଯିବା ପରେ ମନ୍ଦିର ପ୍ରତିଷ୍ଠା ପାଇଁ ମହାରାଜା ଇନ୍ଦ୍ରଦ୍ୟୁମ୍ନଙ୍କ ନିମନ୍ତ୍ରଣ କ୍ରମେ ସ୍ୱର୍ଗରୁ ସ୍ୱୟଂ ବ୍ରହ୍ମା ଆସି ଶ୍ରୀକ୍ଷେତ୍ରରେ ପହଞ୍ଚିଲେ। ତାଙ୍କ ଦ୍ୱାରା ଯଜ୍ଞ ହେଲା। ସେଇ ଯଜ୍ଞରୁ ଏକ ଚତୁର୍ଭୁଜ ନୃସିଂହ ମୂର୍ତ୍ତି, ତାହାଙ୍କର ମସ୍ତକ ଉପରେ ସପ୍ତଫେଣା ଅନନ୍ତ ନାଗ ଏବଂ କୋଳରେ ହରିତବର୍ଣ୍ଣା ଦେବୀ ମହାଲକ୍ଷ୍ମୀଙ୍କର ଆବିର୍ଭାବ ହେଲା। ଇନ୍ଦ୍ରଦ୍ୟୁମ୍ନ ଏପରି ମୂର୍ତ୍ତି ଦର୍ଶନ କରି ଭୟଭୀତ ହେବାରୁ ସେଇ ମୂର୍ତ୍ତି ଏକ ଶାନ୍ତାକାର ନାରାୟଣ ମୂର୍ତ୍ତିରେ ପରିଣତ ହେଲା। ଏହି ମୂର୍ତ୍ତିଗୁଡ଼ିକ ଏବେ ମଧ୍ୟ ଶ୍ରୀମନ୍ଦିର ସ୍ଥିତ ନାଟ୍ୟମନ୍ଦିର ମଧ୍ୟରେ ସୁରକ୍ଷିତ ରହିଛି। ଯଜ୍ଞରୁ ପ୍ରଥମେ ନୃସିଂହ ମୂର୍ତ୍ତିର ଉଦ୍ଭବ ହୋଇଥିବାରୁ ଏହା ନୃସିଂହ କ୍ଷେତ୍ର ରୂପେ ବିଖ୍ୟାତ ହେଲା।

ଏହି କ୍ଷେତ୍ରକୁ **'ରହସ୍ୟ ପରମଂ ସ୍ଥାନଂ ବ୍ରହ୍ମାଦୀନାଂ ଚ ଦୁର୍ଲଭମ୍।'** (କପିଳ ସଂହିତା), ବୋଲି କୁହାଯାଇଛି। ଏହାର ବ୍ୟାପ୍ତି ସମ୍ପର୍କରେ ବ୍ରହ୍ମପୁରାଣରେ ନିମ୍ନମତେ ଉଲ୍ଲେଖ କରାଯାଇଛି।

"ଦଶ ଯୋଜନ ବିସ୍ତୀର୍ଣ୍ଣଂ ପଞ୍ଚଯୋଜନମାୟତମ୍।
ନାନାଶ୍ଚର୍ଯ୍ୟ ସମାଯୁକ୍ତଂ କ୍ଷେତ୍ରଂ ପରମଦୁର୍ଲ୍ଲଭମ୍ ॥"

ଅର୍ଥାତ୍ ଏହାର ବିସ୍ତୀର୍ଣ୍ଣତା ଦଶଯୋଜନ ଓ ଆୟତନ ପାଞ୍ଚଯୋଜନ ପରିମିତ ଥିଲା। ଏହାକୁ ସକଳ ତୀର୍ଥ ଆଧାର ରୂପେ ପଞ୍ଚସଖା ଯୁଗୀୟ କବି ଦିବାକର ଦାସ ବର୍ଣ୍ଣନା କରିଛନ୍ତି।

"ପୃଥ୍ୱୀରେ ଛନ୍ତି ଯେତେ ତୀର୍ଥ, କ୍ଷେତ୍ର ଆୟତନ ସହିତ।
ସେ ସର୍ବ ଏକଛନ୍ତି ହୋଇ, ପୁରୁଷୋତ୍ତମେ ଛନ୍ତି ରହି ॥
ମୁକ୍ତି କେବଳ ଗଙ୍ଗା ଜଳେ, ବାରାଣସୀରେ ଜଳେ ସ୍ଥଳେ।
ଜଳେ ସ୍ଥଳେ ବା ଅନ୍ତରୀକ୍ଷେ, ମୁକତି ଶ୍ରୀକ୍ଷେତ୍ରରେ ପ୍ରତ୍ୟକ୍ଷେ ॥"

(ଜଗନ୍ନାଥ ଚରିତାମୃତ)

ଭଗବାନ ଶ୍ରୀବିଷ୍ଣୁ ଏକଦା ଗୟାସୁରକୁ ବଧ କରିଥିଲେ। ଏହି ଅସୁର ନିହତ ହେବାରୁ ସେ ଆନନ୍ଦିତ ହୋଇ ଡେଇଁ ପଡ଼ିଥିଲେ। ଉକ୍ତ ସମୟରେ ତାଙ୍କର ଚତୁର୍ଭୁଜରୁ ଚାରିଗୋଟି ଆୟୁଧ ଖସି ଭିନ୍ନ ଭିନ୍ନ ସ୍ଥାନରେ ପଡ଼ିଯାଇଥିଲା। ଯେଉଁ ସ୍ଥାନରେ ଶଙ୍ଖ ପତିତ ହୋଇଥିଲା ସେଇ କ୍ଷେତ୍ରକୁ ଶଙ୍ଖକ୍ଷେତ୍ର ବା ଶ୍ରୀକ୍ଷେତ୍ର କୁହାଗଲା। ଯେଉଁଠି ଚକ୍ର ପତିତ ହେଲା ତାହା 'ଏକାମ୍ର କ୍ଷେତ୍ର' ରୂପେ ନାମିତ ହେଲା। 'ପଦ୍ମ' ପତିତ ହୋଇଥିବା ସ୍ଥାନଟି ହେଲା 'ଅର୍କକ୍ଷେତ୍ର' ବା କୋଣାର୍କ। ଗଦା ପଡ଼ିଥିବା ସ୍ଥଳଟି 'ଗଦାକ୍ଷେତ୍ର' ରୂପେ ଚିହ୍ନିତ ହେଲା ଯାହା ଆଜି ଯାଜପୁରର ବିରଜା କ୍ଷେତ୍ର ନାମରେ ପ୍ରସିଦ୍ଧି ଲାଭ କରିଛି। ଶ୍ରୀକ୍ଷେତ୍ରର ଭୌଗୋଳିକ ସୀମାକୁ ଅବଲୋକନ କଲେ ତାହା 'ଶଂଖାକୃତି' ବୋଲି ସହଜରେ ହୃଦ୍‌ବୋଧ ହୁଏ। ଶ୍ରୀଜଗନ୍ନାଥ ଏଠାରେ ଅବସ୍ଥାନ କରିଥିବାରୁ ଏହି କ୍ଷେତ୍ରର ମହତ୍ତ୍ୱ ଅବର୍ଣ୍ଣନୀୟ ଏବଂ ଅତୁଳନୀୟ ଅଟେ। ଶ୍ରୀ ବିଗ୍ରହମାନେ ଆରୂଢ଼ ହୋଇଥିବା ଶ୍ରୀମନ୍ଦିର ମଧ୍ୟସ୍ଥ ରତ୍ନ ସିଂହାସନ ଏହି ଶଙ୍ଖକ୍ଷେତ୍ରର ମଧ୍ୟସ୍ଥଳ ବା ଶଙ୍ଖର ନାଭି ପ୍ରଦେଶରେ ବିରାଜିତ।

ଶ୍ରୀ ମହାପ୍ରଭୁ ସର୍ବ ଦେବାଦେବୀଙ୍କ ମଧ୍ୟରେ ସର୍ବଶ୍ରେଷ୍ଠ ହୋଇଥିବାରୁ ସେ ଅବସ୍ଥାନ କରୁଥିବା ଶଙ୍ଖକ୍ଷେତ୍ରର ଚତୁଃପାର୍ଶ୍ୱରେ ସେମାନେ (ଦେବାଦେବୀମାନେ) ଆବିର୍ଭୂତ ହୋଇ ଏହି କ୍ଷେତ୍ରକୁ ସବୁ ଦିଗରୁ ସୁରକ୍ଷିତ କରିବା ନିମନ୍ତେ ପ୍ରବୃତ୍ତ ହୋଇଛନ୍ତି। ବାମଦେବ ସଂହିତାରେ ଶଙ୍ଖକ୍ଷେତ୍ର ତିନି ଆବରଣ ବିଶିଷ୍ଟ ବୋଲି କୁହାଯାଇଛି- **"ଶଙ୍ଖୋ ଭବେତ୍ ତ୍ରିରାବୃତ୍ତସ୍ତସ୍ମିନ୍**

ଯା ଦେବତାଃ ସ୍ଥିତାଃ ।" (୨/୧୧) ଶଙ୍ଖର ଉଦର ଭାଗଟି ସମୁଦ୍ର ଜଳରେ ନିମଜ୍ଜିତ- **"ଶଙ୍ଖସ୍ୟୋଦରଭାଗସ୍ତୁ ସମୁଦ୍ର ଜଳ ସମ୍ଭୃତଃ ।"** ଦେବୀ ପୁରାଣ ଓ ତନ୍ତ୍ରସାର ଆଦି ଗ୍ରନ୍ଥ ମାନଙ୍କରେ ଉଲ୍ଲେଖ ଅନୁଯାୟୀ ପ୍ରତ୍ୟେକ ପୀଠସ୍ଥଳୀକୁ ରକ୍ଷା କରିବା ନିମିତ୍ତ ଅଷ୍ଟଶକ୍ତି ଓ ଅଷ୍ଟରୁଦ୍ର ମଧ୍ୟ ସେଠାରେ ଆବିର୍ଭୂତ ହୋଇଥାନ୍ତି । ଶ୍ରୀ ପୁରୁଷୋତ୍ତମ ଧାମକୁ ଅଷ୍ଟଚଣ୍ଡୀ ବା ଅଷ୍ଟଶକ୍ତି, ଅଷ୍ଟରୁଦ୍ର ବା ଅଷ୍ଟଶମ୍ଭୁ ଏବଂ ଅଷ୍ଟ ମହାବୀର ରକ୍ଷା କରିଅଛନ୍ତି ବୋଲି ବିଭିନ୍ନ ପୁରାଣରୁ ସଂକେତ ମିଳେ । ଏ ସନ୍ଦର୍ଭରେ କଥିତ ଅଛି-

"ଶିବୋଭବାନୀ ମନସି ବିଚାର୍ଯ୍ୟ ଭଗବଦ୍ଧିୟା ।
ଉପାସତେ ମହାବିଷ୍ଣୁଂ ଶିବୋଽପି ଚାଷ୍ଟଧାଽଭବେତ୍ ॥"

(ବାମଦେବ ସଂହିତା ୨/୩୪)

ଅର୍ଥାତ୍ ମହାବିଷ୍ଣୁଙ୍କୁ ଉପାସନା କରିବା ପାଇଁ ଏହି କ୍ଷେତ୍ରକୁ ଆବୃତ୍ତ କରି ଶିବ ଓ ଶକ୍ତି ଆଠ ଆଠ ପ୍ରକାର ସ୍ୱରୂପ ଧାରଣ କରି ଏଠାରେ ଅବସ୍ଥାନ କରୁଛନ୍ତି ।

ଗୋଟିଏ ମତ ଅନୁଯାୟୀ ଯେଉଁ ଅଷ୍ଟଚଣ୍ଡୀଙ୍କ ଦ୍ୱାରା ଶ୍ରୀକ୍ଷେତ୍ର ଧାମ ସୁରକ୍ଷିତ ରହିଛି ସେମାନେ ହେଲେ, ରାମଚଣ୍ଡୀ, ହରଚଣ୍ଡୀ, ବାସେଳୀ, ବାରାହୀ, ଆଲାମ ଚଣ୍ଡୀ, ଦକ୍ଷିଣକାଳୀ, ଝାଡ଼େଶ୍ୱରୀ ଏବଂ ବିମଳା । 'ନୀଳାଦ୍ରି ମହୋଦୟ' ସ୍ଥିତ ଅଷ୍ଟଶକ୍ତିଙ୍କ ବିବରଣୀ ନିମ୍ନମତେ ବର୍ଣ୍ଣିତ: ନୀଳ ପର୍ବତର ପୂର୍ବରେ ମରୀଚିକା, ଉତ୍ତର ଦିଗରେ ଅର୍ଦ୍ଧାଶନୀ ଏବଂ ଅମ୍ବାଦେବୀ, କ୍ଷେତ୍ରରୂପୀ ଶଙ୍ଖର ପୃଷ୍ଠ ଭାଗରେ ସର୍ବମଙ୍ଗଳା, ଯମେଶ୍ୱରଙ୍କ ଦେଢ଼ାରେ ଚାମୁଣ୍ଡା ଏବଂ ଚାମୁଣ୍ଡାଙ୍କ ସମ୍ମୁଖ ଅର୍ଥାତ୍ ଦକ୍ଷିଣ ଦିଗରେ ଦକ୍ଷିଣ କାଳିକା ତଥା ଆଦିଶକ୍ତି ବିମଳା ଓ କାଳରାତ୍ରି ।

ବାମଦେବ ସଂହିତାରେ ଅଷ୍ଟଶକ୍ତିଙ୍କର ନାମକରଣ ଯେପରି ଭାବରେ କରାଯାଇଛି ତାହା ହେଲା, ରୁଦ୍ରାଣୀ, ବିମଳା, ସର୍ବମଙ୍ଗଳା, ଅର୍ଦ୍ଧାଶନୀ, ଆଲମ୍ବା, କାଳରାତ୍ରି, ମରୀଚିକା ଓ ଚଣ୍ଡରୂପା ।

ସମଗ୍ର ଉତ୍କଳରେ ହେଉଥିବା ଅଷ୍ଟକାଳୀ ଉପାସନାରେ ଯାଜପୁରର ଦେବୀ ବିରଜା, ପୁରୀ ବିମଳା, କାକଟପୁରର ମଙ୍ଗଳା, ବାଙ୍କୀର ଚର୍ଚ୍ଚିକା, ବାଣପୁରର ଭଗବତୀ, ଝଙ୍କଡ଼ର ଶାରଳା, ତାଳଚେରର ହିଙ୍ଗୁଳା ଓ ସମ୍ବଲପୁରର ସମଲାଇ ଆଦି ଅଷ୍ଟଶକ୍ତି ଅତ୍ୟନ୍ତ ପ୍ରସିଦ୍ଧ ଅଟନ୍ତି । ଏମାନଙ୍କୁ ଶ୍ରୀ ଜଗନ୍ନାଥଙ୍କର ଅଷ୍ଟଶକ୍ତି ରୂପେ ମଧ୍ୟ ଲୋକେ ବିଶ୍ୱାସ କରନ୍ତି ।

ଶକ୍ତି ଉପାସନା ଓ ବୈଦିକ ଦେବୀତତ୍ତ୍ୱ : ୪୩୯

ଅଂଶୁମଭେଦାଗମ ଓ ବିଷ୍ଣୁ ଧର୍ମୋତ୍ତର ପୁରାଣରେ ଚାମୁଣ୍ଡାଙ୍କ ବିଶେଷ ବର୍ଣ୍ଣନା ରହିଛି:

"ଚାମୁଣ୍ଡା ପ୍ରେତଗା ରକ୍ତା ବିକୃତାସ୍ୟାହିଭୂଷଣା,
ଦଂଷ୍ଟୋଗ୍ରା କ୍ଷୀଣଦେହା ଚ ଗର୍ତ୍ତାକ୍ଷୀ ଭୀମରୂପିଣୀ ।
ଦିଗ୍‌ବାହୁ କ୍ଷାମ କୁକ୍ଷିଷ୍ଟ ମୂଷଲଂ କବଚଂ ଶରଂ,
ଅଙ୍କୁଶଂ ବିଭ୍ରତୀ ଖଡ୍ଗଂ ଦକ୍ଷିଣେ ତ୍ୱଥ ବାମତଃ ।
ଖେଟ ପାଶଂ ଧନୁର୍ଦ୍ଦଣ୍ଡଂ କୁଠାରଂ ଚେତି ବିଭ୍ରତୀ ।।"

(ବିଷ୍ଣୁଧର୍ମୋତ୍ତର)

ଅର୍ଥାତ୍ ଏହି ଶ୍ଳୋକ ବର୍ଣ୍ଣନାନୁଯାୟୀ ଚାମୁଣ୍ଡାଙ୍କ ମୂର୍ତ୍ତି ଦଶଭୁଜା, ପ୍ରେତାସନା, ଉଗ୍ରଦଂଷ୍ଟ୍ରା ଓ ମୂଷଳ, କବଚ, ଶର, ଅଙ୍କୁଶ, ଖଡ୍ଗ ଇତ୍ୟାଦି ଆୟୁଧ ଧାରିଣୀ । କିନ୍ତୁ ଏହି ବର୍ଣ୍ଣନା ସଦୃଶ ଚାମୁଣ୍ଡା ମୂର୍ତ୍ତି ସର୍ବତ୍ର ଦୃଷ୍ଟିଗୋଚର ହୁଏ ନାହିଁ ।

କାଳିକା ପୁରାଣରେ ବର୍ଣ୍ଣନ ଅନୁଯାୟୀ ଚଣ୍ଡମୁଣ୍ଡ ବଧ ସମୟରେ ମା' କାଳୀଙ୍କ ଠାରୁ ଚାମୁଣ୍ଡାଙ୍କ ସହିତ (କାଳୀଙ୍କର) ଆଠଗୋଟି ସ୍ୱରୂପ ଆବିର୍ଭୂତ ହୋଇଥିଲେ । ସେମାନେ ହେଉଛନ୍ତି: ଦକ୍ଷିଣ କାଳୀ, ଉଗ୍ରକାଳୀ, ସିଦ୍ଧକାଳୀ, ଭଦ୍ରକାଳୀ, ଗୁହ୍ୟକାଳୀ, ମହାକାଳୀ, ଶ୍ମଶାନକାଳୀ ଓ ଚାମୁଣ୍ଡାକାଳୀ । କିନ୍ତୁ ଚାମୁଣ୍ଡା ଉପାସନାରୁ ଉତ୍କଳର କୌଳସାଧକ ବୃନ୍ଦ ନିଜର ପ୍ରଖର ତନ୍ତ୍ର ସାଧନାର ଉତ୍କର୍ଷ ଯୋଗିନୀ ପୀଠ ମାନଙ୍କରେ ପ୍ରତିପାଦିତ କରି ତାହାକୁ ଓଡ଼ିଶାର କୋଣ ଅନୁକୋଣରେ ବ୍ୟାପକ ରୂପ ପ୍ରଦାନ କରିଥିଲେ । ସେ ଅନୁଯାୟୀ ଏକଦା ଅଷ୍ଟଚାମୁଣ୍ଡା ଉପାସନା ଓ ସାଧନା ଓଡ଼ିଶାରେ ଏକ ଭବ୍ୟରୂପ ଗ୍ରହଣ କରିଥିଲା । ଏହାର ବିସ୍ତୃତ ବର୍ଣ୍ଣନା 'କାଳିକା ପୁରାଣ'ରେ ଦୃଷ୍ଟିଗୋଚର ହୁଏ । ବର୍ଣ୍ଣନା ଅନୁଯାୟୀ ମହାମାୟାଙ୍କ ଶରୀରରୁ ଉଗ୍ରଚଣ୍ଡା, ପ୍ରଚଣ୍ଡା, ଚଣ୍ଡୋଗ୍ରା, ଚଣ୍ଡା, ଚଣ୍ଡାବତୀ, ଚଣ୍ଡନାୟିକା, ଚାମୁଣ୍ଡା ଓ ଚନ୍ଦ୍ରିକା- ଏହିପରି ଅଷ୍ଟଚାମୁଣ୍ଡା ସୃଷ୍ଟି ହୋଇଥିଲେ:

"ଉଗ୍ରଚଣ୍ଡା ପ୍ରଚଣ୍ଡା ଚ ଚଣ୍ଡୌଗ୍ରା ଚଣ୍ଡନାୟିକା ।
ଚଣ୍ଡା ଚଣ୍ଡବତୀ ଚୈବ ଚାମୁଣ୍ଡା ଚଣ୍ଡିକା ତଥା ।।"

ଏହି ଅଷ୍ଟଚାମୁଣ୍ଡାଙ୍କୁ ଅଷ୍ଟକାଳୀ ରୂପେ 'କାଳିକା ପୁରାଣ'ରେ ବର୍ଣ୍ଣନା କରାଯାଇଛି । ଏତଦ୍ ବ୍ୟତୀତ ଆମ ଶାସ୍ତ୍ର ମାନଙ୍କରେ ଦେବୀ ମହାମାୟା 'ମହାଲକ୍ଷ୍ମୀ' ସ୍ୱରୂପରେ ମଧ୍ୟ ଅର୍ଚ୍ଚିତ ହୁଅନ୍ତି । ସେ ମଧ୍ୟ ଆଠଗୋଟି ସ୍ୱରୂପରେ

ଆବିର୍ଭୂତ ହୋଇଥିବା ବିଭିନ୍ନ ଶାସ୍ତ୍ରରେ ବର୍ଣ୍ଣନା କରାଯାଇଛି । ସେମାନେ ହେଲେ; ଗଜଲକ୍ଷ୍ମୀ, ଧାନ୍ୟଲକ୍ଷ୍ମୀ, ଧୀଲକ୍ଷ୍ମୀ, ଧନଲକ୍ଷ୍ମୀ, ଐଶ୍ୱର୍ଯ୍ୟ ଲକ୍ଷ୍ମୀ, ବୀରଲକ୍ଷ୍ମୀ, ବିଜୟଲକ୍ଷ୍ମୀ ଓ ସନ୍ତାନଲକ୍ଷ୍ମୀ ।

ସେହିପରି ଶ୍ରୀଜଗନ୍ନାଥ ଅବସ୍ଥାନ କରିଥିବା ଅନ୍ତର୍ବେଦୀ (ମହୋଦଧିର କଳ୍ପବଟ ପର୍ଯ୍ୟନ୍ତ ସ୍ଥାନକୁ ଜଗନ୍ନାଥଙ୍କ ଅନ୍ତର୍ବେଦୀ କୁହାଯାଏ ।)କୁ ସୁରକ୍ଷା ଦେବା ନିମନ୍ତେ ଅଷ୍ଟଶକ୍ତିଙ୍କର ଆବିର୍ଭାବ ମଧ୍ୟ କିଛି ବିଚିତ୍ର ନୁହେଁ । ଶ୍ରୀମନ୍ଦିରର ବଟମୂଳସ୍ଥ ଅଗ୍ନିକୋଣରେ ମଙ୍ଗଳା, ଶଙ୍ଖର ପୃଷ୍ଠଭାଗ ସ୍ଥିତ ବାୟୁକୋଣରେ ସର୍ବମଙ୍ଗଳା, ଉତ୍ତରରେ ଅର୍ଦ୍ଧାଶନୀ, ପଶ୍ଚିମରେ କ୍ଷେତ୍ରେଶ୍ୱରୀ ବିମଳା, ଐଶାନ୍ୟରେ ଆଲମ୍ବା, ଦକ୍ଷିଣରେ କାଳରାତ୍ରି, ପୂର୍ବରେ ମରୀଚିକା ଓ ନୈଋତ କୋଣରେ ଚଣ୍ଡରୂପା- ଏହି ଅଷ୍ଟଶକ୍ତିଙ୍କ ଦ୍ୱାରା ଶ୍ରୀଜଗନ୍ନାଥଙ୍କ ଅନ୍ତର୍ବେଦୀ ସୁରକ୍ଷିତ ରହିଛି । ଏଣୁ ଶାସ୍ତ୍ରରେ କୁହାଯାଇଛି-

"ସାତୁ ତିଷ୍ଠତି ମତ୍ ପ୍ରୀତ୍ୟୈ ଅଷ୍ଟଧା ଦିକ୍ଷୁ ସଂସ୍ଥିତା ।
ମଙ୍ଗଳା ବଟମୂଳେ ତୁ ପଶ୍ଚିମେ ବିମଳା ତଥା ।।
ଶଙ୍ଖସ୍ୟ ପୃଷ୍ଠଭାଗେ ତୁ ସଂସ୍ଥିତା ସର୍ବମଙ୍ଗଳା ।
ଅର୍ଦ୍ଧାଶନୀ ତଥା ଲମ୍ବା କୁବେର ଦିଶି ସଂସ୍ଥିତା ।।
କାଳରାତ୍ରିର୍ଦକ୍ଷିଣସ୍ୟାଂ ପୂର୍ବସ୍ୟାନ୍ତୁ ମରୀଚିକା ।
କାଳରାତ୍ର୍ୟା ସ୍ଥିତା ପଶ୍ଚାତ୍ ଚଣ୍ଡରୂପା ବ୍ୟବସ୍ଥିତା ।।

ସ୍କନ୍ଦ ପୁରାଣରେ ଶ୍ରୀପୁରୁଷୋତ୍ତମଧାମ ସ୍ଥିତ ଯେଉଁ ଅଷ୍ଟଶକ୍ତିଙ୍କ ବିଷୟରେ ଉଲ୍ଲେଖ ମିଳେ ସେମାନେ ହେଲେ ବାଟମଙ୍ଗଳା, ଶ୍ରୀକ୍ଷେତ୍ର ରାଜେଶ୍ୱରୀ ବିମଳା, ଅର୍ଦ୍ଧାଶନୀ ବା ମାଉସୀମା, ବମାନ ବଡୁସାହିର ସର୍ବମଙ୍ଗଳା, ଦକ୍ଷିଣକାଳୀ, ମରୀଚିକା, ଆଲାମଚଣ୍ଡୀ ଓ ଚାମୁଣ୍ଡା । ଏମାନଙ୍କ ବ୍ୟତୀତ ଅସଂଖ୍ୟ ଉପଶକ୍ତି ଓ ଦେବୀ ଶ୍ରୀମନ୍ଦିର ଭିତର ଏବଂ ବାହାର ବେଢ଼ା ତଥା ଶ୍ରୀକ୍ଷେତ୍ରର ବିଭିନ୍ନ ସ୍ଥାନରେ ଭକ୍ତମାନଙ୍କ ଦ୍ୱାରା ଉପାସିତ ହେଉଛନ୍ତି । ସେ ସମସ୍ତଙ୍କ ନାମ ଉଲ୍ଲେଖ କରିବା ଏଠାରେ ସମ୍ଭବ ନୁହେଁ । ସେମାନଙ୍କ ମଧ୍ୟରେ ଶ୍ରୀମନ୍ଦିରରେ ଶ୍ରୀଦେବୀ, ଭୂଦେବୀ, ଶ୍ରୀମନ୍ଦିର ଭିତର ବେଢ଼ାରେ ମହାଲକ୍ଷ୍ମୀ, ଭୁବନେଶ୍ୱରୀ, ଷଷ୍ଠୀ, ବେଢ଼ାକାଳୀ, ବାଟମଙ୍ଗଳା, ସାବିତ୍ରୀ, ଗାୟତ୍ରୀ, ସରସ୍ୱତୀ କୁତ୍ତାମଚଣ୍ଡୀ, ରୋଷରୁ ଯିବା ଆସିବା ରାସ୍ତାରେ କାଳିକା, ନାଟମନ୍ଦିର ମଧ୍ୟସ୍ଥ ସ୍ତମ୍ଭରେ ଦକ୍ଷିଣକାଳୀ, ଶୀତଳାଦେବୀ,

ମଙ୍ଗଳାଦେବୀ ଏବଂ ବାହାର ବେଢ଼ାରେ ଶୀଳତା, ଅନ୍ନପୂର୍ଣ୍ଣା ଓ ଉତ୍ତରାୟଣୀ, ଶ୍ରୀମନ୍ଦିର ବାହାରେ ଶ୍ୟାମାକାଳୀ ଓ ଦକ୍ଷିଣକାଳୀ (ବାଲିସାହି), ନରେନ୍ଦ୍ର କୋଣରେ ବିଶ୍ୱେଶ୍ୱରୀ, ଦୋଳମଣ୍ଡପ ସାହି ସ୍ଥିତ ନାରାୟଣୀ ଓ ଷୋଳପୁଅ ମାଆ ତଥା ହରଚଣ୍ଡୀ ସାହି ମଧ୍ୟରେ ଦେବୀ ହରଚଣ୍ଡୀ ଆଦି ପ୍ରମୁଖ ଅଟନ୍ତି । ଶ୍ରୀକ୍ଷେତ୍ର କେବଳ ପୁରୁଷୋତ୍ତମ ବା ବିଷ୍ଣୁଙ୍କ ଉପାସନା ପାଇଁ ନୁହେଁ ବରଂ ଏହା ଶୈବ, ଶାକ୍ତ, ଗାଣପତ୍ୟ, ବୈଷ୍ଣବ, ତନ୍ତ୍ର, ବୌଦ୍ଧ, ଜୈନ ଆଦି ଯେ କୌଣସି ସମ୍ପ୍ରଦାୟ ଓ ପରମ୍ପରାକୁ ନେଇ ଏକ ସମନ୍ୱୟବାଦୀ ଚିନ୍ତା ଚେତନାକୁ ଅଗ୍ରାଧିକାର ଦେଇଥିବା ତୀର୍ଥଭୂମି ତଥା ମାନବତାବାଦର ବୈଶ୍ୱିକ ପୀଠସ୍ଥଳୀ ରୂପେ ସର୍ବଶ୍ରେଷ୍ଠ ଉଦାହରଣ ଅଟେ ।

ଚଉଷଠୀ ଯୋଗିନୀ (ପୃ.୪୪୪)

ଶକ୍ତି ଉପାସନା ପରମ୍ପରାରେ ଚତୁଃଷଷ୍ଠୀ ଯୋଗିନୀଙ୍କ ଉତ୍ପତ୍ତି ଏବଂ ଆରାଧନା ରହସ୍ୟ

ଐତିହାସିକ ତଥ୍ୟ ଏବଂ ପ୍ରତ୍ନତତ୍ତ୍ୱ ଖନନରୁ ପ୍ରାପ୍ତ ହୋଇଥିବା ବିବିଧ ମୂର୍ତ୍ତି ତଥା ପ୍ରତୀକମାନଙ୍କ ଆଧାରରେ ଏହା ପ୍ରମାଣିତ ହୁଏ ଯେ ଭାରତରେ ପ୍ରାଗ୍ ବୈଦିକ କାଳରୁ ମଧ୍ୟ ଶକ୍ତି ଉପାସନା ପ୍ରଚଳିତ ଥିଲା। ଯଦିଓ ଏହାର ସ୍ୱରୂପ ବର୍ତ୍ତମାନ ତୁଳନାରେ ଥିଲା ଭିନ୍ନ। ସିନ୍ଧୁ ସଭ୍ୟତାର ପ୍ରତ୍ନତାତ୍ତ୍ୱିକ ଖନନରୁ ମିଳିଥିବା ନିଦର୍ଶନ ମାନଙ୍କରୁ ପ୍ରାପ୍ତ ହୋଇଥିବା ବହୁସଂଖ୍ୟକ କ୍ଷୁଦ୍ର ଶାକମ୍ଭରୀ ମାତୃକା ମୂର୍ତ୍ତି ତଥା ବିବିଧ ମୁଦ୍ରାରେ ଅଙ୍କିତ ଦେବୀ ମୂର୍ତ୍ତିଙ୍କ ସହ ବାହନ ସଦୃଶ ସ୍ଥାନିତ ବ୍ୟାଘ୍ରମୂର୍ତ୍ତି ଅଥବା ବନଦୁର୍ଗାଙ୍କ ମୂର୍ତ୍ତିରୁ ପ୍ରାଚୀନ ଭାରତୀୟ ସମାଜ ଯେ ଶକ୍ତି ଉପାସନାକୁ ନିଜର ରାଷ୍ଟ୍ରୀୟ ପରମ୍ପରା ଭାବରେ ମାନ୍ୟତା ପ୍ରଦାନ କରିଥିଲା, ଏଥିରେ ସନ୍ଦେହର କୌଣସି ଅବକାଶ ନାହିଁ। ଅଦିତି (ଋଗ୍ ୧.୮୯.୧୦/ ୨.୪୦.୬/୮.୪୭.୯)-ନିରୁକ୍ତ ୪.୨୨, ତୈ.ଉ. (୩.୧.୧.୪), ଉଷା (ଋଗ୍ ୧.୪୮-୪୯, ୧.୧୨୩-୫, ୫.୮୦.୫, ୪.୫୧.୫, ୧.୧୧୩.୯, ୧.୧୧୩.୧୬), ରାତ୍ରି (ଋଗ୍ ୧.୩୫.୧,୧୦.୧୨୭.୧, ୧୦.୧୨୭.୩, ୧୦.୧୨୭.୮), ସରସ୍ୱତୀ (ଋଗ୍ ୧.୧୬୪.୪୯, ୧୦.୧୭.୭, ଏତ.ବ୍ରା.୩.୪) ତଥା ସର୍ବୋପରି ଧରିତ୍ରୀମାତାଙ୍କୁ ଜଗଜ୍ଜନନୀ ରୂପେ ଆରାଧନା କରାଯାଉଥିଲା। **"ଉପ ସର୍ପ ମାତରଂ ଭୂମିମ୍।"** (ଋଗ୍ ୧୦.୧୮.୧୦) ଅର୍ଥାତ୍ ମାତୃଭୂମିର ସେବା କର, **"ଇଳା ସରସ୍ୱତୀ ମହୀ ତିସ୍ରୋ ଦେବୀର୍ମୟୋ ଭୁବଃ। ବର୍ହିଃ ସୀଦନ୍ତ୍ୱସ୍ରିଧଃ।"**-(ଋଗ୍ ୧.୧୩.୯) ଇଳା, ସରସ୍ୱତୀ ଓ ମହି (ବାଣୀ, ସରସ୍ୱତୀ, ଭୂମି) ଏହି ତିନି ଦେବୀ ସୁଖକାରୀ ଓ କ୍ଷୟ ରହିତ ଅଟନ୍ତି। ସେମାନେ ବିଛା ହୋଇଥିବା ଦୀପ୍ତିମାନ କୁଶ ଆସନ ଉପରେ ବିରାଜମାନ ହୁଅନ୍ତୁ। ଯାହାର ଅନ୍ୟ ଅର୍ଥ ହେଲା, ମାତୃଭାଷା, ସଂସ୍କୃତି ଏବଂ ମାତୃଭୂମି ଏହି ଦେବୀ ତ୍ରୟଙ୍କର ଉପାସନା ପୂର୍ବକ ଏମାନଙ୍କର ଗୌରବ ବୃଦ୍ଧି କରିବା ପାଇଁ ଚେଷ୍ଟିତ ହେବା ଉଚିତ। ଯିଏ ଏମାନଙ୍କର ଗୌରବ ବଢ଼ାଏ ସେ ସମସ୍ତ ପ୍ରକାର

ସାଧନରେ ସମ୍ପନ୍ନ ହୋଇ ସୁଖକୁ ପ୍ରାପ୍ତ ହୋଇଥାଏ। **"ମାତା ଭୂମିଃ ପୁତ୍ରୋ ଅହଂ ପୃଥିବ୍ୟାଃ।"** (ଅଥର୍ବ ୧୨.୧.୧୨) ଅର୍ଥାତ୍ ଧରିତ୍ରୀ ମୋର ମାତା ଅଟେ ଏବଂ ମୁଁ ମାତୃଭୂମିର ପୁତ୍ର ଅଟେ। ଋଗ୍ ବେଦର 'ବାକ୍‌ସୂତ୍ର', 'ରାତ୍ରିସୂକ୍ତ' (୧୦.୧୦.୧୨୭/୧-୮) 'ଦେବୀ ସୂକ୍ତମ୍' (୧୦.୧୦.୧୨୫) ଏବଂ ଯଜୁର୍ବେଦ, ସାମବେଦ, ଅଥର୍ବବେଦ, ବୃହଦ୍ଧାରୀତ ସଂହିତା, କୌଶିକ ସୂତ୍ର, ସାଂଖ୍ୟାୟନ ଶ୍ରୌତସୂତ୍ର, ବୃହଦ୍ଦେବତା ତଥା ଉପନିଷଦମାନଙ୍କରେ ମହାଶକ୍ତି ଜଗଜ୍ଜନନୀଙ୍କୁ ସୃଷ୍ଟି ସ୍ଥିତି ଓ ପ୍ରଳୟର ଏକମାତ୍ର କାରଣ ରୂପେ ବର୍ଣ୍ଣନା କରି ଅସଂଖ୍ୟ ଶ୍ଳୋକ ରଚନା କରାଯାଇଛି। ଏହି ସମସ୍ତ ରଚନାମାନ ବିଶ୍ୱରୂପା ଜଗଜ୍ଜନନୀଙ୍କ ଉଦ୍ଦେଶ୍ୟରେ ରଚିତ ଶକ୍ତିତତ୍ତ୍ୱର ମୌଳିକ ନିର୍ଯ୍ୟାସ ବହନ କରନ୍ତି କହିଲେ ଅତ୍ୟୁକ୍ତି ହେବ ନାହିଁ।

ଉତ୍ତର ବୈଦିକ କାଳରେ ଶକ୍ତି ଉପାସନା କ୍ଷେତ୍ରରେ ବ୍ୟାପକ ଜାଗୃତି ଦେଖା ଦେବା ସଙ୍ଗେ ସଙ୍ଗେ ଏହାକୁ ସାର୍ବଜନୀନ ଉତ୍ସବ ଭାବରେ ମାନ୍ୟତା ପ୍ରଦାନ କରାଗଲା। ପୁଣି ଶକ୍ତି ପୂଜନ ସହ ତାନ୍ତ୍ରିକ ଉପାସନା ପଦ୍ଧତି ସମାବିଷ୍ଟ ହୋଇ ମହାମାୟା, 'ଅଷ୍ଟଦୁର୍ଗା, ନବଦୁର୍ଗା, ଦଶମହାବିଦ୍ୟା, ସପ୍ତମାତୃକା, ଅଷ୍ଟାଦଶ ମାତୃଗଣ ଓ ଚଉଷଠି ଯୋଗିନୀ' ଆଦି ବହୁବିଧ ରୂପରେ ପୂଜିତ ହେଲେ। ବେଦ, ଉପନିଷଦ, ତନ୍ତ୍ରଶାସ୍ତ୍ର ଆଦିରେ ବହୁସଂଖ୍ୟକ ଯୋଗିନୀମାନଙ୍କର ନାମ ଉଲ୍ଲେଖ ଥିଲେ ମଧ୍ୟ ଚଉଷଠି ଯୋଗିନୀଙ୍କ ଆରାଧନାକୁ ଶାକ୍ତତନ୍ତ୍ରରେ ବିଶେଷ ମହତ୍ତ୍ୱ ପ୍ରଦାନ କରାଯାଇଥିଲା। ଗବେଷକମାନଙ୍କ ମତରେ ଚତୁଃଷଷ୍ଟୀ ଯୋଗିନୀ (ଚଉଷଠି ଯୋଗିନୀ) ଉପାସନାର ଅଭ୍ୟୁଦୟ ହେଉଛି, ଶାକ୍ତ ପରମ୍ପରାରେ ପ୍ରଚଳିତ ଥିବା ବହୁବିଧ ମାତୃକାଗଣଙ୍କ ଆରାଧନା ଓ ପୂଜନ ଆଦି ଦୃଷ୍ଟିରୁ ଅଦ୍ୟାବଧି ହୋଇଥିବା ସର୍ବଶେଷ ପରିକଳ୍ପନା। ଯାହାର (ଚଉଷଠି ଯୋଗିନୀ ଉପାସନାର) ବିକାଶ ପର୍ବ ଅଷ୍ଟମ ଶତାବ୍ଦୀରୁ ଦ୍ୱାଦଶ ଶତାବ୍ଦୀ ମଧ୍ୟରେ ସଂଘଟିତ ହୋଇଥିବା ଅନୁମାନ କରାଯାଏ।

ବିଭିନ୍ନ ପୁରାଣ ଓ ତନ୍ତ୍ରଶାସ୍ତ୍ର ମାନଙ୍କରେ ଉଲ୍ଲିଖିତ ଥିବା ଚଉଷଠି ଯୋଗିନୀମାନଙ୍କ ନାମ ମଧ୍ୟରେ ପାର୍ଥକ୍ୟ ଥିବା ଦୃଷ୍ଟିଗୋଚର ହୁଏ। ସ୍କନ୍ଦପୁରାଣ ଅନୁଯାୟୀ ଚଉଷଠି ଯୋଗିନୀମାନଙ୍କ ନାମ ହେଲା- **ଗଜାନନା, ସିଂହମୁଖୀ, ଗୃଧାସ୍ୟା, କାକତୁଣ୍ଡିକା, ଉଷ୍ଟ୍ରଗ୍ରୀବା, ହୟଗ୍ରୀବା, ବାରାହୀ, ସରଭାନନା,**

ଉଲ୍ଲୁକିକା, ଶିବାରଭା, ମୟୁରୀ, ବିକଟାନନା, ଅଷ୍ଟବକ୍ତ୍ରୀ, କୋଟରାକ୍ଷୀ, କୁବ୍‌ଜୀ, ଶୁଷ୍କୋଦରୀ, ଲୋଲଜିହ୍ୱା, ସୁଦ୍ରଂଷ୍ଟା, ବିକଟଲୋଚନା, ବାନରାନନା, ରାକ୍ଷସୀ, କେକାରକ୍ଷୀ, ବୃହତୁଣ୍ଡା, ସୁରାପ୍ରିୟା, କପାଳହସ୍ତା, ରକ୍ତାକ୍ଷୀ, ଶୁକି, ଶ୍ୱେନୀ, କପଟିକା, ପାଶହସ୍ତା, ଦଣ୍ଡହସ୍ତା, ପ୍ରଚଣ୍ଡା, ଚଣ୍ଡବିକ୍ରମା, ଶିଶୁଘ୍ନୀ, କାଳୀ, ରୁଧିର ପାୟନୀ, ବସାଧୟା, ଗର୍ଭଭିକ୍ଷା, ଶବହସ୍ତା, ଅନ୍ତର୍ମାଳିନୀ, ସ୍ଥୂଳକେଶୀ, ବୃହତ୍‌କୁକ୍ଷି, ସପ୍ତାଶ୍ୟା, ପ୍ରେତାହତା, ଦଣ୍ଡାକୂରା, କ୍ରୌଞ୍ଚି, ମୃଗଶୀର୍ଷା, ବୃଶାନନା, ବ୍ୟାତାସ୍ୟା, ଧୂମନିଃଶାସା, ବ୍ୟୋମୟନା, ଚରଣୋର୍ଦ୍ଧ୍ୱକ, ତାପିନୀ, ସ୍ୱସନିଦସ୍ଥୀ, କୋଟରୀ, ସ୍ଥୂଳନାଶିକା, ବିଦ୍ୟୁତ୍‌ପ୍ରଭା, ବାଳକାସ୍ୟା, ମାର୍ଜାରୀ, କଟପୁତନା, କାମାକ୍ଷା, ଅଟ୍ଟହାସା, ମୃଗାକ୍ଷୀ, ମୃଗଲୋଚନା । ଏଠାରେ ଏହା ଉଲ୍ଲେଖନୀୟ ଯେ ସ୍କନ୍ଦପୁରାଣର କାଶୀଖଣ୍ଡରେ ଚତୁଃଷଷ୍ଟୀ ଯୋଗିନୀଙ୍କର ଉପାସନା ବିଷୟକ ଯାବତ୍ ତଥ୍ୟ ବିସ୍ତୃତ ଭାବରେ ପ୍ରଦାନ କରାଯାଇଛି ।

ଏକଦା ତନ୍ତ୍ର ସାଧନା ଦୃଷ୍ଟିରୁ ଓଡ଼ିଶା ସମଗ୍ର ଦେଶରେ ସର୍ବଶ୍ରେଷ୍ଠ ପୀଠ ଭାବରେ ପ୍ରସିଦ୍ଧି ଲାଭ କରିଥିଲା । 'ଉଡ୍‌ଡୀୟାନ୍ ତନ୍ତ୍ର' ଅନୁଯାୟୀ **'ଉଡ୍‌ଡୀୟାନ୍ ପରଂପୀଠ ଯତ୍ର ବୈତରଣୀ ନଦୀ'** ଅର୍ଥାତ୍ ବୈତରଣୀ ନଦୀ କୂଳରେ ଅବସ୍ଥିତ 'ବିରଜାପୀଠ'କୁ 'ଉଡ୍‌ଡୀୟାନ୍ ପୀଠ' ରୂପେ ଆଖ୍ୟାୟିତ କରାଯାଇଥିଲା । ଏହା ବୌଦ୍ଧ ତନ୍ତ୍ର ସାଧନା ନିମିତ୍ତ ସର୍ବଶ୍ରେଷ୍ଠ ପୀଠ ରୂପେ ଅବିହିତ କରାଯାଇଥିଲା । 'ହେ ବଜ୍ରତନ୍ତ୍ର' ନାମକ ବୌଦ୍ଧଶାସ୍ତ୍ର (୮ମ ଶତାବ୍ଦୀ)ରେ **'ଉଡ୍ରାଖ୍ୟଂ ପ୍ରଥମଂ ପୀଠ...'** ଉଡ୍ର ବା ଓଡ଼ିଶାକୁ ପ୍ରଥମ ତନ୍ତ୍ରପୀଠ ରୂପେ ମାନ୍ୟତା ପ୍ରଦାନ କରାଯାଇଥିଲା । ଶାରଳା ଦାସଙ୍କ ଚଣ୍ଡୀ ପୁରାଣରେ ଉଲ୍ଲେଖ ଅନୁଯାୟୀ ଦିଆଯାଇଥିବା ଚଉଷଠି ଯୋଗିନୀମାନଙ୍କ ନାମର ଅନ୍ୟ କୌଣସି ପୁରାଣରେ ଥିବା ନାମ ସହ ସାଦୃଶ୍ୟ ଦୃଷ୍ଟିଗୋଚର ହୁଏ ନାହିଁ । ଚଣ୍ଡୀ ପୁରାଣର ନାମଗୁଡ଼ିକ ହେଲା- **ଛାୟା, ମାୟା, ନାରାୟଣୀ, ବ୍ରହ୍ମାୟଣୀ, ଭୈରବୀ, ମାହେଶ୍ୱରୀ, ରୁଦ୍ରାୟଣୀ, ଇନ୍ଦ୍ରାୟଣୀ, ବାସେଳୀ, ତ୍ରିପୁରା, ଉଗ୍ରତାରା, ଚର୍ଚ୍ଚିକା, ତାରିଣୀ, ଅମ୍ବିକା, କୁଠାରୀ, ଭଗବତୀ, ନୀଳା, କମଳା, ଶାନ୍ତି, କାନ୍ତି, ଘଟାବରୀ, ଚାମୁଣ୍ଡା, ଚଣ୍ଡୀ, ମାଧବୀ, ବାଚକେଶ୍ୱରୀ, ଆନନ୍ଦା, ସଦାନନ୍ଦା, ରୂପା, ବାହାରୀ, ନାଗରୀ,**

ଖେଚରୀ, ଭୂଚାରୀ, ବେତାଳୀ, କାଳିଜିରୀ, ଶଙ୍ଖୀ, ରୁଦ୍ରକାଳୀ, କାଳରାତ୍ରି, କଙ୍କାଳି, ବୁକୁଚାଇ, ବାଳୀ, ଦୋହିନୀ, ଦ୍ୱାରିଶୀ, ସୋହନୀ, ନାରସିଂହୀ, ବୋତଲାଇ, ଅନୁଚ୍ଛାୟା, କୁଚମୁଖୀ, ସମେହା, ଉଲ୍ଲୁକୀ, ସମଶୀଳା, ମୁଢ଼ା, ଦକ୍ଷିଣାଇ, ଗୋପାଳୀ, ମୋହିନୀ, ବିକରାଳୀ, କାମଶ୍ରେଣୀ, କପାଳୀ, ତ୍ରୈଲୋକ୍ୟ ବ୍ୟାପିନୀ, ତ୍ରିଲୋଚନା, ନିମାଇଁ, ଡାକେଶ୍ୱରୀ, କମଳାଇ, ଉତ୍ତରାୟଣୀ, ରାମାୟଣୀ ଇତ୍ୟାଦି। ସମ୍ଭବତଃ ଏହି ନାମରେ ଯୋଗିନୀମାନେ ତତ୍କାଳୀନ ଉତ୍କଳର ତନ୍ତ୍ରପୀଠମାନଙ୍କରେ ଉପାସିତ ହେଉଥିଲେ। ଯେପରି ଶିଶୁ ବା ଅବୋଧ ସନ୍ତାନ ଜନ୍ମଦାତ୍ରୀ ମାତାଙ୍କର ନାମ ସମ୍ବନ୍ଧରେ ଅଜ୍ଞ ଥିଲେ ମଧ୍ୟ ସେଥିପାଇଁ ମାତୃ ସ୍ନେହରୁ ବଞ୍ଚିତ ହୁଏ ନାହିଁ ଠିକ୍ ସେଇପରି ଜଗଜ୍ଜନନୀଙ୍କୁ ଯେ କୌଣସି ନାମରେ ନାମିତ କଲେ ମଧ୍ୟ ଭକ୍ତର ଭକ୍ତିଭାବ ଅଥବା ସେଇ ବ୍ରହ୍ମମୟୀ ପରମେଶ୍ୱରୀ ଜଗନ୍ମାତାଙ୍କର କରୁଣା ବା ଆଶୀର୍ବାଦରୁ ସାଧକକୁ ବଞ୍ଚିତ ହେବାକୁ ପଡ଼ି ନଥାଏ। ସେଥିପାଇଁ ମହାକାଳ ସଂହିତାର ରଚୟିତା ଋଷି 'ମହାକାଳ ରୁଦ୍ର' ଆଦିମାତାଙ୍କର ବର୍ଣ୍ଣନ କରିବାପାଇଁ ଯାଇ ଲେଖିଛନ୍ତି-

"ନ ତେ ନାମଗୋତ୍ରେ ନ ତେ ଜନ୍ମମୃତ୍ୟୁଃ,
ନ ତେ ଧାମଚେଷ୍ଟେ ନ ତେ ଦୁଃଖ ସୌଖ୍ୟେ।
ନ ତେ ମିତ୍ରଶତ୍ରୁ ନ ତେ ବନ୍ଧମୋକ୍ଷୌ,
ତ୍ୱମେକା ପରଂବ୍ରହ୍ମ ରୂପେଣ ସିଦ୍ଧା ॥"

ଅର୍ଥାତ୍ ହେ ଶକ୍ତି ସ୍ୱରୂପିଣୀ ପରଂବ୍ରହ୍ମ ଆଦିମାତା! ତୁମର ନାମ ବା ଗୋତ୍ର କିଛି ନାହିଁ। ଜନ୍ମମୃତ୍ୟୁ ମଧ୍ୟ ନାହିଁ। ପୁଣି ସ୍ଥିତି ବା କର୍ମ, ସୁଖ ବା ଦୁଃଖ, ମିତ୍ର ବା ଶତ୍ରୁ, ବନ୍ଧନ ବା ମୁକ୍ତି- ଏସବୁ ତୁମ ପାଇଁ କିଛି ବି ନାହିଁ। ସେଥିପାଇଁ ତ ତୁମେ ପରଂବ୍ରହ୍ମ ବା ପରାଶକ୍ତି ରୂପେ ବିଦ୍ୟମାନ।

ସେଇପରି ପ୍ରସିଦ୍ଧ ତନ୍ତ୍ରଶାସ୍ତ୍ର କାଳିକା ପୁରାଣରେ ନିମ୍ନମତେ ଚଉଷଠି ଯୋଗିନୀମାନଙ୍କ ନାମ ଉଲ୍ଲେଖ ରହିଛି। ଯଥା- **ବ୍ରହ୍ମାଣୀ, ଚଣ୍ଡିକା, ରୌଦ୍ରୀ, ଇନ୍ଦ୍ରାଣୀ, କୌମାରୀ, ବୈଷ୍ଣବୀ, ଦୁର୍ଗା, ନାରସିଂହୀ, କାଳିକା, ଚାମୁଣ୍ଡା, ଶିବଦୂତୀ, ବାରାହୀ, କୌଶିକୀ, ମାହେଶ୍ୱରୀ, ଶାଙ୍କରୀ, ଜୟନ୍ତୀ, ସର୍ବମଙ୍ଗଳା, କାଳୀ, କପାଳିନୀ, ମେଘା, ଶିବା, ଶାକମ୍ଭରୀ, ଭୀମା,**

ଶାନ୍ତା, ଭ୍ରାମରୀ, ରୁଦ୍ରାଣୀ, ଅମ୍ବିକା, କ୍ଷମା, ଧାତ୍ରୀ, ସ୍ୱାହା, ସ୍ୱଧା, ଅପର୍ଣ୍ଣା, ମହୋଦରୀ, ଘୋରରୂପା, ମହାକାଳୀ, ଭଦ୍ରକାଳୀ, ଭୟଙ୍କରୀ, କ୍ଷେମଙ୍କରୀ, ଉଗ୍ରଚଣ୍ଡା, ଚଣ୍ଡୋଗ୍ରା, ଚଣ୍ଡନାୟିକା, ଚଣ୍ଡା, ଚଣ୍ଡବତୀ, ଚଣ୍ଡୀ, ମହାମାୟା, ପ୍ରିୟଙ୍କରୀ, ବଳ ବିକାରିଣୀ, ବଳ ପ୍ରମଥିନୀ, ମନମଥିନୀ, ସର୍ବଭୂତ ଖାମିନୀ, ଉମା, ତାରା, ମହାନିଦ୍ରା, ବିଜୟା, ଜୟା, ଶୈଳପୁତ୍ରୀ, ଚଣ୍ଡଘଣ୍ଟା, ସ୍କନ୍ଦମାତା, କାଳରାତ୍ରି, ଚଣ୍ଡିକା, କୁଷ୍ମାଣ୍ଡୀ, କାତ୍ୟାୟିନୀ, ଗୌରୀ, ମହାଗୌରୀ ଇତ୍ୟାଦି ।

ଚତୁଃଷଷ୍ଠୀ ଯୋଗିନୀମାନଙ୍କ ସମ୍ବନ୍ଧରେ ତନ୍ତ୍ରଶାସ୍ତ୍ର ଗୁଡ଼ିକରେ ସବିଶେଷ ବର୍ଣ୍ଣନା ହୋଇଥିବା ଦେଖିବାକୁ ମିଳିଥାଏ । ଯୋଗିନୀମାନଙ୍କୁ ଉପାସନା କରିବାର ବିଶେଷ ପଦ୍ଧତିଗୁଡ଼ିକ ମଧ୍ୟ ଏଥିରେ ସନ୍ନିବେଶିତ ହୋଇଥିଲା । ତେବେ କାଳକ୍ରମେ ଏଗୁଡ଼ିକ ଲୁପ୍ତ ପ୍ରାୟ କହିଲେ ଅତ୍ୟୁକ୍ତି ହେବ ନାହିଁ । କାରଣ ଏହି ପଦ୍ଧତିରେ ସିଦ୍ଧିଲାଭ କରିବା କଠୋର ସାଧନା ଉପରେ ନିର୍ଭରଶୀଳ ହୋଇଥିବାରୁ ପାରମ୍ପରିକ ଭାବରେ ଏହା ଗୁରୁଙ୍କର ପ୍ରତ୍ୟକ୍ଷ ମାର୍ଗଦର୍ଶନ ମାଧ୍ୟମରେ ଆୟତ କରାଯାଉଥିଲା । ଏଣୁ ଲିଖିତ ଭାବରେ ପ୍ରଚାର ପ୍ରସାରର ପରିପନ୍ଥୀ ବିଦ୍ୟା ଭାବରେ ଏହା ଗଣ୍ୟ ହେଉଥିଲା । ଚଉଷଠି ଯୋଗିନୀମାନଙ୍କର ଉତ୍ପତ୍ତି ସମ୍ବନ୍ଧରେ ତନ୍ତ୍ରଶାସ୍ତ୍ରମାନଙ୍କର ବର୍ଣ୍ଣନା ଅନୁଯାୟୀ ପ୍ରାଚୀନ କାଳରେ ଅଷ୍ଟଦଳ ପଦ୍ମର ପ୍ରତିଟି ପାଖୁଡ଼ାରେ ଜଣେ ଜଣେ ଦେବୀ (ଦୁର୍ଗା) ଏହିପରି ମୋଟ ଆଠଟି ପାଖୁଡ଼ାରେ ଅଷ୍ଟଦୁର୍ଗା (ଉଗ୍ରଚଣ୍ଡୀ, ଭଦ୍ରକାଳୀ, ଦୁର୍ଗା, ଉଗ୍ରତାରା, କୌଶିକୀ, କାଳୀ, ଶିବଦୂତୀ ଓ ମହାମାୟା) ଏବଂ ପ୍ରତି ଦୁର୍ଗାଙ୍କ ଠାରୁ ଶାସ୍ତ୍ର ପ୍ରମାଣ ଅନୁଯାୟୀ ଉତ୍ପତ୍ତି ହୋଇଥିବା ଅଷ୍ଟଯୋଗିନୀଙ୍କୁ ସେଇ ନିର୍ଦ୍ଦିଷ୍ଟ ପାଖୁଡ଼ାରେ ପରିକଳ୍ପନା ଓ ଉପାସନା କରାଯାଉଥିଲା । ଅର୍ଥାତ୍ ପ୍ରତି ପାଖୁଡ଼ାରେ ଆବାହନ କରାଯାଇଥିବା ଆଠ ଯୋଗିନୀ, ଏଇ ହିସାବରେ ଅଷ୍ଟଦଳ ବିଶିଷ୍ଟ ପଦ୍ମର ଆଠ ପାଖୁଡ଼ାରେ ସର୍ବମୋଟ ଚଉଷଠି ଯୋଗିନୀ ପୂଜିତ ହେଉଥିଲେ । ଅଷ୍ଟଦୁର୍ଗା ଓ ଚତୁଃଷଷ୍ଠୀ ଯୋଗିନୀଙ୍କ ପୂଜନ ପରେ ପଦ୍ମର କେଶର ଉପରେ ସ୍ଥାନିତ ମହାଭୈରବଙ୍କୁ ଉପାସନା କରି ଶେଷରେ ସାଧକ ସିଦ୍ଧିଲାଭ କରିଥିଲେ । ଏପରି ବିଧିବିଧାନ ଅନୁଯାୟୀ ଉପାସନା କରି ସିଦ୍ଧିପ୍ରାପ୍ତ ହେଉଥିବା ସାଧକ ଏବେବି ଦେଖାଯାଆନ୍ତି । କେତେକ ଶାସ୍ତ୍ରୀୟ ସିଦ୍ଧାନ୍ତ ଅନୁଯାୟୀ ଅଷ୍ଟଦୁର୍ଗାଙ୍କ ମଧ୍ୟରେ ସର୍ବପ୍ରଥମ ଉଗ୍ରଚଣ୍ଡୀଙ୍କ ଠାରୁ କୌଶିକୀ,

ଶିବଦୂତୀ, ଉମା, ହୈମବତୀ, ଈଶ୍ୱରୀ, ଶାକମ୍ଭରୀ, ଦୁର୍ଗା ଓ ମହୋଦରୀ ଆଦି ଅଷ୍ଟଯୋଗିନୀଙ୍କ ଉତ୍ପତ୍ତି ହୋଇଥିଲା।

"କୌଶିକୀ ଶିବଦୂତୀ ଚ ଉମା ହୈମବତୀଶ୍ୱରୀ
ଶାକମ୍ଭରୀ ଚ ଦୁର୍ଗା ଚ ଅଷ୍ଟମୀ ଚ ମହୋଦରୀ।"

*ଦ୍ୱିତୀୟରେ ଭଦ୍ରକାଳୀଙ୍କ ଠାରୁ ଜୟନ୍ତୀ, ମଙ୍ଗଳା, କାଳୀ, ଭଦ୍ରକାଳୀ, କପାଳିନୀ, ଶିବା, କ୍ଷମା ଓ ଧାତ୍ରୀ- ଏହିପରି ଅଷ୍ଟ ଯୋଗିନୀମାନେ ସୃଷ୍ଟି ହୋଇଥିଲେ। ଏଣୁ କୁହାଯାଇଛି-

"ଜୟନ୍ତୀ ମଙ୍ଗଳା କାଳୀ ଭଦ୍ରକାଳୀ କପାଳିନୀ
ଦୁର୍ଗାଂ ଶିବାଂ କ୍ଷମାଂ ଧାତ୍ରୀଂ ଦଳେଷ୍ୱଷ୍ଟସୁ ପୂଜୟେତ୍।"

*ତୃତୀୟ ଦେବୀ ଦୁର୍ଗାଙ୍କ ଠାରୁ ଜୟା, ବିଜୟା, ମାତଙ୍ଗୀ, ଲଳିତା, ନାରାୟଣୀ, ସାବିତ୍ରୀ, ସ୍ୱାହା ଓ ସ୍ୱଧା ଜନ୍ମଗ୍ରହଣ କରିଥିଲେ। ଶାସ୍ତ୍ରର ପ୍ରମାଣ ଅନୁଯାୟୀ-

"ଜୟା ଚ ବିଜୟା ଚୈବ ମାତଙ୍ଗୀ ଲଳିତା ତଥା
ନାରାୟଣ୍ୟର୍ଥଂ ସାବିତ୍ରୀ ସ୍ୱାହା ସ୍ୱଧା ସ୍ତଥାଷ୍ଟମୀ।"

*ସେହିପରି ଚତୁର୍ଥ ଦେବୀ ଉଗ୍ରତାରାଙ୍କ ଠାରୁ ମହାକାଳୀ, ରୁଦ୍ରାଣୀ, ଉଗ୍ରା, ଭୀମା, ଘୋରା, ଭ୍ରାମରୀ, ମହାରାତ୍ରି ଓ ତାରା ଆଦି ଯୋଗିନୀମାନେ ସମ୍ଭୂତ ହୋଇଥିଲେ। ନିମ୍ନ ଶ୍ଲୋକରେ ଏହାର ସତ୍ୟତା ପ୍ରତିପାଦିତ ହୁଏ-

"ମହାକାଲ୍ୟଥ ରୁଦ୍ରାଣୀ ଉଗ୍ରାଭୀମା ତଥୈବ ଚ
ଘୋରା ଚ ଭ୍ରାମରୀଚୈବ ମହାରାତ୍ରିଶ୍ଚ ସପ୍ତମୀ।"

*ପଞ୍ଚମ ଦେବୀ କୌଶିକୀଙ୍କ ଠାରୁ ବ୍ରହ୍ମାଣୀ, ମାହେଶ୍ୱରୀ, କୌମାରୀ, ବାରାହୀ, ବୈଷ୍ଣବୀ, ନାରସିଂହୀ, ଐନ୍ଦ୍ରୀ ଓ ଶିବଦୂତୀ ଆଦି ଅଷ୍ଟ ଯୋଗିନୀ ସୃଷ୍ଟି ହୋଇଥିଲେ। ଯାହାର ବର୍ଣ୍ଣନା ନିମ୍ନମତେ ଉପଲବ୍ଧ ହୁଏ-

"ବ୍ରହ୍ମାଣୀ ପ୍ରଥମାପ୍ରୋକ୍ତା ତତୋ ମାହେଶ୍ୱରୀ ମତା
କୌମାରୀ ଚୈବ ବାରାହୀ ବୈଷ୍ଣବୀ ପଞ୍ଚମୀ ମତା।
ନାରସିଂହୀ ତଥୈବୈନ୍ଦ୍ରୀ ଶିବଦୂତୀ ତଥାଷ୍ଟମୀ
ଏତା ପୂଜ୍ୟା ମହାଭାଗା ଯୋଗିନ୍ୟାଃ କାମଦାୟିନୀ ॥"

ଶକ୍ତି ଉପାସନା ଓ ବୈଦିକ ଦେବୀତତ୍ତ୍ୱ : ୪୪୮

ଷଷ୍ଠ ଦେବୀ କାଳୀଙ୍କ ଠାରୁ ଉଦ୍ଭବ ଯୋଗିନୀମାନେ ହେଲେ ତ୍ରିପୁରା, ଭୀଷଣା, ଚଣ୍ଡୀ, କର୍ତ୍ତୀ, ହନ୍ତୀ, ବିଧାୟନୀ, କରାଳା, ଶୁଳିନୀ ଯାହା ନିମ୍ନ ଶ୍ଳୋକରେ ବିଶେଷ ଭାବେ ବର୍ଣ୍ଣିତ।

"ତ୍ରିପୁରା ଭୀଷଣ ଚଣ୍ଡି କର୍ତ୍ତୀ ହନ୍ତୀ ବିଧାୟନୀ
କରାଳା ଶୁଳିନୀ ଚେତି ଅଷ୍ଟୈତାଃ ପରିକିର୍ତ୍ତୀତା।"

*ସପ୍ତମରେ ଦେବୀ ଶିବଦୂତୀଙ୍କ ମାୟାରୁ ଅବତରିତ ହୋଇଥିବା ଯୋଗିନୀମାନଙ୍କୁ ନିମ୍ନରୂପେ ନାମାଙ୍କିତ କରାଯାଇଥାଏ। କ୍ଷମଙ୍କରୀ, ଶାନ୍ତା, ବେଦମାତା, ମହୋଦରୀ, କରାଳା, କାମଦା, ଭଗାସ୍ୟା, ଭଗମାଳିନୀ, ଭଗୋଦରୀ, ଭଗାରୋହା, ଭଗଜିହ୍ୱା ଓ ଭଗା ପ୍ରଭୃତି ଦ୍ୱାଦଶ ଯୋଗିନୀ ଯାହାଙ୍କ ବିଷୟରେ ନିମ୍ନଶ୍ଳୋକ ବର୍ଣ୍ଣନ ମୁଖର-

"କ୍ଷମଙ୍କରା ଚ ଶାନ୍ତା ଚ ବେଦମାତା ମହୋଦରା
କରାଳା କାମଦା ଦେବୀ ଉପାସ୍ୟା ଭଗମାଳିନୀ।
ଭଗୋଦରୀ ଭଗା ରୋହା ଭଗଜିହ୍ୱା ଭଗା ତଥା
ଏତାଃ ଦ୍ୱାଦଶ ଯୋଗିନ୍ୟଃ ପୂଜନେ ପରିକୀର୍ତ୍ତିତାଃ ।।"

*ଅଷ୍ଟମ ଦୁର୍ଗା 'ମାତାଚଣ୍ଡୀ'ଙ୍କ ଠାରୁ ଆବିର୍ଭୂତ ଅଷ୍ଟ ଯୋଗିନୀମାନେ ହେଲେ- ଉଗ୍ରଚଣ୍ଡା, ପ୍ରଚଣ୍ଡା, ଚଣ୍ଡୋଗ୍ରା, ଚଣ୍ଡନାୟିକା, ଚଣ୍ଡା, ଚଣ୍ଡାବତୀ, ଚାମୁଣ୍ଡା ଏବଂ ଚଣ୍ଡିକା। ନିମ୍ନ ଶ୍ଳୋକରେ ଏହାର ଉଲ୍ଲେଖ ପ୍ରାପ୍ତ ହୁଏ-

"ଉଗ୍ରଚଣ୍ଡା ପ୍ରଚଣ୍ଡା ଚ ଚଣ୍ଡୌଗ୍ରା ଚଣ୍ଡନାୟିକା
ଚଣ୍ଡା ଚଣ୍ଡବତୀ ଚୈବ ଚାମୁଣ୍ଡା ଚଣ୍ଡିକା ତଥା।"

ଉପରୋକ୍ତ ତାନ୍ତ୍ରିକ ପଦ୍ଧତି ଅନୁଯାୟୀ ଅଷ୍ଟଦଳ କମଳର ପାଖୁଡ଼ାରେ ମୋଟ ଅଡ଼ଷଠି ଯୋଗିନୀଙ୍କୁ ଉପାସନା କରିବା ପରେ ମହାଭୈରବଙ୍କୁ ପଦ୍ମପୁଷ୍ପର କେଶର ଉପରେ ପୂଜା କରାଯିବାର ବିଧାନ ରହିଛି। ତେବେ ଏହି ଯୋଗିନୀମାନଙ୍କ ଉତ୍ପତ୍ତି ସମ୍ବନ୍ଧରେ ମାର୍କଣ୍ଡେୟ ପୁରାଣ ଏବଂ ମତ୍ସ୍ୟପୁରାଣରେ ରୋଚକ କିମ୍ବଦନ୍ତୀମାନ ବର୍ଣ୍ଣିତ ହୋଇଛି। ମାର୍କଣ୍ଡେୟ ପୁରାଣର 'ରକ୍ତବୀଜ ବଧ' ପ୍ରସଙ୍ଗ ଏ ସମ୍ବନ୍ଧୀୟ ବିଶେଷ ବାର୍ତ୍ତା ବହନ କରେ। ରକ୍ତବୀଜ ନାମକ ଏକ ମହାଶକ୍ତିଶାଳୀ ରାକ୍ଷସକୁ ବଧ କରିବା ନିମନ୍ତେ ଜଗଜ୍ଜନନୀ ମହାମାୟା ଦୁର୍ଗା (ଚଣ୍ଡିକା) ଅବତୀର୍ଣ୍ଣା ହୋଇଥିଲେ। ଉଭୟଙ୍କ ମଧ୍ୟରେ ହୋଇଥିବା ସଂଗ୍ରାମରେ ଦେବୀଙ୍କ ଦ୍ୱାରା ଆଘାତ ପ୍ରାପ୍ତ ରକ୍ତବୀଜର ଶରୀରରୁ କ୍ଷରଣ ହେଉଥିବା ରକ୍ତ ଭୂମି ଉପରେ ପତିତ ହେବା ମାତ୍ରେ ପ୍ରତିଟି ବିନ୍ଦୁ

ରକ୍ତରୁ 'ରକ୍ତବୀଜ' ସଦୃଶ ମହାଶକ୍ତିଶାଳୀ ଅସଂଖ୍ୟ ରାକ୍ଷସମାନେ ସୃଷ୍ଟି ହେବାକୁ ଲାଗିଲେ। ଫଳରେ ଦେବୀ ଏହି ରାକ୍ଷସକୁ ବଧ କରିବା ଅସମ୍ଭବ ହୋଇ ପଡ଼ିଲା। ଏଣୁ ଦେବତାମାନେ ନିଜ ନିଜ ଶରୀରରୁ ଶକ୍ତି ସ୍ୱରୂପିଣୀ ମାତୃକା ବା ଯୋଗିନୀଗଣଙ୍କୁ ସୃଷ୍ଟି କରି ନିଜ ଅନୁରୂପ ବେଶଭୂଷା ଓ ବାହନ ଦ୍ୱାରା ଯୁଦ୍ଧରେ ଦେବୀ ଦୁର୍ଗାଙ୍କୁ ସାହାଯ୍ୟ କରିବାପାଇଁ ପଠାଇଥିଲେ। ଏହି ଯୋଗିନୀମାନେ ସଂଖ୍ୟାରେ ଥିଲେ ସାତକୋଟି। ଏହା ଶ୍ରୀ ଦୁର୍ଗା ସପ୍ତଶତୀରେ ବର୍ଣ୍ଣିତ ଅଛି-

"ଯସ୍ୟ ଦେବସ୍ୟ ଯଦ୍ରୂପଂ ଯଥାଭୂଷଣବାହନମ୍।
ତଦ୍‌ବଦେବ ହି ତଚ୍ଛକ୍ତିରସୁରାନ୍ ଯୋଦ୍ଧୁମାଯଯୌ ।।" (୮-୧୪)

ସେଇପରି ଦେବୀଙ୍କ ଶରୀରରୁ ଅତ୍ୟନ୍ତ ଭୟଙ୍କର ଓ ପରମ ଉଗ୍ରଚଣ୍ଡିକା ଶକ୍ତିଗଣ ସୃଷ୍ଟି ହୋଇ ଶହ ଶହ ବିଲୁଆଙ୍କ ସଦୃଶ ଶବ୍ଦ କରିବାକୁ ଲାଗିଲେ। ଦେବୀ ଏହି ସମୟରେ ଦୈତ୍ୟଗଣଙ୍କୁ ଆହ୍ୱାନ କରି କହିଲେ ତୁମେମାନେ ଜୀବିତ ରହିବାକୁ ଇଚ୍ଛା କରୁଥିଲେ ପାତାଳକୁ ପ୍ରତ୍ୟାବର୍ତ୍ତନ କର ନଚେତ୍ ମୋ ଶିବାମାନେ (ଯୋଗିନୀମାନେ) ତୁମମାନଙ୍କୁ କଞ୍ଚା ଭକ୍ଷଣ କରିବେ। ଏହାର ପ୍ରମାଣ ଶ୍ରୀଦୁର୍ଗା ସପ୍ତଶତୀର (ଅ.୮/୨୩) ଓ (ଅ.୮/୨୭) ଶ୍ଳୋକମାନଙ୍କର ବର୍ଣ୍ଣନରୁ ପରିସ୍ଫୁଟ ହୋଇଥାଏ-

"ତତୋ ଦେବୀଶରୀରାତ୍ତୁ ବିନିଷ୍କ୍ରାନ୍ତାତିଭୀଷଣା।
ଚଣ୍ଡିକାଶକ୍ତିରତ୍ୟୁଗ୍ରା ଶିବାଶତନିନାଦିନୀ ।।"

× × ×

"ବଲାବଲେପାଦଥ ଚେଦ୍ ଭବନ୍ତୋ ଯୁଦ୍ଧକାଙ୍‌କ୍ଷିଣଃ।
ତଦାଗଚ୍ଛତ ତୃପ୍ୟନ୍ତୁ ମଚ୍ଛିବାଃ ପିଶିତେନ ବଃ ।।"

ଏତଦ୍ ବ୍ୟତୀତ ମତ୍ସ୍ୟପୁରାଣର ଆଖ୍ୟାନ ଅନୁଯାୟୀ ଶିବ ଅନ୍ଧକାସୁରକୁ ବଧ କରିବା ସମୟରେ ପାଶୁପତ ଅସ୍ତ୍ର ପ୍ରୟୋଗ କଲେ। ଫଳରେ ଅନ୍ଧକାସୁରର ଶରୀରରୁ ରକ୍ତପାତ ହୋଇ ପ୍ରତିଟି ରକ୍ତବିନ୍ଦୁରୁ ଅନ୍ଧକାସୁର ସଦୃଶ ସହସ୍ର ସହସ୍ର ରାକ୍ଷସ ଜନ୍ମ ନେଲେ। ଏହି ରକ୍ତ ଭୂମିରେ ପତିତ ହେବା ପୂର୍ବରୁ ତାହାକୁ ପାନ କରିବା ପାଇଁ ଶିବ ମାତୃକାଶକ୍ତି (ଯୋଗିନୀ) ସୃଷ୍ଟି କଲେ। ଏମାନେ ସଂଖ୍ୟାରେ ୧୯୭ ଜଣ ଥିଲେ। ସେମାନେ ଅନ୍ଧକାସୁରର ରକ୍ତପାନ କରିବାରୁ ଆଉ ନୂତନ ଅସୁରଙ୍କ ସୃଷ୍ଟି ନହୋଇ ଅନ୍ଧକାସୁରର ମୃତ୍ୟୁ ଘଟିଲା। ଏହାପରେ ଯୋଗିନୀମାନେ

ଭୟଙ୍କର ହୋଇ ସୃଷ୍ଟିକୁ ବିନାଶ କରିବାକୁ ଲାଗିଲେ। ଏହା ଦେଖି ଶିବ ଭଗବାନ ନୃସିଂହଙ୍କୁ ଧ୍ୟାନ କଲେ। ନୃସିଂହ ଏହି ଯୋଗିନୀମାନଙ୍କୁ ପରାଜିତ କରିବା ନିମନ୍ତେ ନିଜ ଶରୀରରୁ ବତିଶ ଜଣ ମହାବଳଶାଳୀ ଯୋଗିନୀ ସୃଷ୍ଟି କଲେ। ସୃଷ୍ଟ ଯୋଗିନୀଗଣ ପୂର୍ବୋକ୍ତ ଯୋଗିନୀମାନଙ୍କୁ ପରାଜିତ କଲେ। ସେମାନଙ୍କ ମଧ୍ୟରୁ ଯେଉଁମାନେ ରହିଲେ ସେମାନେ ନୃସିଂହଙ୍କ ଶରଣ ପଶିଲେ ଏବଂ ତାଙ୍କ ଉପଦେଶ ଅନୁଯାୟୀ ସୃଷ୍ଟି ରକ୍ଷା ପାଇଁ ଓ ସୃଷ୍ଟିର ମଙ୍ଗଳ କରିବା ପାଇଁ ପ୍ରତିଶ୍ରୁତିବଦ୍ଧ ହେଲେ।

ଯୋଗିନୀ ଉପାସନାର ଭୂୟୋ ବିକାଶରେ ଓଡ଼ିଶାର ସ୍ଥାନ ଥିଲା ସର୍ବାଗ୍ରେ। ଯୋଗିନୀ ଉପାସନା ନିମନ୍ତେ ଚାରିଗୋଟି ପୀଠ କେବଳ ଓଡ଼ିଶାରେ ପ୍ରତିଷ୍ଠିତ ହୋଇଥିବା ବେଳେ ଅନ୍ୟ ପାଞ୍ଚଟି ଦେଶର ବିଭିନ୍ନ ସ୍ଥାନରେ ଯଥା- (ମଧ୍ୟପ୍ରଦେଶର ଖଜୁରାହୋ, ଭେଡ଼ାଘାଟ, ମହାଜୋଲ ତଥା ଉତ୍ତରପ୍ରଦେଶର ମିତାଲି ଏବଂ ଜୁଧାର) ନିର୍ମିତ ହୋଇଥିଲା। ଏସବୁ ଗୁଡ଼ିକ ପ୍ରାୟ ଧ୍ୱଂସ ପ୍ରାପ୍ତ ଏବଂ ଖଜୁରାହୋର୍ ତିନୋଟି ମୂର୍ତ୍ତି ସଂଗୃହୀତ ହୋଇ ବର୍ତ୍ତମାନ ପ୍ରତ୍ନତତ୍ତ୍ୱ ସଂଗ୍ରହାଳୟରେ ଗଚ୍ଛିତ ରହିଥିଲାବେଳେ ସାହାବୋଲର ମୂର୍ତ୍ତିଗୁଡ଼ିକ ଧୂବେଲା ସଂଗ୍ରହାଳୟରେ ସଂରକ୍ଷିତ ରହିଛି। ସ୍କନ୍ଦପୁରାଣର ଉଲ୍ଲେଖ ଅନୁଯାୟୀ ପ୍ରାଚୀନ ଯୁଗରେ କାଶୀର ଚଉଷଠି ଘାଟରେ ଯୋଗିନୀମାନଙ୍କ ନିମନ୍ତେ ସ୍ୱତନ୍ତ୍ର ମନ୍ଦିର ଥିଲା। ଯୋଗିନୀମାନେ ଏଇ କ୍ଷେତ୍ରର ସଦାସର୍ବଦା ସୁରକ୍ଷା କରୁଥିଲେ। ଚୈତ୍ର କୃଷ୍ଣ ପ୍ରତିପଦା ଦିନ କାଶୀର ଅଧିବାସୀମାନେ ଚଉଷଠି ଯୋଗିନୀଙ୍କୁ ଦର୍ଶନ କରିବା ନିମିତ୍ତ ଶାସ୍ତ୍ରୋକ୍ତ ପରମ୍ପରା ଥିଲା।

"ଚୈତ୍ର କୃଷ୍ଣ ପ୍ରତିପଦ ତତ୍ରଯାତ୍ରାପ୍ରଯନ୍ତତଃ
କ୍ଷେତ୍ର ବିଘ୍ନ ପ୍ରଶାନ୍ତ୍ୟର୍ଥଂ କର୍ତ୍ତବ୍ୟା ପୁଣ୍ୟକୃଜ୍ଜନୈଃ।
ଯାତ୍ରାଂ ଚ ସାମ୍ବତ୍ସରିକାଂ ଯୋ ନ କୁର୍ଯ୍ୟା ଅବଜ୍ଞୟା
ତସ୍ୟ ବିଘ୍ନଂ ପ୍ରଯଚ୍ଛନ୍ତି ଯୋଗିନ୍ୟଃ କାଶୀବାସିନଃ ॥"

(ସ୍କନ୍ଦପୁରାଣ, କାଶୀ ଖ.୪୫-୫୨)

ଓଡ଼ିଶାର ଚାରିଗୋଟି ଯୋଗିନୀପୀଠ (ଭୁବନେଶ୍ୱର ସନ୍ନିକଟ ଭାର୍ଗବୀ ନଦୀତଟ ସ୍ଥିତ ହୀରାପୁର ପୀଠ, ବଲାଙ୍ଗୀର ଜିଲ୍ଲାର ଟିଟିଲାଗଡ଼ ସନ୍ନିକଟ ରାଣୀପୁର ଝରିଆଲ ପୀଠ, ଭୌମ ରାଜବଂଶର ରାଣୀଙ୍କ ଦ୍ୱାରା ନିର୍ମିତ ଯାଜପୁରର ବୈତରଣୀ କୂଳରେ ଉତ୍ତର ତୋଷାଳି ପୀଠ ତଥା ଦକ୍ଷିଣ ଓଡ଼ିଶାର ସୋରଡ଼ା ପୀଠ)

ମଧ୍ୟରୁ ପ୍ରଥମ ଦୁଇଟି ଅର୍ଥାତ୍ ହୀରାପୁର ଏବଂ ରାଣୀପୁର ଝରିଆଲ ପୀଠଦ୍ୱୟ ଅଦ୍ୟାବଧି ଅତୀତର ମୂକସାକ୍ଷୀ ରୂପେ ବିଦ୍ୟମାନ ଥିବାବେଳେ ଶେଷୋକ୍ତ ପୀଠଦ୍ୱୟ ସମ୍ପୂର୍ଣ୍ଣ ରୂପେ ଧ୍ୱଂସପ୍ରାପ୍ତ । ମଣ୍ଡଳାକାର ଯୋଗିନୀ ମନ୍ଦିର ନିର୍ମାଣ କୌଶଳ ଓଡ଼ିଶାର ନିଜସ୍ୱ ବୋଲି କୁହାଯାଇପାରେ । ଯୋଗିନୀ ପୀଠମାନ ବୃତ୍ତାକାରରେ ନିର୍ମିତ ହୋଇଥିଲା ଏବଂ ମନ୍ଦିର ଉପରେ ଛାତ ଶିଖର ବା ଜଗମୋହନ ନଥିଲା । ହୀରାପୁର ପୀଠରେ ଉନ୍ମୁକ୍ତ ପ୍ରାଚୀର ସଦୃଶ ମଣ୍ଡଳାକାର ନିର୍ମିତ କାନ୍ଥର ପ୍ରତ୍ୟେକ ଠଣାରେ ଯୋଗିନୀମାନଙ୍କୁ କ୍ରମାନ୍ୱୟରେ ସ୍ଥାପିତ କରାଯାଇଥିବା ଦେଖାଯାଏ । ଏବେ ସେଠାରେ ତେଷଠିଟି ଯୋଗିନୀ ମୂର୍ତ୍ତି ବିଦ୍ୟମାନ । ପୀଠର ମଧ୍ୟଭାଗରେ ଏକ ଚତୁଷ୍କୋଣ ମଣ୍ଡପରେ ଭୈରବ ମୂର୍ତ୍ତି ସ୍ଥାପିତ । ରାଣୀପୁର ଝରିଆଲରେ ଥିବା ପୀଠଟି ହୀରାପୁର ଅପେକ୍ଷା ବଡ଼ । ଏଠାରେ ୬୪ ଯୋଗିନୀଙ୍କ ମଧ୍ୟରୁ ବର୍ତ୍ତମାନ ୪୬ଟି ମୂର୍ତ୍ତି ଅଛନ୍ତି । ଓଡ଼ିଶାର ଯୋଗିନୀ ପୀଠ ଅନୁସରଣରେ ପରବର୍ତ୍ତୀ ସମୟରେ ଭାରତର ଅନ୍ୟାନ୍ୟ ପୀଠଗୁଡ଼ିକ ନିର୍ମିତ ହୋଇଥିବା ଗବେଷକମାନେ ମତପୋଷଣ କରନ୍ତି । ବୈଦିକ ପରମ୍ପରାରେ ଅନୁସୃତ ମଣ୍ଡଳ, ଯନ୍ତ୍ର ଓ ଚକ୍ର ସଦୃଶ ତାନ୍ତ୍ରିକ ପୂଜା ପଦ୍ଧତିରେ ମଧ୍ୟ ଏଗୁଡ଼ିକୁ ଯଥେଷ୍ଟ ଗୁରୁତ୍ୱ ପ୍ରଦାନ କରାଯାଇଛି । ଏହା ବିନା ଯୋଗିନୀ ପୂଜା ନିଷ୍ଫଳ ବୋଲି ତନ୍ତ୍ରଶାସ୍ତ୍ରର ମତ । ପୀଠ ନିର୍ମାଣ ପୂର୍ବରୁ ମଣ୍ଡଳମାନ ନିର୍ମିତ ହୋଇ ଯୋଗିନୀ ପୂଜା କରାଯାଉଥିଲା । ତାନ୍ତ୍ରିକ ପୂଜା ପଦ୍ଧତିରେ ମଣ୍ଡଳ ନିର୍ମାଣର ଅପରିହାର୍ଯ୍ୟତା, ପରବର୍ତ୍ତୀ କାଳରେ ମଣ୍ଡଳାକାର ଯୋଗିନୀପୀଠ ଗୁଡ଼ିକର ପରିକଳ୍ପନା ଦିଗରେ ସାଧକମାନଙ୍କୁ ପ୍ରେରିତ କରିଥିବା ସମ୍ଭବ ମନେହୁଏ ।

ତନ୍ତ୍ର ସାଧକ ମାନଙ୍କୁ କୌଳ ସାଧକ ଅଥବା ବାମମାର୍ଗୀ ବୋଲି କୁହାଯାଏ । ଆଜି ତାନ୍ତ୍ରିକ ପଦ୍ଧତି ବିଷୟକୁ ନେଇ ଯାବତ୍ ଭ୍ରମାତ୍ମକ ଧାରଣା ଥିଲେ ମଧ୍ୟ ଅତୀତରେ ଏହି ସାଧକ ମାନେ ଅତ୍ୟନ୍ତ କଠୋର ସଂଯମୀ ଏବଂ ଜିତେନ୍ଦ୍ରିୟ ଥିଲେ । ତନ୍ତ୍ରଶାସ୍ତ୍ରର ବର୍ଣ୍ଣନା ଅନୁଯାୟୀ:

"ପରଦ୍ରବ୍ୟେଷୁ ଯୋହ୍ୟନ୍ଧଃ ପରସ୍ତ୍ରୀଷୁ ନ ପୁଂସକଃ,
ପରାପବାଦେ ଯୋ ମୂଢ଼ଃ ସର୍ବଦା ବିଜିତେନ୍ଦ୍ରିୟଃ
ତସ୍ୟୈବ ବ୍ରାହ୍ମଣସ୍ୟାତ୍ର ବାମେସ୍ୟାଦଧିକାରିତା ।"

ଅର୍ଥାତ୍ ଯିଏ ଅନ୍ୟର ଦ୍ରବ୍ୟ ଦେଖି ଅନ୍ଧ ହୋଇଯାଏ, ପରସ୍ତ୍ରୀକୁ ଦେଖି ନପୁଂସକ ତୁଲ୍ୟ ହୋଇଯାଏ । ଅନ୍ୟର ଅପବାଦ ଶୁଣି ମୂଢ଼ ସଦୃଶ ହୋଇଯାଏ, ସେଇ ଜିତେନ୍ଦ୍ରିୟ ବ୍ୟକ୍ତି ତନ୍ତ୍ର ସାଧକ ହୋଇପାରେ । ଏପରି ଅନେକ କଠୋରବ୍ରତ ପାଳନ କରିବାକୁ ପଡୁଥିବାରୁ ଧୀରେ ଧୀରେ ତନ୍ତ୍ର ସାଧନା ଚରମ ବିଲୁପ୍ତି ଆଡ଼କୁ ଅଗ୍ରସର ହେଲା ।

ଆଜିପରି ଏକଦା ତନ୍ତ୍ର ସାଧନା କ୍ଷେତ୍ରରେ ଓଡ଼ିଶା ଯେତେବେଳେ ବିଲୁପ୍ତିର ଅତଳ ଗର୍ଭ ଆଡ଼କୁ ଧାବମାନ ହେଉଥିଲା ଠିକ୍ ସେତିକିବେଳେ ପରମ ସାଧକ ମତ୍ସ୍ୟେନ୍ଦ୍ର ନାଥ ପୁନର୍ବାର ଯୋଗିନୀ ଉପାସନାକୁ ତାର ଶୀର୍ଷ ସ୍ଥାନରେ ନେଇ ସ୍ଥାପିତ କରିଥିଲେ । ସେ ଥିଲେ ନାଥ ସମ୍ପ୍ରଦାୟର ସଂସ୍ଥାପକ । ତାଙ୍କ ପ୍ରଦର୍ଶିତ କୌଳ ସାଧନା ପଦ୍ଧତିରେ ଯୋଗିନୀମାନଙ୍କୁ ମାତୃକା ଅଥବା ଜନନୀ, ଜାୟା ଓ ଭଗିନୀ ରୂପେ ଗ୍ରହଣ କରାଯାଇ ତାନ୍ତ୍ରିକ ଉପାସନା କରାଯାଉଥିଲା । ଯୋଗିନୀ ଯେତେବେଳେ ଜନନୀ ରୂପରେ ଉପାସିତ ହୁଅନ୍ତି ସେ ସାଧକକୁ ପୁତ୍ର ସଦୃଶ ସକଳ ଆଶୀର୍ବାଦ ଓ ଐଶ୍ୱର୍ଯ୍ୟ ପ୍ରଦାନ କରନ୍ତି । ଭଗିନୀ ଭାବରେ ପୂଜିତ ହେଲେ ଦେବୀ ସାଧକକୁ ଅତୀତ ବର୍ତ୍ତମାନ ଓ ଭବିଷ୍ୟତ ବିଷୟ ଜାଣିବା ନିମିତ୍ତ ସିଦ୍ଧି ପ୍ରଦାନ କରନ୍ତି । ସ୍ତ୍ରୀ ରୂପରେ ଆରାଧନା ଏକ କଠୋର ଏବଂ ବିପଜ୍ଜନକ ସାଧନା ହୋଇଥିବାରୁ ଏହା ଗୁରୁଙ୍କ ପ୍ରତ୍ୟକ୍ଷ ତତ୍ତ୍ୱାବଧାନରେ ସମ୍ପନ୍ନ ହୋଇଥାଏ । ଏହାଦ୍ୱାରା ସକଳ ଐଶ୍ୱର୍ଯ୍ୟ ଏବଂ ସର୍ବସିଦ୍ଧି ପ୍ରାପ୍ତି ଘଟିଥାଏ । ସ୍ତ୍ରୀ ରୂପୀ ଯୋଗିନୀଙ୍କୁ କାମେଶ୍ୱରୀ, ରତି ସୁନ୍ଦରୀ, ପଦ୍ମିନୀ ଓ ମୈଥୁନ ପ୍ରିୟା ଆଦି ଭାବରେ ଉପାସନା କରାଯାଏ । ପ୍ରତ୍ୟେକଙ୍କ ନିମନ୍ତେ ନିର୍ଦ୍ଧାରିତ ପଦ୍ଧତି ଓ ଧ୍ୟାନ ଅବଲମ୍ବନ କରିବାକୁ ପଡ଼ିଥାଏ । ଶାସ୍ତ୍ରର ଉଲ୍ଲେଖ ଅନୁଯାୟୀ କାମେଶ୍ୱରୀଙ୍କ ଧ୍ୟାନ ନିମ୍ନୋକ୍ତ ପ୍ରକାରେ ନିର୍ଦ୍ଦିଷ୍ଟ-

"କାମେଶ୍ୱରୀଂ ଶଶାଙ୍କାସ୍ୟାଂ ଚଲତ୍ ଖଞ୍ଜନ ଲୋଚନାମ୍
ସଦା ଲୋଲଗତିଂ କାନ୍ତାଂ କୁସୁମାସ୍ତ୍ର ଶିଲିମୁଖାମ୍ ।"

ସେହିପରି ରତି ସୁନ୍ଦରୀଙ୍କ ଧ୍ୟାନ ହେଲା-

"ସୁବର୍ଣ୍ଣବର୍ଣ୍ଣାଂ ଗୌରାଙ୍ଗୀ ସର୍ବାଲଂକାର ଭୂଷିତାମ୍ ।
ନୂପୁରାଙ୍ଗଦ ହାରାଢ଼୍ୟାଂ ରମ୍ୟାଞ୍ଚ ପୁଷ୍କରେକ୍ଷଣାମ୍ ॥"

ପଦ୍ମିନୀଙ୍କ ଧ୍ୟାନ ନିମ୍ନ ପ୍ରକାରେ ତନ୍ତ୍ରଶାସ୍ତ୍ରରେ ଉଲ୍ଲିଖିତ ଅଛି-

"ପଦ୍ମାସନାଂ ଶ୍ୟାମବର୍ଣ୍ଣାଂ ପୀନୋତ୍ତୁଙ୍ଗ ପ୍ରୟୋଧରାମ୍ ।
କୋମଳାଙ୍ଗୀଂ ସ୍ମେରମୁଖୀଂ ରକ୍ତୋତ୍ପଳଦଳେକ୍ଷଣାମ୍ ।।"

ଶେଷରେ ମୈଥୁନ ପ୍ରିୟାଙ୍କ ନିମନ୍ତେ ଉଦ୍ଦିଷ୍ଟ ଧ୍ୟାନ ହେଲା-

"ଶୁଦ୍ଧ ସ୍ଫଟିକସଙ୍କାସାଂ ନାନାରତ୍ନ ବିଭୂଷିତାମ୍ ।
ମଞ୍ଜୀରୀହାର କେୟୁର ରତ୍ନକୁଣ୍ଡଳ ମଣ୍ଡିତାମ୍ ।।"

ବାସ୍ତବରେ ଶାକ୍ତ ଚେତନାରେ ଉଦ୍‌ବୁଦ୍ଧ ଉତ୍କଳୀୟ ସାଧକବୃନ୍ଦ ନିଜର କଠୋର ସାଧନାର ପରାକାଷ୍ଠା ଦ୍ୱାରା ଏକଦା ଶକ୍ତି ଓ ତନ୍ତ୍ର ଉପାସନାର ଆଦ୍ୟପୀଠ ରୂପେ ସମଗ୍ର ଦେଶରେ ଓଡ଼ିଶାକୁ ମାନ୍ୟତା ପ୍ରଦାନ କରାଇବା ଦିଗରେ ସଫଳ କାମ ହୋଇ ଏକ ଶକ୍ତିଶାଳୀ ତଥା ଐଶ୍ୱର୍ଯ୍ୟପୂର୍ଣ୍ଣ ରାଷ୍ଟ୍ର ନିର୍ମାଣ ସକାଶେ ଅଗ୍ରଗଣ୍ୟ ଭୂମିକାରେ ଯେ ଅବତୀର୍ଣ୍ଣ ହୋଇଥିଲେ, ଏହା ନିଃସନ୍ଦେହ । ଏ ସମ୍ବନ୍ଧରେ ବ୍ୟାପକ ଗବେଷଣା ସମୟର ଆବଶ୍ୟକତା ଅଟେ ।

ଚଉଷଠୀ ଯୋଗିନୀ (ପୃ.୪୫୬)

ଶାକ୍ତ ଚେତନାରେ ଚତୁଃଷଷ୍ଠୀ ଯୋଗିନୀ ଉପାସନାର ବୈଶିଷ୍ଟ୍ୟ

ଭାରତରେ ଶକ୍ତି ଉପାସନାର ଉତ୍କର୍ଷ ଏବଂ ଅଭ୍ୟୁଦୟ ଘଟିବା ସଙ୍ଗେ ସଙ୍ଗେ ଆଦ୍ୟାଶକ୍ତି ଜଗଜ୍ଜନନୀଙ୍କର ବହୁବିଧ ରୂପରେ ପୂଜନ କ୍ରିୟା ଅନୁଷ୍ଠିତ ହେଲା। ତନ୍ମଧ୍ୟରୁ ଚତୁଃଷଷ୍ଠୀ ଯୋଗିନୀ, ଦଶମହାବିଦ୍ୟା, ନବଦୁର୍ଗା, ଅଷ୍ଟଦୁର୍ଗା, ଅଷ୍ଟାଦଶ ମାତୃଗଣ, ସପ୍ତମାତୃକା ଆଦି ରୂପରେ ଦେବୀ ଉପାସନା ପ୍ରମୁଖ ଅଟନ୍ତି। ଭାରତରେ ଯୋଗିନୀ ଉପାସନାର ପରମ୍ପରା ଖ୍ରୀଷ୍ଟିୟ ଅଷ୍ଟମ ବା ନବମ ଶତାବ୍ଦୀ ମଧ୍ୟରେ ପ୍ରଚଳିତ ହୋଇଥିବା ଐତିହାସିକମାନଙ୍କର ମତ। କେତେକଙ୍କ ମତରେ ଏହି ପରମ୍ପରା ଷଷ୍ଠ ଶତାବ୍ଦୀ ଠାରୁ ଷୋଡ଼ଶ ଶତାବ୍ଦୀ ପର୍ଯ୍ୟନ୍ତ ସୁଦୀର୍ଘ କାଳବ୍ୟାପି ଆମ ଦେଶରେ ବିଶେଷ କରି ଓଡ଼ିଶାର ସାମାଜିକ ଜୀବନକୁ ଏକ ଗଭୀର ଆଧ୍ୟାତ୍ମିକ ଚେତନାରେ ଉଦ୍‌ବୁଦ୍ଧ କରି ରଖିଥିଲା। ମାତୃ ଉପାସନାର ଭିତ୍ତିଭୂମି ଉପରେ ସମୟ କ୍ରମେ ତନ୍ତ୍ରବିଦ୍ୟାର ଅଭ୍ୟୁଦୟ ଘଟି ଦଶମହାବିଦ୍ୟା, ସପ୍ତମାତୃକା ତଥା ଚଉଷଠି ଯୋଗିନୀଙ୍କ ପୂଜା ପରମ୍ପରାର ସୂତ୍ରପାତ ହୋଇଥିବା ବିବିଧ ତଥ୍ୟ ଦ୍ୱାରା ପ୍ରମାଣିତ। ଯୋଗିନୀମାନଙ୍କ ଉତ୍ପତ୍ତି ଏବଂ ଉପାସନା ବିଷୟରେ ତନ୍ତ୍ରଶାସ୍ତ୍ରମାନଙ୍କରୁ ବିଶେଷ ବର୍ଣ୍ଣନା ପ୍ରାପ୍ତ ହୁଏ। ଅଥର୍ବ ବେଦର ପୈପଲାଦ ଶାଖା ସ୍ଥିତ 'ଅଙ୍ଗୀରସକଳ୍ପ'ରେ ତାନ୍ତ୍ରିକ ଉପାସନା ବିଷୟରେ ବିସ୍ତୃତ ବର୍ଣ୍ଣନା ରହିଛି। କିନ୍ତୁ ଏଥିରେ ମଧ୍ୟ ଯୋଗିନୀ ଉପାସନା ବିଷୟକ ସମ୍ପୂର୍ଣ୍ଣ ତଥ୍ୟ ଉପଲବ୍ଧ ହୋଇନଥାଏ। ଅନ୍ୟ ବେଦ ଓ ଉପନିଷଦରେ (କେବଳ କେତେକ ଯୋଗିନୀମାନଙ୍କ ନାମ ବ୍ୟତୀତ) ଏ ସମ୍ବନ୍ଧୀୟ ବିବରଣୀ ଦୃଷ୍ଟିଗୋଚର ହୁଏ ନାହିଁ। ଯୋଗିନୀ ଉପାସନା ବିଷୟରେ ସୁବିସ୍ତୃତ ଆଲୋଚନା ତନ୍ତ୍ରଶାସ୍ତ୍ର ଗୁଡ଼ିକରେ ପ୍ରାପ୍ତ ହୁଏ। ଭୂତ ଡାମର ତନ୍ତ୍ରର ନିମ୍ନ ଶ୍ଳୋକରୁ ତାହାର ପ୍ରମାଣ ମିଳେ।

"ଅଥାତଃ ସମ୍ପ୍ରବକ୍ଷାମି ଯୋଗିନୀ ସାଧନୋତ୍ତମମ୍
ସର୍ବାର୍ଥ ସାଧନଂ ନାମ ଦେହୀନାଂ ସର୍ବ ସିଦ୍ଧିଦମ୍।

ଅତି ଗୁହ୍ୟା ମହାବିଦ୍ୟା ଦେବାନାମପି ଦୁର୍ଲଭ
ଯା ସା ମର୍ତ୍ତ୍ୟର୍ଚ୍ଚନଂ କୃତ୍ୱା ଯକ୍ଷେଶୋଽର୍ଦ୍ଧନା ଧିପଃ ॥"

ଚଉଷଠି ଯୋଗିନୀଙ୍କ ଉପାସନାକୁ କେନ୍ଦ୍ର କରି ଭାରତରେ ମୋଟ ୯ ଗୋଟି ଯୋଗିନୀ ପୀଠ ପ୍ରତିଷ୍ଠିତ ହୋଇଥିଲା। ସେଥିମଧ୍ୟରୁ କେବଳ ଓଡ଼ିଶାରେ ଚାରିଗୋଟି ପୀଠ ଥିଲା। ଏହାର ଅର୍ଥ ହେଲା ସମଗ୍ର ଦେଶର ଓଡ଼ିଶା ଥିଲା ତନ୍ତ୍ର ସାଧନାର ପ୍ରମୁଖ କ୍ଷେତ୍ର। କେତେକଙ୍କ ମତରେ ଓଡ଼ିଶା ଭୂଇଁରୁ ହିଁ ତାନ୍ତ୍ରିକ ମାର୍ଗୀୟ ଯୋଗିନୀ ସାଧନାର ଅଭ୍ୟୁଦୟ ଘଟି ସାରା ଦେଶରେ ପ୍ରସାରିତ ହୋଇଥିଲା। ତନ୍ତ୍ରବିଦ୍ୟା ଶିବଙ୍କ ଦ୍ୱାରା ପ୍ରଣୀତ ହୋଇଥିବା କୁହାଯାଏ। ବାମାଚାରୀ ମାନଙ୍କ ଦ୍ୱାରା ହିଁ ତନ୍ତ୍ରବିଦ୍ୟା ଆୟତ ହୋଇପାରେ। ନିରୂକ୍ତ ଅନୁଯାୟୀ 'ବାମ' ଅର୍ଥ 'ପ୍ରଜ୍ଞା'। ଏଣୁ ବାମଚାରୀ ବା ବାମମାର୍ଗୀ ମାନେ ପ୍ରାଜ୍ଞ ଓ ବିଜ୍ଞ ହେବା ସ୍ୱାଭାବିକ। ଶିବଙ୍କ ମତରେ ଏହି ମାର୍ଗକୁ ଅତ୍ୟନ୍ତ ଅଗମ୍ୟ ଓ ଗହନ ବୋଲି କୁହାଯାଇଛି- **'ବାମୋ ମାର୍ଗଃ ପରମଗହନୋ ଯୋଗୀନୀମପ୍ୟଗମ୍ୟଃ'** ସଦ୍‌ଗୁରୁଙ୍କ ଠାରୁ ଦୀକ୍ଷା ଗ୍ରହଣ ଦ୍ୱାରା ବାମମାର୍ଗୀ ମାନେ ସାଧନାରେ ସାଫଲ୍ୟ ଲାଭ କରୁଥିଲେ। ଏଣୁ ରୁଦ୍ରଯାମଳ ତନ୍ତ୍ରରେ ଏ ବିଷୟରେ ବର୍ଣ୍ଣନା କରି କୁହାଯାଇଛି:

"ଗୁରୁମୂଳଂ ଜଗତ୍‌ସର୍ବଂ ଗୁରୁମୂଳଂ ପରଂତପଃ,
ଗୁରୋଃ ପ୍ରସାଦମାତ୍ରେଣ ମୋକ୍ଷମାପ୍ନୋତି ସଦ୍‌ବଶୀ
ଗୁରୁଂବିନା ଯସ୍ତ ମୂଢ଼ଃ ପୁସ୍ତକାଦି ବିଲୋକନାତ୍‌,
ଜପବନ୍ଧଂ ସମାପ୍ନୋତି କିଲ୍‌ବିଷଂ ପରମେଶ୍ୱରି।"

ଓଡ଼ିଶାର ଚାରିଗୋଟି ଯୋଗିନୀ ପୀଠ ମଧ୍ୟରୁ ବର୍ତ୍ତମାନ ଦୁଇଟି ମାତ୍ର ବିଦ୍ୟମାନ ରହିଛି। ସେଗୁଡ଼ିକ ହେଲା ଭୁବନେଶ୍ୱର ନିକଟସ୍ଥ ଭାର୍ଗବୀ ନଦୀ ତଟ ଦେଶରେ ଥିବା ହୀରାପୁର ନାମକ ସ୍ଥାନରେ ନିର୍ମିତ ଯୋଗିନୀ ଉପାସନା ପୀଠ ଏବଂ ବଲାଙ୍ଗୀର ଜିଲ୍ଲା ସ୍ଥିତ ଟିଟିଲାଗଡ଼ ନିକଟସ୍ଥ ପ୍ରସିଦ୍ଧ ସୋମତୀର୍ଥ ରାଣୀପୁର ଝରିଆଲ ଚଉଷଠି ଯୋଗିନୀ ଉପାସନା ପୀଠ। ଭାର୍ଗବୀ ନଦୀ ତଟ ସ୍ଥିତ ହୀରାପୁର ପୀଠଟି ଖ୍ରୀ.ଅ. ନବମ ଶତାବ୍ଦୀରେ ଭୌମକ ରାଜବଂଶର ଭୌମରାଣୀ ହୀରାଦେବୀଙ୍କ ଦ୍ୱାରା ନିର୍ମିତ ହୋଇଥିଲା। ହୀରାପୁରର ଯୋଗିନୀ ମନ୍ଦିରଟି ଠିକ୍ ଶିବଲିଙ୍ଗର ଚତୁଃପାର୍ଶ୍ୱରେ ଥିବା ଯୋନିପୀଠ ଓ ସୋମସୂତ୍ର ସଦୃଶ ଅବିକଳ ସାଦୃଶ୍ୟ ବହନ କରେ। ଏଥିରେ ଦ୍ୱାରପାଳ, ଭୈରବ, ଖଡ଼ଗଧାରିଣୀ ନଅଗୋଟି କାତ୍ୟାୟନୀ

ମୂର୍ତ୍ତି, ଅଜୈକପାଦ ଶିବଙ୍କ ସହ ଚଉଷଠି ଯୋଗିନୀ ମୂର୍ତ୍ତି ବିଦ୍ୟମାନ। ମନ୍ଦିର ସମ୍ମୁଖରେ ଥିବା ଭୀଷଣାକୃତି ଏକ ସିଦ୍ଧ ଦେବୀ ଦର୍ଶକମାନଙ୍କ ଦୃଷ୍ଟି ଆକର୍ଷଣ କରନ୍ତି। ଏହାର ମଧଭାଗରେ ଛାତବିହୀନ ଚତୁଃଷ୍କୋଣ ମଣ୍ଡପ ଉପରେ ଭୈରବ ବିରାଜମାନ ଥାଇ ଉନ୍ମୁକ୍ତ ପ୍ରାଚୀର ସଦୃଶ ମନ୍ଦିରର ଭିତର କାନ୍ଥର ଠଣାମାନଙ୍କ ମଧ୍ୟରେ ଗୋଟିଏ ଲେଖାଏଁ ଯୋଗିନୀ ମୂର୍ତ୍ତି ଅର୍ଥାତ୍ ଚଉଷଠିଟି ଯୋଗିନୀ ମୂର୍ତ୍ତି ବିଭିନ୍ନ ଠଣାରେ ମଣ୍ଡଳାକାରରେ ରଖାଯାଇଛି। ଏହି ଗୋଲାକାର ମନ୍ଦିରଟି ଛାତ ଜଗମୋହନ ବା ଶିଖର ବିହୀନ ଅଟେ। ଉଲଗ୍ନ ନୃମୁଣ୍ଡମାଳାଯୁକ୍ତ ଭୟଙ୍କର ଭୀମ ଭୈରବ ମୂର୍ତ୍ତିଦ୍ୱୟ ମନ୍ଦିରର ଦ୍ୱାର ଦେଶରେ ଅବସ୍ଥାପିତ। ଏଠାରେ ଥିବା ଯୋଗିନୀ ମୂର୍ତ୍ତିଗୁଡ଼ିକ ମଧ୍ୟରୁ ଗୋଟିଏ ଦଶଭୁଜା, ଉଣେଇଶଟି ଚତୁର୍ଭୁଜା ଏବଂ ଅବଶିଷ୍ଟ ଦ୍ୱିଭୁଜା ମୂର୍ତ୍ତି ଅଟନ୍ତି। ସେମାନଙ୍କର(ମୂର୍ତ୍ତି ଗୁଡ଼ିକର) ନିର୍ମାଣ ଶୈଳୀ ବେଶ ରମଣୀୟ ଅଟେ। ଏ ଧରଣର ଯୋଗିନୀ ମନ୍ଦିର ବା ତନ୍ତ୍ର ପୀଠଗୁଡ଼ିକ ପ୍ରାୟ ଏଇ ଢାଞ୍ଚାରେ ହିଁ ନିର୍ମିତ ହୋଇଥାଏ। ପ୍ରତ୍ୟେକ ଠଣାରେ ଥିବା ଯୋଗିନୀ ଦେବୀଙ୍କର ଉପାସନା ଶେଷରେ ଭୈରବଙ୍କ ଉପାସନା କରି ସାଧକମାନେ ସିଦ୍ଧିଲାଭ କରନ୍ତି। ହୀରାପୁର ପୀଠରେ ଏବେ ୬୩ଟି ଯୋଗିନୀ ଥିବା ଦୃଷ୍ଟିଗୋଚର ହୁଏ। ହୀରାପୁର ପୀଠର ପରବର୍ତ୍ତୀ ସମୟରେ ରାଣୀପୁର ଝରିଆଲର ବୃତ୍ତାକାର ଯୋଗିନୀ ପୀଠ ନିର୍ମିତ ହୋଇଥିଲା। ଆକାର ଦୃଷ୍ଟିରୁ ଏହି ପୀଠ ହୀରାପୁର ଅପେକ୍ଷା ବଡ଼ ଏବଂ ଏଠାରେ ପୂର୍ବରୁ ୬୪ ଯୋଗିନୀ ମୂର୍ତ୍ତି ଅବସ୍ଥାପିତ ହୋଇଥିଲେ ମଧ୍ୟ ବର୍ତ୍ତମାନ ମାତ୍ର ୪୬ଟି ମୂର୍ତ୍ତି ଥିବା ଦେଖାଯାଏ। ଐତିହାସିକ ତଥ୍ୟ ଅନୁଯାୟୀ ଏହି ତନ୍ତ୍ରପୀଠ ଖ୍ରୀ.ଅ. ଦଶମ ଶତାବ୍ଦୀରେ ନିର୍ମିତ ହୋଇଥିଲା। କିନ୍ତୁ ଏଠାକାର ମୂର୍ତ୍ତିଗୁଡ଼ିକ ହୀରାପୁର ଅପେକ୍ଷା ଅଧିକ କ୍ଷୟପ୍ରାପ୍ତ ହୋଇଥିବା ଦେଖାଯାଏ। ଏହି ପୀଠରେ ଚତୁଃସ୍ତମ୍ଭ ବିଶିଷ୍ଟ ଏକ ମଣ୍ଡପରେ ଅବସ୍ଥାପିତ ତିନୋଟି ମୁଣ୍ଡ ଓ ଅଷ୍ଟଭୁଜ ବିଶିଷ୍ଟ ଏବଂ ତାଣ୍ଡବ ନୃତ୍ୟ ଭଙ୍ଗିମାଯୁକ୍ତ ଶିବମୂର୍ତ୍ତିଙ୍କୁ ଏକ ବିରଳ ଶିବମୂର୍ତ୍ତି ଭାବରେ ଗଣନା କରାଯାଏ। ଏତଦ୍ ବ୍ୟତୀତ ବୈତରଣୀ ନଦୀ ତଟସ୍ଥିତ ଯାଜପୁରର ହୀରାପୁର ଏବଂ ଦକ୍ଷିଣ ଓଡ଼ିଶାର ସୋରଡ଼ା ଠାରେ ଏତାଦୃଶ ଯୋଗିନୀ ତନ୍ତ୍ର ପୀଠମାନ ଅତୀତରେ ଥିବାର ତଥ୍ୟ ପ୍ରାପ୍ତ ହେଲେ ହେଁ, (ବୋଧହୁଏ) ସେଗୁଡ଼ିକ କାଳର କରାଳ ଗର୍ଭରେ ଲୀନ ହୋଇ ଯାଇଥିବା ଅନୁମାନ କରାଯାଏ। ଓଡ଼ିଶା ପରି ଉତ୍ତରପ୍ରଦେଶର ମିତାଲି, ଜୁଧାର, ମଧ୍ୟପ୍ରଦେଶର ଖଜୁରାହୋ, ମହାଜୋଲ ଏବଂ ଭେଡ଼ାଘାଟକୁ ମିଶାଇ ସମଗ୍ର ଦେଶରେ

ମୋଟ ସାତଟି ଯୋଗିନୀ ତନ୍ତ୍ରପୀଠ ଅଦ୍ୟାବଧି ଆବିଷ୍କୃତ ହୋଇଥିଲେ ମଧ୍ୟ ଏସବୁ ପୀଠରେ ପ୍ରତୀକ ଗୁଡ଼ିକର ଆଂଶିକ ଜୀର୍ଣ୍ଣୋଦ୍ଧାର ମାତ୍ର ସମ୍ଭବ ହୋଇଛି । ଖଜୁରାହୋ ମନ୍ଦିରରୁ ଉଦ୍ଧାର କରାଯାଇଥିବା ମାତ୍ର ତିନିଗୋଟି ମୂର୍ତ୍ତି ଭାରତୀୟ ପ୍ରତ୍ନତତ୍ତ୍ୱ ସଂଗ୍ରହାଳୟରେ ସଂଗୃହୀତ ହୋଇଥିବା ବେଳେ ସାହାବୋଲର ମୂର୍ତ୍ତିଗୁଡ଼ିକ ଧୁବେଲା ସଂଗ୍ରହାଳୟରେ ସଂରକ୍ଷିତ ଅଛି ।

ଯୋଗିନୀ ଉପାସନା ସମ୍ବନ୍ଧରେ କେତେକ ତନ୍ତ୍ରଶାସ୍ତ୍ରମାନଙ୍କୁ ବାଦ୍ ଦେଲେ ଅନ୍ୟ କୌଣସି ପ୍ରାଚୀନ ଓ ପ୍ରାମାଣିକ ଗ୍ରନ୍ଥ ଉପଲବ୍ଧ ହୁଏ ନାହିଁ । ଗବେଷକମାନଙ୍କ ମତରେ ଏହା ଏକ ଗୋପନ ତାନ୍ତ୍ରିକ ବିଦ୍ୟା ହୋଇଥିବାରୁ ଏହାର ଉପାସନା ପ୍ରଣାଳୀଗୁଡ଼ିକ ଗ୍ରନ୍ଥରେ ଲିପିବଦ୍ଧ କରାନଯାଇ ଏଗୁଡ଼ିକୁ କେବଳ ଗୁରୁଶିଷ୍ୟର ସୀମା ମଧ୍ୟରେ ଆବଦ୍ଧ ରଖାଯାଉଥିଲା । ଏତଦ୍ ବ୍ୟତୀତ ଏହି ଉପାସନା ଅନ୍ତର୍ଗତ କେତେକ ସାଧନା ଅତ୍ୟନ୍ତ କଠୋର କ୍ଲେଶଦାୟକ ଓ ବିପଜ୍ଜନକ ଥିବାରୁ ସେଗୁଡ଼ିକୁ ଲିଖିତ ଭାବରେ ପ୍ରଚାର ପ୍ରସାର ପାଇଁ ଉଦ୍ୟମକୁ ନିରୁତ୍ସାହିତ କରାଯାଉଥିଲା । ଚଉଷଠି ଯୋଗିନୀ ଉପାସନା ନିମିତ୍ତ ପୂର୍ବେ ଅଷ୍ଟଦଳ ପଦ୍ମର ଆଠଗୋଟି ପାଖୁଡ଼ା ମଧ୍ୟରୁ ପ୍ରତ୍ୟେକ ପାଖୁଡ଼ା ଜଣେ ଲେଖାଏଁ ଦେବୀଙ୍କ ନିମନ୍ତେ ଉଦ୍ଦିଷ୍ଟ ଥାଇ ସେଥି ମଧ୍ୟରେ ସେ ଓ ତାଙ୍କ ଠାରୁ ସୃଷ୍ଟ ଆଠଜଣ ଯୋଗିନୀ ଉପାସିତ ହୋଇଥାନ୍ତି । ପ୍ରତ୍ୟେକ ଦେବୀଙ୍କ ଠାରୁ ୮ଜଣ ଯୋଗିନୀ ସୃଷ୍ଟି ହୋଇଥିବା ଏବଂ ଏହି ଭାବରେ ୮ଜଣ ଦେବୀଙ୍କ ଠାରୁ ମୋଟ ୬୪ ଯୋଗିନୀ କଳ୍ପିତ ଓ ଆରାଧିତ ହେଉଥିଲେ । ସେଇ ପ୍ରଧାନ ଅଷ୍ଟ ଦେବୀମାନେ ହେଲେ- ଉଗ୍ରଚଣ୍ଡୀ, ଭଦ୍ରକାଳୀ, ଦୁର୍ଗା, ଉଗ୍ରତାରା, କୌଶିକୀ, କାଳୀ, ଶିବଦୂତୀ ଏବଂ ମହାମାୟା । ଏମାନଙ୍କୁ ଅଷ୍ଟଦୁର୍ଗା ବୋଲି ମଧ୍ୟ କୁହାଯାଏ । ଅଷ୍ଟଦଳ ପଦ୍ମରେ ଚଉଷଠି ଯୋଗିନୀଙ୍କ ପୂଜା ଅର୍ଚ୍ଚନା ପରେ ସାଧକମାନେ ପଦ୍ମକେଶର ମଧ୍ୟରେ ସ୍ଥିତ ଭୈରବଙ୍କୁ ଆରାଧନା କରି ସିଦ୍ଧିଲାଭ କରୁଥିଲେ ।

ଯୋଗିନୀ ଉପାସନା ଦ୍ୱାରା ସାଧକ ଚତୁର୍ବର୍ଗ ଫଳ ପ୍ରାପ୍ତି ଅର୍ଥାତ୍ ଧର୍ମ ଅର୍ଥ କାମ ମୋକ୍ଷ ସହ ଅନେକ ଅଲୌକିକ ଶକ୍ତିର ଅଧିକାରୀ ହୋଇ ପାରୁଥିଲେ । ଏହି ଉପାସନାରେ 'ଯୋଗିନୀ', 'ଜନନୀ, ଭଗିନୀ ଅଥବା ପତ୍ନୀ' ରୂପେ ଗୃହୀତ ହୋଇ ଆରାଧିତ ହୋଇଥାନ୍ତି । ଜନନୀ ରୂପେ ପୂଜିତ ହେଲେ ଯୋଗିନୀ ଉପାସକଙ୍କୁ ପୁତ୍ର ସଦୃଶ ସୁରକ୍ଷା ପ୍ରଦାନ ସଙ୍ଗେ ସଙ୍ଗେ ଐଶ୍ୱର୍ଯ୍ୟ ଦ୍ୱାରା ବିଭୂଷିତ କରନ୍ତି । ତାଙ୍କୁ ଭଗିନୀ ରୂପେ ଆରାଧନା କଲେ ସେ ସାଧକଙ୍କୁ ଭୂତ ଓ ଭବିଷ୍ୟତର ଦ୍ରଷ୍ଟା

ଭାବରେ ଅଲୌକିକ ଶକ୍ତି ପ୍ରଦାନ କରନ୍ତି । ଯୋଗିନୀଙ୍କୁ ସ୍ତ୍ରୀ ସ୍ୱରୂପରେ ଆରାଧନା କଲେ ସାଧକଙ୍କୁ ସକଳ ଐଶ୍ୱର୍ଯ୍ୟ ଓ ସମସ୍ତ ଅଭୀଷ୍ଟ ପ୍ରାପ୍ତି ଘଟେ । ସ୍ତ୍ରୀ ସ୍ୱରୂପିଣୀ ଯୋଗିନୀଙ୍କୁ ପାଞ୍ଚ ଭାଗରେ ବିଭକ୍ତ କରାଯାଇ ପ୍ରତ୍ୟେକଙ୍କ ନିମନ୍ତେ ସ୍ୱତନ୍ତ୍ର ପୂଜାପଦ୍ଧତି ଏବଂ ଧ୍ୟାନ ଆଦି ନିର୍ଦ୍ଦେଶିତ ହୋଇଥାଏ । ସେମାନେ ହେଲେ କାମେଶ୍ୱରୀ, ରତି ସୁନ୍ଦରୀ, ପଦ୍ମିନୀ, ନଟିନୀ ଓ ମୈଥୁନ ପ୍ରିୟା । ଗୁରୁଙ୍କ ସାହଚର୍ଯ୍ୟ ଏବଂ ଇନ୍ଦ୍ରିୟ ସଂଯମ ବିନା ଏଥିରେ ସିଦ୍ଧିଲାଭ ଅସମ୍ଭବ । ଏହି ସାଧନା ଅତ୍ୟନ୍ତ କଠୋର ଏବଂ ଦୁଷ୍କର ହେଲେ ମଧ୍ୟ ଗୁରୁ ନିର୍ଦ୍ଦେଶିତ ପନ୍ଥାରେ ଏହା ସହଜସାଧ୍ୟ ହୋଇଥାଏ । ଉତ୍କଳର ଉଡ୍‌ଡୀୟାନ୍ ପୀଠରେ ଏଇ ସାଧନାର ବ୍ୟାପକ ପ୍ରସାର ଘଟିଥିଲା ବୋଲି ଗବେଷକମାନେ ଏକମତ ହୁଅନ୍ତି ।

ଯୋଗିନୀମାନଙ୍କ ଉତ୍ପତ୍ତି ଏବଂ ପ୍ରାକଟ୍ୟ ସମ୍ପର୍କରେ ମାର୍କଣ୍ଡେୟ ପୁରାଣ ଏବଂ ମତ୍ସ୍ୟପୁରାଣ ଆଦିରେ ସୁନ୍ଦର ଉପାଖ୍ୟାନମାନ ବର୍ଣ୍ଣିତ ହୋଇଛି । ମାର୍କଣ୍ଡେୟ ପୁରାଣର ଉପାଖ୍ୟାନ ଅନୁଯାୟୀ ପ୍ରବଳ ପ୍ରତାପୀ ରାକ୍ଷସ ରକ୍ତବୀଜକୁ ବଧ କରିବା ନିମିତ୍ତ ଯୋଗିନୀମାନଙ୍କର ଉତ୍ପତ୍ତି ହୋଇଥିଲା । ଇନ୍ଦ୍ରଶକ୍ତି 'ଐନ୍ଦ୍ରୀ', ଜଗଜ୍ଜନନୀ ଚଣ୍ଡିକା, କାଳୀ ତଥା କୌମାରୀ, ବାରାହୀ ଏବଂ ମାହେଶ୍ୱରୀ ଆଦି ମାତୃଶକ୍ତିଙ୍କ ଆଘାତ ଦ୍ୱାରା ଯୁଦ୍ଧରେ ରକ୍ତବୀଜ ଶରୀରରୁ ପତିତ ହେଉଥିବା ପ୍ରତିଟି ରକ୍ତବିନ୍ଦୁରୁ ରକ୍ତବୀଜ ସଦୃଶ ଅସଂଖ୍ୟ ପ୍ରବଳ ପ୍ରତାପୀ ଦୈତ୍ୟମାନେ ଜନ୍ମ ନେଇ ପ୍ରତିଆକ୍ରମଣ କରୁଥିବାରୁ ଏହି ସଂଗ୍ରାମରେ ବିଜିତ ହେବା ଦେବୀଙ୍କ ପକ୍ଷରେ ନିତାନ୍ତ ଦୁଷ୍କର ହୋଇ ପଡ଼ିଲା ।

"ଯାବନ୍ତଃ ପତିତାସ୍ତସ୍ୟ ଶରୀରାଦ୍ରକ୍ତବିନ୍ଦବଃ ।
ତାବନ୍ତଃ ପୁରୁଷା ଜାତାସ୍ତଦ୍‌ବୀର୍ଯ୍ୟବଲବିକ୍ରମାଃ ॥
ତେ ଚାପି ଯୁଯୁଧୁସ୍ତତ୍ର ପୁରୁଷା ରକ୍ତସମ୍ଭବାଃ ।
ସମଂ ମାତୃଭିରତ୍ୟୁଗ୍ରଶସ୍ତ୍ରପାତାତିଭୀଷଣମ୍ ॥

(ଶ୍ରୀଦୁର୍ଗା ସପ୍ତଶତୀ ୮-୪୪/୪୫)

ଶ୍ରୀଦୁର୍ଗା ସପ୍ତଶତୀର ବର୍ଣ୍ଣନ ଅନୁଯାୟୀ ଏହି ସମୟରେ ବିଭିନ୍ନ ଦେବତାଙ୍କ ଶରୀରରୁ ସେମାନଙ୍କ ସ୍ୱ ସ୍ୱ ସ୍ୱରୂପ, ବେଶଭୂଷା ଏବଂ ବାହନ ସଦୃଶ ସାଧନ ସହ ସେମାନଙ୍କ ଶକ୍ତି ମାନେ ପ୍ରକଟିତ ହୋଇ ଦେବୀ ଚଣ୍ଡିକାଙ୍କ ନିକଟକୁ ଗଲେ ଏବଂ ଦୈତ୍ୟମାନଙ୍କ ସହ ସଂଗ୍ରାମ କରିଥିଲେ । (ଶ୍ରୀଦୁର୍ଗା ସପ୍ତଶତୀ ୮-୧୨/

୧୪) ଯେମିତିକି ବ୍ରହ୍ମାଙ୍କ ଶକ୍ତି 'ବ୍ରହ୍ମାଣୀ', କାର୍ତ୍ତିକେୟଙ୍କ ଶକ୍ତିରୂପା ଜଗଦମ୍ବିକା, ବୃଷଭ ଉପରେ ଆରୁଢ଼ ମହାଦେବଙ୍କ ଶକ୍ତି, ଗରୁଡ଼ ଉପରେ ବିରାଜମାନ ବିଷ୍ଣୁଙ୍କ ଶକ୍ତି, ବାରାହ ଶରୀରଧାରୀ ଭଗବାନ ଶ୍ରୀହରିଙ୍କ ଶକ୍ତି, ନୃସିଂହ ଭଗବାନଙ୍କ ଶକ୍ତି ନାରସିଂହୀ ଏବଂ ଐରାବତ ହସ୍ତୀ ଉପରେ ଆରୁଢ଼ ଇନ୍ଦ୍ରଙ୍କ ଶକ୍ତି, ଏହିପରି ଭିନ୍ନ ଭିନ୍ନ ଦେବତାଙ୍କର ଶକ୍ତିମାନେ ମହାମାୟା ଚଣ୍ଡିକାଙ୍କୁ ଯୁଦ୍ଧରେ ବିଜୟିନୀ ହେବା ପାଇଁ ସାହାଯ୍ୟ କରିବା ନିମନ୍ତେ ପହଞ୍ଚିଲେ। (ଶ୍ରୀଦୁର୍ଗା ସପ୍ତଶତୀ ୮-୧୫ରୁ ୨୧) ସେଇ ସମୟରେ ଦେବୀଙ୍କ ଶରୀରରୁ ଗର୍ଜନ କରୁଥିବା ଅତି ଭୟଙ୍କର ଉଗ୍ର ଚଣ୍ଡିକା ଶକ୍ତି (ଶିବାମାନେ) ପ୍ରକଟ ହେଲେ।

"ତତୋ ଦେବୀଶରୀରାତ୍ତୁ ବିନିଷ୍କ୍ରାନ୍ତାତିଭୀଷଣା ।
ଚଣ୍ଡିକାଶକ୍ତିରତ୍ୟୁଗ୍ରା ଶିବାଶତନିନାଦିନୀ ।"

(ଶ୍ରୀଦୁର୍ଗା ସପ୍ତଶତୀ ୮-୨୩)

ମହାମାୟା ଏଥି ଉତ୍ତାରୁ ଦୈତ୍ୟମାନଙ୍କୁ ସନ୍ଦେଶ ପ୍ରେରଣ କରି କହିଥିଲେ ଯଦି ସେମାନଙ୍କର ଜୀବିତ ରହିବାକୁ ଆଶା ଥାଏ ତେବେ ସେମାନେ ପାତାଳପୁରୀକୁ ପ୍ରତ୍ୟାବର୍ତ୍ତନ କରନ୍ତୁ ନଚେତ୍ ତାଙ୍କର (ଦେବୀଙ୍କ) ଶିବାମାନେ (ଯୋଗିନୀମାନେ) ସେମାନଙ୍କର କଞ୍ଚାମାଂସ ଭକ୍ଷଣ କରି ପରିତୃପ୍ତ ହେବେ। ଭୂତଡ଼ାମର ତନ୍ତ୍ର ଅନୁଯାୟୀ ଏହି ଯୋଗିନୀମାନଙ୍କର ସଂଖ୍ୟା ଥିଲା ସାତକୋଟି। ଶ୍ରୀଦୁର୍ଗା ସପ୍ତଶତୀରେ ଏହା ନିମ୍ନଲିଖିତ ମତେ ବର୍ଣ୍ଣିତ।

"ବଳାବଳେପାଦଥ ଚେଦ୍ ଭବନ୍ତୋ ଯୁଦ୍ଧକାଙ୍କ୍ଷିଣଃ।
ତଦାଗଚ୍ଛତ ତୃପ୍ୟନ୍ତୁ ମଚ୍ଛିବାଃ ପିଶିତେନ ବଃ ।।"

(ଶ୍ରୀଦୁର୍ଗା ସପ୍ତଶତୀ ୮-୨୭)

ଅର୍ଥାତ୍ ମୋ ଯୋଗିନୀମାନେ ତୁମ୍ଭର କଞ୍ଚାମାଂସ ଦ୍ୱାରା ପରିତୃପ୍ତ ହେବେ।

ଏଥିରୁ ଏହା ସୁସ୍ପଷ୍ଟ ଯେ ଦେବତା ଏବଂ ମହାମାୟାଙ୍କ ସମ୍ମିଳିତ ଶକ୍ତିରୁ ଶିବା ଅଥବା ଯୋଗିନୀମାନେ (ମାତୃଗଣ) ପ୍ରକଟ ହୋଇ ସଂଗ୍ରାମରେ ଆଘାତ ପ୍ରାପ୍ତ ରକ୍ତବୀଜ ଶରୀରରୁ ନିପତିତ ଶୋଣିତ ବିନ୍ଦୁମାନଙ୍କୁ, ଭୂମିରେ ପଡ଼ି ଭୟଙ୍କର ଦୈତ୍ୟମାନେ ଜନ୍ମ (ଶ୍ରୀଦୁର୍ଗା ସପ୍ତଶତୀ ୮-୪୧) ନେବା ପୂର୍ବରୁ ତାହାକୁ ଭକ୍ଷଣ କରି ଦେଉଥିଲେ। (ଶ୍ରୀଦୁର୍ଗା ସପ୍ତଶତୀ ୮-୬୩) ଯୋଗିନୀଗଣ, କାଳୀ ଏବଂ ଦେବୀ ଚଣ୍ଡିକା ଦୈତ୍ୟମାନଙ୍କ ସହିତ ଯୁଦ୍ଧ କରିଥିବା ବେଳେ ଦୈତ୍ୟମାନଙ୍କ

ଶକ୍ତି ଉପାସନା ଓ ବୈଦିକ ଦେବୀତତ୍ତ୍ୱ : ୪୬୦

ଶରୀରରୁ ରକ୍ତପାତ ଘଟିବା ସ୍ଥିତିରେ ସେମାନେ ତାହାକୁ ପାନ କରୁଥିଲେ ଅଥବା ସେଥିରୁ ଜନ୍ମିତ ରାକ୍ଷସମାନଙ୍କୁ ଗିଳି ଦେଉଥିଲେ । (ଶ୍ରୀଦୁର୍ଗା ସପ୍ତଶତୀ ୮-୫୯/୬୨) ଏହିପରି ଭାବରେ ରାକ୍ଷସମାନଙ୍କର ବିନାଶ ସମ୍ଭବ ହୋଇଥିଲା ।

ମତ୍ସ୍ୟପୁରାଣରେ ବର୍ଣ୍ଣିତ କଥା ଅନୁଯାୟୀ ଏକଦା ପ୍ରବଳ ପ୍ରତାପୀ 'ଅନ୍ଧକାସୁର' ସହ ଶିବଙ୍କର ଯୁଦ୍ଧ ହୋଇଥିଲା । ସେଇ ସମୟରେ ଏହି ଅସୁରର ରକ୍ତପାନ କରିବାପାଇଁ ଏକଶହ ସତାନବେ ଯୋଗିନୀ ପ୍ରକଟ ହୋଇଥିଲେ । ଅନ୍ଧକାସୁରର ମୃତ୍ୟୁ ପରେ ମଧ୍ୟ ଏହି ଉନ୍ମତ ଯୋଗିନୀମାନେ ଶାନ୍ତ ନହୋଇ ଭୟଙ୍କର ରୂପ ଧାରଣ କରି ସମଗ୍ର ସୃଷ୍ଟିକୁ ଧ୍ୱଂସ କରିବାରୁ ଶିବ ଅନ୍ୟ ଉପାୟ ନଦେଖି ନୃସିଂହ ଭଗବାନଙ୍କର ସ୍ତୁତି କରିଥିଲେ । ନୃସିଂହଙ୍କ ଠାରୁ ମହାବଳଶାଳୀ ୩୨ ଜଣ ଯୋଗିନୀ ପ୍ରକଟ ହୋଇ ପୂର୍ବ ଯୋଗିନୀମାନଙ୍କୁ ଆୟତ୍ତ କରିଥିଲେ । ଏ ସମସ୍ତ ଯୋଗିନୀମାନଙ୍କୁ ସଂସାରର ମଙ୍ଗଳ ନିମନ୍ତେ ନିଜ ନିଜକୁ ନିୟୋଜିତ କରିବା ସକାଶେ ଭଗବାନ ନୃସିଂହ ନିର୍ଦ୍ଦେଶ ଦେଇଥିଲେ । ଶାସ୍ତ୍ରର ଭିନ୍ନତା ଅନୁଯାୟୀ ଯୋଗିନୀମାନଙ୍କର ନାମ ଆଦିରେ ପାର୍ଥକ୍ୟ ପରିଦୃଷ୍ଟ ହୋଇଥାଏ । ତେବେ ଭିନ୍ନ ଭିନ୍ନ ଯୁଗ ବା କଳ୍ପରେ ମହାମାୟା ଜଗଜ୍ଜନନୀ ଅବତୀର୍ଣ୍ଣ ହୋଇ ସଜ୍ଜନ ଏବଂ ଭକ୍ତଗଣମାନଙ୍କୁ ସୁରକ୍ଷା ଦେବା ନିମନ୍ତେ ଭିନ୍ନ ଭିନ୍ନ ରାକ୍ଷସୀ ଶକ୍ତିର ଉନ୍ମୁଳନ ପାଇଁ ତାଙ୍କର ସହଯୋଗିନୀ ଭାବରେ ଏହି ସମସ୍ତ ଯୋଗିନୀଗଣଙ୍କୁ ପ୍ରକଟ କରାଇଥିବା ସହଜ ଭାବେ ବୋଧଗମ୍ୟ ହୋଇଥାଏ ।

ସର୍ବ ଦୁଃଖହାରିଣୀ ଦେବୀ ମା' ହିଙ୍ଗୁଳା

ଯୁଗ ଯୁଗରୁ ଆମ ଦେଶରେ ମାତୃଶକ୍ତିର ଉପାସନା ପାରମ୍ପରିକ ଭାବରେ କରାଯାଇ ଆସୁଛି । ବୈଦିକ ସାହିତ୍ୟରେ ତାଙ୍କୁ ଉମା, କାଳୀ, ଦୁର୍ଗା, ଚଣ୍ଡୀ, କାତ୍ୟାୟନୀ, ମହାମାତା, ଋତାଚୀ, ଅଧିଷ୍ଠାତ୍ରୀ, ପରାକ୍ରମୀ, ରକ୍ଷଣକର୍ତ୍ତ୍ରୀ, ମାର୍ଗଦର୍ଶକ ଆଦି ବହୁବିଧ ନାମରେ ଆଖ୍ୟାୟିତ କରାଯାଇଛି । ଦେବୀ ହିଙ୍ଗୁଳା ଆଦ୍ୟା ସନାତନୀ ଏବଂ ଅଗ୍ନିରୂପା ଅଟନ୍ତି । ଅର୍ଥାତ୍ ତାଙ୍କର ଗୁଣ ଓ ଧର୍ମ ଅଗ୍ନି ସହ ସମାନ । ସେ ପ୍ରକୃତିରୂପା ପୂର୍ଣ୍ଣା ଭଗବତୀ । ଦୁର୍ଗାସହସ୍ର ନାମରେ ମା'ଙ୍କୁ ଅଗ୍ନିରୂପା ଭାବରେ ବର୍ଣ୍ଣନା କରାଯାଇଛି । ତାଙ୍କର ନାମ ମଧ୍ୟ ଭିନ୍ନଭିନ୍ନ:

"ଜ୍ୱଳନ୍ତୀ ଜ୍ୱଳନା କରା ଜ୍ୱଳା ଜାଜ୍ୱଲ୍ୟଦମ୍ବଦା
ଜ୍ୱଳାଶୟା, ଜ୍ୱାଳାମଣି ଜ୍ୟୋତିଷାଙ୍ଗ ତିରେବହି...
....ଜ୍ୟୋତିସ୍ତମ୍ଭା ଜ୍ୱଳତ୍‌ବିର୍ଯ୍ୟା, ଜ୍ୱଳନ୍‌ମନ୍ତ୍ରା ଜ୍ୱଳତ୍‌ପଳା...
ଜ୍ୱଳତ୍‌ବଳୟ ହସ୍ତାବ୍‌ଜା ଜ୍ୱଳତ୍ ପ୍ରଜ୍ୱୋଳ କୋ ଜ୍ୱଳା
ଜ୍ୱାଳମାଲ୍ୟା ଜଗଜ୍ୱାଳା ଜ୍ୱଳଜ୍ଜ୍ୱଳଗ ସଜ୍ୱାଳା ॥"

ଏଠାରେ ଭଗବାନ ଶ୍ରୀରାମ ମାତା ସୀତାଙ୍କୁ ରାବଣ ଦ୍ୱାରା ଅପହୃତ ହେବା ପୂର୍ବରୁ ତାଙ୍କର (ମା'ଜାନକୀଙ୍କର) ବାସ୍ତବ ସ୍ୱରୂପକୁ ଅଗ୍ନି ମଧ୍ୟରେ ଅବସ୍ଥାପିତ କରାଇ ନିଜର ଛଦ୍ମ ରୂପରେ ରାବଣ ଦ୍ୱାରା ଅପହୃତ ହେବା ପାଇଁ (ଅର୍ଥାତ୍ ମାୟା ରଚନା ସକାଶେ) ନିର୍ଦ୍ଦେଶ ପ୍ରଦାନ କରିଥିଲେ । ଏଣୁ ମାତୃଶକ୍ତି ହେଉଛନ୍ତି ଅଗ୍ନିସମ୍ଭୂତା ଓ ଅଗ୍ନିଲୁପ୍ତା । ସେଇପରି ନିଜ ପିତ୍ରାଳୟରେ କରାଯାଇଥିବା ଅପମାନକୁ ସହ୍ୟ ନକରି ପାରି ଶକ୍ତିରୂପା ସତୀ କ୍ରୋଧିତ ହେବା ଏବଂ ଦକ୍ଷଯଜ୍ଞ ଅବସରରେ ଛାୟାସତୀଙ୍କୁ ସୃଷ୍ଟି କରି ତାହାକୁ ଦକ୍ଷଯଜ୍ଞ ମଧ୍ୟରେ ବିଲୀନ କରାଇନେବା ଏକ ଶାସ୍ତ୍ରୀୟ ସତ୍ୟ ଅଟେ । ସେ ଯାହାହେଉ ଆମ ଓଡ଼ିଶାରେ ଯାଜପୁର ଜିଲ୍ଲାସ୍ଥ ଶଙ୍ଖଚିଲ ଗ୍ରାମ, ତାଳଚେରର ଗୋପାଳ ପ୍ରସାଦ ତଥା

ମୟୂରଭଞ୍ଜ ଜିଲ୍ଲାର ବଡ଼ସାହି ବ୍ଲକ ମଧ୍ୟସ୍ଥ ଛେଳିଆ ଗ୍ରାମରେ ମା' ହିଙ୍ଗୁଳାଙ୍କୁ ପ୍ରତ୍ୟକ୍ଷ ଦେବୀ ହିସାବରେ ପୂଜନ କରାଯାଏ । ଛେଳିଆ ଗ୍ରାମ ସମ୍ବନ୍ଧରେ ଏକ ରୋଚକ କାହାଣୀ ଅଗ୍ନିରୂପା ମା' ହିଙ୍ଗୁଳାଙ୍କ ସର୍ବବ୍ୟାପକତା ଉପରେ ଆଲୋକପାତ କରିଥାଏ ।

ଏକଦା ଛେଳିଆଗ୍ରାମ (ବଡ଼ସାହି) ବିସ୍ମୟକର ଏବଂ ଅଲୌକିକ ଅଗ୍ନିକାଣ୍ଡ ଦ୍ୱାରା ଆପଣାଛାଏଁ ଆକ୍ରାନ୍ତ ହୋଇ ନିଶ୍ଚିହ୍ନ ହେବାକୁ ବସିଲା । ଅଗ୍ନିକାଣ୍ଡର ବାସ୍ତବ କାରଣ ବହୁ ଖୋଳତାଡ଼ ପରେ ବି ଠାବ କରିବା ଅସମ୍ଭବ ହେଲା । ସେହିଦିନ ଠାରୁ ସେଠାକାର ଲୋକମାନେ ମା'ହିଙ୍ଗୁଳାଙ୍କୁ ସ୍ଥାପନା କରି ପୂଜା ଅର୍ଚ୍ଚନା ଆରମ୍ଭ କଲେ । ସେବେଠାରୁ ଅଗ୍ନିକାଣ୍ଡ ଆଉ ଘଟି ନଥିଲା । ବଡ଼ସାହି ଠାରୁ ଚାରି କିଲୋମିଟର ଦୂରବର୍ତ୍ତୀ ସୁହାଗପୁରା ଓ ଚାନ୍ଦଡିହା ରାସ୍ତା ନିକଟ ଶାଳ ଜଙ୍ଗଲସ୍ଥିତ କଉଡ଼ିଖଣି ଠାରେ ମା'ହିଙ୍ଗୁଳାଙ୍କ ପ୍ରସିଦ୍ଧ ବାର୍ଷିକ ମେଳା ଦିନକ ପାଇଁ ଅନୁଷ୍ଠିତ ହୋଇଥାଏ । ଯେଉଁଠି ୪/୫ଲକ୍ଷ ଶ୍ରଦ୍ଧାଳୁ ଙ୍କର ସମାଗମ ଘଟେ । ଶ୍ରଦ୍ଧାଳୁମାନେ ଏହିଦିନ ନିଜ ଘର ଚାଳଛପରରୁ ସଂଗୃହିତ କୁଟା ବାଉଁଶକୁ ଅନୁଷ୍ଠିତ ହେଉଥିବା ଯଜ୍ଞରେ ସମର୍ପଣ କରନ୍ତି । ଏହିଦିନ ଦେଶର ବିଭିନ୍ନ ଭାଗରୁ ଭକ୍ତବୃନ୍ଦଙ୍କର ସମାଗମ ହୋଇଥାଏ । ମା'ଙ୍କୁ ସମର୍ପଣ କରିବା ଉଦ୍ଦେଶ୍ୟରେ ଭକ୍ତମାନେ ଆଣିଥିବା କଦଳୀ, ନଡ଼ିଆ, ଧୂପଦୀପ, ଘିଅ, ସିନ୍ଦୂର, ଗୁଆ ଆଦି ସମସ୍ତ ସାମଗ୍ରୀ ଯଜ୍ଞକୁଣ୍ଡରେ ସମର୍ପଣ କରାଯାଇ ସୂର୍ଯ୍ୟାସ୍ତ ସମୟରେ ଅଗ୍ନି ସଂଯୋଗ କରାଯାଏ । ରଜ ସଂକ୍ରାନ୍ତିକୁ ଛାଡ଼ି ଅନ୍ୟ ସବୁ ସଂକ୍ରାନ୍ତି ସହିତ ପ୍ରତ୍ୟେକ ଶନିବାର ଏବଂ ମଙ୍ଗଳବାର ଦିନ ଏଠାରେ ଭକ୍ତମାନଙ୍କର ପ୍ରବଳ ଭିଡ଼ ହେବା ଦେଖାଯାଏ । ଏଠାରେ ମାଆଙ୍କର ବିଶାଳ ମନ୍ଦିର ସହ ଯଜ୍ଞକୁଣ୍ଡ, ପାନୀୟ ଜଳ ବ୍ୟବସ୍ଥା, ଚୁଳପକା ମଣ୍ଡପ ଏବଂ ଶୌଚାଳୟ ଆଜି ଯାତ୍ରୀମାନଙ୍କ ସୁବିଧା ପ୍ରତି ଧ୍ୟାନ ଦିଆଯାଇ ନିର୍ମାଣ କରାଯାଇଛି । ଅଗ୍ନ୍ୟୁତ୍ସବ ବା ଅଗିରା ପୂର୍ଣ୍ଣିମା ପରବର୍ତ୍ତୀ ଶନିବାର ବା ମଙ୍ଗଳବାର ମାଆଙ୍କର ବାର୍ଷିକମେଳା ଅନୁଷ୍ଠିତ ହୁଏ । ଶ୍ରୀଶ୍ରୀ ଦୁର୍ଗା ସପ୍ତଶତୀରେ ଏକଦା ଦେବତାମାନେ କିପରି ବ୍ରହ୍ମ ସ୍ୱରୂପିଣୀ ଅଗ୍ନିରୂପା ମହାଦେବୀଙ୍କ ପରିଚୟ

ପାଇ କୃତାର୍ଥ ପୂର୍ବକ ତାଙ୍କର ସ୍ତୁତି କରିଥଲେ ତାହା ନିମ୍ନ ଶ୍ଲୋକରୁ ସୁସ୍ପଷ୍ଟ ହୁଏ:

"ତାମଗ୍ନିବର୍ଣ୍ଣାଂ ତପସା ଜ୍ୱଳନ୍ତୀଂ ବୈରୋଚନୀଂ କର୍ମଫଳେଷୁ ଜୁଷ୍ଟାମ୍ ।
ଦୁର୍ଗାଂ ଦେବୀଂ ଶରଣଂ ପ୍ରପଦ୍ୟାମହେଽସୁରାନ୍ନାଶୟିତ୍ର୍ୟୈ ତେ ନମଃ ॥"

(ଶ୍ରୀ ଦେବ୍ୟଥର୍ବ ଶୀର୍ଷମ୍ ଶ୍ଲୋକ-୯)

ଅର୍ଥାତ୍ ଦେବୀ ଅଗ୍ନି ସମାନ ବର୍ଣ୍ଣଯୁକ୍ତା, ଜ୍ଞାନ ଦ୍ୱାରା ଉଜ୍ଜ୍ୱଳମୟୀ, ଦୀପ୍ତିମତୀ, କର୍ମଫଳ ପ୍ରାପ୍ତିର ହେତୁ ସେବନ କରୁଥିବା ଦୁର୍ଗାଦେବୀଙ୍କର ଆମ୍ଭେ ଶରଣାଗତ ହେଉଛୁ । ଅସୁରମାନଙ୍କ ବିନାଶ କରୁଥିବା ହେ ଦେବୀ! ତୁମ୍ଭଙ୍କୁ ପ୍ରଣାମ ।

ବଡ଼ସାହି(ଛେଳିଆ)ହିଙ୍ଗୁଳା ମନ୍ଦିର
(ପୃ.୧୬୪)

ଶଙ୍ଖଚିଲା ହିଙ୍ଗୁଳା ମନ୍ଦିର (ତାଳଚେର)
(ପୃ.୪୬୬)

ଶକ୍ତି ଉପାସନା ଓ ବୈଦିକ ଦେବୀତତ୍ତ୍ୱ : ୪୬୪

ଯାଜପୁରର ଅଗ୍ନିରୂପା ଦେବୀ ମା' ହିଙ୍ଗୁଳା

ଯାଜପୁର ଜିଲ୍ଲାର ଶଙ୍କଚିଲା ଗ୍ରାମରେ ମାଆ ହିଙ୍ଗୁଳାଙ୍କର ଆବିର୍ଭାବ ବାସ୍ତବରେ ଥିଲା ଅତ୍ୟନ୍ତ ବିସ୍ମୟକର । ୧୯୨୯ ମସିହା ବୈଶାଖ ମାସ ଦି୬ନ ଶୁକ୍ରବାର ଏଇ ଗ୍ରାମରେ 'ବରେଇ' ନାମକ ଶ୍ମଶାନରେ ଦିନବେଳେ ଏକ ଜ୍ୱଳନ୍ତ ଘୂର୍ଣ୍ଣନଶୀଳ ଅଗ୍ନିପିଣ୍ଡୁଳା ଦର୍ଶନ କରି ଗ୍ରାମବାସୀମାନେ ଭୟଭୀତ ହୋଇଗଲେ । ଏହି ଅଗ୍ନିପିଣ୍ଡୁଳାଟି ତୀବ୍ର ବେଗରେ ନିକଟସ୍ଥ ଉଦୟ ପାଟଣା ଗ୍ରାମରେ ସପନି ବେହେରାଙ୍କ ଘର ମଧ୍ୟକୁ ପ୍ରବେଶ କରି ତାହାକୁ ଦଗ୍ଧିଭୂତ କଲା । ଏହାପରେ ପୁଣି ଏହା ରାଧାନଗର ଗ୍ରାମର ରାଧୁ ସାହୁଙ୍କ ଘରକୁ କ୍ଷୀପ୍ର ବେଗରେ ଗତିକରି ତାହାକୁ ଭସ୍ମୀଭୂତ କଲା । ଏଥି ଉତ୍ତାରୁ ଏହା ବିଜୁଳି ବେଗରେ ମୋତିପାଟଣା ଗ୍ରାମର ମଣି ସାହୁ ତଥା ଅନତି ଦୂରବର୍ତ୍ତୀ ବୁଢ଼େଇଟିକର ଗ୍ରାମର ନାଭ ସାହୁଙ୍କ ଘରକୁ ସମ୍ପୂର୍ଣ୍ଣ ଦଗ୍ଧିଭୂତ କରିଦଲା । ବିସ୍ମୟକର କଥାଟି ହେଉଛି ଏହି ସବୁ ଘରମାନଙ୍କର ସଂଲଗ୍ନ ତଥା ପାର୍ଶ୍ୱବର୍ତ୍ତୀ ଗୃହଗୁଡ଼ିକର କୌଣସି କ୍ଷୟକ୍ଷତି ହୋଇନଥିଲା । ୧୯୩୦ ମସିହା ବୈଶାଖ ୫ଦିନ ସେହି ଶୁକ୍ରବାର ଅବସରରେ ଆଉ ଏକ ଅଦ୍ଭୁତ ଘଟଣା ଗ୍ରାମବାସୀମାନଙ୍କୁ ଅଭିଭୂତ କଲା । ସେଦିନ ମଠ ପାଟଣା ଗ୍ରାମର ହରିସାହୁଙ୍କ ବଳଦ ଲାଞ୍ଜରେ ମା' ତାଳଚେର (ଛେଳିଆଗ୍ରାମ, ଅନୁଗୁଳ)ରୁ ଶଙ୍ଖଚିଲା ଗ୍ରାମକୁ ଆସି ବାଲିଦାଣ୍ଡରେ ଥିବା ଏକ ବଟବୃକ୍ଷରେ ପ୍ରକଟ ହୋଇଛନ୍ତି ବୋଲି ଚାରୁଲତା ବେଓ୍ୱା ନାମ୍ନୀ ଜଣେ କାଳସୀ ଙ୍କ ଭାଷାରେ ପ୍ରକାଶ କରାଇଲେ । ସେବେଠାରୁ ଚୈତ୍ରଶୁକ୍ଳ ଚତୁର୍ଦ୍ଦଶୀ ତିଥିରେ ସେଇ ବଟବୃକ୍ଷ (ମା'ଙ୍କ ପୀଠ) ଠାରେ ଯଜ୍ଞ ପୂଜାଦି ଅନୁଷ୍ଠିତ ହୋଇଆସୁଛି । ଏହି ବଟବୃକ୍ଷଟି ଠାକୁରପାଟଣା ଗ୍ରାମର ପରୀକ୍ଷିତ ଦାସଙ୍କ ଦ୍ୱାରା ରୋପିତ ହୋଇଥିଲା । ମାଆଙ୍କର ପୀଠ ପାଖରେ ସ୍ୱୟଂ ଭୈରବରୂପୀ ଠାକୁରେଶ୍ୱର ମହାଦେବ ବିଜେ କରିଛନ୍ତି । ମାଆଙ୍କର ଏହି ବାର୍ଷିକ ଉତ୍ସବ ସମୟରେ ସ୍ଥାନୀୟ ତଥା ବହିରାଗତ ଭକ୍ତମାନଙ୍କ ଦ୍ୱାରା ନିଷ୍ଠାର ସହ ପୂଜାର୍ଚ୍ଚନା ଅନୁଷ୍ଠିତ ହୁଏ । ଯଜ୍ଞ ଅବସରରେ ଭକ୍ତମାନେ

ଆମିଷ ଭୋଜନ ବର୍ଜନ କରନ୍ତି ଓ ରାତ୍ରିକାଳରେ ଗୃହରେ ରୋଷେଇ ମଧ୍ୟ ବାରଣ କରାଯାଏ । ଉପରୋକ୍ତ ଭାବେ ମା'ଙ୍କ ଆବିର୍ଭାବ ଉପାଖ୍ୟାନରୁ ଏହା ସୁସ୍ପଷ୍ଟ ଯେ ଜଗଜ୍ଜନନୀ ଆଦ୍ୟାଶକ୍ତି ସର୍ବ ବ୍ୟାପକ ଓ ସବତ୍ର ବିଦ୍ୟମାନ । ନିଜ ଇଚ୍ଛାନୁଯାୟୀ ଭକ୍ତମାନଙ୍କ କଲ୍ୟାଣାର୍ଥେ ଯେକୌଣସି ସ୍ଥାନରେ, ଯେକୌଣସି ନାମ ବା ସ୍ୱରୂପରେ ସେ ଆବିର୍ଭୂତ ହୋଇ ପାରନ୍ତି (**ସୋଽକାମୟତ । ବହୁ ସ୍ୟାଂ ପ୍ରଜାୟେୟେତି**-ତୈତ୍ତି.ଉ. ଅନୁ-୬) ଅତଏବ ମାଆ ବିଶ୍ୱବ୍ରହ୍ମାଣ୍ଡର ସୃଷ୍ଟିକର୍ତ୍ତ୍ରୀ, ପାଳୟିତ୍ରୀ ତଥା ବିଶ୍ୱଜନନୀ ହେଲେ ମଧ୍ୟ ସେ ଅଗ୍ନିରୂପା ଯାହାଙ୍କର ବର୍ଣ୍ଣନ କରି ଉପନିଷଦରେ କୁହାଯାଇଛି:

"ତାମଗ୍ନିବର୍ଣ୍ଣାଂ ତପସା ଜ୍ୱଳନ୍ତୀଂ ବୈରୋଚନୀଂ କର୍ମଫଳେଷୁ ଜୁଷ୍ଟାମ୍ ।
ଦୁର୍ଗାଦେବୀଂ ଶରଣମହଂ ପ୍ରପଦ୍ୟେ ସୁତରସି ତରସେ ନମଃ ॥"

(ତୈତ୍ତରୀୟ ଆରଣ୍ୟକ -ମହାନାରାୟଣ ଉପନିଷଦ ୧୦/୨)

ଅର୍ଥାତ୍ ଭକ୍ତ କହନ୍ତି- ମୁଁ ସେହି ବୈରୋଚନୀ, ପରମାତ୍ମାଙ୍କ ଦ୍ୱାରା ଦୃଷ୍ଟ, ଅଗ୍ନିବର୍ଣ୍ଣା, ସ୍ୱୀୟ ଅଗ୍ନିକର୍ତ୍ତୃକ ତାପରେ ଶତ୍ରୁ ଦଗ୍ଧକାରିଣୀ, କର୍ମଫଳ ପ୍ରଦାନକାରିଣୀ ମା' ଦୁର୍ଗାଙ୍କର ଶରଣାଗତ ଅଟେଁ । ହେ ସଂସାରତ୍ରାଣକାରିଣୀ ମାତା ତୁମକୁ ପ୍ରଣାମ ।

ହିଙ୍ଗ୍‌ଲାଜ,ବେଲୁଚିସ୍ଥାନ (ପୃ.୪୭୦)

ଆଦ୍ୟାଶକ୍ତି ଦେବୀ ମାତା ହିଙ୍ଗୁଳା ଓ ମହାପ୍ରଭୁ ଶ୍ରୀଜଗନ୍ନାଥ

ଆମ ଉତ୍କଳ ପ୍ରଦେଶର ବଡ଼ଠାକୁର ପ୍ରଭୁ ଶ୍ରୀଜଗନ୍ନାଥଙ୍କ ସହ ଅଗ୍ନିରୂପିଣୀ ମା' ହିଙ୍ଗୁଳାଙ୍କର ଥିବା ଅନନ୍ୟ ସମ୍ପର୍କ ସର୍ବଜନ ବିଦିତ । ପୂର୍ବକାଳରେ ପଶ୍ଚିମ ଭାରତରେ ନଳ ନାମରେ ଜଣେ ରାଜା ଥିଲେ । ତାଙ୍କ ରାଜ୍ୟର ନାମ ଥିଲା ବିଦର୍ଭ । ସେ ଥିଲେ ମା' ହିଙ୍ଗୁଳାଙ୍କର ଅନନ୍ୟ ଭକ୍ତ । ତତ୍କାଳୀନ ପୁରୀର ଠାକୁର ରାଜା ଶ୍ରୀଜଗନ୍ନାଥଙ୍କ ମହାପ୍ରସାଦ ପ୍ରସ୍ତୁତି ନିମିତ୍ତ ବିଶୁଦ୍ଧ ଅଗ୍ନିର ଆବଶ୍ୟକତା ଅନୁଭବ କରି ସେଥିରେ ବିଫଳ ମନୋରଥ ହେଲେ । ବହୁ ବ୍ୟକ୍ତିଙ୍କ ସହ ଆଲୋଚନା ପରେ ମଧ୍ୟ ଥଳ କିନାରା ପାଇଲେ ନାହିଁ । ଶେଷରେ ତାଙ୍କର ବଂଧୁ ନଳ ରାଜାଙ୍କ କଥା ମନେ ପଡ଼ିଲା । ଠାକୁର ରାଜାଙ୍କ ପରାମର୍ଶ କ୍ରମେ ସେ ସହଯୋଗର ହାତ ବଢ଼ାଇଲେ । ମା' ହିଙ୍ଗୁଳା ଅଗ୍ନିସ୍ୱରୂପା ହୋଇଥିବାରୁ ନଳ ତାଙ୍କର ଆଶୀର୍ବାଦ ଭିକ୍ଷା କଲେ । ନଳରାଜାଙ୍କ ପ୍ରାର୍ଥନା ମୁଗ୍ଧ ମା' ନିଜେ ଶ୍ରୀକ୍ଷେତ୍ରକୁ ଅଗ୍ନିରୂପରେ ବିଜେ କରିବା ପାଇଁ ବଚନବଦ୍ଧ ହେଲେ । ମା'ଙ୍କ ପ୍ରଦତ୍ତ ଅଗ୍ନିରେ ଶ୍ରୀମନ୍ଦିରରେ ପ୍ରଥମ ମହାପ୍ରସାଦ ପ୍ରସ୍ତୁତ ହୋଇଥିବା କିମ୍ବଦନ୍ତୀ ଆଜି ବି ଲୋକଶ୍ରୁତିରେ ରହିଛି ।

ପୌରାଣିକ ଉପାଖ୍ୟାନ ଅନୁଯାୟୀ ତ୍ରେତା ଯୁଗରେ ଦଧୀଚି ନାମରେ ଜଣେ ତ୍ରିକାଳଜ୍ଞ ତଥା ଅତ୍ୟନ୍ତ ପ୍ରସିଦ୍ଧ ମହର୍ଷି ଥିଲେ। ମା' ହିଙ୍ଗୁଳାଙ୍କ ଧରା ଅବତରଣ ଏବଂ ଲୀଳା ସମ୍ପର୍କରେ ତାଙ୍କର ବାଣୀ ପୁରାଣ ଶାସ୍ତ୍ରରେ ଲିପିବଦ୍ଧ ହୋଇ ରହିଛି। ତାତାର ମଙ୍ଗୋଲ ନାମକ ସୂର୍ଯ୍ୟବଂଶୀ କ୍ଷତ୍ରୀୟ କୁଳରେ ଦିଚାତାର ବୋଲି ଜଣେ ରାଜା ରାଜତ୍ୱ କରୁଥିଲେ । ତାଙ୍କର 'ହିଙ୍ଗୋଳ ଓ ସୁନ୍ଦର' ନାମରେ ଦୁଇଜଣ ଅତି କ୍ରୁର ଏବଂ ନୃଶଂସ ପୁତ୍ର ଥିଲେ ଯାହାଙ୍କର ରାଜ୍ୟର ସୀମା ଚୀନ ଦେଶକୁ ଲାଗି ରହିଥିଲା । ଚୀନ ଦେଶରେ ସେତେବେଳେ ଚନ୍ଦ୍ରବଂଶୀମାନେ ବାସ କରୁଥିଲେ । ସେମାନେ ଥିଲେ ଶିବଭକ୍ତ । ଦିଚାତାରଙ୍କ ପୁତ୍ର 'ସୁନ୍ଦର' ଚୀନ ଉପରେ ଆକ୍ରମଣ କରି ମନଇଚ୍ଛା ଧନ ସମ୍ପଦ ଲୁଣ୍ଠନ କରିବା ସଂଗେସଂଗେ ସେଠାକାର ଲୋକମାନଙ୍କ ଉପରେ ବର୍ବରୋଚିତ ଅତ୍ୟାଚାର ଚଳାଇଲେ । ସେଠାକାର ଅଧିବାସୀ ଏଥିରେ ଅତିଷ୍ଠ ହୋଇ ତାଙ୍କର ଇଷ୍ଟଦେବ ଶିବଙ୍କୁ ଆରାଧନା କଲେ । ଶିବ ପ୍ରସନ୍ନ ହୋଇ

ଏହାର ସମାଧାନ ପାଇଁ ପୁତ୍ର ଗଣେଶଙ୍କୁ ଦାୟିତ୍ୱ ଦେଲେ। ଶେଷରେ ରାଜପୁତ୍ର 'ସୁନ୍ଦର' ଗଣେଶଙ୍କ ଦ୍ୱାରା ନିପାତ ହେଲେ। ଏଥିରେ ଭାଇ ହିଙ୍ଗୋଳ ବ୍ୟସ୍ତ ହୋଇ କଠୋର ତପସ୍ୟା କଲେ ଏବଂ ସମଗ୍ର ବ୍ରହ୍ମାଣ୍ଡରେ କେହି ତାଙ୍କୁ ବଧ କରି ପାରିବେ ନାହିଁ ବୋଲି ବରପ୍ରାପ୍ତ ହେଲେ । କେବଳ ସୂର୍ଯ୍ୟରଶ୍ମି ପ୍ରବେଶ କରି ପାରୁନଥିବା ସ୍ଥାନରେ ହିଁ ତାଙ୍କର ମୃତ୍ୟୁ ହୋଇପାରିବ ବୋଲି ବରରେ ସର୍ତ୍ତ ଥିଲା । ହିଙ୍ଗୋଳ ବରପ୍ରାପ୍ତି ପରେ ଅତିମାତ୍ରାରେ ଅତ୍ୟାଚାରୀ ହୋଇଉଠିଲା ଏବଂ ଗର୍ବୋନ୍ନତ ହୋଇ ବହୁ ରାଜ୍ୟ ଜୟ କରି (ବର୍ତ୍ତମାନର) ବେଲୁଚିସ୍ତାନ ଅଞ୍ଚଳର ଏକ ଅନ୍ଧକାରଛନ୍ନ ଗୁମ୍ଫା ମଧ୍ୟରେ ବିଶ୍ରାମ ନେଉଥିବା ସମୟରେ ଦେବୀମାତାଙ୍କ ଦ୍ୱାରା ବଧ ହୋଇଥିଲା। ତାର ନାମାନୁସାରେ ସେଇ ସ୍ଥାନ ଆଜି ବି ହିଙ୍ଗୁଳା ତୀର୍ଥ ନାମରେ ପ୍ରସିଦ୍ଧ । ଏହାର ଉଲ୍ଲେଖ ମହାଭାରତରେ ମଧ୍ୟ ଉପଲବ୍ଧ ହୁଏ । ଏଠାରେ ରାଜା ଜୟଦ୍ରଥ ଅନେକ ମନ୍ଦିର ନିର୍ମାଣ କରିଥିଲେ। ପରବର୍ତ୍ତୀ ସମୟରେ ବହୁ ରାଜାଗଣ ତଥା ଅନ୍ୟ ସିଦ୍ଧ ପୁରୁଷମାନେ ଏହି ପ୍ରସିଦ୍ଧ ତୀର୍ଥକୁ ଦର୍ଶନ ପାଇଁ ଆସିଥିବା ଇତିହାସରୁ ପ୍ରମାଣ ମିଳେ । ତନ୍ମଧ୍ୟରୁ ଜୟପୁର ରାଜା ଜଗତସିଂହ, ରାଜସ୍ଥାନର ରାମଦେବଜୀ, ସାଧୁବାବା ମେଖନ, ରାଜା ମାଧୋସିଂହ, ବିହାରୀ ମଲ୍ଲ, ଜଗତ ସିଂହ, ଭିକ୍ ସିଂହ, ତୋଡ଼ର ମଲ୍ଲ, ସମ୍ରାଟ ବିକ୍ରମାଦିତ୍ୟ ଆଦି ଅନ୍ୟତମ।

ମହାମାୟା ଦେବୀ ଜଗନ୍ମାତା ବାସ୍ତବରେ ନିତ୍ୟ ସ୍ୱରୂପା ଅଟନ୍ତି । ସମସ୍ତ ଜଗତ ତାଙ୍କରି ରୂପ ଅଟେ । ସେ ସମସ୍ତ ବିଶ୍ୱକୁ ବ୍ୟାପ୍ତ କରି ରଖିଛନ୍ତି । ତଥାପି ଭିନ୍ନ ଭିନ୍ନ ସମୟରେ ତାଙ୍କର ପ୍ରାକଟ୍ୟ ଅନେକ ପ୍ରକାର ଓ ଅନେକ ନାମ ବିଶିଷ୍ଟ ହୋଇଥାଏ । ଯଦ୍ୟପି ସେ ନିତ୍ୟ ଓ ଅଜନ୍ମା; ତଥାପି ଯେତେବେଳେ ଦେବତା ତଥା ସୃଷ୍ଟିର ମଙ୍ଗଳ ନିମନ୍ତେ ସେ ପ୍ରକଟ ହୁଅନ୍ତି ସେତେବେଳେ ସେ ସଂସାରରେ ଉତ୍ପନ୍ନ ହେଲେ ବୋଲି କୁହାଯାଏ । ସେହି ବହୁନାମ ବିଶିଷ୍ଟ ମହିମାମୟୀ ଜଗନ୍ମାତାଙ୍କର ଗୋଟିଏ ନାମ ହିଙ୍ଗୁଳା ଅଟେ। ନିମ୍ନ ଶ୍ଳୋକରେ ଏହା ଦେବୀମାତାଙ୍କର ଅସଂଖ୍ୟ ନାମ ବିଶିଷ୍ଟ ବହୁ ଅବତାର ବିଷୟରେ ଯଥାର୍ଥରେ ବ୍ୟାଖ୍ୟା କରାଯାଇଛି:

"ନିତ୍ୟୈବ ସା ଜଗନ୍ମୂର୍ତ୍ତିସ୍ତୟା ସର୍ବମିଦଂ ତତମ୍ ।।
ତଥାପି ତତ୍ସମୁତ୍ପତ୍ତିର୍ବହୁଧା ଶ୍ରୂୟତାଂ ମମ ।....
ଦେବାନାଂ କାର୍ଯ୍ୟସିଦ୍ଧ୍ୟର୍ଥମାବିର୍ଭବତି ସା ଯଦା ।।"

(ଶ୍ରୀଚଣ୍ଡୀ ୧/୬୪-୬୫)

ସନାତନୀ ମା' ହିଙ୍ଗୁଳାଙ୍କ ବିଶ୍ୱ ପ୍ରସିଦ୍ଧପୀଠ- ହିଙ୍ଗଳାଜ୍ ତୀର୍ଥ (ବେଲୁଚିସ୍ତାନ)

ଭାରତର ବିଭାଜନ ପରେ ବର୍ତ୍ତମାନର ପାକିସ୍ଥାନ ଅନ୍ତର୍ଗତ କ୍ୱେଟାକୁ ଗ୍ୱାଦର ବନ୍ଦର ସହ ସଂଯୁକ୍ତ କରୁଥିବା ମକ୍ରାନ ଉପକୂଳସ୍ଥ ରାଜପଥ ଦେଇ ହିଙ୍ଗୁଳା ମନ୍ଦିର ଦର୍ଶନ କରାଯାଇପାରେ । ଏହା କରାଚୀ ସହରଠାରୁ ୨୫୦ କିଲୋମିଟର ଦୂରବର୍ତ୍ତୀ ବେଲୁଚିସ୍ତାନରେ ଅବସ୍ଥିତ । ଯାହା ହିଙ୍ଗୁଳାଇ ଅଥବା ହିଙ୍ଗଳାଜ୍ ତୀର୍ଥ ନାମରେ ପ୍ରସିଦ୍ଧ । ପୂର୍ବେ ତୀର୍ଥ ଯାତ୍ରୀମାନେ ଏଠାକୁ ହସ୍ତରେ କାଷ୍ଠ ନିର୍ମିତ ତ୍ରିଶୂଳ ଧାରଣ କରି ବେଲୁଚିସ୍ତାନର ମରୁଭୂମି ଦେଇ ପଦଯାତ୍ରା କରୁଥିଲେ । ଏହାକୁ ଗେରୁଆ ରଙ୍ଗର କପଡ଼ାରେ ଗୁଡ଼ାଇ ଧାରଣ କରୁଥିଲେ । ସେମାନଙ୍କୁ 'ଚଡ଼ିଦାର' ବୋଲି କୁହାଯାଉ ଥିଲା । ଯାତ୍ରୀମାନେ ମରୁଭୂମିରେ ପଦଯାତ୍ରା ସମୟରେ ପରସ୍ପରକୁ ସାହାଯ୍ୟ ସହଯୋଗ କରିବା ପାଇଁ ଶପଥ ଗ୍ରହଣ କରୁଥିଲେ । ରାସ୍ତା ମଝିରେ କେତୋଟି ହାତଗଣତା କୂପରୁ ସ୍ଥାନୀୟ ଅଧିବାସୀମାନେ ଯାତ୍ରୀମାନଙ୍କୁ ପାନୀୟଜଳ ଯୋଗାଇ ଦେଉଥିଲେ । ଏହି ଦୁଷ୍କର ପଦଯାତ୍ରାକୁ ତୀର୍ଥଯାତ୍ରୀମାନେ ନିଜନିଜର ପାପ ପ୍ରକ୍ଷାଳନର ମାଧ୍ୟମ ବୋଲି ଭାବୁଥିଲେ । ପଥ ମଧ୍ୟରେ 'ଚନ୍ଦ୍ରକୂପ' ନାମରେ ଏକ ଆଗ୍ନେୟଗିରି ପଡ଼େ । ଏଥିରୁ ଅନ୍ୟାନ୍ୟ ପଦାର୍ଥ ସହ କାଦୁଅ ନିର୍ଗତ ହୋଇ ତଦ୍ୱାରା ଅଠର ଗୋଟି କ୍ଷୁଦ୍ରକ୍ଷୁଦ୍ର କାଦୁଅର ପାହାଡ଼ ନିର୍ମିତ ହୋଇଥିବା ଦେଖାଯାଏ । ଏଠାରେ ରାତ୍ରିଯାପନ କରୁଥିବା ଯାତ୍ରୀମାନେ ଏଠାକାର ଇଷ୍ଟଦେବ ବାବା ଚନ୍ଦ୍ରକୂପଙ୍କ ନିକଟରେ ଅଟାଗୁଡ଼ ଆଦିର ପ୍ରସ୍ତୁତ ଭୋଗ ଲଗାଇ ବାବାଙ୍କ ଆଶୀର୍ବାଦ ପ୍ରାପ୍ତ କରନ୍ତି ଏବଂ ପରଦିନ ପ୍ରତ୍ୟୁଷରୁ ଆଉ ୪/୫ଦିନର ରାସ୍ତା ମାତା ହିଙ୍ଗଳାଜଙ୍କ ମନ୍ଦିର ଅଭିମୁଖେ ଯାତ୍ରା କରନ୍ତି । ଯାତ୍ରାର ଶେଷ ପର୍ଯ୍ୟାୟରେ ଯାତ୍ରୀମାନେ ଯେଉଁ ଗ୍ରାମରେ ରାତ୍ରିଯାପନ କରନ୍ତି ସେଠାକାର ଅଧିବାସୀ ମୁଖ୍ୟତଃ ମୁସଲମାନ ଅଟନ୍ତି ସେମାନେ କାଷ୍ଠ ନିର୍ମିତ ଗୃହ ନିର୍ମାଣ କରି ଯାତ୍ରୀମାନଙ୍କ ରହଣୀ ସକାଶେ ଯୋଗାଇଦେଇଥାନ୍ତି । ସିନ୍ଧୁ ନଦୀର

ତ୍ରିକୋଣଭୂମିରୁ ମାଆଙ୍କ ମନ୍ଦିର ପ୍ରାୟ ୧୨୦କି.ମି. ଦୂରବର୍ତ୍ତୀ ମକ୍ରାନ ପର୍ବତ ଶୃଙ୍ଖଳାର ଶୀର୍ଷ ଭାଗରେ ଅବସ୍ଥିତ, ଯାହାକୁ "ମରୁତୀର୍ଥ ହିଙ୍ଗଲାଜ୍" ବୋଲି ମଧ୍ୟ ନାମକରଣ କରାଯାଇଛି । ମରୁଭୂମିର ପାର୍ଶ୍ୱବର୍ତ୍ତୀ ତଥା 'ହିଙ୍ଗୋଲ' ନଦୀର ନାମାନୁସାର ବୋଧହୁଏ ଏପରି ନାମକରଣ ସମ୍ଭବ ହୋଇଛି ବୋଲି ମନେହୁଏ । ଏହି କ୍ଷେତ୍ରରେ ୨୦୦ବର୍ଗ କିଲୋମିଟର ବ୍ୟାପି ଏକ ବିଶାଳ ପାର୍କ ନିର୍ମିତ ହୋଇଛି ଯାହା "ହିଙ୍ଗୋଲ ଜାତୀୟ ପ୍ରମୋଦ ଉଦ୍ୟାନ" ନାମରେ ନାମିତ ।

ମାଆଙ୍କର ମନ୍ଦିର, ଦୂରରୁ ସୂର୍ଯ୍ୟଚନ୍ଦ୍ର ସଦୃଶ ପ୍ରତିଭାତ ହୋଇଥାଏ । ଭକ୍ତମାନେ ହିଙ୍ଗୋଲ ନଦୀରେ ସ୍ନାନପରେ ଓଦାବସ୍ତ୍ର ପରିଧାନକରି ନଦୀର ଅପର ପାର୍ଶ୍ୱସ୍ଥ ପାହାଡ଼ ଗୁମ୍ଫାସ୍ଥିତ ମନ୍ଦିର ମଧ୍ୟରେ ମାଆଙ୍କୁ ଦର୍ଶନ କରନ୍ତି । ଏହି ଗୁମ୍ଫା ଉପରିସ୍ଥ ବିଶାଳ ପ୍ରସ୍ତରଖଣ୍ଡ ଉପରେ ଶୋଭାୟମାନ ଚନ୍ଦ୍ରସୂର୍ଯ୍ୟ ଚିହ୍ନ ଭଗବାନ ଶ୍ରୀରାମଙ୍କ ଦ୍ୱାରା ତାଙ୍କର ବନବାସ କାଳରେ ସୃଷ୍ଟି ହୋଇଥିବା ଏବଂ ମନ୍ଦିରଟି ଯକ୍ଷମାନଙ୍କ ଦ୍ୱାରା ନିର୍ମିତ ହୋଇଥିବା ପୌରାଣିକ କିମ୍ବଦନ୍ତୀ ପ୍ରଚଳିତ ରହିଛି । ରଙ୍ଗୀନ ପ୍ରସ୍ତରର ଚଟାଣ ଏବଂ କାନ୍ଥ ବିଶିଷ୍ଟ ଏହି ମନ୍ଦିରର ଅତି ବିଶାଳକାୟ ପ୍ରବେଶ ଦ୍ୱାର ଦର୍ଶନ କରି ବିସ୍ମିତ ହେବାକୁ ପଡ଼େ । ତା ସତ୍ତ୍ୱେ ବି ଦେବୀ ମାତାଙ୍କୁ ଦର୍ଶନ ପାଇଁ ନତଜାନୁ ହୋଇ ପ୍ରଣାମସ୍ଥିତିରେ ଭକ୍ତମାନେ ମନ୍ଦିର ମଧ୍ୟକୁ ପ୍ରବେଶ କରିଥାନ୍ତି । ସିନ୍ଦୂର ଏବଂ ରକ୍ତବର୍ଣ୍ଣର ବସ୍ତ୍ରାବୃତ ସିଂହାସନ ଉପରେ ଦେବୀମାତା ମନ୍ଦିରର ଶେଷପ୍ରାନ୍ତରେ ବିରାଜମାନ କରିଥାନ୍ତି । ବାସ୍ତବରେ ତ୍ରିକାଳ ଅବାଧିତ ପରମସତ୍ତା ରୂପିଣୀ ବ୍ରହ୍ମମୟୀ ମା' ହିଙ୍ଗୁଳାଙ୍କର ଏହି ଭବ୍ୟରୂପ ଦର୍ଶନ କରି ଭକ୍ତମାନେ କୃତକୃତ୍ୟ ହୋଇ ଉଠନ୍ତି ।

"ତ୍ୱୟୈତଦ୍ଧାର୍ଯ୍ୟତେ ବିଶ୍ୱଂ ତ୍ୱୟୈତତ୍ସୃଜ୍ୟତେ ଜଗତ୍ ।
ତ୍ୱୟୈତତ୍ପାଲ୍ୟତେ ଦେବି ତ୍ୱମତ୍ସ୍ୟନ୍ତେ ଚ ସର୍ବଦା ।
ବିସୃଷ୍ଟୌ ସୃଷ୍ଟିରୂପା ତ୍ୱଂ ସ୍ଥିତିରୂପା ଚ ପାଳନେ ।
ତଥା ସଂହୃତିରୂପାନ୍ତେ ଜଗତୋଽସ୍ୟ ଜଗନ୍ମୟେ ।।"

(ଶ୍ରୀଚଣ୍ଡୀ -ତନ୍ତ୍ରୋକ୍ତଂ ରାତ୍ରିସୂକ୍ତମ୍-୪/୫)

ଅର୍ଥାତ୍ ହେ ଦେବି ! ତୁମେ ହିଁ ବିଶ୍ୱବ୍ରହ୍ମାଣ୍ଡକୁ ଧାରଣ କରିଛ । ତୁମେ ହିଁ ଏହିଜଗତକୁ ସୃଷ୍ଟି କରିଛ । ତୁମେ ହିଁ ଏହାକୁ ପାଳନ କରୁଛ ଏବଂ ସର୍ବଦା ତୁମେ ହିଁ କଳ୍ପ ଶେଷରେ ସବୁକୁ ନିଜେ ଗ୍ରାସ କରୁଛ । ହେ ଜଗନ୍ମୟୀ ଦେବି ! ଏଇ ଜଗତରେ ଉତ୍ପତ୍ତି ସମୟରେ ତୁମେ ହିଁ ସୃଷ୍ଟିରୂପା ଏବଂ ପାଳନ କାଳରେ ସ୍ଥିତିରୂପା ଅଟ ।

ମାତା ହିଙ୍ଗୁଳାଙ୍କୁ ନିମ୍ନମନ୍ତ୍ରରେ ଭକ୍ତି ଭାବରେ ପୂଜା ଆରାଧାନା ତଥା ବାରମ୍ବାର ସ୍ମରଣ କରାଯାଇ ପାରିଲେ ସେ ଭକ୍ତର ସର୍ବବାଧାବିଘ୍ନ ପ୍ରଶମନ କରି ତା ଜୀବନକୁ କୃତାର୍ଥ କରାଇ ଦିଅନ୍ତି:

"ଓଁ ହିଙ୍ଗୁଳେ ପରମ ହିଙ୍ଗୁଳେ ଅମୃତ ରୂପିଣୀ
ତନୁଶକ୍ତି ମନଃ ଶିବେ ଶ୍ରୀ ହିଙ୍ଗୁଳାଇ ନମଃ ସ୍ୱାହା ।"

ମା' ମଙ୍ଗଳା,କାକଟପୁର (ପୃ.୪୭୩)

ମାଆ ମଙ୍ଗଳାଙ୍କ ଦୈନନ୍ଦିନ ନୀତି ଓ ଶାରଦୀୟ ମହୋତ୍ସବ

ପ୍ରାଚୀ ନଦୀ ତଟସ୍ଥ ଜଗଜ୍ଜନନୀ ମହାମଙ୍ଗଳା ଅତି ପ୍ରାଚୀନ କାଳରୁ ପୂଜିତ ହୋଇ ଆସୁଛନ୍ତି କାକଟପୁର ନାମକ ଗ୍ରାମରେ । ଶ୍ରୀଜଗନ୍ନାଥଙ୍କର ଲୀଳାଭୂମି ଶ୍ରୀକ୍ଷେତ୍ରକୁ ସୁରକ୍ଷା ପ୍ରଦାନ ନିମିତ୍ତ **ଆବିର୍ଭୂତା ଅଷ୍ଟକୀଳା**ମାନଙ୍କ ମଧ୍ୟରୁ ଐଶାନ୍ୟ କୋଣ ସ୍ଥିତ ପ୍ରାଚୀ ନଦୀ କୂଳରେ ବିରାଜମାନ **ମା' ମଙ୍ଗଳା** ଅନ୍ୟତମ **ଅଷ୍ଟଶକ୍ତି 'କୀଳ' ସ୍ୱରୂପ** ଅଟନ୍ତି । ସେଇପରି ମହାନଦୀ ଅଥବା ଚିତ୍ରୋତ୍ପଳା ନଦୀ ତଟସ୍ଥିତ **ଚର୍ଚ୍ଚିକା** ଓ **ଭଟ୍ଟାରିକା**, ଋଷିକୂଲ୍ୟା କୂଳରେ ପୂଜିତ **ତାରାତାରିଣୀ**, ଚନ୍ଦ୍ରଭାଗା ନଦୀକୂଳସ୍ଥ **ମା' ରାମଚଣ୍ଡୀ**, ମହୋଦଧି ତଟ ସ୍ଥିତ **ହରଚଣ୍ଡୀ**, ସାଳିଆନଦୀର ପ୍ରଶାନ୍ତ ପରିବେଶରେ ଆବିର୍ଭୂତା ଜଗଜ୍ଜନନୀ **ଭଗବତୀ** ତଥା **ଭଗବତୀ**ଙ୍କ ମଣ୍ଡଳ ମଧ୍ୟରେ **'ଉଗ୍ରତାରା'** ପୂର୍ବ କଥିତ **ଅଷ୍ଟକୀଳା** ରୂପେ ଜଗତ ପ୍ରସିଦ୍ଧି ଲାଭ କରିଛନ୍ତି । ଏଣୁ ଶ୍ରୀକ୍ଷେତ୍ର ଓ ଶ୍ରୀମନ୍ଦିର ସହ ଏମାନଙ୍କର ସମ୍ପର୍କ ଯେ ସନାତନ କାଳରୁ ପ୍ରତିଷ୍ଠିତ, ଏଥିରେ ସନ୍ଦେହର ଅବକାଶ ନାହିଁ । ବହୁ ପୂର୍ବ କାଳରୁ ମଙ୍ଗଳପୁର ସ୍ଥିତ ଦେଉଳିମଠ ଥିଲା ମା' ମଙ୍ଗଳାଙ୍କର ସର୍ବପ୍ରଥମ ପୀଠ । ପରବର୍ତ୍ତୀ କାଳରେ ତାଙ୍କର ସ୍ଥାନାନ୍ତରଣ ଘଟି ଏବେ କାକଟପୁର ପୀଠରେ ପୂଜିତା ହେଉଛନ୍ତି । ସ୍କନ୍ଦପୁରାଣରେ ଦେବୀମାତାଙ୍କ ସମ୍ବନ୍ଧରେ ତଥା ଶ୍ରୀମନ୍ଦିର ସହ ତାଙ୍କର ସମ୍ପର୍କ ବିଷୟରେ ବିଶେଷ ଉଲ୍ଲେଖମାନ ସ୍ଥାନିତ ହୋଇଛି । ଉଲ୍ଲିଖିତ ଅଷ୍ଟଦେବୀ (ଅଷ୍ଟକୀଳା)ମାନେ ମର୍ତ୍ତ୍ୟର ବୈକୁଣ୍ଠ 'ଶ୍ରୀକ୍ଷେତ୍ର'କୁ ସୁରକ୍ଷା ପ୍ରଦାନ କରୁଥିବା କାରଣରୁ ସେମାନଙ୍କୁ 'କ୍ଷେତ୍ରପାଳିକା' ବୋଲି ମଧ୍ୟ ଅଭିହିତ କରାଯାଇଥାଏ । ସେମାନଙ୍କ ଦ୍ୱାରା 'ଶ୍ରୀକ୍ଷେତ୍ର' ଚତୁର୍ଦ୍ଦିଗରେ ପରିବେଷ୍ଟିତ ହୋଇଥିବାରୁ ସୁରକ୍ଷିତ ରହିଛି ବୋଲି ବିଶ୍ୱାସ କରାଯାଏ ।

ମହାରାଜା ଯଯାତିଙ୍କ ଦ୍ୱାରା ଶ୍ରୀକ୍ଷେତ୍ରର ଚତୁର୍ଦ୍ଧାମୂର୍ତ୍ତିମାନଙ୍କ ନୀତି ମଧ୍ୟରେ ତାନ୍ତ୍ରିକ ପଦ୍ଧତିର ବିଶେଷ ଭାବେ ଅନୁସୃତ ହୋଇଥିବା ଜଣାଯାଏ । ତେବେ ଏଥିପୂର୍ବ ଭୌମକର ଯୁଗରୁ ପୁରୀଧାମ ତନ୍ତ୍ର ପୀଠରେ ରୂପାନ୍ତରିତ ହୋଇ ସେଇ

ପରମ୍ପରା ସୋମବଂଶୀ ରାଜାମାନଙ୍କ ରାଜତ୍ୱ କାଳ ପର୍ଯ୍ୟନ୍ତ ନିରବଚ୍ଛିନ୍ନ ଭାବରେ ପ୍ରଚଳିତ ଥିବା ଇତିହାସ ପୃଷ୍ଠାରୁ ପ୍ରମାଣିତ ହୋଇଥାଏ । ଚତୁର୍ଦ୍ଧାମୂର୍ତ୍ତିଙ୍କ ନବ କଳେବର ବିଧିରେ ଦାରୁ ସଂଗ୍ରହ ନିମିତ୍ତ ମହାରାଜା ଯଯାତିଙ୍କ ସମୟରୁ 'ବନଯାଗ ଯାତ୍ରା' ସକାଶେ ତନ୍ତ୍ରଶକ୍ତି ମା' ମଙ୍ଗଳାଙ୍କ ଅନୁଜ୍ଞା ସହ ସ୍ୱପ୍ନ ମାଧ୍ୟମରେ ଦାରୁ ଚିହ୍ନଟ ଓ ସଂଗ୍ରହ ଆଦି ପାରମ୍ପରିକ ରୀତିରେ ଅଦ୍ୟାବଧି ପାଳିତ ହୋଇ ଆସୁଛି । ସମଗ୍ର ବିଶ୍ୱର ସଦା କଲ୍ୟାଣକାରିଣୀ 'ମହାମଙ୍ଗଳା' ହେଉଛନ୍ତି ମହାମାୟା ଦୁର୍ଗାଙ୍କର ହୃଦୟରୁ ଆବିର୍ଭୂତା ମହାମଙ୍ଗଳମୟୀ ଶକ୍ତି ସ୍ୱରୂପିଣୀ ଜଗଜ୍ଜନନୀ । ଭଗବାନ ଶ୍ରୀରାମଙ୍କ ଦ୍ୱାରା ସେ ଉକ୍ତ ଭୂମିରେ ପ୍ରତିଷ୍ଠିତ ହୋଇଥିବା ଲୋକ ବିଶ୍ୱାସ ରହିଛି । ପ୍ରାୟ ଛଅଫୁଟ ଉଚ୍ଚତା ବିଶିଷ୍ଟ କଳାମୁଗୁନି ପ୍ରସ୍ତରରେ 'ମହାମଙ୍ଗଳା'ଙ୍କ ବିଗ୍ରହ ଉତ୍କଳୀୟ କଳା ଭାସ୍କର୍ଯ୍ୟର ଶ୍ରେଷ୍ଠତମ ନିଦର୍ଶନ ରୂପେ ଭକ୍ତବୃନ୍ଦଙ୍କର ମନକୁ ଆକର୍ଷଣ କରିଥାଏ । କେତେକଙ୍କ ମତରେ ଏହି ମୂର୍ତ୍ତିକୁ ପ୍ରାଚୀନ ଉତ୍କଳର ସାଧବ ପୁଅମାନେ ଶ୍ରୀଲଙ୍କାରୁ ନିଜର ବାଣିଜ୍ୟତରୀ ମାଧ୍ୟମରେ ଏଠାକୁ ଅଣାଇଥିଲେ ।

ଶ୍ରୀଜଗନ୍ନାଥଙ୍କ ନବ କଳେବର ଓ ମା' ମଙ୍ଗଳା

ଯେଉଁ ବର୍ଷ ଯୋଡ଼ା ଆଷାଢ଼ (ଅଥାତ୍ ଯେଉଁ ବର୍ଷ ଆଷାଢ଼ ଅମାବାସ୍ୟା ତିଥିରେ ମିଥୁନ ସଂକ୍ରାନ୍ତି ପଡ଼େ ତାହାକୁ ଅଧିମାସ ବା ଯୋଡ଼ା ଆଷାଢ଼ କୁହାଯାଏ) ପଡ଼େ, ସେଇ ବର୍ଷ ଚତୁର୍ଦ୍ଧାମୂର୍ତ୍ତିଙ୍କ ପାଇଁ ଦାରୁ ସଂଗ୍ରହ କରାଯାଇ ନବ କଳେବର ନୀତି ଅନୁଷ୍ଠିତ ହୁଏ । ସେଇ ବର୍ଷ ଚୈତ୍ର ଶୁକ୍ଳ ଦଶମୀ ତିଥିରୁ ଦାରୁ ସଂଗ୍ରହ ପ୍ରାରମ୍ଭ ହୁଏ । ଦେବ ବିଗ୍ରହମାନଙ୍କ ସକାଶେ ଦାରୁ ସନ୍ଧାନ ଉଦ୍ଦେଶ୍ୟରେ ଶ୍ରୀମନ୍ଦିରର ଦଇତାପତିମାନେ ପ୍ରଭୁଙ୍କ ଆଜ୍ଞାମାଳ ଧରି ଶ୍ରୀକ୍ଷେତ୍ରରୁ ୩୫ ମାଇଲ ଦୂରରେ ଥିବା ପ୍ରାଚୀ ନଦୀକୂଳ ସ୍ଥିତ ଦେଉଳିମଠ ପର୍ଯ୍ୟନ୍ତ ଚାଲି ଚାଲି ଆସନ୍ତି ଓ ସେଠାରେ ବିଶ୍ରାମ କରନ୍ତି । ଏହି ଦେଉଳି ମଠ ହିଁ ମା' ମଙ୍ଗଳାଙ୍କ ଆଦ୍ୟପୀଠ । ଦଇତାପତିମାନଙ୍କ ଏହି ଦଳକୁ ବନଯାଗ ଦଳ କୁହାଯାଏ । ଦେଉଳି ମଠରୁ ଏହି ଦଳ କାକଟପୁର ମଙ୍ଗଳାଙ୍କ ମନ୍ଦିରରେ ପହଞ୍ଚି ସଙ୍ଗରେ ଶ୍ରୀକ୍ଷେତ୍ରରୁ ଆଣିଥିବା ମହାପ୍ରସାଦ ଓ ଶାଢ଼ୀକୁ ଦେବୀଙ୍କଠାରେ ଲାଗି କରି ପୂଜାର୍ଚ୍ଚନା କରନ୍ତି । ଏହାପରେ ମନର ଅଭୀଷ୍ଟ ସିଦ୍ଧି ନିମନ୍ତେ ସେଠାରେ ଚଣ୍ଡୀପାଠ କରନ୍ତି । ସେଇଦିନ ରାତିରେ ଆଚାର୍ଯ୍ୟ ରାଜଗୁରୁ ଓ ପତି ମହାପାତ୍ର 'ସ୍ୱପ୍ନାବତୀ ମନ୍ତ୍ର' ଜପ କରି ଦେବୀଙ୍କ

ସାନିଧରେ ଅଧିଆ ପଡ଼ନ୍ତି। ସ୍ୱପ୍ନରେ ମା' ଦାରୁର ସ୍ଥିତି ଓ ଦିଗ ବିଷୟରେ ସ୍ୱପ୍ନାଦେଶ ପ୍ରଦାନ କରନ୍ତି। ସେଇ ଦିଗରେ ଯାତ୍ରା କରି ବନଯାଗ ଦଳ ନିର୍ଦ୍ଦିଷ୍ଟ ଲକ୍ଷଣ ଯୁକ୍ତ ଦାରୁ ଚିହ୍ନଟ କରନ୍ତି। ଦାରୁ ଚୟନରେ ମା' ମଙ୍ଗଳାଙ୍କ ଭୂମିକା ସକାଶେ ଉତ୍କଳୀୟ ଭକ୍ତ ମହଲରେ ତାଙ୍କର ବିଶେଷ ଗୁରୁତ୍ୱ ରହିଛି କହିଲେ ଅତ୍ୟୁକ୍ତି ହେବନାହିଁ। କାକଟପୁର ମଙ୍ଗଳାଙ୍କର ପଚାଶ ଫୁଟ ଉଚ୍ଚତା ବିଶିଷ୍ଟ ମନ୍ଦିରର ମୁଖଶାଳା ୪୫ ଫୁଟ ଉଚ୍ଚ ଅଟେ। ମୁଖଶାଳାର ଭିତର ଦୈର୍ଘ୍ୟ ୩୦ ଫୁଟ ଏବଂ ପ୍ରସ୍ଥ ୨୭ ଫୁଟ ଓ ତତ୍ ସହିତ ନାଟମଣ୍ଡପ ତଥା ୨୦ ଫୁଟ ଉଚ୍ଚତାରେ ନିର୍ମିତ ଜଗମୋହନ ଜନ ମନ ହରଣ କରିଥାଏ। ପୂର୍ବଦିଗ ସ୍ଥିତ ସିଂହଦ୍ୱାରର ଉଭୟ ପାର୍ଶ୍ୱରେ ଦୁଇଟି ବିଶାଳକାୟ ସିଂହ ମୂର୍ତ୍ତି ଶୋଭାୟମାନ। ମନ୍ଦିର ବେଢ଼ାରେ ପାକଶାଳା, ଆସ୍ଥାନ ମଣ୍ଡପ, ପତିତପାବନ ମଣ୍ଡପ, ଦୁଇଟି କୂପ, ପୂର୍ବ ପାର୍ଶ୍ୱରେ ସ୍ନାନମଣ୍ଡପ ତଥା ଦକ୍ଷିଣ ପାର୍ଶ୍ୱରେ ଭଣ୍ଡାରଘର ବିଦ୍ୟମାନ। ମନ୍ଦିରକୁ ଘେରି ରହିଥିବା ଦଶଫୁଟ ଉଚ୍ଚତା ବିଶିଷ୍ଟ ପ୍ରାଚୀର ଦେବୀ ପୀଠର ଗାମ୍ଭୀର୍ଯ୍ୟକୁ ବହୁ ଗୁଣରେ ପରିବର୍ଦ୍ଧିତ କରିଥାଏ। ପୂର୍ବ ଦିଗରୁ ସିଂହଦ୍ୱାର ଦେଇ ମନ୍ଦିର ମଧ୍ୟକୁ ପ୍ରବେଶ କଲେ ପ୍ରଥମେ ଦୃଷ୍ଟିଗୋଚର ହୁଏ ଦ୍ୱାର ଉପରେ ଥିବା ନବଗ୍ରହ ମୂର୍ତ୍ତି। ମନ୍ଦିରର ପତାକା ଏବଂ ଏଇ ନବଗ୍ରହଙ୍କୁ ପ୍ରଣାମ କଲେ ଗ୍ରହପୀଡ଼ାରୁ ମୁକ୍ତି ମିଳେ ବୋଲି ଭକ୍ତମାନଙ୍କର ବିଶ୍ୱାସ ଅଛି। ମୁଖଶାଳାର ଚାରିଦିଗକୁ ଚାରୋଟି ଦ୍ୱାର ଅଛି କିନ୍ତୁ ମୁଖଶାଳାରୁ ବଡ଼ଦେଉଳ ମଧ୍ୟକୁ ମାତ୍ର ଗୋଟିଏ ଦ୍ୱାର ଅଛି। ବଡ଼ଦେଉଳରେ ଦକ୍ଷିଣରେ ଗଣେଶ, ପଶ୍ଚିମରେ ମାଧବ, ଉତ୍ତରରେ ମହାମାୟା ଓ ନୃସିଂହ ମୂର୍ତ୍ତି ପାର୍ଶ୍ୱଦେବତା ଭାବରେ ବିଦ୍ୟମାନ। ମୁଖଶାଳାର ଭିତର ପାର୍ଶ୍ୱ କାନ୍ଥରେ ଅନେକ ମୂର୍ତ୍ତି ରହିଛନ୍ତି। ମନ୍ଦିର ପରିସର ମଧ୍ୟରେ ଭାଗବତ ଗାଦି ଓ ବାମନ ମୂର୍ତ୍ତି ଅଛି। ନାଟମଣ୍ଡପ ଭିତର କାନ୍ଥରେ କେତେକ ଦେବାଦେବୀଙ୍କ ଚିତ୍ର ରହିଛି। ନାଟ ମଣ୍ଡପରେ କଳାମୁଗୁନି ପଥରର 'ବିଶ୍ରାମଶିଳା' ଅଛି। ମାଆ ମଙ୍ଗଳା ନିଶାର୍ଦ୍ଧରେ ଭ୍ରମଣରୁ ଆସି ଏହା ଉପରେ ବିଶ୍ରାମ କରନ୍ତି ବୋଲି ପ୍ରବାଦ ଅଛି। ମନ୍ଦିରର ଦକ୍ଷିଣ ଦ୍ୱାର ପାଖରେ ସୂର୍ଯ୍ୟ ମନ୍ଦିର, ତା ପାର୍ଶ୍ୱକୁ ଲାଗି ରାଧାକୃଷ୍ଣ ମନ୍ଦିର ଓ ପତିତପାବନ ମନ୍ଦିର ରହିଛି। ପତିତପାବନଙ୍କ ସମ୍ମୁଖରେ ଗରୁଡ଼ ମୂର୍ତ୍ତି ରହିଛନ୍ତି। ମଣ୍ଡପ ମୁଖ୍ୟଦ୍ୱାରର ଦକ୍ଷିଣରେ ବିଷ୍ଣୁଙ୍କ ବିଶ୍ୱରୂପ ଦର୍ଶନ ମୂର୍ତ୍ତି ଏବଂ ଉତ୍ତର ଦିଗକୁ ଶିବଙ୍କ 'ତାଣ୍ଡବ ନୃତ୍ୟ' ମୂର୍ତ୍ତି ବିଦ୍ୟମାନ। ମନ୍ଦିର ମଧ୍ୟରେ ଚାରିହାତ

ଉଚ୍ଚତା ବିଶିଷ୍ଟ ମାଆଙ୍କର ଚତୁର୍ହସ୍ତା ମନୋରମ ବିଗ୍ରହ ପ୍ରସ୍ଫୁଟିତ କମଳ ଉପରେ ଆସୀନା । ଦେବୀ ମାଆଙ୍କର ବାମପାଦ ପୀଠ ଉପରେ ତଥା ଦକ୍ଷିଣ ପାଦ ବାମଜାନୁ ଉପରେ ସ୍ଥିତ । ଚାରିଭୁଜ ମଧ୍ୟରୁ ଉପର ଭୁଜଦ୍ୱୟ ଯଥାକ୍ରମେ ବାମରେ ପଦ୍ମକଳିକା ଓ ଦକ୍ଷିଣ ହସ୍ତରେ ପୂର୍ଣ୍ଣଚନ୍ଦ୍ର ଧାରଣ କରିଥିବା ବେଳେ ନିମ୍ନ ଭୁଜ ଦ୍ୱୟରେ ଜପମାଳା ଶୋଭାୟମାନ ହେଉଛି । ଦେବୀ ମାତାଙ୍କର ଲମ୍ବିତ କେଶଗୁଚ୍ଛ ସ୍କନ୍ଧ ଦେଶ ପର୍ଯ୍ୟନ୍ତ ବିସ୍ତୃତ ହୋଇଥାଏ ଏବଂ ମସ୍ତକରେ କିରୀଟ ଏବଂ କର୍ଣ୍ଣରେ କୁଣ୍ଡଳ ଥାଇ ଭକ୍ତମାନଙ୍କ ମନରେ ଅସାମାନ୍ୟ ଭକ୍ତିଭାବର ସ୍ଫୁରଣ ଘଟାଇଥାଏ ।

ମା'ଙ୍କର ଦୈନିକ ପୂଜାନୀତି ନିର୍ଦ୍ଧାରିତ ସମୟରେ କରାଇ ସେବକମାନେ ନିଜକୁ କୃତକୃତ୍ୟ ମନେ କରନ୍ତି । ମା' ପରମ ବୈଷ୍ଣବୀ ହୋଇଥିବାରୁ ତାଙ୍କ ନିକଟରେ ଷୋଡ଼ଶ ଉପଚାର ବିଶିଷ୍ଟ ସାତ୍ତ୍ୱିକ ପୂଜାବିଧି ଅନୁଷ୍ଠିତ ହୋଇଥାଏ । ପ୍ରତ୍ୟହ ସୂର୍ଯ୍ୟୋଦୟ ପୂର୍ବରୁ ମଙ୍ଗଳ ଆରତୀ, ଏହାପରେ ସ୍ନାନ ଓ ମା'ଙ୍କର ବେଶ ହୁଏ । ଏହାପରେ ବଲ୍ଲଭ ଭୋଗ ଲାଗି ହୁଏ । ତତ୍ ପରେ ଧୂପ ଉଠେ । ଧୂପରେ ଖଇ, ଦହି ଓ କେଳି ଭୋଗ ହୋଇଥାଏ । ସକାଳ ଧୂପ ଆରମ୍ଭ ହୁଏ ପୂର୍ବାହ୍ଣ ୧୦ଟା ସମୟରେ । ଏଥିରେ ଖେଚୁଡ଼ି, ଡାଲି, ତରକାରୀ ଓ ଭଜା ଆଦି ଭୋଗ ଲାଗି ହୁଏ । ସେଇପରି ମଧ୍ୟାହ୍ନ ଧୂପରେ ଅନ୍ନ, ଡାଲି, ତରକାରୀ, ଆମ୍ବିଳ, ବେସର ଓ କ୍ଷୀରି ପ୍ରଭୃତି ମୁଖ୍ୟ ଉପାଦାନ ଭାବରେ ଅର୍ପଣ କରାଯାଏ । ଏହି ଧୂପ ମଧ୍ୟରେ 'ଭଣ୍ଡ ଧୂପ' ନାମରେ ଅନ୍ୟ ଏକ ଧୂପ ପରେ ପହୁଡ଼ ପକାଯାଏ । ମା' ମଙ୍ଗଳା ବିଶ୍ରାମ କରନ୍ତି । ସନ୍ଧ୍ୟା ଆଳତୀ ଏବଂ ସନ୍ଧ୍ୟାବେଶ ଏ ଦୁଇଟି ନୀତି ମା'ଙ୍କଠାରେ ସନ୍ଧ୍ୟାରେ ମୁଖ୍ୟ ଆକର୍ଷଣ । ଏହି ସମୟରେ ଭକ୍ତମାନେ ନାଟ ମଣ୍ଡପରେ ଥାଇ ଏସବୁ ଦର୍ଶନ କରନ୍ତି । ରାତି ୧୦ ଘଟିକା ସମୟରେ ହେଉଥିବା ରାତ୍ର ଧୂପରେ ପଖାଳ, ଅନ୍ନ, ଡାଲି, ଭଜା, ତରକାରୀ ଓ କ୍ଷୀରି ତଥା କେଳି, ପିଠା, ଛେନା ଆଦି ଭୋଗ ହୁଏ । ରାତି ୧୧ଟା ବେଳକୁ ମା'ଙ୍କର ଚନ୍ଦନ ବେଶ ହୋଇଥାଏ । ଏହାକୁ 'ବଡ଼ସିଂହାର ବେଶ' ବୋଲି କୁହାଯାଏ । ଯାତ୍ରୀମାନେ ସେବକମାନଙ୍କ ମାଧ୍ୟମରେ ମା'ଙ୍କଠାରେ ଶଙ୍ଖୁଡ଼ି ଭୋଗ ମଧ୍ୟ ଲାଗି କରିଥାନ୍ତି । ରାତି ବଡ଼ସିଂହାର ବେଶ ଉତ୍ତାରୁ ପହଡ଼ ଆଳତୀ ହୁଏ । ଏହା ସହ କେଳି ଓ ପଣା ଭୋଗ ହୋଇ ପହୁଡ଼ ପଡ଼େ । ମା'ଙ୍କର ସେବାନୀତି ନିୟମାନୁଯାୟୀ କରିବା ସକାଶେ ପୂଜାପଣ୍ଡା, ଯୋଗାଡ଼ିଆ, ମାଳି ମହାପାତ୍ର, କାହାଳିଆ, ଦୀକ୍ଷିତ, ଗୌଡ଼,

ଟହଲିଆ, ମହାର ଆଦି ନିଯୁକ୍ତ ହୋଇଥାନ୍ତି। ସେମାନଙ୍କୁ ସେବାୟତ କୁହାଯାଏ। ମନ୍ଦିରର ଆୟବ୍ୟୟ ହିସାବ ରଖିବା ନିମନ୍ତେ ଜଣେ ଗୁମାସ୍ତା ନିଯୁକ୍ତ ଅଛନ୍ତି। ଏକ ଟ୍ରଷ୍ଟ ବୋର୍ଡ ଦ୍ୱାରା ମନ୍ଦିର ପରିଚାଳନା ନିର୍ଦ୍ଦେଶିତ ହୋଇଥାଏ। ଏହା ଓଡ଼ିଶା ସରକାରଙ୍କ ଦେବୋତ୍ତର ବିଭାଗର ଅଧୀନରେ ଥାଇ କାର୍ଯ୍ୟ କରିଥାଏ। ଏହି ଟ୍ରଷ୍ଟି ମା'ଙ୍କର ଯାବତ୍ ସେବାନୀତି, ମନ୍ଦିର ପରିଚାଳନା, ବର୍ଷର ବିଭିନ୍ନ ସମୟରେ ଅନୁଷ୍ଠିତ ହେଉଥିବା ନାନାବିଧ ଯାନିଯାତ୍ରା, ପର୍ବପର୍ବାଣି ଓ ସେବାନୀତି ଆଦିକୁ ଶୃଙ୍ଖଳିତ ଭାବରେ ଆୟୋଜିତ କରିଥାନ୍ତି।

ଶାରଦୀୟ ପୂଜା ହେଉଛି ମା' ମଙ୍ଗଳାଙ୍କର ପ୍ରସିଦ୍ଧ ଉତ୍ସବମାନଙ୍କ ମଧ୍ୟରୁ ଅନ୍ୟତମ। ଏଇ ସମୟରେ ଦେବୀମାତା ବିଭିନ୍ନ ବେଶରେ ସୁଶୋଭିତ ହୋଇଥାନ୍ତି। ଶାରଦୀୟ ଦୁର୍ଗୋତ୍ସବରେ ମହାସପ୍ତମୀ, ମହାଷ୍ଟମୀ ଓ ମହାନବମୀ ଅତି ଯାକଜମକରେ ଅନୁଷ୍ଠିତ ହେଉଥିବା ବେଳେ ମଧୁ ପାର୍ବଣ ମଧ୍ୟ ତିନିଦିନ ବ୍ୟାପି ପାଳିତ ହୋଇଥାଏ। ଅନ୍ୟ ପର୍ବମାନଙ୍କ ମଧ୍ୟରେ ଚୈତ୍ର ମାସର ପ୍ରଥମ ମଙ୍ଗଳବାର ଠାରୁ ଚତୁର୍ଥ ମଙ୍ଗଳବାର ଅର୍ଥାତ୍ ବୈଶାଖ ମାସର ପ୍ରଥମ ମଙ୍ଗଳବାର ପର୍ଯ୍ୟନ୍ତ ପାଳି ଯାତ୍ରା ହୁଏ। ଏହି ପୀଠରେ ବୈଶାଖ ମାସର ପ୍ରଥମ ମଙ୍ଗଳବାର ଅନୁଷ୍ଠିତ ହେଉଥିବା ଝାମୁଯାତ୍ରା ଅତ୍ୟନ୍ତ ପ୍ରସିଦ୍ଧ ଅଟେ। ମନ୍ଦିର ମଧ୍ୟରେ ବିଜେ ଥିବା ପତିତପାବନଙ୍କର ସ୍ନାନଯାତ୍ରା ସ୍ନାନମଣ୍ଡପରେ ମହାସମାରୋହରେ ପାଳିତ ହେଉଥିଲେ ମଧ୍ୟ 'ପୁରୀ ଶ୍ରୀକ୍ଷେତ୍ର' ସଦୃଶ ରଥଯାତ୍ରା ହୋଇ ନଥାଏ। ବେଢ଼ା ମଧ୍ୟସ୍ଥ ରାଧାମାଧବଙ୍କର ପ୍ରସିଦ୍ଧ ଚନ୍ଦନ ଯାତ୍ରା ଏବଂ ଝୁଲଣ ଯାତ୍ରା ଆଡ଼ମ୍ବର ସହକାରେ ପାଳିତ ହୁଏ। ଦେବୀଙ୍କର ଅର୍ଦ୍ଧ ନିମୀଳିତ ଚକ୍ଷୁ ଦ୍ୱୟ ସହିତ ବାମହସ୍ତ ସ୍ଥିତ ମାଳାରେ ଜପ କରୁଥିବା ଶୈଳୀର ମୂର୍ତ୍ତି ବିଶେଷ ତାତ୍ପର୍ଯ୍ୟପୂର୍ଣ୍ଣ। ମା' ମଙ୍ଗଳାଙ୍କର ପାଦ ଦେଶରେ ତିନୋଟି ପିତଳ ପ୍ରତିମା ରହିଛି। ତନ୍ମଧ୍ୟରୁ ଗୋଟିଏ 'ମହିଷାସୁର ମର୍ଦ୍ଦିନୀ ଦୁର୍ଗାମୂର୍ତ୍ତି'; ଅନ୍ୟଟି 'କନକ ଦୁର୍ଗା' ଏବଂ ଏଥି ମଧ୍ୟରୁ ଶେଷୋକ୍ତ ମୂର୍ତ୍ତିଟି ମା'ଙ୍କର ଚଳନ୍ତି ପ୍ରତିମା । ମୁଖଶାଳା ଭିତର ପଟରେ ପଶ୍ଚିମ ପାର୍ଶ୍ୱକାନ୍ଥ ଉପରେ ଥିବା ପିତଳ ନିର୍ମିତ ଏକ ଠଣା ମଧ୍ୟରେ ରାଧାକୃଷ୍ଣ ମୂର୍ତ୍ତି ଏବଂ ମା' ମଙ୍ଗଳାଙ୍କର ଏକ କ୍ଷୁଦ୍ର ପ୍ରସ୍ତର ମୂର୍ତ୍ତି ବିଦ୍ୟମାନ। ଏହି ରାଧାକୃଷ୍ଣଙ୍କର ଯୁଗଳ ମୂର୍ତ୍ତିକୁ ଚଳନ୍ତି ପ୍ରତିମା ରୂପେ ବିବିଧ ଯାତ୍ରା, ଚନ୍ଦନ ଓ ଦୋଳ ପର୍ବରେ ବିଜେ କରାଯାଏ। ସେଇପରି ଅନ୍ୟ ଏକ ଠଣାରେ 'ବାମନ ମୂର୍ତ୍ତି' ସୁରକ୍ଷିତ ରହିଛି।

ଶାରଦୀୟ ପୂଜା ମହୋତ୍ସବ ମୂଳାଷ୍ଟମୀ ଠାରୁ ଆରମ୍ଭ ହୋଇ ମହାଷ୍ଟମୀ ପର୍ଯ୍ୟନ୍ତ ଷୋଡ଼ଶ ଦିବସ ବ୍ୟାପି ଷୋଡ଼ଶ ଉପଚାରରେ, ନିର୍ଦ୍ଦିଷ୍ଟ ବିଧିବିଧାନ ଅନୁଯାୟୀ ଅନୁଷ୍ଠିତ ହୁଏ। ନିୟମାନୁଯାୟୀ ମନ୍ଦିରର ପୂଜାପଣ୍ଡା ଏହି ଷୋଡ଼ଶ ଦିବସୀୟ ପୂଜା ସକାଶେ ଦେବୀ ମାତାଙ୍କ ସମ୍ମୁଖରେ ସଂକଳ୍ପ କରନ୍ତି। ସଂକଳ୍ପ ପରେ ପୂଜା ୧୬ ଦିନ ମଧ୍ୟରେ ପରିବାରରେ କୌଣସି ଅଶୌଚ ସ୍ଥିତିରେ ମଧ୍ୟ ଏହା ତାଙ୍କ ସକାଶେ (ପୂଜାପଣ୍ଡା) ପୂଜାର ପୂର୍ଣ୍ଣତା ନିମନ୍ତେ ବାଧା ସୃଷ୍ଟି କରି ନଥାଏ ଅଥବା ଏଥିସକାଶ ପୂଜାପଣ୍ଡାଙ୍କ ପୂଜା କରିବାର ପାତ୍ରତାରେ (ଅଶୌଚ କାରଣରୁ) ଅନ୍ତରାୟ ସୃଷ୍ଟି କରି ନଥାଏ। ମୂଳାଷ୍ଟମୀ ଦିନ ପ୍ରାତଃ କାଳରେ ପୂଜାପଣ୍ଡା ୧୦୦୮ କୁମ୍ଭ ବରଣ କରି ୧୦୮ ଘଟି ଅଗୁର ଚନ୍ଦନାଦି ସୁବାସିତ ଜଳରେ ମା'ଙ୍କ ବିଗ୍ରହକୁ ସ୍ନାନ କରାନ୍ତି। ଏଥି ଉତ୍ତାରୁ ଦେବୀ ବିଗ୍ରହଙ୍କୁ ପାଟ ବସ୍ତ୍ରରେ ପୋଛାଯାଇ ଦିବ୍ୟ ଶୃଙ୍ଗାର କରାଯାଏ। ନିତ୍ୟ ପୂଜା ନୀତିରେ ପ୍ରତ୍ୟହ ପାଞ୍ଚ ଧୂପ ଓ ତିନି ଅବକାଶ ତଥା ରାତ୍ରିରେ ମାଆଙ୍କର ଦୈନନ୍ଦିନ ନୀତି ସମ୍ପନ୍ନ ହୋଇଥାଏ ଏବଂ ଗନ୍ଧ, ପୁଷ୍ପ, ଧୂପ, ଦୀପ, ନୈବେଦ୍ୟାଦି ପଞ୍ଚ ଉପଚାରରେ ପୂଜା ହେଉଥିବା ବେଳେ ଶାରଦୀୟ ପୂଜା ଷୋଡ଼ଶ ଉପଚାର ବିଶିଷ୍ଟ ହୋଇଥାଏ। ମୂଳାଷ୍ଟମୀ ଠାରୁ ମହାଳୟା ଅମାବାସ୍ୟା ପର୍ଯ୍ୟନ୍ତ ପାରମ୍ପରିକ ନୀତି ଅନୁଯାୟୀ ବିବିଧ ଉପଚାର ତଥା ପୂଜାର୍ଚ୍ଚନା ମାଧ୍ୟମରେ ଧ୍ୟାନରତା ଦେବୀଙ୍କୁ ଜାଗ୍ରତ କରାଯାଏ। ଜାଗ୍ରତ ଦେବୀମାତା ଶୁକ୍ଳ ପ୍ରତିପଦ ଠାରୁ ଚତୁର୍ଥୀ ପର୍ଯ୍ୟନ୍ତ ରାକ୍ଷସରାଜ ମହିଷାସୁର ଓ ତାର ସୈନ୍ୟ ଦଳଙ୍କର ଗତିବିଧିକୁ ଲକ୍ଷ୍ୟ କରନ୍ତି। ପଞ୍ଚମୀ ଦିନ ମାତେଶ୍ୱରୀ ଦିବ୍ୟ ଅସ୍ତ୍ରଶସ୍ତ୍ର ଦ୍ୱାରା ଭୂଷିତା ତଥା ନିଜ ପାର୍ଶ୍ୱ ଅନୁଚରମାନଙ୍କ ସହ ଯୁଦ୍ଧ ଭୂମିରେ ପ୍ରକଟ ହୋଇ ଦୁଷ୍ଟ ଦାନବ ବିରୁଦ୍ଧରେ ଯୁଦ୍ଧ ଘୋଷଣା କରନ୍ତି। ଯୁଦ୍ଧ ଘୋଷଣା ସମୟରେ ଦେବୀ ଯେଉଁ ବେଶ ଧାରଣ କରନ୍ତି ତାହାକୁ 'ରଘୁନାଥ ବେଶ' ବୋଲି କୁହାଯାଏ। ଏହା ଶ୍ରୀଜଗନ୍ନାଥଙ୍କର 'ରଘୁନନ୍ଦନ' ବେଶ ସହ ସାଦୃଶ୍ୟ ରଖେ। ମହାଷଷ୍ଠୀରେ ମା'ଙ୍କର 'କାତିଖର୍ପର ବେଶ ବା ମହାକାତ୍ୟାୟିନୀ ବେଶ' ହୁଏ। ମହାସପ୍ତମୀ ତିଥିରେ ମାଆଙ୍କର 'ସିଂହବାହିନୀ ବେଶ' ତଥା ମହାଷ୍ଟମୀରେ 'ମହିଷମର୍ଦ୍ଦିନୀ ବେଶ' ଖୁବ୍ ପ୍ରସିଦ୍ଧ ଅଟେ। ଅଷ୍ଟମୀ ତିଥିର ମଧ୍ୟରାତ୍ରିରେ ମା' ମହିଷାସୁରକୁ ସମୂଳେ ଧ୍ୱଂସ କରି ସୃଷ୍ଟିକୁ ତା' କବଳରୁ ମୁକ୍ତ କରନ୍ତି। ଏଥି ଉତ୍ତାରୁ ଦେବୀଙ୍କର ଷୋଡ଼ଶ ଦିନାତ୍ମିକା ପୂଜା ଶେଷ ହୁଏ। ମହାନବମୀ ଦିବସଟି ମା'ଙ୍କର ବିଶ୍ରାନ୍ତି ଦିବସ ରୂପେ ବିଖ୍ୟାତ। ଏହିଦିନ ମା' ବିଶ୍ରାମ ଗ୍ରହଣ କରନ୍ତି ଏବଂ ତାଙ୍କର ଶାନ୍ତିପୂଜା ଅନୁଷ୍ଠିତ ହୁଏ।

ତା' ପରଦିନ ଅର୍ଥାତ୍ ଦଶମୀ ଦିନ 'ବିଜୟା ଦଶମୀ'ର ବିଶେଷ ପୂଜାର୍ଚ୍ଚନା କରାଯାଏ। ପ୍ରାତଃ ସମୟରୁ ମାଆଙ୍କ ଦିବ୍ୟ ଶୃଙ୍ଗାର ହୋଇଥାଏ ଏବଂ ଯୋଡ଼ି ମହୁରୀ ତଥା ଯୋଡ଼ି ନାଗରା ବାଦ୍ୟର ତାଳେ ତାଳେ ବହୁବିଧ ନୀତିମାନ ଅନୁଷ୍ଠିତ ହୁଏ। ସନ୍ଧ୍ୟା ଆରତି ପରେ କନକ ଦୁର୍ଗା, ଚନ୍ଦ୍ରଶେଖରଙ୍କୁ ବର୍ଣ୍ଣାଢ଼୍ୟ ବିମାନରେ ଆରୂଢ଼ କରାଯାଇ 'ସୋମେଶ୍ୱର' ଶିବ ମନ୍ଦିରରୁ ଏକ ବିଶାଳ ଶୋଭାଯାତ୍ରାରେ ନିଆଯାଇ ସେମାନଙ୍କୁ ଗୋଟିଏ ଭବ୍ୟ ଓ ମନୋରମ ମଣ୍ଡପରେ ପୂଜାର୍ଚ୍ଚନା କରାଯାଏ। କନକ ଦୁର୍ଗାଙ୍କୁ ମା' ମଙ୍ଗଳାଙ୍କ ଚଳନ୍ତି ବିଗ୍ରହ ବୋଲି କୁହାଯାଏ। କନକ ଦୁର୍ଗା ଓ ଚନ୍ଦ୍ରଶେଖରଙ୍କର ଭବ୍ୟ ମଣ୍ଡପ ଉପରେ ଏହି ପୂଜାର୍ଚ୍ଚନା ବାସ୍ତବରେ ଭବାନୀ ଶଙ୍କରଙ୍କର ଏକ ବିଶେଷ ପୂଜାନୀତି ହିଁ ଅଟେ। ରାତ୍ର ୯ ଘଟିକାରେ ପୂଜାର୍ଚ୍ଚନା ସମାପ୍ତି ହୋଇ ବିଗ୍ରହମାନେ ଶ୍ରୀମନ୍ଦିରସ୍ଥ ନିଜ ଆସ୍ଥାନକୁ ପୁନଃ ପ୍ରତ୍ୟାବର୍ତ୍ତନ ଓ ଅବସ୍ଥାନ କରନ୍ତି। ଏହାପରେ ମା' ମଙ୍ଗଳାଙ୍କ ରାତ୍ରି ଧୂପ ଉଠେ ତଥା ଗୀତଗୋବିନ୍ଦ ପାଠ, ପଣାଭୋଗ ଲାଗି ସହ ବଡ଼ସିଂହାର ଉତ୍ତାରୁ ପହଡ଼ ପଡ଼େ।

ଉତ୍କଳୀୟ ସଂସ୍କୃତି, ଜନ ଜୀବନ, ଓଡ଼ିଆ ସାହିତ୍ୟ, ଆଧାତ୍ମିକ ରୀତିନୀତି ତଥା ଗ୍ରାମ୍ୟ ପରମ୍ପରାରେ ମା' ମଙ୍ଗଳା କେଉଁ ଅନାଦି ଅନନ୍ତ କାଳରୁ ଜଗଜ୍ଜନନୀ ତଥା ପ୍ରତ୍ୟକ୍ଷ ଦେବୀ ରୂପେ ପ୍ରତିଭାତ ହୋଇ ଅଦ୍ୟାବଧି ପୂଜିତା ହୋଇ ଆସୁଛନ୍ତି ତାହା କହିବା କଷ୍ଟକର। ସେ ହେଉଛନ୍ତି ଓଡ଼ିଆ ଜାତିର ଆସ୍ଥାର ପ୍ରତୀକ। ଏହି ପୃଥିବୀ ପୃଷ୍ଠରେ ଓଡ଼ିଆ ଜାତି ଥିବା ପର୍ଯ୍ୟନ୍ତ ବୋଧହୁଏ ତାଙ୍କର ବାତ୍ସଲ୍ୟ ପ୍ରେମ, ମହିମା ଓ କରୁଣାସିକ୍ତ ଆଶିଷକୁ ପାଥେୟ କରି ନିଜର କର୍ତ୍ତବ୍ୟ ପଥରେ ଅଗ୍ରସର ହୋଇ ଚାଲିଥିବ। ଶାସ୍ତ୍ରରେ ତାଙ୍କର ବର୍ଣ୍ଣନା କରି କୁହାଯାଇଛି–

..."ମଙ୍ଗଳା ସର୍ବ ଶୁଭଦା ପ୍ରାଚୀନଦୀ ତଟେ ସ୍ଥିତା
ଋଷିକୂଲ୍ୟା ତୀରେ ଦେବୀ ତାରିଣୀଂ ଭୟହାରିଣୀ।
ବାଣନଗ୍ରେ ଭଗବତୀ ଚୋଗ୍ରା ଚୈତ୍ର ତଥୈବଂ ଚ
ଚନ୍ଦ୍ରଭାଗା ତଟେ ସାକ୍ଷାତ୍ ରାମଚଣ୍ଡୀ ଶୁଭାନାନା।"...

ତାଙ୍କର ଅପାର ମହିମା ବର୍ଣ୍ଣନରେ ଶତଜିହ୍ୱ 'ତିଳକରନ୍'ର ଉଲ୍ଲେଖ ଅନୁଯାୟୀ–

"ଜଗତ୍ ଜନନୀ ଶଙ୍କରୀ ପରମାଦ୍ୟା ଭୂତା।
ତ୍ୱମେବ ମାତଃ ଭବାନୀ ପରମାଦ୍ୟା ରୂପା ॥
ଜ୍ଞାନାଭି ଦାତ୍ରୀ ଜନନୀ ପରମ ପବିତ୍ରା।
ମଙ୍ଗଳଂ ନାମ ମଙ୍ଗଳା ଶରଣଂ ପ୍ରପଦ୍ୟେ ॥"

ଉତ୍କଳୀୟ ପରମ୍ପରାରେ ଅଷ୍ଟଶକ୍ତି ଉପାସନା

ବାସ୍ତବରେ ଉତ୍କଳ ସମାନ ପାବନ ଭୂମି ସମଗ୍ର ବିଶ୍ୱରେ ବିରଳ। ସ୍ୱୟଂ ଶ୍ରୀଜଗନ୍ନାଥ ହେଉଛନ୍ତି ଏହି ସ୍ୱର୍ଗୀୟ ଭୂମିର ଇଷ୍ଟ ଦେବତା। ଉତ୍କଳୀୟ ସଂସ୍କୃତି ଓ ପରମ୍ପରା କହିଲେ ପରଂବ୍ରହ୍ମ ପୁରୁଷୋତ୍ତମ ଶ୍ରୀଜଗନ୍ନାଥଙ୍କ ସଂସ୍କୃତି ବା ପରମ୍ପରାକୁ ହିଁ ବୁଝାଇଥାଏ। ସେହି ବଡ଼ ଠାକୁରଙ୍କ କୃପାଦୃଷ୍ଟି କାରଣରୁ ଉତ୍କଳ ଭୂଇଁର ପବିତ୍ରତା ଓ ଶ୍ରେଷ୍ଠତ୍ୱ ସାରା ସଂସାରରେ ଅନନ୍ୟ। ଏହାକୁ ବର୍ଣ୍ଣନା କରିବାକୁ ଯାଇ କୁହାଯାଇଛି-

"ବର୍ଷାଣଂ ଭାରତ ଶ୍ରେଷ୍ଠଃ ଦେଶାନାଂ ଉତ୍କଳ ସ୍ମୃତଃ।
ଉତ୍କଳସ୍ୟ ସମଦେଶ ଦେଶନାସ୍ତି ମହୀତଳେ ॥"

ପ୍ରାଗ୍ ବୈଦିକ କାଳରୁ ଏହି ଭୂମିରେ ଶକ୍ତି ଉପାସନାର ଅବିଚ୍ଛେଦ୍ୟ ପରମ୍ପରା ପ୍ରଚଳିତ ହୋଇ ଆସିଛି। କାଳିକା ପୁରାଣରେ ବର୍ଣ୍ଣିତ ଅଷ୍ଟକାଳୀ ଉପାସନା ବିଶେଷ ଭାବରେ ପ୍ରସିଦ୍ଧ। ସେମାନେ ହେଲେ- ଦକ୍ଷିଣକାଳୀ, ଉଗ୍ରକାଳୀ, ସିଦ୍ଧକାଳୀ, ଭଦ୍ରକାଳୀ, ଗୁହ୍ୟକାଳୀ, ମହାକାଳୀ, ଶ୍ମଶାନ କାଳୀ ଓ ଚାମୁଣ୍ଡା କାଳୀ। କାଳୀଙ୍କର ଅସଂଖ୍ୟ ସ୍ୱରୂପ ରହିଥିଲେ ମଧ୍ୟ କେଉଁଠି ସେ ଦଶମହାବିଦ୍ୟା– କାଳୀ, ତାରା, ଷୋଡ଼ଶୀ, ଭୁବନେଶ୍ୱରୀ, ଛିନ୍ନମସ୍ତା, ଭୈରବୀ, ଧୂମାବତୀ, ବଗଳା, ମାତଙ୍ଗୀ ଓ କମଳା ଅଥବା କେଉଁଠି ଅଷ୍ଟକାଳୀ ରୂପେ ଆରାଧିତ ହୁଅନ୍ତି। କେତେକ ସ୍ଥାନରେ ଏହି ଅଷ୍ଟକାଳୀଙ୍କ ନାମ ଚିନ୍ତାମଣି କାଳୀ, ସ୍ପର୍ଶମଣି କାଳୀ, ସିଦ୍ଧକାଳୀ, ହଂସକାଳୀ, ସନ୍ତତିପ୍ରଦା କାଳୀ, କାମକଳା କାଳୀ, ଗୁହ୍ୟକାଳୀ ଓ ଦକ୍ଷିଣା କାଳୀ ରୂପେ ମଧ୍ୟ ବର୍ଣ୍ଣନା କରାଯାଏ।

ମାର୍କଣ୍ଡେୟ ପୁରାଣ ସ୍ଥିତ ଶ୍ରୀ ଶ୍ରୀ ଚଣ୍ଡୀରେ ୫ମ, ୭ମ ଓ ୮ମ ଅଧ୍ୟାୟରେ ଦେବୀ ଚଣ୍ଡୀକାଙ୍କର କାଳୀ ରୂପରେ ଆବିର୍ଭୂତ ହେବାର ବର୍ଣ୍ଣନା ଦେଖାଯାଏ। ପଞ୍ଚମ ଅଧ୍ୟାୟର ବର୍ଣ୍ଣନା ଅନୁଯାୟୀ ସ୍ୱର୍ଗର ଦେବତାମାନେ ଶୁମ୍ଭ ନିଶୁମ୍ଭଙ୍କ ଦ୍ୱାରା ପରାଜିତ ହୋଇ ମହାମାୟା ପାର୍ବତୀଙ୍କ ଆରାଧନା କରିଥିଲେ। ଦେବୀ ଏଥିରେ

ସନ୍ତୁଷ୍ଟ ହୋଇ ନିଜ ଶରୀର କୋଷରୁ 'କୌଶିକୀ'ଙ୍କୁ ଉତ୍ପନ୍ନ କରିଥିଲେ । କୌଶିକୀ ଉତ୍ପନ୍ନ ହେବାପରେ ପାର୍ବତୀ କୃଷ୍ଣବର୍ଣ୍ଣା ହୋଇଗଲେ ଓ ହିମାଳୟରେ ଅଧିଷ୍ଠାନ ପୂର୍ବକ 'କାଳିକା' ନାମରେ ଖ୍ୟାତିଲାଭ କରିଥିଲେ ।

"କାଳିକେତି ସମାଖ୍ୟାତା ହିମାଚଳକୃତାଶ୍ରୟା ।"

(ଶ୍ରୀ ଶ୍ରୀ ଚଣ୍ଡୀ ୫/୮୮)

ସପ୍ତମ ଅଧ୍ୟାୟର ଉପାଖ୍ୟାନରୁ ଏହା ସୁସ୍ପଷ୍ଟ ହୁଏ ଯେ ନିଜର ଶାରୀରିକ ତଥା ସୈନ୍ୟ ଶକ୍ତିର ଗର୍ବରେ ଉନ୍ମତ୍ତ ଚଣ୍ଡ-ମୁଣ୍ଡ ଦେବୀ ଚଣ୍ଡିକାଙ୍କୁ ଯେତେବେଳେ ଧରି ନେଇ ରାକ୍ଷସରାଜ ଶୁମ୍ଭ ପାଖକୁ ଯିବା ପାଇଁ ଉଦ୍ୟତ ହେଲେ ଦେବୀ ଅତ୍ୟନ୍ତ କ୍ରୋଧିତା ହୋଇ ଉଠିଲେ । ତାଙ୍କର ଲଲାଟରୁ କରାଳ ବଦନା କାଳୀ ଆବିର୍ଭୂତା ହେଲେ ଏବଂ ଚଣ୍ଡ-ମୁଣ୍ଡର ମସ୍ତକ ଛେଦନ କରି ତାହା ଦେବୀଙ୍କୁ ଦେଇଥିଲେ । ଏଣୁ ଦେବୀ ଚଣ୍ଡିକା ତାଙ୍କୁ 'ଚାମୁଣ୍ଡା' ନାମରେ ଆଖ୍ୟାୟିତ କଲେ ।

"ଯସ୍ମାଚ୍ଚଣ୍ଡଞ୍ଚ ମୁଣ୍ଡଞ୍ଚ ଗୃହୀତ୍ୱା ତ୍ୱମୁପାଗତା ।
ଚାମୁଣ୍ଡେତି ତତୋ ଲୋକେ ଖ୍ୟାତା ଦେବି ଭବିଷ୍ୟସି ॥"

(ଶ୍ରୀ ଶ୍ରୀ ଚଣ୍ଡୀ ୭/୨୭)

ସେହିପରି ଅଷ୍ଟମ ଅଧ୍ୟାୟ (ଶ୍ରୀ ଶ୍ରୀ ଚଣ୍ଡୀ) ଅନୁଯାୟୀ ଦେବୀ ଚଣ୍ଡିକା 'ଅସୁର ରକ୍ତବୀଜ'କୁ ବଧ କରିବା ପାଇଁ ଯେତେବେଳେ ଅସ୍ତ୍ର ପ୍ରହାର କଲେ ସେତେବେଳେ ଅସୁର ଶରୀରରୁ ରକ୍ତପାତ ହୋଇ ସେହି ରକ୍ତବିନ୍ଦୁରୁ ଅସଂଖ୍ୟ ଅସୁରଗଣ ସୃଷ୍ଟି ହେଲେ । ସେହି ସମୟରେ ଦେବୀ ଚଣ୍ଡିକା ରକ୍ତବୀଜର ରକ୍ତଭୂମିରେ ନିପତିତ ହେବା ପୂର୍ବରୁ ତାହାକୁ ପାନ କରିବା ନିମିତ୍ତ କରାଳ ବଦନା କାଳୀଙ୍କୁ ଅନୁରୋଧ କଲେ । କାଳୀ ତାହା ହିଁ କଲେ ଏବଂ ରକ୍ତବୀଜର ମୃତ୍ୟୁ ଘଟିଲା ।

"ଯତସ୍ତତସ୍ତଦ୍‌ବକ୍ତ୍ରେଣ ଚାମୁଣ୍ଡା ସମ୍ପ୍ରତୀଚ୍ଛତି ।....
ନୀରକ୍ତଶ୍ଚ ମହୀପାଳ ରକ୍ତବୀଜୋ ମହାସୁରଃ ॥....."

(ଶ୍ରୀ ଶ୍ରୀ ଚଣ୍ଡୀ ୮-୫୯/୬୨)

ଉପର ବର୍ଣ୍ଣିତ ଅଷ୍ଟକାଳୀ ସଦୃଶ ଓଡ଼ିଶାର ତନ୍ତ୍ର ସାଧକ ବୃନ୍ଦ ଉଗ୍ରଚଣ୍ଡା, ପ୍ରଚଣ୍ଡା, ଚଣ୍ଡୋଗ୍ରା, ଚଣ୍ଡା, ଚଣ୍ଡବତୀ, ଚଣ୍ଡନାୟିକା, ଚାମୁଣ୍ଡା ଓ ଚନ୍ଦ୍ରିକା ଆଦି ଅଷ୍ଟ ଚାମୁଣ୍ଡାଙ୍କର ଉପାସନା କରି ଏକଦା ସାଧନାର ଶିଖର ଦେଶରେ ଉପନୀତ ହୋଇଥିଲେ:

"ଉଗ୍ରଚଣ୍ଡା ପ୍ରଚଣ୍ଡା ଚ ଚଣ୍ଡୋଗ୍ରା ଚଣ୍ଡନାୟିକା
ଚଣ୍ଡା ଚଣ୍ଡବତୀ ଚୈବ ଚାମୁଣ୍ଡା ଚଣ୍ଡିକା ତଥା ।"

ଉତ୍କଳର କୌଳ ସାଧକ ବୃନ୍ଦ ନିଜର ପ୍ରଖର ତନ୍ତ୍ର ସାଧନା ଦ୍ୱାରା ଯୋଗିନୀ ପୀଠ ମାନଙ୍କରେ ଏହି ଚାମୁଣ୍ଡା ଉପାସନାର ଉତ୍କର୍ଷ ପ୍ରତିପାଦିତ କରି ଓଡ଼ିଶା ଭୂଇଁକୁ ତନ୍ତ୍ର ସାଧନାର ସର୍ବଶ୍ରେଷ୍ଠ ତନ୍ତ୍ରପୀଠ ରୂପେ ପ୍ରତିଷ୍ଠା ପ୍ରଦାନ କରିଛନ୍ତି ।

"ଓଡ୍ରାଖ୍ୟଂ ପ୍ରଥମଂ ପୀଠଂ ଦ୍ୱିତୀୟଂ ଜାଳଶୈଳକମ୍ ।
ତୃତୀୟଂ ପୂର୍ଣ୍ଣପୀଠନ୍ତ କାମରୂପ ଚତୁର୍ଥକମ୍ ।।"

ଏହା ଅନୁଯାୟୀ ବିରଜା ହେଲେ ସଂସାରର ପ୍ରଥମ ତନ୍ତ୍ରାରାଧ୍ୟା ଦେବୀ ଏବଂ ବିରଜା ପୀଠ ହେଉଛି ପ୍ରଥମ ତନ୍ତ୍ର ପୀଠ । ଶାକ୍ତତନ୍ତ୍ରର ଭୂମି ଉତ୍କଳର ଇଷ୍ଟ ଦେବତା ଶ୍ରୀଜଗନ୍ନାଥଙ୍କୁ ଦଶମହାବିଦ୍ୟା ସାଧନାରେ ପ୍ରଥମ ମହାବିଦ୍ୟା ମହାକାଳୀ ରୂପେ ମାନ୍ୟତା ପ୍ରଦାନ କରାଯାଏ । ତନ୍ତ୍ର ସାଧକଗଣ ଶ୍ରୀକ୍ଷେତ୍ରର ଶ୍ରୀଜଗନ୍ନାଥଙ୍କୁ ଦକ୍ଷିଣ କାଳୀ ରୂପେ ଆରାଧନା କରିଥାନ୍ତି । ନିମ୍ନ ଶ୍ଳୋକରୁ ତାହା ସୁସ୍ପଷ୍ଟ ହୁଏ-

"ତାରାଯନ୍ତ୍ରେ ପ୍ରଳମ୍ବୟୋ ସୁଭଦ୍ରା ଭୁବନେଶ୍ୱରୀ ।
ଶ୍ୟାମାଯନ୍ତ୍ରେ ଜଗନ୍ନାଥଃ ସାକ୍ଷାତ୍ ଦକ୍ଷିଣକାଳିକା ।।"

ମହାପ୍ରଭୁ ଶ୍ରୀଜଗନ୍ନାଥ ସମସ୍ତ ଦେବାଦେବୀମାନଙ୍କ ମଧ୍ୟରେ ସର୍ବଶ୍ରେଷ୍ଠ ହୋଇଥିବାରୁ ସେ ଅବସ୍ଥାନ କରୁଥିବା ଶ୍ରୀକ୍ଷେତ୍ର ଅଥବା ଶଙ୍ଖକ୍ଷେତ୍ରର ଚତୁଃପାର୍ଶ୍ୱରେ ଅଷ୍ଟକୀଳ, ଅଷ୍ଟଚଣ୍ଡୀ ବା ଅଷ୍ଟଶକ୍ତି, ଅଷ୍ଟରୁଦ୍ର ବା ଅଷ୍ଟଶମ୍ଭୁ ଏବଂ ଅଷ୍ଟମହାବୀର ଆବିର୍ଭୂତ ହୋଇ ସେହି ମହାପ୍ରଭୁଙ୍କ ପ୍ରତ୍ୟକ୍ଷ ସାନ୍ନିଧ, ଉପାସନା କରିବା ସହିତ ତାଙ୍କର ପୀଠସ୍ଥଳୀକୁ ସୁରକ୍ଷା ଦେବା ନିମନ୍ତେ ଅବସ୍ଥାନ କରୁଛନ୍ତି ବୋଲି ବିଭିନ୍ନ ପୁରାଣରୁ ସଙ୍କେତ ମିଳେ । ଯେଉଁ ଅଷ୍ଟଶକ୍ତିଙ୍କ ଦ୍ୱାରା ଶ୍ରୀକ୍ଷେତ୍ର ସୁରକ୍ଷିତ ରହିଛି ସେମାନେ ହେଲେ- ରାମଚଣ୍ଡୀ, ହରଚଣ୍ଡୀ, ବାସେଳୀ, ବାରାହୀ, ଆଲାମଚଣ୍ଡୀ, ଦକ୍ଷିଣକାଳୀ, ଝାଡ଼େଶ୍ୱରୀ ଓ ବିମଳା । କିନ୍ତୁ ନିଳାଦ୍ରୀ ମହୋଦୟ ଗ୍ରନ୍ଥରେ ଅଷ୍ଟଶକ୍ତିଙ୍କ ବିବରଣୀ ନିମ୍ନ ଭାବେ ଦିଆଯାଇଛି- ମରୀଚିକା, ଅର୍ଦ୍ଧାଶନୀ, ଅମ୍ବାଦେବୀ, ସର୍ବମଙ୍ଗଳା, ଚାମୁଣ୍ଡା, ଦକ୍ଷିଣକାଳିକା, ବିମଳା ଓ କାଳରାତ୍ରି । ବାମଦେବ ସଂହିତା ଅନୁଯାୟୀ ଯେଉଁ ଅଷ୍ଟଶକ୍ତିଙ୍କ ଦ୍ୱାରା ଶ୍ରୀକ୍ଷେତ୍ର ଧାମ ସୁରକ୍ଷିତ ରହିଛି ସେମାନେ ହେଲେ- ରୁଦ୍ରାଣୀ, ବିମଳା, ସର୍ବମଙ୍ଗଳା, ଅର୍ଦ୍ଧାଶନୀ, ଆଲମ୍ବା, କାଳରାତ୍ରି, ମରୀଚିକା ଓ ଚଣ୍ଡରୂପା ।

ପୂର୍ବରୁ ଆଲୋଚିତ ହୋଇଛି ଯେ ଶ୍ରୀଜଗନ୍ନାଥ ମହାପ୍ରଭୁ ହେଉଛନ୍ତି ଓଡ଼ିଶାବାସୀଙ୍କର ଇଷ୍ଟ ଦେବତା। ସେ ହେଉଛନ୍ତି ଶ୍ରୀକ୍ଷେତ୍ରର କ୍ଷେତ୍ରନାୟକ ଏବଂ କ୍ଷେତ୍ରେଶ୍ୱରୀ-ଦେବୀ ବିମଳା:

"କ୍ଷେତ୍ରପାଚାଷ୍ଟ ଶକ୍ତିଶ୍ଚ ବାହ୍ୟବରତଃକ୍ରମାତ୍ ,
ରକ୍ଷୟନ୍ତି ପରଂକ୍ଷେତ୍ରଂ କୀଳାକ୍ଷୁ ଉଡ୍ରମଣ୍ଡଳେ।
ସୁଭଦ୍ରିକା ପରାଶକ୍ତି ଭୈରବୀ ବିମଳା ତଥା,
ଶ୍ରଚକ୍ରାଧିଷ୍ଠିତ ପୀଠେ ଚ ମାଧବଃ କ୍ଷେତ୍ରନାୟକ ॥"

ଏଣୁ ତାଙ୍କଠାରେ ପାଳିତ ହେଉଥିବା ପର୍ବ, ଉତ୍ସବ, ନୀତିକାନ୍ତି ତଥା ଅନୁସୃତ ହେଉଥିବା ପରମ୍ପରା ଓ ସଂସ୍କୃତିର ପ୍ରଭାବ ଓଡ଼ିଆ ସମାଜର ଅସ୍ଥି ମଜ୍ଜାଗତ ହୋଇଯାଇଛି କହିଲେ ଅତ୍ୟୁକ୍ତି ହେବନାହିଁ। ଏଣୁ ଓଡ଼ିଆମାନେ ମଧ୍ୟ ସମଗ୍ର ଓଡ଼ିଶାରେ ଅଷ୍ଟଶକ୍ତିଙ୍କର ଉପାସନା କରିଥାନ୍ତି। ଯାଜପୁରର ଦେବୀ ବିରଜା, ପୁରୀର ବିମଳା, କାକଟପୁରର ମଙ୍ଗଳା, ବାଙ୍କିର ଚର୍ଚ୍ଚିକା, ବାଣପୁରର ଭଗବତୀ, ଝଙ୍କଡ଼ର ଶାରଳା, ତାଳଚେରର ହିଙ୍ଗୁଳା ଓ ସମ୍ବଲପୁରର ମା' ସମଲାଇଙ୍କୁ ସେଇ ଅଷ୍ଟଶକ୍ତି ବା ଅଷ୍ଟକାଳୀ ବୋଲି କୁହାଯାଏ। ଏମାନଙ୍କୁ ମଧ୍ୟ ଶ୍ରୀଜଗନ୍ନାଥ ମହାପ୍ରଭୁଙ୍କ ଅଷ୍ଟଶକ୍ତି ରୂପେ ଓଡ଼ିଆମାନେ ବିଶ୍ୱାସ କରନ୍ତି।

୧. ଯାଜପୁରର ଦେବୀ ବିରଜା

ସଂସ୍କୃତ ମହାଭାରତ ତଥା ଅଥର୍ବ ବେଦରେ ମା' ବିରଜାଙ୍କ ଉଲ୍ଲେଖ ମିଳେ। ବାୟୁପୁରାଣ, ବ୍ରହ୍ମାଣ୍ଡ ପୁରାଣ ଆଦିରେ ଏହା ମହାପୀଠ ରୂପେ ସ୍ୱୀକୃତ ହୋଇଛି କାରଣ ଏଠାରେ ସତୀଙ୍କର ନାଭି ପଡ଼ିଥିଲା। ବ୍ରହ୍ମତନ୍ତ୍ର ଅନୁଯାୟୀ ମାଘମାସ ତ୍ରିବେଣୀ ଅମାବାସ୍ୟା ହେଉଛି ବିରଜାଙ୍କର ଜନ୍ମତିଥି ଏବଂ ମନ୍ତ୍ରରାଜ ଗାୟତ୍ରୀ ଦ୍ୱାରା ତାଙ୍କର ପୂଜା କରାଯାଏ:

"ମାଘଦର୍ଶେ ସମୁଦ୍‌ଭୂତା ରବିକୋଟି ସମପ୍ରଭା
ମାଧବର୍ଷେଚ ମଧ୍ୟାହ୍ନେ ବିରଜା ସା ସନାତନୀ
ଗାୟତ୍ରୀ ମନ୍ତ୍ର ରାଜେନ ତସ୍ୟାଃ ପୂଜାଂ ସମାଚରେତ୍।"

ସମଗ୍ର ଭାରତରେ ବିଦ୍ୟମାନ ଥିବା ୫୧ଗୋଟି ତନ୍ତ୍ରପୀଠ ମଧ୍ୟରେ ଦେବୀ ବିରଜାଙ୍କୁ ପ୍ରଥମ ମହାଶକ୍ତି ରୂପେ ମାନ୍ୟତା ପ୍ରଦାନ କରାଯାଇଛି। କୌଳାଚାର

ତନ୍ତ୍ର ସାଧନା ଦେବୀ ବିରଜାଙ୍କୁ କେନ୍ଦ୍ର କରି ବିକାଶ ଲାଭ କରିଥିଲା ଏବଂ ବିଶ୍ୱବ୍ୟାପୀ ହୋଇଥିଲା । ଏହି ପୀଠରୁ ଯୋଗିନୀ ତନ୍ତ୍ର ସମ୍ବଳିତ ବିଦ୍ୟା ସମଗ୍ର ବିଶ୍ୱରେ ପ୍ରସାର ଲାଭ କରିଥିଲା । ଦେବୀ ବିରଜାଙ୍କ ପୀଠରୁ ହିଁ ଯୋଗିନୀ ତନ୍ତ୍ର ବିଦ୍ୟା ଚତୁର୍ଦ୍ଦିଗରେ ପରିବ୍ୟାପ୍ତ ହୋଇଥିଲା । ବିରଜାଙ୍କ ଅଷ୍ଟଦୁର୍ଗା ସ୍ୱରୂପରୁ ଚଉଷଠି ଯୋଗିନୀ ପ୍ରକଟିତ ହୋଇ ଉପାସିତ ହୋଇଥିଲେ । ଦେବୀ ବିରଜାଙ୍କର ସୁରକ୍ଷା ଅର୍ଥେ ଏଠାରେ ବିଷ୍ଣୁ ବରାହ ରୂପରେ ଅବସ୍ଥାନ କରିଛନ୍ତି । ଯଦିଓ ସମସ୍ତ ଶକ୍ତିପୀଠ ମାନଙ୍କରେ ସୁରକ୍ଷା ନିମିତ୍ତ ଶିବ ଆବିର୍ଭୂତ ହୋଇଥାନ୍ତି । ଏଠାରେ କିନ୍ତୁ ଏହାର ବ୍ୟତିକ୍ରମ ପରିଲକ୍ଷିତ ହୁଏ । ବିରଜାଙ୍କ ଠାରୁ ଚୌଷଠି ଯୋଗିନୀ, ଚାମୁଣ୍ଡା ତଥା ସପ୍ତମାତୃକା ଉପାସନା ପ୍ରାରମ୍ଭ ହୋଇ ଚତୁର୍ଦ୍ଦିଗକୁ ପରିବ୍ୟାପ୍ତ ହୋଇଥିଲା । ଶୈବ, ଶାକ୍ତ ଓ ବୈଷ୍ଣବ ତନ୍ତ୍ର ଇତ୍ୟାଦି ବିବିଧ ତାନ୍ତ୍ରିକ ଧାରାଗୁଡ଼ିକର ଉନ୍ମେଷ ବିରଜା ପୀଠରୁ ହିଁ ସଂଘଟିତ ହୋଇଥିଲା । ସୁବିଖ୍ୟାତ ସୋମବଂଶର ରାଜା ଯଯାତିଙ୍କ ଦ୍ୱାରା କାନ୍ୟକୁବ୍ଜରୁ ଦଶହଜାର ବ୍ରାହ୍ମଣଙ୍କୁ ଅଣାଯାଇ ବୈଦିକ ରୀତିରେ ବିଶାଳ ଯଜ୍ଞ ଆୟୋଜିତ ହୋଇ ବିରଜା ପୀଠକୁ ସଂସ୍କାରିତ କରାଯାଇଥିଲା ।

୨. ଜଗଦ୍ଧାତ୍ରୀ ବିମଳା

ସତୀଙ୍କ ଜିହ୍ୱା ବା ରସନା ପତିତ ହୋଇ ବିମଳା ପୀଠ ସୃଷ୍ଟି ହୋଇଛି । **"ରସନା ଉତ୍ର ଦେଶେ ଚ ବିମଳା ପୁରୁଷୋତ୍ତମେ ।"** ଶ୍ରୀମନ୍ଦିରର ବେଢ଼ା ମଧ୍ୟ ସ୍ଥିତ ରୋହିଣୀ କୁଣ୍ଡର ଦକ୍ଷିଣ ପଶ୍ଚିମ କୋଣରେ ଦେବୀମାତା ବିମଳାଙ୍କ ମନ୍ଦିର ବିରାଜମାନ । ବିମଳାଙ୍କୁ ବଳଭଦ୍ରଙ୍କର କ୍ରିୟାଶକ୍ତି, ସୁଭଦ୍ରାଙ୍କର ଇଚ୍ଛାଶକ୍ତି ଏବଂ ଶ୍ରୀଜଗନ୍ନାଥଙ୍କର ମାୟାଶକ୍ତି ରୂପେ ବର୍ଣ୍ଣନା କରାଯାଏ । ତାହାଙ୍କୁ ଶ୍ରୀକ୍ଷେତ୍ର ରାଜେଶ୍ୱରୀ ବୋଲି ମଧ୍ୟ କୁହାଯାଏ । ସେ ଯୋଗମାୟା ଓ ଆଦ୍ୟାଶକ୍ତି ଅଟନ୍ତି । ଶ୍ରୀକ୍ଷେତ୍ର ବ୍ୟତୀତ ସମସ୍ତ ଶକ୍ତିପୀଠରେ ଶକ୍ତିଙ୍କୁ ଭୈରବୀ ଏବଂ ଶିବଙ୍କୁ ଭୈରବ ରୂପେ ବର୍ଣ୍ଣନା କରାଯାଇଛି । କିନ୍ତୁ ଶ୍ରୀକ୍ଷେତ୍ରରେ ଏଥିରେ ବ୍ୟତିକ୍ରମ ପରିଲକ୍ଷିତ ହୋଇଥାଏ । ଏଠାରେ ମହାଶକ୍ତି ବିମଳା ଭୈରବୀ ହୋଇଥିବା ବେଳେ ମହାପ୍ରଭୁ ଶ୍ରୀଜଗନ୍ନାଥ ଭୈରବ ରୂପେ କଥିତ ହୁଅନ୍ତି-

"ବିମଳା ଭୈରବୀ ଯତ୍ର ଜଗନ୍ନାଥସ୍ତୁ ଭୈରବଃ ।"

ମତ୍ସ୍ୟପୁରାଣରେ ମଧ୍ୟ ବିମଳା ଭୈରବୀ ଏବଂ ଶ୍ରୀଜଗନ୍ନାଥ ଭୈରବ ରୂପେ ବର୍ଣ୍ଣିତ ହୋଇଛନ୍ତି । ଶ୍ରୀ ପୁରୁଷୋତ୍ତମ ଧାମର କ୍ଷେତ୍ରେଶ୍ୱରୀ ଭାବରେ ବିମଳା ଏବଂ କ୍ଷେତ୍ର ନାୟକ ରୂପେ ମହାପ୍ରଭୁ ଜଗନ୍ନାଥ ଆଖ୍ୟାୟିତ । ଉଭୟ ଶ୍ରୀଚକ୍ର ଉପରେ ବିରାଜମାନ ।

"ସୁଭଦ୍ରିକା ପରାଶକ୍ତି ଭୈରବୀ ବିମଳା ତଥା ।
ଶ୍ରୀ ଚକ୍ରାଧିଷ୍ଠିତେ ପୀଠେ ଚ ମାଧବଃ କ୍ଷେତ୍ରନାୟକ ॥"

ଦେବୀ ଭାଗବତ ଅନ୍ତର୍ଗତ ଗାୟତ୍ରୀ ସହସ୍ରନାମରେ ସେ ପରାଶକ୍ତି ରୂପେ ବର୍ଣ୍ଣିତ । ସେ ଏକାଧାରରେ ଗାୟତ୍ରୀ, କାଳପାଶ ଧାରଣ କରିଥିବା ମହାକାଳୀ, ମାଳାଧାରିଣୀ ମହାସରସ୍ୱତୀ ଓ ଅମୃତ ଭାଣ୍ଡର ଧାରଣ କର୍ତ୍ତ୍ରୀ ବୈଷ୍ଣବୀ ମହାଲକ୍ଷ୍ମୀ ତଥା ତନ୍ତ୍ର ଶାସ୍ତ୍ରାନୁଯାୟୀ ଶୈବତନ୍ତ୍ରାରାଧ୍ୟା ଶିବାନୀ ଏବଂ ବ୍ରହ୍ମତନ୍ତ୍ରାରାଧ୍ୟା ବ୍ରହ୍ମାଣୀ ଅଟନ୍ତି ।

ଏକଦା ଭଗବାନ ଶଙ୍କର ନାରଦଙ୍କ ଠାରୁ କଣିକାଏ ଶ୍ରୀକୃଷ୍ଣଙ୍କର ଉଚ୍ଛିଷ୍ଟ କୈବଲ୍ୟ ପ୍ରାପ୍ତ ହୋଇ ଏତେ ମାତ୍ରାରେ ଭାବ ବିଭୋର ହୋଇପଡ଼ିଲେ ଯେ ତାହା ସେ ସଙ୍ଗେ ସଙ୍ଗେ ସେବନ କରି ନେଲେ । ଅର୍ଦ୍ଧାଙ୍ଗିନୀ ଭାବରେ ଦେବୀ ପାର୍ବତୀଙ୍କର ସେଥିରେ ଅର୍ଦ୍ଧମାତ୍ରା ଭାଗ ଥିଲା ବୋଲି ଭୁଲିଗଲେ । ପାର୍ବତୀ ଏହା ଜାଣିବାପରେ କଣିକାଏ କୈବଲ୍ୟ ପାଇଁ ଘୋର ତପସ୍ୟା କଲେ । ଭଗବାନ ସନ୍ତୁଷ୍ଟ ହୋଇ ତାଙ୍କୁ କୈବଲ୍ୟ ପ୍ରଦାନ କଲେ ଏବଂ ବରଦାନ କରି କହିଲେ ଯେ ସେ ଶ୍ରୀ କ୍ଷେତ୍ରରେ ଦାରୁବ୍ରହ୍ମ ରୂପେ ଆବିର୍ଭୂତ ହେବାପରେ ଦେବୀ ପାର୍ବତୀ ବିମଳା ରୂପେ ସେଠାରେ ବିରାଜମାନ କରିବେ ଏବଂ ତାଙ୍କୁ ନିତ୍ୟ ପ୍ରସାଦ ସମର୍ପଣ କରାଯିବ । ଏଣୁ ଶ୍ରୀ କ୍ଷେତ୍ରରେ ପ୍ରତ୍ୟହ ବିମଳାଙ୍କୁ ଶ୍ରୀଜଗନ୍ନାଥଙ୍କ ପ୍ରସାଦ ସମର୍ପିତ ହେବାପରେ ଯାଇ ତାହା ମହାପ୍ରସାଦରେ ରୂପାନ୍ତରିତ ହୁଏ । ଦେବୀ ପାର୍ବତୀ କାଣିଚାଏ କୈବଲ୍ୟ ସକାଶେ ଆତୁର ହୋଇ ତପସ୍ୟା କରିବା ଏବଂ ସେଥିପାଇଁ ବିମଳା ରୂପେ ଅବତରିତ ହେବା ଏସବୁ ପାଇଁ ତାଙ୍କୁ 'କୈବଲ୍ୟ ଲୋଲୁପିନୀ' ବୋଲି କୁହାଯାଏ । ଏହା ହିଁ ଶାସ୍ତ୍ରୋକ୍ତ ଗୂଢ଼ତତ୍ତ୍ୱ-

"କୈବଲ୍ୟ ଭୋଜିନି ଦେବି ବିମଳେ ବିମଳ ପ୍ରଦେ ।
ଗୃହଣାତୁ ହରିକୈବଲ୍ୟଂ ସୃଷ୍ଟିସ୍ଥିତ୍ୟନ୍ତ କାରିଣୀ ॥"

୩. କାକଟପୁର ମଙ୍ଗଳା

ଦେଉଳି ମଠ ହେଉଛି ମହାମଙ୍ଗଳାଙ୍କ ପ୍ରଥମ ଆସ୍ଥାନ। ପରବର୍ତ୍ତୀ ସମୟରେ ପୂଣ୍ୟତୋୟା ପ୍ରାଚୀ ତଟସ୍ଥ କାକଟପୁରକୁ ଏହି ଆସ୍ଥାନ ସ୍ଥାନାନ୍ତରିତ ହୋଇ ମା' ମଙ୍ଗଳା ସେଠାରେ ବିଜେ ହୋଇଛନ୍ତି। ଏହା ଶ୍ରୀକ୍ଷେତ୍ରର ଐଶାନ୍ୟ କୋଣରେ ଅବସ୍ଥିତ। ମହିଷାସୁର ସହ ଯୁଦ୍ଧ କାଳରେ ମହାମାୟା ଦୁର୍ଗାଙ୍କ ହୃଦୟରୁ ମା' ମଙ୍ଗଳା ଆବିର୍ଭୂତ ହୋଇ ସେ ଏହି ଅସୁରର ମୃତ୍ୟୁର ଉପାୟ କହିଥିଲେ ଓ ସର୍ବମଙ୍ଗଳା ନାମ ଧାରଣ କରିଥିଲେ। ସେହି ପରାମର୍ଶ ଅନୁଯାୟୀ ଦେବୀ ଦୁର୍ଗା ମହିଷାସୁରକୁ ନିହତ କରିଥିଲେ। ଶ୍ରୀଜଗନ୍ନାଥଙ୍କ ନବ କଳେବର ପୂର୍ବରୁ ଦାରୁ ସଂଗ୍ରହ ନିମିତ୍ତ ବନଯାଗ ପଦ୍ଧତିରେ ମହାମଙ୍ଗଳାଙ୍କ କୃପା ଓ ସ୍ୱପ୍ନାଦେଶକୁ ଅବଲମ୍ବନ କରି ନିର୍ଦ୍ଧିଷ୍ଟ ଦାରୁ ସନ୍ଧାନ କରାଯାଏ। ସେଥିରେ ଚତୁର୍ଦ୍ଧାମୂର୍ତ୍ତି ନିର୍ମିତ ହୁଅନ୍ତି। ଏଣୁ ଶ୍ରୀକ୍ଷେତ୍ର ଓ ଶ୍ରୀଜଗନ୍ନାଥଙ୍କ ସହ ଏହି ପୀଠର ସ୍ୱତନ୍ତ୍ର ସମ୍ପର୍କ ରହିଛି। ଚାରିହାତ ଉଚ୍ଚତା ବିଶିଷ୍ଟ କଳାମୁଗୁନି ପ୍ରସ୍ତର ନିର୍ମିତ ପଦ୍ମାସନା ଚତୁର୍ଭୁଜା ମହାମଙ୍ଗଳାଙ୍କର ଏହି ଦେବୀ ମୂର୍ତ୍ତି ଅତ୍ୟନ୍ତ ରମଣୀୟ। ମହାମଙ୍ଗଳାଙ୍କର ମନ୍ଦିରର ଉଚ୍ଚତା ୫୦ ଫୁଟ ହୋଇଥିବା ବେଳେ ଏହା ସଂଲଗ୍ନ ମୁଖଶାଳାର ଉଚ୍ଚତା ୪୫ ଫୁଟ ତଥା ଜଗମୋହନର ଉଚ୍ଚତା ୨୦ ଫୁଟ। ଏହା ସହ ନାଟମଣ୍ଡପ ରହିଛି।

୪. ଚର୍ଚ୍ଚିକା

ରେଣୁକା ନଦୀ ତଟସ୍ଥିତ ରୁଚିକଗିରି ଠାରେ ବାଙ୍କୀ ରାଜ୍ୟର ଇଷ୍ଟଦେବୀ ମା' ଚର୍ଚ୍ଚିକା ବିଦ୍ୟମାନ। ପୌରାଣିକ କିମ୍ବଦନ୍ତୀ ଅନୁଯାୟୀ ପର୍ଶୁରାମଙ୍କ ପିତାମହ ରୁଚିକା ମହର୍ଷି ମହାନଦୀ ତଟସ୍ଥିତ ରୁଚିକଗିରି ଠାରେ ତପସ୍ୟା କରିଥିଲେ। ପର୍ଶୁରାମ ନିଜ ଶର ମୁନରେ ଏହି ଦେବୀ ମୂର୍ତ୍ତି ନିର୍ମାଣ କରି ରୁଚିକଗିରି ଠାରେ ସ୍ଥାପନ କରିଥିଲେ। ପର୍ଶୁରାମଙ୍କ ମାତା ଦେବୀ ରେଣୁକାଙ୍କୁ ପିତା ଜମଦଗ୍ନିଙ୍କ ନିର୍ଦ୍ଦେଶରେ ସେ ନିଜେ (ପର୍ଶୁରାମ) ହତ୍ୟା କରିଥିଲେ। ତାଙ୍କ ଶରୀରରୁ ରୁଧିର ପ୍ରବାହିତ ହୋଇ ରୁଚିକଗିରି ପାଦ ଦେଶରେ ରେଣୁକା ନଦୀ ସୃଷ୍ଟି ହୋଇଥିଲା। ପରେ ଋଷି ଜମଦଗ୍ନି ପର୍ଶୁରାମଙ୍କ ନିବେଦନ କ୍ରମେ ରେଣୁକାଙ୍କୁ ପୁନଃ ଜୀବଦାନ ଦେଇଥିଲେ। ମହାପୁରୁଷ ଅଚ୍ୟୁତାନନ୍ଦଙ୍କ କୃତ 'ତେରଜନ୍ମ ଶରଣ' ଓ ସାରଳା ଦାସଙ୍କ କୃତ 'ଚଣ୍ଡୀପୁରାଣ'ରେ ଦେବୀ ଚର୍ଚ୍ଚିକାଙ୍କ ପ୍ରସଙ୍ଗ ଉଲ୍ଲେଖ ହୋଇଥିବା

ଦୃଷ୍ଟିଗୋଚର ହୁଏ । ସ୍କନ୍ଦପୁରାଣ, ନୀଳାଦ୍ରି ମହୋଦୟରେ ଦେବୀ ଚର୍ଚ୍ଚିକାଙ୍କ ବିଷୟ ବର୍ଣ୍ଣିତ । ଦେବୀ ଚର୍ଚ୍ଚିକାଙ୍କ ସହ ମହାପ୍ରଭୁ ଜଗନ୍ନାଥଙ୍କ ସମ୍ପର୍କ ଅତ୍ୟନ୍ତ ନିଗୂଢ଼ । ଦେବୀଙ୍କ ବିଗ୍ରହର ଗ୍ରୀବା ସାମାନ୍ୟ ବକ୍ର ହୋଇଥିବାରୁ ସେଇ ରାଜ୍ୟର ନାମକରଣ ବାଙ୍କୀ ବା ବକ୍ରଦୁର୍ଗ ହେଲା ବୋଲି କୁହାଯାଏ । ରାଜା ଇନ୍ଦ୍ରଦ୍ୟୁମ୍ନ ନୀଳମାଧବଙ୍କ ଅନୁସନ୍ଧାନରେ ଯାତ୍ରା ପ୍ରାରମ୍ଭ କରି ଦେବୀ ଚର୍ଚ୍ଚିକାଙ୍କ ଆଶୀର୍ବାଦ ଲାଭ କରିଥିଲେ । ଦେବୀ ଚର୍ଚ୍ଚିକାଙ୍କ କୃପାରୁ ଶ୍ରୀଜଗନ୍ନାଥଙ୍କ ରଥ ନିର୍ମାଣ କାର୍ଯ୍ୟ ନିର୍ବିଘ୍ନରେ ହୋଇଥାଏ ବୋଲି ବିଶ୍ୱାସ କରାଯାଏ । ରଥ ନିର୍ମାଣ ସ୍ଥାନଠାରେ ମା ଚର୍ଚ୍ଚିକା ପ୍ରତିଷ୍ଠିତ ଓ ପୂଜିତ ହେଉଛନ୍ତି । ବାହୁଡ଼ା ଯାତ୍ରାବେଳେ ପ୍ରତିବର୍ଷ ନନ୍ଦିଘୋଷ ରଥ ଏଠାରେ ଅଟକିଥାଏ ଓ ସୁପ୍ରସିଦ୍ଧ 'ଲକ୍ଷ୍ମୀ-ନାରାୟଣ' ଭେଟ ଅନୁଷ୍ଠିତ ହୁଏ । ରଥଗଡ଼ା ସ୍ଥାନରେ ଉଭୟ ପାର୍ଶ୍ୱରେ ଚର୍ଚ୍ଚିକା ଓ ମର୍ଚ୍ଚିକା ପ୍ରତିଷ୍ଠିତ ହୋଇଥିବାରୁ କୁହାଯାଇଛି: **"ମର୍ଚ୍ଚିକା ଚର୍ଚ୍ଚିକା ମଧ୍ୟେ ରଥଭୂମି ବ୍ୟବସ୍ଥିତା ।"** ରାଜା ଇନ୍ଦ୍ରଦ୍ୟୁମ୍ନ ପୁରୀ ବଡ଼ଦାଣ୍ଡର ରଥାଶାଳା ନିକଟରେ ଚର୍ଚ୍ଚିକା ମୂର୍ତ୍ତି ସ୍ଥାପନ କରି ପୂଜା ବିଧାନର ବ୍ୟବସ୍ଥା କରିଥିଲେ । ତାନ୍ତ୍ରିକ ରୀତିରେ ଷୋଡ଼ଶ ଦିବସ ବ୍ୟାପି ଶାରଦୀୟ ଦୁର୍ଗୋତ୍ସବ, କୁମାର ପୂର୍ଣ୍ଣିମା, ଦୋଳ ପୂର୍ଣ୍ଣିମା, ମକର ସଂକ୍ରାନ୍ତି, ମହାବିଷୁବ ସଂକ୍ରାନ୍ତି ଉପଲକ୍ଷେ ପ୍ରସିଦ୍ଧ ଝାମୁଯାତ୍ରା ଓ ରାମନବମୀ ଇତ୍ୟାଦି ପର୍ବ ପାଳନ ଏହି ପୀଠର ବିଶେଷ ଆକର୍ଷଣ ଅଟେ । ନିମ୍ନ ମନ୍ତ୍ରରେ ଦେବୀ ଚର୍ଚ୍ଚିକାଙ୍କୁ ଧ୍ୟାନ କରାଯାଏ:

"ଧ୍ୟାୟତ୍ ଶତ୍ରୁକରାଂ ବରାଭୟକରାଂ ଶୁଳାକ୍ଷଧରାଂ,
ଶକ୍ତ୍ୟୁରଗକରା ରଣାସୁର ଶବାରୁଢ଼ାଂ ଚ ବୀରସନମ୍ ।
ଦନ୍ତାସକ୍ତ କନିଷ୍ଠିକାଂ ଦୃଢ଼ ଲସଦ୍ ମୁଣ୍ଡଳିକାଂ ନ,
ଶ୍ୟାମା ମୁକ୍ତକଳାଂ କରାଳବଦନାଂ ଦିଗ୍‌ବସସଂ ଚର୍ଚ୍ଚିକାମ୍ ।।"

୫. ଦେବୀ ଭଗବତୀ

ପୌରାଣିକ ତଥ୍ୟ ଅନୁଯାୟୀ ପରଶୁରାମଙ୍କ ଦ୍ୱାରା ଦେବୀ ଭଗବତୀ, ଚିଲିକାର ଅନତି ଦୂରରେ ଶାଳିଆ ନଦୀକୂଳସ୍ଥ ବାଣପୁର ନାମକ ଶୈବଶାକ୍ତ ତନ୍ତ୍ରପୀଠ ଠାରେ ପ୍ରତିଷ୍ଠିତ ହୋଇଥିଲେ । ସୁପ୍ରସିଦ୍ଧ କାଳିଜାଇ, ବିରଜାଇ, ସିଦ୍ଧେଶ୍ୱରୀ ଓ ନାରାୟଣୀ ଯଥାକ୍ରମେ ଦେବୀ ଭଗବତୀଙ୍କ ପୂର୍ବ, ପଶ୍ଚିମ, ଉତ୍ତର ଓ ଦକ୍ଷିଣ ଦିଗରେ ଅବସ୍ଥାନ କରିଛନ୍ତି । ସେହି ସବୁ ସ୍ଥାନ ମଧ୍ୟ ଗୋଟିଏ ଗୋଟିଏ ତନ୍ତ୍ରପୀଠର

ମାନ୍ୟତା ଲାଭ କରିଛି । ଏତଦ୍ ବ୍ୟତୀତ ଅସଂଖ୍ୟ ଶିବଲିଙ୍ଗ ଦେବୀଙ୍କ ଚତୁଃପାର୍ଶ୍ୱରେ ବିରାଜମାନ ଥାଇ ଏହି ପୀଠକୁ ଏକ ମହାନ୍ ଶୈବଶାକ୍ତ ତନ୍ତ୍ରପୀଠ ରୂପେ ମର୍ଯ୍ୟାଦାବନ୍ତ କରାଇଛନ୍ତି । ଅଷ୍ଟଭୁଜା ମହିଷ ମର୍ଦ୍ଦିନୀ ଦୁର୍ଗା ସ୍ୱରୂପିଣୀ ଦେବୀ ଭଗବତୀଙ୍କ ଦକ୍ଷିଣ ହସ୍ତ ମାନଙ୍କରେ ଖଡ୍‌ଗ, ଶୂଳ, ଶର, ଚକ୍ର ଇତ୍ୟାଦି ରହିଥିବା ବେଳେ ବାମ ଚତୁର୍ଭୁଜରେ ଢାଲ, ଧନୁ ଓ ପାଶ ଇତ୍ୟାଦି ଶୋଭା ପାଉଛି । ସେ ହେଉଛନ୍ତି ଏକଦା ବାଣାସୁରର ରାଜଧାନୀ ଥିବା ଏହି 'ବାଣପୁର'ର ଅଧିଷ୍ଠାତ୍ରୀ ଦେବୀ । ସେ ମହିଷମର୍ଦ୍ଦିନୀ ଦୁର୍ଗା ହେଲେ ମଧ୍ୟ ଥରେ ଜଣେ ସାଧକ ଭକ୍ତ ତାଙ୍କୁ କାଳୀ ରୂପରେ ଦର୍ଶନ କରିବାକୁ ଇଚ୍ଛା କଲାରୁ ସେ ଭକ୍ତର ମନୋବାଞ୍ଛା ପୂର୍ଣ୍ଣ କରିବାକୁ ଯାଇ ବର୍ତ୍ତମାନର ସ୍ୱରୂପରେ ପ୍ରକଟ ହୋଇଥିଲେ ଯାହା କାଳୀ ମୂର୍ତ୍ତିର ଭ୍ରମ ସୃଷ୍ଟି କରେ । ସବୁଠାରୁ କୌତୁହଳ ପୂର୍ଣ୍ଣ କିମ୍ବଦନ୍ତୀ ଯାହା ଦେବୀଙ୍କ ସମ୍ପର୍କରେ ଶୁଣାଯାଏ ତାହା ହେଲା ଥରେ ଦେବୀ ଭଗବତୀ ତାଙ୍କୁ ଅର୍ପିତ ହୋଇଥିବା ନୈବେଦ୍ୟ ସହ ପୂଜାରୀଙ୍କ ପୁଅକୁ ଭକ୍ଷଣ କରି ଦେଲେ । ଏଥିରେ ପୂଜାରୀ କ୍ରୋଧିତ ହୋଇ ସିନ୍ଦୂରରେ ପୂର୍ଣ୍ଣ ଥିବା ଏକ ଥାଳିକୁ ଦେବୀଙ୍କ ମୁଖକୁ ଫୋପାଡ଼ି ଦେଲେ ଯାହା ତାଙ୍କ ମୁହଁରେ ସଦାସର୍ବଦା ଲାଗି ରହିଗଲା । ଏବେ ମଧ୍ୟ ତାହା ଦୃଷ୍ଟିଗୋଚର ହୁଏ । ଦେବୀ ଭଗବତୀଙ୍କ ମନ୍ଦିର ମଧ୍ୟରେ ମାଆଙ୍କ ଚଳନ୍ତି ପ୍ରତିମା ରହିଛି । ପ୍ରାୟ ୧୨ ଫୁଟ ଉଚ୍ଚତା ବିଶିଷ୍ଟ ଏକ ଦଣ୍ଡକୁ କଳାଶାଢ଼ୀ ଦ୍ୱାରା ଆଚ୍ଛାଦିତ କରି ରଖାଯାଇଛି । ଏହା ହିଁ ଦେବୀଙ୍କ ଚଳନ୍ତି ପ୍ରତିମା ଯାହା ଓଡ଼ିଶାରେ ପ୍ରଚଳିତ ସ୍ତମ୍ଭେଶ୍ୱରୀ ପୂଜାକୁ ସୂଚିତ କରିଥାଏ । ଦେବୀଙ୍କ ଠାରେ ନିତ୍ୟ ଆମିଷ ଭୋଗ ହେବାର ପରମ୍ପରା ରହିଛି । ଏହା ବ୍ୟତୀତ ଖେଚୁଡ଼ି, ଏଣ୍ଡୁରି ପିଠା, କ୍ଷୀରି, ଅନ୍ନ, ଡାଲି ଆଦି ମଧ୍ୟ ଭୋଗ ହୋଇଥାଏ । ଏହି ପୀଠରେ ତାନ୍ତ୍ରିକ ବିଧି ବିଧାନରେ ଶାରଦୀୟ ଦୁର୍ଗୋତ୍ସବର ଭବ୍ୟ ଉପାସନା ସମ୍ପାଦିତ ହୁଏ । ଭଗବତୀଙ୍କ ମନ୍ଦିର ସମ୍ମୁଖରେ ଥିବା ମାଂସ ଭକ୍ଷଣକାରିଣୀ ଦେବୀ 'ପଲକାଶୁଣୀ'ଙ୍କ ପୂଜାର୍ଚ୍ଚନା ଏହି ସ୍ଥାନରେ ଅନୁଷ୍ଠିତ ହୁଏ । ଅଶ୍ୱ ପୃଷ୍ଠରେ ଆରୋହଣ କରିଥିବା କ୍ଷେତ୍ରପାଳ ଭୈରବଙ୍କ ପ୍ରତିମା ଭଗବତୀଙ୍କ ମନ୍ଦିର ବେଢ଼ା ମଧ୍ୟରେ ପୂଜିତ ହୋଇଥାନ୍ତି ।

୬. ତନ୍ତ୍ରପୀଠାଧୀଶ୍ୱରୀ ଦେବୀ ଶାରଳା

ଜଗତସିଂହପୁର ଜିଲ୍ଲା କେନ୍ଦ୍ରରୁ ପ୍ରାୟ ୧୮ କି.ମି. ଦୂରତ୍ୱରେ ଥିବା ବୃଦ୍ଧା ଓ ଚନ୍ଦ୍ରଭାଗା ନଦୀ ଦ୍ୱୟର ମଧ୍ୟରେ ସକଳ ବିଦ୍ୟା ସାଧନାର ସୁପ୍ରସିଦ୍ଧ ତନ୍ତ୍ରପୀଠ ଝଙ୍କଡ଼ବାସିନୀ ଦେବୀ ଶାରଳାଙ୍କ ବିଶାଳ ମନ୍ଦିର ଅବସ୍ଥିତ । ଭୌମକର କାଳର

ଦେବୀ ଶାରଳାଙ୍କ ଉପାସନା ପ୍ରାରମ୍ଭ ହୋଇଥିବା କୁହାଯାଏ । ଏଠା ମନ୍ଦିରରେ ଅବସ୍ଥାପିତ ଶାରଳାଙ୍କ ଅଷ୍ଟଭୁଜା ମହିଷମର୍ଦ୍ଦିନୀ ଦୁର୍ଗା ମୂର୍ତ୍ତି ଅଷ୍ଟମ ଶତାବ୍ଦୀର ବୋଲି ଐତିହାସିକମାନଙ୍କ ମତ । ଶାରଳା ପୀଠର ଉତ୍ତର ଦିଗରେ ସ୍ଥିତ ତେନ୍ତୁଳିପଦା ନାମକ ଗ୍ରାମରେ ପୂଜିତ ହେଉଥିବା ଅନ୍ୟ ଏକ ଅଷ୍ଟଭୁଜା ଦୁର୍ଗା ମୂର୍ତ୍ତି 'ବିଲ ଶାରଳା' ନାମରେ ପ୍ରସିଦ୍ଧ । ଏଠାରେ ମନସା ଦେବୀଙ୍କର ମଧ୍ୟ ବିଗ୍ରହ ରହିଛି । ଶାରଳା ମନ୍ଦିରର ଅନତି ଦୂରରେ ରହିଛି ଅରଡଙ୍ଗ ନାମକ ଗ୍ରାମ ଯେଉଁଠି ଗ୍ରାମ ଦେବତା ରୂପେ ଅଷ୍ଟଭୁଜା ଚାମୁଣ୍ଡା ପୂଜିତା ହେଉଛନ୍ତି । ଶାରଳା ମନ୍ଦିର ନିକଟବର୍ତ୍ତୀ ଗରାମ ଗ୍ରାମରେ ପରଶୁରାମ ପୀଠ ଅବସ୍ଥିତ । ଏଠାରେ ପର୍ଶୁରାମଙ୍କ ପିତା ଋଷି ଜମଦଗ୍ନି ଓ ମାତା ଦେବୀ ରେଣୁକାଙ୍କ ମୂର୍ତ୍ତି ରହିଛି । ଦେବୀ ଭଗବତୀଙ୍କର ଦୁଇଟି ବିଶାଳ ଦୁର୍ଗା ମୂର୍ତ୍ତି ଏଇ ସ୍ଥାନରେ ପୂଜିତ ହେଉଛନ୍ତି । ଭଗବତୀଙ୍କ ଦକ୍ଷିଣ ପାର୍ଶ୍ୱରେ ତାରାଙ୍କର ଷଡ଼ଭୁଜ ବିଗ୍ରହ ପ୍ରତିଷ୍ଠିତ ଏବଂ ମନ୍ଦିର ସମ୍ମୁଖରେ ରହିଛି ଏକ ବୁଦ୍ଧ ମୂର୍ତ୍ତି । ଉତ୍କଳୀୟ ପରମ୍ପରାରେ ଅଷ୍ଟଦୁର୍ଗା ଉପାସନାର ପ୍ରାଧାନ୍ୟ କାଳରେ ଝଙ୍କଡ଼ ପୀଠରେ ମଧ୍ୟ ଏହାକୁ ସ୍ୱୀକୃତି ପ୍ରଦାନ କରାଯାଇ ଏଠାରେ ଅଷ୍ଟଦୁର୍ଗା ପ୍ରତିଷ୍ଠିତ ଓ ଉପାସିତ ହେଉଥିବା ପ୍ରମାଣ ଉପଲବ୍ଧ ହୋଇଥାଏ । ଦେବୀ ଶାରଳାଙ୍କ କୃପାଲାଭ କରି ଶାରଳା ଦାସ ଓଡ଼ିଆ ଭାଷାରେ ବିଶାଳ ମହାଭାରତ ରଚନା କରିଥିଲେ । ଓଡ଼ିଆ ଭାଷା ଏକ କାଳଜୟୀ ପୂର୍ଣ୍ଣାଙ୍ଗ ଓ ଶାସ୍ତ୍ରୀୟ ଭାଷା ରୂପେ ପ୍ରତିଷ୍ଠିତ ହେବା ପୃଷ୍ଠ ଭାଗରେ ଦେବୀ ଶାରଳାଙ୍କ ବରଦ ଆଶୀର୍ବାଦ ଯେ ନିହିତ ରହିଛି, ଏହା ଓଡ଼ିଆମାନେ ବିଶ୍ୱାସ କରିଥାନ୍ତି । ଏହି ପୀଠକୁ ଭାରତର ସର୍ବପ୍ରଥମ ବାଗ୍‌ଦେବୀ ପୀଠ ରୂପେ ମାନ୍ୟତା ପ୍ରଦାନ କରାଯାଇଥାଏ । ଏକଦା ଏହି ପୀଠ ଥିଲା ଷଟକର୍ମ ବିଦ୍ୟା (ସ୍ତମ୍ଭନ, ମୋହନ, ବଶ୍ୟ, ଉଚ୍ଚାଟନ, ଶାନ୍ତି, ବିଦ୍ୱେଷଣ) ସାକ୍ଷାତ୍‌କାର ନିମନ୍ତେ ସର୍ବଶ୍ରେଷ୍ଠ । ଏଣୁ ସକଳ ବିଦ୍ୟାର ସିଦ୍ଧି ନିମନ୍ତେ ଜ୍ଞାନୀଗୁଣୀମାନେ ଏହି ପୀଠରୁ ବିଦ୍ୟାରମ୍ଭ କରି ଦେବୀ ଶାରଳାଙ୍କ ଆଶୀର୍ବାଦ ଭିକ୍ଷା କରୁଥିଲେ ।

୭. ଦେବୀ ହିଙ୍ଗୁଳା

ଉପରୋକ୍ତ ଦେବୀମାନଙ୍କ ସହ ମା' ହିଙ୍ଗୁଳାଙ୍କୁ ମଧ୍ୟ ଅଷ୍ଟଶକ୍ତିମାନଙ୍କ ମଧ୍ୟରେ ଗଣନା କରାଯାଏ । ଦେବୀ ହେଉଛନ୍ତି ଅଗ୍ନି ସ୍ୱରୂପିଣୀ । ଏଣୁ ଦୁର୍ଗା ସହସ୍ର ନାମରେ ତାଙ୍କର ବର୍ଣ୍ଣନା କରି କୁହାଯାଇଛି–

"ଜ୍ୱଳନ୍ତୀ ଜ୍ୱଳନାକରା ଜ୍ୱଳା ଜାଜ୍ୱଲ୍ୟଦମ୍ଭଦା
ଜ୍ୱାଳାଶୟା, ଜ୍ୱାଳାମଣି ଜ୍ୟୋତିଷାଙ୍ଗ ତିରେବହି...
ଜ୍ୟୋତିସ୍ତମ୍ଭା ଜ୍ୱଳତ୍‌ବୀର୍ଯ୍ୟା ଜ୍ୱଳନ୍‌ମନ୍ତ୍ରା, ଜ୍ୱଳତ୍‌ପଳା...
ଜ୍ୱଳତ୍‌ବଳୟ ହସ୍ତାବ୍‌ଜା ଜ୍ୱଳତ୍ ପ୍ରଜ୍ୱୋଳକୋ ଜ୍ୱଳା
ଜ୍ୱାଳମାଲ୍ୟା ଜଗଜ୍ଜାଳା ଜ୍ୱଳଜ୍ଜ୍ୱଳଗ ସଜ୍ୱାଳା।"

ପାକିସ୍ଥାନର କରାଚୀ ଠାରୁ ୨୫୦ କି.ମି. ଉତ୍ତର ପଶ୍ଚିମ ଦିଗସ୍ଥ ବେଲୁଚିସ୍ଥାନରେ ଦେବୀ ସତୀଙ୍କ ମସ୍ତକ ପତିତ ହୋଇଥିବା କାରଣରୁ ଏଠାରେ ଦେବୀ ହିଙ୍ଗୁଳା ଆବିର୍ଭୂତ ଓ 'ହିଙ୍ଗଲାଜ' ନାମରେ ଉପାସିତ ହେଉଛନ୍ତି। ଏହି ଶକ୍ତିପୀଠର ସୁରକ୍ଷା ପାଇଁ ଭୈରବ 'ଭୀମଲୋଚନ' ନାମ ଧାରଣ କରି ଅବତରିତ ହୋଇଛନ୍ତି। ମୁସଲମାନମାନେ ଏହାକୁ 'ନାନୀକୀ ମନ୍ଦିର' ବୋଲି କହିଥାନ୍ତି। ସମ୍ରାଟ ବିକ୍ରମାଦିତ୍ୟ ଓ ରାଜା ତୋଡ଼ରମଲ୍ଲ ଏହି ଶକ୍ତିପୀଠକୁ ଦର୍ଶନ କରିଥିଲେ।

ଓଡ଼ିଶାରେ ଦେବୀ ହିଙ୍ଗୁଳା

ଆମ ଓଡ଼ିଶାରେ ତିନୋଟି ସ୍ଥାନରେ ଦେବୀମାତା ହିଙ୍ଗୁଳାଙ୍କ ପୀଠସ୍ଥଳୀ ବିଦ୍ୟମାନ। ସେଗୁଡ଼ିକ ହେଲେ ଅନୁଗୁଳ ଜିଲ୍ଲାର ତାଳଚେର, ମୟୂରଭଞ୍ଜର ଛେଲିଆଗ୍ରାମ ଓ ଯାଜପୁର ଜିଲ୍ଲା ସ୍ଥିତ ଶଙ୍ଖଚିଲା ଗ୍ରାମ। ଏହିସବୁ ପୀଠ ମାନଙ୍କରେ ଦେବୀ ହିଙ୍ଗୁଳା ଉପାସିତ ହେଉଛନ୍ତି।

କ) ଅନୁଗୁଳ: ଅନୁଗୁଳ ଜିଲ୍ଲାର ତାଳଚେର ଉପଖଣ୍ଡ ସ୍ଥିତ ଗୋପାଳ ପ୍ରସାଦ ମା' ହିଙ୍ଗୁଳାଙ୍କ ପୀଠସ୍ଥଳୀ। ଏଠାରେ ଗୋଟିଏ ପ୍ରସ୍ତର ଖଣ୍ଡ ଓ ଦୁଇଟି ଶାଳଖମ୍ବର ସମଷ୍ଟି ରୂପେ ଦେବୀମାତା ଆବିର୍ଭୂତ। ସେମାନଙ୍କୁ ବୁଢ଼ୀ ଠାକୁରାଣୀ ଏବଂ କନ୍ଧୁଣୀ ଦେବୀ ବୋଲି କୁହାଯାଏ। ସ୍ତମ୍ଭେଶ୍ୱରୀ ସ୍ୱରୂପ ଧାରଣ କରି ମାଆ ହିଙ୍ଗୁଳା ଏଠାରେ ପୂଜିତ ହେଉଛନ୍ତି।

ଖ) ମୟୂରଭଞ୍ଜ: ମୟୂରଭଞ୍ଜ ଜିଲ୍ଲାର ବଡ଼ସାହି ବ୍ଲକ୍ ମଧ୍ୟସ୍ଥ ଛେଲିଆ ଗ୍ରାମରେ ପ୍ରତ୍ୟକ୍ଷ ଦେବୀ ହିଙ୍ଗୁଳାଙ୍କର ପୂଜନ କରାଯାଏ। ଏକଦା ଆଶ୍ଚର୍ଯ୍ୟଜନକ ଭାବରେ ଅଗ୍ନିକାଣ୍ଡ ଘଟି ଗ୍ରାମର ସବୁ କିଛି ନିଶ୍ଚିହ୍ନ ହେବାକୁ ବସିଲା।

ଗ୍ରାମର ଲୋକମାନେ ମା' ହିଙ୍ଗୁଳାଙ୍କୁ ସ୍ଥାପନ କରି ପୂଜାର୍ଚ୍ଚନା କଲାରୁ ଏଥିରୁ ଉଦ୍ଧାର ମିଳିଲା। ମାଆଙ୍କ ଉପଲକ୍ଷେ ପ୍ରତିବର୍ଷ 'କଉଡ଼ିଖଣି' ନାମକ ସ୍ଥାନରେ ବାର୍ଷିକ ମେଳା ଏଠାରେ ଅନୁଷ୍ଠିତ ହୁଏ ଯେଉଁଥିରେ ୪/୫ ଲକ୍ଷ ଲୋକଙ୍କ ସମାଗମ ହୋଇଥାଏ। ଏହି ପୀଠରେ ମାଆଙ୍କର ବିଶାଳ ମନ୍ଦିର ଯଜ୍ଞକୁଣ୍ଡ ଆଦି ନିର୍ମିତ ହୋଇଛି।

ଗ) ଯାଜପୁର: ଯାଜପୁର ଜିଲ୍ଲାର ଶଙ୍ଖଚିଲା ଗ୍ରାମରେ ଦେବୀ ହିଙ୍ଗୁଳାଙ୍କ ଆବିର୍ଭାବ କାହାଣୀ ଯେତିକି ଅଲୌକିକ ସେତିକି ବିସ୍ମୟକର। ୧୯୨୯ ମସିହାରେ ଦିନବେଳା ଶ୍ମଶାନ ମଧ୍ୟରୁ ଏକ ଅଗ୍ନି ପିଣ୍ଡୁଳା ଉଠି ଭିନ୍ନ ଭିନ୍ନ ଗ୍ରାମର ନିର୍ଦ୍ଦିଷ୍ଟ କେତେକ ଲୋକଙ୍କ ଗୃହକୁ ଗତି କରି ସେଗୁଡ଼ିକୁ ଭସ୍ମୀଭୂତ କଲା। ୧୯୩୦ ମସିହା ସେଇ ନିର୍ଦ୍ଦିଷ୍ଟ ଦିନ ଜଣେ ଚାରୁଲତା ନାମ୍ନୀ କାଳିସୀଙ୍କ ଭାଷାରେ ମା' ହିଙ୍ଗୁଳା ସେଠାକୁ ଆଗମନ କରି ଏକ ବରଗଛରେ ଆଶ୍ରୟ ନେଇଛନ୍ତି ବୋଲି କୁହାଇଲେ। ସେଇ ବଟବୃକ୍ଷ ମୂଳରେ ମା'ଙ୍କ ପୀଠ ସ୍ଥାପିତ ହୋଇ ପ୍ରତିବର୍ଷ ଚୈତ୍ର ଶୁକ୍ଳ ଚତୁର୍ଦ୍ଦଶୀ ତିଥିରେ ଯଜ୍ଞପୂଜାଦି ଅନୁଷ୍ଠିତ ହୋଇ ଆସୁଛି। ଏହି ପୀଠ ନିକଟରେ ସ୍ୱୟଂ ଭୈରବ ରୂପୀ 'ଠାକୁରେଶ୍ୱର' ମହାଦେବ ବିଜେ କରିଛନ୍ତି।

ଅଗ୍ନିରୂପା ଦେବୀ ହିଙ୍ଗୁଳା

ଦୁର୍ଗା ସହସ୍ର ନାମର ଶ୍ଳୋକ ମଧ୍ୟରେ ମା'ଙ୍କୁ ଅଗ୍ନିରୂପା ଭାବରେ ବର୍ଣ୍ଣନା କରାଯାଇଛି। ସେହିପରି ନାରାୟଣୋପନିଷଦରେ ଅଗ୍ନିସ୍ୱରୂପା, ରକ୍ଷାଦାତ୍ରୀ, ତପପ୍ରଜ୍ୱଳିତା ଦେବୀ ବିରୋଚନଙ୍କ କନ୍ୟା ଦେବୀଦୁର୍ଗାଙ୍କ ଶରଣ ନିମିତ୍ତ ପ୍ରାର୍ଥନା କରି କୁହାଯାଇଛି–

"ତାମଗ୍ନିବର୍ଣ୍ଣା ତପସାଜ୍ୱଳନ୍ତୀଂ ବୈରୋଚନୀ କର୍ମଫଳେଷୁ ଜୁଷ୍ଟାମ୍
ଦୁର୍ଗୋଦେବୀଂ ଶରଣମହଂ ପ୍ରପଦ୍ୟେ ସୁତରସି ତରସେ ନମଃ।"

(ମହାନାରାୟଣ ଉ.୧୦/୨)

ସେଇପରି ମୁଣ୍ଡକୋପନିଷଦ (୧ଖ.୨/୪) ଶ୍ଳୋକରେ:

"କାଳୀ କରାଳୀ ଚ ମନୋଜବା ଚ ସୁଲୋହିତା ଯା ଚ ସୁଧୂମ୍ରବର୍ଣ୍ଣା।
ସ୍ଫୁଲିଙ୍ଗିନୀ ବିଶ୍ୱରୁଚୀ ଚ ଦେବୀ ଲୋଲାୟମାନା ଇତି ସପ୍ତଜିହ୍ୱାଃ।"

ଅର୍ଥାତ୍ ଯଜ୍ଞାଗ୍ନିରେ ସମର୍ପିତ ଆହୁତି ସପ୍ତଜିହ୍ୱା ବିଶିଷ୍ଟ ଅଗ୍ନିଦେବଙ୍କ ଦ୍ୱାରା ଗୃହୀତ ହୋଇଥାଏ । ଏହି ସପ୍ତଜିହ୍ୱା ମଧ୍ୟରୁ ପ୍ରଥମ ଜିହ୍ୱାଟି ଆଦ୍ୟାଶକ୍ତି କାଳୀଙ୍କର ହୋଇଥିବା ବେଳେ ଅନ୍ୟଗୁଡ଼ିକ ଯଥାକ୍ରମେ କରାଳୀ (ଅତିଉଗ୍ର), ମନୋଜବା (ମନ ସଦୃଶ ଚଞ୍ଚଳ), ସୁଲୋହିତା (ସୁଶୋଭିତ ଲୋହିତବର୍ଣ୍ଣା), ସୁଧୂମ୍ରବର୍ଣ୍ଣା (ଧୂମ ବର୍ଣ୍ଣରେ ସୁଶୋଭିତ), ସ୍ଫୁଲିଙ୍ଗିନୀ (ସ୍ଫୁଲିଙ୍ଗ ସଦୃଶ) ତଥା ବିଶ୍ୱରୁଚି ଦେବୀଙ୍କ ସାକ୍ଷାତ ସ୍ୱରୂପା ଆଗ୍ନେୟ ଶକ୍ତି ରୂପେ ପରିକଳ୍ପିତ । ଏହିପରି ଅଗ୍ନି ସ୍ୱରୂପିଣୀ ମାତୃଶକ୍ତିର ଅସଂଖ୍ୟ ବର୍ଣ୍ଣନା ବେଦବେଦାନ୍ତ, ଶାସ୍ତ୍ରପୁରାଣରେ ଦୃଷ୍ଟିଗୋଚର ହୋଇଥାଏ । ମାତା ହିଙ୍ଗୁଳା ହେଉଛନ୍ତି ସେହି ଅଗ୍ନିସ୍ୱରୂପା ଦେବୀ । ସେ ଆଦ୍ୟା ସନାତନୀ । ତାଙ୍କର ଗୁଣ ଧର୍ମରେ ସେ ଅଗ୍ନିରୂପା । ଏଣୁ ଦେବୀ ଦୁର୍ଗା ଓ ହିଙ୍ଗୁଳାଙ୍କ ମଧ୍ୟରେ କୌଣସି ପ୍ରଭେଦ ନାହିଁ । ଗୋଟିଏ ତତ୍ତ୍ୱ ଦୁଇଟି ସ୍ୱରୂପ । ଯିଏ ହିଙ୍ଗୁଳା ସେଇ ହିଁ ଦୁର୍ଗା ।

ଦେବୀ ହିଙ୍ଗୁଳାଙ୍କ ଶ୍ରୀକ୍ଷେତ୍ରର ଶ୍ରୀଜଗନ୍ନାଥଙ୍କ ସହ ସମ୍ପର୍କ ବିଷୟକ ତଥ୍ୟ ଏଠାରେ ଉଲ୍ଲେଖଯୋଗ୍ୟ । ହିଙ୍ଗୁଳାଇଙ୍କ ବିଷୟରେ ଏକ କିମ୍ବଦନ୍ତୀ ପ୍ରଚଳିତ । ପୂର୍ବେ ପଶ୍ଚିମ ଭାରତରେ ନଳ ନାମରେ ଜଣେ ରାଜା ଥିଲେ । ତାଙ୍କର ରାଜ୍ୟର ନାମ ଥିଲା ବିଦର୍ଭ । ସେ ଥିଲେ ମା' ହିଙ୍ଗୁଳାଙ୍କର ପ୍ରଧାନ ଭକ୍ତ । ତତ୍କାଳୀନ ପୁରୀର ଠାକୁର ରାଜା ମହାପ୍ରସାଦ ପ୍ରସ୍ତୁତି ନିମିତ୍ତ ଶୁଦ୍ଧ ଅଗ୍ନିର ଆବଶ୍ୟକତା ଅନୁଭବ କଲେ । ସେ ତାଙ୍କର ବନ୍ଧୁ ନଳ ରାଜାଙ୍କୁ ଏଥିପାଇଁ ଅନୁରୋଧ କଲେ । ନଳରାଜା ଅଗ୍ନିରୂପା ମା' ହିଙ୍ଗୁଳାଙ୍କୁ ଏଥିପାଇଁ ପ୍ରାର୍ଥନା କଲେ । ରାଜା ନଳଙ୍କ ଭକ୍ତିରେ ସନ୍ତୁଷ୍ଟ ହୋଇ ମା' ନିଜେ ଅଗ୍ନି ରୂପରେ ଶ୍ରୀମନ୍ଦିରକୁ ବିଜେ କରିଥିଲେ । ସେଇ ବିଶୁଦ୍ଧ ଅଗ୍ନିରେ ପ୍ରଥମ ମହାପ୍ରସାଦ ପ୍ରସ୍ତୁତ ଆରମ୍ଭ ହୋଇଥିଲା ବୋଲି ଲୋକଶ୍ରୁତି ପ୍ରଚଳିତ । ସେବେ ଠାରୁ ମା' ଅଗ୍ନି ରୂପରେ ଶ୍ରୀମନ୍ଦିରରେ ଶ୍ରୀମହାପ୍ରଭୁଙ୍କ ସେବାରେ ନିୟୋଜିତ ଅଛନ୍ତି ।

୮. ତନ୍ତ୍ରପୀଠାଧୀଶ୍ୱରୀ ଦେବୀମାତା ସମଲେଶ୍ୱରୀ

ପ୍ରାକ୍ ବୈଦିକ କାଳରୁ ପଶ୍ଚିମ ଓଡ଼ିଶାରେ ଦେବୀ ସମଲେଇ ଏକ ଶିଳାଖଣ୍ଡ ସ୍ୱରୂପରେ ପୂଜିତ ହୋଇ ଆସୁଥିଲେ । ସେଇ ଶିଳାଖଣ୍ଡକୁ ପରବର୍ତ୍ତୀ କାଳରେ

ଚକ୍ଷୁ, ନାସା ଓ ମୁଖ ବିଶିଷ୍ଟ କରାଯାଇ ବର୍ତ୍ତମାନର ସ୍ୱରୂପ ପ୍ରଦାନ କରାଯାଇଛି। କୁହାଯାଏ ଆଦିବାସୀମାନଙ୍କ ଦ୍ୱାରା ଶିମିଳି ବୃକ୍ଷ ମୂଳରେ ଦେବୀଙ୍କୁ ପୂଜା କରାଯାଉଥିଲା। ଏଣୁ ତାଙ୍କର ନାମ ସମଲେଇ ଏବଂ ନଗରର ନାମ ସମ୍ବଲପୁର ହେଲା। ଉଭୟ ଶାବରୀ ତନ୍ତ୍ର ଓ ଶାକ୍ତତନ୍ତ୍ର ଅନୁଯାୟୀ ଦେବୀଙ୍କର ଶାରଦୀୟ ଓ ବାସନ୍ତୀକ ନବରାତ୍ର ସହ ସଂକ୍ରାନ୍ତି, ପୂର୍ଣ୍ଣିମା, ଅମାବାସ୍ୟା, ନୂଆଁଖାଇ ଇତ୍ୟାଦି ଅବସରରେ ବିଶେଷ ପୂଜା ଅନୁଷ୍ଠିତ ହୁଏ। ସ୍ୱପ୍ନାଦିଷ୍ଟ ହୋଇ ରାଜା ବଳରାମଦେବ (୧୫୪୦-୧୫୫୬) ଦେବୀ ସମଲେଶ୍ୱରୀଙ୍କ ନିମନ୍ତେ ପ୍ରଥମେ ମନ୍ଦିର ନିର୍ମାଣ କରାଇଥିଲେ ଯାହାର ପୁନଃ ନିର୍ମାଣ କାର୍ଯ୍ୟ ପରବର୍ତ୍ତୀ କାଳରେ ରାଜା ଛତ୍ରସାଏଙ୍କ ଦ୍ୱାରା (୧୬୫୭-୧୬୯୫) ସମ୍ପନ୍ନ ହୋଇଥିଲା। ଏକ ଲୋକକଥା ଅନୁଯାୟୀ ଭଗବାନ ଶ୍ରୀରାମଙ୍କ ସ୍ତୁତିରେ ସନ୍ତୁଷ୍ଟ ହୋଇ ଦେବୀ ଲଙ୍କେଶ୍ୱରୀ ଲଙ୍କାରୁ ଆସି ଏଠାରେ ଶିମିଳି ବୃକ୍ଷ ମୂଳରେ ଆବିର୍ଭୂତ ହୋଇଥିଲେ। ମୁଖ୍ୟ ପୂଜକ ଆଦିବାସୀ ଶାବରୀ ତନ୍ତ୍ର ରୀତିରେ ଦେବୀଙ୍କ ପୂଜା କରୁଥିବା ବେଳେ ବ୍ରାହ୍ମଣମାନେ ଶାକ୍ତତନ୍ତ୍ର ବିଧି ଅନୁଯାୟୀ ଦେବୀଙ୍କ ପୂଜା କରିଥାନ୍ତି। ବୁଢ଼ାରାଜା (ଶିବ)ଙ୍କୁ ଦେବୀଙ୍କର ଅଙ୍ଗ ରକ୍ଷକ ଭୈରବ ବୋଲି କୁହାଯାଏ। ଦେବୀଙ୍କ ମସ୍ତକରେ ହୀରା ଶୋଭାୟମାନ। ଏଠାରେ ପୂର୍ବେ ଉତ୍କୃଷ୍ଟ ହୀରା ପ୍ରାପ୍ତ ହେଉଥିବା ଜଣାଯାଏ। ଏପରିକି ବିଶ୍ୱ ପ୍ରସିଦ୍ଧ କୋହିନୂର ହୀରା ଦିନେ ଏହିଠାରୁ ଉପଲବ୍ଧ ହୋଇଥିଲା। ହୀରା ମିଳୁଥିବାରୁ ଏହି ସ୍ଥାନର ନାମ 'ହୀରାଖଣ୍ଡ' ରୂପେ ପ୍ରସିଦ୍ଧି ଅର୍ଜନ କରିଥିଲା। ମତ ଭିନ୍ନତା ସତ୍ତ୍ୱେ ଏଠାରେ ଯେ ଜଗଜ୍ଜନନୀ ସତୀଙ୍କର ମସ୍ତକ ଭୂପତିତ ହୋଇ ଏହି ଶକ୍ତିପୀଠର ସୃଷ୍ଟି ସମ୍ଭବ ହୋଇଛି- ଏଥିରେ ଲୋକ ବିଶ୍ୱାସ କରନ୍ତି।

ଶାରଦୀୟ ମହୋତ୍ସବ ସମୟରେ 'କାଦେଯାତ୍ରା' ଏହି ଅଞ୍ଚଳରେ ସର୍ବତ୍ର ପାଳିତ ହୋଇଥାଏ। ଏହି ସମୟରେ ମାଆଙ୍କର ଭିନ୍ନ ଭିନ୍ନ ବେଶ ଖୁବ୍ ଆକର୍ଷଣୀୟ ହୁଏ। ଶୁଭ୍ରାଙ୍ଗୀ ବେଶ (ମହାଳୟା), ମହାଗୌରୀ ବେଶ (ଆଶ୍ୱିନ କୃଷ୍ଣ ଅଷ୍ଟମୀ), (ଆଶ୍ୱିନ ଶୁକ୍ଳ ପ୍ରତିପଦାରୁ ନବମୀ ମଧ୍ୟରେ) ଶୈଳପୁତ୍ରୀ ବେଶ, ବ୍ରହ୍ମଚାରିଣୀ ବେଶ, ଚନ୍ଦ୍ରଘଣ୍ଟା ବେଶ, କୁଷ୍ମାଣ୍ଡ ବେଶ, ସ୍କନ୍ଦମାତା ବେଶ, କାତ୍ୟାୟିନୀ ବେଶ, କାଳରାତ୍ରି ବେଶ, ମହାଗୌରୀ ବେଶ, ସିଦ୍ଧିଦାତ୍ରୀ ବେଶ ତଥା କୁମାର ପୂର୍ଣ୍ଣିମାରେ 'ରାଜରାଜେଶ୍ୱରୀ ବେଶ' ଦର୍ଶନ କରି ଶ୍ରଦ୍ଧାଳୁମାନେ ବିଭୋର ହୋଇ ଉଠନ୍ତି। ଚୈତ୍ର ନବରାତ୍ର ସମୟରେ ଦେବୀଙ୍କର କାଳୀ, ତାରା, ମହାବିଦ୍ୟା, ଷୋଡ଼ଶୀ,

ଭୁବନେଶ୍ୱରୀ, ବଗଳା, ମାତଙ୍ଗୀ, ମଙ୍ଗଳା, ଧୂମାବତୀ ଓ ରାଜରାଜେଶ୍ୱରୀ ବେଶ ତଥା ଶ୍ରାବଣ ପୂର୍ଣ୍ଣିମାରେ 'ଶ୍ରାବଣାଭିଷେକ', ଭାଦ୍ରବ କୃଷ୍ଣ ଅଷ୍ଟମୀ ବା ଜନ୍ମାଷ୍ଟମୀରେ ଦେବୀଙ୍କର ସ୍ୱନକ୍ଷତ୍ର ଉତ୍ସବ, ପୌଷ ପୂର୍ଣ୍ଣିମାରେ 'ପୁଷ୍ୟାଭିଷେକ' ଉତ୍ସବରେ ଦର୍ଶନ କରିବା ନିମିତ୍ତ ଅସଂଖ୍ୟ ଭକ୍ତମାନଙ୍କର ସମାଗମ ହୋଇଥାଏ।

ମା' ସମଲେଶ୍ୱରୀଙ୍କୁ କେବଳ ସମ୍ବଲପୁରର କାହିଁକି ସାରା ପଶ୍ଚିମ ଓଡ଼ିଶାର ଲୋକେ ଅଧିଷ୍ଠାତ୍ରୀ ଦେବୀ ରୂପେ ଆରାଧନା କରିଥାନ୍ତି। ଏଣୁ ପଶ୍ଚିମ ଓଡ଼ିଶାର ଭିନ୍ନ ଭିନ୍ନ ସ୍ଥାନରେ ଭିନ୍ନ ଭିନ୍ନ ନାମ ଓ ସ୍ୱରୂପରେ ମା'ଙ୍କର ପୂଜା ଅର୍ଚ୍ଚନା କରାଯାଏ। ସମଗ୍ର ଓଡ଼ିଶାର ଲୋକେ ମଙ୍ଗଳା ସ୍ତୁତିରେ ମା'ଙ୍କୁ ପ୍ରତ୍ୟହ ଭକ୍ତିର ସହ ସ୍ମରଣ କରନ୍ତି- **"ସମ୍ବଲପୁରେ ରହିଲୁ ନାମ ସମଲାଇ, ଯାଜପୁରେ ରହିଲୁ ମା' ନାମ ବିରଜାଇ...।"**

ମା' ସମଲାଇଙ୍କ ମନ୍ଦିର ସମ୍ବଲପୁର ସହରର ପଶ୍ଚିମରେ ଅବସ୍ଥିତ। ଏହାର ଦକ୍ଷିଣରେ ରହିଛି ମହାନଦୀ। ଗର୍ଭଗୃହର ଦ୍ୱାର ଉତ୍ତର ଦିଗକୁ ଅଛି। ମନ୍ଦିର ଚତୁଃପାର୍ଶ୍ୱରେ ୧୫ ଫୁଟ ପ୍ରସ୍ଥର ବାରଣ୍ଡା ବିଦ୍ୟମାନ। ପ୍ରତି ପାର୍ଶ୍ୱରେ ଆଠଗୋଟି ସ୍ତମ୍ଭ (ସର୍ବମୋଟ ୩୨ ଗୋଟି) ବିଦ୍ୟମାନ। ମନ୍ଦିର ସାମ୍ନାରେ ଥିବା ୩ ଫୁଟ ଉଚ୍ଚର ଏକ କ୍ଷୁଦ୍ର ବେଦୀ ରହିଛି। ଏହା ଉପରେ ଭକ୍ତଗଣ ଧୂପ, ଦୀପ ଆଦି ଦେବୀଙ୍କ ଉଦ୍ଦେଶ୍ୟରେ ଜାଳିଥାନ୍ତି। ମନ୍ଦିରର ସମ୍ମୁଖକୁ ରହିଛି ୪୫ ଫୁଟ ଲମ୍ବ ଓ ୩୫ ଫୁଟ ପ୍ରସ୍ଥ ବିଶିଷ୍ଟ ଏକ ମଣ୍ଡପ। ୧୬ ଗୋଟି ବିଶେଷ ଧରଣର ଖମ୍ବ ଏହି ମଣ୍ଡପର ଶୋଭା ବର୍ଦ୍ଧନ କରୁଛି। ମଣ୍ଡପର ମଧ୍ୟଭାଗରେ ଛଅଗୋଟି ଖମ୍ବ ବିଦ୍ୟମାନ ଯେଉଁଥିରେ ଗୋଟିଏ ବା ଏକାଧିକ ଠଣା ରହିଛି। ସେଇ ଠଣା ମାନଙ୍କରେ ଗୋଟିଏ ଗୋଟିଏ ଦେବୀ ମୂର୍ତ୍ତି ସୁଶୋଭିତ ହେଉଛନ୍ତି। ମନ୍ଦିରର ପୂର୍ବଦିଗସ୍ଥ ପରିସର ମଧ୍ୟରେ ଗୋଟିଏ ୨୫ ଫୁଟ ଉଚ୍ଚତା ବିଶିଷ୍ଟ ସ୍ତମ୍ଭ ଦଣ୍ଡାୟମାନ। ଏହାର ଶୀର୍ଷରେ ମନ୍ଦିର ସଦୃଶ ଘରଟିଏ ରହିଛି। ଏଥି ମଧ୍ୟରେ ଦୀପ ଜଳାଯିବା ନିମନ୍ତେ ବ୍ୟବସ୍ଥା ଅଛି। ଦେବୀଙ୍କ ନିକଟରେ ଦ୍ୱିପହର ଓ ରାତ୍ରିରେ ଅନ୍ନଭୋଗ ଲାଗି ହୁଏ। ସକାଳ ଓ ସନ୍ଧ୍ୟାରେ ଉଖୁଡ଼ା ଇତ୍ୟାଦି ଭୋଗ ହୋଇଥାଏ। ଏହି ପୀଠରେ ଶାବରୀ ତନ୍ତ୍ର, ବ୍ରାହ୍ମଣ ତନ୍ତ୍ର, ଭୈରବ ତନ୍ତ୍ର ଓ ଶାକ୍ତତନ୍ତ୍ର ଇତ୍ୟାଦି ଧାରା ସମୂହର ସମ୍ପୂର୍ଣ୍ଣ ସମନ୍ୱୟ ଘଟିଥିବା ପରିଦୃଷ୍ଟ ହୋଇଥାଏ।

ପୂର୍ବରୁ ଆଲୋଚିତ ହୋଇଛି ଯେ ଉତ୍କଳୀୟ ପରମ୍ପରାରେ ହେଉଥିବା ଶାକ୍ତ ଉପାସନା ଧାରାରେ ଉପରୋକ୍ତ ଦେବୀମାନେ ଅଷ୍ଟକାଳୀ ରୂପେ ସମ୍ବୋଧିତ ହୋଇଥାନ୍ତି। ଏମାନଙ୍କୁ ଶ୍ରୀଜଗନ୍ନାଥଙ୍କ ଅଷ୍ଟଶକ୍ତି ରୂପେ ମଧ୍ୟ ବିଶ୍ୱାସ କରାଯାଏ। ତେବେ ସ୍କନ୍ଦପୁରାଣର ବର୍ଣ୍ଣନା ଅନୁଯାୟୀ ଶ୍ରୀକ୍ଷେତ୍ରକୁ ସୁରକ୍ଷା ପ୍ରଦାନ କରୁଥିବା ଯେଉଁ **'ଅଷ୍ଟକୀଳା'** ମାନଙ୍କର ଉଲ୍ଲେଖ ଦେଖିବାକୁ ମିଳେ ତାହା ଅତ୍ୟନ୍ତ ତାତ୍ପର୍ଯ୍ୟପୂର୍ଣ୍ଣ। ଓଡ଼ିଶାର ଆଠଗୋଟି ଶକ୍ତିପୀଠ ଓ ଏହାର ପୀଠାଧୀଶ୍ୱରୀମାନଙ୍କୁ 'ଅଷ୍ଟକୀଳା' ରୂପେ ବର୍ଣ୍ଣନା କରାଯାଏ। ସେହି ଦେବୀମାନଙ୍କ ସହ ଶ୍ରୀଜଗନ୍ନାଥଙ୍କର ସନାତନ ସମ୍ପର୍କ ବିଦ୍ୟମାନ। ଶ୍ରୀକ୍ଷେତ୍ରକୁ ସୁରକ୍ଷା ପ୍ରଦାନ ଅର୍ଥେ ସେହି ଦେବୀମାନଙ୍କ ଭୂମିକା କୀଳା ଅଥବା ଖୁଣ୍ଟି ସଦୃଶ ବିଚାର କରାଯାଏ। କୌଣସି ଅଟ୍ଟାଳିକା ଯେଉଁପରି କେତୋଟି ଖୁଣ୍ଟି ବା ସ୍ତମ୍ଭ ଉପରେ ନିର୍ଭରଶୀଳ ଠିକ୍ ସେହିପରି ଶ୍ରୀକ୍ଷେତ୍ରର ସୁରକ୍ଷା ଯେଉଁ ଦେବୀ ସମୂହଙ୍କ ଉପରେ ନ୍ୟସ୍ତ। ସେମାନେ ହେଲେ- ପ୍ରାଚୀନଦୀ ତଟସ୍ଥ ମଙ୍ଗଳା, ଚନ୍ଦ୍ରଭାଗା ନଦୀକୂଳସ୍ଥ ରାମଚଣ୍ଡୀ, ଚିତ୍ରୋତ୍ପଳା ତଟସ୍ଥିତ ରତ୍ନଗିରି ପର୍ବତବାସିନୀ ଭଟ୍ଟାରିକା ଏବଂ ବକ୍ରଦୁର୍ଗ ନିବାସିନୀ ଚର୍ଚ୍ଚିକା, ସାଳିଆ ନଦୀ ତୀରରେ ବିରାଜମାନ ଭଗବତୀ ଓ ଏହା ସନ୍ନିକଟ ଟାଙ୍ଗି ବ୍ଲକ୍‌ର ମୂଳିଝରଗଡ଼ ସ୍ଥିତ ଉଗ୍ରତାରା, ଗଞ୍ଜାମ ଜିଲ୍ଲାର ପୁଣ୍ୟତୋୟା ଋଷିକୂଲ୍ୟା ତଟସ୍ଥିତ ତାରାତାରିଣୀ ଏବଂ ମହୋଦଧି ନିକଟସ୍ଥ ଦେବୀ ହରଚଣ୍ଡୀ। ଏହି ଦେବୀମାନେ ଶ୍ରୀଜଗନ୍ନାଥଙ୍କର ଅଷ୍ଟକୀଳ ରୂପେ ପରିଚିତା। ଶ୍ରୀକ୍ଷେତ୍ରକୁ ପରିବେଷ୍ଟନ ପୂର୍ବକ ଏହାକୁ ସୁରକ୍ଷା ପ୍ରଦାନ କରୁଥିବାରୁ ଏହି ଦେବୀମାନଙ୍କୁ 'କ୍ଷେତ୍ରପା ଅଥବା କ୍ଷେତ୍ରପାଳିକା' ବୋଲି ମଧ୍ୟ କୁହାଯାଏ। ନିମ୍ନୋକ୍ତ ଶ୍ଲୋକରୁ ଏ ସମ୍ପର୍କରେ ସମ୍ୟକ୍ ସୂଚନା ପ୍ରାପ୍ତ ହୁଏ-

"ମହୋଦଧି ତଟେ ଦେବୀ ହରଚଣ୍ଡୀ ମହୋତ୍କଟା
ମହାନଦୀ ତଟେ ତଦ୍ୱତ୍ ଚର୍ଚ୍ଚିକା ଚଣ୍ଡରୂପିଣୀ
ଭଟ୍ଟାରିକା ମହାମାୟା ମହାପର୍ବତ ବାସିନୀ
ମଙ୍ଗଳା ସର୍ବଶୁଭଦା ପ୍ରାଚୀନଦୀ ତଟେ ସ୍ଥିତା।
ଋଷିକୂଲ୍ୟା ତୀରେ ଦେବୀ ତାରିଣୀଂ ଭୟହାରିଣୀ
ବାଣନଗ୍ରେ ଭଗବତୀ ଚୋଗ୍ରାଚୈତ୍ର ତଥୈବ ଚ
ଚନ୍ଦ୍ରଭାଗା ତଟେ ସାକ୍ଷାତ୍ ରାମଚଣ୍ଡୀ ଶୁଭାନନା
ଭାବନ୍ୟଷ୍ଟ ମହାକାଳୀ ରୂପିଣୀ କ୍ଷେତ୍ରପାଳିକା ।।"

ବେଦମାତା ଗାୟତ୍ରୀ: ତତ୍ତ୍ୱ, ସାଧନା ଓ ଜପବିଧି

ଗାୟତ୍ରୀଙ୍କୁ ବେଦମାତା, ଦେବମାତା ରୂପେ ଆମର ଶାସ୍ତ୍ର ମାନଙ୍କରେ ବର୍ଣ୍ଣନା କରାଯାଇଛି। ବ୍ରହ୍ମା ଚାରିବେଦର ସୃଷ୍ଟି କରିବା ପୂର୍ବରୁ ୨୪ ଅକ୍ଷର ବିଶିଷ୍ଟ ଗାୟତ୍ରୀ ମନ୍ତ୍ରର ସଂରଚନା କରିଥିଲେ। ଏହାର ପ୍ରତିଟି ଅକ୍ଷର ମଧ୍ୟରେ ଏପରି ସୂକ୍ଷ୍ମତତ୍ତ୍ୱ ସନ୍ନିବିଷ୍ଟ ଯେ, ସେଥିରୁ ଅସଂଖ୍ୟ ଶାଖାପ୍ରଶାଖା ଯୁକ୍ତ ବେଦ ବେଦାନ୍ତ ଓ ଶାସ୍ତ୍ର ପୁରାଣାଦି ଅଙ୍କୁରିତ, ପଲ୍ଲବିତ, ପୁଷ୍ପିତ ହୋଇ ଭାରତୀୟ ଜ୍ଞାନବିଜ୍ଞାନ ଦର୍ଶନ ପ୍ରଭୃତିକୁ ମହିମାମଣ୍ଡିତ କରିଛି। ଏଣୁ ଋକ୍, ଯଜୁଃ, ସାମ ଓ ଅଥର୍ବ ଆଦି ଚାରିବେଦ ସମୂହ ଗାୟତ୍ରୀ ମାତାଙ୍କର ପୁତ୍ର ରୂପ ଅଟନ୍ତି।

ଗାୟତ୍ରୀ ଉପାସନା ଓ ଜପ ଦ୍ୱାରା ସାଧକ ସମସ୍ତ ଗୁଣର ଅଧିକାରୀ ଆପଣାଛାଏଁ ହୋଇଯାଏ। କାମ, କ୍ରୋଧ, ଲୋଭ, ମୋହ, ମାତ୍ସର୍ଯ୍ୟ ଆଦି ଦୁର୍ଗୁଣଗୁଡ଼ିକ ଅନ୍ତର୍ହିତ ହୋଇ ସେଇ ସ୍ଥାନରେ ସତ୍ତ୍ୱ ଗୁଣର ଆବିର୍ଭାବ ଘଟେ ଏବଂ ଜୀବନକୁ ଆନନ୍ଦମୟ କରି ତୋଳେ। ଭୟଙ୍କର ବିପଦ ଏବଂ କଠିନ ପରିସ୍ଥିତିରୁ ଉଦ୍ଧାର ପାଇବା ପାଇଁ ଗାୟତ୍ରୀଙ୍କ କୃପା ଆଶ୍ଚର୍ଯ୍ୟଜନକ ଭାବରେ ଫଳପ୍ରଦ ହୋଇଥାଏ। ମୋକଦ୍ଦମା, ଶତ୍ରୁତା, ଦରିଦ୍ରତାର ଅବସାନ, ରୋଗ ନିବାରଣ, ସରକାରୀ କାର୍ଯ୍ୟରେ ସଫଳତା, ସନ୍ତାନ ପ୍ରାପ୍ତି, ଭୂତ ଭୟରୁ ରକ୍ଷା ଇତ୍ୟାଦି ସକଳ ସମସ୍ୟାରୁ ମୁକ୍ତିଲାଭ ପାଇଁ ଗାୟତ୍ରୀ ଉପାସନା ସଫଳ ଉପଚାର ରୂପେ ସର୍ବଦା ସ୍ୱୀକୃତ ହୋଇ ଆସିଛି। ଖାଲି ମୁନିଋଷି ବା ଆମର ମହାପୁରୁଷମାନେ ଗାୟତ୍ରୀ ଉପାସନା କରିଥିଲେ ତାହା ନୁହେଁ, ମହାସତୀ ସାବିତ୍ରୀ ଗାୟତ୍ରୀ ଜପ ଦ୍ୱାରା ନିଜ ମୃତ ସ୍ୱାମୀଙ୍କୁ ଜୀବିତ କରି ପାରିଥିଲେ। ମୈତ୍ରେୟୀ, ଗାର୍ଗୀ, ଅରୁନ୍ଧତୀ, ଦମୟନ୍ତୀ, ଲୋପାମୁଦ୍ରା, ସୀତା, ପାର୍ବତୀ, ଅଦିତି, ବିଶ୍ୱବାରା ଆଦି ମହାସତୀମାନେ ଗାୟତ୍ରୀଙ୍କ ଆରାଧନା କରି ଅଲୌକିକ ଶକ୍ତିର ଅଧିକାରିଣୀ ହୋଇ ପାରିଥିଲେ।

ଗାୟତ୍ରୀ ଜପ ନିତ୍ୟ ସୂର୍ଯ୍ୟୋଦୟ, ମଧ୍ୟାହ୍ନ ଏବଂ ସୂର୍ଯ୍ୟାସ୍ତ- ଅର୍ଥାତ୍ ତ୍ରିସନ୍ଧ୍ୟା ସମୟରେ କରାଯିବା ଉଚିତ। ବିସ୍ତୃତ ଭାବରେ ସମ୍ଭବ ହୋଇ ନପାରିଲେ ବି ସ୍ୱଳ୍ପ ସଂଖ୍ୟକ (ଦଶ, ସତେଇଶ ବା ଶହେ ଆଠଥର) ଜପରୁ ଶ୍ରଦ୍ଧା ଭକ୍ତି ପୂର୍ବକ ଆରମ୍ଭ କରାଯିବା ଉଚିତ। **'ସ୍ୱଳ୍ପମପ୍ୟସ୍ୟ ଧର୍ମସ୍ୟ ତ୍ରାୟତେ ମହତୋ ଭୟାତ୍।** (ଗୀତ ୨-୪୦)' ଅର୍ଥାତ୍ ଧର୍ମ କାର୍ଯ୍ୟ ନିଷ୍ଠାର ସହ ଅଳ୍ପ କରାଗଲେ ମଧ ବିରାଟ ସଙ୍କଟରୁ ରକ୍ଷା କରିଥାଏ। ଆମ ସ୍ୱାଧୀନତା ସଂଗ୍ରାମର ମହାନାୟକ ଯଥା: ମହାତ୍ମାଗାନ୍ଧି, ଲୋକମାନ୍ୟ ବାଳଗଙ୍ଗାଧର ତିଳକ, ରବୀନ୍ଦ୍ରନାଥ ଠାକୁର, ମହର୍ଷି ଅରବିନ୍ଦ, ମହାମାନ୍ୟ ମାଲବ୍ୟ, ସନ୍ଥ ବିନୋବା ତଥା ଅନେକ ବିପ୍ଳବୀ ମଧ ଗାୟତ୍ରୀ ମାତାଙ୍କର ଉପାସକ ଥିଲେ ଏବଂ ଭାରତମାତାକୁ ହିଁ ସାକ୍ଷାତ୍ ଗାୟତ୍ରୀଙ୍କର ସାକାର ସ୍ୱରୂପରେ ପୂଜନ କରିଥିଲେ।

ଗାୟତ୍ରୀ ମନ୍ତ୍ର ଏବଂ ତାହାର ଅର୍ଥ: **"ଓଁ ଭୂ ଭୁବଃ ସ୍ୱଃ ତତ୍ସବିତୁର୍ବରେଣ୍ୟଂ ଭର୍ଗୋ ଦେବସ୍ୟ ଧୀମହି । ଧିୟୋ ୟୋ ନଃ ପ୍ରଚୋଦୟାତ୍।"** (ଶୁ.ଯଜୁ ୩୬/୩) । ଅର୍ଥ- ଆତ୍ମା ସ୍ୱରୂପ, ଶୋକନାଶକ, ଆନନ୍ଦ ସ୍ୱରୂପ ଶ୍ରେଷ୍ଠ ତେଜସ୍ୱୀ, ପାପନାଶକ, ଦେବସ୍ୱରୂପ ସେଇ ପରମେଶ୍ୱରଙ୍କୁ ଅନ୍ତଃକରଣରେ ଧାରଣ କରୁଛୁଁ। ସେ ଆମର ବୁଦ୍ଧିକୁ ସତ୍ ମାର୍ଗରେ ପରିଚାଳିତ କରନ୍ତୁ। (ଭୂଃ = ସତ୍, ଭୁବଃ =ଚିତ୍, ସ୍ୱଃ = ଆନନ୍ଦସ୍ୱରୂପ, ସବିତୁଃଦେବସ୍ୟ = ସୃଷ୍ଟିକର୍ତ୍ତା ପ୍ରକାଶମାନ ପରମାତ୍ମାଙ୍କର, ତତ୍ ବରେଣ୍ୟଂ ଭର୍ଗଃ = ସେଇ ପ୍ରସିଦ୍ଧ ବରଣୀୟ ତେଜର ଆମ୍ଭେ ଧ୍ୟାନ କରୁଅଛୁ, ଯଃ = ଯେଉଁ ପରମାତ୍ମା, ନଃ = ଆମ୍ଭର, ଧିୟଃ = ବୁଦ୍ଧିକୁ (ସତ୍ମାର୍ଗରେ) ପ୍ରଚୋଦୟାତ୍ = ପ୍ରେରିତ କରନ୍ତୁ) ।

ଜପବିଧି: ମନ୍ତ୍ରର ଅର୍ଥକୁ ସ୍ମରଣ ଏବଂ ହୃଦୟଙ୍ଗମ ପୂର୍ବକ ଜପ କଲେ ତାହା ଖୁବ୍ ପ୍ରଭାବଶାଳୀ ହୋଇଥାଏ। ସକାଳ ସନ୍ଧ୍ୟା ଯଥାକ୍ରମେ ପୂର୍ବ ଓ ପଶ୍ଚିମ ଦିଗକୁ ମୁହଁ କରି ଜପ ଶ୍ରଦ୍ଧାପୂର୍ବକ କରାଯିବା ଉଚିତ। ଜପ ନିମିତ୍ତ ତୁଳସୀ ବା ଚନ୍ଦନମାଳା ସାଧାରଣତଃ ବ୍ୟବହାର କରାଯାଏ। ମାଳା ଅଭାବରେ କରମାଳା (ହାତର ଅଙ୍ଗୁଠି ଦ୍ୱାରା ଜପ)ର ଉପଯୋଗ ହୋଇପାରେ। କମ୍ବଳାସନର ବ୍ୟବହାର ସାଧାରଣ ଭାବରେ ସମସ୍ତଙ୍କ ପାଇଁ ପ୍ରଶସ୍ତ। ମାଳାଜପ ସମୟରେ ତର୍ଜନୀ ଏବଂ କନିଷ୍ଠ ଆଙ୍ଗୁଳି ବ୍ୟବହୃତ ହୁଏ ନାହିଁ। ଗୋଟିଏ ମାଳାଜପ ଉତ୍ତାରୁ ଅଧିକ ସଂଖ୍ୟକ ଜପ କରିବା ପାଇଁ ମାଳାର ମେରୁଲଙ୍ଘନ ନକରି ମାଳାକୁ ବିପରୀତ କ୍ରମରେ ବୁଲାଇ ଜପ ଚାଲୁ ରଖିବାକୁ ପଡ଼େ।

ପ୍ରାଣାୟାମ ସହ ଜପ: ପ୍ରାଣତତ୍ତ୍ୱର ନ୍ୟୂନତା ହିଁ ମନୁଷ୍ୟକୁ କାମୀ, କ୍ରୋଧୀ, ଲୋଭୀ, ଭୟଗ୍ରସ୍ତ ଏବଂ ଅପରାଧ ପ୍ରବଣ କରି ଗଢ଼ି ତୋଳେ। ପ୍ରାଣାୟାମ ପ୍ରକ୍ରିୟା ଦ୍ୱାରା ଶରୀର, ବ୍ରହ୍ମାଣ୍ଡ ବ୍ୟାପି ପ୍ରାଣତତ୍ତ୍ୱରୁ ତେଜ ଆକର୍ଷଣ ଓ ଧାରଣ କରିପାରେ। ପ୍ରାଣାୟାମ ଜପ ସମୟରେ ଖାଲି ପେଟରେ ଏବଂ ସୁଖାସନରେ ମେରୁଦଣ୍ଡକୁ ସଳଖ କରି ଶାନ୍ତ ଚିତ୍ତରେ ବସିବା ଉଚିତ। ଆଖି ବନ୍ଦ କରି ଅଥବା ଅଧା ଖୋଲା ରଖି ନିମ୍ନ କ୍ରମରେ ବାୟୁ ଚଳାଚଳ ସ୍ଥାନରେ ପ୍ରାଣାୟାମ ଜପ କରାଯାଇପାରେ।

୧. ପୂରକ (ଶ୍ୱାସଗ୍ରହଣ): ପ୍ରଥମେ ପାଟି ବନ୍ଦ, ଆଖି ବନ୍ଦ ରଖି ଦୁଇ ନାସା ମଧ୍ୟ ଦେଇ ଶ୍ୱାସ ଧୀରେ ଧୀରେ ଗ୍ରହଣ କରି **'ଓଁ ଭୂର୍ଭୁବଃ ସ୍ୱଃ'** ଜପ ସହ ସଂପୂର୍ଣ୍ଣ ବ୍ରହ୍ମାଣ୍ଡର ସ୍ରଷ୍ଟା, ଦୁଃଖ ଦହନକାରୀ ଏବଂ ଦିବ୍ୟ ଆନନ୍ଦର ଆଧାର ଭୂତ ସେଇ ପରଂବ୍ରହ୍ମଙ୍କ ପ୍ରଚଣ୍ଡ ତେଜସ୍ୱୀ ପ୍ରାଣଶକ୍ତି ଶରୀର ଭିତରକୁ ପ୍ରବେଶ କରୁଛି। ଏପରି ସକାରାତ୍ମକ କଳ୍ପନା ସହ ଯେତିକି ସମ୍ଭବ ଶ୍ୱାସ ଗ୍ରହଣ କରନ୍ତୁ।

୨. ଅନ୍ତଃକୁମ୍ଭକ (ନିଆଯାଇଥିବା ଶ୍ୱାସକୁ ଭିତରେ କିଛି ସମୟ ଅଟକାଇ ରଖିବା): ଶ୍ୱାସବାୟୁକୁ ଭିତରେ ଅଟକାଇ ରଖି **'ତତ୍ସବିତୁର୍ବରେଣ୍ୟଂ'** ଜପ ସହ କଳ୍ପନା କରନ୍ତୁ ଯେ- ସବିତା ଦେବତାଙ୍କ ପରି ଉଜ୍ଜ୍ୱଳ, ପ୍ରକାଶମାନ ଏହି ପ୍ରାଣଶକ୍ତି ସାରା ଅଙ୍ଗପ୍ରତ୍ୟଙ୍ଗର ଲୋମକୂପ ପର୍ଯ୍ୟନ୍ତ ବ୍ୟାପି ଯାଉଛି ଏବଂ ଶରୀର ତଥା ଆତ୍ମାକୁ ତେଜୋଦୀପ୍ତ କରି ଦେଉଛି। ଅନ୍ତଃକୁମ୍ଭକର ସମୟ ପୂରକର ଅଧା ହେବା ଉଚିତ।

୩. ରେଚକ (ଅଟକାଇ ରଖିଥିବା ଶ୍ୱାସବାୟୁକୁ ବାହାରକୁ ଛାଡ଼ିବା): ଏହାପରେ ଅଟକାଇ ରଖିଥିବା ବାୟୁକୁ ଧୀରେ ଧୀରେ ବାହାରକୁ ଛାଡ଼ନ୍ତୁ ଏବଂ **'ଭର୍ଗୋ ଦେବସ୍ୟ ଧୀମହି'** ଜପ ସହ 'ସେଇ ପ୍ରକାଶମାନ ପ୍ରାଣଶକ୍ତି, ଶରୀର ମଧ୍ୟସ୍ଥ ସମସ୍ତ ଆବର୍ଜନା, ନକାରାତ୍ମକ ଭାବ ଏବଂ ଜନ୍ମ ଜନ୍ମର ସଞ୍ଚିତ ପାପକୁ ସମୂଳେ ବହିଷ୍କାର କରି ବାହାରକୁ ନେଇ ଯାଉଛି' ଏପରି କଳ୍ପନା କରନ୍ତୁ।

୪. ବହିଃ କୁମ୍ଭକ (ଶ୍ୱାସ ଛାଡ଼ିସାରି ବାୟୁକୁ କିଛି ସମୟ ବାହାରେ ଅଟକାଇ ରଖିବା): ଶ୍ୱାସ ବାୟୁକୁ ଛାଡ଼ିସାରି ନିଶ୍ୱାସ ନ ନେଇ ବାୟୁକୁ ବାହାରେ

ଅଟକାଇ ରଖିବା ସହିତ **'ଧିୟୋଃ ୟୋ ନଃ ପ୍ରଚୋଦୟାତ୍'** ଜପ ସହ କଳ୍ପନା କରନ୍ତୁ ଯେ, 'ଗାୟତ୍ରୀ ମାତା ଆମର ଦିବ୍ୟ ଚେତନାକୁ ଜାଗ୍ରତ କରି ଆମକୁ ଶ୍ରେଷ୍ଠ, ମହାନ୍, ନିଷ୍ପାପ, ତେଜସ୍ୱୀ କରି ଦେଇଛନ୍ତି।' ଏହି ପ୍ରକ୍ରିୟା ଅନ୍ତଃକୁମ୍ଭକ ସମୟ ସହ ସମାନ ହେବା ଉଚିତ।

ଏହି ସମ୍ପୂର୍ଣ୍ଣ ପ୍ରକ୍ରିୟା (୧ନଂ.ରୁ ୪ନଂ. ପର୍ଯ୍ୟନ୍ତ) ଗୋଟିଏ ପ୍ରାଣାୟାମ ହେଲା। ଏହାକୁ ୩ ବା ୫ ବା ୧୦ଥର ଦୋହରା ଯାଇପାରେ। ଗାୟତ୍ରୀ ଏକ ସାର୍ବଜନୀକ ବୈଦିକ ପ୍ରାର୍ଥନା ହୋଇଥିବାରୁ ବ୍ୟକ୍ତିଗତ ଶ୍ରଦ୍ଧା ଓ ବିଶ୍ୱାସ ଅନୁଯାୟୀ ନିଜର ଇଷ୍ଟ ଦେବଦେବୀଙ୍କ ଉଦ୍ଦେଶ୍ୟରେ ଏହି ମନ୍ତ୍ର ଜପ କରାଯାଇପାରେ। ଜପ ସମୟରେ ଓଠ ସାମାନ୍ୟ ହଲିବା ସହ କଣ୍ଠରୁ ବାହାରୁଥିବା ଧ୍ୱନି ନିଜକୁ ଶୁଣାଯାଉଥିବ କିନ୍ତୁ ନିକଟସ୍ଥ ଅନ୍ୟ କେହି ଶୁଣିପାରୁ ନଥିବେ। ଏପରି ବିଧିକୁ ଉପାଂଶୁ ଜପ କୁହାଯାଏ। ଯାହାକି ଗାୟତ୍ରୀ ଜପ ପାଇଁ ଖୁବ୍ ଉପଯୋଗୀ।

ଦେବୀ ଗାୟତ୍ରୀ (ପୃ.୪୯୬)

ଶ୍ରୀଜଗନ୍ନାଥ ସଂସ୍କୃତିରେ ଶାକ୍ତ ଉପାସନା ଓ ତାନ୍ତ୍ରିକ ରୀତିନୀତିର ପ୍ରାଧାନ୍ୟ

ତନ୍ତ୍ର ଶାସ୍ତ୍ର ମାନଙ୍କରେ 'ଶ୍ରୀଜଗନ୍ନାଥ'ଙ୍କୁ ତନ୍ତ୍ରର ଦେବତା ରୂପେ ବର୍ଣ୍ଣନା କରାଯାଇଛି । ଶୈବାଗମ ଶାସ୍ତ୍ରମାନଙ୍କରେ ମଧ୍ୟ ଶ୍ରୀ ଜଗନ୍ନାଥଙ୍କୁ 'ମହା ଭୈରବ' ଏବଂ ମା' ବିମଳାଙ୍କୁ ଶ୍ରୀକ୍ଷେତ୍ରେଶ୍ୱରୀ (**ବିମଳା ଭୈରବୀ ଯତ୍ର ଜଗନ୍ନାଥସ୍ତୁ ଭୈରବଃ**) ରୂପେ କଳ୍ପନା କରାଯାଇଛି । "ଶ୍ରୀ ବଟୁକ ଭୈରବ ସାଧନା" ନାମକ ଗ୍ରନ୍ଥରେ ଶ୍ଳୋକ-୧୬୪ରେ ଶ୍ରୀ ଜଗନ୍ନାଥ 'ବଟୁକ ଭୈରବ' ରୂପେ ପରିକଳ୍ପିତ । କେତେକ ତନ୍ତ୍ର ସାଧକ ଓ ଶାକ୍ତ ଉପାସକଙ୍କ ମତରେ ଶ୍ରୀଜଗନ୍ନାଥ ଦକ୍ଷିଣକାଳୀ ରୂପରେ ବିବେଚିତ । ଏଣୁ କୁହାଯାଇଛି:

"ତାରାଯନ୍ତେ ପ୍ରଳୟଯୋ ସୁଭଦ୍ରା ଭୁବନେଶ୍ୱରୀ
ଶ୍ୟାମା ଯନ୍ତେ ଜଗନ୍ନାଥଃ ସାକ୍ଷାତ ଦକ୍ଷିଣ କାଳିକା ।"

ଦେବୀ ସୁଭଦ୍ରାଙ୍କ ଉପାସନାରେ ତନ୍ତ୍ର:

ଶ୍ରୀ ପୁରୁଷୋତ୍ତମ ହିଁ ତନ୍ତ୍ରଶାସ୍ତ୍ର ଦ୍ୱାରା 'ଶ୍ରୀଜଗନ୍ନାଥ'ରୂପେ ଆଖ୍ୟାୟିତ ହୋଇଛନ୍ତି । ତାଙ୍କର ଉପାସନା ତାନ୍ତ୍ରିକମାନେ ଭୈରବ ଏବଂ ଶ୍ରୀ ବଳଭଦ୍ର ଓ ଦେବୀ ସୁଭଦ୍ରାଙ୍କୁ ଉତ୍ତର ସାଧକ ଭାବରେ କରିଥାନ୍ତି । ଉତ୍ତର ସାଧିକା ଦେବୀ ସୁଭଦ୍ରା ଇଷ୍ଟଦେବୀ ସ୍ୱରୂପରେ ପ୍ରତିଷ୍ଠିତ ହୋଇ ସାଧକ ଓ ଉତ୍ତର ସାଧକଙ୍କୁ ଶକ୍ତିମାନ କରାଇଥାନ୍ତି । ସ୍କନ୍ଦ ପୁରାଣର ଉଲ୍ଲେଖ ଅନୁଯାୟୀ **'ତସ୍ୟା ଶକ୍ତି ସ୍ୱରୂପେୟଂ ଭଗିନୀ ସ୍ତ୍ରୀ ପ୍ରବର୍ତ୍ତିକା'** ଅର୍ଥାତ୍ ଦେବୀ ସୁଭଦ୍ରା ଶକ୍ତି ସ୍ୱରୂପିଣୀ ଅଟନ୍ତି । ସେ ଭଗିନୀ ଓ ସ୍ତ୍ରୀରୂପେ ପୂଜିତା । ପ୍ରକୃତରେ ସେ ସ୍ତ୍ରୀ ବା ଭଗିନୀ ନୁହନ୍ତି ବରଂ ସେ ଶ୍ରୀଜଗନ୍ନାଥ ଓ ଶ୍ରୀ ବଳଭଦ୍ରଙ୍କର ଶକ୍ତି ଓ ଐଶ୍ୱର୍ଯ୍ୟ ସ୍ୱରୂପିଣୀ ଅଟନ୍ତି । ତନ୍ତ୍ରରେ ସେ ସ୍ତ୍ରୀ ହେଉ ବା ଭଉଣୀ, ସ୍ତ୍ରୀ ଜାତି ମାତ୍ରକେ ସମସ୍ତେ ଶକ୍ତିସ୍ୱରୂପା ଜଗଜ୍ଜନନୀ ମହାମାୟାଙ୍କର ପ୍ରତୀକ ରୂପେ ଗୃହୀତ ହୋଇଥାଏ । ତେଣୁ ଏଥିରେ ଅଂସଗତିର କାରଣ ନାହିଁ । ସେ ହିଁ ବ୍ରହ୍ମା, ସେ ହିଁ ବିଷ୍ଣୁ, ସେ ହିଁ ଶିବ, ସେ ହିଁ ସକଳଶକ୍ତିର ଉତ୍ସ । ଏଣୁ ତାଙ୍କର ବର୍ଣ୍ଣନା କରି ନୀଳତନ୍ତ୍ରରେ କୁହାଯାଇଛି:

**"ଉଭୟୋ ଚୈତନ୍ୟୟୋର୍ମଧ୍ୟେ ବିଶ୍ୱାସ ଲବ୍ଧ ବୋଧଙ୍କ
ମାୟୟା ପ୍ରକୃତି ରୂପା ଭଦ୍ରାଭଦ୍ର ପ୍ରଦାୟିନୀ ।।"**

ମହାମାୟା ହିରଣ୍ୟଗର୍ଭଙ୍କ ସହ ସେ ଯେତେବେଳେ ଅବିର୍ଭୂତା ହୁଅନ୍ତି ସେତେବେଳେ ସେ 'ମାୟାମାତ୍ର' କିନ୍ତୁ ସ୍ୱୟଂ ଯେତେବେଳେ ଅବତାର ଗ୍ରହଣ କରନ୍ତି ସେତେବେଳେ ଯୋଗମାୟା ବୋଲି କଥିତ ହୁଅନ୍ତି । ଚତୁର୍ଦ୍ଧାମୂର୍ତ୍ତି ମଧ୍ୟରୁ ଅନ୍ୟତମ ଶ୍ରୀ ସୁଦର୍ଶନ, ଶ୍ରୀ ଜଗନ୍ନାଥଙ୍କ ବାମ ପାର୍ଶ୍ୱରେ ଥାଇ ଶ୍ରୀ ମନ୍ଦିରରେ ପୂଜିତ ହୁଅନ୍ତି । ସେ ହେଉଛନ୍ତି ଦେବୀ ସୁଭଦ୍ରାଙ୍କର ଶକ୍ତି ସ୍ୱରୂପ । ଏଣୁ ରଥଯାତ୍ରାରେ ସେ ସୁଭଦ୍ରାଙ୍କ ରଥରେ ସ୍ଥାନିତ ହୁଅନ୍ତି । ଭାରତୀୟ ତନ୍ତ୍ରଶାସ୍ତ୍ରରେ ବର୍ଣ୍ଣନା ଅନୁଯାୟୀ:

**"ଉତ୍କଳେ ନାଭି ଦେଶଂ ତୁ ବିରଜା କ୍ଷେତ୍ର ମୁଚ୍ୟ ତେ
ବିମଳା ସା ମହାଦେବୀ ଜଗନ୍ନାଥସ୍ତୁ ଭୈରବଃ ।"**

(ଦେବୀ ଭାଗବତ)

ଦେବୀ ସୁଭଦ୍ରା ହିଁ ଆଦ୍ୟାଶକ୍ତି ଯାହାଙ୍କର ବୈଷ୍ଣବୀ ଶକ୍ତି ଦ୍ୱାରା ସୃଷ୍ଟିର ପାଳନ ଏବଂ ରୁଦ୍ରାଣୀ ଶକ୍ତି ଦ୍ୱାରା ସଂହାର କାର୍ଯ୍ୟ ପରିଚାଳିତ ହୋଇଥାଏ । ଶ୍ରୀ ମନ୍ଦିର ମଧ୍ୟରେ ସେ ଭୁବନେଶ୍ୱରୀ ରୂପେ ତନ୍ତ୍ର ବିଧାନରେ ପୂଜିତ ହୁଅନ୍ତି । ତାହାଙ୍କୁ ଭୁବନେଶ୍ୱରୀ ନାମକ ତାନ୍ତ୍ରିକ ଯନ୍ତ୍ରରେ ପ୍ରତିଷ୍ଠା କରାଯାଇ ଏକ ତାନ୍ତ୍ରିକ ଦେବୀ ସ୍ୱରୂପରେ ପୂଜନ କରାଯାଏ । ସୁଭଦ୍ରା ବୈଷ୍ଣବୀଧାରାରେ ମଧ୍ୟ ଶକ୍ତି ସ୍ୱରୂପରେ ଗୃହୀତ ହୋଇ ବୈଷ୍ଣବୀ ନାମରେ କଥିତ ହୁଅନ୍ତି । ଅତଏବ ଶ୍ରୀବିଷ୍ଣୁଙ୍କୁ 'ବ୍ରହ୍ମ' ରୂପେ ଗ୍ରହଣ କରାଯାଉଥିବା ବେଳେ ଦେବୀ ସୁଭଦ୍ରା 'ବ୍ରହ୍ମ ସ୍ୱରୂପା' ଭାବେ ଗୃହୀତ । ଏଣୁ ସେ 'ଆଦ୍ୟାଶକ୍ତି' ମଧ୍ୟ । ସେ ନିର୍ଗୁଣ ଓ ନିର୍ବିକଳ୍ପରୁ ସ୍ୱେଚ୍ଛାକ୍ରମେ ସତ୍ତ୍ୱ, ରଜ, ତମ ତ୍ରିଗୁଣ ସମନ୍ୱିତ ହୋଇ ବ୍ରହ୍ମା, ବିଷ୍ଣୁ, ମହେଶ୍ୱର ରୂପରେ ସୃଷ୍ଟି, ପାଳନ ଓ ସଂହାରର କାରଣ ହୋଇଥାନ୍ତି । ସ୍କନ୍ଦ ପୁରାଣ ସ୍ଥିତ 'ଜଗଜ୍ଜନନୀ ସୁଭଦ୍ରା'ଙ୍କ ଉଦ୍ଦେଶ୍ୟରେ କରାଯାଇଥିବା ବ୍ରହ୍ମାଙ୍କ ସ୍ତୁତି ଏ ଦୃଷ୍ଟିରୁ ଯଥାର୍ଥ ସଙ୍କେତ ପ୍ରଦାନ କରିଥାଏ:

**"ଜୟଭଦ୍ରେ ସୁଭଦ୍ରେ ତ୍ୱଂ ସର୍ବେର୍ଷାଂ ଭଦ୍ରଦାୟିନି ।
ଭଦ୍ରାଭଦ୍ର ସ୍ୱରୂପା ତ୍ୱଂ ଭଦ୍ରକାଳୀ ନମୋଽସ୍ତୁତେ ।।
ତ୍ୱଂ ମାତା ଜଗତାଂ ଦେବୀ! ପିତା ନାରାୟଣୋ ହି ସଃ ।
ସ୍ତ୍ରୀ ରୂପଂ ସର୍ବମେବ ତ୍ୱଂ ପୁଂ ରୂପୋ ଜଗଦୀଶ୍ୱରଃ ।।"**

(ସ୍କନ୍ଦ ପୁ. ୧୭/୫୭-୫୮)

ସଗୁଣ-ନିର୍ଗୁଣ, ପୁରୁଷ-ପ୍ରକୃତି, ସ୍ୱାହା-ସ୍ୱଧା-ବଷଟ୍‌କାର, ସୃଷ୍ଟି ରୂପା-ସ୍ଥିତରୂପା-ସଂହାରରୂପା, କାଳରାତ୍ର-ମହାରାତ୍ରି-ମୋହରାତ୍ରି, ସତ୍-ଅସତ୍ ଇତ୍ୟାଦି ସବୁକିଛି ସେ ହିଁ ଅଟନ୍ତି । 'ଉଡ୍‌ଡ୍ରୀଶତନ୍ତ୍ର'ରେ କୁହାଯାଇଛି:

"ଯୋଗାମାୟା ପରାନିତ୍ୟା ସୁଭଦ୍ରା ମୋହ ରୂପିଣୀ
ନିର୍ଗୁଣା ବିଷ୍ଣୁ ମାୟାସି ନାଦ ବିଦ୍ୟମୟୀ ସ୍ୱୟମ୍ ।।"

ଏଣୁ ଦେବୀ ସୁଭଦ୍ରାଙ୍କୁ ତନ୍ତ୍ରାରାଧ୍ୟା ଦେବୀ ରୂପେ ଗ୍ରହଣ କରାଯାଏ । ତନ୍ତ୍ରାରାଧାନାରେ ଅଷ୍ଟଦଳ କମଳର ଉପଯୋଗ ଅତୀବ ମହତ୍ତ୍ୱପୂର୍ଣ୍ଣ । ଏହି ତତ୍ତ୍ୱର ପୃଷ୍ଠଭାଗରେ ଥିବା ଶାସ୍ତ୍ରୀୟ ଦର୍ଶନ ମଧ୍ୟ ବିଶେଷ ଗୁରୁତ୍ୱ ବହନ କରେ । ଏଥିରେ ଥିବା ଆଠଗୋଟି ପାଖୁଡ଼ା, ଆଠଗୋଟି ପୀଠଶକ୍ତି ରୂପେ କଳ୍ପିତ ହୋଇ ପୂଜିତ ହୁଅନ୍ତି । ପୁଣି 'କାମୋପାସନା' ତନ୍ତ୍ରାଚାରର ଏକ ପ୍ରମୁଖ ଅଙ୍ଗ ଅଟେ । ଏ ସମସ୍ତ ବିଷୟକୁ ଅତି ଗମ୍ଭୀର ବିଶ୍ଳେଷଣ କଲେ ଯେଉଁ ନିଷ୍କର୍ଷ ପ୍ରତିପାଦିତ ହୁଏ ତାହା ହେଲା ଦେବୀ ସୁଭଦ୍ରାଙ୍କୁ ଭୁବନେଶ୍ୱରୀ ସ୍ୱରୂପରେ ଉପାସନା ଅର୍ଥ ତାଙ୍କୁ ଏକ ତାନ୍ତ୍ରିକ ଦେବୀ ରୂପେ ସ୍ୱୀକୃତି ପ୍ରଦାନ କରିବା । ଯାହା ଅନନ୍ତ କାଳରୁ ଶାସ୍ତ୍ରୀୟ ଆଧାରରେ ସ୍ୱୀକୃତ ହୋଇ ଆସିଛି । ଦେବୀ ସୁଭଦ୍ରାଙ୍କର ବୀଜମନ୍ତ୍ରରୁ ମଧ୍ୟ ସେ ଯେ ତନ୍ତ୍ରାରାଧାଦେବୀ ତାହା ପରିସ୍ଫୁଟ ହୁଏ : **'ହ୍ରୀଂ ହ୍ରୀଂ ହ୍ରୀଂ ପ୍ରକୃତି ରୂପିଣୌ ନମଃ ।'** ପୁଣି ବିମଳା ଓ ସୁଭଦ୍ରା 'ହ୍ରୀଁ' ମନ୍ତ୍ରରେ ପୂଜିତ ହେଉଥିବାରୁ ସେମାନେ ଶକ୍ତି ସ୍ୱରୂପିଣୀ ତଥା ଦୁର୍ଗାଙ୍କ ଠାରୁ ଭିନ୍ନ ନୁହନ୍ତି ବରଂ ପରସ୍ପର ଏକ ଓ ଅଭିନ୍ନ ଓ ସଭିଏଁ ତନ୍ତ୍ରାରାଧ୍ୟା ଦେବୀ ଅଟନ୍ତି ।

ତନ୍ତ୍ରର ସୃଷ୍ଟି ଓ ପରିଭାଷା :

ଏଠାରେ ଏହା ଉଲ୍ଲେଖଯୋଗ୍ୟ ଯେ ଭାରତୀୟ ଦର୍ଶନ ଓ ଉପାସନା ପଦ୍ଧତିରେ ଦୁଇଟି ବିଶେଷ ଗୁରୁତ୍ୱପୂର୍ଣ୍ଣ ଦିଗ ରହିଛି । ଗୋଟିଏ ହେଉଛି ବୈଦିକ ଧାରା ବା 'ନିଗମ' ଓ ଅନ୍ୟଟି ହେଉଛି ତାନ୍ତ୍ରିକ ଧାରା ଯାହାକୁ 'ଆଗମ' ନାମରେ ଅଭିହିତ କରାଯାଏ । ଏ ଦୁଇଟି ଧାରା ମଧ୍ୟରେ ସାମାନ୍ୟ ପାର୍ଥକ୍ୟ ପରିଲକ୍ଷିତ ହୋଇଥାଏ । ପରିବର୍ତ୍ତନଶୀଳ ସୃଷ୍ଟି ମଧ୍ୟରେ ଅପରିବର୍ତ୍ତନ ଶୀଳ ତତ୍ତ୍ୱର ଅନୁସନ୍ଧାନ ଦିଗରେ ବୈଦିକ ଦର୍ଶନ ବ୍ରତୀ ହୋଇଥିବା ବେଳେ 'ଅପରିବର୍ତ୍ତନଶୀଳ' ତତ୍ତ୍ୱକୁ ସାକ୍ଷାତକାର କରିବା ସକାଶେ ଅବିରତ ସାଧନା ପଥରେ ଅଗ୍ରସର ହେବା

ହେଉଛି 'ତନ୍ତ୍ର ଦର୍ଶନ'ର ମୂଳଭିତ୍ତି । ବୈଦିକ ଆର୍ଯ୍ୟ ଋଷିଗଣ ତନ୍ତ୍ର ସିଦ୍ଧ ମାନଙ୍କୁ 'ବ୍ରାତ୍ୟ' ନାମରେ ଆଖ୍ୟାୟିତ କରିଥିଲେ । ପରବର୍ତ୍ତୀ କାଳରେ ବ୍ରାତ୍ୟମାନଙ୍କ ଦ୍ୱାରା ଅନୁସୃତ 'ଅଥର୍ବ'ବେଦ ଚାରିବେଦ ମଧ୍ୟରେ ଗଣ୍ୟ ହୋଇ 'ବୈଦିକ ଓ ତନ୍ତ୍ର' ଏଇ ଉଭୟ ପଦ୍ଧତି ମଧ୍ୟରେ ମିଳନ, ସାମଞ୍ଜସ୍ୟ ଓ ସମନ୍ୱୟ ପ୍ରସ୍ଥାପିତ ହୋଇଥିଲା । ଫଳସ୍ୱରୂପ ଉଭୟ ଧାରାର ସାଧକଗଣ ବୈଦିକ ତତ୍ତ୍ୱ ସମୂହକୁ ତାନ୍ତ୍ରିକ ସାଧନା ଦ୍ୱାରା ସାକ୍ଷାତକାର କରିବା ନିମିତ୍ତ ତତ୍ପର ହୋଇଥିଲେ । ଆଦ୍ୟଶଙ୍କରାଚାର୍ଯ୍ୟ 'ସାଂଖ୍ୟ'କୁ 'ତନ୍ତ୍ର' ବୋଲି ନାମିତ କରିଥିଲେ । ଅମରକୋଷରେ ତନ୍ତ୍ରକୁ 'ସିଦ୍ଧାନ୍ତ' ଅଥବା 'ଶାସ୍ତ୍ର'ର ସମାନାର୍ଥକ ଶବ୍ଦ ରୂପେ ଗ୍ରହଣ କରାଯାଇଛି । ଯେଉଁ ଶାସ୍ତ୍ର ଦ୍ୱାରା ଉଭୟ ଭୋଗ ଓ ମୋକ୍ଷ ପ୍ରାପ୍ତି ହୁଏ ଅଥବା ଇହଲୋକ ଓ ପରଲୋକର କଲ୍ୟାଣ ସାଧିତ ହୁଏ ତାହା ହିଁ ଆଗମ ବା ତନ୍ତ୍ର । ଅନ୍ୟ ଅର୍ଥରେ ବେଦ ବର୍ଣ୍ଣିତ କର୍ମ, ଉପାସନା ଏବଂ ଜ୍ଞାନର ସାଧନା ବା ସାକ୍ଷାତକାର କରିବା ନିମିତ୍ତ ଯେଉଁ ଉପାୟ , ତାହା ହିଁ 'ତନ୍ତ୍ର' । ଯେଉଁ ଶାସ୍ତ୍ର ଦ୍ୱାରା ଜ୍ଞାନ ଓ ସଫଳ ସାଧନାର ବ୍ୟାପକ ବିସ୍ତାର ଘଟେ ତାହାକୁ ତନ୍ତ୍ର କୁହାଯାଏ । ଏଣୁ ପରବର୍ତ୍ତୀ କାଳରେ ବୈଦିକ, ବୈଷ୍ଣବ, ଶୈବ, ଶାକ୍ତ, ଜୈନ, ବୌଦ୍ଧ ଏପରିକି ଆଦିବାସୀ ଆଦି ସକଳ ସମ୍ପ୍ରଦାୟ ତାନ୍ତ୍ରିକ ପଦ୍ଧତିକୁ ନିଜ ନିଜ ଉପାସନା ଧାରା ମଧ୍ୟରେ ସାମିଲ କରିନେଇଥିଲେ । କାରଣ ଯେଉଁ ଶାସ୍ତ୍ର ଦ୍ୱାରା ଭୋଗ ଓ ମୋକ୍ଷ ଲାଭ ପାଇଁ ସହଜ ଉପାୟ ବା ସଫଳ ମାର୍ଗର ନିର୍ଣ୍ଣୟ କରାଯାଇପାରେ ତାହାହିଁ ତନ୍ତ୍ର ବା ଆଗମ ଅଟେ । ଏଣୁ କୁହାଯାଇଛି - **"ଆଗଚ୍ଛନ୍ତି ବୁଦ୍ଧିମାରୋହନ୍ତି ଯସ୍ମାଦ୍ ଅଭ୍ୟୁଦୟ ନିଃଶ୍ରେସୋପାୟାଃ ସ ଆଗମଃ ।"** ତନ୍ତ୍ର ଶାସ୍ତ୍ରକୁ ନିମ୍ନମତେ ବିଭକ୍ତିକରଣ କରାଯାଏ- (୧) ବ୍ରାହ୍ମଣ ତନ୍ତ୍ର (୨) ଶାବରତନ୍ତ୍ର (୩) ବୌଦ୍ଧତନ୍ତ୍ର (୪) ଜୈନତନ୍ତ୍ର ଇତ୍ୟାଦି । ପୁଣି ବ୍ରାହ୍ମଣ ତନ୍ତ୍ର ମଧ୍ୟରେ ବିଭିନ୍ନ ବିଭାଗ ରହିଛି- (କ) ଶୈବାଗମ, (ଖ) ବୈଷ୍ଣବାଗମ (ଗ) ଶାକ୍ତାଗାମ (ଜୀବାତ୍ମା ଓ ପରମାତ୍ମାଙ୍କ ମଧ୍ୟରେ ଅଭେଦତତ୍ତ୍ୱର ସିଦ୍ଧି ହିଁ ଶାକ୍ତାଗମ ବା ଶାକ୍ତତନ୍ତ୍ରର ସିଦ୍ଧାନ୍ତ ଅଟେ- ଏହାକୁ ଅଦ୍ୱୈତ ତତ୍ତ୍ୱର ପ୍ରୟୋଗାତ୍ମକ ସାଧନା କୁହାଯାଏ ।) ଅତଏବ ତନ୍ତ୍ର, ଏକ ଉଚ୍ଚତମ ତତ୍ତ୍ୱକୁ ଆତ୍ମସ୍ଥ କରିବାର ଆଦର୍ଶଗତ ସିଦ୍ଧାନ୍ତକୁ ପରିଭାଷିତ କରାଇଥାଏ । ଯାହାକି ତନ୍ତ୍ର ସମ୍ପର୍କରେ ଅଧୁନା ପ୍ରଚଳିତ କପୋଳକଳ୍ପିତ ଅବଧାରଣାର ସମ୍ପୂର୍ଣ୍ଣ ପରିପନ୍ଥୀ ଅଟେ । ଏବେ ତନ୍ତ୍ର କହିଲେ 'ମିଥ୍ୟାଚାର, କ୍ରୁରତା, ଜଘନ୍ୟ ଅସାମାଜିକ,

ଅପରାଧପ୍ରବଣ ଓ ପାଶବିକ କ୍ରିୟାକର୍ମ ସମ୍ଭୂତ ଘୃଣ୍ୟ ତାନ୍ତ୍ରିକ କର୍ମକାଣ୍ଡ ଗୁଡ଼ିକୁ ବୁଝାଯାଏ । ଯାହା ସମ୍ପୂର୍ଣ୍ଣ ନିରର୍ଥକ, ତଥ୍ୟ ବହିର୍ଭୂତ ଓ ଅମୂଳକ ଅଟେ । ଅବଶ୍ୟ ତନ୍ତ୍ର ନାମରେ ଆଜି କେତେକ ସ୍ୱାର୍ଥାନ୍ୱେଷୀ ଓ ଅସାମାଜିକ ବ୍ୟକ୍ତିମାନେ ନିଜକୁ ସାଧକ ବୋଲି ଅଭିହିତ କରି ନିଜର ସ୍ୱାର୍ଥ ପୂର୍ତ୍ତି ପାଇଁ ଭଣ୍ଡାମୀ ଦ୍ୱାରା ନିରୀହ ଲୋକମାନଙ୍କୁ ଠକାମିର ଶିକାର କରୁଛନ୍ତି ଓ ତନ୍ତ୍ରର ବଦନାମ କରିଚାଲିଛନ୍ତି । ମହାନିର୍ବାଣତନ୍ତ୍ରରେ ଭଗବାନ ଶଙ୍କର ହିଁ ତନ୍ତ୍ରଶାସ୍ତ୍ରର ପ୍ରଣେତା ଓ ସେ ପଞ୍ଚମୁଖରେ ପାର୍ବତୀଙ୍କୁ ତନ୍ତ୍ର ବିଷୟରେ ଉପଦେଶ ଦେଇଥିଲେ ବୋଲି କଥିତ ଅଛି । ଶିବଙ୍କ ପଞ୍ଚବକ୍ତ୍ରରୁ ୨୮ ପ୍ରକାର ତନ୍ତ୍ର ପ୍ରକଟିତ ହୋଇଥିଲା ବୋଲି କୁହାଯାଏ, ଯାହା ଶାସ୍ତ୍ରୀୟ ପ୍ରମାଣ ଅଟେ । କେତେକଙ୍କ ମତରେ ତନ୍ତ୍ରଶାସ୍ତ୍ରର ତେଇଶ ଗୋଟି ଲକ୍ଷଣ ଅଛି । ଯାହାର ଆଲୋଚନା ଅତ୍ୟନ୍ତ ବ୍ୟାପକ । ତେବେ ପାଠକମାନଙ୍କ ଜିଜ୍ଞାସାକୁ ଶାନ୍ତ କରିବା ଦୃଷ୍ଟିରୁ ସେଗୁଡ଼ିକର ସଂକ୍ଷିପ୍ତ ଉଲ୍ଲେଖ ଏଠାରେ କରାଯାଉଛି। ଯଥା : ମନ୍ତ୍ର ନିର୍ଣ୍ଣୟ, ଅଶ୍ରମଧର୍ମ, ସର୍ଗ, ପ୍ରତିସର୍ଗ, ଜ୍ୟୋତିଷ ତତ୍ତ୍ୱ, ଶୌଚାଶୌଚ, ଯନ୍ତ୍ର ନିର୍ଣ୍ଣୟ, ତୀର୍ଥବର୍ଣ୍ଣନ, ଦେବୋତ୍ପତ୍ତି, ଦେବସଂସ୍ଥାନ, ବ୍ରତକଥନ, ଭୂତସଂସ୍ଥାନ, ବିପ୍ରସଂସ୍ଥାନ, ରାଜଧର୍ମ, ନରକବର୍ଣ୍ଣ, ସ୍ତ୍ରୀ ଓ ପୁରୁଷର ଶୁଭାଶୁଭ ଲକ୍ଷଣ, ପୁରାବୃତ୍ତ, ଦାନଧର୍ମ, କୋଷର ବିଷୟ, ବ୍ୟବହାର, ହରଚକ୍ରର ଆଖ୍ୟାନ, ଆଧ୍ୟାତ୍ମିକ ତତ୍ତ୍ୱ ।

ଶ୍ରୀମନ୍ଦିରର ବୈଦିକ, ତାନ୍ତ୍ରିକ ଓ ମିଶ୍ରିତ ଉପାସନା ପରମ୍ପରା

ଶ୍ରୀଜଗନ୍ନାଥଙ୍କ ଉପାସନା ପଦ୍ଧତି ମଧ୍ୟରେ ବୈଦିକ (ନିଗମ), ତାନ୍ତ୍ରିକ (ଆଗମ) ଓ ମିଶ୍ରିତ ବିଧିବିଧାନ ଅନୁସୃତ ହୋଇଥାଏ । ଅବଶ୍ୟ ଏଥିରେ ଆଶ୍ଚର୍ଯ୍ୟ ହେବାର କିଛି ନାହିଁ । କାରଣ ଏହା ଶାସ୍ତ୍ରୋଚିତ ବିଧାନ ଅନୁଯାୟୀ କ୍ରିୟାନ୍ୱିତ ହୋଇଥାଏ:

"ବୈଦିକସ୍ତାନ୍ତ୍ରିକୋମିଶ୍ର ଇତି ମେ ତ୍ରିବିଧୋମଖଃ ।
ତ୍ରୟାଣାମୀପ୍ସିତେନୈବ ବିଧିନାମାଂ ସମର୍ଚ୍ଚୟେତ୍ ॥"

(ଶ୍ରୀମଦ୍ ଭାଗବତ ମହାପୁରାଣ ୧୧ସ୍କନ୍ଧ-୨୭ଅ-୭ମ ଶ୍ଳୋକ)

ଅର୍ଥାତ୍ ଭଗବାନ କହିଛନ୍ତି- ମୋର ପୂଜା ବୈଦିକ, ତାନ୍ତ୍ରିକ ଓ ମିଶ୍ରିତ- ଏହି ତିନି ପ୍ରକାର ବିଧିରେ କରାଯାଏ । ତନ୍ମଧ୍ୟରୁ ମୋର ଭକ୍ତ ମାନଙ୍କୁ ଯେଉଁଟି ଭଲ ଲାଗେ ବା ଅନୁକୂଳ ଜଣାପଡ଼େ, ସେ ସେଇ ବିଧିରେ ଆରାଧନା କରିଥାନ୍ତି ।

ଭାଗବତର ଏହି ଅଧ୍ୟାୟରେ ପୂଜା ଆରାଧନାର ରୀତିନୀତି ବିଷୟରେ ବିଷଦ ବର୍ଣ୍ଣନା କରାଯାଇଛି । ଏଣୁ ଶ୍ରୀଜଗନ୍ନାଥଙ୍କ ଉପାସନାରେ ଉପରୋକ୍ତ ସମସ୍ତ ଧାରାରେ ଉପାସନା କରାଯାଇଥାଏ । ଏହା ବିଶେଷ ଭାବରେ ଉଲ୍ଲେଖ ଯୋଗ୍ୟ ଯେ ଚତୁର୍ଦ୍ଧାମୂର୍ତ୍ତିଙ୍କର ଯାନିଯାତ୍ରା ଓ ଉତ୍ସବାଦି ଅନୁଷ୍ଠାନ ପାଇଁ ତାନ୍ତ୍ରିକ ଧାରା ଅନୁସୃତ ହେଉଥିବା ବେଳେ ଅନ୍ୟାନ୍ୟ ପୂଜା ଯଥା-ଷୋଡ଼ଶ ଉପଚାର ପୂଜା, ସୂର୍ଯ୍ୟ ପୂଜା, ରୋଷହୋମ ଆଜି ସକାଶେ ବୈଦିକ (ନିଗମ) ରୀତିନୀତି ପ୍ରଚଳିତ । ଏଥିରେ ବିଶେଷ ଭାବେ ବୈଦିକମନ୍ତ୍ର ଓଁକାର, ଶ୍ରୀସୂକ୍ତ, ପୁରୁଷସୂକ୍ତ ଓ ପ୍ରଣବ ଆଦି ପ୍ରମୁଖ ଅଟନ୍ତି । ନୀଳାଦ୍ରି ମହୋଦୟ, ଚଳମୂର୍ତ୍ତି ପ୍ରତିଷ୍ଠାବିଧି, କର୍ମାଙ୍ଗୀ, ଶାରଦାତିଳକମ୍, ନୀଳାଦ୍ରି ନାଥସ୍ୟ ପୂଜାବିଧି, କ୍ରମଦୀପିକା, ଗୌତମୀୟତନ୍ତ୍ରମ ଆଦି ଗ୍ରନ୍ଥମାନଙ୍କରେ ଶ୍ରୀବିଗ୍ରହ ମାନଙ୍କର ପୂଜାର୍ଚ୍ଚନା ସମ୍ବନ୍ଧୀୟ ଯାବତ୍ ତଥ୍ୟମାନ ପ୍ରାପ୍ତ ହୋଇଥାଏ । ପୂଜାର୍ଚ୍ଚନା ପାଇଁ ବ୍ୟବହୃତ ହେଉଥିବା କେଶବା ଦି ନ୍ୟାସ, ମାତୃକା ନ୍ୟାସ, ଷଡ଼ଙ୍ଗନ୍ୟାସ, ସୃଷ୍ଟି, ସ୍ଥିତି ଓ ସଂହାର ନ୍ୟାସ ଆଦି ତନ୍ତ୍ରଧାରା ଅନ୍ତର୍ଭୁକ୍ତ ଅଟେ । ସେହିପରି 'ଶ୍ୟାମଯନ୍ତ୍ର' ତାରା ଯନ୍ତ୍ର, ଶ୍ରୀଯନ୍ତ୍ର, ପଞ୍ଚମକାର ଅର୍ପଣ ବଳିଦାନ, ଭୈରବୀ ଚକ୍ରାର୍ଚ୍ଚନ ଆଦି ଯନ୍ତ୍ର ଓ ରୀତିନୀତି ଶ୍ରୀବିଗ୍ରହ ମାନଙ୍କ ଅର୍ଚ୍ଚନା ପାଇଁ ବ୍ୟବହୃତ ହୋଇଥାଏ- ଯାହା ତନ୍ତ୍ରଧାରା ଅନ୍ତର୍ଗତ । ତାନ୍ତ୍ରିକ ଧାରାରେ 'ପଞ୍ଚମକାର' ପୂଜା ଏକ ଅନିବାର୍ଯ୍ୟ ଅଙ୍ଗ । ଏହା ଶ୍ରୀମନ୍ଦିର ପୂଜାନୀତି ମଧ୍ୟରେ ବିଶେଷ ମହତ୍ୱର ସହ ବ୍ୟବହୃତ ହୁଏ ।

'ମଦ୍ୟଂ ମାଂସଂ ଚ ମୀନଂ ଚ ମୁଦ୍ରା ମୈଥୁନ ମେ ବଚ ।
ମକାର ପଞ୍ଚକଂ ପ୍ରାହୁ ର୍ଯୋଗୀନାଂ ମୁକ୍ତି ଦାୟକମ୍ ।।'

ଶ୍ରୀ ମହାପ୍ରଭୁଙ୍କ ପୂଜାନୀତିରେ ପଞ୍ଚମକାର (ମଦ୍ୟ, ମାଂସ, ମତ୍ସ୍ୟ, ମୁଦ୍ରା ଓ ମୈଥୁନ) ଆମିଷାଦି ଉପରୋକ୍ତ ମତେ ନୈବେଦ୍ୟ ହୋଇଥାଏ ବୋଲି କେତେକ ମତ ଦେଇଥାନ୍ତି । ଏହା ଯେ ସମ୍ପୂର୍ଣ୍ଣ ଭାବେ ଭ୍ରମାତ୍ମକ ଓ ଅଜ୍ଞତାର ପରିଚାୟକ-ଏହା କହିବାର ଆବଶ୍ୟକତା ନାହିଁ । ମହାବିଷ୍ଣୁଙ୍କର ସାକ୍ଷାତ ଅବତାର କ'ଣ କେବେ ଆମିଷକୁ ନୈବେଦ୍ୟ ରୂପେ ଗ୍ରହଣ କରିପାରନ୍ତି ? ପଞ୍ଚମକାରର ପ୍ରକୃତ ରହସ୍ୟ ଆମେ ବୁଝିବା ଆବଶ୍ୟକ । ପ୍ରଥମ 'ମ' କାର 'ମଦ୍ୟ'ର ତନ୍ତ୍ରମତରେ ଅର୍ଥ ହେଉଛି ବ୍ରହ୍ମରନ୍ଧ୍ରରୁ ଝରୁଥିବା ଅମୃତକୁ ଖେଚରୀ ମୁଦ୍ରା ଦ୍ୱାରା ଯୋଗୀ ମାନେ ପାନ କରିଥାନ୍ତି । ତାହାହିଁ ଏଠାରେ 'ମଦ୍ୟ' ରୂପେ ବର୍ଣ୍ଣିତ:

"ସୋମଧାରାକ୍ଷରେଦ୍ ଯାତୁ ବ୍ରହ୍ମରନ୍ଧ୍ରାତ୍ ବରାନନେ ।
ପୀତ୍ୱାନନ୍ଦମୟ ସ୍ତାଂଯଃ ସ ଏବ ମଦ୍ୟ ସାଧକଃ ।।"

ଏଠାରେ ମହାଦେବ ପାର୍ବତୀଙ୍କୁ ମଦ୍ୟସାଧକର ପରିଭାଷା ଉପରୋକ୍ତ ଭାବେ ବୁଝାଇଛନ୍ତି । ଦ୍ୱିତୀୟ 'ମ'କାର 'ମାଂସ'-ଏହା କୌଣସି ଜୀବର ମାଂସ ନୁହେଁ । ଏହା ହେଉଛି ଯୋଗୀ ଯେତେବେଳେ ପାପ ସ୍ୱରୂପୀ ପଶୁମାନଙ୍କୁ ଜ୍ଞାନରୂପୀ ଖଡ୍ଗ ଦ୍ୱାରା ବଧ କରି ନିଜକୁ ବ୍ରହ୍ମଲୀନ କରିପାରନ୍ତି ସେତେବେଳେ ତନ୍ତ୍ରଧାରାରେ ତାହାକୁ 'ମାଂସହାର' ବୋଲି କୁହାଯାଏ :

"ମା' ଶବ୍ଦାଦ୍ର ସନାଜ୍ଞେୟା ତଦଂଶାନ ରସନ୍ ପ୍ରିୟେ ।
ସଦା ଯୋ ଭକ୍ଷୟେ ଦେବୀ ସ ଏବ ମାଂସ ସାଧକଃ ।।"

ଏଠାରେ ମହାଦେବ ପାର୍ବତୀଙ୍କୁ କହୁଛନ୍ତି - ରସନାର ନାମ 'ମା', ତଦଂଶ ବାକ୍ୟ, ଏହି ହେତୁ ବାକ୍ୟ ସଂଯମକାରୀ ମୌନ ଯୋଗୀଙ୍କୁ ମାଂସ ସାଧକ କହନ୍ତି । ସେହିପରି ତୃତୀୟ 'ମ'କାର ହେଉଛି 'ମତ୍ସ୍ୟ' । ଇଡ଼ା ଓ ପିଙ୍ଗଳା ନାଡ଼ୀ ମଧ ଦେଇ ପ୍ରବାହମାନ ଶ୍ୱାସପ୍ରଶ୍ୱାସ ହେଲା ସେଇ 'ମତ୍ସ୍ୟ' । ଯୋଗୀ ଯେତେବେଳେ ପୂରକ ରେଚକ ଓ କୁମ୍ଭକ ଆଦି ପ୍ରାଣାୟାମ ମାଧ୍ୟମରେ ପ୍ରାଣବାୟୁକୁ ସୁଷୁମ୍ନା ନାଡ଼ି ଦେଇ ସଞ୍ଚାଳନ ତଥା ଆୟତ କରନ୍ତି ତାହାକୁ ତନ୍ତ୍ର ଶାସ୍ତ୍ରର ବ୍ୟାଖ୍ୟା ଅନୁଯାୟୀ 'ମତ୍ସ୍ୟସାଧନ' ବୋଲି କୁହାଯାଏ ।

"ଗଙ୍ଗା ଯମୁନୟୋର୍ମଧ୍ୟେ ମତ୍ସ୍ୟ ଦୌଚରତଃ ସଦା ।
ତେ ମତ୍ସୌଭକ୍ଷୟେଦ୍ଧ ଯସ୍ତୁ ସଭବେନ୍ମସ୍ୟ ସାଧକ ।"

ଚତୁର୍ଥ 'ମ' କାର ହେଉଛି ଅସତ୍‌ସଙ୍ଗର ବର୍ଜନ ଓ ସତ୍‌ସଙ୍ଗ ଦ୍ୱାରା ମୁକ୍ତିଲାଭ-ଯାହାକୁ ତନ୍ତ୍ର ମତରେ'ମୁଦ୍ରା'ବୋଲି କୁହାଯାଏ **'ସହସ୍ରାରେ ମହାପଦ୍ମେ କାଳିକା ମୁଦ୍ରିତା ଚ ଯତ୍'** ଅର୍ଥାତ୍ ବ୍ରହ୍ମରନ୍ଧ୍ର ସ୍ଥିତ ସହସ୍ରାର ଚକ୍ରରେ ଯେଉଁ କାଳିକା ମୂର୍ତ୍ତି ଅଛନ୍ତି ତାଙ୍କର ନାମ ମୁଦ୍ରା । ତାଙ୍କର ସାଧକ ମୁଦ୍ରା ସାଧକ ଅଟନ୍ତି । ସାଧକ/ ଯୋଗୀ ଯେତେବେଳେ ସୁଷୁମ୍ନା ନାଡ଼ି ଦେଇ ପ୍ରାଣବାୟୁକୁ ସଞ୍ଚାଳନ କରାଇ ତାହାକୁ କୁମ୍ଭକ ଆଦି ପ୍ରକ୍ରିୟା ମାଧ୍ୟମରେ ନିଜର ଆୟତାଧୀନ କରିପାରନ୍ତି ଓ ସର୍ବଶେଷରେ ସମାଧି ବା ତତ୍‌ସଦୃଶ ଯୋଗାବସ୍ଥା ପ୍ରାପ୍ତ କରି ନିଜ ମଧ୍ୟରେ ନିଜେ ବିଲୀନ ହୋଇଯାଆନ୍ତି ସେତେବେଳେ ତାଙ୍କର ସମସ୍ତ ଇନ୍ଦ୍ରିୟର ଦ୍ୱାର ସମୂହ ନିରୋଧ ହୋଇଯାଏ, ମନ ନିଜ ହୃଦୟ ମଧ୍ୟରେ ସ୍ଥିତ ହୋଇଯାଏ ତଥା

ପ୍ରାଣବାୟୁ ମସ୍ତିଷ୍କର ଉପରି ଭାଗରେ ସ୍ଥିର ହୋଇ ରହେ ସେଇ ଅବସ୍ଥାରେ ତାକୁ 'ଦିବ୍ୟାନନ୍ଦ' ପ୍ରାପ୍ତ ହୁଏ ଯାହାକି ସାଧାରଣ ଭାବେ ମୈଥୁନ ସୁଖ ଅପେକ୍ଷା କୋଟି କୋଟି ଗୁଣରେ ଅଧିକ (**ସର୍ବଦ୍ୱାରାଣି ସଂଯମ୍ୟ...ଯୋଗଧାରଣାମ**-ଗୀତା ଅ ୮/୧୨)- ଏହି ପରମାନନ୍ଦ ଅବସ୍ଥା ତନ୍ତ୍ରଧାରାରେ ସର୍ବଶ୍ରେଷ୍ଠ ଉପଲବ୍ଧି ରୂପୀ "ମୈଥୁନ କ୍ରିୟା" ଅଟେ ।

ଏହି ସମସ୍ତ ଦୁର୍ଲଭ ଉପଲବ୍ଧିଗୁଡ଼ିକ 'ପଞ୍ଚମକାର' ପୂଜାର ବିଶେଷତ୍ୱ ଯାହା ସାଧାରଣ ମନୁଷ୍ୟଙ୍କୁ ମଧ୍ୟ ଦେବତ୍ୱ ପ୍ରଦାନ କରିଥାଏ । ଏଗୁଡ଼ିକର ଆଧ୍ୟାତ୍ମିକ ବିଶେଷତ୍ୱ କାରଣରୁ ଶ୍ରୀ ବିଗ୍ରହମାନଙ୍କ ଆରାଧନାରେ ଏହାକୁ ମହତ୍ତ୍ୱପୂର୍ଣ୍ଣ ଅଙ୍ଗ ରୂପେ ସ୍ୱୀକୃତି ଦିଆଯାଇଛି ।

ବିମଳା ଉପାସନାରେ ତନ୍ତ୍ର:

ପୂର୍ବରୁ ସୂଚିତ କରାଯାଇଛି ବୈଦିକ ଜ୍ଞାନକୁ ତାନ୍ତ୍ରିକ ସାଧନା ମାଧ୍ୟମରେ ସାକ୍ଷାତକାର କରାଯାଇ ପାରେ । ତନ୍ତ୍ରଦ୍ୱାରା ଜ୍ଞାନର ସମ୍ପ୍ରସାରଣ ଘଟି ତାହା ସୃଷ୍ଟିର ରହସ୍ୟକୁ ଉନ୍ମୋଚନ କରିବା ଦିଗରେ ସଫଳତା ପ୍ରଦାନ କରିଥାଏ । ଏଣୁ କୁହାଯାଇଛି:

"ତନୋତି ବିପୁଳାନର୍ଥାନ୍ ତନ୍ତ୍ରମନ୍ତ୍ର ସମନ୍ୱିତାନ୍ ।
ତ୍ରାଣଂଚ କୁରୁତେ ଯସ୍ମାତ୍ ତନ୍ତ୍ରମିତ୍ୟ ଭିଦୀୟତେ ।।"

ତନ୍ତ୍ରଦ୍ୱାରା ପ୍ରକୃତ (ବୈଦିକ) ତତ୍ତ୍ୱ ଓ ଜ୍ଞାନକୁ ପ୍ରତ୍ୟକ୍ଷ ଭାବରେ ଉପଲବ୍ଧି କରାଯାଇ ପାରେ । ଏତଦ୍ୱାରା ଜ୍ଞାନ ପ୍ରସାରିତ ହୋଇ ଶିକ୍ଷାର ପୂର୍ଣ୍ଣତା ପ୍ରାପ୍ତି ହୁଏ; ଯ ଦ୍ୱାରା ସଂସାରର ଦୁଃଖକଷ୍ଟ ଓ ବନ୍ଧନରୁ ତ୍ରାଣ ମିଳିଥାଏ । କାଳିକା ପୁରାଣ ଅନୁଯାୟୀ ଉଡ୍ଡୀୟାନ ପୀଠ ସର୍ବପ୍ରାଚୀନ ଶାକ୍ତ ଓ ତନ୍ତ୍ରପୀଠ ଥିଲା । ଉଡ୍ଡୀୟାନ ତନ୍ତ୍ର ଅନୁସାରେ:

"ଉଡ୍ଡୀୟାନଂ ପରଂ ପୀଠଂ ଯତ୍ର ବୈତରଣୀ ନଦୀ,
ଉତ୍ତ୍ରଭୂମିଃ ମହା-କୌଳଃ ଯାବତ୍ ମାହେନ୍ଦ୍ର ପର୍ବତମ୍ ।।"

ବୈତରଣୀ ନଦୀଠାରୁ ମହୋଦଧି ପର୍ଯ୍ୟନ୍ତ ବିଶାଳ କୌଳଭୂମିର ଉତ୍ତରରେ ବିରଜା ଓ ଦକ୍ଷିଣରେ ଶ୍ରୀକ୍ଷେତ୍ରରେ ବିମଳା ଆବିର୍ଭୂତା ହୋଇ ତନ୍ତ୍ର ପରମ୍ପରାକୁ ନୂତନ ଦିଗନ୍ତ ପ୍ରଦାନ କରିଥିଲେ । ଶ୍ରୀଜଗନ୍ନାଥ ପ୍ରଥମ ମହାବିଦ୍ୟା

ମହାକାଳୀ ରୂପେ ବିବେଚିତ ହୋଇ ଦଶମହାବିଦ୍ୟା ରୂପୀ ସର୍ବଶ୍ରେଷ୍ଠ ତାନ୍ତ୍ରିକ ସାଧନକୁ ସ୍ୱତନ୍ତ୍ର ସ୍ଥାନ ପ୍ରଦାନ କରାଇଥିଲେ । 'ବୃହନୀଳ ତନ୍ତ୍ର'ର ବର୍ଣ୍ଣନାରୁ ସ୍ପଷ୍ଟ ହୁଏ ଯେ, 'ନୀଳପର୍ବତ' ତନ୍ତ୍ର ଦ୍ୱାରା ସ୍ୱୀକୃତ ୫୨ଟି ପୀଠ ମଧ୍ୟରୁ ଗୋଟିଏ । ଶ୍ରୀକ୍ଷେତ୍ର ହିଁ ସେଇ ନୀଳ ପର୍ବତ ଅଟେ । ଏଣୁ ଶ୍ରୀ ବିଗ୍ରହମାନଙ୍କ ଉପାସନାରେ ତନ୍ତ୍ରର ପ୍ରଭାବ ଦୃଷ୍ଟି ଗୋଚର ହୋଇଥାଏ ।

ଦେବୀ ଭାଗବତ୍, କାଳିକା ପୁରାଣ ଓ ଅନାନ୍ୟ ବହୁ ଶାସ୍ତ୍ରରେ ମା' ବିମଳାଙ୍କୁ ସର୍ବଶ୍ରେଷ୍ଠ ତନ୍ତ୍ରାରାଧ୍ୟା ଦେବୀ ରୂପେ ବର୍ଣ୍ଣନା କରାଯାଇଛି । ବିମଳାଙ୍କ ପୀଠକୁ ଯୋଗିନୀ ତନ୍ତ୍ରରେ 'ପରାପୀଠ' ବୋଲି କୁହାଯାଇଛି ଏବଂ ଦେବୀ ବିମଳାଙ୍କୁ ଆଦ୍ୟଶକ୍ତି ରୂପେ ସମ୍ବୋଧିତ କରାଯାଇଥାଏ । ସତୀଙ୍କ ପାଦ ପତନ ହୋଇଥିବାରୁ ଏହା ବିମଳାଙ୍କ ପୀଠ ରୂପେ ଆଖ୍ୟାୟିତ ହୋଇଛି । ତନ୍ତ୍ରଶାସ୍ତ୍ରରେ ଏହାକୁ ପାଦପୀଠ ଏବଂ ଗୋପନୀୟ ପୀଠ ବୋଲି ମଧ୍ୟ କୁହାଯାଏ । ବିମଳା ସପର୍ଯ୍ୟାରେ ଉଲ୍ଲେଖ ଅନୁଯାୟୀ :

"ବିମଳା ସା ମହାଦେବୀ ପରାଶକ୍ତିଃ ବରାନନା,
ପରାଶକ୍ତି ପରାୟଣା ପରମା ଚିନ୍ମୟା ଭକ୍ତତୋଷିଣୀ ।
ଉଡ୍‌ଡୀୟାନ୍ ପରାପୀଠାଧୀଶ୍ୱରୀ ପରମେଶ୍ୱରୀ,
କୈବଲ୍ୟ ଦାୟିନୀ ଦେବୀ ହରି କୈବଲ୍ୟ ଲୋଲୁପା
ଯୋଗମାୟା ଯୋଗରୂପା ପୁରୁଷୋତ୍ତମ ବଲ୍ଲଭା,
ପାଦ ପୀଠେଶ୍ୱରୀ ବିଦ୍ୟା ଚତୁର୍ବର୍ଗ ପ୍ରଦାୟିକା ।"

ବିମଳା ସପର୍ଯ୍ୟାର ପ୍ରଣେତା ଶଙ୍କରାଚାର୍ଯ୍ୟ ମହାଦେବାନନ୍ଦ ତୀର୍ଥ, ଦେବୀଙ୍କର ଉପାସନା ବିଷୟକ ବିଧିବିଧାନ ଏହି ଗ୍ରନ୍ଥରେ ବିଷଦ ଭାବରେ ଉଲ୍ଲେଖ କରିଛନ୍ତି । ଶ୍ରୀଚକ୍ର ରୂପୀ ଯନ୍ତ୍ର ଉପରେ ଆରୂଢ଼ା ଦେବୀ ବିମଳା ଭୈରବୀ ଓ ଶ୍ରୀଜଗନ୍ନାଥ ଭୈରବ ରୂପେ ଆଖ୍ୟାୟିତ । ବିମଳାଙ୍କୁ ଉଡ୍‌ଡୀୟାନ୍ ପରାପୀଠର ପରମେଶ୍ୱରୀ ବା ପୀଠାଧୀଶ୍ୱରୀ ତଥା ହରି-କୈବଲ୍ୟ ଲୋଲୁପା ରୂପେ ବର୍ଣ୍ଣନା କରାଯାଇଛି । ଦେବୀ ଭାଗବତ ସ୍ଥିତ ଗାୟତ୍ରୀ ସହସ୍ର ନାମରେ ସେ 'ପରାଶକ୍ତି ଗାୟତ୍ରୀ' ରୂପେ ବର୍ଣ୍ଣିତା । ବାମଦେବ ସଂହିତାର ଉଲ୍ଲେଖ ଅନୁଯାୟୀ:

"ପ୍ରଥମା ବିରଣେ ଦେବୀ ବିମଳା ଚାଦ୍ୟ ଶକ୍ତିକା ।
ତିଷ୍ଠନ୍ତି ବିଷ୍ଣୁ ନିର୍ମାଲ୍ୟ ଧୟନ୍ତି ଚ ସଦୋତ୍‌ଥିତା ॥"

ମା' ବିମଳା ହେଉଛନ୍ତି ସୃଷ୍ଟି, ସ୍ଥିତି ଓ ସଂହାରର ପ୍ରତୀକ ଏବଂ ସତ୍ତ୍ୱରଜ, ତମ-ତ୍ରିଗୁଣର ଆଧାର ତଥା ବିଷ୍ଣୁ-ନିର୍ମାଲ୍ୟ--ଭୋକିନୀ । ଶାକ୍ତ ପରମ୍ପରା ଓ ବ୍ରହ୍ମ ସଂହିତା ଅନୁଯାୟୀ ତାଙ୍କୁ ଶ୍ରୀଜଗନ୍ନାଥଙ୍କର ଛାୟାଶକ୍ତି ବା ଶ୍ରୀ ଦୁର୍ଗାବୋଲି କୁହାଯାଏ। ଶ୍ରୀ ଦୁର୍ଗା ସହସ୍ର ନାମରେ ଦୁର୍ଗାଙ୍କର ଅନ୍ୟନାମ ବିମଳା ବୋଲି ଉଲ୍ଲେଖ ଅଛି । ସେ ମହାବିଷ୍ଣୁ ଶ୍ରୀଜଗନ୍ନାଥଙ୍କର ଶକ୍ତି ଓ ସିଦ୍ଧିର ପ୍ରତୀକ । ଦେବୀଛାୟା ସର୍ବଦା ଶ୍ରୀ ଜଗନ୍ନାଥଙ୍କର ପଶ୍ଚାତ୍ ଭାଗରେ ଅବସ୍ଥାନ କରୁଥିବାରୁ ଦେବୀ ବିମଳାଙ୍କ ମନ୍ଦିର ଶ୍ରୀମନ୍ଦିର ପୃଷ୍ଠଭାଗରେ ଅବସ୍ଥିତ । ଦୁର୍ଗାପୂଜା ଅବସରରେ ବିମଳାଙ୍କ ଖଡ୍‌ଗରେ ହିଁ କାକୁଡ଼ି ଖାଇ ଠାକୁରାଣୀଙ୍କ ନିକଟରେ ବଳି କର୍ଯ୍ୟ ତାନ୍ତ୍ରିକ ରୀତିରେ ସମ୍ପାଦିତ ହୋଇଥାଏ । ଦେବୀ ବିମଳା ଭୁବନେଶ୍ୱରୀ ମନ୍ତ୍ରରେ ନିତ୍ୟ ପୂଜିତ ହୋଇଥାନ୍ତି । 'ମୁଣ୍ଡମାଳା ତନ୍ତ୍ର' ନାମକ ତନ୍ତ୍ର ଶାସ୍ତ୍ରରେ ଭୁବନେଶ୍ୱରୀ ଓ ତ୍ରିପୁର ସୁନ୍ଦରୀଙ୍କୁ ଏକ ଓ ଅଭିନ୍ନ ରୂପେ ପ୍ରତିପାଦିତ କରାଯାଇଛି । ଦେବୀ ଭୁବନେଶ୍ୱରୀ ହେଉଛନ୍ତି ଦଶମହାବିଦ୍ୟା ମଧ୍ୟରୁ ଚତୁର୍ଥମହାବିଦ୍ୟା । ବିମଳା ସପର୍ଯ୍ୟା ଅନୁଯାୟୀ ଦେବୀ ବିମଳା ନିମ୍ନ ମନ୍ତ୍ରରେ ପୂଜିତ ହୋଇଥାନ୍ତି:

"ମାୟା ବୀଜାକ୍ଷରା ନିତ୍ୟା ହ୍ରୀଁକାର ବୀଜସଂଯୁତୈଃ ।
ପୂଜୟେତ୍ ବିମଳାଂ ଭଦ୍ର କୈବଲ୍ୟ ମୁକ୍ତିଦାୟିନୀଂ ।।"

ବିଶ୍ୱ ପ୍ରସିଦ୍ଧ ମହାପ୍ରସାଦ ଶବ୍ଦଟିକୁ ଅନେକ ତାନ୍ତ୍ରିକ ଶବ୍ଦ ବୋଲି କହିଥାନ୍ତି । ପ୍ରଥମେ ଶ୍ରୀଜଗନ୍ନାଥଙ୍କ ପାଖରେ ଭୋଗ ଲାଗି ହେଲାପରେ ତାହା ମା' ବିମଳାଙ୍କୁ ସମର୍ପିତ ହୋଇ 'ମା' ପ୍ରସାଦ' ବା ମହାପ୍ରସାଦରେ ପରିଣତ ହୁଏ । କେତେକଙ୍କ ମତରେ ଶ୍ରୀ ବଳଭଦ୍ରଙ୍କ ନୈବେଦ୍ୟ ମା' ବିମଳାଙ୍କୁ ନିକଟକୁ ଯାଇ ସମର୍ପିତ ହେଲାପରେ ତାହାକୁ ଅଣାଯାଇ ନୈବେଦ୍ୟରେ ମିଶାଯିବା ପରେ ତାହା ମହାପ୍ରସାଦ ହୁଏ । କିନ୍ତୁ ଏ ସବୁ ତଥ୍ୟକୁ ଭ୍ରମାତ୍ମକ ବୋଲି ଅନେକ କହନ୍ତି । କେତେକଙ୍କ ମତରେ ଯେଉଁ ନୈବେଦ୍ୟାନ୍ନ ଶ୍ରୀ ମହାପ୍ରସାଦରେ ପରିଣତ ହୁଏ ତାହାକୁ ପ୍ରଥମେ ଷଡ଼ଙ୍ଗ ସଂସ୍କାର ଦ୍ୱାରା ତନ୍ମଧ୍ୟସ୍ଥ ଅନ୍ନତ୍ୱର ବିଲୋପ କରାଯାଇ ସେଥିରେ ବ୍ରହ୍ମତ୍ୱର ଆରୋପ କରାଯାଏ । ଏହାପରେ ତାହା ଶ୍ରୀ ମହାପ୍ରସାଦରେ ପରିଣତ ହୁଏ । ଏହାର ରନ୍ଧନ ଶ୍ରୀ ମହାଲକ୍ଷ୍ମୀଙ୍କ ଦ୍ୱାରା 'ବୈଷ୍ଣବାଗ୍ନି'ରେ ସମ୍ପନ୍ନ ହୁଏ । ଶ୍ରୀ ଯନ୍ତ ଠାଆ ମୁରୁଜରେ ସ୍ୱର୍ଣ୍ଣପାତ୍ରରେ ନୈବେଦ୍ୟ ନିମନ୍ତେ ପରିବେଷଣ କରାଯାଏ । ମନ୍ତ୍ରରାଜ ପାତାଳ ନୃସିଂହ ମନ୍ତ୍ରରେ ପ୍ରୋକ୍ଷଣ କରାଯାଇ ଅଷ୍ଟଦଶାକ୍ଷର ଗୋପାଳ

ମନ୍ତ୍ରରେ ନିବେଦନ ହୁଏ । ଏହାପରେ ଭୈରବୀ ଚକ୍ରରେ ଉଚ୍ଛିଷ୍ଟ ବିମଳାଙ୍କୁ ସମର୍ପିତ ହୋଇ ଅଷ୍ଟ ସାତ୍ତ୍ୱିକ ବୈଷ୍ଣବ (ବିଶ୍ୱକେସନ, ଶୁକ, ପ୍ରହଲ୍ଲାଦ, ହନୁମାନ, ନାରଦ, ବୈନତେୟ, ଦେବଳ ଓ ଇନ୍ଦ୍ରଦ୍ୟୁମ୍ନ)ଙ୍କୁ ଅବଶେଷ ବଳି ପ୍ରଦାନ କରାଯାଇ ଶ୍ରୀମହାପ୍ରସାଦରେ ପରିଣତ ହୁଏ । ଦ୍ୱିତୀୟତଃ ତାନ୍ତ୍ରିକ ମତବାଦ ଅନୁଯାୟୀ ମହାପ୍ରସାଦ ୧୧ଟି ସଂସ୍କାର ମଧ୍ୟ ଦେଇ ପ୍ରସ୍ତୁତ ହୁଏ । ସେ ଗୁଡ଼ିକ ହେଲା (୧) ଚାଉଳକୁ ଅମୁଣିଆଁ କୁହାଯାଏ (୨) ସେଇ ଚାଉଳ ରନ୍ଧାହେଲେ ଅନ୍ନ ହୁଏ । (୩) ସେଇ ଅନ୍ନ ଭୈରବୀ ଚକ୍ର ଅଭିମୁଖେ ହେବାପରେ ତାହା ଛେକ (୪) ଏହା ଭୈରବୀ ଚକ୍ରରେ ସ୍ଥାପିତ ହେଲେ ତାହା ଭୋଗ (୫) ଶ୍ରୀଜୀଉଙ୍କୁ ଅର୍ପିତ ହେଲେ ନୈବେଦ୍ୟ (୬) ନୈବେଦ୍ୟ ବଳି ଅର୍ପିତ ହେଲେ ତାହା ପ୍ରସାଦ (୭) ସେଇ ପ୍ରସାଦ ବିମଳାଙ୍କୁ ଅର୍ପଣ କରାଯିବାପରେ ତାହା ମହାପ୍ରସାଦ (୮) ତାହା ପଞ୍ଚ ପରମେଶ୍ୱରଙ୍କୁ ଅର୍ପିତ ହୋଇ ମୋକ୍ଷ ପ୍ରଦାନ କଲେ କୈବଲ୍ୟ (୯) ସେଇ କୈବଲ୍ୟକୁ ଜାତି-ଧର୍ମ ଓ ବର୍ଣ୍ଣ ନିର୍ବିଶେଷରେ ସମସ୍ତେ ଗ୍ରହଣ କରୁଥିବା ବେଳେ ଅବଢ଼ା ରୂପେ ପରିଗଣିତ ହୁଏ (୧୦) ଅବଢ଼ାରୁ ହୁଏ ନିର୍ମାଲ୍ୟ (୧୧) ଏହି ନିର୍ମାଲ୍ୟ ପରଂବ୍ରହ୍ମଙ୍କ ସହ ସମାନ ହୋଇ ଶ୍ରେଷ୍ଠ ନିଧିରୂପେ ପରିଗଣିତ ହୁଏ । ମହାଭୈରବ ଶ୍ରୀ ଜଗନ୍ନାଥଙ୍କ ଠାରେ ଅର୍ପିତ ନୈବେଦ୍ୟକୁ ଷୋଡ଼ଶ କଳାଯୁକ୍ତା ଭୈରବୀ ବିମଳାଙ୍କୁ ସମର୍ପଣ କରାଯିବା ପ୍ରସଙ୍ଗ 'ବିମଳା ସପର୍ଯ୍ୟା'ରେ ନିମ୍ନମତେ ବର୍ଣ୍ଣିତ:

"ବିମଳା ଭବିତା ନାମ୍ନି ହରି କୈବଲ୍ୟ ମୋଦିତା,
ବୈଷ୍ଣବୀ ପରମାମାୟା କଲୌ ଖ୍ୟାତା ଭବିଷ୍ୟତି ।।"

ଉପରେ ଉଲ୍ଲିଖିତ ଭୈରବୀ ଚକ୍ର ସମ୍ବନ୍ଧରେ କୁଳାର୍ଣ୍ଣବ ତନ୍ତ୍ରରେ କୁହାଯାଇଛି:

"ପ୍ରବୃତ୍ତେ ଭୈରବୀ ଚକ୍ରେ ସର୍ବେବର୍ଣ୍ଣା ଦ୍ୱିଜାତୟଃ
ନିବୃତ୍ତେ ଭୈରବୀ ଚକ୍ରେ ସର୍ବେ ବର୍ଣ୍ଣାଃ ପୃଥକ୍ ପୃଥକ୍ ।।"

ଭୈରବୀଚକ୍ରରେ ନୈବେଦ୍ୟାନ୍ନ ସମର୍ପିତ ଓ ସଂସ୍କାରିତ ହେବାପରେ ଏହା ଶ୍ରୀ ମହାପ୍ରସାଦରେ ପରିବର୍ତ୍ତିତ ହୁଏ । ଭୈରବୀ ଚକ୍ରରେ ପ୍ରବର୍ତ୍ତିତ ହେବାପରେ ସମସ୍ତ ବର୍ଣ୍ଣ ବା ଦ୍ୱିଜ, ବ୍ରାହ୍ମଣ ସଦୃଶ ହୋଇ ଯାଆନ୍ତି, ଏହି ଚକ୍ରରୁ ନିବୃତ୍ତ ହେଲେ ପୁଣି ସେମାନେ ପୃଥକ ହୁଅନ୍ତି ବୋଲି କୁଳାର୍ଣ୍ଣବ ତନ୍ତ୍ରରେ ଉଲ୍ଲେଖ ଅଛି ।

ଦେବୀ ବିମଳାଙ୍କ ନିତ୍ୟ ପୂଜା ସହିତ ତାନ୍ତ୍ରିକ ରୀତି ଜଡ଼ିତ ଥିବା ଏବଂ ଆଶ୍ୱିନ କୃଷ୍ଣ 'ମୂଳାଷ୍ଟମୀ'ଠାରୁ ଶୁକ୍ଳ ଅଷ୍ଟମୀ ପର୍ଯ୍ୟନ୍ତ ହେଉଥିବା ଷୋଡ଼ଶ ଦିବସୀୟ ବିଶେଷ ପୂଜା ଉତ୍ସବାଦିରେ ତନ୍ତ୍ରଧାରାର ପ୍ରୟୋଗ ବିଷୟ ବିମଳା ସପର୍ଯ୍ୟାରେ ବର୍ଣ୍ଣିତ ଅଛି । ଏଥିରେ ସହସ୍ର କୁମ୍ଭାଭିଷେକ, ପ୍ରତ୍ୟହ ଚଣ୍ଡିପାଠ ଓ ହୋମ ତର୍ପଣ ସହ ଦୁର୍ଗାମାଧବ ଉପାସନା ଦକ୍ଷିଣାଚାର ଓ ବାମାଚାର ଭେଦରେ ଆଠଦିନ ବ୍ୟାପୀ ପୂଜାନୀତି ବିମଳା ମନ୍ଦିରରେ ଅନୁଷ୍ଠିତ ହୁଏ । ଏହାକୁ ଶାକ୍ତଗୁଣ୍ଡିଚା କୁହାଯାଏ । ନବମ ଦିବସ ଠାରୁ ପରବର୍ତ୍ତୀ ଆଠଦିନ ଦୋଳମଣ୍ଡପ ସାହି ସ୍ଥିତ ନାରାୟଣୀଙ୍କ ମନ୍ଦିରରେ ପୂଜା ପାଇଁ ଦୁର୍ଗା ଓ ଶ୍ରୀବାଳପୁରୁଷୋତ୍ତମ (ଦୁର୍ଗାମାଧବ) ସୁସଜ୍ଜିତ ବିମାନରେ ବିଜେ କରନ୍ତି । ମହାସପ୍ତମୀ, ମହାଷ୍ଟମୀ ଓ ମହାନବମୀ ଦିନ ଶ୍ରୀଜଗନ୍ନାଥଙ୍କ ପହୁଡ଼ ପରେ ମା' ବିମଳାଙ୍କ ଠାରେ ହେଉଥିବା ବଳିବିଧି ଶ୍ରୀମନ୍ଦିର ପେଜନଳା କୋଣଠାରେ ବିଜେଥିବା ମା' ବିମଳାଙ୍କ ଚଳନ୍ତି ବିଗ୍ରହ ମା' କାକୁଡ଼ି ଖାଇଙ୍କ ନିକଟରେ ସମ୍ପନ୍ନ ହୁଏ । ଆମିଷବଳି ସମ୍ପର୍କରେ 'ବିମଳା ସପର୍ଯ୍ୟା'ରେ କୁହାଯାଇଛି:

"ହେମୈ ଚ ତର୍ପଣୈଃ ଦେବ୍ୟା ନିନାଶୃଗାପ୍ରଶୋଣିତୈ ।
ପୂଜୟେତ୍ ଭକ୍ତି ସଂଯୁକ୍ତୈ ଆଗ୍ନେବଳି ବିସୃଜୟେତ୍ ।।" (୭୨)

ଉପରୋକ୍ତ ଶ୍ଳୋକାର୍ଥରୁ ଯେଉଁ ଭାବ ବ୍ୟକ୍ତ ହୁଏ ତାହାହେଲା ଦେବୀଙ୍କର ଏହି ଷୋଡ଼ଶ ଦିନାତ୍ମିକା ପୂଜାରେ ଭକ୍ତ ତଥା ପୂଜକମାନେ ଭକ୍ତି ଭାବରେ ଏପରି ବିହ୍ୱଳିତ ହୋଇ ପଡ଼ିଥାନ୍ତି ଯେ ସ୍ୱାଭାବିକ ଭାବରେ ସେମାନଙ୍କ ଚକ୍ଷୁରୁ ଅଶ୍ରୁଧାର ଝରିବାକୁ ଲାଗେ । ପୂର୍ବେ ଏହି ରୂପେ ହିଁ ଆତ୍ମବଳି ଦେବୀଙ୍କ ସମକ୍ଷରେ ସମର୍ପିତ ହେଉଥିଲା । ପରବର୍ତ୍ତୀ କାଳରେ ଭକ୍ତିର ବିକଳ୍ପ ଭାବରେ ହୁଏତ ବାହ୍ୟ ପଶୁବଳି ପରମ୍ପରା ସୃଷ୍ଟି ହୋଇଥିବା ସମ୍ଭବ ମନେହୁଏ ।

ମା' ବିମଳାଙ୍କ ଠାରେ ତନ୍ତ୍ରଧାରାର ଉପାସନା ପଦ୍ଧତି ଯେ ତାଙ୍କ ଆର୍ବିଭାବ କାଳରୁ ସଂଲଗ୍ନ ଥିଲା ଏହା ତାଙ୍କର ନିମ୍ନ ଧ୍ୟାନ ମନ୍ତ୍ରରୁ ପରିସ୍ଫୁଟ ହୁଏ:

"ଧ୍ୟାୟେତ୍ ବିଦ୍ୟୁତ୍ ସମପ୍ରଭାମୁଡ୍‌ଡୀୟାନ ପୁରେ ଶ୍ୱରୀମ୍ ।
ନୃମୁଣ୍ଡକୁଣ୍ଡଳୀକୁମ୍ଭାନ୍ ଦଧାନାଂ ପରମେଶ୍ୱରୀମ୍ ।।
ଅକ୍ଷମାଳା ଧରାଂ ଦେବୀଂ ସର୍ବଶକ୍ତି ପ୍ରଦାୟିନୀମ୍ ।
ପଦ୍ମପାଦାମହଂ ବନ୍ଦେ ବିମଳାଂ ବିମଳା ପ୍ରଦାମ୍ ।।"

ଶକ୍ତି ଉପାସନା ଓ ବୈଦିକ ଦେବୀତତ୍ତ୍ୱ : ୫୧୦

ଶ୍ରୀମନ୍ଦିରରେ ତନ୍ତ୍ର ପ୍ରଭାବ :

ଶ୍ରୀ ଜଗନ୍ନାଥଙ୍କ ପୂଜାରେ ବ୍ୟବହୃତ ହେଉଥିବା ମନ୍ତ୍ରରେ ଉଭୟ ବୈଦିକ ବୀଜମନ୍ତ୍ର ପ୍ରଣବ ସହିତ ତନ୍ତ୍ରବୀଜମନ୍ତ୍ର 'କ୍ଳୀଂ' ପ୍ରୟୋଗ ହୋଇଥାଏ । ତାହାଙ୍କୁ ଲୋକାଚାରରେ ତନ୍ତ୍ରର ଶ୍ରେଷ୍ଠ ଦେବତା ରୂପେ ଅଭିହିତ କରାଯାଏ । ଶ୍ରୀକ୍ଷେତ୍ରକୁ ବିଭିନ୍ନ ତନ୍ତ୍ରଗ୍ରନ୍ଥରେ ପାଦପୀଠ (ସତୀଙ୍କ ପାଦ ଏଠାରେ ପଡ଼ିଥିବାରୁ), ଅଥବା ଅନ୍ୟ କେତେକଙ୍କ ମତରେ ଜିହ୍ୱାପୀଠ, ଉଚ୍ଛିଷ୍ଟ ପୀଠ ରୂପେ ବର୍ଣ୍ଣନା କରାଯାଇଛି । ଶ୍ରୀ ମନ୍ଦିର ବେଢ଼ା ସୂର୍ଯ୍ୟମନ୍ଦିରରେ ସୂର୍ଯ୍ୟପୂଜା ପାଇଁ ତାନ୍ତ୍ରିକ ଯନ୍ତ୍ର ବ୍ୟବହୃତ ହୁଏ । ଦୈନନ୍ଦିନ ପୂଜାରେ ଯେଉଁ ଠିଆ ମୁରୁଜର ମଣ୍ଡଳ ଅଙ୍କିତ ହୁଏ ଅଥବା ବିବିଧ ଉତ୍ସବ କାଳରେ ପଞ୍ଚବର୍ଣ୍ଣ ମୁରୁଜର ମଣ୍ଡଳ ହୁଏ ତାହା ତାନ୍ତ୍ରିକ ବିଧି ଅଟେ । ଶାବର ତନ୍ତ୍ରରେ ବ୍ୟବହୃତ ହେଉଥିବା ବିଭିନ୍ନ ମୂଳିମୂଳିକା, କୁରୁବେଲି ଚେର, ଦୂବ, ଲାଲ ଓ କଳା, ହଳଦିଆ ଓ ନୀଳକନା, ସର୍ବୌଷଧି, ଅଣତୁଠ ପାଣି (ସ୍ନାନ ପୂର୍ଣ୍ଣିମାରେ ସଂଗ୍ରହ ହେଉଥିବା ସୁନାକୂଅ ପାଣିରେ ଶ୍ରୀବିଗ୍ରହ ମାନଙ୍କର ସ୍ନାନ ହୁଏ), ଏ ସମସ୍ତଙ୍କୁ ଆଦି ତନ୍ତ୍ରାଚାରର ଦ୍ୟୋତକ ରୂପେ ଗ୍ରହଣ କରାଯାଏ । ତନ୍ତ୍ରରେ 'ନଅ' ସଂଖ୍ୟାଟି ବିଶେଷ ତାତ୍ପର୍ଯ୍ୟ ପୂର୍ଣ୍ଣ । ଏଣୁ ଶ୍ରୀମନ୍ଦିରରେ 'ନଅ' ସଂଖ୍ୟାର ବିଶେଷ ମହତ୍ତ୍ୱ ରହିଛି । ନବକଳେବର ସମୟରେ କାକଟପୁର ମଙ୍ଗଳାଙ୍କ ନିକଟରେ 'ନବଶକ୍ତି'ଙ୍କୁ ଉତ୍ସର୍ଗ ବିଧି ପାଳିତ ହୁଏ ଯାହା ଏକ ତାନ୍ତ୍ରିକ ପ୍ରକ୍ରିୟା ଅଟେ । ଶ୍ରୀମନ୍ଦିରରେ ରନ୍ଧନ କାର୍ଯ୍ୟ ପୂର୍ବରୁ ହେଉଥିବା ବୈଷ୍ଣବାଗ୍ନି ସଂସ୍କାର ପାଇଁ ଉଦ୍ଦିଷ୍ଟ ହେଉଥିବା ରନ୍ଧନ ନବକୋଣ ବିଶିଷ୍ଟ ମଣ୍ଡଳଟି ମେରୁତନ୍ତ୍ର ଦ୍ୱାରା ନିର୍ଦ୍ଦେଶିତ। ପୁଣି ନବଗୋଟି ପାତ୍ରରେ ଏକତ୍ର ରନ୍ଧନ, ନବଦିନାତ୍ମିକା ଶ୍ରୀଗୁଣ୍ଡିଚା ଯାତ୍ରା, ନବଗ୍ରହ ପୂଜା, ପଞ୍ଚମାକାର ପୂଜାରେ ବ୍ୟବହୃତ -ହେଙ୍ଗୁ ପରିବା ବ୍ୟଞ୍ଜନକୁ ମତ୍ସ୍ୟ, ଅଦା ପାଚେଡ଼ିକୁ ମାଂସ, ପଇଡ଼ ପାଣି କାଂସ୍ୟପାତ୍ରରେ ରଖାଯାଇ ମଦ୍ୟ, କାନ୍ତି-ଭୋଗକୁ ମୁଦ୍ରା ଓ ଦେବଦାସୀ ନୃତ୍ୟକୁ ମୈଥୁନ-ଏସବୁ ତନ୍ତ୍ର ସହ ସମ୍ପୃକ୍ତ ରୀତିନୀତିକୁ ସୂଚିତ କରିଥାଏ । ବୃକ୍ଷ ହେଉଛି ତନ୍ତ୍ର ଉପାସନାର ଏକ ନିର୍ଦ୍ଦେଶିତ ମାଧ୍ୟମ । ବୃକ୍ଷ (ଦାରୁ)ରୁ ଦାରୁବ୍ରହ୍ମ ନାମକରଣ, ବୃକ୍ଷରେ ସିନ୍ଦୂର ବୋଳି ଠାକୁରାଣୀ ଓ ଦଶମହାବିଦ୍ୟା ପୂଜା, ତାନ୍ତ୍ରିକ ଶବର ରାଜା ବିଶ୍ୱାବସୁଙ୍କ ଦ୍ୱାରା ପୂଜିତ ନୀଳମାଧବ, ତନ୍ତ୍ରରେ ଚକ୍ରପୂଜାର ପ୍ରାଧାନ୍ୟ ତନ୍ତ୍ରଶାସ୍ତ୍ରରେ ଉଲ୍ଲିଖିତ ଥିବା ଦୃଷ୍ଟିରୁ ଶ୍ରୀମନ୍ଦିରରେ ତାନ୍ତ୍ରିକ ଉପାସନା ନିମିତ୍ତ ଚକ୍ରରାଜ ଶ୍ରୀ ସୁଦର୍ଶନଙ୍କର

ପୂଜା, ସ୍କନ୍ଦ ପୁରାଣରେ ଦେବୀ ସୁଭଦ୍ରାଙ୍କୁ-ଭଦ୍ରକାଳୀ, କାତ୍ୟାୟନୀ ଓ ମହାନିର୍ବାଣତନ୍ତ୍ରର ସେ ଭୁବନେଶ୍ୱରୀ ରୂପେ ବର୍ଣ୍ଣିତ ହେବା ଏସବୁ ଯେ ଶ୍ରୀଜଗନ୍ନାଥଙ୍କ ପରମ୍ପରାରେ ତାନ୍ତ୍ରିକ ରୀତିନୀତିର ବହୁଳ ପ୍ରଭାବକୁ ପ୍ରମାଣିତ କରୁଛି ଏଥିରେ ସନ୍ଦେହ ନାହିଁ ।

ବଜ୍ରଯାନ ଓ ହୀନଯାନ ପନ୍ଥୀ ବୌଦ୍ଧମାନେ ଶ୍ରୀଜଗନ୍ନାଥଙ୍କୁ ତନ୍ତ୍ରର ଦେବତା ରୂପେ ଗ୍ରହଣ କରିଥାନ୍ତି । ଶ୍ରୀଜଗନ୍ନାଥଙ୍କୁ ଦକ୍ଷିଣକାଳିକା, ଶ୍ରୀବଳଭଦ୍ରଙ୍କୁ ତାରା, ମାତା ସୁଭଦ୍ରାଙ୍କୁ ଭୁବନେଶ୍ୱରୀ, ଶ୍ରୀସୁଦର୍ଶନଙ୍କୁ ଷୋଡ଼ଶୀ ତଥା ରତ୍ନସିଂହାସନକୁ ଶ୍ରୀଯନ୍ତ୍ର ରୂପେ ତାନ୍ତ୍ରିକମାନେ ଗ୍ରହଣ କରିଥାନ୍ତି ଅର୍ଥାତ୍ ଏ ସମସ୍ତେ ତାନ୍ତ୍ରିକ ଦେବତା ଅଟନ୍ତି ଯାହା 'ତନ୍ତ୍ରାନ୍ତର'ରେ ମଧ୍ୟ ସ୍ୱୀକୃତ ହୋଇଛି । ଐତିହାସିକ ତଥ୍ୟାନୁଯାୟୀ ଓଡ଼ିଶା ଅତୀତରେ ଥିଲା ଏକ ସୁପ୍ରସିଦ୍ଧ ତନ୍ତ୍ରପୀଠ ବହୁଳ କ୍ଷେତ୍ର । 'ହେ ବଜ୍ରତନ୍ତ୍ର' ନାମକ ବୌଦ୍ଧ ଶାସ୍ତ୍ରରୁ (୮୦୦ଖ୍ରୀ.ଅ) ଯେଉଁ ଚାରିଗୋଟି ତନ୍ତ୍ରପୀଠର ବର୍ଣ୍ଣନା ମିଳେ, ତନ୍ମଧ୍ୟରୁ 'ଉଡ୍‌ଡୀୟାନ ପୀଠ' ଥିଲା ପ୍ରମୁଖ ଓ ମୁଖ୍ୟ ପୀଠ । ପୂର୍ବରୁ ବୃହନୀଳ ତନ୍ତ୍ରସ୍ଥିତ ନୀଳପର୍ବତ ବିଷୟରେ ଆଲୋଚିତ ହୋଇଛି ଯାହା ଏବେ 'ଶ୍ରୀକ୍ଷେତ୍ର' ନାମରେ ବିଖ୍ୟାତ । ଅତଏବ ଅତି ପ୍ରାଚୀନ କାଳରୁ ଏକ ପ୍ରଖ୍ୟାତ ତନ୍ତ୍ରପୀଠ ଭାବରେ ଯେ ଶ୍ରୀକ୍ଷେତ୍ର ପ୍ରସିଦ୍ଧି ଲାଭ କରିଥିଲା, ଏଥିରେ ସନ୍ଦେହ ନାହିଁ । ଏହି ପୀଠର ଅଧିଷ୍ଠାତା ହେଉଛନ୍ତି ଭୈରବ ରୂପୀ ଶ୍ରୀଜଗନ୍ନାଥ ଏବଂ ପୀଠାଧିଶ୍ୱରୀ ସ୍ୱୟଂ ଭୈରବୀ ରୂପିଣୀ ବିମଳା । ଶ୍ରୀଜଗନ୍ନାଥଙ୍କୁ କେହି କାଳଚକ୍ର ଓ କାଳତତ୍ତ୍ୱ ରୂପେ ବର୍ଣ୍ଣନା କରିଥିବା ବେଳେ କେତେକ ଶାସ୍ତ୍ରରେ ସେ ସାକ୍ଷାତ ଦକ୍ଷିଣ କାଳିକା ଭାବରେ ସ୍ୱୀକୃତ ।

ଶ୍ରୀ ଜଗନ୍ନାଥଙ୍କର ଅନନ୍ୟ ଭକ୍ତ ଉତ୍କଳର ରାଜା ଗାଲ ମାଧବ ଥିଲେ ଜଣେ ତାନ୍ତ୍ରିକ । ଲୋକକଥା ଅନୁଯାୟୀ 'ନିତେଇ -ଧୋବଣୀଠାରୁ ତନ୍ତ୍ର ବିଦ୍ୟା ଶିକ୍ଷା କରିଥିବା ରାଜା ଚୋଡ଼ଗଙ୍ଗଦେବ ଥିଲେ 'ବେତାଳ ସାଧକ'-

"ନିତେଇ ଧୋବଣୀ ପତର ସହରୁଣୀ
ଲୁହାକଟା ଲହରାଣୀ, ଜ୍ଞାନ ଦେଇ ମାଲୁଣୀ
ଶୁକୁଟାଚମାରୁଣୀ, ଶୁଆ ତେଲୁଣୀ
ଗାଙ୍ଗୀ ଗଉଡୁଣୀଙ୍କର କୋଟି କୋଟି ଆଜ୍ଞା ।"

ତନ୍ତ୍ରଚାରୀମାନେ ଏହି ମନ୍ତ୍ରସ୍ଥିତ ସମସ୍ତ ଉତ୍କଳୀୟ ତନ୍ତ୍ର ସାଧିକାମାନଙ୍କର ଗୁଣାଗାନରେ ଆଜି ମଧ୍ୟ ମୁଖର ହେବା ଦେଖାଯାଏ । ତନ୍ତ୍ର ସାଧନାରେ ଏମାନଙ୍କ ଅନନ୍ୟ ପାରଦର୍ଶିତା

କାରଣରୁ ରାଜା ଚୋଡ଼ଗଙ୍ଗଦେବ ନିତେଇ ଧୋବଣୀ ଠାରୁ ତନ୍ତ୍ରବିଦ୍ୟା ଶିକ୍ଷା କରିଥିଲେ ବୋଲି କୁହାଯାଏ। ରାଜା ଇନ୍ଦ୍ରଦ୍ୟୁମ୍ନ ବିଷ୍ଣୁଭକ୍ତ ଥିଲେ । ସେହିପରି ମଦନ ମହାଦେବ ଓ ପ୍ରତାପରୁଦ୍ର ଦେବ ତନ୍ତ୍ର ସିଦ୍ଧ ଥିଲେ ବୋଲି କୁହାଯାଏ।

ତନ୍ତ୍ରସାଧକ ମାନଙ୍କର ପ୍ରମୁଖ ସାଧନାସ୍ଥଳ ହେଉଛି ଶ୍ମଶାନ । ଶ୍ରୀମନ୍ଦିରର ଉତ୍ତରପଟ ବାହାର ବେଢ଼ା ସ୍ଥିତ 'ଦେବ ଶ୍ମଶାନ' ଯେଉଁଠି କି ଶ୍ମଶାନ ଚଣ୍ଡୀ ବିଦ୍ୟମାନ ରହିଛନ୍ତି । ଏହି ଶ୍ମଶାନରେ ପୁରାତନ ବିଗ୍ରହମାନଙ୍କୁ ପାତାଳି କରାଯାଏ । ଏକ ଶ୍ରେଷ୍ଠ ତନ୍ତ୍ରକ୍ଷେତ୍ରର ସମସ୍ତ ମାନକ ଏଠାରେ ପୂରଣ ହେଉଥିବା ଦୃଷ୍ଟିରୁ ଏହାର ସୁଖ୍ୟାତି ଚତୁର୍ଦ୍ଦିଗରେ ସେତେବେଳେ ପ୍ରତିଷ୍ଠା ଲାଭ କରିଥିଲା। ପରମଶ୍ରେଷ୍ଠ ତନ୍ତ୍ରଭୂମି ଭାବରେ ଏହାଥିଲା ଅଦ୍ୱିତୀୟ ଓ ଅତୁଳନୀୟ । ଏହି ତନ୍ତ୍ରପୀଠର ସୁରକ୍ଷା ନିମନ୍ତେ ଅଷ୍ଟରୁଦ୍ର ଓ ଅଷ୍ଟଶକ୍ତି ଏହାର ଚତୁଃପାର୍ଶ୍ୱରେ ଆବିର୍ଭୂତ ହୋଇ ଅନାଦି କାଳରୁ ଏହାକୁ ସୁରକ୍ଷା ପ୍ରଦାନ କରୁଅଛନ୍ତି । ଅଷ୍ଟରୁଦ୍ର ମାନେ ହେଲେ ଯଥାକ୍ରମେ ନୀଳକଣ୍ଠେଶ୍ୱର, ବଟେଶ୍ୱର, ଯମେଶ୍ୱର, ଇଶାନେଶ୍ୱର, ମାର୍କେଣ୍ଡେଶ୍ୱର, ବିଲେଶ୍ୱର, କପାଳମୋଚନେଶ୍ୱର ଏବଂ ଲୋକନାଥେଶ୍ୱର । ସେଇପରି ଅଷ୍ଟଶକ୍ତିମାନଙ୍କ ମଧ୍ୟରେ ଅଛନ୍ତି : ରୁଦ୍ରାଣୀ, ସର୍ବମଙ୍ଗଳା, ବିମଳା, ଅର୍ଦ୍ଧାଶନୀ, ଅଲମ୍ବା, କାଳରାତ୍ରୀ, ମରୀଚିକା ଓ ଚଣ୍ଡରୂପା ।

ସଂକ୍ଷେପରେ ଜଗତର ନାଥ ଶ୍ରୀଜଗନ୍ନାଥଙ୍କୁ ଉପାସନା ବା ଆରାଧନା କରିବା ପାଇଁ ଶ୍ରୀମନ୍ଦିରରେ ବ୍ୟବହୃତ ହେଉଥିବା ନୀତି-କାନ୍ତି ଏବଂ ପଦ୍ଧତି ମଧ୍ୟରେ ସମସ୍ତ ତନ୍ତ୍ରଶାସ୍ତ୍ର, ବୌଦ୍ଧ, ଜୈନ, ଶିଖ୍, ଶୈବ, ଶାକ୍ତ, ଗାଣପତ୍ୟ, ଏକେଶ୍ୱରବାଦୀ, ନିରୀଶ୍ୱରବାଦୀ ଆଦି ସଭିଙ୍କର ମୂଳମନ୍ତ୍ରକୁ ସ୍ୱୟଂ ସ୍ୱୀକୃତି ପ୍ରଦାନ କରି ନିଜେ ହୋଇଯାଇଛନ୍ତି ବ୍ରହ୍ମାଣ୍ଡ ଠାକୁର । ଏଣୁ ଏକ ମହାମିଳନ ଓ ସମନ୍ୱିତ ଉପାସନାର ପୁଣ୍ୟକ୍ଷେତ୍ର ହେଉଛି ଶ୍ରୀକ୍ଷେତ୍ର ଓ ସମନ୍ୱିତ ଚେତନାର ସଂସ୍କୃତି ହେଉଛି ଉତ୍କଳୀୟ ଜଗନ୍ନାଥ ସଂସ୍କୃତି ।

ଅବତାରବାଦ ଏବଂ ଶକ୍ତିତତ୍ତ୍ୱ

ଶକ୍ତି ହିଁ ମୂଳ। ଶକ୍ତି ବିନା ସମ୍ପୂର୍ଣ୍ଣ ଜଗତ ମୂଲ୍ୟହୀନ। ଏଣୁ ଆଦ୍ୟ ଶଙ୍କରାଚାର୍ଯ୍ୟ 'ସୌନ୍ଦର୍ଯ୍ୟ ଲହରୀ'ରେ ପ୍ରଥମ ଶ୍ଳୋକରେ ଶକ୍ତିତତ୍ତ୍ୱର ବର୍ଣ୍ଣନା କରି କହିଛନ୍ତି-

"ଶିବଃଶକ୍ତ୍ୟା ଯୁକ୍ତୋ ଯଦି ଭବତି ଶକ୍ତଃ ପ୍ରଭବିତୁମ୍।
ନଚେ ଦେବଂ ଦେବୋ ନ ଖଲୁ କୁଶଳଃ ସ୍ପନ୍ଦିତୁମପି ॥"

ଅର୍ଥାତ୍ ଶିବ ଶକ୍ତିଯୁକ୍ତ ହେଲେ ସେ ଈଶ୍ୱରଙ୍କ କାର୍ଯ୍ୟ କରିବାକୁ ସମର୍ଥ ହୋଇଥାନ୍ତି। ତା' ନହେଲେ ସେ ନିଜେ ସ୍ପନ୍ଦିତ ମଧ୍ୟ ହୋଇପାରନ୍ତି ନାହିଁ। (ଅର୍ଥାତ୍ ମୃତବତ୍ ହୋଇ ପଡ଼ି ରହନ୍ତି) । ଏହାର ଅର୍ଥ ହେଉଛି ଶକ୍ତିଯୁକ୍ତ ନହେଲେ ଶିବ ସୃଷ୍ଟି-ସ୍ଥିତି-ସଂହାର କାର୍ଯ୍ୟ ସମ୍ପନ୍ନ କରିବା ପାଇଁ ସେ ସମର୍ଥ ହୋଇ ନଥାନ୍ତି । ବାସ୍ତବରେ ଶକ୍ତି ଓ ଶକ୍ତିମାନ ପରସ୍ପର ଅଭିନ୍ନ, ଏକ ଏବଂ ଅଦ୍ୱିତୀୟ। ସମସ୍ତ ସ୍ଥାବର ଜଙ୍ଗମାତ୍ମକ ଏହି ବିଶାଳ ସୃଷ୍ଟି ପ୍ରପଞ୍ଚକୁ ପରମାତ୍ମାଙ୍କର ଅବତାର ବୋଲି ବେଦରେ ବର୍ଣ୍ଣନା କରାଯାଇଛି-

"ପୁରୁଷ ଏବେଦଂ ସର୍ବଂ ଯଦ୍ ଭୂତଂ ଯଚ୍ଚ ଭାବ୍ୟମ୍ ।
ଉତାମୃତତ୍ୱସ୍ୟେଶ୍ୱରୋ ଯଦନ୍ୟେନାଭବତ୍ ସହ ॥"

(ଅଥର୍ବବେଦ ୧୯/୬/୪, ଯଜୁଃ ୩୧/୨)

ଅର୍ଥାତ୍ ଜଗତର ଯେଉଁ ସ୍ୱରୂପ ବର୍ତ୍ତମାନ ଅଛି, ଯାହା ଅତୀତରେ ଥିଲା ଏବଂ ଯେପରି ଭବିଷ୍ୟତରେ ହେବ, ସେସବୁ ପରମାତ୍ମାଙ୍କର ସ୍ୱରୂପ ହିଁ ଅଟେ। ସେ ଏହି ଜୀବ ଜଗତର ସ୍ୱାମୀ ଅଟନ୍ତି । ଯେଉଁମାନେ ଅନ୍ନ ଦ୍ୱାରା ବୃଦ୍ଧି ଲାଭ କରନ୍ତି, ତାଙ୍କର ମଧ୍ୟ ସେ ସ୍ୱାମୀ ଅଟନ୍ତି । **"ଅହମେବେଦଂ ସର୍ବମ୍- ଏସବୁ କିଛି ମୁଁ ହିଁ ଅଟେ।"**

ଭାରତୀୟ ବାଙ୍ମୟ ଅନ୍ତର୍ଗତ ସମସ୍ତ ଶାସ୍ତ୍ର, ପୁରାଣ, ବେଦ, ସ୍ମୃତି ଆଦି ସମସ୍ତ ସଦ୍‌ଗ୍ରନ୍ଥ ମଧ୍ୟରେ ପୂର୍ଣ୍ଣବ୍ରହ୍ମ ଶକ୍ତିଙ୍କର ଅବତାର କଥା, ବହୁବିଧ

ଲୀଳାତତ୍ତ୍ୱ ଓ ଅବତାରର କାରଣ ତଥା ଅବତାର ଅଥବା ଲୀଳା ରହସ୍ୟ ଗୁଡ଼ିକର ବିଶେଷ ତତ୍ତ୍ୱମାନ ସନ୍ନିବେଶିତ ହୋଇଛି। କିନ୍ତୁ ଶେଷରେ କୁହାଯାଇଛି-

"ହରି ଅବତାର ହେତୁ ଜେହି ହୋଇ।
ଇଦମିତ୍ଥଂ କହି ଜାଇ ନ ସୋଇ ।।"

(ରାମଚରିତ ମାନସ ୧-୧୨୧-୧)

ଅର୍ଥାତ୍ ଅନନ୍ତ ରୂପ ଭଗବାନଙ୍କର ଅନନ୍ତ ଅବତାର ହୋଇଛି। ଯାହାର ପ୍ରୟୋଜନ ମଧ୍ୟ ଅନନ୍ତ ଅଟେ ତଥା ତନ୍ମଧ୍ୟରୁ ଗୋଟିଏ ଗୋଟିଏ ପ୍ରୟୋଜନର ଅଭିପ୍ରାୟ ମଧ୍ୟ ଅସୀମ ଏବଂ ଅନନ୍ତ ଅଟେ, ଯାହାର କଳ୍ପନା କରିବା ସର୍ବଥା ଅସମ୍ଭବ। ତଥାପି କେତେକ ଅବତାରର ପ୍ରୟୋଜନ ଯେ ସୃଷ୍ଟିର ସୁରକ୍ଷା ନିମିତ୍ତ ତାଙ୍କର ଅପାର କରୁଣାର ପରିଚାୟକ ଏଥିରେ ସନ୍ଦେହ ନାହିଁ। କୌଣସି ଆସୁରୀ ଶକ୍ତିର ପ୍ରାଦୁର୍ଭାବରୁ ମାନବ ସମାଜକୁ ଉଦ୍ଧାର କରିବାପାଇଁ ମହାମାୟା, ମହାଶକ୍ତି ଯୁଗେ ଯୁଗେ ସାକାର ରୂପ ଗ୍ରହଣ କରିଥାନ୍ତି। **"ଯଦା ଯଦା ହି ଧର୍ମସ୍ୟ... ସମ୍ଭବାମି ଯୁଗେ ଯୁଗେ।"** (ଗୀତା ୪/୭-୮) ଅର୍ଥାତ୍ ସାଧୁଜନଙ୍କୁ ରକ୍ଷା କରିବା, ପାପାଚାରୀଙ୍କୁ ବିନାଶ କରିବା ଏବଂ ଧର୍ମ ସଂସ୍ଥାପନା କରିବା ନିମିତ୍ତ ମୁଁ ଯୁଗେ ଯୁଗେ ପ୍ରକଟ ହୋଇଥାଏ। ଏକମାତ୍ର ଦେବୀ ହିଁ ସୃଷ୍ଟି ପୂର୍ବରୁ ଥିଲେ, ସେ ହିଁ ବ୍ରହ୍ମାଣ୍ଡର ସୃଷ୍ଟିକର୍ତ୍ତ୍ରୀ, ସମଗ୍ର ଜଗତ ମାଆଙ୍କର ଆଦି ଅବତାର ହିଁ ଅଟେ। **"ଆଦ୍ୟୋଽବତାରଃ ପୁରୁଷଃ ପରସ୍ୟ।"** ସେ ହିଁ ଏହି ସୃଷ୍ଟିର ଏକମାତ୍ର ଆଧାର, କାରଣ ସେ ପୃଥିବୀ ରୂପରେ ସ୍ଥିତ ଅଟନ୍ତି। **"ଆଧାରଭୂତା ଜଗତସ୍ତ୍ୱମେକା ମହୀସ୍ୱରୂପେଣ ଯତଃ ସ୍ଥିତାସି।"** (ଶ୍ରୀଦୁର୍ଗା ସପ୍ତଶତୀ ୧୧/୪) ସେହି ହିଁ ସମଗ୍ର ଜଗତର ଉତ୍ପତ୍ତି କାରଣ ଅଟନ୍ତି, ତାଙ୍କଠାରେ ସତ୍ତ୍ୱ, ରଜୋ ଓ ତମ ଗୁଣ ବିଦ୍ୟମାନ କିନ୍ତୁ ସେଗୁଡ଼ିକ ସହ ତାଙ୍କର ସମ୍ପର୍କ ନଥାଏ। ଭଗବାନ ବିଷ୍ଣୁ ଓ ମହାଦେବ ଆଦି ଦେବତା ମଧ୍ୟ ତାଙ୍କୁ କଳନା କରିପାରନ୍ତି ନାହିଁ। ସେ କିନ୍ତୁ ସମସ୍ତଙ୍କର ଆଶ୍ରୟ ଅଟନ୍ତି। ଏ ସମଗ୍ର ଜଗତ ତାଙ୍କର ଅଂଶଭୂତ, କାରଣ ସେ ସଭିଙ୍କର ଆଦିଭୂତ ଅବ୍ୟାକୃତା ପରା ପ୍ରକୃତି ଅଟନ୍ତି।

ଶକ୍ତି ଉପାସନା ଓ ବୈଦିକ ଦେବୀତତ୍ତ୍ୱ : **୫୧୫**

"ହେତୁଃ ସମସ୍ତଜଗତାଂ ତ୍ରିଗୁଣାପି
ଦୋଷୈର୍ନ ଜ୍ଞାୟସେ ହରିହରାଦିଭିରପ୍ୟପାରା ।
ସର୍ବାଶ୍ରୟାଖିଳମିଦଂ ଜଗଦଂଶଭୂତ–
ମବ୍ୟାକୃତା ହି ପରମା ପ୍ରକୃତି–ସ୍ତ୍ୱମାଦ୍ୟା ।।"

(ଶ୍ରୀଦୁର୍ଗା ସପ୍ତଶତୀ ୪/୭)

ପ୍ରକୃତରେ ସେଇ ଆଦ୍ୟାଶକ୍ତି ଦେବୀ ନିତ୍ୟ ସ୍ୱରୂପା ଅଟନ୍ତି । ସମସ୍ତ ଜଗତ ତାଙ୍କରି ରୂପ ହିଁ ଅଟେ । ସେ ସମସ୍ତ ବିଶ୍ୱକୁ ବ୍ୟାପ୍ତ କରି ରଖିଛନ୍ତି ତଥାପି ତାଙ୍କର ପ୍ରାକଟ୍ୟ ଅନେକ ପ୍ରକାରରେ ହୋଇଥାଏ । ଯଦ୍ୟପି ସେ ନିତ୍ୟ ଓ ଅଜନ୍ମା; ତଥାପି ସେ ଦେବତାମାନଙ୍କର କାର୍ଯ୍ୟସିଦ୍ଧି କରିବା ନିମନ୍ତେ ଯୁଗ ପରେ ଯୁଗ ଅସଂଖ୍ୟ ରୂପରେ ପ୍ରକଟ ହୁଅନ୍ତି, ସେତେବେଳେ ସେ ସଂସାରରେ ଅବତାର ଗ୍ରହଣ କଲେ ବୋଲି କୁହାଯାଏ:

"ନିତ୍ୟୈବ ସା ଜଗନ୍ମୂର୍ତ୍ତିସ୍ତୟା ସର୍ବମିଦଂ ତତମ୍ ।
ତଥାପି ତତ୍ସମୁତ୍ପତ୍ତିର୍ବହୁଧା ଶ୍ରୂୟତାଂ ମମ ।।
ଦେବାନାଂ କାର୍ଯ୍ୟସିଦ୍ଧ୍ୟର୍ଥମାବିର୍ଭବତି ସା ଯଦା ।
ଉତ୍ପନ୍ନେତି ତଦା ଲୋକେ-ସା ନିତ୍ୟାପ୍ୟଭିଧୀୟତେ ।।"

(ଶ୍ରୀଦୁର୍ଗା ସପ୍ତଶତୀ ୧-୬୪/୬୬)

ସେଇପରି ଅନ୍ୟତ୍ର କୁହାଯାଇଛି-

"ଏବଂ ଭଗବତୀ ଦେବୀ ସା ନିତ୍ୟାପି ପୁନଃ ପୁନଃ ।
ସମ୍ଭୂୟ କୁରୁତେ ଭୂପ ଜଗତଃ ପରିପାଳନମ୍ ।।"

(ଶ୍ରୀଦୁର୍ଗା ସପ୍ତଶତୀ ୧୨/୩୬)

ଅର୍ଥାତ୍ ଏହି ପ୍ରକାର ଭଗବତୀ ଅମ୍ବିକା ଦେବୀ ନିତ୍ୟ ହେଲେ ମଧ୍ୟ ପୁନଃପୁନଃ ପ୍ରକଟ ହୋଇ ଜଗତକୁ ରକ୍ଷା କରନ୍ତି । ଦେବୀ ଆଦ୍ୟାଶକ୍ତି ହେଉଛନ୍ତି ସାକ୍ଷାତ ପରଂବ୍ରହ୍ମ, ଜଗଦମ୍ବା, ସନାତନୀ ଏବଂ ଶୁଦ୍ଧା ତଥା ବ୍ରହ୍ମା ବିଷ୍ଣୁ ମହେଶ୍ୱର ଆଦି ତ୍ରିଦେବଙ୍କର ଆରାଧ୍ୟା ଦେବୀ । ଏଗୁଡ଼ିକ ତାଙ୍କର ମୂଳ ପ୍ରକୃତି ଅଟନ୍ତି ।

"ଯା ମୂଳ ପ୍ରକୃତିଃ ଶୁଦ୍ଧା ଜଗଦମ୍ବା ସନାତନୀ ।
ସୈବ ସାକ୍ଷାତପରଂ ବ୍ରହ୍ମ ସାସ୍ମାକଂ ଦେବତାପି ଚ ।।"

(ମହାଭାଗବତ ପୁରାଣ ୩/୧)

ସଂସାରର ଆପଦା ଓ ଦୁଃଖକଷ୍ଟରୁ ଭକ୍ତଜନଙ୍କୁ ଉଦ୍ଧାର କରିବା ନିମନ୍ତେ ସେ ଧାରଣ କରନ୍ତି ଦଶମହା ବିଦ୍ୟାତ୍ମକ ଅବତାର-

"କାଳୀ ତାରା ଚ ଲୋକେଶୀ କମଳା ଭୁବନେଶ୍ୱରୀ।
ଛିନ୍ନମସ୍ତା ଷୋଡ଼ଶୀ ଚ ସୁନ୍ଦରୀ ବଗଳାମୁଖୀ।
ଧୂମାବତୀ ଚ ମାତଙ୍ଗୀ ନାମାନ୍ୟା ସା ମିମାନି ବୈ ॥"

(ମହାଭାଗବତ ପୁରାଣ ୮/୬୨-୬୩)

କାଳୀ, ତାରା, ଲୋକେଶ୍ୱରୀ କମଳା, ଭୁବନେଶ୍ୱରୀ, ଛିନ୍ନମସ୍ତା, ଷୋଡ଼ଶୀ, ତ୍ରିପୁର ସୁନ୍ଦରୀ, ବଗଳାମୁଖୀ, ଧୂମାବତୀ ଏବଂ ମାତଙ୍ଗୀ। ଏତଦ୍ ବ୍ୟତୀତ ସଜ୍ଜନମାନଙ୍କୁ ଆସୁରିକ ଶକ୍ତି କବଳରୁ ରକ୍ଷା କରିବା ସକାଶେ ସେ ଗ୍ରହଣ କରନ୍ତି ଅସଂଖ୍ୟ ଅବତାର। ତନ୍ମଧ୍ୟରୁ ଲକ୍ଷ୍ମୀ, ସାବିତ୍ରୀ, ସରସ୍ୱତୀ, କାଳୀ, ପାର୍ବତୀ, ମାୟା, ପରମଶକ୍ତି, ପରାବିଦ୍ୟା, ଗଙ୍ଗା ଓ ଦୁର୍ଗା ଇତ୍ୟାଦି ମୁଖ୍ୟ ଅଟନ୍ତି।

ଏହି ବିରାଟ ବିଶ୍ୱ ମହାମାୟାଙ୍କର ଦିବ୍ୟରୂପ ଅଟେ। ଏଠାରେ ଉତ୍ପନ୍ନ ହେଉଥିବା ସମସ୍ତ କ୍ରିୟା ପ୍ରତିକ୍ରିୟା ତାଙ୍କର ହିଁ ଦିବ୍ୟଲୀଳା। ସେ ନିଜ ମଧ୍ୟରେ ନିଜ ଲୀଳା ଦ୍ୱାରା ଏହି ବିଶ୍ୱକୁ ପ୍ରକଟ କରାଇ ପୁଣି ନିଜ ମଧ୍ୟରେ ତାହାକୁ ବିଲୀନ କରି ଦିଅନ୍ତି। କେହି କେହି ପ୍ରଶ୍ନ କରନ୍ତି ଯିଏ ଆପ୍ତକାମ, ନିତ୍ୟତୃପ୍ତ, ନିର୍ଲିପ୍ତ ଏବଂ ସ୍ୱୟଂ ପରଂବ୍ରହ୍ମ ତାଙ୍କର ପୁଣି ଅଭାବ କ'ଣ (?) ଯେ ସେ ଏହି ବ୍ରହ୍ମାଣ୍ଡକୁ ସୃଷ୍ଟି କରିବା ନିମିତ୍ତ ପ୍ରବୃତ୍ତ ହେଉଛନ୍ତି। କେଉଁ ପ୍ରୟୋଜନ ବା ଅଭାବକୁ ପୂରଣ କରିବା ସକାଶେ ସେ ଏପରି କରନ୍ତି? ଏହାର ଉତ୍ତର ବ୍ରହ୍ମସୂତ୍ରରେ ଏହି ପ୍ରକାର ବର୍ଣ୍ଣନା କରାଯାଇଛି। **"ଲୋକବତ୍ତୁ ଲୀଳା କୈବଲ୍ୟମ୍।"** ଅର୍ଥାତ୍ ସୃଷ୍ଟି ତାହାଙ୍କର 'ଲୀଳା ବିଳାସ' ମାତ୍ର ଅଟେ। ଶ୍ରୁତିରେ ମଧ୍ୟ କୁହାଯାଇଛି- **'ବ୍ରହ୍ମୈବ ବେଦଂ ସର୍ବମ୍'**, **'ସର୍ବଂ ଖଲ୍ୱିଦଂ ବ୍ରହ୍ମ'** ଏସବୁ କିଛି ବ୍ରହ୍ମ ହିଁ ଅଟେ। **'ଯସ୍ମାତ୍ ପରଂ ନା ପରମସ୍ତି କିଞ୍ଚିତ୍।'** ଏହାର ଆଗ ଓ ପଛରେ ଆଉ କିଛି ବି ନାହିଁ, ସବୁ କିଛି ବ୍ରହ୍ମ ହିଁ ବ୍ରହ୍ମ। ସେ ଅଖଣ୍ଡ ପୂର୍ଣ୍ଣବ୍ରହ୍ମ ଅଟନ୍ତି। ଯିଏ ତାଙ୍କର ଏକ ଅଂଶରେ ସମଗ୍ର ବ୍ରହ୍ମାଣ୍ଡକୁ ଧାରଣ କରି ଅଚଳ ରୂପରେ ସ୍ଥିତ ରହନ୍ତି ଏବଂ ତାଙ୍କର ପୂର୍ଣ୍ଣତାରେ କୌଣସି ପ୍ରକାର ନ୍ୟୂନତା ଆସି ନଥାଏ।

"ଓଁ ପୂର୍ଣ୍ଣମଦଃ ପୂର୍ଣ୍ଣମିଦଂ ପୂର୍ଣ୍ଣାତ୍ପୂର୍ଣ୍ଣମୁଦଚ୍ୟତେ।
ପୂର୍ଣ୍ଣସ୍ୟ ପୂର୍ଣ୍ଣମାଦାୟ ପୂର୍ଣ୍ଣମେବାବଶିଷ୍ୟତେ ॥"

ସେ ପୂର୍ଣ୍ଣ ଅଟନ୍ତି। ଏହିସବୁ କିଛି ମଧ୍ୟ ପୂର୍ଣ୍ଣ ଅଟନ୍ତି। ପୂର୍ଣ୍ଣରୁ ହିଁ ପୂର୍ଣ୍ଣର ବୃଦ୍ଧି ହୁଏ। ପୂର୍ଣ୍ଣରୁ ପୂର୍ଣ୍ଣକୁ ବାଦ୍ ଦେଲେ ମଧ୍ୟ ସେଇ ପୂର୍ଣ୍ଣ ହିଁ ଅବଶେଷ ରହେ। ମହାମାୟା ଅଂଶଯୁକ୍ତ ହେଲେ ମଧ୍ୟ ସେ ପୂର୍ଣ୍ଣ ଅଟନ୍ତି। କର୍ତ୍ତା ହେଲେ ବି ଅକର୍ତ୍ତା, ଗୁଣଯୁକ୍ତ ହେଲେ ମଧ୍ୟ ଗୁଣାତୀତ, ସମସ୍ତଙ୍କ ମଧ୍ୟରେ ବ୍ୟାପ୍ତ ହେଲେ ମଧ୍ୟ ସେଇ ଶକ୍ତିରୂପା ଜଗଦମ୍ବିକା ସବୁଥିରୁ ଅଲଗା ବା ସ୍ୱତନ୍ତ୍ର ଅଥବା ନିରପେକ୍ଷ ଅଟନ୍ତି। ଏସବୁ କିଛି ତାଙ୍କର ବିଚିତ୍ର ଲୀଳା ଅଟେ। ସମଗ୍ର ବ୍ରହ୍ମାଣ୍ଡରେ ଅସଂଖ୍ୟ ସୂର୍ଯ୍ୟ, ଚନ୍ଦ୍ର, ନକ୍ଷତ୍ରାଦି ମଧ୍ୟରେ ସୀମାହୀନ ଆକାଶ ମଣ୍ଡଳରେ, ବିସ୍ତୃତ ବିଶ୍ୱ ପଟଳରେ ତାଙ୍କର ହିଁ ଅନନ୍ୟ ରୂପଛଟା ଦୃଷ୍ଟିଗୋଚର ହୋଇଥାଏ। ଏସବୁର ବିଲକ୍ଷଣତା ଏହା ଯେ ତାଙ୍କର ଲୀଳା ସମୂହ ଦୃଷ୍ଟିଗୋଚର ହେଲେ ମଧ୍ୟ ସେଇ ଲୀଳାର ଯିଏ ସୂତ୍ରଧର ବା ଶିଳ୍ପୀ ତାଙ୍କର ଦର୍ଶନ ହୋଇ ନଥାଏ।

ଶକ୍ତି ତତ୍ତ୍ୱଠାରୁ ଅଧିକ କିଛି ବିଶାଳ ତତ୍ତ୍ୱ ଏ ସଂସାରରେ କେବେ ହେଲେ ନଥିଲା ବା ବର୍ତ୍ତମାନ ମଧ୍ୟ ନାହିଁ। ଶିବ ଶବ୍ଦର 'ଇ'କାର ହେଉଛି ଶକ୍ତି। ତାହାକୁ ବାଦ୍ ଦେଲେ 'ଶିବ' ମଧ୍ୟ 'ଶବ'ରେ ପରିଣତ ହେବା ବିଚିତ୍ର ନୁହେଁ। ପରମାତ୍ମା ନିଜେ ଯଦି ଶକ୍ତି ରହିତ ହୁଅନ୍ତି ତେବେ ସୃଷ୍ଟି ସ୍ଥିତି ବା ଲୟ ଆଦି କାର୍ଯ୍ୟ ପାଇଁ ସେ ଅକ୍ଷମ ହୋଇ ପଡ଼ନ୍ତି। କିନ୍ତୁ ଯଦି ସେ ଶକ୍ତିଯୁକ୍ତ ହୁଅନ୍ତି ତେବେ ସେ ନିଜ କର୍ତ୍ତବ୍ୟ ପୂରଣରେ ସାମର୍ଥ୍ୟ ସମ୍ପନ୍ନ ହୋଇଯାଆନ୍ତି। ଏଣୁ କୁହାଯାଇଛି-

"ପରୋଽପି ଶକ୍ତିରହିତଃ ଶକ୍ତ୍ୟା ଯୁକ୍ତୋ ଭବେଦ୍ୟଦି।
ସୃଷ୍ଟିସ୍ଥିତିଲୟାନ୍ କର୍ତ୍ତୁମଶକ୍ତଃ ଶକ୍ତ ଏବ ହି ॥" (ବାମକେଶ୍ୱରତନ୍ତ୍ର)

ଏହି ସମଗ୍ର ବ୍ରହ୍ମାଣ୍ଡର ସୃଷ୍ଟି ଶିବଙ୍କ ଶକ୍ତିରୁ ହିଁ ଉଦ୍ଭୁତ ହୋଇଛି, ଅର୍ଥାତ୍ 'ଶିବ-ଶକ୍ତି'ର କ୍ରିୟା ଶକ୍ତି ରୂପ ବିକାଶ (ପ୍ରଚୟ)ରୁ ଏହି ବିଶ୍ୱର ଉତ୍ପନ୍ନ ସମ୍ଭବ ହୋଇଛି। ଏଣୁ 'ଶିବ ସୂତ୍ର ବିମର୍ଶିନୀ'ରେ କୁହାଯାଇଛି-

'ବିଶ୍ୱସ୍ୟ ବିଶ୍ୱଂ ସ୍ୱଶକ୍ତିମୟଂ ତଥା ଅସ୍ୟାପି ସ୍ୱସ୍ୟାଃ ସଂବିଦାତ୍ମନଃ ଶକ୍ତେଃ ପ୍ରଚୟଃ କ୍ରିୟାଶକ୍ତିସ୍ଫୁରଣରୂପୋ ବିକାସୋ ବିଶ୍ୱମ୍।'

(୩-୩୦)

ସମସ୍ତ ଶକ୍ତିର ଉଦ୍‌ଗମ ସ୍ଥଳୀ ହେଉଛନ୍ତି ସେଇ ଆଦ୍ୟାଶକ୍ତି, ମହାମାୟା, ମହାଦୁର୍ଗା, ଜଗଜ୍ଜନନୀ। ସମସ୍ତ ଦେବତାଙ୍କ ତେଜ ପୁଞ୍ଜରୁ ପ୍ରକଟ ହୋଇଥିବା **"ତତଃ ସମସ୍ତ ଦେବାନାଂ ତେଜୋରାଶିସମୁଦ୍‌ଭବାମ୍।"** (ଶ୍ରୀଦୁର୍ଗା ସପ୍ତଶତୀ ୨/୧୯) ସେଇ ତ୍ରିନେତ୍ର ଯୁକ୍ତା ପରମେଶ୍ୱରୀ ମହାଶକ୍ତି ଜଗଦମ୍ବା ସିଂହାରୂଢ଼ା ହୋଇ କେତେବେଳେ ଜଗତ୍ ଉଦ୍ଧାର ପାଇ ଉଗ୍ରାସ୍ୟ, ଉଗ୍ରବୀର୍ଯ୍ୟ, ମହାହନୁ, ଦୁର୍ଦ୍ଧର, ଦୁର୍ମୁଖ ତଥା ମହାଦୈତ୍ୟ ମହିଷାସୁରର ମସ୍ତକ ଛେଦନ କରିଛନ୍ତି, **"ତୟା ମହାସିନା ଦେବ୍ୟା ଶିରଶ୍ଛିତ୍ତ୍ୱା ନିପାତିତଃ।"** (ଶ୍ରୀଦୁର୍ଗା ସପ୍ତଶତୀ ୩-୪୨) ତ କେତେବେଳେ ଧୂମ୍ରଲୋଚନ ଚଣ୍ଡମୁଣ୍ଡ। (ଶ୍ରୀଦୁର୍ଗା ସପ୍ତଶତୀ ୭-୨୨) ରକ୍ତବୀଜ, ଶୁମ୍ଭ, ନିଶୁମ୍ଭ ଆଦି ମହାଦୈତ୍ୟମାନଙ୍କୁ ବଧ କରିଛନ୍ତି। ସେ ହିଁ ସ୍ୱର୍ଗ ତଥା ମୋକ୍ଷ ପ୍ରଦାନକାରିଣୀ ସର୍ବସ୍ୱରୂପା, ଜଗତର ଅଧୀଶ୍ୱରୀ, ବିଶ୍ୱେଶ୍ୱରୀ, ବିଶ୍ୱର ରକ୍ଷାକର୍ତ୍ତ୍ରୀ, ମଙ୍ଗଳମୟୀ, କଲ୍ୟାଣଦାୟିନୀ—ଶିବା, ସମସ୍ତ ପୁରୁଷାର୍ଥ ସିଦ୍ଧକାରିଣୀ, ଶରଣାଗତ ବତ୍ସଳା, ତ୍ରିନେତ୍ରଯୁକ୍ତା ଏବଂ ଗୌରୀ ଅଟନ୍ତି। ପୁଣି ଦୈତ୍ୟମାନଙ୍କର ବିଶାଳ ସେନାକୁ ସଂହାର କରିଥିବା ଶିବଦୂତୀ, ବିକରାଳ ମୁଖ-ଦନ୍ତ ଯୁକ୍ତା ମୁଣ୍ଡମାଳ ବିଭୂଷିତା, ମୁଣ୍ଡମର୍ଦ୍ଦିନୀ ଚାମୁଣ୍ଡାରୂପା ନାରାୟଣୀ, ଲକ୍ଷ୍ମୀ, ଲଜ୍ଜା, ମହାବିଦ୍ୟା, ଶ୍ରଦ୍ଧା, ପୁଷ୍ଟି, ସ୍ୱଧା, ଧ୍ରୁବା, ମହାରାତ୍ରି, ମହା ଅବିଦ୍ୟାରୂପା, ସର୍ବେଶ୍ୱରୀ ତଥା ସର୍ବଶକ୍ତି ସମ୍ପନ୍ନା ଦିବ୍ୟରୂପା ଦୁର୍ଗା, ଅଗ୍ନିଶିଖା ଯୋଗୁଁ ବିକରାଳ ପ୍ରତୀତ ହେଉଥିବା ଅତ୍ୟନ୍ତ ଭୟଙ୍କର ଭଦ୍ରକାଳୀ, ଦୈତ୍ୟମାନଙ୍କ ରକ୍ତ ଓ ଚର୍ବିରେ ଚର୍ବିତ ଭୟଙ୍କର ଖଡ୍‌ଗ ହସ୍ତରେ ଧାରଣ କରିଥିବା ଚଣ୍ଡିକା, ଭୟଙ୍କର ଦୈତ୍ୟମାନଙ୍କୁ ଭକ୍ଷଣ କରି ଦନ୍ତ- ପଂକ୍ତିକୁ ଡାଳିମ୍ବ ପୁଷ୍ପ ସଦୃଶ ରକ୍ତିମ କରିଥିବା ଦେବୀ 'ରକ୍ତଦନ୍ତିକା', ଦୁର୍ଗମ ନାମକ ରାକ୍ଷସର ବଧକାରିଣୀ ଦୁର୍ଗାଦେବୀ, ହିମାଳୟ ଉପରେ ମୁନିଋଷିମାନଙ୍କ ରକ୍ଷଣାର୍ଥେ ଭୀମରୂପ ଧାରଣ କରି ରାକ୍ଷସମାନଙ୍କୁ ଭକ୍ଷଣ କରିଥିବା ଭୀମାଦେବୀ, ତ୍ରିଭୁବନରେ ଭୀଷଣ ଉପଦ୍ରବ କରୁଥିବା ମହାଦୈତ୍ୟ ଅରୁଣଙ୍କୁ ବଧ କରିବା ନିମିତ୍ତ ଅସଂଖ୍ୟ ଭ୍ରମର ରୂପ ଧାରଣ କରିଥିବା ଭ୍ରାମରୀ ଦେବୀ- ସବୁ କିଛି ସେଇ ଦେବୀ ମହାଶକ୍ତି ହିଁ ଅଟନ୍ତି। ତାହାଙ୍କ ବିନା ଅବା

ସଂସାରରେ ଏପରି କେଉଁ ଶକ୍ତି ରହିଛି ଯାହାକି ବିଶ୍ୱର ଦୁଃଖକୁ ଦୂର କରିବା ନିମିତ୍ତ ସର୍ବ ସମର୍ଥ ହୋଇପାରିବ (?)

"ପ୍ରଣତାନାଂ ପ୍ରସୀଦ ତ୍ୱଂ ଦେବି ବିଶ୍ୱାର୍ତ୍ତିହାରିଣି।
ତ୍ରୈଲୋକ୍ୟବାସିନାମୀଡ୍ୟେ ଲୋକାନାଂ ବରଦା ଭବ ॥"

(ଶ୍ରୀ ଶ୍ରୀ ଚଣ୍ଡୀ ୧୧/୩୫)

ଅର୍ଥାତ୍ ବିଶ୍ୱର ଦୁଃଖକୁ ଦୂର କରୁଥିବା ହେ ଦେବୀ! ଆମ୍ଭେ ତୁମର ଚରଣ ତଳେ ଆଶ୍ରିତ। ଆମ୍ଭ ଉପରେ ପ୍ରସନ୍ନ ହୁଅ। ତ୍ରିଲୋକ ନିବାସୀମାନଙ୍କ ପୂଜନୀୟା ହେ ପରମେଶ୍ୱରୀ! ସବୁ ଲୋକଙ୍କୁ ବରଦାନ ଦିଅ।

ରକ୍ତବୀଜ ବଧ (ପୃ.୨୦୭)

ସନ୍ଦର୍ଭ ଗ୍ରନ୍ଥ ସୂଚୀ

୧. ଶ୍ରୀ ଦୁର୍ଗା ସପ୍ତଶତୀ

୨. ଓଡ଼ିଶାର ତନ୍ତ୍ରଧାରା : ପଦ୍ମଶ୍ରୀ ପଣ୍ଡିତ ଅନ୍ତର୍ଯ୍ୟାମୀ ମିଶ୍ର

୩. ପୂଜା ବିଜ୍ଞାନ : ସ୍ୱାମୀ ପ୍ରମେୟାନନ୍ଦ

୪. ଶକ୍ତି ଉପାସନା : ଆନ୍ତର୍ଜାତିକ ଶିବ ସେବା ପ୍ରସାର ସମିତି, କଟକ-୧୪ / ପ୍ରତିଷ୍ଠାତା : ସାଧୁଶ୍ରୀ ପଣ୍ଡିତ ଦୈତ୍ୟାରି ମହାପାତ୍ର

୫. ଶାକ୍ତଧର୍ମ ଓ ସଂସ୍କୃତି : ଶ୍ରୀଯୁକ୍ତ ଲଛମନ ରାଉତ

୬. କଲ୍ୟାଣ ପତ୍ରିକା : ଭଗବଲ୍ଲୀଳା ଅଙ୍କ ଓ ଅବତାର କଥାଙ୍କ

୭. ଈଶାଦି ନୌ ଉପନିଷଦ : ଗୀତା ପ୍ରେସ

୮. ଉପନିଷଦ (ମୁଣ୍ଡକ, ମାଣ୍ଡୁକ୍ୟୋ, ତୈତ୍ତିରୀୟ, ଛାନ୍ଦୋଗ୍ୟ, ରାମ ପୂ.ତା.ଉ, କେନୋ, ଶ୍ୱେତାଶ୍ୱତର, ବୃହବୃଚୋ ଉ., ସୀତୋପନିଷଦ, ମୈତ୍ରୀ ଉ., ଶ୍ରୀରାମୋତ୍ତର ତାପନୀୟ, ମୈଥିଳୀ, ମହାନାରାୟଣ, ନାରାୟଣ ପୂ.ତା, କଠୋ ଉ., ବନଦୁର୍ଗା ଉ., ବୃହ ଜା.ଉ, କୈ.ଉ, କୃଷ୍ଣ. ଯଜୁ-କଳିସନ୍ତରଣ ଉ., କୈବଲ୍ୟ ଉ., ଗୁହ୍ୟକାଳି ଉ., କାଳିକୋ. ଉ., ଦେବୀ ଉ., ସରସ୍ୱତୀ ରହସ୍ୟ ଉ., ରୁଦ୍ର ହୃଦୟ.ଉ, ଶ୍ରୀରାଧୋପନିଷଦ୍, ଶ୍ରୀରାଧିକା-ତାପନୀୟୋ, ଗାୟତ୍ରୀ ଉ., ଶ୍ରୀମଦ୍ ଭଗବତ ଗୀତା, ଶ୍ରୀଚକ୍ର ଉ.ଇତ୍ୟାଦି)

୯. ବେଦ: ଋକ୍, ସାମ, ଯଜୁଃ, ଅଥର୍ବ

୧୦. ଦେବୀଗୀତା

୧୧. ବ୍ରହ୍ମବୈବର୍ତ୍ତ ପୁରାଣ

୧୨. ରାମଚରିତ ମାନସ

୧୩. ଶିବ ପୁରାଣ

୧୪. ସୌନ୍ଦର୍ଯ୍ୟ ଲହରୀ-ଆଦ୍ୟଶଙ୍କରାଚାର୍ଯ୍ୟ

୧୫. ଶ୍ରୀ ଦେବୀ ପୁରାଣ

୧୬. ତନ୍ତ୍ରଶାସ୍ତ୍ର: ଶାକ୍ତ ପ୍ରମୋଦ, ପ୍ରାଣତୋଷିନୀ, ଯୋଗିନୀ, ମହାନିର୍ବାଣ, ଉଡ୍ଡୀୟାନ, କୁଳାର୍ଣ୍ଣବ

୧୭. ଶିବ ଧର୍ମୋତ୍ତର ପୁରାଣ

୧୮. ଯାଜ୍ଞବଲ୍କ୍ୟ ସ୍ମୃତି

୧୯. ଶ୍ରୀମଦ୍ ଭାଗବତ ମହାପୁରାଣ

୨୦. ଆଦିତ୍ୟ ପୁରାଣ

୨୧. ଗରୁଡ଼ ପୁରାଣ

୨୨. ବିଷ୍ଣୁ ପୁରାଣ

୨୪. ହାରୀତ ସ୍ମୃତି

୨୫. ମାର୍କଣ୍ଡେୟ ପୁରାଣ

୨୬. ଯମସ୍ମୃତି

୨୭. ମତ୍ସ୍ୟ ପୁରାଣ

୨୮. ଭବିଷ୍ୟ ପୁରାଣ

୨୯. ବାୟୁ ପୁରାଣ

୩୦. ବୃହଦ୍ଧର୍ମ ପୁରାଣ

୩୧. ପ୍ରପଞ୍ଚସାର ତନ୍ତ୍ର

୩୨. ବୃ.ନନ୍ଦିକେଶରୀ ପୂଜାପଦ୍ଧତି (ବଙ୍ଗଳା)

୩୩. ମହାକାଳ ସଂହିତା

୩୪. ବୃ.ସାର ସିଦ୍ଧାନ୍ତ

୩୫. ବିମଳାକଳ୍ପ

୩୬. ଅଂଶୁମଦ୍‌ଭେଦାଗମ

୩୭. ବିଷ୍ଣୁଧର୍ମୋତ୍ତର ପୁରାଣ

୩୮. ମହାଭାରତ

୩୯. ସ୍କନ୍ଦ ପୁରାଣ

୪୦. ବିମଳା ସପର୍ଯ୍ୟା

୪୧. ବାମଦେବ ସଂହିତା

୪୨. ଶିବସୂତ୍ର ବିମର୍ଶିନୀ

ସାହିତ୍ୟକୃତି ନିମନ୍ତେ ବିବିଧ ଅନୁଷ୍ଠାନ ଦ୍ୱାରା ପୁରସ୍କୃତ ଓ ସମ୍ବର୍ଦ୍ଧିତ ହୋଇଥିବା ଲେଖକ ଡକ୍ଟର ଅଶ୍ୱିନୀ କୁମାର ଶତପଥୀ

୧. ୨୦୧୦ - 'ଶହୀଦ୍ ସ୍ମୃତି ସମ୍ମାନ', ତୁଡ଼ିଗଡ଼ିଆ, ବାଲେଶ୍ୱର

୨. ୨୦୧୧ - ଭାରତୀୟ ଜୀବନ ବୀମା ଅଧିକାରୀ ଭାବରେ ବହୁ ଉଲ୍ଲେଖନୀୟ କାର୍ଯ୍ୟ ନିମନ୍ତେ ବିଭିନ୍ନ ପ୍ରଶଂସାପତ୍ର ସହ 'ପ୍ରତିଭା ସମ୍ମାନ-୨୦୧୧'।

୩. ୨୦୧୫ - ଭାଗ୍ୟଲିପି (ମାସିକ ପତ୍ରିକା)- 'ରାଜ୍ୟସ୍ତରୀୟ ବିଶେଷ ସମ୍ମାନ', ରାମଚନ୍ଦ୍ର ଭବନ, କଟକ ।

୪. ୨୦୧୬ - ଭାଗ୍ୟଲିପି (ମାସିକ)-'ପ୍ରାଚ୍ୟବିଦ୍ୟା ପଣ୍ଡିତ ସମ୍ମାନ', ରାମଚନ୍ଦ୍ର ଭବନ, କଟକ

୫. ୨୦୧୭ - 'ଦିବ୍ୟଲୋକ ସନ୍ଧାନେ -ରାଜ୍ୟସ୍ତରୀୟ ଲେଖକ ସମ୍ମାନ', ରାମଚନ୍ଦ୍ର ଭବନ, କଟକ ।

୬. ୨୦୧୮- 'ଓଡ଼ିଆ ଭାଷା ସଂସ୍କୃତି ବିକାଶ ମଞ୍ଚ ଓ ବାଇଚଢ଼େଇ ସମ୍ମାନ', ବାସୁଦେବପୁର, ଭଦ୍ରକ

୭. ୨୦୧୮-ତ୍ରୈମାସିକ-ସଂସ୍କୃତି-ଆଧ୍ୟାତ୍ମିକ ପତ୍ରିକା- 'ନବକାକଳି ସମ୍ମାନ', ଜଗତସିଂହପୁର ।

୮. ୨୦୧୮-ଏସୀୟ ଜ୍ୟୋତିର୍ବିଦ୍ ସମ୍ମିଳନୀ-ଭୃଗୁ ଜ୍ୟୋତିଷ ଟ୍ରଷ୍ଟ - 'ଜ୍ୟୋତିଷ ଦାରୁବ୍ରହ୍ମ ସମ୍ମାନ- ୨୦୧୮', ଭୁବନେଶ୍ୱର ।

୯. ୨୦୧୮ - 'ରାଜ୍ୟସ୍ତରୀୟ ତୁଳସୀ ସମ୍ମାନ', ବାରିପଦା, ମୟୂରଭଂଜ ।

୧୦. ୨୦୧୯- କୌଶଲ୍ୟା ସାହିତ୍ୟ ଓ ସଂସ୍କୃତି ପରିଷଦ- 'ବାଗ୍ମୀ ବିବେକାନନ୍ଦ ସମ୍ମାନ', କଟକ-୮ ।

ଶକ୍ତି ଉପାସନା ଓ ବୈଦିକ ଦେବୀତତ୍ତ୍ୱ : ୫୨୩

୧୧. ୨୦୧୯– ସମୟର ଚକ୍ର – 'ପ୍ରବନ୍ଧ ସମ୍ମାନ', ବାଲେଶ୍ୱର ।

୧୨. ୨୦୧୯ – କଳ୍ପନା ସାହିତ୍ୟ ସାଂସ୍କୃତିକ ଓ ସାମାଜିକ ପରିଷଦ, 'ସୁସାହିତ୍ୟିକ ସମ୍ମାନ', ରାମଚନ୍ଦ୍ରଭବନ, କଟକ ।

୧୩. ୨୦୧୯– 'ସଂଯୋଗୀ ସାରସ୍ୱତ ସମ୍ମାନ', କୁଣ୍ଡାପିଠା, କେନ୍ଦୁଝର ।

୧୪. ୨୦୧୯ – ଶୂନ୍ୟବ୍ରହ୍ମ କଳା ସାହିତ୍ୟ ସଂସ୍କୃତି ପରିଷଦ, 'ଉତ୍କଳପ୍ରଭା-ସାରସ୍ୱତ ସମ୍ମାନ', ସୋର ।

୧୫. ୨୦୧୯ – 'ସାରସ୍ୱତ ପ୍ରଶଂସା ପତ୍ର'–ସୁନ୍ଦର ମୋ ଭାଷା ସାହିତ୍ୟ, ଜମ୍ବୁରା, କେନ୍ଦୁଝର ।

୧୬. ୨୦୧୯ – 'ସମ୍ବର୍ଦ୍ଧନା ପତ୍ର' – 'ଗୁରୁଶ୍ରୀ ସମ୍ମାନ'– ସୁନାଦୂବ, କଟକ ।

୧୭. ୨୦୧୯ – ମାଟିର ମହକ (ନିମ ବସନ୍ତ, ଜଟଣୀ, ପୁରୀ) ମାନପତ୍ର ।

୧୮. ୨୦୧୯– ବନ୍ଦନା ସାହିତ୍ୟ ଓ ସଂସ୍କୃତି ପରିଷଦ, ସାକ୍ଷୀଗୋପାଳ, ପୁରୀ-ମାନପତ୍ର

୧୯. ୨୦୧୯ – 'ନକ୍ଷତ୍ରମାଳି ସମ୍ମାନ' –ଗୋପୀନାଥ ସେବା ସଦନ, ଜରିପୁଟ, ଖୋର୍ଦ୍ଧା ।

୨୦. ୨୦୧୯–ସଂଯୋଗୀ ସଜଫୁଲ– 'ସଂଯୋଗୀ ପ୍ରତିଭା ପ୍ରମାଣପତ୍ର', କେନ୍ଦୁଝର ।

୨୧. 'ଗୋପବନ୍ଧୁ ସ୍ମୃତି ସମ୍ମାନ' – ନିଶିଗନ୍ଧା ସାହିତ୍ୟ ସଂସଦ, ଖୋର୍ଦ୍ଧା, ଭୁବନେଶ୍ୱର

୨୨. ୨୦୧୯– 'ଅନନ୍ୟା ଉତ୍କଳଗୌରବ ସ୍ମୃତି ସମ୍ମାନ' – ସୁନ୍ଦର ମୋ ଭାଷା ସାହିତ୍ୟ, କେନ୍ଦୁଝର ।

୨୩. ୨୦୧୯– 'ଉଦୟନାଥ ସମ୍ମାନ' – ଗୋପୀନାଥ ସେବାସଦନ, ଖୋର୍ଦ୍ଧା ।

୨୪. ୨୦୧୯ – 'ଶ୍ରେଷ୍ଠ କବିରତ୍ନ ସମ୍ମାନ' –ମହାବୀର ଯୁବକ ସଂଘ ଓ ମହାବୀର ସାହିତ୍ୟ ସଂସଦ, କଟକ ।

୨୫. ୨୦୨୦ – 'ସାରସ୍ୱତ ମାନପତ୍ର' – ପଦ୍ମଲୋଚନ ପାଠାଗାର, ଅନନ୍ତପୁର, ବାଲେଶ୍ୱର

୨୬. ୨୦୨୦– 'ଭାଗ୍ୟଲିପି–ପ୍ରାଚ୍ୟ ବିଦ୍ୟା ବାରିଧି ସମ୍ମାନ', ଶ୍ରୀରାମଚନ୍ଦ୍ର ଭବନ, କଟକ ।

୨୭. ୨୦୨୦-'କବିକମଳ ସମ୍ମାନ' - ପଦ୍ମଲୋଚନ ପାଠାଗାର, ଅନନ୍ତପୁର, ବାଲେଶ୍ୱର

୨୮. ୨୦୨୦ - ମାନପତ୍ର, ଶିବମ୍ ସାହିତ୍ୟ ସଂସ୍କୃତି ବିଭାଗ, କୋଲକତା-୩।

୨୯. ୨୦୨୦ - ମାନପତ୍ର, ମା' ମଙ୍ଗଳା ସାହିତ୍ୟ ସେବା ସଂସ୍କାର ସଂସଦ, ଖୋର୍ଦ୍ଧା।

୩୦. ୨୦୨୦- 'ମଧୁସୂଦନ ଦାସ ସମ୍ମାନ' -ଗୋପୀନାଥ ସେବାସଦନ, ଖୋର୍ଦ୍ଧା।

୩୧. ୨୦୨୦- 'କୋରନା ଯୋଦ୍ଧା ପ୍ରମାଣପତ୍ର'- ମୋ ଅନୁଷ୍ଠାନ ସାହିତ୍ୟ ସଂସଦ, ଖଇରା, ବାଲେଶ୍ୱର

୩୨. ୨୦୨୦- 'ସମ୍ପୂର୍ଣ୍ଣା ଶିକ୍ଷାଜ୍ୟୋତି ସମ୍ମାନ -୨୦୨୦', ଖଇରା, ବାଲେଶ୍ୱର

୩୩. ୨୦୨୧ - 'ଆଚାର୍ଯ୍ୟ ହରିହର ସମ୍ମାନ' -ଖୋର୍ଦ୍ଧା ସାହିତ୍ୟ ସେବା ସଂସ୍କାର ସଂସଦ।

୩୪. ୨୦୨୧- 'ଆମ ଗାଁ କଳା ସାହିତ୍ୟ ସଂସଦ, ବଛଦା' - ସାରସ୍ୱତ ପ୍ରତିଭା ସମ୍ମାନ।

୩୫. ୨୦୨୧- 'ସାହିତ୍ୟ ଜ୍ୟୋତି ସାରସ୍ୱତ ପ୍ରତିଭା ସମ୍ମାନ'-ଜଗନ୍ନାଥପୁର, କଟକ।

୩୬. ୨୦୨୧- 'ପଣ୍ଡିତ ଗୋଦାବରୀଶ ମିଶ୍ର ସମ୍ମାନ', ଖୋର୍ଦ୍ଧା।

୩୭. ୨୦୨୨ - 'ଫକୀରମୋହନ ସମ୍ମାନ' (ଶ୍ରୀଜଗନ୍ନାଥ ସଂସ୍କୃତି ପ୍ରସାର) ଫକୀରମୋହନ ସାହିତ୍ୟ ପରିଷଦ, ଶାନ୍ତିକାନନ, ବାଲେଶ୍ୱର

୩୮. ୨୦୨୨- 'ପ୍ରଜ୍ଞା ବିଭୂଷଣ ସମ୍ମାନ' -ସାଂସ୍କୃତିକ କଳା ପରିଷଦ, ଅନୁଗୋଳ

୩୯. ୨୦୨୩ - 'ବାଣୀପୁତ୍ର ସାରସ୍ୱତ ସମ୍ମାନ'-ଜଗନ୍ନାଥ କଳା ସାହିତ୍ୟ ସମିତି, କୋଚିଆ କୋଇଲି।

୪୦. ୨୦୨୩ - 'ଭାଗ୍ୟଲିପି ସୁପ୍ରାବନ୍ଧିକ ସମ୍ମାନ'- ଶ୍ରୀରାମଚନ୍ଦ୍ର ଭବନ, କଟକ

୪୧. ୨୦୨୩ - 'ନିର୍ମାଲ୍ୟ ସମ୍ମାନ' -ବଟଶ୍ରୀକ୍ଷେତ୍ର ଶ୍ରୀଜଗନ୍ନାଥ ଚାରିଟେବୁଲ ଟ୍ରଷ୍ଟ, ଜଗତସିଂହପୁର।

ଡକ୍ଟର ଅଶ୍ୱିନୀ କୁମାର ଶତପଥୀଙ୍କ ପ୍ରକାଶିତ ପୁସ୍ତକ...

୧. ବିଚାର ମନ୍ଥନ
୨. ବିଚାର ବୈଭବ
୩. ସାର୍ବଭୌମ ଦେବତା ଶ୍ରୀଜଗନ୍ନାଥ
୪. ବୈଦିକ ସଂସ୍କୃତିରେ ଉତ୍ସବ, ବ୍ରତ ଓ ପର୍ବପର୍ବାଣି
୫. ବେଦ ପୁରାଣରେ ଶିବତତ୍ତ୍ୱ ଓ ଶୈବ ଉପାସନା
୬. ଶକ୍ତି ଉପାସନା ଓ ବୈଦିକ ଦେବୀତତ୍ତ୍ୱ
୭. ସ୍ୱାମୀ ବିବେକାନନ୍ଦ ଚିନ୍ତନ ପ୍ରସୂତ 'ବିଚାର-ବିବେକ'

ପ୍ରକାଶ ଅପେକ୍ଷାରେ ପୁସ୍ତକ

୧. ଅମୂଲ୍ୟ ବଚନ
୨. ସ୍ୱାସ୍ଥ୍ୟ ନିଧି
୩. ବଡ଼ ମଣିଷଙ୍କ ଅମରବାଣୀ
୪. ଗାନ୍ଧୀ ଦର୍ଶନ - ଏକ ତଥ୍ୟାତ୍ମକ ଆଲୋଚନା
୫. ଭାରତୀୟ ପରମ୍ପରାରେ ଲୋକନାଟ୍ୟ ଓ ଲୋକନୃତ୍ୟ

ନିବେଦନ

୧. ହିନ୍ଦୁଧର୍ମ ଓ ସନାତନ ସଂସ୍କୃତିର ସଂରକ୍ଷଣ ପ୍ରତ୍ୟେକ ବିଚାରଶୀଳ ମନୁଷ୍ୟର ପୂଣ୍ୟତମ କର୍ତ୍ତବ୍ୟ ଅଟେ । ଆଜିର ଅବକ୍ଷୟମୁଖୀ ବୈଚାରିକ ସ୍ଥିତି ପରିପ୍ରେକ୍ଷୀରେ ସମାଜର ପ୍ରତ୍ୟେକ ବ୍ୟକ୍ତି ବ୍ୟକ୍ତି ମଧ୍ୟରେ ସନାତନ ଜୀବନ ଦର୍ଶନ ଓ ମୂଲ୍ୟବୋଧର ସଂସ୍କାର ସୃଷ୍ଟି ସକାଶେ ତଦନୁରୂପ ସାହିତ୍ୟର ପ୍ରଚାର-ପ୍ରସାର ଦିଗରେ ପ୍ରୟାସ କରିବା ଆମ ସମସ୍ତଙ୍କର ନୈତିକ ଦାୟିତ୍ୱ ଅଟେ ।

୨. ଏଣୁ ଆସନ୍ତୁ, ଡ. ଅଶ୍ୱିନୀ ଶତପଥୀଙ୍କ ଲିଖିତ ଉପରୋକ୍ତ ଆଧ୍ୟାତ୍ମିକ ସାହିତ୍ୟଗୁଡ଼ିକୁ ନିଜେ ସଂଗ୍ରହ କରିବା ସହିତ ଅନ୍ୟମାନଙ୍କୁ ମଧ୍ୟ ଏଥି ନିମନ୍ତେ ପ୍ରେରଣା ଦେବା ।

୩. **ବିବାହ, ବ୍ରତ ଓ ଅନ୍ୟାନ୍ୟ ଅବସରରେ ନଜିର ଜ୍ଞାତି ଓ ବନ୍ଧୁମାନଙ୍କୁ ଡ. ଶତପରଥୀଙ୍କ ଦ୍ୱାରା ରଚିତ ଉପରୋକ୍ତ ଗ୍ରନ୍ଥଗୁଡ଼ିକୁ ଉପହାର ମଧ୍ୟ ଦିଆଯାଇ ପାରିବ । କାରଣ ଏହାର ପ୍ରତ୍ୟେକ ପୃଷ୍ଠାରେ ଭରି ରହିଛି ସଂସ୍କାର, ଆଧ୍ୟାତ୍ମିକତା, ସାମାଜିକ ମୂଲ୍ୟବୋଧ, ଜ୍ଞାନ, ଭକ୍ତି ଓ ମୋକ୍ଷର ସନ୍ଦେଶ ।**

୪. ଉପରୋକ୍ତ ପୁସ୍ତକ ଗୁଡ଼ିକ ସରଳ ତଥା ଗବେଷଣାତ୍ମକ ହେବା ସହିତ ଶାସ୍ତ୍ର ପୁରାଣ ଏବଂ ବେଦ-ଉପନିଷଦର ପ୍ରମାଣ ଆଧାରରେ ରଚିତ ହୋଇଥିବା ଦୃଷ୍ଟିରୁ ସମସ୍ତଙ୍କ ପାଇଁ ସହଜବୋଧ୍ୟ ତଥା ସଂସ୍କାରକ୍ଷମ ଅଟନ୍ତି ।

ଶକ୍ତି ଉପାସନା ଓ ବୈଦିକ ଦେବୀତତ୍ତ୍ୱ : ୫୨୭

ପ୍ରକାଶିତ ପୁସ୍ତକ...

୧. ବିଚ୍ଛର ମନ୍ଥନ
୨. ବିଚ୍ଛର ବୈଭବ
୩. ବୈଦିକ ସଂସ୍କୃତିରେ ଉତ୍ସବ, ବ୍ରତ ଓ ପର୍ବ ପର୍ବାଣି
୪. ସାର୍ବଭୌମ ଦେବତା ଶ୍ରୀଜଗନ୍ନାଥ
୫. ବେଦ ପୁରାଣରେ ଶିବତତ୍ତ୍ୱ ଓ ଶୈବ ଉପାସନା
୬. ଗାନ୍ଧୀ ଦର୍ଶନ (ଏକ ତଥ୍ୟାତ୍ମକ ଆଲୋଚନା)
୭. ଶକ୍ତି ଉପାସନା ଓ ବୈଦିକ ଦେବୀତତ୍ତ୍ୱ

ପ୍ରକାଶ ଅପେକ୍ଷାରେ...

୧. ବିଚ୍ଛର ବିବେକ (ସ୍ୱାମୀ ବିବେକାନନ୍ଦଙ୍କ ଚିନ୍ତନ ପ୍ରସୂତ)
୨. ଭାରତୀୟ ପରମ୍ପରାରେ ଲୋକନାଟ୍ୟ ଓ ଲୋକନୃତ୍ୟ
୩. ରୋଗ ଓ ସ୍ୱାସ୍ଥ୍ୟ ବିଜ୍ଞାନ
୪. ଅମୂଲ୍ୟ ବଚନ
୫. ବଡ଼ମଣିଷଙ୍କ ଅମରବାଣୀ

BLACK EAGLE BOOKS

www.blackeaglebooks.org
info@blackeaglebooks.org

Black Eagle Books, an independent publisher, was founded as a nonprofit organization in April, 2019. It is our mission to connect and engage the Indian diaspora and the world at large with the best of works of world literature published on a collaborative platform, with special emphasis on foregrounding Contemporary Classics and New Writing.

www.ingramcontent.com/pod-product-compliance
Lightning Source LLC
Chambersburg PA
CBHW060545080526
44585CB00013B/451
* 9 7 8 1 6 4 5 6 0 6 0 3 1 *